中国城市发展报告

（2002～2003）

中国市长协会
《中国城市发展报告》编辑委员会

（本报告中所阐述的观点系学者的研究成果和学术见解）

商务印书馆
2004年·北京

图书在版编目(CIP)数据

中国城市发展报告(2002～2003)/中国市长协会《中国城市发展报告》编辑委员会编.—北京:商务印书馆,2004

ISBN 7-100-04118-X

Ⅰ.2… Ⅱ.中… Ⅲ.城市经济-经济发展-研究报告-中国-2002～2003 Ⅳ.F299.2

中国版本图书馆 CIP 数据核字(2004)第 013248 号

中国城市发展报告

(2002～2003)

中国市长协会

《中国城市发展报告》编辑委员会

商 务 印 书 馆 出 版

(北京王府井大街 36 号 邮政编码 100710)

商 务 印 书 馆 发 行

河北三河市艺苑印刷厂印刷

ISBN 7-100-04118-X/F·488

2004 年 2 月第 1 版 开本 889×1194 1/16

2004 年 2 月北京第 1 次印刷 印张 421/2

定价:298.00 元

《中国城市发展报告》总顾问

《中国城市发展报告》顾问

《中国城市发展报告》理事会

《中国城市发展报告》学术委员会

《中国城市发展报告》编辑委员会

《中国城市发展报告》工作委员会

《中国城市发展报告》首席科学家

牛文元　中国科学院教授、第三世界科学院院士、国务院参事

《中国城市发展报告》专家组成员(按姓氏笔画排序)

于景元　马　中　井文涌　巴德年　牛文元　王一鸣　王玉民
王如松　王国强　厉以宁　叶文虎　叶耀先　白和金　石元春
石玉林　朱铁臻　许学强　何祚庥　吴启迪　吴良镛　吴敬琏
张坤民　张象枢　李成勋　李京文　陈述彭　陈宗兴　杨开忠
周一星　金　碚　赵景柱　钱　易　顾朝林　黄宁生　薛　澜

《中国城市发展报告》境外专家组成员

杨汝万　香港中文大学亚太研究所所长
郑宇硕　香港城市大学讲座教授　　宋雅杰　美国耶鲁大学研究员
W. M. Harris　美国密西西比大学城市学院院长、教授

《中国城市发展报告》研究与执笔组

组长兼主编　牛文元

执笔组成员　陈　锐　康大臣　秦明周　毛志峰　袁宝印　岳天祥
王　徽　高　菁　柳一路　曲奔驰　李嘉菲　薄初节
高络华　蔡灵地　高小静　贺铁林　朱良平　钱达明
肖劲松　郑　洋　王　颖　朱高洪　杜婷婷　于　森
金丽佳　黄和宁　张鸿儒　李丽俭　边孝寅　任斯辉
刘学红　杨依梦　刘京莉　高亦婧　王自晴　曹山岭
于秋明　蔡宗皇　王玉珏　卢基敏　赵牒之　陈惠庆

《中国城市发展报告》统稿组

牛文元　　陈　锐　　康大臣

《中国城市发展报告》编辑部

主　　任　李丽俭　　**数据分析**　肖梅嫦
编　　务　郑爱丽　　**数据计算**　刘雅苹

序　一

《中国城市发展报告》理事长　蒋正华

城市化是现代化突出的特征之一，我国三分之二以上的GDP和税收来自城市，90%以上的科研力量集中在城市，振兴经济必须推进城镇化。中国人口多，土地少，资源相对缺乏，必须走中国特色的城镇化道路。

人类历史上战争的需要产生了城，交易的需要产生了市。很长的时期内，城堡是军事要塞。古代欧洲人认为，最佳的城堡人口规模是5000人，这一规模就是根据当时作战的军事力量、后勤供给等因素综合估算的。在18世纪之前，城市人口只占世界人口的3%左右，城市是政治、文化、消费的中心，而不是生产的中心。农村养活了城市，农村支持着城市，城市发展受到农村生产力增长的约束。

工业革命改变了城乡关系。生产方式、工具和资源的改变，使城市潜在的能力充分发挥。城市聚集财富，形成生产中心，规模不断扩大。按国际上较严格的城市人口估计数字判断，1800年，全球只有北京人口超过100万，达到50万人以上的城市也只有6个。1900年，超过100万人口的城市增加到16个，伦敦的人口则超过了500万。1950年，全球城市人口占总人口的30%，到2000年，这一比例提高到47%，其增长率不断提高。从目前发展趋势看，世界城市化势头依然强劲，城市已经成为金融、经济发展的"火车头"。预计21世纪中，世界人口将有65%左右居住在城镇，城市发展的速度及其模式，将对经济、社会发展产生巨大的影响。

中国古代曾经出现过世界最大的城市长安、北京、杭州、南京等，反映了当时中国综合国力的强大。由于近代受到帝国主义者的侵略，中国的城市化水平远远落后于世界平均水平。中华人民共和国建国之初，城镇人口占总人口的11%，仅及世界平均水平的三分之一。20世纪50年代，随着社会主义建设的发展，城市人口比例迅速提高，10年间增加近9个百分点。然而，60年代到70年代的20年间，市镇人口比例反而下降了0.3个百分点，经济、社会发展中的问题在城镇化过程中反映得十分明显。80年代以来，社会主义建设进入了一个崭新的发展时期，城市化水平也随之迅速提高。改革开放以来，市镇人口占总人口的比重由17.9%提高到36.1%，翻了一番。经济社会的发展使许多落后贫穷的地区变成了高度现代化的新城镇，大都会，大、中、小城市和广大富有活力的城镇，带动了各地区经济社会蒸蒸日上、不断发展,形成了良性循环。总结城市化发展的经验,确定进一步推动城镇化,进而推动我国经济社会发展更上一个新台阶的战略措施,是在当前这个重要战略机遇期的重要任务。

世界和我国的城市化在主要的发展阶段方面有着共同之处,由于我国人口多、土地少、资源相对缺乏的基本国情,我国的城市化又有着鲜明的特点。工业化和现代化是各国城市化发展的推动力,在不同的发展阶段,城市的结构有着明显的差别,大体上可分四个阶段。发展初期首先在一些孤立的点上形成了城市,这些城市大体上有两大类型,即供给型与需求型。供给型城市具有交通、通讯、服务、基础设施、政策环境、金融体系、人才与劳力、管理机制等方面的良好条件,使经营者能最大限度地实现其价值,因而迅速发展成为经济中心;而需求型城市由于有特殊的资源,如矿产、能源等,为经济发展所必需,因而其他地区对该处有着不可替代的需求,也可以吸引投入,顺利地发展起来。城市化的第二阶段是孤立的城市之间由于溢出效应受到带动而发展起来,一般是沿着主要交通干线,形成城市带,国内外都可以看到许多这样的例子。城市带的发展往往是因中心城市地产高涨,生产成本提高,投资自然沿着最靠近中心城市的地区逐步扩散。城市带的发展推动经济社会进一步发展,交通、通讯网络进一步完善,城市化也推进到第三阶段,即城市网群的形成。由多座大、中、小城市形成的城市区在产业、技术、运营等方面互相渗透,产生良好的互补关系,获得了大大超过单一城市的收益,在国家的经济生活中发挥了关键作用。例如,美国大纽约区、五大湖区、大洛杉矶区三大城市区,其国内生产总值占全美的67%;日本的三大城市区,即大东京区、坂神区、名古屋区,国内生产总值占日本全国的70%;其他经济发达国家也都有类似的情况。中国的城市化轨迹与世界相似,只是我国目前的三大城市区,珠三角区、长三角区与环渤海区,国内生产总值只占到全国的38%,说明其聚集和创造财富的作用还远未充分发挥,还应采取适当的政策加以推动。目前,世界经济发达地区的城市化正在向第四个阶段发展:将地域与功能组合起来形成复合式的城市集团方向发展,其推动力量来自三个方面:

1. 经济全球化发展迅猛,跨国公司规模不断扩大,要求在全球范围内重组资源,实现利益最大化。

2. 网络技术发展迅猛,电子业务应用不断拓展,虚拟空间中实现跨地域紧密合作成为可能,功能性的集成显得更加重要。

3. 科学技术发展迅猛,现代科技需要迅速掌握最新研究及应用的动态,要求整合各种资源,组织多领域、多地区专家联合攻关,虚拟实验室可使跨洲科学家共室携手研究、讨论。

城市集团的发展及其深刻的影响在今后数十年内将越来越明显地表现出来。

中国共产党第十六次全国代表大会确立了我国在本世纪头20年全面建设小康社会的宏伟目标，在目标中引人注目地提出了“城镇人口的比重较大幅度提高，工农差别、城乡差别和地区差别扩大的趋势逐步扭转”的要求。并明确地指出：“农村富余劳动力向非农产业和城镇转移，是工业化和现代化的必然趋势。要逐步提高城镇化水平，坚持大中小城市和小城镇协调发展，走中国特色城镇化道路”。并明确提出了“发展小城镇要以现有的县城和有条件的建制镇为基础，科学规划，合理布局，同发展乡镇企业和农村服务业结合起来”。十六大提出的这些方针是完全正确的，既符合城市化的一般规律，也切合中国的国情和现状。

我国地区发展很不平衡，城市化的水平相差很大，城市化的模式与经济、社会发展模式一样，有着不同的特点。大体而言，长三角区上海无疑是龙头。浙江的城市化是分散型，县级经济各有特色，强县林立。江苏、山东则形成板块型，有明显的强势城市区群。广东的城市带优势明确，正在形成大珠三角区群，外向型的特色鲜明。环渤海区则有首都与天津两大直辖市的带动，许多国际机构、国际性大企业在北京设立总部，其优势十分明显。上海与北京无疑将是我国两大国际性的中心，发挥带动全局的关键作用。东北和西部正在逐步形成和发展地区性的经济、社会中心，资源、人才优势开始显现，近年来多项国债项目正推动这些地区加快发展。

我国的城市化应当考虑到几点基本国情，采取相应的策略：

1. 长期的二元化经济结构造成了城乡的巨大差距，仅依靠传统意义上的农业不可能改变农村落后于城市的现状，必须采取超越世界一般城市发展阶段的特殊措施，根据经济发展规律，有计划地构造地域与功能相结合，特大城市、大中小城市与小城镇一体化的城镇集团，优势互补，共同发展。国际上许多特大城市发展到一定水平后产生反城市化现象(Counter-urbanization)，受交通、供水、污染、民居、费用等多方面因素的影响，特大城市规模缩小，功能减弱。通过集团化，我国可以发挥腹地广大的优势，实现大城市的可持续发展。同时，大城市的辐射、带动、溢出效应，可以层层传递或直接连接到小城镇，加快农村经济结构调整，实现共同富裕。

2. 中国人口多是一个长期存在的现实，直到本世纪中，始终存在相当多的富余劳动力。大部分富余劳动力以潜在的状态存在于农村，降低了农业的生产率。根据一些劳动经济学者的计算，越是经济落后的地区，富余劳动力的比例越高。目前全国富余劳动力可能高达1.5亿到1.9亿之间。因此，我国的城市化必须有利于促进劳动就业，有利于农民收入的提高，有利于农村经济上一个新的台阶。为此，需要制定一些符合市场经济规律的政策措施，如加快户籍制度改革，放开劳力流动限制，促进观念、信息、资源、人员等方面的交流,促进技术、产业、营销等方面的合作。

3. 我国经济发达地区面临着激烈的国际竞争,十六大提出这些地区要提前基本实现现代化,不仅是国家发展的战略需要,也是这些地区把握机遇,积极应对挑战的需要。在经济发达国家已占领世界市场的情况下,我国必须实现跨越式的发展。为此,各级中心城市应当努力培养城市发展潜力,大力加强城市发展能力。城市发展潜力主要有经济实力、法制环境、资源条件、基础设施、管理体制、社会组织等方面的因素,城市发展能力则主要是创新能力、集成能力和科技能力,这些因素都应当就每个城市的特色深入加以分析,明确重点。

4. 抓住关键技术,迎头赶上,形成特色,协调配合,建立体系。21世纪初,网络技术、信息科学成为推动经济增长的重要力量。受网络影响最大的产业部门是电子、电信、金融、零售、旅游。近年来,政府和企业上网采购,推动了电子商务发展。一些国家政府网上采购额达到本国国内生产总值的10%,思科公司70%的客户订单来自互联网,我国近年来电子政务与电子商务也正在蓬勃发展,亟待协调规范:减少重复建设,增强综合效益;统一技术标准,实现全国互联;明确法制规范,保护公众权益;加强监管协调,确保国家安全。通过全国性的网络建设,推广各类应用,使城市的带动、辐射作用加强,加快达到城市化的高层次发展阶段。

5. 资源的外向型城市发展策略与生态环境与经济发展的协调:地区发展的不平衡是许多国家存在的普遍现象,中国的特殊国情是人口密度稀少的地区从生态角度而言人口数量也已经超过了适度承载能力。尤其是这类地区许多位于大江大河源头,过度开发不仅使这些地区遭受灭顶之灾,生态环境受到毁灭性破坏,而且会祸及全国,影响后代。我国最稀缺的资源是淡水与土地,水源的涵养也需要土地的支持,经济发展更需要适量的用地,我国应当充分利用世界土地资源,增加经济发达地区土地开发的弹性,严格保护全国生态环境,确保实现可持续发展。全球可耕地总计约34亿公顷,已耕的约13亿公顷,在剩余的21亿公顷可耕地中,约10亿公顷可以容易地开发。因此,鼓励我国发达地区帮助培训贫困地区农民,争取与外国政府合作开发农田,允许相应地对发达地区土地实行弹性管理,科学规划、管理各类土地的使用,实现资源的替代效益。这样,发达地区的土地可以在经济发展中实现更大的价值,贫困地区的农民可以提高技术水平和适应能力,地区之间的联系可以更加紧密,生态环境可以得到有效的保护。

6. 重视城市化的负面效应,加强公共管理体制建设。城市化,特别是大城市的盲目扩张也带来了许多负面效应,如房价高昂、交通拥挤、环境污染、治安恶化、失业严重、供应困难等,被统称为"城市病"。城市病导致生产成本提高,居住条件恶化,富有者迁出城市,使城市税收减少,供给能力削弱，形成恶性循环。企业迁出城市导致城市经济带动能力下降，失去中心地位，少数城市甚至陷入破产的绝境。许多经济发达国家百万以上人口的城市规模不断缩小，中等城市的作用正在加强。发展中国家的城市人口则不断向一两个特大城市集中，有的国家首都人口数占全国城市人口的70%以上。我国一方面需要加快城镇化过程以促进发展，调整结构，另一方面也要注意到城市中下岗职工增加，城市贫困人口生活困难，城市管理出现许多新情况、新问题的动向，科学地规划城镇化发展，量力而行，未雨绸缪，早为之备。

本年度报告集中分析了城市的发展途径与城市发展的因素，各方面的专家各抒己见，希望能够对我国城镇化决策和实践尽绵薄之力，也希望增进世界对中国城镇化的认识，欢迎各界对报告提出的观点进行批评、讨论。

2003年10月7日

序　二

中国市长协会副会长兼秘书长 陶斯亮

《中国城市发展报告(2002～2003)》又与读者见面了，对市长协会来说，这是一件可贺可喜的事情，因为这不仅仅意味着众多科学家经过一年的辛勤耕耘，终于获得了丰硕的成果，同时也意味着市长协会在为城市和市长服务上又做出了实实在在的一件事情。这是非常为我们所看重的。

市长协会是在中国市长们的千呼万唤下，经过八年的筹备，才于1991年成立起来的。当时有几百名市长参加了成立大会。时任国务院总理的李鹏同志在接见市长们时说："中国市长协会的成立是中国城市发展史上的一件大事！"所以说，市长协会一成立就接受了国家领导人的重托和很高的期望。

确实，中国市长协会并非哪个人凭空想出来的，它是中国改革开放进入高潮的必然产物，是世界全球化催生出的新生事物。当今世界，大多数国家，特别是发达国家都有市长协会(或叫城市联盟)，像美国、法国、意大利、俄罗斯、日本、加拿大、以色列、菲律宾，国家不分大小，不分穷富，但他们的市长协会都为本国的城市发展做出过卓越的贡献。例如美国市长协会，它成立于1929年，正是美国经济大萧条的时期，美国各地的市长们云集华盛顿，与总统罗斯福商讨对策，并自发地成立了美国市长协会，美国市长协会对罗斯福新经济政策的推动及二战后美国经济的复苏，起了无可估量的作用。

中国市长协会的成立，可以说是顺应了国际潮流，也促使中国的城市和市长们在相互沟通的同时，适时地融入了国际。中国市长协会成立后，本着考察世界城市，广交各国市长朋友，学习借鉴别国一切好的经验的初衷，12年来，与许多外国市长协会建立了合作关系，双方均派出了多个代表团互相访问。特别是中国市长协会，一共派出近50个市长团，共700多人次到国外学习考察，这件事的意义是深远的，所以李鹏总理说"中国市长协会的成立是中国城市发展史上的一件大事"也就在于此了！

随着我国社会与经济的高速发展，中国市长协会自身也要求尽量赶上时代。如果说前10年市长协会着重于为市长个体服务的话，那么现在就该轮到了全面贯彻协会两为方针即"为城市的发展服务、为市长工作服务"的时候了。

在2001年的第三届市长代表大会上，温家宝同志对协会的工作提出了很高的要求，他将协会在新时期的新任务高度概括为四句话“市长协会应成为联系城市的纽带、培训市长的基地、城市合作的桥梁、研究城市问题的论坛”。如何落实这四项任务，是市长协会当前的要务。

而《中国城市发展报告》正是适时适宜地向全国乃至全世界发布中国651个城市的最新动态，它不仅让关注中国城市问题的专家、学者、企业家、政府官员们能有一本百科全书式的城市专著，而且也能让各市长对自己的城市有个动态的了解，并使我们的市长们在考虑城市的宏图大业时能多一个思考的角度。本报告是作为非政府第三方，也就是民间机构做出的年度城市报告，它不代表官方立场，也不代表本协会的观点，它的特点是学术性、客观性、前瞻性和包容性。市长协会主办这份报告，完全是为了体现其为城市服务的根本宗旨。以牛文元教授为首的编辑委员会以扎实严谨的科学态度，翔实浩瀚的素材，艰苦卓越的劳动，再次给予了中国城市一份厚重的精神产品，我们向他以及参与该报告撰写的其他科学家致以敬意和谢意！

为了完成中央领导同志的重托，发挥好纽带、桥梁、基地和论坛的功能，中国市长协会必将继续将本报告办下去，而且要越办越好，最终让它成为在中国有独特价值的一份城市报告！

第一本城市发展报告，即2001～2002年度白皮书，在去年年底发行后，受到广泛关注，给予了我们极大的鼓励。希望第二本也能得到社会的认可，得到市长们的喜爱，并提出诚恳的意见，那就是我们最大的满足了！

目　录

第一篇　中国城市发展战略报告

第二篇　中国城市指标体系设计报告

第三篇　中国城市发展能力统计报告

第四篇　中国城市发展能力资产负债分析报告

附　录

导　言

中国城市化战略的跃升
——组团式城市群是新一轮财富集聚的战略平台

《中国城市发展报告》首席科学家　牛文元

问题的提出

党的十六大提出了本世纪头20年我国将实现全面小康社会的宏伟目标,这对加速推进社会主义现代化具有决定性意义。城市在国家现代化建设中具有十分重要的地位。了解我国城市化50年的状况,明确推进我国城市化进程所面临的机遇和挑战,借鉴国际上一些发达国家在城市发展中的经验,探索新时期中国城市化战略形态的转变和发展动力的提升,以及构建大中小城市协调发展的中国城市体系,寻求引领国家财富台阶式增长的制高点,对全面建设小康社会、实现现代化的重任具有历史意义。为此,《中国城市发展报告(2002～2003)》提出在中国大力培育具有世界级的三大组团式经济体,将是中国城市化进程中的革命性跃升。

中国城市化在新一轮经济增长战略机遇期的总任务和发展总方向的选择,必须回答七个严肃的问题:

1. 如何真正落实"大中小城市与小城镇协调发展"的指导方针?
2. 是否城市发展方向仍然依照传统式的单极扩大?
3. 如何改变城乡分离、城际分离、地方保护、恶性竞争的弊病?
4. 如何打破产业布局趋同、到处小而全的重复性浪费?
5. 如何消除日益严重的"城市病"?
6. 如何扩大城市就业,创造更多的就业机会?
7. 怎样实现以"协调发展、全面发展、可持续发展"为总体目标的区域一体化?

以上七大问题的统一解决,只有通过城市化发展战略形态的革命性变革,即由原先的单极式城市扩张,转变为组团式城市群的培育,一举克服传统城市化进程中的弊病,真正实现区域经济一体化、获取高额发展红利、降低发展总成本、消除城乡二元结构等,才能达到社会公平的经济社会可持续发展目标。

中国城市化状况

21世纪是城市的世纪，中国作为世界上人口最多的发展中国家，未来20年中国城市化进程将对全球发展产生深刻影响。许多国外学者都把“中国的城市化”与“美国的高科技”并列为影响21世纪人类发展进程的两大关键因素。统计数字表明，随着时代的前进和发展，城市化程度的明显加速是一个重大标志，其增长过程与财富积累呈非线性的对应关系。

中国从建国开始的发展战略中就有“积极推进工业化，相对抑制城市化”的主导思想，加上长期“恐城症”的制约，中国城市化50年的变迁，一直没能走出一条适合中国特色的道路。自改革开放以来，中国城市迅速发展，城市化进程的速度达到同期世界城市化进程速度的两倍，但是，与世界发达国家相比，中国城市化程度仍然十分落后。根据世界银行统计，在1995年，世界高收入国家城市化率平均为75%，中等收入国家为60%，低收入国家为28%，而中国城市化率还不到30%。至2000年年底，中国城市化率比世界平均低12个百分点，比世界发达国家平均低40个百分点。虽然从1949年全国建市132个增长至目前近600多个，但随着人口总量的增加，城市人口的比例仍然过于偏小。

中国城市化发展水平滞后于经济社会发展水平与工业化发展水平这种局面，已经成为严重制约我国综合实力提高与国家竞争力增强的“巨大瓶颈”。未来20年是中国社会经济发展的战略机遇时期，大力推进中国的城市化，尤其是寻求城市化战略的进一步提升，既是全面建设小康社会、实现现代化的历史要求，又是有效解除中国经济社会约束“瓶颈”，保障中国经济社会快速、持续和健康发展的重大战略举措。

中国城市化面临严峻挑战

为了支撑中国未来实现现代化的总体进程，从现在起到本世纪中叶，中国城市化率将从现在的37%提高到75%左右。这就意味着只有每年平均增加约1%左右的城市化率(即每年约1000万至1200万人口从乡村转移到城市)，才能满足现代化进程的总体要求。在急剧推进的中国城市化过程中，以下的挑战我们必须面对：

1. 城市人口三大高峰(人口总量、劳动就业人口总量、老龄人口总量)相继来临；

2. 城市对能源和资源的超常规利用；

3. 加速城市生态环境“倒U型曲线”向右侧变化的良性逆转；
4. 提高城市基础设施建设的速度和质量；
5. 加速克服“三农问题”实现城乡之间的共同富裕；
6. 城市信息化进程的急速推进与新型工业化道路的实现；
7. 城市国际竞争力的提高。

解决“三农问题”的根本出路

中国农业、农村、农民的“三农”问题，一直是困扰中国经济发展、社会公平、实现国家现代化的核心问题之一。虽然国家投入了巨大的力量，从政策到资金，对解决“三农”问题取得了实质性的成就，但是就其整体性解决的目标而言，目前仍有很大的距离。

解决“三农”问题的根本出路到底在哪里？我们认为，中国“三农”问题的根本出路在于大量减少农民的数量。而大量减少农民的数量，大量吸纳农村的剩余劳动力，惟有靠实现城市化战略、提高人口的素质和技能、大力创造就业机会才能够最终完成。只有当农村人口数量下降到总人口的25%以下时，农村土地的价值才能达到市场化要求的成本阈值，此时农业土地的集约化生产、规模化生产和专业化生产才能达到一定的水平，农业的科技含量、服务水平和农业成本才会有大幅度的改善，农民的收入水平和整体素质才会有明显的进步，至此，中国“三农”的一系列根本问题才能得以彻底解决。

大中小城市与小城镇协调发展是中国城市化战略的核心，构筑开放、流动、有序、互补的中国城市体系，是解决中国“大城市能力不大、中城市经济不活、小城市实力不强、小城镇总体不优”的根本战略举措，由此才能真正走出一条具有中国特色的城镇化道路。

中国城市化要走出三大误区

中国城市化战略的健康实施，必须走出认识上的三大“误区”：

误区之一：认为城市的发展必然引发“城市病”。必须建立以发展克服“城市病”、以规划减少“城市病”、以管理医治“城市病”的全新观念。

误区之二：认为必须严格控制大城市的发展。不同规模的城市是一个有机的整体，城市规模结构是一个具有等级、共生、互补、高效和严格“生态位”的开放系统，大、中、小城市都应当在统一规范下得到合理的发展，组团式城市群的形成与完善是达到这一要求的正确选择。

误区之三：认为城市化的结果应当是均衡分布、遍地开花。必须考虑到自然基础的差异、地理区位的差异、发展阶段的差异和生态条件的差异对于城市格局与结构的影响。应充分认识到城市宏观布局在三维模型中(时间、空间、速度)必然是非均衡的、非对称的和非线性的。必须认识“以经济发展水平的区域不均衡,换取社会公平程度实现的相对均衡”这个基本原则。

应进一步加快城市化进程

城市是现代文明的标志,是经济、政治、科技、文化、教育的中心,集中体现了国家的综合国力、政府管理能力和国际竞争力。

2001年诺贝尔经济学奖获得者斯蒂格列茨认为,新世纪对于中国有三大挑战,居于首位的就是中国的城市化,他提出“中国的城市化将是区域经济增长的‘火车头’,并产生最重要的经济利益”。联合国环境规划署署长指出:“城市的成功就是国家的成功”。

世界银行认为:国家的GDP达到1万亿美元是一个标志性台阶,意味着财富积累将步入新的航道。与国际已有的经历相对照:美国的GDP总量在1970年达到1万亿美元,在10年后的1980年,GDP总量达到2.7万亿美元;日本的GDP总量在1978年达到了1万亿美元,在其后的10年中GDP总量达到2.4万亿美元;中国的GDP总量在2000年达到了1万亿美元,依照国家规划在其后的10年(即2010年)预计GDP再增加1万亿美元。为什么美国用了10年的时间使得GDP增长了1.7万亿美元,日本增长了1.4万亿美元,中国分别比他们少增长0.7万亿和0.4万亿美元,原因是多方面的。但是注意到美国当时的城市化率达到87%,日本的城市化率超过65%,而中国在2000年的城市化率仅为36%时,也许可以更深一层地认识到城市化率的不同所导致的社会财富集聚能力的差异。因此,在21世纪的头20年要实现全面建设小康社会的奋斗目标,加快推进社会主义的现代化进程,加快中国的城市化步伐是发挥城市中心作用、提高经济效率的必由之路,也是消除二元结构、实现社会公平的必由之路。中国城市化已经成为推动我国区域经济增长的“火车头”,成为激发新一轮财富充分涌流的载体。

中国三大组团式城市群

组团式城市群是大中小城市“结构有序、功能互补、整体优化、共建共享”的镶嵌体系,体现出以城乡互动、区域一体为特征的城市发展的高级演替形态。在水平尺度上是不同规模、不同类型、不同结构之间相互联系的城市平面集群，在垂直尺度上是不同等级、不同分工、不同功能之间相互补充的城市立体网络，二者之间的交互作用使得规模效应、集聚效应、辐射效应和联动效应达到最大化，从而分享尽可能高的“发展红利”，完整实现“区域发展动力、区域发展质量和区域发展公平”三者在内涵上的统一。

城市发展的轨迹告诉我们，其空间形态的演进，具有明显的特征：

城市的点状表征：零维模式（传统城市中心，强调集聚性，产生“城市病”）

城市的线状表征：一维模式（沿江沿路城市带，强调通达性，腹地相对狭小）

城市的面状表征：二维模式（城市群，强调结构性，功能相对不对称）

城市的体状表征：三维模式（组团式城市群，强调等级、有序、互补和立体网络性，最大限度获取“发展红利”）

而大力培育组团式城市群，既是中国城市化战略进程的跃升，也是中国新一轮财富涌流的本质载体。

今后中国必须坚持发展三大具有世界竞争力的组团式大城市集群，打造中国城市化建设中的主力与经济增长能力的“航母”。国家三大组团式城市群必然是大、中、小城市“结构有序、功能互补、整体优化、共建共享”的城市体系，以寻求资源利用的空间最大“整合交集”为根本出发点，让发展红利得到充分涌流。

组团式城市群发展模式的战略突破：

1. 避免了城市摊大饼式的单极化扩张；
2. 形成了以大中小城市相协调为特征的区域镶嵌体系；
3. 建立了以地缘经济为基础的城市空间布局与城际战略联盟；
4. 构筑了以产业链为核心的城市等级系列集合；
5. 实现了效率最大化的城市结构在区域中的逻辑充填；
6. 充分协调了自然—社会—经济的城乡时空耦合；
7. 体现了生产发展、生活富裕、生态优良的文明典范。

用组团式城市群代替单一城市扩张：经济上可以取得台阶式的提升；社会上可加速消除二元结构；生态上可缓解城市的热岛效应；文化上便于多样性的充分交融；系统上形成等级有序的效率体系。

一个充分密集的磁盘，从高达100米的高空摔下时，它破裂后的大大小小碎片，构成了疏密不等的空间，以此比喻将单极城市“松绑”成组团式城市群，根本原因是以其“表面能”的增大克服了过分密集所带来的“城市病”。从一个局部来看，它的确扩大了对于土地的占用，但如果它的经济贡献率和城乡一体化的程度相对提高了几个数量级，实际上在全国范围内却节省了更多的土地，大大解消了其他地区的发展压力，大大加速了全国范围社会公平的实现，大大改善了生态环境的质量，大大提高了国家的可持续发展能力，那必然是发展战略追求的更高境界。

根据世界银行的统计：美国三大城市群、日本三大城市群与中国三大城市群对于全国的经济贡献率，有着巨大差异。表明了中国三大城市群对于国家GDP的贡献率明显偏低。

美国大纽约区的GDP，约占全美国GDP总量的24%，美国大洛杉矶区的GDP，占全美国GDP总量的21%，美国五大湖区的GDP，占全美国GDP总量的20%。美国三大城市群的GDP总量达到6.7万亿美元，约占全美国GDP的67%(三分之二强)。

日本大东京区的GDP，约占日本全国GDP的26%，日本大坂神户区的GDP，约占日本全国GDP的23%，日本大名古屋区的GDP，约占日本全国GDP的20%，日本三大城市群的GDP总量达到2.86万亿美元，约占日本全国GDP总量的69%(三分之二强)。

中国珠江三角洲城市群的GDP，约占中国全国GDP的10%，中国长江三角洲城市群的GDP，约占中国全国GDP的18%，中国京津环渤海湾城市群的GDP，约占中国全国GDP的9%，中国三大城市群的GDP对于全国GDP总量的贡献率只有37%(三分之一强)。中国三大城市群对中国GDP总量的贡献率比美国三大城市群对全美GDP的贡献率低30个百分点，比日本三大城市群对全日本GDP的贡献率低32个百分点，作为经济发展主力载体和战略制高点，中国三大城市群远未形成国家财富积聚的战略平台。

如果按国家首位城市比较：美国纽约的GDP，占全美国的GDP总量的24%，相当于上海GDP总量的44倍，相当于北京GDP总量的79倍，相当于广州GDP总量的87倍。日本东京的GDP，占整个日本GDP总量的26%，相当于上海GDP总量的20倍，相当于北京GDP总量的33倍，相当于广州GDP总量的37倍。英国伦敦的GDP，占整个英国GDP总量的22%，相当于上海GDP总量的5.5倍，相当于北京GDP总量的9.5倍，相当于广州GDP总量的10.5倍。法国巴黎的GDP，占整个法国GDP总量的18%，相当于上海GDP总量的4.0倍，相当于北京GDP总量的7.2倍，相当于广州GDP总量的7.9倍。韩国汉城的GDP，占整个韩国GDP总量的26%，相当于上海GDP总量的1.9倍，相当于北京GDP总量的3.5倍，相当于广州GDP总量的3.8倍。

上海的GDP总量是美国纽约GDP总量的1/44

上海的GDP总量是日本东京GDP总量的1/20

上海的GDP总量是英国伦敦GDP总量的1/6

上海的GDP总量是法国巴黎GDP总量的1/4

上海的GDP总量是中国香港GDP总量的1/3

上海的 GDP 总量是韩国汉城 GDP 总量的 1/2

中国大城市的经济规模偏小，尤其是大城市群集聚财富能力偏低的现象，已经到了必须认真考虑的时候了。

《报告》设计了中国城市化战略的“三维分布”制高点：培育三大城市群（面）；创建七大城市带（线）；发展若干中心城市（点）。中国城市化战略制高点一旦成熟与完备后，将有全国人口的 50%，将有全国 GDP 的 80%，将有全国工业总产值的 90%，将有全国进出口总额的 95%在此地域上生成。其中制高点的最本质体现，就是必须首先加速建设国家的三大组团式城市群。

可以预计，中国三大组团式城市群的土地面积（约 30 万平方公里）仅占全国陆地总面积的 3%，而其 GDP 的份额却可达到全国 GDP 总量的 65%左右，此时中国其他广大地区的发展压力才会得到真正的缓解。

三大组团式城市群将尽力获取“发展红利”

改革开放以来 20 年，中国发展的整体表现呈现出点状拉动的经济增长形态。以 4 个经济特区为起始，紧接 14 个沿海开放城市，近 50 个国家级经济技术开发区和 50 余个高新技术开发区，以及上海浦东、北京中关村、武汉东湖、陕西杨陵等，努力发挥点状突破的带动作用，起到了窗口、辐射和示范作用，成为 20 年来我国国民经济的增长点和区域经济发展的生力军，引领国民经济在不到 20 年的时间，年平均增长率达到 9.5%，经济总量提前翻两番，为 21 世纪整体提高国家综合实力奠定了重要基础。

未来 20 年中国经济增长的战略平台，必须注入全新的动力源。十分明显，十一届三中全会以来中国经济的飞速发展，主要得益于“改革红利”的支撑，从农村改革、对外开放、生产关系调整、社会主义市场经济培育一直到全面的制度创新，给经济的快速成长注入了强劲的动力。这种动力在未来全面建设小康社会的伟大实践中，仍然是根本性的依托。同时，中国新一轮经济增长的动力源已经具备了从“发展红利”（Development Dividend）中索取的成熟条件。所谓的发展红利是指“区域整合之后所带来的发展潜力与整合之前的现状能力之差”。事实证明，当经济主体从一个低级平台向一个高级平台整合时，生产力要素的组合趋好、资源配置趋优、专业化分工趋强、发展成本趋低，发展红利的“自发”获取将呈非线性增长。例如从地级向省级规模整合时，发展红利在原有基础上平均提高 10 倍；但从省级规模向跨省规模整合时，发展红利在原有基础上平均提高 100 倍。以上规律告诉我们：人类长期以来一直追求在全世界筹划经济全球化的格局，其最高理想就是为了获取最大的发展红利。而组团式城市群则是目前得到发展红利的最有效途径。

发展红利的大小反映了以下七类区域优化的综合结果：

1. 区域整合的规模与程度；
2. 生产力要素的优化程度；
3. 产业链布局的合理程度；
4. 发展成本的降低程度；
5. 大中小城市功能的协调程度；
6. 基础设施的共建共享程度 ；
7. 区域经济一体化程度。

三大组团式城市群的发展红利估算如下：珠江三角洲约提升GDP1.8个百分点，相当于2100亿元人民币的固定资产投资；长江三角洲约提升GDP2.2个百分点，相当于2900亿元人民币固定资产投资；京津环渤海约提升GDP1.3个百分点，相当于1400亿元人民币固定资产投资。三大组团式城市群发育成熟后，所获取的发展红利约为6400亿元人民币(2001年不变价)。

中国城市化的支付成本

城市化必须支付成本。人口从农业向非农业的转变，绝不仅仅是一个人的户口和身份的转变，更本质的是创造财富能力与手段的升级。牛文元介绍，刚刚出版的《中国城市发展报告》，预测到2050年，中国城市人口总量将达到10亿～11亿，依照城市化“成本一收益”模型分析，每进入城市1个人，需要“个人支付成本”1.45万元人民币/人，“公共支付成本”1.05万元人民币/人，总计每转变一个农民成为城市居民平均需支付社会总成本2.5万元人民币/人(2000年不变价格)。在现有城市人口的基础上，未来50年期间中国约增加6亿～7亿城市人口，城市化所需的社会总成本达到15万亿人民币～16万亿元人民币(相当于1.8万亿美元～2.0万亿美元，按2000年不变价格)。这个数量是2000年GDP总量的2倍。在未来50年期间，平均每年支付城市化成本约为3000亿元人民币～3500亿元人民币，相当于2000年全年GDP总量的4%左右。

《报告》研究结果表明，城市发展成本的高低，与城市的经济实力之间具有明显的相关性。城市经济实力越强，城市规模越大，城市财富集聚能力越高，城市发展成本也就越低。因此，加速中国城市化步伐，要充分发挥中心城市的带动、辐射功能，这是提高我国社会经济发展效率，节约资源，保护生态环境，走可持续发展的必由之路。

中国经济将越来越向各个大城市区，特别是向珠江三角洲、长江三角洲、京津环渤海湾这三个大城市区(群)进行集聚。三个大城市群将在不久的将来成长为具有巨大影响力的经济空间。当然要达到这一点还需要国家城市化整体战略设计中有一套明确的大城市区、大城市群的政策作为支撑。

组团式城市群引发的经济社会变革

组团式城市群的构建，既有空间布局上的整体思考，又有产业布局上的合理调配，以达到组团式城市群在结构上与功能上的完善，以此去获取“发展红利”。即从知识互补、人力互补、技术互补、产业互补和设施互补中，降低交易成本，克服市场壁垒，取得协作效益，分散创新风险，形成良性网络，最终享受发展红利为区域带来的整体效益。

为了达到上述目的，在构建组团式城市群的过程中，必须逐步地实现四类经济社会的根本转变，结合中国的国情在生产力要素组合的各个分量中，推进获取综合效益最大化的整体目标，这四大基本转变分别是：在组团式城市群的地理范围内，促进土地资源向土地资本的转变；在投入拉动领域内，促进民间储蓄向民间资本的转变；在劳动力要素领域内，促进人口资源向人力资本的转变；在社会二元化结构的消除中，促进从拥有土地的农民身份向股民身份的转变；在组团式城市群的顶层规划中，促进从点状形态向块状形态的转变。

1. 促进土地资源向土地资本的转变：解决城市化成本的基本出路

在未纳入组团式城市群范围时，土地是作为第一产业（以绿色植物作为初始生产力的存在形态）的载体而存在，其基本属性是作为资源，加上其他自然投入（如二氧化碳、水、太阳光）和劳动力投入，形成了农业的初始生产力，并在此基础上进一步纳入养殖业和加工业，共同构成了以土地资源为中心的产业形式和社会结构形式。当土地纳入到组团式城市群之后，其功能形态和使用价值将会发生根本变化，从原先以生产农作物为主转变为高附加值的第二产业和第三产业生产。

2. 促进人口资源向人力资本的转变：培育城市发展的第一资源

中国是世界人口大国，城市化进程中一要在数量上将农民转变为市民，二要将农民的素质与积聚财富的能力提高到一个新的水平，因此将庞大的人口资源迅速转变为更加有效的人力资本，是建设组团式城市群的本质要务。

3. 促进民间储蓄向民间资本的转变：逐步走向扩大“内投”的稳健方向

现在我国的民间储蓄已经超过10万亿人民币，与目前的国内生产总值大致相当，加上固定资产的占有，民间财富已经达到一个十分可观的地步，如何积极稳妥地将这个庞大的资本释放出来，转变为逐渐制衡外部投资额的程度，是推行城市化进程中扩大生产、解决就业、实现国际收支平衡和全面纳入市场体系的重要步骤。

4. 促进农民身份向股民身份的转变:保持社会稳定的基本保证

在加速实现组团式城市群的进程中,城市群内的农民身份转变必须具备两大基本条件。其一,在转变过程中,农民原有财产水平(基础收入)的保持与增值,即农民原先依赖土地的收入水平至少必须获得“永久”的保障,以打消农民在失去土地状况下的后顾之忧;其二,在农民的基础收入得以保证的条件下,进一步提高积聚财富的能力,获得更高的生活水平,逐步过渡到与城市居民平均收入相当的水平。

以上四大转变,实质上是互相呼应的,对于全面解决组团式城市群进程中的难点问题:如投入成本问题、充分就业问题、启动内部投资问题、保持社会稳定问题、确保农民利益问题等,是至关重要的,也是产生新思路、考虑新体制、设计新机制的重要切入点。

中国城市化战略设计七原则

拥有近百位专家的智力资源,拥有以两院院士吴良镛教授为学术委员会主任的专家委员会,在蒋正华副委员长的直接指导下,《中国城市发展报告》仔细拟订了中国城市化战略设计的七原则:

1. 必须将城市视作具有规模、等级、互补、共生及其在国土空间布局中表达出的有序充填(空间谱);必须将城市视作具有结构、功能、协同、进化及其在时间序列识别上表现出的整体协调系统(时间谱)。

2. 在城市系统的结构因子中,各种自然生态因素、技术物理因素、经济资产因素、社会文化因素以及各种人文因素等构成了城市综合体的等级性、共轭性、异质性、多样性。

3. 在城市系统的功能因子中,通过城市系统中的物质流、能量流、信息流、人口流、资金流等的互相作用、互相影响、互相制约,特别是通过城市的物质代谢过程、能量传递过程、信息反馈过程和优化配置过程,去培育城市的自组织、自学习、自适应能力。

4. 在系统的内部环境与外部环境的关系中,既要考虑区域承载力对于城市需求的制约,又要考虑城市发展对于外部环境的影响力、扩散力、带动力。只有当一个城市向外部的索取被该城市对外部的回馈相平衡时,城市运行才是健康的与合理的。

5. 宏观监控城市发展的“动力表征”、城市内涵的“质量表征”和城市状态的“公平表征”,是城市化战略设计的基本依据。上述三种表征的定量化,共同构成了城市化进程中质量的统一判别,并以此作为城市化进程健康发展的评价基础,实现城市的可持续发展。

6. 国家城市化的数量规模与空间布局应当有一个战略性的突破:建

立以高密度为特征的三大城市区（群），建立以产业链为纽带的七大城市带，建立以区域发展中心为特征的十多个城市圈，分别从“面、线、点”的有机组合，作为中国城市化的主力军，完成中国城市化空间布局的战略目标。上述的城市化战略空间布局，将容纳全国人口的50％，可集中高素质人才的75％，可创造国内生产总值的85％，可创造全国工业总产值的90％，可带动全国外贸进出口总量的95％，充分发挥城市集群“发展成本低、土地占用面积小、基础设施配套好、产业结构互补性强、市场竞争力和生产集约能力高、综合‘成本—收益’指数高、积聚国民财富能力高、能加速实现社会公平等优势。

7. 以发展克服“城市病”、以规划减少“城市病”、以管理医治“城市病”。国家城市化战略设计的着力点在于持续培育城市的竞争力，通过产业升级、结构优化、技术创新等，积极提升城市的综合实力。经济全球化已成历史潮流，我国加入 WTO 后，中国城市发展已经纳入世界城市化进程。这就意味着在参与经济全球化中使用同一游戏规则，即在更广泛的领域里接受全球化国际竞争的挑战。因此我们必须更新观念，积极采取应对措施，迅速提升城市发展的国际竞争力，切实提高我国城市化的整体水平。

第一篇

中国城市发展战略报告

第一章　总　　论

中国城市化在新一轮经济增长战略机遇期的总任务和发展总方向的选择，必须回答五个严肃的问题：

1. 如何真正落实“大中小城市与小城镇协调发展”的指导方针？

2. 城市发展是否仍然依照传统式的单极扩大？

3. 如何改变城乡分离、城际分离、地方保护、恶性竞争的局面？

4. 如何打破产业布局趋同、到处小而全的重复性浪费？

5. 怎样实现以“协调发展、全面发展、可持续发展”为总体目标的区域一体化？

以上五大问题的统一解决，只能通过发展战略形态的革命性变革，即由原先的单极城市扩张，改变为组团式城市群的培育，一举克服过去城市化进程中的发展弊病，真正实现区域经济一体化、获取高额发展红利、降低发展总成本、消除城乡二元结构、达到社会公平的经济社会协调发展可持续目标。

《中国城市发展报告（2002～2003）》设计了以三大组团式城市群为中心的中国城市化战略“三维分布”制高点：

培育三大组团式城市群（面）；

创建沿江沿海沿路的七大城市带（线）；

发展中西部地区若干中心城市（点）。

其中第一位的思考，就是率先在2020年以前加速构建三大组团式城市群，作为中国经济增长的制高点和主力军。

当上述“三维制高点”在中国成熟或充分展开后，将有全国人口的50%，全国GDP的80%，全国工业总产值的90%和全国进出口总额的95%在此地域上生成，达到以经济发展的区域非均衡，去换取全国社会公平的相对均衡。

依据计算，有可能在20%的国土面积上，获得国家财富总量的80%，彻底减轻全国其余高达80%国土面积上的发展重负，完成在高水平上实现共同富裕的社会进步，由此达到“生产发展、生活富裕、生态良好”的全面小康社会。

一　中国城市化:战略形态的新选择

21 世纪是城市的世纪,中国作为世界上人口最多的发展中国家,未来 20 年中国城市化进程不但对于本国而且对全球发展都将产生深刻影响,许多国外学者把"中国的城市化"与"美国的高科技"并列为影响 21 世纪人类发展进程的两大关键因素。

自改革开放以来,中国城市迅速发展,城市化进程的速度达到同期世界城市化进程速度的两倍,但是,与世界发达国家相比,中国城市化程度仍然十分落后。根据世界银行统计,1995 年世界高收入国家城市化率为 75%,中等收入国家为 60%,低收入国家为 28%,而中国城市化率还不到 30%,与低收入国家相近,低于中等收入国家三十个百分点,与高收入国家的水平相差更远。中国城市化发展水平严重滞后于经济社会发展水平与工业化发展水平这种局面,已经成为严重地制约我国经济发展的"巨大瓶颈",成为快速提高国家竞争力的"巨大瓶颈",成为知识经济时代新一轮财富集聚的"巨大瓶颈"。未来 20 年是中国社会经济发展的战略机遇时期,大力推进中国的城市化,既是全面建设小康社会、实现现代化的历史重任,又是有效解除中国经济社会约束"瓶颈",保障中国经济社会快速、持续和协调发展的重大战略举措。目前中国城市化已经成为推动我国区域经济增长的"火车头",成为激发区域新一轮财富充分涌流的载体。

推进中国城市化进程不可避免地要遭遇到诸多挑战,但是只要牢牢坚持"发展是硬道理"这个方针不动摇,以城市的大发展,去化解城市面临的大挑战,也就是说要"以发展克服'城市病',以规划减少'城市病',以管理医治'城市病'",由此构成中国城市健康发展的指导思想。

世界银行认为:国家的 GDP 达到 1 万亿美元是一个标志性台阶,意味着财富积累将步入新的航道。与国际已有的经历相对照:美国的 GDP 总量在 1970 年达到 1 万亿美元(10100 亿美元),在 10 年后的 1980 年,GDP 总量达到 2.7 万亿美元(27080 亿美元);日本的 GDP 总量在 1978 年达到了 1 万亿美元(10480 亿美元),在其后的 10 年中 GDP 总量达到 2.4 万亿美元(24251 亿美元);中国的 GDP 总量在 2000 年达到了 1 万亿美元,依照国家规划在其后的 10 年(即 2010 年)预计 GDP 再增加 1 万亿美元。为什么美国用了 10 年的时间使得 GDP 增长了 1.7 万亿美元,日本增长了1.4 万亿美元,中国分别比它们少增长 0.7 万亿和 0.4 万亿美元,原因是多方面的。但是注意到美国当时的城市化率达到 87%,日本的城市化率超过 65%,而中国在 2000 年的城市化率仅为 36%时,也许可以更深一层地认识到城市化率的不同所导致的社会财富集聚能力的差异。因此,在 21 世纪的头 20 年要实现全面建设小康社会的奋斗目标,加快推进社会主义的现代化进程,加快中国的城市化步伐是发挥组团式城市群功能和战略中心作用、提高经济效率的必由之路,也是消除中国城乡二元结构、实现社会公平的必由之路。2001 年诺贝尔经济学奖获得者之一的斯蒂格列茨认为新世纪对于中国有三大挑战,居于首位的就是中国的城市化,他提出"中国的城市化将是区域经济增长的火车头,并产生最重要的经济利益",这种认识是符合实际的。联合国环境规划署署长进一步指出:"城市的成功就是国家的成功"。

中国城市化战略必须走出认识上的三大"误区":误区之一:认为城市的发展必

然引发“城市病”。实际上，必须建立以发展克服“城市病”，以规划减少“城市病”、以管理医治“城市病”的全新观念。误区之二：认为必须严格控制大城市的发展。实际上，不同规模的城市是一个有机的整体，城市规模结构是一个具有等级、共生、互补、高效和严格“生态位”的开放系统，大、中、小城市都应当得到合理的发展。误区之三：认为城市化的结果应当是均衡分布、遍地开花。必须考虑到地理基础的差异、发展阶段的差异和生态条件的差异。城市的布局在三维模型中（时间、空间、速度）必然是非均衡的、非对称的和非线性的。

城市化必须支付成本。预测到 2050 年，中国城市人口总量将达到 10 亿～11 亿，依照城市化“成本－收益”模型分析，每进入城市 1 个人，需要“个人支付成本”1.45 万元人民币/人，“公共支付成本”1.05 万元人民币/人，总计每转变一个农民成为城市居民平均需支付社会总成本 2.5 万元人民币/人（2000 年不变价格）。在现有城市人口的基础上，未来 50 年期间中国约增加 6 亿～7 亿城市人口，城市化所需的社会总成本达到 15 万亿～16 万亿元人民币（相当于 1.8 亿～2.0 万亿美元。按 2000 年不变价格），这个数量是 2000 年 GDP 总量的 2 倍。50 年期间平均每年支付城市化成本约为 3000 亿～3500 亿元人民币，相当于 2000 年全年 GDP 总量的 4%左右。

中国城市化在新时期如何发展，必须回答五个严肃的问题：

1. 如何真正落实“大中小城市与小城镇协调发展”的指导方针？

2. 是否城市发展方向仍然依照传统式的单极扩大？

3. 如何改变城乡分离、城际分离、地方保护、恶性竞争的弊病？

4. 如何打破产业布局趋同、到处小而全的重复性浪费？

5. 怎样实现以“协调发展、全面发展、可持续发展”为总体目标的区域一体化？

以上五大问题的统一解决，只能通过发展战略形态的革命性变革，即由原先的单极城市扩张，改变为组团式城市群的培育，一举克服过去城市化进程中的发展弊病，真正实现区域经济一体化、获取高额发展红利、降低发展总成本、消除城乡二元结构、达到社会公平的经济社会协调发展可持续目标。

《中国城市发展报告（2002～2003）》设计了中国城市化战略的“三维分布”制高点：1. 培育三大组团式城市群（面）；2. 创建沿江沿海沿路的七大城市带（线）；3. 发展中西部地区中心城市（点）。其中第一位的思考，就是首先在 2020 年以前加速构建三大组团式城市群，作为中国经济增长的制高点和主力军。当上述“三维制高点”在中国成熟与完备后，将有全国人口的 50%，全国 GDP 的 80%，全国工业总产值的 90%，全国进出口总额的 95%在此地域上生成，即以区域非均衡的经济发展，达到全国相对均衡的社会进步。依据计算，有可能使用国土面积的 20%，获得国家财富总量的 80%，彻底减轻全国其余高达 80%面积上的发展重负，完成在高水平上实现共同富裕的社会公平，由此达到“生产发展、生活富裕、生态良好”的全面小康社会。

在去年《中国城市发展报告（2002～2003）》中，我们对中国城市的发展战略做了历史性的回顾和总结，提出了未来中国城市化的战略目标。并对中国城市化的进程作了初步的战略设计，如提出中国城市化发展战略的七项原则和六项基本措施等。

在中国城市发展战略研究中，还有许多新的问题需要研究和解决，其中最核心的问题首推城市发展与区域协调的问题，即是说如何贯彻落实“大、中、小城市和小城镇协调发展”的问题。我们知道，中国 50 多年以来的城市化道路有一个十分曲折的演变过程，一直到 2002 年党的十六大报告，才在城市化发展的内在规律中，总结出我国城市发展战略的正确方针，终于将城市化进程引导到健康的轨道上来。以下所列是建国50余年来中国城市发展的变化过程（表1.1）：

表1.1　中国城市化发展战略的变化过程

1953：我看“城市太大了不好”，要“多搞小城镇”

1956：“城市发展规模不宜过大。今后新建城市规模一般控制在几万至十几万人口的范围内”

1980：“控制大城市规模，合理发展中等城市，积极发展小城市”

1990：“严格控制大城市规模，合理发展中等城市和小城市”、“小城镇大战略”

2000：“大中小城市和小城镇协调发展的道路，将成为中国推进现代化进程中的一个新的动力源”

2002：中共十六大报告：“坚持大中小城市和小城镇协调发展，走中国特色的城镇化道路”

50多年前的1947年，当时全中国的设市城市只有69座。到1949年新中国建立时，中国的城市数目达到132座。

建国50多年来，中国城市经济得到了迅速发展，城市化的进程亦在加快。1949年城市化水平达到10.6%，至1998年城市化率按户籍统计已达30%以上。城市数量在1998年达668座，比1949年增长4.06倍。小城镇发展到1998年的1.8万个，增长5.42倍。农村集镇已发展到近5万个，城镇经济得到快速发展。同时，城市化的城市功能也在逐步完善。

表1.2　中国城市的基本构成

1.按人口和地区分组的城市数（个）

	全国	东部城市	中部城市	西部城市
合计	663	295	247	121
超大城市	13	7	3	3
特大城市	27	14	9	4
大 城 市	53	25	26	2
中等城市	218	104	78	36
小 城 市	352	145	131	76

2.按城市非农人口和地区分组的城市构成（%）

	全国	东部城市	中部城市	西部城市
合计	100	44.5	37.3	18.3
超大城市	100	53.8	23.1	23.1
特大城市	100	51.9	33.3	14.8
大 城 市	100	47.2	49.1	3.8
中等城市	100	47.7	35.8	16.5
小 城 市	100	41.2	37.2	21.6

3. 按城市非农人口和地区分组的城市构成(%)

	全国	东部城市	中部城市	西部城市
合计	100	100	100	100
超大城市	2	2.4	1.2	2.5
特大城市	4.1	4.7	3.6	3.3
大 城 市	8	8.5	10.5	1.7
中等城市	32.9	35.3	31.6	29.8
小 城 市	53.1	49.2	53	62.8

目前,在我国已基本形成了:

三大城市群:珠江三角洲城市群、长江三角洲城市群、京津环渤海城市群。

七大城市带:沿长江城市带、沿陇海铁路城市带、哈长沈大城市带、沿京广铁路城市带、济青烟威城市带、绵德成渝沿线城市带、沿南昆铁路城市带。

以及三十多个大城市圈(中心城市):以省会城市和具有优势和特色的地级市为主的区域中心城市。

表 1.3 13 年来中国发展的 11 项跨越

- 经济总量进入世界“重量级”阵容

  国内生产总值 1990 年 18547.9 亿元人民币,2001 年 95933.3 亿元人民币
- 人民生活从“温饱”跨入“小康”

  人均国内生产总值 2000 年超过 800 美元,2001 年超过 900 美元
- 国内市场从“卖方市场”转变为“买方市场”

  供过于求商品比重 1999 年以来 70%以上
- 经济体制初步完成由计划经济向市场经济的历史性转轨
- 对外开放由局部开放转为全国开放

  进出口贸易总额 1990 年 1154.4 亿美元,2001 年 5098 亿美元
- 国家财力由“弱”到“强”

  财政收入 1990 年 2937 亿元人民币,2001 年 16371 亿元人民币
- 经济结构在调整中优化,三次产业占 GDP 比重

  1990 年 27.1∶41.6∶31.3,2001 年 15.2∶51.2∶33.6
- 从优先发展东部地区到实施西部大开发战略

  近三年西部地区新开工重大项目 30 多个,总投资约 6000 亿元
- 经济发展方式由粗放型向集约型转变
- 实施科教兴国战略成就斐然
- 创造外汇储备增长速度的世界之最

  1978 年中国外汇储备仅有 1.67 亿美元。1993 年以后,中国外汇储备飞速上升,到 1996 年年底首次突破千亿美元大关,居世界第二。目前,中国外汇储备已经突破 2500 亿美元,稳居世界第二。

资料来源:《领导决策信息》,2002 年 9 月 23 日第 36 期。

作为一种经济社会发展的形态和载体,城市化的本质之一要求实现区域经济一体化。它包括同步发生的两个过程:一个是农业人口向非农人口转移,向城镇集中,

城镇人口和城镇数量逐渐增加；另一个是农业生产、农村生活质量的逐步城市化。也就是说，城市化不仅是农业人口转移为城镇人口，城镇在空间数量上的增多、规模的扩大、功能和设施的逐步完善，而且也是城市的经济关系、生活方式和价值观念广泛渗透到农村的过程。在深化改革开放、推进科技进步的同时，城市化在中国未来经济社会发展中具有重要的地位，城市化将为新世纪中国经济保持持续快速增长提供强大动力。

表 1.4　中国城市分省统计

全国城市数，2000 年年底，单位(个)						
地区	合计	200 万以上	100 万—200 万	50 万—100 万	20 万—50 万	20 万以下
全国	662	13	28	61	217	343
北京	1	1				
天津	1	1				
河北	34		3	3	5	23
山西	22		1	1	4	16
内蒙古	20		1	1	7	11
辽宁	31	2	2	6	7	14
吉林	28	1	1		11	15
黑龙江	31	1	1	6	10	13
上海	1	1				
江苏	41	1	3	3	23	11
浙江	33		1	2	8	22
安徽	22		1	4	10	7
福建	23		1	1	4	17
江西	21		1		8	12
山东	48		3	6	23	16
河南	38		2	7	8	21
湖北	36	1		4	12	19
湖南	29		1	3	8	17
广东	52	1	1	2	29	19
广西	19			2	4	13
海南	9				2	7
重庆	5	1			3	1
四川	32	1		1	12	18
贵州	13		1		3	9
云南	15		1		2	12
西藏	2					2
陕西	13	1			5	7
甘肃	14		1		2	11
青海	3			1		2
宁夏	6				4	2
新疆	19		1		7	11

要解决好城市经济与社会发展所面临的各种问题，首先必须调整城市的发展规模与产业分布，实现结构功能的持续优化和核心竞争力的提高。借鉴国际城市化进程的成功经验，迅速提升城市空间规模，调整经济与社会资源的高层配置，优化功能

分工与提高利用效率，推动城市发展的规模效应与功能建设，这将是中国城市化未来进程的必由之路。

世界现代化发展的历史表明：城市化是国家经济现代化的核心支撑。据世界银行专家估计，当前城市化水平每提高一个百分点，可以带动GDP增长约1.5个百分点。改革开放以来，尤其是2000年以来，我国的城市化明显开始加速，城市化水平20年间提高了12.5个百分点，是前20年的5倍，是同期世界城市化平均增速的1.8倍。

美国《华尔街日报》(记者戴维·莱格发自北京)2003年1月8日以“中国城市化发展迅速”的标题报道，“中国20多年来的经济改革引发了有史以来最引人注目的人口迁移：1亿多人从贫困的农村地区转移到了城市和工业制造区，但这只是开始。联合国预计21世纪头10年里会有2亿中国人移居城市。亚洲开发银行预计到2010年，中国的城市人口将新增3亿，总数达到7亿，占全国总人口的一半。不管哪一种预测接近事实，中国都将经历对其经济发展、生活水平和竞争力具有巨大影响的变革。

首先，新的工人拥入城市和工业中心可能会使中国的劳动力成本保持低廉，由此打破某些人的预言，即中国很快会像日本和其他经济迅速发展的亚洲国家那样由于国内工资上涨而失去制造业的优势。分析家说，中国的工资水平可能要再过几十年才会赶上其竞争对手。

同时，城市的发展不仅使外来人口获益，而且对他们汇钱去的农村家庭有利。世界银行说，中国的经济增长80%靠的是城市。华盛顿大学的地理学家和移民专家陈凯温(音)上月在香港的一个研讨会上说：‘在过去的20年中，大约1.5亿中国人摆脱了贫困。人口流动在其中起了重要作用’。

的确，向中国城市迁移的运动主要是由农村失业人口推动的。2002年9月，东京的民间研究机构日本综合研究所的经济学家今井宏根据2000年的数字发表了一份报告，估计中国有1.71亿人在农村地区没有工作。

无论中国迅速城市化的起因是什么，这种现象正得到中央政府的鼓励。世界银行的数字显示，中国城市人口大约是总人口的1/3，而日本和韩国是4/5。中国决策者说，较低的城市人口比例阻碍了服务业发达而刺激消费的高效率城市可能带来的发展”。

在《中国城市发展报告(2002～2003)》中，我们曾着重提出在一段时期内着力发展大城市这一提法本身是有针对性的，这当然并不意味着中小城市就可以慢发展或不发展。本质上是要以区域性的协调发展思路来统一考虑城市化进程问题。总体而言，针对过去一段时间消极对待大城市发展的作法，必须加速构建中国整体发展的战略性平台和新一轮财富积聚的主力军，以非均衡的经济增长去换取相对均衡的社会公平。在客观揭示“城市群”这一现象的基础上，《中国城市发展报告(2002～2003)》认为：全面培育中国的“三大组团式城市群”，是克服长期以来困扰中国城市化发展战略误区的根本举措，也是中国作为世界强国融于经济全球化和提高国际竞争力的基本出发点。

注释专栏 1.1

京沪穗三大经济圈肩负中国经济大国梦

“在这座城市里，中国人过的完全是自己风格的生活，他们的世界和他们中间 6 万洋鬼子的世界有着光年般的距离。”这是 70 年代，美国记者欧内斯特·霍塞初到上海的印象。

伴随着上海成功申办世博会，中国几大城市间新一轮的竞争又到了白热化的程度。早在去年，北京夺得 2008 年奥运会主办权后，就有经济学家称，北京迎来了迈向国际化和确立城市竞争优势的空前机遇。几乎就在同时，作为珠江三角洲中心城市之一的广州，也已经递交了申办 2010 年亚运会的申办书，它不甘落后地表示，希望在同北京、上海的竞争中成为中国的“企业之都”。

在新一轮的城市竞争中，“国际化”已经成为一致的选择，利用举办大型国际活动的契机，对城市基础设施进行大规模的投资改造，调整城市经济产业布局，提高城市人文素质，增加国际影响正成为每个城市的梦想。

经济引擎

“城市，让生活更美好”这是上海为 2010 年描绘的蓝图。据悉，为筹建 2010 年世博会，上海将直接投资 30 亿美元。专家预计，建设上海世博会在未来八年带动的交通、商业、通讯、旧城改造等延伸领域投资将达到 3500 亿到 4500 亿元人民币。而因成功获得 2008 年奥运会主办权，北京市将直接投资 16 亿美元。专家估计，奥运会大规模的建设和商机将吸引 340 亿美元的间接投资。按照北京市委书记刘淇的说法是“以发展助奥运，以奥运促发展”。利用奥运建设在未来的六年里完成全市工业重新布局，形成新的高科技工业体系，高新技术产业增加值在全市工业的比重超过 40%，同时城市交通将新建 8 条地铁线，开通 650 条公交路线，备受非议的沙尘暴也将获得 500 亿元人民币的治理投入。国务院副总理吴仪曾表示，如果上海申办世博会成功，将和北京奥运会一起，成为中国 21 世纪初发展的双引擎。据经济学家推算，北京申办奥运会成功后到 2008 年的几年间，因为奥运会建设将平均每年为全国 GDP 贡献 0.2%～0.3%个百分点，上海成功申办世博会后，其投资规模可比肩北京。作为珠江三角洲代表城市之一的广州也在筹划自己的远期蓝图。其实，广州近年来在经营城市上的投入已经超过北京、上海。三年间，广州投资 464 亿元人民币改造城市的气魄应是首屈一指。广州的新定位是“最适宜于创业与居住的山水生态城市”。在今年的人大会议上，胡树森等数名人大代表联名提出一份建议，认为“广州应申办亚运会或东亚运动会，远期，本世纪中叶申办奥运会”。近日，广州市正式提出申办 2010 年亚运会，并已递交申办书。

三城竞技

广州如果申办成功，在2008年到2010年，将有三大国际盛会分别在中国三大城市举办。

上海福卡经济预测研究所王德培所长分析："三大城市竞争背后是中国三大经济区域的竞争，它们将成为中国经济发展的引擎。"

据统计，以上海为龙头的长江三角洲经济区，以北京为核心的京津唐经济区，以及以广州、深圳为核心的珠江三角洲经济区，三个城市群总人口只占全国的7.53%，土地只占1.24%，但GDP却占到30%，利用外资额更是高达73%。王德培认为，以城市为龙头的经济发展区域化模式是中国市场经济发展下一步的新趋势，这种经济结构超越行政区划，完成对一个地区的资源、产业链整合和分工，以区域经济的形式出现，这也是经济全球化结构。

王德培表示，以上海为代表的长江三角洲的崛起，有地缘政治、经济的原因，但重要的是长江三角洲庞大的民营经济基础，它是中国下一步市场经济的中坚，在未来竞争中最具优势。

以北京为代表的京津唐经济区有较好的产业基础，但过去受行政影响较大，在劳务成本、制度创新，产业链、人才资源上具备相当的优势。

珠江三角洲作为中国经济改革的前沿，其市场化程度最高，人才、产业链、外贸环境都优于全国，但珠江三角洲目前的政策优势已经不复存在，而该区域中香港、广州、深圳都各自具有不可替代的优势，特别是粤港之间互相依存的同时还未能形成统一市场，谁都无法成为区域经济龙头，因此无法形成统一发展方向。例如，珠江三角洲拥有7个国际机场，但至今都无法完成资源整合，七个城市都要走物流、信息港道路。不过，10年后珠江三角洲仍将是中国具有发展前景的经济区，香港成熟的金融服务业和人民币离岸金融中心地位都将独具优势，珠江三角洲经济带将辐射港澳台地区以及东南亚国家。

未来50年内，以上海、北京、广州或香港为龙头的三大经济圈将主导中国经济大国梦。这是经济界几乎一致的共识。

资料来源：李东平，《证券时报财经周刊》2003年7月24日。

二 组团式城市群：新一轮财富增长的战略平台

1. 组团式城市群的概念

定义：组团式城市群是大中小城市"结构有序、功能互补、整体优化、共建共享"的镶嵌体系，体现出以城乡互动、区域一体为特征的高级演替形态。在水平尺度上是不同规模、不同类型、不同结构之间相互联系的城市平面集群，在垂直尺度上是不同等级、不同分工、不同功能之间相互补充的城市立体网络，二者之间的交互作用使得规模效应、集聚效应、辐射效应和联动效应达到最大化，从而分享尽可能高的“发展红利”，完整实现区域发展动力、区域发展质量和区域发展公平三者在内涵上的统一。

组团式城市群是城市发展的高级形式，是在城市演化的基础上提出来的。一般指空间分布比较密集的不同等级、不同规模、不同类型的城市之间存在着组团式的相互联系，把城市的规模效应、聚集效应和辐射效应等通过城市之间的有机联系，进一步放大，从而产生不同于城市单独存在时的新的区域经济效应。

所谓“组团”，是指区域内不同规模尺度和不同地理位置的城市之间通过形成网状联系和等级系列的相互协调，共同面对外部世界的变化，也就是以城际合作、城乡一体的形式，在使区域的社会经济生命力不断增强的同时，使组团中的每个城市附着于一个坚实的社会经济基底，从而实现社会经济的可持续发展目标。

对组团式城市群这一概念的内涵挖掘，需要从以下四个角度逐渐深入地进行：一是组团式城市群概念的提出，以及它与一般性城市概念的差别；二是组团式城市群的社会经济作用或城市发展的必然阶段；三是组团城市群内在运作方式的特点；四是组团式城市群的发展和能力建设。这四个角度其实也代表着四个层次，是对组团式城市群在概念表象、内在特点、社会经济地位和发展规律上的阐释或表达。

组团式城市群与“传统性城市”的区别比较明显。后者通过水平上不同规模（中心）城市之间的相互协调和垂直方向上不同等级城市之间的功能互补，支持或增强一个区域产业结构的进化和升级，达到“（1＋1）＞ 2”的直接效果。如果说一个单极城市体现的主要是集聚效应的话，那城市群已经通过城际作用产生了联动效应和更高水平的辐射效应。正是这些规模、等级和能力各异的大中小城市之间的互补与社会经济联动，才使得组团式城市群的作用空间增大、发展成本降低和创新能力增强。

在与“一般型城市群”的比较中，可以说组团式城市群是一般城市群的更高级形态，即空间上密集分布的不同城市由于某种原因并不一定能够在发展过程中体现出必然的整体效应，通常一般性城市群尚不存在明显的社会经济横向联系，无形的壁垒、地方保护主义、产业发展的同构性、小而全的低级生产力要素组合等，都在不同程度上存在，一些很必要的社会经济合作很难开展起来。此时，可以说一般性城市群是形态上的群集而并非功能上的组团。可以想象，宁沪杭和京津在解放前就以一种空间密集的方式存在于中国大地上，而且各自规模都比较大，但它们之间的横向联系或协调互动性并不明显。也就是说，空间密集只是一个城市群发挥更大作用的自然基础或必要条件，但并不是充分条件，并不意味着空间上靠拢在一起的城市，或者已经发生这样那样经济联系的城市就起到了功能互补和整体效应增大的作用，也不代表可以充分发挥社会经济潜力。我们更加关注的是基于现在的城市群，如何通过各种手段，进行各种操作，在总体设计的基础上，使城市群内各级城市（大、中、小）实现社会经济创新意义上的组团，追求区域整体竞争力的最大化。为此，就要从区域到整个国家到整个世界来考虑城市群的战略定位，并基于此挖掘和提高不同城市的新的社会经济价值。这种考虑一是看到了城市组团的必要；二是把组团作为一种必然的社会经济发展趋势；三是基于对客观趋势的理性把握，赋予不同城市以不同的社会经济功能；四是根据这个功能性的总体朝向，制定和实施新时期高水平的城市发展战略；五是通过区域性的城市群总体组团，实现大中小城市和城镇的协调发展，实现城乡一体化。在区域范围内解决效率与公平问题。

注释专栏 1.2

长江三角洲的 15 城市
打造世界第六大城市群

长江三角洲的上海、南京、苏州、宁波等 15 个城市的市长将于本月 15、16 日会聚南京,举行峰会,讨论如何联手打造经济一体化的"世界第六大城市群"。据新华社报道,这个名为"长江三角洲城市经济协调会第四次市长峰会"的会议,将以 2010 年上海世博会为契机,重点讨论"世博经济与长三角经济合作",并协商解决 8 个方面的问题——从"培育建立区域性科技市场"到"推动区域现代物流业的发展"。

1976 年,法国地理学家戈特曼首次提出世界存在六大"城市群"观点时,就已经把长三角列入世界的前六大城市群之一,其他五大世界城市群为:

一、美国东北部大西洋沿岸城市群,该城市域北起波士顿,南至华盛顿;

二、北美五大湖城市群;

三、日本太平洋沿岸城市群;

四、英国以伦敦为核心的城市群;

五、欧洲西北部城市群。

而中国长江三角洲城市群则为第六大城市群,由上海、浙江、江苏 3 个省市的沿江地区及杭州湾地区城市构成。目前,长江三角洲城市群人口超过 7400 万,面积 10 万平方公里,是中国经济发展速度最快、经济总量规模最大、最具发展潜力的经济板块。在全中国经济实力最强的 35 个城市中,长三角地区占了 10 个;在最新选出的全国综合竞争力 10 强城市中,长三角则占了 4 个,接近半数。长三角地区只占全中国 1%的土地和 6%的人口,却创造了 18%的国内生产总值。在去年的全国财政收入中,长三角地区的贡献份额超过了 25%。

人才自由流动和共享

"长江三角洲经济协调会"成立于 1992 年,由上海、南京、扬州、镇江、南通、泰州、苏州、无锡、常州、杭州、湖州、宁波、嘉兴、舟山、绍兴 15 个城市组成。2003 年,上海、浙江、江苏 3 个省市签订 6 项人才一体化合作协议,从制度层面跨出人才资源自由流动和共享的第一步,包括"高层次人才智力共享"、"公务员互派"等。《新闻晨报》形容这是"人才流动零障碍"。

"与国际接轨"现在也成为长三角地方政府改善机制的紧迫目标

2002 年春节,时任南京市长的罗志军在市电台与市民热线对话,公开了市长电子信箱网址。一年多里,收到近万封市民来信,这些来信都得到回复。去年4月起,每月一次由电视台直播的"市民论坛"也成为南京市民关注的热点。有媒体比喻,长三角地区的城市就像进行"效率比赛"一样,办理政务的时限越来越短,并且不断追求公开、高效与廉洁。

资料来源:《联合早报》,2003年8月10日。

2. 组团式城市群的战略平台作用

改革开放前20年,中国的财富增长主要战略形态是靠特区、开发区和中心城市建设的点状拉动。借助包括特区在内的城市经济的制度性变革,中国历史性地推进了整个社会经济市场化的进程,从而极大地解放了社会生产力,十分明显地提高了经济效率,在短短的20多年,就使经济总量翻了两番,初步达到了总体小康社会水平,并有一个坚实的起点奔向全面小康社会这一宏伟目标。历史性的成就举世瞩目,但由此带来的问题也正在引起全社会的高度关注,即在一部分人先富起来,一部分地区先富起来的同时,社会阶层的贫富差距明显拉大,地区间的富裕程度差距明显拉大,城乡间的各方面生活差异明显拉大,生态环境受到不同程度的破坏等等。基于此,党中央提出要全面建设小康社会,但新一轮发展的动力源来自何处?新的财富增长方式还是主要靠前20年的点状拉动吗?这些问题都需要我们通过深入的研究来明确地予以回答。

我们认为组团式城市群是中国新一轮财富增长的战略平台,是指在坚持改革开放不动摇的前提下,在市场经济已经成为人们普遍共识的基础上,要靠区域性的高级整合与生产力要素的优化升级去达到经济的持续、协调和全面发展。而组团式城市群通过借助不同特色的城际沟通和城乡交融,可以促使不同经济范畴,如生产、消费、金融和信用得以建立,并实现一个良性互动的循环。也就是说,通过组团式城市群,可以使生产要素优化配置,可以使城市群内外的不同供需要求得到很好满足。组团式城市群的区域经济活动在金融这一经济范畴的支持下,通过不断创新,进行越来越高水平的生产,促使生产、消费和金融活动进一步向更高水平发展。因此,组团式城市群的社会经济作用和贡献体现在其内在的不同经济范畴之间的良性循环和价值提高上。这种不同经济范畴间的合作和交流,或者说良性循环,就构成了新财富的增长平台。

不同的生产力要素形成的是一个系统,体现为一定的结构和功能,而不同的范畴实行组团,除了具备系统的一切特征外还体现出一定的智能性,表现为一个平台性存在,即在其上可以有灵活的社会经济反应,可以进行动态的各种资源整合。有了生产能力、消费空间、金融保障和世界级的信用,财富就会源源不断地被创造、交换和享用。要素层次上的经济活动通常是无法得到持续保证的,只有范畴层面上的产业链高级整合和良性循环的组团式城市群,才能使社会经济有一个全面、协调和可持续发展的基础载体。

三　区域经济一体化:全面建设小康社会的战略表征

1. 组团式城市群的区域经济功能定位

组团式城市群以区域空间作为发展基底,既包括了集聚财富能力很强的城市,也包括了处于发展水平比较低下的乡村。依照国际上的一般估计，在一个组团式城市群内，城乡在地理空间面积之比约为1：50；在财富能力的比重上约为50：1；在人口数量的比例上发达国家为85：15，发展中国家为50：50。很明显，组团式城市群包括了两类经济水平、两类社会结构、两类生活水平和两类生态质量。在全面发展的整体考虑中，如何实现二元经济和二元社会的融合，最终达到区域经济一体化，是组团式城市群建设的目标之一。

现在人们考虑一个区域的竞争优势，主要是看其现存要素和发展潜力的组合和积累，如区域内的自然资本、人造资本、人力资本、社会资本、先进的知识技术和现有企业的核心竞争能力等，认为有了这些，区域就可以很好地发展。正如盖文启在《创新网络——区域经济发展新思维》中所说：

“单极城市所具有的优势是静态的，也是暂时的。因为，区域在发展过程中，面临着区内外不同的环境变化，包括区内企业的诞生和死亡、迁入和迁出等变动情况，区外的技术和市场环境变化以及其他区域竞争的压力等。所以，如果这类区域不将发展初期具有优势的各要素，进行有效重组和创新，则区域原来拥有的竞争优势也将变成劣势。我们将这一类型的区域统称为静态的优势区域。这一类型的区域，主要是指原来福特制时代的一些老工业区，以及拥有比较丰富的自然、技术等资源但经济增长活力相对比较弱的区域。如美国哈佛大学所在的周边地区，尽管有知识技术、人才资源等先天性的优势，但其区域经济增长活力和创新的功能，相对于加利福尼亚州南部的硅谷地区，则显得较差。再如，尽管中国西安市的人才资源也比较集聚(即使在现有的基础上，继续追加大量的物质资本)，也很难与经济发展活力旺盛的深圳市相比。

“动态的区域竞争优势主要是指在一些区域内(如新工业区)，不仅区域内的各个行为主体都能够激活区域内外的资源，进行各自创新，而且，区域内的各个行为主体还通过有效地合作、协同创新，进而带动了整个区域系统的创新，也使整个区域由此获得了持续的竞争力。……，区域内网络的形成，是区域创新的源泉和动力。区域发展过程中，由于区域内形成了创新的‘产业空气’，促进区域内企业和其他行为主体的联接、结网和创新，使区域内的生产商、供应商和客商在高度信任的基础上相互合作，甚至与区域内的竞争对手进行合作。这样，可以增强区域内劳动力的自由流动性，使区域积极吸引外来技术、资金和企业的进入，并使之根植，从而不断增强有竞争优势的知识和技术等生产要素的区内积累、创新，最终实现动态竞争优势的获得与保持。”

也就是说，只有生产要素上的优势尚不能形成区域的长久竞争优势，具有优势的各种成分需要有效重组和创新，区内各行为主体需要有效地合作与协同创新，才能具有持久的优势。为此，区域内要形成创新的“产业空气”，吸引外来技术、资金和企业的进入，并扎下根来，使区域获得不断的要素积累。这种说法已经使我们对区域经济的思考向前走了一步。基于此思考，更进一步的问题是：各种要素有效重组和积累的方式和途径是什么？区域内创新的“产业空气”如何形成？光靠要素的重组和创新氛围就能吸引来外部经济资源并在此扎下根吗？

注释专栏 1.3

突破一体化“瓶颈”加快城市融合步伐

1.京津为何联不起来

如前所述，我国改革开放以来，在城市化进程中也出现了城市区域化、城市群的雏形和发展趋势。目前已初具规模的有：以沪宁杭为中心的长江三角洲城市群；以广州、深圳、珠海为中心的珠江三角洲城市群；以京津为中心的大北京城市群等。就目前的情况来看，走在我国城市一体化发展最前列的无疑是以上海为龙头的长三角城市群。就在10月11日，具有标志性意义的长江沿岸中心城市经济协调会开幕，来自长三角地区以及长江沿岸的29个城市的首脑共聚一堂，共商长江三角洲和沿江地区新一轮开发开放大计。与之相比，国内其他一些省市已经在一体化的新的机遇期表现得明显落后。

近日《中国经济时报》头版刊发题为《京津为何不能联手》的文章，对北京汽车工业与韩国现代化合作发表议论。文章认为，北京天津两个城市相距130公里，经济具有很强的互补性，但合作却不多。天津轿车制造业要比北京成熟得多，北京搞了十几年轿车不成，天津的夏利、面的却曾如蝗虫般覆盖京城，那么为什么北京不能与天津联手发展汽车工业？甚至直言，如果不能跳出北京看北京，北京的汽车工业、制造业以至于经济和城市发展都可能会陷入严重的瓶颈，甚至恶性循环。北京的七环已经到了廊坊，距离天津的二环已不远，北京建成十环，那就和天津不联也得联了。

确如这篇文章所言，在我国，没有哪一个地区有大北京城市群这样优越的城市发展平台——无论是珠江三角洲还是长三角，它们的政策、资源、人才、技术优势在相当长的时期内都无法与京津比肩。由京津领衔的环渤海经济区成立于1986年，是中国最大的工业密集区，继而逐步形成所谓的“大北京”城市群。但是现在，它已经滞后于珠三角和长三角的发展。而且，目前上海对于长三角、广州对于珠三角都产生了显著的“正拉动”效能，而京津对于环渤海则是“负拉动”——从这一地区抽取资源与资金，却没有反哺区域经济。20年内，珠三角和长三角逐步走向了良性循环，而相距130公里的京津两大直辖市，它们对于区域经济的带动功能在竞争与较量中日渐抵消。这两个城市各自为政的现代化规划，很少能够从地区发展的层面审视城市发展，无法以整体观念解决地区问题，甚至还没有从一个城市群的角度来考虑问题。这种城市建设与城市群建设相互脱节，关系失调的现象在我国其他城市群的发展过程中也不同程度地存在。

针对大北京经济圈目前的情况，两院院士、清华大学教授吴良镛指出，世界变化的速度越来越快，不确定因素很多，城市发展必须适应信息化、全球化、技术进步创新等带来的新的竞争和发展机遇。面对新的经济挑战和稍纵即逝的竞争机会，不同的国家和地区都采取了不同的应对措施。随着经济全球化的推进和中国加入WTO的机遇，大北京地区必须增强整体实力，成为一个有国际影响力和竞争力的大都市地区，立足于世界城市之林。

目前，世界重要国家的首都都面临着提升功能和增强竞争力的挑战，应对挑战的有效途径之一是寻求城市地区整体协调发展，汇集区域的整体力量来增强其在国际分工中的有利地位和控制能力。与目前大部分世界城市相比，大北京地区区域发展不平衡、核心城市辐射能力不强、水资源短缺、生态环境质量不高，这些缺陷只有通过区域合作，京津冀联手才能克服。只有通过区域资源的有效配置，才能真正实现区域与城市的共同繁荣。城市之间的竞争不可避免，但它不应该是盲目竞争和不公平竞争，城市发展不是一场你赢我输的赛局，相反，在解决城市问题的过程中，彼此合作，可以共同制胜。

2. 珠三角的融城之难

曾因改革开放而先行一步的珠江三角洲地区，目前，除了面临来自长江三角洲等地区咄咄逼人的竞争外，其自身产业规模和城市布局以及竞争力方面也存在许多不足。从市场角度来说，珠三角没有长三角辽阔。人才的缺乏和人才素质的低下也使该区域的经济发展受到制约。更为严重的是，整个珠三角地区城市分工与产业整合仍处于“战国时代”，其区域经济的竞争优势也就大打折扣。

近来长三角经济发展中的一个引人注目的现象就是，该区域内的各个城市自觉地认识到上海的龙头老大的地位，开始进行各自资源的整合和调配，形成了不同的城市定位和分工。而珠江三角洲地区的主要城市还是各有企图，彼此之间无法协调沟通。今年6月，广东省委书记李长春提出，佛山要成为广东省的第三大城市。这个第三大城市不是现在松散集合的地级市概念。而应该是有机整合的现代大都市，应该是作为整个珠三角城市群中的一个区域中心城市。然而，实际情况是，佛山和其代管的几个县级市仍热呈“离心”发展，其行政区内的顺德更是一直拥有自己单独的电话区号、自己的车牌号码、自己的一套规划远景，早就有摆脱佛山的代管而成为与佛山平起平坐的地级市的倾向。整合的困难来源于人们在行政区划观念上的制约，彼此经济实力相当的几个城市在规划和管理上难以突破原来各自为政、重复建设的局限。此外，离超大型城市广州距离太近可以说是佛山无法成为区域中心城市的另一个主要原因。佛山要想成为广东的第三大城市，还必须处理好与广州的关系。佛山离广州只有25公里，就其土地面积、人口规模和经济总量而言，与广州十个区相比，各项指标都是处于中等偏下的水平。本来应该担当起广州大都市圈副中心城市的佛山，在功能上还没能与广州形成互补与衔接，在资源上尤其是基础设施上未能实现共享。也正因为此，城市在各自发展与相互竞争中相互制约，力量抵消，造成珠江三角洲地区至今仍缺乏一个大家公认的领头羊城市的现状。这种战国纷争的后果，造成资源的浪费，是无法形成整体力量的。

对此，有关专家指出，中国加入WTO后，珠三角产业带发生了很大变化：其一是外资企业纷至沓来；其二是本土企业走出国门；其三是中外企业互相渗透，形成你中有我、我中有你的新结构。这就是说，珠三角与国际市场的交往已经结束了单向引进的历史，正在通过双向互动实现完全意义上的国际化。从市场经济的发展规律来看，以粤港澳三地经济一体化为基本内核的"大珠三角"，最终会成为极富全球竞争力的、高度市场化和国际化的经济区域。如果把这个大经济圈环起来，把广东的东西两翼带动起来，形成整体合力，大珠三角地区就会成为全球性的经济增长极。要实现上述目标。珠江三角洲各级政府首先要在思想上必须摆脱惟我独尊、盲目排外的狭隘视野。另外，两个相对独立的地方未必硬要合在一块，而应发展成为功能分工、空间相对独立，但通过基础设施连成一片的区域，通过经济的联合规划来适应经济的发展。

3. 我国城市一体化发展面临的普遍问题

其实，中国的城市群发展问题岂止京津、珠三角面临的困境，包括已经启动和即将进行的许多城市一体化行动中，都普遍存在诸要素流动不畅、基础设施建设重复、城市集约化程度不高等等问题。以长三角为例，目前最关键的在于，在加入WTO的背景下，长三角能否找到新的动力和突破口，使一体化的进程跟上全球化的脚步。有专家指出，目前阻碍长三角融为一体的根本因素在于利益机制的不协调。因为市场经济本身就是利益主导的经济，"长三角"地区的各地方政府、各个企业都有其自身的利益选择，像前一段出现的区内城市竞相以"跳楼价"争夺台资，便让人感到忧虑。

进一步分析，在港口，跨区域交通、旅游等方面。我国的三大城市群在区域已经突破了市域范围，但尚缺乏整体的、较为自觉的战略与行动，使之成为突出的优势。主要表现在以下几个方面：

——区域经济缺乏核心辐射源。在这些城市群发展过程中，除长三角外，其他城市群还未能形成具有强大主导作用的经济中心、适应现代经济发展的经济体制和有竞争力的经济区域。由于缺乏强有力的核心辐射源，加重了区域内部协调发展的矛盾，使得促进区域发展的措施因缺乏有力的经济保障而难以具体落实。

——产业链条薄弱，区域核心城市与周边地区联系不紧。区域内的中心城市及其他城市各自为政，城市发展目标相似，产业结构雷同，生态环境系统缺乏引导控制，结果导致整个区域资源使用浪费和发展水平落后。同时，由于周边城市与中心城市内在的经济联系不强，中心城市的辐射能力很难带动整个区域经济的繁荣。

——地方保护行为依然存在，区域协作机制亟待建立。目前，城市群发展存在的最大问题还是部门垄断和地方保护。虽然区域间行政区划界限有所淡化，但区域内政府行政关系复杂，给地区之间的协调带来很多掣肘因素。部门利益和地方保护阻碍了经济资源的自由流动和跨地区的经济合作。

——区域交通体系尚不健全，对城际交通缺乏足够重视。目前，除长三角一体化的交通格局正初步形成外，其他区域的交通网总体布局存在缺陷，对城际交通线路和网络建设缺乏足够重视，不能充分满足城市客货运输迅速、便利、安全、经济的需求。许多重要城市之间、城市重要交通枢纽之间的联系仍然不便，大城市之间交通联系方式单一。

——区域内城市等级结构不合理，缺少发挥"二传"作用的中间层次的城市，尚未形成完善的网络体系。在整个区域的城际竞争中，大城市处于绝对优势，其他城市不能很好地衔接，使整个区域发展很不平衡。

4. 用新思路打造中国的大城市群

针对我国城市一体化中存在的上述种种问题，国内专家学者从不同角度提出了推动城市一体化发展的思路。

原全国人大常委会副委员长费孝通提出：区域一体化中要注意发展各个层次的中心城市。珠江三角洲、长江三角洲和环渤海湾地区要形成区域经济实力，都需要发展各个层次的中心城市，拿长江三角洲来说，它必须要以上海为中心，周围还要有许多低一级的中心城市，有了这些城市，整个区域的经济才能发展起来。应该把贸易、金融、科技、信息抓上去，而把层次比较低的工业分出去，一层层地分出去，同时，要充分利用贸易、金融中心的力量，把腹地一层层地带动起来，这才是区域经济中的大上海，这样的上海，就能成为一个中国经济的龙头。换句话说，就是要使上海在经济上成为长江三角洲和沿江地带工农业商品总调度室或总服务站。

国务院发展研究中心专家李善同则认为，发展城市群关键是要培育区域"竞争优势"。他说，加入世贸组织以来，对外，中国降低了贸易门槛，对内，不少省市之间，却反而加强了产品流动的壁垒。这不仅保护了很多落后甚至假冒伪劣产品，更导致效率的低下。况且，中国作为大国，其发展不可能仅靠外需，更多的要靠内需。而打破地方壁垒，使各地企业在更大空间内更有效地配置资源，对扩大内需尤为关键。珠江经济带已在考虑将云南、广西、贵州等地也网罗进区域范畴，一个更大范围内的资源整合，无疑能使各地区都充分受益。

而今，"比较优势"一词已成为各地的时髦用语，但除了静态的比较优势之外，更应研究如何在动态中保持"竞争优势"。最为经典的范例是日本，这个国家基本没有任何比较优势，但其60%的汽车工业均在国外，而美国的洛克菲勒中心一度被日本买下。同样是日本，较早地高举全球化的大旗，在对美贸易中，巧妙地跳过汇率壁垒……这种"没有优势创造优势"的水平，加上随机应变的能力，都构成了竞争优势。比如说长江三角洲，就必须加快以竞争优势取代"稍纵即逝"的比较优势，用动态的、可变的"软要素"来增强竞争优势。尤其体现在政策上，因为政策失策，优势即变成劣势！

而上海发展战略研究所所长朱荣林则从国外大城市圈的比照中反观中国城市一体化路径，他认为，目前，国内三大城市群各有特色，京津主要有技术优势，长江三角洲则有区位优势，而珠江三角洲制度创新有长处。就国外大城市圈的经验来看,技术优势和区位优势的发挥,只有在制度创新"指挥"之下,方能淋漓发挥。例如,在跨区域管理上,纽约都市圈内总体松散,但专业性领域则步调一致,1921年就成立了纽约港和新泽西港的联合港务局,纽约都市圈内三个州又成立联合交通运输局。需特别强调的是这些联合机构的权利——是"具支配能力和规划能力的,具有法人资格的实体"。再看华盛顿都市圈,成立都市圈委员会,一年预算1000万美元,其中政府出资60%,"契约收入"(公司化运作)30%,另有10%为10名政府成员分摊。而日本,各个城市虽然各自为政,但事关都市圈内协同,则由国家决定,哪个城市都不能说了算。美国的密西西比河跨越几个州,国家决定成立密西西比河管理局,由国家来协调,最后河流开发成功。据调查,当区域系统内的"经济单元"处于自然状态下,各个城市间若没有人为地创造条件,其协同效率最大值仅为40%。因此,城市群发展必须建立区域性权威机构。

进一步实证性研究来自上海社会科学院副院长左学金,他从"非物质产品"合作的新概念入手,分析认为,世界发达国家经验表明,人均GDP在5000至8000美元的经济发展阶段时,社会对制造业产品的消费会呈下降趋势。再用5年左右时间,长江三角洲地区可能步入后工业化发展阶段,人均GDP有可能突破6000美元。因此,从现在开始,长三角就应该积极注意增强养老基金、医疗、高等教育等"非物质产品"的供给与合作能力。研究表明,美国衣食住的收入消费弹性为0.3,即收入每增加1%,对衣食住的消费仅增加0.3%;而教育和医疗的收入弹性则高达1.6。因而,长三角若一味强调制造业的投资比重,忽视非制造业产品的供给,或者不充分发展服务业,那么经济持续增长就会面临后劲不足的局面。此外,长三角还应加大医疗、高等教育机构之间的横向联系。目前,长三角地区医疗机构的数量已达相当规模,但多为单兵作战,通过资产整合形成的紧密型医院集团,或通过合约形成的医疗合作网络都比较罕见。沪、苏、浙的名牌医院,可以在地区内发展与其他医院的合作关系,甚至以收购兼并、资产重组的方式建成密型医院集团。长三角的高等教育资源丰富,应鼓励著名学府在教育部指导下,在辖区内有条件地开设分校,并在生源调剂、学分互相承认、师资共享等近期可以突破的领域率先实现异地合作,以尽可能地增强教育服务的供应能力。

综上所述,本课题组认为,全球化的浪潮已通过区域一体化和城市群、城市集团的演进在空间、时间上冲破阻隔,以各种生动的形态多层次地表现出来。在我国现阶段,它虽然仍受地区行政格局及区内行政管理制度的影响而呈现某种徘徊局面,但其发展的趋势和方向已呈不可阻挡之势,并因类似长三角这样率先萌动的一体化实践而展露生机。这是中国改革开放20多年来又一次不可多得的新的发展机遇期的一个制高点,是中国入世初期至关重要的战略机遇期的关节点。它对中国区域经济抢占入世先机进而在经济全球化的竞争中脱颖而出具有至关重要的战略意义。当然，在推进城市群战略中我们还有许多理论的和现实的重大问题需要破解，但这更加坚定了我们的信心。

资料来源： 北京国际城市发展研究院，《领导决策信息》，2002 年 10 月 21 日第 40 期。

我们认为，区域内经济要素的重组和行为主体的统一，都受所在各自城市的社会经济价值和城市群组团情况的不同程度的影响。如果某种优质经济要素存在于某个城市之中，而这个城市并不能使该生产要素发挥充分作用，那么生产要素就会被其他城市的经济活动所重组，而这个城市也就不会再在这方面保持优势。同样，如果城市之间有很好的产业配合，政府共同搭建了合作创新的平台，那区域内的行为主体就会很好地进行合作，实现协调创新。因此，正是城市群以组团的方式共同发展，才能激活各种经济要素，才能全面增强区域的竞争能力。

2. 全面建设小康社会需要区域经济水平上一个新台阶

全面建设小康社会是党的十六大提出的宏伟目标，要实现这一目标需要区域经济水平上一个新台阶，即在区域经济发展的新台阶上更好地实现工业化和城市化。这个工业化是新型工业化，而城市化也要相应构建组团式城市群。如果以组团式城市群发展作为平台，可以体现出高一级的区域经济效益，使工业化和信息化良性互动，即以信息化带动工业化，以工业化促进信息化，就可以真正地促进全面小康社会建设目标的实现。

十六大报告中提出要“走新型工业化道路”，这是对中国工业化道路的直接指导。工业化与城市化存在内在的、深刻的经济逻辑关系。未来几十年，中国城市化进程将大大推进。一是中国城市化动力巨大(包括城乡收入差距导致的推力以及工业化导致的拉力)；二是城市化障碍(户籍制度的松动、土地市场的发育)趋于消除，而硬件条件(交通条件的改善、基础设施的建设)日益改善；三是现代意义上的工商城市正大步迈入中国经济舞台的中心，并成为新的经济发展主体。因此，可以预料，高瞻远瞩、定位正确和竞争力强的城市将迅速崛起，而定位不好、竞争力差的城市就会变得落后乃至衰落。据一些学者的测算，今后 10 年或者更长的时间中，常规情况下城市化对于中国经济增长的净贡献为 1.9 个百分点，加速城市化对于中国经济增长的净贡献可以达到 3.6 个百分点，“城市化完全可以成为带动中国经济增长的主要贡献因素，成为带动中国经济增长的火车头。”因此，中国未来只要发挥好工业化与城市化两大趋势，就能够确保持续繁荣，实现全面建设小康社会的目标。

迈克尔·波特在《产业簇群与竞争》这篇文章中指出，产业簇群在全球经济格局之下有关国家、地方和地区竞争的理论中扮演着重要的角色。一般而言，产业簇群是指在特定的领域中，同时具有竞争与合作关系，且在地理上相对集中，有交互关联性的企业、专业化供应商、服务供应商、相关产业的厂商，以及相关的机构。在发达国家中可以明显地看到在某些特定领域竞争成功的产业簇群。所谓区域经济上一个新台阶，就是指要通过城市组团式发展，形成在全球范围具有竞争力的产业簇群，由城市经济的专业化和个性化，组合而成高水平的区域经济。正如波特指出的：“产业簇群的概念代表一种思考国家和城镇经济体的新方式，并指出企业、政府和其他法人机构致力于提升竞争力上的新角色。”可以想象，如果一个区域形成了具有国际竞争力的产业簇群，它对社会经济在精神和物质方面的贡献该有多大！产业簇群并不是一天就可以建成的，也不是靠城市单打独斗就可以实现的，必须发挥城市组团的作用，必须朝向于一个共同的区域经济特色而努力才行。因此，组团式城市群的建设本身也是形成高水平产业簇群的过程，是高水平区域经济能力建设的一个基本方式。

总之，全面建设小康社会的战略目标必须通过区域性的城市组团式发展来实现。基于组团式城市群的社会经济活动，可以形成一些有特色和竞争力的产业簇群，可以实现持续的创新，可以使各种经济要素的价值得到充分发挥。基于组团式城市群，可以在一个区域内把不同的产业形态，如知识密集型产业、资本密集型产业和劳动密集型产业形成很好的空间互补；可以把不同的消费需求，如物质生活方面的需求和教育文化上的需求获得较好的满足；可以基于经济分工的深化和合作联系的加强，把信用体系建立起来；可以针对各种情况，使诸如社会保险、风险投资、共同基金和直接投资等金融手段更有效更有针对性地设置。更关键的是，在组团式城市群中，不同经济范畴的密切配合不仅更加必要，也更为可行。因此，组团式城市群应该是全面建设小康社会的一种战略形态，需要进一步关注、研究和建设。

注释专栏 1.4

日本首席经济观察家大前研一认为：中国经济应避免偏枯偏荣

2003 年 2 月 12 日

中国的六大经济区，每个都具中等大国的规模，每年平均有 10%的增长率。但原本应当健康发展的区域经济，若被政治扭曲或恶性竞争，即可能走到不健康的“诸侯经济”之方向。

“区域经济”已上日程

随着改革开放的深化，以及成长所造成的扩散效应，中国的“区域经济”已成了当今重要的课题与话题。此乃经济地理学上的重要现象。中国的“区域经济”不但已是中国经济的自然增长结果，而且被提高到了国家经济策略的更高层次。

最近日本首席经济观察分析家大前研一在他的“中国三部曲”三本著作里，特别强调中国的“六大区域”，它们分别是：一、长江三角洲；二、珠江三角洲；三、北京和天津经济区；四、辽东半岛；五、山东半岛；六、厦门及福州。大前研一指出，中国的这六大经济区，每一个在亚洲与其他国家相比，都已有一个中等以上大国的规模，每年平均都有 20%的增长率。其中除了排名最前的“三大”外，日本企业以辽东半岛为主要腹地，南韩则以山东半岛为未来的发展方向。这“三大”和“三小”已成了中国经济的发展地基。

另外,“中国市长协会”最近公布《中国城市发展报告(2001～2002)》则显示长三角、珠三角、京津这三大城市群等已形成。报告中并通过模拟演算,评估了中国50个城市的“真实发展能力”,前八名里,除了武汉之外,全都在前述三个区域内。由此也显示出这“三大”的“区域经济”上的功能。

防止走向“诸侯经济”

中国的“区域经济”正在兴起,它由20世纪80年代珠三角像是前进基地般地伸向世界开始,到了90年代之后,长三角渐领风骚,在可见的未来,由于中国经济的内需性增强,加之长三角坐落全中国的枢纽位置,它的前景自然较珠三角尤为乐观。长三角在过去10年里,高度发挥其地理和文化上的特性,而珠三角原先在这些领域的优势的确已大为减少。尽管气势上似乎略逊,但珠三角以出口经济为主,其经济总量连续十多年位居中国第一,国民所得之优势也一直领先。珠三角依然是经济重镇,尤其是综合出口的地位,仍居中国之冠。

就全中国的规格而论,珠三角其实相当于日本的东京大田区和大阪市。它没有京津唐作为政治、文化与教育中心的优势;也没有长三角那种地利与商业文化的传统与风华,但仍能保有鼎足之一的地位,也确实不易。

任何幅员广阔的国家,全国的总体经济都只不过是区域经济的集合,因此,区域经济间除了求取差异所造成的利益外,同样也进行着相互间的严峻竞争。让区域经济维系一种动态的平衡与循环,这乃是国家整体调控能力的职责。否则就会造成所谓的“资源配置不当”或“资源边际效用无法极大化”之弊病。

近年来,许多讨论中国区域经济的论者,经常会将“区域经济”和“诸侯经济”并提,无论这种提法的动机为何,至少都显露出人们的一种忧虑。那就是原本应当健康发展的区域经济,若被政治扭曲或恶性竞争,即可能走到不健康的“诸侯经济”之方向。倘若如此,则国家的总体整合,以及地区的均衡极易失去,从而造成偏荣偏枯的结果。而这也是中国历史上的常见情况。

需更多整体性调控

在区域间的竞争开始表面化的此刻,我们认为中国至少应做出一些新的改革与设计:首先就中央而论,综合的“国土开发”早该纳入国家的首要施政目标。综合性的“国土开发”,乃是针对传统与现实,对区域经济设定出最基本的架构和方向,使地理与人力的运用效益得以极大化和均衡化。为贯彻这一目标,国务院甚至有必要设置跨部门的“国土综合开发委员会”之类组织,以有效调控。

就区域而论,由西方的先例,我们已可看到随着区域经济规模的扩大,以及经济所造成的跨行政区整合,为避免造成摩擦与浪费,区域经济的管理已日益迫切。譬如长三角跨一市二省,各种不当事例日增,强势压倒弱势也开始出现,这些都亟待整合。

再譬如，在可见的未来，珠三角与港澳息息相关，更需要将协调支援的机制固定化，甚至常设化。这也就是说在区域经济兴起之后，区域的“跨界专业管理制度”已日益迫切。只有如此，区域经济才可能在更大共识下找到共同的利益与方向。

以整体发展而论，当今中国的区域经济已经在崛起，但是，我们也不能忽略了不在“三大”、“三小”之列的其他更广大的内陆区域，基于此，如何创造一个沿海区域经济间有更多国家整体性的策略协调，避免区域失衡，也格外必要。

据我们所知，近年来北京已将区域经济提高到国家战略层次来思考，这是个好的趋势。北京申奥，上海申博，也都是这种思维的结果。但除此之外，我们更关心国土均衡发展的基本问题，这是中国决心进入全面小康不容忽略的！

资料来源：香港《亚洲周刊》，2003 年 2 月 12 日。

四 消除城乡二元结构：实现中国社会公平的战略要点

二元社会结构性问题的解决是中国实现全面、协调和持续发展的一个关键。众所周知，大量的农村人口需要向城市转移，较低的农业经济效益状况需要改变，广大农民的文化水平需要提高。改革开放以来，虽然中国的工业化走上了新的阶段，但农村经济和农民生活尚未得到令人满意的改善。在中国加入 WTO 后，进入全球性经济开放的条件下，解决中国二元结构问题既面临着严重的挑战，也有着难得的机遇。如果我们在新的时期针对新的问题实行新的发展思路，由二元结构所导致的“三农”等问题会有一个较好的解决思路，这就要大力促进组团式城市群的发展。组团式城市群并不只是城市之间的经济联系，还包括区域中的农村和农业人口问题。

相对于户籍制度对城市化的影响，一些专家认为农业人口的文化水平和经济能力更为重要。也就是说，如果农业人口的文化水平得到普遍提高的话，城市化工作会做得更好。世界银行首席城市经济学家崔诚洙(Songsu Choi)在 2000 年 7 月的“中国城市化战略高级国际研讨会”上指出：

“确实，没有户口制度限制，城市化水平会更高。如果后者有如人们确信那样有力，那么，取消户口对推动城市化水平，提高在世界范围模式中的收入水平，会比我们预期的更高。然而，户口的有效性或许没有一般认为的那么高。我们小组中的陈教授对中国人口流动各种实据进行了深入分析，估计近年来中国人口流动在大约 3%～4%左右。这大大低于工业化国家水平，但是高于其他国家，如印度，没有任何法律限制，但其显示出人口流动每年仅有大约 1.5%左右。印度及中国在形式上显示出一致性，其流动性很大程度取决于农村居民受教育程度和财富水平。这也与众所周知的，户口已经在中国许多城市放松的事实一致，即对流向构成中国大部分城市化的半城市地区移民来说，户口仅有微弱的限制。换句话说，户口的作用不可否认，但其效果不如人们想象的有力。本分析重要的政策影响在于，进一步放松户口限制不大可能像人们担心那样，会导致大量农村人口涌入城市。如果从农村向城市移民的潜在可能性很小，那么如何解释城乡地区持续并很大的收入差距呢，如何可以减小呢？使用简单的历史分析似乎可以得到满意的解释。一个重要的历史事实是中国50年代以来就开始的工业化运动，将投资主要投向了有选择的行业和城市。当时的城乡收入差距比现在要高，并且人为地用户口制度强制施行。该差距随着大规模产业增长减缓而逐步缩小，但是在过去的20年中，工业增长又恢复了超常速度，速度之快，来不及使平衡发展跟上步伐。收入差距不仅出现在城乡之间，也出现在国家不同的地区之间。”

因此，要想解决二元结构问题，要从几方面同时入手：一方面是制度上的，一方面是能力上的，一方面是城市建设和发展上的。正如王慧炯教授在上述的“中国城市化战略高级国际研讨会”指出的那样：

“在沿海的长江三角洲地区、珠江三角洲地区已呈现出城市绵延区发展的态势。在其他一些地区，如京津唐地区、湘中地区、成都平原地区、以武汉为中心的湖北平原等，也呈现出城市圈或城市带发展的态势，但由于行政区划不能适应城市发展的变化，这些城市密集地区的发展缺乏统一的规划，不利于这些地区城市的健康发展。此外，还缺乏全国性的城市体系规划和省域城镇体系规划，一些城市的城市总体规划也需要相应进行调整和修订。如果中国的城市化进程得到加快，没有科学合理、相互协调和城市发展规划，中国城市发展的后果是难以想象的。

在经济全球化进程中，城市对国家经济发展的作用将更加明显。随着经济全球化进程的加快，围绕市场、资金、人才、技术等方面的竞争越来越激烈，在这一过程中，各国城市的竞争力，特别是城市经济的竞争力将确定该国在全球化竞争中的地位。为此，许多国家都越来越重视城市发展的质量和城市本身在全球城市格局中的竞争力。中国作为一个大国，应该在全球城市格局中占据一定的地位，着力改善城市发展的质量，并重点培育几个具有较强国际功能的城市，使其成为带动整个国家参与经济全球化的桥头堡。”

因此，从现在开始就要多方面综合地考虑和解决二元结构问题，一是坚持户籍制度和土地流转制度改革。同时，要采用新形式和新手段，加强针对农业人口的教育，切实贯彻和充实科教兴国战略；二是要改变城市建设和经营思想，建立新型城市观，即把集聚效应、辐射效应和城际联动、城市耦合效应等一起考虑，重新基于新的层面考虑城市本身的战略定位；三是区域要有一个符合其历史文化特点和经济比较优势的创新战略，必须能够落实为各个城市的发展战略，必须能够促使“三农”问题的有效解决；四是要在国家层面上总体把握不同区域的战略走向和区域之间的联系，要从国际经济和世界经济角度考虑城乡社会经济的总体发展方向和步调问题。这四方面工作都是相互联系，缺一不可的，只有做到了基于全球化经济背景，立足中国社会经济问题实际，做出区域经济的整体考虑和设计，才能更好地促进城市化进程和二元结构问题的解决。因此，解决城乡差异，实现社会公平的战略要点需要把制度创新能力、城市发展观、区域整体朝向和国家总指导等统筹地加以考虑。

总之，相对于新一轮的社会经济发展，组团式城市群可能成为一种动力性推动；通过组团式城市发展所带来的区域经济一体化则是一种质量性表现；最终的结果要落实到提高全国人民的生活水平和共同富裕上，这是一种公平性要求。我国已经有了比较好的组团式城市群发展基础，关键是要进行理论创新和制度创新，用新的理论来指导组团式城市群发展，使中国城市的发展建立在一个符合规律的基础之上。

第二章　城市"发展红利"的理论体系

改革开放以来20年，中国发展的整体表现呈现出点状拉动的经济增长形态。以4个经济特区为起始，紧接14个沿海开放城市，近50个国家级经济技术开发区和50余个高新技术开发区，以及上海浦东、北京中关村、武汉东湖、陕西杨陵等，努力发挥点状突破的带动作用，起到了窗口、辐射和示范作用，成为20年来我国国民经济的增长点和区域经济发展的生力军，引领国民经济在不到20年的时间，年平均增长率达到9.5%，经济总量提前翻两番，为21世纪整体提高国家综合实力奠定了重要基础。

未来20年中国经济增长的战略平台，必须注入全新的动力源。十分明显，十一届三中全会以来中国经济的飞速发展，主要得益于"改革红利"的支撑，从农村改革、对外开放、生产关系调整、社会主义市场经济培育一直到全面的制度创新，给经济的快速成长注入了强劲的动力。这种动力在未来全面建设小康社会的伟大实践中，仍然是带根本性的依托。同时，中国新一轮经济增长的动力源已经具备了从"发展红利"(Development Dividend)中索取的成熟条件。所谓的发展红利是指"区域整合之后所带来的发展潜力与整合之前的现状能力之差"。事实证明，当经济主体从一个低级平台向一个高级平台整合时，生产力要素的组合趋好、资源配置趋优、专业化分工趋强、发展成本趋低，发展红利的"自发"获取将呈非线性增长。例如从地级向省级规模整合时，发展红利在原有基础上平均提高10倍；但从省级规模向跨省规模整合时，发展红利在原有基础上平均提高100倍。以上规律告诉我们：人类长期以来一直追求经济全球化的格局，其最高理想就是为了获取最大的发展红利。而组团式城市群则是得到发展红利的最有效途径。

发展红利的大小反映了以下七类区域优化的综合结果：

1. 区域整合的规模与程度；
2. 生产力要素的优化程度；
3. 产业链布局的合理程度；
4. 发展成本的降低程度；
5. 大中小城市功能的协调程度；
6. 基础设施的共建共享程度 ；
7. 区域经济一体化程度。

组团式城市群是先进生产力的集聚中心；组团式城市群是解决三农问题的根本出路；组团式城市群是实现社会公平的最终归宿。城市体系的等级、有序、整合、协调和组团式、网络式结构的形成，是汲取发展红利的最有效途径。城市化中的高级表达形式就是组团式城市群。

> 21世纪是组团式城市群的世纪，还将由以下的统计数字表明：20世纪下半叶美国GDP的主要贡献出自大纽约区、大芝加哥区（五大湖区）和大洛杉矶区，这三大组团式城市群对美国经济的整体贡献率达到67%；而日本GDP则主要产出于大东京区、坂神区、名古屋区，这三大组团式城市群对日本经济的整体贡献率超过70%；就中国而言，珠江三角洲的GDP目前约占全国的10%、长江三角洲约占全国的18%、京津唐环渤海湾地区约占全国的7%，这三大组团式城市群对中国经济的整体贡献率仅达35%。美国、日本、中国的对比显示：我国经济增长的制高点和主力军尚未形成，发展红利的巨大潜力远未释放，组团式发展的强力拉动有待开掘，空间整合的优化能力亟需提升。这就是为什么美国和日本三大城市群的集聚能力和GDP贡献率达到整个国家的三分之二以上，而中国三大城市群对全国GDP的贡献率只有三分之一强。

一　中国经济从点状拉动到组团式发展的战略转变

改革开放以来20年，中国发展的整体表现呈现出点状拉动的经济增长形态。以深圳、珠海、汕头和厦门4个经济特区为起始，紧接大连、青岛、宁波和广州等14个沿海开放城市；同时以天津、重庆、沈阳、西安和成都等中心城市为龙头的近50个国家级经济技术开发区；加上以上海浦东、北京中关村、武汉东湖和陕西杨陵等几十个国家级高新技术开发区为代表，在国家特定政策的扶持下，注重优化投资硬环境和完善投资软环境，坚持以引进外资、兴办项目、加工出口产品为主，致力于发展高新技术产业，努力发挥点状突破的带动作用，在推行改革、对外开放、吸引投资、大胆试点、促进区域经济增长和实现可持续发展等方面，起到了窗口、辐射和示范作用，成为20年来我国国民经济的增长点和区域经济发展的生力军，引领国民经济在不到20年的时间，年平均增长率达到9.5%，经济总量提前翻两番，为21世纪整体提高国家综合实力奠定了重要基础。

为胜利实现2020年全面小康社会的战略目标，为应对新时期经济发展面临的战略机遇，为构筑新一轮经济增长的战略平台，国家经济发展形态的选择必须有新的构思，并从战略性的高度上实施突破，由前20年的“点状拉动”向后20年的“组团式发展”演进，这种历史的必然既是世界经济增长的基本事实，也是改革开放前期成功经验的有效放大，同时这也是未来20年中国经济增长的新布局和新思维。

必须指出，城市化进程中的点状拉动是一个必经的阶段，20世纪60年代的增长极理论，曾经在城市发展中有着很大的影响。进入到经济全球化的时代，从点状拉动向组团式城市群的战略转换，已经提到了中国城市化的战略思考之中。

注释专栏 2.1

石定环：国务院暂停审批各类园区必要且及时

中国科学技术部秘书长、新闻发言人石定环今天在此间回答记者提问时表示，最近国务院发出暂停审批各类园区，进行清理整顿的通知是非常必要的，也是非常及时的。

据介绍，现在在全国的园区当中，有国家级园区，有省级园区，有省级以下园区，包括县级以下的园区，一共3800多个。在这些园区当中，国家级仅占6%，省一级占26.6%，省级以下的高达67.4%。

石定环说，当前在省级以下的各类开发区、园区当中存在着土地占用过多过滥的状况，对于我们这样的国家，土地资源是非常宝贵的。统筹规划，加以管理，更好地发挥土地资源的效益，对国家是一个大政方针，在这方面进行清理整顿是十分必要的。

石定环也指出，对于国家级园区来说，情况是不一样的，作为国家级园区，经过十几年的发展，所取得的成就和发挥的作用是有目共睹的，国务院领导和有关部门都有共识。这样的整顿避免恶性竞争，使得国家级高新区，包括省级高新区得到更好的发展环境，更加规范的管理，来促进国家和省级高新区的发展。

石定环表示，当然国家园区面临过去原有规划面积大体上都用完了的情况，现在确实需要新的开发空间，在这方面，科技部会同有关部门结合这次清理整顿，研究有关措施，进一步加强管理，促进国家和省级开发区的进一步发展。

资料来源：中新网，北京2003年9月16日。

注释专栏 2.2

佩鲁理论的失灵

早在20世纪80年代，来自上海的学者于光远曾主动提出上海和宁波相连，却没有得到浙江方面的积极响应。当时在浙江理论界中占主导的是国际权威佩鲁的“增长极”理论。此理论认为，一个地区经济发展会有一个增长极，这个增长极会源源不断地从周边吸收各种资源，造成周边经济弱化。有关专家分析，当时浙江省有关领导担心，怕上海这个“黑洞”吸收了浙江资源。

佩鲁理论在城市发展的早期阶段，具有积极的作用，对于所在区域中资本、人力、技术、资源和市场的有效集聚，起着重要的价值，作为增长极对于周边的辐射带动也是十分必要的。但随着城市进程的高级发展，以增长极为代表的城市扩张、必然带来相应的城市病，同时为区域内、区域间的恶性竞争提供了明显的壁垒。主要体现为，单极化城市发展的结果，可能引向各自的小而全“桶板建造”，阻碍了生产发展向高级形态的跃迁，由此：

1. 城市单一增长极必然带来城市规划危机；
2. 城市单一增长极必然带来产业布局的选择性危机；
3. 城市单一增长极必然带来经济升级成本加大的危机；
4. 城市单一增长极必然带来地方保护主义的恶性竞争危机；
5. 城市单一增长极必然带来区域发展红利的丢失危机；
6. 城市单一增长极必然带来区域共建与战略联盟建立的危机。

江浙区域经济研究专家、浙江大学陈建军博士在其执笔的《上海建设国际经济中心与长江三角洲地区的产业经济关系研究》报告中指出，浙江和上海资源的互补性是推动浙江和上海的经济合作、产业分工以及区域经济一体化基石。浙江的资源优势在于具备相对丰富的企业资源。上海的优势是拥有浙江将难以赶超的发展条件，特别在专业人才方面。上海的浙江企业无论是否将企业总部转移到上海，基本上都采取了充分利用沪浙两地资源的发展战略，通过建立企业内部的地域分工形式来获取要素边际效益最大化，以实现企业发展的目标，几乎没有企业因为在上海的发展就放弃了在浙江的发展。

20年的发展历史证明，浙江到上海投资已达500亿，浙江迁移到上海的企业5万家，上规模的2000多家，浙江还是迅速发展，佩鲁理论失灵了！

“酝酿10年之久的大桥工程今天能如愿以偿，标志着宁波与上海的进一步接轨，并使上海能够平行辐射杭州湾南岸的宁波、绍兴、舟山、台州和温州等地区。跨海大桥把杭州湾的‘之’字型的路网结构变成了‘工’字型。从宁波到上海的莘庄，走沪杭甬高速公路约为304公里，从跨海大桥走只有179公里，距离缩短了120多公里，而收费也便宜了30～40元左右。”大桥总指挥王勇说，跨海大桥将用5～7年的时间建成，预计14年收回投资，据政府有关部门在宁波至上海高速公路上对车流监测的结果来预测，通车后大桥每天车流量会达到10万辆左右。

资料来源：赵岸英，《财经界》，2003年8月。

二　“发展红利”是未来经济增长的新动力源

未来20年中国经济增长的战略平台，必须注入全新的动力源。十分明显，十一届三中全会以来中国经济的飞速发展，主要得益于“改革红利”的支撑，从农村改革、对外开放、生产关系调整、社会主义市场经济培育一直到全面的制度创新，给经济的快速成长注入了强劲的动力。这种动力在未来全面建设小康社会的伟大实践中，仍然是带根本性的依托。

同时，中国新一轮经济增长的动力源已经具备了从“发展红利”(Development Dividend)中索取的成熟条件。所谓的发展红利是指“区域整合之后所带来的发展潜力与整合之前的现状能力之差”。事实证明，当经济主体从一个低级平台向一个高级平台整合时，生产力要素的组合趋好、资源配置趋优、专业化分工趋强、发展成本趋低，发展红利的“自发”获取将呈非线性增长。例如从地级向省级规模整合时，发展红利在原有基础上平均提高10倍；但从省级规模向跨省规模整合时，发展红利在原有基础上平均提高100倍。以上规律告诉我们人类长期以来一直追求经济全球化的格局，其最高理想就是为了获取最大的发展红利。

发展红利的大小反映了以下七类区域优化的综合结果：

区域整合的规模与程度；

生产力要素的优化程度；

产业链布局的合理程度；

发展成本的降低程度；

大中小城市功能的协调程度；

基础设施的共建共享程度 ；

区域经济一体化程度。

随着区域整合规模的有效扩大，发展红利呈现非线性增长的趋势。研究表明，地理范围线性扩大的同时，它所创造的“发展红利”呈现非线性增长(表2.1)：

表2.1　发展红利随区域规模的非线性增长

地理尺度(km^2)	生产力要素	专业化分工	发展成本	发展红利
10^0～10^2(乡级)	极不完备	极差	很高	10^0
10^2～10^3(县级)	不完备	很差	较高	$10^{0.5}$
10^3～10^4(地级)	较完备	较差	平均	10^1
10^4～10^5(省级)	良好	强	明显降低	10^2
10^5～10^6(跨省)	很好	很强	很低	10^4
10^6～10^7(国家或洲级)	极好	极强	极低	10^6
10^7～10^8(全球)	超好	超强	超低	10^8

由上所引述的定量表征，将对我国未来发展具有极大的启示：即经济结构的调整不仅要着眼于产业结构(一、二、三产业)的调整，更高级的具有台阶式提升的结构调整是为获取尽可能大的“发展红利”所进行的区域空间调整，部署和培育中国的三大城市群，就是为了获取发展红利这个新型动力源，并以此作为达到全面实现小康社会目标的重大战略举措。

三　构建三大组团式城市群：放大发展红利的有效载体

正如欧盟已经通过国际经济一体化获取发展红利一样，如今中国获取区域经济一体化的红利这一条件已经成熟。而组团式城市群正是获取这一发展红利的有效形式或载体。组团式城市群是先进生产力的集聚中心，是解决三农问题的根本出路，是实现社会公平的最终归宿。城市化的数量和质量在国家现代化建设中具有十分重要的地位。城市体系或组团的形成，是汲取发展红利的最有效途径。

21世纪是城市的世纪，中国作为世界上人口最多的发展中国家，未来20年中国城市化进程不但对于中国而且将对全球发展产生深刻影响，而城市化中的高级表达就是组团式城市群。

纵观我国城市化50年演替的历史轨迹，未来20年中国城市化进程的方向、重点、格局、成效，将对中国新一轮经济增长的动力、质量和公平性产生战略性的作用。中国经济将从原先的“点状拉动”越来越向各个大城市群的“面状组合”(组团式拉动)，特别是向珠江三角洲、长江三角洲、京津环渤海这三个大城市区(群)进行集聚。可以预期，三大城市群将在不久的将来健康成长为具有世界影响力的经济空间。

21世纪是组团式城市群的世纪，还将由以下的统计数字表明：20世纪下半叶美国GDP的主要贡献出自大纽约区、大芝加哥区(五大湖区)和大洛杉矶区，这三大组团式城市群对美国经济的整体贡献率达到67%；而日本GDP则主要产出于大东京区、坂神区、名古屋区，这三大组团式城市群对日本经济的整体贡献率超过70%；就中国而言，珠江三角洲的GDP目前约占全国的10%、长江三角洲约占全国的18%、京津环渤海地区约占全国的7%，这三大组团式城市群对中国经济的整体贡献率仅达35%。美国、日本、中国的对比显示：中国经济增长的制高点和主力军尚未形成，发展红利的巨大潜力远未释放，组团式发展的强力拉动有待开掘，空间整合的优化能力亟需提升。这就是为什么美国和日本三大城市群的集聚能力和GDP贡献率达到整个国家的三分之二以上，而中国三大城市群对全国GDP的贡献率只有三分之一强。

全世界都公认，未来20年是中国社会经济发展的重要战略机遇时期，大力推进中国的城市化，特别要重点培育三大组团式城市群，既是全面建设小康社会、实现现代化的历史重任，又是有效解除中国经济社会约束“瓶颈”的操作手柄，成为保障中国经济社会快速、健康和持续发展的重大战略举措。最大限度地分享发展红利带来的好处，加快实现国家经济发展方式从点状拉动到组团式发展的重大转变，打造中国新一轮经济增长的战略平台，构筑引领中国发展势头的战略制高点，将是未来20年中国经济改革必然面临的历史选择。

四　发展红利成功溢出的五大标志

为支撑中国全面实现小康社会的总体进程，经过全力扶持与重点培育，未来20年中，中国三大城市群“发展红利”效应的成功溢出，使得它们的产出对于国家GDP的整体贡献率由现在的35%～38%上升到65%～70%，大大地减轻国家其他地区的发展压力，与世界经济大国著名大城市群(区)的产出水平大致相当。对比而言，中国三大城市群建成(发展红利充分溢出)的五大标志将体现为：

人口密度从现在的750人/平方公里达到2000人/平方公里；

经济密度从现在的3000万元/平方公里递增为1.2亿元/平方公里；

资本密度达到现有投资额的2.5倍以上；

消费密度达到现有社会零售总额的3倍；

各类网络密度将实现快速交通、管道设施和通信光纤等5～10倍跃增。

为了动态评估和实时调控组团式城市群的发展红利释放能力，即定量评价组团式城市群的“发展水平、发展速度、发展强度和发展质量”，将根据各组团式城市群的区域特点、发展历史、基础实力、发展潜力、外部牵引和内部动力等要素，设计出由五大支持系统组成的评价体系，既能对区域整体发展，也能对区域内部差异，作出科学的、合理的、规范的比较。五大支持系统分别为：

组团式城市群基础实力（发展基础）；

组团式城市群竞争能力（发展潜力）；

组团式城市群保障能力（社会进步）；

组团式城市群管理能力（制度创新）；

组团式城市群可持续能力（环境与发展的平衡）。

每一个支持系统之下包括若干状态模型（共约 20 余项）和基础要素（共约 100 余项），作为定量评估和动态监测组团式城市群发展的应用工具。

五　组团式城市群的成功就是国家的成功

世界银行认为：国家的 GDP 达到 1 万亿美元是一个标志性台阶，意味着财富积累能力将步入一个新的航道。与国际已有的经历相对照：美国的 GDP 总量在达到 1 万亿美元（10100 亿美元）以后，头 10 年的 GDP 总量达到 2.7 万亿美元（27080 亿美元）；日本的 GDP 总量在达到了 1 万亿美元（10480 亿美元）以后，头 10 年的 GDP 总量达到 2.4 万亿美元（24251 亿美元）；中国的 GDP 总量在 2000 年达到了 1 万亿美元（按汇率计算），依照国家计划在其后的 10 年（即 2010 年）预计翻一番将达到 2 万亿美元。

为什么美国在达到 1 万亿美元台阶后，用了 10 年的时间使得 GDP 增长了 1.7 万亿美元，日本增长了 1.4 万亿美元，中国分别比它们少增长 0.7 万亿和 0.4 万亿美元，原因是多方面的。但是注意到美国当时的城市化率达到 87%，日本的城市化率超过 64%，而中国在 2000 年的城市化率仅为 36%时，也许可以更深一层地认识到城市化率的不同所导致的社会财富集聚能力的差异。因此，在 21 世纪的头 20 年要实现全面建设小康社会的奋斗目标，加快推进社会主义的现代化进程，加快中国的组团式城市群建设步伐是发挥城市中心作用、提高经济效率、降低发展成本、挖掘发展红利的必由之路，也是消除中国城乡二元结构、实现社会公平的必由之路。2001 年诺贝尔经济奖获得者之一的斯蒂格列茨认为新世纪对于中国有三大挑战，居于首位的就是中国的城市化，他提出“中国的城市化将是区域经济增长的火车头，并产生最重要的经济利益”，这种认识是符合实际的。联合国环境规划署署长进一步撰文指出：“城市的成功就是国家的成功”。

注释专栏 2.3

戈特曼创想效应：成长中的世界第六大城市群

1976 年，法国地理学家戈特曼在他题为《世界上的城市群体系》的论文中，首次提出了世界上存在六大城市群的观点，以上海为中心的城市群赫然在列，为第六城市群。这一创想一出立即在世界城市研究学界产生了一场不小的震动。

戈特曼所谓的以上海为中心的城市群，也就是我们今天的长三角地区。这一城市群人口超过7400万，面积10万平方公里，由上海、江苏沿长江地区及环杭州湾地区16个城市构成。

几天前，长三角16城市市长聚首南京，共商发展大计，人们把关注的目光再一次投向了区域发展领域。有学者断言，未来的经济竞争不是国家之间的竞争，也不是跨国公司的竞争，而是区域经济组织，特别是城市群的竞争。

建立在地缘经济基础上的城市群落，以其独特的联系方式，在经济、文化、交通、人才、金融、科技等方面形成了天然的联系，通过有组织的自觉的联系，为区域发展创造了良好的条件。将以上海为中心的城市群与纽约、多伦多与芝加哥、东京、巴黎与阿姆斯特丹、伦敦与曼彻斯特城市群一起列为世界上第六大城市群，应该说，这是相当有胆识的论断。

从长三角来看，这个地区人口占全国的6%，土地占1%，但国内生产总值却占全国18%。在去年全国财政收入中，有四分之一来自这一地区。加快长三角的发展不仅是长三角地区的需要，也是加快国家经济发展的需要。

在长三角南京市长峰会上，大家共同关心的8个问题中，第一个就是如何培育建立区域性科技市场，加速科技交流与合作的步伐。这既是区域经济后劲的重要支撑，又是打造长三角核心竞争力与可持续发展的重要依托。

经过改革开放的洗礼，特别是中国加入世贸组织的锻炼，长三角成长为全球经济增速最快的区域之一，它的核心城市上海在科技发展方面已经远远地走在了中国其他城市的前列。最新公布的消息显示，今年上半年上海科技创新成果转化率已经达到90%，科技创新成为推动上海经济发展的最重要动力。同时也带动长三角地区的发展。在这里，科技正以前所未有的速度向传统产业渗透，引领产业升级，科技对经济增长的作用正由“助推器”变为“火车头”。

2002年，江苏省创建10个国家级特色产业基地，以IT、新材料、新医药三大产业带组成的“沿江火炬带”基本成型。浙江形成以杭州国家高新技术开发区为核心、杭州湾高新产业带为重点的格局。长三角高新技术产品和企业密集、研发机构密集和创新人才密集的高新技术产业开发带初具规模，成为招商引资和承接国际产业转移的新平台，科技集聚优势逐渐替代区位成为首要的发展优势。开业三年的上海技术产权交易所，为长三角企业买卖技术成果交易600亿元。依托江浙沪三地特色，一个互联互动、充分沟通与协调的长三角区域科技创新体系将展现在人们面前。

资料来源：新华网，2003年8月22日。

为建立以三大城市群为代表的组团式经济发展模式，真正从发展红利中获取经济增长的巨大动力，必须切实完成四项根本性的转变：1.重点实现土地资源向土地资本的转变；2.重点实现民间储蓄向民间资本的转变；3.重点实现人力资源向人力资本的转变；4.重点实现农民身份向股民身份的转变。同时，必须着力提高和优化三大城市群的发展环境、生产要素、科技创新、经济效益和管理体制等五项核心竞争力，使之成为政府重点导向、经济快速发展、资本高度密集、基础设施先进、高新技术主导的全球竞争能力、释放出发展红利的巨大潜力、对外高度开放与投资环境优越的新一轮中国经济增长的战略平台。

中国三大城市群的打造必须依据各自所具备的物质经济条件、社会发展现状和历史沿革特征，从点状拉动向依托中心城市的组团式发展转型，充分发挥大城市群的规模效应和集聚作用，以大、中、小城市的等级有序、产业分工和合理互补为组团式结构的核心，以快速流畅的交通网络为区域发展轴线，按经济水平、产业布局和城市化水平，将地域空间划分为人口、经济、资本、消费和公共服务设施依次递变和有序推进的发展圈层，根据现状城市布局及未来城市空间扩展的趋势，重点完善组团内部功能和实施全新的产业链设计，进一步强化组团式的空间等级化、发展一体化，达到结构有序、功能互补、区域效益最大化的发展模式。可以考虑欧洲联盟的政经架构方式，在三大城市群实行独特的制度创新和特别的经济政策，放大和提高前20年经济特区的有效措施和成功经验，进而实现三大城市群中“行政区划、经济区划和生态区划”的有效融合。

注释专栏2.4

组团式城市群个例分析：珠江三角洲战略目标函数的制定

战略目标函数的制定，必须依据珠三角发展红利的内在禀赋以及在全国和区域中的定位和功能，其中由近及远应特别考虑以下三大背景：

与香港、澳门的区域经济一体化；

与东南亚自由贸易区的战略联盟；

参与经济全球化的国际大循环。

以上三大趋势必将为珠三角的未来发展潜力与发展动力提供难得的战略机遇，加之珠三角有成功的改革经验和特区的巨大优势，在制度创新、结构创新、技术创新、管理创新四大方面有丰富的实践，因此珠三角城市群规划的目标函数必须在更高层次、以更宏观的视角加以明确，并对此作出强有力的论证。我们认为：

珠三角城市群应成为国家新一轮财富增长的战略平台，对于全国GDP的贡献率，将由2001年的10%提高到2010年的20%，即从总量上翻两番达到4万亿元人民币，这比全国的经济总量翻一番（达到20万亿元人民币）的速度高出1倍，为此必须从整体战略层面上实现“五大集聚效应”：

1.人口密度的集聚效应：将从现在的550人/平方公里增至1000人/平方公里，平均提高1倍，总量达到4000万人，人均GDP达到10万元人民币（1.2万美元/人，按汇率计算）；

2.经济密度的集聚效应：从现在的2500万元人民币/平方公里递增为1亿元人民币/平方公里，满足达到4万亿元人民币总量的要求；

3. 资本密度的集聚效应：在保持外资吸引持平的条件下，民间储蓄向民间资本的转换总额约为现在的2.0倍；

4. 消费密度的集聚效应：达到现有的社会零售总额的2.5倍；

5. 网络密度的集聚效应：快速交通、管道设施、通讯光纤等，实现5～10倍规模的扩张。

在上述目标函数的总量控制下，2010年珠三角地区的信息化程度将达到世界中等发达国家水平，信息产业增加值占GDP的比重将达到20%，预计互联网络用户数将超过2500万户，电话普及率达100%，每千人拥有计算机400台；高速公路通车里程增加到2200公里，电源总装机容量达到4864万千瓦，新建天然气供气网509公里；高新技术产业产值在未来7年内保持平均18%～20%的增长速度，到2010年达到1万亿人民币；出口总额将保持年均8%的增长速度，在2010年达到2000亿美元。

探讨珠三角区域规划中合理的目标函数，以及为实现这一组目标函数设计出相应的资源配置、产业链布局、城市群功能定位、区域潜力发挥、发展红利获取等，进一步作出具体的、可操作的布署。

资料来源：牛文元，《中国科学院院刊》，2003，18卷4期，第241～245页。

六　组团式城市群的战略地位

1. 组团式城市群可以获取新一轮的“发展红利”

“发展红利”(Development Dividend)是指由于空间结构、网络结构、人才结构的趋优调整，区域发展在等级、有序、互补、高效的整合中获取额外收益和潜在收益的总和。

发展红利的获取一般在三大方向上展开。其一，区域规模的扩大，实质上由于自然资本、人力资本、生产资本和社会资本在更高层次上的重整能力加强，因此发展红利呈非线性的增长。在新的历史时期，组团式城市群在原有点状中心的基础上，实现区域经济一体化，扩大区域的规模，吸取更多的发展红利；其二，城市功能的互补，实质上由于大城市、中城市、小城市一直到区域整个基底的统一协调，可以从基础设施的共享、产业同构的克服、发展成本的下降、社会分工的合理，创造出新的发展红利；其三，运行速度的提升，经济的增长和财富的集聚明显地依靠物流、能流、信息流、资本流和人才流的运行加速。世界经验证明，流通周期每提高1倍，财富增长可以提高1.2～1.3倍。组团式城市群对于流通速度的提高有明显的促进作用。

总之，组团式城市群的培育与成熟，将尽可能多地获取发展红利，为整体发展奠定一个坚实的战略平台。

2. 组团式城市群将大大降低基础设施建设的成本

组团式城市群除了在空间上有较大的扩张外，一个十分明显的特点是强调大、中、小城市和小城镇的协调发展。区域经济一体化的基本特色表现在跳出区域本身去看待区域(包括各类城市和广大的地理基底)的发展和定位,在这个前提下去设计区域提高竞争力和挖掘发展潜力。因此,为了最大限度地降低发展成本,基础设施的布置和建设就必须在“共建共享”的基础上进行整体的和统一的规划。在慎重进行区域“空间充填”的实质性设计当中,努力寻找具有点、线、联结网络的成本最小化。例如一个机场的建设和一个港口的发展,在实施组团式城市群之前,它们只是为了一个城市或一个狭小空间的需求,但是在组团式城市群中,这些“节点”加上联络节点之间的快速通道则是为了整体区域的共同需求。这种变化的结果,直接效益就是大大降低了基础设施的投资成本,而它们所发挥出的效益和服务的范围,则比非组团式城市在同等条件下,更加有效和更具整体竞争能力。

3. 组团式城市群是克服目前城市病的关键性举措

众所周知,一个城市的单极扩大和无限制的推延,即通常所谓的“摊大饼”式发展,势必产生各种类型的弊病,通称之谓城市病,主要表现在:交通日益拥堵、住房日益紧张、环境日益恶化、灾害日益增多、失业日益严重。这些综合性的城市问题,在世界发达国家的城市发展过程中,已经屡见不鲜,也是一直困扰着政府的主要问题之一。

注释专栏 2.5

美国一个 100 万人口城市的日代谢水平

输入物质	输入量(吨)	输出物质	输出量(吨)
水	625000	废水	500000
食物	2000	固体废弃物	2000
煤	3000	烟尘	160
石油	2800	二氧化硫	160
天然气	2700	氮氧化物	100

资料来源: Mee Kam Ng, and Peter Hills, World cities or great cities? Cities, Vol. 20:151—165, 2003.

中国在 50 多年的城市发展历程中,已经越来越感到城市不断扩大增容所带来的上述问题,尤其是一些大城市,如上海、北京和广州等,城市病的困扰越来越大。在这种严峻的形势面前,必须有较大的体制上与结构上的变革,才有可能对于城市病的产生根源和现有城市病的减轻,实现带根本性的解决。世界经验证明,实施组团式城市群的培育和建设,是有效克服城市病的基本途径:第一,组团式城市群从结构上去认识,是单一城市本身的“全息放大”,即在原先单一城市中的道路拥挤、环境恶化等,由于空间密度过大和容量超出临界承载能力所引发的,如果将其空间进行等量放大和有效提高扩承载力,则城市病就会从根本上好转。因此组团式城市群可以理解为对原先单极城市的有效减压;第二,如果城市空间被放大了,虽然密度容量的限制被解消了,但是将会出现另外一个问题,即距离加大、线路加长,将会出现时间的限制,必须用相应的快速通道和相应的网络系统，连接城市群之间的各种交流，将组团式城市群之间的大、中、小城市作为节点，将城市所在的区域作为基底，形成一种主体式的网络系统，加快流通的速度，对于以下五大流动即：

物质流：各类产品、资源、水等的流通；

能量流：有关的电能、管道运输的天然气等的流通；

信息流：以因特网为支撑的各类信息与数据的交流；

人才流：各类人才资源在不同等级城市间的重组和交流；

货币流：以金融和资本的流动作为标志。

以上五大流动的全面提速，弥补了城市群内部由于距离加大和线路加长所带来的不利；第三，组团式城市群的建成，从根本上改善了由于原来单极城市中人口密度过高，人均绿地偏少，有序居住程度较差等不利条件，也改善了在产业结构和生活质量都处于不利的状况。组团式城市群可以有效地降低人口密度，如以下数据：

东京都市区人口密度：　13000 人/平方公里

纽约市区人口密度：　8500 人/平方公里

伦敦市区人口密度：　6300 人/平方公里

巴黎市区人口密度：　8400 人/平方公里

香港城区人口密度：　6100 人/平方公里

上海浦西人口密度：　37000 人/平方公里

北京市建成区人口密度：14000 人/平方公里

广州市建成区人口密度：13000 人/平方公里

城市中心人口密度过高，造成了生产和生活都相对紧张，如果设计为一个组团式城市群，人口密度则会相应地下降 8～10 倍，例如：

大东京区人口密度：　1600 人/平方公里

大纽约区人口密度：　1300 人/平方公里

大伦敦区人口密度：　1100 人/平方公里

大巴黎区人口密度：　1200 人/平方公里

珠江三角洲人口密度：　1500 人/平方公里（可吸纳 7000 万人口）

长江三角洲人口密度：　1400 人/平方公里（可吸纳 1.8 亿人口）

京津环渤海人口密度：　1100 人/平方公里（可吸纳 1.2 亿人口）

由上述的对比数据，可以看出虽然人口密度下降了，但吸纳人口的总量则有较大的提升。如中国的三大城市群总计可以吸纳人口总数达到近 4 亿，是三大区现有人口总量的 2.3～2.5 倍。因此，美国《新闻周刊》最近一期以“超级城市群”为标题，强调指出：“未来世纪超级城市群的出现是不可避免的意料中事，它将突破许多传统认识中的误区，其发展质量和生活质量比现有的城市格局要好，甚至比预期中的还要好”，“现在越来越明确的观点认为：相对集中的组团式城市群，其有序程度的生存与发展模式，肯定要比无休止的散乱扩展（单极放大）应当好得多”。

4. 组团式城市群是区域竞争力提高的动力源

区域竞争力是今后经济全球化的入场券，任凭一个国家和地区的经济增长和财富积累，都以竞争力的强弱和高低作为衡量的基础。研究指出，区域的核心竞争力一般包括五项基本内容，这五项基本内容的整体实现，是组团式城市群发挥直接作用的载体。第一项核心竞争力表现为区域发展环境的优化，其中包括地理区位的影响力提升，（如道路、港口、机场、信息节点等的建设，对应着该地区位的改善），包括投资环境的良好，包括生态环境的改善，包括人与自然关系的协调等；第二项核心竞争力表现为生产要素高层配置的优化，其中包括发展成本的降低，产业链布局的合理，人力资本的优化配置等；第三项核心竞争力表现为科技创新能力的具备与升级，其中包括区域的创新能力，区域的学习能力，区域知识产权的自主掌握能力以及在国际同领域中的地位等；第四项核心竞争力表现为经济质量和经济效率的领先水平，其中包括每创造单位 GDP 所消耗的能源水平，每创造单位 GDP 所消耗的水资源，每创造单位 GDP 所消耗的原材料，每创造单位 GDP 所释放出的环境污染物数量，以及每个劳动力所创造的财富数量；第五项核心竞争力表现为管理能力的水平，主要包括区域战略选择、区域顶层规划、经济发展决策、服务体系的完备以及市场预测能力的提高等。以上五大内容均可以在组团式城市群的培育中加以实现。可以看出，经过组团式城市群的建立，可以直接提升区位的优越性，同时可以在产业链布局和现代物流建设方面，取得极大的进展。因此，一个区域核心竞争力通过组团式城市群来培育是最佳的选择。

注释专栏 2.6

中国经济：如何造就未来 20 年繁荣

已有和期待的繁荣

中国改革开放的 20 多年，充满了缔造繁荣的玫瑰色氛围。中国人的生存状态，的确比以前要好得多。但改革开放也非一帆风顺，几度沉浮几多危难，才走到今天。1978～2000 年，中国 GDP 年均增长达到 9.5%，是世界上增长最快的国家，这个速度是同期世界经济年均增速的 3 倍。高速的经济增长使中国的生产力水平和国家实力获得极大提高。中国已经超过意大利成为世界第 6 经济大国。城镇居民人均收入由 1978 年的 344 元增加到 2000 年的 6280 元，提高了 17 倍。农村居民人均收入由 1978 年的 134 元增加到 2000 年的 2253 元，增加了 16 倍。按可比价格计算，则分别是当年的 4.77 倍和 3.49 倍。而 80 年代的中国社会充溢着积极向上的气氛，大学生们朗诵着青春万岁，憧憬着拥抱蔚蓝色的海洋文明，而政府则励精图治，其间各种改革，暗合了“圣人常无心，而以百姓之心为心”的策略，执政者乐意以民心为已心，其出台的政策，从农业的责任制到乡镇企业的星火燎原，莫不从善如流。

中国今后 20 年会如何？人们充满着乐观情绪。

中国的经济学家就未来 20 年的中国经济做了种种预测，林毅夫教授认为，美国“能长期维持 3%的增长速度已经是相当不错了，而中国经济则可以再维持 30 年左右的 8%～10%的快速增长。如此下个世纪中叶前中国经济完全有可能超过美国，成为全世界最大、最有实力的经济体。李京文教授等认为，未来中国经济增长大致可以分为3个阶段：第一阶段是2000～2010

年，经济增长保持平均8%的高速；第二阶段是2010～2030年，经济增长保持在平均6%的水平；第三阶段是2030～2050年，经济增长维持在平均4%～5%的水平上，2020年中国经济规模和实力均将迈入世界前列。王小鲁博士的分析结论是：从2001～2020年的20年间中国年平均经济增长率为6.4%，其中，2001～2010年为6.58%，2011～2020年为6.22%。

解三明博士等的研究结论则是：在“十五”期间我国实际经济增长率在7.5%左右，而2006～2015年间，可维持7%或略高的经济增长。

外国学者甚至比我们更乐观。美国经济学家罗斯托在其《世界经济：历史与未来》中这样描述：在整体作为现代化迟到者的亚洲，日本作为第一航班已飞上云霄；亚洲“四小龙”作为第二航班紧随其后；中国则已经登上了21世纪的新航班，它将开辟新的航线，并且一飞冲天。甚至有人还预测中国何时能够赶上世界头号强国美国，美国国家安全委员会的报告认为目前按购买力评价计算中国的经济规模达到6万亿美元，按此推论，中国GDP在20年内将超过美国。即使按名义GDP计算，假定目前中国和美国的GDP分别为1万亿美元和9万亿美元，增速分别为8%和3%，则中国GDP大约在47年后赶上并超过美国。

我们可以做粗略的推算，假定中国经济维持在7%～8%的增速。根据世界银行的资料，2000年，按汇率法计算的中国国内生产总值(GDP)为1.08万亿美元，居世界第六位。中国国内生产总值占世界国内生产总值3.4%，是美国国内生产总值的10.9%，日本的23.1%，德国的57.8%，英国的76.4%，法国的84.0%。显而易见的结果是：中国以赶超者的姿态，将于2005年超过法国，2006年超过英国，2012年超过德国，或者说，中国经济将在未来20年排在美、日之后居世界第三位。如果中国足够幸运，则在本世纪中叶，有可能超过日本，成为世界第二经济大国，但在本世纪内超过美国则困难重重。

中国真的将在21世纪初期或中叶重新回到鼎盛的巅峰吗？且慢！以上种种推算隐含着中国享有持久的繁荣的假设，但，繁荣会弃我们而去吗？

中国能否期待另一个20年的繁荣？繁荣背后的种种稳定因素正在悄悄然浮现。中国已经走过的20年，是以“翻两番”和“不争论”为基调的渐进改革，这样的纲领已经延续了20年，即使在“十五”计划中，也不过延缓了2010年再实现一个翻番的思路。但20年来中国的政治生态和经济环境已经发生了急剧的变迁。

国有与民有的现实

民富，然后国强。中国经济20年已发生了深刻的变迁，国家财富和资源的占有形式，已绝非“国有”这两个字可以形容，各种产权占有形式，尤其是私有产权占有形式扮演着越来越重要的角色。

我国沿用两个简单的公式来讨论中国资源占有情况的变迁。

公式一：GDP＝最终消费＋资本形成＋货物和服务的净出口。

最终消费是中国国民经济中最为举足轻重的，改革开放20年来，消费率始终稳定在58％～60％。在1978年时，全社会最终消费中，居民消费占78％～80％的份额，政府消费占20％～22％，20多年来几乎没有变化。这说明政府的膨胀速度几乎同步于经济发展速度，而若回顾改革开放之初实际上是“大政府、小市场”的僵化格局的话，则我们可能不得不承认，在精简臃肿的政府机构方面，我们所获的进展不大，这仍然将是未来中国改革的一块“硬核”。

在居民消费中，城市居民的消费却绝对地上升了，在1978～1987年的10年间，农村居民的最终消费占全部居民消费的比重始终维持在60％以上（同期农村人口占全部人口的比例从82％下降为75％）；在1988～1997年的10年间，农村居民的最终消费占全部居民消费的比重勉强维持在50％左右（同期农村人口占全部人口的比例从75％下降为71％）；而目前，农村居民的份额已经下降为不足45％（农村人口占全部人口的比重约为63％）。上述数字粗略地显示，在过去20年，中国城乡之间的差异并无任何缩小的迹象，城镇人均消费水准始终较之农村高2.2～2.5倍，但中国城市化的进程相当之快，原来的农村人口并非通过滞留在农村致富，而是拜城市化之福泽。

资本形成是中国经济的第二大引擎，令人惊讶的是，同样投资率也长期稳定在36％～40％。资本形成中包含固定资本投资和存货投资，鉴于存货投资的规模仅为固定资本投资的5％左右且其来源构成数据不足，因此我们不妨直接观察固定资产投资的来源构成。在1980年的时候，国有、集体、个体经济和其他经济成分在固定资产投资中的份额分别为82％、5％、13％和0％；到1990年转变为66％、12％、22％和0％；到2000年转变为50％、15％、14％和21％。国有经济在固定资产形成中的地位缓缓下降，但如果考虑到国有经济的产出占GDP的比重不足40％，则无疑国有经济部门的投资效益欠佳。

货物和服务的净出口似乎难以驱动经济增长率，尽管仅以对外贸易规模/GDP的指标来看，中国的外贸依存度高达20％以上，似乎中国经济对外依赖程度相当高，而事实上剔除掉中国仅仅挣了一点加工费用的加工贸易部分，再剔除掉中国不断增长的进口商品和服务，则净的货物和服务对GDP的贡献率大体维持在仅仅3％左右，其中外商投资企业占中国对外贸易规模的“半壁江山”，而国有和民营经济则分别为30％和20％左右。

因此从公式一来看，政府和国有经济的地位依然十分重要，但私人部门的重要性已不言而喻。

公式二：GDP＝劳动者报酬＋生产税净额＋固定资产折旧。

这个公式很难确切地反映出中国生产要素和收入分配的基本格局，如果将生产要素粗略地分为劳动、土地和资本，那么劳动者报酬中也许可以大体反映出劳动的收益，营业盈余和固定资产折旧也许可以大致反映出资本的收益，但土地的收益却难以准确地反映。因此，我们不得不承认，其实至今，中国的生产要素中，资本和土地的占有结构如何？收益分配结构如何？这样极其重要的、勾勒中国经济运行轮廓的工作尚未完成。

在此我们只能引用樊纲教授的“中国生产要素和收入分配基本格局研究”的初步成果。就劳动这个要素而言，大约GDP的一半成为劳动者报酬，“按劳分配”仍然是中国财富分配中重要的特征。但百姓的财富并不全部来源于双手的“活劳动”，在人均4498元收入中，靠双手劳动所得是3959元，而靠储蓄、证券投资等“物化劳动”带来的资本收益是538元，因此可以说大多数国人的“有产程度”还是很低的。

就资本这个要素而言，目前个人资产是231975亿，国有资产是98859亿，集体企业资产是33576亿，法人财产是33610亿，外资为32259亿，因此，全部社会资本占有中的比例分别为：个人54%、国家23%、集体和法人都为8%、外资为7%。在资本收益占有方面，个人为6817亿、国家为2965亿、集体和法人分别为3516亿和2729亿、外资为249亿。因此，全部社会资本收益的占有情况是：个人37%、国家16%、集体和法人分别为19%和15%、外资为13%。资本收益占有超出了资本占有比重者包括集体、法人和外资，而资本收益占有低于资本占有比重者是国家和个人。鉴于集体财产和法人财产是难以说清楚归属的财产，因此总体上，每年个人有3145亿、国家有1295亿应得而未得的资本收益不知所终。就土地资源及其收益的占有而言，目前土地乃至自然资源这一块已经形成了事实上分级所有。和土地相关的房产资源中，公有住房为64562亿，私有住房为97390亿（城市私房为59835亿，农村私房为37555亿）。因此，从要素占有和收入分配的角度看，国有不再是最重要的产权安排和占有形式。

汹涌的失业洪流

作为有13亿人口的大国，百姓有没有饭碗是相关国家长治久安的大事。管仲曾经说，衣食足知荣辱，仓廪实知礼节，而孔子则说民以食为天。如果百姓食不果腹，时处饥馑之中，还去侈谈什么政府改革、社会安定？改革开放20年来，中国共创造了1.7亿多个就业岗位，从提供的就业岗位来看，在1980年的时候，国有、集体经济提供的就业份额分别为78%和22%；在1990年时这个比例转变为62%和21%；在2000年时转变为38%和7%，就业岗位越来越依赖于乡镇企业、私营经济和外商投资企业。但失业浪潮仍然十分汹涌，就业压力重不可抑。如何估计中国的失业状况？

第一种测算口径是所谓城镇登记失业率，至2001年底，就业人口为7.3亿，城镇登记失业率上升到3.6%，估计2002年登记失业率将上升至4.5%左右。这个指标几乎和中国的失业真实状况无关。

第二种测算口径是城镇登记失业人数加上下岗职工人数。2001年城镇登记失业人数与国企下岗职工共1400万人，约相当于城镇从业人口的5.8%。如果再加上非国有企业下岗职工600万人，全国大概有2000万下岗和失业人员，相当于城镇从业人口的8.3%。但根据《中国的劳动和社会保障状况》白皮书，从1998～2001年，国有企业下岗职工累计有2500万人。应该注意到，这些下岗人数，还只是国有企业的下岗者，并不包含其他所有制企业的下岗者。

另据《瞭望》报道，在1996～2000年间，国有及集体企业在职员工共减少了4800万人。由此推算，包括集体、三资和民营企业等在内的其他所有制企业的下岗员工规模比国有企业还要稍多些。因此即使乐观估计其中的一半人已经重新就业，则城镇至少有2500万人等待饭碗，相当于从事城镇经济活动总人口的10.2%。这已经十分接近失业率12%的国际警戒线了。

第三种测算口径是考虑农村剩余劳动力。目前，我国的农村劳动力有4.7亿，全国耕地19亿亩，若按每个劳动力耕种10亩地计算，仅需农业劳动力1.9亿，加上在乡镇企业就业的劳动力1.3亿，有3.2亿的农村劳动力被充分利用，尚有1.5亿的农村剩余劳动力需要另寻出路。根据《中国的劳动和社会保障状况》白皮书，到2001年底，中国从业人员为7.3亿人，其中城镇为2.40亿人，占32.8%；农村为4.9亿人，占67.2%。因此我们计算的结果是：中国城镇失业率为10.2%，农村失业率为30.6%，全社会从业人员失业率为23.8%。

从需要“饭碗”数量来看，在“十五”期间，全国需就业人数约1.62亿人左右，这就意味着每年需要3000万个就业岗位，其间企业自然减员最多每年可腾出1000万个就业岗位。这意味着未来5年中国每年必须创造出2000万个岗位。此外中国劳动力总供给将在未来10年内从7.13亿增加到7.81亿的峰值，此后可能缓慢下降，但到2020年仍有7.75亿。

从可能提供的“饭碗”数量来看，有两种算法，第一种算法是以创造就业岗位所需要的资本品数量来衡量。以目前GDP年均7%～8%的增长速度，经济增量大约是七八千亿，一个城镇人口就业大约需要13万元左右的资本品，这个经济增长速度只能在城市创造出500万～600万个就业岗位，因此，未来20年中国若以吸收城镇人口为主来解决失业问题，根本就是南辕北辙。第二种算法是所谓就业弹性系数，目前对中国就业弹性的估测为0.10～0.17左右，这样GDP每增长1%，可增加70万～100万个就业机会。而按照7%～8%的经济增长率以及较高的就业弹性系数0.17测算，未来20年中国劳动力总需求将从5.76亿增长到7.41亿，而如前文所分析，此时劳动力总供给为7.75亿，这也就是说，未来20年中国始终面临汹涌的失业洪流。

滚滚而来的就业大军将持续给中国经济带来多少年的压力？至少20年。应对失业洪流，是一项难以完成但却不能不完成的任务。现在急切需要政府对就业形势充分认识和转变思维，毕竟吸收一个城镇人口就业需要数十万计的配套资本品；而一个农村人口进入城市制造业就业，所需要的资本品可能少到只需要几千元。惟有兼顾城镇和农村双双存在的就业压力，并且深刻意识到农村数亿人口无所事事、无以为生的状态不加速缓解将是随时可能引爆的火药桶，将8%左右的经济增长带来的就业机会向农村倾斜投放，才可能创造出尽可能多的就业岗位来。

由于目前城镇人口比率以年均1.8个百分点的速度缓慢上升，未来15～20年间，就业红灯警戒难以解除，失业洪流疏浚，其实质是城乡人口比例由现在的3∶7转化为7∶3的过程，也是城乡之间森严的高墙坍塌的过程，更是政府施政纲领从追求经济增长到追求充分就业的渐变过程。

悬河危局的城乡分割

中国地大，农村差别也大，目前中国农村所经历的“空洞化”随处可见。导致城乡之间差距相对拉大的原因，在于近5年来“三农”政策方面一连串不可思议的体制复归，农民负担日渐沉重。现在的农村是妇孺老弱相守望着，青壮劳力去外打工，村子空空洞洞的没有生气，地被撂荒的也不少。

我们的测算表明，在1985年农民人均负担的农业税大约5元，此后每5年翻一番，目前大约人均40多元。加上农民要缴纳人头费(税)、屠宰税、三提五统、未婚证费、计划生育证明费、妇检及证明费、待业证费，还有义务工摊派等等；如果要进城，则需要缴纳暂住证费、就业管理费、城市增容费、农民子女教育扩班费、治安费等等。农民的人均税费负担大概在100多元了！考虑到农村人均纯收入至今不过2250多元，其中现金收入主要依赖于非农的打工收入，则向农民征收税费无论如何都令人难以理解。

在1978～1984年之间，农村的改革使得总共约600亿资金通过金融、财政渠道从城市净流入农村。而在1985～1994年之间，情况则相反，有4000亿元资金从农村净流入城市。1997年之后，农村经济体制出现严峻的“复归”趋势，粮食流通体制、农村基础教育体制和社会救济体制等趋恶，农民负担日重，农村金融基本干涸。当资源被从农村“汲取”到城市后，所出现的结果自然就是一个相当繁华的城市和一个相对萧条的农村。可以说，城市的繁华建立在国有部门的支撑之上，也是以农村的萧条为条件的。如果在城镇大规模地推行社会保障体系，则这个体系85%的支出将保障3亿多的城镇人口，使得城镇和乡村间的高墙越筑越高，实际上我们更迫切需要的，也许是对老弱病残等缺乏自生能力的弱势群体的社会救济体系。

政府已经决定于2003年全面铺开农村费改税改革，这对解决“三农问题”可能是一个良好的开端。而农村医保、社保也在一些地方开始试点，这些举措都将逐步缩小城乡差距，但要走的路还很长。

一个中心、两个基本点

未来20年，中国需要超越翻两番这样的民生目标，而尊重宪法和建立违宪审查是确立公民基本权力的最基础工作。此外，我们还需要新思路，一言以蔽之，就是为未来20年的中国着想，必须确立一个战略中心，即政府以追求充分就业为中心；而战略手段则是两个基本点：一曰保障公民的产权；二曰保障公民的教育权。

为什么必须以充分就业为中心？中国未来15～20年，宏观经济始终运行在强大的就业压力面前，当前，创造就业必然需要以经济增长为基础，但之所以需要抛弃经济增长是7%还是8%的高度脆弱心态，恰恰在于如果政府单纯地以增长为目标，那么就会出现为保增长涸泽而渔，损害企业和民众利益的现象，如果以追求充分就业为目标，才能消除最为严重的社会不稳定因素。如何为数亿人提供赖以生存的饭碗？这将是一项几乎不可能完成但却必须完成的任务。

为什么必须保障产权？保障产权其实就在于保障民权。中国经济改革20年，乃至中国革命本身的意义，就在于逐步消除无产者，而非制造庞大的无产群体。为什么必须保障产权？保障产权其实就在于改革政府，现代文明政府其实也仅仅提供少量的公共产品，但政府的财源，几乎全部来自于税收和举债，而税债的源泉就是私人部门的产出。如果不保障企业和民众的产权，那么除非强取豪夺，否则政府的财源就会变成无源之水，无本之木。

1988年《中华人民共和国宪法修正案》明确提出“私营经济”的概念，确立为“社会主义公有制经济的补充”，私营经济取得合法地位；1997年党的“十五大”将非公有经济由补充地位提升到社会主义市场经济的重要组成部分；2002年党的“十六大”进一步指出：必须毫不动摇地鼓励、支持和引导非公有制经济发展。

未来20年，我们如何保障产权？中国的经济立法在20世纪80年代和90年代有长足进展，民法、刑法、公司法、专利制度等方面都逐渐确立。中国参加WTO的谈判过程使中国政府不能不认真考虑做出可信承诺。WTO规则要求非歧视、司法独立、第三者仲裁，游戏规则透明、稳定、公平、可信。如果未来20年中国的立法过程仍太封闭、太草率、不充分辩论，那么中国就可能陷入到过分方法，甚至不重视宪法司法。

为什么必须保障教育权？教育权的落实是中国数量庞大的劳动力渐变为人力资源的奠基性工作，也是一项昂贵的工作。基础教育投入不足，恰恰是导致农村日渐贫困、失业日甚一日的根源，甚至是中国始终不能成为强国的根源。高素质的国民队伍，对中国经济而言，绝对是极其昂贵的财富。人们总是惊讶德国、日本在“二战”后经济能够迅速得以恢复，却可能忽视了战争摧垮了他们的物质财富，但高素质的国民仍在！中国这样的大国，要让国民人均受教育年限提高一年，恐怕需要耗费2.5万亿元，要让国民整体达到高中毕业的水平，按目前的教育投入，恐怕至少需要25年！

其实早在1987年中国就制定了义务教育法，在1995年又出台教育法，但至今教育经费仍然严重入不敷出。对于一个人均GDP仍然停留在中低收入水平的国家，教育经费的投入应该集中在义务教育和职业教育方面，这也是韩国、新加坡等国人力资源水准得以急剧提高的成功之处。

我们的测算表明，目前普通中学在校学生人均教育经费为1400元；小学生人均经费约为660元；幼儿园人均经费约为166元。农村地区，尤其是贫困的农村地区教育投入严重不足，基层教育经费仍然缺乏可靠的来源渠道，结果县乡以下不得不通过各种名目繁多的费用来补充教育经费的不足。估计目前农业税费中，约有一半行使着“教育经费”的职能。目前90%的农村家庭年人均大宗消费支出在500元以下，9年义务教育收费的无节制膨胀，可能越来越严重地剥夺贫困家庭子女受教育的权利。人们不能不问：义务教育到底是不是仅仅为做家长的义务？政府是否应该给基础教育和职业教育更大的关注？

今后20年，我们如何保障教育权？“教育兴国”必先“国兴教育”，出路有两条：一是实事求是，依据贫困线划定实施真正免费的义务教育地域范围，把9年制义务教育切实普及起来。9年义务教育由中央全额承担，高中阶段教育由地方承担。建议由中央财政从中央、省、市、县各级企业收取的增值税中，按照不同比例依次返还所在县，全额上缴的消费税也依照上述比例返还上缴县，用于补偿9年义务教育经费的缺口；或者由中央财政每年拿出相当资金，按西部省区全额补差、中部省区多额补差、东部省区少额补差的原则增加财政转移支付，作为9年义务教育专项开支；二是财政有能力发那么多国债搞项目，给公务员加薪，能不能发行一些教育国债，所筹措资金全部注入农村基础和职业教育？脱离了保障公民的教育权谈论解决失业问题，解决农民负担问题，实在无异于缘木求鱼。

在重构“一个中心、两个基本点”的时候，我们必须对建立社会保障体系持更为慎重的态度。为了缓冲严峻的就业压力带来的社会不稳定因素，目前政府使用“两个确保”和“三条保障线”。所谓“两个确保”，一是要确保国家有企业下岗职工的基本生活，二是要确保离退休人员基本生活。至于“三条保障线”，则是指除了对下岗者提供“基本生活费”，对失业者提供“失业保险金”，以及对失业两年以上者提供“最低生活保障金”。这样的社会保障体系，注定了主要是覆盖城市而非农村，几乎势必导致城乡之间高墙更高。中国迫切需要的，不是社会保障体系，而是划定清晰的贫困线，普遍照顾到全社会孤寡老弱病残的社会救济体系。惠不在大，赴人之急可也。

中国经济处于转折的关键，值得欣慰的在于我们应记取已有的繁荣，而值得振作的则在于我们应重拾正视挑战的智慧。

资料来源：赵晓、巴曙松、高辉清、钟伟，《博士咖啡》，2003，中国经济出版社。

第三章　城市发展的高级形态

组团式城市群是大中小城市"结构有序、功能互补、整体优化、共建共享"的镶嵌体系，体现出以城乡互动、区域一体为特征的高级演替形态。在水平尺度上是不同规模、不同类型、不同结构之间相互联系的城市平面集群，在垂直尺度上是不同等级、不同分工、不同功能之间相互补充的城市立体网络，二者之间的交互作用使得规模效应、集聚效应、辐射效应和联动效应达到最大化，从而分享尽可能高的"发展红利"，完整实现区域发展动力、区域发展质量和区域发展公平三者在内涵上的统一。

组团式城市群以区域空间作为发展基底，既包括了集聚财富能力很强的城市，也包括了处于比较低下水平的乡村。依照国际上的一般估计，在一个组团式城市群内，城乡在地理空间面积之比约为1∶50；在财富能力的比重上约为50∶1；在人口数量的比例上发达国家为85∶15，发展中国家为50∶50。这样很明显组团式城市群包括了两类经济水平、两类社会结构、两类生活水平和两类生态质量。在全面发展的整体考虑中，如何实现二元经济和二元社会的融合，最终达到区域经济一体化，是组团式城市群建设的目标之一。

一　组团式城市群是城市发展的高级形态

1. 城市发展形态的进化

城市的产生与发展已有几千年的历史，城市带的形成与发展有几百年的历史，城市群的形成和演化也超过了100年的历史，而组团式城市群的提出和推行，不超过20年的时间。

从19世纪末至20世纪初，西方国家兴起的"城市郊区化"浪潮推动了中心城市与邻近地域的逐步一体化，1915年英国学者格迪斯(P. Geddes)提出"城镇密集区"和"组合城市"(Conurbation)的概念就是现代城市发展的雏形。城市中心区与近郊形成具有紧密经济联系的城市功能性地域，即"都市圈"(Metropolitan Area)，作为区域中心和增长极，以其集聚效应为特点迅速扩大了区域财富的增长。基本上，这一形式是传统城市发展的延续。

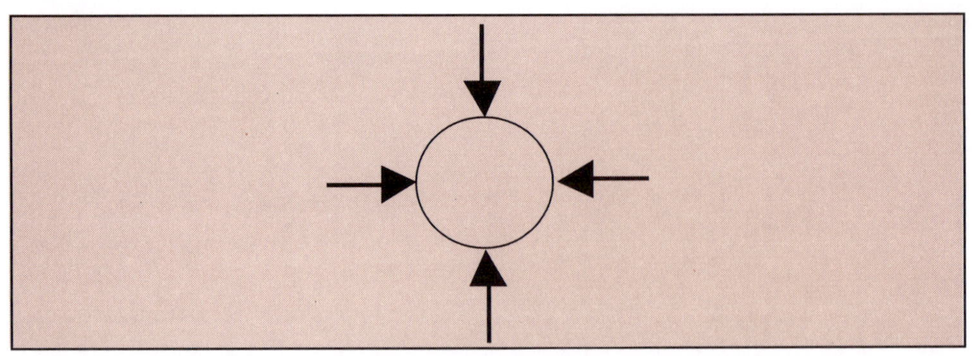

点状城市(零维):强调集聚效应

图 3.1　中心城市的形成与功能

二战以后，城市化速度加快，在发达国家的经济核心区沿交通走廊分布的都市，由于相互作用强烈而频繁，进而聚合成“城市带”(Megalopolis)，这一概念是戈特曼(Jean Gottmann)1957 年发现并命名的。城市带除了保持强劲的集聚效应外，以其通达效应为特点迅速扩大了区域之间的交流。

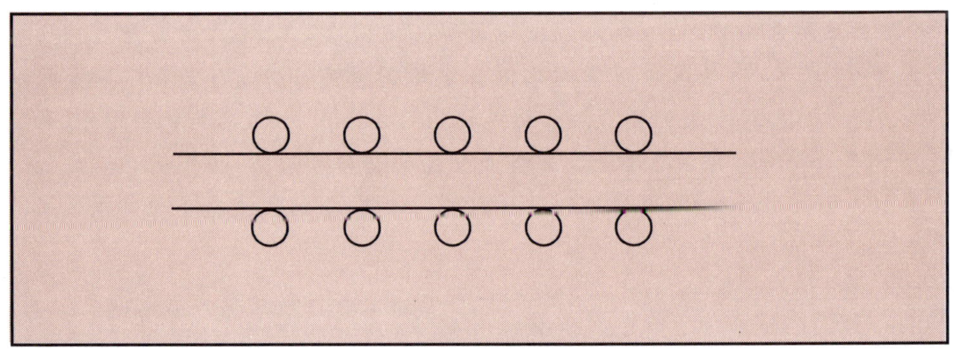

城市带(一维):强调通达效应

图 3.2　城市带的形成与功能

进而升级到了城市群的阶段。城市群概念的一般定义是：在特定的地域范围内具有相当数量的不同性质、类型和等级规模的城市，依托一定的自然环境条件，以一个或两个特大或大城市作为地区经济的核心，借助于综合运输网的通达性，发生与发展着城市个体之间的内在联系，共同构成一个相对完整的城市“集合体”。现有的研究认为，城市群的构成应满足以下几个条件：①存在一个以上的特大城市作为发展极，人口密度和各类城镇密度较高且为连续分布的区域；②城镇群地域范围有较高的城镇化水平，体现于城镇化水平的量和质两个方面；③城镇群地域范围内、城镇群与外部环境之间具备持久的社会、经济、文化等方面的联系，这种联系具有高密度和高强度的特征，城镇间及城乡间各种设施网络是联系发生的物质载体，其负载的人、财、物及信息等各种流是联系的具体体现。城市群一般具有下列共同点：(1)处于门户位置；(2)具有枢纽功能；(3)密集的网络结构；(4)较为发达的第三产业。其主要优点在于可以在一个大的区域范围内对所在各个城市进行合理规划和建设，避免大城市内人口和工业等活动过于集中，使有关城市各展其长，既相对独立又相互联系，组成一个有机综合体。城市群除了保持强劲的集聚效应和通达效应外，还以其网络效应为特点扩大了区域之间的交流规模和联动深度。在已有的概念中，作为一个“城市地域组织”的城市群，其中心城市对群体内其他城市有较强的经济、文化辐射和向心作用得到人们较多的关注，城市群更多强调的是群内各个城市之间的相互关系，对于城市群内城乡之间的互动似乎考虑的较少，实现经济一体化与社会相对公平的目标有一定的困难。

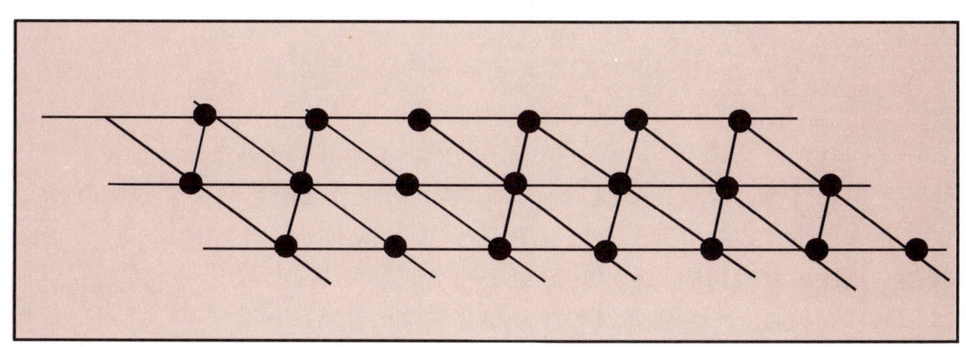

城市群(二维):强调空间效应

图 3.3 城市群的形成与功能

姚士谋先生等认为城市群实质上是：“城市群既然是一个区域空间、自然要素和社会经济等要素组成的有机体，是一个大系统中具有较强活力的子系统，无论在区域层次上，还是在相互联系的空间上，均具有网络性的基本特征，是一个区域经济发展的实体。从地域空间上考虑，城市群是一个特定区域内相对独立的有机整体，也是一个处于动态发展中的开放性的有机系统，其生产联系的巨大流动性、社会生活的稳定性与结合性又表明它是一个充满着不断变化的物质世界和精神世界。城市群与城镇体系本质特征上有许多相同之处，是一个同质的地域概念，仍属于区域城镇体系的范畴。从这种意义上考虑，城市群的紧密性、系统性、动态性特征近乎于区域性的城市体系，但在初始阶段，尚未发展的城市群往往布局比较松散，动态变化比较缓慢，联系并不紧密。城镇体系是最高一层次的、全面性城镇分布的地域概念，等级规模与横向联系较强；而城市群是局部地区城镇集聚的地域概念，呈有序与无序的分布状态，但其分布地区经济发展水平均较高。”

到了 20 世纪 90 年代，随着经济全球化的日益深入，城市发展进入了一个新的历史阶段。在城市群的基础上，提出了组团式城市群这一概念，更进一步强调“自然－社会－经济”复杂系统所担负的协调发展、全面发展和可持续发展的功能，将区域的效率与公平统一表达在“人口、资源、环境、发展”四位一体的考虑之中，尤其强调产业集群所表现出来的完整的区域经济属性。组团式城市群除了保持此前各阶段城市形态的全部特点外，还以其综合效应为特点体现了区域内和区域间的完善结构与功能，体现了以可持续发展能力建设为基本内容的先进理念。

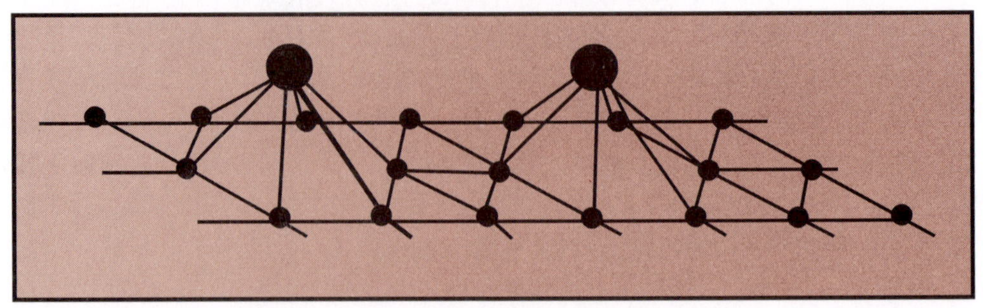

组团式城市群(三维):强调网络效应

图 3.4　组团式城市群的形成与功能

以上大致论述了城市发展在不同时期的表现形态和功能定位。

一个组团式城市群应具备四个条件:即具有一定数量的不同类型的城市;至少拥有一个特大城市作为城市群所在区域中心;城市与城市间必须发生内在联系;城市与邻接的乡村区域有密切的互动。这只是一种空间意义上或社会经济现象性的描述和要求,关键的问题在于,如何建设和加强相互联系的经济一体化进程。人流、物流、能流、资金流和信息流在任何社会经济单元中都存在,这五种"流"也是某种社会经济基础存在或发挥作用的结果。

也有人认为:

"所谓组团式城市群是由若干个中心城市在各自的基础设施和具有个性的经济结构方面,发挥特有的经济社会功能,而形成一个社会、经济、技术一体化的具有亲和力的有机网络。"

但这个"有机整体"到底是怎样形成的?要形成体现城市群真正特色或成熟发展阶段特点的"有机网络",到底需要经过几个阶段?对于城市发展战略的总体设计,需要什么样的理论进行指导?等等,有一系列理论上的问题需要回答。

现在人们已经看到,"城市群的出现,是地区经济集聚发展的产物,也是区域经济集中化的高度体现。地区经济集聚主要反映在工业项目的布局集中、人口集中、技术力量的集中和区域性的基础设施的集中,使城市群具有明显的规模效应。"我们认为,正是信息化时代的网络性联系,才在整体形象上表现为组团性、等级性、有序性、共生性、互补性。注意研究城市群的组团性,要从社会经济整体发展的战略高度去进一步探索。

注释专栏 3.1

城市空间模式的进化

点状表征:零维模式(传统城市中心,强调集聚性,产生城市病)

线状表征:一维模式(沿江沿路城市带,强调通达性,腹地相对狭小)

面状表征:二维模式(城市群,强调结构性,功能相对不对称)

体状表征:三维模式(组团式城市群,强调等级、有序、互补和立体网络性,最大限度获取发展红利)

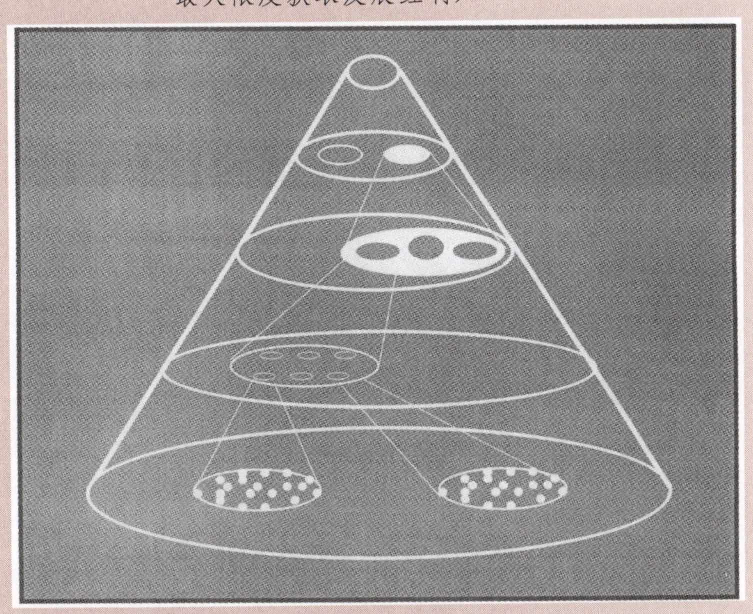

图 3.5 组团式城市群的三维立体结构

组团式城市群是先进生产力的集聚地;
组团式城市群是引领财富增长的载体;
组团式城市群是社会发展方向的灯塔;
组团式城市群是市场经济发育的摇篮;
组团式城市群是培育先进文化的基地;
因此组团式城市群的成功就是国家的成功。

“组团式城市群”(Urban Clusters)是在已有的“城市群”(Urban Agglomerations)基础上发展起来的。

定义:组团式城市群是大中小城市“结构有序、功能互补、整体优化、共建共享”的镶嵌体系,体现出以城乡互动、区域一体为特征的高级演替形态。在水平尺度上是不同规模、不同类型、不同结构之间相互联系的城市平面集群,在垂直尺度上是不同等级、不同分工、不同功能之间相互补充的城市立体网络,二者之间的交互作用使得规模效应、集聚效应、辐射效应和联动效应达到最大化，从而分享尽可能高的“发展红利”，完整实现区域发展动力、区域发展质量和区域发展公平三者在内涵上的统一。

组团式城市群以区域空间作为发展基底，既包括了集聚财富能力很强的城市，也包括了处于比较低下水平的乡村。依照国际上的一般估计，在一个组团式城市群内，城乡在地理空间面积之比约为1∶50；在财富能力的比重上约为50∶1；在人口数量的比例上发达国家为85∶15，发展中国家为50∶50。这样很明显地组团式城市群包括了两类经济水平、两类社会结构、两类生活水平和两类生态质量。在全面发展的整体考虑中，如何实现二元经济和二元社会的融合，最终达到区域经济一体化，是组团式城市群建设的目标之一。

注释专栏3.2

葡萄串（组团式）：京津冀面临大挑战

北京病了

一个城市无法“独善其身”。这句话对于北京来说，是很恰当的。看看北京吧，路是越修越多，而车是越来越堵。吴良镛先生说：“要让北京有机疏散。现在的‘单中心’很不得了，国庆节我和老伴儿去天安门广场，进去就出不来了，没车子呀！”

现在，很多北京人不敢想像早上上班时候会遇到什么样的情景，也不敢保证从办公室回到家里的时间有一个大概固定的数字。于是，很多人把目光从北京市区瞄向了城市边缘或郊区，用发展卫星城、建设“十大边缘集团”等手段将人口向城区以外疏散。

但是，这样的方式又给城市增添了新的负担：CBD完全建成后，意味着在4平方公里的土地上有20万个工作岗位，每天上下班，这些“白领”在从京城四面八方向CBD涌入或流出CBD时，附近地区交通所承载的压力可想而知。一些家庭即使在郊区购置“Town-house”，但是为了减轻工作或学习的路程负担，仍会在城区内租住小些的住房，重复性的消费，给家庭造成的经济负担和给城市带来的土地资源负担何其沉重。

北京病了，那是数十年来失衡的城市发展战略带来的直接恶果。

北京为自己的定位摸索了半个世纪。直到1993年，北京的城市性质才被明确为“全国的政治中心和文化中心，是世界著名古都和现代国际城市”。但此时的北京，已是面孔模糊。在蓄意的或不经意的膨胀中，在计划经济时期和市场经济时期一轮又一轮的扩张中，北京的城市病已近乎积重难返。

北京也曾确定“分散集团”城市发展模式，但由于种种原因未能落实，城市规划一直处于失控状态。以旧城为中心的城市政治、文化、经济等多功能的聚焦导致外围集团的吸引力既弱小又分散，导致城市建成区以旧城为中心向外摊大饼式地低效蔓延。

清华大学教授曾昭奋说，北京目前的城市建设，实际上是在20世纪80年代的基础上“摊大饼”——20年来面多加水、水多加面，由二环摊到三环、四环、五环，不仅越来越不适宜居住，而且已经非常不利于城市的经济运行和行政运作。

与此同时，北京市政府斥巨资建设的14个卫星城的人口增长非常缓慢，这只能表明北京城区功能聚集已相当严重。北京城区的人口密度已经远远超过伦敦等大都市，而穿越这座城市的时间成本和交通成本正变得越来越昂贵。

吴良镛教授也呼吁，长期以来被认可的从中心向外扩散的城市发展模式并不能为北京提供可持续发展的足够空间。因为扩散之后还要聚焦，但是聚焦点只有一个，结果成了扩散越大，“聚焦”时的压力也就越大。

吴良镛教授忧心忡忡：北京直到今天依然面临着当年的问题，其严重性甚至超过当年。禁用含铅汽油、修建新马路和立交桥、装备道路交通管理监视系统，这一切技术的、战术的“现代化”措施显然不是治本之策。他认为，“修路建桥永远跟不上城市的膨胀”，缺乏整体的深入研究，就难免影响全局决策，不能对城市的空间发展进行有效的控制，“作为世界大城市，未来的北京将有更大的发展，质量上将有更大的提高，现在的城市发展只是序幕。如果我们不能高瞻远瞩，只是因循过去的决策，迁就现实，那必将重复过去的遗憾和失策。所以说，探讨大北京地区可持续发展的整体战略已经迫在眉睫。”

那么，北京的出路在哪里？是成为“世界城市”。吴良镛说：“全球性的‘世界城市’概念正在兴起。人们认识到，城市的范围必须突破以往的行政区划，城市的发展必须注重地区整体竞争力与可持续发展。”

将北京放在更多的区域里考虑其未来发展的道路是治病的“良方”吗？吴良镛认为应该是可以的，那就是“葡萄串”。

“大北京”发展战略规划中提出利用磁悬浮连接京津唐，沿交通轴布置“葡萄串”式的城市走廊。根据实际需要，确定葡萄珠的大小和内容，并为未来的发展留有余地。通过引导地区中心的发展，居民可以方便地兼得城乡之利，包括就业、交通、教育、文化功能的满足，并保护好山丘、湿地、濒水地区等自然形态、自然资源，兼得景观、休憩之趣。在适当的地点，布置科技产业园区等新的城市功能区。

将交通轴、“葡萄串”式的城镇走廊融入区域生态环境中，在良好的生态环境基础上塑造区域人居环境的新形态。

失落的天津

去过天津的人都知道，那个城市的房价要比距之仅100余公里的首都低得可怜。首都的百姓可能没有人相信可以用每平方米2000元的价格买到四环以内的商品房，可是，在天津就可以。此外，现在还有一些人为省钱，把婚宴挪到天津去办。

提起将在北京举办的2008年奥运会，一些天津人说，我们没有指望奥运能给我们带来什么好处。因为2008年的奥运会，对天津人在地理上来说是那样的近，而在感情上，他们又是那样的失落！

细心的天津人发现，一些奥运项目，北京奥申委可以将之放在远在山东的青岛市，而对于眼皮底下的天津却没有过多的考虑。

天津人失落了："如果是在以前，哪会有这种事？"以前，天津是北京富人们的后花园，那里有外国人的租界，而现在空落了一个"天津卫"的雅号。难怪一些南方人到天津后会发出"这是天津吗？怎么这么破"的疑问。

其实，穆学明那个"舞蹈着长矛冲向风车"的提案代表了一部分天津人的梦想。穆学明身在天津，长期痛感于天津的衰落。

京津不能合并，看来简直是暴殄天物。如果京津可以归一，联手积极利用海向腹地，充分使用现有水运交通设施，物畅其通，地尽其利，而且更便于发展跨国企业，便于资源、资金、技术、产品的输出与输入。

实际上，现在京津塘高速公路已经将北京、廊坊、天津、塘沽、天津保税区、天津港联系起来，根据我国经济建设与科技发展总体布局，在沿海地区将形成五条高新技术产业带，京津唐产业带是其中重要的一条。地理、市场以及相关产业政策都在积极催生京津一体，"京津为什么不能合并呢？"穆学明问，"北京的七环就到了廊坊，距离我们天津的三环已经不远，北京建成十环，不连也得连了。"

有人说，京津两大直辖市是计划经济时代生下来的双胞胎，但天津由于营养不良，几乎变成了"寄生胎"。对此吴良镛说，城市之间的竞争不可避免，但它不应该是盲目竞争和不公平竞争，城市发展不是一场你赢我输的赛局，相反，在解决城市问题的过程中，彼此合作，可以共同制胜。"必须打破僵局，在公共争论中谋求双方同意下解决之途径。"

当北京几乎成为一座围城，寻求突破便成为当务之急；当天津在与北京的城际竞争中难以获得先发地位而日渐衰落，寻求妥协与分工便成为现实选择。

所以，专家们说，将北京和天津放在"大北京"的环境下考虑，不是天津"攀高枝"，不是北京"扶贫"，而是双方互惠互利的事情，这不仅仅是天津人的一厢情愿，也是北京的出路。

京津冀面临大挑战

实际上，天津的落伍相比于周围河北省的其它城市又要好很多——北京市相邻的河北省的北部和西部，甚至南部的地区，都还是相对的贫困。“一个相对落后甚至是不发达地区的中间，就像是在一座山的山顶，这是不相适应的。”

更有人认为，北京的发达是在建国以来北京发展的区域规划牺牲了周边地区的利益的基础之上发展起来的。

“北京要反哺周边。”农工民主党中央调研部研究员谭卫和说，“我们在城市发展的道路上不能就市论市，要跳出来。要真正做到整个区域的协调与稳定，关键一点在于按照市场经济的规律办事，从整个地区的经济效益、经济规模、产业结构发展的角度来实施经济行为，像墨迹扩散一样，以富裕地区带动不发达地区。”谭卫和更认为，牺牲冀北落后城市的发展支援大城市的发展，是得不偿失的。

有学者指出，相距130公里的京津两大直辖市，正沉迷于各自的中长期规划不能自拔，两个城市对于区域经济的带动功能，已在竞争与较量中日渐抵消。

改革开放之初，珠江三角洲地区的经济实力根本无法与京津地区相比，但到1990年，珠三角洲地区即占到全国国民生产总值的5%，已与京津冀北地区相当。1982年，京津地区占全国工业总产值的比重为1/12，至1990年降至1/14。特别是天津，与珠三角洲、长三角洲等地区相比差距愈来愈大。

还有一些专家认为，在中国，没有任何一个地区有京津地带这样优越的城市发展平台——无论是珠江三角洲还是长江三角洲，它们的政策、资源、人才、技术优势在相当长的时期内都无法与京津比肩。

由京津领衔的环渤海经济区成立于1986年，是中国最大的工业密集区，但是现在，它已经滞后于珠三角洲和长三角洲的发展。更令人沮丧的是，上海之于长三角洲、广州之于珠三角洲都产生了显著的“正拉动”效能，而京津对于环渤海则是“反拉动”。20年内，珠三角洲和长三角洲走向了良性循环，而环渤海经济地区却愈来愈没落——“可以说整个京津冀北地区都面临挑战。”吴良镛说。

在去年，也就是“大北京规划”被通过的前几天，在华南的广州市召开了关于“大城市群发展战略”的中国城市论坛，这次论坛的基调是：一个国家真正参与到国际竞争中去，实际上是大城市和大城市群，因为只有城市才有产业的聚集，只有城市才有国际竞争需要的产业基础设施和人才资源。

在“大北京规划”中，“葡萄串”串起来的不仅仅是天津和北京，还有唐山、廊坊、保定、张家口，不是1+1，也不是1+x，不是一个简单的加减乘除的数学题。

资料来源：文青，人民网，2002年7月18日。

所谓组团式城市群，是指我们更加注意挖掘城市之间社会经济存在意义上的等级性、社会经济贡献角度或作用方式上的互补性和社会经济创新意义上的生命性及完整性。组团式城市群这一概念，有其内在的质与量上的规定性。从定性上来讲，组团式城市群具有以下本质特点，即①从系统层次上看，它是一个等级有序的体系，不同规模和社会经济影响力的城市形成一个层次比较分明，过渡比较自然，联系十分密切的等级体系；②从经济上讲，不同城市是优势互补，以一种产业整合的方式运转或在更大范围内优化配置资源的社会经济主体；③从社会意义上讲，可以消除城乡存在巨大发展水平落差的二元经济结构，有利于全面小康社会建设目标的实现；④从文化上讲，它可以尊重、保有，甚至发挥不同城市的历史特点和社会经济作用方式，促进多样性的城市文化和经济风采；⑤从生态上讲，由于基础设施的共享，以及在环境效益上的统一考虑，可以最大程度地节约能源和土地等资源，减少向自然界的社会经济排放量，如消除“热岛”效应等。

注释专栏3.3

法国人类进步基金会主席皮埃尔·卡蓝默论新时期的城市

“我们要承认城市和地区是未来管理的基石。在许多国家，城市和地区只是被认为是地区、国家、世界政策贯彻实施的初级场所。仿佛在经济全球化的浪潮中，地方政府所能扮演的惟一角色只是向公众提供一些基本服务，而其它的则由其他级别的机构来承担。然而，当经济成为最为关键的因素时，当经济成了知识、技术、信息的结合体，成为物质生产要素的统一体时，那些能把知识、技术、信息、物质生产要素结合在一起的场所就成了发挥决定作用的场所。

“两个世纪以来，企业尤其是大企业是系统结合这些知识、技术、信息于一体的主要地方。欧洲、中国、原苏联的一些大企业成了人们日常生活、社会安全、娱乐甚至教育、商业方面的重要舞台。在20世纪中，这些决定人们日常生活的公众服务事业的职责逐步落到地方政府身上，而企业则集中力量进行直接的生产活动。我确信21世纪将是城市和地区的世纪，它们是社会经济生活中的主要角色，而且要为这些角色的扮演进行充分的准备。

“第二，地区、国家的关系要建立在新的原则上，即主动辅助原则。当代的重大问题，环境的、经济的、社会的问题都不可能仅在一个层面，即国家、省、市内部得以解决。譬如说水、能源、经济发展、消除贫困、居住、交通、教育、科研，这些问题都必须在各个管理层面之间的通力协作下才能得以解决。这就呼吁我们在行动上进行革新。要在各个级别(的城市)之间进行密切合作。

“最后一点，必须在城市之间建立互通有无的国际网络。任何城市、地区都不可能孤立地思考这个世界或者孤军奋战来改变这个世界。”

——21世纪被人说成是城市的世纪，确切地讲，更应是城市群的世纪。

当然，满足了系统学、经济学、社会学和生态学意义上的定性标准，不同城市的集聚并不一定就是组团式城市群。除此，还要从定量上加以规定和说明。在这方面，组团式城市群这一概念代表着一定的标准或临界尺度，只有满足了这些标准，或者说超越了如下临界尺度才行。这些临界度是：①人口密度：(人/平方公里)；②经济密度：(GDP/平方公里)；③资本密度：(万元/平方公里)；④流通密度：(物质能量信息通过量/小时)；⑤消费密度(万元/平方公里)。这些指标所反映的还主要是不同城市各种社会经济意义上的集聚度。当然，我们还可以提出其他定量刻画组团式城市群的指标来，直到形成一个比较科学合理的指标体系和临界标准。随着对城市群概念内涵理解的不断加深，相信通过一段时间的研究，对组团式城市群的定性定量工作表述，一定会有一个为大家所普遍认同的成果。

2. 组团式城市群是城市、城市带和一般城市群进一步发展的结果

(1)以集聚效应为主导的点状发展——零维的城市

所谓集聚经济又称集聚经济效益，一般是指因企业、居民的空间集中而带来的经济利益或成本节约。比较典型的解释是，它是指“一批厂商因彼此位于附近，而可能产生的经济效果或费用减少”。

城市经济的本质特征就在于其空间性和集聚性，或者说是空间集聚性。城市因空间集聚而产生，因空间集聚而发展、壮大；城市的物质、经济结构既是空间集聚的结果，也是城市集聚的基础。空间集聚既是城市吸引力的产生原因，也是各类城市问题产生的根源。

集聚经济本质上是由于厂商或工业集中而造成的规模经济。这种规模经济通常是外在的，但也可能是内在的。特别地，某一单独企业在某一特定地区发展而享有的利益，“如那些由于扩大规模而增加利润的经济，应该严格地属于内在的”。(K. J. 巴顿著，上海社会科学院部门经济研究所城市经济研究室译，《城市经济学：理论和政策》，商务印书馆，1984 年，第 20 页。)尤其是当以某一特大企业为主而形成的城市集聚时，集聚利益显然更多地表现为内在经济(Internal Economies)。此外，属于集中于某一特定城市同一工业部门许多独立企业的集聚经济利益，对每个个别企业来说是外在的，但对于这一工业部门整体而言则又是内在的，即产业的内部规模经济。类似地，由于生产经营中具有互补性(Complementary)的不同类企业的集结而形成的集聚利益，实际上也是由于分工与规模利益而形成的地区性规模经济。

城市集聚的经济利益并不限于企业或厂商的范畴。事实上，消费者或居民的空间集中同样会产生种种经济利益，节约生产成本。例如，人口的集聚显然扩大了市场需求规模，从而不仅使企业在生产规模的扩张中受益，而且也降低了诸如运输、储存等方面的销售费用。再如，居民的集聚所引起的文化交流与相互促进而形成的人力资本的提高，自然也会使企业受益。

集聚效益是大城市增长的机制。由于企业规模的增大，几座企业组团，便能促进城市的大型化。在美国，一座 1.2 万名职工的钢铁厂，能增加 15.9 万人的就业机会，增加 30 万城市人口。这类连锁反应又称“乘数效应”。我国鞍山、包头、唐山、淄博等大城市就是企业乘数效应的产物。第三产业的集聚效益更加突出。第三产业的迅速发展对大城市的发展影响越来越明显。

城市集聚的经济利益，除了上述各种类型的规模经济外，还包含有其他方面的生产利益。例如，当许多厂商雇佣相似技能的工人时，便出现了所谓的熟练“工人库”，从而使厂商在选用所需工人时更为便利，节约了工人培训成本。再如，“一家渴望开业的公司，在一个具有大批厂商和大量场地的城市地区，要比在一个较小的城镇中更有可能找到可用的场地”，从而节约了搜寻成本。

此外，城市中企业与居民的集聚所带来的经济利益，并不只是生产方面的，也有生活或消费方面的。换句话说，它不仅使企业受益，而且也使家庭受益。毫无疑问，多样化的产品供给为消费者提供了挑选的便利；厂商的大量集聚则为居民创造了众多的择业机会。

这种城市发展的轨迹，一方面为社会财富的积累和生活质量的提高，带来了新的动力和源泉，另一方面也会发生现今人类尚未想象到的组织方式、生产方式、生活方式和文化方式的巨大变革，同时也产生了“城市病”。

(2)以通达效应为主导的线状发展——一维的城市带

在人口向城市集中的情况下，越来越多的城市因工业区位等原因在靠河海和铁路沿线等交通方便的地方，如沿交通干线或支线处迅速崛起，并呈现一条条带状分布的不同城市。譬如，美国在其东北部形成了工业城市带，大西洋沿岸和河口地区也形成了人口密集的城市带。这种带状的城市布局主要受两个因素影响，一是集聚的经济性；二是城际的通达性。

随规模扩大而增大了的集聚经济效果，将不断推动城市规模的进一步扩大。但如前所述，集聚效应的作用是双重的。城市集聚规模的扩大不仅产生了集聚经济，而且也同时产生着不经济。随着集聚规模的扩大，城市要素投入成本将呈上升趋势，交通成本、污染成本等也将随之逐步增加。在城市集聚的最初阶段，集聚经济效果明显，集聚不经济极为微弱。但达到一定规模后，集聚不经济的逐步增强将不断削弱集聚经济的作用，直至最后完全抵消或超过。于是，作为集聚效应整体经济后果的集聚利益，在最初阶段呈递增趋势；达到一定规模后，又呈递减趋势；到最后，几乎降为零，从而城市吸引力基本消失，城市规模不再扩大。由于集聚效应的双重作用，城市的增长(规模扩大)并不是无限的，客观上它存在一个最佳的合理规模。

集聚不经济(Agglomeration Diseconomies)是指，空间集聚在为居民、企业乃至整个城市经济带来集聚经济利益的同时，也会产生各种各样的额外费用，即集聚成本。集聚成本的存在，导致了城市集聚的不经济。集聚经济形成了向城市空间集聚的吸引力，而集聚不经济则产生排斥力。二者是城市集聚效应不可分割的两个方面。概括而言，在已有的文献中，城市集聚成本(不经济)主要包含以下几方面内容：土地或场地费用的增加、工资费用的增加、拥挤成本、社会成本(如污染、生态破坏、犯罪率增高等)和规模不经济。

但从城市的发展角度看，集聚不经济一方面限制了城市某一层次的持续集聚，另一方面又促使集聚向更高一层次形态，即城市带这一形态发展或升级。

随着技术进步将影响城市的存在方式或发展方向，这一影响是全面的，它不仅会提高城市的资源需求，而且有助于资源供给的提高。一方面，城市生产力的提高增加了对社会经济资源的需求，使得更多的人口、原材料、资本不断流入城市；另一方面技术的提高也意味着对资源利用能力的增强，从而可资利用的社会经济资源的供给得到了提高。

诸如交通、运输、通讯等新技术的不断采用，城市的地理位置将得到相对改变，城市可资利用的资源也相应增加，城市的区位集聚利益随之提高。显然，随着交通运输等技术的提高，城市的可及性或通达性将因此改善，从而城市的吸引力和辐射力自然增强。同时，交通条件的改善将会改变距离对某些厂商的区位约束，从而其集聚区位和规模也因之改变。所以，交通技术的进步将从根本上改变着城市要素的集聚规模、结构与空间分布。

美籍法国城市地理学家戈特曼（Jean Gottmann）就在其论文“Megalopolis, or the Urbanization of the Northeastern Seaboard”中研究了美国东北沿海地区城市密集区，并将这一地域组织——北起波士顿、南至华盛顿，其间以纽约为中心，排列着普罗维登斯、哈特福德、纽黑文、费城、巴尔的摩等一系列大都市，它长970公里，宽50公里～160公里，面积达13.9万平方公里，人口达4200万（1970年），称为“Megaiopolis”（希腊语，大都市带）。到70年代，戈特曼认为在世界范围内出现六个大都市带：①美国东北部大都市带；②大湖都市带；③日本太平洋沿岸大都市带；④英格兰大都市带；⑤西北欧大都市带；⑥以上海为中心的长江三角洲地区。

大都市带作为城市化高级阶段的产物，具备以下特点：①区域内有比较密集的城市；②有相当数量的大城市具有与之有社会、经济、文化等密切联系的都市区；③通过便捷的交通走廊（Corridor），各个都市区在社会经济上有紧密的联系；④具有相当规模，是国家的核心区域，具有国际交往枢纽作用，并认为大都市带是城镇化高级阶段的产物，现代人类文明的标志之一。

从宏观尺度上，可以说城市是一个零维的点状存在。到了城市带，则达到了一维形态。如果说，城市带是城市在工业经济情况下，主要按自然地理条件（如河口地区和海岸线）分布的话，那到了后工业时代，城市带中的主要城市，或者说是区域性的中心城市就会按产业经济原则来进行产业升级，与周边城市形成一个优势互补的有序存在，即城市群。

（3）以结构效应为主导的面状发展——二维的城市群

城市群时代随信息技术的发展而到来。随着社会经济的发展，国民经济的产业构成也在不断地演化，城市集聚与区位布局的经济活动内容与结构也处于不断的演进之中。纵观西方发达国家的经济发展历史，产业结构的演化明显经历了三个不同阶段：①前工业化时期到工业革命之前，这一时期国民经济主要以农业为主，从而城市的性质主要是因政治、宗教、军事、贸易等因素所决定的消费性城市，集聚规模主要取决于农村剩余的多少；②工业化时期，工业取代农业成为经济发展的支柱产业，城市成为生产中心，因而工业的生产与集聚规模及其布局决定了城市的规模与结构；③进入后工业化时期，服务业取代工业成为经济发展的主要力量，许多城市逐步转化为服务中心。在后工业化时期，中心城市开始作为重要的区域性社会经济服务中心，并开始大力发展。中心城市及其周边城市的联系，也因为信息通讯技术的迅猛发展，在改变社会经济活动空间限制的基础上，得到了超越自然地理条件的加强。这使城市空间布局更趋于分散化，而且由于节约了人流与物流的数量，使得市中心可以更大限度地容纳、吸引社会经济活动，辐射范围进一步扩大。可以说，正是由于信息通讯技术革命，使得一些城市的一些经济活动向全球辐射，成为国际性的金融、贸易与投资中心，也正是在这些中心城市的带动或辐射下，区域性的二维城市布局越来越重要，城市群时代开始真正来临。

当前，以信息技术为先导的新技术革命和经济全球化进程日益改变着社会经济运行的基础，世界经济正朝区域化、集团化方向发展。与之相应，经济活动的空间组织形态总体趋向于城市与区域的一体化。在这一过程中，作为20世纪中叶以来发达国家城市化重要趋势之一的城市群，成为令人瞩目的现象，即城市化和城市发展不再表现为城市数量的迅速增加和大城市的个体膨胀，而是围绕城市结构的完善和质量的提高，由一批不同等级规模的城市（镇）在一定地域范围内，依托交通与通信网络密集分布，配套组合，形成相互依存、相互制约、共同发展的统一体。这就是区域性的社会经济活动的二维拓展结果——城市群。

城市群控制着地区性产业结构。城市群（Urban Agglomerations）是"在特定的地域范围内具有相当数量的不同性质、类型和等级的城市，依托一定的自然环境条件，以一个或两个特大或大城市作为地区经济的核心，借助于现代化的交通工具和综合运输网的通达性，以及高度发达的信息网络，发生与发展着的城市个体之间的内在联系，共同构成一个相对完整的城市'集合体'"（姚士谋，1992）。

城市群的构成应满足以下几个条件：①存在一个以上的特大城市作为发展极，人口密度和各类城镇密度较高且为连续分布的区域；②城市群地域范围有较高的城镇化水平，体现于城镇化水平的量和质两个方面；③城市群地域范围内、城市群与外部环境之间具备持久的社会、经济、文化等方面的联系，这种联系具有高密度和高强度的特征，城镇间及城乡间各种设施网络是联系发生的物质载体，其负载的人、财、物及信息等各种流是联系的具体体现。也就是说，城市群是建立在城市带的基础上。

城市群作为经济社会的有机体，不仅是城市地域空间形态和规模的变化，更是一种新型的生产力布局形式，体现着经济开发沿阻力最小方向延伸的基本规律。我们认为，城市群具有两个基本的经济社会特性：内在有机性和能级均衡性。城市群的内在有机性是城市群的基本特性之一，它表明城市群并不是自然地理意义上的城市密集分布，而是各类资源在区域内的特定分布形式，具有新的不同于各城市简单加和的整体特征与功能。

城市群的功能远远超出相同规模的多个孤立城市的功能之和。例如，日本东海道带状城市群只占全国20%的土地面积，却集中了全国52%的人口、70%的工业生产总值、65%的商业人员和72%的年销售量。从宏观上看，城市群的功能有可能取代传统城市中心的功能。这在发达国家的城市群区已越来越明显地表现出来。

城市群内的中心城市对周边地区的影响主要是辐射和带动作用，这主要是一个中心城市与区域经济发展的相互关系，而城市群则主要涉及对周边地区具有辐射和带动作用。所谓辐射和带动作用，其实质是通过不断形成和持续保持的产业梯度，解决周边城市就业问题，实现工业项目配套，带动区域服务业发展，提高地区技术经济水平和增加地方财政收入等。

合理配套的产业分工与协作网络是城市群不断发展的基础和动力所在。城市群体发展可使区域经济在生产要素的组织与创新方面具有较强的可更新性和自生性，促进地区产业结构不断优化并形成良好的产业布局，从而使得各城市优势互补，产生最大效益并实现资源的集约利用。而且，城市群体发展有利于基础设施共享、区域资源合理开发、环境污染的地区性治理、地区性防灾等。这可避免不必要的重复和浪费，效益明显。

（4）以联动效应为主导的立体发展——三维的组团式城市群

组团式城市群更注重完整定位和跨区域整合。在城市群发展的基础上，城市之间在水平意义上的区域整合和等级性的有序合作越来越强。城市群甚至可以在跨区域的更大范围内实现资源优化配置，体现出越来越明显的全球经济特性。

以往，人们对于城市群主要是注意其空间和产业结构性，如考虑城市群网的密度和城市之间的组合方式等，而很少考虑城市群的社会经济定位，很少考虑区域性的经济能力偏差，很少考虑区域性的知识创新与全球化的经济趋势相结合等问题。

组团式城市群是在城市区域性集聚的基础上，更多考虑城市群的个性价值，或在经济全球化时代的整体定位发展起来的。这一概念更加强调顶层设计，注重城市群的整体功能和群内城市的功能整合。除此，组团式城市群还强调垂直方向上，即不同级别的城市之间社会经济分工。如群内首位城市多属于知识和资本密集型，而其他城市则主要在技术和劳动密集型经济上开展活动。也就是说，组团式城市群更强调城市间的立体性的功能匹配，强调知识在资本作用下的产业化活动。

组团概念提示我们，城市群的下一步发展要在社会经济运行、资源整合能力以及知识创新等状况上密切关注并适时适当调整。这一概念还提示我们城市要有新的社会分工与合作，不只是产业上的，还是领域性的。像以前那样城市之间产业定位大多重复，资源竞争各不相让，要么强调集聚，要么企图享受扩散成果等思维和做法，与组团式城市群的概念内涵是不一样的。后者更加强调一个城市群在国家和世界中的价值或地位更加超脱，即不只是一味地局限于空间上的地域概念，即组团式城市群的进一步发展不一定非得要在一个地方或固定的那几个城市才行。随着交通的发达和通讯技术的改进，跨地区性的城市组团发展也是可以的。以前的认识可以说比较侧重于空间或区域性的城市集群，注重分析城市之间的空间布局和网络结构形态，而对功能性的（跨地区的）城市之间组团注重不够。这样，地区性的资源禀赋情况就会在很大程度上影响或者说局限城市群的发展，城市经济就很难超越城市自身的运营和管理，很难超脱区域经济范围，也就很难与经济全球化或网络经济的发展趋势相适应。

组团式城市群，不是几个城市的简单相加，而是不同类型和不同规模城市之间由资源共享、优势互补所产生的社会经济现象。在组团式城市群中，应该培育起具有全球经济竞争力的产业簇群。正是不同的城市互相支持，营造一种创新、创业的环境，使得不同层面的产业链、知识链等复合成一个立体的具有较强生命力的社会经济存在。因此，大城市群才产生很强的资源吸附、配置、整合和增值的能力。

每个城市的发展都必须与外部发生经济联系，组团式城市群的形成过程实际就是各城市之间关系越来越密切的过程。一个内部经济发展协调的城市群可以使地理位置、生产要素和产业结构不同的各等级城市承担不同的经济功能，在区域乃至全球范围内实现单个城市无法达到的规模、集聚和联动效益。

对城市群竞争力概念的研究应该考虑的是群内城市价值的内在决定性和整体意义上的价值耦合性，它既不是群内城市竞争力或价值的简单加和，也不是软硬因素的一般组合。要想研究城市群的竞争力，首先应该明确它是比城市更高的一个层次的存在，而不是相邻城市的简单集合。城市群与城市相比，具有单体城市所不具备的一些新的属性，是一种明显的社会经济复杂性存在，具有突现（Emergency）性质。

城市群的竞争力主要体现在产业群落的存在和产业升级的能力上。一个城市群的竞争力是从全球经济范围来讲的，它主要表现为一种资源整合力。这种资源整合力来自于产业群落的资源吸附性和产业升级的资源增值性。在当今世界，一个有竞争力的城市群应该有一个以上，并在世界范围内体现鲜明特色和强健生命力的产业群落。城市群与产业群落是生产关系与生产力，经济基础与上层建筑的关系。正如城市群是镶嵌在自然环境基底上，产业群落也是生长于城市群这个基底之上。由城市群这个社会经济基底支撑着生长或集聚各种资源或矿藏的社会经济意义上的“盆地”，在盆地中活动着比较完整的产业群落。

二　组团式城市群的功能分析

1. 组团式城市群的区域经济功能

组团式城市群可使资源在更大范围内实现优化配置。一个城市不管多大，相对于产业升级和知识创新，其资源的有限性都是十分明显的，必须开放，引进社会性资源。另一方面，每个城市中的资源又有一定的独特性，相对于城市本身一定的发展空间或市场容量，这些资源又都受到各种程度不同的限制。而如果借助于方便的交通和通讯，在一个共同的平台基础上，资源有限和受限等问题就会因城市间的联系与合作而得到解决。

组团式城市群是先进生产力的主要载体。现在的生产力诸构成要素中，科学技术已经超过资本成为最主要的，而对于高新技术产业发展起关键性支撑作用的科学技术的创造和率先使用则离不开经济比较发达的区域。为了更好地进行区域性的知识交流和创新合作，占有不同资源的城市之间应该有目的或战略意图地组团，通过领域性的知识创新和产业创新，体现城市群自身的社会经济价值。从全社会范围讲，由代表工业经济时代最先进生产力的城市组团也会更好地迎接新经济的挑战，并且由此表现出社会经济发展的领先性和示范性。

组团式城市群对社会经济具有辐射带动作用。区域经济发展理论中的增长极理论的核心观点是，区域要实现工业化和经济发展，必须建立增长极，通过增长极的自身发展及对其他地区和部门的影响，推动整个地区的经济发展。增长极具有支配效应和创新特征。在有城市群的经济区域中，由于整个城市群经济水平较高，形成区域增长极，通过辐射效应带动其他地区的经济发展。在城市群内部，多个经济增长极构成网络系统，聚集效应和扩散效应使各个城市和城市之间地区都得到了发展，从而使城市群本身也得到了发展。

2. 组团式城市群的全球经济功能

由于现代城市群庞大的产业集聚、经济规模和吸引与辐射能力，以及城市群内众多城市功能的发挥，使得城市群的现代城市功能进一步提高，成为具有管理、协调、控制国际经济能力的城市群体系。现代城市群的本质特征是拥有全球的控制能力，随着全球化影响的逐渐深入和更加广泛，现代城市群在全球经济中的地位和作用也愈加显著。

以中心城市为核心的城市群将越来越控制和主宰着全球的经济运行，新的国际劳动地域分工格局将进一步逐渐演变。

现有的具有全球性经济、政治、文化交流等作用的综合性城市群：以伦敦为中心的英国城市群，以巴黎为中心的法国城市群，以纽约为中心的美国东海岸城市群，以芝加哥为中心的美国中部城市群，以东京为中心的日本城市群，等等。据统计，跨国公司世界或地区的总部大多落户在这些城市。如在法国的巴黎，全世界最大企业的11%在这里设立世界或欧洲总部；在美国纽约的华尔街，云集着诸如“纽约股票交易所”等几千家金融和保险业，这里是企业最大的金融中心；伦敦是仅次于纽约的世界第二大金融贸易中心，全市有近500家外国银行、近200家外国保险公司（国内保险公司有600多家），此外还有股票和白银等各种交易所，伦敦也同时是世界最大的外汇和黄金交易市场。这些城市的影响力不仅推进了区域一体化进程，也促进了经济全球化。同时，世界级中心城市之间的联系也越来越紧密，使都市区及城市群在全球经济中所起的作用也由于相互间联系的广泛性而更加重要。很明显，经济全球化进程使现代都市及其城市群的中枢作用非常突出和显著。

从世界上一些首位度很高城市的资料来看，一般在这些城市中，至少有1/4的国内大企业和大银行的总部设在这里。如在法国巴黎，全国最大企业1/2的总部就设立在巴黎的台方斯——欧洲最大的商务中心；在日本的东京，全国1/4的公司、1/3的银行，以及资本在1000亿日元以上的大公司的60%都集中在这里；在美国排名500家的公司中，有1/3的总部设在纽约的曼哈顿，7家大银行中的6家，5家最大保险公司中的3家总部设在纽约，全国最大的10家连锁店的总部也设在纽约。可以看出，20世纪70年代以来，世界范围内的经济重构不仅形成了全球新的经济结构，而且形成了新的空间权力结构。

组团式城市群具有内在的全局性经济贡献作用，建设城市群从一开始就要从全球经济着眼。如果说作为增长极的中心城市的辐射作用是区域性的，那么，超越或者整合不同增长极的城市群的作用或辐射范围势必更为广阔。正所谓我们身在中国，但也感受着日本关西地区城市群和德国中部城市群的电子和其他工业产品和服务。

3. 组团式城市群的城市经济功能

组团式城市群可以促进城市的专业化分工。城市群是一个相对完整的集合体，应具有较强的整体性。我国城市群目前的整体性还不强，缺乏城市群一体化发展的相关制度和协调政策，导致空间结构和产业结构的不合理。在空间结构方面，中心城市与次中心城市缺乏互动作用，经济联系度不高。例如，长江三角洲城市群中，上海与次中心城市南京、杭州的经济联系强度指数分别为5.6和8.6，低于上海与苏州（19.5）和无锡（11.9）的水平。特别是中心城市与腹地的联动缺乏一定数量的二级城市这一中间层次，难以形成城市群一体化发展所应具有的扩散效应和对周边小城镇的辐射作用。据统计，2000年长江三角洲地区有非农业人口50万以上的大城市10个，30万～50万人口的城市14个，10万～30万人口的城市50个，10万人以下的城市10个。可见，该地区30万～50万人口的中等城市数量偏少，没有构成一个整体的空间结构。在产业结构方面，突出地表现为产业结构趋同，专业化程度不高（表1）。除上海外，长江三角洲地区各城市的产业结构相似，均是第二产业占主导地位，第三产业居中，各城市的产业特点鲜明。上海与江苏的产业结构相似系数为0.82，上海与浙江的相似系数为0.76，而浙江与江苏的相似系数高达0.97，表明长江三角洲地区的产业结构趋同现象十分严重，特别是江苏与浙江的产业结构更是高度趋同。这将使城市群难以形成具有特色竞争力的整体发展优势。

表 3.1　长江三角洲城市群专业化系数统计表

城市名称	上海	南京	无锡	常州	南通	扬州	镇江	泰州	杭州	宁波	嘉兴	湖州	绍兴	舟山
专业化系数	0.22	0.15	0.22	0.21	0.14	0.08	0.19	0.10	0.11	0.20	0.26	0.24	0.30	0.33

资料来源：上海、江苏、浙江，2001 年统计年鉴。

而珠江三角洲和长江三角洲城市群中的城市之间就形成了非常明显的地区功能分工。像深圳形成了高新技术产业群，广州是与新型工业、IT 产业相配套的中心城市、商业城市，东莞是台商密集区，佛山、顺德是中国最大的家电加工业基地，而珠海则突出了旅游业和软件业的发展。珠江三角洲所形成的各具特色的区域性城市群，互补性强，因而具有强大的整体竞争力，所以，全国经常有“南货北上”的威胁。而环渤海地区的所有城市，都是同一个发展模式，产业门类都很全，都没有各自的核心竞争力，所以不能形成互补。这就是环渤海地区与珠江三角洲的最大差别。环渤海和东北地区缺少像长江三角洲、珠江三角洲城市之间自然形成的内在分工和有机联系。

现在看来，城市群对中国的贡献应该是知识性的，即珠三角的体制性方面的知识，使得中国下决心全面实行社会主义市场经济制度；长三角则是中国具备了金融和服务等方面的知识和创新能力；京津环渤海城市群的建设和发展则是朝向新型工业化，通过信息化与工业化的双向互动提升我国传统工业基地的科技能力和生产水平。

三　组团式城市群的战略地位

1. 组团式城市群的产业经济地位及作用

组团式城市群是提高地区产业竞争力的基础

不同层次的社会经济行为所产生的集聚导致城市不同意义的发展：手工业劳动的集聚导致城镇，大机器生产的集聚导致大城市，相邻产业环节的链接导致城市带，产业间的接转导致城市群。而组团式城市群，即城市群发展的成熟阶段，则是产业整合的结果。反之，通过构建组团式城市群，也可以促进产业的整合与创新。从这个角度讲，组团式城市群又是产业集群的基础或手段。组团式城市群不是人为规划出来的，而是顺应时代的要求，照顾客观的经济现实，并且积极反应于微观层面的变化，即企业发展需求的结果。

60 年代末企业地理学出现了重大转折，强调企业对环境的影响，而不是像规范区位理论那样只关心经济环境对工业区位的影响（例如靠近原料地、市场等）和只注意个别工厂区位的研究。所谓注重企业对环境的影响，主要是指一个企业的存在和发展，包括它的产业类型和经营特点，对其他（区域内）企业的影响。企业地理学开始对产业间的联系加强研究，重点在产业之间的横向联动或制约性，正视并搞清了这一点，将有助于理解工业全球化问题，也可以理解区域为什么构成创新环境之门。这就从另外一个层面或角度提示我们要注重区域性的组团式城市群的建设。因为它不仅关系到城市化和二元经济结构问题，更主要是从根本上制约着创新的顺利开发和成败。从企业入手来研究区域，从微观经济主体的运作和发展需求来领会组团式城市群存在的意义和建设的必要性，是非常有益的。这样也可以扩展和丰富我们研究城市群问题的视野和思维。

70年代末以前，我国追求平衡布局和国防原则，对产业集聚的认识十分缺乏。建国初期，工厂布点是"一厂一点"。"二五"期间很多工业区和工业城镇新建，要求相关企业在生产工艺和工程设施方面相互协调，各省市广泛开展了区域规划，但是对集聚并没有十分自觉的认识。60年代，限于研究基于自然资源的钢铁、煤炭、石油、化工、电力、制糖、建材等产业各自的布局因素，较少探讨相关产业之间的联系。"文化大革命"期间，生产布局和规划的合理性一度被否定，区域研究停滞了六七年之久，在"山、散、洞"的政策影响下，工业建设蒙受了巨大损失。

20世纪70年代末和80年代初，面对世界性的经济危机，一些区域呈现出经济衰退的景象：企业纷纷破产，大量工人失业，人们生活质量相对降低。而与此相反，欧洲和北美少数几个地区经济发展依然保持平稳，甚至继续增长，成为成功地战胜衰退的"经济"之星。这些地区有多种多样的产业，不仅包括技术先进部门，还包括传统的劳动密集型部门。典型的发展迅速的区域主要有意大利中部和东北部的艾米利亚－罗马格纳（Emillia-Romagna）和图斯卡尼（Tuscany）等地区、德国的巴登－符腾堡（Baden-Wurttermberg）、法国的欧叶纳克斯（Oyonnax）、丹麦的竹特兰（Jutland）、瑞典的斯迈兰（Smaland）、西班牙的巴塞罗那（Bercelona）、美国加利福尼亚的硅谷等，其共同特征都是存在专业化的中小企业集群。

这些地区大量的中小企业彼此间发展了高效的竞争与合作关系，形成高度灵活专业化的生产协作网络，具有极强的内生发展动力，依靠不竭的创新能力保持了地方产业的竞争优势。

组团式城市群是创新成功的背景结构

在跟踪了硅谷等地的经济发展现象后，通过上升到理论表述的高度，产生了新产业区理论。近些年，新产业区理论常被用来研究创新，要求为企业创新提供一种区域环境，它说明尽管硬环境（完善的基础设施、相邻的大学、便利的交通等等）可以成为创新的条件，但它不必然能够诱使创新的发生，而软环境，即企业与企业之间、人与人之间正式的与非正式的交流沟通，则为创新提供机会。新产业区理论认为，成功的区域是有创新性的区域，区内企业能够持续地创新。那么，是什么使得一个区域成为有创新性的区域呢？区域产业的配置、技术基础结构、文化和制度都对区域的创新性产生重要影响，而分析的出发点是产业集聚。

以技术和知识为本发展区域经济的关键，是使经济行为主体在其环境中和其他行为主体建立联系，促进信息和知识的流动和新思想的创造。在应对技术变化以及商业环境变化的过程中，本地的经济行为主体之间通过大量的正式交易、非正式交易和非正式的交流所建立的关系，是其他地方不能模仿的关键资源。相邻的企业深深地根植在其本地的经济和社会环境中，多个企业（而不是两个企业）互动和相互学习，因而区域可以称为"集体企业家"或"集群企业家"。在这种情况下，区域被赋予了新的含义——知识不断积累和流通的场所。在产业集聚区域中发生着两组效应，其一是邻近效应，由于企业在地理上相邻以及面对面的接触，促使信息和知识快速流通，降低搜集信息的成本和交易成本；其二是社会化效应，形成集体学习与合作的氛围并共担风险。

近年来，经济增长学家们已经注意到创新活动中极为明显的"群"的特征。波特在1990年对国家创新中的群进行了广泛的分析，他想要回答的问题是：为什么只有特定的国家能在一个或多个产业中培育许多有国际竞争力的公司。在这一分析中，公司间的竞争与合作不仅是龙头企业而且也是该地区的全部或大部分公司保持竞争优势的关键。波特指出，大多数成功的国家产业是由企业群组成而非独立的个体组成，许多主要国际竞争者通常在同一个城市或地区。

愈来愈多新近出版的文献不仅已开始研究企业内部的创新过程，而且也研究企业间的联系以及国家、区域和私人部门的背景结构，以搞清创新与这种背景结构的关系。De Bresson(1996)和他的同事通过意大利、法国等不同国家的实证分析，对背景结构从根本上支持或限制创新这一看法提供了强有力的实证支持。例如，澳大利亚案例就可以说明支持创新的经济结构中相互依赖假设的含义和产业间密切联系的重要性——通过对澳大利亚调查数据分析的结果显示，澳大利亚的工业结构不太调和，这意味着澳大利亚产业间联系的水平较低(Marceau，1997)。这也意味着许多公司找不到开发新产品和新工艺的合作伙伴。结果，在澳大利亚缺乏生产网络和创新网络，即使有也不是严格意义上的网络。没有形成群的另外一个重要原因是经济活动仅仅集中在几个竞争者手中。从本质上来看，(澳大利亚)产业活动发生在垂直整合的大型工商企业内(其中大部分是海外跨国公司)，创新发生在科层组织中而不是发生在灵活的网络或者群中。

Peneder and Warta(1997)关于群的假设认为，密集的经济(如经济活动的集聚)可以使得参加者提高经济技术效益。从这个角度来看，这个假设回到了阿尔弗雷特·马歇尔(1890)关于工业综合体发展的解释，他认为彼此关联的公司和产业的集聚体内存在积极的外部效应。这些外部效应有三个来源：①汇聚了具有专业技能的劳动力；②支撑产业提供的输入和服务；③公司间的知识外溢。该假设引入了相互关系是工业生产专业化来源的观念。相互依赖主要指出了创新系统内存在动态互补。

群的形成和发展动力来自技术和市场发展趋势的支持、激发和需求。在竞争激烈和市场变幻莫测的商业环境中，公司越来越倾向于向核心活动集中，与他们自己竞争优势和技术能力不相适应的活动遂转包给专业供应商。生产和创新不是一个公司的单独活动，而是通过劳动分工形式迅速提高专业化率。为了减少风险和缩短进入市场的时间，公司必须专业化。结果，为了创新成功，公司越来越依赖于其他公司，而不是他们自己的互补性知识和技能。与熊彼特式的企业家不同，创新不完全是单个公司的活动，而是要求几家公司联合行动，每家公司专长于某一种技能、技术和能力的特定组合。相异的互补性公司联合中遇到的协作障碍、对环境依赖性的处理是合作关系发展的驱动力量，通过这种关系可以提高合作伙伴的创新能力和竞争力。

经验研究表明，一些地方的经济获得了成功并保持了竞争力，是因为这些地方具有高效的本地企业网络、快速的信息扩散和专业诀窍传输。通过运营本地的网络，并且整合来自外部的信息逐渐地增强了那里原有的特殊资源。研究发现，区域内行为主体之间的信息和知识循环在地理区位靠近的条件下得到改善，创新机会也在地理接近的情况下得到增加。但是，仅仅有企业的地理靠近，不必然导致创新的发生以及信息和知识的扩散。创新机会的出现还有另外的条件，这就是社区的创新文化，它往往含有组织变革和制度安排的因素。

组团式城市群是产业创新的战略平台

一个城市(带)，可以组织起或形成一个产业链，从而“扶植”起一个产业，但产业群落则不是靠城市这一级政府能够组织起来的，因为技术的跳跃式进步本身就是超越组织形态才能实现的，这里面要允许或包容很多不确定性、不确知性或者说灵活性、机遇性等。产业群落比产业链要高级，譬如说生产层面就可以形成一个产业链，有原料供应，有粗加工，有工业设计，有精细生产，有储运销售，有售后服务等。这些个环节都是生产意义上的，属于一个层面。产业群落是立体的。

现在的企业再造是产业链的重整，而企业真正需要的是产业群落的形成。当然，这在一个企业的范围内是很难形成的，甚至在一个城市里也是做不到的。现在的管理主要是对产业链的管理，而不是对产业群落的管理。一个企业或一个城市，是可以考虑形成一个产业链的，企业根据交易成本来确定其自身规模，根据自身优势确定在产业链中的定位，但产业群落则是城市群才能够支撑的，朝向于产业群落的管理是超越组织管理的，比现在的企业战略管理高级。而一个产业升级的问题实质是产业群落的变化或演化。正是由于产业群落代表着更高一级的社会经济文明，也就因此能够产生更大的发展红利。

组团式城市群的另一个特点是塑造并实现领域性价值。城市群的主要功能是在某个领域内为全球经济发展提供重要的支持和服务。一个城市可以在某个产业上一时有很好的产品，但光靠这个城市本身难以实现持续发展。为了在这个产业相关领域的全面创新上占取主动，必须基于城市群，寻求世界范围内的合作。组团式城市群的作用体现在，在一些经济领域中，通过它的强有力的网络性，使产业快速升级，成为全球经济中心。

2. 组团式城市群的政治经济地位和作用

促进中央政府职能的升级

城市群发展或区域经济协调发展趋势肯定会越来越强，对此，中央政府最主要的工作是应该研究这种趋势的客观性和普遍性，以及这种趋势带给我们新的机遇和挑战。如果搞清楚这些问题，就会对社会主义市场经济的建设或知识经济的涵义有新的理解，对下一步社会经济发展就会有新的部署。也就是说，大一统式的市场经济不会存在，在全局性的经济景观中，会出现越来越多建立在“粗粒状”基础上的“组团”式存在。需要我们做的是，如何为不同的“组团”提供一个共同的基底，如何理会、建立和把握不同“组团”间的更高级的社会经济联系，从而体现出新的社会经济文明。在这方面，可能要特别注意“社会”与“国家”的区别。

组团式城市群具有跨区域性质，是若干个区域中心城市经济一体化的表现。这就要求不同区域在社会发展上要实现高级的协调。现在很多城市发展的规划并没有从一个城市群的角度和高度来考虑问题，致使城市建设与城市群建设相脱节，城市之间，尤其是中心城市之间的关系失调在不同地区不同程度地存在。其主要原因除了各自为政以外，关键是由于人们没有认识到组团式城市群建设能带给我们的发展红利。

“在港口、跨区域交通、旅游等方面，我国的三大城市群在区域内已经突破了市域范围，但尚缺乏整体的、较为自觉的战略与行动，使之成为突出的优势。”（连玉明主编，《中国城市蓝皮书》，北京国际城市发展研究院，中国时代经济出版社，2003 年版，第 29 页）

现在的问题是，中央政府在鼓励城市群或者区域经济密切协调与合作的同时，还应做更进一步的工作，即考虑如何指导和驾驭区域经济的一体化走势，使之符合中国建立全面小康社会的战略目标的根本需求。

组团式城市群的文化作用

通过建设组团式城市群，能体现和实现社会发展文明的进步。我们说城市群的战略地位有经济、社会、政治和生态上的，但更重要的作用则是思想启蒙和精神文明建设上的。这里所说的精神文明主要是指关于社会发展的文明境界。改革思维失效或难以实施的实质是，不能撇开其他经济主体单独考虑某一主体的内部关系调整，而应充分照顾到不同主体之间的相互联系。中国与日本不同的是，后者主要遭遇的是主体之间的阻挠，而前者则是不同主体的积极合作。中国的下一步发展也是要建立处理不同主体合作共生关系的文明。

以前主要是板块思维，是空间意义上的运作，现在则是基底思维，是网络意义上的构建。板块思维是政策思维，即中央政府的投资点和政策倾斜点，是一种宏观调控。而基底思维则是平台思维，即通过某种基底的发掘和设计，来聚拢资源，来激活社会经济，是谱曲者，而非单纯的指挥者。板块思维之前，即在计划经济时期，是系统性思维，即有计划按比例增长，不同产业部门要协调。

组团式城市群的国际经济作用

从地图上看，大珠三角正处于祖国大陆与东南亚的地理中心，同时又是一个理想的物流中心。面向更长远的未来，应把合作的范围和内涵纳入中国大陆整体经济发展格局中去，将粤港澳合作的范围由双边合作，扩展到同广东周边的闽、赣、湘、桂、琼等省区的多边合作，强化多边的经济互补关系，共同构建华南经济协作区。目前，经济发达的珠江三角洲已成为国际资本进入中国的首选区域之一，中国已加入WTO，经济全球化将使“产业积聚”成为地区竞争力强弱的标志之一，因此，珠江三角洲在接受国际产业结构梯度转移和国际投资的同时，也要在广东省区域内实行产业结构梯度转移，使该区域朝着努力构建与世界经济接轨的城市经济形态和运行模式的方向发展。

目前我国对外开放的主要对象已转向日本、韩国。长江三角洲与日、韩仅相隔“一衣带水”，是日、韩投资贸易和产业转移的理想地区。可以考虑在长江三角洲邻近日本、韩国的沿海、沿江地带，设立主要面向日、韩的各类工业投资园区，进一步吸引日、韩产业转移，推进长江三角洲与东亚主要工业化国家的经济交流和产业整合，加快长江三角洲工业化和经济国际化进程。

珠三角辐射东南亚，长三角辐射东亚，环渤海辐射东北亚，这是一个又一轮高水平的双向的开放，而且集经济、技术和军事、政治于一体的考虑。

对知识经济的认识和理解，不能就事论事，仅局限于经济领域中，而应以发展的观点、战略的眼光，从经济现象到政治实质再到经济利益，在战略上审视知识经济时代。所谓的“迎接知识经济时代挑战”，其第一位的含义并不是指发展中国家能否跨越过渡阶段而直接进入知识经济时代，而是指在发达国家由于知识经济而放大了其国际竞争能力和竞争优势的情况下，发展中的国家，特别是我们中国，如何通过战略部署和努力，积极实施知识创新工程，缩短与发达国家之间的“知识距离”，迅速提高国际竞争力，从而避免可能出现作为“躯干国家”而受制于发达的“头脑国家”的被动局面，以在下世纪新的政治、经济格局中牢牢占据属于自己的一席之地。在这方面，注意发挥好组团式城市群的作用是十分重要的。

注释专栏 3.4

国家建设部副部长仇保兴
论我国三大城市群之比较优势

珠江三角洲城市群的优势:(1)最大限度地利用了香港的资本、人力资源和世界贸易自由港等优势,使自己率先走向世界。(2)最大限度地利用了市场机制,也就是把大量的制度从香港直接拷贝过来。(3)以最快的速度把自己原有的产业融入世界产业链之中,成为其中的一个环节,使自己的产品与世界先进技术和市场需求变化同步。(4)最大限度地吸引了全国的人才,而且在这一地区生根、开花、结果,为三角洲的快速发展提供了强大的动力。这与海南的情况大不相同,当年海南设省引发了人才流动的浪潮,全国各地的许多人才纷纷涌入海南,但去了以后扎不住根,终于又返回了。

长江三角洲城市群的优势:(1)充分利用了我国最大中心城市上海的扩散和集聚的效应。(2)最大限度地利用了最密集的民间资本。把民间资本与外来资本和技术借助 WTO 这个机遇结合在一起,就形成了新一轮的后工业阶段的发展动力,且势不可挡。(3)最大限度地利用全国最密集的技术人才群体。在全国排名前六位的大学中,长江三角洲就占了四所,几乎一半的名牌大学都集中在那儿。(4)即将朝着最适宜居住的区域目标前进。因为,这一地区具有良好的气候条件和配套完善的服务设施。最适宜居住环境的创造,相对全国其他地方来说就更具有竞争力。而最适宜居住的城市与最有创新能力的城市,正好是可以互补强化的。

环渤海湾和东北城市群的优势:(1)全国最大的原材料基地、最古老的工业基地。这一地区原来的经济发展基础很好,但其处于基础地位的重工业,现正面临着向轻工业结构转型的变化。重工业的发展必须紧靠原材料产地,所以就重工业的发展来说,应该还有50%的优势。但对于工业结构转型而言,反而形成了一种不利的模式。(2)东北亚产业扩散的最近途径。日本、韩国的技术转移和产业扩散,是我国产业兴起的主要技术来源和信息、贸易途径之一,基于东北城市群所处的地理位置,其所接受辐射的范围、力度、深度都是最大的。(3)最丰富的土地和森林资源包括富裕的环境容量。在环渤海湾城市群中,除了水资源以外,其他的都不是主要问题。这与珠江、长江三角洲地区形成了鲜明的对比。在长江三角洲地区,土地资源尤为缺乏。

在东北的工业经济结构中,大企业所占的比例很高,而小企业数量少,没有形成大中小企业的自然序列,大、中、小企业之间缺乏相互支持与有机联系,这是整个东北工业组织结构中的致命弱点。整个环渤海湾和东北三省的城市群能不能承担起走向世界的重任,能不能借助过去的优势,摆脱结构、制度和产业组织方式的锁定，在世界产业大转移的过程中争到一块应得的蛋糕，这对于均衡我国的地区性发展，跳出经济效益徘徊不前和就业状况日趋式微的恶性循环的圈子，走上第二次创业的道路，是一个非常紧迫的问题。

第四章　中国三大组团式城市群

根据国家统计局提供的数字，1990年到2001年11年期间，中国地级城市数量由188个增加到269个，市区非农业人口超百万的特大城市由31个增加到41个。

统计还显示，中国城市覆盖的面积(市辖面积)达408.9万平方公里，比1990年增加了219.2万平方公里，占全国国土面积的比重由1990年的20%增加到42.6%。2001年市镇总人口占全国总人口比重达37.7%，比1990年提高了10.3个百分点。随着城市的快速发展，城市已成为中国农村剩余劳动力转移的主要目的地。据公安部2001年统计，全国城市共吸纳了暂住人口4744.3万人，占城市总人口的8.5%。

在城市的发展过程中，以大城市为中心的城市群、城市带进一步发展壮大。较具规模的有以北京、天津、大连等为中心的环渤海城市群，以上海、苏州、无锡、南京、杭州、宁波等城市为中心的长江三角洲城市群，以广州、深圳、珠海、东莞、中山等城市为中心的珠江三角洲城市群。这些城市群城市化水平较高，经济发达，城市配套设施齐全，是国民经济增长的重要的动力源。

在城市化水平提高的同时，城市经济快速发展，经济结构明显改善。

2001年，全部地级以上城市国内生产总值(不包括市辖县，下同)由1990年的6708亿元，增加到55057亿元，增长3.9倍，年均增长达15.5%。1990年我国市辖区国内生产总值超过200亿元的城市有北京、天津、上海和广州4个，到2001年达到了45个，其中9个城市超1000亿元。2001年全部城市市区人均国内生产总值18322.9元，是1990年的4.8倍，比全国平均水平高1.4倍。1990年人均国内生产总值超万元的城市仅有4个，2001年达到164个，其中超2万元的城市有58个。城市经济结构得到了调整，2001年城市第一、二、三产业的增加值为2630.7亿元、27432.3亿元和24993.9亿元，分别比1990年增长3.5倍、4倍和6.7倍。第一、二、三产业增加值的结构比重由1990年的6.6∶60.4∶33调整为2001年的4.8∶49.8∶45.4。

一　珠江三角洲组团式城市群的发展基础

1. 区域自然概况

珠江三角洲组团式城市群在地理范围上主要包括珠江下游三角洲地区。本区位于我国最南部，是中国三大城市群中纬度最低、土地面积最小、岛屿面积大、海岸线长、海域广的区域。总面积约4.17万平方公里，约占全国陆地总面积的0.43%。在行政区划上，包括广东省的7个地级市(广州、东莞、深圳、中山、珠海、佛山、江门)，加上肇庆市的端州区、鼎湖区、高要市和四会市，以及惠州市的惠城区、惠阳市、惠东县、博罗县。

本区北界大致在北回归线附近，界线以南终年无冬、无雪、基本无霜，天然植被的建群科优势种有60%以上为热带科属，海岸地带有红树林，农业植被中甘薯可越冬，甘蔗、芒果、香蕉、木瓜等广泛栽植，在有利的小环境下还可种植橡胶树。本区北界相当于准热带的北界。这样，本区全部属于热带范围内，包括准热带、热带和赤道带三个气候带部分。

本区北界由于受地形屏障作用，位于右江谷地中的百色受强冷空气影响较少，年均温为22.1℃，1月均温13.3℃，达到冬薯安全越冬的气温条件。虽由于长期耕垦，谷地中季雨林所存无几，但疏落分布的木棉树仍显现了热带景色，与界线以北的栓皮栎、白栎等为上层林木的植被类型形成鲜明的对照，而且谷地中有芒果、荔枝、龙眼等热带果木，与界线以北主产油茶、油桐、杉木等经济林木亦有显著的差别。

准热带北界至广东肇庆境内，鼎湖山自然保护区的平地植被类型已属典型准热带植被景观，与其北侧的怀集、广宁一带生长着大片的杉木、竹林的景色迥然不同，肇庆的年平均霜日不到5天。而怀集已在12天以上，并有5天左右的结冰日数，界线南北的差别亦甚明显。肇庆鼎湖向东经广州、惠州、潮州一带的本区北界，因冬季受冷空气南侵影响位置偏南，但界线以南的珠江三角洲平原与潮汕平原上，为荔枝、龙眼、香蕉等农业植被，而界线以北主要是马尾松、杉木林为主的丘陵植被，多数年份的极端低温已在零度以下，并出现结冰现象(英德年平均结冰日数6.2天)。同时，莲花山两侧的气候差异亦十分显著，南侧的丰顺年平均温为21.4℃，1月均温13.1℃，≥10℃积温7 565.6℃；北侧的五华，年平均温21.2℃，1月均温仅为11.90℃，≥10℃积温6 908.1℃。霜日8.4天。

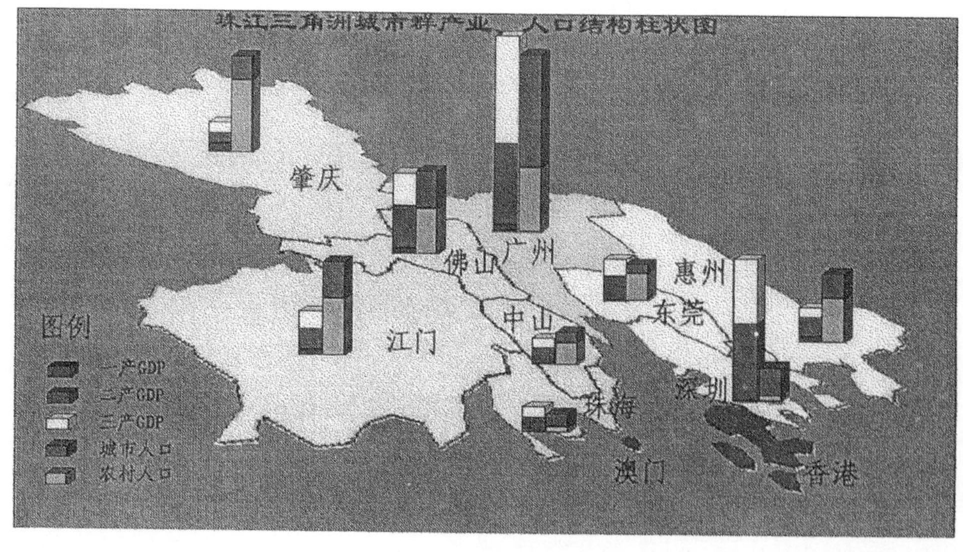

图4.1　珠江三角洲区域范围

湿热的热带性气候

本区是我国各区域中气温最高、降水最丰富、台风影响最频繁的区域，高温多雨的气候，既是本区自然地理一个重要特征，又是华南自然地理区域特征形成的一个重要原因。

气温高，夏长冬暖

本区年平均气温 20℃以上，是全国年平均气温最高的区域。大部分沿海年平均气温＞22℃，居全国之冠。华南的四季交替不明显，其主要特征是没有真正的冬季。一年之中，除夏季之外就是秋季与春季相接。大陆部分，4 月下旬即进入夏季，11 月初方有秋意。华南之所以号称气温高，并非夏季炎热酷暑，而是夏长冬暖春来早、四季长青秋霜少。这种夏长冬暖的气候特征，为热带性植物生长和发展热带经济作物提供了有利条件。

雨量多，降水强度大，台风强

多数地区年降水量 1400～2000 毫米，是全国雨量最丰沛的区域。其中，有不少地方年降水量超过 2300 毫米，上述多雨区产生的原因，多与地形雨和台风雨的影响有关。年平均雨量多是由于迎风坡的影响，而最多雨记录又与台风影响有关。

区内降水量分布较复杂，大致规律是：沿海、岛屿少于内陆，平原少于山地，台风影响大的地方降水丰沛。因此，凡是台风必经的迎风坡雨量必多，反之则少。沿海及其岛屿的年降水量较少，较高的山地，降水丰富且垂直变化明显。

本区降水的季节分配，除了台湾东北部为冬雨区之外，大部分地方 70％～80％的降水量集中于 5～10 月，显示季风气候的本色。在集中程度方面，南部比北部大，5～10 月降水量约占全年的 70％～80％左右。

本区多数地方的年内降水有 2 个高峰期：一是 5～6 月的前汛期；二是 8～9 月的后汛期或台风汛。不过，各地多雨期的迟早、长短及汛期洪峰的强弱等比较复杂。

本区是我国受热带气旋影响最多的区域。根据中央气象局统计，1949～1978 年的 30 年间，在我国登陆的台风（中心附近最大风力 8～11 级）和强台风（中心附近最大风力 12 级以上）共 276 次，其中在广东省登陆最多（88 次，占全国 31.9％，平均每年 2.9 次），这足以说明本区的热带性特征。

平原广阔，地形多样

珠江三角洲是由珠江水系的西江、北江、东江及其支流带来的泥沙冲积而成。珠江三角洲范围大致是三水—广州—石龙一线以南至南海之滨的冲积平原，面积 8601 平方公里，在我国仅次于长江三角洲，在世界大河三角洲中排第 15 位，在亚洲居第六位。加上沿江、沿海的平原、低地，本区平原总面积约 1.5 万平方公里。总面积虽不算大，但自然条件十分优越。

珠江三角洲地貌形态 4/5 为平原，还有 1/5 为丘陵、谷地和残丘，而愈近河口，两旁山岭反而愈高，最高山峰在斗门县的黄杨山，海拔 500 多米。这是珠江三角洲与许多大河三角洲的不同之处。三角洲平原的西、北、东三面有山岭包围，低山、丘陵、谷地和河谷平原相间。多种地貌类型，不但利于农业多种经营，对工业布局、城镇建设、旅游业也很有利。珠江三角洲不少城镇就是建于平原与谷地、山丘交界处，既可利用缓坡山丘地、谷地作城建用地，少占农田，地质基础也较好，又利于城市防洪防潮，并使城市更富立体感。对地基要求较高的大工业厂房大多选址在山丘边缘。基本建设所需的大量石、砂、泥可从附近山丘就地取材。往往是夷平了一座小山，也增加了一片宝贵的建设用地。这里的山丘还是建设城市公园和旅游景点的理想用地。

气候温和，水热丰沛

珠江三角洲地处南亚热带，濒临南海，光照充足，热量丰富，生长季长，基本无冻害，且雨热同季。地处本区中心的广州市年平均气温21.7℃，最冷月也在13.3℃以上，霜日一般只有2～3天，全年大于10℃积温7643℃，平均年降水量1700多毫米。这样丰富的光、温、水资源，非常有利于双季稻、甘蔗、蔬菜、亚热带水果的生长。这就为提高农业土地利用率、增加作物复种指数、提高作物亩产创造了极为有利的气候条件。同时，冬无严寒，夏无酷热，四季长青，景色宜人，对旅游业发展十分有利。

河流纵横，土壤肥沃

珠江三角洲水网密布，河流纵横，西江干流、北江干流、东江干流、东平水道、莲沙容水道、陈村水道、小榄水道、潭江水道等数百条水道不仅利于农业灌溉、城市供水，而且形成一个四通八达的水运网，大多能通航300～1000吨船只，在三角洲运输中发挥了重要作用。

珠江在三角洲平原分成虎门、洪奇沥、蕉门、横门、磨刀门、鸡啼门、虎跳门、崖门八个口门出海。虎门是一条能通航万吨巨轮的深水航道，是广州的出海门户。其他口门一经整治也能通航数百吨至3000吨船只，均有很好的通航价值。

珠江三角洲冲积平原，耕地集中连片，土壤肥沃，耕作层深厚，水稻土有机质含量在3%左右，含氮约0.18%，达到高产土壤要求，惟磷、钾较缺。

岸线漫长，滩涂广布

珠江三角洲沿海岸线长达1059公里（不含岛屿岸线），滩涂、岛屿、港湾、水产资源十分丰富。滩涂面积102万亩，其中未利用滩涂达89万亩，主要分布于珠江口西岸的珠海、谷山、中山、番禺、新会等市沿海。滩涂大多集中连片分布，土质肥沃，淡水来源充足，适宜性广，围垦条件成熟（近期可围垦面积达65万亩），围田可利用率高，是重要的土地后备资源。不但可围垦造田，也可作海水养殖，部分还可作城镇、工业、港口、旅游用地。近期不宜围垦的滩涂则可进行海水养殖。

珠江三角洲前缘海域分布着388个岛屿，面积较大的有上川、下川、三灶、横琴、淇澳、南水、高栏、荷巷等，以及属于香港的香港、大濠洲、青衣、南丫、蒲台、平洲，澳门的磕仔、路环等岛。这些岛屿有的已成为繁华市区（如香港岛等），有的是正在开发中的城市用地（如香港的大濠洲，澳门的磕仔、路环，珠海的三灶、高栏、南水、横琴），有的可建深水港，有的可作海上贮油基地，有的富有旅游价值，可开辟为旅游区。本区港湾众多，港口资源丰富，如大亚湾、大鹏湾、赤湾－妈湾、虎门口、高栏列岛海湾、岸门口银洲湖等，均具有良好建港条件。

此外，珠江三角洲历史上未发生过破坏性地震，是我国经济发达地区中少有的地震相对安全区。

2. 区域发展基础

高度密集的人口

在珠江三角洲居住的人口密度，平均每平方公里514人。若包括地理上应属珠江三角洲的港澳地区，则每平方公里659人，是我国人口密度最高的地区之一。

珠江三角洲核心地区（小三角）15市县的人口密度达到每平方公里700人。尤以广州附近人口密度最高，每平方公里达1000人。小三角外围各市县人口密度较低，每平方公里在300～400人之间。

据资料统计，小珠江三角洲早在1928年，总人口已达到712万人（不含花都、增城），每平方公里约500人。自20年代以后大量人口迁移到港澳和海外，使人口减少。八年抗战期间，因饥荒和战乱，人口大减，到1948年人口只有531万人。

重点侨乡与侨情

至今，珠江三角洲侨居海外的华侨、外籍华人已达500万人，港澳同胞400多万人。祖籍珠江三角洲的华侨和港澳同胞，经几代人的艰苦创业，已拥有雄厚经济实力。特别是港澳地区的大实业家，如郭炳湘、李兆基、霍英东、郑裕彤、利国伟、胡应湘、何鸿、何贤（已故）均系珠江三角洲人。广大的华侨、港澳同胞具有爱国爱乡的优良传统，为珠江三角洲经济发展做出巨大贡献。珠江三角洲民族工业发展较早，在全国占有重要地位，其中多为华侨所投资。广州、江门、中山、台山、开平等城市在二三十年代已有不少现代建筑，多为华侨产业。华侨还投资兴建中国最长的民办铁路——新宁铁路（从江门至台山县斗山）。华侨大量捐资在侨乡办起多所学校。正是华侨资金促成30年代珠江三角洲的经济繁荣。改革开放以来，珠江三角洲吸引了大量外资，其中九成是侨资（含港澳资本）。侨资成为珠江三角洲建设资金的重要来源。这些资金投向工业、农业、交通、能源、房地产、旅游事业，是珠江三角洲经济发展的重要因素。华侨和港澳同胞还捐赠数十亿元人民币，在侨乡兴办教育、医疗等公益事业，有力地促进了侨乡建设和社会各项事业的发展。

3. 优越的区位

从地理、历史、人文诸因素来看，香港和澳门实际是珠江三角洲的一部分。香港、澳门与珠江三角洲陆地相连。香港与深圳只隔着一条二三十米宽的深圳河，澳门与珠海只凭一座关闸分开，而建成区已连成一片；历史上香港和深圳属于新安县（宝安县的前身），澳门和珠海都是香山县（民国后改中山县）的一部分；港澳居民绝大部分从珠江三角洲迁来，都通行粤语（广州话），生活习惯相近。所以，珠江三角洲与港澳地区历来经济、文化、交通联系非常密切。到了改革开放年代，这种特殊的优越区位，成为促进珠江三角洲经济发展、外资大量进入的极有利因素。

当今的香港已成为亚太地区重要的金融、贸易中心和海空交通枢纽，在全球经济格局中占有举足轻重的地位。澳门城市虽小，但也是世界著名自由贸易港，是一个小而富裕的地区。

我国实行对外开放政策后，许多国际资本还在观望，而与祖国大陆血肉相连、唇齿相依的港澳地区资本却大量进入内地投资。近水楼台的珠江三角洲自然得益最大，成为外资重点投资地。

珠、港、澳经济有很强的互补性。珠江三角洲利用特殊的地理区位和对外开放的优惠政策，从港澳（特别是香港）引进大量资金、技术设备，获得最新工商科技信息，就近接受港澳产业扩散，利用港澳贸易渠道转口大量出口商品，与国际市场取得密切联系，从而极大地促进了经济发展，城乡繁荣。而港澳也以珠江三角洲为直接腹地，建立起密切的经济联系，不仅就近取得600多万城市居民每日不可少的新鲜副食品、淡水、建筑材料的供应，还利用珠江三角洲相对便宜的劳力、土地，转移了约3/4的加工工业。珠江三角洲还提供了香港近一半的集装箱货源，使香港得以保持世界第一集装箱港的地位。

多层次开放体系

珠江三角洲毗邻港澳的地理位置，加上是重点侨乡，有利于吸引海外华人资本，因此在我国刚刚实行对外开放时，就被选定在这里兴办经济特区，并逐步扩大开放范围，形成包括保税区、经济特区、经济技术开发区、沿海开放城市、工业卫星镇、经济开放区等多层次的对外开放体系，成为全国对外开放的最前沿地带。

目前，珠江三角洲有深圳、珠海 2 个经济特区，广州 1 个沿海开放城市，4 个保税区(深圳的沙头角、福田保税区、广州保税区、珠海保税区)，3 个国家级经济技术开发区(广州、番禺的南沙、惠州的大亚湾)，可以说整个珠江三角洲都是对外开放地区。

我国对外开放已从沿海扩大到沿边、沿江、沿大陆桥，逐步形成全方位对外开放新格局。沿海开放地区的优惠政策已逐渐淡化。而珠江三角洲对外开放早，长期以来对外开放层次高，积累了较丰富的经验，对外经济有较坚实的基础。深圳特区在利用外资规模、总体经济实力、基础设施上均居 5 个特区的首位，故有中国第一经济特区之称。珠海特区也取得显著成绩，并具有很大发展潜力。广州经济技术开发区各项经济指标居全国各开发区前列。开放程度最高的深圳沙头角、福田保税区、广州保税区都在正常运作，珠海保税区也已开始建设。与国内其他地区相比，珠江三角洲在对外开放方面仍具有明显优势，对经济发展将继续发挥重要的促进作用。

外资的大量进入

珠江三角洲自改革开放以来(1979～1995 年)实际利用外资总额已达 370.77 亿美元，占同期全省的 70%，占全国的 16%，外商直接投资额占全国 1/5，成为外商在我国投资的热点地区。1979 年以来，外商实际投资额逐年上升(仅 1987 年比上年稍减)。1995 年达到历史最高水平，该年外商实际投资额高达 85.79 亿美元，相当于过去 12 年总和的近 1/4。在全国实行全方位对外开放，沿海地区优惠政策相对弱化的情况下，该年实际利用外资额仍占全国 18%，外商直接投资额占 21%，说明珠江三角洲对外资的巨大吸引力。

外资来源以港澳资金为主，占利用外资总额 77%，其中香港占 74%。台资在珠江三角洲投资还不多，仅占 3%。其他投资较多国家有日本、美国、英国、法国、新加坡。外资绝大部分投向加工业，占外资总额 68%，其次是房地产业，占 12.3%，交通、通信占 4%，商业、服务业占 2.3%，农牧渔业仅占 1.5%。

从地区分布来看，政策优惠的深圳、珠海特区是外资首选地区，两特区实际利用外资额占全区 35%，特别是深圳特区共吸引外资近 95 亿美元，居区内首位，也是全国利用外资最多的城市之一。综合投资环境好的广州居第二位，达 84 亿美元。近年来外商在广州投资迅猛增加，1992 年以来，每年实际利用外资额已超过深圳。惠州也成为外商投资新热点。

外资不仅成为珠江三角洲建设资金的重要来源，而且在引进资金同时，也引进了世界各地的先进技术设备、经营管理方法、最新技术信息；并利用外资对传统工业进行全行业技术改造，创办了一大批新型企业。“三资企业”产品大部分出口，从而加强了珠江三角洲与国际市场的联系。近年来外资开始投向交通、能源、通信等基础设施工程。利用外资修建了广深、深汕等多条高速公路，虎门大桥等一批特大公路桥，沙角等几座大电厂，广州地铁工程等。外资还参与广州等城市的旧城改造。当今珠江三角洲的基础设施能取得如此突出的成绩，与大量引进外资分不开。

4. 成熟的市场经济

珠江三角洲商品经济发展较早，16 世纪初(明朝中叶)，已成为中国近代资本主义经济萌芽地区之一。20 世纪二三十年代，珠江三角洲集中连片的专业化农业商品基地，当时在国内实属罕见。民族资本工业蓬勃兴起，在工业落后的中国已占有一席之地。经济原来基础较好的珠江三角洲，改革开放以来，更是持续高速度发展。1981～1995年国内生产总值年平均递增18%，高于广东(14%)和全国(12%)的增长速度，也高于亚洲"四小龙"经济起飞时期的平均增长速度(10%左右)，成为全国经济增长最快、最充满生机活力、人民生活最富裕的地区。国际上不少知名经济学家认为，珠江三角洲是中国最有希望率先赶上韩国和中国台湾省的地区。1995年全区国内生产总值近3900亿元，人均18242元(约合2200美元)，为广东平均水平的2.3倍，全国的3.8倍，高于京津唐、辽中南、长江三角洲、胶东等国内经济发达地区。其国内生产总值、工农业总产值、财政收入、外贸出口值、外汇收入以及社会商品零售总额等经济指标均占全省七成左右。今天的珠江三角洲已成为全国重要的轻工业基地、商品农业基地、外贸出口基地、金融和商贸中心、旅游中心、综合交通运输枢纽之一，其经济辐射力超出广东、华南，成为全国一个极其重要的经济区。

新兴工业　珠江三角洲向来是我国重要的轻工业基地。近年来通过引进外资和先进技术设备，在对传统工业进行全面技术改造的同时，积极发展新兴工业，现已形成以轻工业为主、重化工业较发达、工业门类较多、产品竞争能力较强的工业体系。家用电器、消费类电子、纺织服装、食品饮料、医药、饲料、造纸、玩具、手表、自行车、多种日用小商品等轻工业均居全国前列。广货在国内市场已成为占有率较高、深受消费者欢迎的名牌货，并在出口产品中占居重要地位。石油化工、造船、汽车、水泥等重化工业在国内也占一席位置。

电子工业　电子工业产值占全国20%，出口占15%，为全国重要的新兴电子工业基地。产品结构以消费类电子产品为主，彩电、收录机、音响、电话机产量占全国首位，但基本处于引进装配为主阶段。深圳、东莞、佛山3家彩管厂已建成，以集成电路为主的关键配套件、元器件有所发展。

家电工业　是全国最大的生产和出口基地，生产冰箱、洗衣机、空调器、电风扇、各种小电器的系列名牌产品。顺德市是全国闻名的系列家电产品之乡。

轻纺工业　原来以制糖、罐头、丝织、造纸、中成药等为主，新发展化纤纺织、服装、拉舍尔毛毯、啤酒以及饮料、玩具、手表、自行车、饲料等。这些产品都销售到全国各地，并大量出口。

重化工业　广州石化总厂的原油加工能力已扩大到500万吨，11万吨乙烯工程正在建设中。大亚湾45万吨乙烯工程正抓紧筹建。广州标致汽车已列入全国汽车工业生产基地之一，最终达到年产30万辆轿车规模。惠州东风汽车厂也开工建设。广州造船厂是全国三大造船基地之一。广钢已成为一家年产钢近100万吨的中型钢铁厂。新建的珠江钢厂是以生产各种板材为主，拥有现代化设备的新型钢铁企业，建成后年产电炉钢80万吨，板材75万吨。

电力工业　已建成广州黄埔、东莞沙角A、B、C、番禺珠江、深圳妈湾等一批大型火电厂，深圳大亚湾核电站，从化抽水蓄能电厂及许多中小型柴油机电厂，全区可利用电源容量达1231万千瓦。电力已能充分满足需要。总装机504万千瓦的台山电厂、372万千瓦的珠海电厂正在建设中。

以前珠江三角洲工业主要集中在广州，现在深圳、珠海、佛山、江门、顺德、中山、惠州等市已成为新兴工业基地，各市已形成一批年产值和销售额数十亿元的大型企业集团，如广州的华凌、摩托、白云山、万宝，顺德的科龙、美的，深圳的康佳、赛格，珠海的格力，惠州的TCL，佛山的佛陶，江门的甘化、金铃，三水的健力宝，鹤山的美雅，中山的威力，新会的美达，开平的涤纶等，都是国内同行业的佼佼者。

生态农业　六七十年代，珠江三角洲是全国十大商品粮基地之一，三大蚕桑基地之一，最大的糖蔗基地、塘鱼基地，以荔枝、香蕉为代表的亚热带水果产区。不过，近年来在市场经济大潮中，珠江三角洲农业生产结构和布局已发生巨大变化。粮食生产因种植面积减少过多，总产下降，已从大商品粮基地变成粮食调入区；蚕桑已经消失，桑基鱼塘焚成杂基鱼塘，基面改种象草（塘鱼饲料）或蔬菜、水果、花卉；甘蔗不断减少（目前糖蔗面积只剩下50万亩左右，糖厂逐步关停转产），最大蔗糖基地已让位给雷州半岛和广西。但塘鱼、蔬菜、瘦肉型猪、家禽、优质水果、花卉等高产值农业发展迅速。

珠江三角洲的池塘养鱼有悠久的历史和良好的自然条件，历来是全国最大的塘鱼生产和出口基地。由于市场对塘鱼需求量大，经济效益好，刺激了流水养鱼大发展。与80年代初相比，鱼塘面积扩大1倍，产量增加2倍多，塘鱼主产区除基塘地区外，还在西、北、东江下游的低洼积水地、沿海滩涂、大中城市郊区新建生产基地，除养殖传统的四大家鱼外，还大量养殖鳗鱼、加洲鲈鱼、桂花鱼等优质鱼。产品可充分满足本地消费，并大量出口港澳，运销内地。

珠江三角洲是岭南佳果的主要产地之一，盛产荔枝、香蕉、柑橘、龙眼等多种亚热带水果。东莞麻涌香蕉，增城、从化、广州郊区的荔枝，新会、四会的柑橘远近驰名。

广东省已开始大抓粮食生产基地建设。珠江三角洲发展水稻条件好，是广东主要粮产区，只要稳定粮食面积，继续提高单产，实现本地人口口粮自给还是可能的。

第三产业　珠江三角洲第三产业产值在国内生产总值比重占40%，是相当高的。金融、商贸、旅游、房地产、交通、通信等第三产业皆发达。珠江三角洲许多城镇是传统的商贸中心，这里本地购买力强，加上外来人口多，流通渠道畅通，商业贸易相当繁荣。广州、深圳、珠海是全国重要购物中心。许多城镇还形成辐射全国的专业市场，如东莞市虎门镇的服装市场是全国四大服装市场之一，南海市大沥镇的摩托车、铝型材市场，西樵的纺织品市场，番禺的几个家电市场皆远近闻名。

珠江三角洲是全国重要的外贸出口基地。1994年外贸出口总额达385亿美元。深圳的外贸出口总值已超过上海而居全国第一，广州居第三位。已有40年历史，举办过80届的“广交会”仍是我国规模和影响最大的出口商品交易会。

金融市场相当活跃，深圳股市与上海股市同为全国两大股市。深圳和广州分别是我国外资银行最多城市之一，正联手建设华南金融中心。

珠江三角洲还是全国重要旅游中心，旅游接待设施好，客源多而稳定。肇庆的七星岩—鼎湖山，南海的西樵山是国家级风景名胜区。广州、深圳、珠海是全国著名旅游城市，每年接待境外游客人数及旅游外汇收入均名列全国前茅。

5. 劳动密集型产业集群

改革开放以来，珠江三角洲经济发展迅速，长期困扰的劳力就业问题已经解决，许多城乡还出现劳力短缺现象，尤其是“三来一补”加工工业发达的深圳、东莞一带，劳力紧张更为突出。就业机会多，劳动报酬相对较高，使珠江三角洲有了数量庞大的外来人口。80年代中期，珠江三角洲的外来人口不到100万，1990年第四次人口普查已增至279万人。由于对外来人口的登记、管理不严，现在珠江三角洲究竟有多少外来人口没有准确的统计，估计目前已超过近1000万人。

外来人口主要分布在广深公路沿线加工业发达地区，尤以深圳、东莞、广州最多，其次是中山、珠海、惠州、惠阳、南海、番禺、顺德等地。其中九成住在城市和建制镇镇区及其附近，一成散布在农村。外来人口就业率高达85%，其中有6成多从事加工业，是数以万计的“三来一补”企业的主要劳力；其次从事建筑业、商业服务业。

今后随着珠江三角洲产业向更高层次的发展，大量的劳力密集型产业将向外转移，部分外来劳力将随企业外迁。据有关方面预测，珠江三角洲未来十几年内仍需大量一般劳力，劳动就业机会仍然较多，劳动报酬比较高。外来人口数量可能会减少，但数量仍然相当庞大。

6. 发达的交通运输网络

80年代以来，珠江三角洲投入数百亿元资金建设交通设施，现已初步形成一个以广州为总枢纽，包括公路、铁路、水运、航空、管道多种运输方式的现代交通运输网，基本能适应经济社会的发展需要。

公路　珠江三角洲河网纵横，以前客货运输多走水路，到处都有渡口阻隔，公路并不发达。80年代以来大力加快路桥建设，现已形成包括高速公路、6车道一级公路、4车道超二级公路的高等级公路网。建成广州至佛山、佛山至开平、广州至深圳、深圳至汕头、广州至花都、广州环城（北段）、广州至三水、惠州至深圳8条高速公路，总长400多公里。7条国道公路在珠江三角洲境内段已扩建成一级或超二级公路。各市还自建一批一、二级公路。目前二级以上较高等级公路总长已达3000多公里，成为我国较高等级公路密度最大地区之一。

在宽阔的河口地区建桥比修路更艰巨。15年来共建成桥梁4000多座，总长15万多延米，其中大型桥梁235座，总长7万多延米。包括横跨珠江主航道的广州洛溪大桥，西江干流上的九江大桥、外海大桥、高明大桥、珠海大桥、磨刀门大桥、肇庆铁路公路两用桥等千米以上特大公路桥。令人瞩目的跨过珠江口的虎门大桥，正桥长4580米（相当于南京长江大桥3倍），包括引桥总长15700米，桥面宽31.5米，主孔通航净高60米，5万吨级巨轮可畅通无阻。1997年建成后已成为世界有数的跨海大桥。现在珠江三角洲公路基本实现无渡口通车。

铁路　原来只有京广、广深、广三铁路。近年来三茂、广梅汕、京九铁路先后建成通车。还修建京广铁路衡广段复线，广深复线电气化，成为我国第一条时速160公里的准高速铁路。广州是我国南方铁路枢纽，已建成广州和广州东两个大型客运站，新建成的广州东站是全国有数的现代化大型铁路客站之一，还有江村编组站、大望等一批铁路货场。广珠（广州—珠海）铁路即将动工。

水运　珠江三角洲航运发达，不论海运、河运均在全国占有重要地位。广州港（含黄埔老港、新港、新沙港、广州内港）是华南海运枢纽、珠江航运中心，拥有万吨以上深水泊位27个，1995年全港吞吐量7299万吨，本港吞吐量5369万吨，为全国第三大港。深圳港（含蛇口港、赤湾港、妈湾港、盐田港）发展很快，1995年全港吞吐量1927万吨，本港吞吐量1672万吨，已超过湛江成为华南第二大港，并跻身全国沿海大港行列。

珠江三角洲的内河运输由于投入不足，航道不断淤浅，河港设施落后，通航里程和货客运量不断减少。现已采取措施，加快航道和河港建设。西江干流出海航道建设工程已列入“九五”规划，完工后肇庆港以下可通航3000吨级江海轮。并建设肇庆港、江门港、中山港、容奇港、新会港等一批河港。

航空　广州白云机场是全国三大国际机场之一，前几年客货运量曾居全国首位。1995 年客运吞吐量 1100 多万人次，仅次于首都机场。近年新建成深圳、珠海两座大型机场。深圳机场的客运吞吐量发展很快，已跃居全国第五位。还有佛山、惠阳 2 个军用机场也开辟民用航线。选址于花都市与广州之间的广州新国际机场，首期工程先建 2 条跑道，年吞吐量 2700 万人次，最终规模建成 4 条跑道，为年吞吐量 6000 万人次的特大型国际航空港。

7. 城市化进程加速

我国四大城镇密集区之一。改革开放以来，珠江三角洲经济迅速发展，大大促进了城市化进程，城镇人口和城镇数量不断增加，城镇规模不断扩大。1995 年全区非农业人口 983 万人，占总人口 46%，比广东省高 16 个百分点，比全国高 23 个百分点（即高出 1 倍），与辽中南、京津唐、长江三角洲同为我国四大城镇密集区之一。若包括已居住在城镇而未取得城镇户口的 300 万本地人和 650 万住在城镇的外来人口，目前城镇实住人口已达 1930 万人，占实住总人口（2830 万人）的 68%。若把港澳人口也计算在内，则城镇总人口达 2620 万人，占总人口（含港澳地区为 3520 万人）74%。也就是说，包括港澳在内的珠江三角洲地区城市化水平已达 74%左右，可列入世界城市化水平较高地区。

全区有城市 25 座（只有 3 个县尚未改市），占全省城市总数（54 座）的 47%；建制镇 420 个（除个别乡外，已基本改镇）。城镇密度为 108 个/万平方公里，城市密度 6 座/万平方公里，均大大超过全国平均水平。全区初步形成以广州为中心、大中小城市和众多建制镇结合、职能特色日益明显、布局比较合理的城镇体系。按行政级别分，有广州、深圳两座副省级市，7 座地级市（珠海、佛山、江门、中山、东莞、惠州、肇庆）；按市区户籍非农业人口分，100 万人口以上特大城市有广州 1 座，50 万～100 万人口大城市有深圳 1 座，20 万～50 万人口中等城市有佛山、珠海、江门、肇庆、惠州 5 座，20 万人口以下的小城市有中山、东莞、新会、台山、开平、顺德、番禺、花都、三水、南海、从化、增城、惠阳、高明、鹤山、恩平、高要、四会 18 座。

华南最大城市——广州。广州位于珠江下游，东、北、西三江在附近汇合，地处全省核心，祖国南大门。历来是我国南方的政治、经济、文化、交通中心。行政辖 8 区，中山、东莞两地级市和各县级市只统计中心城区非农业人口，不包括各建制镇非农业人口。全市总面积 7434 平方公里，市区面积 1444 平方公里建成区面积 259 平方公里。1995 年全市总人口 646.71 万人，其中地区非农业人口 385.37 万人，市区非农业人口 316.67 万人，居全国第六位。近年来广州经济发展迅速，1995 年市区国内生产总值 869.21 亿元，现在广州是全国重要的轻工业基地，外贸中心。工业总产值 860 亿元，居全国第五位。家用电器、食品饮料、制药、石油化工、造船、水泥、钢铁、化工、汽车等工业发达。

特区城市——深圳和珠海。位于珠江口东西两岸的深圳和珠海，兴办经济特区以来成为新兴特区城市，为我国重要的对外开放窗口、出入口岸，分别是与港澳的连接点，经济地位相当重要，城市面貌日新月异。成为全国最大的电子工业生产和出口基地。外贸出口总值超过上海居全国第一位。深圳的航运、航空业也异军突起，在我国对外经济格局中，特别是对保持香港的繁荣方面将继续发挥特殊重要的作用。珠海城市经济发展也很快。

8. 发展前景光明

为使珠江三角洲经济达到更高水平，尽快进入亚洲发达地区的先进行列，并实现可持续发展，广东省已编制了未来 15 年《珠江三角洲经济区现代化建设规划纲要》。

未来 15 年珠江三角洲的国内生产总值将以每年 10%左右的速度持续增长，到 2010 年实现人均国内生产总值 4 万元。

继续抓紧基础设施，建设一批跨世纪工程，如广州新国际机场，伶仃洋跨海工程，广珠铁路，一批高速公路，广州港出海航道，西江出海航道，深圳盐田港，广州新沙港，珠海港建设工程，区域天然气网络工程，广州、深圳等城市供水工程，台山电厂、珠海电厂、大亚湾天然气电厂、第二核电站等。

改造、提高现有的家电、电子、轻纺、医药等支柱工业，适当发展重化工业，大力培植高新技术产业，形成汽车、石化、钢铁等新的支柱工业。重点建设广州标致、惠州东风汽车，大亚湾 45 万吨乙烯、广州 11.5 万吨乙烯，珠江钢铁厂，中山健康科技产业，佛山医疗保健器具，深港超大规模集成电路工程，南方软件园工程等大工业项目。建设好广州、深圳、中山、佛山、惠州、珠海 6 个国家级高新技术产业开发区，形成电子信息、生物技术、新材料、光机电一体化 4 大高新技术产业。切实加强耕地保护，2010 年耕地保有量不少于 1000 万亩；加大农业投入，建设一批商品粮基地，使全区粮食自给率达 63%以上；大力发展“三高”农业，使农业商品经济达到更高水平。

9. 比较劣势应引起重视

珠江三角洲在经济迅速发展的同时，也出现一些值得重视的问题。

水土资源日益紧张。在迅速工业化、城市化过程中，尤其是前些年在经济过热环境下，普遍出现盲目圈地、超前征地、过分转让土地的现象，甚至征而不用、用而不当，使珍贵的耕地大量减少。80 年代以来平均每年减少耕地 20 多万亩，1992 与 1993 年高峰期每年减少近 100 万亩耕地。人均耕地已减到警界线 0.6 亩以下。

这里的水资源本来十分丰富，但由于工业、城镇用水量迅速增加，不少流经城市的河段水质受到严重污染，有水不能用，有的地方已出现缺水现象，特别是珠江口东岸的深圳、大亚湾沿岸地区缺水严重。广州今后也需远距离从西江、北江调水。

生态环境形势严峻。本区城市环境质量下降，1992 年全省 19 个地级市环境质量指标定量考核结果，珠江三角洲 9 个地级市中，有 7 个排在全省下游，工业布局分散的东莞市竟与重工业城韶关并列倒数第一。这一带已成为全国酸雨最严重地区之一。城市污水处理率很低，绝大部分城镇没有污水处理设备，使河水严重受污染。

基础农业明显削弱。前些年许多市县出现不重视农业倾向，认为有钱就有粮，农业投入连年下降，耕地大量减少，粮食播种面积锐减，总产下降。珠江三角洲已由全国重点商品粮基地变成主要粮食调入区。全国第一糖蔗基地已成为历史，蚕桑已经消失。众多岭南佳果因品种没改良、品质下降、销路不畅而呈萎缩趋势。

重复建设突出，某些基础设施过分超前。一些经济实力雄厚的市县，财大气粗，为了争当中心城市，盲目扩大城市规模，不考虑实际需要和财力可能，大建深水港、国际机场、高速公路、跨海大桥，因而债台高筑。许多产业，如家电工业、大型专业市场、高级宾馆、写字楼、游乐场、高尔夫球场一轰而起，造成利用率低，效益不佳。过热的房地产业，使房产大量空置，巨额资金积压，有的地方和企业因此经济陷入困境。

注释专栏 4.1

大城市群(圈)地区可持续发展战略初探

——以珠江三角洲大城市群(圈)为例

1. 引言

从世界范围看，随着科技的迅猛发展和经济全球化的推进，世界已进入了所谓的"城市世纪"、"城市时代"，依据发达国家及某些发展中国家城市发展的历史经验及态势，专家预测当前及今后一段时间，城市发展将呈现以下两大趋势，即全球城市化和城市全球化；城市的区域化和区域的城市化。从某种意义上，可以说城市已经成了人类的共同未来。但是，必须正视的是，在人居形态和城市发展世界化的同时，资源消耗、生态恶化、价值观和文化的西方垄断、贫富两极分化、技术创新和未来发展带来的新的不确定因素等城市问题却在不断加剧。城市问题作为社会、经济、技术发展的一个缩影，现实和未来发展趋势都迫切要求我们不断思考，如何在不断发展中解决困扰人类的城市问题。

城市的不断发展使得城市问题明显具有(跨)区域性、综合性、全球性、交叉性等特征，从而使得单个城市难以孤立地走可持续发展之路，因而走区域城市合作发展之路，提倡以综合发展的途径来提高城市的环境质量已是大势所趋。在"2001 中国城市化论坛"上，专家呼吁中国规划学者及相关领导决策者要形成大城市群(圈)的理念，重视并对未来城市群(圈)的发展模式进行研究。这是因为，从全球竞争的角度看，以中心城市为核心的大城市群(圈)作为现代城市发展的一个新的空间单元，将成为 21 世纪国际竞争的基本单位。国外发达国家已重视并加强城市群的研究，目前世界上已形成的成熟的典型的大城市群(圈)有：美国有三大都市连绵区(北部大西洋沿岸、五大湖南岸、加利福尼亚州)；英国有以伦敦为主的大伦敦都市区，人口占全国的 33%；日本有三大都市圈(东京、大阪、名古屋)，这三个都市圈集中了日本一半以上的人口和 2/3 的工业产值；韩国有以汉城为首的由六大城市组成的大都市区。在解决历史遗留的交通体制和行政区体制制约等"瓶颈"问题后，通过大力发展现代交通系统与信息化网络系统，中国的以北京为中心，面向渤海湾的大首都圈和京津城市群；以上海为中心的长江三角洲城市群；以广州为中心的珠江三角洲城市群有望发展成为世界性的大都市群(圈)。

城市之间的竞争，主要是在物质环境、自然环境和人文环境等综合质量的竞争，未来城市之间竞争，将发展成城市群之间的竞争，并且城市群的区域整体环境将成为十分关键的问题。目前，国际上许多大城市群已注意到这问题，并开始采取措施，比如统一研究交通规划、城市体系从单核心转向多核心、加强区域生态与环境保护和建设等。本文主要以珠江三角洲大城市群（圈）为例，对未来国内大城市群地区可持续发展战略进行初步探讨。

2. 大城市群可持续发展战略框架研究

城市群一般是由一个或两个核心城市，外加数目不等的一般城市组成。每个城市都是城市群复杂巨系统的子系统，并且各子系统之间不断发生相互作用。在同一大城市群内，原则上可以在一天内往返一般城市与核心城市之间办理公务事宜，目前大城市群的规模（半径）可达 200 公里，居民可达 1 亿人以上。

我国的几个城市群由于处在初步构建阶段，城市分布密集，缺乏整体战略，未能很好地考虑产业、人口、资源与环境的合理配置，因而城市间的环境污染往往形成叠加效应，使得区域环境问题较为严重。在新形势下，区域整体可持续发展将是未来城市群（圈）发展的基本战略。构建以大都市为核心的新型都市经济生活圈，推进空间与经济、社会整合发展的紧密型一体化共生区域的形成，也将为区域环境污染治理、生态与环境建设提供全新的背景。从世界城市、可持续发展和人居环境的高度，审视城市群（圈）的发展，以整体的观念探讨空间发展问题，特别是要把城市群作为一个统一整体，研究改善其实施可持续发展战略的途径，注重区域整体功能的协调与合理布局，具有重要的战略意义。钱学森先生曾说过，21 世纪将是一个整体性的世纪，因此，从战略高度，提前研究大城市群可持续发展战略框架十分必要，它将可为未来实现社会经济和环境整体协调发展提供依据。

城市群并不是一个新的概念，但是真正以城市群（圈）作为一个整体进行可持续发展研究的实例却不是很多，因为大多数研究都集中在单个城市内城市问题上进行，为此，首先应树立可持续发展的观念，并进行下列问题的思考：

认识开展城市群（圈）研究的重要性，例如，不论如何控制，城市群（圈）的出现都将是一个趋势；因而要提前预测城市群（圈）所面临的问题，并提前加以规划研究；

城市群（圈）的研究要借鉴人居环境科学的理论和方法，因为研究的最终目的是要达到非风险社会（risk-free society）；

城市群（圈）不是一个单纯的或纯粹的行政区域概念或范畴，其真正强调的是：城市群（圈）的整体性；界面层次问题；其各子系统的协调发展等；

城市群（圈）并不是城市群（圈）内所有城市的单纯组合，而是具有自己特殊的资源、环境特征；城市群（圈）与区域城市的关系如何？目前具体城市的环境问题在城市群中将会如何表现？城市群所遇到的问题是否仅仅是单个城市问题的简单叠加？

目前，环境激素对人类健康的影响已受到重视，为了实现城市群的人居功能，也应提前加强城市群环境激素方面的研究，了解生物元素对人的影响；理解环境激素的概念并将之进行扩展；将心理健康要素纳入环境要素中考虑；

将复杂性科学研究的最新成果、研究方法应用于城市群(圈)的复杂性、不确定性研究中；

……

基于上述问题的初步思考，借鉴任美锷先生的一些思路，笔者认为，未来城市群可持续发展战略框架研究需要从下列几大方面进行：

2.1 全球变化与大城市群(圈)的可持续发展

全球变化与可持续发展是世界科学研究的热点，两者有密切的相互关系。国际上全球变化研究已从纯理论研究为主转向应用研究为主，即注意与社会、经济可持续发展有关的实际问题，并更加重视全球变化的区域响应，以正确评估全球变化对各个区域的影响。这是因为，人类已经成为整个地球表层环境系统的核心，与构成这一系统的其他因素相比，具有不可忽视而且日益增强的能动作用；人类已经成为地球环境变化的一个主要驱动力；如果人类要维持自己的生存，地球未来的命运将不得不掌握在人类自己手中。面对全球环境变化和人类在地球环境系统中扮演的角色，未来城市群(圈)的可持续发展必须依据全球环境变化在城市群这一区域范围内的响应进行研究，积极采取措施，应对全球环境变化。

2001年7月10～13日在荷兰阿姆斯特丹举行了全球变化开放科学大会，会议主要热点问题包括：气候变化已对经济发展、食物安全、洁净水供应、人类环境安全和健康产生了威胁；工业界在努力减少二氧化碳排放量和利用新能源；政治界应促进《东京协议》的执行；海洋是全球主要碳汇的重要性在增加；土地和海洋生态系统生产力可持续性是食物安全的重要保证；淡水资源的可持续利用；区域和全球尺度的陆地和海洋的生物地球循环；陆地和海洋的相互作用，尤其是海岸带区域的全球变化；人类活动对全球变化的影响；气候系统的预测、变化和变异性；土地利用变化与全球变化的机制；政府、政策和组织的作用。

全球气候变暖将引发许多环境问题，其中对未来城市群(圈)有重要影响的可能包括：21世纪气候变暖很可能使热带气旋的风力增大，并可能使台风的降雨强度增加，将对沿海地区造成更大灾害；全球气候加速变暖，必然会引起全球海平面加速上升，应重视海平面上升可能对沿海大城市群(圈)社会、经济发展的影响。其中，海平面上升影响较为严重，联合国2001年4月发表的报告说，从1990年至21世纪末，全世界海平面将上升9～88厘米；日本环境厅研究指出，海平面每上升1米，需要将沿岸堤坝加高2.8～3.5米；日本沿海地区正在面临海平面上升的威胁，并开始研究具体对策。我国的长江三角洲大城市群、珠江三角洲大城市群均处于沿海地区，应就如何预防海平面上升而开展具体研究，其中，黄镇国研究员主持完成的“海平面上升对珠江三角洲城市社会、经济发展影响及对策”就是该方面研究的范例。

2.2 大城市群(圈)的主导产业问题

因为未来世界的竞争单位很可能是以城市群(圈)为单位,因此,城市群如何定位自己的主导产业,城市群内各组成城市之间如何合理分工,鼎立协作,形成自己特定的产业群体系显得十分重要。中国已经加入WTO,今后将面对全球市场的挑战。在这样的背景下,珠江三角洲必须确定以高新技术产业(主要是计算机和通讯业)为主导产业(参考广东省工业产业结构调整)。应兴建高新技术产业带、区,选择论证产、学、研条件优越的地区建立。

城市群的空间环境影响城市的居民生活,由于空间布局不合理,有可能导致环境问题的产生,而要解决这些问题,就应该从解决城市环境入手,即社会问题可以通过调整人类和环境的关系来解决。在制定城市群可持续发展战略时,应注意提高产业结构档次,通过调整产业结构、空间布局结构,优化环境资源配置,实现城市群可持续发展。

产业结构调整为以高科技、服务业等第三产业为主,这将成为环境整治的先决条件,将极大地促进环境整治。产业结构向信息产业等第三产业的调整对空间环境提出了新的要求,导致了城市空间的软化。在城市空间环境上,城市中心将更多地被商贸、服务业、金融、信息产业等软产业所代替。同时软产业对功能和空间要求与传统工业相比具有更大的灵活性,有利于整治实现环境质量提高的目标。旅游业的兴起与发展将促进环境整治;服务业经济与环境整治之间也具有互动作用。

主导产业的调整需要进行很好的论证,并应具有远见卓识,还要协调好城市群(圈)之间城市间的利益均衡,从而使城市群(圈)整体产业结构合理,有利于可持续发展。

2.3 大城市群(圈)的环境问题

环境也是一种重要的生产力。近年来,许多大城市群区域各级政府和人民对保护环境的重要性逐渐提高了认识,但目前环境污染问题仍较为严重,表现为水质污染、空气污染、固体废弃物污染仍较严重,如不及早防治,将会制约这些地区的社会、经济的可持续发展。

水质污染:在过去几十年的经济发展中,确实已注意并加强了点源污染的治理,但却忽略了对面源污染的防治,因此,近年来水污染呈现上升趋势。80年代初,外国一些科学家已经指出,如果只单纯治理点源污染,而不治理面源污染,就等于没有治理污染。因为面源污染面广量大,最难防治。为了实现大城市群(圈)可持续发展战略,应当重视并迅速制订防止面源污染的有效措施,并加以切实执行。否则,水质污染将成为大城市群(圈)经济可持续发展的一个重要制约因素。另外,还要注意大城市群(圈)内现存的农业地区的农业污染,因为农业污染源是面源污染的重要来源之一,对生态环境危害极大。

空气污染:能源结构对空气污染影响很大,为了防止空气污染,应调整和优化能源结构。尤其对城市群的电力群进行改善,可以加强论证天然气电厂建设的可能性。此外,交通工具带来的交通污染不容忽视,例如,许多城市群内的巨大的摩托车数量造成的尾气污染。

固体废弃物污染：再以固体废弃物的处理处置来讲，城市生活垃圾的处理处置已迫切危机许多城市。对大城市群(圈)来讲，人多地少，如果每个城市都独立去建填埋场、焚烧厂、堆肥厂，既受到土地、资金的限制，又受到众多社会、管理方面不完善而带来的环境问题的制约，因而走区域化、产业化道路已是大城市群(圈)城市生活垃圾处理处置的理想选择。

除采取措施解决水质污染、空气污染、固体废弃物污染外，大城市群(圈)可持续发展还需要加强人居环境的研究。人居环境科学是一门以包括乡村、城镇、城市等所有人类聚居形式为研究对象的科学。它着重研究人与环境之间的相互关系，强调把人类聚居作为一个整体，从政治、社会、文化、技术等各个方面，全面、系统、综合地加以研究。基于复杂性科学的人居环境科学，注重运用从各门学科中总结出来的复杂性科学的普遍规律，结合人居环境的特点和自身规律，确定认识和干预由城市和区域所构成的人居环境的方法。从人居环境角度，整体地看待城市群，把区域、城镇、自然环境的保护与利用等等，在理念上纳入城市群。自然离开了人，仍能继续存在；而人离开了自然，就不能生存。因此，一个良好的人居环境的取得，必须尊重自然、保护自然、促进自然环境的良性循环。

计算机技术和现代仪器分析法的飞速进步具有深远意义，最终将可能导致重新考虑一些基本的概念和原理。研究大城市群(圈)环境问题，需要贯彻以下思路：将环境问题的分析纳入到地球化学循环的更高层次，因为每一种元素在环境地球化学中都起着独特的作用。可采取逐次近似原理[13]分析环境问题。依据逐次近似，采用不同方法，可以达到共同的目的。如果计划正确，逐次近似是解决复杂环境问题的最有效的途径。通过截然不同的阶段或近似，可以拟定环境研究的新方法。这些近似中第一次涉及设想的可行性，第二次近似要求在时间、人力和金钱等实际的投资，而且这时行得通的设想要通过一个发展阶段。在发展阶段的末尾，达到更进一步的近似，即可认为是处于确定阶段。

3. 珠江三角洲大城市群可持续发展战略实例研究

珠江三角洲位于广东省中南部，面向南中国海，为珠江出口处，毗邻港澳，土地面积4.17万平方公里，人口按第五次全国人口普查(截止2000年11月1日凌晨)统计为4077万人(按广东省2001年统计年鉴，人口为2306.56万人)。

珠江三角洲作为广东省经济社会发展的龙头和最大主体，1980～2000年，珠三角经济平均增长达到16.9%，大大高于同期9.6%的全国平均递增和13.8%的广东省平均递增。经济高速增长，为珠三角率先基本实现现代化集聚了较为厚实的物质能量，并形成了闻名国内的“珠江三角洲模式”。珠江三角洲有条件逐步建立起大城市群(圈)，走先聚集后分散的快速城市化的道路。因为珠江三角洲经济区已形成内、中、外圈层的城市群，内圈的城市有广州、佛山、南海、顺德、番禺、中山、珠海、斗门、东莞、深圳；中圈有三水、花都、增城、惠州、惠阳、江门、新会、鹤山、高明；外圈有台山、开平、恩平、高要、肇庆、四会、从化、博罗、惠东。目前，珠江三角洲地区是广东省经济社会发展的龙头和最大主体，是中国区域经济中最具生机活力的重要增长极之一，也是未来中国最有望发展成为国际性超大城市群的地区之一。探讨这一大城市群在其发展中的资源环境一体化框架与区域可持续发展战略模式具有重大意义。

3.1 珠三角大城市群(圈)应对全球环境变化的可持续发展战略

全球变化科学是20世纪后期的一个新兴科学领域。它的科学目标是：描述和理解人类赖以生存的地球系统运转的机制、它的变化规律以及人类活动对地球环境的影响，从而提高未来环境变化的预测能力，为全球环境问题的宏观决策提供科学依据。今天人类对作为整体的地球环境变化有了较过去任何时候更为深刻的了解，从而为全球环境变化的预测和影响评估打下了坚实的科学基础。全球环境变化是当今环境研究的热点，也是地球信息科学的应用问题之一。海平面上升是全球变化的一个重要表现。

世界上三角洲由于多种原因大都是沉降区，当地相对海平面上升率远较全球理论海平面上升率为大。珠江三角洲是我国沿海经济高速发展的地区，也是易受海平面上升影响的主要脆弱区之一，海平面上升对该地区的生态环境有较大影响，主要表现在：海平面上升会引起沿岸地区滩涂湿地、红树林、珊瑚礁等生态因子的丧失，同时可能造成海岸、河口、海湾自然生态环境的失衡；沿海城市排污困难加大；咸水入侵及咸潮上溯加重；对河口滩涂的影响。根据“海平面上升对广东沿海经济发展的影响与对策”课题组首席科学家黄镇国研究员介绍，珠江三角洲的海平面也在上升，例如，广州市珠江的水位逐年抬高，其中就有海平面上升的因素。广州市污水排水口的高度，20世纪50年代为1.73米，80年代提高到2.07米，90年代初提高到2.5米，近年再提高到2.75米，即使这样，排水口还是偏低。其他城市如深圳、珠海的排污口也已低于最高潮位。海平面上升对珠江三角洲的影响可能有：江河水位、江海、风暴潮灾害、重大工程设计、咸潮入侵、沿海滩涂、生态环境、珠江三角洲综合整治等方面。

针对海平面上升对珠江三角洲城市群的影响预测，珠江三角洲城市群必须提出可持续发展的战略。因为海平面上升的威力巨大，造成的影响也难以估量，因此必须树立可持续发展的观念，从长远的角度科学论证并提出预防措施。除加高海岸堤坝、增建护岸设施、加强潮位观测等措施外，应从源头抓起，防止温室气体的产生，认真履行国际协议的规定。

3.2 珠三角大城市群(圈)产业结构调整

珠江三角洲城市群产业结构调整应着眼于国际国内市场需求结构和竞争格局变化的趋势，突出抓好发展高新技术产业、改造传统产业和继续淘汰落后生产能力，努力使结构调整最终落实到提高产业的整体素质和经济增长的质量和效益上，从而进一步推动珠江三角洲城市群经济的持续、快速、健康发展。措施包括：多管齐下调整产品结构；做大做强一批龙头企业；产业实现梯度转移。要在广东省范围内，使工业产业在珠江三角洲和东西两翼及山区等不同区域间形成梯次分布，协调发展。不同类型地区根据各自的不同条件发展特色产业或优势产业，实现产业发展的专业区域集聚效应和产业结构的梯度转移，形成“互动”，实现“多赢”的目标。

珠江三角洲地区，广州、深圳、珠海三足鼎立。北部以广州为中心的大都会区，将是第二、三产业的密集区。东南部以香港、深圳为中心的大都会区具有外贸、金融、国际运输的优势。西南部以澳门、珠海为中心的大都会区，港口工业、商贸业、旅游业将有较快的发展。经济特区和珠江三角洲地区历来就是广东的经济重心区域，迈向现代化已具备了较为坚实的基础。为了进一步增强珠江三角洲城市群可持续发展的能力，必须进行产业结构调整。经过多年苦心经营，今天的珠江三角洲初步形成了两大企业簇群，即以深圳、东莞、惠州为主的珠江东岸电子信息产品产业群；以广州、佛山、江门、珠海为主的珠江西岸电器产品产业群。珠江三角洲城市之间，工业化进程整体推进，基础设施建设正在加速网络化、一体化，以广州、深圳两大中心城市为龙头，等级优化、功能互补、布局合理、各具特色的现代化城市群体迅速崛起。

城市功能的定位应该准确并且可操作，城市功能的实现才有公认的城市形象，而这些均需要产业结构的调整，确定主导产业。珠江三角洲城市群在未来的发展中，应该借鉴美国加州的“硅谷”模式，兴建具有珠三角特色的高科技产业群集带(区)。目前，东莞已经具备了一定条件，通过论证，应在东莞、深圳地域建立珠三角的“硅谷”。

3.3 珠三角大城市群(圈)的环境可持续发展战略

根据有机地球化学国家重点实验室傅家谟院士、彭平安、张干等研究员的“珠江三角洲地区环境质量演变”研究报告表明，随着经济的发展，广东珠江三角洲地带环境污染呈现上升之势，主要表现在水、土壤、大气、生态的区域环境质量恶化上。课题组对珠江河段钻取的沉积物剖面变化显示：单位通量，即每年每平方厘米含有毒有害多环芳烃的微克数从1920年至1970年以前基本不变，约为0.8，从1980年开始呈现快速递增，90年代后期已为5.2，增长6倍多；在大气污染方面存在“三高”，即悬浮颗粒含量高、颗粒中可抽提的有机物含量高、有毒有害物含量高；由于农药、化肥、洗衣粉的使用量剧增，并使用污水灌溉，致使土壤污染加重。许多环境问题已经被人们意识到，并加以研究保护。本文主要就分质供水、环境激素、人居环境建设等问题进行阐述。

分质供水

改革开放以来，珠江三角洲的经济发展取得了长足的进步，但是，水环境质量却呈恶化趋势。与此同时，出现了水质性缺水新问题，水质性缺水的范围也在逐年扩大。根据傅家谟院士领导的课题组对广州河段水质进行监测的结果表明，通过对包括流经珠江三角洲的中山、顺德、东莞等重要的7

条河流和东江、西江、北江3条干流河道的水质的监测，发现有毒有害物36种，其中含有卤代烃、苯系物、多环芳烃、有机氯、有机磷农药DDT、六六六等"三致"物质(致癌、致畸、致基因突变)。另外，在部分自来水厂的出水检测中，发现消毒副产物(主要是卤代烃类和酚类)高于我国拟实行的2000年水质标准。

针对以上情况，为实现优水优用，优质优价，国内一些学者提出了"管道分质供水"的设想。"管道分质供水"是在居住小区内设净水站，将自来水进一步深度处理、加工和净化，在原有的自来水管道系统上，再增设一条独立的优质供水管道，将水输送至用户，供居民直接饮用。它的特点是省去了运输和搬运，用户可随时打开水龙头取用；为避免二次污染，采用的管道应不会腐蚀、结垢，水的价格将对于桶装、瓶装纯净会便宜得多，一般家庭能接受。在目前中国的国情和国力下，对现有的供水设备、制水工艺和管网作全面改造很不现实，生活环境在今后数年内也难以得到明显改善。在这种条件下根据自来水中只有2%～5%用于生活饮用的特点，对生活饮用水进行深度净化处理，是解决污染，提高生活质量的捷径。发达国家不少城市的自来水可以直接喝，称为直饮水。但直饮水不等于是开水，只要细菌含量符合卫生标准，就可以直接饮用。但鉴于国情不同，直饮水未必是现代化城市的普遍标志，比如，中国人的习惯，不论哪种净水都要煮沸或冲茶。

目前中国科学院广州地球化学研究所的傅家谟院士等已着手制定广东省的分质供水标准；广州市环境监测中心站也进行了《广州市居住小区分质供水直饮水水质指标体系研究》课题研究，并已接近尾声。

环境激素

激素是指在生物体内分泌的物质；环境激素则指由于人类的生产和活动而释放到周围环境中的，对人体和动物体内原本营造的正常激素功能施加影响，从而影响内分泌系统的化学物质，通称为"外因性扰乱内分泌化学物质"。

环境激素与其他环境污染物不同，它具有扰乱内分泌系统的作用，关系到人类的生殖健康。环境激素进入人体后，可能影响到包括人类在内的各种生物的生殖功能、生殖器肿瘤、性行为等，也可能影响各种生物的免疫系统和神经系统。其中最为明显的是人类总体精子的数量减少现象。环境激素已成为人类新的公害。造成这种情况的根本原因是环境污染破坏了人类的生存环境。科学家认为，人类生育能力下降可能与接触有毒化学物质而导致激素变化有关。环境激素所含化学物质多种多样，包括农药、染料、涂料、除污剂、洗洁剂、表面活性剂、氟利昂、重金属、各种塑料制品、药物、各种食品添加剂、化妆品、动植物性激素和垃圾焚烧产生的二噁英等。环境激素是一个世界性的污染问题，关系到人类繁衍、生存和发展。目前，环境激素已经引起世界各国的重视，并对其展开研究。近年来，国内外越来越多的研究结果表明，环境激素对人体的危害正危及着人类正常繁衍。对此，已引起国际生命科学领域专家学者们的高度重视，许多发达国家制定了庞大的研究计划，对环境污染在生物体内的合成、分泌、转移、与受体的结合以及其积蓄和消除等过程进行广泛的研究，以寻求预防对策。应有组织有计划地开展有关环境激素污染的特点、污染源和环境负荷的调查，弄清环境激素的理化和生物学特性、强度、作用、持续时间、主要暴露剂量及其对人的健康可能产生的负效应和作用机理。

目前，无论人类还是动物，几乎都生活在“环境激素海洋”之中，环境激素污染问题已同温室效应、臭氧层破坏等一样，严重威胁着全球环境和人类健康。珠江三角洲城市群应借助自己的科研、资金、技术方面的优势，尽早开展珠江三角洲城市群环境激素影响研究，可涉及环境激素的概念、种类、作用机制、特点、危害、预防与控制等研究：

(1)对珠江三角洲城市群(圈)的有毒有害物质进行全面的调查研究，筛选出一部分对人体和环境有严重危害的化学物质进行优先管理。

(2)研究并着手制定有毒有害物质的排放标准和专项法律。把大多数的有毒有害物质纳入法规、标准管理之中，对其整个生命周期活动进行常规监测，建立新生产化学品申请许可证制度，完善有毒有害物质的分类包装与标志制度等。

(3)加强国际交流与合作，研究环境激素的污染途径、主要污染源、产生的危害、作用机制以及污染控制、防治对策等。

(4)用生物方法治理环境污染。这是安全而彻底消除污染物的手段。抗除草剂基因工程已培育出敌稗、镇草宁等多种抗除草剂的转基因植物。基因工程技术可以按照人类的需要，设计和创造对人类有益的植物新品种。

(5)加强环境教育与宣传，提高人们的环境意识，让公众了解环境激素的真实面目，自觉采取适当的措施。

人居环境建设及研究

人居环境科学是一门以包括城市、城镇、乡村等所有人类聚居形式为研究对象的科学，它着重研究人与环境之间的相互关系，强调把人类聚居作为一个整体，从政治、社会、文化、技术等各个方面，全面、系统、综合地加以研究。珠江三角洲大城市群(圈)实现可持续发展的一个重要目标是实现非风险社会(risk-free society)，这就要从一开始就要强调人居环境科学的研究。由于城市群是一个开放的复杂的巨系统，基于复杂性科学的人居环境科学要根据珠江三角洲城市群(圈)的实际特点和自身规律，采用整体研究(这可参考历史上具有东方特色的中国人居环境规划建设的整体设计思想)、多学科参与的方法，进行珠江三角洲城市群(圈)的人居环境建设研究。

资料来源：王树功，周永章(中山大学地球与环境科学学院)。

二 长江三角洲组团式城市群的发展基础

1. 区域自然概况

长江三角洲组团式城市群在地理范围上主要包括长江下游三角洲地区以及浙江东部地区。北以秦岭、淮河为界，南以南岭南麓与本区相接，地域范围约介于北纬23～34度与东经103～123度之间，总面积约10.01万平方公里，约占全国总面积的1.04%。在行政区划上，包括上海市、江苏省的八个地级市（南京、苏州、无锡、常州、扬州、镇江、南通、泰州（苏南地区））和浙江省的六个地级市（杭州、宁波、湖州、嘉兴、绍兴、舟山（浙东地区））。

本区的北界，即凉亚热带的北界，自古以来就是我国南方与北方的界线，因此是一条重要的地理界线。我国著名的地理、气候学家竺可桢指出，我国亚热带的北界接近于北纬34度，亦即淮河、秦岭、白龙江线直至东经104度。其主要依据是亚热带生物资源（包括农作物）的特点以及亚热带气候对于农作物生长和越冬的影响与温带的区别。这条界线大致相当于以下气候指标值的分界线：≥10℃积温4500℃，持续期217天，无霜期220天，最冷月均温0℃，年极端最低气温多年平均值－0℃。一般来说，作物光合作用的下限温度为0～5℃，界线以南最冷月均温一般高于0℃，说明作物在冬季仍可生长，没有“死冬”，而年极端最低气温多年平均值－10℃。热带常绿植物的重要界限温度，界线以南这个指标大多能够达到，说明那里在气候上的亚热带性质。在自然景观上，界线以北为落叶阔叶林棕壤，褐土；界线以南为常绿落叶阔叶混交林黄棕壤。在农业耕作制度上，界线以北为冬麦为主体的两年三熟制，界线以南则主要为稻麦一年两熟制，因此，这条界线表面看来是一条气候界线，实质上是一条综合自然地理界线。

本区在地形上主要位于我国三大阶梯的最低一级阶梯，地势自西向东渐低，大致以四川盆地以东的长江干流为主轴，分别由南和由北向中间倾斜。大部分为低山丘陵与盆地和平原相间分布。丘陵自北而南有淮阳丘陵、江南丘陵和浙闽丘陵，海拔在200米左右，丘陵地区的低山海拔在1000米左右，大部作东北—西南走向。此外，在江南丘陵的浙闽丘陵还有许多大小不一的红色盆地。平原中规模最大的是长江中下游平原及钱塘江等河口平原，海拔仅10～20米。

本区的自然地理特征主要有以下三点：

温暖湿润的亚热带季风气候

本区在纬度位置上基本处于副热带高压带控制范围内，但在强大的东亚季风环流影响下，形成了特殊的大气环流系统，具有温暖湿润、四季分明的亚热带季风气候特点。冬季，本区正处于寒潮和冷空气南下扩散的路径之中，往往引起大范围剧烈降温和大风。在最强的寒潮过程中，日平均气温的过程降温（即逐日下降度数的总计）在长江中下游地区可达24℃。雪后的寒潮过程之后，温度可降得很低。本区北部的山地比较低矮破碎，寒潮和冷空气可长驱南下，成为冬季冷空气南下的通道，1月等温线在此向南呈舌状凸出。此外，因冬季暖湿空气仍较活跃，与北来冷空气相遇，从长江流域至南岭一带可出现连绵阴雨。寒潮到达南岭北坡和贵州高原后常发生停滞，分别形成南岭准静止锋和昆明准静止锋，带来较多的云雨。因此，本区冬季降水量可占年降水量的10%左右，有利于冬作物的正常生长。

冬季结束后，冷空气强度削弱并北退，低纬度的暖湿空气随之北进，地面冷暖空气交汇地带（即极锋）及其降水带也随之北移。春季，太平洋副热带高压脊线的位置虽然不明显，但冷空气厚度较小，极锋坡度也减小，雨带中心线北移到南岭至长江流域之间，形成了本区长江以南地区的春季连绵阴雨天气。以4月为例，除东南沿海雨量不足150毫米外，长江以南的大片地区均在150毫米以上，是我国东部春雨最多的地区。

初夏（6月中旬前后），青藏高原南缘的南支西风急流消失，高原上空副热带高压开始建立。高原以北的急流仍然存在，这支急流在整个梅雨期间一直稳定在我国东部和日本列岛上空，太平洋高压脊线北移到北纬20～25度，梅雨锋（极锋）北移到江淮流域，形成了江淮梅雨天气。梅雨天气的主要特征是，雨量充沛，降水多属连续性，也有阵雨和雷暴，且常出现大雨或暴雨；相对湿度大，云多，日照时间短，地面风力较小。梅雨是本区降水的主要组成部分，由于梅雨期间雨量集中，易造成内涝和水灾。多数年份梅雨期降水总量约相当于常年总降雨量的三分之二。而在少数年份，梅雨锋在长江中下游仅停留三、四天，梅雨期短，雨量特少，称为“少梅”或“空梅”。梅雨期间多雨或缺雨及降水量的多寡，直接影响夏收、夏种等各项农事活动。7月上旬后，太平洋高压进一步北移，脊线多出现在北纬26～30度附近，雨带中心线北进到黄淮流域，长江中下游进入副热带高压控制下的干燥晴热的盛夏时期，此时常有对流性热雷雨和冷锋雨出现，有利于伏旱的缓和。

初秋（8月下旬至9月下旬），地面副热带高压势力减弱并南移，夏季风随之南撤。同时，北方蒙古高压已初步形成，高压楔南伸，高、低空高压重合，本区出现以太湖盆地为中心的秋高气爽天气，当冷空气进入时，也可形成短期降水过程。西部川黔地区，因北方冷空气南下产生的锋面受阻，出现秋雨。

6月台风主要在温州以南沿海登陆，7、8月在温州以北登陆的次数大为增多。台风雨是华东区东部沿海地区年总雨量中的重要组成部分，在温州以南沿海可高达20%以上。强度较大的台风，在登陆地点附近易产生范围较大的风灾和涝灾，但是在距海较远的内地，却有助于缓和江南的伏旱。

本区的热量资源丰富，≥10℃积温在4500～7000℃之间，最冷月平均温度在0～12℃之间，等温线分布比较均匀。夏季相当炎热，7月平均气温在28℃以上，长江中游和四川盆地中部受地形影响更可高达30℃。平均最高气温的分布趋势和7月平均气温类似。例如长江以南的长江中下游地区可超过34℃。

本区的年降水丰沛，比华北区约多1～2倍，大部分地区在800～1600毫米之间，降水量自东南沿海向西北递减。浙闽丘陵约1000～1800毫米，江南丘陵约1500毫米，长江中下游平原约1000～1200毫米。山地降水较多，降水受地形影响显著，一般说来山地高于平原、迎风坡高于背风坡。

总之，本区在气候上冬冷夏热，四季分明，热量丰富，降水丰沛，水热同季，为水稻和亚热带经济林木的栽培提供了非常有利的条件。

水量丰富的河流和湖泊

本区径流资源非常丰富，年径流深度在200～1200毫米之间。长江以北，除个别盆地外大都为200～600毫米；长江以南在600～1200毫米之间。此外，本区东南滨海地区也是低径流区，仅600～800毫米。年径流系数，在长江以北约30%～50%之间；长江以南，大都在50%～60%之间。长江流域下游大通站平均年径流量9209亿立方米，东南浙闽地区的河流水量也十分丰沛；如钱塘江流域面积只占黄河的7.2%，而年径流总量却达黄河的81%。

本区尽管径流普遍较丰沛，但在时间分配上很不均匀。由于本区河流以雨水补给为主，因此径流的季节分配主要取决于降水的季节分配，而后者又明显地受季风的影响。春季(3～5月)，长江以南至南岭以北多春雨，故春季径流均占年径流的30%以上。夏季(6～8月)，东南季风深入我国大陆，西南季风亦已到来，降水普遍增多。随着雨带的北移，两湖地区和江、浙一带在6月出现最大洪峰。7、8月雨带移至华北和东北南部，本区北部降水和径流猛增。此时长江以南至南岭以北处于单纯的夏季风控制之下，降水较少，径流也相应减少。秋季(9～11月)，本区降水和径流普遍减少，但东南沿海地区因受台风影响，秋季径流也可占年径流的20%～25%。冬季(12～1月)，本区同全国其他地区一样也处于干季，是径流最枯季节。尽管径流季节分配不均，但因大部位于面积大、支流多的长江流域，在一般年份长江干、支流汛期在时间上前后错开，加之鄱阳、洞庭等湖泊的调蓄作用，因此，在年内有相当长时间，尤其在夏季，江河水位比较稳定，水量充沛。长江的汛期可从5月持续至10月，居全国各河之冠。枯水期甚短，从11月至翌年1月，洪枯水位相差甚少，最大流量与最小流量约5∶1，这为发展长江的航运、发电灌溉和水生生物等都提供了优越的条件。然而，有极少数年份，雨带在长江干流一带停滞过久。尤其是当四川盆地与汉江流域同时出现洪峰时，长江干流及附近湖泊水位猛涨，易酿成洪水危害。

本区是我国湖泊最为集中分布的地区之一，尤其是长江中下游沿海一带，湖泊星罗棋布，它们不仅是重要的淡水资源和水产养殖基地，而且也是巨大的天然水库，对调蓄长江洪水有重要作用。

过渡性的亚热带植被与土壤

本区的自然植被在分布上呈现明显的南北过渡性。在长江以北的凉亚热带地区为常绿、落叶阔叶混交林，是暖温带落叶阔叶林与亚热带常绿阔叶林之间的过渡类型。从植被类型的角度而言，常绿落叶阔叶混交林的分布范围很广，遍及整个本区，但本区北部是为地带性的植被类型，分布于岗地、丘陵及山地垂直带的基带内，分布高度可达海拔1000米左右(秦岭南坡)，而在本区南部，大多作为山地垂直带谱的组成部分。常绿、落叶阔叶混交林由常绿与落叶两类阔叶树种混合组成，乔木层内以落叶阔叶树为主，仅少量出现较耐寒的常绿乔木树种，群落外貌近似落叶阔叶林，故有“含有常绿阔叶树种的落叶阔叶林”之称。此外，东部地区还有小叶栎、茅栗，以及灯台树属、鼠李属、山胡椒属、枫香、椴属等，西部地区则有荚楸属及光叶黄栌等。常绿层片的主要的成分有苦槠，东部地区还有青冈、石栎，以及冬青属、女贞属和柃属等。

典型常绿阔叶林大体分布在长江以南的暖亚热带地区，如浙闽山地、江南丘陵等，分布的海拔高度西部在1000～1500米之间，至东部渐降至海拔1000～2000米以下。群落外貌四季常绿，一般呈暗绿色，因上层大树的树冠浑圆而使林冠呈微起伏状。乔木一般高15～20米，总郁闭度0.7～0.9以上。上层乔木以壳斗科、樟科、山茶科和木兰科的常绿树种为主，林中经常混入一些亚热带针叶树种，也混杂有某些落叶阔叶树。此外，在山地常绿阔叶林中还混生有自温带渗入的落叶阔叶树。

本区植被的南北过渡性，还体现在针叶林的南北地域差异上。本区的针叶林主要有马尾松林和杉木林，均属于暖性常绿针叶林。马尾松以天然林为主，也有大面积的人工林，分布范围很广。在本区北部，为含常绿乔木或灌木的落叶阔叶林带的马尾松林，地被物没有或极少有铁芒箕，只有山红草，灌木层有山胡椒、白檀、白栎、袍树、羊踯躅、乌饭树、胡颓子等。在长江以南，典型常绿阔叶林带内马尾松林下的地被物有茂密的铁芒箕，还有芒草、四脉金茅、一包针、狗脊等，灌木层有映山红、白栎、桃木，还有多种柃木、小米柴、老雅泡等。

杉木林的分布范围，在江苏句谷、宜兴一线以南，为杉木的生长中心，在黄壤上生长最好。在分布区的北部或海拔较高处，杉木混生种类单纯，主要有马尾松、枫香、山槐、袍树、化香等；南部低海拔地区种类较多，除马尾松外，还有木荷、赤杨叶、红楠、杜英、薯豆、多种红淡、杨桐以及多种青冈、栲树、石栎等。

本区的竹林分布广泛，种类繁多，如毛竹、刚竹、淡竹等，其中分布最广泛的是毛竹，集中于长江流域各省。大面积的毛竹人工林和天然林分布于平原到海拔 800 米的丘陵山地(南部地区，垂直分布可达海拔 1200 米)。天然的毛竹林一般混生有常绿阔叶树，从混生树种也可看出毛竹林的南北差异性。

本区的经济植物和果木非常丰富，其地域分布上也体现出南北过渡性。在北部的凉亚热带地区，茶、油桐、油茶、柑橘等亚热带经济林果木有一定分布，半封闭式地貌有利于阻挡北来寒潮的侵袭，因此可栽培一定数量的柑橘、油桐、乌桕、油茶、茶等，也均比东部地区为多。在凉亚热带区域内，暖温带的落叶果树如苹果、梨、桃、杏、板栗等在许多地方也可栽培，东部的江淮丘陵一带尤其如此。在本区南部的暖亚热带地区，木本油料植物油茶、油桐及乌桕等分布广泛。茶叶是本区的特产之一，浙江地区是我国茶叶的主产区，如浙江的龙井、越红、平珠绿等都是驰誉中外的名茶。果木中以红橘和甜橙最为著名，主要分布于浙江，如浙江的黄岩蜜橘、温州蜜橘等均是优良品种。然而，在暖亚热带内部也还有一定的南北差异，以油桐和油茶为例，北部的丘陵、山地一带，以小果油茶和三年桐为主；南部则以千年桐和中果油茶为主。

本区的地带性土壤为黄棕壤和红、黄壤。黄棕壤是本区北部凉亚热带的地带性土壤，集中分布在长江两岸地区。长江以南的低山丘陵区为红壤分布区域。

2. 区域发展基础

长江是世界第三大河，长江三角洲拥有广阔的流域经济腹地，可通过水陆交通与我国南北相连，海运可与世界各大海港相通。三角洲地区由于具有丰富的水土资源和有利的区位，历史上长江河口是我国海上丝绸之路的重要起点，在近代经济发展上，长江三角洲是我国民族工业兴起的重要基地。迄今长江三角洲是我国经济实力最强的经济核心区。

从经济区的概念出发，长江三角洲是一个以上海为经济中心，以沪宁杭为主体，北部包括扬州、泰州、南通，南部包括镇江、常州、无锡、苏州、嘉兴、湖州以及处于杭州湾以南的绍兴、宁波、舟山，共 15 市。其面积为 99610 平方公里。很显然，长江三角洲是一个以上海为龙头，又拥有一系列大中城市，共同组成的强大经济网络。

长江三角洲无论在自然条件上还是社会经济上都有许多独特之处，按其最基本的特点，有以下三个方面。

自然条件优越，但人均占有的资源量不多

长江三角洲处于亚热带的中、北部，受东亚季风气候的影响，光、温、水分均较充足。年平均太阳总辐射量 46 亿～50 亿焦/平方米左右，在农作物生长旺盛的 7～8 月平均约为 6 亿焦/平方米，年日照时数为 2000～2200 小时，7～8 月日照百分率可达到60%～70%。本区年平均气温14～17℃左右，全年无霜期约220～250天，≥10度的积温在4600～5300度之间，持续日期为220～240天。从四季温度分析，本区农业具有多熟制的条件，但据以往实践如实行双季稻－越冬作物（麦类、油菜）三熟制，在季节上显得偏紧。本区各地年降水量在1000～1400毫米左右，春夏季节约占全年降水的60%～70%，在一般年份可以保证农作物生长的需要。由此可以看出，长江三角洲光、热、水资源丰沛，且季节配合好，十分有利于农业的发展。

长江三角洲以平原为主体，南部有一些山体不大的山地和丘陵，主要如江苏的宁镇山脉和宜溧山地，浙江的天目山与莫干山以及浙东北的四明山脉等。地带性的土壤主要为黄棕壤和部分黄、红壤，经人类长期利用改良，大部已形成结构良好、养分丰富的高产土壤。本区丘陵山地分布的落叶阔叶与常绿阔叶混交林、常绿阔叶林，具有北亚热带向中亚热带过渡的自然特征，意味着能栽培多种作物和亚热带经济林木。本区金属矿藏与能源较缺，仅少数地方有铁、铜、银、锶、石油和天然气等矿藏具开采价值，东海的石油、天然气具有勘探和开发的前景，石灰石、大理石、白云石等非金属矿产资源则相当丰富，分布亦广，可以充分保证建筑材料生产的原料供应。

本区具有江河湖海之利，平原上的河湖分布密集，尤其是太湖水系具有很大的调蓄功能，加以水资源补给有长江作保证，南部新安江、钱塘江也有调蓄功能，这是构成长江三角洲工农业、城乡发展的重要自然资源，也是发展水运的重要条件。此外，在平原上还有一些零星的低山丘陵，与湖泊、水网相配合，加以名胜古迹甚多，又靠近经济发达的城镇，交通便利，构成极为重要的风景旅游资源。

从上所述可以看出，长江三角洲经济区的自然资源堪称丰腴，气候温和湿润，自然条件十分优越。但季风气候的不稳定性，也常受一些低温霜冻、春季湿害、台风、雨涝等灾害的影响。

长江三角洲地区人口稠密，1995年总人口达7371.32万人，人口密度达740人/平方公里，人均拥有的资源并不充分，特别是土地资源紧缺，人均仅0.13公顷，每个农业人口占有的耕地仅0.065公顷，各项建设在用地上的矛盾十分明显，特别是在经济快速发展时期，城市、工业、第三产业与各项基础设施的发展对土地需求甚大，人地矛盾显得十分突出。水资源丰富是本区的一大优势，长江河口入海流量达9600亿立方米。但地区之间水量不平衡，如太湖平原水网区径流按人均计算不到500立方米，大中城市和工业普遍存在用水不足和地下水超采的问题。至于能源和金属矿产资源更是需要从区外和国外进口。

地理位置优越，经济上在全国有举足轻重的作用

长江三角洲地区是中国开发历史最悠久的地区之一，尚有鱼米之乡、丝绸之府的美誉。根据江浙境内吴县草鞋山、桐乡罗家角、余姚河姆渡、余杭良渚等地考古发掘的实物表明，早在5000～7000年前就有栽培的稻谷和饲养的家畜（猪、狗）。经过历代的开发，尤其是近代资本的集中与产业发展，较早成为中国最大的经济中心。由于位置适中，交通便利，农业基础好，工商业发展快，科技与文教事业发达，迄今几乎在各方面都处于全国领先地位，应是我国最有条件率先实现现代化的地区。

综观世界上所有发达地区和经济中心，都与其区位有十分密切的关系。长江三角洲也不例外。因其处于我国沿海中段，区内河湖水网相连，通江达海，沿海和沿长江适于建港的位置甚多，具有沟通海内外的运输条件，有利于和国内外建立最广泛的经济联系，充分地吸引资金和资源，近十余年来已成为我国经济增长最快的地区之

一。如今，长江三角洲利用其优越的区位条件和广大的经济腹地，通过长江航道和长江上中游各省相联系，通过铁路和海路与我国华北、东北、东南的客货来往频繁，与南方闽粤的水陆联系也在日益加强。这对于从区外运来原材料和燃料动力资源，从本区运出各类工业产品是便捷的。至于和国际市场联系的条件和意义，已为现代历史以及改革开放以来的经济发展所证实。上海港早已是中国最大的港口，近年来本区又相继开放了宁波港、南通港、南京港、镇江港、张家港。在一个经济区里同时有6个对外开放的大型港口，表明这里对外经济联系的实力以及强大的潜力。因此，长江三角洲已成为我国广大腹地与世界经济发生交往的最重要经济联结点。

作为长江三角洲经济中心的上海，其早期的发展与商业、金融业的关系密切。历史上的经济与政治因素以及地理位置的优越使各种资本向这里汇集，商业与金融迅速发展，接着各种经济势力的产业资本也向这里集中。依靠长江三角洲富饶的农业所提供的粮食、棉花、蚕茧、畜产等轻工业原料，本地的劳动力，加上引进国外的设备、技术与信息，从东北、华北运来工业原材料与燃料，现代工业迅速发展起来。到解放前，上海是我国工厂、工人、动力最集中的城市，占全国很大比重。长江三角洲的其他一些城市也有了一定的工业基础。

本区的长江内河水运发达，特别是太湖流域，通航条件良好，拥有1.6万公里以上的内河航道，因而大大加强了区内的经济联系。迄今内河水运量约占本区货运总量的34.6%，占全国内河水运总量的35%。如果将铁路、公路、航道连在一起计算，单位面积上拥有的交通运输线路密度为全国平均数的4倍多。以上情况说明，长江三角洲的经济地理位置优越，交通条件良好，一方面具有和国内广大地区联系的优势，另一方面又具有发展国际贸易和引进先进技术、设备和传递信息的巨大发展潜力，本身又有强大的经济实力和腹地资源。这些优势是我国乃至世界上其他一些大河三角洲不可相比的。

长江三角洲的经济在全国占有举足轻重的地位，工农业生产水平居全国领先地位。其面积仅占全国的1.04%，人口占全国的6.09%，但国内生产总值(GDP)占全国的15.4%，向中央上交的财政收入占全国的21.78%，人均GDP是全国的2.5倍。这一地区是我国建设资金积累的重要源地。

改革开放以来的迅速发展

1978年以来，长江三角洲的经济得到了前所未有的发展。首先，工农业与国民经济各部门都有很大增长，城乡建设、交通运输、现代通信、旅游、高新技术产业等的增长速度尤著。上海浦东的开发开放使浦东成为长江三角洲新的发展极，上海作为长江三角洲经济中心的地位得到进一步提高。全区经济发展尤其是乡镇企业的迅速发展，使区域产业结构发生了重大变化，经济实力进一步增强。乡镇企业带动了农村城市化的发展和城镇建设。现代化的基础设施如高速公路、新机场、越江通道、港口等建设工程不断启动和完工。开发区发展迅速且覆盖面甚广，长江三角洲是我国各类国家级开发区密集的地区。分布于长江三角洲的国家级开发区有：浦东综合性开发区(含经济、金融、高新技术等)，杭州、宁波、南通、昆山经济技术开发区，科技成果向高新技术产业转化的苏州—无锡—常州火炬带(连至南通、泰州、扬州)，南京、苏州、无锡、常州高新技术产业开发区(含宜兴环保工业园)，苏州、无锡太湖旅游度假区和上海余山旅游度假区，此外，在浦东、张家港、宁波还设有保税区。各类开发区的新兴产业对于本区未来的产业发展导向和生产力布局将产生深刻的影响。长江三角洲是继珠江三角洲之后，国外对我国的新投资热点。

3. 区域经济新特点

进入90年代，随着浦东的开发开放，长江三角洲经济发展加快，整个区域又处于一个新的开发阶段，出现了以下新特点，这些特点是考虑本区产业结构和长远发展的重要依据：

浦东新区的开发开放使上海在长江流域的地位进一步提高。上海在近代历史上就是东亚的重要金融和商业中心，建国以来，它的工业又有了巨大的发展，但是由于较长时期受计划经济体制的影响，在东亚的金融地位下降，产业结构与城市建设远不能适应经济发展的要求，也不利于充分发挥上海的有利区位和社会经济优势。自改革开放以来，这一情况开始变化，浦东新区的开发开放正有力地推动上海各项建设事业的发展，同时也进一步明确了上海作为长江三角洲的经济核心地位和龙头地位，上海的产业结构调整将带动长江沿江产业带、首先是带动长江三角洲的产业结构调整与经济发展。近年来，长江三角洲的第二产业已有了很大发展；第三产业显示出很大的活力；第一产业比重则相对下降，其内部结构也有明显变化。与此同时，本区的投资环境也有很大改善。长江三角洲的沿江沿海大中型港口均对外开放，新建了一大批万吨级泊位，全区河海港口吞吐能力约3.5亿吨。其他交通条件正在改善，如沪宁、杭甬之间的高速公路已经通车，沪杭高速公路正在建设，各市县的公路网也有很大发展。目前又在论证和规划京沪高速铁路，沪宁线将属于其中的路段。在航空方面，除上海为国际航空港外，各主要城市均有机场与航线，南京、杭州开始了新的现代化大型机场的建设。邮电通信事业在全区亦有很大改观，程控电话在各级城镇不断扩大规模并向部分乡村普及。区内兴建和正兴建多座大型电站，供电能力显著提高。此外，在上海以及其他市镇还形成了若干全国性的或区域性的专业市场，对于流通和生产都发挥了积极作用。

乡镇工业的迅速发展使区域产业结构发生重大变化。长江三角洲的乡、镇、村以及村以下工业产值约占全国同一类型总数的40%，迄今，大部分的县以及县级市的乡镇工业产值已超过整个工业的1/2，苏南和上海郊县等地则占2/3。在多数县（市）农村的工农业总产值中，工业已占90%以上。因此，可以认为这里乡镇工业不仅早已成为农村经济的主要支柱，而且在整个国民经济中也占有重要地位。苏、锡、常一带乡镇工业普遍摆脱原来的规模小、技术落后的状况，趋向于朝大型集团化、国际化方向发展，与外商合作以及利用外资进行企业技术改造已达到较大规模。在农村工业化的同时，乡村城镇化亦有明显发展，不仅乡镇均按规划进行改造和建设，而且还形成了一大批具有现代城市功能的村镇，长江三角洲的城乡一体化发展有加快的趋势。与工业相比，长江三角洲的第三产业相对滞后，但近几年来，交通、通信发展迅速，金融、房地产发展势头旺盛，各类商贸市场及旅游业也形成显著的发展。

工业已形成区域性的成片分布，组成成熟的产业集群。长江三角洲的工业已在城镇和乡村广泛展开，形成区域性的成片分布，在上海周围与苏、锡、常一带，城乡工业企业已达到相当密集的程度。同时，长江三角洲也形成明显的产业轴线，主要有：①沿沪宁、沪杭甬铁路，大中城市密集，工业历史较久，且产业规模较大，可认为是最早形成、也是规模最大的产业带。②南京到苏北扬州与沿通扬运河，连接苏北高沙土地区的一批老的城市与县城，在原有农产品加工与轻纺工业基础上增加了新的产业并扩大了规模，形成了苏北沿江的产业轴线。③临江产业轴线，这是值得重视的发展轴线。历史上在苏北与苏南的工业和大中城市紧贴长江两岸的并不多，即使原来已有的产业规模也不大。近十余年来，随着长江港口的建设，苏南、苏北为充分利用长江水资源和航运条件，产业布局向长江靠拢，临江已建和在建一批火力发电站，钢铁、炼油、石油化工、造船、建材等工业迅速发展，临江的城镇规模明显扩大。从发展的势头看，临江产业带将进一步加强。

长江三角洲区位条件有利，改革开放又为本区带来了难得的发展机遇。以上海浦东开发开放为龙头，进一步开放长江沿岸城市，尽快把上海建成国际经济、金融、贸易中心之一，带动长江三角洲和整个长江流域地区经济的新飞跃，表明了上海和长江三角洲的重要地位。按照市场经济规律和经济内在联系以及地理自然特点，突破行政区划界线，在已有经济布局的基础上，以中心城市和交通要道为依托，进一步形成若干个跨省（区、市）的经济区域，包括以上海为龙头的长江三角洲及沿江地区经济带，进一步表明了上海、长江三角洲和沿长江地区的重要联系和未来发展的重大意义。进入 80 年代以来，长江三角洲的经济增长速度是继珠江三角洲之后又一个在全国处于领先地位的区域，按各年国内生产总值的递增计算，这里多数年份高于全国平均增长速度的 4～6 个百分点。

4. 区域发展劣势分析

从跨世纪的持续发展观点分析，长江三角洲也存在不少亟待解决的问题，突出表现为以下几个方面：

产业结构现状与其调整发展

长江三角洲第一产业占 9.5%，比全国平均水平低 11 个百分点；第二产业占 56.5%，比全国平均水平高 9 个百分点；第三产业占 34.0%，比全国平均水平高 2 个百分点。从经济发展水平看，第三产业比重不高，但本区第三产业的内部结构与全国有所不同，主要是金融、房地产等发展较快。社会劳动者在三次产业中的分布为 30 ∶ 45 ∶ 25，产业结构水平略高于全国平均水平，但第三产业发展仍然滞后，还需要继续调整。

由于区内各地原有经济基础和经济发展水平的差异，所生产的各种产品在国内外市场上的需求程度和覆盖面不同，区内各市产业结构处于两个不同的发展阶段。上海、苏州、无锡、常州、南京、杭州、镇江、宁波、绍兴、舟山等市产业结构处于“第二产业＞第三产业＞第一产业“的发展阶段。其中，上海、南京、苏州、无锡、常州等市第三产业所占比重明显提高，第一、二产业所占比重下降。扬州、南通、嘉兴、湖州等市的产业结构处于“第二产业＞第一产业＞第三产业”的发展阶段，产业结构水平较低。

长江三角洲部分发达城市已从以原材料工业为重点的重化工业阶段，向以机械电子一体化工业为重点的工业化中后期阶段转化；也有部分城市试图越过原材料工业发展阶段，大力发展机械、电子加工组装工业。与此同时，轻纺工业的地位仍显得重要，它既是保障国内、区内的供应和获取利税、提供建设资金的重要产业，又是扩大出口创汇、提高出口能力的主要支柱产业，但也面临市场竞争和调整问题。

农业在国民经济中的比重继续下降，但其地位不可忽视，主要农产品、食品的供应和轻纺工业原材料的提供等情况的好坏，对长江三角洲经济的发展、产业结构调整和城市发展都将起重要的推动或制约作用。

资源、环境与能源问题

土地资源紧缺，建设用地侵占农田的矛盾十分尖锐。长江三角洲人均耕地面积仅 0.045 公顷，在建设用地不足而需要扩大时，总是以牺牲农田为代价。由于耕地面积不断减少，尤其在粮食生产比较利益下降时，农业的发展必然受到影响。

区域环境的质量下降。包括水利环境、地下水超采引起地面沉降、水质污染以及由此而引起的质量型缺水、大气酸雨、固体污染物堆积等一系列问题，都涉及社会发展与自然的协调关系。

能源和原材料不足。为解决这一问题又带来运输的巨大压力。

许多重大工程的建设空间布局与时间序列不合理。影响投资效益的发挥。

这些问题的解决，既需要分别研究措施，从战略上进行考虑，又都必须通过产业结构的优化才能实现。

除上述问题外，长江三角洲还面临着来自海内外的竞争，国内主要是面对环渤海与珠江三角洲的快速发展；海外除了欧美经济发达国家所具有的资金、市场、技术对我国形成竞争优势外，在亚洲日本和“四小龙”及其之后的泰国、马来西亚、印度尼西亚、菲律宾等国家和地区，占据更有利的海上要冲，构成中国的外环，这些国家和地区既是经济合作的近邻，也是中国在国际竞争中的对手。

5. 区域发展前景展望

城市群规划与布局

长江三角洲按行政区计算，现有各级城市 54 座和 1396 个建制镇，城市人口 2216 万人，占总人口 30.1%，城市的行政建制与人口规模等级齐全，城市与镇的等级系统亦基本有序。在 54 座城市中，上海为直辖市，南京、杭州为省会城市，连同宁波都属于副省级市，其他为地级市与县级市。此外还有相当数量的建制镇属最低一级的城镇性质。就经济中心的等级而言，上海是我国最大的经济中心，上海与南京又是长江沿江的四大中心城市之一（另两市为武汉、重庆），杭州、宁波也属于有相当吸引与辐射能力的区域经济中心。

原来的县中有市，呈“荷包蛋”现象，现在变成市中有市，同样是“荷包蛋”现象。尽管行政区已作调整，但规划未能统一协调，从而为交通、基础设施等方面带来不少困难。同时，新建立的城市规划面积达 20 平方公里以上，与苏锡常三市城区紧贴。因此，行政上的独立设市造成了空间上的自成体系。这种现象的历史经济因素与社会体制因素十分复杂，可能还要在今后的实践中逐步理顺，才能有利于城市的持续发展。

城市群特征与辐射效应

长江三角洲城市群以上海为中心，沪宁杭形成网格体系，因此沪宁杭之间也是长江三角洲的核心部分。上海市以建成国际经济、金融、贸易中心之一为目标，正向国际化大都市迈进。特别是自 1990 年国家正式宣布浦东的开发、开放以后，在国内外产生了强烈的反响，浦东以土地批租引资，金融多方筹集资金，按国际一流标准规划和建设，几年之内综合网络、城市基础设施、通信系统均大为改观，浦东按五个各有侧重、相对独立的综合分区和沿黄浦江延伸的主轴带，陆家嘴至东面长江口附近的机场为支轴发展，目前已有一批现代化的建筑群竣工。通过跨世纪的宏伟工程将使浦东建成上海的新区。浦东的建设与浦西即上海原来的市区亦有所衔接，通过 45 公里的内环线与 89 公里的外环线，浦东依靠多座跨越黄浦江的桥梁、隧道与浦西融为一体。随着浦东的发展，也带动了浦西在体制上的改革与产业调整，包括按级差地租对工业布局进行调整，将一部分工厂迁往市郊和外地。同时展开大规模的旧城改造，使中心城市的功能得以充分发挥。

上海作为长江三角洲首位城市，人口规模超过 1000 万，今后首位度还会提高（目前与南京第二位城市相比首位度为3.7)。由于上海拥有广阔的经济腹地,浦东的开发开放和上海的振兴无疑是一个发展极,将首先带动长江三角洲新的发展。

南京是六朝古都和江苏省会,又是长江下游的中心城市和重要的水陆交通枢纽。长江口经整治后5万吨海轮可直驶南京港,为发展国际经济创造新的条件。南京市横跨长江南北,具有滨江特色。南京的工农业与科技文化都有很好的基础,1978年以来一直是国家工业投资的重点(80年代的投资为前30年的3.7倍),石油化工、汽车、电子、机械、建材等工业都有相当规模。国家级的浦口高新技术开发区也正促进本市工业结构的调整。南京市进一步的发展应加强与皖赣等地区的经济联系,改善区际交通运输条件,发挥中心城市的作用。在城市内部,发挥原有的工业基础和科技文化优势,实现产业结构的高度化。南京的城市发展在新一轮的规划修编中扩大了江南的地域范围,但江北部分地域开阔,经济也有一定基础,是南京向滨江城市发展的组成部分。南京的跨世纪目标将是以长江为轴,南北发展,建成跨江的现代化政治、经济、文化综合性省会城市。

杭州处于华东主要交通枢纽和浙江省的交通中心,四条铁路、两条国道公路与沪杭甬高速公路均交会于此,又是京杭大运河的端点,加上已有的笕桥机场和将建成的萧山机场,有利于经济的发展。杭州集聚了浙江省2/3以上的大中型企业,机械电子、汽车及配件、化工、轻工都有一定地位。杭州、萧山与高新技术产业三个国家级开发区的建立,对杭州产业的高度化发展将产生积极影响。旅游资源丰富并具有开发潜力是杭州的一大特色,拥有80多处国家、省市级文物保护单位,100多个旅游景点,已建有两个国家风景名胜区、三个国家森林公园和之江国家旅游度假区。杭州又是我国七大古都之一。因此杭州的城市性质,应将国际风景旅游城市和国家历史文化名城放在突出位置,同时也是长江三角洲的重要中心城市和浙江省的政治、经济、文化中心,这也是杭州未来的城市发展方向。

由于杭州原来建成区过小,工业、商业和居民点高度密集,用地过于紧张,对于产业结构的调整和发挥城市应有功能均不利,因此未来的城市发展格局将以中心城市为基础、跨越钱塘江向南并向沿江东西发展,以改善城市的空间结构。

上述上海、南京和杭州三大中心城市都处于经济发展和城市建设阶段,需要大量的资金,因此目前又主要处于经济的集聚阶段,集聚大于辐射,即使上海也不例外。三大中心城市虽然经过近年的发展都有了较强的经济实力,但与国际城市相比仍显得十分薄弱。如上海人均国内生产总值在区内最高,接近2300美元,但与东京、伦敦、纽约等相比相差7~10倍以上,与香港相差5倍多。正因如此,在长江流域各省市本地以外的投资中香港占第一位,来自长江三角洲地区的投资极少,这表明还要有相当过程,才能发挥经济上的辐射效应。但目前通过浦东的开发开放以及长江三角洲的发展,上述三大中心城市在信息、技术、旅游、劳务市场、建材工业等方面的带动作用,对于本区域进入国际市场,参与国际分工的作用已相当明显。

三 京津环渤海组团式城市群的发展基础

1. 区域自然概况

京津环渤海组团式城市群在地理范围上主要包括辽东半岛、山东半岛和以北京、天津为核心的华北平原的一部分。大致介于北纬 32～43 度，东经 103～124 度之间，面积约 23.07 万平方公里，约占全国总面积的 2.4%。本区位于华北地区的最东部，大部分为 1000 米以下的低山丘陵，平原很少。因渤海断陷，山东、辽东两个半岛成钳形伸向海洋之中，形成渤海的东部屏障，使渤海成为我国的内海。由于受海洋的影响较大，气候比同纬度温和、湿润，故本区内是我国自然环境比较优越，自然灾害比较少的一个区域。

在行政区划上，包括北京市、天津市、河北省的 5 个地级市（唐山、保定、廊坊、秦皇岛、沧州）、山东省的 8 个地级市（济南、东营、烟台、魏海、青岛、潍坊、淄博、滨州）以及辽宁省的 9 个地级市（沈阳、大连、本溪、鞍山、营口、抚顺、盘锦、锦州、葫芦岛）。

本区北部东段与东北区为邻，基本上与≥10℃积温 3200 度的等值线吻合；西段与内蒙古区和西北区相接，因地面海拔增高，≥10℃积温较东段低，大致与≥10 度积温 3000 度等值线相一致，其西段界线的西北侧以风沙地貌、季节性流水地貌占优势，而东南侧则以流水地貌及相应的沉积物为主。

本区在历史上是中华民族的发祥地和古代文化中心，开发历史悠久，人口稠密，人类活动对自然界的影响极其深刻，历代封建王朝多以华北为根据地。由于大面积的垦殖、掠夺式的开发和频繁的战乱，使自然界受到严重破坏，自然灾害频频发生。新中国成立后。先后在本区修建了综合治理黄河、海河、淮河等宏伟工程，取得了防洪抗旱、初步控制水土流失、治理风沙、盐碱地等的巨大成就。随着今后资源合理利用与环境整治的深入开展，本区的自然面貌将不断改观，在我国社会主义建设中的地位将日趋重要。

本区的自然地理特征主要有以下三点：

黄土广泛分布

本区最重要、最突出的特征是黄土及黄土状物质的广泛分布，除石质山地外，地表普遍为无层理、富含碳酸盐、大孔隙的黄土和具有层理的黄土状物质所覆盖，成为我国厚度大、面积广、发育典型的黄土分布中心。对于本区自然景观的形成和各种自然地理过程产生极其深刻的影响。黄土土层深厚，疏松多孔，持水性较好。氮、磷、钾养分比较丰富，不需要进一步风化就可以生长植物，有利于土壤的形成和发育，耕种容易，便于农业发展，本区内在石器时代曾繁衍生息着周口店人，而且也是历代政治、经济、文化的中心，成为中华民族的发祥地，是具有光辉灿烂的古代文化和世界农业起源地之一。这一切与华北黄土广泛分布的自然环境有着密切关系。

暖温带大陆性季风气候

本区地处我国东部季风区的中纬度地带，冬夏季风交替和季节变化非常明显，属暖温带大陆性季风气候。冬季受蒙古高压控制和极地大陆气团的影响，比较寒冷。1 月平均气温在 0～10 度之间，当强大寒潮过境时，常风雪交加，气温急降，形成各地低温严寒天气。极端最低气温北部可达－30 度以下，南部也可出现－20 度的低温。0℃以下的低温日数 50～150 天，河流结冰，土壤表层冻结。一般田间作物不能生长。冬小麦需要休眠越冬。

夏季气温较高，7 月均温全区大都高于 24℃，＞20℃的时期前后持续 3 个月，华北平原长达 5 个月。极端最高气温，除高原和沿海以外，可达 40℃以上。渭河平原和华北平原是本区炎热中心，日平均气温＞35℃的日数前者达 38 天，后者也在 20～25 天左右。夏季高温，适于水稻、棉花、花生等喜温作物种植，成为我国重要的棉花、花生产区之一。

本区夏热冬寒，不仅气温年较差大，而且日较差也很大，充分显示大陆性气候的特色。年较差大都在30℃以上。最大日较差一般在20℃以上，以高原和内陆为最大。每年日较差>20℃以上的日期，从沿海向内陆增长，北京为12.8天。日较差大有利于作物果实糖分的积累转化，而春秋季日较差大则容易造成霜冻危害，缩短了无霜期。同时，在大陆性气候条件下，本区春、秋季气温乍寒乍暖变化显著，春秋季节的长短年际变化很大。春季最长和最短的天数相差可达4倍，这样使初、终霜日时前时后，生长期长短每年不一，对农业复种有明显影响。本区热量资源从北向南、自西向东递增。日平均温度≥10℃的稳定持续期136～200天，≥10℃的积温3200～4500℃。可以满足作物两年三熟耕作制的热量要求，但应注意霜冻对作物的影响。

本区降水量大部分地区均在800毫米以下，自东向西，从南到北减少。超过800毫米的地方，仅限于淮河干流沿线和山东、辽东半岛以及局部山地的迎风坡。海河平原石家庄以东地区，地处泰沂山地雨影区，降水较少，年降水量在500毫米以下，其中献县、衡水一带低于400毫米，成为本区径流最少的地方，也是东部季风区径流最少的区域。这一带水资源贫乏，供需矛盾突出，缺水严重。

本区干燥度大致自东向西增加。辽东、山东半岛东部，干燥度在1.0以下，属湿润气候；华北平原东南部在1.0～1.5干燥度之间，属半湿润气候。降水季节分配不均，夏雨冬干。全年降水量的60%～70%集中于夏季，冬季仅占5%～10%。暴雨多、强度大、降水变率大是本区降水的突出特点。当冷锋、高空低槽或气旋和台风过境时，受副热带高压或地形阻滞，常形成强度很大的暴雨，1小时降水可达数10毫米，一天降水数百毫米。暴雨区使铁路中断，流域大面积受淹。急骤的暴雨，常导致沟谷强烈侵蚀，山洪暴发，河流泥沙量增大，并引起河流下游洪涝危害。

本区每年冬夏季风强弱不同，使夏季降水变率达50%以上。例如，北京1959年年降水量达1408毫米，而1891年只有168.5毫米。旱涝频率大，降水保证率小，常形成干旱和洪涝。春季气温升高迅速，降水量不多，风力强劲，蒸发旺盛，相对湿度低，春旱严重且频率高，此时河流出现一年中最低的枯水位，地下水位也显著降低，灌溉用水缺乏，对小麦等作物生长不利，有时会引起农业欠收。

深受人类活动影响的植被与土壤

开发历史悠久的黄河下游地区，自古以来就是我国人口集中、农业发达的政治、经济、文化中心地带，经过长期的开拓垦殖、放牧、柴樵，农田不断扩大，以及栽培植被迅速发展，大规模地改变了天然植被的面貌。而且，本区地处中原地带，为封建王朝长期建都所在，是历代兵家必争之地，累经战火，对自然环境的影响极为深刻。据北京市平原泥炭沼泽分析，古代大部分地区被以栎属为主的暖温带落叶阔叶林所覆盖。西周至春秋期间，河南、山东一带仍有大片森林存在。但至战国时期，大规模砍伐森林，山东临淄一带森林消失，泰山的植被也从此而破坏。两千年前秦王朝在咸阳兴修阿房宫时，就出现"蜀山兀、阿房出"的情景。此外，在长期耕种下，土壤的性状发生了改变，产生了蝼土、黑垆土等特殊的耕作土壤，这在世上亦属少见。总之，本区的天然植被几无保存，平原部分实行大地园林化，营造防护林以外，种植水稻、小麦、棉花、杂粮等粮食作物，低山丘陵地区普遍发展各种果树及经济林，自然景观面貌发生了深刻的改变，人类经济活动对自然环境的影响程度是其他自然区无法相比的。

根据残存的树种及灌木、草本植物成分来分析，本区的自然植被主要为暖温带落叶阔叶林，暖温带森林草原和温带南部草原。森林植被的建群种以松科的松属和壳斗科的栎属种类为主，如赤松、油松、华山松、蒙古栎、麻栎、栓皮栎、辽东栎等；草原植被以长芒草、短花针茅、白羊草、茭蒿、百里香等为优势成分。本区植物区系属泛北极植物区的中国日本植物亚区，即起源于北极第三纪植物区系，种类成分很复杂。由于地处中国日本植物亚区的边缘，区系成分带有明显的过渡性特点，以北温带区系成分占优势以外，与我国南方热带、亚热带、喜马拉雅山，以及欧亚大陆、日本、朝鲜等植物区系均有密切联系，成为多种植物区系的交会场所，从而本区的特有种较少。随着人类活动影响，植物区系成分发生了改变。

许多农作物和果树自外地引入已有较久历史，如来自国外的豌豆、蚕豆、胡萝卜、燕麦、核桃、甜菜、玉米、马铃薯、棉花、烟草等，尤其花生、番茄、苹果等更是清代后叶才引入繁殖起来，刺槐、加拿大白杨、钻天杨、紫穗槐、日本落叶松、黑松等造林树种也都是从国外引进的。马尾松、杉木、水杉等树种则是从我国南方引种的；水稻原产我国南方，尔后逐渐向北推广到华北一带。在本区南部还引种了毛竹、茶树等。

本区的热量条件南北差别不大，但水分状况从沿海向内陆减少明显。自东向西地带性植被、土壤的经度递变规律亦有所反映：东部为暖温带落叶阔叶林、棕色森林土和褐土。西部为温带南部草原、栗钙土和灰钙土，其间为北东—南西延伸的暖温带森林草原、黑垆土过渡带。在暖温带落叶阔叶林分布范围内，东部沿海地带水热条件较好，赤松广泛分布，向西逐渐被较耐旱的油松所代替，华山松林仅见于西部地区；落叶栎林在东部沿海以蒙古栎、麻栎占优势，其次生植被以荆条、黄背草为主，而西部则以辽东栎和栓皮栎占多数，次生植被主要是较耐旱的酸枣和白羊草，并夹有一定比重的针茅属旱生草类。在温带南部草原地区，短花针茅、沙生针茅、川青锦鸡儿、红砂等荒漠成分相继出现。但是，在本区东部湿润气候区内，南北热量的差异在植物区系分布上有着较明显的反映，至南部地区已有红楠、青冈、山茶等天然生长的常绿成分，以及檀子栎、山胡椒等半常绿种类，在胶东半岛还有亚热带常绿附生的兰科植物蜈蚣兰等。这些亚热带植物成分向北逐渐消失，即使是本区常见的野生种，除盐肤木、漆树、枫杨、白檀等可以分布到辽东半岛外，黄连木、糙叶树、黄檀、化香树等成分已很少能到达北部。在植物群落组成上，南部栎林的主要建群种为麻栎、栓皮栎，向北逐渐被蒙古栎和辽东栎所代替。各种亚热带落叶阔叶杂木林，如枫香林、黄连木林等也仅少量分布于南部。

本区东部的辽东半岛和山东半岛为暖温带湿润气候，水热条件好，在以蒙古栎、麻栎占优势的落叶阔叶林植被下，地带性土壤为棕色森林土。成土过程以黏化作用为主，土壤淋溶作用也比较强，黏粒较长白山地区的暗棕壤多一倍，黏化层的层位也较深。在干季时，聚积在下层的盐基有时向上移动，盐基饱和度高达 90%左右，呈中性至微酸性反应，无石灰性反应。由于微生物作用几乎全年不断进行，有机质矿化作用强，腐殖质含量一般不高，约在 3%以下。在鲁中南半湿润的山地丘陵区，特别是碳酸盐岩及黄土覆盖地区，发育有褐土，其成土过程中除黏化过程和淋溶作用外，还有钙化过程，剖面下部呈碱性反应，并有淀积的黏粒胶膜和碳酸盐针状结晶（假菌丝体）的发育，底部还有石灰结核堆积。

华北平原为暖温带半湿润气候，土壤以褐土和潮土为主。在北部和西部的洪冲积平原地带为褐土分布区，典型褐土分布于洪冲积平原上部，地下水位较深，表层和心土层的碳酸钙已淋失，多呈无石灰性反应，但底土层有石灰淀积；石灰性褐土分布在黄土母质的洪积冲积平原上部，全剖面均有石灰性反应；在洪积冲积平原前缘为草甸褐土分布地带，地下水位较高，底土层受地下水影响常有锈斑、锈纹等潜育现象。在广大的冲积平原上，主要是黄土冲积物，发育的土壤以潮土最普遍，其中典型潮土分布在冲积平原地下水质较好的地段，剖面层次明显，心土层和底土层有锈斑等潜育化现象，质地适中；褐土化潮土分布在冲积平原上古河道形成的缓岗等地形部位较高的地段，排水条件好，表土含盐量低；盐化潮土分布在冲积平原河间洼地的周边（当地称“二坡地”），地下水位浅，地表有不同程度盐斑出现；沼泽化潮土分布在缓岗之间的洼地内，潜育化明显，质地黏重，地下水矿化度往往高达 2～5 克/升，盐碱较重。潮土的共同特点是：有机质含量少、碳酸钙含量较高，剖面机械组成复杂多变，上沙下黏或上黏下沙，或沙黏相间交替出现，大部分在长期耕种下已成为耕作土壤，土壤的自然性状发生明显的改变。

总之，本区的植被与土壤具有明显的经度递变性，但在长期人类活动影响下，自然面貌发生巨大的改变，天然植被保存不多，栽培植物广泛分布，平原、谷地、盆地和黄土丘陵大都已辟为农田，在山麓和丘陵地带及村庄、田间、路旁等主要是人工栽培的果林；自然土壤也因长期耕种，轮作倒茬，施用肥料，向土壤补充有机质和矿质营养元素，改变土壤的化学性质和物理性状而成为大面积的耕作土壤。

本区地处暖温带，热量条件可满足作物两年三熟的需要。随着离海距离的增大，水分条件递减显著，自然景观的经度地带性递变现象非常明显，农业生产亦由东部的稻麦农业区向西过渡为农牧交错区。同时，由于地质构造基础与新构造运动升降作用的差别，东部、中部和西部具有显著不同的地貌格局，发育土壤的母质与成土过程也有相应的变化。这种有规律的变化在本区内部的自然地理特征、自然资源利用与环境整治等方面均有明显的反映，地域分异显著。

2. 区域发展基础

地理位置优越、区位优势突出

本区位于东北、华北、华东和华中地区的结合部，依山襟海，海陆兼备，面向北亚和太平洋，背靠“三北”（华北、东北和西北）地区，处于我国北方沿海黄金海岸状经济产业带的南半部，大部分地区属于环渤海经济区，是我国东部沿海继珠江三角洲、长江三角洲的又一个跨世纪开放和开发建设的“热点”地区。全区以北京、天津和石家庄、济南、郑州等特大和大城市为中心，以中西部内陆广大腹地和晋陕蒙能源基地为依托，天津、烟台、青岛、连云港等沿海城市经济技术开发区，以及秦皇岛、天津新港、烟台、青岛、日照、连云港等沿海港口群为前沿，以京广、京沪、京九、京山、胶济、新石等干线铁路为纽带，联结全国和世界各地，不仅成为我国北方地区通向海外并与国际经济相接轨，参与东北亚和亚太地区经济技术合作的重要基地和窗口，而且也是中西部内陆广大地区实行对外开放和外引内联的重要通道与出海口，正在发挥着越来越重要的作用。

多种资源丰富

本区是我国东部沿海土地、矿产、海洋、农副产品、旅游等多种资源十分丰富的地区。各类资源不仅储量大，而且邻近交通线和消费地，开发条件优越，是发展业、能源和原材料工业及加工工业、海洋产业和旅游业的重要物质基础，资源综合开发潜力大，发展前景广阔。

区内地势平坦，土地资源丰富，拥有面积达 32 万多平方公里的黄淮海平原，还有

3000 万亩的后备宜农荒地资源和 550 万亩沿海滩涂资源。平原地区土层深厚、土肥力较高，加之光热资源充足，雨热同期，光热水土资源匹配较好，有利于农林牧业综合发展，是我国农业综合开发的重点地区之一。

区内蕴藏有上百种矿产资源，其中黄金、自然硫、金刚石、石膏、水晶产量居全国之首，石油、煤炭、铁、铝土、石墨、菱镁矿、岩盐、萤石、大理石的储量也位居全国前列，沿海地区的海盐资源更是取之不尽、用之不竭。在上述矿产资源中，对本区经济发展作用最大的是能源、铁和建材。黄河三角洲、冀中和渤海湾沿岸集中分布着胜利、华北、冀东、中原、大港和渤海等具有全国意义的油、气田。

本区山、海、河、湖、泉兼有，自然风光优美，人文胜迹荟萃，旅游资源十分丰富。这里拥有举世闻名的八达岭长城、山海关、故宫博物院、圆明园和颐和园、明十三陵、清东陵、清西陵、承德避暑山庄、东岳泰山和北戴河、昌黎、烟台、威海、青岛、连云港等海滨旅游胜地，以及海上仙境蓬莱阁，道教胜地崂山，泉城济南，曲阜"三孔"(孔庙、孔府、孔林)，徐州汉代"三绝"(汉墓群、汉画像石、汉兵马俑)等一大批具有全国意义的自然、人文旅游资源；北京、天津、郑州、济南、青岛、曲阜等城市又是全国历史文化名城，开发利用前景广阔。

农业历史悠久，是我国重要的商品粮、棉、油、肉及水果基地

本区农耕历史悠久，是我国原始农业发展最早的地区之一。粮食、棉花、油料、水果、肉类、水产品十分发达。目前该区是全国粮、棉、油生产大县分布最集中的地区。全区人均粮、棉、油、水果及肉类占有量均超过全国平均水平，是全国重要的商品粮、棉、油、肉及水果生产基地。

工业基础雄厚，但轻重工业发展不够协调

本区是我国主要的综合性工业基地之一，工业基础雄厚，拥有许多大型骨干企业，形成了总量规模较大、门类较齐全的工业生产体系。

本区工业部门结构上，重工业所占比重较高。重工业中以能源、钢铁、化工、建材等基础工业为主体，与重工业相比，本区轻工业发展相对滞后，且以传统的纺织、食品等行业占优势。总的来看，本区工业仍以传统行业占主导地位，技术含量和附加值较高的技术密集型行业和高新技术产业所占比重较小，除北京、天津、青岛等少数特大城市外，尚处于起步阶段。

基础设施较完善，投资硬环境较好

本区除拥有能源资源优势外，还靠近全国最大的晋陕蒙能源基地，是"西煤东运"和"北煤南运"的重要通道。区内一次能源总体上自给有余。以本区为基础的华北电网是我国最大的电网，其中火电站装机容量约占全国的 1/3 强。区内交通便捷，以"三纵四横"的铁路干线("三纵"为京沪、京九、京广线，"四横"为大(同)秦(皇岛)线、胶济—石德线、新石线、陇海线)为骨架，以四通八达的公路网为网络，并同它们所连接的沿海港口以及北京、天津、济南、青岛等大型机场相结合，初步形成了铁路、公路、海运、内河、航空、管道多种运输方式综合发展的运输网。区内邮电通信业发展较快，北沿海、京汉广、京九九、京宁、郑徐等国家级光缆均以本区为起点或通过区内，同国内外通讯联系极为方便。较为完善的各项基础设施及其良好组合，使得本区成为国内少数几个投资硬环境较为优越的地区之一，并为 20 世纪末和 21 世纪初进一步扩大对外开放、加快外向型经济发展提供了极为有利的条件。

科技教育发达，人才和智力优势明显

本区是我国科研机构和高等院校最集中的地区，智力密集程度较高。据不完全统计，全区有自然科学研究与开发机构约1100多个，占全国总数的21.5%；有高等院校247所，占全国的27.4%。1992年全区拥有各类专业技术人员596.83万人，占全国的22.7%，每万人口中的各类科技人才的拥有量也明显高于全国平均水平。科教事业较发达，以及人才和智力优势，对促进本区今后经济社会的持续快速发展是一个极为重要的因素。

辽东老工业基地仍具深厚的资源与产业基础

辽东半岛位于东北亚区域的中心地带，东、北、西三面与朝鲜、俄罗斯和蒙古国为邻；隔日本海和黄海与日本、韩国相望；南濒渤海与华北区联接，战略地位极为重要。区内是自然资源丰富、多民族深度融合、开发历史近似、经济联系密切、经济实力比较雄厚的大经济地域。曾是新中国建立以来第一个重工业基地和农业基地。它的形成与发展不是偶然的，目前发展中出现的转轨迟缓，经济发展速度不如东南沿海区域快的“东北现象”，也是必然的，但将是暂时的。发挥潜在的区域优势，经过改革和开放，东北经济区会再展雄风。

水绕山环、沃野千里是本区地面结构的基本特征，是形成大经济区的自然基础。南面是黄、渤二海，东和北面有鸭绿江、图们江、乌苏里江和黑龙江环绕，仅西面为陆界。内侧是大、小兴安岭和长白山系的高山、中山、低山和丘陵，中心部分是辽阔的松辽大平原和渤海凹陷。东北区平原面积的比重高于全国平原面积的比重，松辽平原、三江平原、呼伦贝尔高平原以及山间平地面积合计，和山地面积几乎相等；广大的山区，蕴育着丰富的森林。受纬度、海陆位置、地势等因素的影响，东北区属大陆性季风型气候。自南而北跨暖温带、中温带与寒温带，热量显著不同，气候上从湿润区、半湿润区过渡到半干旱区，农业上从农林区、农耕区、半农半牧区过渡到纯牧区。水热条件的纵横交叉，形成东北区农业体系和农业地域分异的基本格局，是综合性大农业基地的自然基础。

区内矿产资源丰富，主要矿种比较齐全。主要金属矿产有铁、锰、铜、钼、铅、锌、金以及稀有元素等，非金属矿产有煤、石油、油页岩、石墨、菱镁矿、白云石、滑石、石棉等。这些资源在全国有重要的地位。分布在鞍山、本溪一带的铁矿，储量约占全国的1/4，目前仍是全国最大的探明矿区之一。东北区煤炭资源的保有储量约723亿吨，煤种虽比较齐全，但总量不足，而且分布不均匀，产销地结合不理想。东北油页岩储量占全国第一位，三省都有分布，具有开发潜力。南部沿海的海盐，东部山地的石灰石也极其丰富，发展化学工业和水泥工业条件有利。区内资源对建立冶金、燃料动力、化学、建材等基础工业有比较充分的保证。本区水资源比较丰富，地表径流总量约为1500亿立方米，但分布不理想，东部多于西部，北部多于南部，需进行区域性调水，才能根本保证本区发展的需要。本区可供开发利用的水能资源约有1200万千瓦，充分利用后不仅可以节约煤炭和石油资源，而且对东北电网的调峰、调频将起重大作用。

本区南部濒临黄海与渤海，沿海渔场面积为5.6万平方海里。另外，还有水库、湖泊淡水面积1358万亩，为发展海运和水产业提供了有利条件。总之，东北区除矿产与工业外，其土地、热量、水分、海洋、植物资源等条件，对建成全国性的大型农业(粮豆、甜菜等)基地、林业基地、牧业基地以及渔业基地、特产基地提供了可能。

3. 区域发展劣势分析

自然灾害频繁，农业生态环境较脆弱

本区地处中纬度季风气候区，由于地理位置和自然条件的影响，历史上旱、涝、盐碱和风沙等自然灾害频繁，农业生态环境较脆弱，农业产量低而不稳。近 40 多年来，经过不断的综合治理和开发建设，各种自然灾害影响程度有所减轻，但隐患依然存在，主要表现在：

旱涝灾害潜在威胁较大。其中尤以春旱夏涝最为严重，且常在年内交替出现。据统计，自 50 年代初以来，本区发生的旱、涝灾害面积，约占全国的一半以上，是我国旱涝灾害最为频繁的地区之一。

盐碱土、风沙土、砂姜土等低产土壤面积比较大，治理改造任务仍较艰巨。据有关部门统计，本区现有盐碱土 3499 万亩，风沙土 2299 万亩，砂姜土 3900 万亩，合计约占现有耕地面积的 30.9%，是影响本区农业持续高产稳产的重要制约因素。

环境恶化，生态灾害加重。主要有水环境污染严重、山区及丘陵区的水土流失、平原地区的风蚀、滨海地区的风暴潮和海水入侵等。

水资源紧缺、供需矛盾日趋加剧

本区由于大气降水偏少，且年内分配不均和年际变率大，导致水资源严重不足。据统计，本区水资源总量仅为 1427.7 亿立方米，占全国水资源总量的 5.03%。人均水资源量为 791 立方米，每公顷耕地平均占有水资源量为 7635 立方米，仅相当于全国平均值的34.1%。特别是在人口和经济较集中的京津唐地区、山东半岛、河北省南部平原等地缺水问题更为突出。根据水资源的供需平衡分析，在现有的工程设施条件下，黄淮海平原在中等干旱年的可供水量为 613.5 亿立方米，需水量为 695.5 亿立方米。今后随着全区经济和社会发展，对水资源的需求量将不断增加，2000 年年末，缺水量已达 117.2 亿立方米，水资源的供需矛盾进一步加剧。

与发达地区相比，改革开放程度较差，经济增长相对较慢

本区大部位于北方沿海地区，同经济发达的东南沿海地区，特别是同长江三角洲、珠江三角洲地区相比，大部地区干部和群众思想观念仍较陈旧和保守，同深化改革、进一步扩大对外开放、加快发展很不适应，突出地反映在市场观念、竞争意识、效益意识、开放意识较淡薄，企业现行制度改革和政府职能转换进展较慢。全区经济增长速度除山东省外，其他省市均明显低于沿海地区平均水平。例如，1979～1995 年按可比价格计算的 GDP 年均增长率：河北省为 10.24%，山东省为 11.99%，北京市为 9.85%，天津市为 8.9%，而同期沿海地区 GDP 年均增长率为 11.2%。

老工业基地改造与振兴任重道远

本区辽东半岛曾是我国第一个比较成熟的大经济区。它既有农、林、牧、渔在全国均占重要地位的农业基础，更有以钢铁、机械、石油、化工为主导的工业体系，是我国重要的农业基地和重工业基地。这是区内产业经济的历史积累，更是今后发展的产业基础。经过几十年传统计划经济形成的产业基础，在改革开放转向市场经济的大趋向中，东北各省区工业增长的速度明显缓慢，与我国东南沿海各省市区相比，工业总产值的位次排序明显后移。主要原因是：大型、重型、资源型产业结构转换的迟钝性，技术、设备的陈旧老化，乡镇企业发展缓慢，煤、电、运、水等基础设施不足，信息不畅，文化技术基础薄弱，保守的传统计划经济意识强等。

扭转本区区域发展的困境，走向新的繁荣，主要应是实行区域主导产业带动战略。无论是第一产业或第二产业，都应在充分发挥区位优势的作用、资源丰富多样的

潜力、改革开放的大好国内国际环境的机遇条件下，以国内外市场为导向，实现从以生产原料、原料粗加工半成品的资源开发型产业向资源深加工、生产高精尖产品的资源加工型产业转变。

资源性产业升级，不是改变资源性产业的性质为东南沿海地区那种加工产业型。东北区近百年来的资源开发，有的资源减少，有的甚至接近枯竭，但基本潜力仍然存在。东北的铁矿、石油、油页岩和森林蓄积量、菱镁矿等均占全国首位，人均耕地超过全国平均水平一倍以上。森林可采资源濒临枯竭，但它属可再生资源，青山尚在，若干年后经过集约经营，仍可恢复永续利用，发展林产加工，林业基地的地位不会消失。以铁矿、石油资源的开采、加工为基础的重化工基地的地位也不会改变。这恰好是在市场经济条件下区域产业化、产业区域化的优化模式，是符合东北区的客观实际的。因此，当前过于强调发挥区位优势、强调重工业弱化、轻工业强化并大力发展第三产业，忽视区域资源潜力，并认为出现了"元气大伤"的论断，是不符合本区的客观实际的。"东北现象"是本区向市场转轨过程中的必然现象，只要因势利导，抓住时机，依据国家九五计划和2010年远景目标纲要的总体部署，遵照社会主义劳动地域分工规律，以东北区资源潜力的合理开发为基础，实行产业带动战略，面向国际国内大市场，优化、转换与提高产业结构，促进省区间横向经济联合与协作，加强煤、电、运输、水源等基础设施建设，东北经济区的总体发展水平和实力会迈上一个新的台阶，重工业基地的地位不会丢失。

本区经济发展方向发挥交通发达、重化工业体系完整、土地和能源丰富的优势，加快老工业基地改造，搞好东北亚地区开放开发，综合开发农业资源，发挥深加工，形成全国重要的重化工基地和农业基地。其中，老工业基地改造，是一段时期内东北区域发展的首要任务。

四 中国三大组团式城市群基础数据

表4.1 珠江三角洲城市群发展基础数据(2002)A

珠江三角洲城市群	地区土地面积(平方公里)	地区年末总人口(万人)	地区年末总产值(万元)	地区工业总产值(万元)	地区固定资产投资(万元)	地区房地产开发投资额(万元)	地区批发零售贸易商品销售总额(万元)	地区外商直接投资(万美元)
广州	7434	712.60	26857574	28291517	9782093	3870207	33256551	300119
东莞	2465	153.89	5789340	10396813	1454945	148544	2925513	114721
深圳	1949	132.04	19541700	30796298	6466933	3026364	8010604	259080
中山	1800	134.83	3625016	6844242	1779923	328731	1909302	73773
珠海	1633	75.93	3665942	6622988	1048682	341286	2311405	86468
佛山	3914	335.85	11038915	17823476	2381979	723404	7611457	99014
江门	9541	380.74	6151585	9443508	1228804	235345	4940283	82747
肇庆	6856	388.90	4110187	4304344	880456	138259	1903607	47597
惠州	5158	280.45	4803938	7081192	844273	106472	2879256	276427
珠江三角洲合计	40750	2595.23	85584197	121604378	25868088	8918612	65747978	1339946

表 4.1　珠江三角洲城市群发展基础数据(2002)B

珠江三角洲城市群	地区在岗职工年平均工资(元)	地区城乡居民储蓄年末余额(万元)	地区高等学校在校学生数(人)	万人拥有大学生人数(人)	地区货运总量(万吨)	地区客运总量(万人)	地区每10万人医生数(人)	地区每10万人医院床位数(张)	地区产品销售收入(亿元)
广州	22771.96	24515484	244736	343.44	24500	24451	382.81	557.05	28113121
东莞	15409.01	7991768	3802	24.71	5527	31220	222.82	483.53	11312944
深圳	25939.8	13733900	18556	140.53	5167	9869	613.22	825.43	29716081
中山	16285.61	3937957	4821	35.76	3468	7496	165.76	313.28	6579758
珠海	17038.51	2489101	0	0.00	3921	3303	202.82	392.6	6341936
佛山	14220.77	2792462	10589	31.53	11580	9910	418.62	793.52	18119516
江门	10262.57	1210154	6628	17.41	3710	7149	320.87	462.71	8800633
肇庆	9671.77	0	21852	56.19	5507	6636	298.6	514.82	3663413
惠州	10481.89	1143440	5841	20.83	3850	4770	405.44	434.46	6877265
珠江三角洲合计	15786.88	57814266	316825	74.49	67230	104804	336.77	530.82	119524667

资料来源:国家统计局城市社会经济调查总队,《2002 中国城市统计年鉴》,中国统计出版社,2002。

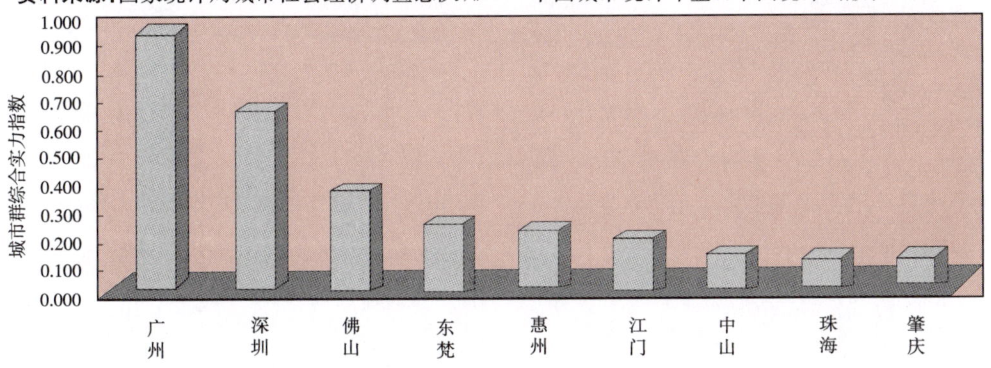

图 4.2　珠江三角洲城市群综合实力排序

表 4.2　长江三角洲城市群发展基础数据(2002)A

长江三角洲城市群	地区土地面积(平方公里)	地区年末总人口(万人)	地区年末总产值(万元)	地区工业总产值(万元)	地区固定资产投资(万元)	地区房地产开发投资额(万元)	地区批发零售贸易商品销售总额(万元)	地区外商直接投资(万美元)
上海	6341	1327.14	49508400	70035721	19947306	6307331	45726820	439159
南京	6598	553.04	11503034	17735601	3914247	1110034	13828326	90205
杭州	16596	629.14	15680138	19195133	4617873	1409132	19366528	50324
宁波	9365	543.35	13126854	16296574	3205235	870843	11321821	87446
苏州	8488	580.53	17602795	27847905	3245827	686178	9425925	302183
无锡	4650	435.90	13601059	20109452	2254072	493114	10106820	135746
常州	4375	341.52	6729008	10012488	1238666	321709	2773989	62036
镇江	3843	266.58	5026584	6132497	888968	149463	206423	32637
扬州	6638	451.59	5054619	6099831	1067933	179846	2609347	9968
泰州	5790	503.10	4499734	4993852	935799	171373	2691610	12071
南通	8001	782.46	8092955	7754374	1340785	331316	4972529	17523
绍兴	8256	433.27	8225419	12019285	1451219	486096	4039154	15777
湖州	5817	256.49	3850025	4095037	943135	234029	3197430	20972
嘉兴	3915	331.93	6042610	6425095	1921678	398337	5650089	27067
舟山	1440	98.10	1266912	886576	379375	152139	1066421	1141
长江三角洲合计	100113	7534.14	169810146	229639421	47352118	13300940	136983232	1304255

表 4.2　长江三角洲城市群发展基础数据(2002)B

长江三角洲城市群	地区在岗职工年平均工资(元)	地区城乡居民储蓄年末余额(万元)	地区高等学校在校学生数(人)	万人拥有大学生人数(人)	地区货运总量(万吨)	地区客运总量(万人)	每10万人医生数(人)	每10万人医院床位数(张)	地区产品销售收入(亿元)
上海	21781.18	27818200	279966	210.95	49499	6324	282.14	578.69	72130213
南京	16574.40	6473958	277954	502.59	14120	16198	246.23	481.57	16725258
杭州	18319.24	7976400	162219	257.84	15841	20342	341.72	468.26	18282784
宁波	19088.58	2939154	43417	79.91	11182	23224	332.83	500.20	15386987
苏州	13670.61	3462652	57976	99.87	8163	20553	182.95	350.19	26436769
无锡	13781.07	3999376	35571	81.60	7500	16586	180.97	451.07	19241335
常州	13108.50	1725900	21866	64.03	4831	10519	258.86	555.27	9446530
镇江	11742.68	1028829	37000	138.80	4617	6424	229.23	520.85	5076914
扬州	10762.77	1217030	34135	75.59	4867	6353	164.23	377.53	5463947
泰州	9062.55	626390	6073	12.07	3835	3687	186.40	308.24	4336865
南通	10588.34	1370703	27701	35.40	5769	7919	250.82	626.35	6879964
绍兴	14730.83	1266739	8880	20.50	6743	12958	195.26	375.67	11545999
湖州	13046.65	948118	6723	26.21	7509	7112	182.57	328.87	3590878
嘉兴	15355.27	993797	11551	34.80	5955	8020	156.87	334.34	6208068
舟山	14735.48	735278	4785	48.78	3063	7604	230.36	325.20	868357
长江三角洲合计	14423.21	62582524	1015817	112.59	153494	173823	228.10	438.82	221620868

资料来源：国家统计局城市社会经济调查总队,《2002 中国城市统计年鉴》,中国统计出版社,2002。

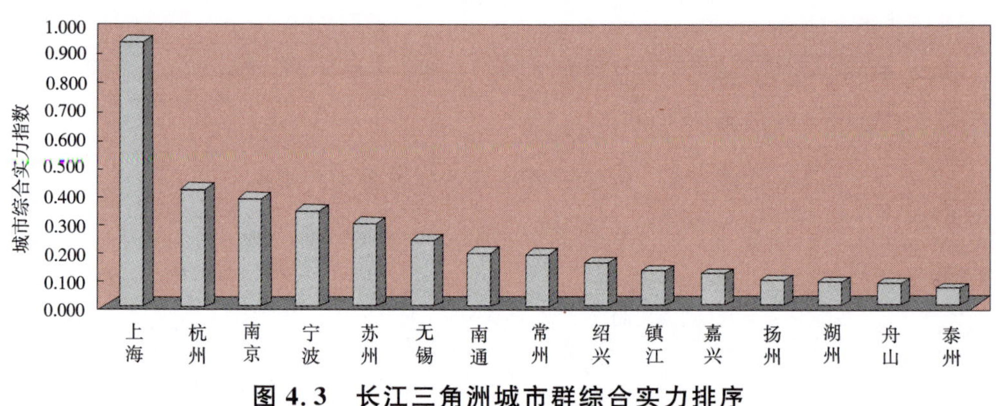

图 4.3　长江三角洲城市群综合实力排序

表 4.3　京津环渤海城市群发展基础数据(2002)A

京津环渤海城市群	地区土地面积(平方公里)	地区年末总人口(万人)	地区年末总产值(万元)	地区工业总产值(万元)	地区固定资产投资(万元)	地区房地产开发投资额(万元)	地区批发零售贸易商品销售总额(万元)	地区外商直接投资(万美元)
北京	16800	1122.30	28456500	29088152	14170733	7838185	30891370	400997
天津	11920	913.98	18401000	29404045	6226043	1612662	15600186	322000
唐山	13472	700.15	10064571	6814284	1221448	161549	4003091	15405
秦皇岛	7812	268.20	3073141	1721041	666981	189005	1540933	8806
保定	22109	1062.43	7473056	3450313	1345825	162948	3845254	6910
廊坊	6429	381.59	4134429	1979290	993576	148048	1776681	12900
沧州	14201	673.55	4872054	2497000	728955	70728	2340136	6222

（续表 4.3A）

沈阳	12980	689.34	12364727	7571867	2835581	781018	17524019	85217
大连	12574	554.61	12356400	11039275	2530586	1154956	8089728	145400
鞍山	9252	344.23	6415123	5043788	891615	184812	2499565	14013
抚顺	11272	226.19	2579196	3576370	534088	101582	1374321	4453
本溪	8411	156.46	1773090	2182079	571398	106986	819009	1313
营口	5402	227.37	1923362	1862758	426432	212560	700839	17943
盘锦	4071	122.95	3008647	3813629	934616	58541	577572	11860
锦州	10301	307.20	2164675	1876400	440554	143993	1570259	10500
葫芦岛	10415	269.77	1840493	2447390	459816	128722	725291	2240
济南	8177	569.00	10662000	7867011	2578558	621984	6605587	42520
青岛	10922	710.50	13160846	16717464	2934728	925153	6752748	159878
烟台	13746	645.99	9795000	11252997	1880439	265630	3950564	69120
威海	5436	247.22	6271016	10561728	178804	193831	538525	33975
东营	7923	173.57	5015200	5511570	2107442	61382	205677	7308
滨州	9445	362.95	3065000	2673425	545200	19701	1044167	4830
淄博	5938	410.49	7020900	8882212	1024695	132530	2522259	14501
潍坊	15859	845.93	8020000	7423562	1087588	159647	4268314	16812
京津环渤海合计	254867	11985.97	183910426	185257650	47315701	15436153	119766095	1415123

表 4.3　京津环渤海城市群发展基础数据(2002)B

京津环渤海城市群	地区在岗职工年平均工资（元）	地区城乡居民储蓄年末余额（万元）	地区高等学校在校学生数(人)	万人拥有大学生人数(人)	地区货运总量(万吨)	地区客运总量(万人)	每10万人医生数(人)	每10万人床位数(张)	地区产品销售收入(亿元)
北京	19153.86	35363232	340284	303.20	30550	22469	488.61	676.40	30068965
天津	14307.84	11483600	153998	168.49	28151	3302	346.11	499.67	29832630
唐山	8987.33	2455855	31109	44.43	14522	8916	341.07	686.94	6683955
秦皇岛	10616.21	1532340	48404	180.48	6366	5851	368.44	726.31	1744135
保定	8271.94	1503398	47199	44.43	6666	7312	397.26	800.70	3464446
廊坊	8896.82	833918	45588	119.47	4928	4904	224.85	317.94	1979229
沧州	7452.18	905850	11859	17.61	5263	7248	337.75	643.44	2594862
沈阳	11226.05	9848906	167749	243.35	15156	6742	361.3	612.57	7680398
大连	13492.53	6452031	103398	186.43	19736	11232	346.83	629.23	10776766
鞍山	9251.21	2206631	16780	48.75	12355	6322	383.29	682.40	4623928
抚顺	9365.74	1996066	10111	44.70	3463	2142	238.28	717.20	3893236
本溪	10129.80	1287000	6087	38.90	6200	4234	248.18	697.92	2362012
营口	8360.28	818507	6854	30.14	3276	3241	326.5	579.88	1710536
盘锦	8794.28	1525833	1000	8.13	2796	1421	314.29	648.88	3802460
锦州	8941.66	1442169	28223	91.87	5125	2904	285.93	816.45	1750535
葫芦岛	9077.77	1016695	1586	5.88	2614	3913	185.66	446.46	2219339
济南	11979.98	4474051	170833	300.23	13057	6300	321.57	558.44	7469165
青岛	12720.59	4017218	60728	85.47	29068	15166	437.42	496.42	16736530
烟台	10499.70	2378937	47486	73.51	8178	6842	201.86	328.84	10212403
威海	9190.94	989047	9359	37.86	3275	3224	204.01	315.77	7907301
东营	17686.78	1456835	13271	76.46	4467	2249	244.29	809.82	5329018
滨州	8706.26	475819	7668	21.13	2189	1550	247.6	434.79	2790634
淄博	10532.55	3007900	25299	61.63	6000	13642	269.96	442.18	8626639
潍坊	8770.84	1380731	18977	22.43	7446	3939	274	392.72	7217823
京津环渤海合计	10683.88	98852569	1373850	93.96	240847	155065	308.13	581.72	181476945

资料来源：国家统计局城市社会经济调查总队，《2002 中国城市统计年鉴》，中国统计出版社，2002。

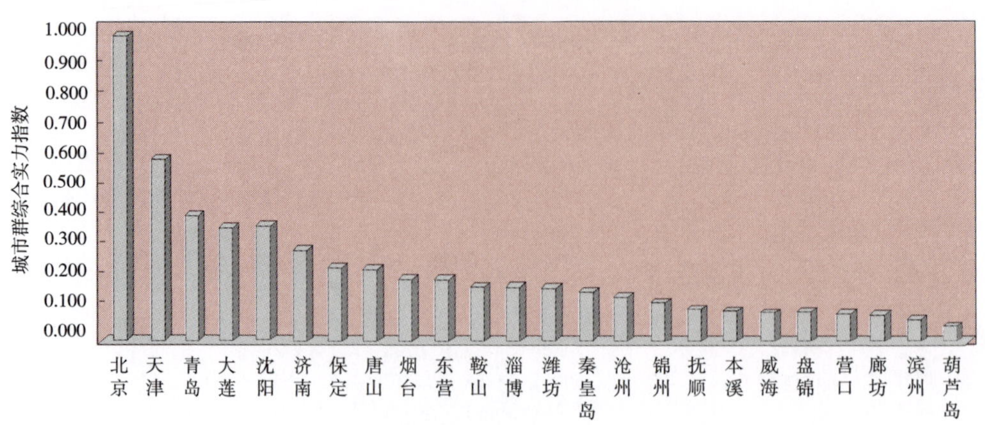

图 4.4　京津环渤海城市群综合实力排序

第五章　中国三大组团式城市群的战略定位

面对从点状拉动到组团式发展的新一轮战略机遇，三大组团式城市群的战略定位必须遵循：以“发展红利”作为未来经济增长的新动力源，以组团式的强势整合作为未来20年跨越式发展的核心载体，以新思路、新体制、新机制、新方式的“四新”原则为指引，坚持以多中心扩展的特色集聚作为组团式城市群发展的新思路，以行政、生态、经济区划的区域一体化解决方案作为组团式城市群发展的新体制，以土地资源向土地资本的转变、民间储蓄向民间资本的转变、人力资源向人力资本的转变、农民身份向股民身份的转变作为组团式城市群发展的新机制，以特区经济的辐射放大作为组团式城市群发展的新方式，全面构筑中国三大组团式城市群。同时，必须打造以交通网络、信息网络、管道网络、金融网络和人才网络为核心的基础平台，以产业结构优化、产业链布局重组、产业集群规模提升为核心的发展平台，以区域利益均衡和凸显发展红利为核心的制度平台。进而逐步凸显以知识创新为战略取向的京津环渤海组团式城市群、以技术创新为战略取向的长江三角洲组团式城市群、以产业创新为战略取向的珠江三角洲组团式城市群。

今后中国必须坚持发展三大具有世界竞争力的组团式大城市集群，打造中国城市化建设中的主力与经济增长能力的“航母”。国家三大组团式城市群必然是大、中、小城市“结构有序、功能互补、整体优化、共建共享”的城市体系，以寻求资源利用的空间最大“整合交集”为根本出发点，让发展红利得到充分涌流。

组团式城市群发展模式的战略突破

1. 必须避免城市摊大饼式的单极化扩张
2. 形成以大城市为中心的区域镶嵌体系
3. 建立以地缘经济为基础的城市战略联盟
4. 以产业链为核心的城市等级系列集合
5. 实现效率最大化的城市结构逻辑充填
6. 充分协调自然—社会—经济的时空耦合
7. 生产发展生活富裕生态优良文明典范

用组团式城市群代替单一城市扩张：经济上可以取得互补效应；社会上可加速消除二元结构；生态上可缓解城市的热岛效应；文化上便于多样性的充分交融；系统上形成等级有序的效率体系。

三大组团式城市群的发展红利估算：珠江三角洲约提升GDP1.8个百分点，相当于2100亿元人民币的固定资产投资。长江三角洲约提升GDP2.2个百分点，相当于2900亿元人民币的固定资产投资。京津环渤海约提升GDP1.3个百分点，相当于1400亿元人民币的固定资产投资。三大组团式城市群发育成熟后，所获取的发展红利约为6400亿元人民币(2001年不变价)。

三大组团式城市群的发展战略目标：

珠江三角洲由现在占全国GDP的10%提升到2010年的15%和2020年的20%

长江三角洲由现在占全国GDP的18%提升到2010年的22%和2020年的30%

京津环渤海由现在占全国GDP的8%提升到2010年的10%和2020年的15%

到2020年，三大组团式城市群集聚财富的能力占全国的份额达到65%(约26万亿人民币，占国家总财富的2/3)，真正成为中国发展的主力军与制高点。

一　三大组团式城市群战略定位的总体轮廓

1.点状拉动到组团式发展的战略机遇

中国改革开放以来前20年，经济发展的整体态势呈现出以点状拉动的经济增长方式为主导特征。以4个经济特区、14个沿海开放城市、49个国家级经济技术开发区和53个国家级高技术开发区为代表，努力发挥点状拉动的带动作用，在对外开放、吸引外资、改革试点、促进区域经济增长和实现可持续发展等方面，起到了窗口、辐射和示范作用，成为当时我国国民经济的增长点和区域经济与产业结构调整和产业结构调整的生力军，对推动国家经济整体快速发展奠定了重要基础。

随着国家改革步伐的进一步深入，新时期下的新形势，为中国经济发展带来了前所未有的机遇与挑战。

世界银行认为：国家的GDP达到1万亿美元是一个标志性台阶，意味着财富积累能力将步入一个新的航道。与国际已有的经历相对照：美国的GDP总量在达到1万亿美元(10100亿美元)以后，头10年的GDP总量达到2.7万亿美元(27080亿美元)；日本的GDP总量在达到了1万亿美元(10480亿美元)以后，头10年的GDP总量达到2.4万亿美元(24251亿美元)；中国的GDP总量在2000年达到了1万亿美元(按汇率计算)，依照国家计划在其后的10年(即2010年)预计翻一番将达到2万亿美元。

为什么美国在达到1万亿美元台阶后，用了10年的时间使得GDP增长了1.7万亿美元，日本增长了1.4万亿美元，中国分别比他们少增长0.7万亿与0.4万亿美元，原因是多方面的。但是注意到美国当时的城市化率达到87%，美国GDP的主要贡献出自大纽约区、大芝加哥区(五大湖区)和大洛杉矶区,这三大组团式城市群对美国经济的整体贡献率达到67%;日本的城市化率超过64%,GDP主要产出于大东京区、坂神区、名古屋区,这三大组团式城市群对日本经济的整体贡献率超过70%;而中国在2000年的城市化率仅为36%,真正意义上的组团式城市群尚未形成,珠江三角洲的GDP目前约占全国的12%、长江三角洲约占全国的18%、京津唐环渤海湾地区约占全国的8%,这三大组团式城市群对中国经济的整体贡献率仅达38%。

美国、日本、中国的对比显示:我国经济增长的制高点和主力军尚未形成,发展红利的巨大潜力远未释放,组团式发展的强力拉动有待开掘,空间整合的优化能力亟需提升。这就是为什么美国和日本三大城市群的集聚能力和GDP贡献率达到整个国家的三分之二以上,而中国三大城市群对全国GDP的贡献率只有三分之一强。

表5.1 中国三大城市群的基本数据

	土地面积(万平方公里)	人口规模(百万)	对全国GDP贡献率(%)
珠江三角洲	4.5	21	12
长江三角洲	9.0	70	18
京津环渤海	7.0	40	8
总　　计	20.5	131	38

(美国三大城市群GDP贡献率67%,
日本三大城市群GDP贡献率70%,
汉城一个城市的GDP贡献率24%,
伦敦一个城市的GDP贡献率18%,
巴黎一个城市的GDP贡献率16%)

由此可以更深一层地认识城市化程度的不同所导致的社会财富集聚能力的差异。因此,在21世纪的头20年要实现全面建设小康社会的奋斗目标,加快推进社会主义的现代化进程,加快中国组团式城市群建设步伐是发挥城市中心作用、提高经济效率、降低发展成本、挖掘发展红利的必由之路,也是消除中国城乡二元结构、实现社会公平的必由之路。

2001年诺贝尔经济学奖获得者之一的斯蒂格列茨认为新世纪对于中国有三大挑战,居于首位的就是中国的城市化,他提出"中国的城市化将是区域经济增长的火车头,并产生最重要的经济利益",这种认识是符合实际的。联合国环境规划署署长进一步撰文指出:"城市的成功就是国家的成功"。

纵观我国城市化50年演替的历史轨迹,未来20年中国城市化进程的方向、重点、格局、成效,将对中国新一轮经济增长的动力,产生战略性的作用。中国经济发展形态将从原先的"点状拉动"逐步向各个大城市群的"带状组合"、"面状组合"和"体状组合"(组团式拉动)实施战略转型,特别是向珠江三角洲、长江三角洲、京津环渤海这三个大城市群进行集聚。可以预期,三大组团式城市群会在不久的将来健康成长为具有世界影响力的经济大空间。

未来20年是中国社会经济发展的重要战略机遇时期,大力推进中国的城市化,重点培育三大组团式城市群,在全国经济发展中继续发挥带头作用,既是全面建设小康社会、实现现代化的历史重任,又是有效解除中国经济社会约束"瓶颈",保障中国经济社会快速、持续和协调发展的重大战略举措。加快实现国家经济发展方式从点状拉动到组团式发展的重大转变，打造中国新一轮经济增长的战略平台，将是未来20年中国经济改革必然面临的历史选择。

2. “发展红利”：未来经济增长的新动力源

城市化发展的规律表明，当一国的城市化率超过30%以后，城市化发展速度将进入加速状态，显现出城市与区域发展一体化的趋势。我国城市化演替50年的历史，未来20年中国城市化进程将对中国现代化进程乃至全球发展产生深刻影响。根据预测，到2020年，我国的城市化率将达到50%左右，我国城市化进入全面加速期，在推进城市繁荣的同时，通过城市的发展带动区域的联动，实现城市与区域的一体化，已成为我国经济发展的新的特征和趋势。

未来20年中国经济增长的战略平台，必须注入全新的动力源。十分明显，十一届三中全会以来中国经济的飞速发展，主要得益于“改革红利”的支撑，从农村改革、对外开放、建立特区、生产关系调整、社会主义市场经济培育一直到全面的制度创新，给经济的快速成长注入了强劲的动力。这种动力在未来全面建设小康社会的伟大实践中，仍然是带根本性的依托。同时，中国新一轮经济增长的动力源已经具备了从“发展红利”(Development Dividend)中索取的成熟条件。所谓的发展红利是指“区域整合之后所带来的发展潜力与整合之前的现状能力之差”。必须通过整合区域规模、优化生产力要素、合理布局产业链、有效降低发展成本、充分实现大中小城市功能互补、切实保障基础设施共建共享、加快推进区域经济一体化，从而实现区域优化、规模提升、结构重组和跨越式发展。

研究表明，发展红利呈现非线性增长的趋势。地理范围线性扩大的同时，它所创造的“发展红利”呈现非线性增长；发展实力增大时，区域发展成本呈现非线性降低：

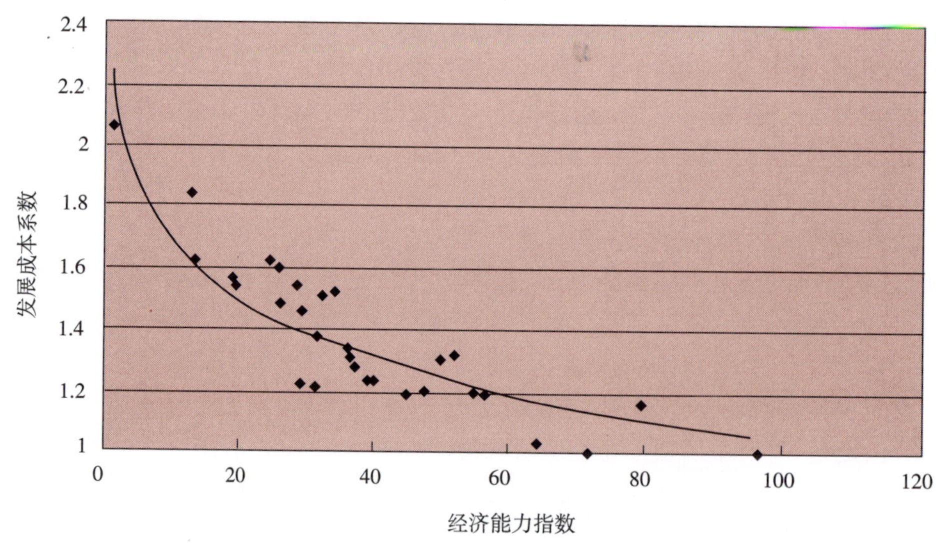

图5.1　城市发展成本与经济实力的相关分析

事实证明，当经济主体从一个低级平台向一个高级平台整合时，生产力要素的组合趋好，专业化分工趋强，发展成本趋低，发展红利的获取将呈非线性增长。例如从地级向省级规模整合时，发展红利在原有基础上平均提高10倍；但从省级规模向跨省规模整合时，发展红利在原有基础上平均提高100倍。以上规律告诉我们人类长期以来一直追求经济全球化的格局，其最高理想就是为了获取最大的发展红利。

我们曾对中国三大组团式城市群的发展红利进行了初步估算：

珠江三角洲约提升GDP1.8个百分点，相当于2100亿元的固定资产投资。

长江三角洲约提升GDP2.2个百分点，相当于2900亿元的固定资产投资。

京津环渤海约提升GDP1.3个百分点，相当于1400亿元的固定资产投资。

到2020年当中国三大组团式城市群发育成熟后，所获取的发展红利约为6400亿元（按2001年标准计算）。

上述定量表征表明经济结构的调整不仅要着眼于产业结构调整，更应关注更高级的具有台阶式结构提升的区域空间调整，从而获取尽可能大的“发展红利”。部署和培育中国的三大城市群，就是为了获取发展红利这个新型动力源，并以此作为达到全面实现小康社会目标的重大战略举措。

今后中国必须坚持发展三大具有世界竞争力的组团式大城市集群，打造中国城市化建设中的主力与经济增长能力的“航母”。国家三大组团式城市群必然是大、中、小城市“结构有序、功能互补、整体优化、共建共享”的城市体系，以寻求资源利用空间最大“整合交集”为根本出发点，让发展红利得到充分涌流。

3. 组团式城市群：未来20年中国实现全面小康目标的核心载体

纵观全球城市化演进历程，城市模式的进化大体经历了如下四个主要阶段：点状表征的零维城市化模式，强调传统城市中心的集聚性；线状表征的一维城市化模式，强调城市带的通达性和运转周期的加速；面状表征的二维城市化模式，强调城市群的结构性；体状表征的三维城市化模式，强调组团式城市群的网络性。城市发展模式向组团式城市群的战略突破，表现在：

水平尺度上追求地理区域的放大、生产力要素重整、产业链布局优化；

垂直尺度上追求完善城市系统等级、突出功能互补、提高运行效率、减低发展成本。从而避免城市“摊大饼”式的单极化扩张，形成了以大城市为中心、大中小城市协调发展的区域镶嵌体系，形成了以地缘经济为基础的城市战略联盟和以产业链为核心的城市等级系列集合，实现区域发展效率最大化的城市结构逻辑充填，充分协调自然—社会—经济的时空耦合，形成生产发展、生活富裕、生态优良的现代化城市体系。

在继续实施西部大开发战略、振兴东北地区老工业基地的同时，推进三大组团式城市群的长足发展，是保持东部地区改革开放和经济快速发展良好势头的必然要求。在新世纪新阶段，“适应新形势，站在新起点，实现新跨越，再攀新高峰”，加快建设三大组团式城市群，率先基本实现现代化，为全国现代化建设提供更加强大的物质技术基础，壮大国家实力；加速增加国家财政收入，有效支持中西部和东北地区等老工业基地发展；进而推进全国改革开放和发展，积累新经验，发挥示范作用。着眼于提高国际竞争力，加快产业结构优化升级；坚持以信息化带动工业化，走新型工业化道路；以发展现代服务业为重点，大力发展第三产业。着眼于发挥中心城市的辐射带动作用，进一步完善综合服务功能；积极探索三大组团式城市群之间的优势互补、强强联合、协同发展的新路子。着眼于发展外向型经济，进一步扩大对外开放，抓住有利时机，积极合理地利用外资，继续在制度创新和扩大开放等方面走在全国的前列。着眼于促进经济社会协调发展，加快城市建设和管理创新，加强环境保护和治理，走可持续发展之路，切实改善人居环境，提高人民生活质量，加强社会主义精神文明建设和民主法制建设。着眼于增强持续创新能力，大力实施科教兴国战略和人才强国战略。以此为基础，进一步加快东部地区发展并率先实现全面小康和现代化，支持东北地区等老工业基地加快调整、改造，推动西部大开发战略的深入实施，促进中国腹地加快发展，彰显东部的示范作用和对西部、东北部的支援作用，实现"西部加速，东北攻坚，东部提升，东西互动，拉动中部"的新时期国家发展战略。

4. 组团式城市群的新思路、新体制、新机制和新方式

构建组团式城市群，必须拓展新思路、构建新体制、培育新机制、创造新方式，走出新型工业化道路的新路子。

新思路：多中心、大中小城市相协调的组团式发展

城市是先进生产力的集聚中心；城市是解决三农问题的根本出路；城市是实现社会公平的最终归宿。城市化的数量和质量在国家现代化建设中具有十分重要的地位。城市体系的整合和组团式结构的形成，是汲取发展红利的最有效途径。因此，城市化中的制高点表达就是组团式拉动的城市群。

在世界经济一体化网络中，城市职能的国际化与专业化已经成为中国城市走向世界，主动纳入世界城市体系的前提。因此，发掘自身的优势与潜力，认识自身的不足，找准自己的城市功能定位，积极参与世界城市分工，向国际化、专业化与专门化方向发展是今后我国城市发展的主流。中国三大组团式城市群的打造必须结合国家未来城市发展规划的远景目标，依据各自所具备的物质经济条件、社会发展现状和历史沿革特征，从点状拉动向多中心扩展的组团式发展转型。

新体制：行政、生态、经济区划的三位一体

组团式城市群的体制构建，可以考虑"欧盟"的组织架构，解决组团式城市群在省际间的经济约束框架与利益制衡原则。为建立以三大城市群为代表的组团式经济发展模式，真正从发展红利中获取经济增长的巨大动力，可以考虑欧洲联盟的政经架构方式，在三大城市群实行独特的制度创新和特别的经济政策，进而实现行政区划、生态区划和经济区划的三位一体，以利于社会经济容量的迅速提升，并进一步使之成为未来 20 年中中国新一轮财富充分涌流的载体。

为建立以三大城市群为代表的组团式经济发展模式，必须将这三大城市群的发展，提高到国家的战略高度，从政策上给这些城市足够大的发展空间。必须着力培育和优化三大城市群的发展环境、生产要素、科技创新、经济效益和管理体制五项核心竞争力，使之成为政府重点扶持、经济快速发展、资本高度密集、高新技术主导、释放巨大潜力、区位优势明显、基础设施先进、支撑体系健全、对外高度开放、投资环境优越的新一轮中国经济增长的战略平台。努力通过深化改革和制度创新，率先建立比较完善的社会主义市场经济体制。

新机制：四项根本性的机制转变

组团式城市群的机制上可以利用"利益补偿"和"违规监控"机制克服地方保护主义，运作上可以进行区域整合下产业链布局的顶层设计和要素重组规划，政策上可以实施行政管理与经济管理相对分离的特别处置。

切实完成四项根本性的机制转变：1）重点实现土地资源向土地资本的转变；2）重点实现民间储蓄向民间资本的转变；3）重点实现人力资源向人力资本的转变；4）重点实现农民身份向股民身份的转变。

三大组团式城市群的打造必须依据各自所具备的物质经济条件、社会发展现状和历史沿革特征，从点状拉动向依托中心城市的组团式发展转型，充分发挥大城市群的规模效应和集聚作用，以大、中、小城市的等级有序、产业分工和合作互补为组团式结构的核心，以快速流畅的交通网络为区域发展轴线，按经济水平、产业布局和城市化水平，将地域空间划分为人口、经济、资本、消费和公共服务设施依次递变和有序推进的发展圈层，根据现状城市布局及未来城市空间扩展的趋势，重点完善组团内部功能和实施全新的产业链设计，进一步强化组团式的空间等级化、发展一体化，达到结构有序、功能互补、区域效益最大化的发展模式。

新方式：特区经济优势在新时期的有效放大

充分发挥特区经济的内外辐射枢纽和新经济增长点的龙头地位，放大和提高前20年经济特区的贡献规模和强劲活力，"增创新优势，走出新路子，实现新发展，办出新特色"。

通过加强技术创新体系建设，提高技术创新能力；充分利用现有基础，发挥比较优势，推进产业结构优化升级，提升高新技术产业和先进制造业的档次和水平，加快发展现代服务业；进一步扩大开放，拓展空间，在更大范围、更宽领域和更高层次上参与国际经济技术合作和竞争，充分利用两个市场、两种资源，以开放促改革、促发展。为构筑中国新一轮经济增长的制高点和火车头，加速实现全面小康社会的宏伟蓝图做出新的里程碑式的贡献。

二　突出产业创新：珠江三角洲组团式城市群的战略取向

最近公布的《中国区域创新能力》认为，在十项综合指标当中，珠三角的企业创新能力、大中型企业研发投入、产业国际创新能力这三项重要指标，位居全国之首。这说明，珠三角的科技市场化水平已经走在了全国的前列，高新技术产业已经初具规模，成为经济增长的强大推动力。

15年前，曾经以"三来一补"闻名的珠江三角洲地区开始涉足高新技术产业，尽管技术层次不高，产品档次很低，但毕竟逐步提升。

15年后，珠江三角洲地区已经发展成国内目前规模最大、发展速度最快、产品出口所占比重最高的高新技术产业基地。统计资料表明，"九五"以来，珠三角的高新技术产值年均增长32%，大大高于同期工业增长速度。2002年，珠三角高新技术产值达4360亿元，甚至高于一些西部省份全年的GDP，而高新技术产品的出口额达309亿美元，竟占了全国的50%，连续几年位居第一。今天的珠江三角洲，已不再仅仅是"三来一补"的加工基地，以电子信息、新材料、生物医药和光机电一体化四大高新技术为首的产品产值高达4000多亿元，成为华南乃至全国最重要的高科技产业基地；广州的汽车、深圳和惠州的通讯、东莞的电脑配件、佛山的家电、江门的摩托车和肇庆的电子元器件等等，在全国甚至全世界市场都享有声誉。在国际IT界，普遍承认"只要东莞一塞车，全世界电脑市场都感冒"，因为这里的电脑主板、磁头、驱动器的产量，占了全球的75%以上。

注释专栏 5.1

国家建设部、广东省政府召开珠江三角洲城市群规划工作会议

2003 年 3 月 28 日上午，建设部、广东省政府在广州联合召开珠江三角洲城市群规划工作会议，部署开展珠江三角洲城市群协调发展调研的有关工作。建设部部长汪光焘、广东省省长黄华华出席会议并作了重要讲话。会议由广东省副省长许德立主持，建设部副部长仇保兴等也出席了会议。

应广东省邀请，建设部部长汪光焘率国内外知名规划专家一行 24 人于 3 月 27 日下午抵粤，对珠江三角洲城市群协调发展进行调研，并指导广东省开展《珠江三角洲城市群规划》修编工作，寻求城镇密集型地区协调发展的有效机制和途径。

会上，汪光焘部长对改革开放以来广东省特别是珠江三角洲在推进工业化和城镇化等方面为全国各地所起的带动作用给予高度的评价。他说，在新形势下，珠江三角洲健康、持续地推进城镇化进程必将对全国全面建设小康社会产生新的带动作用，因此，建设部和广东省政府合作开展此项调研是一项具有战略意义的工作。

汪光焘部长结合十六大精神，强调推进城镇化是一次重大的社会、经济结构转型。他说，开展珠江三角洲城市群协调发展调研要从更好地发挥珠江三角洲龙头作用、促进全省区域协调发展的大局出发，把握好以下几方面的关系：一是必须走新型工业化的道路，有利于经济结构调整，有利于缩小城乡差别和地区差别，促进区域协调发展和城乡共同富裕；二是必须贯彻可持续发展战略，要合理开发和节约使用各种自然资源，切实保护人文资源，努力实现城市建设与经济发展和人口、资源、环境相协调；三是必须统筹城乡建设，充分发挥城乡规划综合调控作用，形成完善的城镇体系，使大中小城市和小城镇协调发展，有利于促进农业人口向非农产业和城镇转移；四是必须以人为本，要从更广大人民的根本利益出发，加强基础设施和环境建设，改善人居环境。他要求，开展此项调研必须把制定科学合理的规划作为首要的任务来抓，要适应城镇化发展和市场经济条件下城市竞争的要求，强化规划的权威性、科学性、可操作性和适应性。他指出，建设部希望通过这次调研，一方面推动珠江三角洲社会经济发展实现新的飞跃，进而促进广东省经济社会的可持续发展和高品质人居环境的建设；另一方面，将调研成果提炼上升到政策理论层面，发挥对全国其他地区的指导示范作用。

黄华华省长代表省委、省政府对汪光焘部长一行表示热烈欢迎，对建设部和专家们的大力支持和帮助表示衷心感谢。他说，广东省委、省政府对这

次调研活动十分重视，广东省委书记张德江同志多次指示开展珠江三角洲城市调研工作，意义十分重大，要求切实做好准备和配合工作。开展此次调研，一定能够为广东从更高层次和更深入地探索珠江三角洲城市群协调发展提供及时和具体的帮助和指导，必将对广东省全面建设小康社会和现代化建设起到很好的促进作用。他要求各有关的市和省直属部门竭尽全力配合建设部完成好此次调研工作。

会上，黄华华省长介绍了广东近年来的经济社会发展和城镇化建设的情况。他说，广东省经济社会发展中一个明显的特点，就是不同区域呈现梯度发展的态势。其中珠江三角洲地区的城镇化水平约为72.7%，高出全省平均水平17个百分点，是广东省城镇化水平最高的地区，已初步形成了连片的城市群，人口和产业高度聚集，辐射能力强劲。珠江三角洲能否持续健康发展将直接关系到广东省能否率先基本实现现代化目标，对全国的现代化建设也将产生重大影响。城镇化水平是推动经济社会发展的决定性因素之一，加快城镇化进程，已成为广东省经济社会进一步发展和现代化建设的必然要求。我们要发扬敢为天下先的精神，与时俱进，开拓创新，探索有广东特色的城镇化道路，特别是要在城镇化发展政策、城乡规划管理体制、区域协调发展机制、城市建设体制、小城镇建设体制等五个方面大胆创新。

黄华华省长指出，在广东省的城镇化进程中也存在一些突出问题，影响珠江三角洲城镇化的进一步推进。珠江三角洲在新世纪新阶段要更好地发展，发挥龙头作用，必须加快推进城镇化进程，从而促进全省区域协调发展。要达到这个目的，必须有两个重要条件：一要有一个长远的战略性规划，统筹发展；二要有一个健全的区域协调合作机制，保障实施。我们希望加强珠江三角洲城市群各城镇之间、城乡之间以及珠江三角洲与周边地区之间的资源、设施与空间整合，达到内部优化、外向拓展的目的，形成区域一体化的发展格局。

黄华华省长强调，促进珠江三角洲地区的城镇化协调发展，需要重点解决五方面的问题：一是推动产业的整合和升级，加强地域分工；二是完善城镇体系，优化城乡空间结构；三是推动区域基础设施网络化发展，实现共享；四是加强生态建设，改善城乡环境；五是建立和完善区域内的协调合作机制。

会上，仇保兴副部长和许德立副省长就开展珠江三角洲城市群协调发展调研工作做了具体部署。据悉，汪光焘部长一行将对广州、深圳、珠海、佛山、东莞、中山等市进行为期4天的实地考察，期间，中央政治局委员、广东省委书记张德江同志还将亲自与汪光焘部长及建设部专家就珠江三角洲城市群协调发展的问题交换意见，黄华华省长和许德立副省长将参加调研工作。预计整体调研工作计划于9月份完成，调研成果除调研总报告及人居环境、社会经济、小城镇发展、基础设施建设、区域发展调控管理等5个专题研究报告外，还包括提出关于珠江三角洲城市群协调发展的政策建议，并修编完成《珠江三角洲城市群规划》。

出席会议的还有：建设部有关司局，中国城市规划设计院等科研、规划设计单位的有关学者、专家，省直有关部门负责同志，珠江三角洲各地级以上市政府分管市长、规划建设部门负责同志等。

资料来源：《中国建设报》，2003年3月28日。

珠三角具有以下五大优势：将使高新技术迎来跨越式发展。

区位优势：珠三角毗邻港澳台，紧接东南亚，改革开放以来，粤港澳以及台湾地区之间的经济合作相当成功，借助港澳台的资金和信息优势，发展高新技术产业，构建粤港澳高科技发展区域和协作平台大有可为。

外向带动优势：外向型经济是珠三角的一大特色，珠三角的招商引资无论从量还是质上都在全国拥有相当优势，目前，越来越多的国际大公司入驻珠三角，这为珠三角经济与国际接轨和在技术上追赶国际先进水平，形成自主产权的品牌创造了良好条件。

产业带优势：这里主导产业突出，簇群经济明显，产业带内创新资源相对密集，有6个国家级和3个省级高新技术开发区，还有2个国家级软件基地，3个国家级高新技术产品出口基地和12个国家“863”成果转换基地。

基础科技优势：珠三角全省有62所高校，69家省级以上科研机构和84个省级以上重点实验室，6个国家级大学科技园，以及一系列对发展高新技术产业的扶持政策和措施，基础设施也堪称国内一流。

市场环境优势：珠三角有较好的市场运行机制，国营、民营、“三资”以及其他种类的经济成分，均适应并积极参与高新技术产品开发和产业化，形成发展高新技术产业的合力，以此为基础，珠三角城市群的高新技术产业必将迎来跨越式的发展。

为使珠江三角洲经济达到更高水平，尽快进入亚洲发达地区的先进行列，并实现可持续发展，未来15年珠江三角洲的国内生产总值将以每年10%左右的速度持续增长，到2010年实现人均国内生产总值4万元。

继续抓紧基础设施，建设一批跨世纪工程，如广州新国际机场，伶仃洋跨海工程，广珠铁路，一批高速公路，广州港出海航道，西江出海航道，深圳盐田港，广州新沙港，珠海港建设工程，区域天然气网络工程，广州、深圳等城市供水工程，台山电厂，珠海电厂，大亚湾天然气电厂、第二核电站等。

改造、提高现有的家电、电子、轻纺、医药等支柱工业，适当发展重化工业，大力培植高新技术产业，形成汽车、石化、钢铁等新的支柱工业。建设好广州、深圳、中山、佛山、惠州、珠海6个国家级高新技术产业开发区，形成电子信息、生物技术、新材料、光机电一体化四大高新技术产业。切实加强耕地保护，加大农业投入，建设一批商品粮基地；大力发展“三高”农业，使农业商品经济达到更高水平。

通过技术创新推动，力争形成聚集效应。在制造业信息化、农业信息化、中药现代化和环保科技四大科技工程中建设四类技术创新平台。

以制造业信息化为中心，打造技术创新设计平台和集成制造平台。按照新经济模式，成立了制造业信息化生产力促进中心，整合资源，增强为企业技术服务功能，并推动企业积极参与信息化工程，进而建立制造业信息化行业服务体系，从而极大提高企业竞争力。

以中药和环保行业为中心，打造先进适用技术应用平台。加快推广一批先进适用共性技术，由过去支持一个企业、一个项目转到面上技术推广。根据企业需求和专家论证，筛选出先进适用技术，并在生产上得到应用，提高产品质量和企业竞争能力。通过一批技术示范工程，使技术得到推广和辐射，带动整个中药行业的现代化发展。通过先进适用技术的推广应用，使环保科研优势转化为产业优势，形成环保产业园和环保成套设备加工基地，培育出具有国际竞争力的环保产业，并进入国际市场。

以农业信息化为中心，打造农业新技术转化平台。形成综合服务平台和特色网站建设，使该工程在农业新技术的推广、实现农产品的网上流通和交易中发挥重要作用。在农业新技术推广与转化上，重点围绕肉制品加工及综合利用、乳制品加工、果品加工、蔬菜加工、发酵酿造品及生物技术产品、特种经济作物加工六个领域发展，形成六个龙头带动型的优势产业；围绕优先支持十项自主知识产权的高新技术，实现农产品深加工企业技术的全面提升；通过技术不断创新，使一批科技型农业加工龙头企业，成为我国南方农产品加工产业基地，形成新的经济增长点。

巩固产业创新，使高科技品牌推动国际竞争力。通过大项目投产和龙头企业腾飞，带动一大批相关企业发展；促进整个地区产业结构的优化升级并带动区域经济跨越式发展。高新技术异军突起，大大提高了珠三角的国际竞争力，尤其是在产品方面，珠三角出口额长期位居全国之首绝非偶然，它清楚地显示出高新技术给企业带来了强大的市场竞争力。

资料显示：2002 年，珠三角全省投入研究开发的经费达 155 亿元，大中型企业从事研发的人员超过 10 万，占全省全部研发人员的 53%；全省高新产品 3602 个，其中企业自主开发的占 64.5%。这表明，珠三角的企业已经成为技术创新的主力军。目前，珠三角全省已经组建了 181 家国家级和省级工程技术研发中心，这批工程中心所依托的企业总产值占全省工业总产值的 20%以上，成为珠三角新型创新体系的核心。此外，珠三角无论是专利申请量还是授权量，都已经连续 8 年全国居首，发明专利也跃居全国第三。同时，像惠州 TCL、德赛、深圳华为、中兴通信、佛山科龙、美的、广州金鹏、南方高科、肇庆风华等著名高科技企业，已经依靠自主品牌走出国门，形成了很强的国际竞争力，并直接带动了珠三角的外贸出口。

高新区使“二次创业”国际化步伐明显加快。截至 2002 年，珠三角全省共有 13 个国家和省级高新区，工业总产值超过 2400 亿元。除此之外，各种地市级高新区或开发区不胜枚举。一言以蔽之：各级高新区，已经成为珠三角发展高新技术产业中最耀眼的亮点，成为新一轮招商引资的重要基地，同时也是加快珠三角高新技术产业国际化步伐的主力军。

改革开放近 25 年，在珠三角，大规模的全民招商逐渐退潮，考虑到可持续发展等方方面面的因素，人们对引进项目有了更多的选择性，其中对高科技项目的引进，成就了各级高新区“二次创业”的契机：广州“一区五园”以软件、生物、光机电为重点，各具特色，六大高新园区功能互补的发展格局相当完善；深圳正在规划建设的 100 多平方公里的高新技术产业带潜力巨大，引人瞩目；珠海、中山等市的高新区招商引资效果非常显著，显示了强劲的发展势头；佛山、东莞、肇庆、湛江也都在着手调整扩大建区面积，准备高起点腾飞；此外，珠三角新批准了河源、阳江、揭阳、梅州、清远五个市建立省级高新技术开发区。

目前，珠三角的各级高新区均处于高速发展扩张的阶段，尤其在促进珠三角产业走国际化道路方面，更是一马当先、举足轻重：有700多家企业在境外60多个国家和地区设立了研发机构，有1200多家高新技术企业通过ISO9000系列标准质量体系认证或FDA、UL国际质量认证，成为珠三角开拓国际市场，参与国际竞争的“先头部队”。

三　突出技术创新：长江三角洲组团式城市群的战略取向

跨越式发展是未来20年我国高新技术产业发展的主线。在世界经济增长放缓的情况下，我国经济发展“一枝独秀”的重要原因之一就是近几年我国高新技术产业跨越式的发展。

我国高新技术产业工业总产值“九五”期间，平均以每年20%以上的速度增长，比同期的工业产值增长高出11个百分点。2000年，高技术工业总产值已达1.91万亿，高技术产品出口占工业制成品出口总额的比重达到14.9%，在过去5年，平均每年增长速度达到38%左右，高新技术产业已名副其实地成为我国经济发展的火车头。

技术创新即科技成果的商业化和产业化，是科技成果变成商品并在市场上得以销售实现其价值，从而获得经济效益的过程和行为。技术创新理论作为一种新的发展观，既不单纯强调经济，也不单纯强调科技的作用，而是强调技术变革的经济意义，把科技和经济融于一体，在科技与经济一体化的发展中研究问题。

表5.2　长江三角洲的经济特征及其在全国的地位(1995年)

地　区	人口(万人)	土地面积(平方公里)	人口密度(人/平方公里)	GDP(亿元)	中央财政收入(亿元)	人均GDP(元)	经济密度GDP(万元/平方公里)
上海	1301.37	6341	2052	2462.57	475.16	18923	3883.6
江苏沿江	3843.79	48304	796	3967.79	144.00	10323	821.0
浙东北	2226.16	44965	496	2404.55	90.12	10801	536.0
长江三角洲合计	7371.32	99610	740	8834.91	709.28	11986	888.0
全国总数	121121.00	9600000	126	57277.00	3256.62	4729	59.7
长江三角洲占全国(%)	6.09	1.04	587	15.42	21.78	253.5	1487

技术创新是走新型工业化道路的关键与核心。长三角的新型工业化道路，包含了四个层次的技术创新内容：

以技术创新为推动力，用高新技术特别是信息技术改造传统产业。充分发挥技术改造的作用，在技术装备改造、工艺改进提高、产品水平提高和降低成本上下功夫。重点通过高新技术特别是信息技术对传统产业渗透、嫁接，不断提高企业的生产、技术、管理水平和开发新产品的能力，CAD(计算机辅助设计)/CAM(计算机辅助制造)在传统产业的广泛应用，大大提高传统产品的技术水平。同时大力推进企业信息化进程，利用现代信息技术实施传统企业财务、采购、生产、营销等各个流程的信息化管理等。

通过技术创新着力抓住电子信息技术的产业化进程。优先发展电子信息产业，先进发达的信息产业是走新型工业化道路的保证和重要内容。在通信设备、计算机系统设备、系统软件和应用软件、新型电子元件和光电子器件等电子信息产业发展的关键技术方面实施技术创新，研究开发出具有国际先进技术水平和自主知识产权的产品，大力推进这些产品的产业化进程，为新型工业化道路的信息化提供优良装备与服务。从而推动产业结构的战略性调整，推动社会产业结构的优化升级。

大力促进装备工业技术创新，提升工业技术装备水平。装备工业是为工业化和信息化提供技术装备和服务的产业，担负着装备国民经济各部门的重任，是国民经济的脊梁，是关系国家、民族长远利益的战略性产业。装备工业技术水平高低将直接影响到国家工业化资源消耗、环境污染程度的高低，进而在很大程度上影响我国新型工业化成果的好坏。通过装备工业技术创新，不断淘汰旧的生产工艺、落后的产品，改造旧的生产设备，提高企业的生产技术水平，是实现新型工业化道路的重要保证。

大力推进民营企业技术创新，充分发挥人力资源优势。民营企业是我国经济体制改革和科技体制改革中涌现出的新生事物，是潜在企业家投身市场经济，实现科技向现实生产力转化的一个创举。它在创业与探索中历经坎坷，形成了以市场为导向、以产品为龙头的企业创新模式。

依靠技术创新，加速长三角新型工业化进程的战略措施，必须坚持大力推进企业特别是传统企业信息化为特征的技术创新，大力推进信息技术在企业中的推广、应用，寻求以企业信息化为特征的技术创新，使信息化与工业化融为一体，以提高长三角经济的整体素质和竞争力，这是以工业化培育和推进信息化，以信息化带动和促进工业化的关键所在。

事实证明，信息技术同传统产业的结合，仍然是当今经济增长的主力。产业信息化从发展进程看，可分为三个层面和发展水平的不同阶段：第一，是利用计算机技术，实现对产品生产过程的自动控制；第二，是利用计算机系统实现企业内部管理的系统化；第三，是利用互联网开展电子商务，这是企业信息化的最终目标。根据长三角地实际，我们认为把第一、第二阶段作为信息化的重点，同时创造条件积极、稳妥地开展电子商务，循序渐进，更有利于长三角产业信息化的发展。

注释专栏 5.2

长三角地区经济发展呈现三大特点

长江三角洲是中国走向世界的重要窗口。长江三角洲区域是世界六大都市带之一，是我国最发达的地区之一，它的发展对我国经济的发展起着举足轻重的作用。

2003 年 1 季度，长江三角洲地区 15 城市把发展作为第一要务。经济取得快速发展，呈现出三大特点：

主要指标增速高于全国平均水平

长三角 1 季度主要经济指标增速都高于全国平均水平。

1.国内生产总值。1季度全国国内生产总值(GDP)增速达到9.9%，而长江三角洲地区15城市中增速最快的苏州，达到18.4%，最低的上海，为11.8%，分别高出全国平均水平8.5和1.9个百分点。

2.工业增加值。长三角大部分城市处于工业化阶段，从13个市(缺杭州、绍兴)规模以上工业增加值增幅看，增速最快的舟山(51.7%)，最低的扬州(17.1%)，12个城市的增幅高于全国平均水平(17.2%)。

3.全社会固定资产投资。1季度全国固定资产投资高速增长，全社会固定资产投资，同比增长27.8%。而长三角地区14个城市(缺南通)全社会固定资产投资同比增长50.5%，高于全国平均水平22.7个百分比。

4.社会消费品零售总额。今年1季度全国社会消费品零售总额同比增长9.2%。而长三角同比增长12.4%，增幅高于全国平均水平3.2个百分比。

5.出口。1季度全国实现出口同比增长33.5%，长三角地区出口同比增长38.0%，增幅高于全国平均水平4.5个百分点。

6.到位注册外资。今年我国外商直接投资1季度实际到位金额同比增长56.7%，而长三角地区到位注册外资增幅高达71.9%，高于全国平均水平15.2个百分点。

7.城镇居民人均可支配收入。城乡居民收入继续增加。1季度全国城镇居民人均可支配收入同比增长8.4%，长三角15个城市中增幅最高的是嘉兴，达到21.5%，最低的是南京，同比增长仅0.4%。有70%城市的增幅超过全国平均水平。

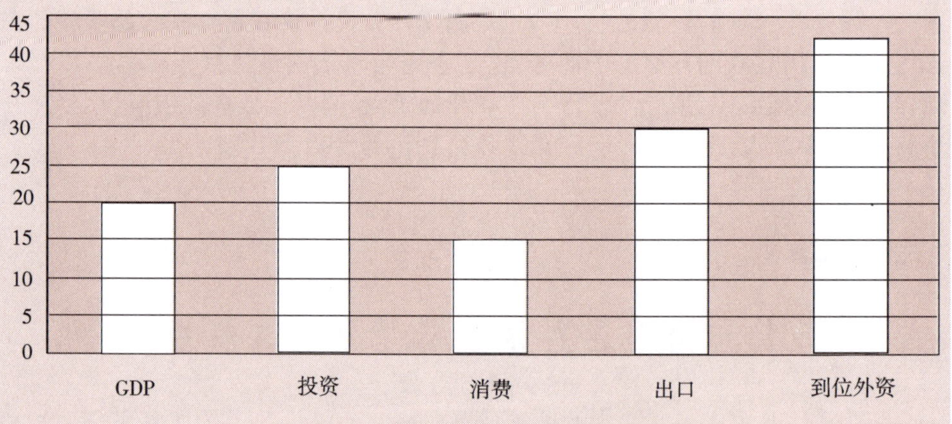

长三角主要指标占全国的比重(%)

主要指标对全国贡献份额进一步增大

长三角地区土地面积10万多平方公里，占全国的1%，却贡献了五分之一多的GDP。2003年1季度，长三角地区经济持续健康快速发展，对全国的贡献份额进一步增大。

1.国内生产总值。1季度长三角实现国内生产总值4762.69亿元，占全国 GDP 的比重达到 20.3%，超过 1/5。

2. 全社会固定资产投资。1 季度长三角 14 个城市（缺南通）完成全社会固定资产投资 1527.98 亿元，而全国完成投资 6155 亿元，长三角占全国的比重达到 24.8%。

3. 社会消费品零售总额。1 季度长三角 15 个城市完成社会消费品零售总额 1738.54 亿元，从占全国的份额来看，1 季度全国实现社会消费品零售总额 11109 亿元，长三角占全国的比重达到 15.6%。

4. 出口。1 季度长三角 15 城市实现出口 260.80 亿美元，占全国的比重超过三成，为 30.2%。

5. 到位注册外资。1 季度实现长三角 15 个城市到位注册外资 55.31 亿元，占全国的比重为 42.3%。

经济发展瞬息万变 部分城市位次变动

从长三角 15 个城市 1 季度发展情况看，与 2002 年度相比一些城市在指标的排位上已经发生变化。

1. 国内生产总值。变化之一：无锡作为长三角一个重要城市，1 季度实现国内生产总值 418.61 亿元，超过杭州（399 亿元），列长三角第三位。变化之二：南通超过绍兴，列长三角第七位。

2. 投资。投资总量的位次变化较大，主要有：变化之一：无锡投资快速增长，由上年度的第六位上升至第三位。变化之二：绍兴投资 1 季度超过 100 亿元，位次提升到第六位。变化之三：杭州位次由上年度的第三位，下降到第七位。

3. 社会消费品零售总额。变化主要表现为苏州超过宁波，列长三角第四位。

4. 出口。变化之一：宁波出口超过杭州，列长三角第三位。2002 年度杭州出口比宁波多 3.25 亿美元，今年 1 季度宁波出口 24.04 亿美元，比杭州多 2.39 亿美元。变化之二：泰州超越舟山，列长三角第 14 位。

5. 到位注册外资。变化主要反映在苏州到位注册外资增势强劲，1 季度实现 15.97 亿美元。超过上海（14.49 亿美元），列第一位。

6. 城镇居民人均可支配收入。相对其他指标来说。城镇居民人均可支配收入变化较大，变化之一：浙江 4 个城市超过上海列长三角前 4 位。它们是：绍兴（4544 元）、杭州（4101 元）、宁波（4092 元）、舟山（4027 元）；上海以 3932 元列第 5。变化之二：南通（2764 元）、镇江（2746 元）超过南京（2589 元），无锡（3420 元）略低于常州（3443 元）。

资料来源：吴亚燕、杨晋超，《经济日报》，2003 年 6 月 23 日。

除上述问题外，长江三角洲还面临着来自海内外的竞争，国内主要是面对环渤海与珠江三角洲的快速发展；海外除了欧美经济发达国家所具有的资金、市场、技术对我国形成竞争优势外，在亚洲日本和“四小龙”及其之后的泰国、马来西亚、印度尼西亚、菲律宾等国家和地区，占据更有利的海上要冲，构成中国的外环，这些国家和地区既是经济合作的近邻，也是中国在国际竞争中的对手。

就经济中心的等级而言，上海是我国最大的经济中心，上海与南京又是长江沿江的四大中心城市之一(另两市为武汉、重庆)，杭州、宁波也属于有相当吸引与辐射能力的区域经济中心。

长江三角洲城市群以上海为中心，沪宁杭形成网络体系，因此沪宁杭之间也是长江三角洲的核心部分。上海市以建成国际经济、金融、贸易中心之一为目标，正向国际化大都市迈进。上海、南京和杭州三大中心城市都处于经济发展和城市建设阶段，需要大量的资金，因此目前又主要处于经济的集聚阶段，集聚大于辐射，即使上海也不例外。三大中心城市虽然经过近年的发展都有了较强的经济实力，但与国际城市相比仍显得十分薄弱。如上海人均国内生产总值在区内最高，接近2300美元，但与东京、伦敦、纽约等相比相差7～10倍以上，与香港相差5倍多。正因如此，在长江流域各省市本地以外的投资中香港占第一位，来自长江三角洲地区的投资极少，这表明还要有相当的过程，才能发挥经济上的辐射效应。但目前通过浦东的开发开放以及长江三角洲的发展，上述三大中心城市在信息、技术、旅游、劳务市场、建材工业等方面的带动作用，对于本区域进入国际市场，参与国际分工的作用已相当明显。

注释专栏5.3

二〇〇三年八月长江三角洲市长峰会

2003年8月15日，长江三角洲经济协调会(市长峰会)在南京市召开。来自长三角的16位市长(加上新加入长三角的台州市市长)与近200位企业家共商长江三角洲经济协调和产业联动的发展问题。一个跨省区的大上海区正在形成，即将构成全球第六大城市群。

2003年头6个月，长江三角洲所包括的16个城市的国民生产总值(GDP)，平均增速高出全国平均水平6.5个百分点，对全国GDP的贡献率超出五分之一，达到20.7%。全社会固定资产投资高出全国平均水平16.3个百分点，占据全国总量的份额达到23.5%，将近四分之一。社会消费品零售总额的增加幅度高于全国平均水平2.9个百分点，占据全国的比重达到15.5%。整个出口增幅高出全国平均水平13.6个百分点，对于全国的贡献率接近三分之一，为31.5%。注册外国投资的到位增幅高出全国平均水平26.4个百分点，占全国的比重超出了三分之一，达到40.8%。城镇居民人均可支配收入平均增长幅度高出全国平均水平2.7个百分点。

这个大城市群的国土面积约10万平方公里，只有全国总面积的1.0%，人口超过8000万，人口密度在800人/平方公里以上，是未来我国新一轮财富增长的第一战略平台。

资料来源:《科技日报》，2003年8月16日。

四 突出知识创新:京津环渤海组团式城市群的战略取向

拓展组团式城市群规模的同时,要全面提升区域内城市的服务功能,在加快城市经济发展的同时必须着眼于培育城市群核心竞争力。

在扩大城市和城市群规模的同时,要全面提升区域内城市的服务功能。京津环渤海组团式城市群的优势,主要包括现有产业基础、区域核心地位、科技人员和技术工人数量、较完善的密集城市群、较健全的铁路公路网、历史文化资源丰富;京津环渤海组团式城市群的劣势,主要包括制度创新滞后、失业、退休职工负担重、旧的企业生产模式、城市间产业结构趋同、环境污染、水资源短缺、缺少大型海港和航空港;京津环渤海组团式城市群的机遇,主要包括国际制造业研发中心转移、国家老工业基地复兴计划、国家知识创新体系工程建设、环渤海经济圈的兴起、京津唐的2008奥运经济效应的全面启动等。

加快城市经济发展的同时必须着眼于培育城市核心竞争力,要审视我们现在的竞争是不是符合未来的需求。核心竞争力充分反映城市群生产力发展的水平、生产要素的集聚能力、社会全面进步的动力和可持续发展能力,它还包含生态的各个要素,把综合竞争力所包含的诸如城市的经济、政治、文化、道德、精神文明、信息、价值观、知识体系的作用力归纳、抽象到诸如人才这样的主要子系统中。具有核心竞争力的组团式城市群才能和产生区域经济一体化效应。

因此,必须以京津等中心城市的功能提升为工作要点,通过优化京津环渤海组团式城市群硬环境的重大基础设施先导型发展,以吸引人才和发展房地产业的城市生态和人居环境建设作为重点,以提升城市产业服务功能的资本市场和信息网络升级为中心,增强京津环渤海组团式城市群整体竞争力的互惠互利的区域协调机制建设,以争夺东北亚产业转移基地和亚太地区高智研发中心的城市群核心功能定位;加快实行以政府为主导力量的决定性的城市发展制度创新。

本区辽东半岛曾是我国第一个比较成熟的大经济区。它既有农、林、牧、渔在全国均占重要地位的农业基础,更有以钢铁、机械、石油、化工为主导的工业体系,是我国重要的农业基地和重工业基地。这是区内产业经济的历史积累,更是今后发展的产业基础。经过几十年传统计划经济形成的产业基础,在改革开放转向市场经济的大趋向中,东北各省区工业增长的速度明显缓慢,与我国东南沿海各省市区相比,工业总产值的位次排序明显后移。主要原因是:大型、重型、资源型产业结构转换的迟滞性,技术、设备的陈旧老化,乡镇企业发展缓慢,煤、电、运、水等基础设施不足,信息不畅,文化技术基础薄弱,保守的传统计划经济意识强等。

对于区域内的东北等老工业基地,复兴大规模制造业基地的同时要强调推广大规模定制;扶持几大企业集团的同时要注意培养一大批小企业集群;争夺若干产业制高点的同时要实施三大制度的培养;加快城市经济发展的同时必须着眼于培育城市群核心竞争力;扩大城市和城市群规模的同时,全面提升区域内城市的服务功能。

东三省和渤海湾的接口,是京津环渤海组团式城市群的薄弱环节。即东三省城市群的城市化水平高,人口密度大,工业基础好,但历史负担重,经济结构调整偏慢,在整个沿海城市带的发展过程中相对滞后。必须以现阶段生产力发展以及城市化发展程度为基础，考虑全国三大城市带的均衡发展，抓住全球化产业大转移的重大机遇，实现老工业基地的全面复兴。

扭转本区内东北老工业基地的区域发展困境，主要应是实行区域主导产业带动战略。第一、第二产业，都应在充分发挥区位优势的作用、资源丰富多样的潜力、改革开放的大好国内国际环境的机遇条件下，以国内外市场为导向，实现从以生产原料、原料粗加工半成品的资源开发型产业向资源深加工、生产高精尖产品的资源深加工型产业转变。

资源性产业升级，不能过于强调发挥区位优势、强调重工业弱化、轻工业强化并大力发展第三产业，忽视区域资源潜力。必须以铁矿、石油资源的开采、加工为基础的重化工基地为前提，探索在市场经济条件下区域产业化、产业区域化的优化模式。以东北区资源潜力的合理开发为基础，实行产业带动战略，面向国际国内大市场，优化、转换与提高产业结构，促进省区间横向经济联合与协作，加强煤、电、运输、水源等基础设施建设，调整经济发展的战略方向，发挥交通发达、重化工业体系完整、土地和能源丰富的优势，加快老工业基地改造，搞好东北亚地区开放开发，综合开发农业资源，发展深加工，形成全国重要的绿色化工基地和生态农业基地。

注释专栏 5.4

加速京津特别经济带的产业联动
构建中国北方环渤海地区的龙头

牛文元

2003 年 8 月 22 日 北京

“沿海地区率先实现小康、东北老工业基地再现辉煌、继续实施西部地区大开发”，已经构成了我国未来 20 年全面实现小康社会目标的三大战略支柱。其中以京津为中心的环渤海地区组团式城市群的崛起，正在成为今后国内外关注的新热点，被认为是北部中国又一次腾飞的新起点和加速点。在“发展要有新思路、改革要有新体制、运行要有新机制、操作要有新方式”的思想指导下，中国三大组团式城市群作为新一轮财富集聚的战略平台，已经日益显露出在中国现代化进程中的主力军作用。

一、改革开放的前 20 年，中国发展的整体形态呈点状拉动的发展。依靠深圳等 5 个特区，沿海 14 个开放城市，40 余个国家经济开发和 50 多个高新技术开发区，加上浦东、中关村等国家级的技术中心和研发中心等。发挥了点状突破的带动作用，起到了窗口、辐射和示范作用，成为国民经济的增长极和生力军，为新形势下全国的进一步发展奠定了坚实基础。为了构筑新一轮经济增长的战略平台，并在战略高度上实施新的突破，即由前 20 年的“点状拉动”向今后20年的“组团式发展”演进。这种历史的必然既是世界上一些发达国家成功升级的基本事实，也是我国改革开放前期经济特区经验的有效放大，同时也是未来20年中国经济增长的新布局和新思维。一组数据表明：美国三大城市群（大纽约区、五大湖区和大洛杉矶区）的GDP产值，占全美国GDP总量的67%，日本三大城市群（大东京区、大坂神户区和大名古屋区）的GDP对于日本全国GDP总量的贡献率达到69%，大伦敦区的GDP占全英GDP总量的21%，大巴黎区GDP占全法GDP总量的18%，汉城区占整个韩国GDP总量的26%，而中国三大城市群，珠三角的GDP占全国GDP总量的10%，长三角GDP占全国GDP总量的18%，京津环渤海地区GDP只占全国GDP总量的7%，三者之和总共达到38%，其贡献率的比重显著较低。所谓的组团式发展，对于北京天津两个大都市而言，主要表现为"京津联动、双重整合、海陆并进、三维发展"从而形成"一带、两极、五中心"（京津特别经济带、北京和天津双子星增长极、形成全球的现代制造中心、现代商贸中心、现代航运中心、国际政治中心、现代文化中心）的中国财富增长的第三载体。"京津联动"以北京和天津为一个"哑铃"式的两大增长极，充分发挥二者的优势互补，组建起拉动环渤海地区经济的火车头。目前，北京和天津两市已占全国GDP份额的4.5%，依照区域经济学原理，只有当两大核心的经济贡献率超过全国的10%时，作为双子星座的增长极模型其集聚度和专业分工程度，可以达到成熟的阶段，将对地区现代化水平的整体提升，起到举足轻重的作用。所谓"双重整合"，是指既要关注企业生产力要素的整合，更要关注产业链生产力要素的高级配置和区域资源的整合，在更高的层面上提升京津的整体实力。所谓"海陆并进"，是指充分发挥京津的区位优势和地缘经济优势，进一步增大对内对外的开放度，所谓"三维发展"，既是强调点的发展（如中心城市）、线的发展（交通干线和海岸线）和面的发展（带动整个区域的进步），也是强调地区内劳动密集、资本密集和技术密集的综合。由此构建"一带"从北京至天津快速连接的30分钟特别经济带、构建两极分别以北京为中心的经济组团和以天津为中心的经济组团，同时实现五大中心：即面向全国、面向亚洲、面向世界，形成全球的现代制造中心、现代商贸中心、现代航运中心、国际政治中心、现代文化中心。

依照"发展红利"理论计算，当京津完成由点状拉动向组团式发展的转变后，由于区域整合规模的提高，产业链布局的优化和发展成本的下降，相当于每年拉动京津地区GDP增长1.6～2.1个百分点，换算成固定资产投资可以额外获得1200亿～1500亿元人民币的投资额度。

二、大胆创新体制，为京津地区的实质性合作，尤其是高新技术区的实质性合作，重新进行制度设计，我们所讲的"一带两极五中心"组团式发展在实施进程中，不同于过去的各自发展，不同于过去的松散联盟，也不同于过去一般的区域协作，而是在更高层次上规范和优化区域生产力的内涵，以形成如当年深圳经济特区那样，具有更高发展潜力的和放大了的特别经济体。这个特别经济体可以考虑借鉴目前欧盟架构的经济管理体制，在不打破原行政区划和不干预各城市行政管理的前提下，在专门赋权的发展经济专责委员会的直接督导下，充分行使区域经济发展的六大功能，即进行组团式城市群规划、整体产业链设计、生产力要素高层配置、特别经济体的经贸协调、经济体内利益再分配补偿机制和区域生态环境的统一建设。

三、组团式经济体的成功就是新一轮财富集聚升级的成功

世界银行认为，国家的GDP达到1万亿美元是一个标志性台阶，意味着财富积累能力将步入一个新的航道。与国际已有的经历相对照，美国的GDP总量在达到1万亿美元（10100亿美元）以后，头10年的GDP总量达到2.7万亿美元（27080亿美元）；日本的GDP总量在达到1万亿美元（10480亿美元）以后，头10年的GDP总量达到2.4万亿美元（24251亿美元）；中国的GDP总量在2000年达到1万亿美元（按汇率计算），依照国家计划在其后的10年（即2010年）预计翻一番将达到2万亿美元。

为什么美国在达到1万亿美元台阶后，用了10年的时间使得GDP增长了1.7万亿美元，日本增长了1.4万亿美元，中国分别比他们少增长0.7万亿与0.4万亿美元，原因是多方面的。但是注意到美国当时的城市化率达到87%，日本的城市化率超过64%，而中国在2000年的城市化率仅为36%时，也许可以更深一层地认识到城市化率的不同所导致的社会财富集聚能力的差异。因此，加快京津的组团式城市群建设步伐是发挥城市中心作用、提高经济效率、降低发展成本、挖掘发展红利的必由之路，也是消除城乡二元结构、实现社会公平的必由之路，2001年诺贝尔经济学奖获得者之一的斯蒂格列茨认为，新世纪对于中国有三大挑战，居于首位的就是中国的城市化，他提出“中国城市化将是区域经济增长的火车头，并产生最重要的经济利益”，这种认识是符合实际的。联合国环境规划署署长撰文进一步指出“城市的成功就是国家的成功”。

京津地区的城市化水平高出全国平均约15个百分点，经济密度和均质化均具有相当的水平，努力建造京津经济体的组团式城市群，是带动北方地区整体快速发展的一项重要举措。为建立以京津经济体为代表的组团式经济发展模式，真正从发展红利中获得经济增长的巨大动力，必须切实完成四项根本性的转变：

(1)在组团式城市群内重点实现土地资源向土地资本的转变；(2)在京津特别经济体内重点实现民间储蓄向民间资本的转变；(3)重点实现人力资源向人力资本的转变；(4)重点实现农民身份向股民身份的转变。同时，必须着力提高和优化京津经济带的发展环境、生产要素、科技创新、经济效益和管理体制等五项核心竞争力，使之成为政府重点导向、经济快速发展、资本高度密集、基础设施先进的全球竞争能力，释放出发展红利的巨大潜力，对外高度开放与投资环境优越的新一轮经济增长的战略平台。

四、针对京津特别经济体建设的三点建议：

1.以顶层设计为标志，进一步提升京津特别经济体组团式发展的新型

增长平台规划，制定一个更高水准的区域产业链布局和世界水平的信息产业、生物工程产业、纳米材料产业等三大产业的发展蓝图。

2. 建议申请京津战略互动的特别经济带国家试点、放大和提高前20年深圳、珠海、浦东等的成功经验，并积累和探索新形势下的中国高新技术产业发展的新道路。

3. 建议采用欧洲联盟的组织架构，在不干预京津行政职能的前提下，组成以共同经济利益和市场规则为中心的仲裁委员会，执行由中央政府和两地政府共同赋予的六大任务。

第六章　中国三大组团式城市群的战略目标

组团式城市群以区域空间作为发展基底，既包括了集聚财富能力很强的城市，也包括了处于比较低下水平的乡村。依照国际上的一般估计，在一个组团式城市群内，城乡在地理空间面积之比约为 1∶50；在财富能力的比重上约为 50∶1；在人口数量的比例上发达国家为 85∶15，发展中国家为50∶50。这样很明显地组团式城市群包括了两类经济水平、两类社会结构、两类生活水平和两类生态质量。在全面发展的整体考虑中，如何实现二元经济和二元社会的融合，最终达到区域经济一体化，是组团式城市群建设的目标之一。

世界经验证明，实施组团式城市群的培育和建设，是有效克服传统式城市产生城市病的基本途径：第一，组团式城市群从结构上去认识，是单一城市本身的“全息放大”，即在原先单一城市中的道路拥挤、环境恶化等，由于空间密度的过分占用和容量超出临界承载能力所引发的，如果将其空间作出等量放大和有效扩张承载力，则传统发展所引的城市病就会得以从根本上发生了好转，而组团式城市群可以理解为对原先单极城市的有效减压；第二，如果城市空间被放大了，虽然密度容量的限制被解消了，但是将会出现另外一个问题就是距离加大、线路加长，将会出现速度的限制，必须用相应的快速通道和相应的网络系统，连接城市群之间的各种交流，将组团式城市群之间的大、中、小城市作为节点，将城市之间的区域作为基底，形成一种主体式的网络系统，加快流通的速度，主要是以下五大流动即：

物质流：各类产品、资源 、水等的流通；

能量流：有关的电能、管道运输的天然气等的流通；

信息流：以因特网为支撑的各类信息与数据的交流；

人才流：各类人才资源在不同等级城市间的重组和交流；

货币流：以金融和资本的流动作为标志。

以上五大流动的全面提速，弥补了由于城市群内部距离加大和线路加长所带来的不利；第三，组团式城市群的建成，从根本上改善了由于原来单极城市中人口密度过高，人均绿地偏少，有序居住程度较差的不利条件，在产业结构和生活质量上都处于不利的状况这一局面。

中国三大组团式城市群总体目标

珠江三角洲由现在占全国 GDP 的 10%提升到 2010 年的 15%和 2020 年的 20%

长江三角洲由现在占全国 GDP 的 18%提升到 2010 年的 22%和 2020 年的 30%

京津环渤海由现在占全国 GDP 的 8%提升到 2010 年的 10%和 2020 年的 15%

到 2020 年，三大城市群集聚财富的能力占全国的份额达到 65%（约 26 万亿人民币，占国家 GDP 总量的 2/3 左右），真正成为中国发展的主力军与制高点。

一　组团式城市群战略目标的四大功能

1. 组团式城市群可以获取新一轮的“发展红利”

“发展红利”(Development Dividend)是指由于空间结构、网络结构、人才结构的趋优调整，区域发展在等级、有序、互补、高效的整合中获取额外收益和潜在收益的总和。

发展红利的获取一般在两大方向上展开。其一，区域规模的扩大，实质上由于自然资本、人力资本、生产资本和社会资本在更高层次上的重整能力加强，因此发展红利呈非线性的增长。其二，垂直等级的协调，实质上是专业分工的加强和互补能力的增长。

因此在新的历史时期，组团式城市群在原有点状中心的基础上，实现区域经济一体化，扩大区域的规模，吸取更多的发展红利。其二，城市功能的互补，实质上由于大城市、中城市、小城市一直到区域整个基底的统一协调，可以从基础设施的共享、产业同构的克服、发展成本的下降，社会分工的合理，创造出新的发展红利。其三，运行速度的提升，经济的增长和财富的集聚明显地依靠物流、能流、信息流、资本流和人才流的运行加速。世界经验证明，流通周期每提高 1 倍，财富增长可以提高 1.2～1.3 倍。组团式城市群对于流通速度的提高有明显的促进作用。

总之，组团式城市群的培育与成熟，将尽可能多地获取发展红利，为整体发展奠定一个坚定的战略平台。

2. 组团式城市群将大大降低基础设施建设的成本

组团式城市群除开在空间上有较大的扩张外，一个十分明显的特点是强调大、中、小城市和小城镇的协调发展。区域经济一体化的基本特色表现在跳出区域本身去看待区域（包括各类城市和广大的地理基底）的发展和定位，在这个前提下去设计区域、提高竞争力和挖掘发展潜力。因此，为了最大限度地降低发展成本，基础设施的布置和建设就必须在“共建共享”的基础上进行整体的和统一的规划。在慎重进行区域“空间充填”的实质性设计当中，努力寻找具有点、线、联结网络的成本最小化。例如一个机场的建设和一个港口的发展，在实施组团式城市群之前，它们只是为了一个城市或一个狭小空间的需求，但是在组团式城市群中，这些“节点”加上联络节点之间的快速通道则是为了整体区域的共同需求。这种变化的结果，直接效益就是大大降低了基础设施的投资成本，而它们所发挥出的效益和服务的范围，则比非组团式城市在同等条件下，更加有效和更具整体竞争能力。

3. 组团式城市群是克服目前城市病的关键性举措

众所周知，一个城市的单极扩大和无限制的推延，即通常所谓的“摊大饼”式发展，势必产生各种类型的弊病，通称之谓城市病，主要表现在：交通日益拥堵、住房日益紧张、环境日益恶化、灾害日益增多、就业日益严重。这些综合性的城市问题，在世界发达国家的城市发展过程中，已经屡见不鲜，也是一直困扰着政府的主要问题之一。中国在50多年的城市发展历程中，已经越来越感到城市不断扩大增容所带来的上述问题，尤其是一些大城市如上海、北京、广州等，城市病的困扰越来越大。在这种严峻的形势面前，必须有较大的体制上与结构上的变革，才有可能对于城市病的产生根源和现有城市病的减轻，作出带根本性的解决。世界经验证明，实施组团式城市群的培育和建设，是有效克服城市病的基本途径：第一，组团式城市群从结构上去认识，是单一城市本身的“全息放大”，即在原先单一城市中的道路拥挤、环境恶化等，是由于空间密度的过分占用和容量超出临界承载能力所引发的，如果将其空间作出等量放大和有效扩张承载力，则城市病就会得以从根本上发生好转，而组团式城市群可以理解为对原先单极城市的有效减压；第二，如果城市空间被放大了，虽然密度容量的限制被解消了，但是将会出现另外一个问题就是距离加大、线路加长，将会出现速度的限制，必须用相应的快速通道和相应的网络系统，连接城市群之间的各种交流，将组团式城市群之间的大、中、小城市作为节点，将城市之间的区域作为基底，形成一种主体式的网络系统，加快流通的速度，主要为以下五大流动即：

物质流：各类产品、资源 、水等的流通；

能量流：有关的电能、管道运输的天然气等的流通；

信息流：以因特网为支撑的各类信息与数据的交流；

人才流：各类人才资源在不同等级城市间的重组和交流；

货币流：以金融和资本的流动作为标志。

以上五大流动的全面提速，弥补了由于城市群内部距离加大和线路加长所带来的不利；第三，组团式城市群的建成，从根本上改善了由于原来单极城市中人口密度过高，人均绿地偏少，有序居住程度较差的不利条件，在产业结构和生活质量上都处于不利的状况这一局面。组团式城市群可以有效地降低人口密度，如以下数据：

东京都市区人口密度：　13000人/平方公里

纽约市区人口密度：　8500人/平方公里

伦敦市区人口密度：　6300人/平方公里

巴黎市区人口密度：　8400人/平方公里

香港城区人口密度：　6100人/平方公里

上海浦西人口密度：　37000人/平方公里

北京市建成区人口密度：14000人/平方公里

广州市建成区人口密度：13000人/平方公里

城市中心人口密度过高，造成了生产和生活都相对紧张，如果设计为一个组团式城市群，人口密度则会相应地下降8～10倍，例如：

大东京区人口密度：　1600人/平方公里

大纽约区人口密度：　1300人/平方公里

大伦敦区人口密度：　1100人/平方公里

大巴黎区人口密度：　1200人/平方公里

珠江三角洲人口密度：　1500 人/平方公里(可吸纳 7000 万人口)

长江三角洲人口密度：　1400 人/平方公里(可吸纳 1.8 亿人口)

京津环渤海湾人口密度：1100 人/平方公里(可吸纳 1.2 亿人口)

的对比数据，可以看出虽然人口密度下降了，但吸纳人口的总量则有较大的提升。如中国的三大城市群总计可以吸纳人口总数达到近 4 亿人，是三大区现有人口总量的 2.3～2.5 倍。因此，美国《新闻周刊》最近一期以“超级城市群”为标题，强调指出：“未来世纪超级城市群的出现是不可避免的意料中事，它将突破许多传统认识中的误区，其发展质量和生活质量是比现有的城市格局要好，甚至比预期中的还要好”，“现在越来越明确的观点认为：相对集中的组团式城市群，其有序程度的生存与发展模式，肯定要比无休止的散乱扩展(单极放大)应当好得多”。

4. 组团式城市群是区域竞争力提高的动力源

区域竞争力是今后经济全球化的基本入场券，任何一个国家和地区的经济增长和财富积累，都以竞争力的强弱和高低作为衡量的基础。研究指出，区域的核心竞争力一般包括五项基本内容，这五项基本内容的整体实现，是组团式城市群发挥直接作用的载体。第一项核心竞争力表现为区域发展环境的优化，其中包括地理区位的影响力提升(如道路、港口、机场、信息节点等的建设，对应着该地区位的改善)，包括投资环境的良好，生态环境的改善，人与自然关系的协调等。第二项核心竞争力表现为生产要素高层配置的优化，其中包括发展成本的降低，产业链布局的合理，人力资本的优化配置等。第三项核心竞争力表现为科技创新能力的具备与升级，其中包括区域的创新能力，区域的学习能力，区域知识产权的自主掌握能力以及在国际同领域中的地位等。第四项核心竞争力表现为经济质量和经济效率的领先水平，其中包括每创造单位 GDP 所消耗的能源水平，每创造单位 GDP 所消耗的水资源，每创造单位 GDP 所消耗原材料，每创造单位 GDP 所释放出的环境污染物数量，以及每个劳动力所创造的财富数量。第五项核心竞争力表现为管理能力的水平，主要包括区域战略选择、区域顶层规划、经济发展决策，服务体系的完备以及市场预测能力的提高等。以上五大内容均可以在组团式城市群的培育中加以实现。可以看出，经过组团式城市群的建立，可以直接提升区位的优越性，同时可以在产业链布局和现代物流建设方面，取得极大的进展。因此，一个区域核心竞争力的培育通过组团式城市群是最佳的选择。

二　中国组团式城市群战略目标的背景

1. 中国三大城市群的劳动生产率偏低

依据世界劳工组织(ILO)2003 年 8 月 31 日最新报告，《劳工市场主要指针》的数据分析显示：

2002 年，美国劳动生产率居全球第一，60728 美元/劳动力，欧洲国家平均 43034 美元/劳动力(其中比利时居欧第一，为 54338 美元/劳动力)。

2002 年，美国劳工一年工时为 1825 小时/年远超过欧洲各国。其次，信息与通信技术的广泛应用，以及金融证券服务业的成长，是美居世界第一的根本原因。

2002年，亚洲地区的香港(地区)以47142美元/劳动力居亚洲榜首，在世界排名第六，平均每小时20.61美元/劳动力。

2002年，中国的劳动生产率为：

珠江三角洲10600美元/劳动力

长江三角洲9500美元/劳动力

京津环渤海湾6800美元/劳动力

三大城市群劳动生产率平均为8900美元/劳动力

基本结论是：

珠江三角洲的劳动生产率是美国平均的17.5%

珠江三角洲的劳动生产率是欧洲平均的24.6%

珠江三角洲的劳动生产率是香港平均的22.5%

长江三角洲的劳动生产率是美国平均的15.6%

长江三角洲的劳动生产率是欧洲平均的22.1%

长江三角洲的劳动生产率是香港平均的20.2%

京津环渤海湾的劳动生产率是美国平均的11.2%

京津环渤海湾的劳动生产率是欧洲平均的15.8%

京津环渤海湾的劳动生产率是香港平均的14.4%

中国三大城市群平均劳动生产率是美国平均的14.7%

中国三大城市群平均劳动生产率是欧洲平均的20.7%

中国三大城市群平均劳动生产率是香港平均的18.9%

美国劳动生产率平均为珠三角的5.73倍

美国劳动生产率平均为长三角的6.39倍

美国劳动生产率平均为京津环渤海湾的8.93倍

美国劳动生产率平均是中国三大城市群平均的6.82倍

欧洲劳动生产率平均为珠三角的4.06倍

欧洲劳动生产率平均为长三角的4.53倍

欧洲劳动生产率平均为京津环渤海湾的6.33倍

欧洲劳动生产率平均是中国三大城市群平均的4.84倍

香港劳动生产率平均为珠三角的4.45倍

香港劳动生产率平均为长三角的4.96倍

香港劳动生产率平均为京津环渤海湾的6.93倍

香港劳动生产率平均是中国三大城市群平均的5.30倍。

由此，在制定战略目标时，必须把人力资源集聚财富能力的提高，置于首要地位。

2. 中国三大城市群的经济贡献率偏低

依据世界银行2003年发布的计算结果(根据2001年的数据统计)，美国、日本与中国三大城市群的经济贡献率，有较大的差异。中国三大城市群对于国家GDP的贡献率明显偏低。

按城市群比较：

美国大纽约区的GDP，约占全美国GDP总量的24%，约为2.6万亿美元，是中国全国GDP总量的2.24倍。

美国大洛杉矶区的GDP，占全美国GDP总量的21%，约为2.1万亿美元，是中国全国GDP总量的1.81倍。

美国五大湖区的GDP，占全美国GDP总量的20%，约为2.0万亿美元，是中国全国GDP总量的1.72倍。

美国三大城市群的GDP总量达到6.7万亿，约占全美国GDP的67%。

日本大东京区的GDP，约占日本全国GDP的26%，达到1.08万亿美元，相当于中国全国GDP的总和。

日本大坂神户区的GDP，约占日本全国GDP的23%，达到0.95万亿美元，相当于中国全国GDP总量的0.82倍。

日本大名古屋区的GDP，约占日本全国GDP的20%，达到0.83万亿美元，相当于中国全国GDP总量的0.71倍。

日本三大城市群的GDP总量达到2.86亿美元，约占日本全国GDP总量的69%。

中国珠江三角洲城市群的GDP，约占中国全国GDP的10%，达到1.0万亿元人民币。

中国长江三角洲城市群的GDP，约占中国全国GDP的18%，达到1.9万亿元人民币。

中国京津环渤海湾城市群的GDP，约占中国全国GDP的9%，达到0.9万亿元人民币。

中国三大城市群的GDP总量达到3.8万亿元人民币，对于全国GDP总量的贡献率只为37%，比美国三大城市群GDP对全美国的贡献率低30个百分点，比日本三大城市群GDP对全日本的贡献率低32个百分点，作为经济发展载体的主力和制高点，中国三大城市群远未形成国家财富积聚的战略平台。

按国家首位城市比较：

美国纽约的GDP，占全美国的GDP总量的24%，约为2.6万亿美元，相当于上海GDP总量的44倍，相当于北京GDP总量的79倍，相当于广州GDP总量的87倍。

日本东京的GDP，占整个日本GDP总量的26%，达到1.1万亿美元，相当于上海GDP总量的20倍，相当于北京GDP总量的33倍，相当于广州GDP总量的37倍。

英国伦敦的GDP，占整个英国GDP总量的22%，达到3131亿美元，相当于上海GDP总量的5.5倍，相当于北京GDP总量的9.5倍，相当于广州GDP总量的10.5倍。

法国巴黎的GDP，占整个法国GDP总量的18%，达到2356亿美元，相当于上海

GDP总量的4.0倍，相当于北京GDP总量的7.2倍，相当于广州GDP总量的7.9倍。

韩国汉城的GDP，占整个韩国GDP总量的26%，达到1139亿美元，相当于上海GDP总量的1.9倍，相当于北京GDP总量的3.5倍，相当于广州GDP总量的3.8倍。

上海的GDP总量是美国纽约GDP总量的1/44

上海的GDP总量是日本东京GDP总量的1/20

上海的GDP总量是英国伦敦GDP总量的1/6

上海的GDP总量是法国巴黎GDP总量的1/4

上海的GDP是中国香港GDP总量的1/3

上海的GDP总量是韩国汉城GDP总量的1/2

中国其他大城市的GDP贡献率，亦有同样的情形：

广州的GDP占全国的1.8%

北京的GDP占全国的2.5%

上海的GDP占全国的4.6%

上海的GDP只是香港的1/4

上海的GDP只是东京的1/20

中国大城市规模偏小和集聚财富能力偏低的现象，已经到了必须认真考虑的时候了。

由此，在制定战略目标时，必须把组团式城市群对国家基础实力的贡献，提高到一个新的水平。

表6.1　世界城市及所在国家(地区)的综合经济实力(1997)

国家(地区)	GDP(10亿美元)	GDP排名	人均GDP(美元)	人均GDP排名	国际竞争力排名	世界城市
美国	7690.1	1	28740	6	1	纽约，迈阿密，洛杉矶，旧金山，西雅图，休斯敦，芝加哥，波士顿
日本	4772.3	2	37850	2	18	东京，大阪－神户
德国	2319.5	3	28260	7	14	法兰克福，慕尼黑，莱茵－鲁尔
法国	1526.0	4	26050	11	21	巴黎，里昂
英国	1220.2	5	20710	15	12	伦敦
意大利	1155.4	6	20120	17	30	米兰
巴西	773.4	8	4720	34	37	圣保罗
加拿大	583.9	9	19290	18	10	温哥华，多伦多，蒙特利尔
西班牙	570.1	10	14510	23	27	马德里，巴塞罗那
韩国	485.2	11	10550	25	35	汉城
荷兰	402.7	13	25820	12	4	阿姆斯特丹
澳大利亚	380.0	14	20540	16	15	悉尼
墨西哥	348.6	16	3680	42	34	墨西哥城
瑞士	313.5	17	44320	1	7	苏黎世
香港	164.4	26	25280	13	3	香港
新加坡	101.8	34	32940	4	2	新加坡

资料来源：《世界发展报告1998/1999》，《国际竞争力报告1997》。

表 6.2 北京经济发展水平与世界大城市的比较

城市名称	人均 GDP(美元)	北京为比较城市的百分比(%)
纽约	33744(1998)	9.1
伦敦	15762(1990)	19.5
东京	32350(1998)	9.5
巴黎	15023(1990)	20.4
柏林	22788(1999)	13.5
新加坡	29610(1999)	10.4
香港	23520(1999)	13.1
汉城	10697(1995)	28.7
北京	3060(2001)	100

注:括号中数字为统计资料的年度数字。

资料来源:《国际统计年鉴》,《世界大城市社会指标比较》,《北京统计年鉴》,《Ten Years of Unity in Berlin》。

3. 中国三大城市群的经济增长方式比较粗放

每创造 1 美元所消耗的能源(1993 年不变价)

美　国:16×10(6)焦

日　本:6×10(6) 焦

德　国:9×10(6) 焦

法　国:9×10(6) 焦

意大利:8×10(6) 焦

英　国:13×10(6)焦

加拿大:21×10(6)焦

以上 G—7 国家平均创造 1 美元消耗的能源为 11.7×10(6)焦。

中国的三大城市群平均每创造 1 美元消耗的能源是:69×10(6)焦,中国是 G—7 国家平均的 5.9 倍,是美国的 4.3 倍,是德国和法国的 7.7 倍,是日本的 11.5 倍。

资料来源:《世界资源报告》,(2000～2001)。

由此,在制定战略目标时,必须把组团式城市群的集约式生产方式提高到一个新的水平。

三　中国三大组团式城市群战略目标设计

1. 中国三大组团式城市群总体目标

珠江三角洲由现在占全国 GDP 的 10%提升到 2010 年的 15%和 2020 年的 20%

长江三角洲由现在占全国 GDP 的 18%提升到 2010 年的 22%和 2020 年的 30%

京津环渤海由现在占全国 GDP 的 8%提升到 2010 年的 10%和 2020 年的 15%

到 2020 年,三大城市群集聚财富的能力占全国的份额达到 65%(约 26 万亿元人民币,占国家总财富的 2/3 左右),真正成为中国发展的主力军与制高点。

2. 珠江三角洲城市群的战略目标设计

人口:现人口密度 976 人/平方公里,人口容量 3900 万人,可以发展到 1200 人/平方公里,人口未来容量 4800 万人。

GDP:2000 年 GDP 占全国份额 10%,达到 1000 亿美元(人均 3000 美元)。

2010 年,全国 GDP 达到 2 万亿美元。珠三角可达到全国 GDP 份额的 15%,达到 3000 亿美元(是 2000 年的 3 倍,人均 6500 美元/人)。

2020 年,全国 GDP 达到 4 万亿美元。珠三角可达到全国 GDP 份额的 20%,达到 8000 亿美元(是 2010 年的 2.7 倍,人均 12000 美元/人)。

3. 长江三角洲城市群的战略目标设计

人口:现人口密度 680 人/平方公里,人口容量 6800 万,可以发展到 1000 人/平方公里,人口未来容量 1 亿人。

GDP:2000 年 GDP 占全国份额 20%,即 2000 亿美元(全国当时为 1 万亿美元,人均 2800 美元)。

到 2010 年,全国 GDP 达到 2 万亿美元(翻一番)。长三角 GDP 达到全国份额的 25%,达到 5000 亿美元(是 2000 年的 2.5 倍,人均 6250 美元/人)。

到 2020 年,全国 GDP 再翻一番,达到 4 万亿美元。长三角 GDP 达到全国份额的 30%,达到 1.2 万亿美元(是 2010 年的 2.4 倍,人均 10000 美元/人)。

4. 京津环渤海城市群的战略目标设计

GDP:2000 年 GDP 占全国份额 8%,达到 800 亿美元(人均 2400 美元/人)。

2010 年,全国 GDP 达到 2 万亿美元。京津可达到全国 GDP 份额的 12%,达到 2400 亿美元(是 2000 年的 3.0 倍,人均 5000 美元/人)。

2020 年,全国 GDP4 万亿美元。京津可达到全国 GDP 份额的 15%,达到 6000 亿美元(是 2010 年的 2.6 倍,人均 9000 美元/人)。

四 中国三大组团式城市群的带动效应

依照国际通用标准,城市群空间带动能力分别为

低方案:1 : 10

中方案:1 : 15

高方案:1 : 20

低方案 1 : 10

珠三角为 4 万平方公里 →40 万平方公里

长三角为 10 万平方公里→100 万平方公里

京津唐为 7 万平方公里→70 万平方公里

总计为 210 万平方公里,占全国总面积的 21.9%

中方案 1 ∶ 15

珠三角为 4 万平方公里→60 万平方公里
长三角为 10 万平方公里→150 万平方公里
京津唐为 7 万平方公里→105 万平方公里
总计为 315 万平方公里，占全国总面积的 32.8%

高方案 1 ∶ 20

珠三角为 4 万平方公里→80 万平方公里
长三角为 10 万平方公里→200 万平方公里
京津唐为 7 万平方公里→140 万平方公里
总计为 420 万平方公里，占全国总面积的 43.7%

注释专栏 6.1

肩负着中华振兴的重任：长江三角洲经济圈

最新一期的《瞭望》周刊，刊登了题目为《长三角：不平的平台》的文章，从人才引进、软硬件建设等角度深刻分析了长江三角洲经济圈的发展前景与现状。

从中国经济高地起步，跻身世界经济中心，作为中国参与世界竞争最强大的经济选手，长江三角洲正迈向跨越式发展的第一步。

面对跨越式发展的重任，面对人们对长三角寄予的厚望，长三角做好准备了吗？

就长三角两省一市（江苏、浙江和上海）各自的经济发展表现而言，将之称为中国经济的三条龙并不为过。2002 年，陆地面积只有全国的 2.2%、人口数量只占全国 10.6% 的长三角地区，实现的国内生产总值占全国的 20%、出口占全国的 30%。与此同时，这里还是跨国公司投资首选之地。

但进入 21 世纪后，人们对长三角的期望，不单单是这两省一市各自的单兵突进，而是形成一种三龙共舞、协调推进的局面。

这对长三角区域经济一体化提出了很高的要求。人员、物资、信息、资金顺畅流动的平台还远远称不上平整，区域经济一体化进程任重道远。如何按照市场经济的运行规律，协调利益、调整标准、放宽权限、统一规则，边破边立，实行彻底的机制创新，建设良好的制度平台，变经济加法为乘法，是对地方政府的最大挑战。

建设这样的制度平台，也是推动整个中国市场一体化，推动整个中国经济管理体制转型所面临的迫切问题。

正因为如此，我们热切地关注长三角，关注其在区域经济合作中的一举一动，我们相信，这也就是在关注中国经济的未来。

扶正倾斜的平台

近一时期，长三角区域内一体化步伐明显提速。去年，无锡、上海两地公交公司率先推出一卡两刷；今年，浙江、江苏、上海两省一市高层领导频频互访，达成一体化共识；4月，三省市工商部门签订在投资准入、市场秩序、信用信息方面一体化框架；上海的金融机构开始大规模向苏、浙企业发放贷款……

然而，无论在人员流动、信息共享还是物流建设上，长三角地区还与理想状态有很大差距，需要从项目合作走向制度安排，对此，本刊从人流、物流、信息流几个方面作一梳理：

人才平台：打破禁锢促进流动

住在苏杭，工作在上海，这样的愿望，现在还只是一个梦想。

国家人事部副部长侯建良日前指出，长三角经济融合的关键是人才的融合，区域经济一体化必然要求人才开发一体化。对长三角地区各城市而言，这意味着统一人才与职业准入标准、剥离户籍制度上附加的行政功能、完善各种社会保障制度、搭建人员流动平台。

这样的体制突破也是长三角内各城市所愿意看到的。据统计，到2002年底，长三角地区每10万人中具有大学程度的为4493人，比全国平均水平多882人。但资源充足并不意味着资源平衡，上海市人事局有关负责人表示，“分割、本位的单个城市难以有效提供和开发其所需的高端、紧缺、急需或各自重点产业所需的人才，因此，区域内各城市人才资源开发的联动发展就成为大势所趋。”夏普办公设备有限公司董事长内山宏明则从企业的角度提出，有必要实现长三角人才市场一体化，在各地政府部门的互相协作下，制定相关政策，组织优秀人才分散到长三角各地。

令人欣慰的是，长三角内各城市已经积极着手解决人员流动的统一政策问题，在人才一体化方面已经开始了扎实而具有长远眼光的政策协调。

打破僵局——职业资格开始互认

拥有中高级口译资格证书是时下沪上求职的一块金字招牌。但拿着宁波或者南京、杭州颁发的资格证书去上海谋职，却不被上海认可，不得不在上海重复考试，这显然是人才自由流动的一道门槛。

7月9日，这样的僵局开始被打破。杭州、宁波、上海、南京、苏州、无锡6个城市率先展开了区域内证书互认、人才共育的合作。从此，人们可以选择在6地中任何一地参加外语口译岗位、现代物流管理等职业的培训和考试，所获得的资格证书将在这6个城市里畅通无阻。

这还只是第一步。今后，长三角地级以上城市都可以自愿加入这个职业资格互认体系。“在考试大纲、考试教材和师资水平等统一的情况下，我们相信经过统一的考核，学员能够达到大家共同要求的标准。标准的统一，不但提高了证书的含金量，而且标志着长三角人才开发一体化迈出了实质性的一步”。上海市人事局的负责人对这个项目寄予了很高的希望。

按照江、浙、沪的设计，这个一体化将扩展到六大领域，一是逐步统一人才市场在准入标准、设立程序、营运规则方面的规定，二是共同构建公平竞争的人才法制环境和人才生态环境，防止过度竞争和无序竞争，三是运用网络技术构建以人才信息系统为主干的人才征信系统，四是推进资格证书的互认与衔接，实现教育、培训、考试资源的互通、共享及在服务标准上的统一，五是共同探索公务员能力来建设框架，六是形成统一的公共人事服务体系。

阵阵暗涌——观念壁垒逐步冲破

今年1月份，浙江省杭州市学军中学举办了一个特别的数学讲座，特别之处在于讲课教师是来自杭州高级中学的特级教师许纪传。这是呼应杭州市教育局鼓励名师公开“走穴”、受聘其他学校的举动。

杭州市教育局有关负责人解释，此举意在最大限度地发挥优秀教师的示范作用，通过各校优势学科的取长补短，促进学校整体水平提高。

人才是社会共享的，这与传统的人员管理观念有很大的差别。在更多时候，人们习惯于单位要求“不得在外兼职”；习惯于未到规定年限跳槽就得支付一笔不菲的违约金；习惯于考虑户口、档案等种种现实因素。

这种计划经济体制下的人员管理方式显然是人才自由流动的绊脚石。上海市人事局负责人说，“共享是最重要的”。现在，三省已经基本不谈人才流动会加剧不发达地区人才流失的观点了，因为三省市的领导已经达成了人才一体化开发的共识，大家都在努力为长三角的人才开发作规划，为长三角成为人才高地制定统一的制度和政策。

劳动力自由流动是市场经济发展的一个最基本的要素。市场需要把作为生产要素的人才配置到最合理、最能创造价值、最有效率的地方。“有些单位、政府打着人才保护的旗号，卡住人才的流动，对整体上是有害的。人才应该由市场来配置，政府要做的是让人才流动更为有序，步入法制化的轨道”。上海市人事局负责人的观点一针见血。

适度松绑——户籍改革正在进行

目前，上海市人事局正在牵头，准备将人才一体化浅层次的项目性合作推向深层次制度性合作。因为阻碍人才自由流动的原因，还包括暂住证、入境证等一重重的手续，子女入托、入学等一道道的门槛，以及同工不能同酬，同工不能同保（养老、失业、医疗保险）的尴尬。

“目前我国人才资源市场配置机制还不成熟，计划经济体制下形成的户口、档案、住房、社会保障制度仍然是人才流动的羁绊”。长期从事人才流动管理工作的人事部人才流动司司长毕雪融道出了问题的症结。

在自己的国家里，选择到自己喜欢并能够生存的地方安家落户，是一个人最自然的要求，但我国的户籍管理制度阻碍了人才的流动。户籍背后附着的诸多行政管理职能，造成人们在劳动用工、住房、教育、社会福利等方面享有的权益存在较大差异。比如在绝大多数城市，报考公务员、应聘商场超市员工等，都要求持有本地户口，这意味着就业门槛升高。

上海市劳动保障局戴律国高级经济师总结道：“就因为我们以前禁锢得太厉害了，稍一放开，人就往外冲，所以才会形成汹涌的‘民工潮’和‘孔雀东南飞’的现象，这些情况会随着更为合理的人员流动政策而逐步好转。”

为此，长三角地区的江苏省开始尝试户籍制度进一步“变法”，宣布从今年5月1日起，取消农业户口、非农业户口、蓝印户口等户口性质，全面推行以居住地登记户口为基本形式的新型户籍管理制度，同时取消进城人口计划指标管理、取消申请迁入城市投靠亲属的条件限制、改革大中专院校学生户口迁移办法、下放户口审批权限等。只要有合法固定住所或稳定生活来源，就可以获准迁入县城、乡镇所在地。

困难重重——社会保障期待完善

尚未健全的社会保障制度越来越成为人才流动的束缚。比如，杭州的人才在南京得到了更好的发展机会，但他还不能怀揣身份证和社会保障号码说走就走。现实是，要么把户籍和社会保障一同迁走，否则看病都得回到杭州。

我国目前的社会保障制度是按照行政区划分割的，各省市之间互不衔接，社会保障制度并不随人一起走，人员一旦调离，各种保险随之中断。这不仅加大了人力资源流动带来的个人成本，同时也增加了整个社会的经济成本，从而削弱了人才流动的灵活性。

制约人才流动的关键不在于劳动，而在于社会保障。上海市率先探索出社会保障体系养老保险金“社会统筹与个人账户相结合”的模式，并在全国推广。参与了这个制度设计的戴律国高级经济师说，现在需要考虑的是，如果一个人从江苏到了上海，怎样把他的社会保险费接得上、衔接好。金融卡可以做到异地存取一卡通，社会保障账户为什么不行？

近日，继上海之后，南京市劳动和社会保障局表示，全市150万劳动者将于明年底领到劳动和社会保障卡，这张卡将记录一个人一生的职业变化情况、社会保险情况、培训录用情况等，堪称“第二身份证”，这是社会保障跨区域运行的物质基础。

“如果想比较成熟地解决问题，还必须从机制上入手，找出规律性的东西，比如外来人员的基本社会保障问题”。戴律国肯定了上海专为外来人员制定的综合保险办法，但他同时指出，这个综合保险也还存在隐忧，比如这个保险是由商业机构承担的，与上海市民的基本社会保险仍然存在差别，如果若干年后劳动者获得了上海户口，那么这里的缺口要如何处理等，都是要认真考虑的问题。“说到底，还是要下大力气研究人员流动的一体化的保险制度”。

就长三角地区的现状来说，紧缺人才、高级人才似乎并不存在这些问题，各城市纷纷拿出户口、住房等一整套的优惠措施吸引人才，甚至打出了“不求所在，但求所有”的人才柔性流动的旗帜。比如，上海的人事部门对存档于人才交流服务机构的外地人员，在经市人事局确认为需要人才后，不仅会解决户口，还会同时办齐“四证”，即医疗保险、养老保险、失业保险、住房公积金以及一个银行账户。

但对更多的普通人来说，这些后顾之忧一日不除，“户口不迁、编制不转、智力流动，来去自由”的局面就难以实现，“一池活水、一池好水”的景象就难于出现，毕竟，单个的例外只是一时一事，机制的更新才是一直一贯，才能得到相应的制度上和法律上的保障。

物流平台：消除体制性障碍

长三角内，在一个省免检的产品到了外省市还要再检，甚至在同一个省内，这个城市的免检商品进入其他城市还要再从上到下“跑一趟”。而在硬件上，一条公路修到另一个市的市界处成了断头路，过去也常常发生。

打破行政分割、协调各方利益、形成双赢共识、建设区域一体化基础设施与市场政策，将降低企业运营成本，激发区域经济活力。有专家总结长三角区域经济发展经验时指出，苏南在吸引外资方面之所以走在浙江前边，很重要的原因是沪宁高速公路建成通车时间早，产生了吸引外资的“先发效应”。这一点正在得到长三角内各个城市的认可，并推动了区域基础设施建设的一体化进程。

同时，物流顺畅还需制度保障。当前，长三角地区要在招商引资、土地批租、外贸出口、技术开发等方面形成统一法规。其形式可以采取区域公约的方式，开放共同市场，建立协调的基础设施网络，统一开发利用自然资源，建立协调与管理制度等，营造无特别差异的政策环境，并逐步使之成为超越行政管辖的区域性法规。

一体化交通体系形成共识

以往区域交通建设存在的主要问题在于投资主体不同，使得利益的协调较为困难。然而在最近一段时间，长三角城市圈对区域内基础设施建设采取更为积极、合作的态度，物流平台搭建进展大大加快。最突出的表现是，5月21日，苏嘉杭高速公路浙江、江苏交界收费站打破行政界限，实现合二为一。

这种软件上的整合代表了长三角内基础设施建设的方向，体现了各地走向区域经济一体化的决心与愿望。目前，经区域内各方协调规划，一个连接区域内各城市的“三小时”交通圈方案已经确定：

——上海市内交通。区域龙头城市上海将市内交通规划为“153060”目标，15指市内各城镇、主要工业点15分钟就可以上高速公路；30是指在市域范围内，30分钟内通过高速公路从中心城到达省界；60指上海高速公路网上任意两点在60分钟内能相互到达。

此外，上海还规划了城市轨道交通网，包括11条地铁、7条轻轨，近期到2005年，要建成一个环形加十字的地铁框架。

同时，上海新一轮交通规划以发挥中心城市辐射和集聚作用为目标，上海与江苏的高速公路联系通道将由目前的2条增加到6条，与浙江的高速公路通道将由目前的1条增加到2条。

——围绕太湖的三角形城市间高速公路网。上海连接周边新通道将以浦东为基点，向南北两翼辐射。其中向南一条为杭州湾大通道，经已经开工建设的杭州湾大桥直达宁波，沪甬之间的公路交通距离将缩短120公里。

向北沪—崇—苏过江通道包括上海与崇明的越江隧道、连接崇明与海门的大桥，经此通道，上海与南通将连接得更为紧密，并沿高速公路继续辐射至苏中、苏北。

江苏出省通道除上述与上海连接部分外，还包括苏通长江公路大桥及接线，南京长江三桥及接线。在苏州，重点建设苏州绕城高速公路东南段及至上海郊区环线公路江苏段；绕城高速公路东北段及至太仓港公路。此外，原有的沪宁高速公路江苏段扩容工程也将开工建设。

在浙江，除杭州湾大桥外，还正在与江苏共同建设南京至杭州高速公路，沪杭甬高速公路扩容改造也纳入规划。

以上，以太湖为中心的所有较大城市，均由高速公路走廊互相串联形成内外两层回路，长三角内15个城市，均处于“三小时经济圈”内。

——城市之间轨道交通。有关专家指出，除高速公路外，长三角区域还要提高轨道交通的比重，因为轨道交通占地少、速度快、效率高，在造价、安全、舒适度、能源消耗、准点方面均有优越性。

高速铁路的建设，将使长三角内中心城市的连接更为快速方便。5月25日，11条连接长三角各大板块的轨道交通网规划出台。未来五年，从长江口北岸南通到杭州湾以南的宁波，西至南京的10万平方公里范围内，将建设一个纵横交错的现代化轨道交通网。

——空港与海港。空港与海港的建设重心均在上海。上海预计建设以浦东机场为主，虹桥机场为辅的组合型亚太地区航空枢纽港。在海港方面，国家正投资建设洋山深水港，并与浙江北仑港互补发展。

微妙磁悬浮

轨道交通何时连接上海，对杭州的发展前景至关重要。

去年11月，世界上第一条投入商业运营的磁悬浮铁路在上海开通，这条铁路西起上海地铁龙阳路站，东到浦东国际机场，正线全长30公里，设计最大时速每小时505公里。

然而还不到一年，磁悬浮铁路的大规模应用就成为越来越微妙的问题。

上海磁悬浮公司称，到目前为止，磁悬浮铁路的运营费用还不能有一个准确的回答，对其经济效益的分析也无从作出。而在建设上可以确定的是，下一步，上海磁悬浮铁路将延伸至世博会的主会场，但这条相对很短的线路，对磁悬浮铁路大规模应用的意义不大。

而另一个方案，即建设上海至杭州的磁悬浮铁路计划，还存在很大变数。浙江有关部门暗示，目前的设计方案有“来自国家”的很大阻力。

今年三月，杭州市长茅临生在两会上提出要加快上海至杭州高速轨道交通的研究、立项工作。他介绍，铁路部门对高速铁路的设想兴趣甚浓，如获批准，所需资金可从多个渠道获得；如果建设磁悬浮铁路，需要和上海进一步协商，从长远看也是可行的。

杭州看起来并不介意采用磁悬浮或者高速轮轨方案，他们只希望一个字：快。

因为杭州感受到强大的竞争压力。长三角地区城际交通网建设速度越来越快，其中杭州湾大桥的兴建，将使上海到宁波的路程缩短120公里，有专家指出，这将使宁波取代杭州，成为浙江率先接受上海辐射的城市。

在外资大举进入长三角的关键时期，谁能获得交通优势，谁就增加了竞争砝码，有希望将自己的经济总量与质量提高一大截。高速铁路方案的犹疑将降低杭州的竞争力，因此，不难理解杭州的急迫心态。

磁悬浮高速铁路速度快、能耗低、噪音小、无污染、技术先进，并在中国率先投入商业运营，具有示范效应。上海磁悬浮列车工程指挥部认为，磁浮高速系统，不仅适用于长大干线的高速客运，而且更适合与长江、珠江三角洲等地区内部城市间的客运交通，这种系统将有力推动人们时空概念的改变和促进城市间各种资源的充分合理利用。

但是，反对的意见也很明确，一是造价高，平均每公里2亿～3亿人民币，是轮轨技术的2～3倍；二是长距离磁悬浮铁路建设技术要求高，未经过试验证明，风险大；三是在磁悬浮的四大核心技术中，目前德国只肯转让其中的一项。

在技术之争的背后，还隐藏着利益之争，概括地说，高速轮轨技术由国家、具体讲是铁道部说了算；而磁悬浮技术发展中心在上海，由地方说了算。

最近，国家已经确定，京沪高速铁路采用轮轨技术，这对高速磁悬浮铁路是一大打击。对杭州来讲，如果沪杭高速铁路能使用轮轨技术，则与京沪线的连接会更方便。

时至今日，沪杭线选型还未最终确定，而天平的指针似乎越来越偏离磁悬浮。

洋山港：国家战略与地区利益

今年上半年，上海港集装箱吞吐量达到520万标准箱，预计到年底将突破1000万标准箱，有希望成为世界第三大集装箱港口——目前居世界第三位的是韩国釜山港，今年1～5月比上海港的集装箱吞吐量只多3万箱。

集装箱吞吐量，标志着一个港口能否成为国际航运中心。

而上海港本身，则面临着后劲不足的危险：上海港现有集装箱泊位25个，年吞吐能力645万标准箱，现已超负荷运转。此外，长江口航道水深仅为8.5米，不能适应国际航运市场船舶大型化的发展趋势。

在这个背景下，洋山深水港建设拉开帷幕。

洋山港位于杭州湾长江口外崎岖列岛，距国际航线仅45海里，是离上海最近的具备15米水深的天然港址。2005年一期工程建成后，将建成5个集装箱泊位，年吞吐量达到300万箱。届时，目前世界最大的集装箱船也可以自由进出。

按规划，到2020年，洋山港可形成深水岸线约11公里，年吞吐集装箱量2000万箱。加上上海港现有吞吐能力，彼时上海港的集装箱吞吐总量将达到2500万标准箱以上。

行政洋山港的建设，使上海有条件成为东北亚国际航运中心，而东北亚国际航运中心，是亚太经济中心的基础。

同在长三角地区，还有我国四大深水良港之一，浙江宁波北仑港。去年，北仑港吞吐量为1.28亿吨，居全国第二，仅次于上海港，其集装箱吞吐量为185万标准箱，增长幅度连续四年居全国第一。

为实现国家战略而全力支持洋山港建设，是浙江的选择。同样，作为区域利益协调的一部分，上海承诺，洋山港的建设将遵循四个不变的原则，即隶属不变，吸纳劳动力优惠政策不变，属地财政税收不变和投资主体多元化不变。此外，上海还承诺促进杭州湾大桥建设，促进舟山大陆连岛工程。

信息平台:向高标准看齐

杭州与上海近在咫尺，但是上海人看不到浙江卫视，杭州人也看不到上海卫视。

个中奥妙，很难说得清楚。我们反过来设想一下:假如浙江卫视能在上海落地，那些急欲开拓上海巨大市场的浙江厂商，还用得着舍近求远，跑到上海做电视广告吗?

对企业来讲，这样人为的信息阻隔加大了广告经营成本，对消费者而言，应有的服务打了折扣。

信息一体化是区域经济一体化中的根本通道，公开、透明的信息平台最终将提高整个区域的经济竞争力。专家认为，覆盖整个长江三角洲的信息平台，最重要的内容有二:一是建设区域一体化的个人与企业征信平台，二是建立政务公开系统。

在长江三角洲更大区域范围内实现信息一体化，要确保信息交换的真实性、准确性，信用问题举足轻重，需要政府、企业界、社会个体的共同努力。上海于1998年建起个人征信制度，去年又着手建设企业联合征信系统。建成后的企业联合征信系统库覆盖了全市所拥有经营记录的企业、入库单位48万家。

这个系统库提供包括企业注册信息、年检登记、产品达标信息、税务登记信息、国有资产绩效考评信息、进出口报关记录、信贷融资记录和行业统计分析;并综合有企业主要经营者个人信用信息、上市公司的经营财务信息、媒体披露的企业接受奖励的信息。未来，还将包括民事合同判决执行信息、担保、租赁、商账催缴等信息。

这些信息将逐步向各类企事业单位开放。目前，除企业自身外，政府部门在行使对企业的监管职能时或相关单位在得到当事企业的授权时，均可查询授权企业的信用信息。

同时，为改革传统政府管理政策不透明、管理职能单一和运转效率不高的现象，建立国际化大都市，上海还推出政务信息化建设，重点建设政府公众信息网，要求政府各部门及时准确地发布与市民生活密切相关的服务信息，以及与企业相关的投资环境、法规政策等咨询、办事信息;在网上公开工作职责和职能、政策文件、重要活动及有关办事项目，将本部门自觉置于社会公众的监督之下；将政府部门拥有的大量技术、政策法规等信息资源向全社会共享，促进政府信息在全社会范围的优化配置，努力营造交易成本更低、商业机会更多、综合服务功能更强的市场环境。

上海的尝试已经为周边城市所认可，近期，沪苏浙正在进一步研究提出电子政务信息和信用体系信息的共享方案，以尽快建立覆盖整个区域的信息平台。信息平台将对经济领域的各方面产生倍增器的作用，我们从金融市场一体化与产权市场的建设中可窥知一二。

金融一体化进程加快

种种迹象表明，目前长三角的金融联动正在加速推进，阻碍金融一体化的体制性障碍也日益凸显，金融体制创新的压力加大。

今年4月15日，来自上海、浙江和江苏15个城市的人民银行官员聚集到上海，共同研讨长江三角洲的金融合作框架。目前人行上海分行正在草拟长三角金融合作的可行性研究报告。据悉，该报告现已基本成型，其中包含鼓励各地银行开展异地金融业务，建立交易结算、清算金融平台等内容。上海分行表示，南京分行也在草拟内容相似的报告，但两家报告尚未汇总，现在不能下最后结论。

此次央行对长三角金融合作的规划将有可能动摇央行大区分行体制。但同时，央行一位研究人员表示，大区分行体制对长三角金融一体化肯定是一种障碍，但是真正要进行涉及大区分行的体制改革并不容易，需要大动作。由于目前长三角各地的社会诚信体系发育程度、企业的信用等级以及金融机构本身开拓新业务的能力参差不齐，在这种背景下进行大动作、快步走的改革不符合实际情况。

此外，人行上海分行所做的一份研究报告提出，支持上海银行走出原有区域业务范围，在长三角设立分支机构。上海银行已将其在宁波设立分行的申请报请银监会批准。按规定作为城市银行，上海银行只能在本城市内部开展业务，如果此次“走出上海之梦”可以实现，就意味着我国城市商业银行市场准入规则方面做出了重大调整。

●长三角金融合作需求旺盛。区域经济发展对资金的大量需求不断鼓动着长三角金融一体化的发展。

目前，江、浙两省均喊出“接轨上海”，甚至“深度接轨上海”的口号，计划进行新的产业规划，启动一系列工业园区、产业带、技术开发区、制造业走廊等重大的跨省市项目，而这些所需的大量资金正急切呼唤着跨地区的金融支持。此外，随着经济的发展，金融合作对民营企业的帮助也会凸显出来。

另一方面，两省一市金融机构开展跨地区金融业务的愿望也十分迫切，都希望走出原有的地理区域限制和行政区划，扩展业务空间。以上海为例，其所有金融机构的存贷差远远超过1500亿元，大量资金尚未转化为产业资本。与上海巨额资金放空的情况相对，长三角其他城市在经济高速增长的同时，当地银行能够提供的贷款额度却在持续下降，急需金融支持。在上海资金流向长三角其他城市的同时，其他城市的资金也在不断涌进上海。上海市政府协作办的数据显示，目前长三角各地流入上海的资金总量已经占全国投资上海的五成以上，苏、浙各类实力强劲的投资公司均开始携巨资进军上海。

●长三角金融合作前景广阔。长三角地区有着较强的金融实力和经济扩张发展的强烈冲动。充分的金融合作可以帮助长三角金融机构扩大自身的发展空间，与国际接轨，将蛋糕做大。央行上海分行某位人士介绍，长三角金融合作目前有三种模式可供选择。

首先是政府主导型。大连等地曾经采用过这种模式，它要求各地建立金融服务办公室，发挥政府地方金融机构的作用和强大金融实力的优势，所提供的服务力度较大。

其次是金融监管主导型。由监管部门牵头，发挥号召力作用。

第三是市场主导型。由同业工会来牵头进行金融合作。市场主导型合作循序渐进、比较柔和的调节方式能够适应市场的需求和变化，而且是充分自愿的。但目前同业工会的权威性和独立性还不够，经验也不足，实施起来将有一定难度，更加需要政府和监管部门的服务。该研究人士表示，类似长江三角洲金融合作促进会的组织运作起来伸缩自如，可以担负这样的使命。

●金融合作凸显体制障碍。实际上，长三角金融合作的困难比想象的要大。

首先，金融机构的行政区划和中央银行管理体制的条块分割是最大的障碍。行政区划本身就是一种利益关系，这决定了地区银行之间更多的是竞争关系。目前问题的关键在于如何将行政区划与经济区划、金融区划相互之间的关节打通。

其次，政府对金融有着无形的压力。目前我国考核政绩是按照GDP的增长来进行的，所以即便政府不干预金融，其发展经济的强大冲动，对资金需求量和对金融服务的高质量要求也对金融构成了压力。

第三，社会诚信体系并不完善。长三角已经初步建立了社会联合征信体系，但这一体系要真正发挥作用尚需时日。个人信用联合征信在上海才刚刚建立，还很不完善，而且长三角其他地区也还没有建立类似的个人征信制度。

第四，金融创新本身就会推动金融合作。但目前长三角金融创新的程度还不高、研发力度不够，缺乏高技术、高附加值的研发产品，金融合作的需求也相应较低。而且，由于金融研发缺乏区域合作，甚至城际合作都很少，因此市场利益很难实现共享。

此外，金融软件基础设施的统一问题也是困难之一，比如票据市场在长三角虽有发展但不统一；支付结算网络是市场发展的平台，中央银行是最终结算的平台，但它本身的市场统一性就不高，有待发展。

专家认为，这些体制性障碍的突破口有三，一是政府机构的金融服务办和金融监管部门要创造条件，支持市场主导型的金融合作。政府应该在提供政策咨询，加快建设与完善社会信用体系和中介体系，为中心城市开展城际金融合作提供制度政策、相关的法规制定措施支持等方面发挥作用，在高级金融人才培训网络，长三角金融人才自由流动方面提供保障。

二是金融监管部门应建设信用安全区，完善支付结算网络，建设票据市场、货币经济市场等方面发挥作用，并且鼓励金融机构发放异地贷款，鼓励长三角地区的城市商业银行跨地区合作。

三是各地方同业工会要能够从地方和部门发展的角度思考，加大跨地区合作的主动性和积极性。破除残留的传统性思维，对金融市场面临的困难要有充分的估计，确定自己的定位和功能，在跨地区的金融合作协调和创新方面发挥自己的作用。

推动产权市场一体化

产权市场作为企业资本运营的平台，是实现生产要素加快流动、资源有效合理配置的重要手段。目前长三角区域产权市场的扩张，已经对其他地区产生辐射作用，并将推动全国统一产权市场的建设。

区域统一产权市场对长三角一体化的意义在于：首先，有利于生产要素跨区域自由流动，促进区域市场一体化发展，真正促成资源的优化配置，提升市场经济运行的总体效率和效益。

其次，有利于促进技术和管理的扩散以及产业在区域内的集聚。通过经营规模化、功能多元化、管理科学化、营运国际化，实现区域的技术创新和资本扩张，最终促进地区产业结构的优化，形成合理和明确的产业分工。

此外，产权市场一体化还有利于统一区域经济规则，最终实现宏观层次上的“五大基本要素”（即经济、社会、人口、生态、空间）的一体化。长江三角洲各省市在吸引来自不同地区的资本及其他生产要素的过程中，也将逐渐改变地方性法规政策，认同其他地区的经济活动惯例，实行越来越开放的经济发展政策。进而在宏观层面上形成全面的一体化发展格局。

●长三角产权市场向外扩张。加强长江流域产权交易市场的联系，促进以产权为纽带的跨地区、跨部门存量资产盘活，优化资源配置，是建立统一产权市场的主要目的。长三角地区很早就开始了这方面的尝试。

1997 年，上海产权交易所联合西起青海、东至福建的 29 家产权交易中心，建立了“长江流域产权交易共同市场”。这是在全国范围内最早探索产权市场一体化的开创性活动。现在，长江流域产权交易共同市场成员单位已从原来的 29 家发展到现在的 40 家，覆盖了从长江流域到长江三角洲的广大地区。2003 年 1 月 1 日，长江流域产权交易共同市场的门户网站开通，成为共同市场的统一网络信息平台，实现了共同市场成员间信息的统一发布和共享。

通过产权共同市场的推动，长江三角洲异地产权交易量不断提高。今年1至7月份，经上海产权交易所操作的共259宗并购案中，长江三角洲15个城市间的“区域内并购”高达124宗，数量占近50%。从这些并购案中可以看出，江、浙、沪三地资本的良性流动已势不可挡。仅今年以来，苏浙企业并购上海企业就达69宗，从涉及的行业来看，已经“升级”到房地产、基础设施、各类投资公司，以及通讯、软件等高新技术等行业。

2003年7月初，国务院国资产监督管理委员会主任李荣融到上海产权交易所考察调研时指出，在跨地区交易方面上海有很好的规范，这为规范全国产权市场建设打下了基础。国资委将把上海作为企业产权交易的一块“试验田”，希望上海能够更规范，为国有企业和非公经济的发展真正起到大平台的作用。

上海市人民政府经济体制改革办公室副主任浦再明说，目前长江流域产权共同市场已经建设成为比较有效、比较规范的企业并购、技术及成果转让的市场载体，正在向着覆盖面更宽、效率更高、效益更好的成熟市场形态迈进，成为资本市场中一个有生命力的基础性系统。跨地区的企业产权的市场化交易，促成了异地、异质、异态资产的合理转移，使交易各方资源都得到了更为合理的再利用，从而为相关区域资源配置效率的提高做出贡献。

跨地区产权交易的不断扩大，带动了各地管理、规则等方面的趋同。随着产权市场一体化势头的不断强化，相应行政区域性体制障碍正在弱化与转化之中。

同时，长三角产权市场一体化发展也存在着颇多问题，仍处在探索和起步阶段。

实际上虽然共同市场内部各产权市场有业务往来和联系，但各地产权市场的运作仍基本上处于各自为政的状态，缺乏区域统一的产权交易市场、缺乏区域统一的交易规则和交易程序、缺乏区域统一的产权交易监管体系。目前，共同市场主要仍限于信息的共享和“一对一”产权交易的合作，未能形成区域统一交易的产权市场和“一对多”的产权交易合作。产权交易的分散化和交易规则的不一致，增加了产权跨地区流动和配置的信息成本，为产权异地交易带来不便。此外，各地产权交易所机构性质的不同也成为影响其一体化发展的因素之一。

●一体化进程需要多方推动。区域内统一的产权市场将推动外部调控机制和内部运行机制的一体化。对此，浦再明认为，政府、民间还要从下述七个方面共同努力。

首先，尽快建设和完善统一的产权交易管理信息系统。即在共同市场成员之间实行统一的产权交易管理信息系统，使用统一的交易软件，为进行异地登记、挂牌创造条件，使共同市场成员之间可实行互相委托挂牌交易，实现交易联网运行。

其次，尽快在共同市场内部实现交易程序的统一。目前可暂时将产权交易程序依次分为申请登记、挂牌上市、查询洽谈、成交签约、结算交割和变更登记六个方面，共同市场的内部成员按规范化的六个程序实现交易。

第三，加快推动民间的跨行政区的产权市场一体化交易的管理机构。可以首先考虑建立民间的跨区域的产权市场一体化市场管理协会，或长江流域产权市场一体化促进会（联合会），乃至长江流域产权市场一体化发展协调办公室等。发展非政府性的市场中介组织，以推进产权市场一体化的有效运作。

第四，逐步实现交易规则和审核标准的统一。为保证产权交易的规范化运作，在审核标准上，要逐步实现统一，共同市场各成员负责对产权交易对象提交材料的真实性、规范性和合法性进行审查，在交易所挂牌的项目必须经过交易所的多级项目评估体系的审查，并逐步统一各会员的交易规则。

第五，从区域间结算转移支付体系的建立，逐步向统一的结算交割体系过渡。可以首先建立起区域间的结算转移支付体系，待条件成熟后，再逐步建立统一的结算交割体系。

第六，逐步推动法律法规、政策的统一。目前，各省市地区都出台了产权交易的地方性法规，各自念各家的经，信息不能共享，交易不能兼通，甚至出现地方保护，暗箱操作的现象。为保证产权市场一体化的健康发展，就要充分利用长江流域产权交易共同市场舞台，以各中心城市协调机构为骨干，通过共同市场产权交易机构与政府经济协作网络对接，与政府机构进行协调，逐步实现法律法规、政策的统一。

第七，逐步形成统一监管制度和监管体系。在跨行政区域一体化管理机构建立的基础上，在产权市场法律法规、政策统一的条件下，按照政企分开、政事分开、政资分开的要求，逐步建立统一的产权市场监管体系和规范化管理体制，以提高市场化程度，提高透明度和信息质量，实现产权市场的独立化运作，减少市场的不确定性，创造市场公开、公平、高效的运行环境。

区域竞争推动体制创新

长三角地区经济快速发展吸引了国内外企业的集中进入，呈现出一种“井喷”式增长的局面。在这个背景下，区域内对长三角一体化的呼声越来越高，一些媒体因而提出了长三角区域发展存在无序竞争、重复建设等问题，并提出在行政协调基础上解决这些问题的思路。

然而本刊对苏浙沪三地的学者、官员的采访却发现，他们对此类问题的定性及解决办法持一种审慎的态度。

分析地方政府及专家学者提出的理由，我们发现碰到的是老问题：在市场经济条件下如何合理界定企业行为与政府行为？或者可以更简单地说：谁来为投资买单？

我们过去所讲的重复建设也好，过度竞争也好，投资主体都是指政府。因为同属国有资本，而各自利益不同，因片面追求 GDP 增长，忽视了投资回报率，降低了投资质量。

而在长三角地区，与其他地方不同的是，市场主体已逐步转换为企业，尤其是民营或外资企业，投资风险由企业来承担，因此，无论企业投资成败，政府的压力均大大减轻，从这个角度看，“重复建设”与“过度竞争”，都只能提高企业竞争力，而一般不存在国有资产投资回报率低的问题。

政府在直接投资上的风险减轻了，而在社会发展上的责任则加重了。一方面，企业投资风险，有很大一部分转移到金融业身上，企业失败，银行受累。如果政府不善加调控，则日积月累的金融风险不容小觑；另一方面，政府低价转让土地、减免税收，在一定程度上是透支未来：即以减低现在人民福利为代价，赢得未来经济的成长，并默许在将来有所回报。这一进一出之间平衡的把握，甚为微妙，应格外小心。

因此，我们将地方官员与专家学者的思考，形诸纸面，以为对中国区域经济新成长阶段提供一个反思的机会。

产业同构应否避免

一些专家和媒体指出，长三角地区存在着严重的产业同构问题。区域内同类产品竞争的内耗过大而外部竞争力不足，影响了长三角整体联动效应的发挥。

在长江三角洲地区，江浙沪三省市均提出要重点发展汽车、石油化工及精细化工、电子通信设备等产业。长三角地区中 14 个城市排在前 4 位的支柱产业均是电子信息、汽车、新材料、生物医药工程，趋同率达到 70％。而在高新技术领域，长三角地区的“十五”高新科技产业发展规划中，集成电路产业的同构性达 35％，纳米材料为 48％，计算机网络为 59％，软件产业为 74％。

对这种产同构现象，身处长三角内部的专家学者有自己的看法，他们认为：

首先，两省一市虽然在行业大类上差异不大，但是产品却各有特色。传统工业中，江浙沪的机械工业分量都不轻，但却各有不同的机械产品竞争优势：上海以大型机械设备为主，浙江偏重的是机械零部件。又如纺织业，江浙是我国最大的纺织业生产基地，但是江苏毛纺业强，浙江化纤原料强。再看高新技术产业，上海的优势在于科技研发，江苏的优势在于 IT 制造，而浙江将会重点发展生物医药和软件领域。因此，浙江省经贸委综合处处长周必建说，按照行业大类来看好像同构问题较大，但从具体产品分类角度看却并非如此。

其次，产业趋同是正常现象。长三角地区两省一市土地面积广阔，区域面积为 9.97 万平方公里，总人口约 7446 万。周必建说，这在欧洲就相当于一个大国。在面积这么大、人口这么多、市场空间这么广阔的地区，产业与其他地区不存在同构现象不可能。长三角的区位条件和资源条件大体相仿，都具有发展类似产业的优势，两省一市部分产业趋同也是必然的。浙江省一位官员说，目前国际上产业发展的趋势都是向着附加值更高的产业发展，作为中国参与国际竞争的先锋地区，今后高新技术产业在长三角两省一市的比重肯定会不断提高，从这个角度讲，在大的产业分类上出现同构是一种趋势。

第三，相同产业高度集中于某一区域的产业集群现象，能有效提高国际竞争力。浙江省的一位官员说，"块状经济"是浙江的特色，这离不开激烈的竞争环境。比如在素有"中国袜业之乡"之称的诸暨市云集了很多袜厂，内部竞争的激烈程度可想而知。但是事实上一旦某个袜厂能在诸暨生存下去，那么它就不仅在诸暨，而且在全国甚至国际上都有竞争力。所以，不管是在长三角还是在全国其他地区，区域内部产业的所谓"内耗"，实际上是提升竞争力的必要代价。周必建也同意这一观点。他说，回想计划经济时代，产业同构问题不突出，但是大多数产业也都缺乏国际竞争力，这是竞争不充分、产业集群不发达的结果。

第四，没有任何一种行政力量能够左右产业布局。国家发改委宏观经济研究院副院长王一鸣说，一个地方发展什么、不发展什么，其最终的决定力量还是市场。市场经济总是扬长避短、发挥自身特长的，各地区也会根据自己的比较优势形成分工关系。比如上海由于商务成本太高不能再搞制造业，它必然得"退二进三"，搞附加值更高、辐射半径更大、与大都市的地位更相称的服务业。与此同时，上海也在发展汽车、芯片等现代制造业，这是因为上海还没有发展到可以不搞制造业的程度，用高附加值产业来替代低附加值产业的过程还未完成，这同样也是市场机制调节的结果。浙江大学经济学教授张旭昆说，产业分工决不是能够通过政策调控的，而是由市场竞争决定的。但现在还是有人在谈产业分工和产业政策，想规划出上海应该搞什么产业，浙江、江苏应该搞什么。这个思路是计划经济的思维，偏离了市场经济的发展方向。

第五，产业同构所要避免的是政府介入。民革上海市委经济工作委员会副主任邱华云说，如果是按照市场经济的规律而形成的资源分配和产业格局，那就仍然可以按照市场的规律做出调整。所以长三角地区的产业竞争表面上是无序的，但最后的结果则会达到有序。但是一旦政府介入产业调整，产生同构，政府贷给企业的贷款就有可能变成呆坏账，那时再通过市场机制调节就不容易了。

如何看待基础设施重复建设

良好的基础设施是企业投资的最基本环境。在吸引外资最为活跃的长江三角洲地区对基础设施建设的需求尤为迫切，因此，江、浙、沪都积极建设自己的道路、港口、机场等基础设施，并因而使人们产生了基础设施重复建设的疑问。

以江苏为例，南京长江沿线有码头上百个，其中大码头很少，多数吃不饱。而它的背景，是上海现有港口仅集装箱吞吐量就将超过1000万标准箱，国家还在大举投资大小洋山港的建设，而北仑港的集装箱运输能力还未吃饱。

有官员认为，基础设施的重复建设在一定程度上是计划经济遗留的弊端。由于用计划经济的方式去规划，基础设施项目的竞争并不充分，使得港口、机场、道路等设施建成后利用率低下，竞争力不强。此外，基础设施的重复建设还会给周边地区的发展造成一定的挤压，改变其他地区的投资环境，引起多米诺骨牌效应，基础设施建设一涌而上的结果难以避免。

但是，基础设施的重复建设还可以从另外一些角度考虑：

首先，看一个地区是否存在基础设施重复建设，不能单以目前的需求去衡量。7年前沪宁高速公路通车时，有人觉得这条高速公路修四车道太奢侈。但是随着长三角的发展，如今的沪宁高速已经不敷应用，其江苏段扩建8车道工程已计划于今年三季度全线开工。南京大学副校长洪银兴说，在经济快速发展时期，判断基础设施是否重复建设恐怕要从经济容量的角度去衡量。他说，长三角区域经济实力真正发挥出来后，地区经济容量将会非常大。由于基础设施建设所需时间较长，所以仅以当前的需求来判断基础设施建设是否重复，前瞻性难免受到影响。以江苏计划修建国际机场为例，如果江苏定位在制造业基地，拥有较广阔的市场需求空间，那么新建一个机场也不能肯定说是重复建设。

其次，基础设施的重复建设问题应该以市场化手段来解决。目前我国的基础设施建设基本上由国家审批，以行政力量制定建设规划，因此避免不了重复建设。对此，张旭昆提出，利用经济手段、从经济角度而不是从地方利益角度去考虑基础设施建设的问题。以港口的重复建设为例，他认为与其现在为“哪个港口应该扩建、哪个港口需要重新定位”而争论不休，还不如将两省一市的港口联合组成一个港口码头股份有限公司，统一经济利益之后，自然就可以得出结论。

倾销式招商有利有弊

近些年，长三角地区在改善投资环境方面成绩斐然，但区域内各地招商引资的恶性竞争也时有发生。特别是竞相压价，相互攀比优惠政策，拼地价、税收吸引投资，受到了众多专家的批评。

中国社会科学院工业经济研究所研究员魏后凯举例说，苏州的地价原来是每亩20万元左右，昆山是15万元左右，但紧邻的吴江市以及浙江的宁波和杭州则将地价直接压到每亩5万元，而无锡甚至降到了每亩2～3万元。有的地方甚至提出免收土地转让费，导致国家收入流失。

专家认为，如果不在软环境上下工夫，而是一味追求“地价便宜、税费减免”，将会严重误导长三角的发展，形成低层次无序混战的局面。

但同时，区域竞争也是政府改善投资软环境的动力。邱华云说，从长三角的发展历程来看，正是区域竞争使各地争相造就“政策洼地”，制度门槛不断降低，引得大批资金纷纷进入，形成整体的体制竞争力。台资北上就是看中了这一地区管理比较规范，政策比较透明，制度门槛比较低的优势。

长三角区域内商务成本的竞争，是各地政府市场化程度的竞争，给政府以制度创新的强大压力。为降低商务成本，增强引资竞争力，上海市今年启动了173项目。该项目将在位于市郊的嘉定、青浦、松江三区建成面积173平方公里的“降低商务成本试点园区”，除降低地价等硬性商务成本外，上海市还提出将这里建成政府服务“高地”。松江区从今年4月起在全市率先对部分外资企业实行免检，2年内享受取消日常检查、优先推荐评定海关A类企业等优惠政策。青浦试点园区实行项目审批的“绿色通道”，一口保送、分段审批、限时办结、减少收费，目前项目审批比一般情况提速三成。

可以看出，激烈的竞争已经引导各地政府走向降低软成本、提升政府服务水平的正确道路，这将对政府经济管理上的体制创新带来巨大促进。

资料来源：《瞭望》，2003年8月13日 11：12 。

五　中国三大组团式城市群战略目标分步实施

表 6.3　三大组团式城市群的分步实现目标

		珠江三角洲	长江三角洲	京津环渤海
经济规模（亿元）	2005	18000	32000	12000
	2010	30000	50000	22000
	2015	60000	90000	45000
	2020	80000	130000	60000
占全国GDP份额（%）	2005	12	20	8
	2010	15	25	11
	2015	17	28	13
	2020	20	30	15
人均GDP（美元/人）	2005	4000	4000	3500
	2010	7000	6200	6000
	2015	13000	12000	10000
	2020	16000	15000	13500
社会进步（人文发展指数）	2005	0.850	0.860	0.850
	2010	0.870	0.880	0.870
	2015	0.900	0.910	0.890
	2020	0.920	0.930	0.910
人文发展指数平均增长率（%）	2005	4.5	4.0	4.5
	2010	4.0	3.5	4.0
	2015	3.0	3.0	2.5
	2020	2.0	2.0	2.0

（续表 6.3）

生态指标（生态足迹进程）	2005 2010 2015 2020	快增长 慢增长 零增长 负增长	快增长 慢增长 零增长 负增长	快增长 慢增长 零增长 负增长
能源利用效率	2005 2010 2015 2020	是G-7国家平均的4.5倍 是G-7国家平均的3.5倍 是G-7国家平均的2.3倍 是G-7国家平均的0.8倍	是G-7国家平均的4.4倍 是G-7国家平均的3.0倍 是G-7国家平均的2.0倍 是G-7国家平均的0.5倍	是G-7国家平均的4.8倍 是G-7国家平均的3.6倍 是G-7国家平均的2.6倍 是G-7国家平均的1.0倍
劳动生产率水平（是世界中等发达国家的百分比%）	2005 2010 2015 2020	25 50 70 90	22 45 65 85	18 40 60 80

第七章　中国三大组团式城市群竞争力分析

所谓城市竞争力主要是一个城市在竞争和发展过程中与其他城市相比较的优势。即所具有的吸引、争夺、拥有、控制和转化资源，争夺、占领和控制市场，以及创造价值，为其居民提供福利的能力。而城市群的竞争力则是不同城市组合之间协调发展，优势互补后对原先能力的跃升和增强。

组团式城市群，不是几个城市的简单相加，而是不同类型和不同规模城市之间由资源共享，优势互补所产生的区域总能力的提升。在组团式城市群中，应该培育起具有全球经济竞争力的产业簇群。正是不同的城市互相支持，营造一种创新、创业的环境，使得不同层面的产业链、知识链等复合成一个立体的具有较强生命力的社会经济存在。因此，大城市群才产生很强的资源吸附、配置、整合、增值和辐射的能力。

影响一个地区组团式城市群发展能力，或者说城市群竞争力的基本活力是：城市群的规模尺度(G)：表达了城市群的空间整合能力与获取发展红利能力；城市群的实力密度(D)：表达了组团式城市群单位人口和面积的产出能力；城市群的运行速度(V)：表达了组团式城市群单位时间的产出能力；城市群的发展强度(P)：表达了组团式城市群的未来发展潜力。

四项指标表征了组团式城市群的整合能力、产出能力、运行能力和发展动力。采用这四类指标，既反映了区内城市和自然情况和经济水平等静态属性，又反映了它们的活动能力和发展后劲等动态情况。

构建组团式城市群竞争力的“四度乘数法则”：

将城市群的规模尺度(G)、城市群的实力密度(D)、城市群的运行速度(V)、城市群的发展强度(P)，进行算法归纳，可以得到称之为“四度乘数法则”的表达组团式城市群竞争力的模型。此处，用字母C代表组团式城市群竞争力的总体水平，则

$$C = (G\times D\times V\times P)\exp(1/4)$$

实际上，C代表了组团式城市群综合竞争力的几何平均。

一　组团式城市群竞争力的概念

1. 城市的国际竞争力

20世纪后期，亚太地区一批城市迅速成为全球最具国际竞争力的城市。美国哈佛大学的波特教授指出：一个城市的国际竞争力实质是城市的生产率，是指城市创造财富、提高收入的能力。

美国巴克内尔大学的彼德教授从20世纪80年代开始就对城市国际竞争力的一些问题作了开拓性的探索，他认为：城市竞争力（UC）＝f（经济因素、战略因素）。经济因素＝生产要素＋基础设施＋区位＋经济结构＋城市环境；战略因素＝政府效率＋城市战略＋公私部门合作＋制度灵活性。他在分析城市国际竞争力时，选取了三个指标即零售额、制造增加值和商业值，组成指标体系表现城市竞争力；同时又选取了一些构成指标，采用多指标综合评价的判别式分析法，得出各城市竞争力得分，比较后得出各城市的竞争力排名。

城市国际竞争力主要通过城市产业竞争和增长的绩效表现出来，可以用与收益价值有关的指标从不同的方面来反映。通过综合市场占有率、经济增长率、劳动生产率和人均GDP四个关键指标，可以较为准确地表现一个城市国际竞争力的相对地位。

2. 组团式城市群竞争力概念

如果说城市竞争力主要是一个城市在竞争和发展过程中与其他城市相比较所具有的优势，即吸引、争夺、拥有、控制和转化资源，争夺、占领和控制市场，以及创造财富，为其居民提供福利的能力。而城市群竞争力则是不同城市之间协调发展，优势互补后对原先能力的跃升和增强。

组团式城市群，不是几个城市的简单相加，而是不同类型和不同规模城市之间由资源共享，优势互补和发展成本下降所产生的区域总能力的提升。在组团式城市群中，应该培育起具有全球经济竞争力的产业簇群。正是不同的城市互相支持，营造一种创新、创业的环境，使得不同层面的产业链、知识链等复合成一个立体的具有较强生命力的社会经济存在。因此，大城市群才产生更强的资源吸附、配置、整合、增值和辐射的能力。

每个城市的发展都必须与外部发生经济联系，组团式城市群的形成过程实际就是各城市之间关系越来越密切的过程。一个内部经济发展协调的城市群可以使地理位置、生产要素和产业结构不同的各等级城市承担不同的经济功能，在区域乃至全球范围内实现单个城市无法达到的规模和集聚效益。

对城市群竞争力概念的研究应该考虑的是群内城市价值的内在决定性和整体意义上的价值耦合性，它既不是群内城市竞争力或价值的简单加和，也不是软硬因素的一般组合。要想研究城市群的竞争力，首先应该明确它是比城市更高的一个层次的存在，而不是相邻城市的简单集合。城市群与城市相比，具有单体城市所不具备的一些新的属性，是一种明显的社会经济复杂性存在，具有突现（Emergency）性质。

更进一步讲，城市群的竞争力主要体现在产业群落的存在和产业升级的能力上。一个城市群的竞争力是从全球经济范围来讲的，它主要表现为一种资源整合力。这种资源整合力来自于产业群落的资源吸附性和产业升级的资源增值性。在当今世界，一个有竞争力的城市群应该有一个以上在世界范围内体现鲜明特色和强健生命力的产业群落。城市群与产业群落是生产关系与生产力，经济基础与上层建筑的关系。正如城市群是镶嵌在自然环境基底上，产业群落也是生长于城市群这个基底之上。由城市群这个社会经济基底支撑着生长或聚集各种资源或矿藏的社会经济意义上的“盆地”，在盆地中活动着比较完整的产业群落。当然，由城市群支持着的产业群落，它的维持、成长和演化，也是在开放的社会经济环境中实现的。由各种网络联系着的越来越密切的世界经济，并不是均衡地发展，各种大的“颗粒”或“斑块”会生长或

“浸出”于全球经济这种大的基底，从而形成不同的经济景观，即城市群。

二 组团式城市群竞争力的表达

1. 由地区市场化程度表达

组团式城市群发展的一个直接背景是市场比较发达。没有较为发达的市场经济环境，城市间就不会形成优势互补的产业群落。因此，一个地区能不能形成组团式城市群，主要看该地区市场化程度怎么样。市场化是市场机制在资源配置过程中不断发挥作用的过程。对市场化程度的测度，首先需要根据市场化的含义和特征设立相应的指标体系。

洪银兴等在《长江三角洲地区经济发展的模式和机制》中给出了一套地区市场化程度的指标体系。

指标类别	市场对经济资源的支配程度	市场主体经济决策的自主程度和分散程度	市场机制的发育程度	市场运行的规范化程度
具体内容	财政收入占GDP的比重、财政支出占GDP的比重、政府消费部分占GDP的比重、政府产权比率；非国有经济在工业总产值中的比重、非国有经济在全社会固定资产总投资中的比重、非国有经济就业人数占城镇就业人数的比例	市场主体经济决策的自主程度和分散程度、产权保护程度、产业进出壁垒	产品市场的发育程度，包括社会零售商品价格由市场决定部分所占的比重、生产资料价格由市场决定部分所占的比重、农副产品价格由市场决定部分所占的比重、服务价格由市场决定部分所占的比重；要素市场的发育程度（略）；地区壁垒	交易行为履约率、市场中介组织与当地人口比例；三种专利申请受理数量与GDP的比率、三种专利申请批准数量与GDP的比率；经济纠纷和债权债务纠纷占人民法院收案比率

2. 由地区企业平均竞争力水平表达

要想看一个地区组团式城市群发展的可能性或成熟的样态，看该地区企业尤其是上市公司的竞争力也是一个办法。因为不管怎么样，一个组团式城市群的竞争力总是由群内企业的竞争力来表现。

由于企业是否有一套稳健而又有活力的财务管理体系，在很大程度上决定了企业的竞争能力（张华锋，2000），洪银兴等考虑到数据的可获得性和研究的可持续性，采用一套财务指标体系来反映企业竞争力。

指标类别	企业的偿债能力	企业的获利能力	企业的效率能力	企业的发展能力	企业的贡献能力
具体内容	短期偿债能力：流动比率（流动资产/流动负债）；长期偿债能力：资产负债率[1]（期末负债/期末资产）	成本费用利润率（营业利润/成本费用额）；资产报酬率（税息前利润/资产平均余额）；资本收益率（税后利润/实收资本）	工资增加值率（企业增加值/支付工资总额）；产销平衡率（产品销售产值/企业增加值）	销售增长率（本期销售收入/上期销售收入）；净资产增长率（期末净资产/期初净资产）	企业增加值率（企业增加值－折旧/总资产）；税收积累率（上缴税收/总资产）

注：1. 资产负债率是一个状态指标，过高则使得再举债风险大，或借不到钱，甚至导致企业破产；过低又说明企业对其前途信心不足，利用财务杠杆能力差。

三　组团式城市群竞争力的"四度乘数法则"

1. 以"四大活力"表达组团式城市群的存在基础

一个地区的组团式城市群发展前景，固然在中观上以该地区的市场化水平为背景，在微观上以企业的竞争力为表现，但这些并不能够体现城市的个性及其间的社会经济联系。因此，我们在宏观尺度上，即对地区内城市的发展状况进行考察，由此作为一个角度来看组团式城市群的进一步发展活力。这里的逻辑是，如果一个地区的城市在一些重要的方面发展不协调，那就会影响到组团式城市群的整体运行，或者说就会影响组团式城市群的整体竞争力。

影响一个地区组团式城市群发展能力，或者说城市群竞争力的基本活力是：

城市群的规模尺度(G)：表达了组团式城市群的空间整合能力与获取发展红利能力；

城市群的实力密度(D)：表达了组团式城市群单位人口和单位面积的产出能力；

城市群的运行速度(V)：表达了组团式城市群单位时间的产出能力；

城市群的发展强度(P)：表达了组团式城市群的未来发展潜力。

四项指标分别表征了组团式城市群的整合能力、产出能力、运转能力和发展动力。采用这四类指标，既反映了区内城市和自然情况和经济水平等静态属性，又反映了它们的活动能力和发展后劲等动态情况，更主要的是，可以由此看到区内每一个城市在这几方面的整体匹配。

指标类别	规模尺度	实力密度	运行速度	发展强度
指标内容	人口总量、市区土地面积、经济总量、经济总量占全国的比重、固定资产投资额、工业总产值、用电量和供水量	人口密度、经济密度、人均储蓄额、人均消费总额、人均道路面积	经济增速、客运总量、人均货运总量、电信业务总量、每万人中因特网用户数	当年实际使用外资额、第三产业增加值占GDP比重、人均教育事业费支出、外资占全国总外资的比重、建成区绿化覆盖率

2. 组团式城市群竞争力的“四度乘数法则”

将城市群的规模尺度(G)、城市群的实力密度(D)、城市群的运行速度(V)、城市群的发展强度(P),进行算法归纳,可以得到称之为“四度乘数法则”的表达组团式城市群竞争力的模型。此处,用字母C代表组团式城市群竞争力的总体水平,则

$$C = (G \times D \times V \times P)\exp(1/4)$$

实际上,C代表了组团式城市群综合竞争力的几何平均。按照对三大组团式城市群的初步分析,即珠江三角洲地区的城市群包含广州、东莞、深圳、中山、珠海、佛山、江门、肇庆和惠州等9座城市;长江三角洲地区的城市群包括上海、南京、杭州、宁波、苏州、无锡、常州、镇江、扬州、泰州、南通、绍兴、湖州、嘉兴和舟山等15座城市;京津环渤海地区城市群包括北京、天津、唐山、秦皇岛、保定、廊坊、沧州、沈阳、大连、鞍山、抚顺、本溪、营口、盘锦、锦州、葫芦岛、济南、青岛、烟台、威海、东营、滨州、淄博和潍坊等24座城市。三大组团式城市群中的城市,根据每个城市在规模尺度、实力密度、运行速度和发展强度上的各自得分,再相乘,开四次方,求得几何平均值,作为每个城市的竞争力得分。

通过“四度乘数法则”,可以反映一个城市的经济总量、人均财富、开放水平和发展动力得到一个指标,也可以折射出该城市乃至该地区的市场化程度、企业实力等,更重要的是,让我们看到一个地区的领头城市以及领先程度,看到不同等级或不同发展水平的城市的分布情况,也可以看到区域性城市体系的基本构架或组团变化趋势。

四　中国三大组团式城市群的竞争力分析

本节主要是从组团式城市群发展和建设的角度出发考察群内城市的竞争力或发展情况。(见后附图7.1、图7.2、图7.3)

1. 珠江三角洲组团式城市群的竞争力分析

由后附图7.4中可知,珠三角地区城市的发展强度得分均很高,几乎都比城市自身其他方面的得分要高,这说明珠三角地区的城市确实得到了很大发展,无论是外资、教育、第三产业,还是城市环境都非常突出。也就是说,该地区城市的发展动力很足,有很可观的发展前景。组团式城市群在今后十到二十年一定会在该地区得到长足发展。

要想使组团式城市群得到很好的发展,珠三角地区应该在运行速度上有根本上的改进,因为我们从珠海、江门、肇庆和惠州等城市可以明显地看出这方面的差距。在经济增速、客运总量、人均货运总量、电信业务总量等方面,这几座城市存在明显不足,与其得到发展动力不匹配。如果运行速度上在未来几年得不到改进,将会拖珠三角组团式城市群建设的后腿。在这方面,广州尤其引人注目,因为无论是规模尺度,还是它的发展动力,广州的情况都很好,但它的运行速度和实力则需要较大提高。不然,会严重影响珠三角地区组团式城市群的建设,因为广州的地位毕竟非同一般。

在实力密度方面,东莞和佛山情况很好,而且其运行速度和发展动力方面也都很好,相信这两座城市将来会为珠三角地区大城市群的建设起到举足轻重的作用。在这方面,东莞有进一步改进规模尺度的必要。在实力密度和运行速度方面,肇庆市存在明显的差距,由另两项指标的支撑情况来看,可以看出肇庆未来的经济发展会达到

一个新的水平。

在规模尺度上，除了东莞不行以外，中山和珠海市明显需要在这方面改进。这两座城市的其他三项指标明显优于规模尺度，看来，在经济总量上，二者还有进一步提高的必要和可能。

总之，珠三角地区各个城市需要在运行速度和经济总量上进一步提高，广州的实力密度和运行速度需要提高，一定要在强劲的发展动力促进下，从组团式城市群建设和发展的高度，重新考虑各个城市的价值取向和战略定位，通盘地考虑自身建设和整个城市群的发展才行。

2. 长江三角洲组团式城市群的竞争力分析

由后附图 7.5 中可知，长三角地区城市的运行速度都很好，一般来看，长三角的发展强度也相当良好，只是嘉兴和湖州市的发展强度不够。

无锡的各种指标都很好，只是经济不够规模。苏州实力密度需要提高，与其他指标不相配。而上海则主要欠在运行速度上。也就是说，上海的经济增速、客运总量、人均货运总量和电信业务总量等方面的总体情况与苏州、无锡接近，其中原由需要进一步挖掘。可以看出，无锡、苏州、宁波、绍兴和镇江的经济发展态势非常好。泰州、湖州和嘉兴需要进一步获得发展动力，需要调整自身在城市群中的价值和战略地位。杭州在各方面情况很好，但在发展动力上似乎欠缺一些。

还需要注意的就是南京。对于南京而言，作为 18 个特大型城市之一，长江下游经济区的第二大中心城市，处于上海经济区的辐射范围之中。在产业运作上，其上游与马鞍山、芜湖、铜陵、安庆等形成跨江苏、安徽两省的宁皖经济协作区，下游与镇江、扬州一起形成宁镇扬工业协作区。作为全国产业、行业结构中的一环，其经济协作网络透过经济产品的输出、输入而拓展、渗透到更大的范围。经过长期的历史发展和劳动地域分工的演变过程，南京地区已初步形成具有大城市地区特征的城镇体系，即在以主城为强大核心的地区内，不同规模、不同类型的城镇相互结合成一个有机联系的城镇群体，其范围跨越了自然地理和行政区划界限的限制。南京大城市地区所涉及的区域包括本市五县以及仪征、盱眙、句容、扬州、镇江、高邮、丹阳、溧阳、天长、和县、全椒和宣城等，直接腹地大致为半径 100 公里范围，影响程度（联系程度）可分为三个层次：强影响区即近郊区、次强影响区即远郊县、一般影响区（包括镇江、扬州和安徽省的部分地区）；间接腹地为半径 150 公里的区域。但问题是，南京的经济规模还没上到应有的水平，发展动力也不像宁波、绍兴和扬州那样强劲，也许南京在组团式城市群的发展过程中，需要更进一步强调和发挥自己的中心城市作用，这篇文章到底怎样做，确实需要思考。

3. 京津环渤海城市群的竞争力分析

由后附图 7.6 中可知，京津环渤海地区各城市在发展强度上明显不如长三角地区的城市，而与珠三角地区的诸城市差距则更大。这说明，包括辽东半岛在内的京津环渤海城市要想形成比较发达的组团式城市群，有着很好的流量基础，但在外资利用、第三产业发展、人均教育费用支出和城市环境上还需要进一步努力。从组团式城市群的发展来讲，发展强度非常说明问题，如果在发展强度上比较弱，说明该地区的城市之间产业簇群的成熟度比较差，吸引社会经济资源能力比较差，这就直接影响了组团式城市群的发育。

该城市圈中的辽东半岛，除了大连和沈阳，其余都在实力密度上存在明显欠缺，另外还表现在经济问题或规模尺度上也有较大差距。盘锦与山东半岛的东营一样，作为油田所在地，也明显缺乏发展动力。考虑到资源型城市的可持续发展，通过区域性城市之间的横向比较，确实可以看出需要将油田与区域经济协同发展，一体化考虑，不能因为产油、搞油而把城市的价值埋没掉。

大连、本溪、鞍山和青岛的运行速度非常高，可以看出本溪和鞍山将有快速的发展趋势。青岛与烟台相比，在各方面明显高出一筹，而且比济南也普遍优越，相信青岛会有更好的发展，但一定要注意识别组团式城市群建设给青岛带来的机遇，不然，难以上升到一个新的台阶。

该城市圈中河北诸省，实力密度都不行，秦皇岛和廊坊规模尺度不够，保定、沧州运行速度很低。总体来讲，如何一起增强该地区城市群的发展动力，还是一个很需要进一步研究的问题。

值得注意的是，天津在运行速度上表现出明显的不足，也就是说在人流、物流、信息流和经济增速上，天津需要有很大改进。当然，这涉及到京津环渤海城市群发展过程中天津的价值到底怎样设定，如何与其它城市实现价值整合。

五　中国三大组团式城市群竞争力的统计分析

表 7.1　珠江三角洲城市群规模尺度

城市	规模尺度								
	地区人口总量得分	地区土地面积得分	地区经济总量得分	地区GDP占全国的比重得分	地区固定资产投资额得分	地区工业总产值得分	全年供水量得分	全年用电量得分	规模尺度得分
广州	100.00	43.87	100.00	100.00	100.00	76.10	100.00	94.07	89.26
东莞	12.24	6.29	9.32	9.29	6.83	30.19	49.66	92.26	27.01
深圳	8.81	2.39	68.51	68.63	62.91	96.74	24.47	100.00	54.06
中山	9.25	1.26	0.00	0.00	10.47	18.60	0.00	25.34	8.12
珠海	0.00	0.00	0.18	0.12	2.29	17.88	11.12	11.68	5.41
佛山	40.82	17.25	31.91	31.94	17.20	6.25	9.64	13.08	21.01
江门	47.88	59.80	10.88	10.85	4.30	3.78	5.35	3.10	18.24
肇庆	49.16	100.00	2.09	2.04	0.40	0.00	0.27	0.00	19.24
惠州	32.12	72.03	5.07	5.03	0.00	11.62	1.13	2.73	16.22

资料来源：国家统计局城市社会经济调查总队，《2002 中国城市统计年鉴》，中国统计出版社，2002。

表 7.2　珠江三角洲城市群实力密度

城市	实力密度					
	人口密度得分	经济密度得分	城乡人均储蓄额得分	地区人均消费总额得分	人均铺装道路面积得分	实力密度得分
广州	100.00	34.22	33.08	73.49	25.09	53.17
东莞	52.68	21.25	49.93	29.03	33.56	37.29
深圳	60.17	100.00	100.00	100.00	75.21	87.08
中山	70.34	17.82	28.08	20.77	0.00	27.40
珠海	30.23	20.19	31.52	48.51	100.00	46.09
佛山	85.73	26.09	7.99	8.26	18.03	29.22
江门	20.90	3.78	3.06	1.02	42.02	14.15
肇庆	1.55	0.00	0.00	0.00	16.59	3.63
惠州	0.00	1.58	3.92	6.43	31.09	8.60

资料来源:国家统计局城市社会经济调查总队,《2002 中国城市统计年鉴》,中国统计出版社,2002。

表 7.3　珠江三角洲城市群运行速度

城市	运行速度					
	经济增速得分	地区人均客运总量得分	地区人均货运总量得分	地区电信业务总量得分	地区每十万人国际互联网用户得分	运行速度得分
广州	53.10	9.31	58.81	57.54	18.48	39.45
东莞	100.00	100.00	62.47	15.70	20.42	59.72
深圳	92.28	31.06	70.15	100.00	100.00	78.70
中山	78.91	20.76	38.14	14.18	16.38	33.67
珠海	34.57	14.25	100.00	13.05	25.48	37.47
佛山	73.86	6.72	59.04	46.62	14.84	40.22
江门	10.87	0.95	0.00	4.28	1.06	3.43
肇庆	0.00	0.03	10.55	0.00	0.00	2.12
惠州	17.23	0.00	9.52	3.69	1.97	6.48

资料来源:国家统计局城市社会经济调查总队,《2002 中国城市统计年鉴》,中国统计出版社,2002。

表 7.4　珠江三角洲城市群发展强度

城市	发展强度					
	当年实际使用外资得分	第三产业增加值占GDP比重得分	人均教育事业费支出得分	外资占全国总外资的比重得分	建成区绿化覆盖率得分	发展强度得分
广州	100.00	100.00	72.18	100.00	57.84	86.00
东莞	26.58	43.4	90.83	26.23	0.00	37.41
深圳	83.75	59.59	97.95	83.59	92.80	83.54
中山	10.37	29.98	33.10	9.96	75.06	31.69
珠海	15.39	44.92	58.80	15.00	100.00	46.82
佛山	20.36	45.48	100.00	19.99	67.87	50.74
江门	13.92	82.59	39.99	13.52	78.92	45.79
肇庆	0.00	78.84	0.00	0.00	70.95	29.96
惠州	90.62	0.00	25.35	90.48	48.07	50.90

资料来源：国家统计局城市社会经济调查总队，《2002 中国城市统计年鉴》，中国统计出版社，2002。

表 7.5　珠江三角洲城市群的竞争力

城市	城市群的竞争力				
	规模尺度得分	实力密度得分	运行速度得分	发展强度得分	城市群的竞争力总得分
广州	89.26	53.17	39.45	86.00	63.35
东莞	27.01	37.29	59.72	37.41	38.73
深圳	54.06	87.08	78.7	83.54	74.59
中山	8.12	27.40	33.67	31.69	22.07
珠海	5.41	46.09	37.47	46.82	25.72
佛山	21.01	29.22	40.22	50.74	33.46
江门	18.24	14.15	3.43	45.79	14.19
肇庆	19.24	3.63	2.12	29.96	8.16
惠州	16.22	8.60	6.48	50.9	14.65

资料来源：国家统计局城市社会经济调查总队，《2002 中国城市统计年鉴》，中国统计出版社，2002。

表 7.6 长江三角洲城市群规模尺度

城市	规模尺度								
	地区人口总量得分	地区土地面积得分	地区经济总量得分	地区经济总量占全国的比重得分	地区固定资产投资额得分	地区工业总产值得分	全年供水量得分	全年用电量得分	规模尺度得分
上海	100.00	32.34	100.00	100.00	100.00	100.00	100.00	100.00	91.54
南京	37.02	34.03	21.22	21.27	18.06	24.37	41.67	22.28	27.49
杭州	43.21	100.00	29.88	29.93	21.66	26.48	16.46	21.38	36.12
宁波	36.23	52.29	24.58	24.64	14.44	22.29	7.70	8.20	23.80
苏州	39.25	46.50	33.86	33.92	14.65	38.99	5.33	11.17	27.96
无锡	27.48	21.18	25.57	25.62	9.58	27.80	6.84	0.12	18.02
常州	19.81	19.37	11.32	11.37	4.39	13.20	5.55	4.54	11.19
镇江	13.71	15.86	7.79	7.84	2.60	7.59	3.03	3.37	7.72
扬州	28.76	34.30	7.85	7.90	3.52	7.54	2.27	1.82	11.74
泰州	32.95	28.70	6.70	6.75	2.84	5.94	0.44	0.36	10.58
南通	55.68	43.29	14.15	14.20	4.91	9.93	2.35	3.38	18.49
绍兴	27.27	44.97	14.42	14.47	5.48	16.10	1.07	1.55	15.67
湖州	12.89	28.88	5.35	5.40	2.88	4.64	0.86	2.20	7.89
嘉兴	19.03	16.33	9.90	9.94	7.88	8.01	0.79	2.15	9.25
舟山	0.00	0.00	0.00	0.00	0.00	0.00	0.00	0.00	0.00

资料来源:国家统计局城市社会经济调查总队,《2002中国城市统计年鉴》,中国统计出版社,2002。

表 7.7 长江三角洲城市群实力密度

城市	实力密度					
	人口密度得分	GDP密度得分	城乡人均储蓄额得分	地区人均消费总额得分	人均铺装道路面积得分	实力密度得分
上海	100.00	100.00	100.00	100.00	50.53	90.11
南京	26.78	15.14	53.06	76.51	64.01	47.10
杭州	0.00	3.96	57.99	96.17	5.77	32.78
宁波	11.73	10.35	21.12	32.38	32.17	21.55
苏州	17.79	19.76	23.94	17.59	10.97	18.01
无锡	32.56	31.67	40.22	46.61	100.00	50.21
常州	23.45	12.26	19.32	13.42	57.27	25.14
镇江	18.38	9.04	13.26	0.00	66.69	21.47
扬州	17.56	1.39	7.35	8.79	2.19	7.46

（续表 7.7）

泰州	28.59	1.61	0.00	6.72	11.45	9.68
南通	34.95	4.89	2.57	7.49	7.64	11.51
绍兴	8.52	4.68	8.51	3.31	21.77	9.36
湖州	3.62	0.00	12.43	20.67	5.93	8.53
嘉兴	27.36	12.34	8.87	17.71	27.38	18.73
舟山	17.62	3.05	31.70	28.49	0.00	16.17

资料来源:国家统计局城市社会经济调查总队,《2002 中国城市统计年鉴》,中国统计出版社,2002。

表 7.8 长江三角洲城市群运行速度

城市	运行速度					
	经济增速得分	人均客运总量得分	地区人均货运总量得分	地区电信业务总量得分	地区每万人国际互联网用户得分	运行速度得分
上海	55.50	0.00	100.00	100.00	41.94	59.49
南京	86.54	33.71	60.68	31.26	29.99	48.44
杭州	92.85	37.89	59.50	23.79	7.83	44.37
宁波	78.60	52.20	44.14	18.66	0.00	38.72
苏州	100.00	42.11	22.36	22.74	100.00	57.44
无锡	92.15	45.75	32.86	21.67	77.42	53.97
常州	81.67	35.79	22.64	6.70	40.60	37.48
镇江	75.01	26.57	33.24	9.16	34.23	35.64
扬州	41.63	12.78	11.38	7.31	6.64	15.95
泰州	73.69	3.52	0.84	12.43	11.64	20.42
南通	64.45	7.36	0.00	18.31	13.54	20.73
绍兴	28.92	34.56	27.37	9.07	14.87	22.96
湖州	0.00	31.56	73.19	6.15	8.42	23.87
嘉兴	78.95	26.66	35.32	8.55	16.07	33.11
舟山	74.25	100.00	79.70	0.00	20.25	54.84

资料来源:国家统计局城市社会经济调查总队,《2002 中国城市统计年鉴》,中国统计出版社,2002。

表 7.9 长江三角洲城市群发展强度

城市	发展强度					
	当年实际使用外资得分	第三产业增加值占GDP比重得分	人均教育事业费支出得分	外资占全国总外资的比重得分	建成区绿化覆盖率得分	发展强度得分
上海	100.00	97.55	100.00	100.00	5.05	80.52
南京	20.33	90.46	18.77	20.32	90.40	48.06

（续表 7.9）

杭州	11.23	75.49	16.93	11.21	50.00	32.97
宁波	19.70	83.81	56.08	19.69	49.49	45.76
苏州	68.73	35.13	11.38	68.71	42.93	45.38
无锡	30.73	65.51	23.48	30.71	24.24	34.93
常州	13.90	27.15	13.77	13.89	35.35	20.81
镇江	7.19	64.48	10.42	7.17	53.03	28.46
扬州	2.02	53.13	7.27	2.00	51.01	23.09
泰州	2.50	0.00	5.92	2.48	5.05	3.19
南通	3.74	34.49	8.00	3.72	33.84	16.76
绍兴	3.34	100.00	14.84	3.32	67.17	37.73
湖州	4.53	14.92	0.00	4.51	0.00	4.79
嘉兴	5.92	18.35	4.65	5.90	4.04	7.77
舟山	0.00	51.08	20.12	0.00	100.00	34.24

资料来源：国家统计局城市社会经济调查总队，《2002 中国城市统计年鉴》，中国统计出版社，2002。

表 7.10　长江三角洲城市群的竞争力

城市	城市群的竞争力				城市群的竞争力总得分
	规模尺度得分	实力密度得分	运行速度得分	发展强度得分	
上海	91.54	90.11	59.49	80.52	79.28
南京	27.49	47.10	48.44	48.06	41.67
杭州	36.12	32.78	44.37	32.97	36.28
宁波	23.80	21.55	38.72	45.76	30.88
苏州	27.96	18.01	57.44	45.38	33.85
无锡	18.02	50.21	53.97	34.93	36.14
常州	11.19	25.14	37.48	20.81	21.64
镇江	7.72	21.47	35.64	28.46	20.25
扬州	11.74	7.46	15.95	23.09	13.40
泰州	10.58	9.68	20.42	3.19	9.04
南通	18.49	11.51	20.73	16.76	16.49
绍兴	15.67	9.36	22.96	37.73	18.88
湖州	7.89	8.53	23.87	4.79	9.37
嘉兴	9.25	18.73	33.11	7.77	14.53
舟山	0.00	16.17	54.84	34.24	0.00

资料来源：国家统计局城市社会经济调查总队，《2002 中国城市统计年鉴》，中国统计出版社，2002。

表 7.11　京津环渤海城市群规模尺度

城市	规模尺度								
	地区人口总量得分	地区土地面积得分	地区经济总量得分	地区GDP占全国的比重得分	地区固定资产投资额得分	地区工业总产值得分	全年供水量得分	全年用电量得分	规模尺度得分
北京	100.00	70.57	100.00	99.93	100.00	98.86	100.00	100.00	96.17
天津	79.15	43.51	62.32	62.28	43.22	100.00	47.82	55.87	61.77
唐山	57.76	52.12	31.07	31.07	7.45	18.40	16.11	18.84	29.10
秦皇岛	14.53	20.74	4.87	4.89	3.49	0.00	5.86	4.45	7.35
保定	94.01	100.00	21.36	21.36	8.34	6.25	6.24	4.38	32.74
廊坊	25.88	13.07	8.85	8.86	5.82	0.93	0.69	0.00	8.01
沧州	55.10	56.16	11.61	11.63	3.93	2.80	1.69	0.46	17.92
沈阳	56.68	49.39	39.69	39.68	18.99	21.14	35.64	19.95	35.14
大连	43.19	47.14	39.66	39.65	16.81	33.66	20.89	23.27	33.03
鞍山	22.14	28.72	17.40	17.40	5.09	12.00	29.38	18.59	18.84
抚顺	10.33	39.92	3.02	3.04	2.54	6.70	12.74	14.13	11.55
本溪	3.35	24.06	0.00	0.02	2.81	1.67	20.94	7.44	7.54
营口	10.45	7.38	0.56	0.59	1.77	0.51	2.28	5.20	3.59
盘锦	0.00	0.00	4.63	4.65	5.40	7.56	4.29	4.93	3.93
锦州	18.44	34.54	1.47	1.49	1.87	0.56	11.18	1.69	8.90
葫芦岛	14.69	35.17	0.25	0.28	2.01	2.62	4.16	6.01	8.15
济南	44.63	22.76	33.31	33.30	17.15	22.20	19.53	18.59	26.43
青岛	58.79	37.98	42.68	42.66	19.70	54.17	14.01	16.82	35.85
烟台	52.34	53.64	30.06	30.06	12.16	34.43	4.40	6.24	27.92
威海	12.44	7.57	16.86	16.86	0.00	31.94	0.60	1.65	10.99
东营	5.07	21.35	12.15	12.16	13.78	13.69	10.27	12.10	12.57
滨州	24.02	29.79	4.84	4.86	2.62	3.44	0.00	0.35	8.74
淄博	28.77	10.35	19.67	19.67	6.05	25.87	15.59	30.16	19.52
潍坊	72.35	65.35	23.41	23.41	6.50	20.60	4.25	5.32	27.65

资料来源：国家统计局城市社会经济调查总队，《2002 中国城市统计年鉴》，中国统计出版社，2002。

表 7.12　京津环渤海城市群实力密度

城市	实力密度					
	人口密度得分	GDP 密度得分	城乡人均储蓄额得分	地区人均消费总额得分	人均铺装道路面积得分	实力密度得分
北京	82.96	100.00	100.00	100.00	24.65	81.52
天津	100.00	90.10	37.26	57.73	21.17	61.25
唐山	57.49	37.59	7.27	7.93	42.16	30.49
秦皇岛	27.02	14.28	14.58	11.91	96.43	32.84
保定	50.77	10.63	0.34	0.93	73.34	27.21
廊坊	70.22	30.74	2.90	2.75	25.35	26.39
沧州	49.57	10.97	0.11	4.56	78.31	28.70
沈阳	59.38	51.14	42.97	93.18	43.03	57.94
大连	43.89	53.13	34.18	46.74	20.30	39.65
鞍山	32.01	34.06	16.89	13.79	3.66	20.08
抚顺	2.58	3.43	24.88	18.38	5.75	11.01
本溪	0.00	2.25	22.90	11.39	0.96	7.50
营口	40.45	11.82	7.58	1.82	14.90	15.31
盘锦	19.97	37.07	36.75	9.98	57.06	32.16
锦州	19.28	2.20	11.20	4.73	33.45	14.17
葫芦岛	12.56	0.00	8.14	3.50	1.48	5.14
济南	87.78	74.30	21.70	27.85	45.03	51.33
青岛	80.03	67.78	14.38	28.95	50.96	48.42
烟台	48.88	35.32	7.85	10.45	48.17	30.14
威海	46.30	64.39	8.91	2.76	100.00	44.47
东营	5.68	30.07	23.45	0.12	66.29	25.12
滨州	34.08	9.74	0.00	0.00	0.00	8.76
淄博	86.92	66.29	19.92	17.70	24.48	43.06
潍坊	59.72	21.68	1.06	2.44	56.18	28.22

资料来源：国家统计局城市社会经济调查总队，《2002 中国城市统计年鉴》，中国统计出版社，2002。

表 7.13　京津环渤海城市群运行速度

城市	运行速度					
	经济增速得分	地区人均客运总量得分	地区人均货运总量得分	地区电信业务总量得分	地区每万人国际互联网用户得分	运行速度得分
北京	100.00	55.40	60.75	100.00	100.00	83.23
天津	82.01	0.00	71.02	23.32	75.17	50.30
唐山	66.12	30.80	42.18	5.89	9.72	30.94
秦皇岛	49.86	61.46	50.76	1.90	39.18	40.63
保定	40.98	11.05	0.70	6.40	8.74	13.57
廊坊	80.98	31.20	19.74	6.19	14.43	30.51
沧州	35.25	24.14	5.11	0.96	3.22	13.74
沈阳	69.60	20.83	45.75	23.50	77.04	47.34
大连	74.94	56.19	84.73	16.16	83.25	63.05
鞍山	68.83	49.82	85.61	6.73	48.01	51.80
抚顺	73.75	19.78	26.61	1.85	14.18	27.23
本溪	80.25	79.17	96.32	2.72	43.82	60.46
营口	84.43	35.94	24.02	2.28	23.79	34.09
盘锦	0.00	26.83	47.91	1.94	34.24	22.18
锦州	69.89	19.73	30.54	0.00	15.22	27.08
葫芦岛	99.90	36.78	10.49	2.14	12.65	32.39
济南	80.09	25.19	48.50	12.81	16.43	36.60
青岛	97.43	59.88	100.00	14.84	70.08	68.44
烟台	75.77	23.57	19.01	8.88	14.41	28.33
威海	78.90	31.84	20.69	3.80	24.12	31.87
东营	50.90	31.56	56.50	2.47	18.79	32.04
滨州	90.98	2.23	0.00	1.63	0.00	18.97
淄博	61.45	100.00	24.62	3.69	47.96	47.54
潍坊	81.95	3.53	7.95	4.90	5.81	20.83

资料来源:国家统计局城市社会经济调查总队,《2002 中国城市统计年鉴》,中国统计出版社,2002。

表 7.14　京津环渤海城市群发展强度

城市	发展强度					
	当年实际使用外资得分	第三产业增加值占GDP比重得分	人均教育事业费支出得分	外资占全国总外资的比重得分	建成区绿化覆盖率得分	发展强度得分
北京	100.00	100.00	100.00	100.00	45.86	89.17
天津	80.24	72.92	51.85	80.23	19.24	60.89
唐山	3.53	44.55	6.21	3.55	50.11	21.59
秦皇岛	1.87	99.04	29.57	1.90	47.87	36.05
保定	1.40	75.64	10.01	1.42	13.65	20.42
廊坊	2.90	69.28	14.41	2.92	39.15	25.73
沧州	1.23	69.94	16.53	1.25	26.40	23.07
沈阳	20.99	81.41	18.29	21.01	12.08	30.76
大连	36.05	80.12	18.29	36.06	52.57	44.62
鞍山	3.18	57.78	12.26	3.20	36.91	22.67
抚顺	0.79	46.33	8.91	0.81	32.89	17.94
本溪	0.00	62.71	20.04	0.00	100.00	36.55
营口	4.16	58.73	11.13	4.18	7.61	17.16
盘锦	2.64	16.70	0.00	2.66	14.54	7.31
锦州	2.30	74.91	5.82	2.32	41.39	25.35
葫芦岛	0.23	52.85	2.32	0.26	56.15	22.36
济南	10.31	87.41	12.98	10.33	33.56	30.92
青岛	39.67	69.7	49.34	39.68	44.74	48.63
烟台	16.97	53.82	11.36	16.98	42.73	28.37
威海	8.17	62.44	24.39	8.19	47.65	30.17
东营	1.50	0.00	3.51	1.52	0.00	1.31
滨州	0.88	60.36	8.26	0.90	11.63	16.41
淄博	3.30	44.45	9.24	3.32	36.24	19.31
潍坊	3.88	51.61	13.45	3.90	32.66	21.10

资料来源：国家统计局城市社会经济调查总队，《2002中国城市统计年鉴》，中国统计出版社，2002。

表 7.15　京津环渤海城市群的竞争力

城市	城市群的竞争力				城市群的竞争力总得分
	规模尺度得分	实力密度得分	运行速度得分	发展强度得分	
北京	96.17	81.52	83.23	89.17	87.34
天津	61.77	61.25	50.30	60.89	58.34
唐山	29.10	30.49	30.94	21.59	27.75
秦皇岛	7.35	32.84	40.63	36.05	24.38
保定	32.74	27.21	13.57	20.42	22.29
廊坊	8.01	26.39	30.51	25.73	20.18
沧州	17.92	28.70	13.74	23.07	20.09
沈阳	35.14	57.94	47.34	30.76	41.50
大连	33.03	39.65	63.05	44.62	43.81
鞍山	18.84	20.08	51.80	22.67	25.82
抚顺	11.55	11.01	27.23	17.94	15.79
本溪	7.54	7.50	60.46	36.55	18.80
营口	3.59	15.31	34.09	17.16	13.39
盘锦	3.93	32.16	22.18	7.31	11.96
锦州	8.90	14.17	27.08	25.35	17.15
葫芦岛	8.15	5.14	32.39	22.36	13.20
济南	26.43	51.33	36.60	30.92	35.20
青岛	35.85	48.42	68.44	48.63	49.03
烟台	27.92	30.14	28.33	28.37	28.68
威海	10.99	44.47	31.87	30.17	26.18
东营	12.57	25.12	32.04	1.31	10.73
滨州	8.74	8.76	18.97	16.41	12.43
淄博	19.52	43.06	47.54	19.31	29.64
潍坊	27.65	28.22	20.83	21.10	24.20

资料来源:国家统计局城市社会经济调查总队,《2002 中国城市统计年鉴》,中国统计出版社,2002。

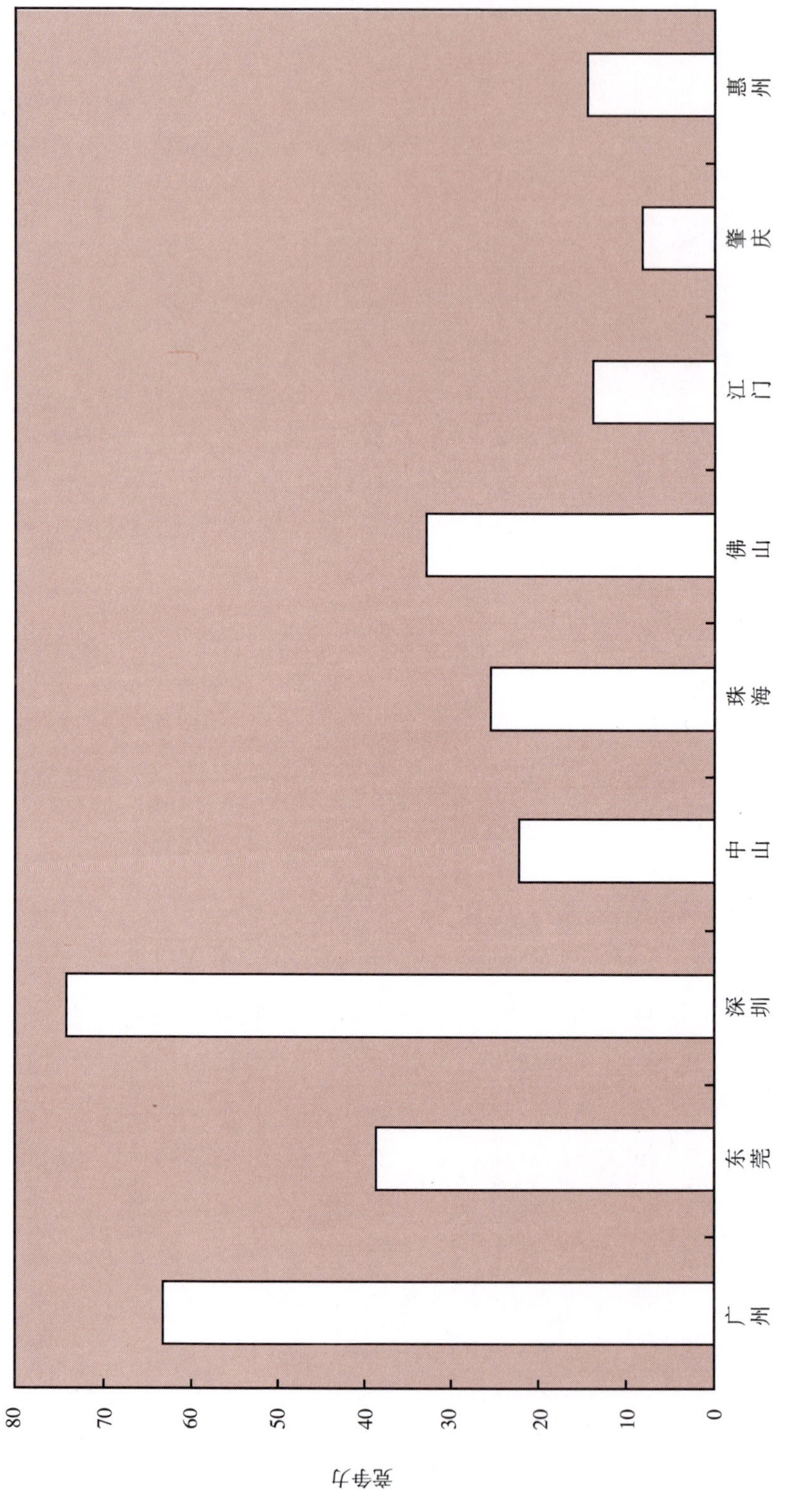

图7.1 珠江三角洲城市群的竞争力

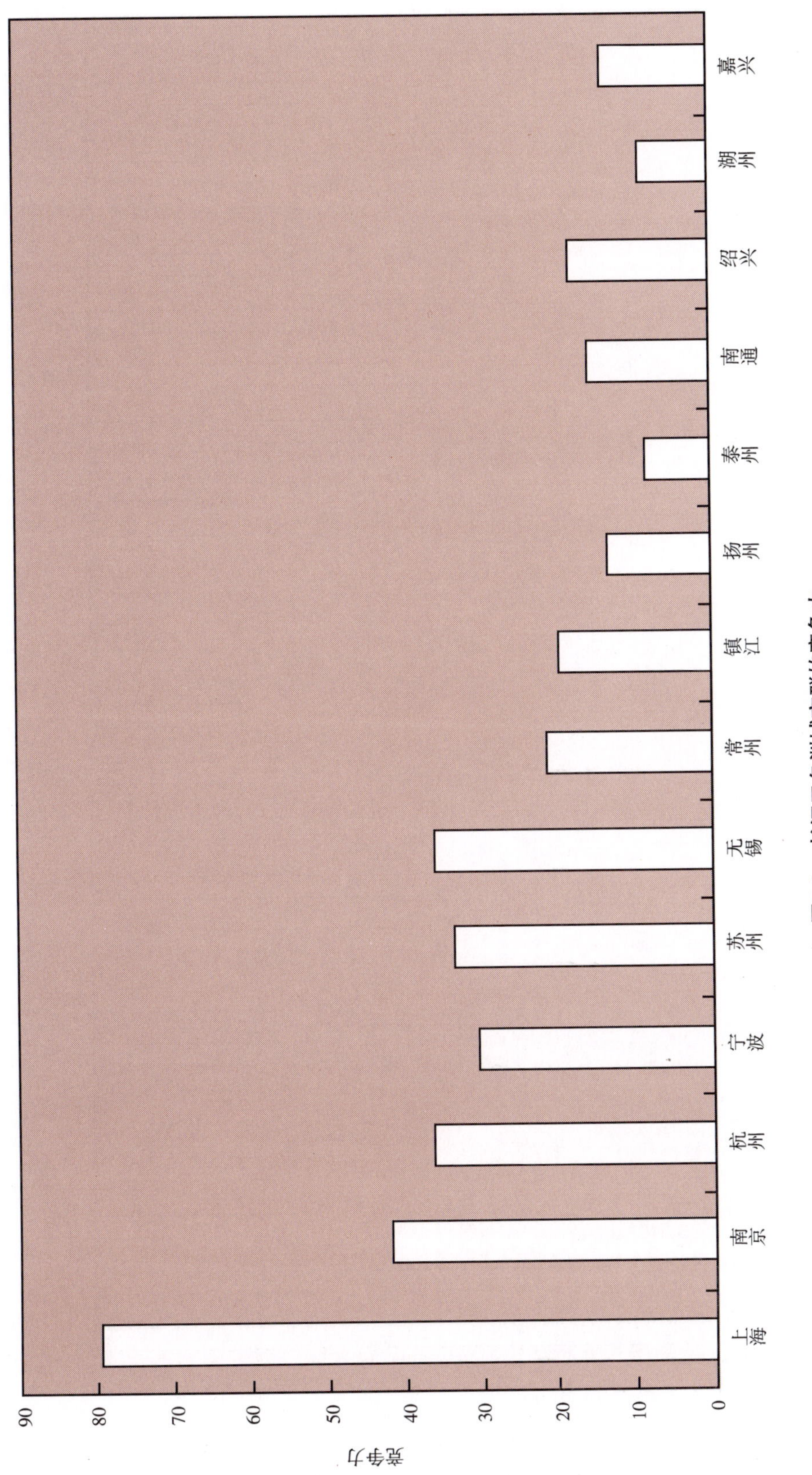

图7.2　长江三角洲城市群的竞争力

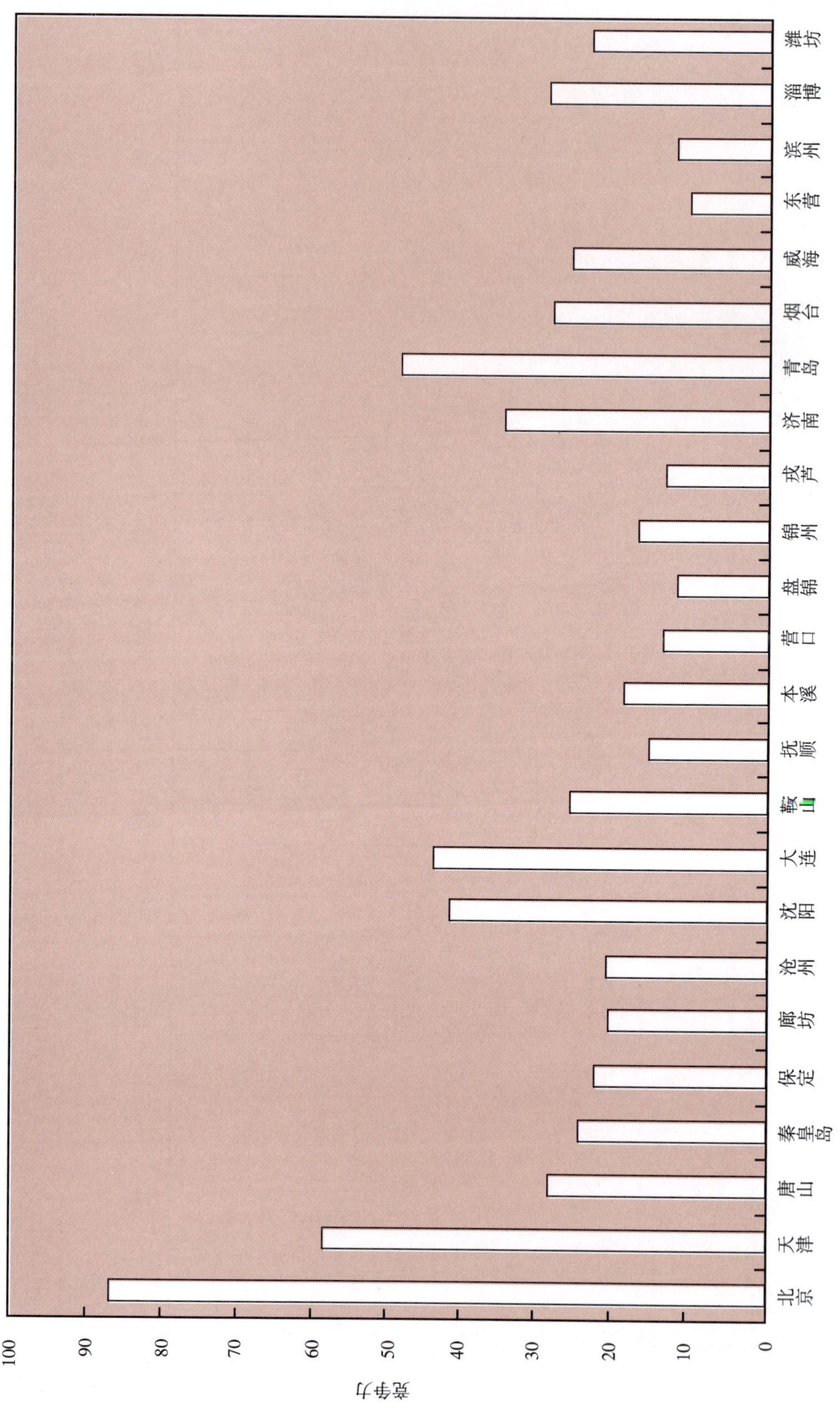

图7.3 京津环渤海城市群的竞争力

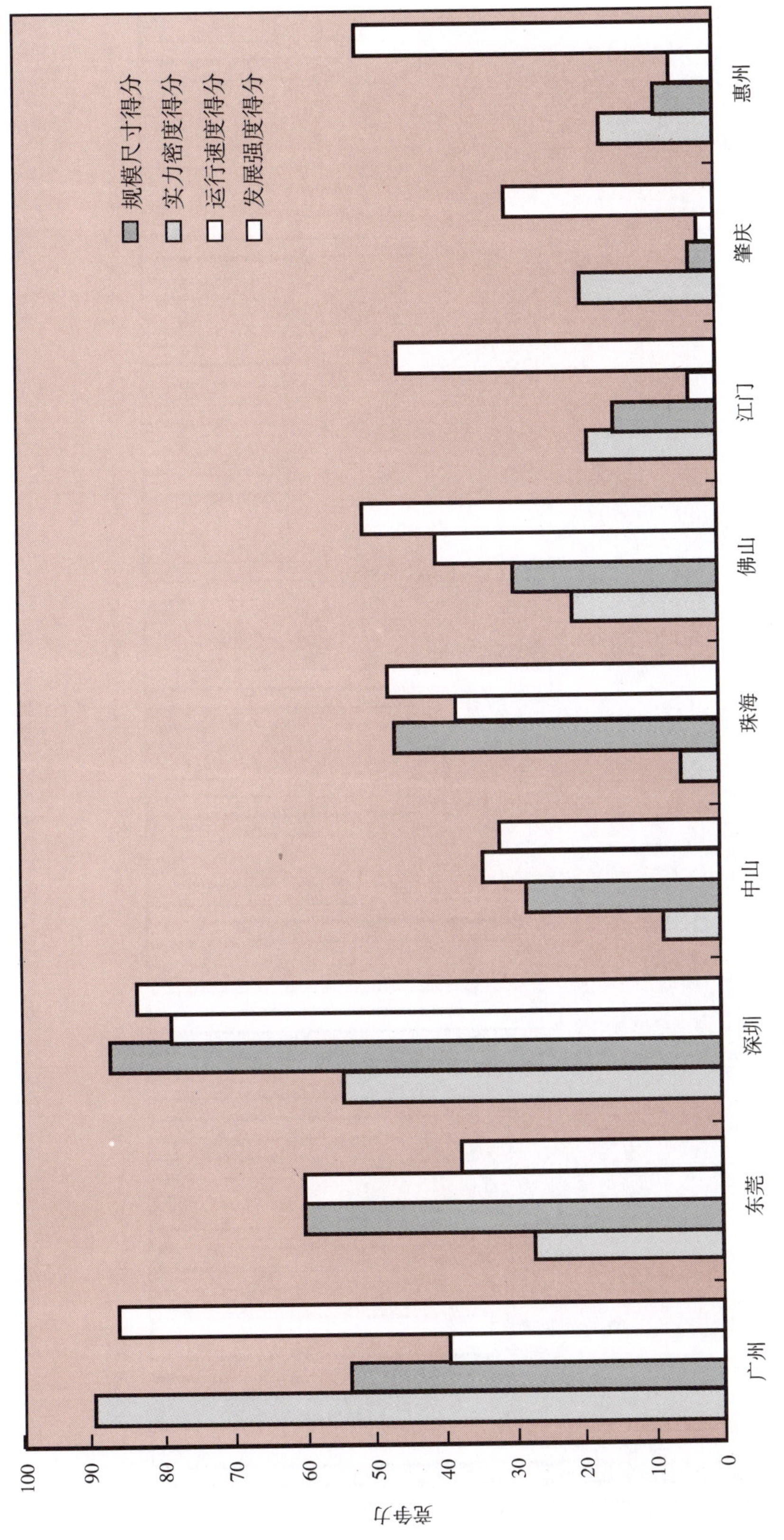

图7.4 珠江三角洲城市群城市的竞争力

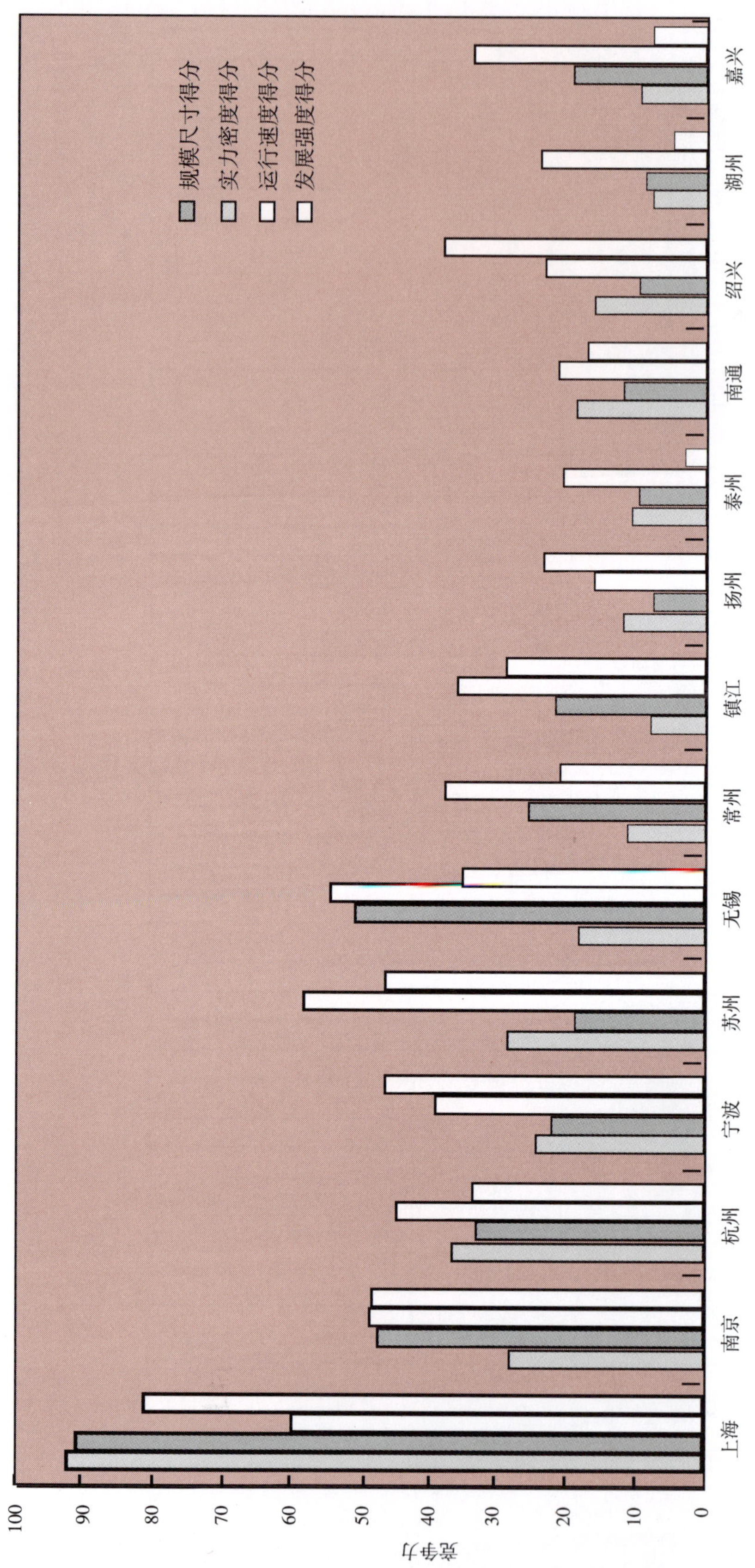

图7.5 长江三角洲城市群竞争力

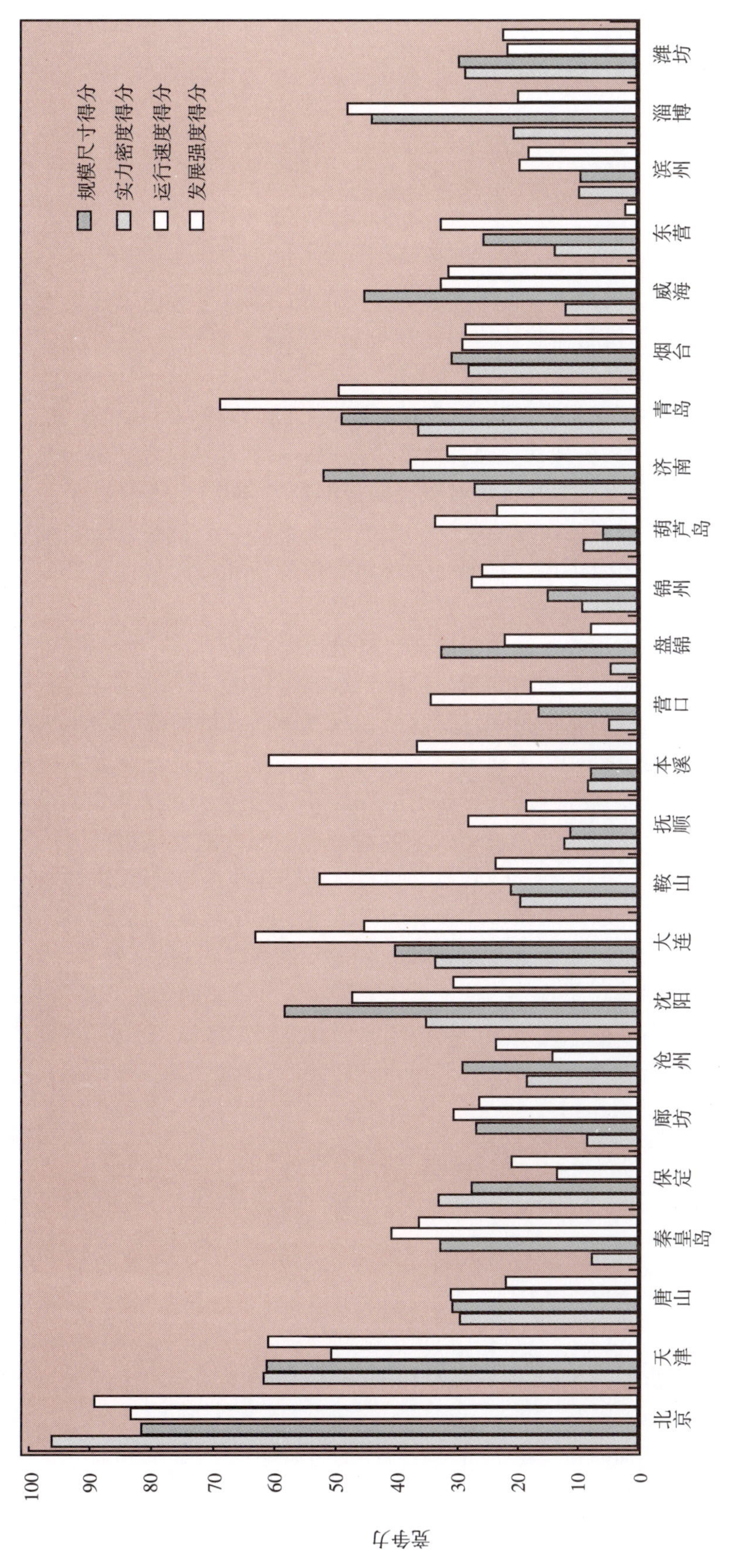

图7.6 京津环渤海城市群的竞争力

第八章　中国三大组团式城市群的能力建设

本章主要讨论组团式城市群的发展和建设问题，主要包括能力建设、资本运作、产业簇群设计、利益补偿、体制架构和运行机制等方面。也就是说，组团式城市群到底怎样才能很好地发展起来。

在我们看来，组团式城市群的建设既要建立在自由市场大发展的基础上，又要充分发挥包括政府在内的各种社会经济力量的作用。要在经济全球化的浪潮中和以知识为基础的时代背景下考虑和遵从组团式城市群的发展规律，而绝不是一种主观的价值取向，如简单的投资问题或通过政策导引来创造一个全新的组团式城市群的工作。这方面，区域经济自由市场氛围的强弱和合作创新环境的培育是最基础性的前提。

应该说，组团式城市群既是中国社会经济健康、协调和稳定发展的前提，也是社会经济健康、协调和稳定发展的结果。目标固然重要，但这个目标并不是什么手段都能达到的，尤其是当我们用一种手段而同时排斥其他手段的时候。如果以一种错误的方式去硬性地建城市群，那可能会因手段的错误而错失新的社会发展机会。毕竟在具体的发展事务中，实施可能比目标制定更为复杂，更为困难。当我们考虑清楚要实施什么的时候——当然，这个工作并不容易——一定要注意实施的方式方法。在实施的过程中一定会遇到很多问题，如果能及时地感知和提炼问题，并进行有效的战略研究，一定会探索出组团式城市发展的规律。这个问题是如此重要，因为我们通过研究，真切地体会到组团式城市群对中国的下一步发展来讲，意味着一种新的思路。组团式城市群，正因为它超越的是基于生产要素投入和成本降低的传统发展思路，而在一个新的层面上，即产业簇群和领域性知识创新上谋求区域、企业和国家的竞争优势，我们才说它是一个更高级的战略平台，并由此带来社会性的发展红利。

一　组团式城市群能力建设的四大转变

组团式城市群的构建，既有空间布局上的整体思考，又有产业布局上的合理调配，以达到组团式城市群在结构上与功能上的完善，以此去获取“发展红利”，即从知识互补、人力互补、技术互补、产业互补和设施互补中，降低交易成本，克服市场壁垒，取得协作效益，分散创新风险，形成良性网络，最终享受发展红利为区域带来的整体效益。

为了达到上述目的，在构建组团式城市群的过程中，必须逐步地实现四类经济社会的根本转变，结合中国的国情在生产力要素组合中的各个分量，推进获取综合效益最大化的整体目标，这五大基本转变分别是：在组团式城市群内，促进土地资源向土地资本的转变；在投入拉动领域内，促进民间储蓄向民间资本的转变；在劳动力配置领域内，促进人口资源向人力资本的转变；在社会二元化结构的消除中，促进人口身份从拥有土地的农民身份向股民身份的转变；在组团式城市群的顶层规划中，促进从点状形态向块状形态的转变。

1. 促进土地资源向土地资本的转变：解决城市化成本的基本出路

在未纳入组团式城市群范围时，土地是作为第一产业（以绿色植物作为初始生产力的存在形态）的载体而存在，其基本属性是作为资源，加上其他自然投入（如二氧化碳、水、太阳光）和劳动力投入，形成了基础生产力，并在此基础上再纳入养殖业和农产品加工业，共同构成了以土地资源为中心的产业形式和社会结构形式。其基本特点是：主要依赖自然生产力，形成了投入较低、产业较低、积累财富能力较低、劳动力素质较低和产品形式比较单一等。

当土地纳入到组团式城市群之后，其功能形态和使用价值将会发生根本变化，从原先以生产农作物为主转变为高附加值第二产业和第三产业的生产。

土地资源向土地资本的转变，必须遵循以下三项原则：

原则1：土地资源作为母体，应始终将所有权保持在国家规定的范围之内，通过土地流转制度，将承包权、经营权分离出来，并通过市场运作方式，依照级差地租随时间的变化，服从城市群规划定位，形成经营式的资本运作模式。

原则2：必须保证原有土地的承包者——农民，获得永久的利益保障，不应采取一次性买断的方式，将农民变为非农民，而应采取农民利益方式变换的形式，作为股权保有形式，随着土地的升值而分享发展的利益。

原则3：促进农民、政府、投资者三方的“共赢”，可以采用虚拟资本的形式，让投资者以低成本进入，让农民参与投资者的利润分成，让政府获得宏观管理（如规划）和全程服务的收益，三者的责权利通过非直接交易的方式，由银行体系依照共同拟定的规则合同进行成本交易、利益分割和居中操作，其结果既不是农民直接面对企业，也不是农民直接面对政府；企业既不是与农民直接兑现，也不与政府作出利益挂钩。这样避免了现存的社会弊病，全面进入市场化、透明化、公开化的操作。

2. 促进人口资源向人力资本的转变：培育城市发展的第一资源

中国是世界人口大国，城市化进程中第一要在数量上将农民转变为市民，第二要将农民的素质与积聚财富的能力提高到一个新的水平，因此将庞大的人口资源迅速转变为更加有效的人力资本，是建设组团式城市群的本质要务。依照美国对于各个受教育阶层的统计分析，可以十分明确地显示出人力资本的培育和升级，是社会财富获取能力的根本保障。美国有关机构在对全国2500万个不同受教育年限与其工资收入，作了庞大的调查分析，他们此处以受教育的层次高低作为一方，以其平均收入（可以理解为获取财富能力的报偿）为另一方，构建出以下的数量表达：

《华盛顿邮报》2002年7月公布对于美国收入水平的社会调查

知识层次（学历）	人口比例	18～60岁总收入（美元）	比较
1.　0年教育水平（文盲）	0.01%	5万（约4美元/日）	1
2.　5年教育水平（小学）	0.05%	25万（约18美元/日）	5
3.　9年教育水平（初中）	3%	50万（约35美元/日）	10
4.　12年教育水平（高中）	8%	150万（约100美元/日）	30

5. 14年教育水平(大专)	35%	250万(约180美元/日)	50
6. 16年教育水平(大学)	46%	300万(约210美元/日)	60
7. 20年教育水平(专精)	8%	500万(约350美元/日)	100

可以参考美国社会中的案例,推想出在中国实现城市化的进程中,根本的任务还必须将人力资本的培育,作为城市化的最大成功的保障,其中未来所涉及到的充分就业问题、共同富裕问题、生活质量普遍提高问题、现行二元结构的消除问题、中产阶级的形成问题以及国际竞争力的提高问题等,均可以在城市化进程的人力资本培育中,获得满意的解决。

3.促进民间储蓄向民间银行的转变:逐步走向扩大"内投"的稳健方向

现在我国的民间储蓄已经超过10万亿人民币,与目前的国内生产总值大致相当,加上固定资产的占有,民间的财富已经达到一个十分可观的地步,如何积极稳妥地将这个庞大的资本释放出来,转变为逐渐制衡外部投资额的程度,是推行城市化进程中扩大生产、解决就业、实现国际收支平衡和全面纳入市场体系的重要步聚。

根据2002年和2003年上半年的统计,中国吸收外部投资已居世界第一,年实际利用外部投资超过500亿美元。与此同时,中国民间储蓄额逐年上升并且有继续上升的势头,对于积极启动内部投资(内投)制衡外部投资,并且逐步将储蓄的潜力释放为动力的机制,已经提到议事日程上来了。随着我国城乡社会保障体系的完善,随着全面实现小康社会并进一步实现现代化的进程加速,启动民间资本服务于国家发展的任务已迫在眉睫。在国有银行全面掌握主动的前提下,开放民间银行或者民间资本向国有银行的注入等,是解决生产发展中资本短缺的有利途径。可以考虑制定民间银行法,鼓励并规范民间资本积极参与国内外的金融市场,是现阶段应当着手进行的重大举措之一。

4.促进农民身份向股民身份的转变:保持社会稳定的基本保证

在加速实现城市化的进程中,农民身份的转变必须具备两大基本条件。其一,在转变过程中,农民原有财产水平(基础收入)的保持与增值,即农民原先依赖土地的收入水平至少必须获得"永久"的保障(更好一点是在此保障基础上获得一定的增量),以打消农民在失去土地状况下的后顾之忧;其二,在农民的基础收入得以保证的条件下,积极创造新财富,进一步提高积聚财富的能力,获得更高的生活水平,逐步过渡到与城市居民平均收入相当的水平。

在中国加速城市化的进程中,一个十分重要的政策是如何保持和增值农民原先已经达到的财富获得能力。当农民拥有土地时,其一生的依靠就是对于土地生产和承包权,当农民失去土地时,虽然可以获得现行规定下的补偿,但是在其过渡期(由农民转变为真正获得城市居民平均收入水平之间的年限,在我国平均约为5～8年),这种补偿很快就被消耗殆尽,因此出现了一个收入水平中的"空穴",引发了一系列的矛盾和社会的不稳定。因此可以考虑将补偿农民的金额划分为两大组成部分,金额补偿中的60%～80%可以变现直接交付农民,其余的20%～40%作为随土地性质转变后的永久性投资与土地升值紧密地联系在一起,农民将其作为股份参与土地经营,每年获得升值后的红利,一直保有终身受益。这样就将农民的身份自然地转为股民身份,一举解脱了困扰农民的基本生活保障问题,也一举解脱了国家对于城市化过程中社会稳定的担忧。

以上四大转变，实质上是互相呼应的，对于全面解决城市化进程中的难点问题：如投入成本问题、充分就业问题、启动内部投资问题、保持社会稳定问题、确保农民利益问题等，是至关重要的，也是产生新思路、考虑新体制、设计新机制的重要切入点。

二 组团式城市群的能力建设

在1998年世界银行发表的题为《知识促进发展》的年度报告中，知识已经不再简单的是经济增长的要素，而是成为经济发展和社会转型中最重要的因素——知识创造财富、知识促进发展、知识推进改革。如此说，是因为世界银行通过对许多国家的经济增长差异分析发现，物质资本只能解释这些差异的不到30%，其余的70%以上要直接或间接地归因于构成全要素生产率（TFP）的无形因素，即知识因素和制度因素。他们发现穷国与富国、穷人与富人之间的差距不仅表现为人均收入差距、人均资本差距，而且还表现为创造知识能力的差距，甚至这一能力的不平等远大于收入上的不平等。报告还明确提出了缩小知识差距的三大途径：第一，获取知识的能力；第二，吸收知识的能力；第三，交流知识的能力。

[资料来源：胡鞍钢主编，《知识与发展：21世纪新追赶战略》，北京大学出版社，2001年。]

世界银行2000年9月从知识创新的角度对中国发展战略给予了政策评估和建议，主要内容为：

> 中国的R&D支出占GDP的0.7%，低于国际水平，只占全球R&D总量的1%。国际专利产出更是微乎其微。因此，中国需要建立更加广泛的创新战略，不仅集中在高技术和R&D，而且要提高生产力和增加整体竞争力。
>
> 知识革命、日益增加的国际竞争以及中国将要进行的大规模结构调整造成严重的就业问题，为了应对这种挑战，需要以知识为基础的战略，而不是目前的以要素为基础的战略。……，如果缺乏配置生产性资源的经济激励和制度框架，对雄厚的教育基础、高度发达的R&D基础设施（例如俄罗斯的情况）或者电信基础设施上的投资回报率将会大大降低。另一方面人口的教育和技能，信息基础设施和创新系统也必须得到加强，从而发挥知识革命的潜力。

如何做到超越以要素为基础的战略，而达到经济发展以知识为基础，或更进一步讲，即如何建设信息基础设施和创新系统，以有利于知识的获取、吸收与交流呢？

实际上，正如胡鞍钢等所指出的，我国知识资源分布存在着极不平衡的状况：东部地区综合知识发展指数明显高于中西部地区，8个少数民族省区都属于低知识发展水平地区。区域之间存在显著的知识发展差距的同时，各区域内部知识发展也极不平衡，一些省市区由于综合知识发展水平或者某一项知识能力远高于周围地区成为知识发展的中心，使得全国的知识发展水平的分布在总体上出现东高西低的同时，又形成若干高水平的知识发展中心。从综合知识发展水平上看，北京、上海远远高于其他地区，相当于全国平均水平的6.1倍和5.3倍，成为全国的知识发展中心。这些地区最丰富的资源不是自然资源，而是知识资源。

根据一些省份的知识生产能力在全国或区域中的地位，可以看出知识的生产能力呈现出一种极化的分布格局。北京、上海为全国的知识生产中心，而广东为东部的知识生产中心。吉林（长春）、湖北（武汉）和安徽（合肥）为中部的知识生产中心，陕西

(西安)、四川(成都)和甘肃(兰州)为西部的知识生产中心。

组团式城市群的提出，是为了使已有城市发展成果，即北京、上海等城市为全国的知识生产中心这一现实，按照知识创新内在需求提出来的。组团式城市群的能力建设到不到位，主要就是看是否起到了对要素推动经济发展这一层面的超越。

要素聚积造成了深圳特区对中国经济发展的点式拉动。这一点，正如赵海均所言，深圳特区的发展，很多人只注意到其对中国改革开放的示范和引导作用，很少有人注意其对中国经济整体发展的真正战略内涵。特区的设立，国家并没有投多少资金。刚开始，"淘金"只是少数，随着"点"的积聚，"潮"的涌动，"势"的形成，深圳成了世人瞩目的地方，投资的热点。深圳对中国整体来说是一个点，通过资本积聚促进自身和广东经济，进而引发环海经济的发展，中国经济正是通过这个点逐步活跃起来的。这才是"深圳奇迹"对中国经济整体发展战略的真正内涵。

如今，再要造成这种资本或人才向某一点上的集聚，非但不可能，而且也不合理。如果说头 20 年的改革可以采用要素聚积这种"点式拉动"效果的话，那么，在新的时代条件下，就应该寻求一种新的社会经济形态或发展方式。正是我们自觉地认识到了这一点，因而提出了国家和整个社会要密切关注并大力促进组团式城市群发展这一问题。

组团式城市群，应该讲是一种新的意义上的聚合经济的结果。所谓"新的意义"是指聚合经济在层次和境界上都有了不同，其中体现的是新的时代精神。简单讲就是，组团式城市群的发展不再像城市或中心城市那样是经济要素集聚的结果，而是产业聚合或者说形成产业簇群的结果。

组团式城市群的提出，是在新的时代条件下对中国社会经济可持续发展进一步考虑的结果。因为我们正面临着一种历史性的变化，即生产要素和原料的价值在(本质性地)降低。如此说，主要基于：①随着愈来愈多国家对全球经济开放，原料供应也止在扩张；②国家与国际间的生产要素市场运作得愈来愈有效率；③竞争中，生产要素的重要性日渐减轻。在经济全球化和网络技术快速发展的趋势下，一般性的生产要素很充沛，而且可随时取得。经济是否繁荣，要视在某特定地点中，谁能使大家都可以得到和运用的生产力要素创造更大的价值。对于一个国家或区域来说，如果仅有厂商、供应商或相关机构，将只能(一般性地)创造潜在的经济价值，而不能确保这种潜能得到充分发挥。

怎么样使各种经济资源的潜能得到充分发挥呢？这里就有一个知识的作用，或者说领域性知识的创造和发展问题。

那么，如何才能有效地获取知识、吸收知识和交流知识呢？这三种能力应该如何建设呢？我们这里引用了一个"领域"概念，即认为知识都是在某一领域中存在和发展的，或者说，知识也都是关于某一领域的。一句话，领域是知识的载体或基底。

皮埃尔·布尔迪约创造了"领域"的概念来指示变化极其多样的社会天地：艺术或文学世界、科学领域、政治或行政领域，当然也包括经济领域。在这些领域中，存在着两种情况，即追求不同目标的组织之间既相互对立和冲突，也相互团结与合作。让我们看一下领域概念的涵义：

> 一个领域是位置或岗位的结构化以至等级化的空间，这些位置或岗位相对独立于占据者；每个领域都有其特殊的规则和利益，这些规则和利益不可适用于另一领域；一个科学家活动的领域与一个商人或教士活动的领域不是一回事；一

个领域的结构是在某时间点，占据不同位置的机构或人员之间力量对比的结果；一个领域也是一个活跃的空间，力量关系为维持或推翻现有状态而进行的斗争；一个领域并不是封闭的空间。领域的界限是其构成人员或组织进行长期争斗的对象；在某一领域中不同位置占据者进行的争斗需要对斗争利益有一个基本的共识。

领域的概念与系统的概念不同，不具有功能性的内涵。领域性的概念区别于组织和行为体系的概念，因为它对边界的概念提出疑问，此概念是行为者之间争斗的焦点。

各种不同的知识及其知识发展和应用，就是一种领域性活动。所谓领域性活动，是指无论是个人，还是其他什么社会经济主体，都要在生存和发展中深入到领域（知识）之中，只有这样才能发现真正的问题和潜在的机会，才能发现我们所需要的创新资源，如人才和思路等。正是领域的不同，而社会经济者又都进行了比较有深度的领域性活动，才形成真正的对话。对话不要求意见的统一，但求很好地相互交流和理解。领域不同，是没法求得对意见的统一的。意见的统一只有在同一领域内才能获得，而且领域内的意见在很多情况下，是要靠某种政策和沟通来取得统一的。

“广义的机会领域”给人以一个更加宽阔的视野，使人能够更易看到“新的竞争空间”和“市场空间”。“领域”是一个比“产业”更加灵活宽泛的概念，甚至可以说领域代表的是一个范畴，而产业则是一个系统概念。在网络经济时代，领域比产业更能使人找到共同点和接合点。下面让我们从盖瑞·海默尔所举的例子中更加具体地理会关注“领域”与注重“产业”的不同：

以日本的 Matsushita 公司为例：在过去 Matsushita 公司一直将自己看作是“消费电子”产业，主要生产收音机、高保真音响设备、影碟机等产品。蜂窝电话最初是作为一种专业服务产品由电讯公司销售，个人计算机最初也是作为一种专业服务产品由计算机专卖店进行销售。尽管 Matsushita 公司在消费电子行业曾一度辉煌，但是在过去的 10 年中，由于错失了销售蜂窝电话、个人计算机等产品的契机而落后于其他竞争对手。Matsushita 公司在家用电子行业进行竞争，但是由于进入较晚而远居后位。

如果说对一个城市，其产业结构还比较清晰的话，对于作为一个区域性社会经济概念的组团式城市群来说，以产业结构这样的概念则不好说明其社会经济特点。在此，我们提出用“领域”来刻画组团式城市群的社会经济属性：在组团式城市群中，人们是在领域意义或水平上相互交流与合作的。使不同的城市能以组团的方式生存和发展的是它们在领域上的共同性和领域内的知识沟通与互补性。

反过来讲，组团式城市群所进行的也就是领域性活动，即在组团式城市群中，各种领域性的知识交流与创新在频繁进行。因此，组团式城市群社会经济能力的强弱，也就在于其领域性活动的情况到底如何。

组团式城市群中应该孕育和支撑各种创新网络

在领域中，应该有的思路是领先而不是垄断。如果以垄断来谋求领域所带来的超额利润，那本身是不会有利于领域进步的，垄断也是会被推翻的。这里面有人与人、企业与企业和国家与国家的真正合作伙伴关系。对于公共性的领域存在，垄断违反自然法则。惟一让我们认真领会并要努力做到的应该是以一种合理的方式，或一种先进的文明保证多种经济成分的异位共生，一起进行领域性活动，并由此实现真正的合作。

正是领域性活动使得产业组织成为创新主体，使得创新网络得以存在。而创新网络则是城市群建设的宗旨。正是领域性活动，使得不同城市的各类经济组织之间形成一个网络。

网络，就是团结一切可以团结的力量，调动一切可以调动的积极因素。按照Olaf Arndt和Rolf Sternberg(2000)的定义，创新网络被看作不同的创新参与者(制造业中的企业、研发机构和创新导向服务供应者)的协同群体。它们共同参加新产品的形成、开发、生产和销售过程，共同参与创新的开发与扩散，通过交互作用建立科学、技术、市场之间的直接和间接、互惠和灵活的关系，参与者之间的这种联系可以通过正式合约或非正式安排形成，而且网络形成的整体创新能力大于个体创新能力之和，即网络具有协同特征。技术创新的研究表明，技术创新的过程中受许多因素的影响，由于这种复杂性，公司不可能完全孤立地进行创新。为了追求创新，他们不得不与其他的组织产生联系，来获得发展和交换各种知识、信息和其他资源，这些组织可能是其他的公司(如：供应商、客户、竞争者)，但也可能是大学、研究机构、投资银行、政府部门等等。通过企业的创新活动，企业与这些形形色色的组织之间建立了各种联系。这种形形色色的联系组成一个个网络，影响着创新。每一个影响技术创新的联系我们称之为一个链接，创新网络就是针对具体的研究对象而言，相互有关联的链接组成的网络。

创新网络的这种链接与传统的联系方式最大的区别在于网络的各个参与者之间是平等的水平关系，而不是传统交易方式下的垂直等级关系。其意义在于，在传统方式下，常见的是客户——供应商的委托代理关系，并可以直接用交易成本予以解释，但在创新网络环境下，协同效应、网络外部性更为受到重视，参与者希望在战略利益、资源能力上能够互补。因此创新网络不是固定的、不可改变的和等级的协议，而是"相对松散的、非正式的、隐含的、可分解和重组的相互关系系统"(De Bresson &Amess,1991)。由于创新网络的这种特性，导致其创新性大大增强。创新网络与传统联系方式不同的第二点在于网络节点，即网络参与者的特殊性。创新网络的特点是每一个参与者都是完全独立的，没有确定的契约和组织结构，尽管它们都有共同的目标，并向同一关键技术投资和链接。

G. M. 哈兰德博士认为，在经济全球化的时代背景下，网络正成为新的创新组织形式。在《网络与全球化》一书中，他认为传统的产业组织形式分为两大类，其一是等级形式，即大型企业的垂直型组织；其二是市场形式。在二者之外，还存在网络形式，它比市场稳定，比等级组织灵活。认识到在等级形式和纯市场形式之外，还存在网络形式，这是产业组织上的一次质的飞跃。

现有研究已经认识到，现在结点可能发生在不同空间的不同层面上，并形成非常复杂的相互联系的结构。在创新网络中便形成了许多稳定和不稳定的网络结点。而创新活动往往发生在网络的这些结点上。网络结点既可以是网络的一个单元，如大学和科研院所、政府或某一企业(通常比较稳定)，也可以是组织单元之间通过交流而产生的具有进一步扩散的价值和作用的事物和行为，如新思想、新的研究成果等(不稳定结点)。"由于创新网络的开放性和生态特征，当某一结点无效时，则会被网络排除在外；而当需要产生某些必要的联系时，则会形成新的网络结点。将网络与创新联系在一起固然有其合理性，但已有研究并没有看到网络与创新的真正联系。实际上，那些大学、科研院所、政府和企业并不必然能够成为网络中的结点，它们也需要先成为创新主体，然后才能够形成创新网络。另外，创新也不只发生在这些结点上，而更主要是发生在网络结点之间的动态联系过程中。

应该讲，至今人们对网络的创新能力还没有一个很好的认识。对网络构型问题缺少认识，认为“创新资源之间的交流越频繁，则网络结点越多，创新的机会就越多，从而创新能力也就越强”。我们的观点是，创新资源之间的交流内容和方式，而并非主要是交流的频度，决定着网络创新的能力。

总之，组团式城市群的能力建设应该是超越要素推动经济发展水平的，也应该注重于各种领域性知识创新网络的实现。现在的问题是，人们主要是从城市化和一般城市群来讲城市群的发展问题，而几乎没有看到组团式城市群与社会经济发展方式变化之间的本质联系，没有看到领域性知识创新网络构建对城市群发展的根本促进。其实组团式城市群这一概念的提出正是基于社会经济新一时期发展的内在需求，因此，我们还需要更进一步考虑组团式城市群与新时期经济发展战略的相互关系，并依此深入研究组团式城市群的能力应该如何阐述和建设。

注释专栏 8.1

城市轨道交通建设
世界主要大城市轨道交通发展现状

当今世界上，机动化水平较高的城市大多有比较成熟与完整的轨道交通系统，有些城市的轨道交通运量占城市公交运量的50%以上，有的高达70%，而北京目前仅占15%。

东京：东京拥有轨道交通线路近2000公里，是世界大城市中线路最长的，运量也很大，年运量在100亿人次以上。市郊铁路列车最小运行间隔为2分钟，最大编组为15节，每小时每方向运输能力多达10万人。近20多年，新建地铁近140公里。总里程达230公里。东京有7家私营铁路公司，分布在郊区，服务比国有铁路好，价格便宜。

伦敦：伦敦早已实现了客运以轨道交通为主的目标。地铁共有9条线路，总长408公里，其中167公里在地下。运行间隔为2至25分钟，郊区为10分钟，最大编组为8节，市郊铁路共有650公里，550个车站。市中心有15个终点站，线路呈放射状布置。有的线路直通距市中心40公里以上的新城。

巴黎：巴黎的轨道交通工具包括地铁、轻轨铁路和市郊铁路。轨道交通承担巴黎公共交通70%的运量，市内和郊区汽车承担30%。巴黎有地铁15条，199公里，是内城公共交通的骨干，乘客徒步5分钟就可到达地铁站，列车最小运行间隔95秒。市郊铁路有16条，长760公里。

纽约：纽约市公共交通占总交通量的53%，到内城的客运80%采用大容量交通工具，主要有地铁、市郊铁路和公共汽车。市区铁路共有27条，长443公里，所有的车站通宵服务。

莫斯科：莫斯科拥有一个跨及全市的立体交叉地铁网，总长243公里，140多个车站，由一条环线和8条放射线组成。每天运营20个小时，高峰时列车间隔为75秒，时速41公里，日运量高达800多万人次，居世界之首。客运密度为每公里1400多万人，高于伦敦、纽约、巴黎。

资料来源：《北京观察》，2002年第12期。

三　组团式城市群建设的资本运作

对于企业来讲，可以通过股份制，先是集资，然后股票上市，以企业的业绩博得资本市场的青睐，从而解决发展资金问题。而对于创业，也有风险投资在游览合适的项目或创业构思。对于城市自身发展来讲，尤其是在城市基础设施建设方面，很多城市采取的是城市经营的做法。但对组团式城市群发展来说，到底哪一种资本运作方式更好呢？我们认为，对于城市发展和产业升级来讲，基金则更合适一些。这里主要讲开放式基金。

目前，中国居民的储蓄倾向有增无减，仅2002年就增加了1.3万亿。虽然几大银行的不良资产率很高，但由于银行国有的垄断地位几乎没有减弱，中国四大银行依然垄断了整个系统存贷款份额的67%和61%。随着中国加入世界贸易组织，中国经济保持强劲，外资流入增多，但是外资银行的进入和中小银行的建立，将会分流几大国有银行的存款，并争夺优质客户。所以，中国金融系统也面临着各种挑战。由于直接投资企业既缺乏投资热点又有风险，所以金融机构都把眼光投向了政府的项目。当然，如果再考虑到海外金融资源，而组团式城市群的建设又很好地体现了产业升级、产业集群特点，并且主要采用某种较为合适的资本运作方式的话，那么，在资金问题上将不存在根本问题。

城市经济的可持续发展，一方面要在城市群这个平台上进行产业创新和产业经营，另一方面要进行与之配套或相互作用的资本经营。产业经营与资本经营是城市经济可持续发展的两条腿，缺一不可。现在，人们对资本经营多是存在一种误解，即认为资本经营主要是兼并重组。但实质上，资本经营还有着更为丰富的内容，其中共同资金就是一种。在组团式城市群的发展过程中，发展和使用共同基金，主要有以下三种意义或价值：

第一，发展共同基金可以扩大利用外资的途径。以前人们多是利用外商针对一个具体项目进行较大规模的直接投资。由于信息的不对称性和社会经济形势的复杂性，要想满足区域性社会经济发展，能产生产业升级和集群建设效益的外资的规模利用是有很大难度的。共同基金这种方式，可以使我们利用国外小规模，甚至是散户的资金，做到全球金融资源的最大程度或最广范围的利用。只要我们将基金发展到一定程度，这种集腋成裘的做法，对组团式城市群发展是会做出较大贡献的。

第二，发展共同基金可以为本地区人民手中的闲散资金找到一种保值、增值的有效途径。现在城市居民中存款在低利息的情况下靠个人创业投资无法找到有效出路，如果这些资金只通过经商和股票交易而逐步被市场风云和各种机构蚕食掉的话，不仅这些人遭受损失，而且还会进一步扩展或影响到社会稳定。因此，通过共同基金建设，把社会游资集中起来，由专家进行科学理财，将这笔资金用于本地区社会经济建设中有稳定回报的项目，或投向外地，都会产生造福一方的效果。

第三，发展共同基金可以促使金融服务功能得以建设和完善。现在，一些地区的资融机构种类繁多，但其主要业务范围是存贷款和保险业务等。如果能通过发展共同基金，激活本地区金融机构其他职能，进行专门人才引进和培养，进行配套的社会服务体系建设，那对组团式城市群的建设无疑会起到推进剂的作用。建设共同基金，可以有利于高科技产业的培育和发展，可以有利于科技成果向现实生产力的转化，有利于传统产业的升级改造。如果我们在已有工业经济基础上，借助共同基金的特有功能并进行适当的金融创新，将产业经营与资本经营结合起来，那对城市群建设来说无疑是插上一双翅膀，促使城乡社会经济在新的世纪里更高更远地飞向蓝天。

注释专栏 8.2

共同基金的基本概念

根据中国人民银行制定的《投资基金管理试行办法》中对投资基金所下的定义，共同基金是“一种集合投资制度。通过发行基金券，将投资者的资金集中，交由基金托管人托管，基金管理人管理，主要从事证券投资等金融工具投资，利益共享，风险共担”。

共同基金也叫投资基金，在国外已有相当长的历史，特别是二战后在全球得到普及，但在中国尚处于起步阶段。目前，世界各国的投资基金虽然形式多样，但基本上都是从英美早期的投资基金制度发展而来。概括起来讲，根据法律基础或组织形态的不同，共同基金可以划分为公司型和契约型两种；根据基金的收益凭证变现方式的不同，可分为开放型和封闭型两种，这两种类型实际上是公司型共同基金的子类。

公司型共同基金是具有共同投资目标的投资者依据公司法组成，以盈利为目的，投资于有价证券的股份制投资公司。共同基金本身就是投资公司，是具有法人资格的经济实体。契约型共同基金（也称信托型投资基金），是指根据一定的信托契约，由委托者、受托者和受益人三方订立信托投资契约而组建的基金形态，是一种不具有法人资格的虚拟公司，更多地表现为一种代理投资组织。

封闭型基金是指基金经理公司在设立基金时，限定了基金的发行总额，待发行期满或认购结束后就封闭起来，除非经特殊批准，基金券总额不再增加或减少。新的投资者购买基金券或原有投资者的投资变现，只能通过证券经纪商，在二级市场进行竞价交易。而开放型基金对发行的基金单位的总份额不限制，可以随时根据实际需要和经营策略而增加或减少。投资者可以根据市场状况和自己的投资决策退回基金单位或增加该公司的基金单位份额，基金经理人则随时准备按招募说明书中的规定，以资产净值向投资者出售或赎回基金单位。

共同基金具有以下性质：第一，是一种间接投资工具；第二，是一种金融投资；第三，也是国际性投资工具；第四，是一种长线投资工具。

共同基金具有自身的优势：第一，投资共同基金可以取得规模经济效益；第二，通过多方位的投资组合，可以有效地分散和避免投资风险，第三，通过专业化经营保证了较高的运作效率；第四，投资共同基金能实现较好的流动性。

共同基金具有收益高、风险低、流动性大等特点，其作用为：能广泛吸纳和集中社会闲散资金；有利于股票市场的健康成长；可为证券国际化做准备；促进社会民众共同富裕。

共同基金的信托功能强于商业银行，是当代银行的新功能，为商业银行提供了新的发展机遇：一是商业银行可以作为共同基金的发行承销商。因为在银行现有的客户中，蕴含着大批共同基金的未来投资者，这是一个极具潜力的市场。二是商业银行可以作为共同基金的管理人，以充分发挥其在投资项目评估、行业分析、风险评估、投资选择等方面的优势。

共同基金是我国利用外资的有效方式。不少地方一说到利用外资，往往只注重直接引资，只注重国外贷款，发行债券，而忽视了发展共同基金。近年来，我国在利用共同基金以吸纳外资方面进行了研究和探讨，并有了一些实践，然而作为一种吸纳外资方式，尤其作为一种有效工具，人们的认识还相当肤浅，尤其是对共同基金的本质、应采取的模式、管理方法等研究得很不深透，而更多地垂青于国外贷款、直接利用等方式。观念的转变才是根本的转变。

世界上投资基金的发展历程基本上遵循了由封闭式基金到开放式基金的发展规律。

目前，开放式基金已成为国际基金市场的主流品种，英国、美国、我国的香港、台湾的基金市场均有90%的是开放式基金。

国内大型工业企业或非银行金融机构可以设计、组建产业基金，可以以行业基金的形式或地区、城市基金的形式设立。

四　组团式城市群建设的体制架构

组团式城市群的俯视图，即组团式城市群的某一水平的水平方向断面，将体现出多中心形态，我们称之为多中心体制架构。从这个角度讲，组团式城市群体现的是一种多中心秩序。

把组团式城市群看作多中心体制架构是有理论基础的。“多中心”一词首先是迈克尔·波兰尼在一系列文章中所使用的，这些文章最后以《自由的逻辑》(Polanyi，1951)为书名得以出版。波兰尼区别了组织社会任务的两种方法或者两种秩序。一是设计的或者指挥的秩序，它为终极的权威所协调，该权威通过一体化的命令结构实施控制。在此类秩序中，存在上下级关系，上级A指挥下级$B_1B_2B_3 \cdots\cdots B_n$，来执行特定的使命。这样的秩序可以概括为一元的或者单中心的秩序。第二类秩序可称之为“自发的”或者多中心的秩序。自发的或者多中心的秩序是这样一种秩序，在其中许多因素的行为相互独立，但能够作相互调适，以在一般的规则体系中归置其相互关系。在一组规则之内，个人决策者可自由地追求其自己的利益，但其利益受实施这些决策规则所固有的约束。

在研究地方公共经济这一课题中，美国行政学家、政治学家和政治经济学家奥斯特罗姆夫妇提出了“多中心体制”这一概念。他们认为，可以把大城市地区的治理模式看作是多中心的政治体制。所谓“多中心政治体制”是指存在许多形式上相互独立的决策中心。这是符合组团式城市群的行政特点的，即每个城市，尤其是等级相当的城市，都是一个相对独立的决策中心。在组团式城市群的研究过程中，必须正视这种多中心特点。

奥斯特罗姆等认为，通过把大城市地区构想成多中心政治体制，实际上是在说明一种有序关系的体制，它是权力分散和管辖交叠的基础，它往往被看作是“混乱的”，是大城市地区政府制度(即把大城市地区合并成单一的、更大的治理单位)失败的主要根源。

奥斯特罗姆夫妇提出“公共经济”的概念可以与市场经济类比，但不等同。他们强调了冲突解决的正式和非正式机制的重要性，通过这些机制在交叠管辖中公共权威之间的利益和责任冲突得以解决。

如果所有权威和责任都集中到单一政治实体，那么该体制就不再能描述成是多中心的了。但另一方面，如果仅仅存在多个权威中心，也并不意味着存在多中心。多中心是自主治理的根本前提，自主治理就是由个人组成的群体自己解决自己的问题的能力。就多中心秩序来说，它有其内在的特性，不能看作是对于私人市场的准确的类比。多中心秩序也为效率的考虑所支持，在多中心秩序中，社群能够在不同规模的层次上组织生产不同种类的公益物品。这种生产主要是一种协作生产。协作生产在公共经济中尤为重要。所以，多中心秩序一方面是自主治理，另一方面是协作生产。为此，要有相应制度上的考虑和设计。文森特·奥斯特罗姆强调，如果要充分实现多中心的潜力，多中心就必须植根于经济、法律、宪政和政治领域的相互支持的制度安排。

多中心运营体制的绩效只有借助于可能存在于各类单位之间的协作、竞争和冲突的模式，才能得到理解和评估。

大城市地区的人所追求的各种公益物品利益的多样性，能够在许多不同层次的背景下得以调控。多中心体制面临着这一问题，在更为广袤的大城市地区内跨越每一个正式实体的职能上的或者地域上的约束，实现更为广泛的社群利益或者公共利益。

因为大城市地区不是法律上的实体，大城市地区的人民没有总体的政府机构来直接解决他们所共同面对的一系列的问题。

需要把大城市地区具有多种政治管辖单位的传统治理模式看作是“多中心的政治体制”，这更为适当。“多中心”意味着许多决策中心，它们在形式上是相互独立的。无论它们是真的独立运作，或者构成了一个相互依赖的关系体系，这是一个特定情况下的经验问题。它们相互之间通过竞争性的关系考虑对方，开展多方契约性的和合作性的事务，或者利用中央的机制来解决冲突，在这种程度上，大城市地区多个政治管辖单位可以连续的方式运作，其互动行为的模式是一致的，并且是可预见的。如果是这样，那么它们就可以说成是作为一个"体系"运作的。

并不是所有的多中心体制必然是有效的。任何特定多中心体制的效率取决于操作关系与有效表现的理论上明确条件相一致的程度。这些有效表现的必要条件，一是不同政府单位与不同公益物品效应的规模相一致；二是在政府单位之间与不同公益物品效应的规模相一致；三是有另外的决策安排来处理和解决政府单位之间的冲突。

也并不是所有的人都相信多中心是这样一个好东西。一些学者依然主张集中的政府对分散和治理安排有很大的优势。确实，多中心体制不可能是完全分化的，因为依然有某些服务在较高综合层次最适当。

多中心体制比单中心体制更适合于多样化的政策方案。如果大城市地区的治理要成为多中心秩序，多中心必须可应用于大范围的社会任务。需要注意的是，多中心政治体制能够存在的可能性并不妨碍单中心政治体制能够存在的可能性。在多中心的政治体制中，没有一个机关或者决策结构对强力的合法使用拥有终极的垄断。

大城市地区治理是否能够组织成一个多中心的体制，这取决于规则制定和规则实施的各个方面能否在多中心结构中运行。

多中心体制设计的关键因素是自发性。波兰尼认为"自发的"与"多中心的"同义，这表明自发性的属性可以看作是多中心的额外的定义性特质。自发意味着多中心体制内的组织模式在个人有动机创造或者建立适当的有序关系模式的意义上将自我产生或者自我组织起来。多中心体制在发展有序关系方面是"自发的"，自我组织的倾向在若干不同的行为层次上就必然发生。

五　组团式城市群的产业簇群设计

1. 产业簇群概念

所谓产业簇群，是指在某特定领域中，一群在地理上邻近、有交互关联性的企业和相关法人机构，并以彼此的共通性和互补性相联结。产业簇群的规模，可以从单一城市、整个州、一个国家，甚至到一些邻国联系成的网络。产业簇群具有许多不同的形式，要视其纵深程度和复杂性而定。绝大多数产业簇群包含最终产品或服务厂商、专业元件、零部件、机器设备以及服务供应商、金融机构及其相关产业的厂商。产业簇群也包含下游产业的成员（如销售渠道、顾客），互补性产品制造商，专业化基础设施的供应商，政府与其他提供专业化训练、教育、信息、研究和技术支援的机构（如大学、思想库、职业训练机构），以及制定标准的机构。对产业簇群有重大影响力的政府机关，也可视为它的一部分。最后，产业簇群还包括同业公会和其他支持产业簇群成员的民间团体。

2. 产业簇群的创新特点

在产业簇群内，企业通常能够更清楚、更迅速地察觉到新的客户需求。正如它与当前客户需求的关系，在产业簇群内，企业得利于诸多集中的同业拥有的客户知识与关系、相关产业中平行发展的企业、集中而专业化的信息机构以及精明的客户。产业簇群中的企业，通常比单打独斗的竞争对手更能迅速地认清客户的趋势。譬如说，硅谷与得克萨斯奥斯汀地区的电脑公司，迅速且有效地直接满足客户需求与发展趋势的做法，便令其他地区难以望其项背。

在感受可能的新科技、经营或送货方式等方面，产业簇群也提供了优势。产业簇群的成员会及早而持续地学到有关发展中的技术、零部件、机械设备可得性、服务与营销的概念等。这些因为与簇群内其他实体持续的关系，互访的便利性、经常面对面接触，都有助于此种学习过程。

在产业簇群内，企业能更快速地掌握到新元件、服务、机器和其他执行创新上所需要的元素，无论是一条新的产品线、一套新的工艺或后勤运筹模式。创新成员中的互补性，在紧邻的成员之间更容易达成。

产业簇群之所以依地理集中，原因是彼此邻近有助于生产力和创新，让产业簇群获得好处。交易成本下降、信息的创造和流动得到改善、本地机构更能随时回应产业簇群的专业化需求，也更容易感受到同行压力和竞争压力。

广阔的市场、技术和其他专业化信息，会累积在产业簇群内的企业和机构，使得信息更容易取得，或以较低的成本取得，因此让企业提高生产力，更接近生产力边界。邻近性、供应和技术的联结以及往返的人际关系，社群内部的紧密结合，巩固了产业簇群内部可靠而便利的信息流通。

在现代化经济中，供应商在产业簇群中的深化和专业化程度愈高，愈能察觉市场机会，并且因为多元的当地客户而减少自身的风险。此外，成熟的产业簇群不仅是单一产业，而是由好几个相关产业所组成。这些产业通常需要共通或非常相似的元件，因此提供了供应商扩张的机会。一个产业簇群的深度和广度，远比产业簇群内单个企业或产业的规模来得更重要。

产业簇群与生俱来的好处，是会鼓舞本地供应商升级，当地企业也会鼓励新的供应商加入，或远地供应商到此投资。在寻求优势的厂商眼中，产业簇群也是一个提供专业化和有经验员工的集中地。产业簇群所在之处，便会有专业人力、服务和零部件以及许多创造它们的组织，其程度远超过其他地点。虽然这里的竞争比较激烈，但仍不失为明显的好处。

一群相关的企业和产业在同一地点出现，提供了共同营销的效率，也提高了该地在特定领域上的声誉，使得买方更愿意考虑当地的供应商和制造商。

更广义地来看，由独立和非正式联系的企业和机构组成的地理上邻近的簇群，代表一种在市场和科层结构之间强大的组织形式，但是学界在这方面的探讨还非常有限。地点能有力地改变市场与科层结构之间的不足之处。产业簇群本身就代表了机会。在产业簇群内或附近工作的人，更容易察觉到产品、服务或供应商有待加强的地方。

3. 产业簇群是企业获得竞争优势的有力手段

学者们试图以聚合经济解释企业的集中现象。这种现象一般出现在产业层次，或一个多元化的城市经济体中。许多聚合经济的解释强调，原料和市场的邻近，让企业得以达到成本最小化。但这类解释，多少受到日渐普及的市场全球化、技术、供货来源、增加的流动性以及更低的通讯和运输成本所伤害。今天，聚合经济的本质已经改变，它在产业簇群层面上的重要性日增，而不只限于狭隘定义下的产业。

在某个地点上竞争的企业，其生产力和精致程度会受到当地产业环境品质的重大影响。不过，无论是发达国家或其他地方，产业环境的一个关键方面是特定产业簇群（例如出现特定形态的供应商或大学科系）。产业簇群因此成为企业战略和经济政策中重要的角色。产业簇群以三种主要形式影响竞争：首先，它增加内部企业或产业的生产力；其次，它增加创新的能力，并因此导致生产力提升；第三，它刺激新企业的成型，进而反援创新并扩大整个产业簇群。

产业簇群对竞争的三大影响在某种程度上取决于其中成员的人际交往、面对面沟通以及个人与法人机构在网络中互动。当一个地方出现产业簇群时，确实较有助于这类关系的发展，而且运作得更有成效，但是它的进展并非自动发生。正式与非正式的组织机制和文化规范，通常会影响产业簇群的发展和运作。

比起其他如垂直整合、与外界企业战略建立联盟，或从远地“进口”原料等做法，企业坐落于产业簇群内，更有机会接近优异的、低成本的最佳专业化元件，如零部件、机器、企业服务与人力资源。因此当本地供应商竞争激烈时，产业簇群代表一种先天上更有效、且更有效率分配资源的组织形式。当具有实力的本地供应商并不存在时，产业簇群就必须在外界寻求资源，但这并非是最理想的安排。

向产业簇群内部成员寻求资源（“当地”采购），远比到远地采购的交易成本低。当地采购会使库存需求降至最低，遏止供应商哄抬价格、违约背信的投机行为，并使活动透明化。在产业簇群内部采购使得沟通更方便，也可以减少修改的成本，并使辅助性和支援性的合作，如安装、纠错、人员使用培训、检修、即时维修等更方便容易。当其他条件一致时，当地采购通常优于远距离采购，尤其是涉及基础技术、信息、服务内容的先进专业化元件。

与远距离的供应商建立正式的战略联盟，可以减轻远距离采购的某些不利性。然而，正式的联盟会带来复杂的交涉，以及监督上的问题，并使得企业缺乏弹性。企业在当地产业簇群中紧密、非正式的关系，则能提供绝佳的解决方案。

在产业簇群内部采购元件，也比垂直整合更具效益和效率。在生产零部件和训练等领域，借助外部的专业人员通常更能节省成本，也比内部单位的回应更迅速。垂直整合则会消耗管理层的注意力。反过来说，从邻近的专业供应商取得元件，也会带来成本和品质的优势。邻近的卖方让企业获得近似垂直整合的效率，同时仍维持强烈的发展诱因。

从单一地点的专业化供应商扩张元件供应的范围，已经被看成是聚合经济的好处之一。即使市场全球化，仍无损于此一观点。

4. 产业簇群是区域经济发展的有效途径

要让一个地点更有生产力，发展本地能力、改善产品和工艺，最终达到创新的目标，就必须花时间经营产业簇群。否则时间一久，本地成本上升，并且缺乏反制之道，而其他能提供更低成本的生产因素，或有更大的补贴机会出现时，生产线将会整个移出。因此，经济发展成功，其实是产业簇群成功深化与广化的整合结果。在由较低的中等收入（平均每人年收入 8000 到 1.5 万美元），迈向发达经济体的过程中，产业簇群的发展似乎是一个控制因素。即使在发达、高薪资的经济体中，产业簇群升级的需求也没有止境，它始终需要生产力和收入的持续提升。

在地理区域中，对外导向的产业簇群是导引该地长期经济成长与繁荣的主要来源。运作良好的产业簇群，是迈向发达经济体的根本阶段。

比起传统降低成本做生意和提高整体产业环境的做法，产业簇群计划提供一个组织经济发展的新途径。比起广泛、整体经济面的努力,偏重如赋税政策、扩大外销等一般性课题,着眼于产业簇群的努力,更能吸引企业的兴趣和参与热情。企业、政府和大学的对话,也会在比较具体的层面提高行动可行性。另一方面,了解一个地方的产业簇群状态,会对该经济体的生产力潜能以及未来发展的限制,提供非常重要的洞察力。在一个相辅相成的现实情况下,在全球化经济趋势中,区域型经济通常是最具竞争优势的体系。

波特用他的描述国家优势的钻石体系(模型)得出一个重要而有趣的结果,即国家很少只有一种具有竞争力的产业,钻石体系会创造一个以有竞争力的产业为主的簇群环境。有竞争力的产业很少单个出现;相反地,它们通常彼此以垂直(客户/供应商)或水平(共同客户/技术/通路)的关系联结。产业簇群也很少个别独立;它们一般会形成地理上的集中现象。一个有竞争力的产业会带动另一个产业的竞争力,彼此之间又进入相互强化的过程。日本在消费电子产业的实力,带动对记忆芯片、集成电路的需要,进而形成半导体产业的成功。比起在电脑产业其他领域的表现平平,日本在笔记本电脑方面的实力,反映出它在其他可携带、轻薄产品上的优势基础以及由计算机与手表产业带出的液晶显示器的专业实力。一旦产业簇成型,整个产业群便开始相互提携。所带来的好处会朝前、后、水平方向流动。

5. 产业簇群是组团式城市群建设的核心

产业簇群是考察和建设组团式城市群的一个很好的出发点。所谓组团,就是要形成产业簇群。这一点,正如波特所说:

我们为什么要从产业簇群的视角,而不是从较为传统的群组,如公司、产业、制造业或服务业等产业部门来检视各经济体呢?首先是因为产业簇群更贴近竞争的本质以及竞争优势的来源。产业簇群的范围比产业要大,因此能掌握到跨厂商和产业的重要连接点、互补性、技术的溢出效果、技能、信息、营销和顾客的要求。这些联结是竞争、生产力、新事业形成以及创新的方向和速度之基本要素。大多数产业簇群内的成员并不直接竞争,彼此有自己要服务的产业区间。然而,它们仍有许多共同的需求和机会,并会面对许多生产力方面的限制与障碍。

将一群企业和法人机构看成一个产业簇群,在凸显共同关心的领域中,协调和合作改善的机会,同时又不威胁、扭曲竞争或限制竞争强度。产业簇群在相关企业和供应商、政府及其他重要机构之间,提供了一个既有建设性而又有效率的对话论坛。为了改善产业簇群状况所作的公共与民间投资,将使许多企业雨露均沾。

反过来说,从产业或汽车产品等狭窄的部门来分析,通常会陷入任由特定企业游说补贴或优惠税率的困境。由此而生的公共投资所产生的溢出效果,很少会惠及其他产业,甚至因此还扭曲市场。而产业簇群的观点,则会强化竞争。

在组团式城市群的建设和发展过程中,如果能够依产业簇群的内在联系来考虑,那是会十分自然而有效的。由于产业簇群通常涵盖不同的传统产业与服务业类别,重要的产业簇群很可能因此模糊不清,甚至不易察觉。譬如马萨诸塞州的医疗器材领域,涉及超过400家以上的企业,提供至少3.9万份高薪工作。不过长期以来,这个产业簇群完全被归在好几个大型而互相重叠的产业分类中(像电子仪器、塑胶产品等),因此完全被忽略掉。这个产业簇群的经理人员尽管遭遇相同的限制、问题的机会,彼此却从未聚在一起讨论。这个产业簇群被发现后,马萨诸塞州医疗协会(Mass Medic)立即为此成立组织,并与政府之间进行建设性的对话机制。

六　组团式城市群的生态能力建设

组团式城市群必须注意到在更大范围考虑生态环境统一建设。生态环境是以人类为主体的整个外部世界的总体，是人类赖以生存和发展的物质基础、能量基础、生存空间基础和社会经济活动基础的综合体。

生态环境能力是对人类文明进程的基础承载能力，一般是以下五种能力的总和：

——对于维系人类生存与发展的外部环境稳定能力；

——对于人类活动所释放废弃物的缓冲能力；

——对于各类有毒物质的自然降解能力；

——对于各类干扰和破坏生态系统平衡的抗逆能力；

——对于生态系统受到破坏后的修补能力。

所谓生态环境的支持能力是对区域环境总体容量的动态识别。人类对于区域的开发，人类对于资源的利用以及人类对于自然的改造，均应维持在环境允许的容量之内。也就是说，它是一个国家或地区的“环境缓冲能力”、“环境抗逆能力”与“环境自净能力”的总和，只有维持现实环境的质量不超出所允许的承载标准，才能达到合理发展的要求。从可持续发展理论研究的“生态学方向”看，应当以生态平衡、自然保护、永续利用等作为环境支持能力的基本表达，该方向的一个集中点是力图把“环境保护与经济发展之间取得合理的平衡”，作为支持可持续发展的基本标志。

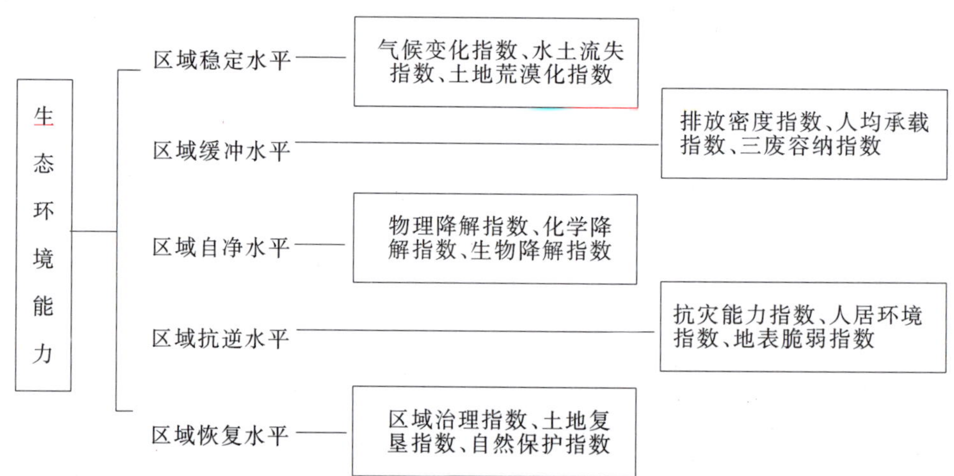

生态环境的能力建设，实质上是提高“生态服务”的总价值（VALUE OF ECOLOGICAL SERVE）、扩大生态环境的总容量（ECOLOGICAL CARRING CAPACITY）、增强生态环境的总质量（KEEPING ECOLOGICAL QUALITY）。

生态环境能够为人类提供多样化的生态服务，这些服务是有价值的。康斯坦查（Robert Costanza）等 12 人，在前人已有工作的基础上，将自然生态系统为人类所提供的服务归纳为大气平衡、气候调节、食物生产、土壤形成、生物控制、原材料等 17 个大类，对整个生物圈的服务价值作了初次评估，并将研究成果发表在 1997 年 5 月的《自然》（*Nature*）杂志上。

由此，人类第一次了解自然资本的存量、服务、功能与价值。

注释专栏 8.3

生态学与城市建设

中国科学院院士　李文华

1.城市化及其对社会的影响。城市是社会生产力发展到一定历史阶段的产物,是人类文明的结晶。据历史资料和考古的研究,城市的出现至少已有五千余年的历史。自从工业化以来,城市化的速度不断加快。这个集中过程表现为两种形式:一是城市树木的增多,二是各城市人口规模不断扩大,从而使城市人口占总人口的比例不断提高。

国内外城市的发展表明,城市化具有正、负两个方面的效应。一方面,城市化可以促进经济的繁荣和社会的进步。城市化能集约地利用土地,提高能源利用效率,同时能促进教育、就业、健康和社会服务的进行。另一方面,城市化在为人们带来许多益处的同时,又产生一系列严重的生态环境问题,对自然生态系统和人民健康产生影响。这些问题主要表现在三个方面:一是城市的气候变化(如热岛效应)和环境污染,包括水、空气、噪声和固体废弃物污染等;二是自然资源的耗竭与短缺,特别是淡水、化石燃料、耕地的过度利用和生物多样性的减少;三是城市人口的增加导致大量的社会问题,如住房紧张、交通拥挤、绿地减少、教育与卫生滞后,其中住房问题一直是许多城市面临的主要问题之一。

2.城市生态学的形成与发展正是因为上述原因,世界各国都开始重视城市的生态建设问题。特别是从 1992 年的联合国环发大会后,人居环境问题成为实现可持续发展的重要因素。近代城市的发展正在摆脱过去传统的以建筑和视觉为中心的发展模式,而探索一条人与自然协调发展的道路。生态城市建设应运而生。新的城市近年对生态学提出了新的要求,而生态学也正是在这样的条件下取得了新的发展,以至于形成一门新的分支学科——城市生态学。

众所周知,生态学是研究生物与环境关系的一门科学。长期以来,生态学是以自然界的有机体或生态系统为研究对象的。20 世纪 60 年代以后,随着世界人口的增长和资源与环境等全球性问题日益激化,生态学家在投身解决社会问题的过程中,逐渐摆脱了其初期的狭隘的纯自然的倾向和学科局限,把人类活动包括在其研究的范围之内,把自然、社会、经济复合系统作为宏观领域的发展方向,在理论和研究方法方面都有了明显的发展,展现出了勃勃生机,以崭新的面目跻身于现代科学之林。城市生态学是生态科学和城市科学的交叉学科,形成于 20 世纪 70 年代,但是古代的中国人居环境、欧洲城市和美国西南部印第安人的村庄都体现了城市生态学的思想理念。

20世纪70年代一批生物学家开始从生物学的角度研究城市。他们的研究重点在于城市环境影响下动植物区系的变化历史。20世纪70年代初，罗马俱乐部发表的第一篇研究报告——《增长的极限》。其对世界工业化、城市化发展前景所做的估计，进一步激起了人们从生态学角度研究城市问题的兴趣。1971年在联合国教科文组织的领导下开展了一项国际性的研究计划——人和生物圈（MAB）计划，其目的在于研究日益增长的人类活动对整个生物圈的影响以及世界各地可能发生的环境过程和环境压力，找出人类合理管理生物圈的途径和方法。此外，国际生态学会（IN－TECOL）于1974年在海牙召开的第一届国际生态学大会成立了"城市生态学"专业委员会，并组织出版了季刊《城市生态学》杂志。世界气象组织（WMO）、世界卫生组织（WHO）、国际城市环境研究所（IIUE）、国际景观生态学协会（IA-LE）、欧洲联盟（EU）、经济合作与发展组织（OECD）都开展了相关研究。我国城市生态学的起步稍晚，但发展很快。20世纪80年代初，城市生态学传入我国，引起了生态学家、经济学家、地理学家以及城市规划和城市科学家的广泛兴趣。1984年12月在上海举行了首届全国城市生态学研讨会，重点讨论了城市生态学的研究对象、目的、任务和方法。1986年6月在天津召开了"全国第二届城市生态科学研讨会"，其重点在于城市生态学的理论研究以及城市生态学在城市规划、建设和管理中的实际应用问题。1987年10月联合国教科文组织"人与生物圈"委员会在北京召开了"城市及其周围地区生态与发展学术讨论会"，为促进我国城市生态学研究与国际的广泛交流与合作创造了条件。1997年12月，"全国第三届城市生态学术讨论会"和"城镇可持续发展的生态学专题讨论会"在深圳和香港的相继召开，对"探索有中国特色的城镇可持续发展的生态学理论、方法与实践"这一主题进行了专题研讨。1990年中国生态学会在珠海和澳门展开了"生态城市研讨会"，特别需要指出的是2002年8月在中国深圳召开了"国际生态城市大会"，讨论通过了生态城市建设的深圳宣言。这些都对我国的城市生态学的发展和生态城市建设产生了深远的影响。城市生态学是以生态学理论为基础，应用生态学和工程学的方法和多学科的综合与融会，研究以人为核心的城市生态系统的结构、功能、动态以及系统组成成分间和系统与周围生态系统间相互作用的规律，并利用这些规律优化系统结构，调节系统关系，提高物质转化和能量利用效率以及改善环境质量，实现结构合理、功能高效和关系协调的一门综合性学科。

3.生态城市建设这一概念是在联合国教科文组织（UNESCO）发起的"人与生物圈（MAB）计划"研究过程中提出的，与"绿色城市"、"健康城市"、"园林城市"、"山水城市"、"环保模范城市"等概念虽有联系，但又具有一定的差别。生态城市目前虽然没有统一的定义，可以理解为与生态文明时代相适应的人类社会生活新的空间组织形式，即为一定地域空间内人与自然系统和谐、持续发展的人类住区，是人类住区（城乡）发展的高级阶段、高级形式。生态城市的特征主要有：整体性、和谐性、高效性、多样性和全球性。生态城市是一个由自然、经济和社会三部分组成的复合系统，各子系统既相互制约,又互为补充。建设生态城市包括以下五个层面:即生态安全、生态卫生、生态产业、生态景观和生态文明。生态城市要求具有良好的区域景观和生态环境,各类土地得到合理的利用,因地制宜地确定植被的覆盖率和乔、灌、草合理的组成与结构;大气环境、水环境达到清洁标准,噪声得到有效控制,固体废弃物的综合利用和回收效率高;保护生物多样性及其生物环境,人工环境与自然环境相融合。生态建筑得到广泛的应用。生态城市要求建立生态经济体系。生态经济是以产业生态学为基础的生产体系。它包括生态农业的实施;实现清洁生产,以全过程的污染控制代替末端污染处理;能源结构更为合理,可再生清洁能源成为能源结构的主体;此外,生态交通、生态建筑、生态旅游等也是生态城市经济发展的重要组成部分。建立以"生态文化"为核心的新文化体系,包括消费模式的生态化,即可持续消费模式;倡导生态文明;人们在生理上、心理上保持健康,人性得到充分的发展;法律、法规体系完善,社会管理效率高;社会保障体系和服务体系健全,综合服务能力强;人口结构优化;交通方便。目前对生态城市的评价应用了多种不同的方法,如城市代谢方法(Urban Metabolism Method)、生态足迹法(Foot Print Method)、生命周期评价法(Life Cycle Assessment)、模糊数学方法(Fuzzy Method)、单指标评价(Individual Indicator Assessment)和综合指标评价模型(Integrated Assessment Models)等。目前在我国应用的比较多的是单项和综合指标评价的方法。当前我国正在研究评价指标的规范化问题。评价指标的选择至关重要。其选取应遵循以下三方面的原则:第一,代表性:在科学分析的基础上,选取具有代表性的指标,所选指标要能反映该城市的本质特征、复杂性和质量水平。第二,全面性:指标体系应具有综合性,全面反映自然、经济和社会系统的主要特征及它们之间的相互联系,并且应使静态指标和动态指标相结合。第三,规范性:指标的选择应遵循使用国内外公认、常见的指标的原则,使指标符合相应的规范要求。此外,香港在研究城市生态时成功地运用了城市代谢法。在广州和青岛等城市生态的研究中则引入了生态足迹的方法。

4. 展望根据城市化发展要求及生态环境保护的需要。在今后一段时间内,城市生态学研究和生态城市建设方面,应当着重于下面几个方面:第一,重视城市生态学理论的探索,特别是不同规模城市的结构与功能的研究;第二,扩大城市科学研究的范围,即从由单一的城市为对象的研究,转变为对城乡复合生态系统的研究,包括半城市化地区的研究和乡村工业化与城市群的研究;第三,发展生态城市建设适用技术体系,促进现有技术的生态化;第四,为生态城市建设提供生态景观规划和生态文化的方法论上的指导;第五,建立相应的政策、法令和奖惩制度,促进生态城市的发展;第六,加强教育、培训和生态城市的能力建设,增强生态意识;第七,加强国际间、城市间和社区间的合作与交流。

资料来源:《科技日报·产业周刊》,2003年5月8日第12期。

七 组团式城市群建设的运行机制

1. 组团式城市群的超产业运行

组团式城市群的运行所体现的是不同于产业政策的产业簇群发展思路。一个以产业簇群为基础的经济发展模式，有时候会与产业政策发生混淆。在现实中，产业簇群理论和产业政策有本质上的差异，这主要表现在政府政策的知识基础和执行方式上。

产业政策基于国际(或国内)竞争观点，这种观点认为，其中有些产业的前景比其他产业更看好。被看好的产业不论是成长中的产业，或应用高科技的产业，都应该被"锁定"为受政府支持的对象。支持的方法主要包括补贴、消除"破坏性"或"浪费性"的竞争，在进口中提供选择性的保护以及限制外国投资等，直到这些重点产业接近关键多数为止。补贴与遏止内部竞争应该集中在有规模敏感性的领域，如研发、设备投资等方面。经过这样的干预，政府试图将竞争的结果引导到对该国有利的一面(或国际市场的占有率)上。有时候，产业政策的概念似乎反映一种零和的国际竞争观。在这种竞争中，需求量是固定的，目标就是为特定国家取得较大的占有率。

产业簇群理论有很大的区别。产业簇群的概念，来自厂商和所在地点之生产力更有活力的竞争观点。所有的产业簇群都有其价值，并提供形成繁荣的潜力。影响它们的不是某个国家(或地点)在其中竞争什么，而是如何竞争。因此不同于"战略性"产业，所有目前和萌芽中的产业簇群都值得关注。所有产业簇群能改善自己的生产力，而不需要排除外国厂商的竞争。事实上，产业簇群理论反而欢迎外商加入竞争。外国企业会提高产业簇群的外部因素和生产力，外商在该国的活动，会直接令当地的就业和投资受惠。

产业簇群不谈封锁进口，而是强调及时并稳定地开放本地市场，以提高当地的效率，提供所需的元件，提升本地的需求条件，以刺激竞争。

产业政策的目标，在于扭曲竞争以让特定地点受惠；产业簇群理论则专注于取消妨碍生产力和生产力成长的障碍。产业簇群理论不强调市场占有率，而是强调动态的改善。此举造成一种积极正面的基本竞争观，这种竞争观认为，只要产业簇群更有效率和更富创新，那么生产力的改善和贸易必将使市场扩展，并给许多地方带来繁荣。

要了解产业簇群运作的方式，产业簇群如何变得更有生产力，网络理论居功甚大。有关产业簇群的研究工作表明，比起企业或企业与机构之间正式或科层的关系，网络结构中可能的效率和弹性，其实来自于地理位置上的邻近和非正式的本地联结。产业簇群的社会性将成员联结在一起，并产生价值创造的流程。产业簇群的许多竞争优势，有赖于信息的自由流通、发现交易或交换中的附加价值、排定议题与跨组织工作的意愿以及强烈的创新动机。关系、网络和共同利益的意识，由下而上地强化了这个环境。

产业簇群理论的重心在于，在某特定地点中，经济上具有关联性的厂商和机构，如何共同影响竞争力。产业簇群理论可以将网络理论和竞争联系起来，一个产业簇群是一个地理区域中的一种网络形式。运作良好的产业簇群会超越科层型网络，形成许多点状的重叠，让其中的个人、企业和法人机构流畅地联结。这些联系经常反复改变，延伸到相关产业中。这里面既有“强制联结”，也有“自然联结”。产业簇群内关系形态的改变，与生产力和创新方向有重大的因果关系。

2. 组团式城市群提高国家竞争优势的机理

在改革开放20多年后，现在需要提供一个比（特区）城市规模大，又不同于一般性行政区划式的地区经济讲法的新一轮经济发展战略操作平台或创新环境，这就是组团式城市群。组团式城市群使“环境”具体化，即组团式城市群本身就是企业和产业发展的环境。所以，组团式城市群的建设也可以从生态学和环境经济学意义上得到解说。

当一个国家的环境能以最快的速度累积专业资产与技能——有时只是因为努力与承诺——企业就会获得竞争优势。当一国的环境持续提供更好的产品与制造工艺的信息与洞察力时，企业也会从中获得竞争优势。最后，当国家环境逼迫企业创新与投资时，企业不但会形成竞争优势，也会持续提升这些优势。

国家的竞争力在于其产业创新与升级的能力。当组团式城市群极大地促进了企业创新和产业升级，国家也会因此而提升其自身的竞争力。

正如波特在《竞争论》中所讲：

> 当竞争的基础转为创造和知识累积时，国家的作用就变得日益重要，创造与保持竞争优势也变成本土化的过程。国家在价值、文化、经济结构、制度和历史的差异，都与竞争发生关联。不同国家有不同的竞争力形态，没有哪个国家能在所有或大多数产业中独领风骚。因此，各国都能在特定的产业成功，因为本国环境对于这些产业最有前瞻性、活力与挑战性。
>
> 在国家层面上，竞争力的惟一意义就是“生产力”。……，他们必须发展出能在全新的、更精致的产业进行竞争的实力。……，没有哪个国家能在所有产业中所向无敌，理想的状态是，有限的资源被运用在最有生产力的领域。即使是在先进国家，也并非每家企业都有竞争力。……，竞争力并不等于创造就业的机会。……，我们必须知道，有商业价值的技能和技术是何时及如何创造出来的。
>
> 新的理论必须承认，在现代化的国际竞争中，企业的全球战略不仅涉及贸易，还包括海外投资。新理论必须解释，为什么国家向本国企业能提供一个在国际竞争中有利的环境呢？母国基地通常是企业保持与创造实质竞争优势之所在。企业在这里制定战略，发展与维系核心产品和制造工艺技术，创造最有生产力的工作与最先进的技能。企业在一个国家建立企业总部，对当地的相关产业和国家经济，都会产生极大的正面影响。虽然企业的所有权通常集中于母国，但投资人的国籍却未必如此。新的理论必须超越比较优势的层次，必须超越成本观念，解释为什么有些企业比外国对手有品质、性能和新产品创新的优势，必须以动态和不断进化的竞争为前提，必须回答下列问题：为什么有些企业比外国对手更能创新？为什么有些国家可以为企业提供一个环境使之能比外国竞争对手更快地进步和创新？

在试图解释或回答这个问题的同时，我们也可以通过组团式城市群的建设问题来体会国家和企业的竞争优势与区域性的组团式城市群是一个什么关系。一句话，我们认为组团式城市群可以为企业创新做基地，为提高国家竞争优势提供实施平台。

在建设组团式城市群时，一定要着眼于国家和企业的竞争优势的培育，并因此而认真地进行领域性的知识创新能力判断和产业发展战略的全面设定。而且更主要的是，从一开始，组团式城市群在建设时，就要立足于全球性的竞争和以知识为基础的经济时代的挑战。

组团式城市群在建设时，要考虑一种文化根基的培植。毕竟产业发展是要在一系列相关产业的辅弼下才实现的，而且这种产业簇群更体现为一种地理集中现象。因此，以组团式城市群为基底镶嵌着的产业经济文化是会把那些没有相应文化根基而又试图加入竞争或进行挑战的企业“屏蔽”在外的。这里说的“屏蔽”不是不让其竞争，而是使之无法与城市组团的产业簇群企业进行有效竞争。

如波特举的意大利瓷砖产业的例子。意大利萨索洛镇一直在瓷砖方面保持竞争优势，并非始于静态优势或历史渊源，而是产业内部的活力与变革。这主要表现在：在当地，有高度发展的设备供应商和支援产业，形成材料供应、服务和基础源源不绝。这就造成了萨索洛瓷砖产业的一大优势。这些世界一流的相关产业强化了意大利在瓷砖上的实力。最后，是产业簇群的地理集中性主导整个过程。今天，外国厂商要竞争的，事实上是一套完整的文化。这套系统的机制本质，代表了萨索洛瓷砖厂商最有持续力的优势。

组团式城市群可以促进产业族群的存在，并可以进一步增强企业的国际竞争力。在意大利就有鞋类产业簇群，这个产业簇群在交互关联的产业领域中创造国际竞争优势。以皮鞋制造商为例，它们定期与皮鞋制造商进行互动，就新款式和制造技术、开发阶段的新纹路和色样进行讨论。皮鞋制造商从中取得研判风尚的洞察力，协助规划新产品。这种互动具有相互受益与自我强化的效果，但并非自然形成的：它的形成与地点邻近有关，更重要的是制造商与供应商共同合作。产业簇群的好处还在于，任何国家并不必为了企业的竞争优势而强迫自己在所有的支援性产业都具备竞争力。

组团式城市群在产业簇群发展的基础上，也促进企业集群的发展，并且进一步促使国内竞争不断升级，结果造成这些企业国际竞争力的共同提高。正如萨索洛地区的瓷砖厂商密度太高，造成竞争接近白热化。任何有关产品或制造工艺的创新一出现就传扬开来，迫使企业在技术、设计、销售上领先的厂商，必须持续改善。地理上的集中性会强化国内竞争的力道。国内竞争的好处是，它所创造的压力将会使竞争优势持续升级。国内竞争者出现后，会自动破解原来厂商既有的优势，如生产要素，接近本地市场，或外国竞争者进入市场的成本等。厂商被迫超越这些优势，并导致更能持续的优势。激烈的国内竞争最终将迫使厂商寻求全球市场，并使它们名扬海外。特别是当已达到规模经济时，本国厂商将被迫彼此向外寻求外国市场，以获取更佳的效益与更高的获利率。由于已经通过本国市场激烈竞争的测试，这些强悍的厂商蓄势待发地准备在国外市场攻城掠地。

3. 政府作用永远不可低估

在现在的经济体中，普遍可以见到产业簇群，而非零星孤立的企业或产业，产业簇群在竞争日趋复杂、知识导向和动态的经济体中，其角色也愈来愈重要。目前，在全球竞争中，普遍不看好政府的影响力。但波特指出，产业簇群的概念代表一种思考国家和城镇经济体的新方式，政府与企业和其他法人机构一样，都要在致力于提升竞争力上充当新角色。

也就是说，产业簇群也打造政府的新角色。政府的首要之务是，除去有碍目前与新兴产业簇群成长和升级的障碍。产业簇群是增加出口的推动力，也是吸引外资的磁铁。此外，产业簇群还会建构出一个公共论坛，让企业、政府和法人机构（如学校、大学、公用事业）在其中进行新形式的对话。

产业簇群提供给政府一个新的搜集和组织信息的方法。譬如说，标准的分类系统，常让产业簇群之间无法合作，无法真正展开竞争。将产业分成制造业和服务业等，无法掌握它们之间最重要的关联关系。以产业簇群为基础的思考，有助于指引科学、技术、教育、培训、促进外销和外商投资等政策。产业簇群思考也会凸显政府在地理上的重要角色。传统上，经济政策的焦点是整个国家，强调的不外乎是如何提高整体产业环境。近年来，全球化已经将注意力放在世界性多边机构。然而，对某个地方的商业环境而言，国家、城市地区和地方政府，仍有重要的影响力。在产业簇群层次，这些机构的影响力举足轻重，因此考虑产业簇群，应该是国家或地方经济政策的重要组成部分。

4. 帮助产业簇群发展是各级政府的基本任务

在经济上，政府最大的角色，是保持宏观经济稳定和政治稳定。这里面包括谨慎的政府财政和低通货膨胀。政府的第二个角色是，改善经济体中微观经济的一般能力。这主要包括高素质的教育、适当的硬件建设、准确而及时的经济信息以及有相关机构提供这些条件等。政府的第三个角色，是建立整体的微观经济规则，与监督竞争的诱因，而且此种竞争有助于生产力的提升。

尽管政府的这些角色是促成经济进步的必要条件，但是有了这些仍未必足够。尤其当政府开始它更基本的角色，也是第四个角色：使产业簇群的发展与升级更顺畅，其实更加重要。政府的目标应该是强化所有产业簇群的发展与升级，而不是在其中选择。当一般商业环境成为影响竞争力的主要因素时，产业簇群环境的重要性会日渐增加，并让全国经济脱离生产要素与成本层面的竞争。政府的政策无可避免会影响升级中的产业簇群之机会。值得注意的是，在产业簇群的发展与升级方面，政府的角色并不是一般所谓的产业政策。

在经济上，政府最后的角色是，发展与执行一个积极、有区隔且长期的经济活动方案，或改变流程，使政府、企业、机构和人民，既能提升一般的商业环境品质，也能形成本地的各种产业簇群。

5. 政府在产业簇群发展中的作用

产业簇群在萌芽或发展时，政府可以强化或提供协助，但不应该企图创造一个全新的产业簇群。产业簇群的成型，出自当地既有优势的基础，要判断一个产业簇群是否值得继续发展，得视它的基本元素是否已经通过市场的考验。

更广泛地看，产业簇群代表以一种新的角度且互补的方式对一个经济体予以分割与了解，对经济发展的思考与实务加以组织以及制定公共政策。产业簇群成为厂商、政府和当地机构建议性对话，讨论如何升级，提供政商合作机制的重要途径。

在政府与产业老式的对话中，通常会引导到补贴、进口保护和限制竞争等领域。相反，借由把所有受影响的成员聚在一起、重心置于共同的限制和相关厂商间的关联，产业簇群成员之间的对话，可避免这些难题。供应商、销售渠道和一般顾客的参与，会形成启动超越竞争的力量。

政府可能召集所有企业、机构、相关政府单位形成论坛，并着力于以下工作，如①集合并汇整与产业簇群相关的专业信息；②设定教育政策，以鼓励公立大学和学校回应当地产业簇群的需要；③理清与简化关系到产业簇群发展的重要政策；④改善本地对产业簇群产品与服务需求的精致程度。假以时日，产业簇群的升级会变成公共和民间共同投资的集合动作。

6. 注意政府对产业簇群发育可能造成的伤害

波特认为那种将政府看成产业的支持者或实质协助者，利用政策直接影响战略性产业或目标产业的竞争表现的观点，与另一种“自由市场”式的观点，即认为经济运作应该留给那只看不见的手来决定，都是不正确的。政府应该在打造产业环境和组织架构，以及创造一个能刺激企业获得竞争优势的环境方面扮演合理角色。政府政策能成功，因为它创造一个企业能从其中获得竞争优势的环境，而非政府直接介入整个过程；惟一的例外是，整体经济还在开发阶段。

不管怎么说，政府的角色应该随经济的演进而适当地转变。这还只是一种原则性的讲法，在组团式城市群的建设问题上，政府的角色也是需要思量的，至于联系到产业集群的发展，那就更需要做认真的研究。

譬如说每届政府的执政时间就与企业竞争的时机存在出入。产业要创造竞争优势，通常需要十年以上的时间——整个过程包括人员技能的长期提升，在产品与制造工艺上投资，建构产业簇群，并渗透国外市场等。以日本汽车工业为例，厂商进入出口阶段是 20 世纪 50 年代，但一直到了 70 年代，才达到强有力的国际地位。但在政治上，十年等于永恒。通常，政府最喜欢的政策，是那些很容易就能察觉的短期利益，例如补贴、保护、合并等。

在某种大的但不一定合适的“潮流”性做法面前，政府很容易采用一些可避免“浪费”研发资源的联合计划。结果导致活力与竞争受损。人们往往认为，各竞争厂商从事“闭门造车”式的研究，会造成重复与浪费，应该通力合作努力以达成规模经济，而且个别厂商也可能减少研究发展的投资，因为它们不可能通吃所有的好处。应有的情况是，在任何领域中，合作研发的项目应该只占企业整体研究的一小部分。合作研究应该是间接的，参与厂商应该通过独立研究机构的穿针引线。最有用的合作计划通常涉及多个产业，以及需要大量的研发投资，但政府在这方面的作用一定要谨慎，切勿好心办坏事。这就需要我们注意发挥那些有水平的独立研究机构的作用，这方面的协调应该是一个社会性的，政府千万不能硬拉郎配，不能用计划的方式来一个资源“整合”。

第九章　中国三大组团式城市群的战略地位

一　中国三大组团式城市群的经济实力贡献

1. 产业发展的调控机制

(1)产业结构调整的目标

追求社会进步、经济发展和生态环境效益的整体和谐，是保障城市或区域可持续发展的基本准则。只有具备良好的生态环境才能为社会和经济发展提供持续有力的支持，也只有快速而有效地提升经济发展水平才能更好地实现推动社会发展和保障生态环境的良性循环。

产业结构和生产力空间格局的状态水平，既是区域经济、社会发展在不同时段演化的重要标志，又往往决定着对象系统环境的负载和生态质量的演变。它不仅通过行业、产品、技术结构影响经济发展，从而满足人们的生活和就业需求，又以其资源需求、能源消耗、物流、人流和资金流的空间聚散影响着区域生态环境的演化过程；不仅依据区域社会经济的发展需要和生态环境的支撑能力而变化，又决定着区域经济发展的规模和可承载的人口数量。因此合理调整产业结构和生产力的空间格局，是促进城市和区域社会、经济与生态环境协同进化，实现区域可持续发展的关键。

基于上述认识，要实现三大组团式城市群经济区的可持续发展，须以产业结构的调整为先导，通过整合区域资源优势，合理配置生产力要素和人口在城市群间的空间布局，全面提升三大组团式城市群经济区的经济发展潜力，以期获取最大的经济效益、社会效益和环境效益。

(2)内在驱动与外部需求

产业发展的关键在于产业结构的合理调整。产业结构不是其组成要素的简单堆积，而是随着经济发展按照一定的规律不断动态演进。

在经济发展过程中，决定产业结构的主导产业通常是沿着第一、第二、第三产业的演化轨迹而转移的。工业革命以前是以农产品、矿产品的第一产业居于中心地位；19 世纪到 20 世纪中叶，欧美国家以加工产品为主的第二产业居于中心地位；从 20 世纪下半叶开始，以信息产品和劳务产品为主导的第三产业比重日益增大，且日益占据中心地位。不同历史阶段主导产业的演替表现为各部门对各种资源的吸收和依赖程度的变化，先后形成以劳动密集、资金密集、技术和知识密集为主要特征的集约化生产。

产业结构由低层次向高层次发展的规律性演进有其内在驱动和外部影响两大主要动因。

在市场经济条件下，产业结构由经济要素禀赋结构决定，并因各要素的发展与利益追求形成内在驱动力。在一个区域企业利润最大化的追求下，生产要素会向成本低、收益高的产业集中，生产要素的投入变化会引起产业技术水平的提高、产业结构的升级和产品的更新换代。如果某种自然资源的量大价低，那么以该种资源为原料的产业就比较发达；如果劳动力供给充足，那么必然是劳动密集型产业占主导地位；如果资本运作活跃，技术进步迅速，那么就有利于资本和技术密集性产业迅速发展，以获取更多的超额利润。

影响产业结构的外部因素，主要是国内外市场需求和以市场运行与政策调控为主的区域产业发展环境。企业的产品最终要面向市场，企业必须根据市场需求的变化调整自己的产品结构。快变的消费结构会刺激和引导产品结构的变化，进而影响到整个产业资本、技术和劳力的投向，从而带动产业结构的调整。一个经济区域内的市场培育环境和政策调控机制直接决定了企业的成本与发展潜力，于是不同的市场环境和产业调控政策可以引导产业结构向预期目标演进。

虽然产业发展具有特定的演进规律，但通过创造条件和建立相应的调控机制，可以适度跨越产业结构的梯次演进或加速其转化进程。因此，三大组团式城市群经济区应当在全面总结本地产业演化进程的基础上，正确把握未来国内外市场的前沿性需求和产业发展的方向，以产业结构和空间格局的调整为中枢，建立科学合理的产业发展调控机制。

2. 产业优先发展和空间格局政策

(1)三大组团式城市群产业发展的战略选择

改革开放以来，三大组团式城市群经济区依靠资源、区位和政策等方面的优势，积极引进外资、制度创新和生产要素有序整合，加速推动了产业结构的工业化过程。经过 20 余年的发展，三大组团式城市群地区现已形成了以外向型经济和劳动密集型工业生产为主的产业形态。

当前，三大组团式城市群地区正面临着新一轮发展的机遇与挑战。从国内环境看，我国要实现全面建设小康社会的目标，在注重东中西部均衡发展的基础上，既需要培育不同的区域经济增长极，又亟待加强东部沿海三大城市群地区的超强发展。三大组团式城市群地区在改革开放初期所占有的先发优势和地缘优势近年来已逐步弱化，加之经济的快速发展导致本地劳动力成本逐渐升高，因而传统的劳动密集型产业也已不能适应领导未来发展的需要，而需要通过整体产业结构的升级和内涵集约型增长来推动经济的较快发展。从国际环境看，美、日等发达国家劳动密集型产业向其他国家和地区的转移已经完成，近年来又把一些资金密集型产业转移到国外。昔日依靠接受劳动密集型产业转移而发展起来的韩国、新加坡等国家，也开始向外转移自己的劳动密集型产业。在这种背景下，美、日和其他发达国家着重于新技术的研制开发，产业结构向技术密集和知识密集方向发展，成为资金、技术和知识产品的供应国；新加坡、韩国和一些中等发达国家主要向一般技术密集和资本密集方向发展，成为中间产品、零部件的供应者；中国、东盟诸国和其他发展中国家目前主要发展劳动密集型产业，成为提供劳动密集型的主要场所。三大组团式城市群地区一方面面临着其他以劳动密集型产业为主的国家的竞争，一方面需要积极吸引外来资金和高新技术，尽快完成自身的产业转型，继续为引领中国经济的腾飞而起到新的带动作用。此外，中国与东盟各国拟建立的自由贸易区即将变为现实，香港、澳门在世界金融、商贸、信息和旅游业方面所享有的独特优势,为三大组团式城市群地区经济的再次腾飞奠定了极度有利的条件基础。

当前三大组团式城市群地区高技术产业和第三产业发展迅速,发展方式正由以大量资本和劳力投入为拉动的工业化向以信息技术为主导的新型工业化道路转变。

基于对三大组团式城市群地区经济区发展的战略认识,要继续保持其外向型经济的主导地位,产业优先发展和空间格局政策既要有利于保持当前劳动密集型产业的竞争优势,又要有利于推动产业结构的有序优化升级,应充分发挥香港、澳门的独特优势和依托内地强大的支撑后盾及区内的城市"扶力",促进产业地域分工与协调合作,最大限度地发挥资源、设施与空间结构的效能。

(2)产业结构调整战略对策

给予三大组团式城市群地区三次产业结构调整的原则,是增强第一产业的基础、提升第二产业实力和加快第三产业的发展,因而应采取下列战略对策。

完善和规范农业产业发展环境

三大组团式城市群地区曾是全国著名的农业生产基地,以广东省四分之一的耕地提供了全省一半以上的商品粮。1990 年以后,粮食总产量虽逐年递减,但经济作物、畜牧和渔业产品产量则持续稳定增长,农、林、牧、渔所占比例由 1990 年的 75%、1.6%、11.4%、11.3%转变为 1997 年的 47.98%、0.04%、13.92%和 38.06%。农业生产结构的变化一方面反映了三次产业结构不断优化,致使农业比较利益下降,部分农业生产要素转向二、三产业;另一方面反映了农业内部结构日趋合理,效益逐步提高。

今后,随着产业结构调整和农业比较利益降低,土地资源价值持续上升,三大组团式城市群地区农业生产在三次产业中所占的比重还将继续下降。为此,农业政策导向应适应产业演进的要求,优先考虑如下战略措施:建立农业用地资源的合理流转机制,鼓励适度规模经营,如强化农村集体经济组织对耕地的调配权,完善土地使用权入股制度等;建立和完善多元化农村要素市场,如形成农业政策性银行与民间金融组织相结合的农村资金市场,加强农业生产资料的监督管理,实施必要的许可证制度等;推动农业产业化经营,农业经营主体向企业经营方式转变,应选准主导产业,围绕几项龙头产品率先实施成熟的贸农工一体化经营;政府应担负起帮助农民应对加入 WTO 后国际农产品市场竞争的责任,建立农业社会服务体系,加强农村教育和农业科技培训服务。

推进工业行业结构调整

经过改革开放 20 年的发展,三大组团式城市群地区利用体制优势和吸引外资的优势,形成了以家用电器、日用机械、纺织、电子、塑料、食品等为支柱工业的工业结构,最明显的特征是产品市场外向程度高,主导产业以劳动密集型为主。目前工业产业结构面临的主要障碍是:工业化进程已经进入中级阶段,劳动力和土地价格上升,原有的劳动密集型产业成长比较优势明显下降;能源和矿产资源保障匮乏,基础工业成长艰难;由于科技基础薄弱和劳动力整体素质不高的限制,导致工业总体技术层次不高,产品技术含量偏低,而且科技成果产业化程度低,工业结构升级和技术进步难度较大。因此,面对国内外市场竞争的压力,三大组团式城市群地区在工业产业结构调整上应走新型工业化道路,既以现有工业为基础,又须着力加大高新技术工业的发展和现有设备的技术改造。

要加快发展市场需求旺盛或市场潜力巨大，技术含量高，有国际竞争力，对支持和带动产业结构升级具有重要作用，利于企业和社会资金投入开发的行业。这类行业是今后三大组团式城市群地区产业升级的主导行业，如电子及通信设备制造业，精密机械工业，医药工业，新型材料，交通、能源基础设施项目等，将担负起未来经济增长的重任。对此，应按战略框架设计在不同时空域的规划要求下，以产业政策方式公示于社会，又须制定相关的激励措施和发挥政府组织及市场调控能力，促使这类行业形成自主科技创新体系，积极引导科研机构、院校与企业联合形成高科技产业集团，开发有自主知识产权的高科技产品，争取尽快形成产业规模，提高市场占有率，最终带动产业整体技术结构的提升。

此外，在产业政策的制定上，还应通过相关辅佐措施改造提高现有生产能力已达到相当规模、供需已经平衡或出现供给过剩，但尚有市场前景和技术生命力，在相当时期内仍适合发展的行业。这类行业大多集中在传统优势产业，如纺织服装、食品饮料、家电、建材以及机械和化工行业的某些领域，是目前三大组团式城市群地区的支柱行业，今后一段时期内还将继续是三大组团式城市群地区经济发展的主要力量。今后主要围绕增加品种、改进质量、提高效益、防治污染、扩大出口等目标，通过运用高新技术和先进适用技术来改造提高这些产品，以适应更加个性化、多样化和高层次的市场需求。条件成熟的行业，应鼓励其劳动密集型生产向境外投资和向内地转移。

再则，制定约束性政策和健全监控体系，限制、淘汰和禁止市场已经饱和并趋于萎缩、生产能力严重过剩且技术落后、没有市场前景的行业。这类行业的产品主要是技术工艺落后，高能耗、高物耗，或是对环境污染和资源破坏严重，超过了国家有关规定的产品，应严格控制。

就产业政策服务措施而言，三大组团式城市群地区在拟组成的联盟共同体机构里，通过决策部门和各城市政府组织，应向社会公布鼓励和限制发展的行业清单，为投资方和企业提供政策导向的信息服务。

加快第三产业的发展

改革开放以来，三大组团式城市群地区以运输邮电业、商业饮食业、金融保险业和房地产业为龙头的第三产业蓬勃发展，显著地改变了原有的产业结构形态，有力推进了区域经济的高速协调发展。但是，目前第三产业的 GDP 仅占社会总产值的 33.2％，从业人员比重为 27.5％，大大低于发达国家水平，仍滞后于一、二产业的发展；而且第三产业中传统服务业的比例较高，新型服务业发展缓慢，内部结构需要优化。

第三产业的发展需要提高市场化程度，尽快建立起完善的市场流通体系、城乡社会化综合服务体系和社会保障体系。特别应优先发展中间需求大的行业，包括信息服务业、金融、旅游、房地产和娱乐服务业等，以促进整体产业结构升级和使产业整体竞争力提高。第三产业中发展滞后的行业往往是体制改革滞后的行业。一些设置垄断壁垒的行业由于缺乏竞争对手，市场机制不能发挥有效的调节作用，造成企业经营效率下降。因此，应取消或调整过时的限制第三产业发展的政策，促进多种所有制经营，以充分发挥市场机制对第三产业结构调整与优化的作用。另一方面，建议在消费和社会保障领域实施一系列的改革措施，例如继续推行住房制度改革、个人消费贷款，放宽对国外和港澳金融、保险、医疗保证企业在区内发展的政策限制，加快企业集团融资上市的审批，并以入股形式广泛吸纳民间资金投入等，从而充分发挥市场需求对产业发展的拉动作用。

完善行业协会与行业标准制度

以联盟共同体为统筹领导机构，建立健全行业协会及其协调机制，并应参照国际标准并结合实际，制定支柱产业的产品最低经济规模标准，建立行业招标制度和质量认证制度。一方面以大型企业集团作为发展支柱产业的依托，鼓励和支持跨地区、跨部门、跨行业的大型企业集团，扶持一批基础雄厚、初具经济规模、市场前景广泛、有较强的技术开发能力和竞争实力的大公司，在税收、政策性贷款等方面给予政策优惠；另一方面支持中小企业的发展，促进专业化分工协作，形成同规模企业间大中小企业合理分工的企业规模结构。

完善和规范市场运作环境

制定和完善有关市场竞争的法律法规，促进支柱产业在参与国际国内市场竞争的同时，开展区域内不同规模企业间的合理竞争，以提高经营效益。应简化政府审批手续，扩大企业生产和出口自营权，为本地企业的生产发展创造成熟宽松的软环境。

(3)产业空间格局调整建议

地理区位、交通条件、资源环境禀赋、土地利用结构、人力资源组成以及政策和市场环境等因子都会影响经济要素的空间集聚与扩散，从而形成各具特色的产业空间格局。从地理空间结构来看，三大组团式城市群地区各城市呈现出以广州—深圳(香港)和广州—珠海(澳门)两条轴线分布于珠江东西两岸的人字形空间结构，其中以广州和深圳(香港)为区域的两大增长极。就经济强度分布而言，珠江沿岸内圈的经济强度远大于三大组团式城市群地区边缘外圈的经济强度，呈现出以大城市为中心由内向外辐射的多圈层结构。

三大组团式城市群地区经济区产业空间格局的主要问题是：由于港澳两个特区和辖域内多个城市存在隶属关系上的各自为政，产业发展方面的自主决策化，导致各城市工业结构普遍轻型化，结构雷同，产业分工不明显，吸引投资和争夺市场相互竞争激烈；基础设施重复建设现象严重，既不能发挥区域整体效能，又因恶性竞争和环境损害外部化而使经济效益不高和环境污染加剧。

三大组团式城市群地区经济区的区域整合需要实现产业空间格局的合理调整，应在整体规划的战略设想指导下，理顺区域经济要素的结构关系。三大组团式城市群地区城市群需要形成合理的城市职能分工体系，以凸显不同城市的区位特色，有利于经济要素的异化流动；区域交通、通讯等基础设施应实现整体规划、共建共享，以提高物流、人流和信息流的运动效能；各级政府应严格依据城市群总体规划方案制定各市的产业发展策略，实现产业的地域分工，以发挥城市群的产业集聚优势和规模效益。

3. 财政和税收调控政策

(1)财政和税收调控政策目标

为了实现三大组团式城市群地区的可持续发展战略和城市产业政策得以有效贯彻，各市政府应充分发挥财政和税收的宏观调控功能。即通过制定各市间关联性较强的不同时段强有力的财政、税收政策，以促进产业结构整体优化，区域发展均衡，降低贫富差距，保障社会经济的可持续发展；逐渐消除地区经济发展中的制约因素，加强生态建设和环境治理，早日实现区域社会经济发展的现代化、富裕化和生态环境的良性循环。

(2)税收调节

税收现代化改革

税收既是增强财政的核心力量，又是调控经济增长和产业结构变迁的主要手段。在日趋现代化的经济建设和复杂多变的税收征管中，实现征管手段和征管模式现代化显得极其重要。为此，三大组团式城市群地区税收部门应积极调整机构设置和人员分工，加大计算机软硬件投入，尽快提升税收管理的现代化水平。通过制度改革尽快完善税务登记、税款征收和税务检查三大体系，形成一个以纳税申报和优化服务为基础，以计算机网络为依托，集中征收、重点稽查的税收征管新模式，实现税收征管的现代化；为纳税人提供优质服务，实现服务质量现代化。需要不断加强税收的法制化，做到依法征税，依法管税。

加强地方税务部门的职能建设

地方税务机关作为政府的职能部门，在三大组团式城市群率先基本实现现代化过程中应当有所作为，以便充分发挥税收的调控作用，为区域经济的发展做出应有的贡献。

一是要大力组织好税收收入，为率先基本实现现代化提供财政资金保障。二是要健全适应市场经济的地方税收体系，为率先基本实现现代化提供良好的税收环境。三是要利用税收杠杆促进各项改革和产业结构的调整，为率先基本实现现代化出谋划策。

制定合理的税收调节政策

科技税收优惠政策

发达国家的税法通常规定对企业投入的研究开发经费给予优惠，开发企业和生产企业可按投资额的一定比例或全部抵缴所得税；普遍采用加速折旧政策，以加快技术设备更新；建立科技发展准备金制度，即允许企业按销售收入的一定比例提取科技发展准备金；在税收政策的运用上注重基础研究与应用研究相结合。

国际上对高新技术产业实施优惠政策的税种主要有企业所得税、增值税与个人所得税三种。企业所得税属于效益型税种，最能体现科技对经济发展的拉动效应。随着增值税的广泛推行，许多国家在流转税领域也实施了一系列优惠措施。另外，为提高科技从业人员的积极性，许多国家都在个人所得税上采取了一系列优惠政策。

由于高新技术企业具有高投入、高风险和高回报的特点，因此三大组团式城市群地区科技税收的优惠重点应放在补偿和降低高新技术企业的投资风险方面。即对高新技术产品的生产与销售给予税收优惠，以增强科技税收政策的一体化效应。

针对现行科技税收政策中对人力资本激励措施存在的缺陷与不足，应不断健全和完善与高新技术企业发展相适应的相关税收优惠措施。首先是改革高新技术企业的计税工资标准。在过渡期内，建议较大幅度的提高高新技术企业的计税工资标准，以减轻高新技术企业的实际税收负担。其次是强化对高技术人才个人所得税的优惠措施。同时，对高等院校、科研机构以股份或出资比例等股权形式给予科技人员个人的有关奖励，予以免征个人所得税的优惠政策，并且将这一政策规定的实施扩展到企业的范围，以鼓励和提高各类科技开发人才开展科研创新的积极性与创造性。

积极调整完善现行的科技税收制度，适应高新技术产业发展的客观需要。为此：

在增值税方面，应在增值税条例中增加特定扣除项目的条款，对高新技术企业购进的用于科技开发、研制与试验的固定资产所含进项税金允许分期分批实施抵扣，以鼓励企业更新设备，采用先进技术。根据高新技术企业发展的不断强大，可适度扩大增值税的征收范围。

在所得税方面，对于使用先进设备的企业以及为研究开发活动购置的设备或建筑物，适度增加所得税促使其加速折旧。对从事科技开发的投资与再投资实行所得税抵免政策，以提高企业从事技术开发的积极性。准许高新技术企业按照销售或营业收入的一定比例设立各种准备金，用于研究开发、技术更新等方面，并将这些准备金在所得税前据实扣除。

应遵循市场经济规律，注重构建科学、合理、高效的科技税收优惠运行机制。不分企业的所在地区、部门、行业和所有制性质，对所有的科研单位与项目一视同仁，以保证各企业之间的公平竞争。另外，科技税收优惠必须突出国家产业政策的导向，确定重点扶持的对象，优先鼓励科技水平高、可迅速转化为生产力，并能使生产效率显著提高的高新技术企业与科技项目的发展。

企业与个人税收的调节政策

对影响不同行业企业经营的税收进行必要的协调，以保障区域内各行业发展的协同。

在实行区域内城市不同利润税的同时，为避免跨市或跨区企业把全部利润都转移到税率低的地方，征税的对象应该是企业的全部利润。必须按照企业在各地方的营业额、固定资产或就业的比例情况在各市之间分配计税利润，这样将会大大减少偷漏税的动机。

对于主要影响家庭收入的税收，如个人所得税、雇工交纳的社会保障税、遗产税等，可根据地方经济发展水平制订不同的税率，缓和贫富差距，减缓劳动力大量流向经济发达地区的趋势。

利用税收优惠吸引国外投资

利用外资不仅能够解决快速发展中的投资饥饿，也有助于引进国外的先进技术和经营理念及管理经验，提高投资效益。因此，在三大组团式城市群联盟共同体的协调下，适时制定不同行业、不同城市、不同投资方式在外资引进上的优惠政策。

对引进外资投入的初期可对企业实行免税政策，随后根据其经营方向及经营状况对优惠政策进行适当调节。

调节税收以保障环境安全

在不加重企业总税收负担的前提下，增加排污缴费在总税收中的比重，以便促进企业清洁生产并增加政府治理污染的财力。对使用高污染能源的产业应加大税收力度，以鼓励新能源、新技术的使用和防止区域环境恶化。

(3)财政预算

实施积极的财政政策，搞好财政预算，对于促进三大组团式城市群地区的现代化建设和可持续发展至关重要。根据不同时空区域产业发展的战略架构和产业政策的导向原则，辖区内各城市应实行积极的财政政策，通过合理的年度预算促进产业结构的调整和经济的持续健康发展。但为了保障区域整体战略的实现，一是按各市经济总量提取一定比例的财政收入作为联盟共同体的统筹基金，用于协调发展；二是对各市的财政预算进行必要的协调，以利于局部和整体的有序发展。

4. 融资政策

(1)融资政策目标

资金投入是经济得以加速健康发展的重要支撑。资金投入总量的大小直接关系到经济发展的速度快慢;资金投入在不同产业中的分配结构可引导其他生产要素的分配,进而对产业发展产生深远影响。区域产业结构的调整和升级仅仅依靠自身积累是远远不够的,必须加大外部资金投入来弥补建设资金的不足。因此,应制定积极的融资政策,加大吸引外来投资和本地民间资本,发挥资金投向对产业结构调整和升级的引导作用,同时努力消除资金流动的制约因素,提高资金利用效率。

(2)三大组团式城市群地区利用资金方面的困难

1979～2001年,三大组团式城市群地区经济区利用毗邻港澳的优势和国家优惠政策,投入了大量建设资金,极大地带动了区域经济的全面发展。其中仅2001年实际利用的外资总额达141.92亿美元,相当于同期全区固定资产投资额的45.72%,特别是港资、澳资和台资是外资投入的主要部分。

从引资环境来看,随着国家外商投资导向由地区倾斜转变为产业优惠和地区倾斜相结合,重点发展基础产业和高新技术产业,重点扶持大中型国有企业,以及更为重视地区均衡发展,三大组团式城市群地区对外招商引资的先发优势已不复存在,对国际投资和国内投资的吸引力有所下降。同时,随着东欧、拉美和东南亚国家经济和政局开始逐渐复苏和稳定,客观上加剧了各国国际投资的竞争。按未来产业发展战略设计,三大组团式城市群地区经济区的新一轮经济发展将存在较大的资金缺口,引资环境和引资力度不容乐观。

从资金利用结构来看,过去三大组团式城市群地区固定资产投资主要集中在劳动密集型的传统制造产业。随着产业结构的调整,今后资金的投入重点将转向高新技术产业,外资和民间资本可进入的范围也有待拓宽。因此,三大组团式城市群地区能否有效地调整资金利用结构和改善投资环境,在投资利用机制创新方面也面临着新的考验。

(3)政策选择

多方扩展融资渠道

通过吸收外来投资兴办外资企业,可以方便引进先进技术、设备、工艺、产品以及管理经验和拓展国际市场的渗透,有助于进一步推动产业技术水平的提高、产品的更新换代和总体产业结构的升级。三大组团式城市群地区应充分利用香港作为国际和东南亚金融中心之一的独特优势,除了吸纳来自港澳台的资金以外,应注重加大引进欧美资本,以便获取发达国家的先进技术和管理经验。在注重引进跨国公司资本的同时,也应重视吸引更多的欧美中小企业资本,这样对区内中小企业特别是私营企业的发展会起到有益的示范作用。

通过放宽政策限制,提高国内民间资本的运作活性,以参股、合资等多种形式积极吸纳散小资本,集腋成裘。

健全多种融资机制

直接投资作为三大组团式城市群地区引资的主要方式,具有稳妥、高效的特点,在产业政策宣传、信息检索和辨识、组织运作和利益分享等方面应着力健全融资机制。证券融资乃是国际资本的主要运作方式,应充分发挥香港和深圳证券市场的巨大潜力,健全相应的证券融资体系和运作体制。对一些公共基础设施建设、环境保护和经营不善的国有企业,有计划地让经营权于外来资本和民间资本,以一定限度的利益和风险转让换取发展所需的资金。

加强政府对投资方向的引导和投资环境的完善

充分利用税收、信贷等经济手段提高重点产业的投资回报，以引导资本的积极投入。充分发挥政府的组织职能和协调多种经济手段，支持、指导国有大中型企业与跨国公司的合作，激励私营企业吸引外资发展经济，鼓励民间资本进入公共设施建设和服务领域。利用国家有步骤地推进服务贸易领域对外开放的政策环境，建立健全相应的融资机制。此外，为了保护和改善三大组团式城市群地区的生态环境，各市政府应实行对高能耗、高污染、技术水平落后投资项目的严格审批制度。

5. 就业政策

适龄劳动力的充分就业，既是发展经济和提高家庭生活水平的必要条件，又是保障社会稳定和发挥人力资本潜能的重要环节。我国的人口国情决定了就业压力的严峻性和长期化，以迫使各级政府在就业雇用和社会保障政策的制定与实施中须始终肩负历史重任。

在我国市场经济日趋成熟的条件下，政府必须依靠制定适宜的就业政策指导就业。就三大组团式城市群地区而言，制定就业政策应遵循下列原则：将失业率控制在7%以下，最大可能地满足当地劳动力人口的充分就业；根据产业发展需要，积极引进高素质技术人才和吸纳具有一定技能的外部劳力资源；加强高等教育事业的发展和职能培训，以增加人力资本的储备和缓解就业压力；健全就业市场机制，保障公平竞争和劳动者的基本利益。

基于上述原则，各市政府劳动部门依据不同时期产业发展的战略设计和就业供需状况，制定相应的就业政策和管理措施。其主要内容包括：适时公布不同产业、行业和企业的用工需求，以及相应的工资标准和福利保障；通过制度创新，不断健全劳动市场的管理体系和调控机制；制定明细的法规和监督措施，保障劳动者在工作、生活、人身安全等方面应享受的合法利益；按行业提取一定比例的企业利润，加之财政的补贴和社会捐献，建立社会保障和技能培训基金，以保障失业者及其家庭的基本生活和不断提高劳动者的知识、技术素养；制定必要的法规和社会保障措施，促进非正规就业市场的有序发展和保护其劳动者权益。

二　中国三大组团式城市群的社会公平贡献

1. 奠定人力资源强国的国家基础

人作为劳动者，是生产力要素之一，其素质决定了劳动生产率的高低，且对产业结构演化具有重要的作用；人作为消费者，其消费需求带动了生产者生产产品和劳务，从而推动经济的发展。珠三角的人口经济问题主要表现为：人口机械增长速度较快，给劳动就业和社会保障带来较大压力；劳动人口素质较低，高技术人才缺乏；人员流动和管理体系不健全。为此，应从以下两方面提高三大组团式城市群地区人口和劳动力的政策管理水平。

(1)控制人口增长，提高劳动力素质

经济增长方式转变将改变对劳动力数量和质量的要求，因此，珠三角应逐步控制人口的机械增长，以大量引进高级专门人才为主，减少一般劳动者的引进。同时，本地人口政策除继续坚持计划生育政策外，应着重加强基础教育和高等教育，在普及九年义务教育的基础上率先普及高中教育，重点发展高等教育、技术教育、成人教育以及职工再培训，提高本地居民的整体素质。

(2)提高流动人口管理水平

在市场经济条件下，人口的有序流动有利于经济要素在空间上的合理配置，限制人口流动是不可能的。过去将人口束缚在当地的户籍政策等限制人口流动的政策急需改革，以适应人口自由流动的客观要求。因此，应在建立流动人口暂住申报制度的基础上逐步减弱人口流动限制性政策的强大控制力；以微观企事业单位为基础加强流动人口的劳动管理制度；对外来人口可从事的行业类别进行限制；对暂住期达半年以上且工作相对稳定的外来人口采取较为宽松的管理；对流动人口管理和盲流遣返部门的工作进行有效的规范和监督。

2. 探索社会福利保障体系的区域范例

由社会福利、社会保障、社会救济、社会互助等共同组成的社会保障体系的完备程度和有效性反映了一个国家或地区社会发展水平和人民生活质量的高低。三大组团式城市群的社会保障体制经过不断的改革，在不断提高保障的社会化程度、扩大社会保障的覆盖面、建立社会保障基金制度、逐步提高社会保障水平等许多方面取得了初步的成效。

社会保障可实现社会成员的互助互济，保障社会成员维持基本生活的需要，是稳定社会、促进经济发展的重要手段之一。三大组团式城市群地区应努力建立完善的社会福利保障制度，具体建议如下：

(1)建构高效的社会服务体系

按照谁最贴近居民生活、最能了解居民需要，谁负责提供服务的原则，进行政府职责划分，各级政府做到权责统一。中央政府主要负责社会福利和社会服务法规建设，制定相关政策方针框架，拟定社会福利和服务发展规划，负责高等教育管理。省级政府负责国家社会福利和社会服务政策方针在本省范围内细则补充，提供医疗保健服务和医疗机构管理、高中教育管理。市级政府负责国家社会福利和社会服务政策方针在本市范围内补充，负责提供幼儿教育、小学和初中教育、儿童照顾、残疾人照顾、老年人照顾、社会支持、灾害救援服务等。市政府在社区设立相应的管理处，具体负责该社区的社会福利服务的落实执行和监督。

(2)推进社会福利社会化

社会福利服务作为国民财富的再分配和社会弱势群体的扶助，是政府应尽的义务，但并不意味着政府要包揽一切社会福利事业。在政府宏观调控下，应积极鼓励包括社会中介组织、社会团体甚至公司、私人在内的各种社会力量参与社会福利事业的建设和投资，充分开发利用不断增长的民间资源潜力，形成多渠道、多形式办福利的良好局面。政府社会福利职能的定位，应当更多地致力于社会福利和社会服务制度建设，对服务机构实行有效的管理和监督，保证有限的福利投入最大效用地用于弱势群体的救助和福利对象的服务上。

(3)建立有特色的农村保障制度

为全面提高小康社会中全体社会成员的福利水平，消除城乡差异，应在努力完善城市医疗、养老、失业和社会救济保障体系的同时，探索完善农村社会保障制度。建议从农村社会养老保险制度入手，以乡镇级行政单位和乡镇企业为单元，农民个人缴费和集体补助相结合，养老保险和家庭养老相结合，探索适合广大农民的社会保障方式，对于我国农村社会改革将具有重要的意义。

3. 健全公共卫生与食品安全管理体系

（1）总体目标

保障区域经济的稳步发展，使居民生产和生活安全得到可靠的保障，身心得以健康发展，文化需求得到满足，以促进社会各方面的发展均衡和全面进步。

（2）公共危机管理制度

危机管理制度是为了妥善处理人为灾难或自然灾害对社会发展所带来的危机而制定的管理制度。危机管理要求在有限的时间内对可能的损失和可获得的不确定的信息做出反应，并对行动做出决策。

三大组团式城市群地区应在联盟共同体的机制下建立一个公共危机管理决策小组，小组由一个领导和若干成员组成。出现诸如公共卫生、资源和能源供应以及突发性自然灾害危机时，所有可获得的信息应以最快速度送达决策小组手中，并由决策小组迅速做出对策。决策小组应对医疗、消防、警察系统等相关专业组织具有统帅权力，以应对不同情况的危机出现。专业组织对处理该类突发情况拥有一定经验，可以更快地采取有效措施。另外，根据事故的程度和类型，应建立一定的危机处理预警方案，便于突发情况出现时可以更快地采取行动。

（3）食品安全政策

近年，由于各种食品污染事故的发生，食品安全问题对于社会经济稳步发展起到了越来越重要的作用。为保护人类和动物的健康，稳定食品消费市场，珠江三角洲地区应制定加强食品安全政策和措施。食品生产者、加工者和经营者作为食品安全第一责任人，而消费者只对食品买回后的储藏和烹饪负责；食品安全政策应建立在合理的风险分析基础上，对于缺乏科学依据的情况，须对可能危害人类活动健康的食品安全问题采取预防性措施。

三　中国三大组团式城市群的可持续发展贡献

1. 水资源供应、利用与管理

（1）水资源现状与问题

珠江流域水资源总量虽然较丰富，但是由于流域内人口众多，城镇密集，加之地区之间存在水资源分配和利用上的矛盾，使得可用水资源相对短缺，甚至出现不得不花钱向外地买水的局面。

珠江三角洲地区经济增长速度快，各种工业废水、城市生活污水排放量很大，相应的环保投入不足，城市污水处理厂和排水管网等环境基础设施跟不上城市发展需要。2001 年珠江三角洲地区工业废水达标率只有 56%，城镇生活污水处理率仅为 18%。

因此，淡水资源在量和质保障上双重短缺，将会制约珠江三角洲地区未来社会、经济的现代化建设和可持续发展。

（2）流域水资源的利用与管理

健全的法制可以起到良好的监督作用。以法国著名的《水法》为例，该法律对国家、流域、地方政府、用户及水公司等所从事的所有水资源规划、水资源开发利用、污水处理及水资源保护等一切水事活动均有较为详细的法律条文规定。它体现了水资源管理必须进行综合管理，必须以流域为单位进行管理，其中明确规定流域水资源开发管理规划必须由流域委员会来制定，水资源开发管理规划必须听取地方当局和用户代表的意见，然后提交行政当局批准。流域水资源开发管理规划一经批准，即成为规范各地方政府从事水资源开发利用与保护的重要的纲领性文件，地方政府所辖的区域水资源开发管理应与流域水资源开发管理规划相协调。此外，配合《水法》还存在一系列的法律条文，如《公共卫生法》、《民事法》、《刑法》、《国家财产法》、《公共水道和内陆通航法》等，与《水法》及有关水政策、法令等组成一个较为完善的水资源管理法规体系。珠江三角洲地区在拟成立的联盟共同体协调下，也可制定一些水资源管理的地方性法律法规，来配合管理和治理监督的顺利进行。这些法律法规在保持与国家法律规定相协调的前提下直接由水资源管理委员会下设立法机构负责确立，一旦确立，各地区应按照确立的法律条规修改该地区的地方法律以达到一致。这样就在法律上确保了珠江三角洲流域的省、市、县等在对水资源的管理上的整体性和一致性。

保障珠江流域水资源供应由基于全流域的水资源管理机构负责，不归任何一个地方政府或环保局管制。可在联盟共同体机构下建立珠江流域水资源委员会框架下的协调机制，每年召开一到两次各地政府要员和环保局局长参加的全体会议，讨论重大问题并制定重大决策。各地方上的水资源管理部门均隶属珠江三角洲地区水资源委员会管制，各部门针对各地区的情况进行管理监督和治理，各部门必须严格遵守流域委员会制定的一系列政策，但同时对委员会也有监督作用。委员会下应设立常务秘书处，负责处理日常工作和监督各地区工作计划的实施。同时，还必须拥有技术和专业的支持，如生态组、水质组、排放标准组等。

(3)城市供水体系建设

已列入广东省“十五计划”的分质供水体系建设，可使60%～80%的家庭生活用水水质满足生活饮用水的水质标准。珠江三角洲地区各市的供水公司应当在对源水进行预处理或深度处理达到规定的水质要求的基础上，逐步改善供水管网与附加设施，最终使居民用户出水达标。通过分质供水体系的建设，高水质的生活用水使用后通过特殊处理可用作冲便器、清洗车辆、庭院绿化、浇洒庭院的道路等，既可节约用水总量又能为居民生活带来便利。值得指出的是，分质供水的实施具有潜在的巨大商机，各地应严格把好监督关，严防不合格企业钻空子。

2. 土地资源的利用与管理

(1)珠江三角洲地区土地资源开发利用的主要问题

土地出让数量过多，速度过快，价格过低。城市建设和大规模房地产开发对土地资源和自然风景造成了不可低估的破坏，导致人地矛盾日趋突出。

土地资源严重浪费。农业比较效益下降，导致出现弃耕撂荒和粗放经营，造成耕地生产效益低下。出让后的土地因规划不明确或违反开发规定而大量闲置或重复建设，利用率极低。

土地审批制度不完善。珠江三角洲地区有关土地管理法只说明政府如何对土地进行审批，而对土地的利用方式没有明确控制要求，造成土地经营混乱。土地管理机构及管理人员执法不严，对批租土地缺乏严格控制，土地使用权多以协议方式出让，法律效力不高，一些“人情地”、“关系地”也时有出现。

土地利用与管理不严。对出让后的土地使用监督管理不严，造成开发商随意改变土地的使用性质，侵占公共绿地和公共设施用地。

(2)加强土地利用审批和管理制度

面对上述问题，土地利用和功能区划分部门、土地污染防护及治理部门每年应集合各区政府和专家召开年会，针对土地的利用管理问题提出解决方案和相应对策。

在制定土地利用规划和管理政策时，鼓励公众和开发商参与，使制定的政策在最大程度上协调三方的利益关系，以增强土地利用规划的法律效力、协调性和实用性。政策一旦制定就应成为政府、公众和开发商必须严格遵照执行的法律规范。

各地区根据本地实际，严格划分土地功能区，对各类土地资源的使用制定详细规定，如建筑类型、容积率、建筑高度等的控制。在土地审批过程中对土地交易实行透明化，不得私自转让土地使用权，一旦发现私自转让土地，管理部门应给予重罚。同时，经营性土地使用权出卖要实行信息公开，以杜绝审批过程中的腐败行为。

在规划的执行上，要强调规划的严肃性，土地开发利用必须符合土地利用总体规划，未经有关部门批准，不得擅自改变规划。应通过各种鼓励措施和法律法规，引导和规范开发商的开发行为，加强出让后土地的利用与管理，以促进对土地资源和城市生态环境的保护。

(3)耕地保护措施

珠江三角洲地区的耕地在未来几十年里会呈减少趋势，因此必须严格控制对耕地的占用开发。而耕地的污染治理和预防则要和水资源污染治理相结合，须建立完善的耕地监管机制。同时，加强农民的环境保护意识和合理利用耕地的宣传，调整农业产业结构，发展生态农业，以便在保护耕地的同时提高土地的利用效益。

(4)城市建设用地控制与管理

对城市建设用地的控制提出以下建议：

a 硬性规定城市建设用地面积。各地必须严格根据国家人口增长和城市规划用地标准，利用人均占地指标来控制城镇规模，不能出现在城镇规划与建设上贪大求全、盲目攀比、盲目扩大规模的现象。要强化城镇基础和公共服务设施的建设与布局，按科学规划进行合理的用地功能分区，保留必要的城市绿地和游憩用地，保护城镇中的自然景观，以改善环境质量。城市土地利用模式宜服从珠江三角洲城市群的总体规划，实现城市土地合理利用和各地区经济的协调发展。

b 加快旧城区改造。一是对老城区的旧建筑物进行内部更新改造，转变使用功能，以适应当前经济社会发展需要。二是对废弃地改造采取多种鼓励支持的政策，各级政府要把废弃地的开发利用与实现资源和经济的可持续发展结合起来，鼓励开发商根据政府的规划许可，采取先治理后开发建设的做法。

c 推进区域交通网。以整个珠江三角洲地区为一个规划整体进行统一规划，建立统一方便的铁路、公路、航运和航空交通网络，避免重复建设和浪费。

3. 能源保障与利用

(1)能源保障的目标与措施

珠江三角洲地区能源保障的目标，是确保适宜经济增长和可持续发展的能源传输，确保公众和社会安全的能源供给和使用，以及实现能源供给和生态环境保护的协调。

应采取的能源保障措施如下：

根据不同的能源类型及其发展趋势，预测未来能源产品需求的时空分布和强度，做好阶段性能源使用与开发规划。

使能源系统的现代化与经济发展的现代化同步。即不但要大力发展经济，也要重视能源技术革新和实践，鼓励投资者对石油、天然气、煤炭和可再生能源（氢气、风能、太阳能和生物能）的开发研究。

加强能源供给基础设施建设，提高珠江三角洲地区能源供给的保障能力。特别是尽快实现区域能源供给和调拨的统一化、信息化和动态化。

（2）能源利用策略

产业结构与能源结构调整

产业结构调整必然改变能源供给与利用结构，进而改变污染物排放结构和排放数量。所以，应抓住产业结构调整的时机，做好能源供应和利用规划。运用多种政策措施鼓励企业通过技术改造采用高效、低污染的能源，以及使能源循环利用和多次利用，以降低单位 GDP 的能耗和减少污染排放。

短期能源利用策略

提高能源使用效率，尤其是能源使用末端的处理及再利用率；在以煤炭和石油消费为主的利用进程中，逐步增加天然气在能源利用结构中的比例；将离散的供能结构改为集中供能，集中管理大规模供能系统；鼓励自行车的持续使用；鼓励能源利用多样化和开发能源可再生技术，发展综合能源保障与利用系统；在产业和生活能源消费中，鼓励利用末端能源。

可持续发展的长期能源利用策略

鼓励使区域能源经济最优化的用地发展模式，结合用地规划提高公共能源运输质量；将直接燃烧型的能源转化为更清洁的能源型式进行传输，例如电、气和热水或热气；加大可再生能源的实用研究，克服风能、太阳能和生物能利用发展在经济和制度上的障碍；政府给予资金及技术支持，促进生物能等清洁能源在农村的发展。

4. 生态环境保护

（1）环境保护对策

大气污染和城市热岛效应的区域调控政策

珠江三角洲地区大气污染相当严重，采自珠江三角洲地区典型城市的气体样品中，主要污染物含量均高于曾发生大规模烟雾事件而闻名于世的洛杉矶。由于二氧化硫和氮氧化物排放量大，珠江三角洲地区酸雨污染也相当严重，酸雨频率平均为53%。广州、深圳、佛山、江门、东莞均是重酸雨区。

城市化进程势必会产生城市热岛效应。热岛效应导致市内温度异常上升，改变局域大气运动状况。热岛内的空气易于对流混合，但其上部的大气则呈稳定状态而不扩散，使得热岛范围的各种污染物质都被封闭在热岛中，可加剧城市的大气污染。

针对这些环境问题，提出以下建议：

推动产业结构升级，优化能源利用结构，促进企业清洁生产，减少污染物排放量。

各地区根据大气污染程度进行分类治理，把污染区按照不同的程度分类进行治理和管理。不同的污染区要实行不同的控制政策。例如，污染较轻的地区要求污染源采取最佳可操作控制技术，而污染较重的地区则要求污染源排放的污染物达到最低可达排放标准。

制定有效措施减弱城市热岛效应强度。例如增大城市绿化面积、扩大水域等。

城市规划中必须有一定的绿化指标，以种植树木、花草相结合的复合型绿地为主，人均绿化面积宜达到 30～40m^2。绿化不但能改善城市小气候，而且还可美化城市环境，是现代化城市文明的一个重要标志。

加强区域协作，大气监测数据信息和成功的控制技术应该在区域内得到共享，区域交通和基础设施建设提倡采用清洁能源、材料和技术。

充分利用市场机制，创造环境治理资金来源。可以通过建立基金、捐款等方式来筹集治理资金，或者是在环境税收方面进行改革，调动企业和公众共同保护环境。

区域水污染集中处理的建议

要加强各地合作和交流，共同协调管理，共同承担治理责任。在流域规划的基础上兴建污水处理厂，同时实施排污收费和超标罚款以减少污水排放量。在治理的同时，要以生态系统恢复为治理的主要目标，着重对河流自然流道和周围生态环境进行恢复。

各地方必须建立自己的监测系统和预警预报系统，其责任和费用由各地方政府自行承担，珠江三角洲地区水资源委员会对各地进行监督管理。各地预警监测系统严格监督水质，跟踪污染事故和非法排放行为。一旦水质有超标或变化，及时查找污染源，并给政府发出警报。同时，鼓励公众参与监督举报，监测结果逐步实现动态公布。

各地区应对从水源取水到使用后排放的每一个环节都进行严格的监测，制定符合国家要求的用水指标。在水价的确定上，采取谁污染谁付费、谁用水谁付费的原则，用水者和污水排放者都必须交费，以此建立供水共同基金，用于补贴兴建供水、污水处理工程。尤其在某些高耗水的工业用水方面，可以根据实际情况和需要制订较高的水价和污染费，促使企业节约用水，提高水的循环利用率，并推行清洁生产，达到污水少排放甚至零排放。

实行企业清洁生产

清洁生产可以极大地减少企业废气、污水和固体废弃物的排放量，从而减轻由生产活动所造成的环境损害。而且，珠江三角洲地区作为外向型经济地区，其产品面向欧美发达国家的市场，实行清洁生产也是企业打破贸易环境壁垒的重要手段。

《中国清洁生产促进法》已于 2003 年 1 月 1 日正式启动，珠江三角洲地区应尽快建立与完善同《中国清洁生产促进法》相配套的法规。例如，规定企业在预防污染的同时，应该对无法预防的污染进行末端处理，推行全过程产品生命周期评价制度。同时，通过修改和提高环境标准，使得清洁生产评价逐步与国际接轨，从而促使企业提高环境保护的意识和水平。

政府可同企业与公众组成的民间协会建立长久的合作关系，直接推动企业清洁生产的实行。合作关系建立在自愿原则基础上，企业通过自律行动实行自我管理，以减少或消除污染。在合作内容上可以包括资源重新配置、工艺改进、设备更新和资源综合利用等，以提高资源利用率、降低能耗，最终实现降低产品成本并最大限度减少污染物排放。政府工业部门应该协助企业制定和实施清洁生产计划，为企业提供清洁生产技术方面的信息，并加强项目的管理、规划、监控与考核。

政府应该对自愿实施清洁生产和节能，或者使用可再生资源的企业进行鼓励，比如在税收方面给予优惠政策，依据不同情况实行拨款、低息贷款等措施来促进清洁生产计划的实施；公布绿色产品目标、制定绿色产品标准，在公众媒体上以公告形式对模范企业进行表扬；鼓励政府部门采购绿色产品或有益于环境的产品；保险公司根据企业的污染状况来决定是否向企业提供保险；企业在拍卖或合并时，买方或合并方对企业污染现状作调查，以此作为交易依据之一等。

在采取鼓励措施的同时，应该给予污染物排放超标的企业以重罚警告。对于以追求利润为目的的企业，罚款有利于企业资源参与清洁生产活动。值得一提的是，这些罚款金额不得挪为他用，只能用于环境保护工作。

(2)生态补偿机制与建设

生态补偿的意义和必要性

生态补偿是生态建设的热点和难点，而生态补偿的资金和物质经常严重缺乏，无法满足日益增长的生态补偿需求。生态补偿需要融资的帮助才能广泛而顺利地展开。

缺乏生态补偿导致发达地区与落后贫困地区不断冲突和摩擦。珠江三角洲城市群各城市的分布多位于珠江流域内，区域内有西江、北江、东江等几大支流，而珠江又属于感潮河段。在整个珠江流域，发达地区分布在珠江下游和沿海地区，自然资源缺乏；落后贫困地区分布在珠江源头地区和内陆地区，自然资源丰富，但生态状况差。随着环境污染问题日益严重，生态建设增长缓慢，跨界环境问题越来越多，珠江三角洲地区与珠江流域其他地区环境关系矛盾日益紧张，区际冲突和摩擦越来越频繁。在地区发展竞争压力下，落后贫困的地区迫于贫困和人口增长等社会问题的压力，不得不在一定程度上牺牲环境以获得经济发展与生活水平的提高；同时落后贫困地区认为如果发达地区不能成为环保模范，不愿意援助和补偿落后地区，那么落后贫困地区就没有承担生态建设的责任。

发达地区城市的相互竞争和冲突也是生态补偿难以实施的重要原因。珠江三角洲地区各城市的生产和生活污水均排入珠江水系，给珠江水系带来很大的水资源压力，甚至超过水资源供给承载容量，出现跨行政边界的水污染纠纷。在地区竞争中，发达地区不愿意率先做出牺牲和让步，降低发展速度，不愿意从落后地区角度和全局角度，严肃查处环境污染行为和生态破坏行为。目前，珠江三角洲城市群发展已明显表现出各城市间环境发展相互影响的负效应，即出现了环境污染的叠加作用。

为了巩固生态安全和生态屏障，能够保持健康的、持续的发展，应向落后地区提供补偿和经济援助，增强落后地区生态建设的实力和能力，而且在相邻城市之间也要建立补偿机制。

生态补偿的途径对策

应从系统观点出发，把珠江三角洲地区作为一个有机整体看待，进而研究不同地区内部和相互之间经济与资源和环境如何协调发展。

a 生态补偿保证金制度。任何一个企业进行矿产、森林等自然资源的开采，都必须得到有关机构颁发的许可证；资源开采实行复垦抵押金制度，未能完成复垦计划的其押金将被用于资助第三方进行复垦；企业进行自然资源采掘，要缴纳一定数量的恢复基金，用于开采区恢复和复垦。

b 财政补贴和生态补偿基金制度。资金来源主要包括排污费、资源使用费、个人或机构捐款等。对于保护生态环境的行动进行补偿时，“积极补贴”的资金最好是来自非可持续性活动的税收。例如，对使用矿物燃料的企业征收较高税收，用这部分收入来补贴不使用矿物燃料的企业。对于有利于资源保护的经济行为应减免税费，如对农民减免农业税、特产税、教育附加费等。

c 建立市场交易体系。排污许可证交易市场、资源配额交易市场以及责任保险市场等是科斯定理在实践中的主要应用。

d产业转移和技术转让。可通过将珠江三角洲一些劳动密集型企业和传统产业的技术转让给经济相对落后的地区，支持当地的经济发展。通过产业转移还能够间接地推进珠江三角洲地区的产业结构调整，推动珠江三角洲城市群经济的持续、快速、健康发展，进而保证生态补偿机制更好地得到实施。

总之，在进行生态补偿的时候，应注意因地制宜地实施行动，并且要权衡相关各方面的利益，切实有效地贯彻生态补偿机制，真正地为珠江三角洲地区的可持续发展作出贡献。

四　中国三大组团式城市群在推进国家现代化进程中的贡献

纵观全球城市化演进历程，城市模式的进化大体经历了如下四个主要阶段：点状表征的零维城市化模式，强调传统城市中心的集聚性；线状表征的一维城市化模式，强调城市带的通达性；面状表征的二维城市化模式，强调城市群的结构性；体状表征的三维城市化模式，强调组团式城市群的网络性。城市发展模式向组团式城市群的战略突破，在水平尺度上追求地理区域的放大、生产力要素重整、产业链布局优化，在垂直尺度上追求完善系统等级、突出功能互补、提高运行效率、减低发展成本，从而避免城市摊大饼式的单极化扩张，形成以大城市为中心的区域镶嵌体系，地缘经济为基础的城市战略联盟和以产业链为核心的城市等级系列集合，实现效率最大化的城市结构逻辑充填，充分协调自然—社会—经济的时空耦合，形成生产发展、生活富裕、生态优良的现代城市体系。

在继续实施西部大开发战略、振兴东北地区等老工业基地的同时，推进三大组团式城市群的长足发展，是保持东部地区改革开放和经济快速发展良好势头的必然要求。在新世纪新阶段，“适应新形势，站在新起点，实现新跨越，再攀新高峰”，加快建设三大组团式城市群，率先基本实现现代化，为全国现代化建设提供更加强大的物质技术基础，壮大国家实力；加速增加国家财政收入，有效支持中西部和东北地区等老工业基地发展；进而推进全国改革开放和发展积累新经验，发挥示范作用。着眼于提高国际竞争力，加快产业结构优化升级；坚持以信息化带动工业化，走新型工业化道路；以发展现代服务业为重点，大力发展第三产业。着眼于发挥中心城市的辐射带动作用，进一步完善综合服务功能；积极探索三大组团式城市群之间的优势互补、强强联合、协同发展的新路子。着眼于发展外向型经济，进一步扩大对外开放；抓住有利时机，积极合理地利用外资，继续在制度创新和扩大开放等方面走在全国的前列。着眼于促进经济社会协调发展，加快城市建设和管理创新；加强环境保护和治理，走可持续发展之路；切实改善人居环境，提高人民生活质量，加强社会主义精神文明建设和民主法制建设。着眼于增强持续创新能力，大力实施科教兴国战略和人才强国战略。以此为基础，进一步加快东部地区发展并率先实现全面小康和现代化，支持东北地区等老工业基地加快调整、改造，推动西部大开发战略的深入实施，促进中国腹地加快发展，彰显东部的示范作用和对西部、东北部的支援作用，实现“西部加速，东北攻坚，东部提升，东西互动，拉动中部”的新时期国家发展战略。

第十章　推进中国三大组团式城市群的政策建议

一　加速信息化城市群建设的五大战略要点(发展动力)

信息化城市是从工业化时代向信息化时代转换的基本标志之一。它一般指在城市“自然、社会、经济”系统的范畴中,能够有效获取、分类存储、自动处理和智能识别海量数据的、具有高分辨率和高度智能化的、既能虚拟现实又可直接参与城市管理和服务的一项综合工程。

统计分析指出:“发达国家GDP增长总量的65%与集成电路有关。美国自1953年以来新增国民生产总值的45%来自于计算机和半导体产业”(美国《商业周刊》)。现在,设于硅谷技术公司的市场价值达到4500亿美元,该数字相当于整个法国股市的市场价值规模。设在纽约华尔街的全球金融服务体系的市场价值也只有4000亿美元,尚不及成长只有30年的高技术信息市场。而更加传统的制造中心——底特律汽车城的市场价值仅有1000亿美元。

英国伦敦大学教授伊恩·麦金托什的研究指出:“现今,与微电子芯片的研制与生产有关的就业人口已达到4000万人,并作为信息革命的突破口,使科技进步与经济发展形成良性循环”。

信息化城市所必需的关键技术包括:超大容量超高速计算机、科学计算技术、虚拟现实技术、卫星图像分析与3S技术、宽带卫星通讯技术、ATM(异步传输模式)、网络技术、互操作系统、元数据等。信息化城市所必需的基本知识包括城市规划学、城市网络学、城市地理学、城市经济学、城市社会学、城市统计学、城市生态学和城市管理学。

因此,无论从科学的定义上,还是从管理的定义上,信息化城市均可视作是人类发展的台阶式进化,其中既包含着生产方式、生活方式、文化方式和人际关系的社会经济变革,也包含着政府决策、政府管理、政府服务和廉政建设的革命性进展。中国信息化城市的建设,将对中国现代化水平的提高,国家信息化水平的提高,以及中国城市管理水平的提高,具有重要的战略意义。从宏观层面上进行思考,有五个战略要点应当加以集中关注。

1. 信息化城市信息基础设施的规划,是实现信息化城市的战略准备

信息化城市信息基础设施的规划与建设,以及设计可以表达信息基础设施完善程度的“数字覆盖率”、“数字分辨率”、“数字传输速率”和“数字鸿沟差异率”,是任何一个城市进入信息化城市的先决条件和战略准备。一个城市的数字化水平,首先取决于它的信息获取能力,以及与该能力有充分联系的信息产生、信息传递和信息应用等各个环节。信息化城市信息基础设施的规划与建设，其中心始终围绕着城市对于信息获取总能力的持续提高。

对于一个高效、便捷、动态的信息化城市建设而言，信息基础设施的规划居于战略基础地位，这事实上是一个联系着航天(外空间)、航空、地面、地下的立体网络，该网络由各类传感器、各类调制解调装置、各类接受通道、各类应用终端、各类反馈系统、各类自动识别系统和各类虚拟现实中心等组成，通过各类信号(包括卫星信号)接收、图形图像处理、光纤传输网络、超大型计算机枢纽同常规的社会、经济、环境统计资料的有机结合，形成信息化城市信息基础设施规划的基本内容，其中包括了不断更新的技术进步，也包括了不断提高的城市管理水平，同时还牵涉到城市立法与决策的相应转换，从而为信息城市数字化水平的整体提高，编制出高质量的发展蓝图。同时，信息化城市信息基础设施的规划与建设作为最必要的战略准备，还必须针对每个城市的自身特点及城市的发展方向，严格地从空间布局、网络构成、数据处理、应用领域、信息安全和效能评估诸多方面，作出与传统城市规划相连接的整体思考。

2. 城市基础数据库建设，是信息化城市建设的战略基础

一个城市的信息化程度，从源头上取决于该城市基础数据库的容量、速度、便捷性、可靠性、可更新能力和智能化水平。从宏观上去考察，一个信息化城市的基础数据库至少应包括以下 10 项内容：

数字人口管理：针对衡量城市人口整体状况的各项基本指标，特别是人口结构、人口素质、人口动态变化、个人身份识别、个人信用档案、人的户籍管理、人的基本生理指标、人的职业流动等，从宏观管理到微观管理应当有全面的记录。

数字土地管理：主要是对城市规划、土地利用、地形地貌特征、城市空间布局、城市图形、地产价格及其动态变化、城市土地级差地租动态变化等，一直到门牌、户型、街道、城市基础设施(能源、交通、通讯、自来水及排污管道等)的动态记录和识别。

数字经济管理：主要针对贸易、企业、工商等的经济增长、统计报表等，作出实时的记录和存储。

数字金融管理：涉及政府、企业、国际贸易、股票交易、债券、保险、投资、个人信用、供销支付等的电子管理。

数字社区管理：对每一个社区的家庭、健康、教育、娱乐、社区活动、社区建设、社区服务等，作出系统的记录。

数字环境管理：对于城市中环境污染源、治理状况、环保设施、环保产业以及城市生态、城市绿化、城市园林等的系统档案。

数字文化管理：包括网络教育、远程医疗、数字图书、数字出版、数字新闻、多媒体娱乐等。

数字交通管理：立体化、智能化、自动化的交通网络管理。

数字灾害管理：城市火灾、洪灾、风灾、地震、交通灾害、管道泄露、地面沉降等。

数字犯罪管理：城市安全、罪犯识别等。

以上 10 个大类的城市数据库建设，将为促进信息化城市的发展奠定坚实的基础。

3. 加速电子政府的建设，应当成为信息化城市建设的战略主导

信息化城市建设中，电子政府是提高政府工作效率，提升政府施政水平，优化政府服务功能的最佳选择。同时也是提高政府办公透明度、实现公正廉洁和有效监督的重要工具。因此,数字政府是信息化城市建设中占有战略主导地位的一项任务。

在全世界各国倡导的信息高速公路的五大应用领域中,电子政府均被列为数字应用的第一位。同传统定义下的政府运作相比,电子政府可以认为是行政管理的一场革命性变化。信息化城市中的计算机、数据库、信息技术和互联网,为电子政府提供了技术支撑条件和信息交流的公共平台,通过这个平台,引导城市管理迈向更加快速、更加高效和更加智能的台阶。政府在一个社会系统中居于核心的地位,它肩负着对整个社会导向、协调、控制、管理和服务的功能,城市经济的发展、城市社会的进步、城市文化的繁荣、城市人民生活质量的保障等,都离不开政府的主导作用。在一个高度数字化的城市中,政府执行上述功能的基本途径是通过广泛收集"自然、社会、经济"复杂系统中的各类信息,在进行加工整理和方案预演后,向公众发布有关指令性的、调控性的、解释性的和服务性的"高等级信息集合",同时能够快速有效地收集到社会反馈的广泛信息,以便于对"高等级信息"进行修正和优化。鉴于这些原因,在信息化城市规划中一向把电子政府作为信息化城市的神经中枢去建设,它将打破现有行政机构的人为组织界限,构建一个电子化的虚拟机关,突破时间限制(如现行的8小时工作制)、空间限制(如现行的严格属地原则)、流程限制(如现行的必须一级对一级的转送)、暗箱限制(如现行的关系寻租、政治寻租等),达到政务公开、采购公开、管理公开和服务公开。

据统计,由于逐步实现电子政府和提高政府的信息化水平,1992年至1998年的6年间,美国政府员工减少了24万人,全国关闭了近2000个办公室,减少政府开支1180亿美元。在对民众和企业的服务方面,政府中的20个局确立了3000项服务标准,废止了1.6万项以上的过时行政法规,简化了3.1万多项行政服务。

但是,这里必须关注的最大挑战之一是政府网的安全问题。一个电子政府,如果不能成功抵御计算机病毒的侵袭和黑客的攻击,如果没有出色的防火墙和稳定可靠的密码技术,那就很难达到信息化城市的预定要求。

4. 全方位的电子商务架构是信息化城市建设的战略核心

信息化城市的最大服务对象和需求用户是关于电子商务的全面建设。随着信息时代的到来与加速发展,联系到千家万户和每个公民的切身需求,电子商务系统的全方位、多等级和虚拟化建设,将成为未来城市发展活力的具体体现之一。

电子商务的概念

所谓电子商务是利用当代计算机技术、网络通讯技术、多媒体技术、Internet、Intranet、Extranet 等技术实现各种商务活动的电子化、信息化、数字化、无纸化和国际化。

Internet 的飞速发展使得电子商务的实现变为可能。Internet 以其标准化、全球化、全民化、迅猛发展等特点成为了电子商务的基础。电子商务活动已经演变成了利用 Internet 网络进行经济活动的网络经济。

从狭义上说,电子商务就是电子贸易,主要指利用 WEB 提供的手段在网上进行电子交易,包括通过 Internet 买卖产品和提供服务。

从广义上说,电子商务还包括企业内部的商务活动,如生产、管理、财务以及企业间的商务活动。

按照 IBM 的观点,E-Business = Net + IT +Business。也就是说,电子商务是网络加上 IT 技术再加上实际的商务行为。其中网络是指 Internet、Intranet、Extranet、Cable、Radio 等。IT 技术则更多的指的是传统的 IT 应用。

电子商务的特点

首先看一下 Internet 时代的特点,第一是全球化:由于 Internet 技术在全球范围内得到普及,因而 Internet 可以提供全球范围内的交互,无处不在。因此商家要上网作生意的话,理论上面对的是全球的供应商或客户。第二是个性化:由于人们可通过各种终端设备如 PC、手机、PDA 等上网享受 Internet 上提供的服务,省去了中间环节。并且 Internet 也可以把个人的资料记录在案,因此 Internet 为个性化的服务提供了方便。第三是低成本,Internet 省去了中间环节,通过高效的信息传递手段,使得上网业务的运行成本大大降低。第四是持续不断的发展:Internet 以其巨大的好处为全世界带来了革命,目前正成爆炸性增长势头。Internet 及其上的各种应用系统将会得到持续不断的发展。

鉴于 Internet 的上述特点,如果在其上进行电子商务活动,则可表现出如下特点:

- 电子商务能够使商家和企业通过网上销售“卖”向全世界,能够使顾客和消费者足不出户“买”遍全世界。
- 电子商务可以实现在线销售、在线购物、在线支付,使商家和企业及时跟踪顾客的购物趋势。
- 商家和企业可以利用电子商务在网上广泛传播自己的独特形象。
- 商家和企业可以利用电子商务,同合作伙伴保持密切的联系,改善合作关系。
- 通过电子商务,可以为顾客提供及时的技术支持和技术服务,降低服务成本。
- 通过电子商务,可以促使商家和企业内部之间的信息交流,内部与外部的信息交流,及时得到各种信息,保证决策的科学性和及时性。

电子商务的建设

电子商务建设的关键和难点,集中地体现在如何完成“物流、信息流、货币流”三者的有机匹配和统一网络化。在城市商业行为中,创造一个“公信、稳定、安全、有序、高效”的虚拟商业环境,把每个人、每个企业、每项政府采购和各类供需交易等的交换活动转换成一种全新的方式,即把包括生产中心、采购中心、仓储中心、配送中心、批发中心、零售中心和各类电子住户充分联结的物流系统,把网络查询、电子订货、电子交易、价格协商、电子指南、合同拟订、电子服务、电子广告和电子仲裁的信息流系统,把虚拟资本、投资往来、货币兑换、股权交易、电子消费、电子结算、电子钱包、电子家政计划等的货币流系统,整体地纳入到不同级别、不同类型、不同平台、不同中心的统一数字管理体系之中,这将是信息化城市建设中一个特别庞大,特别精密和具有特别法律效力的战略实体工程。

5. 城市交通智能化的全面建设,是信息化城市的战略启动

信息化城市的先行战略启动,应首先考虑城市交通智能化的全面建设。城市交通是一个高度动态化的空间网络体系。它从一个(随机的)起点,经过不同等级通道,通过不同交叉联结,经历不同信号调控和不同速度交混,走到(随机的)终点,其中还包括了不同车辆特性、不同静态交通(如停车场、修理厂、洗车厂等)、不同环保要求和不同交通工具的具体规定。城市交通智能化的最终目的是实现“路程最小化、时间最小化和成本最小化”的目标函数。

城市交通智能化必须把地理信息系统、全球定位系统和卫星遥感技术的3S技术,加上各种智能化传感器,结合城市规划中的现实交通网络(包括地面交通、地下交通、空中交通和铁路、公路、水路)和未来发展的交通网络,在信息化城市的总体规划下,完善不断变化着的城市电子地图和各类地物标志,周密设置不同交通等级的虚拟控制中心,虚拟流动模拟、虚拟通过能力、虚拟交通疏导方案、虚拟交通寻的优选,从而将移动物体(车辆)的流动通量,无人值守的自动调控信号及车载智能终端等的信息采集、信息处理、信息反馈和优化决策组成一个高度灵敏的交通智能系统,该系统将成为信息化城市建设中首先实现的可行目标。

中国的信息化城市建设,是促进国家信息化的最重要内容之一。随着信息化城市的实现,将会更加优化地去配置城市的自然资本、货币资本、人力资本、生产资本、社会资本和政治资本,由此达到大力节省资源,提高整体效率,促进经济发展,推动社会进步,改善生态质量的基本要求,将国家可持续发展战略所规定的目标大大地向前推进一步。

据世界银行2000年的测算,一个规模百万人口城市的数字建设,当其基本达到可开始实际应用的程度时,该城市的总产值(城市总财富)在投入不变的条件下将会增加2.5～3.0倍,相当于是目前传统城市状态下的3.5～4.0倍,这意味着信息化城市可促进经济水平翻两番,实现“四倍跃进”。如果同时加上城市的环境保护、城市的组织程度、城市的文化建设等,其价值还要大大超出仅仅只对经济增长的度量。

由此,本文建议在中国三大组团式城市群全面推进信息化城市建设,把规划、设计、实施和不断完善提高,作为今后10年发展的一项国家工程,为整体推进中国城市数字化建设打下基础。

二　解决三大组团式城市群发展成本:推行向土地资本的转换(支付成本)

在未纳入组团式城市群范围时,土地是作为第一产业(以绿色植物作为初始生产力的存在形态)的载体而存在,其基本属性是作为资源,加上其他自然投入(如CO_2、水、太阳光)和劳动力投入,形成了基础生产力,并在此基础上再纳入养殖业和农产品加工业,共同构成了以土地资源为中心的产业形式和社会结构形式。其基本特点是,主要依赖自然生产力,表现为投入较低,产出较低,积累财富能力较低,劳动力素质较低和产品形式比较单一等。

当土地纳入到组团式城市群之后,其功能形态和使用价值将会发生根本变化,从原先以生产农作物为主转变为高附加值第二产业和第三产业的生产。

土地资源向土地资本的转变,必须遵循以下三项原则:

原则1:土地资源作为母体,应始终将所有权保持在国家规定的范围之内,通过土地流转制度,将承包权、经营权分离出来,并通过市场运作方式,依照级差地租随时间的变化，服从城市群规划定位，形成经营式的资本运作模式。

原则2：必须保证原有土地的承包者——农民获得永久的利益保障，不应采取一次性买断的方式，将农民变为非农民，而应采取农民利益方式变换的形式，作为股权保有形式，随着土地的升值而分享发展的利益。

原则3：促进农民、政府、投资者三方的"共赢"，可以采用虚拟资本的形式，让投资者以低成本进入，让农民参与投资者的利润分成，让政府获得宏观管理（如规划）和全程服务的收益，三者的责权利通过非直接交易的方式，由银行体系依照共同拟定的规则合同进行成本交易、利益分割和居中操作，其结果既不是农民直接面对企业，也不是农民直接面对政府；企业既不是与农民直接兑现，也不与政府作出利益挂钩。这样避免了现存的社会弊病，全面进入市场化、透明化、公开化的操作。

以下是关于北京市海淀区的典型研究报告，仅供参考。

注释专栏10.1

海淀北部山区城镇化过程中土地开发的资本运作模式
（海淀区城市化研究课题组）

内容摘要

城市化是由传统的农业社会向现代化城市社会发展的历史过程，包含有"化"与"发"两重含义："化"即转化，以大量的农民进入城镇，转化为城镇居民为核心内容；"发"即发展，指农民进入城镇以后能够尽快地融入城市社会，成为城市经济发展的重要动力。只有"化"与"发"的有机结合，才能够积极稳妥地推进城镇化。

在我国当前的城镇化过程中，普遍存在着有"化"无"发"。即大量的农村人口进入城市就业，但是不能够成为城市社会的有机组成部分。他们无城市户口，不能享受各种基本的社会保障，不能从事体面的职业。他们作为城市的边缘阶层，长期游离于城市和乡村之间，有的甚至成为中国社会发展的不稳定因素，严重限制着中国的城市化进程。

本研究试图以建立可持续发展的土地开发资本运作模式为切入口，探索一条"化"与"发"相结合的城市道路。

建立新型土地开发资本运作模式的必要性及意义

本报告中的土地开发是指在城市化过程中，大量农业用地被转化为城镇建设用地的过程。土地开发是城市化的重要内容，建立可持续发展的土地开发资本运作模式是实现积极稳妥地推进城市化战略的重要举措。

当前土地开发资本运作模式最大的弊病在于：不能为失去土地的农民提供一条稳定的发展出路。对于农民而言，他们只是一次性地获得一笔土地补偿资金。但是，由于缺乏相应的投资能力和投资渠道，这些资金大部分在短期内转化为消费资金，而农民长期发展的问题仍然没有解决：农民缺乏进入城市就业的基本素质，缺乏获得社会保障的基本渠道，缺乏在城镇稳定生活的基础。因此，土地开发的过程通常伴随着大批农民贫困和社会动荡，成为一系列社会问题的根源，严重影响着我国21世纪的可持续发展。

农民是城市化的主体，城市化的基本任务就是要将传统的农民转化为现代市民，不能实现农民角色的转换，中国城市化的核心问题将难以解决。因此，需要对当前的土地开发模式进行深入的反思和研究，提出一个新型的土地开发资本运作模式。

可持续发展的土地开发资本运作模式的内涵与创新

建立可持续发展的土地开发资本运作模式的基本理念是：通过土地开发资本的运作，为失去土地的农民进入城镇，并在城镇中实现长期持续发展创造条件。

该模式的基本内涵是：在土地开发的过程中，改变当前土地补偿费和出让金的支付方式和使用途径，使其不再成为农民和政府的一次性收入，而是作为"初始的"发展资本。发展资本又分为两部分运作：一部分称作"转制资本"（相当于从乡村转变为城市的成本，大体为土地出让金总额的20%），包括农民安居费、社会保障费、基础教育和职业培训费。用于保障农民在城乡转制过程中变成城镇居民身份的各种支出；另一部分是农民的土地补偿金余额和政府的土地出让金余额，以"虚拟资本"（相当于进入市场运作的原始股本，大体为土地出让金总额的80%）的形式参与企业开发，并与企业分享经营成果，使农民和政府能够在长远的发展中获得土地出让金的保值和增值。

该模式实现了两大制度创新：第一，建立了"转制资本制度"，解决了"化"的问题。强制性地将土地开发资本的一部分转化为农民进入城镇所必须支付的一系列社会成本，为农民真正地融入城市社会奠定基础；第二，建立了"虚拟资本制度"，用于解决"发"的问题。将农民的土地补偿金余额和政府的土地出让金余额以虚拟资本的形式参与企业开发，赋予大转折中的农民以及面对社会结构发生重大变革的政府以不间断的、可持续的发展能力。

新型土地开发资本运作模式的运行框架

可持续发展的资本运作模式的运行框架如下图：

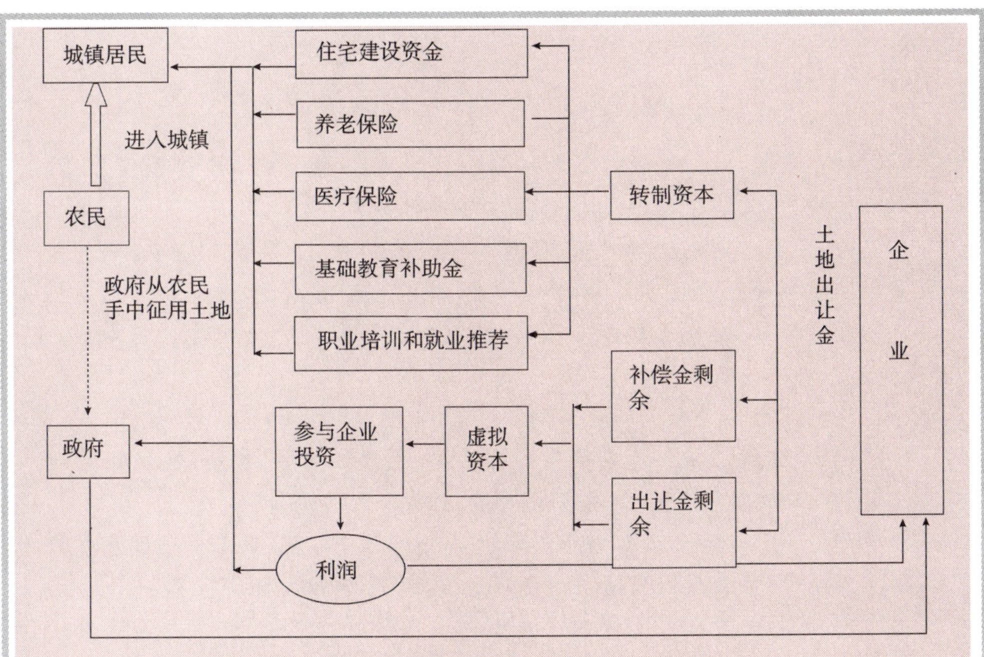

新型土地开发资本运作模式的运行框架

新型土地开发资本运作模式中各主体的利益分析

可持续发展的土地开发资本运作模式是一个多赢模式，农民、政府和企业都能够在该模式的运行中各得其所。

与传统的转制模式相比，农民是新型模式中最大的收益者。农民可以进入城镇住宅小区居住，成为城镇居民并大大改善居住环境；农民在失去土地保障之后，通过保障资金的运作，全面进入社会保障体系，能够获得更加全面、更加规范和更高质量的生活保障；农民的下一代能够得到12年义务教育，19～44岁可以得到免费职业培训。从而大大提高他们在城镇就业的能力和生存能力；农民可以通过虚拟资本从企业获得稳定的经济收入。通过本模式，农民真正地由传统保守的生产生活方式向现代先进的生产生活方式转化，由从事低效率的第一产业向高效率的第二、第三产业转换，成为城市经济发展的重要力量，成为社会财富的主要创造者。

对于政府而言，本模式提供的最大利益是大大减少了城市化过程中的社会动荡，降低了这一巨大社会变革过程中的社会成本，为社会的可持续稳定发展提供了基本条件；由于较好地解决了农民问题，提高了公众素质，又为企业低成本扩张提供了条件，因此大大改善了投资环境，有利于吸引更多的外部投资，发展地区经济；政府能够通过虚拟资本从企业中获得稳定的经济收入。

对于企业而言，本模式可以为企业提供低成本进行土地开发、低成本扩张经营规模的基本条件，并大大降低企业与政府和当地居民合作的交易成本，从而有利于提高企业的市场竞争力和盈利水平，促使企业获得快速发展。

新型土地开发资本运作模式的操作办法

可持续发展的土地开发资本运作模式是符合国情的，具有可操作性。以海淀区为例，本模式的实施需要成立3个新的机构，即成立海淀区土地发展委员会，职能是制定土地开发规划和游戏规则；成立转制基金会，职能是监督各项转制资金的运作，并担负着农民利益代言人的责任；成立海淀后山区土地开发公司，运作土地开发资本，按时向农民和政府分配虚拟资本的利润。

在具体的操作过程中，地方政府实施本模式需要做如下工作：

第一，成立海淀区土地发展委员会，制定土地开发规划和游戏规则。

第二，成立转制基金会，监督各经济主体行为的规范化。

第三，在土地局成立土地开发转制资金结算中心。在新的土地开发资本运作模式中，最重要的特点之一就是土地补偿费和出让金不是一次性地支付，而是分期分批按照不同的用途支付到不同的主体手中，各主体之间的经济关系更加复杂。为此，需要在土地管理局之下成立专门的土地转制资金结算中心，负责农民、政府与企业之间所有来往资金的结算工作。

第四，转制基金会监督企业进行房屋建设，并且按时安排农民进住。

第五，劳动保障部门成立转制保障中心。其职能是根据合同，按时、足额接受企业交纳给农民的各种保障资金；为农民建立个人账户，明确每个人领取各种社会保障的数额以及领取时间；按时、足额向农民个人支付各种保障费用；代表农民整体接受企业为农民向商业保险公司交纳的各种保险费用，并代为交纳。

第六，教育部门成立转制教育中心。其职能是接纳企业按照合同支付的基础教育补助金及职业培训和就业推荐费用；为进入城镇的适龄儿童安排入学；协同原有的成人教育部门，制定进入城镇的适龄中青年农民培训计划，并对后者进行培训；与人才交流中心合作，为接受良好培训、并具备相应工作能力的农民（已经是完全意义的城镇居民）推荐工作。

第七，转制基金会监督企业与银行的契约行为。农民的土地补偿金剩余和政府的土地出让金剩余都以虚拟资本的形式进入企业经营，企业将按照预定要求，通过合作银行向农民和政府支付股息或利息。银行需要为农民建立个人账户，为政府建立独立账户。所有这些活动都需要企业与合作银行预先签订合同，银行按照合同执行其资金往来的中介职能。为了保障农民和政府的利益，转制基金会需要参与或者监督合同的签订及执行。

党的十五届五中全会通过的《中共中央关于制定国民经济和社会发展第十个五年计划的建议》，明确将“积极稳妥地推进城镇化”作为“十五”期间必须着重研究和解决的重大战略性、宏观性和政策性问题。

从根本上去认识，城镇化过程是乡村转变为城镇的复杂动态过程。它意味着生活方式、生产方式、社会管理方式和体制结构的转变过程；同时也是区域的集聚效应、集约效应、技术进步效应和高速经济增长的系统体现。

要积极稳妥地推进城镇化，关键就在于农民由农村进入城镇以后，他们在城镇的基本生活和就业问题应得到及时地、妥善地和持续地保证。与此同时，培育有效的经济增长点、提高市场经济下的竞争能力、保障社会财富的持续扩张和融入21世纪的经济主流，必将成为城镇化后的发展方向和基本要求。前者可以理解为“化”，重心在于转变；后者可以理解为“发”，重心在于发展。无论是“化”，也无论是“发”，都需要支付巨大的社会成本，这正是我国当前城市化面临的重大障碍。本研究以土地从资源向资本的属性转换为核心，探索一条“积极稳妥地推进城镇化”之路，并具体到城镇化过程中，着力于为农民、政府、投资者三方的关系寻优、协同互补、共建共享和持续发展，设计出一个新的、可持续发展的土地开发资本运作模式。

土地从资源向资本的转换是城镇化过程的关键

在农业经济时代，土地作为农民的惟一对象，是在一定空间、时间约束下，能产生经济价值以提高农民当前和未来福利的自然资源秉赋。土地成为农民维持其生存和发展的世代依靠。当乡村转变为城镇之后，随着农民成为城镇居民，原有的土地使用属性表现为从资源向资本的转换，以支付城镇化的“成本”和保障城镇化的“发展”。

无论要支付城镇化的“成本”（解决从乡村到城镇的转变），还是要保障城镇化的“发展”（解决城镇形成之后的可持续发展），其资金来源都基本依赖于土地自身。土地具有价值是城镇化过程中的动力根源。其中。地租理论（如斯密的地租理论、李嘉图的地租理论、马克思的地租理论等）是土地从资源向资本转换的指导性理论。

马克思认为：“地租的占有是土地所有权借以实现的经济形式”；“地租是为了取得使用自然力或者（通过使用劳动）占有单纯自然产品的权利而付给这些自然力或单纯自然产品的所有者的价格”。因此，土地所有权就构成了从资源向资本转换的核心，因为土地资源本身的价格或价值就是资本化了的资源地租。其相应报酬的大小，取决于生产要素间相互依赖的边际生产力。同时与供求关系、机会成本、区位优势、服务报酬等紧密地联系在一起，因此资源地租的价值量实质上是绝对地租和级差地租的有效迭合。

由上所述，在土地从资源向资本的转换过程中，必然涉及农民、政府、投资者三方的利益以及这些利益的合理均衡。寻求三方利益的合理均衡点，是海淀北部山区城镇化的出发点，也是整个中国大力推行城镇化过程中的关键。

土地开发模式及其分类

在城市化过程中，有两种意义的土地开发。一种是城区土地开发，其实质是为了提高城市发展质量，对老城区进行改造，对城市内部土地利用结构进行调整。在城市化过程中，还有另一种意义的土地开发，即农业用地开发，将农用地转化为城镇建设用地。由于城市水平的不断提高，城镇建设用地大规模增长，需要不断地将农业用地转化为非农业用地。在城市化的快速推进时期，这种意义的土地开发规模巨大。

两种不同意义的土地开发所涉及的范围不同，开发资本的运作内容也不同。城区土地开发主要涉及城镇居民、原有企业以及政府和土地开发主体(通常是企业)四方面。在土地开发中，开发企业为了获得土地使用权，需要出资为城镇居民解决搬迁和住房补偿问题，为原有企业解决搬迁和改造问题。政府主要是规划、管理，并且依法获得经济收入。在农用地转化为非农业用地的过程中，涉及农民、原有企业、政府和土地开发主体(通常是企业)四个方面。所不同的是，农民比城镇居民的安置内容要复杂得多。对城镇居民而言，居住地开发的主要影响就是居住地的变更，其就业、社会保障以及其他一切社会生活内容都没有重大改变。对于农民来说，土地是基本的生产资料，是生存保障，失去土地，就意味着失去一切，包括基本的生存条件、就业机会、生活保障等等。因此，在农用地的开发中，农民需要解决的不仅是居住问题，更重要的是生存和发展问题。只有较好地解决这些问题，才能够保证失去土地的农民平稳地转化为城镇居民，保证城市化过程的可持续进行。如果这些问题不能够很好地解决，那么，每开发一片土地，就意味着一批农民的基本生活失去保障，他们将被失业、贫困、疾病困扰，长期处于不稳定状态。随着土地开发规模的增长，社会不稳定因素也不断增加，最终导致城市化难以持续进行。

土地开发的资本运作模式研究的内容就是在土地开发过程中，如何运作土地开发资本，协调土地开发过程中各方面的利益，解决由于土地开发引起的一系列问题。如上所述，在城市化过程中，城区土地开发与农用地开发所涉及的内容完全不同，土地开发的资本运作模式也不相同。本报告重点研究后一种意义上的土地开发的资本运作模式。

土地开发模式的国际评介

在世界上，比较典型的土地开发模式主要有完全的市场模式、政府控制下的市场模式以及非市场模式三种类型。

(一)完全的市场模式

在世界大部分发达国家的土地开发中，实行的都是完全市场模式，其中以美国和日本最为典型。

在这些国家，大部分土地属于私人所有，土地像所有的商品一样，可以在土地市场上自由买卖，其成交价格完全取决于市场的供求关系。土地开发商根据市场价格向土地所有者购买土地，获得土地所有权和使用权。原来的土地所有者则用出卖土地的资金自行解决所需要解决的一切问题。在市场模式下，政府的职能是制定游戏规则以及土地利用规划和城市规划，并依法监督执行。

（二）政府控制下的市场模式

政府控制下的市场模式，是指土地的最终所有权全部归国家所有，或者归国家的象征（比如皇室）所有，政府从总体上拥有土地的控制权，私人通过土地批租可以获得土地的占有权和使用权。这种模式在英国及英联邦成员国家和地区普遍实行。

香港的土地开发采取的是典型的政府控制下的市场模式。1997 年 6 月 30 日以前，香港的土地归英王所有，香港政府代表英王行使所有权。1997 年 7 月 1 日，香港所有土地的所有权被中国政府收回，香港特别行政区政府代表中国政府行使所有权。

香港的土地管理采取了两权分离的办法，土地所有权归政府，土地使用权允许有偿转让。香港政府将使用权以一定期限和条件批租给地产发展商，允许该土地使用权在期限内和相同的使用条件下自由转让、赠送、继承或者抵押，当土地批租期满后，香港政府将这块土地连同土地上的建筑物无偿收回。因此，香港土地的买卖实际上是土地（包括建筑物）有限使用期的转让。这是香港土地制度最大的特点。香港政府正是通过掌握着土地的最终业权，始终严格控制着土地一级市场，每年从土地的批租上获得高额财政收入，并且在批出土地以后，对土地的使用和发展实行严格管理。

香港政府根据土地用途的不同，以不同的方式转让：对于公共机构用地（比如行政、学校、公园等等）免费划拨；对于非牟利团体用地（比如公共社团、慈善机构等）以“私人合约”方式免费划拨，或者以象征性收费方式批租；对于技术先进、规模巨大、占地多、对经济发展贡献大的特殊企业以“私人和约”方式廉价批租；对于一般用于赢利性用途的官地，则以拍卖或招标方式出让。

香港政府获得所有以各种形式批租土地的租金，同时负责开发土地上原有企业的搬迁、收回以及居民的安置（主要是安置居住）。

（三）非市场模式

以前苏联为代表的社会主义国家的土地开发运作大部分采取的是非市场模式，即所有土地归国家和集体所有，由政府对土地的开发和使用进行统一分配，不存在土地市场，不允许私自转让或买卖土地。

我国在土地制度改革以前实行的也是非市场模式。我国土地制度的改革分为农村土地制度改革和城镇土地制度改革两个部分。农村土地制度改革以建立联产承包责任制为核心内容；城镇土地制度改革则以培育和建立土地使用权市场为主要内容。

1988 年 4 月，第七届全国人民代表大会第一次会议通过的《中华人民共和国宪法修正案》第二条规定：“土地的使用权可以依照法律的规定转让”，为建立土地市场提供了最高法律依据。我国的土地开发开始由非市场模式向政府控制的市场模式转变。

我国的土地市场主要是指城镇土地的使用权市场，农用地不能够直接进入土地使用权市场。要开发农用地，将其转化为非农业用地，必须由政府先向农民征购土地，将集体土地变为国有土地（俗称土地变性），然后进行出让和开发。

我国处于体制转轨时期。土地市场与其他许多市场一样，运行机制还不完善，导致政府对土地一级市场控制乏力。为了规范土地市场的运作，我国许多城市都在探索建立土地收购储备制度，其目标是通过制度创新，实现政府对一级土地市场的控制。所谓土地收购储备制度，是指由政府依照法定程序，运用市场机制，按照土地利用总体规划和城市规划，通过收回、收购、置换和征用等方式取得土地，进行前期开发和储备后，以公开招标、拍卖等方式供应土地，从而调控各类建设用地的需求。上海于1996年建立了我国第一家土地收购储备机构——上海土地发展中心。到目前为止，全国已经有近80个城市推行土地收购储备制度。目前，北京市政府正在研究建立北京市土地收购储备制度。

从以上对各种土地开发模式的介绍看，各种模式适应于不同的国情和不同的时期，各自有着各自的特点、优势和解决的核心问题。但是，上述各种模式都缺乏对如下问题的关注：即在对农业用地的开发中，怎样帮助失去土地的农民进入城市，并且获得新的谋生手段，获得基本生活保障。这是因为：当前发达国家都已经进入成熟的城市社会，基本上不存在大规模的农用地转化为城市建设用地的问题。但是，在发达国家的城市化高速发展的过程中，曾经存在过失去土地的农民，或者放弃土地耕种进入城市的农民，长期不能适应城市就业对劳动力质量的需要，缺乏稳定的就业，基本生活失去保障。因此，大批农民的破产、贫困和动荡与城市化相伴随，成为发达国家城市化过程中严重的社会问题，这就是众所周知的“城市病”。

如何解决“城市病”，曾经是发达国家城市经济学关注的重大核心问题。为了解决严重的城市问题，发达国家所采取的主要措施是：第一，建立规范的社会保障机制，满足居民的基本生活需要；第二，大力发展基础教育和各种职业教育，提高居民的基本素质和就业能力；第三，发展中小城市和卫星城，促进人口和企业的合理布局。

中国作为发展中国家，要善于接受发达国家城市化过程中的教训，吸取其经验。更加重要的是，中国是一个人口大国，中国的城市化水平由30.9%提高到65%，意味着6亿左右的农村人口进入城市，中国城市化规模之巨大、程度之复杂是世界城市化史上绝无仅有的。数亿人口在城市化的过程中，如果实现平稳过渡则将成为中国21世纪经济社会发展的巨大动力；如果数亿人口在城市化的过程中长期经历动荡、贫困，将不可避免地产生一系列社会问题，成为中国21世纪持续发展的重大障碍。可见，在城市化的过程中，能否很好地解决农民的发展问题，是直接影响中国在21世纪发展的重要因素。

当前，我国已经处于城市化的快速发展阶段，城镇建设用地大规模增加。以北京市为例：北京市1992～1999年城镇建设用地32877.28公顷，年均4109.66公顷，其中城区开发建设用地7009.68公顷，年均876.21公顷；新征集体土地25867.6公顷，年均3233.45公顷，占城镇建设用地的78.6%。可见，新征集体土地是城市用地拓展的主要路径，失去土地的农民进入城市则是城镇人口增长的重要来源。相对于那些放弃土地耕作进入城镇打工的农民而言，失去土地的农民由于在农村失去了基本的谋生手段，只有进入城镇，别无选择。这些农民进入城市之后，能否获得相应的生活条件和工作条件，对于中国的社会稳定至关重要。但是，到目前为止，我国还没有很好地解决这一问题。

中国当前土地开发模式及其存在问题

（一）中国当前的土地开发模式

在我国城市化过程中，农业用地转化为城市建设用地的基本程序是：政府按照《中华人民共和国土地管理法》的要求，从农民手中征用土地，将土地由集体所有转换为国家所有，并一次性给予农民一定的补偿；地方政府再将土地（也可以是初步开发后的熟地）出让给企业，并因此获得一次性土地出让金。企业在法定期限内支付了土地出让金后，就获得了一定时期内的土地使用权，按照城镇规划的要求进行建设，发展实业。

（二）当前中国土地开发模式存在的问题

在农业用地转换为非农业用地的过程中，上述土地开发的资本运作模式存在三个问题：

1.不利于农民的发展

这是当前土地开发运作模式中最大的问题。在我国面向全社会的社会保障制度建立以前，土地仍然是绝大部分农民的基本生存保障和谋求发展的生产资料。农民对于土地的依赖性非常大。一旦土地被征用，对农民来说，就等于失去了基本的生存保障。尽管能够得到一次性补偿，但是这种补偿不能解决农民未来生存和发展的需要。因为：

第一，农民得到的补偿通常是《土地法》规定的低限。农民的土地由政府征用，土地补偿费用由政府支出。与政府相比，农民处在相对弱势，加上信息严重不对称，农民没有能力与政府讨价还价，因此所得到的补偿金通常处于较低水平，损害了农民的利益。

第二，农民难以获得新的生存空间。原来依靠土地求生存的农民在失去土地以后，在农村就不再有生存的物质基础，只能够进入城镇。但是，在当前的制度规定下，农民进入城镇，要获得城镇户口，必须购买商品房。而农民的补偿金一般都不能满足在城镇购买商品房的需要，日常积累又非常少，对于大部分农民来说，在城镇购买商品房几乎是梦想，不买商品房，就等于“没有合法稳定的住所”，不能得到城镇户口，孩子不能在城镇学校上学，就业机会也极少。农民的生活存在一系列的问题不能解决。

第三，农民失去了谋生手段。自古以来，我国农民以耕作土地为生，缺乏其他的生活技能，加上我国农村的基础教育较差，农民的基本素质不高。同时，长期以来的城乡分割给农民带来极大的心理压力，他们在城镇的劳动力市场上处于不利的竞争地位。他们或者根本找不到工作，失去基本的生存能力；或者只能从事那些不体面的、低工资的、被城镇居民藐视的“苦、脏、险”工作，处于很低的社会层面，日常生活困难重重。

第四，农民失去了基本的生存保障。由于多方面的原因，农民通常缺乏投资的能力和经验，虽然一次性获得一笔较大的补偿，但是大部分农民也不可能将其转化为投资，实现资本的保值和增值。另一方面，农民缺乏对社会保障和商业保险的基本了解，更重要的是，在当前的社会保障制度下，农民不能进入正常的社会保障系统，也难以进入全面的商业保险系统，因此农民不能够用补偿金为自己的将来提供基本保障。况且，大部分农民的日常生活比较艰苦，总是有很多的日常消费欲望不能实现，拿到这笔补偿金以后，绝大部分很快转化为日常消费资金，长远的生活仍然没有保障。失去了土地的农民一旦生活发生困难，又缺乏解决路径，自然而然地就会想到了他们以前的土地，并给政府带来一系列麻烦，产生严重的社会问题，影响社会稳定发展。

因此，当前土地开发的资本运作模式不能解决农民的基本生活问题，并由此成为我国当前城市化过程中的重大障碍。

2. 不利于政府收入的可持续性

对于政府来说，一次性补偿也有很多弊病：

第一，在我国现行的行政体制下，政府官员的任期一般都比较短，一般来说为 3 年～5 年；同时，我国对政府官员的政绩考核也以短期政绩为主。因此，政府在拿到一次性的土地出让金后，为了提高政绩，通常是将出让金在任期内全部花光，甚至是搞一些“形象工程”，使得以后的各届政府的资金来源也成了一个很大的问题，限制了政府收入的可持续性。

第二，由于缺乏对土地出让金支出规范的监管制度，难以对出让金的使用进行有效监督，在现实生活中，各地区土地市场的不规范，权钱交易十分严重，为腐败现象创造了一个温床。

第三，一次性补偿所存在的不透明性，是基层政权产生腐败的温床，也是基层干部利用权力侵吞农民利益的极好机会。不利于社会的稳定和公平，给地区的发展带来了极大的障碍。

3. 不利于企业投资和发展

对于企业来说，一次性支付出让金，对企业发展的初始投资要求很高，抬高了企业进入的门槛，高昂的土地价格把很多企业限制在投资的门槛之外；其次，在农民和政府将补偿金和出让金都消费掉以后，极容易发生政府和农民再向企业多次伸手的现象，导致各种乱摊派、乱收费现象。企业不堪重负，损坏了投资环境和投资的积极性。在一些地区，企业为了获取更大的利益，有时通过行贿基层干部的不法手段，攫取额外的好处，进一步破坏了市场经济的自由竞争和公平性。这种“寻租”行为，不可避免地导致政府腐败、制度失灵和市场调节无效。

可见，当前的土地开发资本运作模式存在着一系列的问题，对于农民、政府和企业，乃至于整个社会的发展都存在着相当严重程度的障碍。农民在城市化这一社会转型中处于相对弱势，面临的问题最多。而农民是城市化的主体，城市化的基本任务就是要将传统的农民转化为现代市民。不能顺利实现农民角色的转换，中国城市化的核心问题将难以解决。因此，需要对当前的土地开发模式进行深入的反思和研究。提出一个新型的土地开发资本运作模式。

新型土地开发资本运作模式的基本内涵和运行机制

（一）新模式的指导思想

按照“土地所有权借以实现的经济形式及为了取得使用自然力或者（通过使用劳动）占有单纯自然产品的权利而付给这些自然力或者单纯自然产品的所有者的价格”以及所有权与使用权分离的两大原则，将土地的资源属性合理地、持续地和增值地转换为它的资本属性。因为土地资源本身的价格或价值实质上就是资本化了的资源地租，土地所有权就构成了从资源向资本转换的核心。农民旧的保障在土地开发中失去，新的更高层次的保障要在土地资本化的过程中得到。一切问题由土地开发产生，所有问题的答案也包含在土地开发的过程中——即土地开发的资本运作过程之中。基于这种认识，我们设计了一种新型的土地开发资本运作模式。

（二）新模式的基本内涵

在城乡转制过程中，通过土地所有权与土地使用权的分离与转让，利用土地补偿费和出让费，解决城乡转制过程中存在的各种社会问题，特别是由农民转化为市民所需要解决的主要社会问题，其中包括城镇居民身份的确定问题、社会保障问题、农民素质问题、就业问题等等，进一步开辟地区经济发展的新天地，从而建立一个既符合市场经济运作原则、又可实现可持续发展的城镇化发展模式。（见第 233 页图）

（三）新模式的基本特点

从新型模式的运行机制图中可以看出，其基本特点在于：在土地开发的过程中，改变土地补偿费和出让金的支付方式和使用途径，使其不再成为农民和政府的一次性收入，而是作为“本底的”或“原始的”发展资本。发展资本的运作又分为二个部分：一部分称作“转制资本”（相当于从乡村转变为城市的成本，大约为土地出让金总额的 20%），包括农民安居费、社会保障费、基础教育和职业培训费，用于保障农民在城乡转制过程中的变成居民身份的各种支出；另一部分是农民的土地补偿金余额和政府的土地出让金余额，称作为“虚拟资本”（相当于进入市场运作的原始股本，大约为土地出让金总额的 80%）。虚拟资本在市场中的成功运作，使农民和政府能够在长远的发展中获得土地出让金永久的保值和增值。将虚拟资本与企业实施有效的合作，以保障农民和政府以及投资方本身能够持续收益。

土地开发资本运作模式的五项创新

与现行模式相比，新型的土地开发资本运作模式解决了土地开发过程中农民和政府一次性"恶性消费"的短期行为，以及由此带来的一系列社会问题。

新设计的土地开发资本运作模式在土地使用属性的转换上，在虚拟资本的运用上，在政府、农民、企业三方的利益组合上，在相应的制度创新与社会管理上，以及区域的长期发展与稳定上，提出了系统的、整体的和持续的解决方案。实现了五项制度创新：

（一）虚拟资本制度

将耕地补偿费与政府的土地出让金，在扣除大约 20% 的现实资本（或称转制资本，用于农民入城住房、社会保障基金、职业培训基金等）后，其余约 80% 作为虚拟资本进入企业运作。以低成本的扩张和市场化的经营，在保值和增值的前提下（年平均增值 5%～8%），使得城镇化的成本支付、发展成本的支付和可持续能力的培育得以实现。

（二）银行介入制度

在农民（以后转为市民）、政府和投资者三方的关系上，破除传统"面对面"的单向直接交易，改由银行中介实现双向间接交易。一方面，由银行向居民和政府按期支付各类经费，另一方面银行与投资方建立抵押或信用契约，由投资方按契约向银行提供基金，并承担亏损、破产等责任。这样，就从根本上避免了城镇化过程中由于投资方的变更、失误、破产等带来的风险，也从根本上避免了地方政府和居民对企业的干扰。从而为社会的稳定和可持续发展提供了基本保证。

（三）优先股份制度

通过立法，将虚拟资本整个地纳入到企业开发的总资本之中，并以优先股的方式交由投资企业运作。这种优先持股制度，将保证企业把保值增值作为发展的第一位需求，同时也将巩固城镇化过程中所获得的基本成果。

（四）新型组织制度

在高于乡一级地方政府的直接领导下，建立土地发展委员会，按照政策法规和土地发展规划，将土地资本运作统一交由土地开发公司经营。真正实现政企分开、乡镇政府和村集体组织不干预、不介入企业的运作，无平行的经济利益关系，分别向土地发展委员会负责。

（五）稳定发展制度

在农民生活质量大幅改善的前提下，通过职业培训和就业机会的创造，使农民获得稳定的发展能力；政府在获得财政收入的同时，保持了社会稳定、清除了腐败根源、扶植了地方发展；投资方在低成本扩张、减少风险和排除各种干扰的条件下，可以获得满意的发展。

新型土地开发的资本运作过程

作为典型个案。本研究以海淀北部地区的城镇化过程为例，具体设计土地开发的资本运作过程。根据海淀北部山区的实际状况，拟选取土地开发面积为5平方公里，城镇人口容量为1万人的规模，作为计算的标准依据。在其后的实际操作中，可依照规划面积和人口容量，加以简单的增减计算。

(一)购买土地使用权应付资金及构成

假设一个企业投资于海淀北区某镇，购买土地8000亩，其中耕地7500亩，房屋建筑占地500亩。如果按照每亩土地40万元计算，7500亩耕地需投资30亿元；农房拆迁安置费用2.8亿元。其中，30亿元分别作为土地补偿费和土地出让收益归农民和政府所有。

1.土地补偿费

海淀北部山区共有农业人口71000人，有农业用地118.6平方公里，人均农业用地2.506亩。

由于城镇周围地区人口密度比其他地区高，假定7500亩耕地需安置农民10000人，那么可以作出如下计算：

根据《土地管理法》和北京市的有关规定，国家征用耕地补偿，包括土地补偿费、安置补助费、地上附着物和青苗补偿费以及菜地开发建设基金(如果征用的是菜地)。其中，土地补偿费为该土地前3年每亩平均产值的6～10倍；安置补助费相当于前3年每亩平均产值的4～6倍与每亩需要安置人数的乘积。

根据初步估算，海淀后山区每亩土地平均年产值5000元，则：

第一项：土地补偿费：

按照10倍的补偿标准：每亩补偿5000×10＝50000(元)

7500亩补偿37500万元。

第二项：安置补偿费：

按照6倍的补偿标准：每亩补偿费5000×6(10000/7500)＝40000(元)

7500亩需补偿30000万元。

第三项：地上附着物和青苗补偿费以及菜地开发建设基金按照土地补偿费的20%计算，为3.75亿元×20%＝7500(万元)。

上述土地补偿3项合计75000万元，折合人均补偿7.5万元，或者亩均补偿10万元。

从为农民争取合法利益的原则出发,按照《中华人民共和国土地管理法》第四十七条第六款的规定:经市人民政府批准,“可以增加安置补偿费。但是,土地补偿费和安置补助费的总和不得超过土地被征用前3年平均产值的三十倍”。因此,可以通过申报市政府,土地补偿费、安置补偿费以及地上附着物和青苗补偿费、菜地开发建设基金合计每亩补偿5000×30=150000元,7500亩共补偿11.25亿元,人均补偿费11.25万元。

本报告按照保护农民合法权益原则,按照此标准计算。

2.房屋补偿

按照新建房屋计算:人均2.8万元,10000人合计2.8亿元。在方案中,房屋补偿以在城镇为农民无偿提供标准住房的形式完成,不再给补偿资金。

综合上述两项,应付给农民的耕地占用补偿和房屋补偿合计:

11.25+2.8=14.05(亿元)

3.原有企业的拆迁补偿

由于企业拆迁补偿的情况千差万别,要视具体地区、具体企业而定,况且作为企业行为,其规模大小对我们关注的核心问题没有根本性的影响,因此我们假定企业拆迁总费用为一个定数M。由于补偿方支付的补偿数额与接受方的获得数额平衡,不存在其他用途,因此,在以下的计算中对此项忽略。

4.应付给政府的土地出让金

政府的土地出让收益=土地出让总收益-给农民的耕地补偿费

=32.8亿元-14.05亿元=18.75(亿元)

按照《土地管理法》的规定,其中的30%(5.625亿元)要上缴中央财政,地方政府剩余13.125亿元。

(二)城乡转制过程中需要建立的社会保障体系及资本需求

1.安居费

对象:所有需要安置的农民,共10000人。

按照户均3人,人均建筑面积28平方米,综合建设成本1000元/平方米,人均需要房屋建设费用2.8万元,三口之家需要房屋建设费8.4万元,10000人需要2.8亿元。

2.养老保险费

服务对象:19岁以上的安置人员,其中19～59岁人员参加社会养老保险,60岁以上人员参加商业养老保险(社会保险不接纳)。

第一,60岁以上人员参加商业养老保险。

60岁以上人员养老保险按照一次性交纳,即期按月领取的办法。我们设计一次性向中国人寿保险公司交纳7万元,当月就开始向保险公司领取养老金。按照《中国人寿保险公司国寿个人养老保险条款》,以70岁老人为例,趸交100元国寿险,即期月领养老金0.61元。那么一次性交纳7万元国寿险,可以从当月开始,每月领取养老金426元。

为此,1050个60岁以上人员需要向保险公司一次性交纳寿险费:7350万元(7万元/人×1050人)。

第二,45～59岁人员参加社会养老保险。

根据《国务院关于建立统一的企业职工基本养老保险制度的决定》(下称《决定》)第五条:"个人缴费累计满15年。退休后按月发给基本养老金。基本养老金包括基础养老金和个人账户养老金。……人缴费年限不满15年的,退休后不享受基础养老金待遇,个人账户储存额一次支付给本人"。为了保证45～59岁人员享受到基础养老保险,需要一次性交纳15年的养老保险费用。

交纳养老保险费用的基本思路是一次性交纳15年的养老保险费用,包括正常条件下由企业缴纳的和个人缴纳的部分,则人均必须缴纳的养老保险金额是:

15000×60%×0.28×15=37800元

式中:

(1)15000元为北京市2000年职工的年平均工资;

(2)考虑到前15年工资比现在低,参考社会保险中医疗保险的缴纳方法,则缴费额乘以系数60%;

(3)0.28为《决定》中规定的养老基本交纳标准是基本工资的28%;

(4)15为一次性交纳15年。

45～59岁人员共有1450人,共需缴纳养老保险金5481.0万元。

在为这部分人缴纳保险金后,他们即开始领取养老金。按照《决定》的规定,他们每人每月可以领取基础养老金250元和个人账户养老金123.75元,合计373.75元。

第三,19～44岁人员参加社会养老保险。

19～44岁人员视为经过培训后有能力就业的人员,因此只考虑为其缴纳3年的养老保险,并且按照《决定》要求的额度分年度缴纳。一旦其中有人就业,那么该人员纳入正常的城镇职工进入社会保障系统,投资企业停止继续为其缴纳费用。考虑到不可知因素,这里仍然按照平均缴纳3年养老保险来计算。人均应该缴纳的养老保险金额为12600元(15000×0.28×3)。19～44岁人口总数为4180人,共需要缴纳养老金额5266.8万元。

3.医疗保险费

服务对象:全体安置人员,共10000人。分年龄不同区别对待。基本原则是能够走社会保险就参加社会保险,那些不能参加社会保险的人员尽可能参加商业保险。对于65岁以上人员,一次性发放医疗保障资金。

第一,65岁以上人员的医疗保障。

由于社会保险和商业保险都不为65岁以上人员提供医疗保险,因此需要一次性发放医疗费。初步安排,用于医疗保障费用为3万元。在案例中,710个65岁以上人员共需要一次性支付医疗保障费用2130万元。

第二,60～64岁人员参加商业医疗保险。

根据《中国人寿保险公司康宁定期保险条款》(下称《康宁条款》),60岁以上只接受趸交方式参加医疗保险。如果给每人投保4.5万元,以平均62

岁计算,那么根据《康宁条款》,需要人均缴纳保险费 30375 元(保险金额 1000 元,62 岁男女平均需要趸交 675 元。投保 4.5 万元,需要成趸交 (45000/1000)×675=30375 元)。在案例中,340 个 60~64 岁人员需要一次性缴纳康宁险 1032.76 万元。

第三,19~59 岁参加社会医疗保险。

与养老保险的考虑相同,19~59 岁人员参加社会医疗保险,为他们缴纳 3 年的医疗保险费用,分 3 年缴纳。

根据《国务院关于建立城镇职工基本医疗保险制度的决定》,医疗保险的缴纳标准是平均工资的 8%。按照 2000 年北京市城镇职工的平均年薪 15000 元,则每人每年需缴纳医疗保险费用 1200 元(15000×8%)。4180 个 19~59 岁人员每年需要缴纳医疗保险 501.6 万元,3 年共需要缴纳医疗保险 1504.8 万元。

第四,18 岁以下参加商业医疗保险。

社会医疗保险不接受 18 岁以下未就业人员,因此他们只能走商业医疗保险。假定每人投保 5 万元,按照《康宁条款》,以 10 岁为例,分 5 年缴纳,则每人每年交商业医疗保险 2200 元。

3320 个 18 岁以下人员每年需缴纳商业医疗保险 730.4 万元,5 年共需缴纳商业医疗保险 3652.0 万元。

根据以上计算,将养老保险和医疗保险的保险费用列表如下:

附表 1 养老保险和医疗保险费用概算表

	人口构成(%)	人口数(人)	人均保险费(元)			全部保险费用(万元)
			养老保险	医疗保险	合 计	
0~18 岁	33.2	3320		11000	11000	3652
19~44 岁	41.8	4180	12600	3600	16200	6772
45~59 岁	14.5	1450	37800	3600	41400	6003
60~64 岁	3.4	340	70000	30375	100375	3413
65 岁以上	7.1	710	70000	30000	100000	7100
合计	100	10000				26940

注:各年龄组人口构成以 1998 年全国人口变动抽样调查中县人口构成计算。

附表 2 养老保险和医疗保险费用分年支付额 单位:万元

		第 1 年支 付	第 2 年支 付	第 3 年支 付	第 4 年支 付	第 5 年支 付	合 计
养老保险	19~44 岁	1755.6	1755.6	1755.6			5266.8
	45~59 岁	5481.0					5481.0
	60~64 岁	2380.0					2380.0
	65 岁以上	4970.0					4970.0
医疗保险	0 ~18 岁	730.4	730.4	730.4	730.4	730.4	3652.0
	19~59 岁	675.6	675.6	675.6			2026.8
	60~64 岁	1032.8					1032.8
	65 岁以上	2130.0					2130.0
合 计		19155.4	3161.6	3161.6	730.4	730.4	26939.4
其中:养老保险		14586.6	1755.6	1755.6			18097.8
医疗保险		4568.8	1406.0	1406.0	730.4	730.4	8841.6

4. 基本生活保障费

服务对象：44 岁以下人员。19～44 岁就业能力较强的人员按照 3 年计算，其他人员按照 5 年计算。每人每月 300 元。则有：

0～18 岁每年：3320×300×12＝1195.2(万元)

5 年合计：1195.2×5＝5976.0(万元)

19～44 岁每年：4180×300×12＝1504.8(万元)

3 年合计：1504.8×3＝4514.4(万元)

基本生活保障费用总计 10490.4 万元，分 5 年支付(每年平均支付 2098.08 万元)。

5. 基础教育补助金

服务对象：12 年义务教育适龄青少年和儿童，共 3320 人。按照平均教育 8 年计算，每年每人补助 1500 元计算，则每人需补助 1.2 万元。3320 人共需补助 3987 万元。

6. 职业培训和就业推荐费用

服务对象：19～44 岁人员，适龄人员 4180 人。每人培训费用 3000 元，共需费用 1254 万元。

小结：如上所述，为了保障城乡转制过程的顺利进行，共需各种资金 70667.8 万元，分别由土地补偿资金和出让金中支付，分 5 年支付，各年各项支付如附表 3。

(三)土地开发的资本运作模式

1. 土地转让及开发资本构成

经过上述分析，可以将 8000 亩共 32.8 亿元的土地资本分为 3 个部分：

第一，由企业分为 5 年支付的各种转制资本，共 70667.8 万元。在企业支付的各种转制资本中，第一年需要支付 50883.8 万元；第二、第三、第四和第五年各支付 15161.5 万元、3161.6 万元、730.4 万元和 730.4 万元。

第二，属于农民的土地补偿资本剩余：140500－54939.4＝85560.0 万元。

第三，由政府支配的土地出让金剩余：131250－15728.4＝115521.6 万元。

附表 3　城市化过程中所需的转制资金及其结构　　单位：万元

		第一年	第二年	第三年	第四年	第五年	合 计
农民土地补偿和房屋补偿	1. 安居费	16000.0	12000.0				28000.0
	2. 养老保险	14586.6	1755.6	1755.6			18097.8
	3. 医疗保险	4568.8	1406.0	1406.0	730.4	730.4	8841.6
	4. 小计	35155.4	15161.6	3161.6	730.4	730.4	54939.4
政府的土地出让收入	5. 基本生活保障费	10490.4					10490.4
	6. 基础教育经费	3984.0					3984.0
	7. 职业培训和就业推荐	1254.0					1254.0
	小计	15728.4					15728.4
企业拆迁补偿费 M							
合　计		50883.8	15161.6	3161.6	730.4	730.4	70667.8

为了农民和地方政府有长期的土地收益，在农民、地方政府和开发企业共同订立合同的前提下，将农民剩余的土地补偿资本和政府剩余的土地出让金，依照规则共同组成虚拟资本，通过优先股或企业债券的方式，与符合条件的、并先期投入现实资本70667.8万元（年平均投入14133.56万元）的投资企业合作，共同参与土地开发，完成城镇化过程的第一步转变。

2.农民、政府参与开发的方式选择

农民的土地补偿资本剩余和政府的土地出让金剩余参与土地开发的基本前提是必须保值增值，并且能够得到不低于利率的盈利水平。为此，可以有两种形式参与企业投资：一种是以优先股的形式与投资公司合资经营；一种是购买企业债券。

第一，以优先股的形式与投资企业合资，参与土地开发。

按照《中华人民共和国公司法》的规定，公司股东作为出资者按投入公司的资本额享有所有者的资产收益权，公司享有股东投资形成的全部法人财产权，依法自主经营，自负盈亏。一旦公司亏损，在有限责任公司，股东以出资额为限对公司承担责任；在股份有限公司，股东以其所持股份为限对公司承担责任。

投资企业如果是股份有限公司，可以通过发行优先股（相当于虚拟资本的数额）的形式吸收农民和政府入股投资，参与土地开发和企业经营。优先股是一种在分配公司收益和剩余资产方面比普通股股票有优先权的股票，可以事先确定股息率。

第二，购买企业债券。

根据《中华人民共和国公司法》的规定。股份有限公司、国有独资公司和两个以上的国有企业或者其他两个以上的国有投资主体投资设立的有限责任公司，为筹集生产经营资金，可以依照本法发行公司债券。发行公司债券必须符合《公司法》第一百六十一条规定的条件，并经国务院证券管理部门批准。公司债券具有如下特征，从而有利于保障农民和政府的资本保值增值：

按照发放对象的不同，债券分为面向社会发行以及面向特定对象发行两种，这里属于后一种形式，面向被征土地的农民和出让土地使用权的政府。债券必须明文规定债券的利息以及还本付息期限和方式。因此，可以按照双方协定的利息率和每年付息的方式，从而保障农民和政府每年可以从债券中获得一定的收入，并且保障其资本金保值增值。

按照债券的性质不同，债券又分为公司信用债券和抵押债券等。在土地开发的资本运行中，为了保障农民和政府的权益，可以以抵押债券的形式发行。抵押债券是指筹资者以土地、房屋、设备以及其他建筑物等财产作为抵押担保发行的债券。抵押债券安全性强，当筹资者因为破产或者其他原因不能履行还本付息义务时，债券持有人（一般由受托人代表）有权变卖抵押品收回债务。

3.两种参与方式的比较

农民和政府将其资本以优先股的形式与企业合作，其优越性在于：能够保障其资本在企业运作的过程中长期获得比较稳定的收益。不管企业经营状况和盈利水平如何，都能获得事先约定的股息收益。即使企业因解散、破产而进行清算时，优先股股东也可先于普通股股东分取企业的剩余资产。其不利之处在于：由于股息率固定，即使企业效益比预期的好，优先股股东也不能分享额外利益。此外，优先股不包含表决权，优先股股东一般不享有企业经营管理权。对于企业而言，筹资成本低廉，为其实现低成本扩张企业规模提供了条件。而且优先股股东一般都不参与企业经营，因此企业可以以较少的股份获得更大的经营权。

农民和政府以购买债券的形式与企业合作，进行再投资，其优越性在于可以每年获得事先预定的、高于银行利率的利息，并且在一段时期内收回全部投资，投资的安全性和盈利的稳定性好。其不利的方面是其盈利水平一般要低于企业的平均利润率。对于企业而言，发行债券的好处在于低成本募集资金，并且可以以低于盈利水平的利息付给出资者，从而提高了企业的盈利规模和水平。不利之处在于到一定的年限（多为3年～10年）后，企业要归还全部本金。同时，向中国证监会申请发行债券的程序繁杂，难度很大。

新型土地开发资本运作模式中三大主体利益分析

从以上分析可以看出，这一新型土地开发的资本运作模式是一个多赢模式，城市化过程中的各个主体都可以从中获得各自的利益。

（一）农民的利益分析

与传统的转制模式相比，在新的转制模式中，收益最大的是农民。在土地开发过程中，农民可以同时解决居民身份转变问题、社会保障问题、基础教育问题、职业教育问题等等。

1. 农民可以实现由农村居民到城镇居民身份的转换

通过企业在城镇为其提供住房，农民可以获得城镇户口，成为真正的城镇居民。当前我国农民转化为城镇居民的各种制度障碍已经基本消除，只是还需要有“在城镇拥有合法固定住所”。在各地的执行中，“拥有合法固定住所”通常被理解为农民在城镇拥有自建房屋或者购买商品房，而大部分农民的经济力量都不足以支持在城镇自建房屋或者购买商品房。因此在传统的城乡转制过程中，大部分农民由于在城镇缺乏“固定住所”，而不能够转化为城镇户口，不能够真正地成为城镇居民，并且难以享受相应的待遇（比如孩子就学、各种社会保障等等）。

2. 农民可以得到各种社会保障

建立和完善社会保障制度是各发达国家在城市化过程中减少社会动荡、保持社会稳定的重要举措。在我国，不能够及时建立社会保障制度正是城市化的重大制度障碍。

由于数千万已经进入城镇就业的农民不愿意放弃土地使用权，我国政府为了加快城市化进程，只好将农民进入城镇落户的条件由原来的必须交还承包地和自留地，修改为可以保留承包地和自留地进入小城镇落户。而已经进入城市就业的农民之所以不愿意放弃土地经营权，就是因为他们在城镇不能享受各种社会保障，他们没有基本的安全感。

那些城镇郊区的农民，由于土地被国家征用，失去了原有的生存保障，新的社会保障机制又没有建立，加上各种培训、就业渠道没有疏通，这些失去土地的农民同时也失去了生存基础，并且很难寻找新的生存机会。因此他们经常"闹事"，成为社会不稳定因素。

当前，我国的社会保障制度主要是面对城镇居民，对于新进入城镇的农民没有及时建立社会保障，其基本原因是他们缺乏进入保障的起始条件。一方面，大部分进入城镇的农民缺乏合法固定住所，不能够得到城镇居民身份，不具备参加社会保障的条件；另一方面，即便获得城镇居民身份的农民，由于比较难以获得稳定就业，不具备企业和个人同时缴纳社会保险费用的条件，因而也不能享受社会保障。还有一批进城就业的农民，工作也比较稳定，但是企业经常不愿意为其缴纳社会保险，农民工参加社会保障的意识也不强烈，因此通常在事实上被排除在社会保障的大门之外。总而言之，农民在城市化过程中处于不稳定状态，他们分散、弱小和被动。面对城市化浪潮，既满怀期望，又充满恐惧。如何在城市化过程中，建立社会保障机制，使处于动荡过程中的农民阶层尽快地稳定下来，是促进城市化快速、持续发展的关键。而为农民建立社会保障最好的启动资金就是土地开发资金。

土地原本就是农民的生存保障，土地一旦被征用，农民的生存保障就只能依托于由土地使用权转换而来的资本。因此，在土地开发的资本运作模式中，重要的内容就是拿出一部分资金，为农民建立社会保障和商业保险，使农民在失去土地保障之后，能够得到更加全面、更加规范、更加高质量的生活保障。解除他们进入城镇的后顾之忧。

3. 农民的下一代能够得到良好的基础教育

12年义务教育补助金为农民将下一代培养成为合格的就业人员提供了基本的保障。当前，海淀后山区农村的基础教育水平还比较低，《海淀北部地区有关基本情况》中显示：在北部地区的农民中，小学文化程度及以下者占37.3%，初中文化程度占46.4%，高中及以上文化程度者占16.3%。80%以上的居民都是初中以下文化水平，这样的素质不可能适应海淀后山区开发发展的需要。大幅度提高居民素质是迫切的任务。

海淀后山区要建设成为高新技术产业发展的扩展区，产业发展的基本方向是为中关村高新技术产业园服务的居住区、休闲度假区、教育产业发展区以及都市农业区。与此相适应，需要培养出一批具有较高质量的就业队伍。其中基础教育是基本环节。海淀区的基础教育要走在全国的前头。不能够满足于9年义务教育，要为农民的下一代提供高质量的12年义务教育。

4. 职业培训和就业推荐为进入城镇的成年农民实现职业的转变提供了较好的条件

对于成年农民来说，能否找到就业机会是其最为关心的问题之一。但是，大部分农民居民不具备从事第二、第三产业的基本素质和技能。为了促使他们较好地实现由传统农民到产业工人的转换，必须对他们进行一系列的职业培训，包括基本观念的更新、基本知识的教育和基本技能的训练，提高他们在新的环境中生存和发展的基本能力。不仅如此，就业中心还有为他们推荐就业的责任。那些在培训中各种能力得到提高的农民可以有新的就业机会。

5. 农民可以从土地上获得稳定收入

由于将土地补偿费剩余作为优先股入股，或者购买企业债券，可以每年获得5%～8%的利息收入，那么农民每年能够从85560.6万元的资本中获得4278万元至6845万元的股息或债券利息收入，平均每个农民每年可获得4278元至6845元的股息或债券利息收入。

如果购买债券，农民可以在预定的时期内收回本金；如果是优先股，则在企业正常经营期间可以长期获得稳定股息，即使企业解散或者破产，则在企业付清债务以后，可以优先从企业剩余资本中给农民补偿优先股股份。农民可以在资本运作中长期收益。当企业配股时，股份还会增加。

6. 农民的基本素质和生活质量得到大幅度提高，融入城市社会

通过新型土地开发的资本运作模式，农民实现由传统的生产生活方式向现代生产生活方式的转变。从在城镇中获得住房开始，发生一系列脱胎换骨的转变，其基本生活条件得到根本的改善，人居环境趋于现代化，从事的产业由传统的、低效的农业转变为现代、高效的第二、第三产业，居民开始适应新的环境、新的生活，完全融入现代城市社会，成为农村城市化的推动力量。

（二）企业的效益分析

企业是社会经济发展的微观主体，是否有利于企业在公平竞争的环境中得到发展，是衡量任何改革措施合理与否的重要标准。也只有符合企业正当发展利益的政策措施才是可行的和有效的。

新型土地开发的资本运作模式有利于企业低成本进入、低成本运作，从而有利于提高企业的市场竞争力和盈利水平。

1. 企业可以低成本进入土地开发

按照传统的土地开发模式，企业必须在获得政府转让的土地使用权之后60天内，一次性付清全部土地出让金。在我们的案例中，企业为了获得8000亩土地的使用权，必须一次性付清土地出让金32.8亿元。而在新的土地开发资本运作模式中，企业只需要首先支付各种转制所需资本，合计70667.8万元，其中第一年只需支付50883.8万元。土地出让金的其余部分由农民和政府以虚拟资本的形式与企业合作开发土地。对于企业来说，只

需支付7.1亿元资本，就可以获得相当于32.8亿元的土地开发权，对8000亩土地进行开发，大大降低了企业进入土地开发的成本。

2.企业可以低成本扩张企业规模

企业在拥有8000亩土地开发权后，还可以以土地作抵押，向银行获得不高于32.8亿元的贷款，从而扩大企业经营规模，获取新的发展空间和规模经济效益。

3.能够为企业赢得更好的投资环境

新型土地开发的资本运作模式能够解决城市化过程中一系列的社会问题，特别是解决农民的生存和发展问题，减少或者杜绝了在传统开发模式下因为农民生活无保障而产生的纠纷，从而可以减低社会交易成本；同时通过制度改革，规范政府职能，减少政府对企业的不合理干预，减少了企业的交易成本，提高企业运作效率。

（三）政府的利益分析

在本方案中，政府自始至终集规划、管理、监督职能为一身，并且作为土地开发的重要主体，获得相应利益。

1.政府能够更好地解决农民问题，维护社会稳定

在城市化的过程中，政府所需要解决的一个重大社会问题就是安置农民问题，包括进入城镇的农民如何得到良好的居住环境、正常的社会保障，如何提高其基本素质，具备基本的就业能力，以及如何满足适龄儿童的义务教育需要等等。解决这些问题的主要困难往往又在于缺乏启动资金。

在这一土地开发资本运作模式中，运用土地转换资本很好地解决了这一系列老大难问题，为在城市化过程中更好地发挥政府作用，执行政府职能创造了有利条件。

2.有利于提高居民素质，提高经济发展质量

政府最关心的问题之一是地方经济发展问题。而地方居民素质是决定投资环境和经济发展质量的重要因素。特别是在城市化速度较快的地区，农民众多，素质低下，企业家们望而却步。

在新型的土地开发资本运作模式中，专门划出一笔资金用于对农民进行必要的职业培训，提高了农民从事现代产业的能力，使他们具备相应的知识，掌握一定技能，基本具备一线操作工人的素质要求。

在海淀后山区，如果农民具备良好的基本素质，就可以广泛拓展为高新技术产业区服务的各种产业的发展空间。海淀后山区将进行大规模的产业结构调整，传统的制造业、农业会不断被淘汰和压缩，新兴的房地产业、休闲娱乐业、教育产业以及都市农业等一批高效益的现代化产业将得到迅速发展，全区的经济发展质量将得到大幅度提高。

3.能够改善投资环境，吸引更多的外部投资

新型的土地开发资本运作模式由于较好地解决了农民问题，提高了公众的基本素质，又为企业提供了低成本进入、低成本运营的基本条件，因此

大大改善了投资环境，有利于吸引更多的外部投资。

4. 能够获得长期稳定的经济收入

新型的土地开发资本运作模式还为地方政府提供了长期稳定的经济收入。以5%～8%的优先股股息或者企业债券利息计算，政府以11.55亿元的股份（或债券）每年可以从企业中获得5776万元至9242万元的股息或债券利息。

以5776万元的低限计算，对于乡镇政府来说，基本上能够满足乡镇政府财政供养人员的高标准的薪金。在乡镇一级，一般政府财政供养人员约占总人口的1%～2%，一个2万人的乡镇，需供养人员约200～400人。以高限400人计算，如果年薪5万元，那么一年需要支付年薪2000万元。以每人每年平均需要办公、交通等项费用10000元计算，则全镇需400万元。两项合计为乡镇政府财政的一般负担。政府在拥有每年5776万元利息收入的情况下，在支付了较高水平的年薪和办公费用2400万元后，还有3376万元的富余。政府可以运用这些稳定的资本收入，发展各种社会事业，营造更好的投资环境，促进本地区经济社会持续快速稳定发展。

（四）区域发展效应分析

如果海淀后山区普遍实行这样的土地开发运作模式，那么，10年以后，后山区就将彻底改变贫穷落后的面貌。其经济社会发展水平将得到大大提升，将实现以传统农业为主的农业社会向以现代产业为主的城市社会转变。

1. 产业结构迅速升级

在我们的模式中，迅速实现海淀后山区产业结构升级已经具备良好的条件：

——居民素质大大提高，逐步形成一支能够适应现代产业发展需要的就业大军；

——实现社会结构的转型，政府职能得到规范，企业运作的交易成本大大下降，投资环境得到大幅度改善，对投资者产生强大的吸引力；

——毗邻中关村高科技园区，能够迅速接受园区的扩散作用，发展高科技产业以及为园区提供高质量的全方位新兴服务业，根据初步产业规划设想，这些产业包括房地产业、休闲娱乐业、商业、教育产业以及都市农业等等。与当前海淀后山区以传统的农业为主相比，这些产业的经济效率、科技含量、产品质量都大大提高，属于现代产业的范畴，符合可持续发展的要求，实现了产业结构的升级。

2. 经济实力和发展水平大幅度提高，与山前的发展差距开始缩小

未来10年海淀后山区将迎来一个跳跃性发展的时期，经济实力得到大幅度提升。由于产业结构升级，产业发展的效率得到大幅度提高，每个产业工人创造财富的能力大大提高，最终表现为人均GDP水平迅速增长以及GDP总量表现的经济实力快速壮大。

我们可以做一个粗略的预测：在海淀区的“十五”规划中，“十五”期间海

淀区GDP的年增长速度为15%，预计在“十一五”期间有所下降，可以设为14%；而后山区由于产业结构迅速升级，经济实现更高速的增长，假设在未来十年GDP的年平均增长率为20%，人口增长率为1%，则有下表：

附表4　海淀后山区2000～2010年经济发展预测

	海淀区	后山区		
	GDP(亿元)	GDP(亿元)	占海淀区比重(%)	人均GDP(万元)
2000年	256.0	2.6	1.0	0.38
2005年	520.0	6.6	1.3	0.89
2010年	1001.2	16.5	1.6	2.11

可见，如果海淀区能够在未来十年积极稳妥地推进城市化进程，实现经济发展质量的飞跃，以及经济实力的大幅度提升，那么10年后的海淀后山区占全区GDP的份额将增加60%，人均GDP达到2.11万元，比2000年海淀区平均水平高出4.6倍，与全区发展的差距大大缩小。

3.民众的生活质量彻底改善

在未来的10年，城市化进程将迅速推进，城乡结构发生重大的根本性的转变，城市化水平将达到60%以上，基本上实现由农村社会向城市社会的转化，民众生活质量得到大幅度提高。大部分人口将进入城镇，成为现代城镇居民，拥有和享受现代城市居民的基本生活条件，包括居住在具有良好人居环境的城镇居民住宅小区，接近并且享受各种现代化的城市基础设施、公共服务，能够享受较好的基础教育和职业教育，只要努力，大部分适龄人员能够得到良好的就业机会和较好的经济收入。一旦发生个人所力不能及的重大生活障碍，能够享受到各种保障、保险，通过社会力量的帮助，渡过生活的难关。

一部分没有进入城镇的农村居民的生活，也完全不是现在的状况。他们大部分居住集中，能够享受到较好的公共设施服务(包括交通、电信、上下水、教育、医疗、保险等等)。随着产业结构的调整，大部分居民会成为产业工人。他们虽然居住在农村。但是就业空间广阔，大部分人从事着现代化的产业活动，包括都市农业、休闲娱乐业、旅游业以及各种服务业，有着较好的经济收入。由于距离城市不远，因此能够方便地得到城市的高水平服务，诸如购买高档商品、听音乐会、参加大型文化活动等等。

应该说，10年以后，海淀后山区有条件消灭传统意义上的二元结构，城乡居民的差异主要表现为居住地选择的差异，他们的生活水平和生产生活方式趋于一致，城乡一体化格局初步形成，基本实现由传统农村社会向现代城市社会的转变。

新型模式的实施框架

新型的土地开发资本运作模式不仅具有一系列的优越性，而且也是完全符合国情的，并且具有可操作性。该模式的基本组织思路如下。

1. 成立海淀区土地发展委员会，制定土地开发规划和游戏规则

北京市土地发展委员会已经成立，其主要功能是建立土地收购储备制度，是北京市土地收购储备工作的最高管理机构。海淀区还需要成立区一级土地发展委员会，除了履行常规职能外，还需要完成本模式中的特殊职能：

——制定土地开发规划。对后山区的土地开发进行全面的详细规划，包括各宗土地的功能、边界、开发次序等等。

——制定游戏规则。在本模式中，企业、政府、居民以及诸多保险、银行等社会机构之间存在有错综复杂的经济关系，这些经济关系的部分内容和活动规则已经有法律法规规定了；另一部分则属于新的领域，是当前的法律尚未规范的。对于这些关系则需要海淀区土地发展委员会加以研究，并且制定相应的游戏规则，以地方性政策的形式颁布，将各种经济关系纳入规范化的管理轨道，建立一个公正、透明、规范的经济运行环境。

——监督开发规划及游戏规则的实施。

2. 成立转制基金会，监督转制资金的运作

转制基金会是为了维护土地开发过程中各主体的合法利益、监督开发资本的有效运作而成立的专门机构。它可以是海淀区土地发展委员会的下属机构，其组成人员包括政府、农民代表和企业三个方面，以政府为主。转制基金会的主要职能是：

——监督农民按照合同进行搬迁，并退出土地的使用；

——组织农民和政府将补偿资本剩余和出让金剩余，作为发展资金参与企业经营；

——监督企业按期足额向农民和政府支付各种转制资金；

——监督保险公司和劳动保障部门按时付给农民各种保障金；

——监督政府按照合同要求对进入城镇的儿童进行基础教育，对符合条件的农民进行职业培训和就业介绍。

转制基金会处于企业、政府和农民的中介地位，不论哪一方不按照合同办事，转制基金会都有义务进行监督。由于在我们的模式中，各种经济关系的主动权主要掌握在企业手中，企业是所有转制资金、股息、利息的支付者，农民和政府大部分情况下处于相对被动的状态，因此，他们的经济利益需要保护。可是，农民是分散的、弱小的，需要有代表其利益的机构，保护其各种利益的实现。这个机构的恰当选择就是转制基金会。

在大部分情况下，转制基金会主要是农民整体利益的代言人。当在转制过程中，农民的各种合法利益受到侵害时，转制基金会有义务与相应的企业、部门、机构进行协商，调解纠纷，为农民讨回公道。实在难以解决的问题，可以代表农民向法院起诉，通过法律解决，这是法治国家公正解决一切社会经济问题的最后保障。

3. 海淀后山区土地开发公司，运作土地开发资本

作为对海淀后山区土地开发感兴趣的企业。要开发这块特定的土地，必然要成立一个专门的开发企业来运行，我们暂且称它为“海淀后山区土地

开发公司”，该公司运作着农民和政府的股份或债券资本，因此其发展状况与地方居民及政府的利益息息相关。但是，由于农民的资本是以优先股或者债券的形式参与企业投资的，因此农民和政府虽然是投资方，却没有企业的任何经营权和管理权，只有按照约定获取股息或者利息、债券本金的权利，以及当企业解散或破产时，优先获得补偿的权利。

对于企业的运作，主要是董事会进行最高决策。董事会完全按照市场规则运作法人资本，包括进行合法经营、依法纳税、给股东或者债券购买者以分红等等。一旦违反规则，由受害人起诉，请求法院判决。

4. 对集体出让的建设用地的处理办法

据统计，北京市1991～1996年集体建设实际用地8911.7公顷，其中批准用地占29.5%，未批用地和非法批地占70.5%。对于大量未经批准或者非法批准的建设用地，北京市政府准备通过建立土地收购储备制度，统一进行解决。

新型土地开发资本运作模式的组织与实施思路可以用逻辑框架图表示。（见下图）

新型土地开发资本运作模式的操作办法

下图已经概略地反映出新型土地开发资本运作模式的操作框架。对于政府而言，该操作程序表现为：

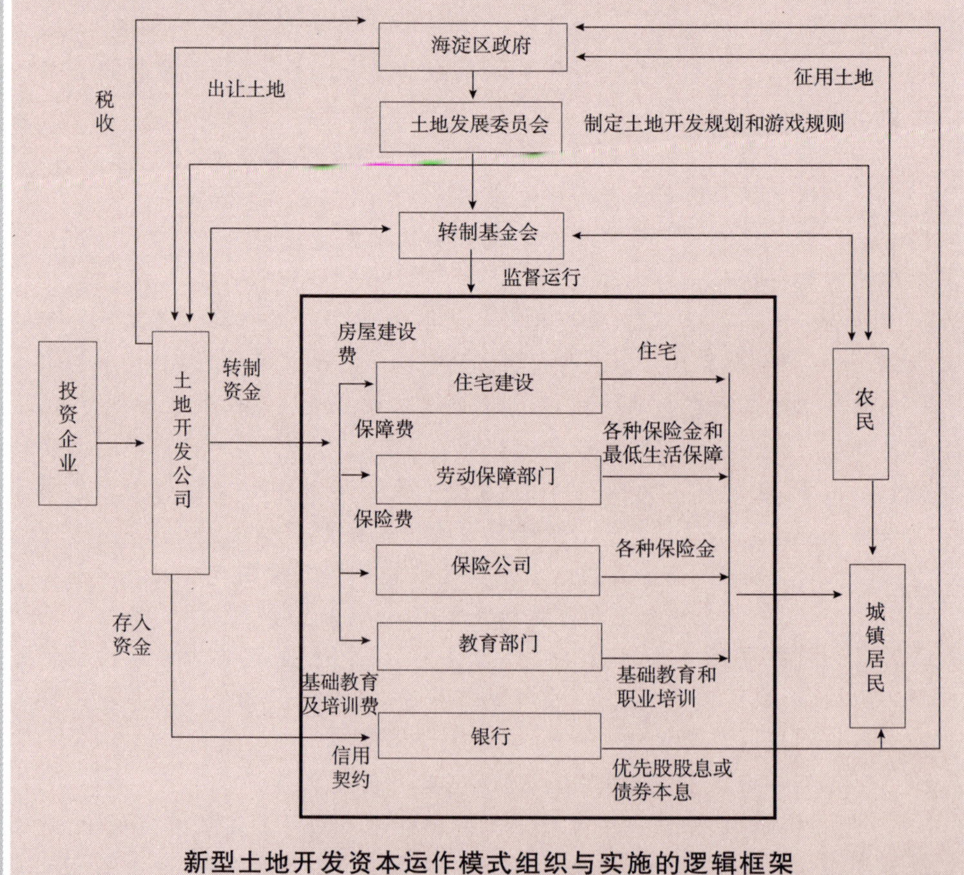

新型土地开发资本运作模式组织与实施的逻辑框架

1. 成立海淀区土地发展委员会和转制基金会

如前所述，成立海淀区土地发展委员会，制定土地开发规划和游戏规则。有了土地利用规划和游戏规则，其他一切土地开发活动就有了边界，才可能规范和有序。

一旦土地开发活动开始，各经济主体之间会不断地发生各种经济关系。因此，必须先成立转制基金会，监督各经济主体的行为。

同时，转制基金会代表农民和政府与企业签订合同，就各种转制资金的数额、交纳时间、交纳方式等问题达成协议，为以后各种转制资金的正常运作提供保障。

2. 在土地管理局成立土地开发转制资金结算中心

在新的土地开发资本运作模式中，最重要的特点之一就是土地补偿费和出让金不是一次性支付，而是分期分批按照不同的用途支付到不同的主体手中，各主体之间的经济关系更加复杂。为此，需要在土地管理局下成立专门的土地转制资金结算中心，负责农民、政府与企业之间所有来往资金的结算工作。这些工作包括：

——以农民一家一户为单位开设账户，确切计算在政府征用土地的过程中各户应该得到的土地补偿费用。虽然农用土地属于集体所有，但使用权归农民。因此土地征用费应该按照各家各户被征用土地的多少来计算，并分别对农民予以补偿。

——为农民设立个人账户。根据每个人的情况，计算应该支付给他们的转制资金量、各种转制资金构成，以及不同种类转制资金的支付形式、支付时间。

3. 转制基金会监督企业进行房屋建设。转制基金会监督企业按照合同规定，建造住宅，并且按时安排农民进住。

4. 劳动保障部门成立转制保障中心。转制保障中心的职能是：

——根据合同，按时、足额接受企业交纳给农民的各种保障资金；

——为农民建立个人账户，明确每个人领取各种社会保障的数额以及领取时间；

——按时、足额向农民个人支付各种保障费用；

——代表农民整体接受企业为农民向商业保险公司交纳各种保险费用，并代为交纳。企业为农民向商业保险公司交纳的各种保险费用，都必须以农民个人的名义交纳，保险公司将为每个人建立个人账户。此后，每个农民根据自己的情况与保险公司发生各种经济关系。

这里，由转制保障中心代表农民接受企业为农民交纳的保险费用的必要性在于，一方面，可以简化企业在交纳保险金时的繁琐工作，企业只需一次性将保险金足额交给转制保障中心即可；另一方面，避免企业与众多的农民发生直接的经济关系，减少社会摩擦。

5. 教育部门成立转制教育中心

转制教育中心的职能是：

——接纳企业按照合同支付的基础教育补助金及职业培训和就业推荐费用；

——为进入城镇的适龄儿童安排入学；

——协同原有的成人教育部门，制定进入城镇的适龄中青年农民培训计划，实施培训工作；

——与人才交流中心合作，为接受良好培训、并具备相应工作能力的农民（已经是完全意义的城镇居民）推荐工作。

6. 转制基金会监督企业与银行的契约行为

农民的土地补偿金剩余和政府的土地出让金剩余都以虚拟资本的形式进入企业经营，企业将按照预定要求，通过合作银行向农民和政府支付股息或利息，银行需要为农民建立个人账户，为政府建立独立账户。所有这些活动都需要企业与合作银行预先签订合同，银行按照合同执行其资金往来的中介职能。为了保障农民和政府的利益，转制基金会需要参与或者监督合同的签订及执行。

三　三大组团式城市群的体制创新：欧盟组织架构的借鉴（运行方式）

1. 基本情况

欧洲联盟（European Union，简称 EU），缘起于原法国外交委员会主席舒曼（Robert Shuman）及另一法国政治家莫内（Jean Monnet）于 1949 年共同提出的建立法德（联邦德国）两国的煤钢共同体，建议获两国首脑接受。其后法德两国倡议，意大利、荷兰、比利时和卢森堡附议，于 1951 年成立了欧洲煤钢共同体（European Community of Coal and Steel，ECCS），六国的这两种产品相互取消关税与配额，自由流通。由于运行良好，六国便希望扩展至多种产品及多国，于 1957 年在意大利首都罗马签订《罗马条约》。次年 1 月 1 日条约生效，欧洲经济共同体（European Economic Community，EEC，也称欧洲经济共同市场）诞生。1973 年英国、丹麦及爱尔兰加入，1981 年希腊加入，1985 年，各成员国签署了《欧洲单一市场法令》，作为对《罗马条约》的补充，据此法令，各国政府必须为建立欧洲统一大市场而促使各种经济政策协调和趋同。1986 年，西班牙、葡萄牙加入。1991 年底签署《马斯特里赫条约》，奠定了建立欧洲货币联盟（European Monetary Union）的基础。1992 年起欧洲共同体改称为欧洲联盟，“欧盟”就此取代“欧共体”，一直沿用至今。1995 年瑞典、芬兰和奥地利加入。1999 年欧洲货币联盟诞生。欧盟经过 1973 年、1981 年、1986 年以及 1995 年四次扩大，发展到一个拥有 3.8 亿人口、囊括 15 个成员国的区域一体化组织。2002 年 1 月欧元正式流通。同年 10 月，欧盟委员会作出决定：批准《关于欧盟第五次扩大的战略文件》和对 13 个候选国的评估报告，确定其中的爱沙尼亚、拉脱维亚、立陶宛、波兰、捷克、斯洛伐克、匈牙利、斯洛文尼亚、马耳他和塞浦路斯 10 个候选国于 2004 年

5 月 1 日加入欧盟。届时,欧盟成员将从 15 国增加到 25 国,总面积超过 400 万平方公里,人口增加到 4.8 亿。有评论称,欧洲经济一体化是"欧洲大厦"的基石,同时也为人类探寻跨国经济与政治联合的宏伟蓝图定下了基调。

2. 欧盟经济一体化的发展阶段及其特点

从国际经济发展的经验看,区域经济一体化的实现形式,一般可分为自由贸易区、关税同盟、共同市场、经济联盟、货币联盟等五个阶段。

自由贸易区。在这类组织中,各成员国取消相互间的贸易障碍,但仍各自保留其对非成员国的贸易保护政策及相应措施,为了防止非成员国利用贸易壁垒差异向壁垒较低的成员国输入或输出商品,保证自由贸易区经济政策与关税征课的完整性,各国在相互边境上仍保留原来设置的海关检员。一般认为欧洲的区域经济一体化是跳过了这一阶段,直接从关税同盟开始。而且在关税同盟开始阶段,就已采取一些为共同市场服务的共同政策,如欧洲共同的农业政策。欧盟的经验启发港珠经济融合,是要从实际出发一体化,包括实现形式和阶段的跨越。

关税同盟。它近似自由贸易区,主要差别是采取共同的措施及统一的关税率,对非成员国进口的商品和服务加以限制。大致从 1958 年至 1968 年,欧洲共同体 6 国实现了成员国间取消关税,建立共同的对第三国的关税同盟;而在非关税壁垒方面,对各国间的配额、技术标准限制、卫生控制、政府补贴及国内资本的控制程度等,也进行了调整。由于关税同盟对第三国或地区订出了共同的税,因此也会受到竞争对手如美国的指责和抗衡,但欧盟以"创造贸易(trade creation)"来辩护。欧盟以"创造贸易"来发展内部贸易对抗外国指责的经验,对港珠以至香港与内地建立自由贸易区应有借鉴作用。

建立共同市场(单一市场)。从 1985 年欧洲委员会发表白皮书开始,提出要在 1992 年底之前取消欧共体内部国界,建立商品、人员、服务和资本自由流通的单一市场。

在商品流通方面,主要是消除形态边界,如过边界所需填写的各种表格、因检查而停留的时间损失及不同国家的税制、手续统计等造成的交易成本;技术边界,包括不同的法律标准、技术卫生要求等;税收边界,虽然已没有关税,但各国还有不同的其他税率如增值税及消费税等。

人员自由流动不仅是劳动者及其家属可自由流动,而且只要是欧洲公民,如老年人都可以选择居住地。

服务流通方面,欧盟各国在金融、交通、科技和通讯方面十分国际化,问题主要是要打破过往欧洲各国相当程度保护的行政、教育和卫生领域的限制。

资本流通是要各国取消对汇率的控制。这方面发展相对缓慢,但欧元面世已解决了此难题。

经济联盟。目前,欧盟可以说是实现了经济联盟。主要表现一是实现了共同的贸易政策;二是共同的农业政策;三是共同的保护竞争政策;四是共同的地区政策,如用转移支付,去缩小国家、地区之间的贫富及发展差别;此外,也在协调各国的宏观政策如财赤、通胀及银行利率等方面取得了很大进展。

货币联盟发展阶段。这是经济一体化的最高阶段。其特点是在联盟成立第一阶段的三年内,固定成员国间的货币兑换率及成员国与欧元的兑换率,成员国有共同的中央银行,各国货币政策主权基本移交给欧洲中央银行,各国财政预算政策协调配合更趋紧密。

3. 欧盟各国政府在经济一体化中的作用

第一，政府对一体化有紧迫性及明确目标。欧盟各国政府能互谅互让，并不遗余力推动，其原因一是长期以来，欧洲人已有把欧洲建成一个统一的政治实体的愿望。欧洲从公元800年到843年就有被罗马查尔曼大帝统一近半个世纪的历史，目前经济一体化正向着政治一体化发展。二是要解决内部的恶性竞争和打破相互间的经济发展障碍，更合理地配置资源，提高经济效益。这从欧盟在成立伊始便把重心放在提高效率上看出，如建立无国界市场，及以规模经济效益提高欧洲的竞争力等。三是共同对抗美国的竞争和反对美国政治牵制。资料显示，从欧洲煤钢共同体成立开始，推动者已有通过经济合作，推动欧洲政治和共同对抗美国政治经济控制，近期欧盟尤其是法德等国对美国攻伊战事的态度，也可显示欧盟联合的意义。

第二，以政府为主导推动一体化。区域经济一体化，从根本上说，是经济全球化使然，是经济规律的自然发展。但由于牵涉国与国或独立关税之间的利益，及大量政府政策与行政管理关系的调整，若仅靠市场自然推动而没有各国政府或地区政府的协调，是难以成事的。从欧盟经验看，其一体化发展较顺利，与政府在各个阶段都发挥主导作用分不开。如每一阶段都有政府间的大量谈判与签署双边或多边协定；成立各种合作机制如投资银行及法庭等，可以说，没有政府的主导，就没有欧盟。

第三，坚持公平互利原则及互谅互让。从建立共同市场到建立统一货币欧元，无疑都是成员国间互利的结果。值得指出的是其互谅互让，除了各主要机构在委员人选上体现这种精神外(下文将有论述)，欧盟不仅让经济相对落后的国家如西班牙、葡萄牙等加入，而且还因此成立了欧洲投资银行(European Investment Bank，EIB)，设立了结构基金 (structural funds)，通过一定程度的转移支付，协助其经济的发展。欧盟如此做法，其重要原因之一，是认为稳定的欧洲有利其长远发展。这点对港珠融合有重要启示，就是合作应建基于互利基础上，同时还应有长远眼光，大局观念，不要只斤斤计较局部或眼前的得失。如是者，目前龙头之争显得无大意义，区内大的重复建设及恶性竞争也会减少。

第四，既有宏伟目标，也有一步一个脚印的实施阶段。欧盟的宏伟目标是经济一体化通向政治一体化，其实施则一步一步从煤钢共同体发展到共同市场、欧洲联盟及货币联盟。

第五，根据不同阶段发展建立政府主导的不同机制，统筹一体化发展。综合而言，欧盟成员国政府之间的合作机制，最初表现为相互外交及经济政策的协调，及为各种双边及多边条约而制定的检查监督机制，再发展到成立不断完善的组织机构、司法系统，及相应成立欧洲中央银行及投资银行等。现时的欧盟组织架构更有值得借鉴之处。根据《马斯特里赫条约》，欧盟是由各成员国把一部分主权转移给它后才运作的，因而有超国家权力。其架构与一般国家政权相比显得特别，有说像联邦制，但关键是其权力范围大小。条约第三条赋予其辅助性原则：如果所需采取行动在欧盟层次上决策效果更佳，那么此时决策权不在主权国手里而在欧盟。欧盟最重要的机构是欧洲委员会(European Commission)、欧盟部长会议(Council of European Union)和欧洲议会(European Parliament)，三者互相牵制。

欧洲委员会　是功能性的执行机构，但实际执行机构是欧盟部长会议和首脑会议，一般情况下政府首脑会议不行使执行权。欧洲委员会是唯一能向部长会议对法律及项目等提建议并要求其表决的机构。任务一是提供法律议案，二是执行部长会议及其他机构如首脑会议决定，三是监督条约规定执行，如发现违反，则向欧洲法院提出起诉。委员会有20名专员，每国1名，五大国多1名，其资格必须是本国议会或欧洲议会议员同时担任过部长级职务，并经欧洲议会审批，任期五年。

欧盟部长会议　则同时有立法和执行双重权力。任务一是在欧洲委员会动议基础上，与欧洲议会一起通过法律和预算，二是通过条例规章形式并执行联盟政策，三是指导欧盟的对外经济政策并被授权谈判和签约。部长会议由成员国部长组成，各国政府有多少个部，欧盟就有多少个部长会议。部长会议票数分配为法、德、英及意大利各10票，其它2至8票不等，共87票，只要有62票议案就成政策，各国必须执行。部长会议采取轮值制。

欧洲议会　名义上是立法机构，但部长会议也同时有立法权，而且后者比前者更重要。因此欧洲议会的象征意义大于其实际作用与权力。其与部长会议一起享有一般立法权、批准条约权及欧盟预算权；对委员会有双重控制权，任命委员会高层并监督其工作，及必要时能免委员会专员。其议员名额大致以成员国人口比例分配，小国比例明显比大国高。

此外，重要组织还有欧洲法院（1952年成立，主要目的是公正解决成员国之间的利益冲突，成员由各成员国任命并须经过其他成员国同意）、初审法庭（受理跨国的个人及企业纠纷）、欧洲投资银行（为欧盟平衡发展而进行的投资提供资本）、欧洲中央银行（掌管欧元的权力机构，1998年7月1日正式挂牌运作）及经济社会委员会和地区委员会（咨询研究机构）等。

第六，重视建立研究咨询机构和进行项目研究。经济社会委员会（The Economic and Social Committee，ESC）和地区委员会（The Committee of the Region）是两个相当重要的咨询机构和政策智囊。

经济社会委员会　是根据1957年的《罗马条约》建立共同市场需要而设立的，目的是给委员会制度性提供经济社会问题的咨询和研究，并且为委员会起草有关法律。委员共222人，由不同社会阶层的人士组成，包括业主（第一组）、工人（第二组）及其他（第三组），名额分配原则与其他机构一致。其后多次强化了委员会功能，成为欧洲议会对有关事务咨询对象，对欧盟政策制定起重要作用 。

地区委员会　也是欧盟的一个重要咨询机构，1994年根据《马斯特里赫条约》成立，规定任何涉及地区利益的问题、政策，欧盟有关机构在法律上都必须咨询该委员会，委员组成与经济社会委员会一样，任期四年，委员都是地方首长。

此外，欧盟还通过与大公司或研究机构合作、支持自己的联合研究中心（在6国有8个研究所，有研究人员2000多人）、支持具体的开发项目及设立本身的项目等加强调查研究。这些经验，都值得港珠融合参考。（详细可参见附录7）

第二篇

中国城市指标体系设计报告

第十一章　中国城市化战略的指标体系

依据中国城市化发展战略的理论内涵、结构内涵、功能内涵和统计内涵，我们建立了由五大体系组成的衡量中国城市化进程的指标体系。这些指标以及由这些指标形成的体系，力求具备：

1. 内部逻辑清晰、合理、自恰；

2. 简捷、易取，所代表的信息量大；

3. 权威、通用，可以在统一基础上进行宏观对比；

4. 层次分明，具有严密的等级系统并在不同层次上进行时间和空间排序；

5. 具有理论依据或统计规律的权重分配、评分度量和排序规则。

衡量中国城市发展总体能力的指标体系构成了一个庞大的和严密的定量式大纲，依据各个指标的表现和位置，既可以分析、比较、判别和评价中国城市发展的状态、进程和总体能力的态势，又可以还原、复制、模拟、预测中国城市发展的未来演化、方案预选和监测预警。它应当成为决策者、管理者和社会公众认识和把握中国城市发展的基本工具。

中国城市发展的指标体系，分为总体层、系统层、状态层和要素层四个等级。

总体层：将表达中国城市发展的总体能力，它代表着宏观识别国家城市化战略实施的总体态势和总体效果，以及对于中国城市化战略实施动态调控的总体把握。

系统层：依照城市系统的理论解释，将城市内部的逻辑关系和函数关系分别表达为：城市基础实力支持系统、城市竞争能力支持系统、城市社会安全能力支持系统、城市管理能力支持系统和城市可持续能力支持系统。

状态层：在每一个划分的支持系统内、能够代表系统状态行为的关系结构。在某一时刻的起点，它们表现为静态的，随着时间的变化，它们呈现动态的特征。

要素层：采用可测的、可比的、可以获得的要素及要素群，对系统状态层的数量表现、强度表现、速率表现给予直接地度量。本报告采用了104个“要素”或称“指标”，全面系统地对于城市系统进行了定量的描述，构成了指标体系的最基层的要素。

一　建立城市发展指标体系的统计规则

目前，对于城市化战略的认识与行动，虽然在各个国家和地区尚有许多不同的声音，甚至出现不少相互矛盾的争议，但是从全球的、宏观的、整体的角度去理解，一些共同的指导原则以及实施城市化的判别标准，已在全球行动纲领和国家发展战略中被普遍地接受，并已作为制定城市发展指标体系的依据。

国家的城市化从其本质上去考察，是一个复杂的巨系统，在语义学中也是一个庞大的"集合名词"，其中渗透着哲学认知、人地关系、区域开发、社会进化、文化背景、未来选择、战略构成、模型集合以及相关的方法论。十分明显，企图用一句话或某个简单的定义去涵盖它，均会失之于浅陋或偏颇。

判别一个国家或一个地区的城市化规模（数量上的表达）和城市化程度（质量上的表达），在目前国际学术界正在逐渐形成统一的理论解释，并进而向可以操作、可以调控的共同认知方向作出努力。

这些共识从深层次的内核去表述，最终必须归纳为城市攀越三类"零增长"的台阶：

1. 实现城市人口数量和规模的"零增长"，这是城市化战略必须越过的第一个台阶。它意味着首先应当突破人口巨大增长所带来的压力，而后才可以逼近和达到城市生存支持系统在承载能力上的宏观稳定（零增长）。在实现这一零增长的同时，对应在人口素质和能力的提高上，则必须有着明显的高增长。这一组完全非对称的组合，揭示了消除城市发展第一个瓶颈的基本内涵。

2. 实现城市资源和能量消耗速率的"零增长"，这是城市化战略必须越过的第二个台阶。它意味着在城市财富不断增长的前提下，保持资源消耗的常量状态或减量状态，以实现地球承载力的永续支撑能力。与此同时，对应在城市社会财富积累的提高上，则必须有着明显的高增长。这第二组非对称的组合，揭示了消除城市发展第二个瓶颈的基本内涵。

3. 实现城市生态环境退化速率的"零增长"，这是城市化战略必须越过的第三个台阶。它意味着城市的生活质量和生存空间，在不受威胁的基础上，不间断地推动城市文明的进程和人类自身的完善。与此同时，对应在生活质量与生存空间的建设和提高上，则必须有着明显的改善，这一组完全非对称的组合，提示了消除城市发展第三个瓶颈的基本内涵。

以上三组非对称性的"零增长"，是对城市化度量的根本指导原则和标准，它们将保证从本质上把城市化战略所关注的中心内容，即协调人口、资源、环境与城市发展在数量和质量上所表征的总体关系，置于不同发展阶段（时间上）和不同地理区域（空间上）的背景下，并能随时动态地对其进行宏观的度量和判断。无疑它已在城市化的初始定义中，向着精确化、数量化的方向前进了一大步。城市化战略的三大"零增长"目标，是在承认增长、承认提高、承认发展的前提下，运用人类的组织能力、学习能力和创造能力即不断追求知识、技术、创新、智慧、文明等必然实现的总归宿。实施城市化战略的度量标准，正是在以上三项总原则的指导下，加以细化和分类的。

在牛文元与美国学者 W. M. 哈瑞斯（1996）共同承担的洛克菲勒基金项目中，将判别城市化发展的具体准则归纳为 12 项基本内容（见 SCI 核心刊物检索的《Journal of Environmental Managemant》上 Niu and Harris, Vol. 47,1996)。这 12 项内容充分细化了三大非对称“零增长”的原则，并且比较完整地勾画出了判定城市发展的一组规则集合。

注释专栏 11.1

国内外大城市现代化指标体系对照表

指标类别	指标项	国际城市标准	中国城市标准
经济类	人均 GNP	2 万美元	5000 美元
	第三产业占 GNP 比重	70%	50%～55%
	高新技术产品产值占工业总产值的比重	70%	20%～25%
社会类	恩格尔系数	低于 15%	低于 25%
	每万人拥有医生人数	50 人	13 人左右
	婴儿死亡率	低于 0.7%	目前为 1.3%～1.5%
	人口平均寿命	75 岁	72～75 岁
	社会保障覆盖率	95%	95%
文化类	文化支出占生活支出	40%	
	人均图书占有量	30 本	20 本(深圳)
	家庭彩色电视机普及率	100%	
	电话普及率	90%	50%(深圳)
	家庭电脑普及率	50%	20 部/百人(武汉)
	家庭上网率	30%	500 户/万人(武汉)
教育类	人口文盲率	低于 2%	
	劳动力文化指数	15 年以上	12 年以上(深圳)
	青年人受高等教育比重	70%	
	12 年义务教育普及率	100%	
	教育投入占 GNP 比重	5%	5%
科技类	每万人拥有科技人员数	2000 人	500 人
	科技进步对经济的贡献率	70%	55%
	每年市级科技经费占预算财政支出比重	5%	2%(广州)
	技术开发费占企业销售收入比重	5%	2.5%
	拥有自主知识产权的高新技术产品产值占全市高新技术产品产值比重	80%	
居住类	人均居住面积	30 平方米	15～20 平方米
	每万人轿车拥有量	4000 辆	1500 辆(武汉)
	每万人商业服务网点	700 个	
基础设施类	人均道路面积	25 平方米	10 平方米(广州)
	燃气普及率	100%	
	人均生活用水	400 升/日	300 升/日(深圳)
	人均生活用电	2500 千瓦时/年	500 千瓦时/年
环境类	人均绿地面积	30 平方米	10 平方米
	人均公园面积	20 平方米	
	二氧化碳年日均程度	低于 0.006 毫克/立方米	
	悬浮物年日均程度	低于 0.09 毫克/立方米	
	污水排放处理达标率	100%	95%
	建筑物平均密度	低于 100 米	
	无氟冰箱、空调器使用率	100%	
	住宅小区园林化率	80%	30%～35%

二　中国城市发展的定量识别

为了定量监测和评估中国城市化战略的实施，非常有必要从“城市系统”的运行过程中，提取出那些具有标识性意义的定量化信息，作为建立城市发展指标体系的依据，由此去识别作为“自然、经济、社会”复杂系统（城市或城市集合）的宏观表现。这些定量化信息一般表达为：

1. 可以是城市系统变量互相联系的“节点”；
2. 可以是城市系统中内变量的“库量”；
3. 可以是城市系统中内变量的“梯度”；
4. 可以是城市系统中内变量的“增量”；
5. 可以是城市系统中内变量的“减量”；
6. 可以是城市系统中内变量的“峰量”；
7. 可以是城市系统中内过程的“控制量”；
8. 可以是城市系统或子系统的“输出量”或“输入量”；
9. 可以是城市系统的“反馈量”；
10. 可以是城市系统的“临界量”；
11. 可以是城市系统的“突变量”；
12. 可以是城市系统的“边界量”；
13. 可以是其他具有反映城市系统行为本质的信息。

将这些定量化信息从所要研究的对象中确定出来，通过随着时段的观察、测量、推断、解析，获取准确的能够基本还原和复制城市系统行为轨迹的一组具有关键点位的逻辑性取样，即本报告所谓的“指标”。进一步将这些指标联合起来以说明整体行为规律的“集合”，即所谓的“城市发展指标体系”。

注释专栏 11.2

长三角和珠三角城市群发展水平比较

都市圈的形成与发展，就本质而言，是市场化的过程。从中国大都市圈的情况看，长三角大都市圈尽管在中国是最早形成大都市圈的地区，城市体系较为完善，但内部横向经济联系不强，产业升级缺乏一种有效机制，国际化程度也有待提高，尤其上海要真正成为国际化大都市还有许多工作要做；珠三角大都市圈（带）是中国近年发展最快的都市圈，在香港的推动下，它也是市场化、国际化程度较高的都市圈，但也存在着内部横向经济联系不强，缺少内部协调机制，内耗竞争严重等问题。

两大城市群五年增长逾五成

长江三角洲包括上海市，江苏省的南京、苏州、无锡、常州、扬州、镇江、南通、泰州（即苏南地区），以及浙江省的杭州、宁波、湖州、嘉兴、绍兴、舟山

（即浙东北地区），共计15个城市，土地面积99678.5平方公里。2001年，国内生产总值为16735亿元。

珠江三角洲包括广州、深圳、珠海、佛山、江门、中山、东莞、惠州市区、惠阳县、惠东县、博罗县、肇庆市区、高要市、四会市等14个市县，土地面积41698平方公里。2001年总人口为2336.79万人，国内生产总值为8363.94亿元。

长江三角洲与珠江三角洲都是我国经济最为发达的两个区域，同时，都面临着经济结构的问题，如果仅从区域综合竞争力上考察，二者的整体优势可能相差不大，因此，需要进一步分析它们主要发展因素的现有水平与结构，有助于更多地了解二者在经济可持续发展方面的差异，探讨未来的发展前景和相应对策。

表1　2000年长三角经济指标一览

指标	单位	上海	苏南地区	浙东地区	长三角
国内生产总值	亿元	4098.64	2288.84	1613.99	8001.47
土地面积	平方公里	3924.00	3288.00	5617.00	12829.00
年末总人口	万人	1136.82	842.74	616.73	2596.29
非农人口	万人	938.21	698.11	331.72	1968.04
工业总产值(1999年)	亿元	5219.29	3570.18	2077.09	10866.56
财政收入	亿元	477.95	197.00	112.43	787.38
全社会固定资产投资	亿元	1697.71	548.82	681.86	2928.40
合同利用外资金额	亿美元	62.68	48.68	13.58	124.94
实际利用外资金额	亿美元	30.27	28.51	8.77	67.55
城乡居民储蓄存款年末余额	亿元	2321.13	1382.04	1030.38	4733.55

注：由于受资料来源限制，以上数据没有包括市辖县的数据，因此各项数值偏小。

1. 工业发展水平

珠江三角洲工业发展呈现出三大特点：第一，劳动密集型的轻型加工工业奠定工业基础。电子、医药、建材等行业产值均居全国之首；纺织业居第二位；家电、塑料、食品等行业也占重要位置；彩电产量约占全国1/2；家用电冰箱约占1/3；家用洗衣机占1/7；原油和天然气约占1/10；而受资源和历史条件的制约，钢、钢材、原煤、汽车产量占全国比重不到3%。“广货”赢得了先发优势，但近来开始面临成本较低的内地产品的挑战，加之工资成本也大幅度增加，在缺乏科技创新的条件下，降低了“广货”竞争力。第二，外向型经济比重很高。珠江三角洲以大进大出的加工贸易起步，其出口额占全省出口总额比重达七成以上。出口导向型经济易受外部因素，尤其是国际经济气候、经济格局甚至政治格局变化的影响。第三，高新技术产业有了长足发展。1999年高新技术产品出口118.3亿美元，居全国首位，比上年增长17.2%，明显高于同期全省总出口增长2.7%的幅度。在深圳、东莞等地形成IT高科技企业密集地区，“范围经济”和“簇群经济”现象十分明显。

长江三角洲工业发展表现出以下三大特点：第一，工业门类齐全，轻重工业都比较发达。作为我国最大的综合性工业基地，其化纤、纺织、机械、电子、钢铁、有色冶金等工业在全国占有相当重要地位，钢产量占全国1/2，钢材产量占1/4，化纤产量占1/2，汽车产量占1/5，拥有宝钢、大众汽车、跃进汽车、熊猫电子、扬子石化、金山石化、镇海炼化等一批优势企业。第二，高新技术产业发展迅速。目前已经成为我国电子通信、生物医药、新材料等诸多高新技术产业重要基地，以微电子、光纤通信、生物工程、海洋工程、新材料等为代表的高新技术产业也居全国领先位置。第三，外向型经济蓬勃发展。到1999年，长江三角洲地区对外贸易依存度已经达到44.2%，比1990年提高了22.9个百分点，而同期全国只提高6.7个百分点。分省区看，上海的对外贸易依存度较高，1999年为78.1%；而江苏和浙江则比较低，分别为35.3%和31.3%。

表2　2001年珠三角经济指标一览

指　　标	广东省	珠江三角洲	
		绝对数	占全省比重%
年末总人口(万人)	7565.33	2336.79	30.8
土地面积(平方公里)	179800	41698	23.2
耕地面积(万亩)	3344.07	936.20	28.0
国内生产总值(现行价:亿元)	10647.71	8363.94	78.6
其中:第一产业	1004.35	445.17	44.3
第二产业	5341.61	4138.99	77.5
第三产业	4301.75	3779.78	87.9
公路通车里程(公里)	104800	29792	28.4
全社会固定资产投资额(亿元)	3536.41	2566.76	72.6
外贸出口总额(亿美元)	954.21	908.29	95.2
实际利用外资(亿美元)	157.55	141.92	90.1
财政收入(亿元)	1160.51	745.74	64.3
财政支出(亿元)	1321.33	822.67	62.3
城乡居民储蓄存款年末余额(亿元)	9930.12	7670.60	77.2

注：广东省统计局提供数据。

2. 科技教育水平

长江三角洲集中了全国众多的科技与教育力量，拥有雄厚的综合科技实力，综合科研与教育水平代表着全国一流水准。特别是上海、南京汇集了许多著名高等院校和科研院所，是全国科技人才最密集的地区之一。从总量指标来看，上海、江苏、浙江三省市人口占全国比重均低于其高等院校、在校大学生、科研机构数和各类科技人员占全国比重(图1)。而同期广东省的情况则相反。此外，珠江三角洲科技创新力仍普遍不高，缺乏知名的研究型高等院校，与GDP名列前茅的全国排位明显不相称。虽然"九五"期间，珠江三角洲各市都利用相对高收入的吸引力引进了一批国内外高层次人才，还是远远不能满足于日益增长的人才需求。

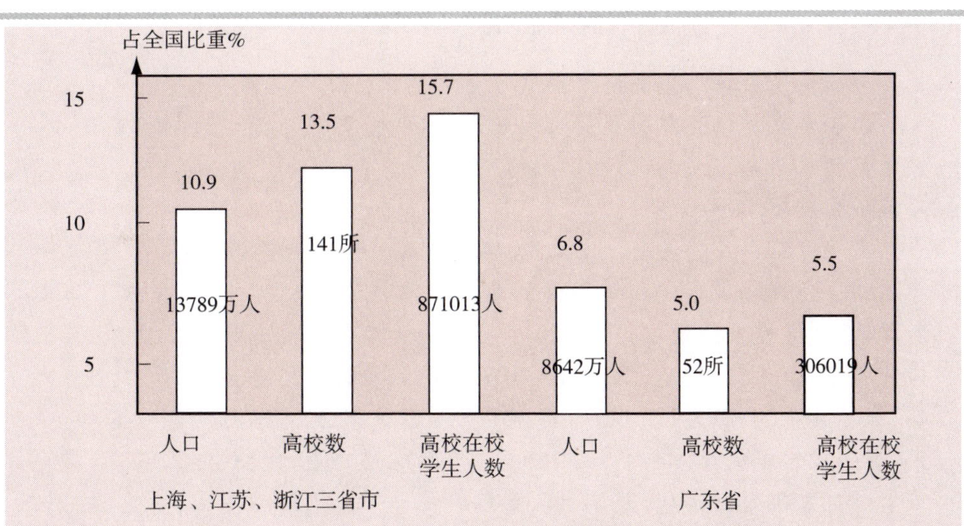

图 1　2000 年长三角、珠三角两地教育水平比较

3. 体制转轨水平

珠江三角洲一直是我国改革开放先行地区，在建立和完善市场经济体制方面亦领先一步。商品及生产要素市场网络发达，体制改革不断创新，在经济体制、经济结构和经营机制上具有较大的先发优势，多元化市场主体也已形成。广大的中小企业，尤其是乡镇企业经营机制比较灵活，外向度高，实力强，近几年还涌现出一批企业集团，竞争实力雄厚。东南沿海地区市场开放较早，资金、劳动力、技术、信息等生产要素市场和中介组织比较活跃，开放、竞争有序的现代化市场体系已初步形成。

长江三角洲对外开放稍晚于珠江三角洲，但是在开发开放浦东的有力推动下，体制转轨进程明显加快。随着国企改革深化、乡镇企业转型和私营个体企业地位的确立，形成长江三角洲"多轮驱动，齐头并进"的多种经济成分并存、共同发展的新格局。"三资"工业已经成为支撑地区工业快速发展的重要推动力量，并与国有工业和乡镇工业一起形成"三足鼎立"之势。1999年，长江三角洲地区共有 8000 多家"三资"工业企业，工业总产值近 6000 亿元，

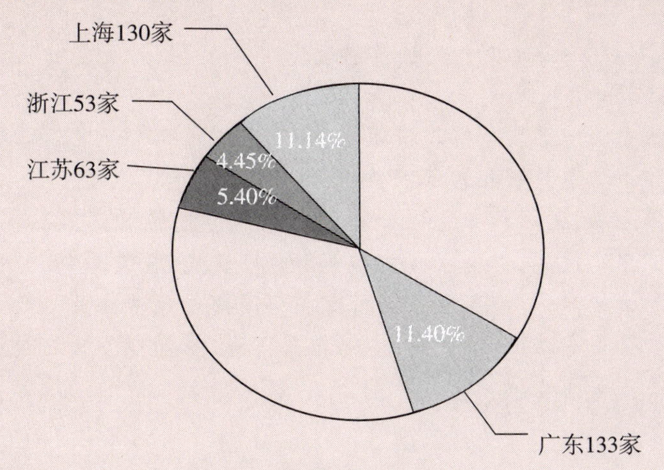

图 2　四省市上市公司占全国上市公司比重
(截至 2002 年 3 月初)

分别约占全国“三资”工业总产值和当地规模以上工业总产值1/3。

体制转轨加快资源配置的市场化进程，一批国有企业通过股份制改造，成为上市公司，企业的活力相对增强（图2）。

4. 城市带发展水平

区域经济的高速增长也有力地推动了区域城市化进程，在长江三角洲和珠江三角洲分别形成相当规模的城市群和城市带。目前，在长江三角洲所属70个县或县级市中，已有40个县或县级市已经是都市外围县，已经形成从南京、镇江、扬州经苏锡常，经由上海再到杭嘉湖绍直至宁波，以上海为核心、包括12个都市区的都市绵延区（或称城市带），总人口已达5500多万，其中按户籍统计的非农人口2500万，考虑到大量的隐性非农人口，实际非农人口可能超过3500万。长江三角洲城市带以上海为中心，南京、杭州、宁波等为次级中心，城镇体系等级齐全。在全国经济实力最强的35个城市里，长江三角洲地区占了10个；在全国综合实力百强县中，长江三角洲地区占有一半，本区已成为国际公认的世界六大城市带之一。

表3　台商眼中的长三角地区竞争力暨投资环境排名

城市名称	自然环境	基础设施	公共设施	社会环境	法制环境	经济环境	2002总排名	2001总排名	2000总排名
苏州	4	2	5	1	7	3	1	8	6
昆山	19	13	16	2	5	1	2	4	12
扬州	27	24	13	14	1	5	3	18	4
无锡	28	13	14	3	2	9	4	7	11
萧山	11	3	10	19	9	4	5	29	2
奉化	2	33	15	8	3	19	6	5	3
宁波	3	4	36	6	8	7	7	2	8
上海	30	7	3	16	20	2	8	6	16
杭州	8	12	2	13	21	14	9	3	7
浦东	22	5	1	11	30	6	10	6	16

资料来源：台湾地区电机电子工业同业公会。

珠江三角洲地区城市群以广州为中心，深圳等为次级中心，城镇体系之中大城市和小城市数量相对不足。此外，“香港因素”作用十分明显。香港在成为世界金融、商业和海运中心的同时也有力地带动了珠江三角洲的工业化和城市化发展，涌现出众多的电扇城、电子城、服装城等。城市之间现代交通基础设施发达，信息网络化程度在全国处于领先水平。但是，存在着城镇规划质量不高，部分城镇规模小，布局不合理，功能发育不完善，集聚和辐射功能不强等问题。

表4　1999年两大区域人均国内生产总值

长三角			珠三角		
城市	人民币(元)	美元(元)	城市	人民币(元)	美元(元)
南京	16816	2033	广州	30265	3660
无锡	26294	3179	深圳	35896	4341
常州	15834	1915	珠海	23638	2858
苏州	23592	2853	佛山	25490	3082
南通	8523	1031	东莞	27561	3333
扬州	9552	1155	江门	13567	1641
镇江	15664	1894	中山	20809	2516
杭州	19961	2414	惠州市区	31410	3798
宁波	19405	2346	惠阳市	17263	2087
嘉兴	14297	1729	惠东县	11995	1450
绍兴	16364	1979	博罗县	9976	1206
舟山	10293	1245	肇庆市区	19572	2367
湖州	13439	1625	高要市	15009	1815
泰州	7380	892	四会市	13056	1579
上海	31078	3758			
平均值	18726	2264	平均值	23569	2850

资料来源：《领导决策信息》，2002年10月7日第38期。

依据中国城市化发展战略的理论内涵、结构内涵、功能内涵和统计内涵，我们建立了由五大体系组成的衡量中国城市化进程的指标体系。这些指标以及由这些指标形成的体系，力求具备：

1. 内部逻辑清晰、合理、自恰；
2. 简捷、易取，所代表的信息量大；
3. 权威、通用，可以在统一基础上进行宏观对比；
4. 层次分明，具有严密的等级系统并在不同层次上进行时间和空间排序；
5. 具有理论依据或统计规律的权重分配、评分度量和排序规则。

衡量中国城市发展总体能力的指标体系构成了一个庞大的和严密的定量式大纲，依据各个指标的表现和位置，既可以分析、比较、判别和评价中国城市发展的状态、进程和总体态势，又可以还原、复制、模拟、预测中国城市发展的未来演化、方案预选和监测预警。它应当成为决策者、管理者和社会公众认识和把握中国城市发展的基本工具。

三　中国城市发展的指标体系设计

中国城市发展指标体系的设计依据，是提取城市结构与功能中反映城市系统整体变化和运行轨迹的本质要素，追索其动态发展与变化的集聚点、发散点、突变点、转折点、波动点等的行为，由此对城市发展作出评价和度量。

在西纳索为法国著名学者弗朗索瓦·佩鲁《新发展观》所作的序言中，引入了奥古斯特·孔德在19世纪所总结的名言："就其实质而言，发展这一术语对于确定人类究竟在什么地方实现真正的完美，有着难以估量的优势……"这里，显然把发展与进化有机地联系在一起。许多学者有着共同的感触，他们对发展问题（包括城市发展问题）的关注预示着经济学及其所应用的分析方法，将发生某种根本的变革。其中必须强调指出，只要一谈到发展，作为其行为主体的城市除了人之外似乎都不可能担当，这是一个以人的全面发展为主线的社会整体进化，它远远超过了"满足人类生存"这一简单的道德要求。由此出发，其合理的顺延就逐渐地形成了导致"城市发展指标体系"产生的源头。产生突破性认识的"城市发展"内涵度量，具有以下三个基本的特征，即这种新概念特别强调城市所具有"整体性"、"内生性"和"综合性"的含义。

所谓"整体性"是指这样的一种观点，即在城市系统各种因果关联的具体分析之中，不仅仅考虑人类生存与发展所面对的各种外部因素，而且还要考虑其内在关系中必须承认的各个方面的不协调。尤其对于一个城市或整个世界而言，发展的本质在于如何从整体观念上去协调各种不同利益集团、不同规模、不同层次、不同结构、不同功能的实体的发展。发展的总进程应如实地被看作是实现"妥协"（Compromise）的结果。所谓"内生性"，依照数学上的常规表达，是指描述城市系统内在关系和状态的方程组的各个依变量，这些变量的调控将影响行为的总体结果。在实际应用上，"内生"的概念常被认为是一个国家或城市的内部动力、内部潜力和内部的创造力，如其资源的储量与承载力、环境的容量与缓冲力、科技的水平与转化力等。所谓"综合性"，当然不是简单的叠加，它代表着涉及城市发展的各个要素之间的互相作用的组合。这种互相作用组合包含了各种关系（线性的与非线性的、确定的与随机的等）的层次思考、时序思考、空间思考与时空耦合思考。既要考虑内聚力，也要考虑排斥力；既要考虑增量，也要考虑减量，最终要把发展视作影响它的各种要素的关系"总矢量"。承认城市发展所具有的"整体性"、"内生性"与"综合性"的特质，将有助于我们去理解周围涉及发展的深层次因果分析。联合国教科文组织在20世纪70年代就把发展总结为："发展越来越被看作是社会灵魂的一种觉醒。"（UNESCO：《1977～1982中期规则》，第64页）而城市发展思想及其度量的生成，正是以上述发展概念的拓广为基础的。图11.1构建了中国城市发展战略设计系统的内涵抽象。

依照城市发展的内在规律和城市运行的本质体现，设计了有104项基础要素、19项状态要素、5大支持系统和最终集成的综合结果所组成的中国城市发展指标体系，分为总体层、系统层、状态层和要素层四个等级。通过层次分析的多级运算和权重阈值的时空判别，作为对中国城市发展进行基本评价、动态监测、合理调控、战略参考的工具。总体层：将表达中国城市发展的总体能力，它代表着宏观识别国家城市化战略实施的总体态势和总体效果，以及对于中国城市化战略实施动态调控的总体把握。系统层：依照城市系统的理论解释，将城市内部的逻辑关系和函数关系分别表达为：城市基础实力支持系统、城市竞争能力支持系统、城市社会安全能力支持系统、城市管理能力支持系统和城市可持续能力支持系统。状态层：在每一个划分的支持系统内、能够代表系统状态行为的关系结构。在某一时刻的起点，它们表现为静态的，随着时间的变化，它们呈现动态的特征。要素层：采用可测的、可比的、可以获得的要素及要素群，对系统状态层的数量表现、强度表现、速率表现给予直接的度量。本报告采用了 104 个“要素”或称“指标”，全面系统地对于城市系统进行了定量的描述，构成了指标体系的最基层的要素。

在已经建立的城市发展指标体系中，属于复合的、庞大的和具有理念性结构的体系，并不多见，整个世界总共不超过 4 个。而以系统理论和方法去构建的指标体系，除了中国的这套指标体系外，世界上还未发现有类似的研究。

以下我们列出中国城市发展指标体系的总体框架以及它们所包含的细目。

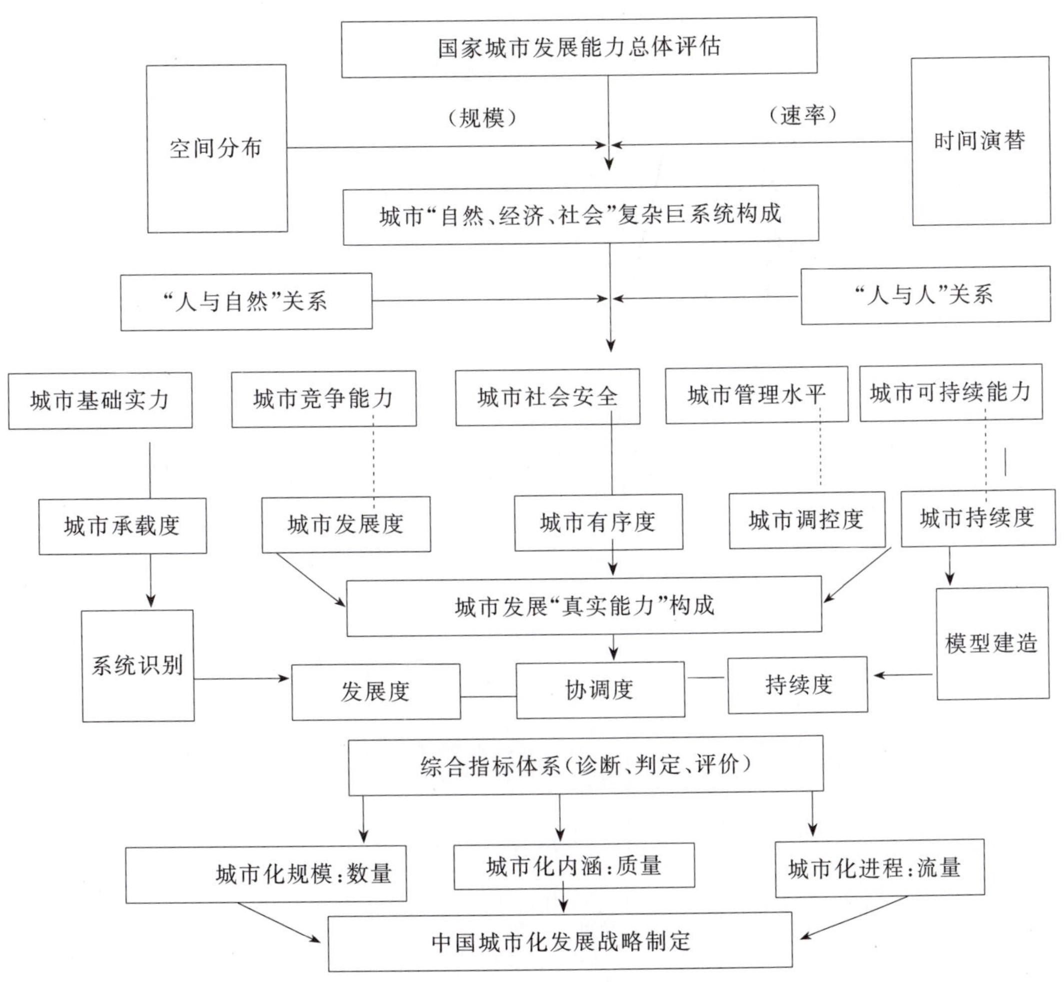

图 11.1　中国城市发展战略设计系统

四　中国城市发展指标体系

在建立城市发展总体识别的原则下，拟定了共 104 项要素组成的要素层。中国城市发展指标体系的结构如下：

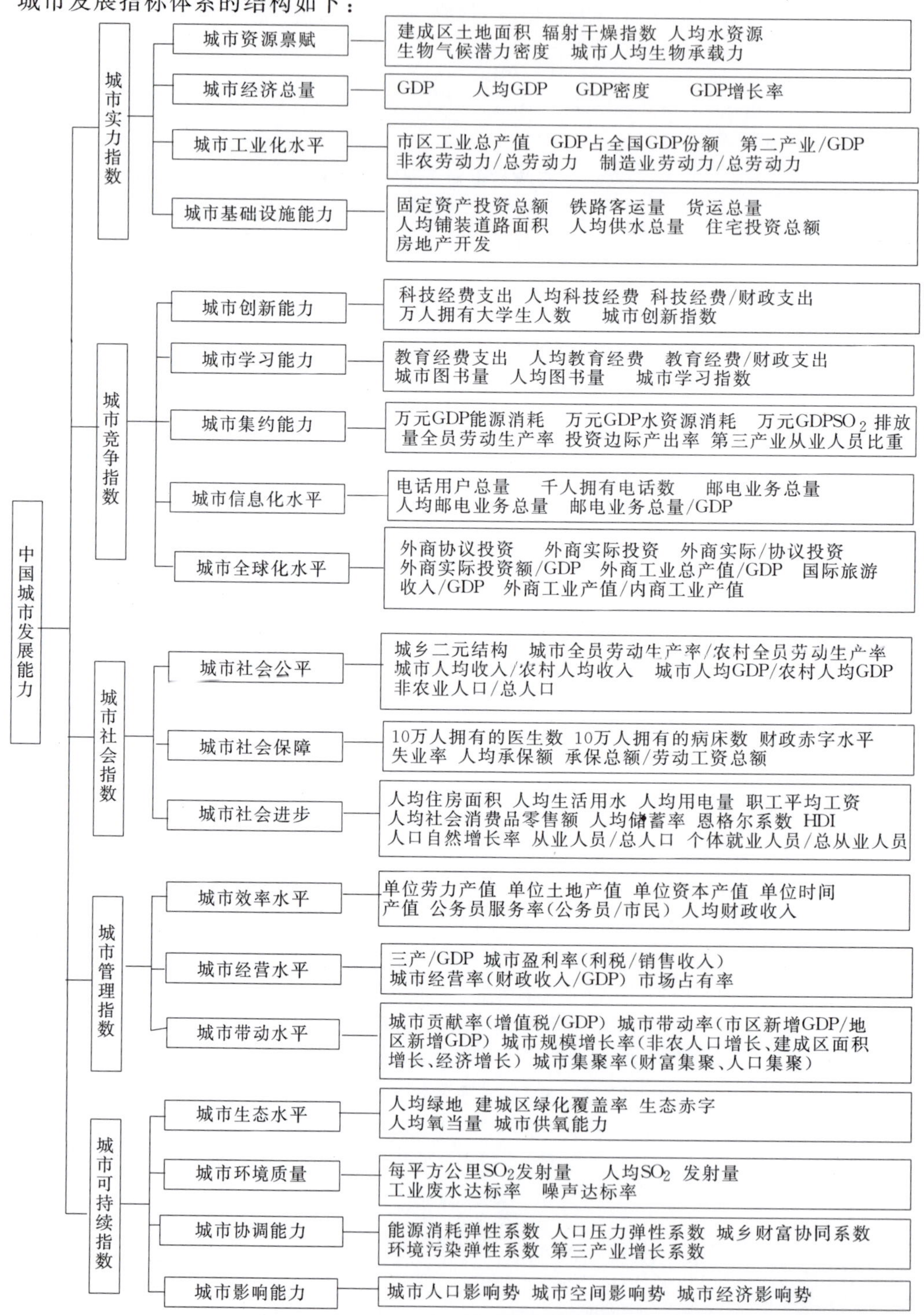

图 11.2　中国城市发展指标体系

中国城市发展能力指标体系(CUDC)

0　中国城市发展能力

0.1 城市实力指数

0.1.1 城市资源禀赋

0.1.1.1 建成区土地面积

0.1.1.2 辐射干燥指数

0.1.1.3 人均水资源

0.1.1.4 生物气候潜力密度

0.1.1.5 城市人均生物承载力

0.1.2 城市经济总量

0.1.2.1 GDP

0.1.2.2 人均 GDP

0.1.2.3 GDP 密度

0.1.2.4 GDP 增长率

0.1.3 城市工业化水平

0.1.3.1 市区工业总产值

0.1.3.2 GDP 占全国 GDP 份额

0.1.3.3 第二产业/GDP

0.1.3.4 非农劳动力/总劳动力

0.1.3.5 制造业劳动力/总劳动力

0.1.4 城市基础设施能力

0.1.4.1 固定资产投资总额

0.1.4.2 铁路客运量

0.1.4.3 货运总量

0.1.4.4 人均铺装道路面积

0.1.4.5 人均供水总量

0.1.4.6 住宅投资总额

0.1.4.7 房地产开发

0.2 城市竞争力指数

0.2.1 城市创新能力

0.2.1.1 科技经费支出

0.2.1.2 人均科技经费

0.2.1.3 科技经费/财政支出

0.2.1.4 万人拥有大学生人数

0.2.1.5 城市创新指数

0.2.2 城市学习能力

0.2.2.1 教育经费支出
0.2.2.2 人均教育经费
0.2.2.3 教育经费/财政支出
0.2.2.4 城市图书量
0.2.2.5 人均图书量
0.2.2.6 城市学习指数
0.2.3 城市集约能力
0.2.3.1 万元 GDP 能源消耗
0.2.3.2 万元 GDP 水资源消耗
0.2.3.3 万元 GDPSO_2 排放量
0.2.3.4 全员劳动生产率
0.2.3.5 投资边际产出率
0.2.3.6 第三产业从业人员比重
0.2.4 城市信息化水平
0.2.4.1 电话用户总量
0.2.4.2 千人拥有电话数
0.2.4.3 邮电业务总量
0.2.4.4 人均邮电业务总量
0.2.4.5 邮电业务总量/GDP
0.2.5 城市全球化水平
0.2.5.1 外商协议投资
0.2.5.2 外商实际投资
0.2.5.3 外商实际/协议投资
0.2.5.4 外商实际投资额/GDP
0.2.5.5 外商工业总产值/GDP
0.2.5.6 国际旅游收入/GDP
0.2.5.7 外商工业产值/内商工业产值

0.3 城市社会指数

0.3.1 城市社会公平
0.3.1.1 城乡二元结构率
0.3.1.2 城市全员劳动生产率/农村全员劳动生产率
0.3.1.3 城市人均收入/农村人均收入
0.3.1.4 城市人均 GDP/农村人均 GDP
0.3.1.5 非农人口/总人口
0.3.2 城市社会保障
0.3.2.1 10 万人拥有的医生数
0.3.2.2 10 万人拥有的病床数
0.3.2.3 财政赤字水平
0.3.2.4 失业率
0.3.2.5 人均承保额

0.3.2.6 承保总额/劳动工资总额

0.3.3 城市社会进步

0.3.3.1 人均住房面积

0.3.3.2 人均生活用水

0.3.3.3 人均用电量

0.3.3.4 职工平均工资

0.3.3.5 人均社会消费品零售额

0.3.3.6 人均储蓄率

0.3.3.7 恩格尔系数

0.3.3.8 HDI

0.3.3.9 人口自然增长率

0.3.3.10 从业人员/总人口

0.3.3.11 个体就业人员/总从业人员

0.4 城市管理指数

0.4.1 城市效率水平

0.4.1.1 单位劳力产值

0.4.1.2 单位土地产值

0.4.1.3 单位资本产值

0.4.1.4 单位时间产值

0.4.1.5 公务员服务率(公务员/市民)

0.4.1.6 人均财政收入

0.4.2 城市经营水平

0.4.2.1 三产/GDP

0.4.2.2 城市盈利率(利税/销售收入)

0.4.2.3 城市经营率(财政收入/GDP)

0.4.2.4 市场占有率

0.4.3 城市带动水平

0.4.3.1 城市贡献率(增值税/GDP)

0.4.3.2 城市带动率(市区新增 GDP/地区新增 GDP)

0.4.3.3 城市规模增长率(非农人口增长、建成区面积增长、经济增长)

0.4.3.4 城市集聚率(财富集聚、人口集聚)

0.5 城市可持续指数

0.5.1 城市生态水平

0.5.1.1 人均绿地

0.5.1.2 建城区绿化覆盖率

0.5.1.3 生态赤字

0.5.1.4 人均氧当量

0.5.1.5 城市供氧能力

0.5.2 城市环境质量

0.5.2.1 每平方公里 SO_2 发射量
0.5.2.2 人均 SO_2 发射量
0.5.2.3 工业废水达标率
0.5.2.4 噪声达标率
0.5.3 城市协调能力
0.5.3.1 能源消耗弹性系数
0.5.3.2 人口压力弹性系数
0.5.3.3 城乡财富协同系数
0.5.3.4 环境污染弹性系数
0.5.3.5 第三产业增长系数
0.5.4 城市影响能力
0.5.4.1 城市人口影响势
0.5.4.2 城市空间影响势
0.5.4.3 城市经济影响势

第十二章　中国城市基础实力指数

一　城市基础实力的内涵界定

城市基础实力强调从城市总体规模和综合实力上反映城市的发展基础。它是城市综合发展能力的发展基底，也是反映城市经济发展水平和城市经济运行健康程度的一种间接度量。一般说来，城市只有在其基础总量达到一定的额度和水平之后，才可能获得相应的规模收益，城市的功能才能逐步地健全起来。城市基础实力越强，表明城市进一步发展的基础越雄厚，城市"起飞"的力度和速度也就越强大。所以城市的基础实力分析是评定、刻画城市整体发展能力的前提和基点。

二　城市基础实力的构成

城市基础实力就其本身来说，可以由四大部分即城市资源禀赋、城市经济总量、城市工业化水平和城市基础设施能力来表征。

城市资源禀赋：即城市所在地区各类资源的赋存条件，反映出城市资源的丰裕程度，它为城市提供了发展的空间和物质基础。城市资源的存量状况可以直接或间接地影响城市的发展成本，进而影响到城市的发展质量和效益。资源赋存数量丰富和组合匹配状况良好的城市，其发展成本就低，城市建设克服自然障碍的难度就小，也就越容易促进城市的发展。反之，则不利于城市的发展。有鉴于此，我们采用了建成区土地面积（既反映城市的空间规模，又反映了城市的土地资源状况）、辐射干燥指数（反映城市气候状况）、人均水资源（既反映城市水资源存量状况，又反映了水资源对现有城市人口的满足程度）、生物气候潜力（反映城市区域生物资源的大小）和人均生物气候承载力（反映城市地区的生物量对城市地区人口的潜在支持能力）五个指标。这五个方面主要从土地资源、水资源、生物资源、气候资源的角度，揭示城市所处的自然状况和自然资源条件。

城市经济总量：是对城市经济发展水平的总体度量和反映，主要体现城市的"库量"，它成了城市实力的主体部分。城市经济规模越大，城市越有可能从规模经济中受益。衡量城市的经济总量指标主要包括：GDP 总量（经济规模的绝对量指标）、人均 GDP（经济的相对规模）、GDP 密度（反映财富的聚集程度，同时也反映了财富的空间分布状况）、GDP 增长率（反映经济运行的活力）。

城市工业化水平：城市的产业结构是反映城市经济发展水平的主要指标。一般来说，随着经济的发展，产业结构出现高度化趋势，即农业在国民经济中所占的份额越来越小。产业结构的合理程度也会对经济的发展水平和发展质量产生重要影响。

我们主要选取城市的工业化水平来表达。反映城市工业化发展水平的主要指标有：市区工业总产值（工业发展的绝对规模）、GDP 占全国 GDP 份额、第二产业增加值占 GDP 的比例（反映工业在城市国民经济中的相对地位）、非农劳动力占总劳动力的比例（反映劳动力在非农产业中的分布）和制造业中的劳动力占总劳动力的比例（反映劳动力在工业的核心——制造业中的分布状况）。工业化水平的衡量主要集中在工业产值和就业两方面。

城市基础设施能力：这是城市赖以生存和发展的物质基础。城市基础设施的存量状况、设施能力、设施的完备程度，是城市功能得以有效发挥、城市经济得以健康维持的前提。而在现实中，基础设施的发展滞后或基础设施的存量不足往往成为城市发展强有力的制约因素。我们选用如下指标衡量城市的基础设施存量和能力：固定资产投资总额（反映对固定资产投资包括基础设施投资的总规模）、铁路客运量（反映铁路运输旅客的集散能力）、货运总量（反映整个地区交通整体运营能力）、人均铺装道路面积（是城市基础设施的主要指标之一，反映城市道路的存量状况，也在一定程度上反映城市的流通状况）、人均供水总量（是城市的基础设施之一，反映城市对居民生活和生产活动的供水能力）、住宅投资总额（反映对城市居住条件进行改善的投资规模）、房地产开发（是衡量城市经济景气状况的一个指标，也在一定程度上反映城市的商品房市场的需求状况）。

三　城市基础实力分项评估

1. 城市资源禀赋评价

将构成城市资源禀赋的 5 个要素进行无量纲化汇总，在本报告所列的 50 个代表城市中，统计分析的结果表明：上海位居全国 50 个城市之首，为 33.85，银川居第 50 位，只有 0.44，前者是后者的 77 倍。其中居前 10 名的为上海、深圳、广州、北京、武汉、杭州、重庆、天津、珠海、大庆，城市资源禀赋得分平均为 20.30；居后 10 名的为唐山、北海、秦皇岛、连云港、呼和浩特、兰州、包头、威海、西宁、银川，城市资源禀赋得分平均为 2.57，城市资源禀赋得分前 10 名的平均水平是后 10 名 8 倍左右，这说明了在全国 50 个主要城市中，城市资源赋存状况的差异很大。

根据评价的结果我们将 50 个城市按照城市资源禀赋得分进行分级：

资源禀赋优越（城市资源禀赋得分排名前 5 位）：分别是上海、深圳、广州、北京、武汉，其资源禀赋平均为 28.66；

资源禀赋较优越（城市资源禀赋得分排名第 6～15 位）：分别是杭州、重庆、天津、珠海、大庆、南京、成都、福州、长沙、沈阳，其资源禀赋平均为 10.36；

资源禀赋中等（城市资源禀赋得分排名第 16～35 位）：分别是宁波、厦门、昆明、南宁、乌鲁木齐、济南、苏州、大连、温州、青岛、无锡、湛江、哈尔滨、南昌、西安、贵阳、长春、海口、郑州、合肥，其资源禀赋平均为 8.14；

资源禀赋较劣（城市资源禀赋得分排名第 36～45 位），分别是石家庄、太原、汕头、南通、烟台、唐山、北海、秦皇岛、连云港、呼和浩特，其资源禀赋平均为 3.45；

资源禀赋劣（城市资源禀赋得分排名第 46～50 位），分别是兰州、包头、威海、西宁、银川，其资源禀赋平均为 1.99。

从全国50个城市的平均状况而言，其城市资源禀赋得分平均为8.27，而处于城市资源禀赋得分较为优越的区间。城市分级之间的比较见图12.1。

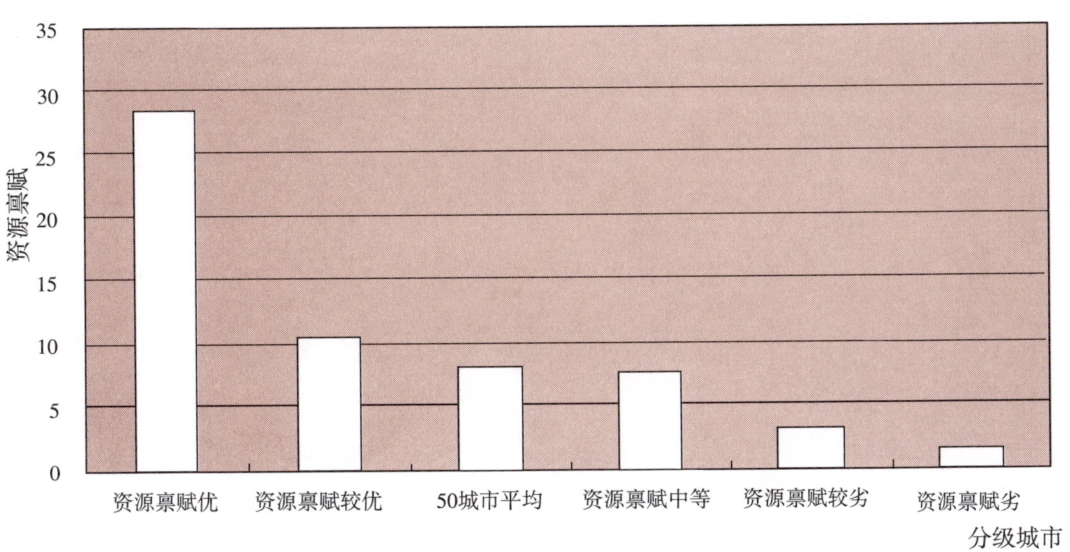

图12.1 城市资源禀赋分级比较图

2. 城市经济总量评价

将表征城市经济总量的指标进行无量纲化汇总，结果表明：在全国50个城市中，上海经济总量得分48.37，遥居榜首，银川以0.39分位居全国末尾，两者差距100余倍。位居全国前10名的城市有上海、深圳、广州、北京、杭州、无锡、天津、苏州、南京、宁波，经济总量得分平均为16.06；烟台、北海、威海、贵阳、呼和浩特、西宁、湛江、连云港、包头、银川处于后10名，经济总量平均得分只有0.75，前10名是后10名的20余倍，这说明50个城市经济总量存在很大的差距。

根据经济总量得分，将50个城市分级如下：

经济总量大(经济总量得分排名前5位)：包括上海、深圳、广州、北京、杭州，经济总量平均得分24.89；

经济总量较大(经济总量得分排名第6～15位)：无锡、天津、苏州、南京、宁波、成都、长沙、石家庄、大连、青岛，经济总量平均得分6.37；

经济总量中等(经济总量得分排名第16～35位)：大庆、沈阳、武汉、福州、济南、哈尔滨、厦门、珠海、合肥、郑州、南昌、西安、海口、南通、秦皇岛、温州、重庆、长春、昆明、汕头，经济总量平均得分2.93；

经济总量较小(经济总量得分排名第36～45位)：太原、唐山、乌鲁木齐、兰州、南宁、烟台、北海、威海、贵阳、呼和浩特，经济总量平均得分1.17；

经济总量小(经济总量得分排名第46～50位)：西宁、湛江、连云港、包头、银川，经济总量平均得分0.55。

全国50个城市的经济总量平均水平为5.22，处于经济总量较大范围之列。

从经济总量的分级状况来看，经济总量大的城市其平均水平与经济总量较大的城市平均水平之间存在着明显的梯度，前者是后者的4倍左右，并且是经济总量较小城市平均水平的20倍左右，而经济总量较大的城市的平均水平则仅为经济总量中等城市平均水平的2倍多一点。（见图12.2所示）

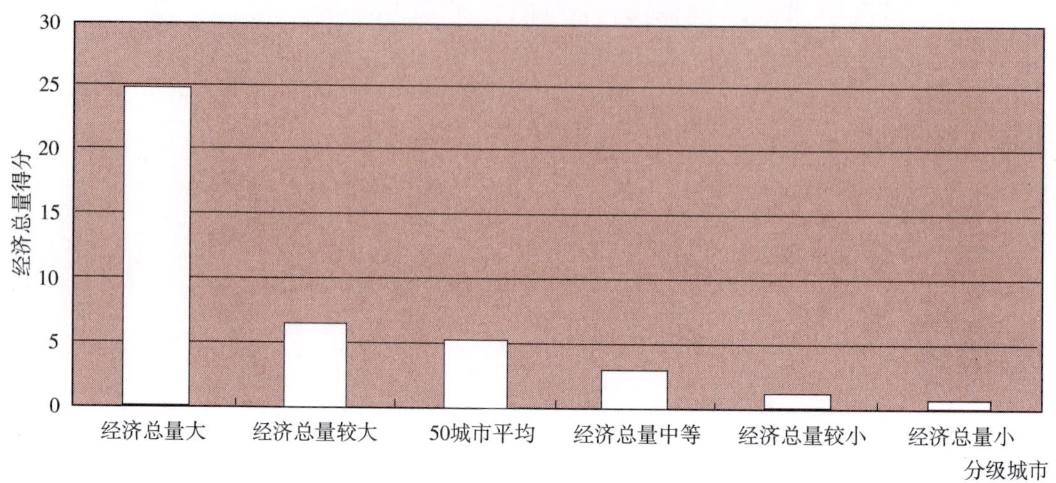

图12.2　城市经济总量分级图

3. 城市工业化水平评价

城市工业化水平的汇总结果表明：在全国50个城市的排行榜中，上海市以61.34的得分高居第一位，而北海的工业化水平的得分只有0.21，两者相差近300倍。其中，上海、北京、深圳、广州、天津、南京、杭州、青岛、武汉、沈阳位于前10名，城市工业化水平平均得分22.76；湛江、南宁、威海、呼和浩特、银川、汕头、连云港、海口、西宁、北海排在后10名，平均得分为2.79，前10名是后10名的10倍左右，说明城市之间工业化水平的程度也差距较大。

根据工业化水平得分，把50个城市分为如下几级：

城市工业化水平高（城市工业化水平得分排名前5位）：有上海、北京、深圳、广州、天津5个城市，工业化水平平均得分33.05；

城市工业化水平较高（城市工业化水平得分排名第6～15位）：有南京、杭州、青岛、武汉、沈阳、大连、大庆、成都、宁波、重庆等10个城市，工业化水平平均得分10.23；

城市工业化水平一般（城市工业化水平得分排名第16～35位）：有西安、苏州、无锡、厦门、福州、石家庄、济南、长春、哈尔滨、珠海、长沙、太原、昆明、郑州、南昌、合肥、温州、南通、唐山、兰州等20个城市，工业化水平平均得分7.18；

城市工业化水平较低（城市工业化水平得分排名第36～45位）：有乌鲁木齐、包头、秦皇岛、贵阳、烟台、湛江、南宁、威海、呼和浩特、银川等10个城市，工业化水平平均得分3.98；

城市工业化水平低（城市工业化水平得分排名第46～50位）：有汕头、连云港、海口、西宁、北海等5个城市，工业化水平平均得分2.24。

全国 50 个城市平均工业化水平为 9.44，属于工业化水平较高一级。

各分级之间的比较见图 12.3。

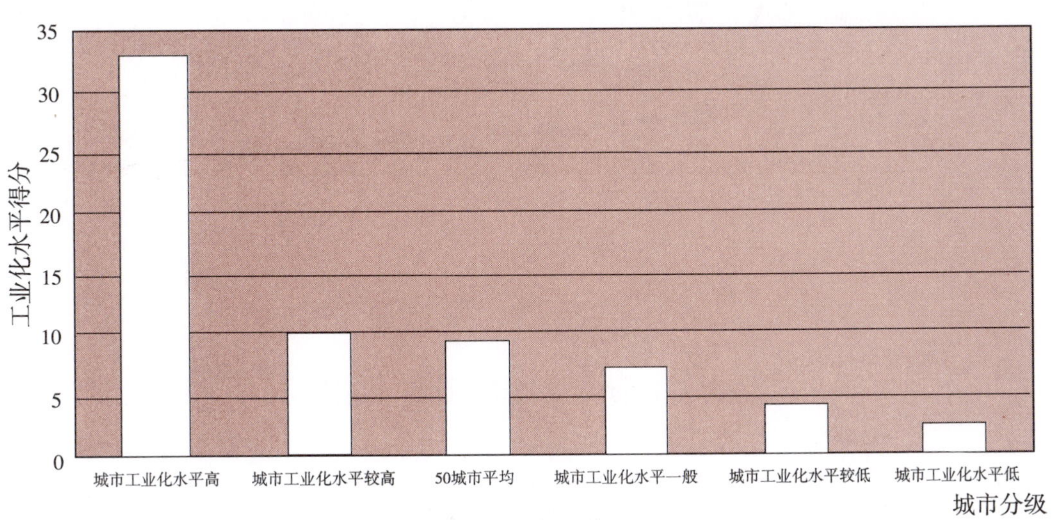

图 12.3　城市工业化水平分级图

4. 城市基础设施能力评价

城市基础设施能力评价结果显示：上海、北京、广州、深圳基础设施能力高居全国前 4 名，分别得分为 58.91、45.93、27.38、20.21，其中上海的基础设施能力是深圳的 2 倍多，这 4 个城市基础设施能力的平均得分为 38.08；威海、湛江、西宁、北海四个城市位居全国后 4 名，其基础设施能力平均为 0.50，前者是后者的近 80 倍。

按照基础设施能力得分分级如下：

基础设施能力强（基础设施能力得分排名前 5 位）：包括上海、北京、广州、深圳、天津，基础设施能力平均得分 32.42；

基础设施能力较强（基础设施能力得分排名第 6～15 位）：包括杭州、南京、武汉、成都、大庆、重庆、沈阳、宁波、青岛、大连，基础设施能力平均得分 6.23；

基础设施能力中等（基础设施能力得分排名第 16～35 位）：包括珠海、苏州、长沙、福州、济南、厦门、石家庄、西安、哈尔滨、昆明、长春、郑州、温州、南昌、乌鲁木齐、合肥、太原、南宁、南通，基础设施能力平均得分 3.47；

基础设施能力较弱（基础设施能力得分排名第 36～45 位）：包括唐山、秦皇岛、贵阳、海口、湛江、兰州、烟台、汕头、包头、呼和浩特，基础设施能力平均得分 2.59；

基础设施能力弱（基础设施能力得分排名第 46～50 位）：包括威海、连云港、西宁、北海、银川，基础设施能力平均得分 0.57。

全国 50 个城市的平均水平为 4.50，总体上处于基础设施能力较强之列。

各分级之间的基础设施能力平均水平差距较大。（见图 12.4）

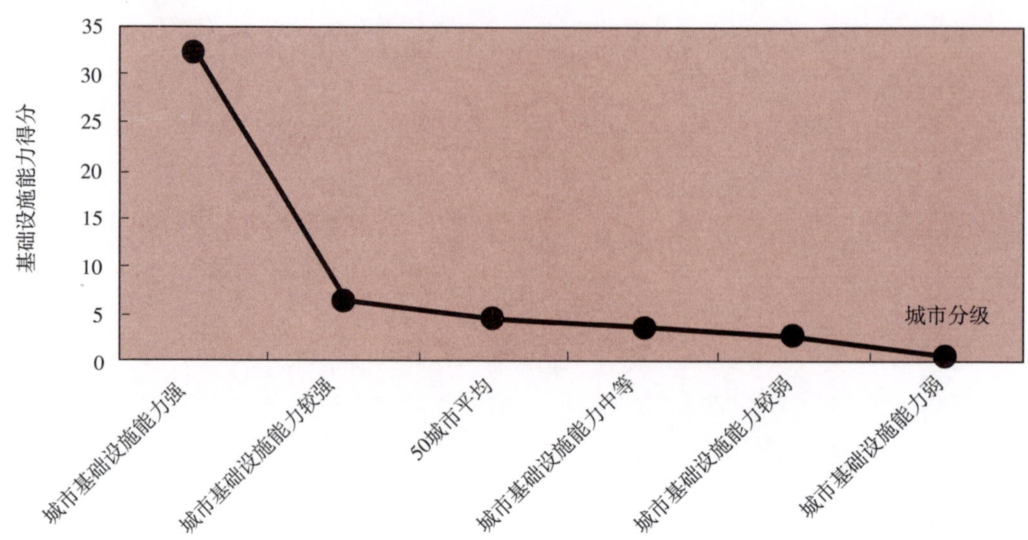

图 12.4　城市基础设施能力分级图

四　城市基础实力总体评估

在上述分项评价的基础上，我们对城市基础实力进行综合评估。结果表明：上海市基础实力居 50 个城市之首，得分为 50.59。北京以 30.95 的得分名列第二，是上海的 1/2 强。深圳第三，城市实力得分为 27.41，与北京接近。位于前 10 位的城市依次是上海、北京、深圳、广州、天津、杭州、南京、武汉、成都、大庆，平均得分为19.39；海口、秦皇岛、威海、湛江、包头、连云港、呼和浩特、西宁、北海、银川是名列后 10 位的城市，城市实力平均得分为 1.00，前者是后者的 19 倍。

按照城市基础实力综合得分把全国 50 个主要城市划分为如下几级：

城市基础实力很强（城市实力得分排名前 5 位）：包括的城市有：上海、北京、深圳、广州、天津，城市实力平均得分为 29.37；

城市基础实力强（城市实力得分排名第 6～15 位）：包括的城市有：杭州、南京、武汉、成都、大庆、重庆、沈阳、宁波、青岛、大连，城市实力平均得分为 8.27；

城市基础实力较强（城市实力得分排名第 16～35 位）：包括的城市有：无锡、珠海、苏州、长沙、福州、济南、厦门、石家庄、西安、哈尔滨、昆明、长春、郑州、温州、南昌、乌鲁木齐、合肥、太原、南宁、南通，城市实力平均得分为 6.43；

城市基础实力中等（城市实力得分排名第 36～45 位）：包括的城市有：唐山、秦皇岛、贵阳、海口、湛江、兰州、烟台、汕头、包头、呼和浩特，城市实力平均得分为 2.59；

城市基础实力弱（城市实力得分排名第 46～50 位）：包括的城市有：威海、连云港、西宁、北海、银川，城市实力平均得分为 1.47；

50 个城市基础实力平均为 7.18，总体上属于城市基础实力较强一级。除一级（城市基础实力很强）和二级（城市基础实力强）之间的差距较大外，其余级别之间的

得分差距不太大。(见图 12.5)

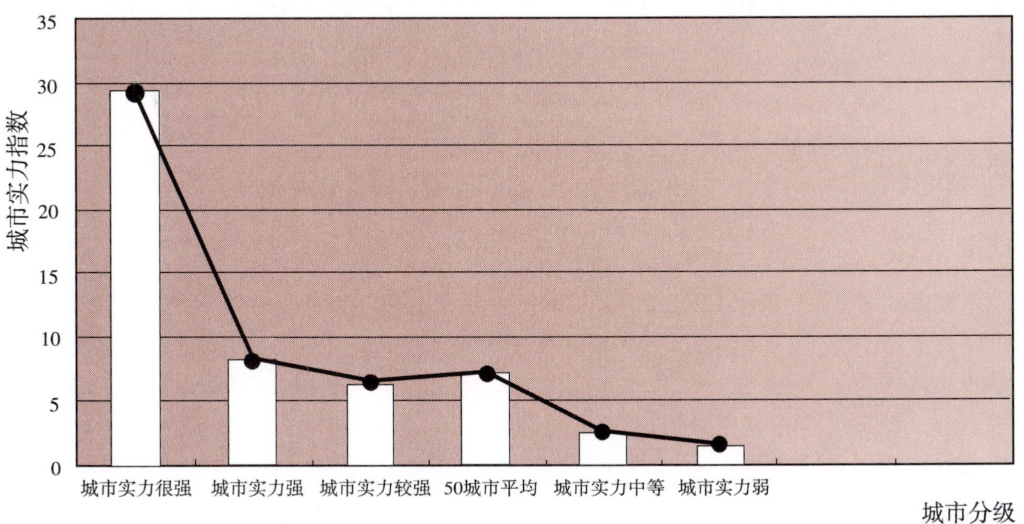

图 12.5　城市实力分级图

总之,通过对城市基础实力的评估,发现壮大城市基础实力的着力点主要应该放在结构调整和加强基础设施建设上。首先应加大结构调整的步伐,加速推进工业化进程,促进城市经济持续、快速地增长;加大基础设施建设的力度,特别是在当前内需不足的情况下,更凸现出投资基础设施的重要性,要保持基础设施建设的速度适当快于城市发展的总体速度,与城市所担负的职能相协调。

第十三章　中国城市竞争能力指数

一　城市竞争能力的内涵界定

城市竞争能力是指城市在国际化和市场化舞台上、在生产力要素的综合表达上、在提升生产力水平的动力培育上、在发展模式选择与制度创新上所表现出的比较优势和综合潜力。

城市竞争能力是城市综合发展能力的先导组成部分，同时也是城市发展的基本驱动力。如果说城市基础实力是城市综合发展的基础和起点，那么城市竞争能力则是城市发展的希望和动力，使得城市在发展进程中，立于不败之地。因此，作为城市发展的精髓，城市竞争能力的认识、评价与培育，对于城市的发展具有特别重要的意义。一个基础实力雄厚的城市，如果缺乏竞争力，它注定要落在竞争能力强劲的城市后面。

二　城市竞争能力的结构

城市竞争能力从其本质出发，可以抽象出“城市创新能力、城市学习能力、城市集约能力、城市信息化水平、城市全球化水平”五个方面的集合表征。

城市创新能力：主要是对城市科技水平的度量，是指城市高效地运用和整合科技资源并将其转化为新产品、新工艺、新服务的能力，亦即科技成果的产出能力。城市创新能力是城市保持其竞争力的有力武器和不竭动力，也是城市在发展过程中着力培育的领域和支撑点。由于统计资料的限制，我们主要从科技经费资源和科技人力资源两方面进行描述。其构成指标是：科技经费支出（或应用科技经费投入规模）、人均科技经费（科技经费的支持强度）、科技经费占财政支出的比例（反映城市财政对科技的支持力度）、万人拥有大学生数（反映科技人力资源水平）、城市创新指数（一个综合性指标）等。

城市学习能力：主要是指城市公民持续不断地学习新知识、接受新观念、容纳新思想的能力。21世纪是以知识的生产、传播和应用为基础的知识社会，经济和科技的竞争越来越围绕人才和知识的竞争展开。“终身学习”成为当今社会发展的必然趋势。教育作为担负知识创新、传播和应用的主要基地及培养创新人才的重要摇篮，正成为先导性、全局性、基础性的知识产业和关键的基础设施。正如江泽民主席在亚太经合组织人力资源能力建设高峰会议的开幕式上所倡导的“构筑终身教育体系，创建学习型社会”、“21世纪中国应该成为人人皆学之邦”，国内一些城市诸如大连市、青岛市也随之响应提出要建设学习型城市。一个城市如果拥有整体素质优良的公民，那么它就拥有了强大的智力支持和雄厚的人才储备。

注释专栏 13.1

昆山开发区的建设历程与经验

编者按：1985年江苏昆山自费创办全国第一个县级经济技术开发区，是一个奇迹，是一种创举，在全国引起了较大的反响。经过近二十年的建设，昆山市的经济社会发展取得了长足的进步，形成了电子信息、精密机械、民生用品等几大支柱产业，走出了一条成功的“昆山之路”。

昆山开发区的建设颇有典型意义。回顾其历史，总结其经验，对于其他地区，特别是对于西部地区实现中央十六大提出的全面建设小康社会的宏伟目标，有一定的借鉴作用。为此，我们组织了“昆山开发区的建设历程与经验”专题调研及史料征集活动。在征集史料的同时，我们与江苏省昆山市政协共同整理了这个资料，供参阅。

1985年初，昆山在市区东侧自费创办了一个经济技术开发区。1991年1月，江苏省人民政府将其列为省重点开发区。1992年8月，经国务院批准，成为国家级开发区。区域面积也从开始时的3.75平方公里扩展到28平方公里。2002年辖区面积达70多平方公里。十几年来，走出了一条独具特色的、成功的“昆山之路”。

自费开发　敢为人先

昆山是江苏省的“东大门”，位于上海和苏州之间，地处太湖流域阳澄淀泖地区，面积921平方公里，人口60万，曾是个传统的农业县。20世纪70年代末80年代初，农村实行家庭联产承包责任制以后，周围兄弟县乃至苏南地区各县积极调整产业结构，大力发展乡镇工业，经济面貌发生了很大变化。而昆山人却安于温饱有余，把一些投资合作者拒之门外，所谓“不当上海的殖民地”，失去了一次又一次机遇，经济发展明显落后，在当时苏州市所辖的6个县中，昆山被称为“小六子”。

严峻的现实使当时昆山县委、县政府（1989年撤县设市）的领导同志受到了很大的触动。他们去广东、福建沿海城市参观考察，到江阴、无锡、张家港等邻近兄弟县登门求教，找到了症结所在，形成了对策思路，1984年作出了“三个转移”的决策，即：从单一农业经济向农副工全面发展转移；从产品经济向有计划的商品经济转移；从内向型经济向开放型经济转移。

实行“三个转移”，重点是发展工业。而实施这一战略的重要载体，在于开辟一个工业开发区。昆山农副产品资源丰富，劳动力素质较好，特别是具有地理环境优越、水陆交通便捷、紧靠上海的优势。但由于历史的原因，昆山工业基础比较薄弱，缺乏发展工业经济所必需的人才、资金、技术、管理、信息等基本要素。在改革开放、搞活经济的大环境下，当时上海城市工业开始向外释放能量，正在寻找新的出路；内地"三线"军工企业，实行"军转民"生产，也在寻求向沿海地区扩展。昆山交通、区位优势得天独厚，只要主动配合，就能快速发展。

为此决定，在老城区东侧，划出3.75平方公里土地，自费创办工业开发区。开发区的功能定位是：资金以引进为主、项目以工业为主、产品以出口为主，致力于发展高新技术产业，带动全市经济向工业化和外向型迈进。开发区的具体目标任务是"一个中心，两个任务，三个目标"，即以发展现代工业为中心，以加强基础设施建设和项目开发为主要任务，以实现高水准开发、高效率办事、高质量服务为目标。1985年初，昆山开发区进入实质性启动阶段。

一个县自费兴办开发区，这在全国是一个创举。因为是创举，所以开发区建设刚刚起步，各种各样的困难和矛盾便接踵而来。县委、县政府借鉴沿海城市开发区的经验，从当地的实际出发，运用集体的智慧，依靠广大干部群众的共同努力，发扬自力更生、艰苦奋斗的精神，走出了一条自费开发的成功之路。

在开发建设中，县委、县政府十分重视规划的导向作用。1985年6月，在上海同济大学教授的指导下，制定了3.75平方公里的开发建设规划，提出了"富规划，穷开发"的方针。"富规划"，就是着眼长远，科学规划，力求设计新，功能全，配套齐，标准高；"穷开发"，就是勤俭节约，艰苦创业，不讲排场，不摆阔气，少花钱，多办事，办好事。新区总体规划要求，在1990年前完成"七通一平"，即通路、通电、通信、通给水、通排水、通煤气、通蒸气和土地平整。1986年10月，开发区面积扩大至6.18平方公里。1990年11月，昆山市委、市政府委托江苏省城乡规划设计院编制昆山市总体规划，开发区作为城市的一部分统一规划。1992年4月，开发区面积扩大到20平方公里，以后又逐步扩大至28平方公里、34平方公里。开发区管委会托上海市规划设计院对原规划进行深化、补充，随着开发区规模的扩大，规划也不断完善。实施过程中，既有原则性，又有灵活性。

依托老城区是昆山开发区的一大特点，一大优势。一般开发区都远离老城区，另起炉灶，不仅投资费用大，开发周期长，而且难以沟通老城与新区的内在联系，产生许多矛盾，带来种种不便。昆山开发区与老城区仅一路之隔，在开发建设中，实行"依托老城、开发新区"的方针。(1)用老城区的公共设施为新区办事。这样就不需要再搞全套生活设施，生产生活都很方便，既省钱，又省事。(2)用老城区的管理机构为新区办事，既减少了工作机构，又提高了办事效率。(3)用老城区的人才、技术和厂房支援新区，实行边开发建设，边联营办厂，边投入产出，充分利用时间差，抓住机遇，加快发展。(4)以老城区的商业、文化、教育、金融、信息和娱乐场所为新区所用，中外客商来开发区考察访问，洽谈项目，吃住都在老城区，进出也方便。(5)开发新区的同时加快老城改造，促进新区老区比翼双飞，整体推进，增强对外开放和经济发展的综合实力。

筹集资金从实际出发。开发区向地方财政暂借100万元作为启动资金。由于财力有限，采取了“滚动开发、逐步延伸”的方法，就是在服从总体规划的前提下，按照“三先三后”的顺序，突出重点，逐步推进。“三先三后”：一是先生产，后生活，先建生产区，后建生活区，先建生产用房，后建生活用房，企业建到哪里，水、电、气通到哪里。二是先向外，后向内，优先安排三资企业和国内联营企业。先外后内，以外促内。三是先上马，后完善。先集中力量把基础设施搞上去，尽快形成良好的投资环境，吸引中外客商进区办厂，逐步完善配套设施，把开发区的区位优势迅速转化为发展生产力的现实优势。为了解决财力不足的困难，县委、县政府从实际出发，先后提出了资金筹措的五条渠道：一是中外联营合资建设项目的土地开发费；二是开发区范围所有企业的城市维护税专款专用；三是开发区范围内住宅开发所获利润为小区外的大配套作贡献；四是水、电、通讯等项目投资，由各主管部门在收取的增容热扩费用中解决；五是综合开发筹集的资金用于开发区建设。由此走出一条公用事业实行企业化经营的路子，谁投资、谁得益，以水养水、以电养电，合理调整国家、地方和企业三者利益关系。当时开发区要增加两万吨自来水的供水量，水厂测算要投资300万元，县政府要他们自己投资，政府帮助向银行疏通贷款，结果只借了75万元，两万吨自来水就上去了，而且第二年就把贷款还清了。为了减少区内污染，开发区实行集中供蒸气。供电设施的投资由供电局和“三电办”解决，电信由邮电局负责。这样真正由开发区自己花钱的项目，主要是道路、桥梁和污水排放，大量减少了政府支出，降低了开发费用。

统一规划，分期征地。“国批”开发区，通常由国家拨款一次性征地，分期分批使用。1984年秋，县领导曾去邻近一个开发区实地考察，了解到他们一开始就把2.2平方公里土地征用了，并搬迁了农民，耗资6000余万元，可是只有一个玩具厂进开发区，大片土地长满了杂草。县委、县政府借鉴这一教训，实行统一规划、分期征地。土地使用到哪里，就征用到哪里，不搞提前征用，严禁征而不用。还规定规划区内暂时不用的土地，农民照常耕种，不许抛荒。这样既减轻了集中征地所需资金的负担，又缓解了土地被征用后农民工的安排，还充分发挥了现有土地的增产效能。县政府连续三次发文，规定对规划区内的农民房实行全面控制，原则上不许新建，以免增加拆迁费用。对农民户口实行冻结，规划区内原则上只出不进，以减轻安排劳动力的压力。对农民动迁房的安置，采用统一规划、分批建造、合理补偿的办法，严格把好政策关，既维护农民的切身利益，又不增加开发区的额外负担，有利于增强招商引资的竞争能力。

开发区的开发资金都是靠自筹解决，来之不易。县委、县政府提出，必须精打细算，节约使用，各项行政开支能省则省，尽量少用和不用。开发区指挥部成立时，没有任何仪式。办公地点起先设在城建局二楼会议室，后来搬到开发区简朴的平房内办公，只有十来个人，办公桌也是借来的。工作人员上下班都骑自行车，进餐没有食堂。当时整个开发区没有小轿车。建区初期，在拥有上万亩土地的区域内，搞规划测量时，工作人员背着经纬仪和花杆到处奔波，常常是晴天一身汗，雨天一身泥，基本没有星期天，没有一个人叫苦喊累。

1992年8月，昆山开发区经国务院批准成为国家级开发区以后，进区三资企业越来越多，对投资环境提出了新的要求。市委、市政府决定，加大基础设施建设力度，完善配套功能，建设城市新区。1995年11月，总投资1.7亿元的中外合资昆山调峰电力有限公司在开发区投产，装机容量为3万千瓦，电厂一次试机成功，保证了进区三资企业的用电需要。为开发区配套的20万吨自来水二厂和5万吨污水处理设备，先后于1992年6月和1995年9月投入运行。集中供热供气管网随着开发区的扩展不断延伸。与此同时，加强了社会事业设施建设。投资3000万元创办的国际学校，于1996年9月建成开学。开发区友谊医院于1998年投入使用。还建立了丽景花园等一批外商公寓，为居住在开发区的客商提供安全、文明、舒适的生活环境。1998年3月，位于沪宁高速公路出口处的沪苏口岸直通式货物进出口分流中心投入运行，使昆山开发区拥有了口岸功能，方便了区内外企业办理进出口业务。

为适应形势发展的需要，从2000年起，开发区大力营造综合环境新优势，加大基础设施和环境建设力度，加快重点基础性、功能性项目建设。当年投入资金2.1亿元，2001年增加到6亿元，2002年达到10.1亿元。截至2002年，开发区累计投入资金40多亿元，用于交通、能源、电信等基础设施建设。建造桥梁55座，新筑道路106公里，与312国道、沪宁高速公路、虹桥国际机场路、沪宁铁路线相连接。做到集中供热供气，区内没有烟囱，气化率78%。铺设排水管152公里，污水管线13.4公里，绿化488万平方米，绿化率41%。饮用水达到国家二级水标准。日供电能力超过66万千瓦时，日供水能力超过50万吨，日供燃气2.28万立方米，“七通一平”面积超过30平方公里。通过了ISO14001环境管理体系认证。构筑了一个设施配套、功能完善、投资环境不断优化的现代工业区。

2002年，开发区完成国内生产总值180亿元，工业产值535亿元，自营出口35亿元，财政收入22亿元，年递增率分别为30%、31%、32%和30%。

招商引资　抓好项目

资金投下去了，基础设施上去了，其效益的回报、活力的显现，关键在于项目的引进和建设。县委、县政府和开发区视项目开发为生命线，把招商引资放在工作的首位。

80年代初，县委、县政府提出了“东依上海、西托‘三线’、内联乡镇、面向全国、走向世界”的发展横向经济联合的思路。开发区建立后，主动到上海寻找联营合作伙伴。生产金星牌电视机的上海电视一厂是第一个来开发区落户的内联企业。最初上海厂长只带来30万元资金，而且提出了一次性技术转让费15万元和每生产一台电视机要11元商标费的条件，开发区全部应允。1985年4月，开发区投资总公司与上海金星电视机厂达成联营协议，总投资600万元，向银行贷款480万元，筹建新厂。5月初破土动工，总建筑面积7000平方米，主厂房于10月建成，当年生产金星牌黑白电视机21570台，销售收入862万元，盈利73.6万元，做到当年谈判，当年投产，当年见效。上海的同志感慨地说，在上海盖这么多房子，光盖图章就要大半年，而这里从设计到竣工只用了6个月。办厂3年，这家企业就全部收回了投资。

1985年5月机电部所属"三线"军工企业897厂与昆山无线电专用设备厂达成企业联营协议，建立昆山万平电子实业公司，生产以出口外销为主的各种规格的薄膜介质可变电容器、微调电容器、真空开关管、拉杆天线等产品。到1994年，这家企业发展成为拥有8个"万"字头成员企业的集团型公司。8个成员企业共有固定资产6200万元，其中内联企业4家，总资产3500万元，中外合资企业4家，总资产500万美元。企业以产品为核心，内联外引，联外促内，把工厂与国际市场联结起来，逐步形成生产基地一企业窗口一国际市场三点一线的企业经营新格局。

引进一个，带来一批。昆山开发区很快成为上海产品的扩散地，"三线"军工企业的聚集点。在以后的短短几年里，又先后引来了航天部所属贵阳风华冰箱厂、湖北黄石纺机厂、四川红岩汽车厂、陕西汉江机床厂、贵州虹山轴承厂、江西景华电子器件厂等一批企业，通过互惠互利，优势互补，迈出了开发区发展内资工业企业的坚实步伐，有的与外资企业合资合作，成为吸纳外资的重要载体。

来昆山开发区投资的第一位外商，是日本苏旺你株式会社社长三好锐郎先生。这位老人怀着到海外投资的初衷，于1984年秋天来到中国，在长江三角洲一带考察了几个地方，有的路太远，有的不热情，难以寻觅到一个理想的投资场所。到了昆山，感到这里既有地理位置和投资环境的优势，又有良好服务和真诚合作意愿，当即拍板与中方合作创办中国苏旺你有限公司，总投资150万美元，其中日方出资52%，昆山轻工业公司出资33%，中国银行出资15%。1985年2月16日，这个江苏省第一家县(市)办中外合资企业建成投产。到1992年底，生产各类高档工艺、装饰、日用手套1000多万双，产品全部出口外销，累计创汇2761万美元，缴纳税金107万元，盈利1017万元。早已收回了全部投资。1985年4月，三好锐郎先生介绍他的朋友八木敬治来昆山开发区实地考察，与县轻工业公司签订了合资建立昆山赛露达有限公司的意向，总投资185万美元，中日双方各占50%，主要生产聚氨脂泡沫塑料，于1986年5月建成投产。1988年8月，日本苏旺你株式会社又投资135万美元，在开发区创办了全省第一家独资企业，经营数年效果明显。

最早落户昆山开发区的台资企业是顺昌纺织有限公司。这家公司的总经理陈吉成，1989年到昆山考察，当年就决定在开发区投资。当时台资在大陆投资困难很多。陈吉成和他的五六个合伙人，先在香港注册公司，再由香港的公司来投资。顺昌进来不久，顺隆、顺丰、顺进、顺发一串“顺”字号台资企业先后诞生了。“顺”字企业的台商们又介绍了一大批其他台企落户昆山。

1992年沪士电子（昆山）有限公司的到来。可以说是昆山开发区发展台资企业的新起点。1991年9月，台湾楠梓电子公司的董事长吴礼淦到了上海，有人提到昆山。吴董事长抱着一线希望来到了昆山，受到热情接待。很快决定投资2900万美元，兴办年产30万平方尺的电路板生产企业——沪士电子（昆山）有限公司，于1995年10月正式建成投产。沪士落户昆山的信息不胫而走，很多台商将信将疑。吴礼淦积极奔走于昆山与台湾之间，亲自陪着朋友实地考察昆山。现在，昆山开发区已成了台资企业投资的热点。

欧美企业于80年代末90年代初陆续进入昆山开发区。1994年2月，由世界著名化工企业瑞士汽巴——嘉基有限公司与江苏农用化学有限公司合资的江苏诺华农化有限公司成立，总投资3000万美元，注册资金1200万美元，后注册资金增至2400万美元。1994年3月。荷兰包杜仁有限公司独资开办的利乐包装（昆山）有限公司注册昆山开发区，总投资2950万美元，主要生产销售液体包装材料及制品。1994年5月，新加坡鹰讯科技股份有限公司投资的四海电子（昆山）有限公司批准建立，总投资2500万美元，主要生产销售信用查证卡、印表机、收银机、电话机等交易自动化系统。1994年6月，处于世界领先地位的压敏商标材料制造厂美国艾利有限公司在昆山开发区独资兴办艾利（中国）有限公司，总投资3000万美元。1994年9月，法国阿尔卡有限公司与邮电部所属景德镇通讯装备厂合资创办昆山凯特通讯设备有限公司，总投资1799万美元，主要生产销售光配线架、电缆交接箱等电子资讯配套产品。1995年12月，投资2750万美元的丹麦尼斯克（中国）有限公司建立。至2002年底，共有300多家欧美日资企业落户昆山开发区。

2000年6月2日，台湾南亚塑胶工业股份有限公司与昆山经济技术开发区在台湾高雄签订112万平方米土地使用权有偿出让合同，标志着昆山开发区的招商引资、项目开发有了新的突破。南亚塑胶工业股份有限公司隶属台湾著名实业家王永庆先生创办的台湾关系企业。这家企业拥有台塑、南亚、台化三大集团，为台湾规模最大的民营企业。南亚塑胶工业股份有限公司在昆山开发区建设的是电子材料垂直整合项目，生产玻璃纤维—玻纤布—环氧树脂—铜箔—铜箔基板—印刷线路板等系列电子材料。南亚整个项目占地1680亩，总建筑面积86万平方米，首期投资7亿美元，建立南亚电子（昆山）有限公司等7家企业。开发区管委会专门成立了南亚基础设施建设办公室，配合南亚公司搞好“五通一平”和企业开工建设的前期准备，取得了明显成效。2002年1月，台湾关系企业董事长王永庆携夫人，来昆山开发区考察，对南亚项目规划建设情况表示满意，10月又投资7亿美元，上了第二期工程。至此，南亚在昆山开发区的总投资已达到14亿美元。

在招商引资中，昆山开发区以创新的精神，采取多种形式，招来海内外投资者。一是以地招商。1988年8月，经江苏省人民政府批准，昆山开发区率先进行土地使用制度改革和以地招商试点。至2002年，累计有偿出让土地472宗、1883万平方米，获得出让金34.6亿元，不仅缓解了开发区建设资金不足的困难，而且扩大了招商引资的渠道。二是以商招商。就是引进一家外商以后，通过优质服务，使其获得成功，"以外引外、以台引台"，又引来一批外资企业。"办好一家外资企业，是一本最好的投资指南"，这是昆山开发区最成功、最有效的引资方法。三是主题招商。就是根据开发区的产业发展方向，确定招商主题，精心包装，有目的地开展招商活动，吸引各国投资者。四是组合招商。就是以开发区为主体，与乡镇工业配套小区联动，集中一段时间，组织以招商引资为内容的系列活动，形成一定的势头和高潮，逐个落实。五是网络招商。就是通过在海内外设立招商网络，借助中介机构或中方代理人构建招商网络、运用因特网发布信息等方法，广泛开展网络招商活动。六是招智引商。就是把招商引资与招才引智紧密结合起来，通过引进海外人才带来项目、资金和技术，扩大招商引资的领域和范围。昆山留学人员创业园采用这一方法，引来了30多个项目。

经过十几年的招商引资，截至2002年底，昆山开发区累计批准外资项目931个，总投资88.97亿美元，其中千万美元以上的大项目222个，合同外资金额84.88亿美元，实际到账资金35.07亿美元。引进项目呈地域广、规模大、独资多、层次高、技术新的特点。来开发区投资合作的有欧美、日本、韩国以及香港、台湾等36个国家和地区。进区项目平均投资规模955万美元，独资项目717个，高技术项目占总数的34%，开工投产三资企业413家，形成了电子信息、精密机械、民生用品三大支柱产业。开发区内1500家内、外资企业，共吸纳员工17万多人，安置了一批企业富余人员和下岗待业职工，为社会稳定作出了大贡献。

优质服务　诚信规范

昆山开发区初创阶段，既没有优惠政策，又缺乏经济实力，知名度也不高。从这个实际出发，开发区明确提出要以优质服务取胜，特别注重办事节奏快，工作效率高，服务态度好，做到"三个一"：一站式管理、一条龙服务、重要项目的服务一个人顶上去。开发区建立了联合办公制度，对项目审批、土地征用、工程建设、水电供应、职工招聘、工商登记、银行开户实行一条龙服务。成功地吸引了许多外商。1990年夏季，日本丰田公司和台湾六和公司联合到中国大陆考察，到了厦门、沈阳、大连、上海、北京等地，负责考察打分的廖政景先生到国务院特区办公室听取意见，特区办的同志建议他们到昆山看看。廖政景先生和他的考察小组在昆山受到了开发区的热情接待。他们对所到之处进行了全方位比较，打分的结果是昆山第一，特别认为投资软环境有明显的优势。六丰机械工业有限公司就这样在昆山开发区安了家。一期工程从批租土地到厂房建成、安装设备、产品出口，只用了9个月。以后又两次增资至6720万美元。2002年这家公司生产的各种铝合金轮圈达到360多万个，全年销售收入8亿多元，利税13884万元。在六丰利好的影响下，丰田公司出资3000万美元，在昆山开发区兴办了一家占地10万平方米的丰田工业(昆山)有限公司，生产经营汽车铸造件，为丰田汽车配套。

1992年昆山开发区"国批"以后，又提出"寓招商于服务之中"、"人人都是投资环境"的服务宗旨，进一步简化办事程序，提高工作效率。明确规定，投资额100万美元以下的项目，实行表格式审批，三天内办完全部手续；100万美元以上的项目，15天至30天内审批结束；根据省人民政府的授权，3000万美元以下的项目，由开发区自行审批，逐步形成了一整套符合国际惯例的规章制度。

围绕项目投资咨询，建立起热忱高效的前道服务体系。建区初期，开发区成立了项目投资咨询公司，以后建立了外商投资企业服务中心。外资企业从项目咨询、签订意向，至报批项目意见书和可行性研究报告，都可委托办理。公司和中心对前来洽谈项目的中外客商，不论客户大小，不管谈成与否，一律热情接待。对外商提出的信息咨询，在不超过24小时的时间内给予答复。1992年以后投资1000万美元以上的大项目，不到一个月就可办完报批手续。

开发区建立的中道服务体系是，每年都将在建的外资项目列出计划，安排专门机构负责协调解决项目建设中的问题，确保所有外资企业都能够顺利建成，按时开工。开发区还向外商投资企业提供办理委托设计、基建施工、水电安装、环保登记等各项配套服务。1995年落户在开发区的仁宝电脑工业(昆山)有限公司，是一家高科技企业，总投资2950万美元，建设过程中需动迁并安置80户农民。因工程进度需要，客商希望在两个月内动迁完毕。开发区有关部门利用春节放假期间，积极做好动迁户的工作，不到一个月，就完成了搬迁任务，使企业按时开工投产，外商非常满意。

开发区为外商投资企业建立的后道服务体系，是围绕开工企业的生产经营，建立健全包括经营管理、招聘人才、原材料供应和产品销售、安全生产、集装箱运输以及外方人员衣食住行、医疗保健等为主要内容的服务网络系统。

1992年以来，开发区先后创办了80多家中介服务机构，包括法律服务所、公证处、审计事务所、会计事务所、资产交易所、人才市场、劳务市场、商务中心、信息中心、货运中心、保险代理、报关公司等等。

1998年以后，昆山开发区又进一步提出，树立亲商意识，对企业服务不说不好办，只讲怎么办。开发区于1996年8月组建了外商投资企业服务中心，这个中心实际上是一个工作网络系统，以"拓宽服务领域、深化服务层次、规范服务行为、提高服务质量"为宗旨，从项目服务扩展到社会服务，从被动服务转变为主动服务，从单个分散服务过渡到整体系统服务，步入了综合型、深层次、规范化的轨道。开发区还成立了投诉中心、配套协作中心,并创建了沟通政府部门与外商之间的三条通道:外商投资企业协会、台商投资企业协会,以及两个月一次的外商沙龙活动。从2000年起,开发区设“马上办”办公室,实行“首问负责制,两问终结制”,做到事事有回复、件件有结果。

政府转变职能,提高办事效率。昆山的台商都有市委书记、市长和开发区管委会主任的手机号码,台商有什困难,大到项目审批,小到生活服务,包括就医、小孩上学等,都可直接向他们反映。昆山开发区有这样一点体会:软环境要下硬功夫,优质服务要发自内心,要有感情。1988年9月21日,台湾南部地震,通讯一度中断,台商寝食不安。市委、市政府和开发区管委会当天通过各种渠道千方百计了解到,在昆山台商家属无一伤亡,当挨家逐户进行慰问、送去关怀时,台商无不动容。为了解决台商子女的就学问题,昆山建起了华东地区第一所台商子弟学校,2001年秋季开学,现有300多名台商子女在校学习。一位台商风趣地说,男要选好行,女要选好郎,投资要选好地方,昆山就是个好地方。

辐射带动　放大效应

开发区具有对外开放、吸收引进,对内辐射、联动发展的双重功能。浦东的开发开放,给昆山开发区提供了新的发展机遇。1992年,昆山开发区主动与浦东接轨,同金桥出口加工区签订了合作协议书,与外高桥保税区、陆家嘴金融区加强双向联系,1993年又在浦东设立了办事处。当年经浦东转来的海外客商有400多人次,谈成16个项目,合同外资1亿美元,占开发区全年吸收外资的四分之一。开发区与邻近乡镇建立联合开发配套公司,通过城乡联结的形式,介绍项目,加工配套,带动乡镇经济的发展。

1992年2月17日,开发区成立工业配套公司。4月15日,邻近开发区的昆山兵希镇划地150亩,自筹资金117万元,建立昆山开发区配套小区,主动接受辐射,配套服务。在开发区的辐射带动下,兵希小区扩大到1500亩,到1994年底兵希配套区共引来42家外商投资企业,总投资1.25亿美元,合同外资1.22亿美元。现已发展成为以生产新加坡家具为主的现代化工业小区。

1993年2月12日,开发区与昆山陆家镇联合建立开发区工业开发公司,当年就引进投资2988万美元的台资企业——华成织染有限公司,于1995年5月建成投产。至1998年投资总额增至1.25亿美元,拥有700多台喷水织机,278台多臂式提花机,68台牛津布专用机,年产量5600万米,拥有年加工染色布4200万米、印花1800万米、磨毛2500万米的生产能力。正新橡胶(中国)有限公司在陆家镇总投资2.16亿美元,注册资本7200万美元,占地146万平方米,厂区分三期完成,第一期建筑面积13万平方米,于1997年6月建成投产,以后又增资1亿美元,成为国内最大轮胎生产企业之一。至2002年底,陆家镇累计批办三资企业200多家,合同外资12亿美元，实际到账5亿多美元，成为远近闻名的外向明星镇。

以开发区为龙头，带动乡镇工业小区，形成全方位对外开放的格局。截至2002年底，先后建成15个乡镇工业配套小区，帮助引进外资项目300多个，合同外资超过20亿美元。初步形成了陆家橡胶、化纤，张浦新型建材，兵希高档家具，陆杨精细化工，蓬朗“三车”零配件，新镇电子元器件，锦溪服装加工等各具特色的专业配套小区，既带动了乡镇经济的发展，又提高了开发区自身水平的提高。

以开发区的骨干企业为依托，以国际名牌产品为龙头，组织和引导区内外国有、集体、乡镇企业和改制转制企业、个人私营企业，积极参与外资企业的配套协作生产，是发挥开发区辐射带动作用的又一效应。昆山蓝羚实业总公司，原先是一家濒临倒闭的企业，1996年与开发区樱花卫厨（中国）有限公司配套协作生产热水器水箱，年产量从当年的3.4万台上升到1997年的6.5万台，1998年8.5万台，1999年以后超过10万台，企业扭亏为盈，经营情况日渐好转。世界驰名品牌捷安特自行车（中国）有限公司，自1996年以来，先后有20多家企业为其配套协作，生产的零部件有28个品牌，使一些濒临倒闭的机械加工厂重获了生机与活力。

台湾最大食品企业统一企业公司于1993年11月投资2500万美元（以后增资至9000万美元），在昆山开发区创办了统一食品有限公司，生产经营方便面、饮料、果冻等大众化食品，其中方便面有8条生产流水线，占其全部营业额的80%。90年代以来，昆山地产小麦因品质和加工技术不过关，销售成为一大难题，库存积压严重。1997年8月与昆山统一企业食品有限公司达成配套协作生产协议后，昆山天丰面粉厂自筹资金2000万元，引进国外先进设备，1998年建成年产5万吨面粉的生产厂，每月供应统一企业1500吨优质粉，使地产小麦找到了销路。已有100多年历史的昆山奥灶面，风味独特，驰名中外，因受到加工技术的制约，未能制成广受欢迎的方便面，无法进入大市场。1998年上半年，奥灶馆集团公司与统一企业公司达成联合开发协议，依靠科技力量雄厚的统一企业公司的食品研究所，从国外引进三味调料，配制奥灶面汤料获得成功，配以统一企业加工的面条，奥灶方便面于当年10月5日投放市场，产品打进江、浙、沪三省市的超市，至年底就销售4万多箱（每箱30包）。奥灶馆集团公司集中当地饮食服务行业中的烹调大师，巧用奥灶驰名品牌，开发奥灶鸭、爆鱼、酱汁肉、酱鸽、奥灶菜苋、萝卜干，形成真空包装系列食品，投放市场后销售较好。

至2002年，为外资企业配套协作的内资企业达到500多家，配套产品（项目）700多个，销售收入70亿元，利税8亿多元。通过外向配套，协作生产，不仅提高了产品质量，优化了产业结构，增强了内资企业的生机和活力，而且为外资企业提供了方便，降低了成本，推动了招商引资，达到互惠互利、共同发展的目的。

建设载体 再创优势

江苏昆山出口加工区、江苏昆山留学人员创业园、江苏国际商务中心、日本工业园，是昆山开发区创新开发的新基地，招商引资、招才引智的新载体。

江苏昆山出口加工区，于2000年4月27日经国务院批准设立，为全国首批十五个出口加工区的试点之一。9月6日率先通过海关总署等中央8部委的联合验收。10月8日正式封关运作。

昆山出口加工区位于昆山经济技术开发区内，紧靠沪宁高速公路昆山出入口，与陆路口岸通关点连成一体。首期规划面积2.86平方公里，以青阳港河为界，分为A、B两个区，A区面积1.86平方公里，B区1平方公里，基础设施达到“七通一平”，配套设施功能完备。昆山出口加工区实施由海关监管的“境内关外”的管理体制，实行“一次申报、一次审单、一次查验”，全封闭，24小时通关。区内企业免设保证金台账，取消登记手册，通过计算机联网，实行无纸通关，有快捷的通关便利，又有出口加工区和国家级开发区的优惠政策。

昆山出口加工区的产业导向，以发展电子资讯产业为主，产品以出口为主。截至2002年底，累计已有36家企业落户区内，总投资11亿美元，其中电子信息类企业23家，光电企业6家，精密机械企业3家。台湾十大笔记本电脑生产厂商有6家进区落户。江苏省第一台笔记本电脑就是由昆山出口加工区内企业广志电子有限公司于2000年9月4日生产的，月产量已达到30万台。2002年昆山出口加工区26家开工投产企业，完成进出口总值21亿美元。

创建于1998年10月的江苏昆山留学人员创业园，由昆山经济技术开发区和江苏省科技厅、人事厅联合创办，为全国首批十个国家级留学人员创业园之一，占地面积20万平方米，孵化面积3.7万平方米，有1.28万平方米的科技孵化区和5000平方米的科技孵化大楼。区内水、电、宽带网络等各项配套设施齐全，绿树成荫，环境优美，有自己的网站。

为支持留学人员创业，昆山市人民政府专门出台两个文件，规定进区企业可以享受三年内政府为其提供办公和生产用房等各项优惠政策。昆山留学人员创业园秉承开发区亲商、安商、富商理念，为进区企业提供一流的服务，把每一位留学人员的事当作自己的事来办，同创业者建立了良好的信任合作关系。至2002年，区内已有来自留学英、美、法、澳、德、日等国的学者创办的75家企业，涉及电子信息、生物医学、新材料、精密机械等高新技术企业，涌现出了华恒焊接、网进软件、三棱科技、晶丰电子等一批明星企业。

昆山留学人员创业园先后被命名为“中国科技创新行动示范基地”、“江苏省优秀科技企业孵化器”、“江苏省火炬先进管理单位”和“江苏省先进技术企业孵化器”。2000年被科技部确认为“国家高新技术创业服务中心”。2001年经科技部、人事部、教育部、外专局联合评审为首批“国家留学人员创业园”。2002年人事部批准设立“博士后科技工作部”。

江苏国际商务中心位于昆山与上海交界处的花桥镇，紧靠上海（安亭）汽车城。这里交通便捷，区位优势明显。中心创办于2000年，由江苏省外经贸厅、昆山市人民政府、昆山经济技术开发区联合开发，规划面积5平方公里，首期启动面积800亩，将建成一个集国际贸易、展示展销、仓储物流、研发教育、商住休闲功能为一体，服务全省乃至周边省区企业，以商贸、物流为特色的现代化功能区。

国际商务中心坚持高起点规划，高标准建设，高效率运作。商务中心设有三个功能区：商贸区、物流区、商住配套区。已入驻的日本著名休闲服饰连销零售迅销服饰，前不久与晨风集团合资，投资4300万美元在商务中心内建立了采购中心——迅销（江苏）服饰有限公司。江苏晨风纺织进出口有限公司、晨风集团设计打样中心同时定点。与香港云龙物流合作的物流项目也已启动。美国金网资本旗下的温蒂尼控股公司投资2998万美元的星级商务酒店建设项目已经签约。加拿大（中国）贸易中心等多家国内贸易企业、中介机构开始入驻。设立于商务中心的私营企业进出口创业园于2002年8月挂牌，16家私营企业即将进入。

昆山是日本客商最关注的地区之一。至2002年末，已有近300家日资企业落户昆山，总投资15亿美元，投资领域分布在精密机械、电子信息、轻工化工等产业。三菱、丰田、丸红、精工、伊藤忠、三得利等日本著名企业都已成为昆山的投资商。昆山日本工业园的创办，就是为了适应和满足众多日本客商扩大投资需求而创立的。

坐落于昆山经济技术开发区的日本工业园，东邻上海，西连苏州，由昆山开发区与日本三井物产株式会社、台湾三井物产株会社、台湾华新华丽集团联手创办，昆山元井工业开发咨询有限公司开发运作，首期规划面积两平方公里，还有两平方公里的预留面积，于2002年10月16日奠基，至今已有多家企业落户区内，前景看好。

开拓创新　善于指挥

昆山开发区的成功，还在于逐步形成一个善于实践邓小平理论和“三个代表”重要思想、不断开拓创新的指挥体系。

昆山开发区从1984年开始策划创办，到今天成为一个具有相当规模、较高水平、在国内外有一定知名度的现代化工业园区，已经有17个年头，经历了7任市（县）委书记。市（县）委主要领导虽然变动频繁，但以开发区为龙头、加快外向型经济发展、全方位实施外向带动的战略思想始终坚定不移。历任市（县）委书记都遵循经济发展规律，站在时代前列，一心一意做好开发区的工作，全心全意办好开发区的事业。思想超前、思路清晰的指挥体系像接力棒一样，一届一届地传下去，发扬光大。历届领导班子作出的一项项重大决策，成为一个个巧妙构思，绘出一幅幅精湛蓝图，使昆山开发区从无到有、从较低水平到较高水平，不断发展壮大。

着眼于适应开发区长远建设特别是发展外向型经济的特殊需要，根据德才兼备的原则，昆山开发区精心配备了一批优秀干部担任管委会正副主任和各个职能部门的中层骨干。领导班子成员老中青结合，保持相对稳定。开发区管委会主要领导从1990年5月任职至今，已经13年。

干部的选配和使用，把握好严格的标准。在政治素质上，坚定不移地贯彻执行党的基本路线和“三个代表”的重要思想，不仅要有正确的政治方向，而且要有改革开放的强烈意识；在思想素质上，执着追求开发区事业的成功，不仅要有开拓创新的理念，而且要有乐于奉献的精神；在业务素质上，按照发展外向型经济的要求，不仅要精明能干，熟悉经济工作，而且要善于同外商打交道。正是由于有了这样一支思想解放、敢为人先的人才队伍，有了这样一支一不为名、二不为利的干部队伍，昆山开发区各项事业才得以开拓创新，不断前进。

昆山开发区创办了全国第一家自费建设的开发区，开创了一个县级市的开发区进入国家开发区序列的先河。

昆山开发区办起了江苏第一家中外合资的工业企业。当时由于缺乏经验，参加项目洽谈的同志，从苏州到南京，来来回回跑了102趟，感动得外商满眼泪。

昆山开发区建立了全省第一家外商独资企业。当时分歧很大，上下议论纷纷。现在开发区的外商独资企业占到总量的80%，一些高新技术大项目都是外商独资，不仅引来了大量资金和先进的技术装备，而且带来了经营理念和国际市场。

昆山开发区批租了全省第一幅土地使用权的有偿出让，从此拉开了改革土地使用制度的序幕，为基础设施建设积累了大量资金，优化了投资环境，扩大了引资渠道，加速了外向型经济的发展。

昆山开发区创建了全省第一个陆路口岸通关点。昆山既无空港，又无海港，产品出口渠道不畅。开发区自筹资金，自费建设，于1998年3月通关开放，使开发区有了口岸功能，敞开了货物出口的通道。

昆山开发区建立了全国第一个出口加工区。1997年构思酝酿，1998年动工兴建。本着“规划高起点、建设高标准、运作高水平、开发高效应”的指导思想，一年多完成了各项基础工作，实施了围网封闭隔离。2000年4月7日获国务院批准，10月8日成功封关运作。

昆山开发区今后的发展思路和奋斗目标是，以邓小平理论和“三个代表”重要思想为指导，以现代化、国际化为总目标，抓住我国加入世贸组织的机遇，加紧建设加工制造业中心、高科技研发中心、现代化物流中心，把开发区建设成为一个充满生机和活力的第一流开发区，率先建成小康社会和基本实现现代化，再创更加辉煌的业绩和美好的未来，使“昆山之路”越走越宽广。

资料来源：政协全国委员会文史资源委员会，2003。

根据资料的可得性，城市的学习能力大体可以从教育经费和教育基础设施两大方面来表达，组成指标主要有：教育经费支出（教育经费的投入规模）、人均教育经费（教育投入的强度）、教育经费占财政支出的比例（财政对城市教育的扶持力度）、城市图书量（城市学习资源的基础设施总量规模）、人均图书量（城市学习资源基础设施的相对规模）、城市学习指数（反映城市公民学习状况的综合指标）等。

城市集约能力：主要反映城市对物质资源、资金和劳动力资源的消耗强度和利用效率和对于城市环境的保护能力。资源的利用效率越高，越有利于节约生产成本和提高效益，进而有助于城市竞争力的提高，同时能在很大程度上减轻城市的环境压力，促进城市的可持续发展能力。表达城市集约能力的主要指标有：万元 GDP 能耗（反映经济发展对能源资源的消耗强度和利用效率）、万元 GDP 水资源消耗（反映城市经济发展对水资源的消耗强度和利用效率）、万元 GDP 二氧化硫排放（反映经济增长过程中污染物的排放强度和对环境的压力）、全员劳动生产率（反映劳动力资源的利用效率和经济产出能力）、投资边际产出率（反映资本的利用水平）、第三产业从业人员的比重（反映就业结构和产业结构的优化程度）。

城市的信息化水平：信息化是新世纪的时代发展要求，也是社会发展的潮流和必然趋势。信息已经成为新的、高级的生产要素。中国政府指出“大力推进国民经济和社会信息化，是覆盖现代化建设全局的战略措施。以信息化带动工业化，发挥后发优势，实现社会生产力的跨越式发展”，号召“要把推进国民经济和社会信息化放在优先位置”。城市作为实现信息化的前沿阵地和主要载体，应把信息化作为推动工业化的加速器和产业结构优化升级的动力。我们根据实际资料选取以下指标来表征城市的信息化水平：电话用户总量（反映信息基础设施的普及规模）、千人拥有电话数（反映信息基础设施的相对存量）、邮电业务总量（反映信息产业的发展总规模）、人均邮电业务总量（反映邮电业的相对规模）、邮电业务总量占 GDP 比例（反映邮电业在国民经济中的地位）。

城市全球化水平：是综合反映城市的对外开放程度和参与国际化竞争能力的标度，同时在一定程度上反映了城市的吸引能力和发展环境的优劣程度。随着中国加入 WTO 号角的吹响，中国参与全球化进程的步伐加快了。国际竞争国内化和国内竞争国际化的态势日益明显，城市也不可避免地被卷进了全球化竞争的洪流，接受其洗礼和挑战。可以说，在很大程度上，全球化是对城市发展的一种考验。但是全球化不仅仅是挑战，它也可能带来的是机遇，问题是城市能否把握住这些机遇，接受并化解全球化的挑战，关系到城市能否持久的发展。城市全球化水平正是对城市国际竞争力的一种综合衡量。它主要由以下指标构成：外商协议投资和外商实际投资（反映外资的规模，间接反映了城市总体投资环境状况）、外商实际投资占外商协议投资比例和外商实际投资占 GDP 比例（反映城市对外资的吸引能力）、外商工业总产值占 GDP 比例和外商工业产值与内商的工业产值之比（反映外商在工业领域的地位和参与工业发展的深度）、国际旅游收入占 GDP 比例（反映城市发展国际旅游的能力、水平和规模状况）。

三　城市竞争能力分项评估

1. 城市创新能力评价

将城市创新能力评价指标进行无量纲化后的汇总结果表明：上海市创新能力得分 43.72，居全国第一，北京名列第二，得分为 38.71，这两个城市的得分均远远高于其他城市。北海作为 50 城市之末位，得分为 0.13，与上海和北京相差极其悬殊。位于前 10 名的城市有：上海、北京、深圳、广州、青岛、济南、南京、郑州、长沙、天津，其创新能力平均得分为 17.27；秦皇岛、汕头、连云港、唐山、呼和浩特、海口、湛江、银川、西宁、北海是排在后 10 名的城市，城市创新能力平均得分 1.13，不到前 10 名城市的 1/15。

根据城市创新能力得分，我们将 50 个城市划分为如下几类：

城市创新能力强（城市创新能力得分排名前 5 位）：上海、北京、深圳、广州、青岛，其城市创新能力平均得分 25.51；其中上海和北京得分均在 30 以上，是属于创新能力很强的城市；

城市创新能力较强（城市创新能力得分排名第 6～15 位）：济南、南京、郑州、长沙、天津、成都、温州、武汉、杭州、沈阳，其创新能力平均得分 7.35，是第一梯队的 1/3 左右；

城市创新能力中等（城市创新能力得分排名第 16～35 位）：大庆、福州、太原、哈尔滨、西安、威海、宁波、石家庄、长春、大连、烟台、包头、南昌、合肥、昆明、厦门、兰州、秦皇岛、苏州、乌鲁木齐，城市创新能力平均得分 3.83；

城市创新能力较弱（城市创新能力得分排名第 36～45 位）：南通、珠海、贵阳、重庆、南宁、呼和浩特、唐山、连云港、无锡、湛江，城市创新能力平均得分 1.68；

城市创新能力弱（城市创新能力得分排名第 46～50 位）：海口、银川、汕头、西宁、北海，城市创新能力平均得分 0.81，不到创新能力强的城市平均水平的 1/30。

50 个城市的平均创新能力得分为 5.97，属于城市创新能力较强一级。

关于城市各分级之间创新能力的比较见图 13.1 所示。

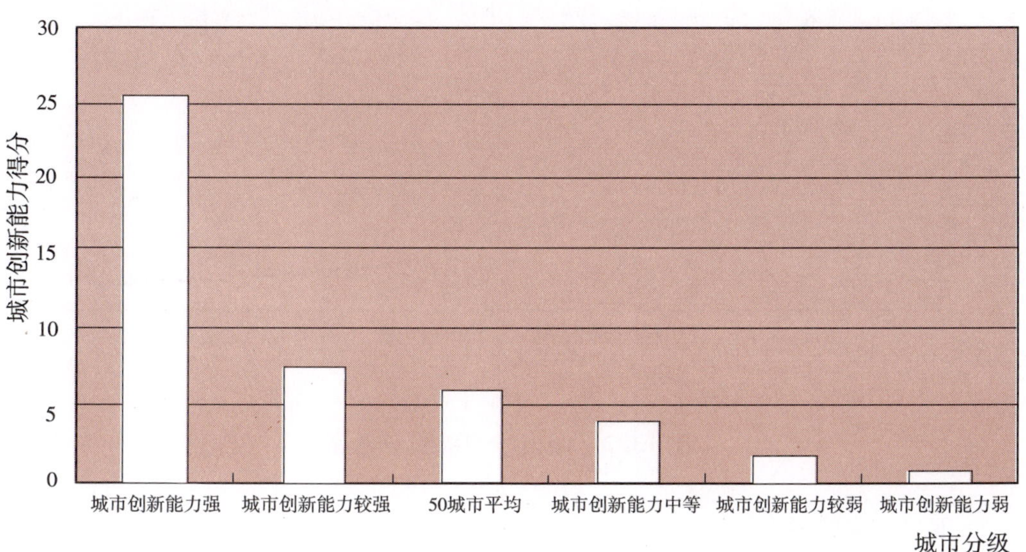

图 13.1　城市创新能力分级图

2. 城市学习能力评价

将城市学习能力评价指标进行汇总的结果表明：上海市城市学习能力得分62.32，在50个城市中名列第一。北京市以37.99分居第二位，二者遥遥领先于其他城市。北海市学习能力得分只有0.62，居第50位。上海、北京、深圳、广州、青岛、济南、南京、郑州、长沙、天津位于前10名，其学习能力平均得分16.99；而呼和浩特、唐山、连云港、无锡、湛江、海口、银川、汕头、西宁、北海位于后10名，平均学习能力得分1.75，是前者1/10左右。

根据城市学习能力得分将50个城市划分为如下几类：

城市学习能力强（城市学习能力排名前5位）：上海、北京、深圳、广州、青岛，其城市学习能力平均得分27.66，其中上海和北京的城市学习能力很强；

城市学习能力较强（城市学习能力得分排名第6～15位）：济南、南京、郑州、长沙、天津、成都、温州、武汉、杭州、沈阳，其学习能力平均得分6.07，是城市学习能力强城市平均水平的1/5强；

城市学习能力中等（城市学习能力得分排名第16～35位）：大庆、福州、太原、哈尔滨、西安、威海、宁波、石家庄、长春、大连、烟台、包头、南昌、合肥、昆明、厦门、兰州、秦皇岛、苏州、乌鲁木齐，城市学习能力平均得分2.92；

城市学习能力较弱（城市学习能力得分排名第36～45位）：南通、珠海、贵阳、重庆、南宁、呼和浩特、唐山、连云港、无锡、湛江，城市学习能力平均得分1.99；

城市学习能力弱（城市学习能力得分排名第46～50位）：海口、银川、汕头、西宁、北海，城市学习能力平均得分1.63。

全国50城市平均学习能力得分为5.71，可以列入城市学习能力较强之列。

各分级城市学习能力之间的比较见图13.2。

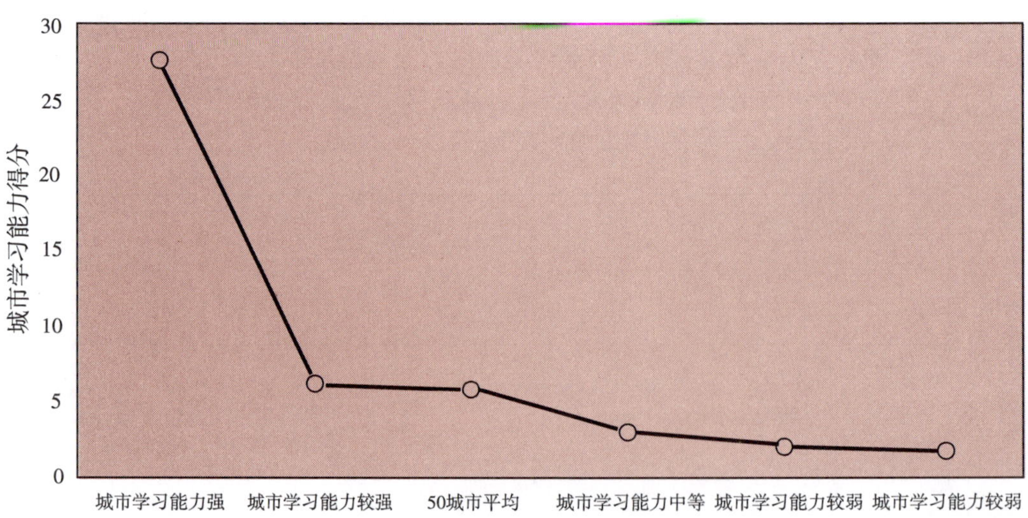

图13.2　城市学习能力分级图

3. 城市集约能力

城市集约能力指标的汇总结果显示：上海和北京的集约能力分别排在全国50城市第一和第二位，各自得分21.37、18.34。北海居第50位，得分为1.51，是上海的

1/14 和北京 1/12 左右。排在前 10 位的城市有：上海、北京、广州、深圳、南京、重庆、天津、武汉、杭州、大庆，其城市集约能力平均得分为 12.51；厦门、海口、南通、呼和浩特、湛江、汕头、连云港、烟台、威海、北海排在后 10 位，城市集约能力平均得分 2.67，只有前者的 1/5 左右。

依据城市集约能力得分，对 50 个城市进行分级如下：

城市集约能力强（城市集约能力得分排名前 5 位）：包括上海、北京、广州、深圳、南京，城市集约能力平均得分 16.01；

城市集约能力较强（城市集约能力得分排名第 6～15 位）：重庆、天津、武汉、杭州、大庆、太原、宁波、贵阳、郑州、石家庄，城市集约能力平均得分 8.04；

城市集约能力中等（城市集约能力得分排名第 16～35 位）：长沙、大连、成都、沈阳、西宁、唐山、青岛、济南、秦皇岛、乌鲁木齐、兰州、西安、福州、苏州、无锡、南宁、昆明、哈尔滨、银川、包头，城市集约能力平均得分 5.21；

城市集约能力较弱（城市集约能力得分排名第 36～45 位）：长春、南昌、温州、合肥、珠海、厦门、海口、南通、呼和浩特、湛江，城市集约能力平均得分 3.58；

城市集约能力弱（城市集约能力得分排名第 46～50 位）：汕头、连云港、烟台、威海、北海，城市集约能力平均得分 2.01。

全国 50 个城市平均集约能力得分 6.21，属于城市集约能力中等行列。

各分级城市集约能力比较见图 13.3 所示：

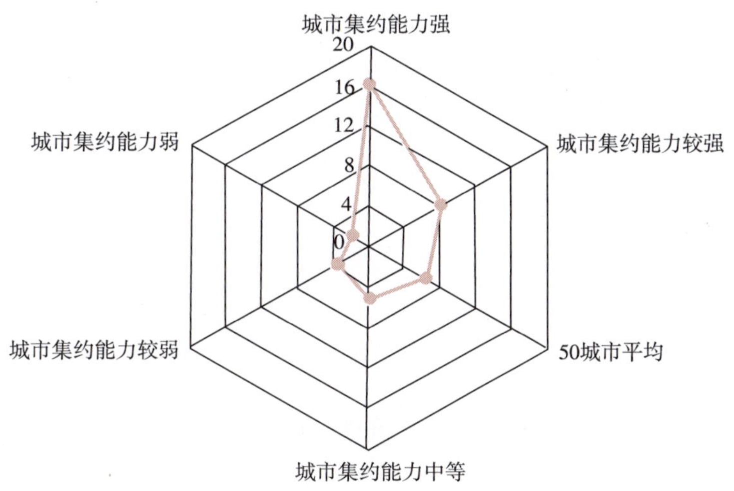

图 13.3　城市集约能力分级图

4. 城市信息化水平评价

将城市信息化水平评价指标进行汇总，结果表明：北京的城市信息化水平最高，得分为 36.67，北海只有 0.05，居于末尾，是北京市的 1/730 左右。其中，居于前十位的为北京、深圳、上海、广州、天津、成都、南京、沈阳、福州、杭州，城市信息化水平平均得分 17.98；而唐山、秦皇岛、汕头、烟台、石家庄、连云港、威海、包头、湛江、北海，城市信息化水平平均得分0.78。

根据城市化水平得分将全国50个城市分为如下几类：

城市信息化水平高(信息化水平得分排名前5位)：有如下城市：北京、深圳、上海、广州、天津，其信息化水平平均得分25.72；

城市信息化水平较高(信息化水平得分排名第6～15位)：包括的城市有：成都、南京、沈阳、福州、杭州、长沙、温州、大连、昆明、西安，其信息化水平平均得分4.89，是前者的1/5左右；

城市信息化水平中等(信息化水平得分排名第16～35位)：包括如下城市：海口、珠海、太原、青岛、乌鲁木齐、重庆、南宁、合肥、郑州、南昌、银川、济南、宁波、武汉、无锡、厦门、西宁、大庆、哈尔滨、兰州，其信息化水平平均得分2.88；

城市信息化水平较低(信息化水平得分排名第36～45位)：有如下城市：长春、苏州、贵阳、南通、呼和浩特、唐山、秦皇岛、汕头、烟台、石家庄，其信息化水平平均得分1.35；

城市信息化水平低(信息化水平得分排名第46～50位)：有如下城市：连云港、威海、包头、湛江、北海，其信息化水平平均得分只有0.53。

全国50个城市信息化水平平均得分5.02，属于城市信息化水平较高之列。

各分级城市之间信息化水平的差距见图13.4所示。

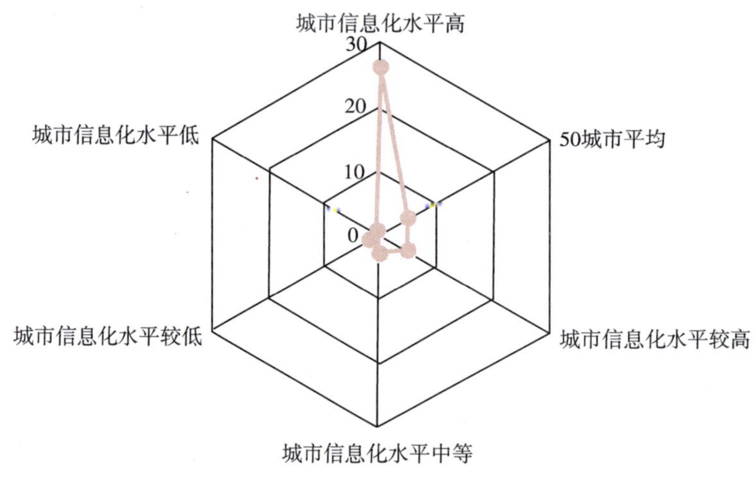

图13.4 城市信息化水平分级图

5. 城市全球化水平评价

根据指标汇总结果显示：上海以44.88分高居榜首，北京以37.70分第二位，北海倒数第一，得分为0.09，几乎是上海的1/500。上海、北京、深圳、广州、天津、苏州、大连、厦门、南京、珠海居全国50城市前10名，全球化水平平均得分19.30；昆明、湛江、大庆、呼和浩特、银川、乌鲁木齐、包头、西宁、兰州、北海位居后10名，其全球化平均得分0.48，不到前者的1/40。

根据全球化水平得分对50个城市进行分级如下：

城市全球化水平高(全球化水平得分排名前5位)：上海、北京、深圳、广州、天津，其全球化水平平均得分30.12；

城市全球化水平较高(全球化水平得分排名第6～15位):苏州、大连、厦门、南京、珠海、青岛、福州、杭州、沈阳、武汉,其全球化水平平均得分6.97,是前者的1/4左右;

城市全球化水平中等(全球化水平得分排名第16～35位):宁波、无锡、长春、西安、海口、长沙、南通、成都、重庆、济南、唐山、合肥、秦皇岛、烟台、哈尔滨、太原、南昌、石家庄、汕头、威海,其全球化水平平均得分2.50;

城市全球化水平较低(全球化水平得分排名第36～45位):南宁、贵阳、郑州、连云港、温州、昆明、湛江、大庆、呼和浩特、银川,其全球化水平平均得分0.87;

城市全球化水平低(全球化水平得分排名第46～50位):乌鲁木齐、包头、西宁、兰州、北海,其全球化水平平均得分0.29。

全国50个城市全球化水平平均为5.61,可以归入城市全球化水平中等的行列。

分级城市之间全球化水平的比较见图13.5所示。

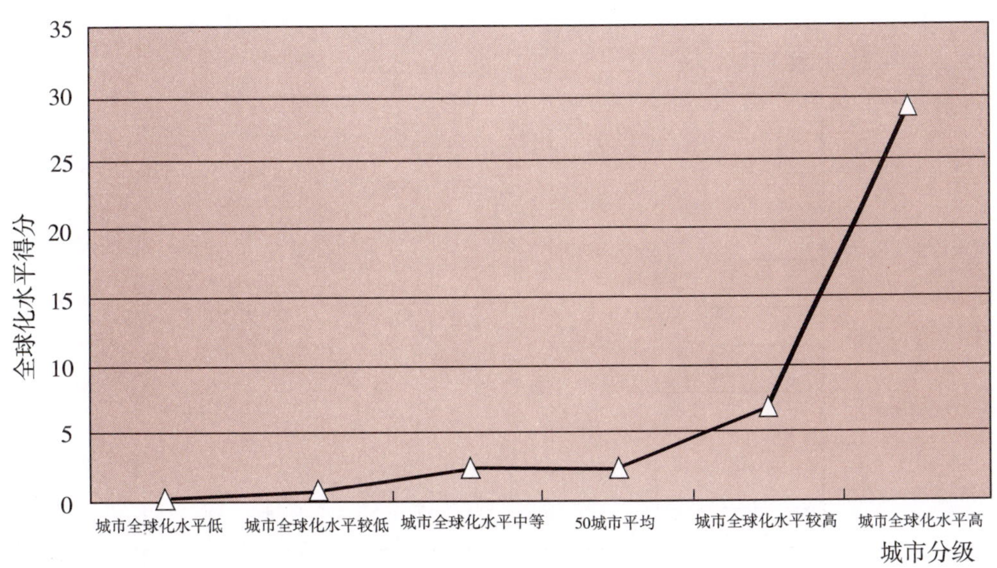

图13.5　城市全球化水平分级图

四　城市竞争能力总体评估

在上述各分项评价的基础上,对各城市竞争能力进行如下总体评估。综合汇总结果表明:上海的城市竞争能力居各城市之首,得分为41.31,北京得分33.88,名列第二。这两个城市的城市竞争能力明显高于其他城市。北海居最后,得分为0.48,不到上海的1/85。上海、北京、深圳、广州、天津、南京、青岛、杭州、成都、武汉是入围前10名的城市,其平均竞争力得分为15.08;而西宁、银川、烟台、包头、呼和浩特、威海、汕头、湛江、连云港、北海依次排在后10名,其竞争力平均得分2.22,是前者的1/6弱。

依据城市竞争力得分,可以把各城市归为如下几类:

城市竞争力强(城市竞争力得分排名前5位):上海、北京、深圳、广州、天津,其城市竞争力平均得分24.93;

城市竞争力较强(城市竞争力得分排名第6～15位):苏州、大连、厦门、南京、珠海、青岛、福州、杭州、沈阳、武汉,其城市竞争力平均得分5.52;

城市竞争力中等(城市竞争力得分排名第16～35位):宁波、无锡、长春、西安、海口、长沙、南通、成都、重庆、济南、唐山、合肥、秦皇岛、烟台、哈尔滨、太原、南昌、石家庄、汕头、威海,其城市竞争力平均得分3.41;

城市竞争力较低(城市竞争力得分排名第36～45位):南宁、贵阳、郑州、连云港、温州、昆明、湛江、大庆、呼和浩特、银川,其城市竞争力平均得分2.22;

城市竞争力低(城市竞争力得分排名第46～50位):乌鲁木齐、包头、西宁、兰州、北海,其城市竞争力平均得分1.01。

全国50个城市竞争力平均得分5.70,归属于城市竞争力较强之列。

各分级城市之间的竞争力差距(见图13.6)。

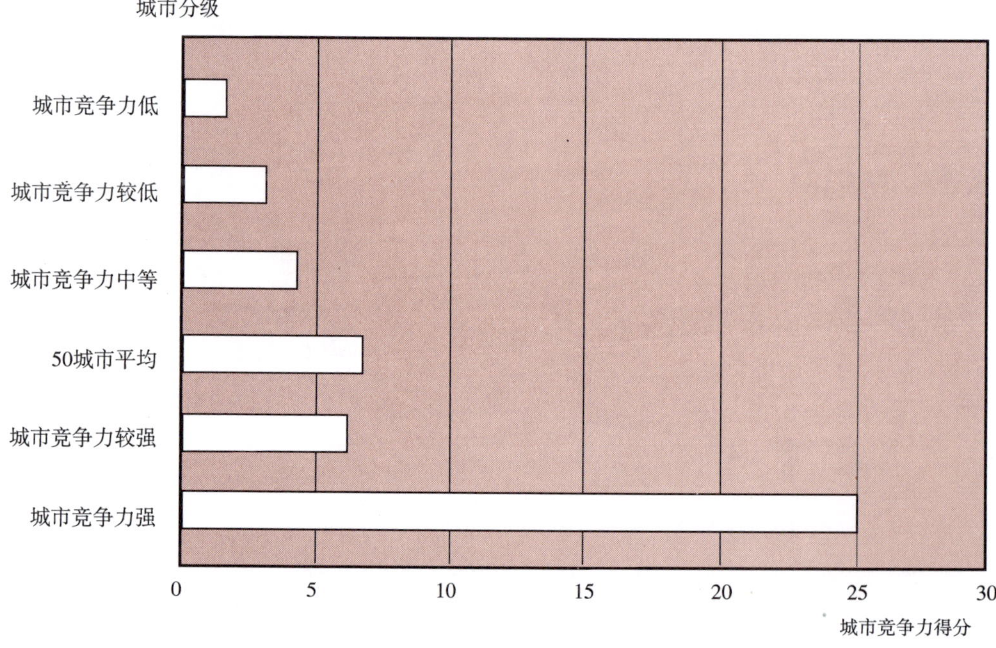

图13.6　城市竞争力分级图

总之,提升城市的竞争能力,不但要靠培育和强化城市的创新能力,加速科技成果的转化和推广,更要利用先进技术改造传统产业,推进产业结构的升级换代,提高资源的利用水平和效率以及产品的竞争力;要靠加速推进信息化进程,以信息化带动工业化实现城市跨越式发展;要加大改革开放力度,不断进行制度和管理创新,优化投资环境,增强对外资的凝聚力和创造参与国际竞争的良好氛围;要加大教育的投入力度,加大教育改革步伐,发展和壮大教育产业,创建学习型城市,为城市的可持续发展储备雄厚的知识、技术和人力资本。

第十四章　中国城市社会安全能力指数

一　城市社会安全能力的内涵界定

联合国开发计划署(UNDP)在其主持的年度报告《人类发展报告》中,把社会安全(Social Security)的目标定位为创建一个使人民能够享受长寿、健康和有创造力生活的、富有活力的人居环境。在很多情形下,社会安全能力与社会发展能力或社会进步状况的含义相同,认为人类的发展过程就是扩大人民作出选择和不断提高生活质量的过程。这说明了社会发展追求的是以人为中心的整体进步、全面发展与安全保障。

城市作为人口的集聚地,其社会发展能力应定位于维系城市社会系统的安全运行、有效发挥社会系统的功能、实现社会系统有序的能力。从其本质出发,城市社会安全能力包括如下五个基本方面:整个城市社会系统健康、有序、稳定的运行能力;全体社会成员平等享受公共财富与享受机会平等的能力;社会系统抵抗和缓解外部(如自然灾害等)和内部(如重大决策失误、社会动乱等)的干扰和冲击的能力(社会抗逆能力);社会认识、尊重、保护、发扬人类文明传承的能力;社会对于理性的、自觉的人文关怀精神的培育能力。社会安全能力在个体层面上,表现为社会成员自身发展能力的提高过程,包括学习能力、健康程度、就业能力、适应能力;在群体层面上,表现为互助能力、关爱能力,以及生活质量、人口素质的整体提高。

城市社会安全能力建设过程就是不断提高社会系统维持有序运行、承受和抵抗外界及内部干扰能力的过程,也是人类自身能力和文明程度不断提高的过程、社会组织管理能力不断提升的过程、社会公平程度不断改善的过程、社会保障体系能力不断强化的过程。

城市社会安全能力担负的功能是为城市的综合发展提供"组织能力"和"稳定有序"的保障。可以说,城市社会安全系统是整个城市复合系统的协调保障体系,一旦城市社会系统出现问题,则可能导致整个城市系统的混乱和无序,乃至于陷入瘫痪状态。因此,开展城市社会发展能力评价对于城市持续发展、实现城市目标、促进城市有序运行具有重要意义。

二　城市社会安全能力的结构

依据系统的层次性,我们把社会安全能力归结为社会公平能力、社会保障能力、社会进步能力(包括社会成员的发展能力)三个主要方面。

社会公平能力主要侧重于从城乡之间的差别来描述。城市发挥着对区域腹地的辐射和带动功能，扮演着“区域增长极”的角色。通过城市的辐射和带动作用，推进整个区域的发展，从而达到城乡经济社会发展一体化。因此，城乡之间的差别变化动态地反映了城乡社会经济一体化的进程和趋势。表征城乡之间的公平程度，我们选取了如下指标：城乡二元结构指数(从整体上反映城乡之间的差距)、城乡劳动生产率之比(反映城乡劳动生产率之间的差别，农村劳动生产率的提高是推进城市化步伐的前提条件)、城乡居民收入之比(反映城乡居民收入差距)、城乡人均 GDP 之比(反映城乡之间经济发展水平的差距)、城市非农人口占总人口的比例(反映城市化的水平和程度)。

城市社会保障能力是城市内部稳定、有序的调节器和安全阀。如果城市社会保障水平低下，有可能诱发城市的诸多不安定因素，对整个城市的社会安全造成威胁，甚至损害整个城市的可持续发展能力。因此，建立完善的社会保障体系具有重要作用。反映城市社会保障能力的指标如下：每 10 万人拥有的医生数和每 10 万人拥有的病床数(反映城市医疗、卫生条件的保障水平)、财政赤字水平(反映城市财政的保障水平)、失业率(反映社会对劳动就业的保障水平)、人均承保额(反映居民投保的相对规模)、承保总额占劳动工资总额的比例(反映劳动者投保的力度)。

城市社会进步能力侧重于动态反映城市居民生活水平、就业状况和发展变化趋势，这也是体现社会发展以人为本全面发展目标的重要组成部分。就居民的生活水平和生活质量来说，主要包括如下指标：人均住房面积(反映居民居住条件)、人均生活用水(反映居民用水状况)、人均用电量(反映居民用电情况)、职工平均工资(反映城市职工的收入状况)、人均社会消费品零售总额(反映居民的生活用品需求状况和水平)、人均储蓄率和恩格尔系数(直观地反映居民的生活质量)、人口自然增长率(反映城市人口的动态变化)。HDI 指标是由联合国开发计划署提出用以表达整个社会总体的发展状况。从业人员占总人口比例和个体就业人员占从业人员的比例反映整个城市的就业水平和服务水平。

三　城市社会安全能力分项评估

1. 城市社会公平能力评价

把构成社会公平能力的 5 项指标进行标准化处理汇总，结果显示：

级别分类	平均得分	城市社会公平指数排序
一类(1—5 名)	42.26	上海、北京、深圳、广州、天津
二类(6—15 名)	18.15	武汉、南京、沈阳、杭州、成都、大连、乌鲁木齐、西安、太原、济南
三类(16—35 名)	11.37	厦门、郑州、哈尔滨、重庆、青岛、宁波、海口、珠海、福州、无锡、苏州、长沙、昆明、兰州、长春、石家庄、贵阳、南昌、南宁、唐山
四类(36—45 名)	6.89	大庆、银川、呼和浩特、包头、西宁、合肥、烟台、威海、汕头、秦皇岛
五类(46—50 名)	3.07	温州、南通、连云港、北海、湛江

关于各分级城市社会公平能力之间的比较(见图 14.1)所示

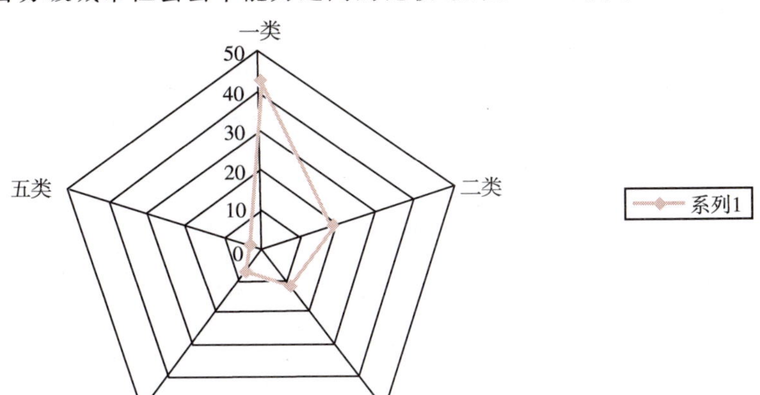

图 14.1　城市社会公平级分图

2. 城市社会保障能力评价

城市社会保障能力评价指标汇总的结果如下表所示：

级别分类	平均得分	城市社会保障能力排序
一类(1—5 名)	30.14	深圳、上海、北京、广州、成都
二类(6—15 名)	11.83	天津、杭州、大连、南京、福州、郑州、长沙、青岛、沈阳、昆明
三类(16—35 名)	8.5	西安、宁波、石家庄、厦门、海口、武汉、哈尔滨、南宁、乌鲁木齐、济南、大庆、太原、湛江、合肥、重庆、无锡、南昌、苏州、秦皇岛、兰州
四类(36—45 名)	4.78	温州、唐山、南通、银川、贵阳、长春、珠海、西宁、呼和浩特、连云港
五类(46—50 名)	2.59	包头、烟台、威海、汕头、北海

关于各分级城市社会保障能力之间的比较(见图 14.2)所示。

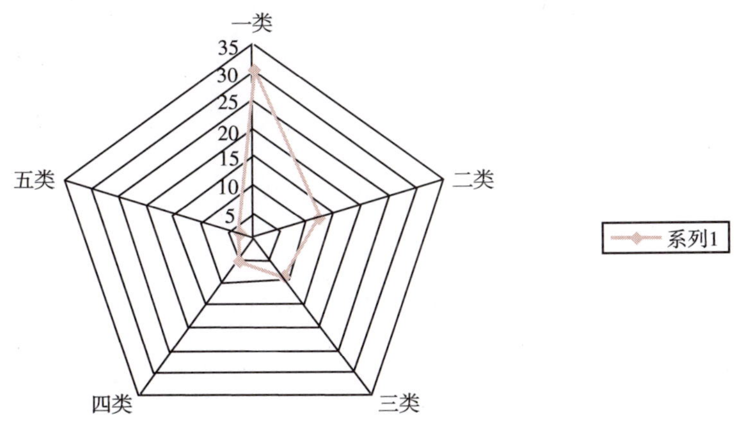

图 14.2　城市社会保障级分图

3. 城市社会进步能力

城市社会进步能力指标汇总结果如下表所示：

级别分类	平均得分	城市社会进步能力排序
一类(1—5名)	32.57	上海、深圳、广州、北京、杭州
二类(6—15名)	9.54	南京、宁波、天津、成都、大连、福州、沈阳、厦门、青岛、大庆
三类(16—35名)	5.85	武汉、长沙、哈尔滨、珠海、无锡、西安、石家庄、重庆、温州、济南、苏州、昆明、郑州、海口、乌鲁木齐、秦皇岛、长春、南昌、南宁、合肥
四类(36—45名)	2.90	太原、南通、唐山、兰州、贵阳、湛江、呼和浩特、汕头、银川、烟台
五类(46—50名)	1.67	包头、连云港、西宁、威海、北海

各分级城市社会进步能力之间的差距(见图14.3)所示。

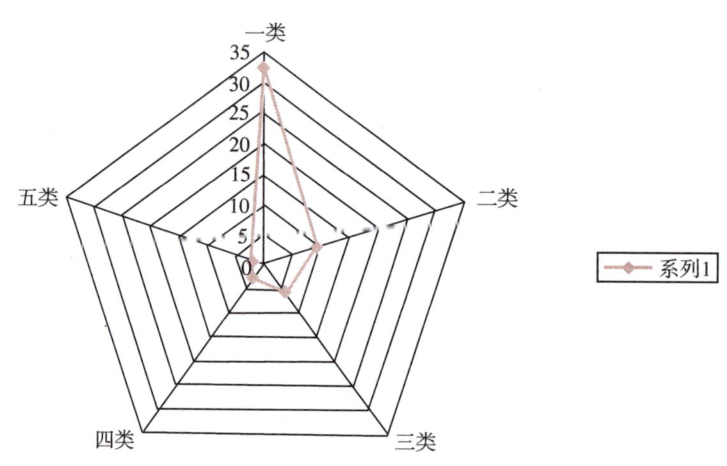

图14.3　城市社会进步级分图

四　城市社会安全能力总体评估

基于以上的分项评价，可以进行城市社会安全能力的总体评价。结果如下表所示：

级别分类	平均得分	城市社会安全能力排序
一类(1—5名)	34.62	上海、深圳、北京、广州、天津
二类(6—15名)	13.03	杭州、南京、成都、武汉、沈阳、大连、宁波、福州、厦门、青岛
三类(16—35名)	11.37	西安、长沙、郑州、哈尔滨、济南、乌鲁木齐、海口、重庆、昆明、太原、石家庄、无锡、大庆、苏州、珠海、南宁、南昌、兰州、长春、合肥
四类(36—45名)	8.56	唐山、温州、贵阳、秦皇岛、银川、呼和浩特、西宁、包头、南通、烟台
五类(46—50名)	4.98	湛江、汕头、威海、连云港、北海

全国50个城市社会安全能力平均得分10.78,属于城市社会安全中等与较弱之间。

各分级城市社会安全能力之间的比较(见图14.4)所示。

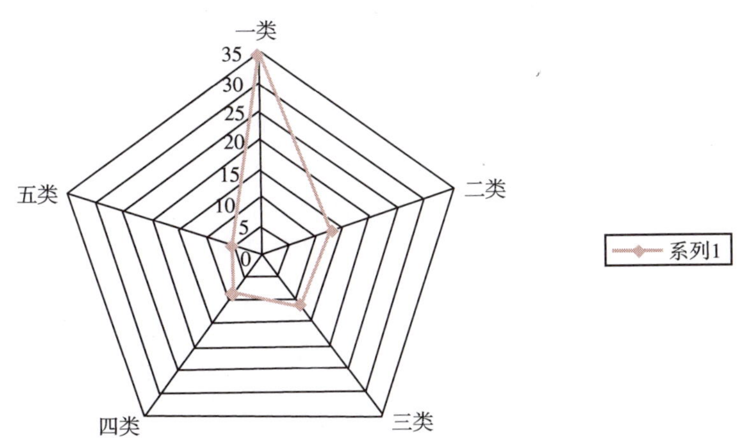

图14.4　城市社会安全级分图

第十五章　中国城市管理能力指数

一　城市管理能力的内涵

城市管理在一个城市的发展中具有中枢地位。城市管理的核心理念在于按照以人为本和可持续发展的思想来规划城市、建设城市、管理城市，科学地处理城市经济社会与城市人口、资源、环境之间的复杂关系。通过提高城市规划、建设和管理的水平，促进人和人、人和自然的协调与和谐。城市管理能力的高低可以从城市的效率水平、城市的经营水平和城市的带动水平三个方面得到综合反映。

城市效率水平是衡量城市管理水平的重要指标。城市作为一个复杂的人造组织系统，系统结构合理、功能优化、运行有序是系统高效率的前提条件。城市效率表现为城市在单位时间内创造财富的效率（发展速率），城市在单位面积上创造财富的效率（发展强度），城市投资的单位资本创造财富的效率，城市战略性资源的配置效率，城市的行政运行效率，以及城市的行政服务效率等方面。

城市经营水平的实质就是要倡导政府行为和市场行为的有机结合，通过市场化运作，加强对城市可经营资源的整理、开发、组合、利用和优化配置。在未来城市现代化建设中，必须积极盘活城市存量资产，吸引社会资金参与，有序推动土地、基础设施等城市资源的市场化进程，同时设计好、培育好、维护好“城市形象”。对城市可经营资源进行合理开发、整合利用和优化配置，是推动城市建设实现良性循环和可持续发展的必要手段。

城市带动能力的实质就是城市作为区域的发展中心，对其周边地区经济社会发展的辐射、带动和贡献能力。实施“中心城市”带动战略是当前推进中国区域经济社会发展的基本着力点。“中心城市”可分为政治型中心城市、经济型中心城市、资源型中心城市、交通型中心城市、文化型中心城市、旅游型中心城市、宗教型中心城市七类。中国在大力推进工业化、城市化、信息化的进程中，优先实施“中心城市突破”的带动战略，将成为中国经济社会必然的发展模式。城市的带动能力主要表现为城市对区域发展的贡献能力，城市对区域发展的带动能力，城市人口、经济等规模的增长能力，城市财富的集聚能力、城市的人口与资本的集聚能力等方面。

注释专栏 15.1

中国参与区域经济一体化的目标和差距

“中国内地与香港更紧密经贸关系安排”已于 2003 年 6 月 30 日正式签署框架协定。国务院发展研究中心对外经济研究部副部长、研究员赵晋平在最新出版的《瞭望》周刊撰文指出，加强区域经济合作是应对世界经济格局变化的必要手段之一，也是中国发展开放型市场经济的需要。中国应当以“两地安排”框架协议的签署为契机，进一步完善周边战略，将与重要经济伙伴建立自由贸易安排作为参与区域经济一体化进程的有效途径之一。

文章说，以 WTO 多边规则和“一国两制”方针为法律依据的“两地安排”是地区自由贸易安排(RTA)的主要形式之一，也是一个主权国家内两个独立关税区在加强制度性经济合作方面的重要尝试。

文章说，“两地安排”作为一种自由贸易区(FTA)模式，对贸易和投资、人才交流的促进作用最终将对两地的经济和就业增长产生直接影响，并带来两地居民福利水平的不断提高。不仅如此，这一制度性安排明显有利于周边地区的经济稳定和繁荣，对于推动东亚经济一体化进程具有重要的战略意义。实际上，地区性贸易安排所产生的这些积极效果已经被世界上许多 FTA 的成功经验所证明。

启动中国与东盟 FTA 谈判、完成中国内地与香港更紧密经贸关系安排的双边磋商成为中国加强区域经济合作的新开端，也是“入世”之后在参与经济全球化和区域经济一体化、发展开放型经济方面的又一个重大举措。这些尝试既有利于中国的经济发展和结构调整，也有利于周边区域的长期稳定与繁荣，具有重要的战略意义。

但文章指出，总体来看，中国的 FTA 实践还仅仅是开始，与其他地区和日本、东南亚的 FTA 战略相比，仍然存在着如下一些差距：

首先，FTA 对区域内成员经济增长的促进效果与其覆盖范围成正比，但是成员主体越多，达成完全一致的难度也就越大，“自由贸易”的概念也就愈加相对。中国与东盟的 FTA 谈判，要同时面对 10 个谈判对象，其难度可想而知。

其次，按照 FTA 相关理论，由于贸易转移效应的作用，包括高效率成员在内的 FTA，通过区域内贸易投资活动的扩大，有利于整体效率的提高。因此，发展中国家与发达国家建立 FTA，会大大促进区域整体的资源优化配置和发展中国家的结构升级。而目前中国与发达国家之间的 FTA 尚未进入起步阶段。

再次，选择 FTA 对象和确定不同组合的优先顺序是一个国家制定对外经济合作战略的基础工作。各国是从缓解国内压力、实现优势互补和追求政治经济利益等多种角度出发选择谈判对象的。然而，中国目前尚无一整套清晰、立足于长远发展需要的区域多边和双边FTA战略与优先安排顺序。其主要原因在于缺乏对未来区域经济一体化趋势和作用的足够认识，尚未形成适应形势发展需要的国家战略应对体制。

文章认为，在未来20年中，中国的FTA战略应当具有以下几个阶段性目标：

首先是努力促使“中国—东盟自由贸易协定”和“中国内地—香港更紧密经济关系协定”早日生效，以巩固中国在发展FTA关系中的最初成果；二是为了对中国与东盟之间的多边协定形成牵制和互动效果，可同时推进与新加坡、泰国等东盟主要成员的双边FTA磋商；三是积极促成中日韩三国FTA或中韩、中日双边FTA的正式磋商，以避免日韩先行建立FTA，使中国在东亚地区合作中陷于被动；四是适时启动中国与其他地区主要伙伴国的双边FTA和东亚自由贸易区（东盟十中日韩）的谈判程序。

文章指出，为了实现上述目标，现阶段需要做好以下几个方面的工作：

一是建立国家FTA战略实施指导和协调体系，其中外交部门、对外经济关系事务部门和国内产业政策部门之间的共同参与和统一协调十分重要。二是加强对FTA战略的系统研究，提出我国参与区域经济一体化进程的总体战略构想和步骤。三是充分发挥权威民间机构在多边和双边FTA可行性研究中的作用，并经常保持政府部门与这些机构之间的意见沟通。四是大力宣传与普及FTA相关知识，寻求社会公众的理解和支持。

资料来源：《瞭望》，2003年7月1日。

二 城市管理能力指标体系

1. 城市效率水平

城市效率水平是衡量城市管理水平的直接指标。效率水平主要由以下6个要素衡量：1）单位面积产值：城市单位面积创造的产值通常由单位面积创造的GDP表示（又称经济密度）；2）单位劳力产值：即每一个城市劳动者创造财富的能力，可由城市国内生产总值（万元）与城市从业人员总数之比表示，它衡量城市劳动生产率的高低；3）单位资本产值：衡量城市资本投资总额创造的财富能力，它由城市国内生产总值（GDP）与城市固定资产投资总额之比表示；4）单位时间产值：衡量城市在单位时间内创造财富能力，它由每天城市创造的国内生产总值（GDP）表示。5）公务员服务效率：衡量城市公务行政的服务效率，它由城市行政机关和社会团体（万人）与市区年末总人口（万人）之比表示；6）人均财政收入：衡量一个城市的财政汲取能力，它由地方财政收入与城市总人口之比表示。

2. 城市经营水平

城市经营水平是衡量在市场经济条件下，城市管理效益高低的重要指标。经营水平主要由以下4个衡量:1)第三产业产值占GDP比重:它是对城市经济结构水平、产业结构高级化程度和城市经济活力程度的综合反映;2)城市盈利率:该指标是反映企业盈利能力和是否具有活力的重要标志,它由城市工业企业利税总额(万元)/市区工业企业产品销售收入(万元)衡量;3)城市经营率:该指标衡量通过经营城市,给城市带来的直接经济利益,它由城市财政预算内收入(万元)/ GDP(万元)表达;4)市场占有率:该指标表示城市工业企业经济力高低,它由该城市工业企业产品销售收入(万元)/全国城市工业企业产品销售收入(万元)衡量。

3. 城市带动水平

城市带动水平是反映城市发展对区域经济社会发展的辐射、带动和贡献能力的高低。城市带动水平主要由以下4个指标衡量:1)城市贡献率:由市区工业企业本年应交增值税(万元)/市区国内生产总值(万元)衡量;2)城市带动率:由城市区新增GDP/区域新增GDP衡量;3)城市规模增长率:由城市非农人口增长率、城市建成区面积增长率和城市经济增长率共同衡量;4)城市集聚度:由城市财富集聚度和城市人口集聚度共同衡量。

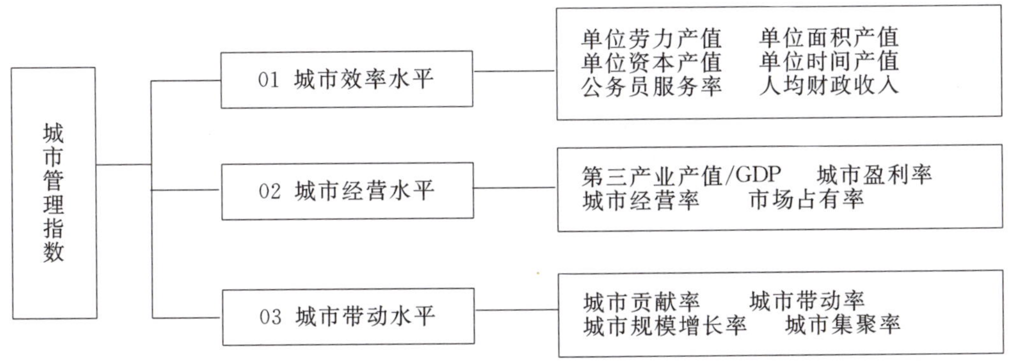

图15.1　中国城市管理能力指标体系结构框架

注释专栏15.2

2002年世界人居日的主题:城市与城市的合作

2002年3月12日联合国人居中心(UNHSP)在肯尼亚首都内罗毕宣布将2002年世界人居日定为2002年10月7日。今年的主题是:城市与城市的合作。届时,世界人居日全球庆典活动将在比利时首都布鲁塞尔举行,由比利时政府外交部和欧盟联合主办。

自从1913年第一个国际地方当局协会成立以来,城市之间和地方当局之间的国际合作不断发展。交流首先在发达国家的城市之间展开,随后又扩展到了发展中国家的城市。在今天这样一个日益城市化的世界里,今年世界人居日的主题就是要鼓励更多的城市与城市的合作,也就是通常所说的C2C。C2C既可以发生在相邻国家的城市间，也可以发生在分别位于地球两端的城市之间。建立姐妹城市是C2C最早的范例的一种。近年来，在国际组织和地方当局网络的鼓励与帮助下，通过城市领导人的积极努力，C2C的范围不断扩大。城市间的合作，作为一种积极交流“经验教训”、提高城市管理能力、实现可持续的城市化发展的经济而有效的途径，已经日益得到人们的认可。

今天，全世界有一半以上的人口生活在城镇里，联合国高度重视可持续的城市化发展。在去年的“伊斯坦布尔＋5”大会，即联合国大会特别会议上，各国政府共同签署了一份“新千年城市与其他人类住区宣言”。这份宣言表示拥护“千年宣言”中确定的具体目标，那就是争取到2020年实现1亿贫民窟居民生活的极大改善。今年世界人居日的主题就是致力于帮助整个世界实现这些目标。

联合国人类住区规划署，即联合国人居署(UN-HABITAT)，由联合国大会授权，通过在人类住区领域采取适当的行动和提高政策的科学性，来帮助有关的国家和社会消除造成这些问题的根源。自1985年联大设立以来，世界人居日每年都在10月份的第一个星期一举行庆祝活动。联合国已将这一天设定为全世界对人类住区状况以及获得适当住房的基本人权进行反思的日子。今年，各国政府和地方当局受到号召，组织相应的庆祝活动，以增强人们对通过更多的城市与城市的合作来改善我们的居住环境的必要性的认识。

资料来源：联合国人居中心(UNHSP)《新闻公报》，2002年4月2日。

三　城市管理能力分类与综合评价

1. 城市效率水平评价

将50城市的数据汇总，得城市效率水平分级如下表：

表15.1　中国城市效率水平分类与排序表

级别分类	平均得分	城市效率水平指数排序
一类(1—5名)	27.15	上海、深圳、北京、广州、杭州
二类(6—15名)	7.94	天津、宁波、大庆、大连、南京、青岛、福州、长沙、沈阳、石家庄
三类(16—35名)	5.69	成都、无锡、厦门、珠海、武汉、济南、苏州、南昌、昆明、哈尔滨、海口、西安、秦皇岛、唐山、合肥、温州、郑州、长春、乌鲁木齐、南通
四类(36—45名)	2.27	南宁、汕头、重庆、湛江、太原、烟台、呼和浩特、威海、兰州、贵阳
五类(46—50名)	1.21	银川、包头、北海、连云港、西宁

五类城市的效率水平级分图示如下：

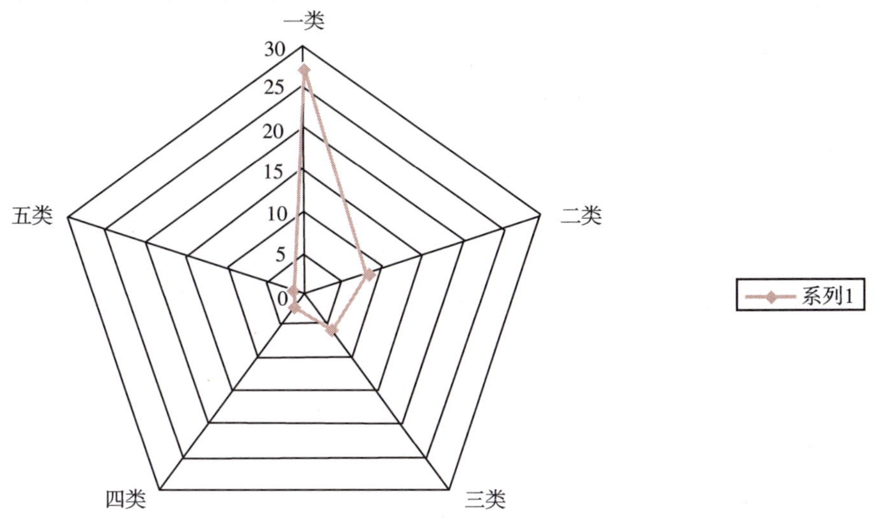

图 15.2 城市效率水平级分图

2. 城市经营水平评价

表 15.2 中国城市经营水平分类与排序表

级别分类	平均得分	城市经营水平指数排序
一类(1—5 名)	31.12	上海、北京、广州、深圳、天津
二类(6—15 名)	9.80	南京、杭州、武汉、长沙、成都、宁波、青岛、大连、沈阳、郑州
三类(16—35 名)	6.04	昆明、西安、哈尔滨、济南、福州、乌鲁木齐、重庆、石家庄、大庆、厦门、海口、南宁、苏州、无锡、合肥、太原、贵阳、南昌、珠海、秦皇岛
四类(36—45 名)	3.63	温州、长春、银川、西宁、兰州、呼和浩特、湛江、南通、唐山、烟台
五类(46—50 名)	2.18	汕头、包头、连云港、威海、北海

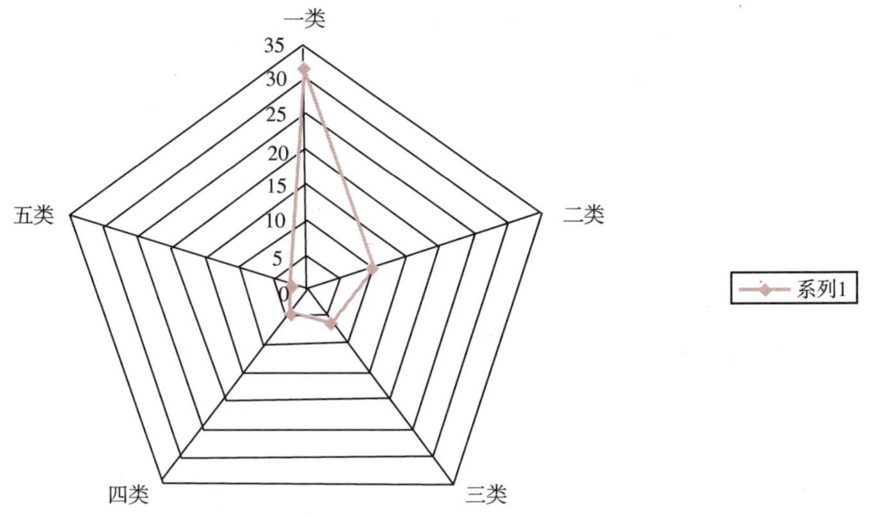

图 15.3 城市经营水平指数级分图

3. 城市带动水平评价

经评价，生成中国城市带动水平分类图表如下：

表 15.3　中国城市带动水平分类与排序表

级别分类	平均得分	城市带动水平指数排序
一类(1—5 名)	28.73	上海、北京、广州、深圳、杭州
二类(6—15 名)	11.71	天津、南京、武汉、无锡、大庆、沈阳、珠海、济南、苏州、大连
三类(16—35 名)	6.39	乌鲁木齐、宁波、太原、厦门、青岛、西安、长沙、重庆、成都、昆明、郑州、海口、石家庄、哈尔滨、长春、合肥、贵阳、兰州、南宁、南昌
四类(36—45 名)	3.56	银川、福州、包头、秦皇岛、呼和浩特、南通、唐山、西宁、温州、湛江
五类(46—50 名)	1.89	北海、烟台、连云港、威海、汕头

五类城市的带动水平级分图示如下：

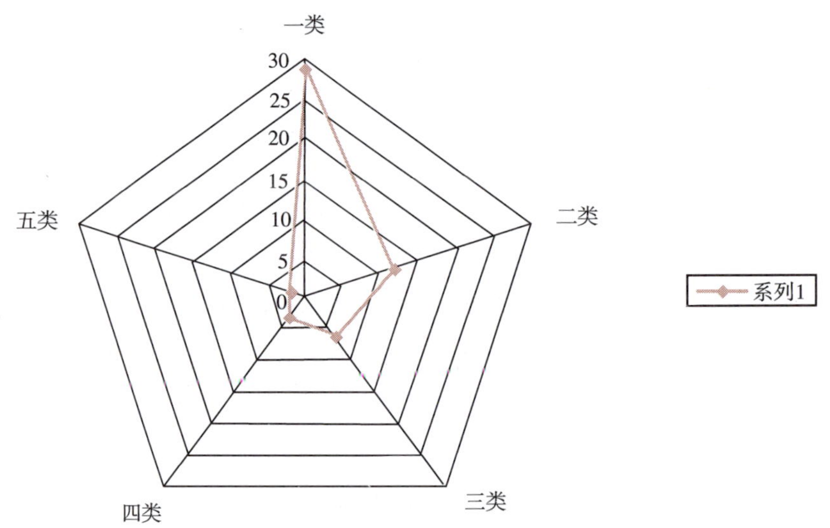

图 15.4　城市带动水平级分图

4. 城市管理能力指数评价

由以上各个方面的评价之后，对中国城市管理能力的综合指数评价可得以下图表：

表 15.4　中国城市管理指数分类与排序表

级别分类	平均得分	城市管理指数排序
一类(1—5 名)	28.85	上海、北京、深圳、广州、天津
二类(6—15 名)	9.43	杭州、南京、武汉、大庆、宁波、大连、沈阳、长沙、青岛、无锡
三类(16—35 名)	5.83	成都、济南、苏州、厦门、珠海、石家庄、西安、乌鲁木齐、昆明、福州、郑州、哈尔滨、海口、重庆、太原、合肥、南昌、南宁、长春、秦皇岛
四类(36—45 名)	3.24	贵阳、温州、兰州、唐山、南通、银川、呼和浩特、湛江、西宁、包头
五类(46—50 名)	1.98	烟台、汕头、威海、连云港、北海

五类城市的管理能力综合指数级分图示如下：

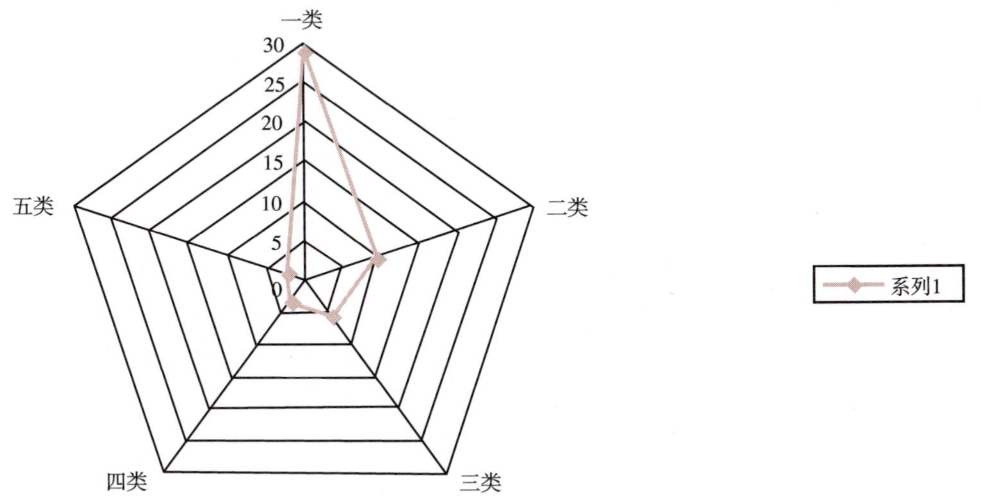

图 15.5　城市管理能力综合指数级分图

第十六章　中国城市可持续能力指数

城市是人类文明进步的结晶，是人类先进文化、先进生产力的集中体现，城市的可持续发展是全社会实现可持续发展的核心。21 世纪是城市高度发达与繁荣的世纪，目前世界各国都把实现城市可持续发展作为政府工作的核心目标之一。以生态城市、绿色城市为核心内容的可持续发展城市建设，已成为世界城市发展的方向和潮流。根据 1992 年“里约宣言”精神，中国政府在 1994 年通过《中国 21 世纪议程》中，十分清晰地勾画出了中国城市可持续发展的基本蓝图。当前，大力培育和建设城市可持续能力，是发展我国先进生产力，尽快实现第三步走发展战略目标的关键。

注释专栏 16.1

德国提出持续发展战略

> 持续发展不仅仅是继续奉行环保政策，而且是一种现代化战略。在持续发展的思想中隐藏着巨大的经济、环境和社会革新潜力。

联邦政府提出了持续发展战略，其目标是保持当今一代人的需求和子孙后代的生活前景之间的平衡。持续发展不仅仅是继续奉行环保政策，而且是一种现代化战略。在持续发展的思想中隐藏着巨大的经济、环境和社会革新潜力，这种潜力将通过持续发展战略开发出来。

持续发展坐标系

持续发展的理想以 4 个坐标为出发点：世代公平；生活质量；社会团结；国际责任。

在“世代公平”方面，节约使用天然资源属于最重要的任务之一。我们所需要的是在使用能源和资源的效益方面取得重大突破。巩固国家财政和持续经营也是重要题目。

“生活质量”包括完好的环境、好的学校以及安全并提供多种多样文化生活的城市。提供大量的工作岗位和创业机会是经济基础，但认真对待保护消费者的新农业政策也是一个重要组成部分。

“社会团结”这个题目涉及改变经济结构，以致所有的人都能利用与此相关的机会。使经济充满活力需要社会团结。这包括我们尽可能地预防贫困和社会排挤，阻止使社会分裂成得益者和失利者，并使所有的公民都能够参与社会和经济生活。

消除贫困、增加人道援助、加强经济合作和全球环境保护是“国际责任”这个主题的重要内容。但这些题目与国际安全的相互关系也起重要作用。经济发展和消除贫困只有在工业国家向发展中国家开放市场和向它们提供公平的贸易机会的情况下才能获得成功。持续发展模式最重要的内容被概括为持续发展的管理规则，它与指数和目标以及经常的成果检查一起构成持续发展的管理计划。

多年来，经济增长率、失业率和通货膨胀率被视作评估经济发展的重要指数。在交易所里，DAX(德国股票指数)可以使人们了解市场的整个发展情况。

持续发展战略也需要这样的指数。联邦政府打算将来隔一段时间用衡量持续发展的21个重要指数来指明哪些方面我们正处在通向持续发展的道路上，并取得了哪些进步，哪些方面需要继续采取行动。

衡量持续发展的指标

因此，这些指数是实施和继续发展持续发展战略的管理计划的重要组成部分。这些目标和指数作为确认方向的值指明未来几十年的发展方向，并且也特别有助于对成果的检验。作为衡量21世纪持续发展的标准的21个指数是：1.能源和原料的生产率；2.《京都议定书》的6种温室气体的排放量；3.可再生能源占能源消费的比例；4.住宅区和交通面积的增加；5.动物种类的发展；6.国家部门的财政节余；7.投资率；8.私人和国家用于研究和开发的费用；9.25岁大学毕业和刚上大学的人数；10.国内生产总值；11.运输能力和铁路在货运量中所占的比例；12.生态农业耕种的比例；13.空气中的有害物质含量；14.对健康状况的满意程度；15.入室偷盗案件的数量；16.就业率；17.提供全天照管孩子的可能性；18.男女年毛收入的比例；19.没有获得普通中学毕业证书离校的外国人的数量；20.用于发展援助和经济合作的开支；21.欧盟从发展中国家的进口量。

这些指数与具体和确定的目标相联系。例如到2020年，能源的生产率将比1990年提高一倍。这意味着到2020年，用一定数量的能源可以生产比1990年高出一倍的产品。

至2020年，建房和修路占用的土地面积将从目前的每天130公顷减少到每天最多30公顷。

研究和发展新技术将对子孙后代的生活质量起关键作用。在过去几年里，德国用于研究和发展的开支明显增加，已达到国内生产总值的2.46%，但仍然低于美国(2.64%)和日本(3.04%)。持续发展战略草案谋求在2010年之前将私人和国家用于研究和教育的开支提高到约3%。

联邦政府将使其政府行为针对持续发展目标，使战略规划成为具体的政策。但仅仅靠国家的行动是不够的。更确切地说，需要所有的社会团体采取积极和自我负责的行动。要使持续发展规划取得成就，经济界、工会、教会以及其他社会团体和所有的公民都必须参与。

持续发展的重点

联邦政府首先把下述优先考虑的行动领域看作必须为我国的持续发展确定发展方向的主题：1. 有效利用能源——有效保护气候（有前途的能源政策的脚本）；2. 确保灵活性——保护环境（新路线的行车时刻表）；3. 健康生产——健康饮食（把消费者作为结构转变的动力）；4. 促进人口发展的转变（向第三个生活阶段过渡）；5. 改变老的结构——发展新的思想（教育攻势和高校改革）；6. 创新的企业——成功的经济（把创新作为持续发展的动力，把持续发展作为创新的动力）；7. 减少占用土地面积（促进住宅区的持续发展）。

在"承担全球责任"方面，有一个章节专门论述这个行动领域，其中包括消除贫困、促进发展以及保护全世界的环境和资源。

持续发展战略不是完成的产品，而是一个长期的过程，在这个过程中，持续发展战略将得到补充和继续发展。从2004年起，联邦政府将每隔两年提出一份关于实施国家持续发展战略的报告。

资料来源：德国联邦新闻局2002年4月17日新闻稿。

一　城市可持续能力的内涵

城市作为人类社会特有的地域组织形式，是人类创造的一种人工生态系统，在一定的生产力发展水平和自然地理条件下，一个城市对人类活动的容纳能力是有一定容量的，也就是说一个城市的容纳能力具有一定临界限度，如果人类经济社会活动超过这一临界限度，将会对城市发展带来巨大的破坏。因此，人类对于城市资源的开发和利用，均应约束在城市生态环境容量的临界阈值之内。城市生态环境的容量主要表现在为城市人口提供生产、生活和娱乐的生态服务能力上；表现在为城市人口生产、生活安全保障提供的环境缓冲能力、环境自净能力和环境抗逆能力上。总之，城市"人口、资源、环境、发展"四位一体的高度协调构成了城市可持续能力的基本内容。

城市作为一个复杂的人造生态系统，寻求系统内部各个要素之间，即寻求城市人口、资源、能源、环境、经济、社会等要素之间的协调发展，是实现城市可持续发展的基本保证。城市可持续能力的高低主要表现为城市经济发展与城市资源消耗之间的有机匹配；表现为经济发展与生态环境保护之间的合理平衡；表现为人口发展与经济发展之间的和谐演进；表现为城乡之间财富积累与分配是否公正；表现为人口代际之间占有财富和获得发展机会是否公平；表现为城市经济活动内部要素之间是否协调；表现为城市产业结构是否合理等。

城市作为一个区域经济、政治和文化的中心，尤其是在中国这样一个城乡二元结构十分明显的国家，城市在区域发展中所处的中心地位是不言而喻的。城市的生存与发展同周边乡村地区是相互依存，密不可分的。根据区域经济社会发展演化发展的一般规律，区域经济社会的发展呈现梯度发展的基本特征，在区域内处于边缘地位的广大乡村发展要依靠处于中心地位的城市去带动、去辐射。国际一般经验表明，在一个区域内，由处于中心地位的城市带动处于边缘地位的乡村发展具有一定的空间尺度，全球平均水平是：城市的建成区面积应直接带动其周围乡村地区发展的空间尺度是 1∶50，例如英国的伦敦的带动比例是 1∶58，日本的东京是 1∶71，德国的柏林是 1∶47，法国的巴黎是 1∶50，美国的纽约是 1∶80。从广义上来说，由城市的带动、辐射作用表征的城市影响能力，表现为城市对整个区域空间经济社会发展速度和发展规模的影响能力；表现为对区域的财富积累、财富分配的影响能力；表现为对区域内一定规模人口的知识水平、生产水平、生活水平、文明水平的影响能力。

综合上述分析，我们可以简要地把支撑城市可持续发展的基本要素，解析为城市生态服务能力、城市环境支撑能力、城市协调发展能力和城市外部影响能力。

二　城市可持续能力评价指标体系设计

1. 中国城市可持续能力指标体系建立的基本原则

由表达城市可持续能力的单项指标进一步构建表达城市可持续发展能力的指标体系，一般遵循以下五大原则：1）综合性原则：要求任何一个单位指标都应具有高度的概括性，能够准确、敏感地反映城市这一复杂巨系统可持续能力的最本质、最重要的特征。2）独立性原则：要求指标之间既具有一定的关联性，又要具有相互独立性。通过对指标作 Pearson 相关性检验、Kendall 相关性检验和 Spearman 相关性检验等，对指标进行精简化处理，从而保证能够更好地抓住反映城市可持续发展的本质因素。3）逻辑自洽原则：指标体系的设计还应深入研究指标之间的逻辑关系，它包括因果关系、增减关系、约束关系、非线性作用关系等等。指标之间逻辑关系的识别与表达是构建指标体系的基础性工作，也是衡量指标体系是否合理、科学的关键性步骤。4）定量性原则：通过对指标之间函数关系的定量识别，力求使每一个指标能够以精确的数量来进行计算、表达和操作，对一些定性的指标进行规范化、权重化处理，使其定量化，从而大大增强指标体系的可操作性。5）阈值识别原则：构建一个完整的指标体系除了应满足上述四个原则外，还需要确定指标的判别规则，尤其是要判别指标的初值、等级、分类规则、临界阈值等，以达到对城市可持续能力状况的等级进行划分的要求。在上述原则指导下，我们设计了“三级叠加，逐层收敛，设定阈值，规范权重，分类排序”的指标体系。

2. 中国城市可持续能力指标体系（见图 16.1）

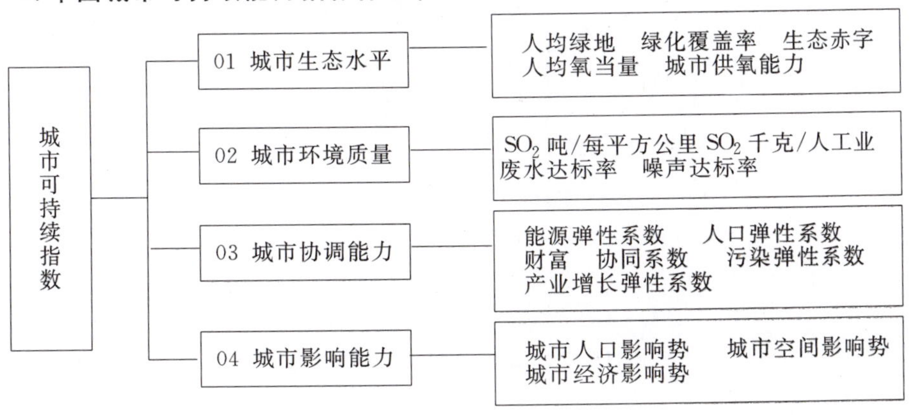

图 16.1　中国城市可持续能力指标体系

三　城市可持续能力评价分析

根据上述设计的城市可持续能力指标体系和计算方法，我们对中国50个城市的生态水平、环境质量、协调能力和影响能力进行计算、分析的排序，并在此基础之上计算出中国50个城市的可持续能力，进一步进行了分类和排序。为了保证评估结果的客观性和公正性，引用数据全部来源于国家统计局2002、2003年最新发布的中国城市统计年鉴、部门统计年鉴，以及有关部、委、局公开发布的部门城市统计数据。

1. 城市生态水平评价

表16.1　中国城市生态水平分类与排序表

级别分类	平均得分	城市生态水平指数排序
一类(1—5名)	21.22	广州、深圳、北京、南京、上海
二类(6—15名)	4.75	大连、沈阳、青岛、杭州、大庆、珠海、长沙、秦皇岛、南宁、武汉
三类(16—35名)	2.81	福州、长春、天津、海口、宁波、石家庄、西安、厦门、乌鲁木齐、昆明、北海、无锡、合肥、哈尔滨、济南、唐山、太原、苏州、烟台、成都
四类(36—45名)	1.67	贵阳、郑州、包头、重庆、威海、汕头、湛江、南昌、南通、银川
五类(46—50名)	0.81	连云港、呼和浩特、温州、西宁、兰州

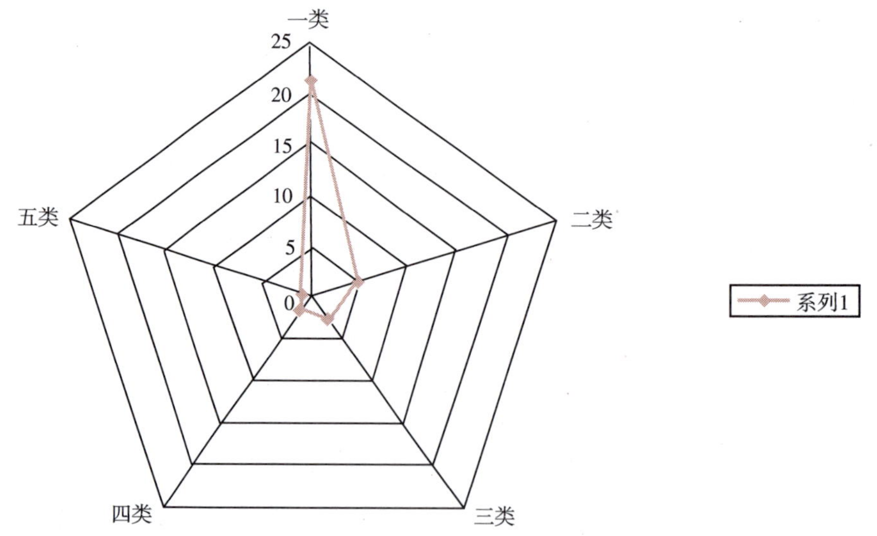

图16.2　城市生态水平级分图

2. 城市环境质量水平评价

表 16.2　中国城市环境质量水平分类与排序表

级别分类	平均得分	城市环境质量水平指数排序
一类(1—5 名)	39.88	上海、北京、深圳、广州、天津
二类(6—15 名)	19.53	杭州、成都、南京、武汉、沈阳、大连、长沙、青岛、福州、郑州
三类(16—35 名)	11.77	西安、济南、重庆、昆明、无锡、厦门、合肥、哈尔滨、海口、长春、乌鲁木齐、宁波、南宁、太原、南昌、温州、珠海、大庆、湛江、兰州
四类(36—45 名)	7.44	石家庄、汕头、苏州、呼和浩特、烟台、银川、秦皇岛、西宁、威海、包头
五类(46—50 名)	4.72	贵阳、南通、连云港、唐山和北海

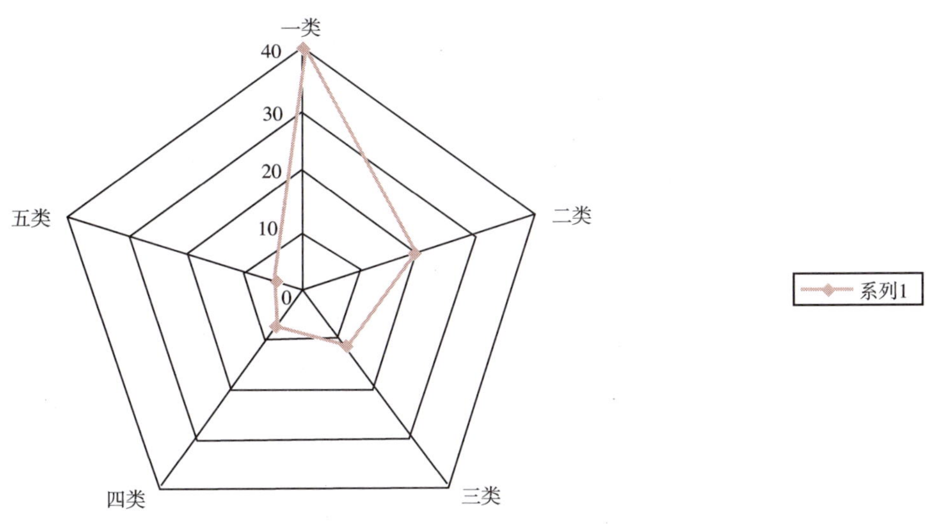

图 16.3　城市环境质量级分图

3. 城市协调能力评价

表 16.3　中国城市协调能力排序表

级别分类	平均得分	城市协调能力指数排序
一类(1—5 名)	37.59	上海、北京、广州、深圳、天津
二类(6—15 名)	16.02	南京、沈阳、武汉、成都、重庆、大连、杭州、青岛、宁波、哈尔滨
三类(16—35 名)	10.43	济南、长沙、西安、乌鲁木齐、郑州、太原、昆明、苏州、福州、大庆、南昌、无锡、兰州、厦门、南宁、海口、合肥、贵阳、唐山、石家庄
四类(36—45 名)	6.55	呼和浩特、银川、温州、包头、珠海、长春、烟台、西宁、秦皇岛、湛江
五类(46—50 名)	4.35	南通、威海、北海、连云港、汕头

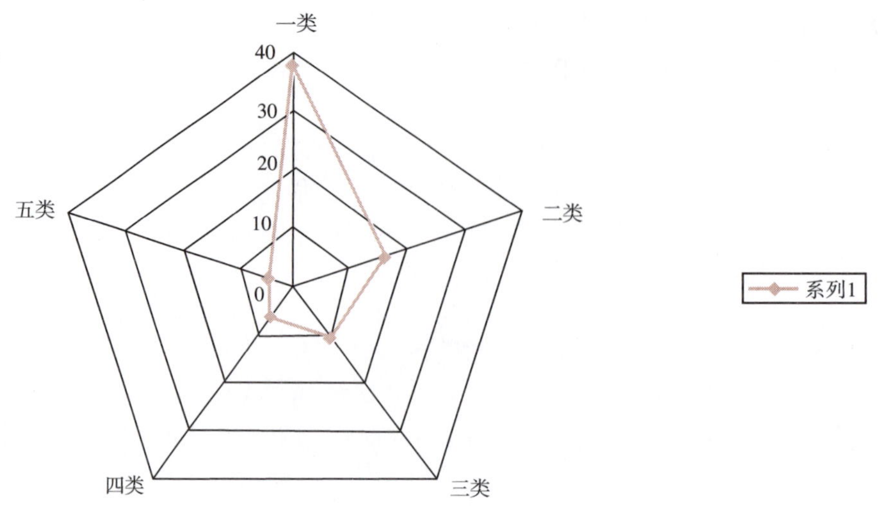

图 16.4 城市协调能力级分图

4. 城市影响能力评价

表 16.4 中国城市影响能力分类与排序表

级别分类	平均得分	城市影响能力指数排序
一类(1—5 名)	25.15	深圳、上海、广州、北京、大庆
二类(6—15 名)	7.56	宁波、武汉、杭州、青岛、南京、天津、厦门、福州、沈阳、苏州
三类(16—35 名)	3.40	大连、济南、无锡、珠海、成都、长沙、石家庄、长春、昆明、西安、重庆、南昌、海口、哈尔滨、温州、郑州、湛江、威海、秦皇岛、唐山
四类(36—45 名)	1.12	南通、烟台、合肥、兰州、乌鲁木齐、南宁、贵阳、太原、汕头、连云港
五类(46—50 名)	0.25	北海、银川、包头、呼和浩特、西宁

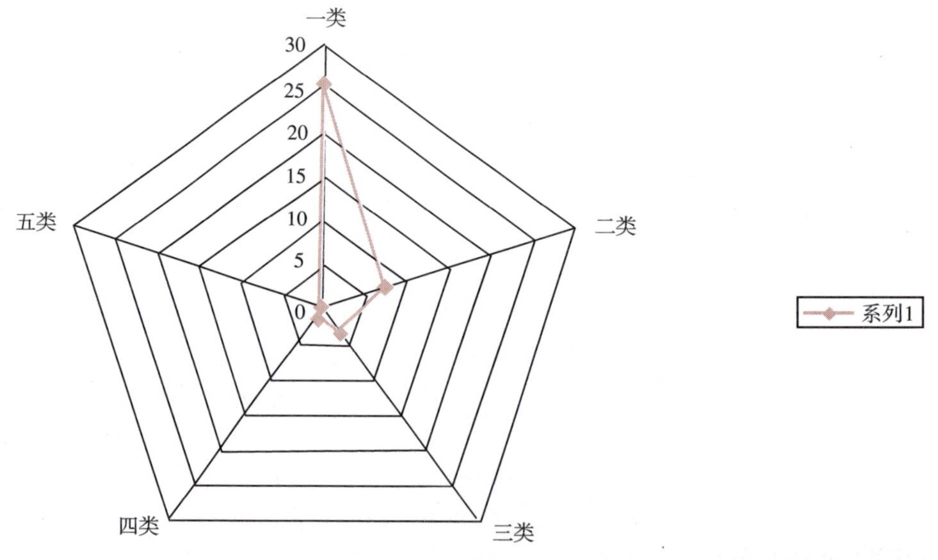

图 16.5 城市影响能力指数级分图

5. 城市可持续能力综合评价

表 16.5　中国城市可持续指数分类与排序表

级别分类	平均得分	城市可持续能力指数排序
一类(1—5 名)	30.43	上海、深圳、广州、北京、天津
二类(6—15 名)	11.64	南京、武汉、杭州、沈阳、大连、成都、青岛、长沙、宁波、福州
三类(16—35 名)	7.23	济南、重庆、大庆、西安、厦门、郑州、昆明、无锡、哈尔滨、乌鲁木齐、苏州、海口、珠海、太原、合肥、长春、南昌、南宁、石家庄、温州
四类(36—45 名)	4.24	兰州、秦皇岛、湛江、烟台、呼和浩特、贵阳、唐山、银川、汕头、包头
五类(46—50 名)	3.13	南通、威海、西宁、北海、连云港

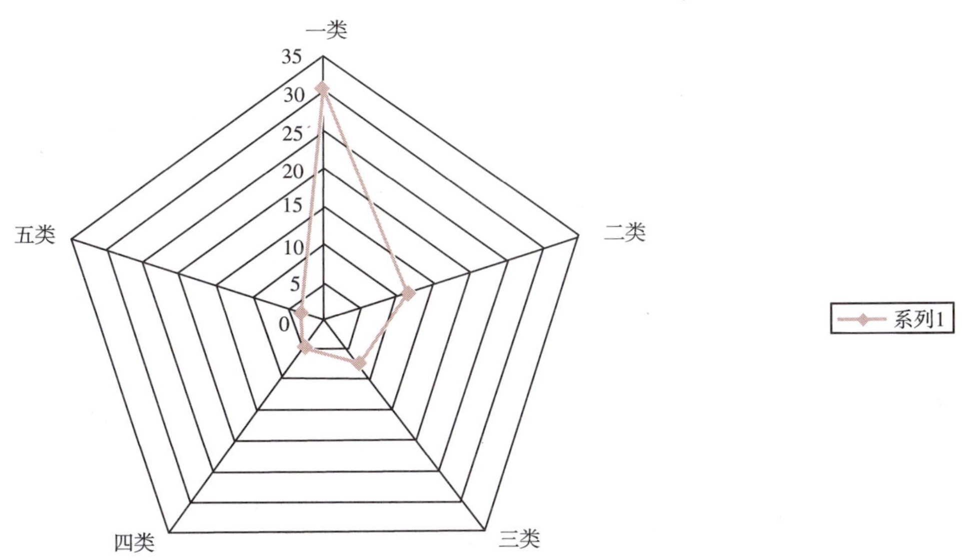

图 16.6　城市可持续发展能力级分图

第三篇

中国城市发展能力统计报告

第十七章　中国城市发展"真实能力"评估

考虑到城市发展实际上是"数量"与"质量"的共同表征；是"规模"与"能力"的共同表征；是"现状表达"与"未来起飞"的共同表征；也是城市"综合实力"与"发展潜力"的共同表征。上述二类的共同表征结果被定义为"城市发展真实能力"，它将成为宏观评价城市发展水平和城市发展效益的客观参考，集中表达了对于城市本质的深层次认识。本《报告》首次应用城市发展的"真实能力"概念，计算了中国具代表性的50个城市的发展水平与发展质量，将城市发展评估纳入到更加科学、更加合理的层次之中。

一　关于中国城市样本选择的说明

《中国城市发展报告》共选择全国50个主要城市作为评价对象，其中包括：

1.省会城市和计划单列市(35个)

北京、天津、石家庄、太原、呼和浩特、沈阳、大连、长春、哈尔滨、上海、南京、杭州、宁波、合肥、福州、厦门、南昌、济南、青岛、郑州、武汉、长沙、广州、深圳、南宁、海口、重庆、成都、贵阳、昆明、西安、兰州、西宁、银川、乌鲁木齐。在这35个城市中有：直辖市(包括省会城市)4个，分别是北京、天津、上海、重庆；副省级城市(包括省会城市)15个，分别是沈阳、大连、长春、哈尔滨、南京、杭州、宁波、厦门、济南、青岛、武汉、广州、深圳、成都、西安；地级省会城市16个，分别是石家庄、太原、呼和浩特、合肥、福州、南昌、郑州、长沙、南宁、海口、贵阳、昆明、兰州、西宁、银川、乌鲁木齐。

2.沿海开放城市和港口城市(9个)

秦皇岛、连云港、烟台、威海、汕头、湛江、珠海、北海、南通

3.代表性的资源型城市(2个)

大庆、包头

4.特别选择的城市(4个)

唐山、无锡、苏州、温州

5.拉萨由于统计数据缺乏暂未列入统计分析范畴。

6.本报告由于资料口径原因暂未包括中国的香港、台北、澳门。

本报告评价的结果仅限于以上50个城市的比较。

二　中国城市综合实力评估

城市综合实力主要是指从总体规模上衡量城市的发展状况和发展实力的强弱。我们选取15项指标来刻画城市的综合实力，分别是：市区年末总人口（人口规模）、市区年末总产值（经济总规模）、市区工业总产值（工业规模）、市区固定资产投资总额（经济增长的动力）、市区房地产开发投资额（城市的景气状况）、批发零售贸易商品销售总额（城市的消费规模）、外商实际投资额（城市的开放和吸引程度）、市区在岗职工平均工资（居民的生活水平）、城乡居民储蓄年末余额（增长的潜力）、市区高等学校在校学生数（人口的素质）、交通运输、公共卫生、人文发展指数（HDI）、城市竞争能力指数、城市影响能力。

将上述指标进行标准化处理，再加权汇总，结果如下表（17.1）和图（17.1）：

表17.1　中国主要城市综合实力评价结果

城市	城市综合实力指数	排序	城市	城市综合实力指数	排序
上海	0.803	1	厦门	0.182	26
北京	0.686	2	长春	0.18	27
广州	0.547	3	太原	0.177	28
深圳	0.479	4	乌鲁木齐	0.176	29
天津	0.379	5	南昌	0.161	30
杭州	0.315	6	合肥	0.157	31
南京	0.313	7	南宁	0.153	32
武汉	0.313	8	珠海	0.15	33
成都	0.29	9	温州	0.145	34
沈阳	0.274	10	兰州	0.142	35
重庆	0.268	11	海口	0.14	36
大连	0.254	12	秦皇岛	0.138	37
青岛	0.246	13	唐山	0.134	38
西安	0.234	14	贵阳	0.134	39
宁波	0.232	15	湛江	0.132	40
长沙	0.232	16	南通	0.124	41
济南	0.224	17	呼和浩特	0.119	42
福州	0.218	18	银川	0.111	43
哈尔滨	0.213	19	西宁	0.11	44
郑州	0.208	20	烟台	0.109	45
石家庄	0.207	21	包头	0.099	46
大庆	0.203	22	汕头	0.094	47
昆明	0.199	23	连云港	0.086	48
苏州	0.19	24	威海	0.08	49
无锡	0.182	25	北海	0.051	50

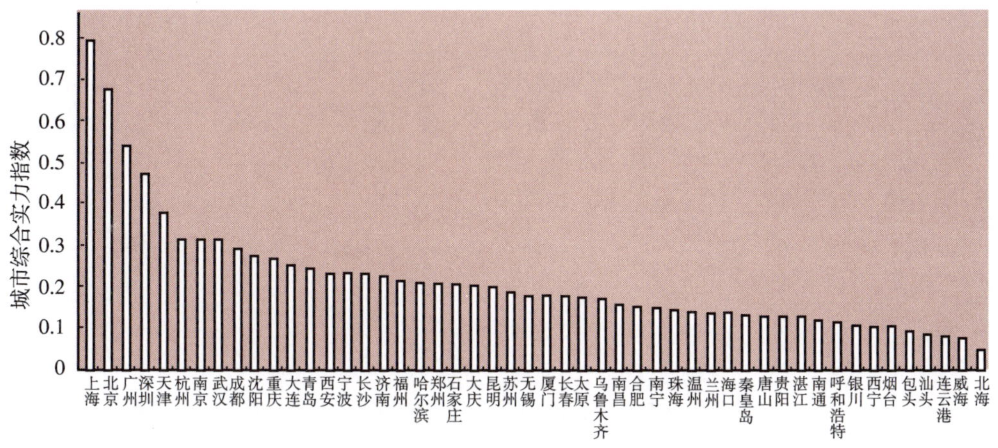

图 17.1　中国城市综合实力排序

从表 17.1 和图 17.1 可以看出，50 个城市的综合实力悬殊。上海综合实力最强为 0.803，居全国城市首位，而排在最末位的北海只有 0.051，两者相差约 16 倍。其中上海、北京、广州、深圳、天津、杭州、南京、武汉、成都、沈阳在全国分别位居前十名，而南通、呼和浩特、银川、西宁、烟台、包头、汕头、连云港、威海、北海等城市位居全国后十名。

再从前十名的内部差异来看，居全国城市第十名的沈阳市，其综合实力指数为0.274，只有上海市的 1/3 左右。这说明在全国主要城市中，城市综合实力的差距比较大。

三　中国城市发展潜力评估

城市综合实力只是从城市的规模上衡量城市的发展状况，而城市作为一个复杂的系统，要全面地反映其发展状况，仅有规模上的评价是不够的，还必须从其未来发展潜力，进行多角度刻画。根据我们的研究，全面反映城市的发展潜力可以由城市的实力、城市的竞争能力、城市的社会发展能力、城市的管理能力和城市的持续能力综合表征。据此，我们建立起由 100 多个指标构成的城市发展潜力评价指标体系。

通过标准化加和汇总，我们可以得到 50 个城市的发展潜力评价结果，如下表 17.2 和图 17.2 所示。

表 17.2　中国城市发展潜力评价结果

城市	城市实力指数	城市竞争指数	城市社会指数	城市管理指数	城市可持续指数	中国城市发展潜力
北京	30.95	49.39	37.54	32.75	29.87	36.10
天津	12.02	28.15	18	14.56	15.44	17.63
石家庄	5.28	16.45	8.72	6.43	6.02	8.58
唐山	2.99	17.68	5.68	3.36	4.09	6.76
秦皇岛	2.91	18.9	5.26	4.08	4.62	7.15
太原	3.61	23.77	8.81	4.9	6.37	9.49
呼和浩特	1.89	15.49	4.88	3.12	4.21	5.92

（续表 17.2）

城市	城市实力指数	城市竞争指数	城市社会指数	城市管理指数	城市可持续指数	中国城市发展潜力
包头	2.23	20.22	4.52	2.57	3.56	6.62
沈阳	7.47	19.85	13.49	8.56	12.49	12.37
大连	6.79	20.69	12.68	8.7	11.65	12.10
长春	4.44	21.46	6.09	4.47	6.32	8.56
哈尔滨	5.09	16.34	10.01	5.99	7.57	9.00
大庆	8	17.34	8.44	8.74	8.76	10.26
上海	50.59	51.5	44.57	46.83	40.97	46.89
南京	9.94	27.72	15.44	12.4	14.36	15.97
无锡	6.44	17.63	8.71	7.62	7.77	9.63
苏州	6.14	22.87	8.27	6.64	6.83	10.15
南通	3.14	18.89	4.49	3.32	3.45	6.66
连云港	1.71	15.99	2.74	1.76	2.7	4.98
杭州	11.3	19.66	16.31	13.63	13	14.78
宁波	6.95	18.71	11.19	8.72	9.55	11.02
温州	4.1	26	5.68	3.58	5.13	8.90
合肥	3.78	19.8	6	4.72	6.35	8.13
福州	5.95	24.07	10.97	6.23	9.37	11.32
厦门	5.38	22.91	10.88	6.63	8.16	10.79
南昌	4.02	18.79	6.61	4.55	6.28	8.05
济南	5.54	24.14	9.89	7.36	9.19	11.22
青岛	6.9	26.86	10.7	8	11.32	12.76
烟台	2.39	18.7	3.94	2.3	4.48	6.36
威海	1.79	22.42	3.24	1.94	3.43	6.56
郑州	4.24	22.6	10.16	6.13	8.02	10.23
武汉	9.42	17.51	14.29	9.81	13.23	12.85
长沙	6.09	22.03	10.33	8.1	9.83	11.28
广州	25.88	30.19	34.17	24.21	30.52	28.99
深圳	27.41	46.47	38.81	25.88	35.38	34.79
珠海	6.41	25.11	8	6.48	6.38	10.48
汕头	2.28	15.78	3.33	2.22	3.64	5.45
湛江	2.77	10.56	3.83	3.02	4.58	4.95
南宁	3.25	15.63	7.41	4.54	6.22	7.41
北海	1.18	9.36	1.46	1.7	2.72	3.28
海口	2.82	17.88	9.21	5.49	6.61	8.40
重庆	7.56	15.54	8.98	5.38	8.98	9.29
成都	8.35	19.75	14.34	7.6	11.63	12.33
贵阳	2.9	20.86	5.63	3.96	4.15	7.50

(续表 17.2)

城市	城市实力指数	城市竞争指数	城市社会指数	城市管理指数	城市可持续指数	中国城市发展潜力
昆明	4.54	16.34	8.89	6.31	8	8.82
西安	5.12	16.7	10.6	6.34	8.69	9.49
兰州	2.69	17.19	6.22	3.56	5.07	6.95
西宁	1.51	20.84	4.56	2.61	3.37	6.58
银川	1.16	19.98	5.14	3.25	4.03	6.71
乌鲁木齐	3.97	15.75	9.86	6.32	6.92	8.56

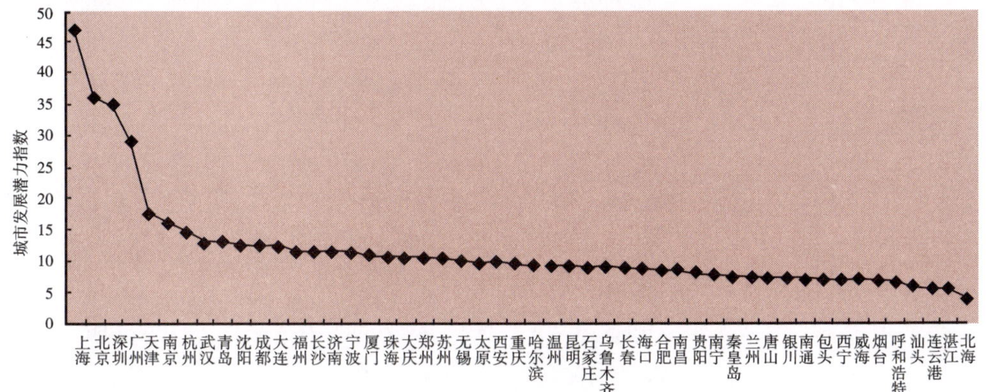

图 17.2 中国城市发展潜力排序图

从汇总的结果来看,上海、北京、深圳、广州、天津、南京、杭州、武汉、青岛、沈阳的城市发展潜力居全国前十名,而南通、包头、西宁、威海、烟台、呼和浩特、汕头、连云港、湛江、北海位居全国后十名。

表 17.3 把城市综合实力和城市发展潜力的结果进行比较,可以发现两者的差距较大。

表 17.3 中国城市综合实力与发展潜力的比较

城市综合实力排序	城市	中国城市发展潜力排序	城市
1	上海	1	上海
2	北京	2	北京
3	广州	3	深圳
4	深圳	4	广州
5	天津	5	天津
6	杭州	6	南京
7	南京	7	杭州
8	武汉	8	武汉
9	成都	9	青岛
10	沈阳	10	沈阳
11	重庆	11	成都
12	大连	12	大连

（续表 17.3）

城市综合实力排序	城市	中国城市发展潜力排序	城市
13	青岛	13	福州
14	西安	14	长沙
15	宁波	15	济南
16	长沙	16	宁波
17	济南	17	厦门
18	福州	18	珠海
19	哈尔滨	19	大庆
20	郑州	20	郑州
21	石家庄	21	苏州
22	大庆	22	无锡
23	昆明	23	太原
24	苏州	24	西安
25	无锡	25	重庆
26	厦门	26	哈尔滨
27	长春	27	温州
28	太原	28	昆明
29	乌鲁木齐	29	石家庄
30	南昌	30	乌鲁木齐
31	合肥	31	长春
32	南宁	32	海口
33	珠海	33	合肥
34	温州	34	南昌
35	兰州	35	贵阳
36	海口	36	南宁
37	秦皇岛	37	秦皇岛
38	唐山	38	兰州
39	贵阳	39	唐山
40	湛江	40	银川
41	南通	41	南通
42	呼和浩特	42	包头
43	银川	43	西宁
44	西宁	44	威海
45	烟台	45	烟台
46	包头	46	呼和浩特
47	汕头	47	汕头
48	连云港	48	连云港
49	威海	49	湛江
50	北海	50	北海

四　中国城市发展"真实能力"评估

考虑到城市发展实际上是"数量"与"质量"的共同表征；是"规模"与"动力"的共同表征；也是城市"综合实力"与"发展潜力"的共同表征，上述二类的共同表征结果被定义为"城市发展真实能力"，它将成为宏观评价城市发展水平和城市发展效益的客观参考，集中表达了对于城市本质的深层次认识。此外，由于城市综合实力与城市发展潜力两者之间在排序上的差距，容易造成不必要的误解，城市发展的"真实能力"将以城市发展潜力的评价为基础，利用城市综合实力的结果对其进行加权处理，即用综合实力指数作为权重，对城市发展潜力进行修正，最终获得中国城市发展的"真实能力"，其结果如下表 17.4 和图 17.3。

表 17.4　中国城市发展"真实能力"表

城市	中国城市发展潜力	权重表	中国城市发展"真实能力"
北京	36.1	0.686	24.76
天津	17.63	0.379	6.68
石家庄	8.58	0.207	1.78
唐山	6.76	0.134	0.91
秦皇岛	7.15	0.138	0.99
太原	9.49	0.177	1.68
呼和浩特	5.92	0.119	0.70
包头	6.62	0.099	0.66
沈阳	12.37	0.274	3.39
大连	12.1	0.254	3.07
长春	8.56	0.180	1.54
哈尔滨	9	0.213	1.92
大庆	10.26	0.203	2.08
上海	46.89	0.803	37.65
南京	15.97	0.313	5.00
无锡	9.63	0.182	1.75
苏州	10.15	0.190	1.93
南通	6.66	0.124	0.83
连云港	4.98	0.086	0.43
杭州	14.78	0.315	4.66
宁波	11.02	0.232	2.56
温州	8.9	0.145	1.29
合肥	8.13	0.157	1.28
福州	11.32	0.218	2.47
厦门	10.79	0.182	1.96
南昌	8.05	0.161	1.30
济南	11.22	0.224	2.51
青岛	12.76	0.246	3.14
烟台	6.36	0.109	0.69

（续表 17.4）

城市	中国城市发展潜力	权重表	中国城市发展“真实能力”
威海	6.56	0.080	0.52
郑州	10.23	0.208	2.13
武汉	12.85	0.313	4.02
长沙	11.28	0.232	2.62
广州	28.99	0.547	15.86
深圳	34.79	0.479	16.66
珠海	10.48	0.150	1.57
汕头	5.45	0.094	0.51
湛江	4.95	0.132	0.65
南宁	7.41	0.153	1.13
北海	3.28	0.051	0.17
海口	8.4	0.140	1.18
重庆	9.29	0.268	2.49
成都	12.33	0.290	3.58
贵阳	7.5	0.134	1.01
昆明	8.82	0.199	1.76
西安	9.49	0.234	2.22
兰州	6.95	0.142	0.99
西宁	6.58	0.110	0.72
银川	6.71	0.111	0.74
乌鲁木齐	8.56	0.176	1.51

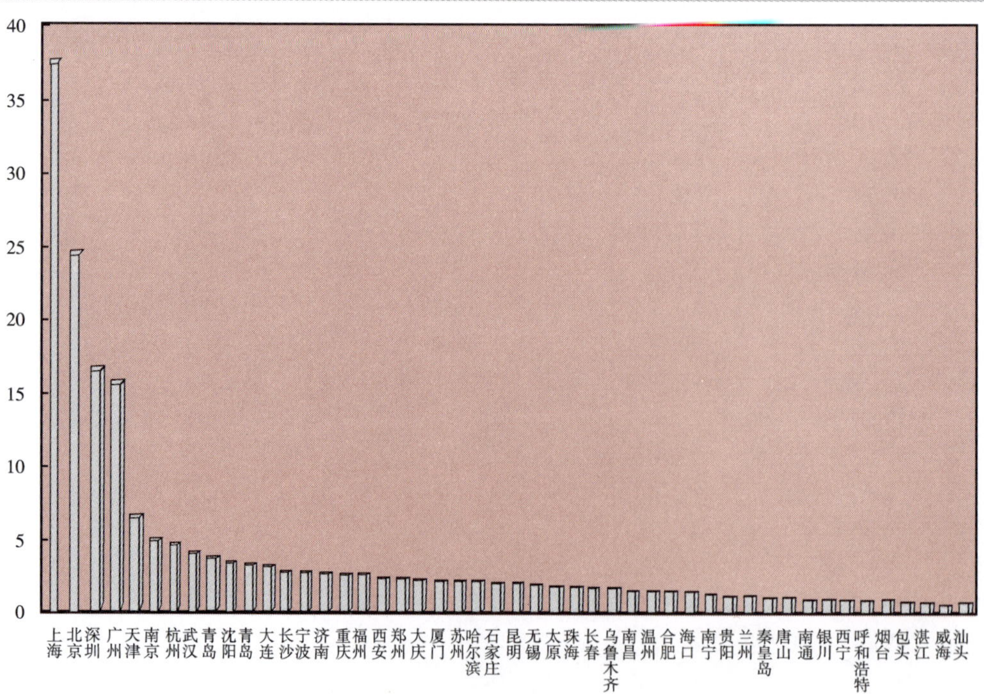

图 17.3　中国城市发展“真实能力”排序图

第十八章　中国城市基本要素统计分析

依据本报告所拟定的城市发展指标体系，第 18 章集中统计分析了中国城市各类要素的状况，结果如下。

表 18.1 中国城市发展能力总表

城市	中国城市发展能力					中国城市发展能力
	城市实力指数	城市竞争指数	城市社会指数	城市管理指数	城市可持续指数	
北京	30.95	49.39	37.54	32.75	29.87	36.10
天津	12.02	28.15	18	14.56	15.44	17.63
石家庄	5.28	16.45	8.72	6.43	6.02	8.58
唐山	2.99	17.68	5.68	3.36	4.09	6.76
秦皇岛	2.91	18.9	5.26	4.08	4.62	7.15
太原	3.61	23.77	8.81	4.9	6.37	9.49
呼和浩特	1.89	15.49	4.88	3.12	4.21	5.92
包头	2.23	20.22	4.52	2.57	3.56	6.62
沈阳	7.47	19.85	13.49	8.56	12.49	12.37
大连	6.79	20.69	12.68	8.7	11.65	12.10
长春	4.44	21.46	6.09	4.47	6.32	8.56
哈尔滨	5.09	16.34	10.01	5.99	7.57	9.00
大庆	8	17.34	8.44	8.74	8.76	10.26
上海	50.59	51.5	44.57	46.83	40.97	46.89
南京	9.94	27.72	15.44	12.4	14.36	15.97
无锡	6.44	17.63	8.71	7.62	7.77	9.63
苏州	6.14	22.87	8.27	6.64	6.83	10.15
南通	3.14	18.89	4.49	3.32	3.45	6.66
连云港	1.71	15.99	2.74	1.76	2.7	4.98
杭州	11.3	19.66	16.31	13.63	13	14.78
宁波	6.95	18.71	11.19	8.72	9.55	11.02
温州	4.1	26	5.68	3.58	5.13	8.90
合肥	3.78	19.8	6	4.72	6.35	8.13
福州	5.95	24.07	10.97	6.23	9.37	11.32
厦门	5.38	22.91	10.88	6.63	8.16	10.79
南昌	4.02	18.79	6.61	4.55	6.28	8.05

（续表 18.1）

城市	中国城市发展能力					中国城市发展能力
	城市实力指数	城市竞争指数	城市社会指数	城市管理指数	城市可持续指数	
济南	5.54	24.14	9.89	7.36	9.19	11.22
青岛	6.9	26.86	10.7	8	11.32	12.76
烟台	2.39	18.7	3.94	2.3	4.48	6.36
威海	1.79	22.42	3.24	1.94	3.43	6.56
郑州	4.24	22.6	10.16	6.13	8.02	10.23
武汉	9.42	17.51	14.29	9.81	13.23	12.85
长沙	6.09	22.03	10.33	8.1	9.83	11.28
广州	25.88	30.19	34.17	24.21	30.52	28.99
深圳	27.41	46.47	38.81	25.88	35.38	34.79
珠海	6.41	25.11	8	6.48	6.38	10.48
汕头	2.28	15.78	3.33	2.22	3.64	5.45
湛江	2.77	10.56	3.83	3.02	4.58	4.95
南宁	3.25	15.63	7.41	4.54	6.22	7.41
北海	1.18	9.36	1.46	1.7	2.72	3.28
海口	2.82	17.88	9.21	5.49	6.61	8.40
重庆	7.56	15.54	8.98	5.38	8.98	9.29
成都	8.35	19.75	14.34	7.6	11.63	12.33
贵阳	2.9	20.86	5.63	3.96	4.15	7.50
昆明	4.54	16.34	8.89	6.31	8	8.82
西安	5.12	16.7	10.6	6.34	8.69	9.49
兰州	2.69	17.19	6.22	3.56	5.07	6.95
西宁	1.51	20.84	4.56	2.61	3.37	6.58
银川	1.16	19.98	5.14	3.25	4.03	6.71
乌鲁木齐	3.97	15.75	9.86	6.32	6.92	8.56

资料来源：国家统计局城市社会经济调查总队，《2002 中国城市统计年鉴》，中国统计出版社，2002。

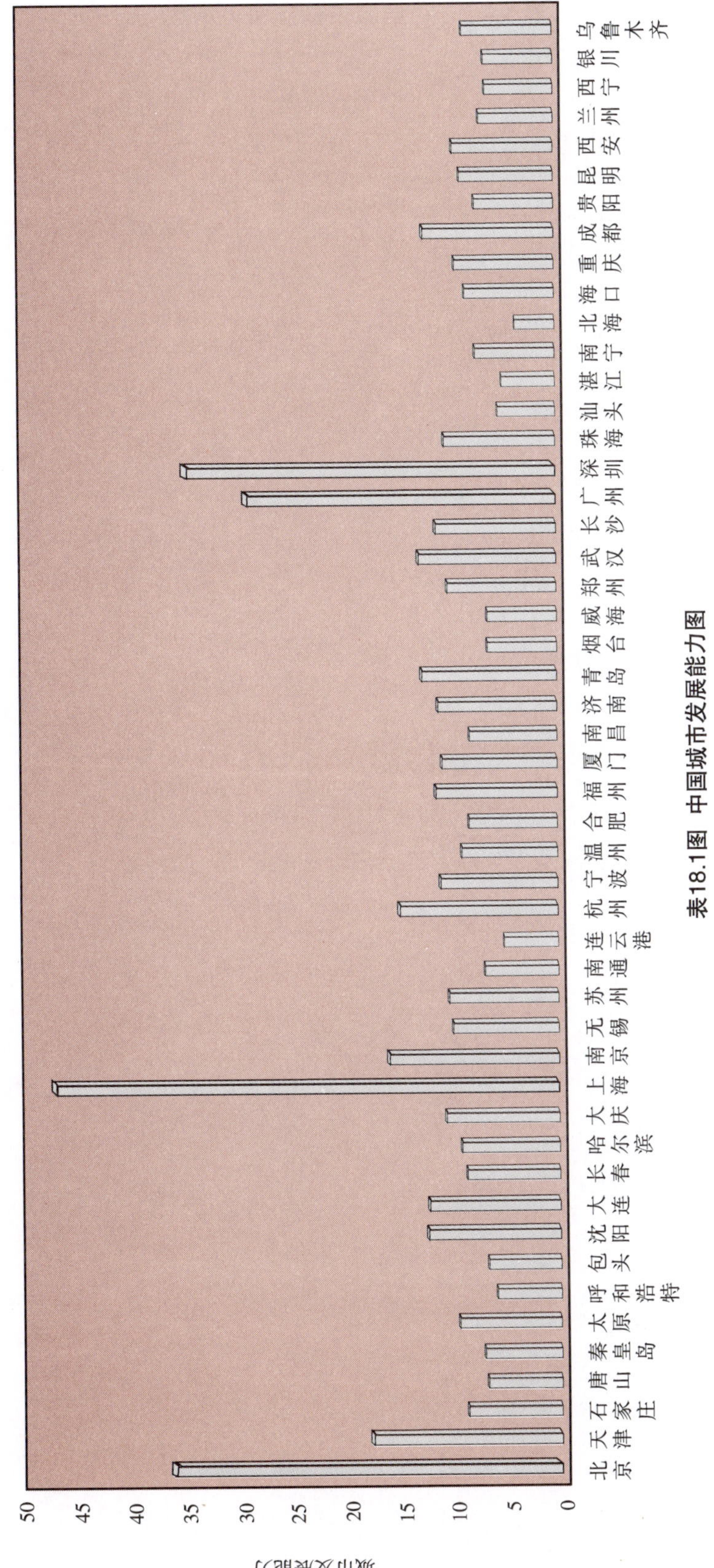

表18.1图　中国城市发展能力图

表 18.2　中国城市基础实力指数

城市	城市基础实力指数				城市基础力指数
	城市资源禀赋	城市经济总量	城市工业化水平	城市基础设施能力	
北京	30.82	16.83	30.22	45.93	30.95
天津	11.75	7.26	19.31	9.75	12.02
石家庄	4.15	5.65	8.15	3.17	5.28
唐山	3.33	1.48	5.52	1.61	2.99
秦皇岛	3.24	2.29	4.37	1.73	2.91
太原	3.79	1.57	6.67	2.42	3.61
呼和浩特	2.94	0.81	3.16	0.64	1.89
包头	2.52	0.48	4.92	1	2.23
沈阳	7.78	4.37	11.39	6.35	7.47
大连	6.48	5.31	10.35	5.02	6.79
长春	5.16	2.02	7.72	2.87	4.44
哈尔滨	5.91	3.4	7.06	4	5.09
大庆	11.3	4.81	10.21	5.69	8.00
上海	33.85	48.37	61.34	58.81	50.59
南京	10.6	6.91	14.07	8.18	9.94
无锡	6.16	7.94	8.92	2.72	6.44
苏州	6.49	7.2	8.93	1.94	6.14
南通	3.63	2.3	5.86	0.78	3.14
连云港	2.97	0.5	2.7	0.67	1.71
杭州	13.11	12.33	13.31	6.44	11.30
宁波	7.64	6.8	9.8	3.57	6.95
温州	6.48	2.27	5.95	1.71	4.10
合肥	4.42	2.81	6.24	1.63	3.78
福州	8.4	3.9	8.5	2.98	5.95
厦门	7.54	3.2	8.82	1.96	5.38
南昌	5.33	2.68	6.24	1.81	4.02

（续表 18.2）

城市	城市基础实力指数				城市基础力指数
	城市资源禀赋	城市经济总量	城市工业化水平	城市基础设施能力	
济南	6.53	3.88	7.9	3.84	5.54
青岛	6.39	4.81	11.78	4.6	6.90
烟台	3.49	1.01	4.26	0.81	2.39
威海	2.21	0.97	3.34	0.63	1.79
郑州	4.92	2.79	6.35	2.91	4.24
武汉	14.36	4.23	11.77	7.32	9.42
长沙	8.14	5.76	6.87	3.6	6.09
广州	31.41	18.75	25.96	27.38	25.88
深圳	32.85	28.17	28.42	20.21	27.41
珠海	11.68	3.06	7.02	3.86	6.41
汕头	3.67	1.71	3.03	0.72	2.28
湛江	6.15	0.68	3.64	0.59	2.77
南宁	6.9	1.14	3.49	1.45	3.25
北海	3.26	1.01	0.21	0.23	1.18
海口	5.11	2.38	2.64	1.13	2.82
重庆	11.91	2.06	9.54	6.73	7.56
成都	8.91	6.02	10.05	8.42	8.35
贵阳	5.17	0.93	4.33	1.16	2.90
昆明	7.29	1.79	6.38	2.7	4.54
西安	5.26	2.58	9.21	3.44	5.12
兰州	2.61	1.27	5.32	1.55	2.69
西宁	2.16	0.69	2.62	0.55	1.51
银川	0.44	0.39	3.05	0.77	1.16
乌鲁木齐	6.84	1.48	5.19	2.36	3.97

资料来源：国家统计局城市社会经济调查总队，《2002 中国城市统计年鉴》，中国统计出版社，2002。

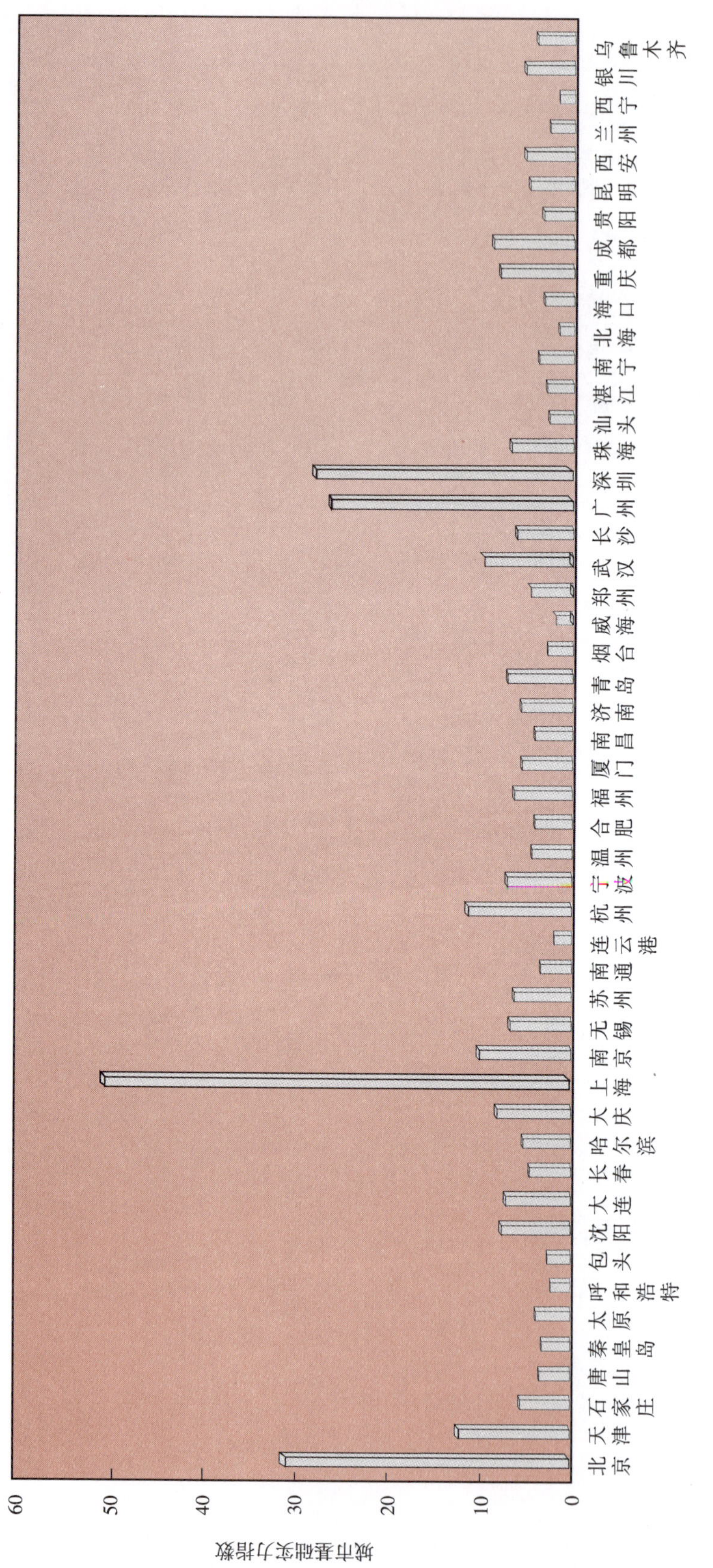

表18.2图　中国城市基础实力指数图

表 18.3　中国城市资源禀赋

城市	城市资源禀赋					城市资源禀赋
	建成区土地面积得分	干燥度得分	人均水资源得分	生物气候潜力密度得分	人均生物承载力得分	
北京	68.6	57.45	5.34	11.5	11.22	30.82
天津	19.86	25.89	2.99	5.72	4.3	11.75
石家庄	2.27	15.69	0.05	2.74	0	4.15
唐山	1.61	11.16	0.74	2.25	0.9	3.33
秦皇岛	0.77	12.38	0.22	2.18	0.63	3.24
太原	3.43	12.81	0.2	1.73	0.79	3.79
呼和浩特	1.4	8.96	0.93	1.04	2.37	2.94
包头	1.56	7.62	1.59	0.15	1.66	2.52
沈阳	7.55	23.68	0.81	4.7	2.16	7.78
大连	6.86	17.72	1.06	4.14	2.62	6.48
长春	3.18	16.43	1.41	2.34	2.42	5.16
哈尔滨	5.1	20.78	0.42	2.42	0.83	5.91
大庆	3.01	20.3	20.3	1.97	10.94	11.30
上海	55.61	73.96	2.65	33.35	3.67	33.85
南京	7.53	27.35	2.86	11.25	4.01	10.60
无锡	3.21	15.8	2.21	6.88	2.72	6.16
苏州	1.96	17.15	2.29	7.9	3.16	6.49
南通	0.68	11.23	0.62	4.71	0.91	3.63
连云港	0.23	7.65	2.23	2.56	2.16	2.97
杭州	8.21	28.31	5.38	16.99	6.65	13.11
宁波	1.3	21.88	4.98	6.9	3.15	7.64
温州	1.53	13.89	1.7	10.76	4.53	6.48
合肥	1.95	13.08	1.05	5.38	0.65	4.42
福州	1.89	20	2.72	13.24	4.15	8.40
厦门	1.34	15.78	4.78	9.93	5.85	7.54
南昌	1.14	14.94	0.35	8.97	1.23	5.33

（续表 18.3）

城市	城市资源禀赋					城市资源禀赋
	建成区土地面积得分	干燥度得分	人均水资源得分	生物气候潜力密度得分	人均生物承载力得分	
济南	4.16	18.11	2.8	4.31	3.29	6.53
青岛	2.99	21.18	1.23	5	1.55	6.39
烟台	1.31	9.37	1.98	2.18	2.6	3.49
威海	0.13	6.85	1.01	1.54	1.54	2.21
郑州	3.06	15.7	1.39	3.67	0.77	4.92
武汉	7.53	27.81	8.3	18.08	10.09	14.36
长沙	2.98	21.94	1.68	12.68	1.41	8.14
广州	36.13	50.73	10.2	46.75	13.26	31.41
深圳	7.36	44.97	31.35	47.9	32.69	32.85
珠海	0.74	14.93	12.92	14.83	15	11.68
汕头	0.83	9.26	0.44	7.2	0.62	3.67
湛江	0.65	11.86	1.8	11.12	5.3	6.15
南宁	1.72	11.5	5.35	9.6	6.35	6.90
北海	0	4.63	3.31	4.47	3.89	3.26
海口	0.04	13.24	0.64	10.04	1.58	5.11
重庆	8.46	22.55	5.29	12.25	11.01	11.91
成都	7.6	22.95	2.33	9.95	1.74	8.91
贵阳	1.34	13.04	2.25	5.46	3.77	5.17
昆明	3.09	16.87	2.68	6.77	7.05	7.29
西安	4.85	16.43	0.55	3.55	0.93	5.26
兰州	1.92	9.16	0.45	0.68	0.86	2.61
西宁	0.43	9.44	0	0.82	0.11	2.16
银川	0.36	0	0.26	0	1.56	0.44
乌鲁木齐	3.18	13.72	6.36	0.28	10.67	6.84

资料来源：国家统计局城市社会经济调查总队，《2002中国城市统计年鉴》，中国统计出版社，2002。

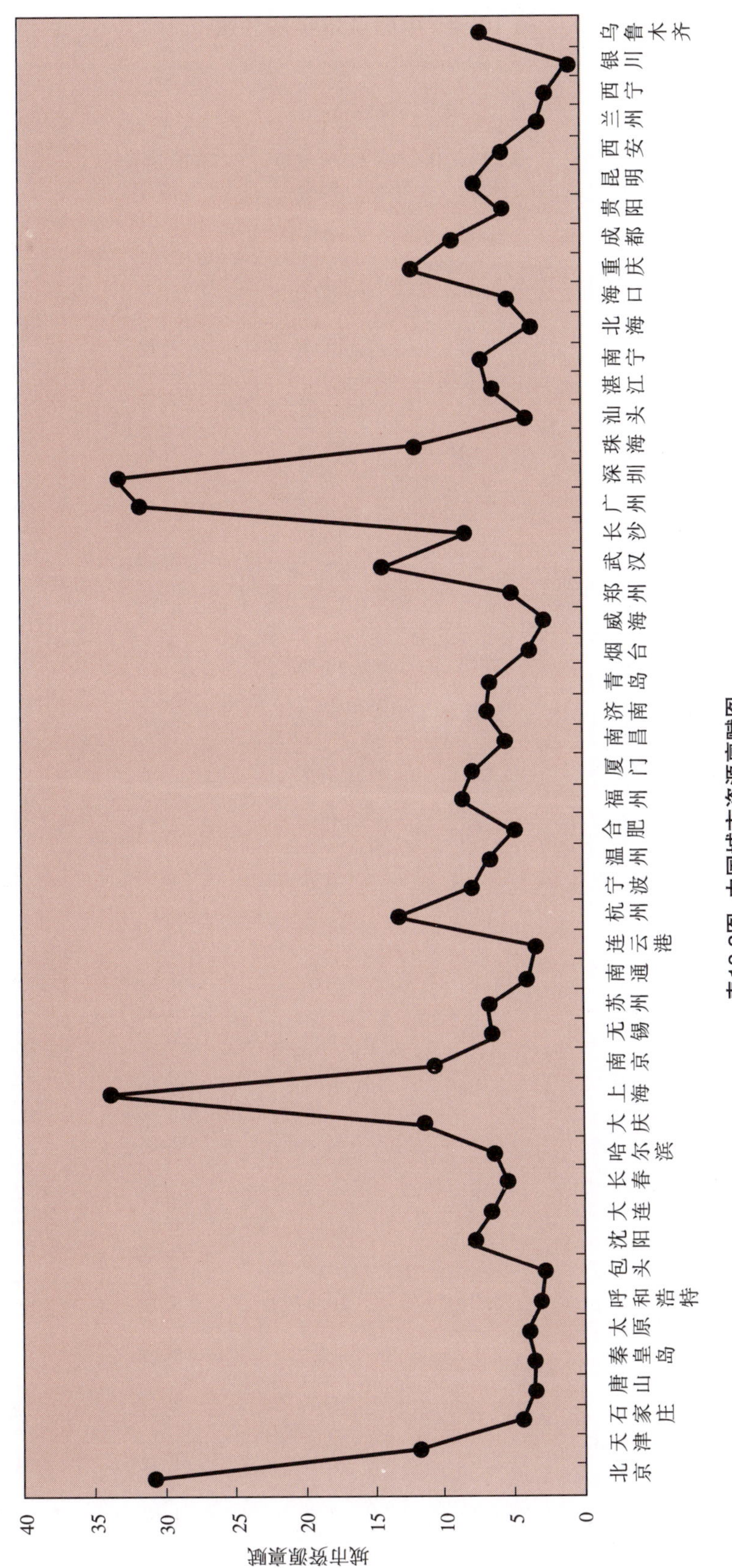

表18.3图　中国城市资源禀赋图

表 18.4　中国城市经济总量

城市	城市经济总量				城市经济总量
	GDP 得分	人均 GDP 得分	GDP 密度得分	GDP 增长率得分	
北京	37.37	9.72	10.46	9.75	16.83
天津	12.41	3.96	6.03	6.64	7.26
石家庄	1.68	2.41	16.76	1.74	5.65
唐山	0.71	1.14	2.98	1.08	1.48
秦皇岛	0.32	1.81	5.32	1.69	2.29
太原	0.95	0.8	2.86	1.65	1.57
呼和浩特	0.19	0.53	0.42	2.08	0.81
包头	0.28	0.54	0.34	0.77	0.48
沈阳	5.61	2.79	6.16	2.93	4.37
大连	4.54	4.9	7.46	4.34	5.31
长春	2.47	2.2	2.6	0.8	2.02
哈尔滨	2.49	2.01	6.17	2.91	3.40
大庆	4.04	12.12	2.89	0.17	4.81
上海	80.3	17.92	80.3	14.95	48.37
南京	5.91	4.24	8.97	8.51	6.91
无锡	2.75	3.91	6.9	18.2	7.94
苏州	2.16	2.99	5.4	18.25	7.20
南通	0.31	1.46	5.16	2.25	2.30
连云港	0.08	0.63	0.7	0.57	0.50
杭州	7.35	5.4	9.33	27.22	12.33
宁波	2.46	6.39	10.17	8.17	6.80
温州	0.96	2.29	3.55	2.28	2.27
合肥	0.65	1.36	7.21	2.01	2.81
福州	1.97	3.97	8.19	1.45	3.90
厦门	1.84	4.42	4.9	1.63	3.20
南昌	0.91	1.41	6.98	1.4	2.68

（续表 18.4）

城市	城市经济总量				城市经济总量
	GDP 得分	人均 GDP 得分	GDP 密度得分	GDP 增长率得分	
济南	3.48	2.88	3.75	5.4	3.88
青岛	3.21	3.87	9.91	2.25	4.81
烟台	0.61	1.05	0.9	1.47	1.01
威海	0.16	1.37	1.32	1.01	0.97
郑州	1.37	1.42	6.07	2.29	2.79
武汉	8.29	2.32	3.34	2.96	4.23
长沙	1.92	3.06	15.51	2.53	5.76
广州	26.98	13.64	28.28	6.1	18.75
深圳	18.71	47.9	38.29	7.76	28.17
珠海	0.92	4.36	2.41	4.55	3.06
汕头	0.31	0.8	5.72	0	1.71
湛江	0.4	0.73	1.29	0.28	0.68
南宁	0.54	1.11	1.3	1.61	1.14
北海	0	0.24	0.2	3.58	1.01
海口	0.22	1.67	6.76	0.88	2.38
重庆	4.5	0.45	0.67	2.61	2.06
成都	4.25	3.18	12.37	4.26	6.02
贵阳	0.5	0.54	0.82	1.87	0.93
昆明	1.87	2.4	1.81	1.06	1.79
西安	2.74	1.41	5.66	0.5	2.58
兰州	0.69	0.91	1.85	1.61	1.27
西宁	0	0	1.56	1.19	0.69
银川	0.03	0.42	0.32	0.77	0.39
乌鲁木齐	0.88	1.52	0	3.52	1.48

资料来源：国家统计局城市社会经济调查总队，《2002 中国城市统计年鉴》，中国统计出版社，2002。

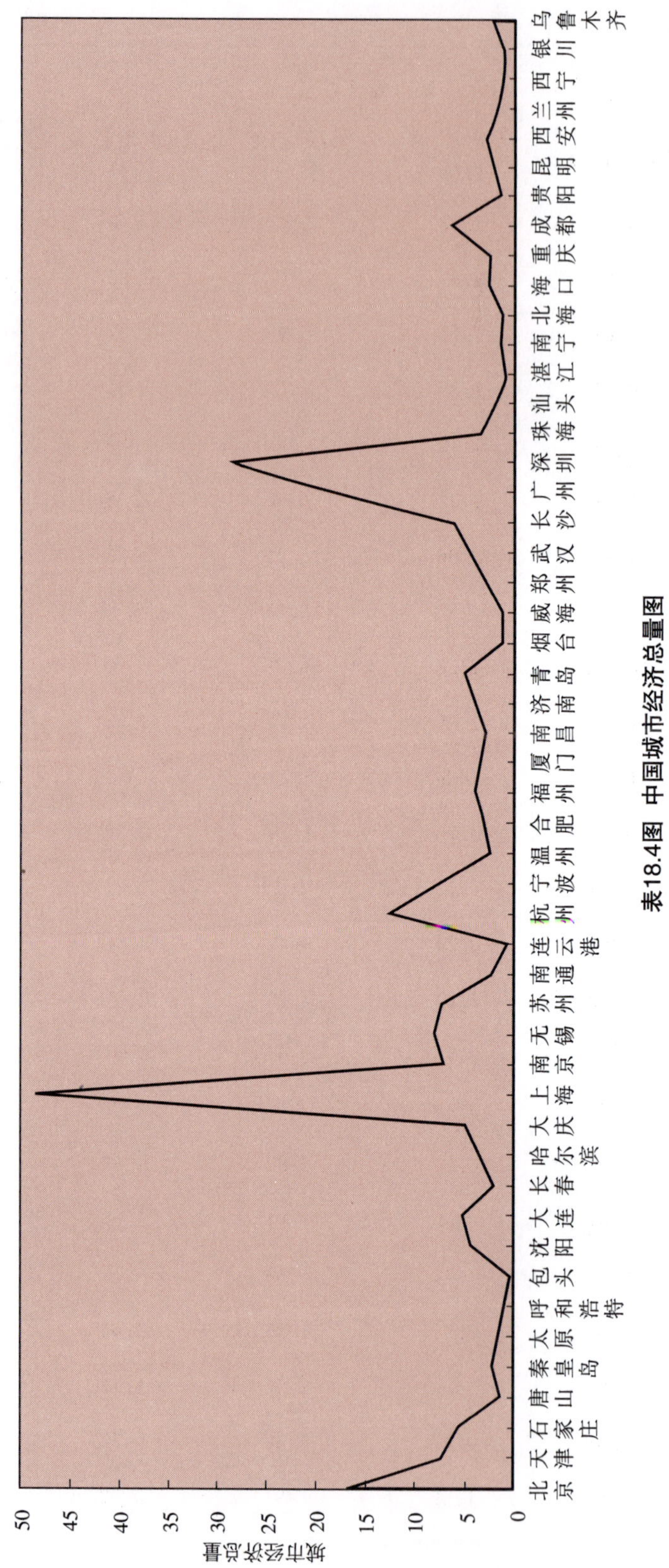

表18.4图　中国城市经济总量图

表 18.5　中国城市工业化水平

城市	城市工业化水平					城市工业化水平
	工业总产值得分	GDP 占全国 GDP 比例得分	第二产业占 GDP 比重得分	非农劳动力占总劳动力的比例得分	制造业劳动力占总劳动力的比例得分	
北京	26.89	37.36	8.98	62.55	15.31	30.22
天津	14.44	12.4	12.78	32.52	24.41	19.31
石家庄	1.3	1.68	6.07	19.66	12.03	8.15
唐山	0.59	0.71	7.72	11.63	6.97	5.52
秦皇岛	0.2	0.31	1.94	12.66	6.74	4.37
太原	0.69	0.94	5.82	16.55	9.36	6.67
呼和浩特	0.08	0.19	3.21	10.24	2.07	3.16
包头	0.35	0.28	5.51	8.83	9.65	4.92
沈阳	2.76	5.6	7.94	25.36	15.28	11.39
大连	3.57	4.54	6.7	20.77	16.19	10.35
长春	2.26	2.47	6.73	16.01	11.13	7.72
哈尔滨	1.14	2.48	2.95	16.04	12.68	7.06
大庆	3.45	4.04	20.3	20.3	2.94	10.21
上海	80.3	80.27	25.65	76.72	43.75	61.34
南京	7.01	5.91	10.36	28.9	18.17	14.07
无锡	2.85	2.75	7.35	16.46	15.19	8.92
苏州	2.77	2.15	9.08	15.91	14.74	8.93
南通	0.47	0.3	6.29	11.37	10.87	5.86
连云港	0.1	0.07	4.03	6.48	2.83	2.70
杭州	7.22	7.34	10.6	25.16	16.24	13.31
宁波	2.41	2.45	8.14	21.32	14.67	9.80
温州	0.73	0.95	6.89	13.66	7.51	5.95
合肥	0.68	0.64	7.24	14.77	7.87	6.24
福州	1.09	1.97	6.32	20.27	12.84	8.50
厦门	2.03	1.84	7.36	15.32	17.57	8.82

（续表 18.5）

城市	城市工业化水平					
	工业总产值得分	GDP 占全国 GDP 比例得分	第二产业占 GDP 比重得分	非农劳动力占总劳动力的比例得分	制造业劳动力占总劳动力的比例得分	城市工业化水平
南昌	0.48	0.91	6.4	15.54	7.87	6.24
济南	1.89	3.48	4.73	18.83	10.58	7.90
青岛	4.2	3.21	9.14	21.64	20.7	11.78
烟台	0.42	0.61	5.16	8.63	6.5	4.26
威海	0.28	0.16	2.89	5.37	8	3.34
郑州	0.69	1.37	2.22	19.58	7.87	6.35
武汉	4.48	8.28	8.27	22.93	14.89	11.77
长沙	0.7	1.91	4.41	21.72	5.63	6.87
广州	19.13	26.96	10.91	49.05	23.76	25.96
深圳	21.14	18.7	20.04	46.93	35.27	28.42
珠海	1.37	0.92	6.57	12.49	13.74	7.02
汕头	0.22	0.31	2.38	8.44	3.78	3.03
湛江	0.37	0.39	5.36	8.66	3.42	3.64
南宁	0.17	0.54	0.24	12.62	3.88	3.49
北海	0	0	0	0	1.04	0.21
海口	0.14	0.22	0.11	12.73	0	2.64
重庆	3.25	4.49	8.81	17.96	13.17	9.54
成都	1.59	4.24	7.51	25.86	11.05	10.05
贵阳	0.34	0.49	5.04	11.02	4.75	4.33
昆明	0.78	1.86	6.53	17.69	5.05	6.38
西安	1.41	2.73	6.68	20.86	14.39	9.21
兰州	0.66	0.69	5.57	12.82	6.85	5.32
西宁	0.01	0	1.58	10.24	1.27	2.62
银川	0.07	0.03	3.04	8.79	3.31	3.05
乌鲁木齐	0.56	0.87	2.59	17.45	4.5	5.19

资料来源：国家统计局城市社会经济调查总队，《2002 中国城市统计年鉴》，中国统计出版社，2002。

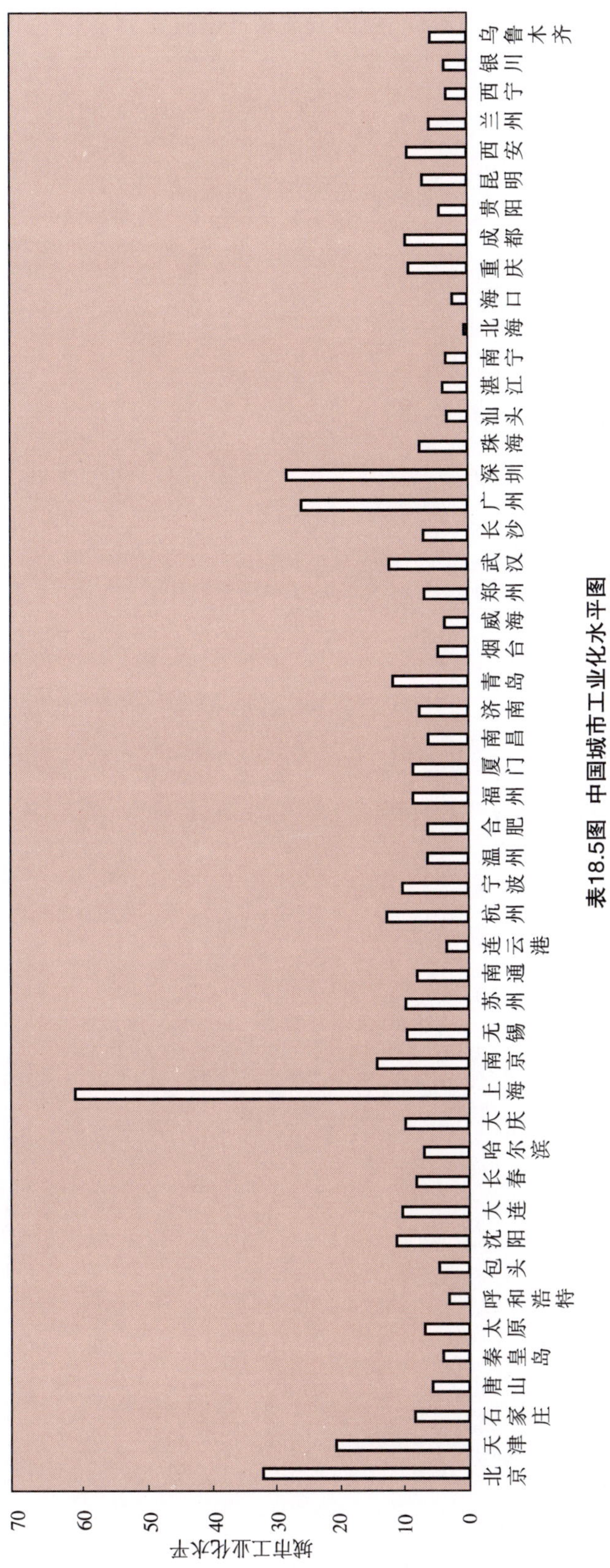

表18.5图 中国城市工业化水平图

表 18.6 中国城市基础设施能力

城市	城市基础设施能力							城市基础设施能力
	市区固定资产投资总额得分	铁路客运量得分	地区货运总量得分	人均铺装道路面积得分	人均供水总量得分	住宅固定资产投资总额得分	房地产开发得分	
北京	51.4	68.6	41.55	8.5	14.29	68.6	68.6	45.93
天津	12.28	11.62	21.06	4.2	3.42	7.73	7.97	9.75
石家庄	1.72	4.78	4.73	4.1	4.8	1.36	0.67	3.17
唐山	0.24	1.63	3.65	2.55	2.94	0.15	0.12	1.61
秦皇岛	0.2	1.32	1.41	5.46	3.2	0.2	0.29	1.73
太原	0.98	4.72	5.06	2.33	2.42	0.98	0.43	2.42
呼和浩特	0.38	1	0.24	1.17	1.29	0.22	0.2	0.64
包头	0.28	0.7	1.9	1.36	2.39	0.25	0.12	1.00
沈阳	3.92	17.51	7.82	5.3	3.4	3.81	2.69	6.35
大连	3.16	8.37	9.67	2.73	3.73	3.92	3.57	5.02
长春	1.74	10.39	3.33	1.79	1.57	0.37	0.92	2.87
哈尔滨	2.71	12.85	3.27	1.09	2.8	3.04	2.23	4.00
大庆	2.03	3.21	0.6	12.27	20.3	0.88	0.57	5.69
上海	80.3	54.62	80.3	21.88	33.36	74.2	67.04	58.81
南京	6.19	7.51	8.26	10.24	20.44	0.27	4.34	8.18
无锡	1.67	2.93	2.29	8.61	2.44	0.28	0.81	2.72
苏州	1.91	4.17	2.66	2.13	1.71	0.05	0.93	1.94
南通	0.39	0	1.12	1.22	2.33	0.05	0.32	0.78
连云港	0.36	0.36	0.47	2.11	1.28	0.05	0.08	0.67
杭州	7.01	8.9	9.44	2.86	6.03	5.7	5.16	6.44
宁波	2.62	1.7	4.7	4.59	8.3	1.73	1.32	3.57
温州	1.18	1.13	1.46	2.19	3.35	1.47	1.21	1.71
合肥	0.89	1.68	0.48	3.87	3.3	0.72	0.48	1.63
福州	1.65	2.02	2.65	2.57	7.4	2.45	2.13	2.98
厦门	1.74	1.07	0.42	3.61	4.17	1.39	1.31	1.96

（续表 18.6）

城市	城市基础设施能力							城市基础设施能力
	市区固定资产投资总额得分	铁路客运量得分	地区货运总量得分	人均铺装道路面积得分	人均供水总量得分	住宅固定资产投资总额得分	房地产开发得分	
南昌	0.45	3.62	0.6	1.43	5.78	0.45	0.36	1.81
济南	2.82	7.74	5.41	4.5	2.02	2.66	1.72	3.84
青岛	2.59	2.89	14.14	5.5	2.25	2.64	2.18	4.60
烟台	0.61	0.58	1.53	2.32	0	0.4	0.21	0.81
威海	0.15	0.17	0.3	3.27	0.2	0.17	0.14	0.63
郑州	1.52	6.97	2.57	2.88	3.04	2.13	1.23	2.91
武汉	8.23	17.49	9.64	0	4.73	6.46	4.7	7.32
长沙	2.28	5.23	2.95	2.85	8.89	1.82	1.17	3.60
广州	28.25	31.18	26.24	14.18	29.86	34.78	27.19	27.38
深圳	16.87	11.52	3.71	36.16	32.46	21.63	19.11	20.21
珠海	0.77	0	0.77	15	9.25	0.61	0.63	3.86
汕头	0.26	0.29	0	1.88	2.17	0.29	0.15	0.72
湛江	0.29	0.63	1.12	0.24	1.48	0.25	0.09	0.59
南宁	0.58	1.2	0.61	2.64	4.4	0.41	0.32	1.45
北海	0	0.03	0.05	1.25	0.28	0	0	0.23
海口	0.47	0	0.17	3.73	2.91	0.39	0.21	1.13
重庆	4.75	12.22	15.63	1.84	0.54	6.2	5.9	6.73
成都	6.05	17.86	13.45	3.97	4.73	7.21	5.66	8.42
贵阳	0.9	1.81	0.96	0.42	2.54	0.75	0.72	1.16
昆明	1.71	3.2	4.41	1.57	4.11	2.27	1.66	2.70
西安	2.79	10.15	3.06	1.87	1.41	2.92	1.91	3.44
兰州	1.12	1.49	1.17	1.77	4.08	0.86	0.39	1.55
西宁	0.24	0.45	0.09	0.69	1.98	0.24	0.16	0.55
银川	0.22	0.35	0.03	1.87	2.45	0.28	0.22	0.77
乌鲁木齐	1.24	4.32	2.87	2.65	2	2.06	1.37	2.36

资料来源：国家统计局城市社会经济调查总队，《2002 中国城市统计年鉴》，中国统计出版社，2002。

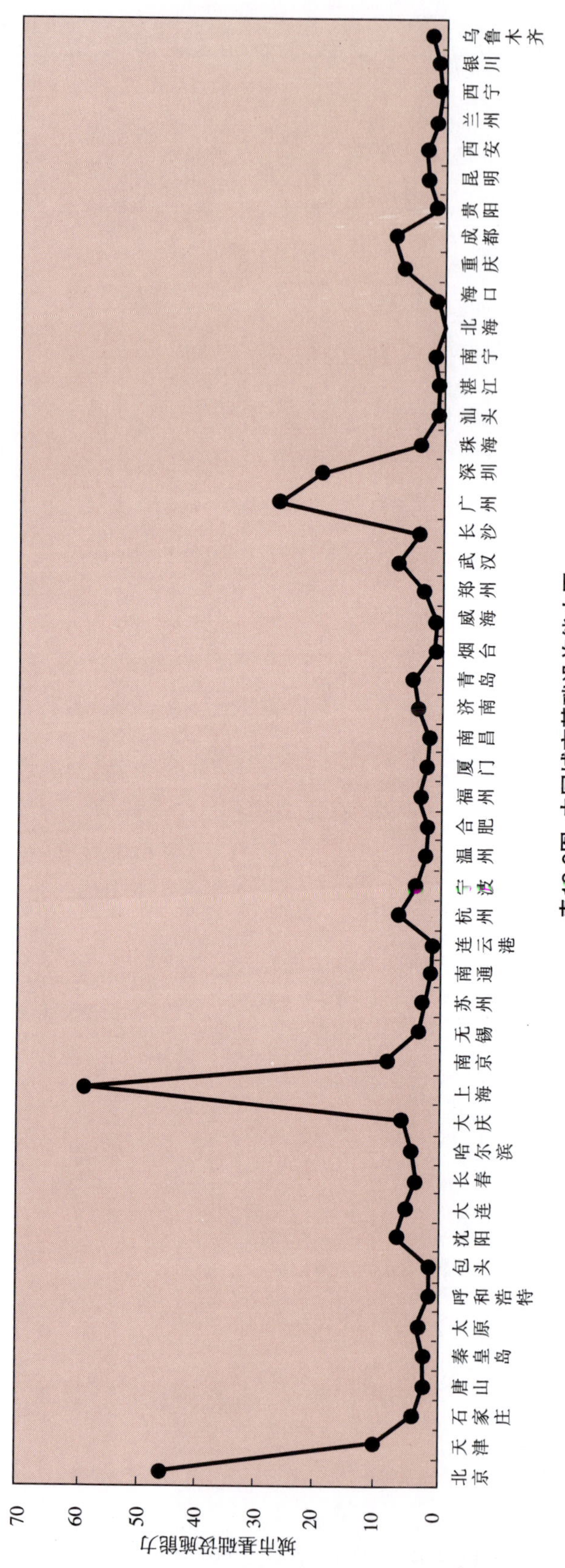

表18.6图　中国城市基础设施能力图

表 18.7　中国城市竞争能力指数

城市	城市竞争能力指数					城市竞争能力指数
	城市创新能力	城市学习能力	城市集约能力	城市信息化水平	城市全球化水平	
北京	38.71	37.99	18.34	36.67	37.7	33.88
天津	6.9	10.49	9.23	7.46	19.28	10.67
石家庄	4.29	3.45	6.66	0.96	1.67	3.41
唐山	1.47	1.46	5.56	1.08	2.27	2.37
秦皇岛	2.49	2.03	5.38	1.04	2.1	2.61
太原	5.02	3.09	7.53	3.56	1.85	4.21
呼和浩特	1.72	2.11	3.27	1.54	0.56	1.84
包头	3.78	0.99	4.24	0.54	0.46	2.00
沈阳	5.28	5.69	5.82	5.50	4.9	5.44
大连	4.1	3.66	5.85	4.00	8.66	5.25
长春	4.12	5.32	4.16	1.73	3.98	3.86
哈尔滨	4.9	4.31	4.44	1.89	1.87	3.48
大庆	5.18	1.2	8.51	2.05	0.67	3.52
上海	43.72	62.32	21.37	34.25	44.88	41.31
南京	10.18	8.49	10.94	6.02	7.76	8.68
无锡	1.41	3.14	4.92	2.38	4.21	3.21
苏州	2.49	2.39	5	1.70	10.15	4.35
南通	2.07	1.82	3.31	1.65	2.86	2.34
连云港	1.45	1.24	2.33	0.82	1.03	1.37
杭州	5.3	6.94	8.76	4.83	5.13	6.19
宁波	4.36	3.25	7.26	2.63	4.21	4.34
温州	6.1	3.44	3.88	4.42	1.01	3.77
合肥	3.24	3.16	3.64	3.28	2.23	3.11
福州	5.12	4.97	5.06	4.89	6.2	5.25
厦门	3.07	4.01	3.48	2.14	8.16	4.17
南昌	3.43	2.9	3.96	3.14	1.7	3.03

（续表 18.7）

城市	城市竞争能力指数					城市竞争能力指数
	城市创新能力	城市学习能力	城市集约能力	城市信息化水平	城市全球化水平	
济南	11.76	4.59	5.48	2.77	2.43	5.41
青岛	13.25	4.41	5.5	3.49	6.39	6.61
烟台	3.81	1.38	1.99	1.03	1.99	2.04
威海	4.51	0.79	1.71	0.75	1.21	1.79
郑州	8.92	3.54	6.86	3.15	1.03	4.70
武汉	5.34	5.91	8.93	2.59	4.63	5.48
长沙	7.4	4.44	6.09	4.68	2.93	5.11
广州	15.44	13.75	16.05	14.49	22.84	16.51
深圳	16.44	19.84	13.37	35.74	25.89	22.26
珠海	1.99	1.81	3.58	3.74	7.71	3.77
汕头	0.85	1.58	2.51	1.04	1.45	1.49
湛江	1.2	1.38	3.23	0.47	0.7	1.40
南宁	1.74	1.09	4.71	3.29	1.13	2.39
北海	0.13	0.62	1.51	0.05	0.09	0.48
海口	1.17	1.23	3.33	3.82	2.97	2.50
重庆	1.79	3.6	9.64	3.33	2.48	4.17
成都	6.28	7.16	5.84	6.79	2.59	5.73
贵阳	1.97	2.26	6.97	1.70	1.09	2.80
昆明	3.14	3.62	4.66	3.93	0.91	3.25
西安	4.69	2.95	5.09	3.83	2.98	3.91
兰州	2.53	2.52	5.19	1.83	0.13	2.44
西宁	0.74	2.53	5.82	2.09	0.29	2.29
银川	1.14	2.17	4.27	2.97	0.54	2.22
乌鲁木齐	2.31	2.32	5.33	3.43	0.47	2.77

资料来源：国家统计局城市社会经济调查总队，《2002 中国城市统计年鉴》，中国统计出版社，2002。

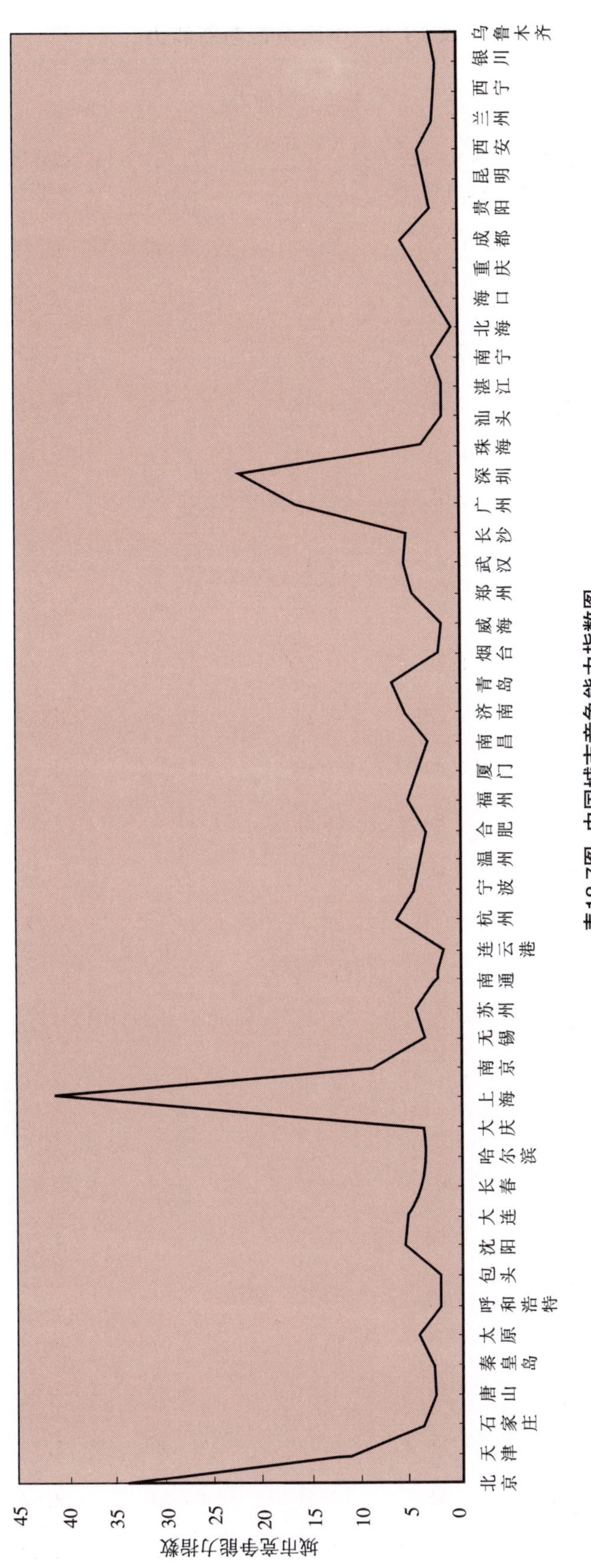

表18.7图　中国城市竞争能力指数图

表 18.8　中国城市创新能力

城市	城市创新能力					城市创新能力
	科技经费支出得分	人均科技经费得分	科技经费占财政支出的比例得分	万人拥有大学生人数得分	城市创新指数	
北京	58.9	47.14	23.73	25.07	38.71	38.71
天津	6.31	6.67	6.29	8.32	6.90	6.90
石家庄	0.41	1.64	2.87	12.24	4.29	4.29
唐山	0.22	1.05	1.98	2.63	1.47	1.47
秦皇岛	0.05	0.59	0.74	8.57	2.49	2.49
太原	0.92	3.04	8.13	7.98	5.02	5.02
呼和浩特	0.02	0.13	0.18	6.56	1.72	1.72
包头	0.78	4.45	8.62	1.28	3.78	3.78
沈阳	2.24	3.63	5.2	10.04	5.28	5.28
大连	0.97	2.85	2.24	10.34	4.10	4.10
长春	0.26	0.69	5.48	10.03	4.12	4.12
哈尔滨	1.1	2.84	3.76	11.89	4.90	4.90
大庆	1.09	7.61	9.77	2.24	5.18	5.18
上海	80.3	50.3	25.28	18.98	43.72	43.72
南京	2.96	6.3	6.51	24.93	10.18	10.18
无锡	0.28	1.04	1.32	2.98	1.41	1.41
苏州	0.58	2.19	2.41	4.76	2.49	2.49
南通	0.15	1.45	2.06	4.6	2.07	2.07
连云港	0.08	1.03	1.9	2.77	1.45	1.45
杭州	1.28	2.66	3.39	13.85	5.30	5.30
宁波	0.86	5.41	2.66	8.51	4.36	4.36
温州	1.21	7.28	13.34	2.57	6.10	6.10
合肥	0.16	0.94	1.64	10.21	3.24	3.24
福州	0.56	2.89	3.19	13.83	5.12	5.12
厦门	0.83	4.88	2.51	4.04	3.07	3.07
南昌	0.15	0.66	1.64	11.25	3.43	3.43

（续表 18.8）

城市	城市创新能力					城市创新能力
	科技经费支出得分	人均科技经费得分	科技经费占财政支出的比例得分	万人拥有大学生人数得分	城市创新指数	
济南	4.64	11.38	18.38	12.65	11.76	11.76
青岛	6.44	21.44	18.41	6.7	13.25	13.25
烟台	0.9	4.36	7.42	2.56	3.81	3.81
威海	0.54	8	7.99	1.5	4.51	4.51
郑州	1.94	6.7	10.51	16.54	8.92	8.92
武汉	1.99	2.07	3.74	13.56	5.34	5.34
长沙	0.57	2.5	3.34	23.2	7.40	7.40
广州	11.68	16.01	9.35	24.73	15.44	15.44
深圳	7.46	44.67	6.46	7.17	16.44	16.44
珠海	0.46	4.76	2.75	0	1.99	1.99
汕头	0.14	0.94	1.63	0.7	0.85	0.85
湛江	0.09	0.51	1.31	2.87	1.20	1.20
南宁	0	0	0	6.96	1.74	1.74
北海	0.01	0.16	0.33	0	0.13	0.13
海口	0.06	0.73	0.9	3	1.17	1.17
重庆	0.38	0.33	1.26	5.18	1.79	1.79
成都	0.91	2.1	6.21	15.89	6.28	6.28
贵阳	0.17	0.7	1.27	5.72	1.97	1.97
昆明	0.46	1.67	1.99	8.42	3.14	3.14
西安	0.4	0.79	1.84	15.72	4.69	4.69
兰州	0.2	0.84	1.67	7.41	2.53	2.53
西宁	0.02	0.2	0.56	2.19	0.74	0.74
银川	0.04	0.5	0.79	3.23	1.14	1.14
乌鲁木齐	0.15	0.75	1.48	6.87	2.31	2.31

资料来源：国家统计局城市社会经济调查总队，《2002 中国城市统计年鉴》，中国统计出版社，2002。

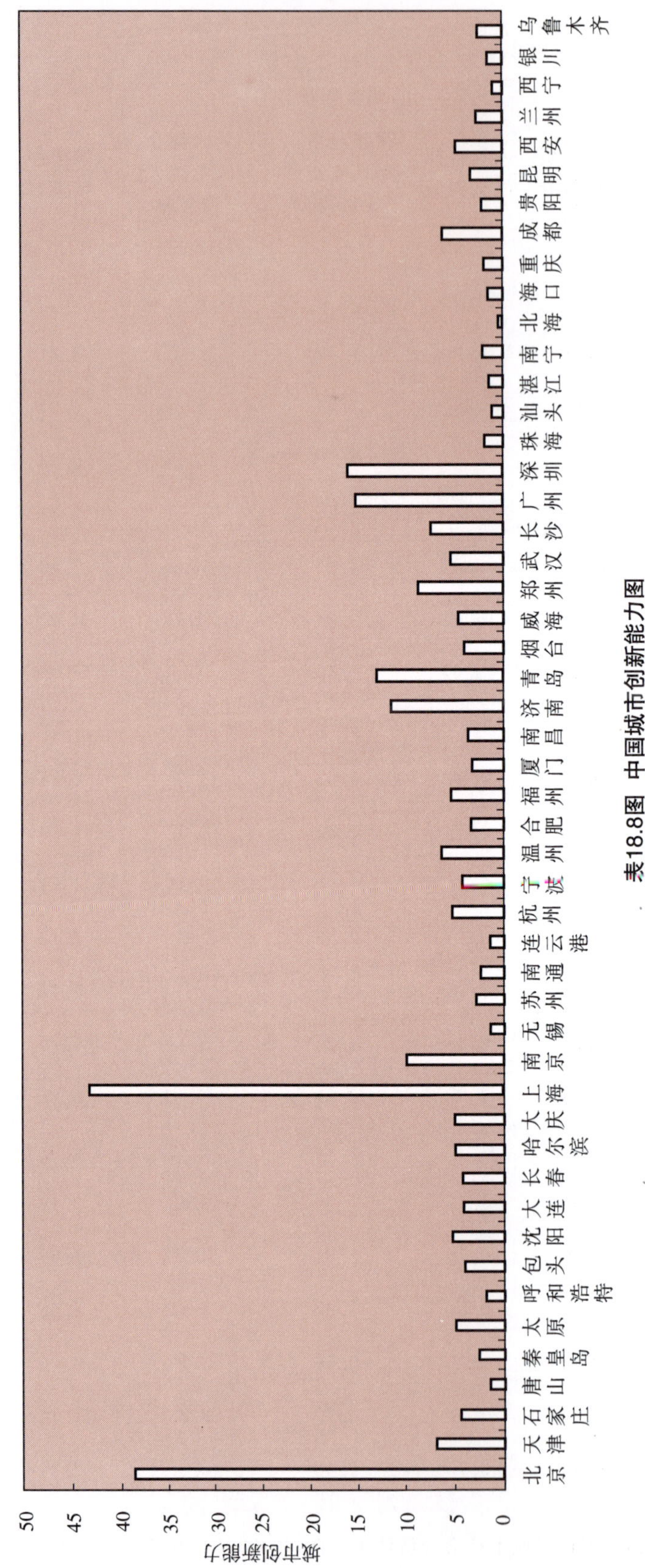

表18.8图 中国城市创新能力图

表 18.9　中国城市学习能力

城市	城市学习能力						城市学习能力
	教育事业费支出得分	人均教育经费得分	教育经费占财政支出的比例得分	公共图书馆总藏量得分	人均公共图书馆藏量得分	城市学习指数	
北京	72.49	35.29	46.34	100.00	100.00	70.83	70.83
天津	33.03	21.24	52.24	13.61	18.26	27.68	27.68
石家庄	4.44	10.97	50.00	2.85	14.98	16.65	16.65
唐山	2.76	7.91	38.81	1.04	4.10	10.93	10.93
秦皇岛	2.17	14.71	48.55	0.43	7.68	14.71	14.71
太原	3.45	7.01	48.76	5.03	23.05	17.46	17.46
呼和浩特	2.27	9.92	34.54	3.36	38.66	17.75	17.75
包头	2.12	7.37	37.17	0.71	2.53	9.98	9.98
沈阳	11.61	11.46	42.70	11.72	26.39	20.77	20.77
大连	6.46	11.46	23.46	6.02	24.61	14.40	14.40
长春	3.00	4.83	100.00	8.28	31.78	29.58	29.58
哈尔滨	7.65	12.02	41.50	8.45	31.50	20.23	20.23
大庆	1.23	5.22	17.49	0.69	4.88	5.90	5.90
上海	100.00	38.11	49.95	54.71	68.06	62.17	62.17
南京	10.86	14.06	37.89	17.03	55.78	27.12	27.12
无锡	6.87	15.44	51.37	2.42	10.22	17.26	17.26
苏州	5.16	11.89	34.11	2.26	9.53	12.59	12.59
南通	1.77	10.89	40.16	1.29	19.19	14.66	14.66
连云港	1.40	10.12	49.07	0.58	11.16	14.47	14.47
杭州	10.67	13.52	44.89	10.32	30.79	22.04	22.04
宁波	6.59	25.13	32.20	0.86	5.30	14.02	14.02
温州	4.76	17.38	83.17	1.52	11.86	23.74	23.74
合肥	2.68	9.30	42.29	4.71	41.66	20.13	20.13
福州	5.37	16.83	48.49	4.86	38.49	22.81	22.81
厦门	9.51	34.12	45.82	2.25	18.52	22.04	22.04

（续表 18.9）

城市	城市学习能力						城市学习能力
	教育事业费支出得分	人均教育经费得分	教育经费占财政支出的比例得分	公共图书馆总藏量得分	人均公共图书馆藏量得分	城市学习指数	
南昌	2.05	5.65	36.58	5.78	40.12	18.04	18.04
济南	6.65	9.91	41.70	9.60	34.51	20.47	20.47
青岛	10.12	20.49	45.93	2.72	10.33	17.92	17.92
烟台	3.21	9.45	41.83	1.38	7.34	12.64	12.64
威海	1.50	13.25	34.50	0.00	0.38	9.93	9.93
郑州	4.52	9.52	38.94	5.38	26.63	17.00	17.00
武汉	13.96	8.85	41.76	13.00	16.90	18.89	18.89
长沙	2.80	7.50	26.08	7.59	51.72	19.14	19.14
广州	27.95	23.31	35.50	13.51	25.43	25.14	25.14
深圳	27.45	100.00	37.72	4.09	37.81	41.42	41.42
珠海	3.27	20.80	31.40	0.33	4.47	12.05	12.05
汕头	3.40	13.51	61.28	0.74	4.89	16.77	16.77
湛江	1.82	6.06	40.91	0.68	2.73	10.44	10.44
南宁	0.00	0.00	0.00	3.66	32.03	7.14	7.14
北海	0.98	8.63	46.08	0.20	4.71	12.12	12.12
海口	1.07	8.86	28.57	0.21	5.07	8.76	8.76
重庆	9.25	4.93	48.73	4.18	0.00	13.42	13.42
成都	5.48	7.72	59.45	11.41	39.31	24.68	24.68
贵阳	3.21	8.06	38.06	4.93	30.15	16.88	16.88
昆明	5.08	11.31	35.08	6.13	33.42	18.20	18.20
西安	5.04	6.07	37.01	4.74	10.17	12.61	12.61
兰州	3.17	8.17	42.39	4.86	30.28	17.77	17.77
西宁	1.73	8.64	61.64	3.09	39.91	23.00	23.00
银川	1.08	7.84	32.07	2.70	54.05	19.55	19.55
乌鲁木齐	2.73	8.24	42.10	1.82	10.97	13.17	13.17

资料来源：国家统计局城市社会经济调查总队，《2002 中国城市统计年鉴》，中国统计出版社，2002。

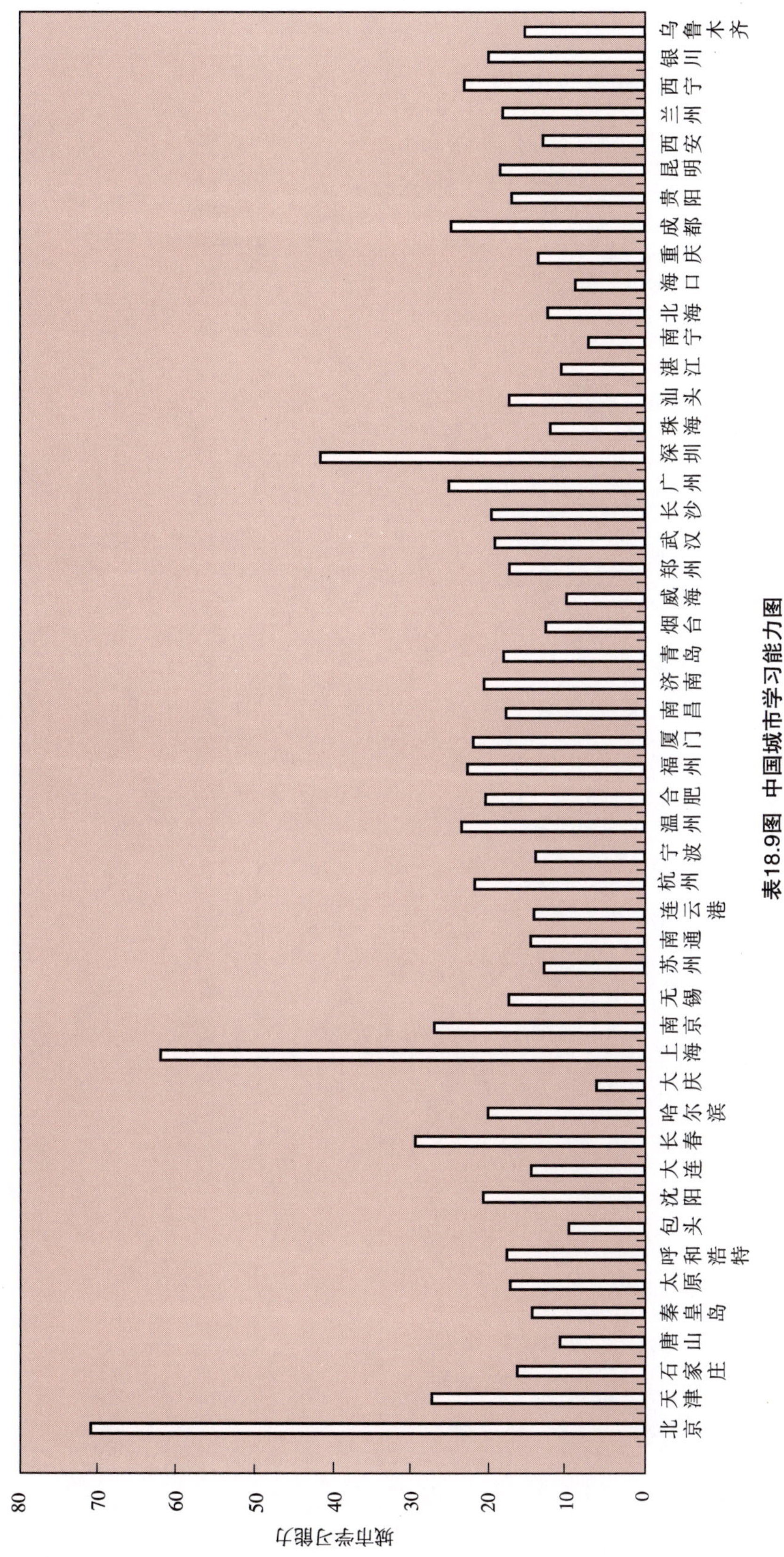

表18.9图　中国城市学习能力图

表 18.10　中国城市集约能力

城市	城市集约能力						城市集约能力
	万元 GDP 能源消耗得分	万元 GDP 水资源消耗得分	万元 GDP 二氧化硫排放量得分	全员劳动生产率得分	人均社会消费品零售总额得分	第三产业就业人员比重得分	
北京	20.6	14.02	8.21	6.77	0.52	59.89	18.34
天津	10.07	5.19	4.51	7.57	3.79	24.23	9.23
石家庄	7.84	5.83	6.58	3.36	1.5	14.85	6.66
唐山	8.58	4.78	12.31	1.85	0.53	5.29	5.56
秦皇岛	3.93	3.42	5.96	2.47	4.56	11.93	5.38
太原	12.69	6.91	11.66	0.15	1.78	11.96	7.53
呼和浩特	3.22	4.04	1.46	0.34	2.1	8.46	3.27
包头	8.4	5.33	6.24	0.73	0.55	4.19	4.24
沈阳	2.25	5.05	0.93	6.15	0.98	19.53	5.82
大连	4.16	2.19	1.65	8.5	0.79	17.82	5.85
长春	1.57	1.92	5.44	4.28	0.75	11.02	4.16
哈尔滨	2.17	4.48	0.59	0.73	1.43	17.24	4.44
大庆	5.48	4.23	0.76	20.3	20.3	0	8.51
上海	17.1	20.28	3.99	9.85	21.4	55.59	21.37
南京	8.71	21.23	4.75	8.81	1.18	20.93	10.94
无锡	3.16	1.08	0.51	11.72	2.36	10.67	4.92
苏州	3.89	1.32	3.18	10.95	1.4	9.23	5.00
南通	3.66	2.83	4.53	2.52	0.33	6	3.31
连云港	1.76	2.53	4.38	1.32	0	4.01	2.33
杭州	5.69	4.58	1.94	16.61	4.21	19.51	8.76
宁波	3.04	3.65	6.25	13.15	2.46	15.01	7.26
温州	2.77	2.9	2.16	7.18	0.65	7.62	3.88
合肥	3.98	5.33	1.1	2.5	0.44	8.47	3.64
福州	3.2	5.58	0.14	5.75	0.13	15.57	5.06
厦门	1.96	1.89	1.37	5.07	0.29	10.27	3.48

(续表 18.10)

城市	城市集约能力						城市集约能力
	万元 GDP 能源消耗得分	万元 GDP 水资源消耗得分	万元 GDP 二氧化硫排放量得分	全员劳动生产率得分	人均社会消费品零售总额得分	第三产业就业人员比重得分	
南昌	0.93	8.76	1.18	2.29	0.69	9.89	3.96
济南	3.11	2.27	1.43	7.4	1.57	17.12	5.48
青岛	3.98	1.74	2.86	6.75	2.62	15.04	5.50
烟台	1.42	0.36	0.82	3.94	0.22	5.17	1.99
威海	0.85	0	1.18	2.29	1.56	4.39	1.71
郑州	11.43	6.39	1.84	2.18	0.43	18.9	6.86
武汉	5.83	9.24	3.09	7.19	7.2	21.02	8.93
长沙	1.26	9.45	0.67	5.52	0.61	19.02	6.09
广州	4.53	16.62	5.05	25.67	0.84	43.56	16.05
深圳	8.21	0.93	0.71	31.57	10.18	28.64	13.37
珠海	1.67	4.38	1.27	5.71	0.57	7.89	3.58
汕头	1.08	3.5	0.84	2.62	0.03	6.96	2.51
湛江	0	3.92	2.39	5.1	1.43	6.56	3.23
南宁	2.44	7.84	0.95	1.82	0.49	14.72	4.71
北海	0.17	1.12	0.67	1.74	1.85	3.51	1.51
海口	1.78	3.45	0	0	0.76	14	3.33
重庆	11.07	7.38	20.3	3.33	0.16	15.6	9.64
成都	0.77	6.28	0.44	6.19	0.11	21.24	5.84
贵阳	12.31	7.11	13.4	0.8	0.34	7.86	6.97
昆明	5.34	4.85	1.07	3.36	0.2	13.13	4.66
西安	4.21	4.42	3.29	2.04	0.05	16.5	5.09
兰州	9.33	7.93	3.07	1.31	0.99	8.5	5.19
西宁	11	11	2.81	0.16	0.39	9.53	5.82
银川	8.08	6.85	2.33	0.22	0.55	7.57	4.27
乌鲁木齐	5.31	3.6	4.18	1.79	1.56	15.56	5.33

资料来源:国家统计局城市社会经济调查总队,《2002 中国城市统计年鉴》,中国统计出版社,2002。

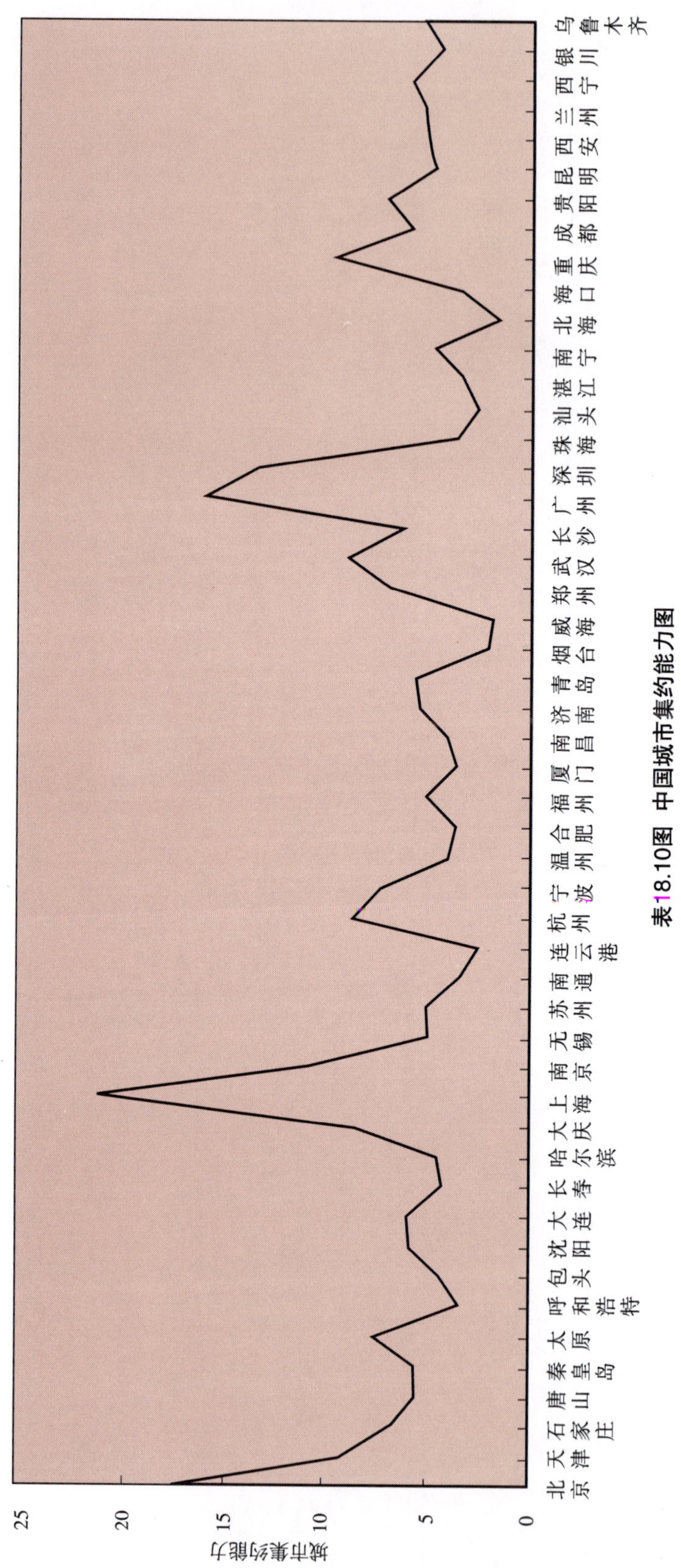

表18.10图　中国城市集约能力图

表 18.11　中国城市信息化水平

城市	城市信息化水平					
	市区本地电话用户数得分	千人拥有电话数得分	电信业务总量得分	市区人均邮电业务总量得分	邮电业务总量占 GDP 的比例得分	城市信息化水平
北京	42.9	9.41	68.6	12.11	50.32	36.67
天津	14.92	3.62	9.12	1.64	7.98	7.46
石家庄	1.71	1.64	0.57	0.26	0.62	0.96
唐山	0.73	0.57	0.6	0.5	2.99	1.08
秦皇岛	0.35	1.64	0.25	0.63	2.35	1.04
太原	2.21	2	1.75	1.13	10.7	3.56
呼和浩特	0.41	0.77	0.39	0.57	5.58	1.54
包头	0.37	0.31	0.21	0.17	1.64	0.54
沈阳	6.86	2.6	6.1	1.92	10.04	5.50
大连	4.69	4.47	3.42	2.03	5.41	4.00
长春	2.1	0.97	1.66	0.78	3.14	1.73
哈尔滨	3.76	2.74	1.09	0.33	1.53	1.89
大庆	1.38	3.62	1.61	2.55	1.11	2.05
上海	80.3	16.17	53.5	6.63	14.65	34.25
南京	6.25	3.41	6.38	2.77	11.29	6.02
无锡	1.86	1.82	2.21	1.74	4.25	2.38
苏州	2	2.07	1.22	0.84	2.38	1.70
南通	0.31	1.04	0.5	1.13	5.29	1.65
连云港	0.12	0.58	0.15	0.42	2.85	0.82
杭州	7.61	4.72	4.72	1.86	5.22	4.83
宁波	1.65	3.62	1.65	2.26	3.96	2.63
温州	1.01	2.04	2.44	3.42	13.19	4.42
合肥	0.95	1.57	1.39	1.76	10.74	3.28
福州	2.2	4.02	3.05	3.55	11.62	4.89
厦门	1.99	4.64	0.96	1.16	1.94	2.14

（续表 18.11）

城市	城市信息化水平					城市信息化水平
	市区本地电话用户数得分	千人拥有电话数得分	电信业务总量得分	市区人均邮电业务总量得分	邮电业务总量占 GDP 的比例得分	
南昌	1.25	1.49	1.66	1.61	9.69	3.14
济南	3.23	1.67	2.71	1.25	5	2.77
青岛	3.28	3.19	2.77	1.87	6.32	3.49
烟台	0.67	0.72	0.55	0.5	2.69	1.03
威海	0.1	0.73	0.18	0.66	2.07	0.75
郑州	2.67	2.71	1.63	1.06	7.69	3.15
武汉	9.34	1.27	2.32	0	0	2.59
长沙	2.28	3.05	2.97	2.85	12.27	4.68
广州	24.83	11.24	19.5	5.53	11.34	14.49
深圳	16.55	47.9	33.08	47.9	33.29	35.74
珠海	0.76	3.5	1.61	4.03	8.78	3.74
汕头	0.54	1.18	0.34	0.45	2.67	1.04
湛江	0.45	0.22	0.21	0.13	1.32	0.47
南宁	0.95	1.6	1.27	1.6	11.01	3.29
北海	0	0	0	0.01	0.24	0.05
海口	0.65	4.23	0.73	2.33	11.15	3.82
重庆	7.92	0.32	3.16	0.16	5.09	3.33
成都	6.92	5.14	5.66	2.71	13.52	6.79
贵阳	0.96	0.79	0.71	0.52	5.5	1.70
昆明	2.61	3.03	2.6	2.03	9.38	3.93
西安	4.57	2.05	3.04	1.06	8.45	3.83
兰州	1.54	2.06	0.74	0.56	4.27	1.83
西宁	0.28	0.54	0.25	0.41	8.95	2.09
银川	0.35	1.94	0.38	1.1	11.1	2.97
乌鲁木齐	1.24	1.66	1.66	1.78	10.81	3.43

资料来源：国家统计局城市社会经济调查总队，《2002 中国城市统计年鉴》，中国统计出版社，2002。

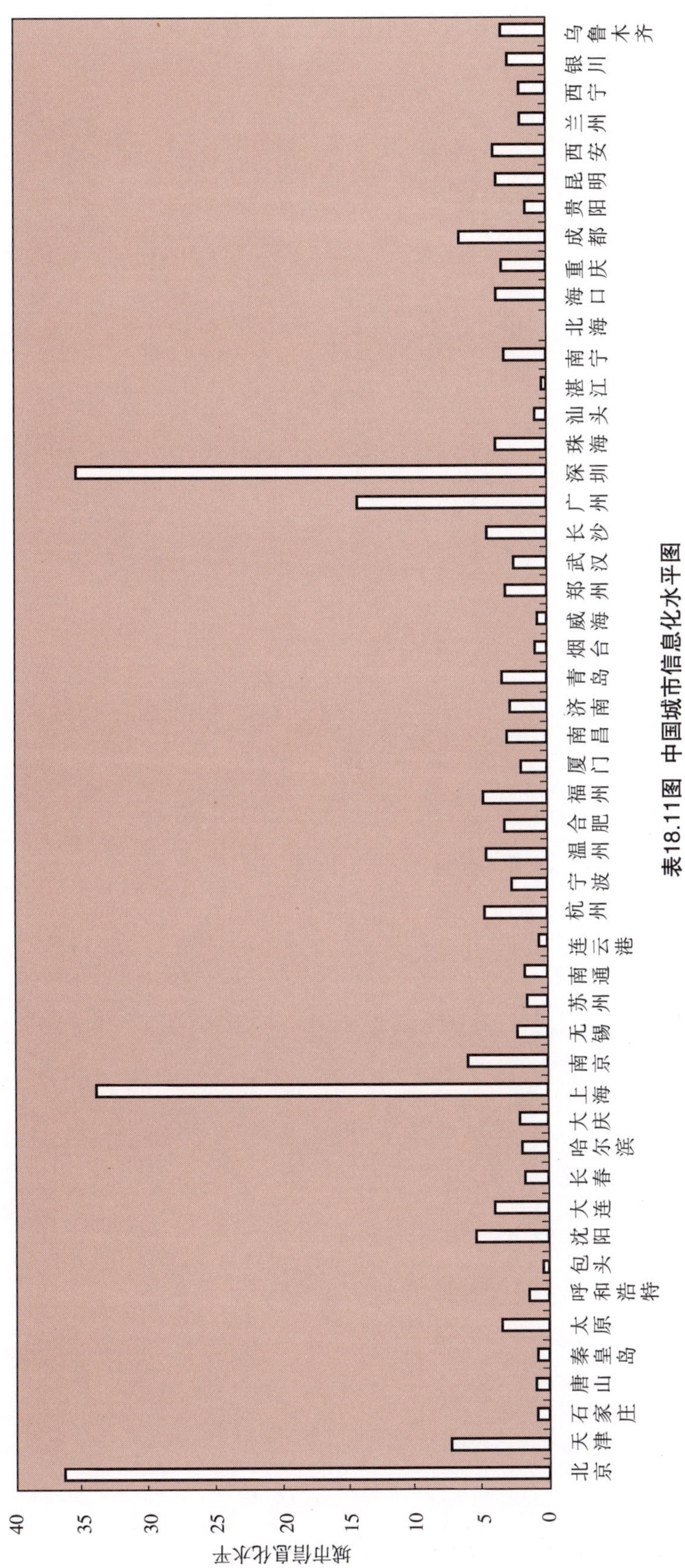

表18.11图 中国城市信息化水平图

表 18.12　中国城市全球化水平

城市	城市全球化水平							城市全球化水平
	市区外商协议投资额得分	市区外商实际投资额得分	外商实际投资占协议投资的比例得分	外商实际投资额占GDP得分	外商工业产值占GDP比例得分	国际收入占GDP比例得分	外商工业产值占内商工业产值的比例得分	
北京	25.63	61.78	24.53	42.57	25.48	63.33	20.59	37.70
天津	23.78	27.8	6.57	31.33	25.85	5.4	14.2	19.28
石家庄	0.26	0.59	7	2.36	0.34	0.97	0.16	1.67
唐山	0.03	0.23	13.4	1.32	0.37	0.4	0.17	2.27
秦皇岛	0.34	0.2	1.21	2.05	3.32	4.03	3.55	2.10
太原	0.07	0.28	9.85	1.58	0.22	0.81	0.12	1.85
呼和浩特	0.09	0.1	1.89	1.23	0.2	0.25	0.18	0.56
包头	0.14	0.13	1.34	1.17	0.27	0.08	0.1	0.46
沈阳	4.45	5.26	4.8	9.25	4.27	2.29	3.99	4.90
大连	7.89	7.42	3.54	14.79	11.65	6.97	8.39	8.66
长春	0.57	1.84	8.61	4.67	7.43	0.62	4.12	3.98
哈尔滨	0.61	1.07	5.55	3.15	0.45	1.88	0.36	1.87
大庆	0.05	0.07	4.41	0.13	0	0	0	0.67
上海	80.3	80.3	11.91	30.51	50.26	24.99	35.91	44.88
南京	4.11	6.08	6.87	11.51	13.65	6.54	5.53	7.76
无锡	5.13	3.68	1.94	8.54	5.44	2.24	2.47	4.21
苏州	8.2	5.13	1.76	15.43	19	6.06	15.46	10.15
南通	0.46	0.28	1.1	2.73	8.22	2.91	4.33	2.86
连云港	0.1	0.08	1.07	1.33	2.48	0.59	1.59	1.03
杭州	4.1	3.32	3.78	5.17	7.7	8.28	3.59	5.13
宁波	4.41	3.02	2.36	9.65	5.12	2.38	2.54	4.21
温州	0.1	0.13	2.86	0.63	1.35	1.27	0.72	1.01
合肥	0.45	0.61	3.16	4.2	4.11	1.13	1.93	2.23
福州	1.62	2.28	4.57	8.36	6.66	8.46	11.44	6.20
厦门	2.97	3.42	3.11	11.4	9.5	8.54	18.2	8.16

（续表 18.12）

城市	城市全球化水平							
	市区外商协议投资额得分	市区外商实际投资额得分	外商实际投资占协议投资的比例得分	外商实际投资额占GDP得分	外商工业产值占GDP比例得分	国际收入占GDP比例得分	外商工业产值占内商工业产值的比例得分	城市全球化水平
南昌	0.35	0.39	2.64	2.11	2.8	1.14	2.48	1.70
济南	1.16	2.04	5.83	4.63	1.54	0.76	1.07	2.43
青岛	5.99	5.06	3.08	13.43	8.93	5.24	2.97	6.39
烟台	0.89	0.76	1.38	4.14	2.58	2.12	2.06	1.99
威海	0.27	0.29	1.27	3.21	1.31	1.72	0.4	1.21
郑州	0.41	0.25	1.92	1.22	0.64	2.25	0.52	1.03
武汉	3.4	5.15	7.04	7.11	4.23	2.35	3.13	4.63
长沙	0.34	0.72	7.26	2.87	1.8	5.62	1.92	2.93
广州	12.79	34.34	21.79	26.07	15.79	31.13	17.94	22.84
深圳	17.71	28.3	11.35	26.92	27.36	31.25	38.36	25.89
珠海	1.44	2.96	4.58	15	8.17	14.99	6.84	7.71
汕头	0.31	0.26	1.19	2.1	1.59	3.11	1.56	1.45
湛江	0.08	0.07	1.8	0.62	0.84	0.56	0.92	0.70
南宁	0.29	0.36	2.85	2.75	0.44	0.7	0.51	1.13
北海	0	0	0	0	0.08	0.42	0.1	0.09
海口	0.22	0.68	6.38	8.7	1.44	2.13	1.24	2.97
重庆	1.39	1.33	3.8	2.8	2.48	4.18	1.35	2.48
成都	0.95	1.23	5.57	2.95	1.86	3.64	1.92	2.59
贵阳	0.07	0.18	4.88	1.35	0.26	0.73	0.15	1.09
昆明	0	0	0	0	0.69	5.07	0.61	0.91
西安	1.93	0.94	1.7	2.76	2.53	9.01	1.97	2.98
兰州	0.21	0	0	0	0.28	0.31	0.12	0.13
西宁	0.04	0.01	0.4	0.29	0.04	1.18	0.05	0.29
银川	0.15	0.02	0.26	0.55	1.61	0.23	0.93	0.54
乌鲁木齐	0.22	0.07	0.8	0.41	0.18	1.5	0.11	0.47

资料来源：国家统计局城市社会经济调查总队，《2002 中国城市统计年鉴》，中国统计出版社，2002。

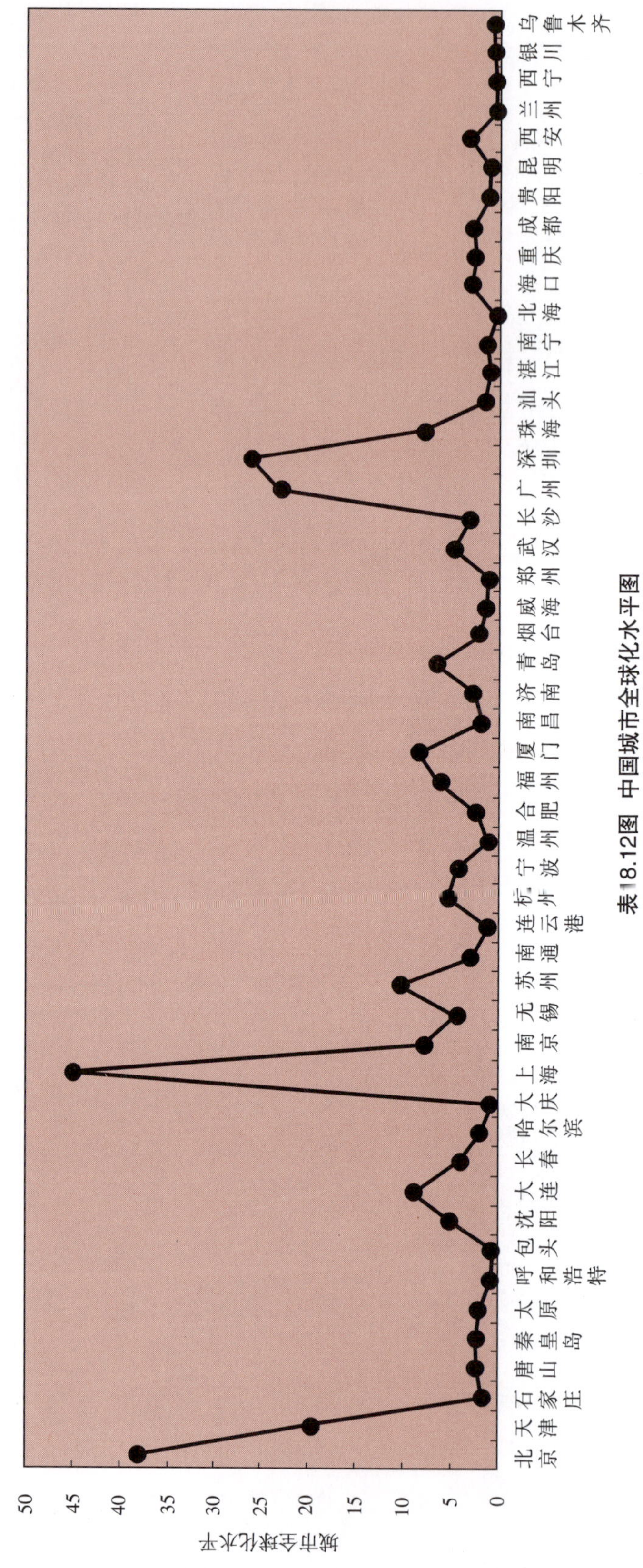

表18.12图 中国城市全球化水平图

表 18.13　中国城市社会安全能力指数

城市	城市社会安全能力指数			城市社会安全能力指数
	城市社会公平	城市社会保障水平	城市社会进步	
北京	46.21	32.65	33.75	37.54
天津	29.67	13.9	10.43	18.00
石家庄	9.36	10.26	6.54	8.72
唐山	8.43	5.48	3.13	5.68
秦皇岛	5.44	6.09	4.24	5.26
太原	14.39	8.17	3.88	8.81
呼和浩特	8.04	4.08	2.51	4.88
包头	7.81	3.74	2	4.52
沈阳	20.85	10.77	8.84	13.49
大连	16.36	12.66	9.03	12.68
长春	9.43	4.65	4.19	6.09
哈尔滨	13.35	9.58	7.11	10.01
大庆	8.1	8.75	8.46	8.44
上海	51.91	37.88	43.91	44.57
南京	22.75	11.88	11.68	15.44
无锡	12.45	7.09	6.58	8.71
苏州	12.29	6.57	5.94	8.27
南通	4.76	5.2	3.52	4.49
连云港	2.25	3.99	1.99	2.74
杭州	20.73	13.51	14.7	16.31
宁波	12.53	10.47	10.57	11.19
温州	5.35	5.48	6.2	5.68
合肥	6.61	7.44	3.94	6.00
福州	12.48	11.41	9.02	10.97
厦门	13.87	10.24	8.54	10.88
南昌	8.93	6.71	4.18	6.61

（续表 18.13）

城市	城市社会安全能力指数			城市社会安全能力指数
	城市社会公平	城市社会保障水平	城市社会进步	
济南	14.33	9.22	6.12	9.89
青岛	12.69	10.88	8.53	10.70
烟台	6.35	3.22	2.24	3.94
威海	5.64	2.4	1.67	3.24
郑州	13.64	11.41	5.43	10.16
武汉	24.75	9.69	8.43	14.29
长沙	11.54	11.14	8.3	10.33
广州	41.61	25.95	34.94	34.17
深圳	41.88	39.02	35.54	38.81
珠海	12.5	4.54	6.96	8.00
汕头	5.57	1.91	2.51	3.33
湛江	1.02	7.63	2.85	3.83
南宁	8.8	9.46	3.97	7.41
北海	1.07	1.7	0.72	1.46
海口	12.51	9.85	5.27	9.21
重庆	13.29	7.2	6.45	8.98
成都	17.5	15.22	10.3	14.34
贵阳	9.03	4.92	2.93	5.63
昆明	10.16	10.72	5.78	8.89
西安	14.58	10.66	6.56	10.60
兰州	10.09	5.5	3.08	6.22
西宁	7.3	4.45	1.93	4.56
银川	8.1	4.97	2.35	5.14
乌鲁木齐	15.24	9.43	4.91	9.86

资料来源：国家统计局城市社会经济调查总队，《2002 中国城市统计年鉴》，中国统计出版社，2002。

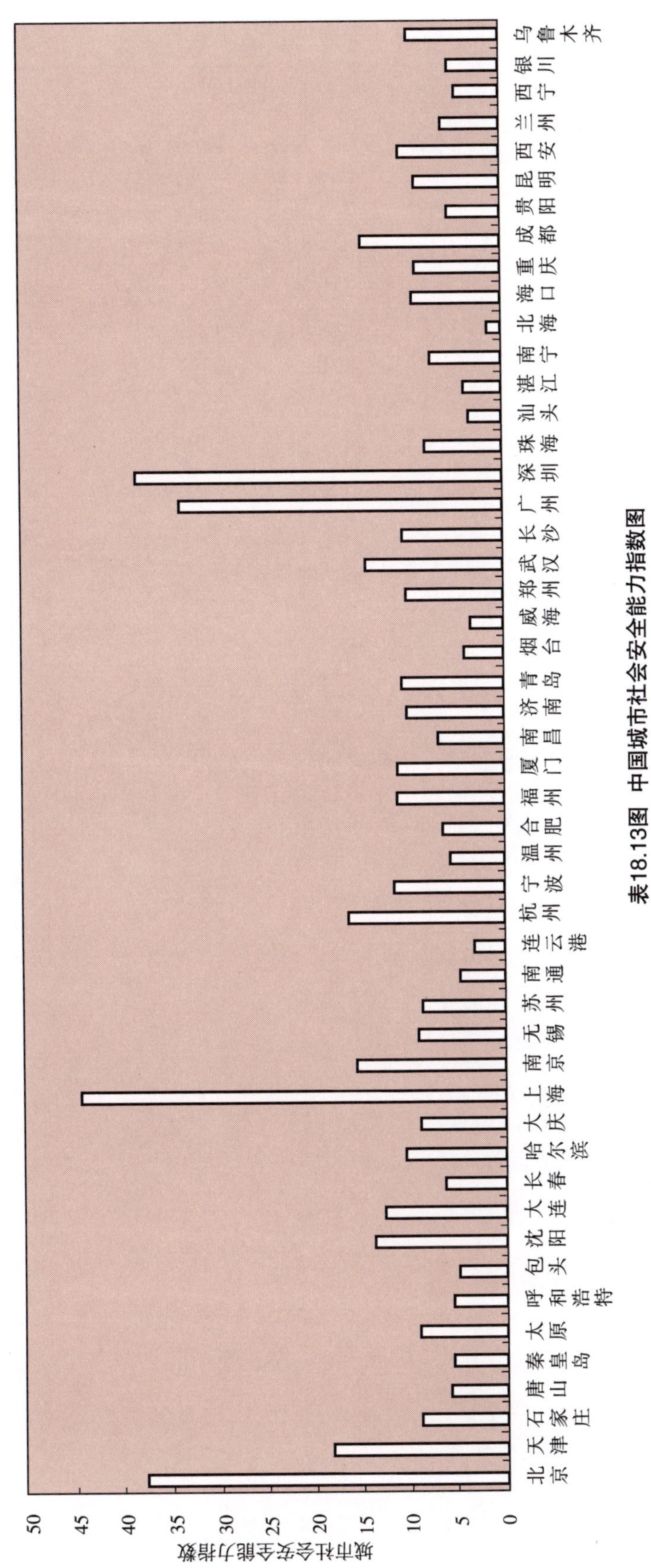

表18.13图　中国城市社会安全能力指数图

表 18.14　中国城市社会公平

城市	城市社会公平					城市社会公平
	城乡二元结构系数得分	城市全员劳动生产率与农村之比得分	城市人均收入与农村人均收入之比得分	城市人均GDP与农村人均GDP之比得分	城市非农人口占总人口的比例得分	
北京	50.11	0.03	64.29	64.19	52.44	46.21
天津	32.75	21.21	36.59	35.02	22.8	29.67
石家庄	9.5	17.81	9.16	7.96	2.36	9.36
唐山	9.05	13.33	7.57	10.28	1.9	8.43
秦皇岛	5.36	9.2	7.67	2.74	2.25	5.44
太原	15.95	10.12	17.08	16.06	12.76	14.39
呼和浩特	8.72	8.38	9.31	8.99	4.81	8.04
包头	8.62	5.97	9.79	8.22	6.43	7.81
沈阳	22.95	15.38	24.18	23.38	18.38	20.85
大连	17.64	15.41	20.23	16.3	12.24	16.36
长春	9.84	10.31	11.2	9.5	6.28	9.43
哈尔滨	14.33	16.67	15.42	11.21	9.1	13.35
大庆	7.99	6.24	12.26	5.56	8.43	8.10
上海	55.99	32.71	25.55	77.03	68.29	51.91
南京	24.89	17.25	27.23	25.53	18.83	22.75
无锡	13.53	13.01	13.7	15.58	6.44	12.45
苏州	13.26	13.67	7.72	19	7.81	12.29
南通	4.65	11.03	3.33	2.04	2.73	4.76
连云港	1.94	6.62	1.66	0	1.04	2.25
杭州	22.41	18.49	27.76	25.8	9.21	20.73
宁波	13.14	16.8	19.7	9.67	3.32	12.53
温州	5.18	8.15	11.34	2.09	0	5.35
合肥	6.6	8.77	12.18	1.96	3.52	6.61
福州	13.22	17.95	17.46	10.21	3.57	12.48
厦门	15.26	8.84	18.2	17.9	9.14	13.87

(续表 18.14)

城市	城市社会公平					
	城乡二元结构系数得分	城市全员劳动生产率与农村之比得分	城市人均收入与农村人均收入之比得分	城市人均GDP与农村人均GDP之比得分	城市非农人口占总人口的比例得分	城市社会公平
南昌	9.42	10.09	11.62	7.96	5.58	8.93
济南	15.43	12.74	17.78	17.03	8.66	14.33
青岛	13.21	16.21	9.99	15.1	8.93	12.69
烟台	6.74	6.89	7.69	8.14	2.27	6.35
威海	6.15	8	4.43	7.07	2.54	5.64
郑州	14.73	17.04	14.33	16.47	5.61	13.64
武汉	27.35	15.2	31.3	30.79	19.13	24.75
长沙	11.94	15.27	18.49	7	5.02	11.54
广州	45.78	27.51	48.51	49.5	36.76	41.61
深圳	46.75	23.26	47.9	47.12	44.36	41.88
珠海	13.88	7.28	15	14.76	11.56	12.50
汕头	5.93	7.43	8.48	3.79	2.23	5.57
湛江	0	2.93	0	1.06	1.1	1.02
南宁	9.32	8.85	11.12	9.37	5.32	8.80
北海	1.93	2.3	1.88	2.94	0.78	1.97
海口	14	6.8	14	13.77	14	12.51
重庆	13.74	18.37	18.46	14.23	1.64	13.29
成都	18.69	22.01	21.17	18.45	7.18	17.50
贵阳	9.79	6.97	13.24	9.45	5.68	9.03
昆明	10.56	10.02	13.64	10.12	6.46	10.16
西安	15.64	12.61	20.62	15.67	8.35	14.58
兰州	11.01	7.18	13.84	10.48	7.92	10.09
西宁	7.89	6.47	10.71	7.99	3.42	7.30
银川	8.86	6.4	9.68	9.16	6.38	8.10
乌鲁木齐	17	8.46	17.49	16.8	16.46	15.24

资料来源:国家统计局城市社会经济调查总队,《2002中国城市统计年鉴》,中国统计出版社,2002。

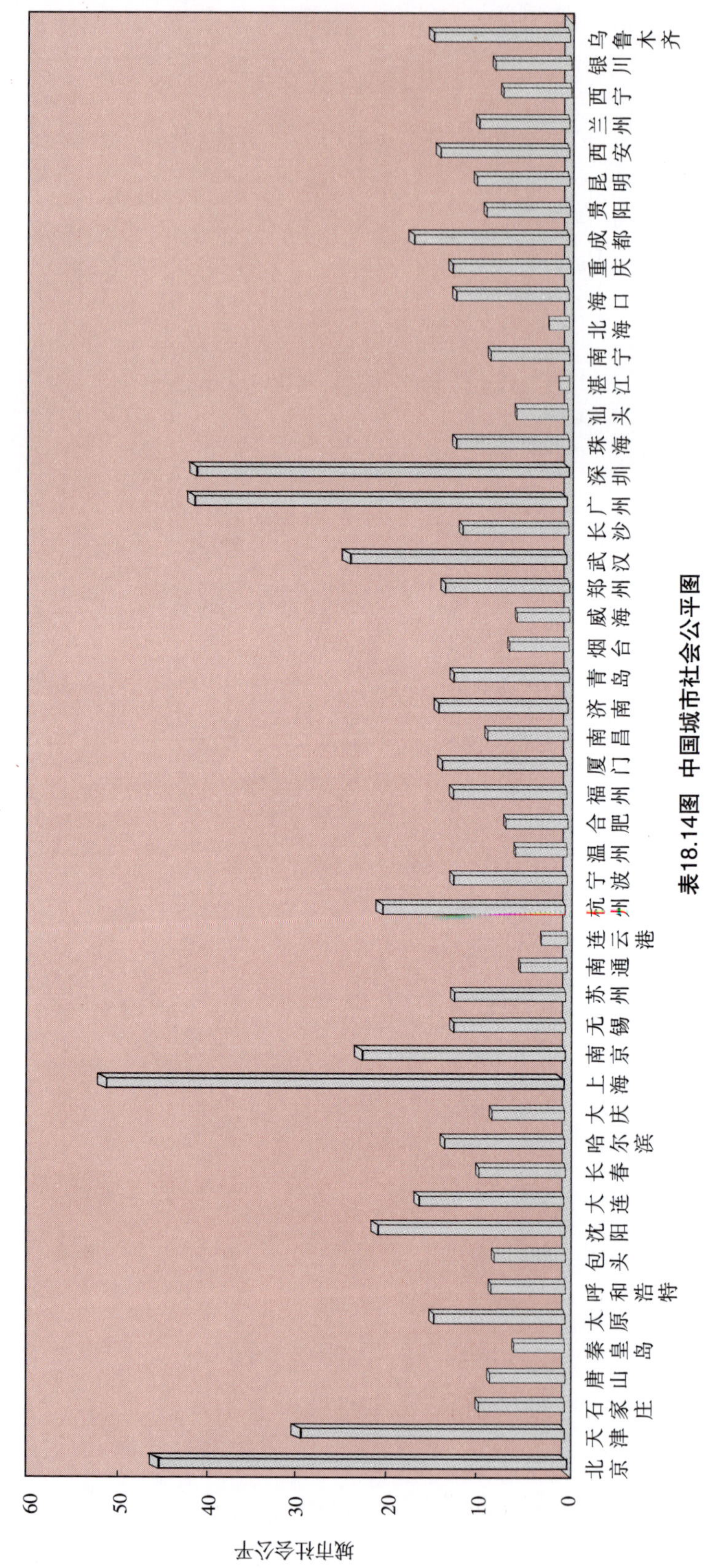

表18.14图　中国城市社会公平图

表 18.15　中国城市社会保障水平

城市	城市社会保障水平						
	每十万人拥有医生数得分	每十万人拥有医院床位数得分	城市赤字率得分	失业率得分	人均承保额得分	市区承保额占工资总额的比例得分	城市社会保障水平
北京	51.22	52.29	27.67	64.69	0	0	32.65
天津	17.31	20.91	11.57	27.01	1.74	4.83	13.90
石家庄	11.34	20.21	8.76	17.61	0.96	2.69	10.26
唐山	5.98	10.38	4.66	10.1	0.38	1.35	5.48
秦皇岛	6.93	11.34	4.4	10.9	0.84	2.15	6.09
太原	13.08	15.56	6.28	11.8	0.56	1.73	8.17
呼和浩特	5.86	7.13	0.37	9.24	0.44	1.45	4.08
包头	4.98	6.09	3.63	6.61	0.21	0.93	3.74
沈阳	13.36	18.8	11	13.92	1.61	5.95	10.77
大连	11.64	17.93	10.98	25.4	2.87	7.12	12.66
长春	8.63	0	0	15.89	0.83	2.57	4.65
哈尔滨	11.38	17.22	8.3	18.85	0.53	1.17	9.58
大庆	9.77	15.33	10.06	14.91	0.91	1.53	8.75
上海	26.24	51.86	34.94	66.63	16.02	31.57	37.88
南京	7.94	16.6	15.99	23.2	2.25	5.3	11.88
无锡	2.2	8.99	9.82	13.85	1.64	6.03	7.09
苏州	2.38	7.1	8.99	11.55	1.92	7.46	6.57
南通	3.26	8.71	6.5	8.01	1.23	3.49	5.20
连云港	1.97	4.2	3.41	5.58	1.8	6.97	3.99
杭州	14.11	16.2	16.84	19.92	3.63	10.34	13.51
宁波	9.97	12.82	9.63	15.97	4.96	9.48	10.47
温州	0	6.64	10.46	11.47	0.97	3.36	5.48
合肥	9.67	12.09	8.27	12.17	0.53	1.92	7.44
福州	15.51	15.93	13.17	19.1	1.4	3.34	11.41
厦门	5.5	6.93	8.16	14.92	10.11	15.83	10.24

（续表 18.15）

城市	城市社会保障水平						
	每十万人拥有医生数得分	每十万人拥有医院床位数得分	城市赤字率得分	失业率得分	人均承保额得分	市区承保额占工资总额的比例得分	城市社会保障水平
南昌	8.74	10.74	7.08	10.88	0.63	2.21	6.71
济南	9.12	13.93	9.8	17.3	1.1	4.06	9.22
青岛	15.81	13.48	11.86	14.47	2.84	6.82	10.88
烟台	1.78	3.8	4.81	6.95	0.34	1.62	3.22
威海	1.34	2.66	2.78	6.53	0.25	0.84	2.40
郑州	12.5	18.37	9.76	17.7	2.31	7.8	11.41
武汉	12.05	12.77	10.24	15.49	1.34	6.27	9.69
长沙	18.46	21.6	10.68	12.15	1	2.96	11.14
广州	29.07	33.92	23.38	40.58	11.43	17.3	25.95
深圳	47.9	45.01	25.17	43.26	47.9	24.88	39.02
珠海	2.48	6.37	6.4	12	0	0	4.54
汕头	2.47	4.01	3.15	0	0.33	1.47	1.91
湛江	7.58	10.26	4.91	13.2	1.24	8.59	7.63
南宁	12.1	12.58	15.3	13.12	0.79	2.86	9.46
北海	1.44	1.69	1.59	3.65	0.19	1.64	1.70
海口	7.59	11.91	8.27	11.65	5.65	14	9.85
重庆	5.29	10.38	4.4	19.31	0.49	3.33	7.20
成都	21.47	19.16	19.8	22.74	2.04	6.11	15.22
贵阳	3.06	8.28	5.5	9.71	0.57	2.38	4.92
昆明	15.1	19.37	9.96	19.9	0	0	10.72
西安	11.86	16.97	12.64	19.4	0.7	2.37	10.66
兰州	4.15	10.69	3.97	12.81	0.31	1.05	5.50
西宁	4.72	9.03	2.65	9.57	0.13	0.57	4.45
银川	6.4	8.86	4.94	8.78	0.2	0.61	4.97
乌鲁木齐	12.46	17.6	10.94	13.16	0.71	1.71	9.43

资料来源：国家统计局城市社会经济调查总队，《2002 中国城市统计年鉴》，中国统计出版社，2002。

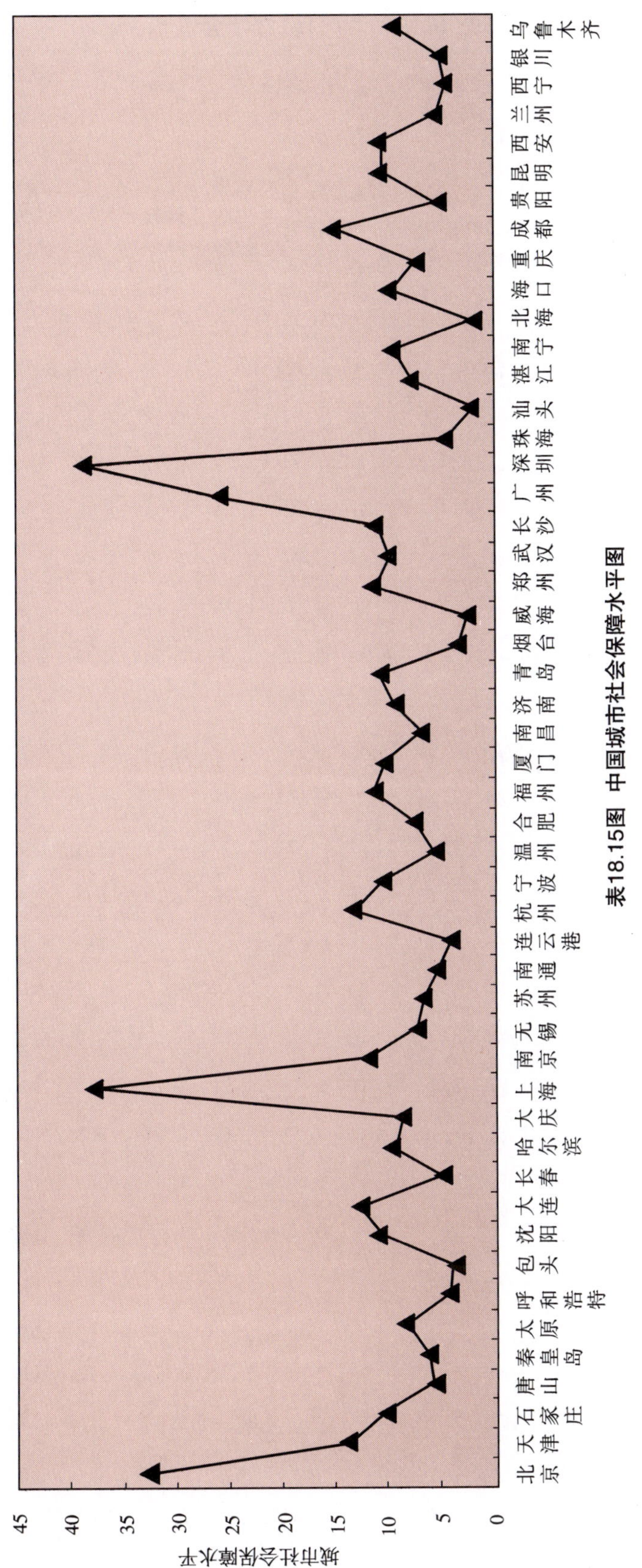

表18.15图　中国城市社会保障水平图

表 18.16　中国城市社会进步

城市	城市社会进步											
	人均住房面积得分	人均生活用水量得分	人均生活用电量得分	在岗职工平均工资得分	人均社会消费品零售总额得分	城乡居民人均储蓄年末余额得分	恩格尔系数得分	HDI得分	人口自然增长率得分	从业人员占总人口比例得分	城镇个体劳动者从业人员得分	城市社会进步
北京	22.73	24.29	10.39	42.87	34.97	55.28	42.87	42.86	56.2	35.04	3.68	33.75
天津	12.78	0	2.81	12.9	12.24	8.09	12.9	14.86	27	8.33	2.78	10.43
石家庄	5.97	3.37	1.85	3.73	13.36	7.34	3.73	11.88	10.5	6.24	3.92	6.54
唐山	3.15	2.72	0.33	1.31	2.61	2.55	1.31	5.08	9.49	3.27	2.65	3.13
秦皇岛	3.77	2.22	0.39	2.8	3.41	5.57	2.8	7.41	9.87	4.39	4.06	4.24
太原	4.07	3.62	0.66	1.29	1.89	4.94	1.29	9.48	7.33	6.28	1.84	3.88
呼和浩特	2.56	0.17	0.45	2.7	1.96	2.22	2.7	5.56	3.98	3.47	1.82	2.51
包头	3.38	1.39	0.11	0	0.86	1.07	0	3.09	4.07	2.37	5.69	2.00
沈阳	4.88	3.79	2.2	4.94	16.23	9.7	4.94	11.79	24.5	5.14	9.16	8.84
大连	6.81	0.53	3.28	8.43	11.26	11.67	8.43	12.09	20.8	6.97	9.09	9.03
长春	4.27	1.89	1.41	3.97	1.73	4.7	3.97	5.66	12.4	4.01	2.13	4.19
哈尔滨	4.27	6.37	2.27	2.39	8.71	7.76	2.39	10.72	16.5	10.97	5.87	7.11
大庆	9.46	11.17	1.79	10.56	5.71	12.15	10.56	9.48	11	6.76	4.36	8.46
上海	25.59	30.94	9.84	80.3	41.11	32.7	80.3	44.35	80.3	57.63	0	43.91
南京	7.79	9.42	3.33	15.51	17.39	8.55	15.51	16.25	23.9	6.56	4.2	11.68
无锡	18.2	2.97	1.72	6.54	8.54	5.69	6.54	5.18	14	2.25	0.78	6.58
苏州	6	7.19	1.28	8.19	4.7	4.71	8.19	5.61	16.3	1.53	1.67	5.94
南通	2.94	1.48	0.99	3.12	4.95	3.32	3.12	4.92	9.53	3.1	1.3	3.52
连云港	2.64	1.42	0.26	1.31	2.99	0.55	1.31	2.56	5.88	1.62	1.39	1.99
杭州	8.91	15.71	3.51	18.72	24.47	11.9	18.72	15.72	20.9	3.71	19.4	14.70
宁波	7.53	5.02	2.3	15.06	16.06	10.3	15.06	11.59	16.6	5.4	11.36	10.57
温州	11.39	3.56	2.51	6.32	4.96	7.01	6.32	3.88	6.12	1.64	14.5	6.20
合肥	2.6	2.99	1.77	2.12	6.17	2.5	2.12	8.52	8.78	3.44	2.35	3.94
福州	8.28	11.49	5.65	6.26	14.33	9.38	6.26	12.88	13.1	7.15	4.44	9.02
厦门	14.44	8.79	3.78	8.47	13.85	6.08	8.47	6.23	9.81	7.99	6.03	8.54
南昌	3.47	6.23	0.5	2.14	5.29	2.95	2.14	8.22	7.17	3.95	3.9	4.18

（续表 18.16）

城市	城市社会进步											
	人均住房面积得分	人均生活用水量得分	人均生活用电量得分	在岗职工平均工资得分	人均社会消费品零售总额得分	城乡居民人均储蓄年末余额得分	恩格尔系数得分	HDI得分	人口自然增长率得分	从业人员占总人口比例得分	城镇个体劳动者从业人员得分	城市社会进步
济南	6.56	5.93	2.18	5.42	5.29	3.82	5.42	10.28	14.8	3.53	4.1	6.12
青岛	5.7	4.12	2.8	9.06	10.21	6.36	9.06	11.26	17.5	6.46	11.28	8.53
烟台	2.44	0.08	0.65	1.84	2.5	2.08	1.84	2.5	8.42	0.88	1.36	2.24
威海	2.43	0.83	0.33	0.9	0.91	2.45	0.9	1.6	4.69	2.25	1.12	1.67
郑州	5.04	2.53	3.66	3.42	6.03	8.38	3.42	12.71	8.75	4.95	0.8	5.43
武汉	4.32	12.74	1.89	5.12	9.88	2.35	5.12	10.88	21.1	3.66	15.67	8.43
长沙	5.88	12.26	4.61	6	7.82	7.93	6	17.31	13.6	5.69	4.24	8.30
广州	24.99	54.7	12.78	46.58	50.23	54.7	46.58	33.58	36.6	14.19	9.37	34.94
深圳	23.54	35	47.9	47.28	47.9	29.59	47.28	36.84	6.16	47.9	21.56	35.54
珠海	4.98	14.28	3.03	7.29	7.53	10.78	7.29	4.03	7.28	6.04	4.07	6.96
汕头	3.21	1.49	1.17	2.04	3.64	3.45	2.04	2.31	6.21	1.01	1.01	2.51
湛江	3.2	4.91	0	2.91	2.29	1.72	2.91	5.91	4.37	0	3.11	2.85
南宁	4.13	6.02	1.32	2.33	4.84	4.27	2.33	8.49	3.21	3.54	3.15	3.97
北海	2.09	0.86	0.15	0.42	0.4	0.3	0.42	0.89	1.09	0.01	1.34	0.72
海口	4.38	5.62	0.38	3.66	5.46	8.9	3.66	6.54	4.34	11.39	3.61	5.27
重庆	5.54	3.08	2.41	3	4.03	0	3	5.96	18.6	1.15	24.12	6.45
成都	9.74	14.27	3.68	8.29	10.55	9.69	8.29	16.2	18.7	6.31	7.66	10.30
贵阳	3.5	1.81	1.06	1.69	3.3	1.36	1.69	4.69	7.33	2.78	3.03	2.93
昆明	3.76	10.19	3.3	4.84	0	6.45	4.84	11.93	10	6.02	2.19	5.78
西安	1.55	8.62	1.64	3.63	5.38	6.69	3.63	12.04	15.1	5.6	8.24	6.56
兰州	2.51	1.18	1.55	1.74	4.69	3.66	1.74	6	5.36	3.47	1.93	3.08
西宁	0	3.43	0.74	2.36	1.72	1.15	2.36	4.57	0	1.05	3.88	1.93
银川	2.65	0.74	1.14	1.59	1.49	2.29	1.59	5.02	4.41	3.12	1.81	2.35
乌鲁木齐	3.38	1.23	1.72	4.49	5.06	4.95	4.49	10.36	8.6	5.41	4.34	4.91

资料来源：国家统计局城市社会经济调查总队，《2002 中国城市统计年鉴》，中国统计出版社，2002。

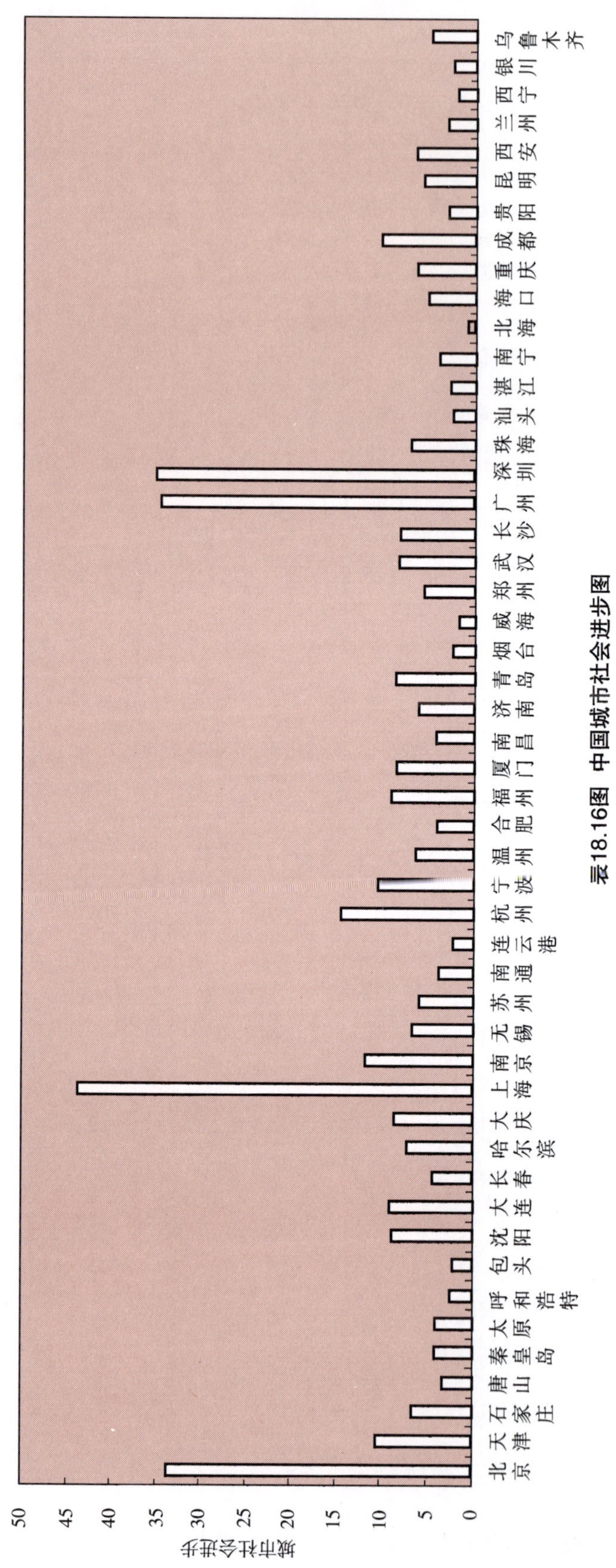

表18.16图　中国城市社会进步图

表 18.17　中国城市管理能力指数

城市	城市管理能力指数			城市管理能力指数
	城市效率水平	城市经营水平	城市带动水平	
北京	24.79	40.32	33.15	32.75
天津	9.35	15.98	18.35	14.56
石家庄	6.75	6.46	6.07	6.43
唐山	3.87	2.99	3.22	3.36
秦皇岛	4.18	4.23	3.83	4.08
太原	2.37	4.83	7.49	4.90
呼和浩特	1.97	3.67	3.72	3.12
包头	1.3	2.3	4.12	2.57
沈阳	6.86	8.79	10.03	8.56
大连	8.21	8.94	8.94	8.70
长春	3.33	4.13	5.94	4.47
哈尔滨	4.5	7.47	5.99	5.99
大庆	8.64	6.44	11.13	8.74
上海	44.14	51.35	45.01	46.83
南京	8.13	12.28	16.8	12.40
无锡	6.41	5.2	11.26	7.62
苏州	5.41	5.44	9.07	6.64
南通	2.91	3.43	3.62	3.32
连云港	1	2.21	2.08	1.76
杭州	9.44	10.91	20.55	13.63
宁波	9.15	9.14	7.86	8.72
温州	3.72	4.19	2.83	3.58
合肥	3.85	4.9	5.41	4.72
福州	7.41	7.11	4.18	6.23
厦门	5.97	6.44	7.48	6.63
南昌	4.65	4.43	4.57	4.55

（续表 18.17）

城市	城市管理能力指数			城市管理能力指数
	城市效率水平	城市经营水平	城市带动水平	
济南	5.76	7.12	9.21	7.36
青岛	7.55	9	7.45	8.00
烟台	1.98	2.79	2.14	2.30
威海	1.94	2.17	1.7	1.94
郑州	3.69	8.42	6.28	6.13
武汉	5.79	10.64	12.99	9.81
长沙	7.4	10.19	6.72	8.10
广州	24.35	24.99	23.28	24.21
深圳	33.04	22.95	21.65	25.88
珠海	5.86	4.29	9.3	6.48
汕头	2.71	2.67	1.27	2.22
湛江	2.63	3.64	2.8	3.02
南宁	2.85	6.02	4.75	4.54
北海	1.28	1.56	2.26	1.70
海口	4.2	6.13	6.13	5.49
重庆	2.65	6.82	6.68	5.38
成都	6.75	9.74	6.3	7.60
贵阳	1.77	4.77	5.34	3.96
昆明	4.58	8.05	6.29	6.31
西安	4.18	7.64	7.2	6.34
兰州	1.88	3.68	5.13	3.56
西宁	0.93	3.86	3.04	2.61
银川	1.56	3.96	4.23	3.25
乌鲁木齐	3.22	7.06	8.68	6.32

资料来源：国家统计局城市社会经济调查总队，《2002 中国城市统计年鉴》，中国统计出版社，2002。

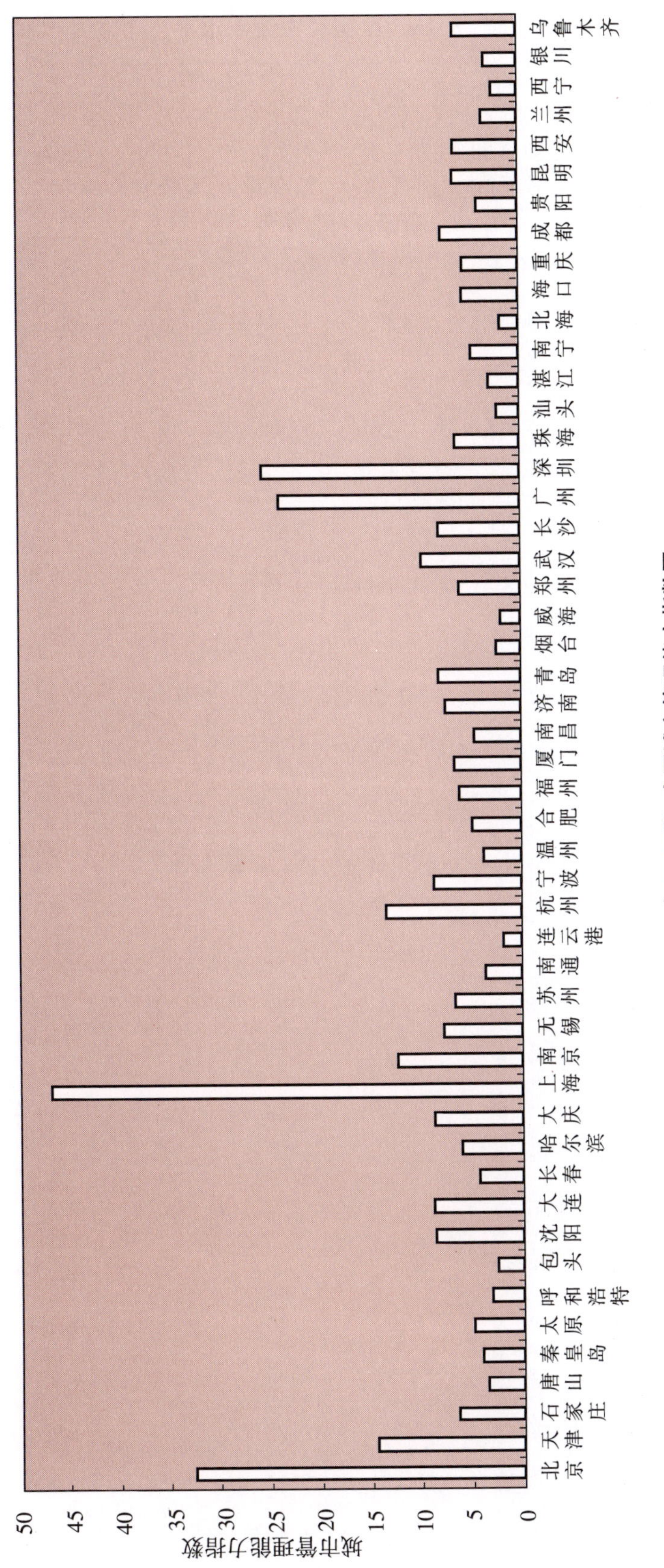

表18.17图　中国城市管理能力指数图

表 18.18 中国城市效率水平

城市	城市效率水平						城市效率水平
	单位劳动力产值得分	单位土地产值得分	单位资本产值得分	单位时间产值得分	公务员服务率得分	人均地方财政收入得分	
北京	6.77	10.46	7.96	37.37	30.93	55.23	24.79
天津	7.57	6.03	9.38	12.41	7.37	13.33	9.35
石家庄	3.36	16.76	5.41	1.68	8.78	4.51	6.75
唐山	1.85	2.98	13.4	0.71	1.97	2.33	3.87
秦皇岛	2.47	5.32	7.79	0.32	5.59	3.59	4.18
太原	0.15	2.86	4.9	0.95	3.34	2.01	2.37
呼和浩特	0.34	0.42	1.66	0.19	7.27	1.94	1.97
包头	0.73	0.34	3.35	0.28	1.41	1.71	1.30
沈阳	6.15	6.16	12.04	5.61	4.04	7.17	6.86
大连	8.5	7.46	11.28	4.54	3.99	13.51	8.21
长春	4.28	2.6	7.95	2.47	2.65	0	3.33
哈尔滨	0.73	6.17	4.75	2.49	6.9	5.94	4.50
大庆	20.3	2.89	13.79	4.04	3.57	7.23	8.64
上海	9.85	80.3	18.92	80.3	6.92	68.54	44.14
南京	8.81	8.97	7.21	5.91	3.28	14.58	8.13
无锡	11.72	6.9	9.8	2.75	0.05	7.22	6.41
苏州	10.95	5.4	6.05	2.16	0.27	7.63	5.41
南通	2.52	5.16	3.03	0.31	2.22	4.23	2.91
连云港	1.32	0.7	0	0.08	2.23	1.66	1.00
杭州	16.61	9.33	8.44	7.35	2.51	12.37	9.44
宁波	13.15	10.17	5.46	2.46	4.11	19.54	9.15
温州	7.18	3.55	2.8	0.96	1.12	6.68	3.72
合肥	2.5	7.21	2.81	0.65	5.63	4.28	3.85
福州	5.75	8.19	7.75	1.97	8.95	11.85	7.41
厦门	5.07	4.9	5.3	1.84	3.15	15.53	5.97

（续表 18.18）

城市	城市效率水平						城市效率水平
	单位劳动力产值得分	单位土地产值得分	单位资本产值得分	单位时间产值得分	公务员服务率得分	人均地方财政收入得分	
南昌	2.29	6.98	11.26	0.91	4.07	2.39	4.65
济南	7.4	3.75	8.03	3.48	6.39	5.48	5.76
青岛	6.75	9.91	8.96	3.21	3.35	13.13	7.55
烟台	3.94	0.9	3.13	0.61	0.79	2.53	1.98
威海	2.29	1.32	3.14	0.16	1.89	2.83	1.94
郑州	2.18	6.07	4.89	1.37	2.03	5.62	3.69
武汉	7.19	3.34	7.78	8.29	2.64	5.48	5.79
长沙	5.52	15.51	4.62	1.92	9.5	7.35	7.40
广州	25.67	28.28	11.98	26.98	13.83	39.38	24.35
深圳	31.57	38.29	13.87	18.71	47.9	47.9	33.04
珠海	5.71	2.41	5.53	0.92	9.69	10.88	5.86
汕头	2.62	5.72	3.86	0.31	1.97	1.75	2.71
湛江	5.1	1.29	6.38	0.4	1	1.63	2.63
南宁	1.82	1.3	4.4	0.54	5.42	3.61	2.85
北海	1.74	0.2	4.05	0	0.92	0.76	1.28
海口	0	6.76	1.71	0.22	10.05	6.48	4.20
重庆	3.33	0.67	6.12	4.5	0	1.27	2.65
成都	6.19	12.37	3.48	4.25	7.33	6.86	6.75
贵阳	0.8	0.82	1.31	0.5	4.45	2.72	1.77
昆明	3.36	1.81	6.11	1.87	6.52	7.78	4.58
西安	2.04	5.66	5.9	2.74	4.01	4.74	4.18
兰州	1.31	1.85	1.66	0.69	3.72	2.05	1.88
西宁	0.16	1.56	0.15	0	2.71	0.98	0.93
银川	0.22	0.32	0.8	0.03	5.15	2.83	1.56
乌鲁木齐	1.79	0	2.77	0.88	8.5	5.4	3.22

资料来源：国家统计局城市社会经济调查总队，《2002 中国城市统计年鉴》，中国统计出版社，2002。

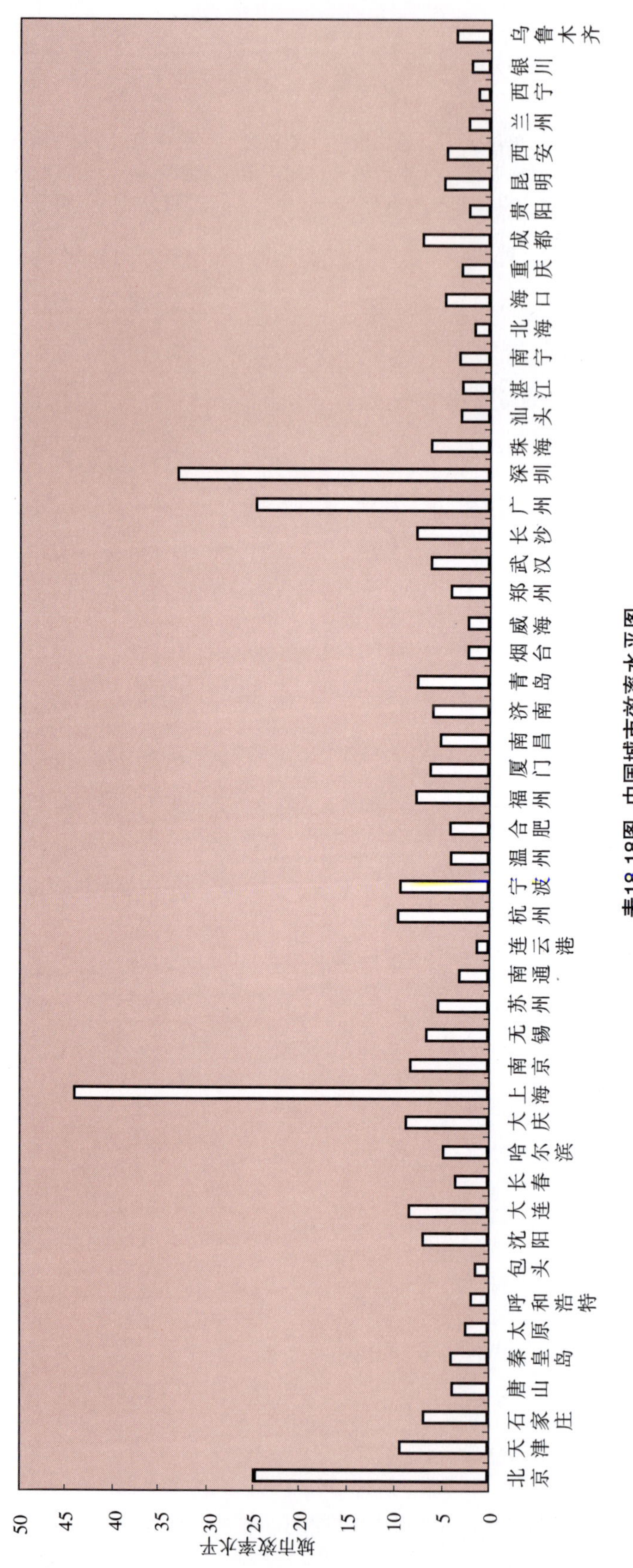

表18.18图　中国城市效率水平图

表 18.19 中国城市经营水平

城市	城市经营水平				城市经营水平
	市区第三产业占 GDP 的比重得分	城市盈利率得分	城市经营率得分	市场占有率得分	
北京	59.89	5.65	68.6	27.13	40.32
天津	24.23	4.56	20.78	14.33	15.98
石家庄	14.85	3.16	6.5	1.34	6.46
唐山	5.29	1.81	4.25	0.62	2.99
秦皇岛	11.93	0.07	4.7	0.2	4.23
太原	11.96	0.98	5.6	0.76	4.83
呼和浩特	8.46	0.84	5.28	0.08	3.67
包头	4.19	0.53	4.16	0.32	2.30
沈阳	19.53	1.46	11.43	2.74	8.79
大连	17.82	1.5	13.03	3.39	8.94
长春	11.02	3.37	0	2.11	4.13
哈尔滨	17.24	1.55	10	1.09	7.47
大庆	0	20.3	2.04	3.41	6.44
上海	55.59	10.56	58.94	80.3	51.35
南京	20.93	2.81	18.72	6.67	12.28
无锡	10.67	1.09	6.27	2.75	5.20
苏州	9.23	1.35	8.67	2.5	5.44
南通	6	1.27	6.04	0.41	3.43
连云港	4.01	1.39	3.35	0.08	2.21
杭州	19.51	4.3	13.07	6.74	10.91
宁波	15.01	5.39	13.96	2.19	9.14
温州	7.62	0.91	7.58	0.65	4.19
合肥	8.47	2.83	7.64	0.64	4.90
福州	15.57	0	11.99	0.88	7.11
厦门	10.27	1.14	12.4	1.93	6.44

（续表 18.19）

城市	城市经营水平				
	市区第三产业占 GDP 的比重得分	城市盈利率得分	城市经营率得分	市场占有率得分	城市经营水平
南昌	9.89	3.06	4.33	0.44	4.43
济南	17.12	2.28	7.31	1.78	7.12
青岛	15.04	1.82	14.98	4.17	9.00
烟台	5.17	1.4	4.21	0.37	2.79
威海	4.39	1.06	2.98	0.23	2.17
郑州	18.9	1.9	11.71	1.15	8.42
武汉	21.02	6.31	11.03	4.18	10.64
长沙	19.02	11.48	9.6	0.67	10.19
广州	43.56	7.09	30.59	18.71	24.99
深圳	28.64	5.11	38.27	19.79	22.95
珠海	7.89	0.63	7.35	1.27	4.29
汕头	6.96	0.29	3.19	0.23	2.67
湛江	6.56	3.65	4.01	0.33	3.64
南宁	14.72	1.95	7.26	0.15	6.02
北海	3.51	0.71	2	0	1.56
海口	14	1.24	9.14	0.12	6.13
重庆	15.6	2.29	6.24	3.16	6.82
成都	21.24	5.68	10.36	1.67	9.74
贵阳	7.86	3.28	7.62	0.31	4.77
昆明	13.13	7.37	10.91	0.77	8.05
西安	16.5	2.01	10.74	1.29	7.64
兰州	8.5	1.09	4.57	0.57	3.68
西宁	9.53	0.22	5.68	0.02	3.86
银川	7.57	0.11	8.09	0.08	3.96
乌鲁木齐	15.56	2.49	9.63	0.56	7.06

资料来源：国家统计局城市社会经济调查总队，《2002 中国城市统计年鉴》，中国统计出版社，2002。

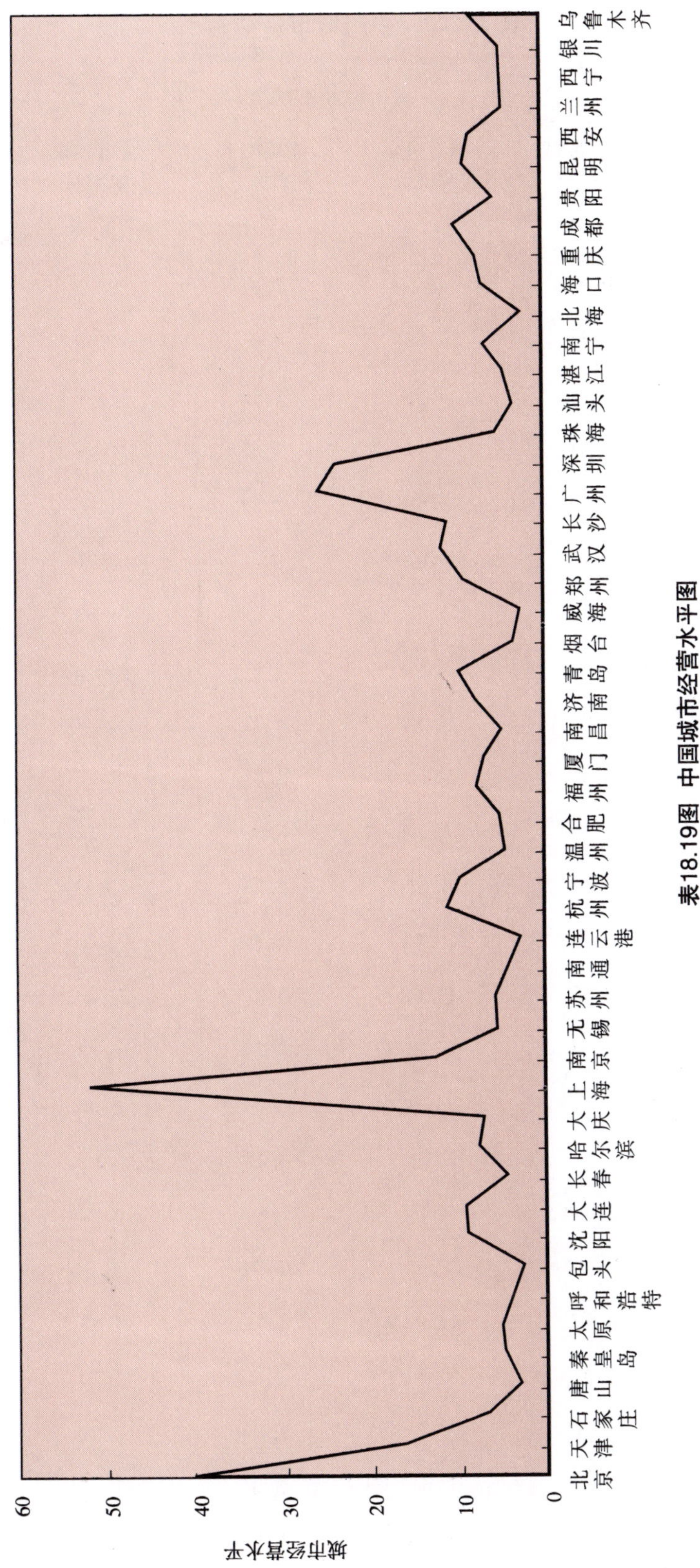

表18.19图　中国城市经营水平图

表 18.20　中国城市带动水平

城市	城市带动水平				城市带动水平
	城市贡献率得分	城市带动率得分	规模增长率得分	城市集聚率得分	
北京	15.14	31.52	27.97	57.95	33.15
天津	16.94	20.45	7.81	28.2	18.35
石家庄	8.35	6.89	4.95	4.09	6.07
唐山	5.74	3.68	1.69	1.76	3.22
秦皇岛	2.36	6.41	2.25	4.29	3.83
太原	6.69	7.53	2.57	13.17	7.49
呼和浩特	0.03	4.53	4.3	6.01	3.72
包头	3.76	4.45	1.27	6.99	4.12
沈阳	2.69	12.75	4.67	19.99	10.03
大连	5.22	12.74	4.11	13.7	8.94
长春	7.6	5.03	2.47	8.65	5.94
哈尔滨	2.96	8.08	5.38	7.52	5.99
大庆	20.3	8.81	2.28	13.11	11.13
上海	31.14	59.34	15.58	73.96	45.01
南京	16.77	19.69	9.29	21.46	16.80
无锡	5.98	15.26	17	6.78	11.26
苏州	7.48	10.3	15.45	3.05	9.07
南通	6.6	3.67	4.19	0	3.62
连云港	3.04	2.48	1.88	0.93	2.08
杭州	10.38	30.41	25.76	15.64	20.55
宁波	9.62	11.08	6.41	4.33	7.86
温州	1.93	4.8	2.8	1.79	2.83
合肥	5.47	6.7	2.46	7.01	5.41
福州	0	7.64	3.9	5.17	4.18
厦门	3.74	8.38	3.49	14.32	7.48
南昌	2.45	5.95	2.39	7.5	4.57

（续表 18.20）

城市	城市带动水平				城市带动水平
	城市贡献率得分	城市带动率得分	规模增长率得分	城市集聚率得分	
济南	3.28	12.79	9.1	11.65	9.21
青岛	10.96	7.39	3.62	7.83	7.45
烟台	2.43	3.32	1.49	1.32	2.14
威海	3.14	1.85	1.33	0.49	1.70
郑州	8.37	6.62	4.35	5.78	6.28
武汉	7.11	14.41	4.33	26.09	12.99
长沙	4.49	9.04	4.41	8.94	6.72
广州	13.45	23.9	13.63	42.13	23.28
深圳	7.13	22.06	11.03	46.39	21.65
珠海	2.92	12.32	8.44	13.53	9.30
汕头	1.35	0	1.3	2.44	1.27
湛江	2.57	3.91	2.27	2.43	2.80
南宁	1.32	6.56	3.3	7.8	4.75
北海	0.49	5.1	1.92	1.51	2.26
海口	1.74	6.45	2.31	14	6.13
重庆	7.61	9.2	4.21	5.69	6.68
成都	2.18	10.09	4.53	8.39	6.30
贵阳	5.01	5.71	2.65	7.97	5.34
昆明	3.99	8.31	2.65	10.21	6.29
西安	2.84	9.04	2.74	14.17	7.20
兰州	3.23	6.19	1.08	10.01	5.13
西宁	1.68	3.96	1.58	4.93	3.04
银川	3.1	4.3	2.45	7.05	4.23
乌鲁木齐	3.42	9.71	4.69	16.88	8.68

资料来源：国家统计局城市社会经济调查总队，《2002 中国城市统计年鉴》，中国统计出版社，2002。

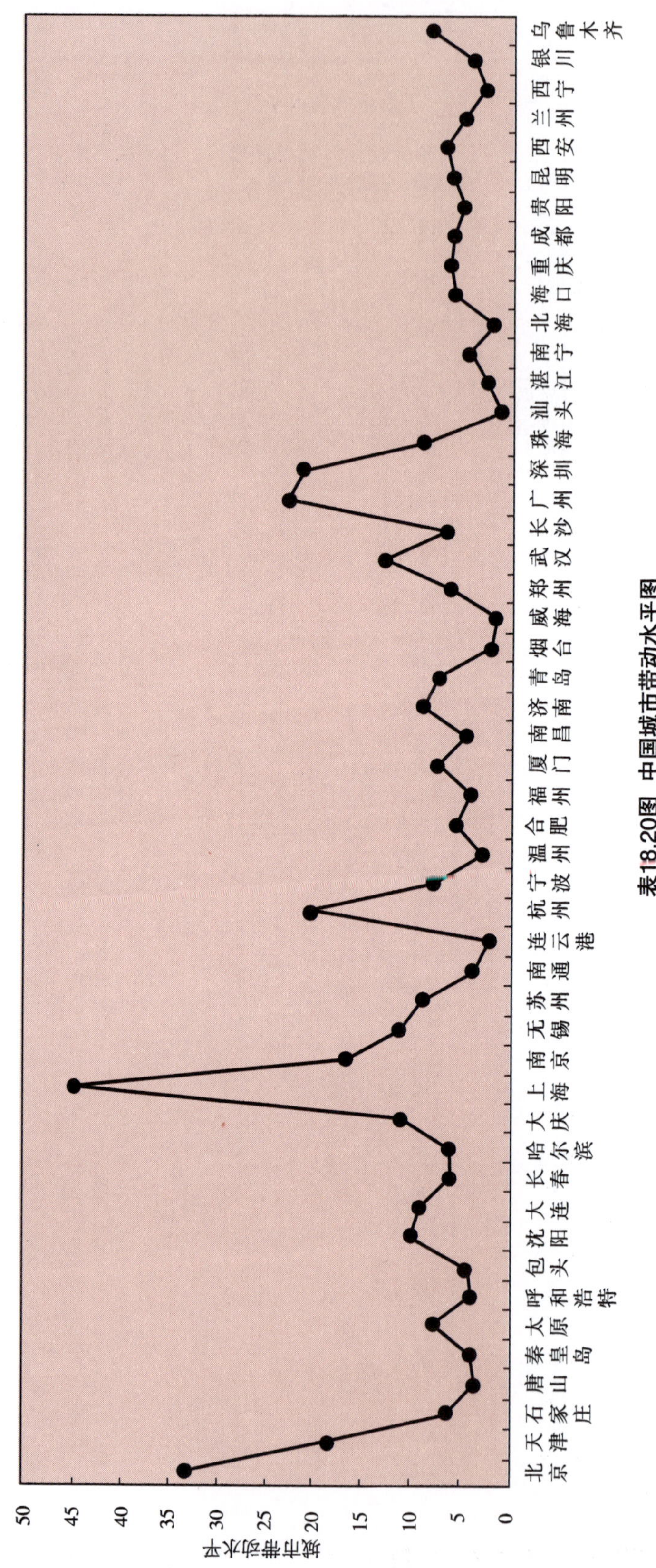

表18.20图　中国城市带动水平图

表 18.21　中国城市可持续能力指数

城市	城市可持续能力指数				城市可持续能力指数
	城市生态水平	城市环境质量	城市协调能力	城市影响能力	
北京	17.11	46.72	43.72	11.91	29.87
天津	3.26	27.14	24.33	7.01	15.44
石家庄	3.01	9.17	7.81	4.1	6.02
唐山	2.54	4.11	8.19	1.5	4.09
秦皇岛	3.82	7.2	5.89	1.58	4.62
太原	2.34	10.53	11.66	0.95	6.37
呼和浩特	1.24	8.27	7.1	0.22	4.21
包头	1.77	5.35	6.79	0.31	3.56
沈阳	6.7	19.16	18.24	5.87	12.49
大连	6.75	18.6	15.65	5.58	11.65
长春	3.27	11.3	6.68	4.01	6.32
哈尔滨	2.71	11.57	13.16	2.83	7.57
大庆	4.26	9.25	10.73	10.79	8.76
上海	6.96	63.06	53.75	40.11	40.97
南京	10.07	21.53	18.45	7.39	14.36
无锡	2.75	13.19	10.12	5.02	7.77
苏州	2.27	8.28	11.04	5.71	6.83
南通	1.36	5.23	5.73	1.47	3.45
连云港	1.24	5.17	3.71	0.69	2.70
杭州	4.66	23.18	15.23	8.91	13.00
宁波	3.13	11.22	13.19	10.66	9.55
温州	0.96	9.94	6.99	2.63	5.13
合肥	2.71	12.89	8.5	1.31	6.35
福州	3.33	17.13	10.83	6.2	9.37
厦门	2.99	13.05	9.85	6.73	8.16
南昌	1.58	10.3	10.22	3.02	6.28

（续表 18.21）

城市	城市可持续能力指数				城市可持续能力指数
	城市生态水平	城市环境质量	城市协调能力	城市影响能力	
济南	2.69	15.64	13	5.43	9.19
青岛	5.43	17.29	15.12	7.42	11.32
烟台	2.17	7.86	6.55	1.33	4.48
威海	1.73	5.46	4.91	1.63	3.43
郑州	1.95	16.15	11.69	2.27	8.02
武汉	3.72	21.34	18.14	9.71	13.23
长沙	4.11	18.31	12.67	4.21	9.83
广州	44.34	27.92	34.75	15.06	30.52
深圳	27.62	34.58	31.43	47.9	35.38
珠海	4.18	9.7	6.74	4.88	6.38
汕头	1.66	8.34	3.65	0.89	3.64
湛江	1.65	9.19	5.79	1.67	4.58
南宁	3.82	10.77	9.12	1.15	6.22
北海	2.86	3.86	3.75	0.4	2.72
海口	3.25	11.48	8.73	2.96	6.61
重庆	1.76	14.94	15.93	3.28	8.98
成都	2.16	22.67	17.04	4.65	11.63
贵阳	2.02	5.26	8.26	1.04	4.15
昆明	2.86	14.34	11.39	3.4	8.00
西安	2.99	15.78	12.64	3.34	8.69
兰州	0.02	9.18	9.86	1.2	5.07
西宁	0.6	6.95	5.92	0	3.37
银川	1.26	7.53	7.01	0.33	4.03
乌鲁木齐	2.9	11.23	12.34	1.19	6.92

资料来源：国家统计局城市社会经济调查总队，《2002 中国城市统计年鉴》，中国统计出版社，2002。

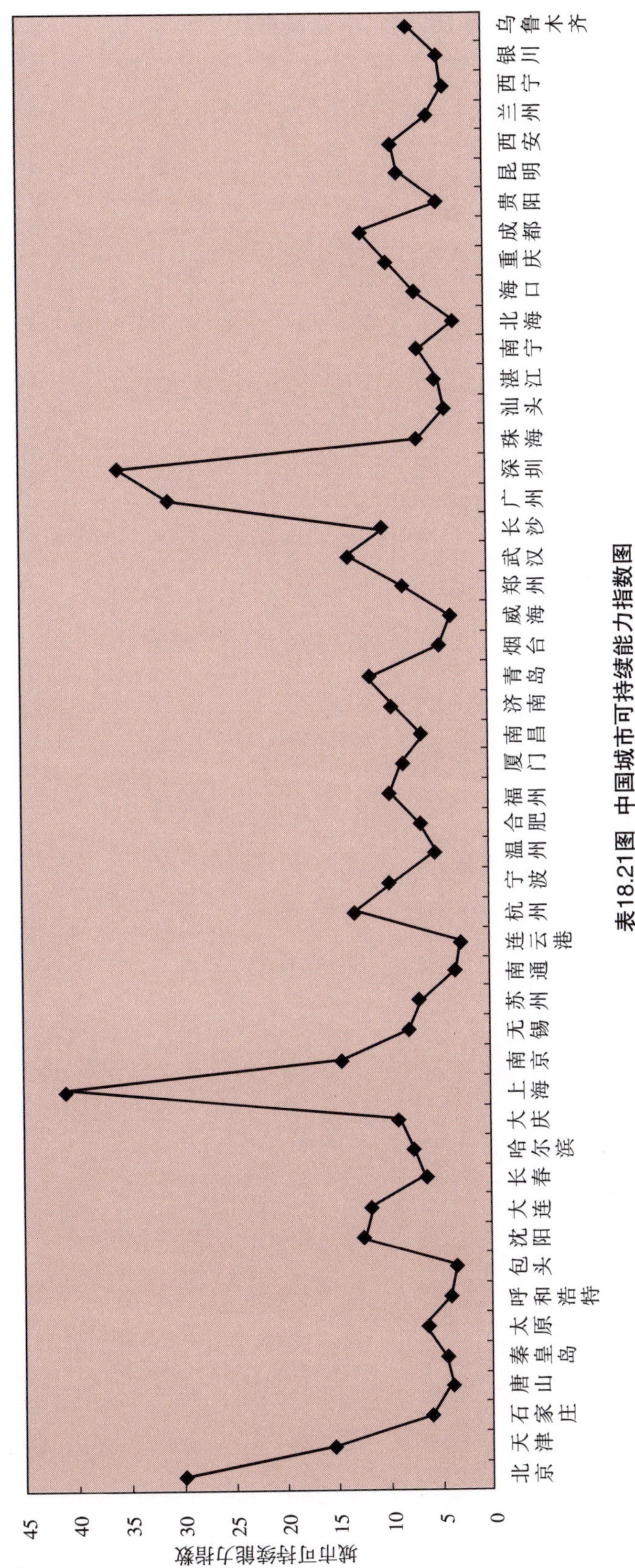

表18.21图　中国城市可持续能力指数图

表 18.22　中国城市生态水平

城市	城市生态水平					
	人均园林绿地面积得分	建成区绿化覆盖率得分	生态赤字得分	人均氧当量得分	供氧能力得分	城市生态水平
北京	9.45	41.33	4.58	9.35	20.82	17.11
天津	0.89	10.87	1.1	0.58	2.88	3.26
石家庄	1.49	10.53	0.84	1.55	0.63	3.01
唐山	1.33	8.76	0.72	1.44	0.45	2.54
秦皇岛	3.03	8.64	3.62	3.49	0.33	3.82
太原	1.13	7.79	0.87	1.23	0.67	2.34
呼和浩特	1.12	1.34	2.25	1.28	0.21	1.24
包头	1.6	4.14	0.82	1.85	0.44	1.77
沈阳	5.69	5.56	9.6	6.49	6.14	6.70
大连	4.73	17.32	3.51	5.42	2.77	6.75
长春	1.16	11.21	1.84	1.23	0.89	3.27
哈尔滨	1.14	7.62	2.5	1.29	0.99	2.71
大庆	5.07	8.75	0.72	5.73	1.04	4.26
上海	1.81	22.46	0.54	0.52	9.45	6.96
南京	17.04	22.74	2.49	4.57	3.51	10.07
无锡	4.35	6.94	0.74	1.15	0.55	2.75
苏州	0.91	9.08	0.45	0.57	0.34	2.27
南通	0.53	5.34	0.41	0.53	0.01	1.36
连云港	0.68	3.79	0.95	0.77	0.03	1.24
杭州	2.05	16.22	1.34	1.81	1.86	4.66
宁波	1.39	11.9	0.83	1.29	0.26	3.13
温州	0.8	2.37	0.7	0.77	0.17	0.96
合肥	1.68	7.76	1.92	1.77	0.42	2.71
福州	1.91	10.38	1.73	2.05	0.58	3.33
厦门	1.75	9.5	1.42	1.86	0.42	2.99

（续表 18.22）

城市	城市生态水平					城市生态水平
	人均园林绿地面积得分	建成区绿化覆盖率得分	生态赤字得分	人均氧当量得分	供氧能力得分	
南昌	0.47	5.39	1.27	0.53	0.22	1.58
济南	0.98	10.24	0.92	0.59	0.71	2.69
青岛	3.65	14.49	3.12	4.06	1.85	5.43
烟台	1.16	6.16	1.85	1.3	0.39	2.17
威海	1.17	4.98	1.19	1.27	0.06	1.73
郑州	0.28	8.31	0.48	0.34	0.33	1.95
武汉	0	15.19	1.61	0	1.8	3.72
长沙	3.21	8	4.84	3.39	1.12	4.11
广州	54.7	23.51	34.07	54.7	54.7	44.34
深圳	39.26	37.88	5.5	45.47	9.99	27.62
珠海	3.34	12.98	0.91	3.32	0.34	4.18
汕头	0.98	4.26	1.73	1.11	0.21	1.66
湛江	0.31	4.53	2.8	0.48	0.12	1.65
南宁	2.55	9.29	3.83	2.78	0.65	3.82
北海	1.83	5.1	5.1	2.1	0.15	2.86
海口	1.81	10.23	2.19	1.94	0.1	3.25
重庆	0.3	4.88	0.99	0.28	2.34	1.76
成都	0.83	5.13	3.03	0.79	1	2.16
贵阳	1.18	6.33	0.72	1.37	0.51	2.02
昆明	2.02	8.19	1.34	1.91	0.85	2.86
西安	0.37	11.76	1.63	0.39	0.82	2.99
兰州	0.01	0	0	0.01	0.07	0.02
西宁	0.34	1.78	0.67	0.23	0	0.60
银川	1.46	2.22	0.97	1.57	0.1	1.26
乌鲁木齐	2.1	4.51	3.04	3.82	1.05	2.90

资料来源：国家统计局城市社会经济调查总队，《2002 中国城市统计年鉴》，中国统计出版社，2002。

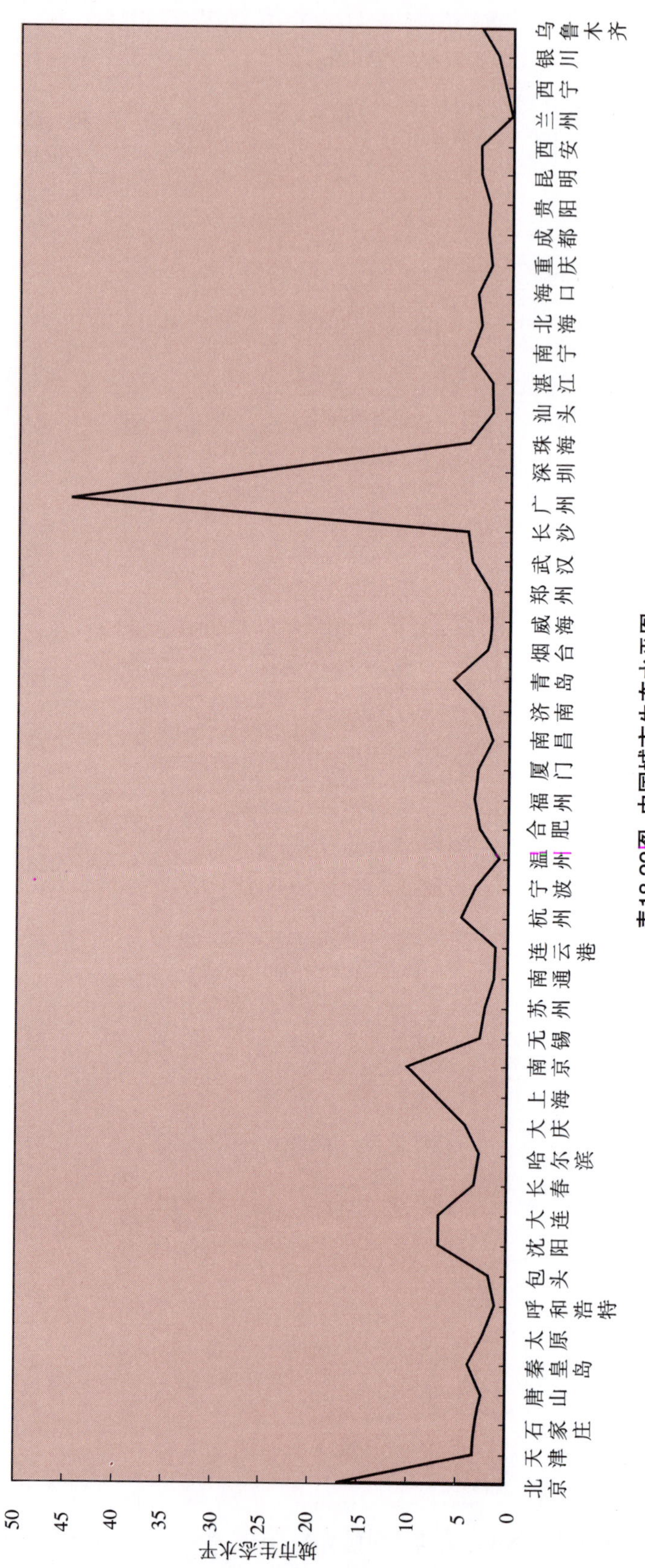

表18.22图　中国城市生态水平图

表 18.23 中国城市环境质量

城市	城市环境质量				城市环境质量
	每平方公里二氧化硫排放量得分	人均二氧化硫排放量得分	工业废水排放达标率得分	噪声达标率得分	
北京	63.19	55.41	60.44	7.83	46.72
天津	34.93	32.29	34.63	6.7	27.14
石家庄	0	11.91	13.73	11.03	9.17
唐山	2.05	0	11.43	2.96	4.11
秦皇岛	4.64	5.12	12.57	6.48	7.20
太原	9.66	8.71	14.79	8.96	10.53
呼和浩特	11.64	10.8	9.32	1.3	8.27
包头	8.6	4.64	7.47	0.67	5.35
沈阳	26.61	26.27	20.11	3.63	19.16
大连	23.48	22.14	22.79	5.97	18.60
长春	14.63	10.47	15.18	4.9	11.30
哈尔滨	20.64	20.61	0	5.02	11.57
大庆	19.9	16.14	0	0.95	9.25
上海	64.32	71.31	70.28	46.31	63.06
南京	25.82	24.22	25.67	10.4	21.53
无锡	17.43	17.06	15.26	2.99	13.19
苏州	15.36	13.69	0	4.05	8.28
南通	4.92	6.31	0	9.68	5.23
连云港	6.91	4.25	7.87	1.63	5.17
杭州	29.22	27.99	28.21	7.3	23.18
宁波	12.35	6.89	21.09	4.55	11.22
温州	12.35	10.88	11.99	4.53	9.94
合肥	13.69	14.49	14.13	9.24	12.89
福州	21.59	21.48	20	5.44	17.13
厦门	16.72	14.91	18.2	2.37	13.05

(续表 18.23)

城市	城市环境质量				
	每平方公里二氧化硫排放量得分	人均二氧化硫排放量得分	工业废水排放达标率得分	噪声达标率得分	城市环境质量
南昌	14.06	14.79	8.79	3.55	10.30
济南	21.45	20.34	19.01	1.75	15.64
青岛	20.02	19.81	22.25	7.08	17.29
烟台	10.62	9.94	9.79	1.07	7.86
威海	7.19	5.9	7.34	1.4	5.46
郑州	18.65	19.06	17.75	9.12	16.15
武汉	29.92	28.23	25.9	1.29	21.34
长沙	21.37	22.19	17.99	11.67	18.31
广州	44.37	42.41	14.15	10.75	27.92
深圳	45.47	40.81	43.51	8.53	34.58
珠海	14.17	11.46	12.11	1.04	9.70
汕头	7.38	8.48	8.11	9.4	8.34
湛江	12.17	11.17	11.83	1.59	9.19
南宁	14.98	14.37	11.2	2.52	10.77
北海	4.97	4.58	4.14	1.73	3.86
海口	14	14	12.84	5.09	11.48
重庆	23.23	15.74	20.26	0.51	14.94
成都	28.25	28.43	24.56	9.43	22.67
贵阳	9.18	3.6	7.22	1.02	5.26
昆明	19.52	18.43	18	1.41	14.34
西安	20.17	20.48	18.91	3.55	15.78
兰州	12.48	11.38	11.06	1.79	9.18
西宁	9.29	9.86	4.68	3.98	6.95
银川	10.7	9.46	9.2	0.76	7.53
乌鲁木齐	17.33	13.01	14.56	0	11.23

资料来源：国家统计局城市社会经济调查总队，《2002 中国城市统计年鉴》，中国统计出版社，2002。

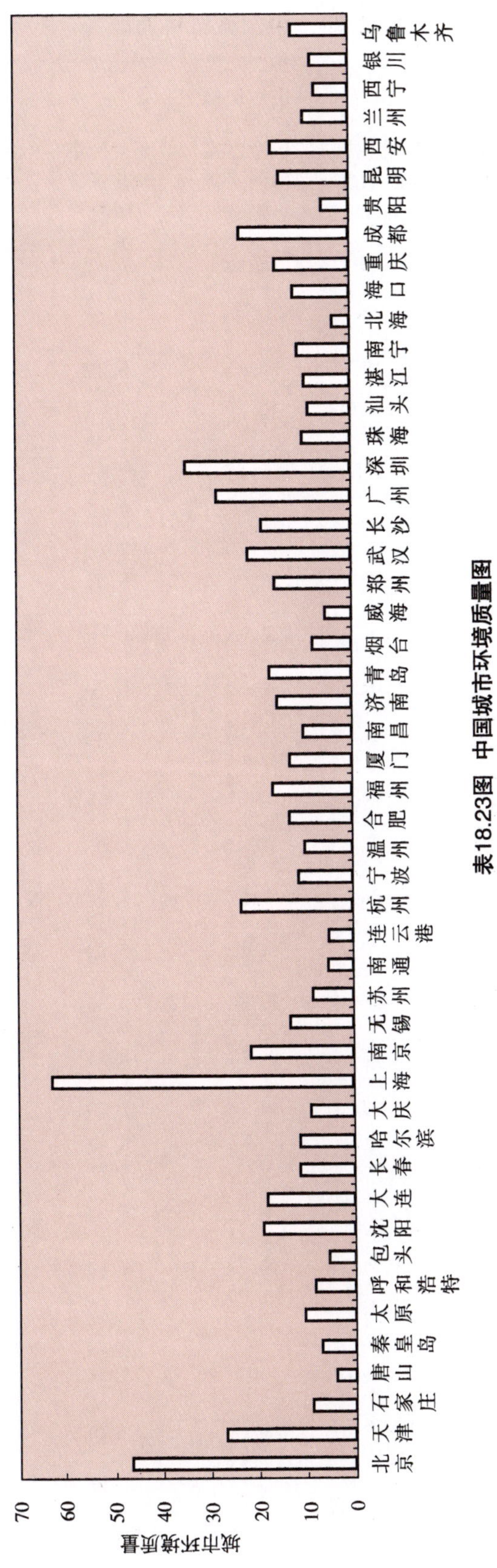

表18.23图　中国城市环境质量图

表 18.24　中国城市协调能力

城市	城市协调能力					城市协调能力
	能源消耗弹性系数得分	人口压力弹性系数得分	城乡财富协同系数得分	环境污染弹性系数得分	第三产业增长系数得分	
北京	35.28	58.41	52.84	60.42	11.65	43.72
天津	23.52	33.23	24.81	35.21	4.86	24.33
石家庄	12.49	3.12	7.54	13.17	2.75	7.81
唐山	8.15	11.57	7.59	11.86	1.79	8.19
秦皇岛	0	11.86	3.03	12.38	2.2	5.89
太原	11.66	13.74	13.92	16.9	2.07	11.66
呼和浩特	6.2	9.98	6.56	11.21	1.55	7.10
包头	6.89	8.5	7.08	9.11	2.38	6.79
沈阳	15.47	24.99	20.13	27.4	3.2	18.24
大连	16.26	22.36	12.23	24.33	3.09	15.65
长春	12.01	13.09	6.67	0	1.64	6.68
哈尔滨	13.6	19.04	10.13	20.2	2.84	13.16
大庆	12.53	11.84	5.27	19.12	4.91	10.73
上海	52.06	62.77	67.94	77.62	8.35	53.75
南京	19.13	21.48	19.37	29.55	2.7	18.45
无锡	9.93	13.43	8.43	16.91	1.92	10.12
苏州	11.23	13.27	11.08	17.09	2.54	11.04
南通	7.63	6.99	2.03	11.61	0.38	5.73
连云港	6.73	1.25	1.72	7.65	1.2	3.71
杭州	16.11	20.2	10.34	29.49	0	15.23
宁波	15.24	20.02	5.27	21.9	3.54	13.19
温州	8.42	11.16	0	13.58	1.78	6.99
合肥	9.24	12.76	3.63	15.05	1.82	8.50
福州	11.18	12.6	7.63	20.11	2.64	10.83
厦门	9.22	11.43	9.12	17.31	2.17	9.85

（续表 18.24）

城市	城市协调能力					
	能源消耗弹性系数得分	人口压力弹性系数得分	城乡财富协同系数得分	环境污染弹性系数得分	第三产业增长系数得分	城市协调能力
南昌	15.04	11.83	6.3	15.81	2.13	10.22
济南	14.06	17.24	8.52	21.41	3.77	13.00
青岛	16.21	20.94	11.4	23.53	3.54	15.12
烟台	6.64	10.9	3.66	10.4	1.15	6.55
威海	4.7	6.07	4.91	7.89	0.97	4.91
郑州	11.87	13.06	11.86	18.87	2.8	11.69
武汉	11.06	26.67	19.1	29.72	4.14	18.14
长沙	13.73	17.44	7.3	22.32	2.56	12.67
广州	34.1	42.13	37.25	51.16	9.1	34.75
深圳	28.68	34.35	44.36	45.65	4.1	31.43
珠海	9.84	2.75	11.55	8.32	1.24	6.74
汕头	5.31	0	3.15	8.85	0.92	3.65
湛江	6.14	8.44	0.01	11.79	2.57	5.79
南宁	9.63	12.17	6.38	14.87	2.56	9.12
北海	3.49	4.62	0.65	4.87	5.1	3.75
海口	7.71	6.73	14	13.92	1.28	8.73
重庆	26.8	20.8	2.78	25.02	4.25	15.93
成都	17.59	24.19	11.14	29	3.29	17.04
贵阳	9.16	11.14	6.05	12.93	2.03	8.26
昆明	15.16	13.75	6.71	18.92	2.39	11.39
西安	11.72	14.95	8.65	22.67	5.21	12.64
兰州	14.07	11.23	8.54	13.4	2.04	9.86
西宁	2.98	9.15	4.75	10.31	2.4	5.92
银川	8.4	7.05	7.37	10.6	1.65	7.01
乌鲁木齐	11.25	14.77	16.61	16.71	2.38	12.34

资料来源：国家统计局城市社会经济调查总队，《2002 中国城市统计年鉴》，中国统计出版社，2002。

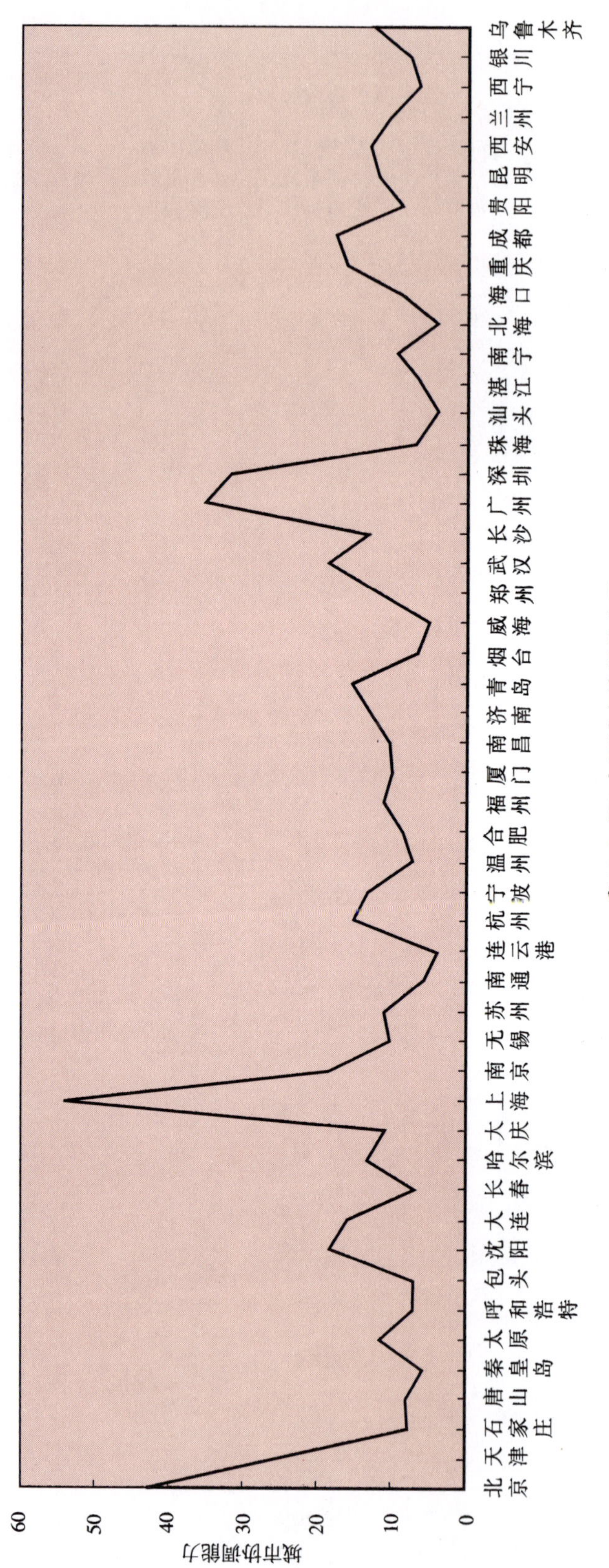

表18.24图 中国城市协调能力图

表 18.25　中国城市影响能力

城市	城市影响能力			城市影响能力
	人口影响势得分	空间影响势得分	经济影响势得分	
北京	9.72	13	13	11.91
天津	3.96	8.54	8.54	7.01
石家庄	2.41	4.95	4.95	4.10
唐山	1.14	1.68	1.68	1.50
秦皇岛	1.81	1.46	1.46	1.58
太原	0.8	1.02	1.02	0.95
呼和浩特	0.53	0.07	0.07	0.22
包头	0.54	0.19	0.19	0.31
沈阳	2.79	7.41	7.41	5.87
大连	4.9	5.92	5.92	5.58
长春	2.2	4.91	4.91	4.01
哈尔滨	2.01	3.24	3.24	2.83
大庆	12.12	10.13	10.13	10.79
上海	17.92	51.2	51.2	40.11
南京	4.24	8.96	8.96	7.39
无锡	3.91	5.58	5.58	5.02
苏州	2.99	7.07	7.07	5.71
南通	1.46	1.48	1.48	1.47
连云港	0.63	0.72	0.72	0.69
杭州	5.4	10.66	10.66	8.91
宁波	6.39	12.8	12.8	10.66
温州	2.29	2.8	2.8	2.63
合肥	1.36	1.29	1.29	1.31
福州	3.97	7.31	7.31	6.20
厦门	4.42	7.89	7.89	6.73
南昌	1.41	3.83	3.83	3.02

（续表 18.25）

城市	城市影响能力			城市影响能力
	人口影响势得分	空间影响势得分	经济影响势得分	
济南	2.88	6.71	6.71	5.43
青岛	3.87	9.2	9.2	7.42
烟台	1.05	1.47	1.47	1.33
威海	1.37	1.76	1.76	1.63
郑州	1.42	2.7	2.7	2.27
武汉	2.32	13.41	13.41	9.71
长沙	3.06	4.79	4.79	4.21
广州	13.64	15.77	15.77	15.06
深圳	47.9	47.9	47.9	47.90
珠海	4.36	5.14	5.14	4.88
汕头	0.8	0.94	0.94	0.89
湛江	0.73	2.14	2.14	1.67
南宁	1.11	1.17	1.17	1.15
北海	0.24	0.48	0.48	0.40
海口	1.67	3.61	3.61	2.96
重庆	0.45	4.69	4.69	3.28
成都	3.18	5.38	5.38	4.65
贵阳	0.54	1.29	1.29	1.04
昆明	2.4	3.9	3.9	3.40
西安	1.41	4.31	4.31	3.34
兰州	0.91	1.34	1.34	1.20
西宁	0	0	0	0.00
银川	0.42	0.29	0.29	0.33
乌鲁木齐	1.52	1.02	1.02	1.19

资料来源：国家统计局城市社会经济调查总队，《2002 中国城市统计年鉴》，中国统计出版社，2002。

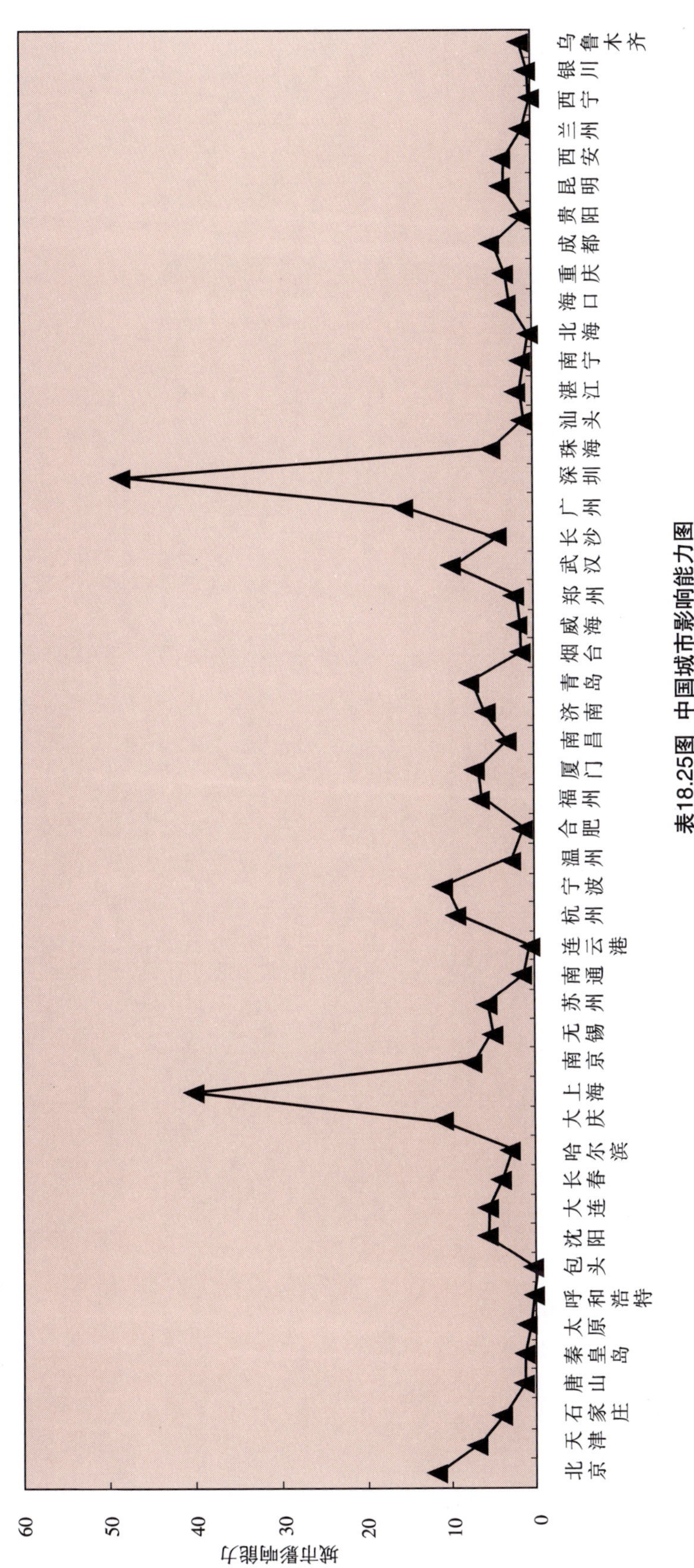

表18.25图　中国城市影响能力图

第四篇

中国城市发展能力资产负债分析报告

第十九章　城市发展能力资产负债理论分析

制定城市发展能力资产负债表的目的在于表达城市发展总能力的每一个基层要素指标的相对比较优势与相对比较劣势，并进而将比较优势、比较劣势进行定量化、规范化，然后置于统一基础中加以对比，形成了所谓城市发展能力的“资产”（比较优势）和“负债”（比较劣势），而对城市发展能力“资产”（比较优势）和“负债”（比较劣势）的资产负债定量分析与评估，实质上是对城市发展质量的定量分析与综合评判。

一　城市发展能力资产负债表的制定原理

城市发展能力“资产负债表”的构筑是建立在对于城市发展能力的系统解析之上的：即城市发展总能力是建立在具有内部逻辑自恰和统一解释的“城市基础实力指数”、“城市竞争能力指数”、“城市社会安全能力指数”、“城市管理能力指数”、“城市可持续能力指数”五大指数共同作用基础之上的。

在认识资产负债表是表达城市发展质量的前提下，通过对于城市发展行为的本质剖析，建立了表达城市发展能力的五大指数（具有内部逻辑自恰的和统一解释的）和表达上述五大指数的 103 项基层要素，对于每一个基层要素在空间分布（选取的 50 个城市）中，寻求其相对比较优势与相对比较劣势。

二　中国城市发展能力资产负债矩阵构建

在城市发展能力资产负债原理的指导下，以构成中国城市发展能力的 103 项“源指标”与 50 个城市（地理单元），作为二维数据的矩阵，逐项统计每一属性“源指标”在 50 个地理单元中排序分布，制定出 50×103＝5150 的基层位次矩阵（见表 19.1 ），以及 50×16＝80 的状态层位次矩阵（见表 19.2），作为计算城市发展五大指数中每一项的“分资产负债”，以及作为整体发展能力的“总资产负债”的基础。

表 19.1　中国城市发展能力基层要素的资产负债矩阵表

指标序号	北京	天津	石家庄	唐山	秦皇岛	太原	呼和浩特	包头	沈阳	大连	长春	哈尔滨	大庆	上海	南京	无锡	苏州	南通	连云港	杭州	宁波	温州	合肥	福州	厦门
111	1	4	25	31	41	16	34	32	8	12	18	13	22	2	9	17	26	43	47	6	38	33	27	29	36
112	2	8	27	40	36	35	45	47	9	19	23	15	16	1	7	24	20	39	46	5	13	30	33	17	25
113	9	14	49	38	47	48	36	29	37	33	30	44	2	19	15	24	21	40	23	7	11	27	34	17	12
114	10	24	35	39	40	43	45	49	29	32	38	37	42	3	11	22	19	28	36	5	21	13	26	7	16
115	4	15	50	41	47	44	28	32	30	25	27	43	6	20	17	24	22	40	29	10	23	14	46	16	12
121	2	5	26	33	40	29	45	43	9	10	19	18	13	1	8	16	21	42	47	7	20	28	35	22	25
122	5	13	21	36	27	41	46	45	20	8	25	26	4	2	11	14	18	30	43	7	6	24	35	12	9
123	7	21	4	31	25	33	46	47	19	13	34	18	32	1	11	16	24	26	44	10	8	29	14	12	27
124	5	9	29	39	30	31	26	45	18	13	43	19	49	4	6	3	2	25	46	1	7	23	27	36	32
131	2	5	23	33	43	29	47	39	15	10	17	24	11	1	7	13	14	36	46	6	16	27	31	25	18
132	2	5	26	33	40	29	45	43	9	10	19	18	13	1	8	16	21	42	47	7	20	28	35	22	25
133	10	4	29	15	46	30	39	32	14	22	21	41	2	1	7	18	9	28	38	6	13	20	19	27	17
134	2	5	18	38	35	24	41	43	8	15	27	26	16	1	6	25	28	39	48	9	13	32	31	17	30
135	10	3	21	33	35	27	47	26	11	9	22	20	45	1	6	12	14	24	46	8	15	32	29	19	7
141	2	5	23	45	48	31	40	43	11	12	21	15	19	1	8	25	20	39	41	7	16	29	33	26	22
142	1	9	19	32	34	20	38	39	5	14	11	7	24	2	16	26	22	48	43	13	30	36	31	28	37
143	2	4	15	19	32	14	45	29	12	8	20	21	40	1	11	28	25	35	42	10	16	31	41	26	43
144	8	14	15	28	10	29	45	42	11	24	38	46	5	2	6	7	32	44	33	22	12	31	17	27	19
145	6	21	13	27	25	33	45	34	22	20	42	29	5	1	4	32	41	35	46	11	9	23	24	10	17
146	2	5	24	46	44	25	43	41	11	10	35	12	26	1	39	38	48	49	47	9	21	22	29	16	23
147	1	5	29	46	38	33	42	47	12	11	26	13	31	2	10	27	25	37	49	8	20	23	32	15	21
211	2	6	29	34	45	17	48	22	9	16	33	14	15	1	8	32	23	39	43	12	20	13	37	25	21
212	2	11	29	31	43	19	49	16	18	21	41	22	8	1	12	32	25	30	33	23	13	9	35	20	14
213	2	15	24	32	46	10	49	9	18	29	17	19	7	1	13	40	28	30	33	21	26	5	37	23	27
214	1	23	13	41	20	24	30	47	18	16	19	14	44	5	2	38	33	34	40	9	21	42	17	10	35
215	2	10	23	42	33	18	41	27	15	25	24	19	16	1	7	44	34	36	43	14	22	12	29	17	31
221	2	5	24	34	38	27	39	43	9	13	28	14	40	1	7	18	22	42	48	8	16	25	33	20	12
222	3	5	19	38	24	33	35	48	12	14	44	17	39	2	9	15	20	30	45	10	7	18	27	11	6
223	2	3	16	37	28	21	43	45	13	33	6	19	47	1	12	17	30	39	42	8	24	11	29	15	22
224	2	5	27	40	45	22	32	44	9	14	15	12	41	1	4	29	30	38	47	8	37	36	23	20	31
225	2	12	29	44	38	26	23	47	11	17	19	13	39	1	4	34	35	31	40	8	37	36	15	9	28
226	2	5	22	41	37	27	36	48	10	18	11	16	46	1	6	26	32	38	44	8	24	23	25	12	17
231	1	8	15	11	26	3	29	12	36	23	42	37	18	2	10	31	27	28	40	17	33	34	24	30	38
232	4	21	17	24	36	13	30	20	22	41	42	26	29	2	1	47	45	38	39	25	32	37	19	18	43
233	5	14	6	3	9	4	30	8	39	29	10	46	42	17	12	47	19	13	15	27	7	26	36	49	32
234	15	11	27	37	32	49	46	45	18	10	24	44	3	8	9	6	7	30	41	4	5	14	31	19	23
235	35	7	17	34	5	13	11	33	23	25	27	19	2	1	21	10	20	41	50	6	9	29	37	46	42
236	1	5	22	44	27	26	36	47	9	13	28	14	50	2	8	29	33	43	48	10	21	39	35	18	30
241	2	5	26	37	45	20	42	43	10	12	22	14	29	1	11	25	23	46	48	8	27	32	34	21	24
242	4	13	31	45	32	26	41	48	21	8	39	19	12	2	15	28	22	38	44	6	11	25	34	10	7
243	1	5	38	37	45	21	41	47	7	10	22	32	28	2	6	20	31	40	49	9	25	18	29	12	33
244	2	22	45	40	35	27	36	46	16	15	33	44	11	3	9	21	32	28	42	18	13	7	20	6	26
245	1	22	48	36	41	15	25	44	16	27	35	45	47	3	9	33	10	28	37	29	34	5	14	7	43
251	2	3	34	48	30	44	42	39	10	7	24	23	46	1	12	9	6	25	41	13	11	40	26	17	15
252	2	5	28	36	37	32	41	40	8	6	19	22	44	1	7	12	10	33	42	14	15	39	27	17	13
253	1	12	10	3	41	6	34	39	18	24	7	16	21	4	11	32	36	43	44	23	31	28	25	20	26
254	1	2	31	38	34	35	39	41	13	8	19	24	47	3	10	15	6	30	37	18	12	42	21	16	11
255	4	3	41	40	21	45	46	43	18	8	14	38	50	1	7	16	5	11	25	13	17	33	20	15	9
256	1	14	36	45	18	37	47	49	24	10	41	29	50	4	11	26	12	21	42	9	22	32	35	8	7
257	3	7	42	41	16	44	40	47	14	9	13	39	50	2	11	21	6	12	27	15	19	34	24	8	4
311	2	5	32	35	45	13	37	38	8	17	30	18	39	1	7	22	23	47	48	9	26	46	42	24	16

指标序号	南昌	济南	青岛	烟台	威海	郑州	武汉	长沙	广州	深圳	珠海	汕头	湛江	南宁	北海	海口	重庆	成都	贵阳	昆明	西安	兰州	西宁	银川	乌鲁木齐
111	39	15	23	37	48	21	10	24	3	11	42	40	44	30	50	49	5	7	35	20	14	28	45	46	19
112	28	18	14	42	18	26	6	12	3	4	29	43	37	38	49	32	11	10	34	21	22	44	41	50	31
113	45	16	32	25	35	31	5	28	4	1	3	43	26	8	13	39	10	20	22	18	41	42	50	46	6
114	18	31	27	41	44	33	4	8	2	1	6	20	12	17	30	14	9	15	25	23	34	47	46	50	48
115	38	21	35	26	36	45	8	37	3	1	2	48	13	11	18	33	5	31	19	9	39	42	49	34	7
121	31	14	15	36	46	27	6	23	3	4	30	41	39	37	49	44	11	12	38	24	17	34	50	48	32
122	33	19	15	38	34	31	23	17	3	1	10	40	42	37	49	28	47	16	44	22	32	39	50	48	29
123	15	28	9	42	39	20	30	5	3	2	35	22	41	40	49	17	45	6	43	37	23	36	38	48	50
124	37	11	24	35	41	22	17	21	10	8	12	50	48	34	15	42	20	14	28	40	47	33	38	44	16
131	35	19	9	37	41	30	8	28	4	3	22	42	38	44	50	45	12	20	40	26	21	32	49	48	34
132	31	14	15	36	46	27	6	23	3	4	30	41	39	37	49	44	11	12	38	24	17	34	50	48	32
133	26	36	8	34	42	45	12	37	5	3	24	44	33	48	50	49	11	16	35	25	23	31	47	40	43
134	29	20	12	46	49	19	10	11	3	4	37	47	45	36	50	34	21	7	40	22	14	33	42	44	23
135	30	25	5	36	28	31	13	37	4	2	17	42	43	41	49	50	18	23	39	38	16	34	48	44	40
141	38	13	17	35	49	27	6	18	3	4	34	44	42	36	50	37	10	9	32	24	14	30	46	47	28
142	23	15	27	41	46	17	6	18	3	10	49	45	40	35	47	50	8	4	29	25	12	33	42	44	21
143	39	13	6	30	44	27	9	23	3	18	37	50	34	38	48	46	5	7	36	17	22	33	47	49	24
144	41	13	9	30	20	21	50	23	4	1	3	34	49	26	43	18	37	16	48	40	36	39	47	35	25
145	12	38	36	50	49	26	14	8	3	2	7	37	43	16	48	28	47	15	30	18	44	19	40	31	39
146	31	14	15	33	45	18	7	20	3	4	30	36	40	32	50	34	8	6	28	17	13	27	42	37	19
147	35	17	14	41	45	22	9	24	3	4	30	44	48	36	50	40	6	7	28	18	16	34	43	39	19
211	40	7	5	19	26	11	10	24	3	4	27	41	42	50	49	44	31	18	36	28	30	35	47	46	38
212	42	6	4	17	7	10	27	24	5	3	15	34	44	50	48	39	46	26	40	28	37	36	47	45	38
213	36	4	3	12	11	6	20	22	8	14	25	38	41	50	48	44	43	16	42	31	34	35	47	45	39
214	15	12	29	43	46	6	11	4	3	26	49	48	39	27	50	37	32	7	31	22	8	25	45	36	28
215	28	6	5	26	21	8	13	9	4	3	37	48	45	40	50	46	39	11	38	30	20	32	49	47	35
221	36	17	10	35	47	23	6	26	3	4	29	37	41	50	49	45	11	15	32	21	19	31	44	46	30
222	43	23	8	41	40	25	16	26	4	1	13	32	47	50	49	34	31	22	37	21	29	36	42	46	28
223	34	18	14	41	48	23	9	31	4	5	40	35	36	50	49	44	10	7	38	26	20	32	27	46	25
224	21	10	25	39	50	18	6	13	3	11	46	43	42	28	49	48	17	7	26	16	19	24	33	35	34
225	16	10	30	41	49	20	21	6	5	3	43	45	46	22	48	42	50	7	27	14	32	25	24	18	33
226	29	13	15	43	49	21	9	14	4	3	39	40	42	47	50	45	20	7	34	19	28	31	30	35	33
231	46	32	25	43	47	5	16	44	21	13	41	45	50	35	49	39	6	48	4	19	22	9	7	14	20
232	8	40	44	49	50	15	7	6	3	48	28	34	31	10	46	35	11	16	12	23	27	9	5	14	33
233	34	31	22	41	35	28	20	44	11	43	33	40	24	38	45	50	1	48	2	37	18	21	23	25	16
234	34	12	16	25	33	35	13	21	2	1	20	29	22	38	40	50	28	17	43	26	36	42	48	47	39
235	28	14	8	43	15	38	4	30	24	3	31	49	18	36	12	26	45	47	40	44	48	22	39	32	16
236	31	15	20	45	46	12	7	11	3	4	37	41	42	23	49	24	17	6	38	25	16	34	32	40	19
241	30	16	15	38	49	17	6	19	3	4	36	40	41	35	50	39	7	9	33	18	13	28	47	44	31
242	35	29	16	43	42	20	36	17	3	1	14	37	49	33	50	9	47	5	40	18	24	23	46	27	30
243	23	16	15	39	48	26	19	14	4	3	27	43	46	30	50	35	11	8	36	17	13	34	44	42	24
244	23	25	17	39	34	31	50	8	4	1	5	41	48	24	49	12	47	10	38	14	30	37	43	29	19
245	17	31	24	38	42	23	50	6	8	2	20	39	46	12	49	10	30	4	26	18	21	32	19	11	13
251	28	20	8	22	33	27	14	29	5	4	18	31	43	32	49	35	19	21	45	50	16	37	47	38	36
252	29	18	11	24	31	35	9	25	3	4	16	34	43	30	48	26	20	21	38	49	23	50	47	46	45
253	30	14	27	38	40	33	9	8	2	5	19	42	35	29	48	13	22	15	17	49	37	50	46	47	45
254	32	20	9	22	23	40	17	26	5	4	7	33	43	29	48	14	27	25	36	49	28	50	46	44	45
255	22	31	10	23	34	37	19	28	6	2	12	30	35	39	48	32	26	27	44	36	24	42	49	29	47
256	34	38	15	28	30	25	23	13	3	2	5	20	43	40	44	27	17	19	39	16	6	46	33	48	31
257	20	31	18	22	38	36	17	25	5	1	10	28	33	37	48	30	29	26	43	35	23	45	49	32	46
311	33	15	25	41	43	17	6	27	4	3	20	44	50	34	49	19	21	10	31	29	14	28	40	36	12

（续表 19.1）

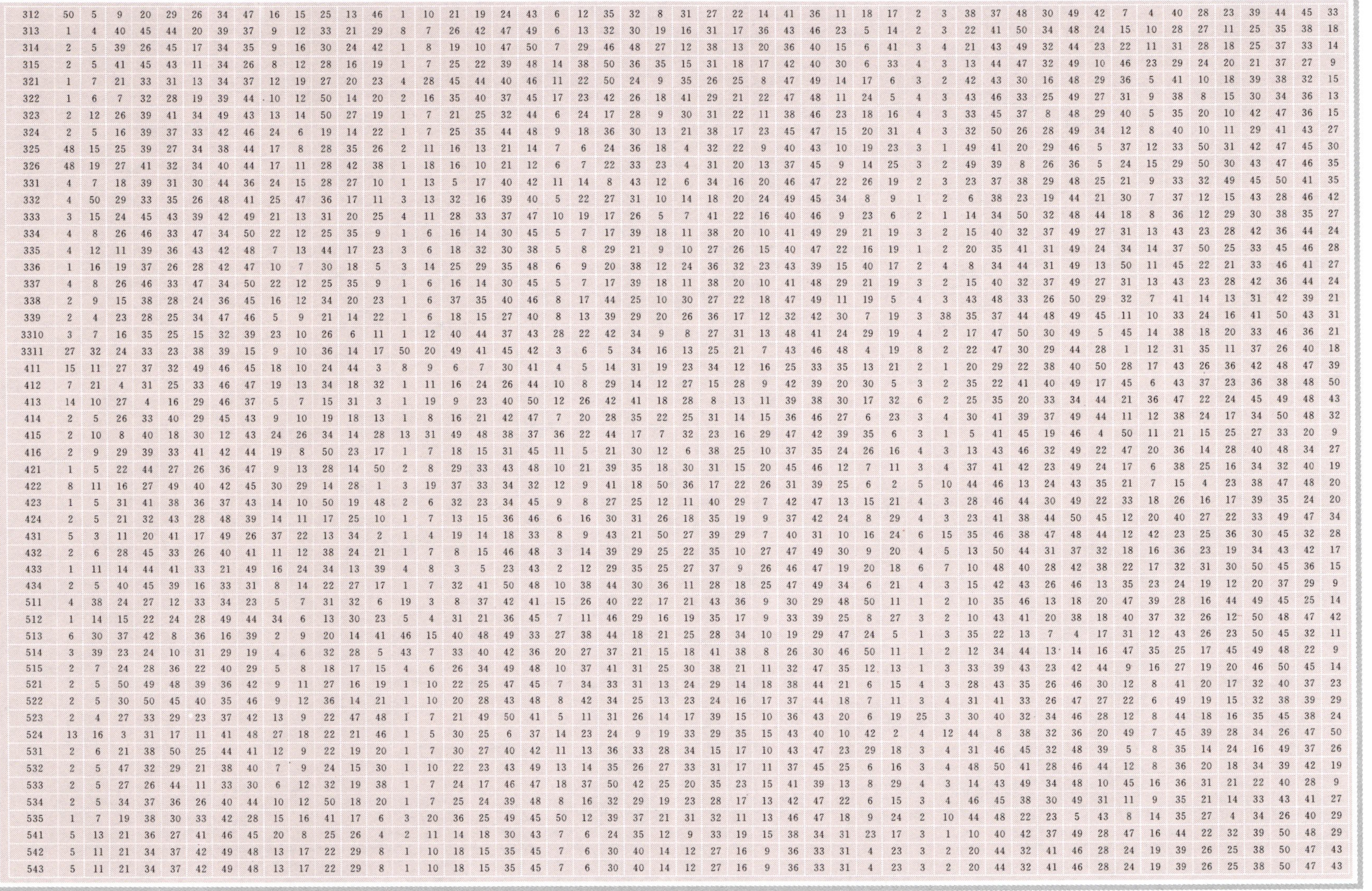

312	50	5	9	20	29	26	34	47	16	15	25	13	46	1	10	21	19	24	43	6	12	35	32	8	31	27	22	14	41	36	11	18	17	2	3	38	37	48	30	49	42	7	4	40	28	23	39	44	45	33
313	1	4	40	45	44	20	39	37	9	12	33	21	29	8	7	26	42	47	49	6	13	32	30	19	16	31	17	36	43	46	23	5	14	2	3	22	41	50	34	48	24	15	10	28	27	11	25	35	38	18
314	2	5	39	26	45	17	34	35	9	16	30	24	42	1	8	19	10	47	50	7	29	46	48	27	12	38	13	20	36	40	15	6	41	3	4	21	43	49	32	44	23	22	11	31	28	18	25	37	33	14
315	2	5	41	45	43	11	34	26	8	12	28	16	19	1	7	25	22	39	48	14	38	50	36	35	15	31	18	17	42	40	30	6	33	4	3	13	44	47	32	49	10	46	23	29	24	20	21	37	27	9
321	1	7	21	33	31	13	34	37	12	19	27	20	23	4	28	45	44	40	46	11	22	50	24	9	35	26	25	8	47	49	14	17	6	3	2	42	43	30	16	48	29	36	5	41	10	18	39	38	32	15
322	1	6	7	32	28	19	39	44	10	12	50	14	20	2	16	35	40	37	45	17	23	42	26	18	41	29	21	22	47	48	11	24	5	4	3	43	46	33	25	49	27	31	9	38	8	15	30	34	36	13
323	2	12	26	39	41	34	49	43	13	14	50	27	19	1	7	21	25	32	44	6	24	17	28	9	30	31	22	11	38	46	23	18	16	4	3	33	45	37	8	48	29	40	5	35	20	10	42	47	36	15
324	2	5	16	39	37	33	42	46	24	6	19	14	22	1	7	25	35	44	48	9	18	36	30	13	21	38	17	23	45	47	15	20	31	4	3	32	50	26	28	49	34	12	8	40	10	11	29	41	43	27
325	48	15	25	39	27	34	38	44	17	8	28	35	26	2	11	16	13	21	14	7	6	24	36	18	4	32	22	9	40	43	10	19	23	3	1	49	41	20	29	46	5	37	12	33	50	31	42	47	45	30
326	48	19	27	41	32	34	40	44	17	11	28	42	38	1	18	16	10	21	12	6	7	22	33	23	4	31	20	13	37	45	9	14	25	3	2	49	39	8	26	36	5	24	15	29	50	30	43	47	46	35
331	4	7	18	39	31	30	44	36	24	15	28	27	10	1	13	5	17	40	42	11	14	8	43	12	6	34	16	20	46	47	22	26	19	2	3	23	37	38	29	48	25	21	9	33	32	49	45	50	41	35
332	4	50	29	33	35	26	48	41	25	47	36	17	11	3	13	32	16	39	40	5	22	27	31	10	14	18	20	24	49	45	34	8	9	1	2	6	38	23	19	44	21	30	7	37	12	15	43	28	46	42
333	3	15	24	45	43	39	42	49	21	13	31	20	25	4	11	28	33	37	47	10	19	17	26	5	7	41	22	16	40	46	9	23	6	2	1	14	34	50	32	48	44	18	8	36	12	29	30	38	35	27
334	4	8	26	46	33	47	34	50	22	12	25	35	9	1	6	16	14	30	45	5	7	17	39	18	11	38	20	10	41	49	29	21	19	3	2	15	40	32	37	49	27	31	13	43	23	28	42	36	44	24
335	4	12	11	39	36	43	42	48	7	13	44	17	23	3	6	18	32	30	38	5	8	29	21	9	10	27	26	15	40	47	22	16	19	1	2	20	35	41	31	49	24	34	14	37	50	25	33	45	46	28
336	1	16	19	37	26	28	42	47	10	7	30	18	5	3	14	25	29	35	48	6	9	20	38	12	24	36	32	23	43	39	15	40	17	2	4	8	34	44	31	49	13	50	11	45	22	21	33	46	41	27
337	4	8	26	46	33	47	34	50	22	12	25	35	9	1	6	16	14	30	45	5	7	17	39	18	11	38	20	10	41	48	29	21	19	3	2	15	40	32	37	49	27	31	13	43	23	28	42	36	44	24
338	2	9	15	38	28	24	36	45	16	12	34	20	23	1	6	37	35	40	46	8	17	44	25	10	30	27	22	18	47	49	11	19	5	4	3	43	48	33	26	50	29	32	7	41	14	13	31	42	39	21
339	2	4	23	28	25	34	47	46	5	9	21	14	22	1	6	18	15	27	40	8	13	39	29	20	26	36	17	12	32	42	30	7	19	3	38	35	37	44	48	49	45	11	10	33	24	16	41	50	43	31
3310	3	7	16	35	25	15	32	39	23	10	26	6	11	1	12	40	44	37	43	28	22	42	34	9	8	27	31	13	48	41	24	29	19	4	2	17	47	50	30	49	5	45	14	38	18	20	33	46	36	21
3311	27	32	24	33	23	38	39	15	9	10	36	14	17	50	20	49	41	45	42	3	6	5	34	16	13	25	21	7	43	46	48	4	19	8	2	22	47	30	29	44	28	1	12	31	35	11	37	26	40	18
411	15	11	27	37	32	49	46	45	18	10	24	44	3	8	9	6	7	30	41	4	5	14	31	19	23	34	12	16	25	33	35	13	21	2	1	20	29	22	38	40	50	28	17	43	26	36	42	48	47	39
412	7	21	4	31	25	33	46	47	19	13	34	18	32	1	11	16	24	26	44	10	8	29	14	12	27	15	28	9	42	39	20	30	5	3	2	35	22	41	40	49	17	45	6	43	37	23	36	38	48	50
413	14	10	27	4	16	29	46	37	5	7	15	31	3	1	19	9	23	40	50	12	26	42	41	18	28	8	13	11	39	38	30	17	32	6	2	25	35	20	33	34	44	21	36	47	22	24	45	49	48	43
414	2	5	26	33	40	29	45	43	9	10	19	18	13	1	8	16	21	42	47	7	20	28	35	22	25	31	14	15	36	46	27	6	23	3	4	30	41	39	37	49	44	11	12	38	24	17	34	50	48	32
415	2	10	8	40	18	30	12	43	24	26	34	14	28	13	31	49	48	38	37	36	22	44	17	7	32	23	16	29	47	42	39	35	6	3	1	5	41	45	19	46	4	50	11	21	15	25	27	33	20	9
416	2	9	29	39	33	41	42	44	19	8	50	23	17	1	7	18	15	31	45	11	5	21	30	12	6	38	25	10	37	35	24	26	16	4	3	13	43	46	32	49	22	47	20	36	14	28	40	48	34	27
421	1	5	22	44	27	26	36	47	9	13	28	14	50	2	8	29	33	43	48	10	21	39	35	18	30	31	15	20	45	46	12	7	11	3	4	37	41	42	23	49	24	17	6	38	25	16	34	32	40	19
422	8	11	16	27	49	40	42	45	30	29	14	28	1	3	19	37	33	34	32	12	9	41	18	50	36	17	22	26	31	39	25	6	2	5	10	44	46	13	24	43	35	21	7	15	4	23	38	47	48	20
423	1	5	31	41	38	36	37	43	14	10	50	19	48	2	6	32	23	34	45	9	8	27	25	12	11	40	29	7	42	47	13	15	21	4	3	28	46	44	30	49	22	33	18	26	16	17	39	35	24	20
424	2	5	21	32	43	28	48	39	14	11	17	25	10	1	7	13	15	36	46	6	16	30	31	26	18	35	19	9	37	42	24	8	29	4	3	23	41	38	44	50	45	12	20	40	27	22	33	49	47	34
431	5	3	11	20	41	17	49	26	37	22	13	34	2	1	4	19	14	18	33	8	9	43	21	50	27	39	29	7	40	31	10	16	24	6	15	35	46	38	47	48	44	12	42	23	25	36	30	45	32	28
432	2	6	28	45	33	26	40	41	11	12	38	24	21	1	7	8	15	46	48	3	14	39	29	25	22	35	10	27	47	49	30	9	20	4	5	13	50	44	31	37	32	18	16	36	23	19	34	43	42	17
433	1	11	14	44	41	33	21	49	16	24	34	13	39	4	8	3	5	23	43	2	12	29	35	25	27	37	9	26	46	47	19	20	18	6	7	10	48	40	28	42	38	22	17	32	31	30	50	45	36	15
434	2	5	40	45	39	16	33	31	8	14	22	27	17	1	7	32	41	50	48	10	38	44	30	36	11	28	18	25	47	49	34	6	21	4	3	15	42	43	26	46	13	35	23	24	19	12	20	37	29	9
511	4	38	24	27	12	33	34	23	5	7	31	32	6	19	3	8	37	42	41	15	26	40	22	17	21	43	36	9	30	29	48	50	11	1	2	10	35	46	13	18	20	47	39	28	16	44	49	45	25	14
512	1	14	15	22	24	28	49	44	34	6	13	30	23	5	4	31	21	36	45	7	11	46	29	16	19	35	17	9	33	39	25	8	27	3	2	10	43	41	20	38	18	40	37	32	26	12	50	48	47	42
513	6	30	37	42	8	36	16	39	2	9	20	14	41	46	15	40	48	49	33	27	38	44	18	21	25	28	34	10	19	29	47	24	5	1	3	35	22	13	7	4	17	31	12	43	26	23	50	45	32	11
514	3	39	23	24	10	31	29	19	4	6	32	28	5	43	7	33	40	42	36	20	27	37	21	15	18	41	38	8	26	30	46	50	11	1	2	12	34	44	13	14	16	47	35	25	17	45	49	48	22	9
515	2	7	24	28	36	22	40	29	5	8	18	17	15	4	6	26	34	49	48	10	37	41	31	25	30	38	21	11	32	47	35	12	13	1	3	33	39	43	23	42	44	9	16	27	19	20	46	50	45	14
521	2	5	50	49	48	39	36	42	9	11	27	16	19	1	10	22	25	47	45	7	34	33	31	13	24	29	14	18	38	44	21	6	15	4	3	28	43	35	26	46	30	12	8	41	20	17	32	40	37	23
522	2	5	30	50	45	40	35	46	9	12	36	14	21	1	10	20	28	43	48	8	42	34	25	13	23	24	16	17	37	44	18	7	11	3	4	31	41	33	26	47	27	22	6	49	19	15	32	38	39	29
523	2	4	27	33	29	23	37	42	13	9	22	47	48	1	7	21	49	50	41	5	11	31	26	14	17	39	15	10	36	43	20	6	19	25	3	30	40	32	34	46	28	12	8	44	18	16	35	45	38	24
524	13	16	3	31	17	11	41	48	27	18	22	21	46	1	5	30	25	6	37	14	23	24	9	19	33	29	35	15	43	40	10	42	2	4	12	44	8	38	32	36	20	49	7	45	39	28	34	26	47	50
531	2	6	21	38	50	25	44	41	12	9	22	19	20	1	7	30	27	40	42	11	13	36	33	28	34	15	17	10	43	47	23	29	18	3	4	31	46	45	32	48	39	5	8	35	14	24	16	49	37	26
532	2	5	47	32	29	21	38	40	7	9	24	15	30	1	10	22	23	43	49	13	14	35	26	27	33	31	17	11	37	45	25	6	16	3	4	48	50	41	28	46	44	12	8	36	20	18	34	39	42	19
533	2	5	27	26	44	11	33	30	6	12	32	19	38	1	7	24	17	46	47	18	37	50	42	25	20	35	23	15	41	39	13	8	29	4	3	14	43	49	34	48	10	45	16	36	31	21	22	40	28	9
534	2	5	34	37	36	26	40	44	10	12	50	18	20	1	7	25	24	39	48	8	16	32	29	19	23	28	17	13	42	47	22	6	15	3	4	46	45	38	30	49	31	11	9	35	21	14	33	43	41	27
535	1	7	19	38	30	33	42	28	15	16	41	17	6	3	20	36	25	49	45	50	12	39	37	21	31	32	11	13	46	47	18	9	24	2	10	44	48	22	23	5	43	8	14	35	27	4	34	26	40	29
541	5	13	21	36	27	41	46	45	20	8	25	26	4	2	11	14	18	30	43	7	6	24	35	12	9	33	19	15	38	34	31	23	17	3	1	10	40	42	37	49	28	47	16	44	22	32	39	50	48	29
542	5	11	21	34	37	42	49	48	13	17	22	29	8	1	10	18	15	35	45	7	6	30	40	14	12	27	16	9	36	33	31	4	23	3	2	20	44	32	41	46	28	24	19	39	26	25	38	50	47	43
543	5	11	21	34	37	42	49	48	13	17	22	29	8	1	10	18	15	35	45	7	6	30	40	14	12	27	16	9	36	33	31	4	23	3	2	20	44	32	41	46	28	24	19	39	26	25	38	50	47	43

表 19.2 中国城市发展能力状态层的资产负债矩阵表

指标序号	北京	天津	石家庄	唐山	秦皇岛	太原	呼和浩特	包头	沈阳	大连	长春	哈尔滨	大庆	上海	南京	无锡	苏州	南通	连云港	杭州	宁波	温州	合肥	福州	厦门	南昌	济南	青岛	烟台	威海	郑州	武汉	长沙	广州	深圳	珠海	汕头	湛江	南宁	北海	海口	重庆	成都	贵阳	昆明	西安	兰州	西宁	银川	乌鲁木齐
11	4	8	36	41	43	37	45	47	15	24	32	28	10	1	11	26	22	39	44	6	16	23	35	13	17	29	21	25	40	48	34	5	14	3	2	9	38	27	19	42	33	7	12	31	18	30	46	49	50	20
12	4	7	13	38	30	36	45	49	17	14	33	21	16	1	9	6	8	29	48	5	10	31	24	19	22	26	20	15	41	43	25	18	12	3	2	23	35	47	40	42	28	32	11	44	34	27	39	46	50	37
13	2	5	21	34	38	27	44	37	10	11	23	24	12	1	6	18	17	33	47	7	14	32	30	20	19	31	22	8	40	43	29	9	26	4	3	25	46	41	42	50	48	15	13	39	28	16	35	49	45	36
14	2	5	21	35	32	27	46	40	11	13	24	15	12	1	7	25	30	42	45	10	19	33	34	22	29	31	17	14	41	47	23	8	18	3	4	16	44	48	37	50	39	9	6	38	26	20	36	49	43	28
21	2	10	23	42	33	18	41	27	15	25	24	19	16	1	7	44	34	36	43	14	22	12	29	17	31	28	6	5	26	21	8	13	9	4	3	37	48	45	40	50	46	39	11	38	30	20	32	49	47	35
22	2	5	22	41	37	27	36	48	10	18	11	16	46	1	6	26	32	38	44	8	24	23	25	12	17	29	13	15	42	49	21	9	14	4	3	39	40	43	47	50	45	20	7	34	19	28	31	31	35	33
23	2	7	15	21	24	11	44	35	19	17	36	33	10	1	5	30	29	43	47	9	12	38	39	28	41	37	23	22	48	49	14	8	16	3	4	40	46	45	31	50	42	6	18	13	32	27	26	20	34	25
24	1	5	45	41	42	18	40	48	8	13	36	34	33	3	7	30	37	39	46	10	28	12	23	9	31	25	27	19	44	47	24	29	11	4	2	17	43	49	22	50	16	21	6	38	14	15	35	32	26	20
25	2	5	33	26	28	31	44	47	14	7	18	30	43	1	9	17	6	22	38	13	16	40	27	12	8	32	25	11	29	35	39	15	21	4	3	10	34	42	36	50	20	24	23	37	41	19	49	48	45	46
31	2	5	31	35	45	14	38	39	8	11	30	18	36	1	7	25	26	47	48	9	21	46	41	24	16	33	15	20	42	43	17	6	27	4	3	23	44	50	34	49	22	19	10	32	28	13	29	40	37	12
32	3	6	18	37	34	27	44	46	14	8	41	22	26	2	9	31	33	38	45	7	17	36	29	10	19	32	25	13	47	48	11	21	12	4	1	42	49	28	23	50	20	30	5	40	15	16	35	43	39	24
33	4	8	22	38	31	36	42	46	12	10	32	18	15	1	6	20	26	37	47	5	7	24	35	11	13	33	25	14	45	49	28	16	17	3	2	19	43	41	34	50	29	23	9	40	27	21	39	48	44	30
41	3	6	15	29	28	40	42	47	14	9	33	25	8	1	10	17	22	35	49	5	7	31	30	12	18	23	21	11	41	43	32	20	13	4	2	19	37	39	36	48	26	38	16	45	24	27	44	50	46	34
42	2	5	23	44	35	31	41	47	14	13	37	18	24	1	6	29	28	43	48	7	11	36	30	20	25	33	19	12	45	49	15	8	9	3	4	34	46	42	27	50	26	22	10	32	16	17	40	39	38	21
43	2	6	28	42	39	18	40	38	11	15	30	29	10	1	7	9	14	41	48	5	17	44	31	37	19	35	13	20	47	49	26	8	22	3	4	12	50	45	34	46	27	23	24	32	25	21	33	43	36	16
51	3	18	21	31	13	32	47	38	7	6	17	29	10	5	4	27	33	44	46	9	20	48	28	16	23	43	30	8	34	40	37	15	12	1	2	11	41	42	14	26	19	39	35	36	25	22	50	49	45	24
52	2	5	36	49	42	29	39	45	10	11	25	23	33	1	8	20	38	47	48	6	27	31	22	14	21	30	17	13	40	44	15	9	12	4	3	32	37	34	28	50	24	18	7	46	19	16	35	43	41	26
53	2	5	35	34	44	21	36	39	7	11	41	15	25	1	6	27	23	46	49	12	14	38	32	24	29	26	16	13	42	47	20	8	17	3	4	40	50	45	30	48	31	10	9	33	22	18	28	43	37	19
54	4	11	22	35	34	43	49	48	14	16	23	29	5	2	10	18	15	36	45	8	6	30	38	13	12	27	17	9	37	33	31	7	21	3	1	19	44	32	41	46	28	26	20	42	24	25	39	50	47	40

三　城市发展能力资产负债的算法基础

为了严格比较50个城市在发展能力上的质量差异，课题组提出了特定的算法基础，并对50个城市进行了资产负债表的严格计量。

1. 资产负债权重赋值的规范

在每一项要素的空间分布范围中，排序从1，2，……，50，其资产权重规范为5.0，4.9，4.8，……，0.1；排序从1，2，……，50，其负债权重规范为－0.1，－0.2，－0.3，……，－5.0。

2. 资产负债分值的确定

各指数层资产要素的总分值 x_i（$i=1,2,3,4,5,\cdots\cdots,50$）利用下式计算即：$x_i=(5.0\times n_1+4.9\times n_2+\cdots\cdots 4.2\times n_9+4.1\times n_{10}+\cdots\cdots+0.1\times n_{50})$

其中，n_j 分别对应该支持指数中位次为1，2，……，10……50的资产要素个数；

各指数层负债要素的总分值 y_i（$i=1,2,3,4,5,\cdots\cdots,50$）利用下式计算即：

$y_i=(-0.1\times n_1)+(-0.2\times n_2)+\cdots\cdots(-0.3\times n_3)+\cdots\cdots(-5.0\times n_{50})$

其中，n_k 分别对应该指数中位次为1，2，……，50的负债要素个数。

3. 相对资产与相对负债的计算

相对资产计算公式为：用总分值 x_i（$i=1,2,3,4,5,\cdots\cdots,50$）与该项指数“源指标”总数 N_i（N_i 对应数值是21，29，22，14，17）之比，作为该项指数的相对“资产”量度 X_i（$i=1,2,3,4,5,\cdots\cdots,50$）即：

$X_i=(x_i/5.0\times N_i)\times 100\%$

相对负债计算公式为：用总分值 y_i（$i=1,2,3,4,5,\cdots\cdots,50$）与该项“源指标”总数 N_i（N_i 对应数值是21，29，22，14，17）之比，作为该支持的相对“负债”量度 Y_i（$i=1,2,3,4,5,\cdots\cdots,50$）即：

$Y_i=(y_i/5.0\times N_i)\times 100\%$

4. 资产负债质量系数及其标准确定

资产质量系数：用该支持指数资产要素总分值 x_i 与其资产指标总数 $\sum n_j$ 之比定义为该指数资产质量系数 ε_i（$i=1,2,3,4,5$），用以反映每一个资产的相对质量，即

$\varepsilon_i=x_i/\sum n_j$，$\varepsilon_i\in(0.1,5.0)$

设定资产质量标准：$4.0\leqslant\varepsilon_i\leqslant 5.0$，表明资产品质优良；$3.0<\varepsilon_i\leqslant 4.0$，资产品质较好；$2.0<\varepsilon_i\leqslant 3.0$，资产品质一般；$1.0<\varepsilon_i\leqslant 2.0$，资产品质较差；$0.1<\varepsilon_i\leqslant 1.0$，资产品质很差。

负债质量系数：用该支持指数负债要素总分值 y_i 与其负债指标总数 $\sum n_k$ 之比定义为该支持负债质量系数 γ_i（$i=1,2,3,4,5$），用以反映每一个负债的相对质量，即

$\gamma_i=y_i/\sum n_k$，$\gamma_i\in(-5.0,-0.1)$。

设定负债质量标准：$-5.0\leqslant\gamma_i\leqslant-4.0$，表明负债品质很差；$-4.0<\gamma_i\leqslant-3.0$，负债品质较差；$-3.0<\gamma_i\leqslant-2.0$，负债品质一般；$-2.0<\gamma_i\leqslant-1.0$，负债品质较好；$-1.0<\gamma_i\leqslant-0.1$，负债品质很好。

5. 资产的比较优势（净资产）的计算

把某项支持指数的相对资产与该项相对负债之和作为该项支持指数的净资产，

又称“比较优势能力”A_i：

$A_i = X_i + Y_i (i=1,2,3,4,5,\cdots\cdots,50)$

进而把发展五大支持指数分别揭示的“相对资产”与“相对负债”，综合到总体层次上，便形成了总体层次上的城市发展能力的“相对总资产”与“相对总负债”，可以获得城市的“总净资产量”，S即又称“总体比较优势能力”：

$S = (\sum x_i / 5.0 \times 103 - \sum y_i / 5.0 \times 103) \times 100\%$

四　城市发展能力的资产负债类型划分

城市发展能力的资产负债类型，具有不同的表现，我们初步归纳为以下5类9种：

1. 简单识别型

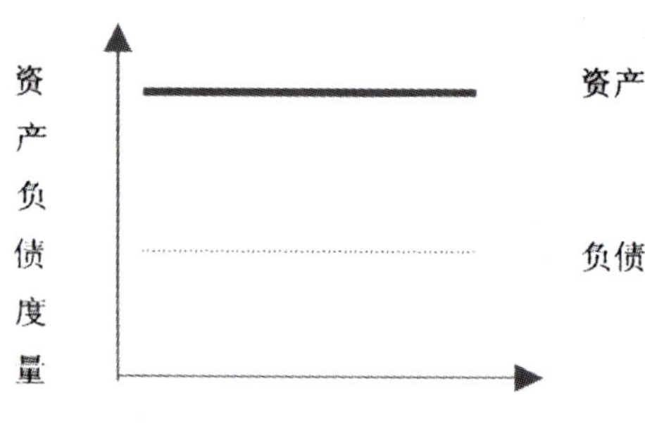

图 19.1a　简单资产型

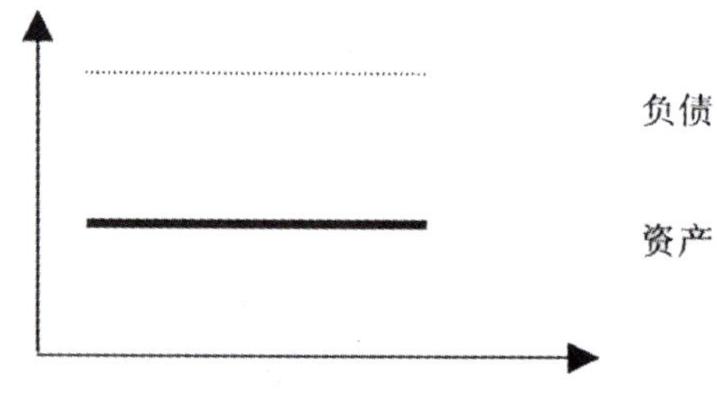

图 19.1b　简单负债型

2. 基层识别型

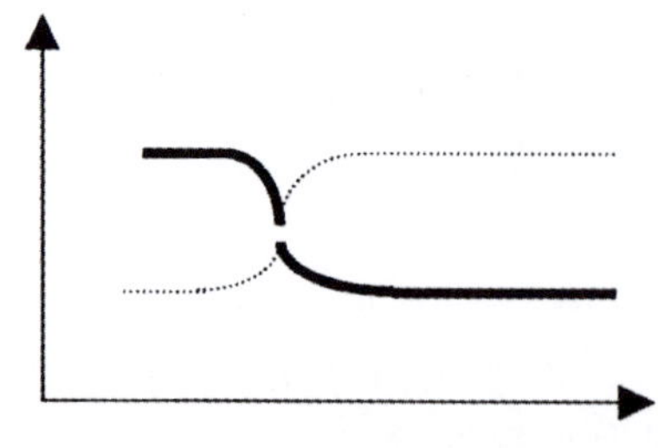

图 19.2a　基层资产型

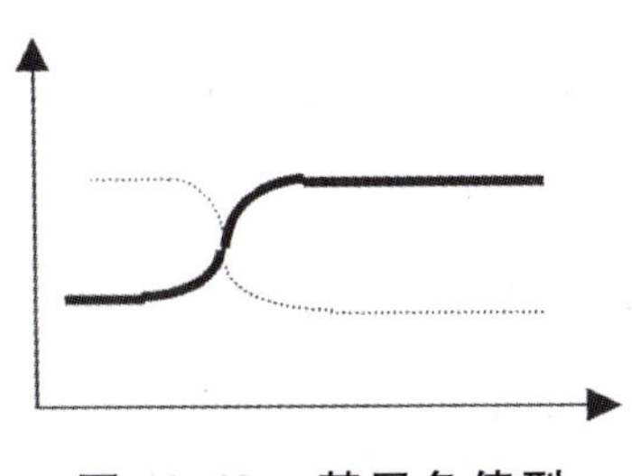

图 19.2b　基层负债型

3. 中层识别型

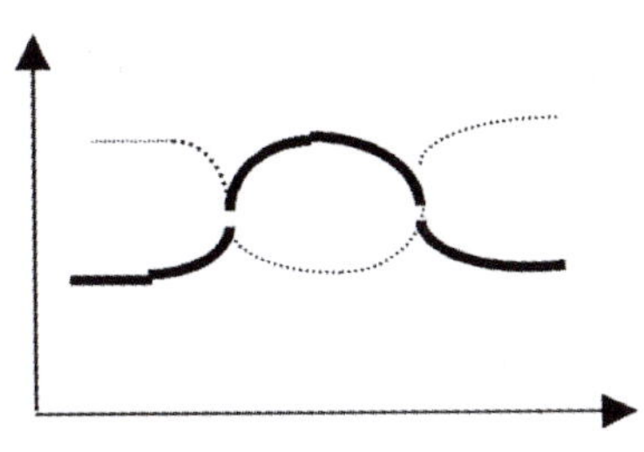

图 19.3a　中层资产型

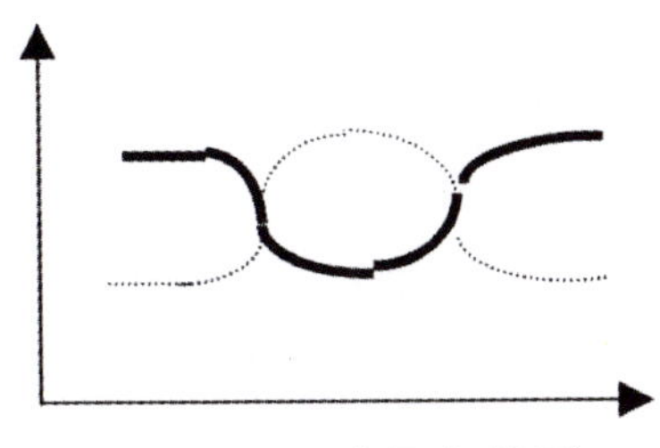

图 19.3b　中层负债型

4 . 高层识别型

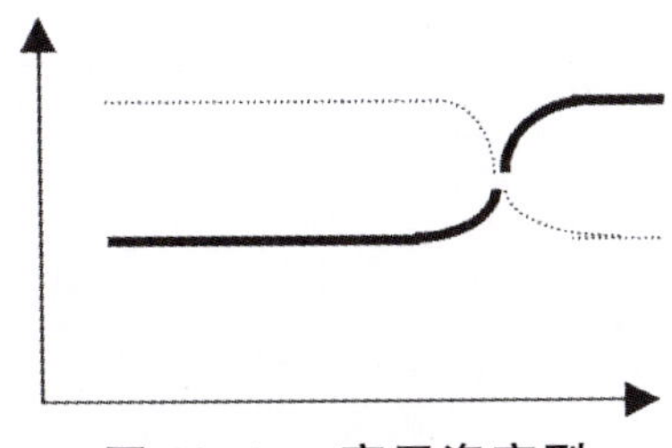

图 19.4a　高层资产型

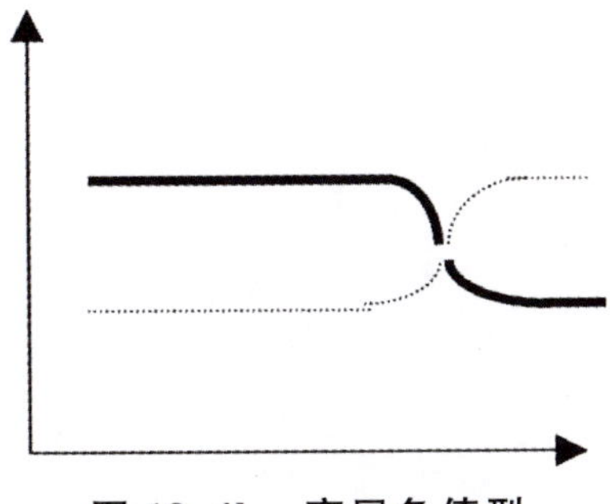

图 19.4b　高层负债型

5. 随机识别型

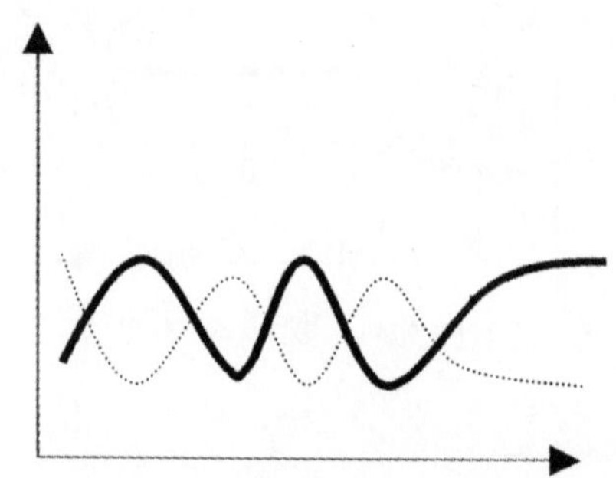

图 19.5　随机资产负债型

第二十章　中国城市发展能力综合资产负债分析

利用城市发展能力资产负债表即可对中国50个城市的发展质量做出相应的数值判别。其基本思想是用对应的相对资产与相对负债相互抵消的净资产，作为城市发展综合能力的“质”的表征。该报告对城市发展总体能力及其五大支撑能力的资产负债进行了分析，结果如下表20.1～20.6，图20.1～20.6所示。

表20.1 中国城市发展总能力资产负债表
表20.2 中国城市基础实力指数资产负债表
表20.3 中国城市竞争能力指数资产负债表
表20.4 中国城市社会安全能力指数资产负债表
表20.5 中国城市管理能力指数资产负债表
表20.6 中国城市可持续能力指数资产负债表

图20.1 中国城市发展总能力资产负债图
图20.2 中国城市基础实力指数资产负债图
图20.3 中国城市竞争能力指数资产负债图
图20.4 中国城市社会安全能力指数资产负债图
图20.5 中国城市管理能力指数资产负债图
图20.6 中国城市可持续能力指数资产负债图

表 20.1　中国城市发展总能力资产负债表

城市	城市发展总能力				
	相对资产(%)	相对负债(%)	相对净资产(%)	资产质量系数	负债质量系数
北京	91.51	−10.49	81.03	4.58	−0.52
天津	81.20	−20.80	60.41	4.06	−1.04
石家庄	52.45	−49.20	3.24	2.62	−2.46
唐山	31.86	−70.14	−38.27	1.59	−3.51
秦皇岛	35.51	−66.49	−30.97	1.78	−3.32
太原	45.50	−56.50	−11.01	2.27	−2.83
呼和浩特	24.14	−77.86	−53.73	1.21	−3.89
包头	23.22	−78.78	−55.55	1.16	−3.94
沈阳	71.94	−29.71	42.23	3.60	−1.49
大连	72.33	−29.67	42.66	3.62	−1.48
长春	47.46	−54.19	−6.74	2.37	−2.71
哈尔滨	55.30	−45.65	9.65	2.77	−2.28
大庆	53.96	−48.04	5.92	2.70	−2.40
上海	94.10	−7.90	86.19	4.70	−0.40
南京	82.08	−19.92	62.16	4.10	−1.00
无锡	54.62	−47.03	7.59	2.73	−2.35
苏州	52.97	−48.68	4.29	2.65	−2.43
南通	30.83	−71.17	−40.33	1.54	−3.56
连云港	18.04	−83.96	−65.92	0.90	−4.20
杭州	80.00	−22.00	58.00	4.00	−1.10
宁波	65.63	−36.37	29.26	3.28	−1.82
温州	42.97	−59.03	−16.06	2.15	−2.95
合肥	43.03	−58.97	−15.94	2.15	−2.95
福州	64.49	−37.51	26.97	3.22	−1.88
厦门	58.60	−43.05	15.55	2.93	−2.15
南昌	41.09	−60.56	−19.48	2.05	−3.03
济南	62.21	−39.44	22.78	3.11	−1.97
青岛	70.16	−31.84	38.31	3.51	−1.59
烟台	27.22	−74.78	−47.55	1.36	−3.74
威海	21.53	−80.12	−58.58	1.08	−4.01
郑州	53.90	−47.75	6.16	2.70	−2.39
武汉	70.58	−31.42	39.17	3.53	−1.57
长沙	64.06	−37.24	26.82	3.20	−1.86
广州	93.67	−8.33	85.34	4.68	−0.42
深圳	91.67	−9.98	81.69	4.58	−0.50
珠海	51.32	−50.68	0.64	2.57	−2.53
汕头	22.47	−79.53	−57.07	1.12	−3.98
湛江	26.10	−75.90	−49.81	1.30	−3.80
南宁	38.97	−63.03	−24.06	1.95	−3.15
北海	13.28	−88.37	−75.09	0.66	−4.42
海口	40.12	−61.53	−21.42	2.01	−3.08
重庆	53.28	−48.37	4.91	2.66	−2.42
成都	71.98	−30.02	41.96	3.60	−1.50
贵阳	33.01	−68.99	−35.98	1.65	−3.45
昆明	52.47	−48.49	3.98	2.62	−2.42
西安	55.69	−46.31	9.38	2.78	−2.32
兰州	32.43	−69.57	−37.15	1.62	−3.48
西宁	18.97	−83.03	−64.06	0.95	−4.15
银川	23.34	−78.66	−55.32	1.17	−3.93
乌鲁木齐	47.18	−54.82	−7.63	2.36	−2.74

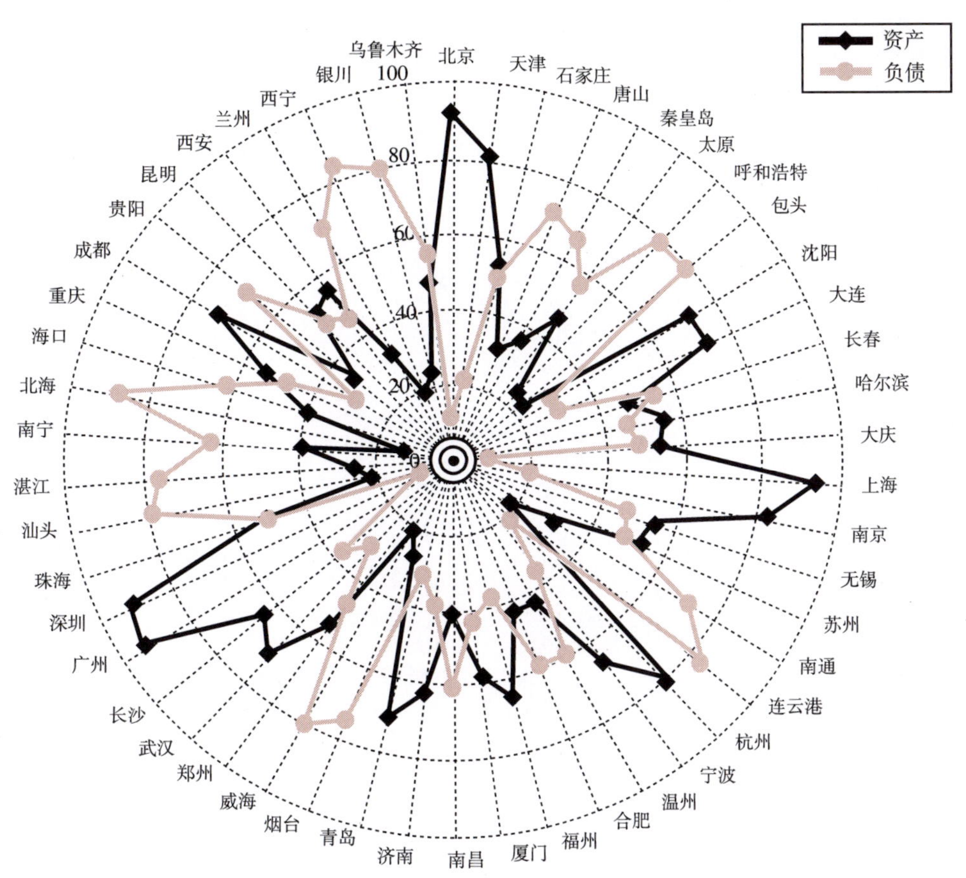

图 20.1　中国城市发展总能力资产负债图

表 20.2　中国城市基础实力指数资产负债表

城市	城市基础实力指数				
	相对资产(%)	相对负债(%)	相对净资产(%)	资产质量系数	负债质量系数
北京	93.14	−8.86	84.29	4.66	−0.44
天津	83.14	−18.86	64.29	4.16	−0.94
石家庄	52.38	−47.90	4.48	2.62	−2.40
唐山	33.14	−68.86	−35.71	1.66	−3.44
秦皇岛	29.33	−72.67	−43.33	1.47	−3.63
太原	40.67	−61.33	−20.67	2.03	−3.07
呼和浩特	19.33	−82.67	−63.33	0.97	−4.13
包头	23.24	−78.76	−55.52	1.16	−3.94
沈阳	71.52	−28.76	42.76	3.58	−1.44
大连	70.57	−31.43	39.14	3.53	−1.57
长春	49.05	−51.24	−2.19	2.45	−2.56
哈尔滨	53.90	−42.95	10.95	2.70	−2.15
大庆	61.71	−40.29	21.43	3.09	−2.01
上海	95.52	−6.48	89.05	4.78	−0.32
南京	80.76	−21.24	59.52	4.04	−1.06
无锡	61.33	−38.95	22.38	3.07	−1.95
苏州	57.05	−43.24	13.81	2.85	−2.16
南通	28.76	−73.24	−44.48	1.44	−3.66
连云港	17.52	−84.48	−66.95	0.88	−4.22
杭州	85.43	−16.57	68.86	4.27	−0.83
宁波	68.86	−33.14	35.71	3.44	−1.66
温州	49.14	−52.86	−3.71	2.46	−2.64
合肥	42.10	−59.50	−17.81	2.10	−3.00
福州	61.43	−40.57	20.86	3.07	−2.03
厦门	56.95	−43.33	13.62	2.85	−2.17
南昌	39.71	−60.57	−20.86	1.99	−3.03
济南	62.95	−37.33	25.62	3.15	−1.87
青岛	67.05	−34.95	32.10	3.35	−1.75
烟台	28.57	−73.43	−44.86	1.43	−3.67
威海	21.52	−78.76	−57.24	1.08	−3.94
郑州	48.10	−52.19	−4.10	2.40	−2.61
武汉	77.33	−24.67	52.67	3.87	−1.23
长沙	59.62	−38.95	20.67	2.98	−1.95
广州	94.86	−7.14	87.71	4.74	−0.36
深圳	93.24	−7.05	86.19	4.66	−0.35
珠海	55.43	−46.57	8.86	2.77	−2.33
汕头	20.76	−81.24	−60.48	1.04	−4.06
湛江	26.19	−75.81	−49.62	1.31	−3.79
南宁	37.52	−64.48	−26.95	1.88	−3.22
北海	15.71	−84.57	−68.86	0.79	−4.23
海口	28.38	−71.90	−43.52	1.42	−3.60
重庆	68.00	−32.29	35.71	3.40	−1.61
成都	76.00	−26.00	50.00	3.80	−1.30
贵阳	34.29	−67.71	−33.43	1.71	−3.39
昆明	53.62	−43.24	10.38	2.68	−2.16
西安	52.76	−49.24	3.52	2.64	−2.46
兰州	33.05	−68.95	−35.90	1.65	−3.45
西宁	11.52	−90.48	−78.95	0.58	−4.52
银川	14.38	−87.62	−73.24	0.72	−4.38
乌鲁木齐	46.29	−55.71	−9.43	2.31	−2.79

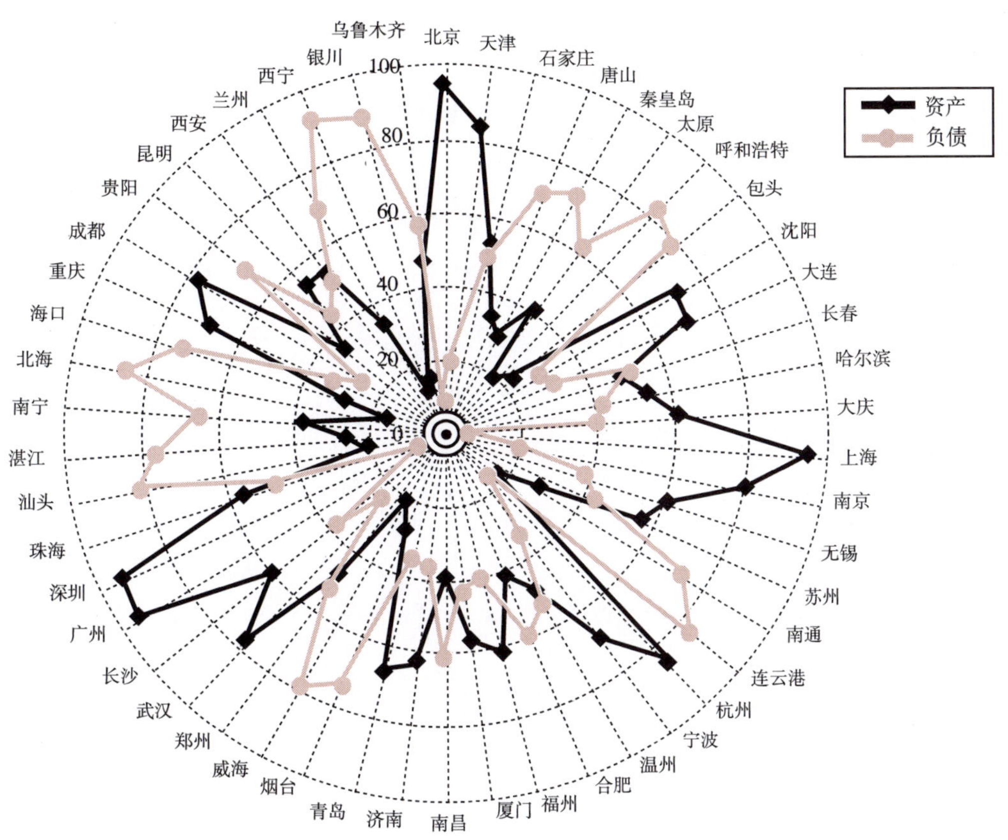

图 20.2　中国城市基础实力指数资产负债图

表 20.3 中国城市竞争能力指数资产负债表

城市	城市竞争能力指数				
	相对资产(%)	相对负债(%)	相对净资产(%)	资产质量系数	负债质量系数
北京	94.62	−7.38	87.24	4.73	−0.37
天津	82.76	−19.24	63.52	4.14	−0.96
石家庄	48.97	−53.03	−4.07	2.45	−2.65
唐山	32.14	−69.86	−37.72	1.61	−3.49
秦皇岛	38.07	−63.93	−25.86	1.90	−3.20
太原	53.45	−48.55	4.90	2.67	−2.43
呼和浩特	27.45	−74.55	−47.10	1.37	−3.73
包头	27.03	−74.97	−47.93	1.35	−3.75
沈阳	70.00	−32.00	38.00	3.50	−1.60
大连	67.45	−34.55	32.90	3.37	−1.73
长春	52.48	−49.52	2.97	2.62	−2.48
哈尔滨	53.03	−48.97	4.07	2.65	−2.45
大庆	38.48	−63.52	−25.03	1.92	−3.18
上海	96.83	−5.17	91.66	4.84	−0.26
南京	83.79	−18.21	65.59	4.19	−0.91
无锡	50.07	−51.93	−1.86	2.50	−2.60
苏州	54.28	−47.72	6.55	2.71	−2.39
南通	37.52	−64.48	−26.97	1.88	−3.22
连云港	21.38	−80.62	−59.24	1.07	−4.03
杭州	74.90	−27.10	47.79	3.74	−1.36
宁波	61.24	−40.76	20.48	3.06	−2.04
温州	50.69	−51.31	−0.62	2.53	−2.57
合肥	46.97	−55.03	−8.07	2.35	−2.75
福州	66.21	−35.79	30.41	3.31	−1.79
厦门	55.79	−46.21	9.59	2.79	−2.31
南昌	43.79	−58.21	−14.41	2.19	−2.91
济南	63.45	−38.55	24.90	3.17	−1.93
青岛	69.72	−32.28	37.45	3.49	−1.61
烟台	34.48	−67.52	−33.03	1.72	−3.38
威海	28.62	−73.38	−44.76	1.43	−3.67
郑州	56.90	−45.10	11.79	2.84	−2.26
武汉	68.62	−33.38	35.24	3.43	−1.67
长沙	62.48	−39.52	22.97	3.12	−1.98
广州	90.90	−11.10	79.79	4.54	−0.56
深圳	86.69	−15.31	71.38	4.33	−0.77
珠海	50.83	−51.17	−0.34	2.54	−2.56
汕头	26.34	−75.66	−49.31	1.32	−3.78
湛江	22.21	−79.79	−57.59	1.11	−3.99
南宁	32.07	−69.93	−37.86	1.60	−3.50
北海	8.14	−93.86	−85.72	0.41	−4.69
海口	34.83	−67.17	−32.34	1.74	−3.36
重庆	50.97	−51.03	−0.07	2.55	−2.55
成都	66.48	−35.52	30.97	3.32	−1.78
贵阳	36.14	−65.86	−29.72	1.81	−3.29
昆明	46.90	−55.10	−8.21	2.34	−2.76
西安	53.66	−48.34	5.31	2.68	−2.42
兰州	36.28	−65.72	−29.45	1.81	−3.29
西宁	25.79	−76.21	−50.41	1.29	−3.81
银川	29.31	−72.69	−43.38	1.47	−3.63
乌鲁木齐	38.83	−63.17	−24.34	1.94	−3.16

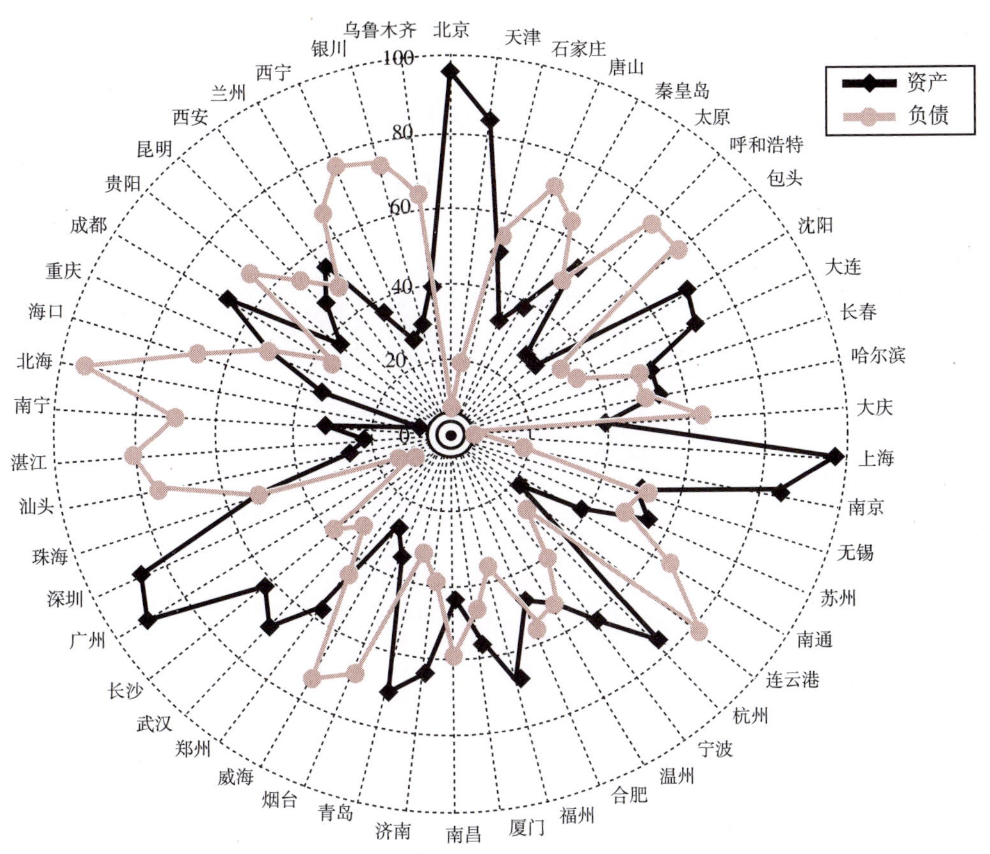

图 20.3　中国城市竞争能力指数资产负债图

表 20.4 中国城市社会安全能力指数资产负债表

城市	城市社会安全能力指数				
	相对资产(%)	相对负债(%)	相对净资产(%)	资产质量系数	负债质量系数
北京	82.27	−19.73	62.55	4.11	−0.99
天津	78.73	−23.27	55.45	3.94	−1.16
石家庄	55.27	−46.73	8.55	2.76	−2.34
唐山	28.09	−73.91	−45.82	1.40	−3.70
秦皇岛	34.73	−67.27	−32.55	1.74	−3.36
太原	45.18	−56.82	−11.64	2.26	−2.84
呼和浩特	23.82	−78.18	−54.36	1.19	−3.91
包头	19.55	−82.45	−62.91	0.98	−4.12
沈阳	72.27	−29.73	42.55	3.61	−1.49
大连	74.55	−27.45	47.09	3.73	−1.39
长春	39.82	−62.18	−22.36	1.99	3.11
哈尔滨	59.55	−42.45	17.09	2.98	−2.12
大庆	57.64	−44.36	13.27	2.88	−2.22
上海	93.64	−8.36	85.27	4.68	−0.42
南京	80.27	−21.73	58.55	4.01	−1.09
无锡	51.55	−50.45	1.09	2.58	−2.52
苏州	49.91	−52.09	−2.18	2.05	−2.60
南通	30.27	−71.73	−41.45	1.51	−3.59
连云港	18.09	−83.91	−65.82	0.90	−4.20
杭州	84.55	−17.45	67.09	4.23	−0.87
宁波	69.09	−32.91	36.18	3.45	−1.65
温州	41.55	−60.45	−18.91	2.08	−3.02
合肥	36.18	−65.82	−29.64	1.81	−3.29
福州	70.91	−31.09	39.82	3.55	−1.55
厦门	67.00	−35.00	32.00	3.35	−1.75
南昌	38.91	−63.09	−24.18	1.95	−3.15
济南	60.27	−41.73	18.55	3.01	−2.09
青岛	68.73	−33.27	35.45	3.44	−1.66
烟台	17.73	−84.27	−66.55	0.89	−4.21
威海	12.73	−89.27	−76.55	0.64	−4.46
郑州	61.00	−41.00	20.00	3.05	−2.05
武汉	68.64	−33.36	35.27	3.43	−1.67
长沙	64.91	−37.09	27.82	3.25	−1.85
广州	95.73	−6.27	89.45	4.79	−0.31
深圳	93.73	−8.27	85.45	4.69	−0.41
珠海	49.27	−52.73	−3.45	2.46	−2.64
汕头	19.27	−82.73	−63.45	0.96	−4.14
湛江	27.91	−74.09	−46.18	1.40	−3.70
南宁	43.55	−58.45	−14.91	2.18	−2.92
北海	7.18	−94.82	−87.64	0.36	−4.74
海口	53.36	−48.64	4.73	2.67	−2.43
重庆	47.91	−54.09	−6.18	2.40	−2.70
成都	81.09	−20.91	60.18	4.05	−1.05
贵阳	30.00	−72.00	−42.00	1.50	−3.60
昆明	52.09	−49.91	2.18	2.60	−2.50
西安	60.55	−41.45	19.09	3.03	−2.07
兰州	31.73	−70.27	−38.55	1.59	−3.51
西宁	21.09	−80.91	−59.82	1.05	−4.05
银川	22.73	−79.27	−56.55	1.14	−3.96
乌鲁木齐	54.82	−47.18	7.64	2.74	−2.36

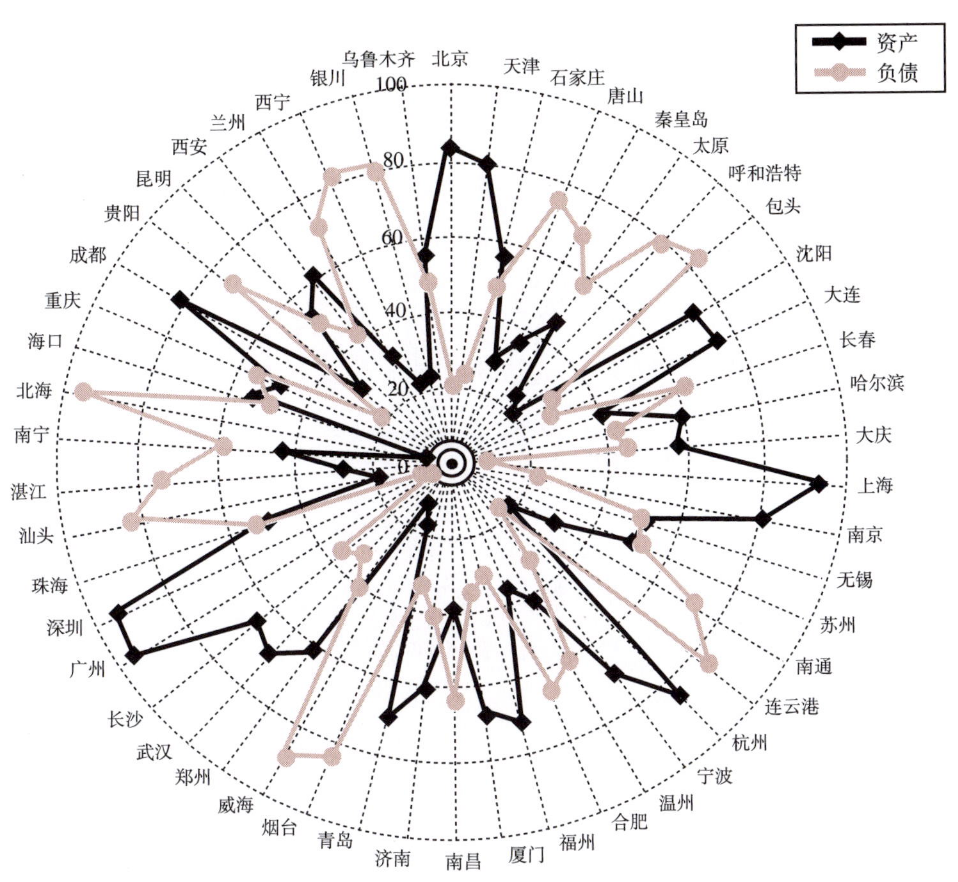

图 20.4　中国城市社会安全能力指数资产负债图

表 20.5 中国城市管理能力指数资产负债表

城市	城市管理能力指数				
	相对资产(%)	相对负债(%)	相对净资产(%)	资产质量系数	负债质量系数
北京	92.86	−9.14	83.71	4.64	−0.46
天津	85.29	−16.71	68.57	4.26	−0.84
石家庄	58.57	−43.43	15.14	2.93	−2.17
唐山	33.14	−68.86	−35.71	1.66	−3.44
秦皇岛	34.14	−67.86	−33.71	1.71	−3.39
太原	40.14	−61.86	−21.71	2.01	−3.09
呼和浩特	24.43	−77.57	−53.14	1.22	−3.88
包头	19.14	−82.86	−63.71	0.96	−4.14
沈阳	68.71	−33.29	35.43	3.44	−1.66
大连	72.14	−29.86	42.29	3.61	−1.49
长春	46.00	−56.00	−10.00	2.30	−2.80
哈尔滨	54.57	−47.43	7.14	2.73	−2.31
大庆	61.43	−40.57	20.86	3.07	−2.03
上海	96.29	−5.71	90.57	4.81	−0.29
南京	80.43	−21.57	58.86	4.02	−1.08
无锡	61.00	−41.00	20.00	3.05	−2.05
苏州	56.71	−45.29	11.43	2.84	−2.26
南通	31.86	−70.14	−38.29	1.59	−3.51
连云港	15.29	−86.71	−71.43	0.76	−4.34
杭州	82.00	−20.00	62.00	4.10	−1.00
宁波	71.57	−30.43	41.14	3.58	−1.52
温州	34.86	−67.14	−32.29	1.74	−3.36
合肥	46.00	−56.00	−10.00	2.30	−2.80
福州	54.57	−47.43	7.14	2.73	−2.37
厦门	55.86	−46.14	9.71	2.79	−2.31
南昌	43.29	−58.71	−15.43	2.16	−2.94
济南	65.00	−37.00	28.00	3.25	−1.85
青岛	68.14	−33.86	34.29	3.41	−1.69
烟台	21.86	−80.14	−58.29	1.09	−4.01
威海	18.71	−83.29	−64.57	0.94	−4.16
郑州	53.14	−48.86	4.29	2.66	−2.44
武汉	71.43	−30.57	40.86	3.57	−1.53
长沙	66.43	−35.57	30.86	3.32	−1.78
广州	93.86	−8.14	85.71	4.69	−0.41
深圳	93.00	−9.00	84.00	4.65	−0.45
珠海	54.43	−47.57	6.86	2.72	−2.38
汕头	20.43	−81.57	−61.14	1.02	−4.08
湛江	28.43	−73.57	−45.14	1.42	−3.68
南宁	37.43	−64.57	−27.14	1.87	−3.23
北海	11.86	−90.14	−78.29	0.59	−4.51
海口	40.00	−62.00	−22.00	2.00	−3.10
重庆	48.86	−53.14	−4.29	2.44	−2.66
成都	66.14	−35.86	30.29	3.31	−1.79
贵阳	36.00	−66.00	−30.00	1.80	−3.30
昆明	58.00	−44.00	14.00	2.90	−2.20
西安	55.14	−46.86	8.29	2.76	−2.34
兰州	30.29	−71.71	−41.43	1.51	−3.59
西宁	16.43	−85.57	−69.14	0.82	−4.28
银川	24.43	−77.57	−53.14	1.22	−3.88
乌鲁木齐	50.29	−51.71	−1.43	2.51	−2.59

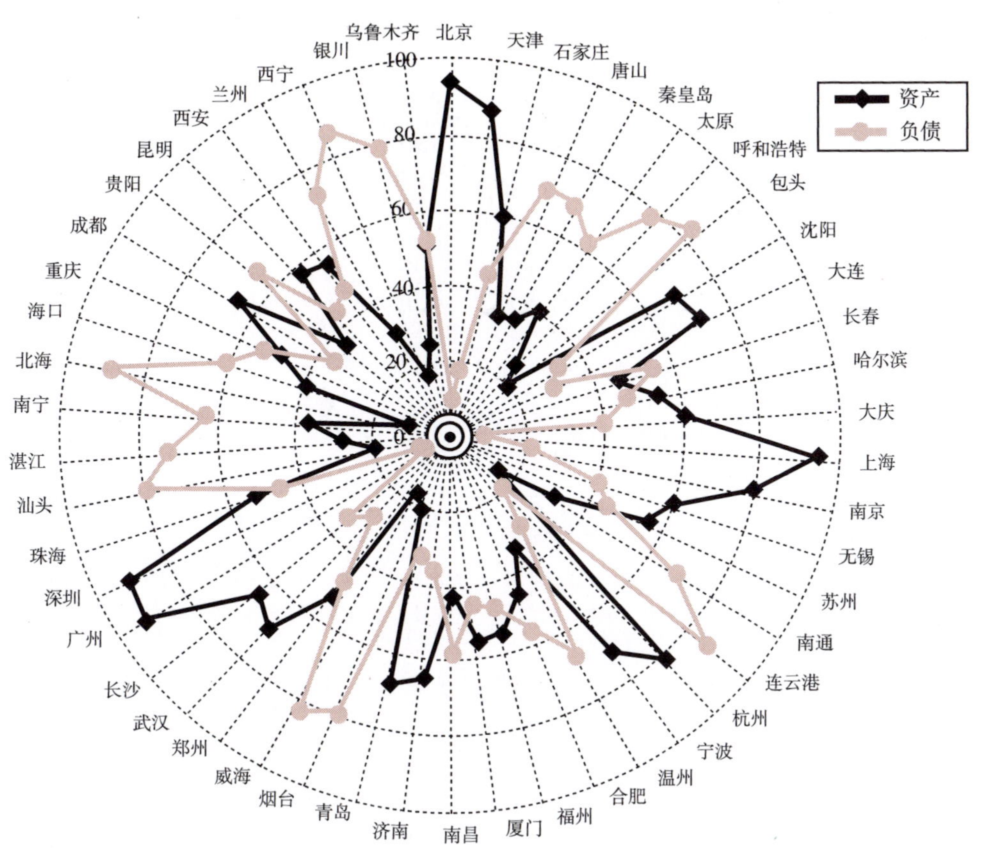

图 20.5　中国城市管理能力指数资产负债图

表 20.6　中国城市可持续能力指数资产负债表

城市	城市可持续能力指数				
	相对资产(%)	相对负债(%)	相对净资产(%)	资产质量系数	负债质量系数
北京	95.06	−6.94	88.12	4.75	−0.35
天津	76.00	−26.00	50.00	3.80	−1.30
石家庄	49.76	−52.24	−2.47	2.49	−2.61
唐山	33.65	−68.35	−34.71	1.68	−3.42
秦皇岛	40.94	−61.06	−20.12	2.05	−3.05
太原	42.71	−59.29	−16.59	2.14	−2.96
呼和浩特	24.59	−77.41	−52.82	1.23	−3.87
包头	24.82	−77.18	−52.35	1.24	−3.86
沈阳	78.00	−24.00	54.00	3.90	−1.20
大连	80.12	−21.88	58.24	4.01	−1.09
长春	48.00	−54.00	−6.00	2.40	−2.70
哈尔滨	56.00	−46.00	10.00	2.80	−2.30
大庆	59.88	−42.12	17.76	2.99	−2.11
上海	86.47	−15.53	70.94	4.32	−0.78
南京	84.47	−17.53	66.94	4.22	−0.88
无锡	52.82	−49.18	3.65	2.64	−2.46
苏州	46.59	−55.41	−8.82	2.33	−2.77
南通	21.88	−80.12	−58.24	1.09	−4.01
连云港	15.18	−86.82	−71.65	0.76	−4.34
杭州	74.47	−27.53	46.94	3.72	−1.38
宁波	59.76	−42.24	17.53	2.99	−2.11
温州	30.71	−71.29	−40.59	1.54	−3.56
合肥	43.88	−58.12	−14.24	2.19	−2.91
福州	65.18	−36.82	28.35	3.26	−1.84
厦门	56.82	−45.18	11.65	2.84	−2.26
南昌	39.18	−62.82	−23.65	1.96	−3.14
济南	59.41	42.59	16.82	2.97	−2.13
青岛	78.24	−23.76	54.47	3.91	−1.19
烟台	29.88	−72.12	−42.24	1.49	−3.61
威海	23.18	−78.82	−55.65	1.16	−3.94
郑州	47.41	−54.59	−7.18	2.37	−2.73
武汉	67.41	−34.59	32.82	3.37	−1.73
长沙	69.18	−32.82	36.35	3.46	−1.64
广州	94.12	−7.88	86.24	4.71	−0.39
深圳	94.47	−7.53	86.94	4.72	−0.38
珠海	47.18	−54.82	−7.65	2.36	−2.74
汕头	23.76	−78.24	−54.47	1.19	−3.91
湛江	28.35	−73.65	−45.29	1.42	−3.68
南宁	47.88	−54.12	−6.24	2.39	−2.71
北海	28.12	−73.88	−45.76	1.41	−3.69
海口	46.59	−55.41	−8.82	2.33	−2.77
重庆	49.65	−52.35	−2.71	2.48	−2.62
成都	69.41	−32.59	36.82	3.47	−1.63
贵阳	27.53	−74.47	−46.94	1.38	−3.72
昆明	56.47	−45.53	10.94	2.82	−2.28
西安	56.94	−45.06	11.88	2.85	−2.25
兰州	27.76	−74.24	−46.47	1.39	−3.71
西宁	15.88	−86.12	−70.24	0.79	−4.31
银川	24.12	−77.88	−53.76	1.21	−3.89
乌鲁木齐	50.12	−51.88	−1.76	2.51	−2.59

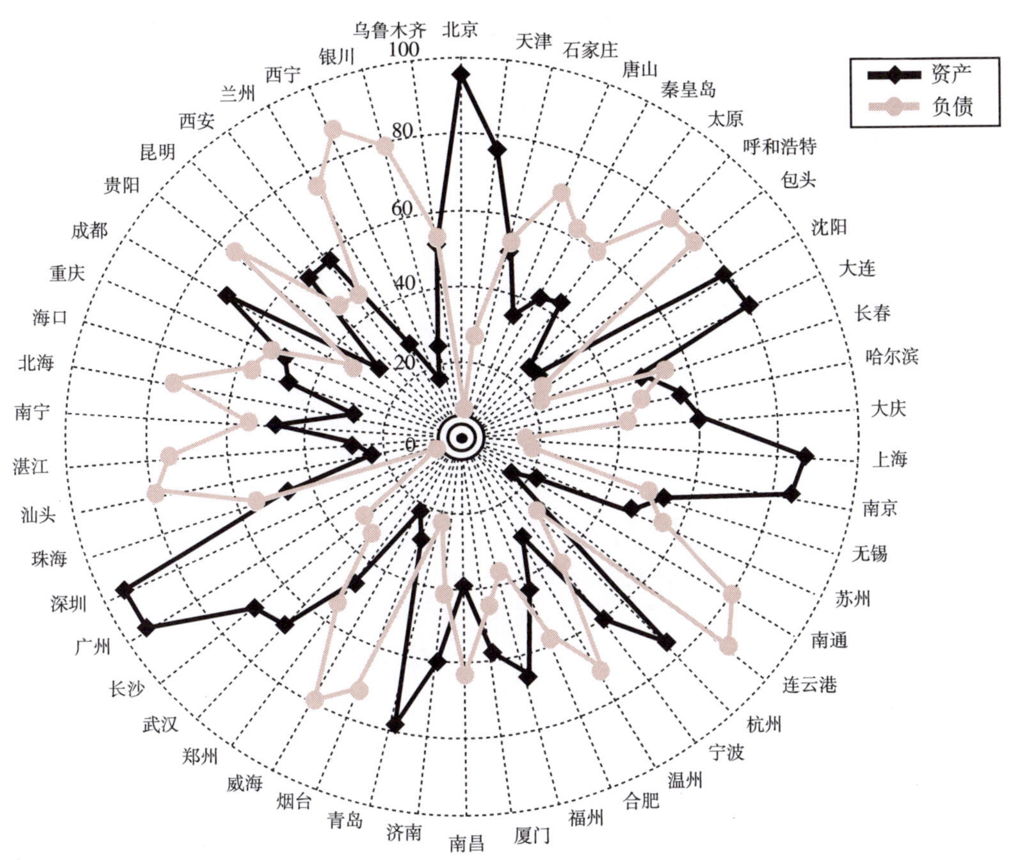

图 20.6 中国城市可持续能力指数资产负债图

第二十一章　中国城市发展能力分市资产负债分析

一　北京市发展能力资产负债表分析

1. 一般概况

北京市总面积16800平方公里，市区面积12574平方公里，建成区面积780平方公里。总人口1122.3万人，市区总人口988.10万人，地区非农人口780.10万人。地区国内生产总值28456500万元，市区国内生产总值26979400万元，市区第三产业产值占GDP比重62.03%。市区实际利用外资总额394926万美元，市区固定资产投资总额13618179万元，市区房地产投资总额7549842万元。地方财政预算内收人4541676万元，地方财政预算内支出5591063万元。城乡居民人均储蓄余额35789.12元，人均住房面积17.63平方米，人均园林绿地面积30.59平方米，人均生活用电量549.94千瓦小时，人均铺装道路面积6.11平方米，人均教育经费支出731.25元，每万人拥有高等学校在校学生数342.86人。

现任领导：　市委书记：刘淇　　市长：王岐山(代市长)

2. 发展能力的资产负债分析

(1)城市实力指数：在总数21个源指标中，资产累计得分97.8，相对资产93.14%，资产质量系数为4.66，表明资产质量优良。同时，负债累计得分－9.30，相对负债－8.86%，负债质量系数为－0.44，表明负债质量优良。在该大项中，相对净资产为84.29%。

(2)城市竞争指数：在总数29个源指标中，资产累计得分137.2，相对资产94.62%，资产质量系数为4.73，表明资产质量优良。同时，负债累计得分－10.70，相对负债－7.38%，负债质量系数为－0.37，表明负债质量优良。在该大项中，相对净资产为87.24%。

(3)城市社会指数：在总数22个源指标中，资产累计得分90.5，相对资产82.27 %，资产质量系数为4.11，表明资产质量优良。同时，负债累计得分－21.70，相对负债－19.73%，负债质量系数为－0.99，表明负债质量优良。在该大项中，相对净资产为62.55%。

(4)城市管理指数：在总数14个源指标中，资产累计得分65.0，相对资产92.86%，资产质量系数为4.64，表明资产质量优良。同时，负债累计得分－6.40，相对负债－9.14%，负债质量系数为－0.46，表明负债质量优良。在该大项中，相对净资产为83.71%。

(5)城市可持续指数：在总数17个源指标中，资产累计得分80.8，相对资产

95.06%，资产质量系数为4.75，表明资产质量优良。同时，负债累计得分－5.90，相对负债－6.94%，负债质量系数为－0.35，表明负债质量优良。在该大项中，相对净资产为88.12%。

总计上述五大项，在总数103个源指标中，总资产累计得分471.3，相对总资产91.51%，总资产质量系数为4.58，表明总资产质量优良。同时，总负债累计得分－54.00，相对总负债－10.49%，总负债质量系数为－0.52，表明总负债质量优良。该城市发展能力相对总净资产为81.03%。

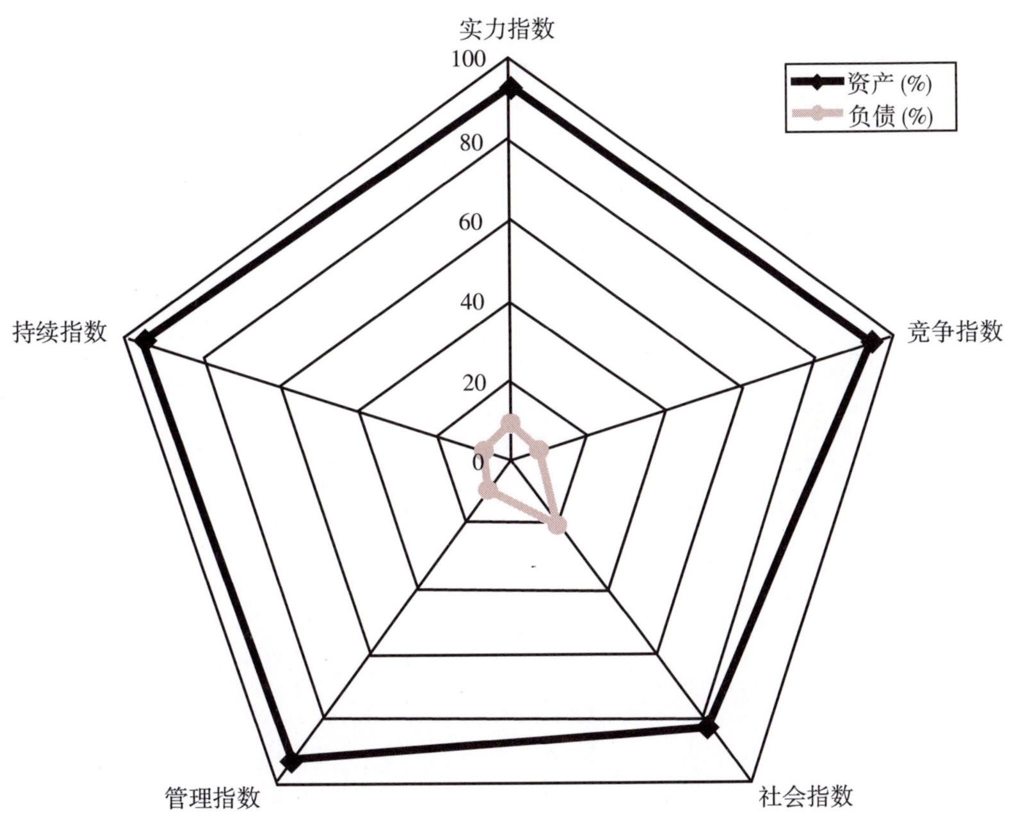

图21.1　北京市发展能力资产负债图

表 21.1 北京市发展能力资产负债表

资 产						五大指数	负 债					
位次	指标数	占指标总数(%)	指标分值	相对资产(%)	资产质量系数		位次	指标数	占指标总数(%)	指标分值	相对负债(%)	负债质量系数
1－5	14	66.67	68.1	64.86		实力指数	1－5	14	66.67	－3.30	－3.14	
6－10	7	33.33	29.7	28.29			6－10	7	33.33	－6.00	－5.71	
11－15	0	0.00	0.0	0.00		资产:负债	11－15	0	0.00	0.00	0.00	
16－20	0	0.00	0.0	0.00		93.14　8.86	16－20	0	0.00	0.00	0.00	
21－25	0	0.00	0.0	0.00		净资产：84.29	21－25	0	0.00	0.00	0.00	
26－30	0	0.00	0.0	0.00			26－30	0	0.00	0.00	0.00	
31－35	0	0.00	0.0	0.00			31－35	0	0.00	0.00	0.00	
36－40	0	0.00	0.0	0.00			36－40	0	0.00	0.00	0.00	
41－45	0	0.00	0.0	0.00			41－45	0	0.00	0.00	0.00	
4650	0	0.00	0.0	0.00			46－50	0	0.00	0.00	0.00	
合计	21	100.00	97.8	93.14	4.66	21	合计	21	100.00	－9.30	－8.86	－0.44
1－5	27	93.10	132.0	91.03		竞争指数	1－5	27	93.10	－5.70	－3.93	
6－10	0	0.00	0.0	0.00			6－10	0	0.00	0.00	0.00	
11－15	1	3.45	3.6	2.48		资产:负债	11－15	1	3.45	－1.50	－1.03	
16－20	0	0.00	0.0	0.00		94.62　7.38	16－20	0	0.00	0.00	0.00	
21－25	0	0.00	0.0	0.00		净资产：87.24	21－25	0	0.00	0.00	0.00	
26－30	0	0.00	0.0	0.00			26－30	0	0.00	0.00	0.00	
31－35	1	3.45	1.6	1.10			31－35	1	3.45	－3.50	－2.41	
36－40	0	0.00	0.0	0.00			36－40	0	0.00	0.00	0.00	
41－45	0	0.00	0.0	0.00			41－45	0	0.00	0.00	0.00	
46－50	0	0.00	0.0	0.00			46－50	0	0.00	0.00	0.00	
合计	29	100.00	137.2	94.62	4.73	29	合计	29	100.00	－10.70	－7.38	－0.37
1－5	18	81.82	87.4	79.45		社会指数	1－5	18	81.82	－4.40	－4.00	
6－10	0	0.00	0.0	0.00			6－10	0	0.00	0.00	0.00	
11－15	0	0.00	0.0	0.00		资产:负债	11－15	0	0.00	0.00	0.00	
16－20	0	0.00	0.0	0.00		82.27　19.73	16－20	0	0.00	0.00	0.00	
21－25	0	0.00	0.0	0.00		净资产：62.55	21－25	0	0.00	0.00	0.00	
26－30	1	4.55	2.4	2.18			26－30	1	4.55	－2.70	－2.45	
31－35	0	0.00	0.0	0.00			31－35	0	0.00	0.00	0.00	
36－40	0	0.00	0.0	0.00			36－40	0	0.00	0.00	0.00	
41－45	0	0.00	0.0	0.00			41－45	0	0.00	0.00	0.00	
46－50	3	13.64	0.7	0.64			46－50	3	13.64	－14.60	－13.27	
合计	22	100.00	90.5	82.27	4.11	22	合计	22	100.00	－21.70	－19.73	－0.99
1-5	10	71.43	49.0	70.00		管理指数	1－5	10	71.43	－2.00	－2.86	
6-10	2	14.29	8.7	12.43			6－10	2	14.29	－1.50	－2.14	
11-15	2	14.29	7.3	10.43		资产:负债	11－15	2	14.29	－2.90	－4.14	
16-20	0	0.00	0.0	0.00		92.86　9.14	16－20	0	0.00	0.00	0.00	
21-25	0	0.00	0.0	0.00		净资产：83.71	21－25	0	0.00	0.00	0.00	
26-30	0	0.00	0.0	0.00			26－30	0	0.00	0.00	0.00	
31-35	0	0.00	0.0	0.00			31－35	0	0.00	0.00	0.00	
36-40	0	0.00	0.0	0.00			36－40	0	0.00	0.00	0.00	
41-45	0	0.00	0.0	0.00			41－45	0	0.00	0.00	0.00	
46-50	0	0.00	0.0	0.00			46－50	0	0.00	0.00	0.00	
合计	14	100.00	65.0	92.86	4.64	14	合计	14	100.00	－6.40	－9.14	－0.46
1－5	15	88.24	72.5	85.29		可持续指数	1－5	15	88.24	－4.00	－4.71	
6－10	1	5.88	4.5	5.29			6－10	1	5.88	－0.60	－0.71	
11－15	1	5.88	3.8	4.47		资产:负债	11－15	1	5.88	－1.30	－1.53	
16－20	0	0.00	0.0	0.00		95.06　6.94	16－20	0	0.00	0.00	0.00	
21－25	0	0.00	0.0	0.00		净资产：88.12	21－25	0	0.00	0.00	0.00	
26－30	0	0.00	0.0	0.00			26－30	0	0.00	0.00	0.00	
31－35	0	0.00	0.0	0.00			31－35	0	0.00	0.00	0.00	
36－40	0	0.00	0.0	0.00			36－40	0	0.00	0.00	0.00	
41－45	0	0.00	0.0	0.00			41－45	0	0.00	0.00	0.00	
46－50	0	0.00	0.0	0.00			46－50	0	0.00	0.00	0.00	
合计	17	100.00	80.8	95.06	4.75	17	合计	17	100.00	－5.90	－6.94	－0.35
资产总指标数		占指标总数(%)	总资产分值	相对总资产(%)	总资产质量系数	相对总资产:相对总负债 91.51　－10.49	负债总指标数		占指标总数(%)	总负债分值	相对总负债(%)	总负债质量系数
103		100.00	471.3	91.51	4.58	相对净资产：81.03	103		100.00	－54.00	－10.49	－0.52

二　天津市发展能力资产负债表分析

1. 一般概况

天津市总面积11920平方公里，市区面积7418平方公里，建成区面积424平方公里。总人口913.98万人，市区总人口747.99万人，地区非农人口535.22万人。地区国内生产总值18401000万元，市区国内生产总值16499400万元，市区第三产业产值占GDP比重47.58%。市区实际利用外资总额321710万美元，市区固定资产投资总额5957854万元，市区房地产投资总额1606037万元。地方财政预算内收入1575648万元，地方财政预算内支出2258610万元。城乡居民人均储蓄余额15352.61元，人均住房面积17.78平方米，人均园林绿地面积11.86平方米，人均生活用电量349.71千瓦小时，人均铺装道路面积5.71平方米，人均教育经费支出440.08元，每万人拥有高等学校在校学生数205.88人。

现任领导：　市委书记：张立昌　　市长：戴相龙

2. 发展能力的资产负债分析

(1)城市实力指数：在总数21个源指标中，资产累计得分87.3，相对资产83.14%，资产质量系数为4.16，表明资产质量优良。同时，负债累计得分－19.80，相对负债－18.86%，负债质量系数为－0.94，表明负债质量优良。在该大项中，相对净资产为64.29%。

(2)城市竞争指数：在总数29个源指标中，资产累计得分120.0，相对资产82.76%，资产质量系数为4.14，表明资产质量优良。同时，负债累计得分－27.90，相对负债－19.24%，负债质量系数为－0.96，表明负债质量优良。在该大项中，相对净资产为63.52%。

(3)城市社会指数：在总数22个源指标中，资产累计得分86.6，相对资产78.73 %，资产质量系数为3.94，表明资产质量较好。同时，负债累计得分－25.60，相对负债－23.27%，负债质量系数为－1.16，表明负债质量较好。在该大项中，相对净资产为55.45%。

(4)城市管理指数：在总数14个源指标中，资产累计得分59.7，相对资产85.29%，资产质量系数为4.26，表明资产质量优良。同时，负债累计得分－11.70，相对负债－16.71%，负债质量系数为－0.84，表明负债质量优良。在该大项中，相对净资产为68.57%。

(5)城市可持续指数：在总数17个源指标中，资产累计得分64.6，相对资产76.00%，资产质量系数为3.80，表明资产质量较好。同时，负债累计得分－22.10，相对负债－26.00%，负债质量系数为－1.30，表明负债质量较好。在该大项中，相对净资产为50.00%。

总计上述五大项，在总数103个源指标中，总资产累计得分418.2，相对总资产81.20%，总资产质量系数为4.06，表明总资产质量优良。同时，总负债累计得分－107.10，相对总负债－20.80%，总负债质量系数为－1.04，表明总负债质量较好。该城市发展能力相对总净资产为60.41%。

表 21.2　天津市发展能力资产负债表

资产						五大指数	负债					
位次	指标数	占指标总数(%)	指标分值	相对资产(%)	资产质量系数		位次	指标数	占指标总数(%)	指标分值	相对负债(%)	负债质量系数
1—5	11	52.38	51.1	48.67		实力指数	1—5	11	52.38	−5.00	−4.76	
6—10	3	14.29	12.7	12.10			6—10	3	14.29	−2.60	−2.48	
11—15	4	19.05	14.8	14.10		资产:负债	11—15	4	19.05	−5.60	−5.33	
16—20	0	0.00	0.0	0.00		83.14　18.86	16—20	0	0.00	0.00	0.00	
21—25	3	14.29	8.7	8.29		净资产：64.29	21—25	3	14.29	−6.60	−6.29	
26—30	0	0.00	0.0	0.00			26—30	0	0.00	0.00	0.00	
31—35	0	0.00	0.0	0.00			31—35	0	0.00	0.00	0.00	
36—40	0	0.00	0.0	0.00			36—40	0	0.00	0.00	0.00	
41—45	0	0.00	0.0	0.00			41—45	0	0.00	0.00	0.00	
46—50	0	0.00	0.0	0.00			46—50	0	0.00	0.00	0.00	
合计	21	100.00	87.3	83.14	4.16	21	合计	21	100.00	−19.80	−18.86	−0.94
1—5	12	41.38	56.1	38.69		竞争指数	1—5	12	41.38	−5.10	−3.52	
6—10	5	17.24	21.7	14.97			6—10	5	17.24	−3.80	−2.62	
11—15	8	27.59	30.6	21.10		资产:负债	11—15	8	27.59	−10.20	−7.03	
16—20	0	0.00	0.0	0.00		82.76　19.24	16—20	0	0.00	0.00	0.00	
21—25	4	13.79	11.6	8.00		净资产：63.52	21—25	4	13.79	−8.80	−6.07	
26—30	0	0.00	0.0	0.00			26—30	0	0.00	0.00	0.00	
31—35	0	0.00	0.0	0.00			31—35	0	0.00	0.00	0.00	
36—40	0	0.00	0.0	0.00			36—40	0	0.00	0.00	0.00	
41—45	0	0.00	0.0	0.00			41—45	0	0.00	0.00	0.00	
46—50	0	0.00	0.0	0.00			46—50	0	0.00	0.00	0.00	
合计	29	100.00	120.0	82.76	4.14	29	合计	29	100.00	−27.90	−19.24	−0.96
1—5	7	31.82	32.4	29.45		社会指数	1—5	7	31.82	−3.30	−3.00	
6—10	7	31.82	30.5	27.73			6—10	7	31.82	−5.20	−4.73	
11—15	4	18.18	15.0	13.64		资产:负债	11—15	4	18.18	−5.40	−4.91	
16—20	2	9.09	6.7	6.09		78.73　23.27	16—20	2	9.09	−3.50	−3.18	
21—25	0	0.00	0.0	0.00		净资产：55.45	21—25	0	0.00	0.00	0.00	
26—30	0	0.00	0.0	0.00			26—30	0	0.00	0.00	0.00	
31—35	1	4.55	1.9	1.73			31—35	1	4.55	−3.20	−2.91	
36—40	0	0.00	0.0	0.00			36—40	0	0.00	0.00	0.00	
41—45	0	0.00	0.0	0.00			41—45	0	0.00	0.00	0.00	
46—50	1	4.55	0.1	0.09			46—50	1	4.55	−5.00	−4.55	
合计	22	100.00	86.6	78.73	3.94	22	合计	22	100.00	−25.60	−23.27	−1.16
1—5	6	42.86	27.8	39.71		管理指数	1—5	6	42.86	−2.80	−4.00	
6—10	4	28.57	16.9	24.14			6—10	4	28.57	−3.50	−5.00	
11—15	3	21.43	12.0	17.14		资产:负债	11—15	3	21.43	−3.30	−4.71	
16—20	0	0.00	0.0	0.00		85.29　16.71	16—20	0	0.00	0.00	0.00	
21—25	1	7.14	3.0	4.29		净资产：68.57	21—25	1	7.14	−2.10	−3.00	
26—30	0	0.00	0.0	0.00			26—30	0	0.00	0.00	0.00	
31—35	0	0.00	0.0	0.00			31—35	0	0.00	0.00	0.00	
36—40	0	0.00	0.0	0.00			36—40	0	0.00	0.00	0.00	
41—45	0	0.00	0.0	0.00			41—45	0	0.00	0.00	0.00	
46—50	0	0.00	0.0	0.00			46—50	0	0.00	0.00	0.00	
合计	14	100.00	59.7	85.29	4.26	14	合计	14	100.00	−11.70	−16.71	−0.84
1—5	6	35.29	27.7	32.59		可持续指数	1—5	6	35.29	−2.90	−3.41	
6—10	3	17.65	13.3	15.65			6—10	3	17.65	−2.00	−2.35	
11—15	4	23.53	15.5	18.24		资产:负债	11—15	4	23.53	−4.90	−5.76	
16—20	1	5.88	3.5	4.12		76.00　26.00	16—20	1	5.88	−1.60	−1.88	
21—25	0	0.00	0.0	0.00		净资产：50.00	21—25	0	0.00	0.00	0.00	
26—30	1	5.88	2.1	2.47			26—30	1	5.88	−3.00	−3.53	
31—35	0	0.00	0.0	0.00			31—35	0	0.00	0.00	0.00	
36—40	2	11.76	2.5	2.94			36—40	2	11.76	−7.70	−9.06	
41—45	0	0.00	0.0	0.00			41—45	0	0.00	0.00	0.00	
46—50	0	0.00	0.0	0.00			46—50	0	0.00	0.00	0.00	
合计	17	100.00	64.6	76.00	3.80	17	合计	17	100.00	−22.10	−26.00	−1.30
资产总指标数		占指标总数(%)	总资产分值	相对总资产(%)	总资产质量系数	相对总资产:相对总负债 81.20　−20.80	负债总指标数		占指标总数(%)	总负债分值	相对总负债(%)	总负债质量系数
103		100.00	418.2	81.20	4.06	相对净资产：60.41	103		100.00	−107.10	−20.80	−1.04

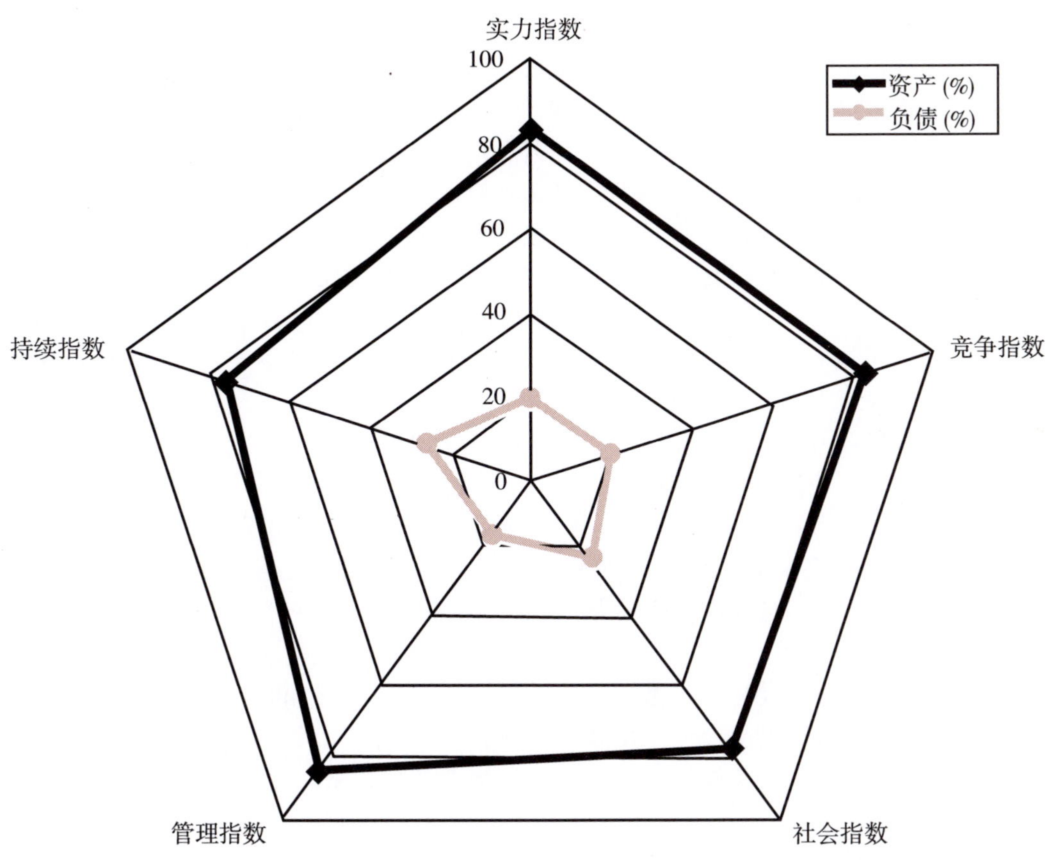

图 21.2　天津市发展能力资产负债图

三　石家庄市发展能力资产负债表分析

1. 一般概况

石家庄市总面积15848平方公里，市区面积456平方公里，建成区面积114平方公里。总人口895.94万人，市区总人口195.00万人，地区非农人口231.26万人。地区国内生产总值10854284万元，市区国内生产总值4628203万元，市区第三产业产值占GDP比重52.41%。市区实际利用外资总额12441万美元，市区固定资产投资总额1622339万元，市区房地产投资总额267982万元。地方财政预算内收入267217万元，地方财政预算内支出318142万元。城乡居民人均储蓄余额20223.86元，人均住房面积16.51平方米，人均园林绿地面积19.82平方米，人均生活用电量389.97千瓦小时，人均铺装道路面积8.36平方米，人均教育经费支出227.50元，每万人拥有高等学校在校学生数554.94人。

现任领导：　市委书记：吴振华　　市长：臧胜业

2. 发展能力的资产负债分析

(1)城市实力指数：在总数21个源指标中，资产累计得分55.0，相对资产52.38%，资产质量系数为2.62，表明资产质量一般。同时，负债累计得分－50.30，相对负债－47.90%，负债质量系数为－2.40，表明负债质量一般。在该大项中，相对净资产为4.48%。

(2)城市竞争指数：在总数29个源指标中，资产累计得分71.0，相对资产48.97%，资产质量系数为2.45，表明资产质量一般。同时，负债累计得分－76.90，相对负债－53.03%，负债质量系数为－2.65，表明负债质量一般。在该大项中，相对净资产为－4.07%。

(3)城市社会指数：在总数22个源指标中，资产累计得分60.8，相对资产55.27%，资产质量系数为2.76，表明资产质量一般。同时，负债累计得分－51.40，相对负债－46.73%，负债质量系数为－2.34，表明负债质量一般。在该大项中，相对净资产为8.55%。

(4)城市管理指数：在总数14个源指标中，资产累计得分41.0，相对资产58.57%，资产质量系数为2.93，表明资产质量一般。同时，负债累计得分－30.40，相对负债－43.43%，负债质量系数为－2.17，表明负债质量一般。在该大项中，相对净资产为15.14%。

(5)城市可持续指数：在总数17个源指标中，资产累计得分42.3，相对资产49.76%，资产质量系数为2.49，表明资产质量一般。同时，负债累计得分－44.40，相对负债－52.24%，负债质量系数为－2.61，表明负债质量一般。在该大项中，相对净资产为－2.47%。

总计上述五大项，在总数103个源指标中，总资产累计得分270.1，相对总资产52.45%，总资产质量系数为2.62，表明总资产质量一般。同时，总负债累计得分－253.40，相对总负债－49.20%，总负债质量系数为－2.46，表明总负债质量一般。该城市发展能力相对总净资产为3.24%。

表 21.3　石家庄市发展能力资产负债表

资　产						五大指数	负　债					
位次	指标数	占指标总数(%)	指标分值	相对资产(%)	资产质量系数		位次	指标数	占指标总数(%)	指标分值	相对负债(%)	负债质量系数
1—5	1	4.76	4.7	4.48		实力指数	1—5	1	4.76	－0.40	－0.38	
6—10	0	0.00	0.0	0.00			6—10	0	0.00	0.00	0.00	
11—15	3	14.29	11.0	10.48		资产:负债	11—15	3	14.29	－4.30	－4.10	
16—20	2	9.52	6.5	6.19		52.38　47.90	16—20	2	9.52	－1.90	－1.81	
21—25	6	28.57	16.9	16.10		净资产：　4.48	21—25	6	28.57	－13.70	－13.05	
26—30	6	28.57	14.0	13.33			26—30	6	28.57	－16.60	－15.81	
31—35	1	4.76	1.6	1.52			31—35	1	4.76	－3.50	－3.33	
36—40	0	0.00	0.0	0.00			36—40	0	0.00	0.00	0.00	
41—45	0	0.00	0.0	0.00			41—45	0	0.00	0.00	0.00	
46—50	2	9.52	0.3	0.29			46—50	2	9.52	－9.90	－9.43	
合计	21	100.00	55.0	52.38	2.62	21	合计	21	100.00	－50.30	－47.90	－2.40
1—5	0	0.00	0.0	0.00		竞争指数	1—5	0	0.00	0.00	0.00	
6—10	2	6.90	8.6	5.93			6—10	2	6.90	－1.60	－1.10	
11—15	2	6.90	7.4	5.10		资产:负债	11—15	2	6.90	－2.80	－1.93	
16—20	4	13.79	13.5	9.31		48.97　53.03	16—20	4	13.79	－6.90	－4.76	
21—25	5	17.24	14.0	9.66		净资产：　－4.07	21—25	5	17.24	－11.50	－7.93	
26—30	7	24.14	16.2	11.17			26—30	7	24.14	－19.50	－13.45	
31—35	3	10.34	5.7	3.93			31—35	3	10.34	－9.60	－6.62	
36—40	2	6.90	2.8	1.93			36—40	2	6.90	－7.40	－5.10	
41—45	3	10.34	2.5	1.72			41—45	3	10.34	－12.80	－8.83	
46—50	1	3.45	0.3	0.21			46—50	1	3.45	－4.80	－3.31	
合计	29	100.00	71.0	48.97	2.45	29	合计	29	100.00	－76.90	－53.03	－2.65
1—5	0	0.00	0.0	0.00		社会指数	1—5	0	0.00	0.00	0.00	
6—10	2	9.09	8.6	7.82			6—10	2	9.09	－1.60	－1.45	
11—15	2	9.09	7.6	6.91		资产:负债	11—15	2	9.09	－2.60	－2.36	
16—20	4	18.18	13.5	12.27		55.27　46.73	16—20	4	18.18	－6.90	－6.27	
21—25	5	22.73	13.8	12.55		净资产：　8.55	21—25	5	22.73	－11.70	－10.64	
26—30	5	22.73	12.1	11.00			26—30	5	22.73	－13.40	－12.18	
31—35	1	4.55	1.9	1.73			31—35	1	4.55	－3.20	－2.91	
36—40	2	9.09	2.3	2.09			36—40	2	9.09	－7.90	－7.18	
41—45	1	4.55	1.0	0.91			41—45	1	4.55	－4.10	－3.73	
46—50	0	0.00	0.0	0.00			46—50	0	0.00	0.00	0.00	
合计	22	100.00	60.8	55.27	2.76	22	合计	22	100.00	－51.40	－46.73	－2.34
1—5	1	7.14	4.7	6.71		管理指数	1—5	1	7.14	－0.40	－0.57	
6—10	1	7.14	4.3	6.14			6—10	1	7.14	－0.80	－1.14	
11—15	2	14.29	7.7	11.00		资产:负债	11—15	2	14.29	－2.50	－3.57	
16—20	1	7.14	3.5	5.00		58.57　43.43	16—20	1	7.14	－1.60	－2.29	
21—25	2	14.29	5.9	8.43		净资产：　15.14	21—25	2	14.29	－4.30	－6.14	
26—30	5	35.71	11.8	16.86			26—30	5	35.71	－13.70	－19.57	
31—35	1	7.14	2.0	2.86			31—35	1	7.14	－3.10	－4.43	
36—40	1	7.14	1.1	1.57			36—40	1	7.14	－4.00	－5.71	
41—45	0	0.00	0.0	0.00			41—45	0	0.00	0.00	0.00	
46—50	0	0.00	0.0	0.00			46—50	0	0.00	0.00	0.00	
合计	14	100.00	41.0	58.57	2.93	14	合计	14	100.00	－30.40	－43.43	－2.17
1—5	1	5.88	4.8	5.65		可持续指数	1—5	1	5.88	－0.30	－0.35	
6—10	0	0.00	0.0	0.00			6—10	0	0.00	0.00	0.00	
11—15	1	5.88	3.6	4.24		资产:负债	11—15	1	5.88	－1.50	－1.76	
16—20	1	5.88	3.2	3.76		49.76　52.24	16—20	1	5.88	－1.90	－2.24	
21—25	7	41.18	20.2	23.76		净资产：　－2.47	21—25	7	41.18	－15.50	－18.24	
26—30	3	17.65	6.9	8.12			26—30	3	17.65	－8.40	－9.88	
31—35	1	5.88	1.7	2.00			31—35	1	5.88	－3.40	－4.00	
36—40	1	5.88	1.4	1.65			36—40	1	5.88	－3.70	－4.35	
41—45	0	0.00	0.0	0.00			41—45	0	0.00	0.00	0.00	
46—50	2	11.76	0.5	0.59			46—50	2	11.76	－9.70	－11.41	
合计	17	100.00	42.3	49.76	2.49	17	合计	17	100.00	－44.40	－52.24	－2.61
资产总指标数		占指标总数(%)	总资产分值	相对总资产(%)	总资产质量系数	相对总资产:相对总负债 52.45　－49.20	负债总指标数		占指标总数(%)	总负债分值	相对总负债(%)	总负债质量系数
103		100.00	270.1	52.45	2.62	相对净资产：　3.24	103		100.00	－253.40	－49.20	－2.46

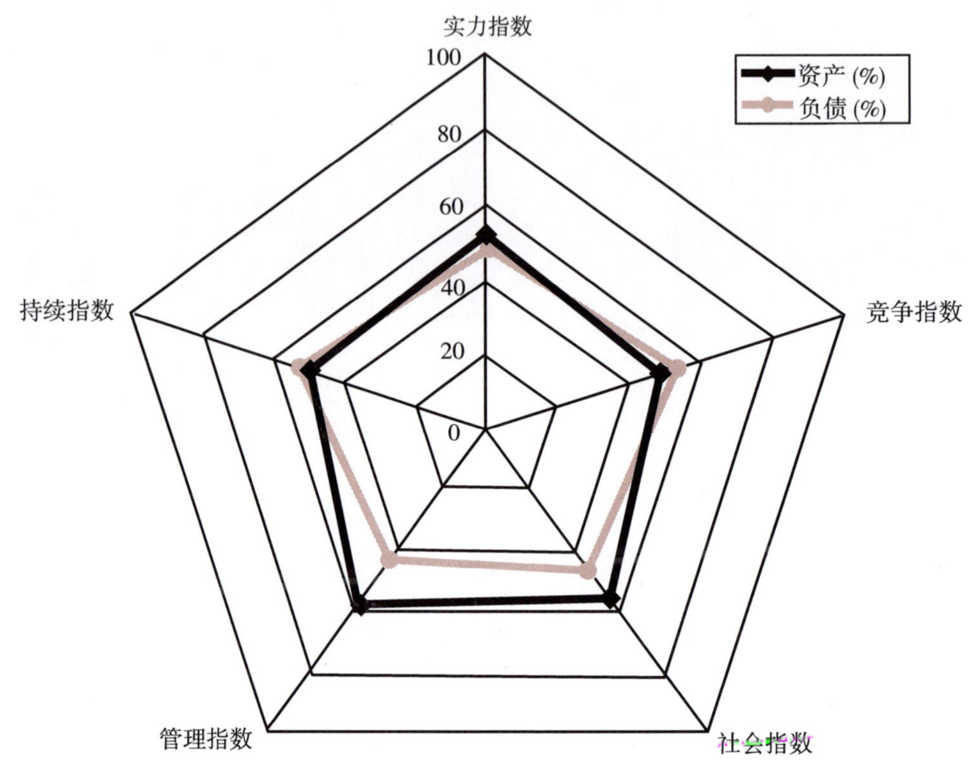

图 21.3　石家庄市发展能力资产负债图

四　唐山市发展能力资产负债表分析

1. 一般概况

唐山市总面积 13472 平方公里，市区面积 1090 平方公里，建成区面积 122 平方公里。总人口 700.15 万人，市区总人口 168.82 万人，地区非农人口 193.89 万人。地区国内生产总值 10064571 万元，市区国内生产总值 3268325 万元，市区第三产业产值占 GDP 比重 32.44%。市区实际利用外资总额 7579 万美元，市区固定资产投资总额 448963 万元，市区房地产投资总额 92605 万元。地方财政预算内收入 190449 万元，地方财政预算内支出 256213 万元。城乡居民人均储蓄余额 14547.18 元，人均住房面积 15.13 平方米，人均园林绿地面积 24.25 平方米，人均生活用电量 221.4 千瓦小时，人均铺装道路面积 8.12 平方米，人均教育经费支出 164.16 元，每万人拥有高等学校在校学生数 184.27 人。

现任领导：　市委书记：张和　　市长：张耀华

2. 发展能力的资产负债分析

(1) 城市实力指数：在总数 21 个源指标中，资产累计得分 34.8，相对资产 33.14%，资产质量系数为 1.66，表明资产质量较差。同时，负债累计得分－72.30，相对负债－68.86%，负债质量系数为－3.44，表明负债质量较差。在该大项中，相对净资产为－35.71%。

(2) 城市竞争指数：在总数 29 个源指标中，资产累计得分 46.6，相对资产 32.14%，资产质量系数为 1.61，表明资产质量较差。同时，负债累计得分－101.30，相对负债－69.86%，负债质量系数为－3.49，表明负债质量较差。在该大项中，相对净资产为－37.72%。

(3) 城市社会指数：在总数 22 个源指标中，资产累计得分 30.9，相对资产 28.09%，资产质量系数为 1.40，表明资产质量较差。同时，负债累计得分－81.30，相对负债－73.91%，负债质量系数为－3.70，表明负债质量较差。在该大项中，相对净资产为－45.82%。

(4) 城市管理指数：在总数 14 个源指标中，资产累计得分 23.2，相对资产 33.14%，资产质量系数为 1.66，表明资产质量较差。同时，负债累计得分－48.20，相对负债－68.86%，负债质量系数为－3.44，表明负债质量较差。在该大项中，相对净资产为－35.71%。

(5) 城市可持续指数：在总数 17 个源指标中，资产累计得分 28.6，相对资产 33.65%，资产质量系数为 1.68，表明资产质量较差。同时，负债累计得分－58.10，相对负债－68.35%，负债质量系数为－3.42，表明负债质量较差。在该大项中，相对净资产为－34.71%。

总计上述五大项，在总数 103 个源指标中，总资产累计得分 164.1，相对总资产 31.86%，总资产质量系数为 1.59，表明总资产质量较差。同时，总负债累计得分－361.20，相对总负债－70.14%，总负债质量系数为－3.51，表明总负债质量较差。该城市发展能力相对总净资产为－38.27%。

表 21.4　唐山市发展能力资产负债表

资　产						五大指数	负　债					
位次	指标数	占指标总数(%)	指标分值	相对资产(%)	资产质量系数		位次	指标数	占指标总数(%)	指标分值	相对负债(%)	负债质量系数
1—5	0	0.00	0.0	0.00		实力指数	1—5	0	0.00	0.00	0.00	
6—10	0	0.00	0.0	0.00			6—10	0	0.00	0.00	0.00	
11—15	1	4.76	3.6	3.43		资产:负债	11—15	1	4.76	－1.50	－1.43	
16—20	1	4.76	3.2	3.05		33.14　68.86	16—20	1	4.76	－1.90	－1.81	
21—25	0	0.00	0.0	0.00		净资产：－35.71	21—25	0	0.00	0.00	0.00	
26—30	2	9.52	4.7	4.48			26—30	2	9.52	－5.50	－5.24	
31—35	7	33.33	13.1	12.48			31—35	7	33.33	－22.60	－21.52	
36—40	6	28.57	7.6	7.24			36—40	6	28.57	－23.00	－21.90	
41—45	2	9.52	1.6	1.52			41—45	2	9.52	－8.60	－8.19	
46—50	2	9.52	1.0	0.95			46—50	2	9.52	－9.20	－8.76	
合计	21	100.00	34.8	33.14	1.66	21	合计	21	100.00	－72.30	－68.86	－3.44
1—5	2	6.90	9.6	6.62		竞争指数	1—5	2	6.90	－0.60	－0.41	
6—10	0	0.00	0.0	0.00			6—10	0	0.00	0.00	0.00	
11—15	1	3.45	4.0	2.76		资产:负债	11—15	1	3.45	－1.10	－0.76	
16—20	0	0.00	0.0	0.00		32.14　69.86	16—20	0	0.00	0.00	0.00	
21—25	1	3.45	2.7	1.86		净资产：－37.72	21—25	1	3.45	－2.40	－1.66	
26—30	0	0.00	0.0	0.00			26—30	0	0.00	0.00	0.00	
31—35	5	17.24	9.0	6.21			31—35	5	17.24	－16.50	－11.38	
36—40	11	37.93	14.5	10.00			36—40	11	37.93	－41.60	－28.69	
41—45	8	27.59	6.5	4.48			41—45	8	27.59	－34.30	－23.66	
46—50	1	3.45	0.3	0.21			46—50	1	3.45	－4.80	－3.31	
合计	29	100.00	46.6	32.14	1.61	29	合计	29	100.00	－101.30	－69.86	－3.49
1—5	0	0.00	0.0	0.00		社会指数	1—5	0	0.00	0.00	0.00	
6—10	0	0.00	0.0	0.00			6—10	0	0.00	0.00	0.00	
11—15	0	0.00	0.0	0.00		资产:负债	11—15	0	0.00	0.00	0.00	
16—20	1	4.55	3.1	2.82		28.09　73.91	16—20	1	4.55	－2.00	－1.82	
21—25	0	0.00	0.0	0.00		净资产：－45.82	21—25	0	0.00	0.00	0.00	
26—30	2	9.09	4.8	4.36			26—30	2	9.09	－5.40	－4.91	
31—35	6	27.27	10.5	9.55			31—35	6	27.27	－20.10	－18.27	
36—40	7	31.82	8.7	7.91			36—40	7	31.82	－27.00	－24.55	
41—45	4	18.18	2.0	2.55			41—45	4	18.18	－17.60	－16.00	
46—50	2	9.09	1.0	0.91			46—50	2	9.09	－9.20	－8.36	
合计	22	100.00	30.9	28.09	1.40	22	合计	22	100.00	－81.30	－73.91	－3.70
1—5	1	7.14	4.7	6.71		管理指数	1—5	1	7.14	－0.40	－0.57	
6—10	0	0.00	0.0	0.00			610	0	0.00	0.00	0.00	
11—15	0	0.00	0.0	0.00		资产:负债	11—15	0	0.00	0.00	0.00	
16—20	1	7.14	3.1	4.43		33.14　68.86	16—20	1	7.14	－2.00	－2.86	
21—25	0	0.00	0.0	0.00		净资产：－35.71	21—25	0	0.00	0.00	0.00	
26—30	1	7.14	2.4	3.43			26—30	1	7.14	－2.70	－3.86	
31—35	3	21.43	5.7	8.14			31—35	3	21.43	－9.60	－13.71	
36—40	3	21.43	3.7	5.29			36—40	3	21.43	－11.60	－16.57	
41—45	5	35.71	3.6	5.14			41—45	5	35.71	－21.90	－31.29	
46—50	0	0.00	0.0	0.00			46—50	0	0.00	0.00	0.00	
合计	14	100.00	23.2	33.14	1.66	14	合计	14	100.00	－48.20	－68.86	－3.44
1—5	0	0.00	0.0	0.00		可持续指数	1—5	0	0.00	0.00	0.00	
6—10	0	0.00	0.0	0.00			6—10	0	0.00	0.00	0.00	
11—15	0	0.00	0.0	0.00		资产:负债	11—15	0	0.00	0.00	0.00	
16—20	0	0.00	0.0	0.00		33.65　68.35	16—20	0	0.00	0.00	0.00	
21—25	2	11.76	5.6	6.59		净资产：－34.71	21—25	2	11.76	－4.60	－5.41	
26—30	3	17.65	7.2	8.47			26—30	3	17.65	－8.10	－9.53	
31—35	5	29.41	9.1	10.71			31—35	5	29.41	－16.40	－19.29	
36—40	4	23.53	5.5	6.47			36—40	4	23.53	－14.90	－17.53	
41—45	1	5.88	0.9	1.06			41—45	1	5.88	－4.20	－4.94	
46—50	2	11.76	0.3	0.35			46—50	2	11.76	－9.90	－11.65	
合计	17	100.00	28.6	33.65	1.68	17	合计	17	100.00	－58.10	－68.35	－3.42
资产总指标数		占指标总数(%)	总资产分值	相对总资产(%)	总资产质量系数	相对总资产:相对总负债 31.86　－70.14	负债总指标数		占指标总数(%)	总负债分值	相对总负债(%)	总负债质量系数
103		100.00	164.1	31.86	1.59	相对净资产：－38.27	103		100.00	－361.20	－70.14	－3.51

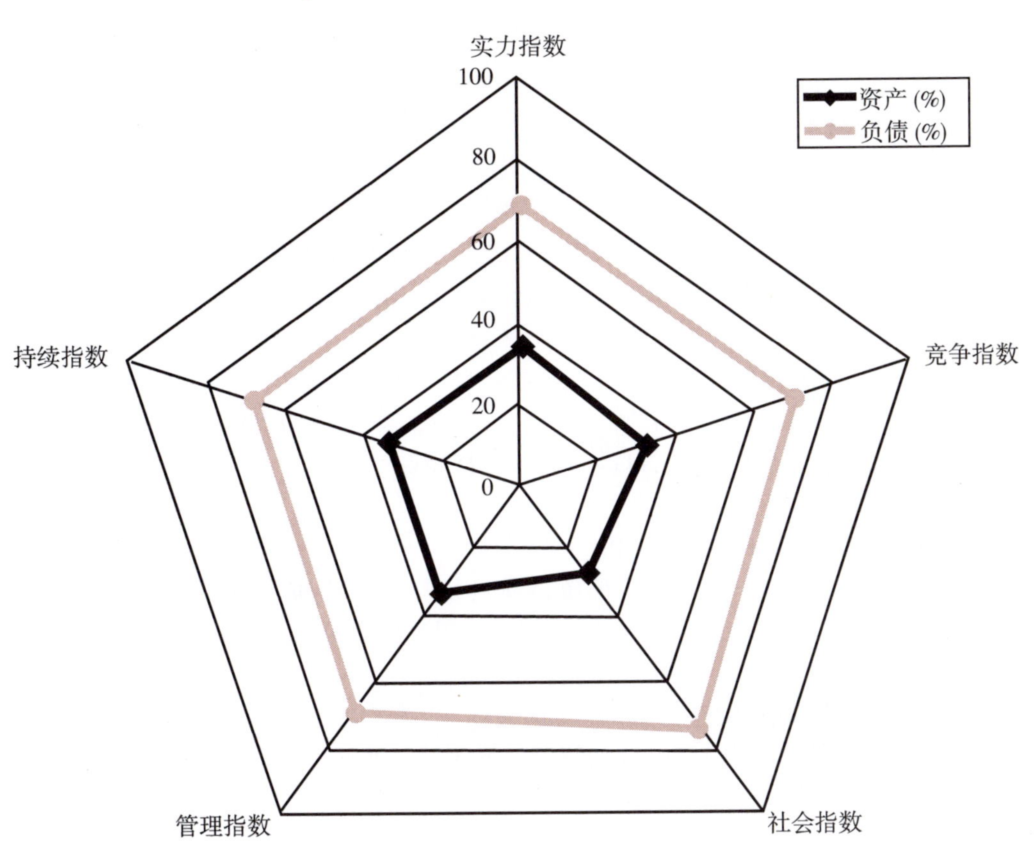

图 21.4　唐山市发展能力资产负债图

五　秦皇岛市发展能力资产负债表分析

1. 一般概况

秦皇岛市总面积7812平方公里，市区面积363平方公里，建成区面积74平方公里。总人口268.2万人，市区总人口69.97万人，地区非农人口78.05万人。地区国内生产总值3073141万元，市区国内生产总值1809397万元，市区第三产业产值占GDP比重61.52%。市区实际利用外资总额6342万美元，市区固定资产投资总额387666万元，市区房地产投资总额179182万元。地方财政预算内收入112256万元，地方财政预算内支出157829万元。城乡居民人均储蓄余额21899.96元，人均住房面积16.12平方米，人均园林绿地面积43.93平方米，人均生活用电量231.42千瓦小时，人均铺装道路面积14.35平方米，人均教育经费支出305.37元，每万人拥有高等学校在校学生数582.69人。

现任领导：　市委书记：宋长瑞　　市长：营瑞亭

2. 发展能力的资产负债分析

(1)城市实力指数：在总数21个源指标中，资产累计得分30.8，相对资产29.33%，资产质量系数为1.47，表明资产质量较差。同时，负债累计得分－76.30，相对负债－72.67%，负债质量系数为－3.63，表明负债质量较差。在该大项中，相对净资产为－43.33%。

(2)城市竞争指数：在总数29个源指标中，资产累计得分55.2，相对资产38.07%，资产质量系数为1.90，表明资产质量较差。同时，负债累计得分－92.70，相对负债－63.93%，负债质量系数为－3.20，表明负债质量较差。在该大项中，相对净资产为－25.86%。

(3)城市社会指数：在总数22个源指标中，资产累计得分38.2，相对资产34.73%，资产质量系数为1.74，表明资产质量较差。同时，负债累计得分－74.00，相对负债－67.27%，负债质量系数为－3.36，表明负债质量较差。在该大项中，相对净资产为－32.55%。

(4)城市管理指数：在总数14个源指标中，资产累计得分23.9，相对资产34.14%，资产质量系数为1.71，表明资产质量较差。同时，负债累计得分－47.50，相对负债－67.86%，负债质量系数为－3.39，表明负债质量较差。在该大项中，相对净资产为－33.71%。

(5)城市可持续指数：在总数17个源指标中，资产累计得分34.8，相对资产40.94%，资产质量系数为2.05，表明资产质量一般。同时，负债累计得分－51.90，相对负债－61.06%，负债质量系数为－3.05，表明负债质量较差。在该大项中，相对净资产为－20.12%。

总计上述五大项，在总数103个源指标中，总资产累计得分182.9，相对总资产35.51%，总资产质量系数为1.78，表明总资产质量较差。同时，总负债累计得分－342.40，相对总负债－66.49%，总负债质量系数为－3.32，表明总负债质量较差。该城市发展能力相对总净资产为－30.97%。

表 21.5　秦皇岛市发展能力资产负债表

资　产						五大指数		负　债					
位次	指标数	占指标总数(%)	指标分值	相对资产(%)	资产质量系数			位次	指标数	占指标总数(%)	指标分值	相对负债(%)	负债质量系数
1－5	0	0.00	0.0	0.00		实力指数		1－5	0	0.00	0.00	0.00	
6－10	1	4.76	4.1	3.90				6－10	1	4.76	-1.00	-0.95	
11－15	0	0.00	0.0	0.00		资产:负债		11－15	0	0.00	0.00	0.00	
16－20	0	0.00	0.0	0.00		29.33	72.67	16－20	0	0.00	0.00	0.00	
21－25	2	9.52	5.2	4.95		净资产：-43.33		21－25	2	9.52	-5.00	-4.76	
26－30	2	9.52	4.5	4.29				26－30	2	9.52	-5.70	-5.43	
31－35	4	19.05	6.8	6.48				31－35	4	19.05	-13.60	-12.95	
36－40	5	23.81	6.1	5.81				36－40	5	23.81	-19.40	-18.48	
41－45	3	14.29	2.5	2.38				41－45	3	14.29	-12.80	-12.19	
46－50	4	19.05	1.6	1.52				46－50	4	19.05	-18.80	-17.90	
合计	21	100.00	30.8	29.33	1.47	21		合计	21	100.00	-76.30	-72.67	-3.63
1－5	1	3.45	4.6	3.17		竞争指数		1－5	1	3.45	-0.50	-0.34	
6－10	1	3.45	4.2	2.90				6－10	1	3.45	-0.90	-0.62	
11－15	0	0.00	0.0	0.00		资产:负债		11－15	0	0.00	0.00	0.00	
16－20	3	10.34	9.9	6.83		38.07	63.93	16－20	3	10.34	-5.40	-3.72	
21－25	2	6.90	5.7	3.93		净资产：-25.86		21－25	2	6.90	-4.50	-3.10	
26－30	4	13.79	9.3	6.41				26－30	4	13.79	-11.10	-7.66	
31－35	5	17.24	8.9	6.14				31－35	5	17.24	-16.60	-11.45	
36－40	5	17.24	6.9	4.76				36－40	5	17.24	-18.60	-12.83	
41－45	7	24.14	5.2	3.59				41－45	7	24.14	-30.50	-21.03	
46－50	1	3.45	0.5	0.34				46－50	1	3.45	-4.60	-3.17	
合计	29	100.00	55.2	38.07	1.90	29		合计	29	100.00	-92.70	-63.93	-3.20
1－5	0	0.00	0.0	0.00		社会指数		1－5	0	0.00	0.00	0.00	
6－10	0	0.00	0.0	0.00				6－10	0	0.00	0.00	0.00	
11－15	0	0.00	0.0	0.00		资产:负债		11－15	0	0.00	0.00	0.00	
16－20	0	0.00	0.0	0.00		34.73	67.27	16－20	0	0.00	0.00	0.00	
21－25	2	13.64	8.0	7.27		净资产：-32.55		21－25	3	13.64	-7.30	-6.64	
26－30	5	22.73	11.7	10.64				26－30	5	22.73	-13.80	-12.55	
31－35	6	27.27	11.1	10.09				31－35	6	27.27	-19.50	-17.73	
36－40	2	9.09	2.9	2.64				36－40	2	9.09	-7.30	-6.64	
41－45	6	27.27	4.5	4.09				41－45	6	27.27	-26.10	-23.73	
46－50	0	0.00	0.0	0.00				46－50	0	0.00	0.00	0.00	
合计	22	100.00	38.2	34.73	1.74	22		合计	22	100.00	-74.00	-67.27	-3.36
1－5	0	0.00	0.0	0.00		管理指数		1－5	0	0.00	0.00	0.00	
6－10	0	0.00	0.0	0.00				6－10	0	0.00	0.00	0.00	
11－15	0	0.00	0.0	0.00		资产:负债		11－15	0	0.00	0.00	0.00	
16－20	2	14.29	6.8	9.71		34.14	67.86	16－20	2	14.29	-3.40	-4.86	
21－25	1	7.14	2.6	3.71		净资产：-33.71		21－25	1	7.14	-2.50	-3.57	
26－30	1	7.14	2.4	3.43				26－30	1	7.14	-2.70	-3.86	
31－35	3	21.43	5.5	7.86				31－35	3	21.43	-9.80	-14.00	
36－40	3	21.43	3.6	5.14				36－40	3	21.43	-11.70	-16.71	
41－45	3	21.43	2.8	4.00				41－45	3	21.43	-12.50	-17.86	
46－50	1	7.14	0.2	0.29				46－50	1	7.14	-4.90	-7.00	
合计	14	100.00	23.9	34.14	1.71	14		合计	14	100.00	-47.50	-67.86	-3.39
1－5	0	0.00	0.0	0.00		可持续指数		1－5	0	0.00	0.00	0.00	
6－10	2	11.76	8.4	9.88				6－10	2	11.76	-1.80	-2.12	
11－15	1	5.88	3.9	4.59		资产:负债		11－15	1	5.88	-1.20	-1.41	
16－20	1	5.88	3.4	4.00		40.94	61.06	16－20	1	5.88	-1.70	-2.00	
21－25	1	5.88	2.7	3.18		净资产：-20.12		21－25	1	5.88	-2.40	-2.82	
26－30	4	23.53	8.9	10.47				26－30	4	23.53	-11.50	-13.53	
31－35	0	0.00	0.0	0.00				31－35	0	0.00	0.00	0.00	
36－40	4	23.53	5.8	6.82				36－40	4	23.53	-14.60	-17.18	
41－45	2	11.76	1.3	1.53				41－45	2	11.76	-8.90	-10.47	
46－50	2	11.76	0.4	0.47				46－50	2	11.76	-9.80	-11.53	
合计	17	100.00	34.8	40.94	2.05	17		合计	17	100.00	-51.90	-61.06	-3.05
资产总指标数		占指标总数(%)	总资产分值	相对总资产(%)	总资产质量系数	相对总资产:相对总负债		负债总指标数		占指标总数(%)	总负债分值	相对总负债(%)	总负债质量系数
						35.51	-66.49						
103		100.00	182.9	35.51	1.78	相对净资产：-30.97		103		100.00	-342.40	-66.49	-3.32

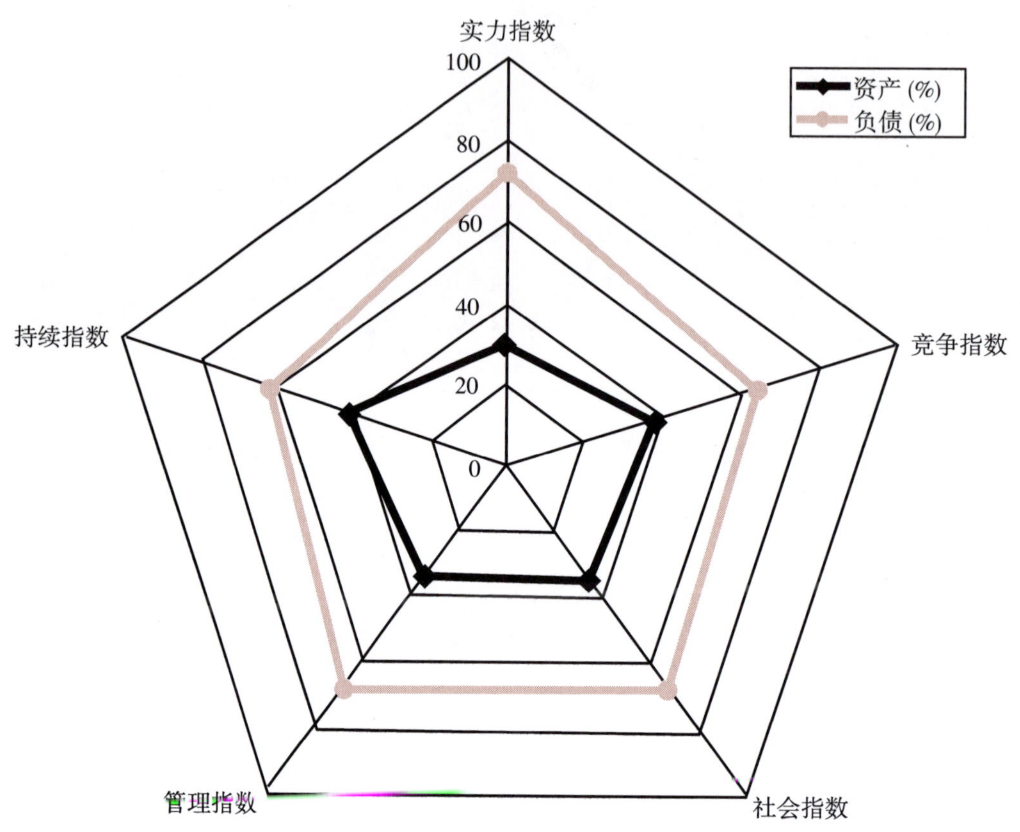

图 21.5　秦皇岛市发展能力资产负债图

六 太原市发展能力资产负债表分析

1. 一般概况

太原市总面积6988平方公里，市区面积1460平方公里，建成区面积177平方公里。总人口315.31万人，市区总人口239.20万人，地区非农人口209.89万人。地区国内生产总值3863400万元，市区国内生产总值3288710万元，市区第三产业产值占GDP比重49.82%。市区实际利用外资总额6920万美元，市区固定资产投资总额1116902万元，市区房地产投资总额207571万元。地方财政预算内收入191258万元，地方财政预算内支出254525万元。城乡居民人均储蓄余额17610.71元，人均住房面积14.99平方米，人均园林绿地面积18.45平方米，人均生活用电量254.8千瓦小时，人均铺装道路面积6.34平方米，人均教育经费支出144.62元，每万人拥有高等学校在校学生数423.2人。

现任领导： 市委书记：云公民　　市长：李荣怀

2. 发展能力的资产负债分析

(1)城市实力指数：在总数21个源指标中，资产累计得分42.7，相对资产40.67%，资产质量系数为2.03，表明资产质量一般。同时，负债累计得分-64.40，相对负债-61.33%，负债质量系数为-3.07，表明负债质量较差。在该大项中，相对净资产为-20.67%。

(2)城市竞争指数：在总数29个源指标中，资产累计得分77.5，相对资产53.45%，资产质量系数为2.67，表明资产质量一般。同时，负债累计得分-70.40，相对负债-48.55%，负债质量系数为-2.43，表明负债质量一般。在该大项中，相对净资产为4.90%。

(3)城市社会指数：在总数22个源指标中，资产累计得分49.7，相对资产45.18%，资产质量系数为2.26，表明资产质量一般。同时，负债累计得分-62.50，相对负债-56.82%，负债质量系数为-2.84，表明负债质量一般。在该大项中，相对净资产为-11.64%。

(4)城市管理指数：在总数14个源指标中，资产累计得分28.1，相对资产40.14%，资产质量系数为2.01，表明资产质量一般。同时，负债累计得分-43.30，相对负债-61.86%，负债质量系数为-3.09，表明负债质量较差。在该大项中，相对净资产为-21.71%。

(5)城市可持续指数：在总数17个源指标中，资产累计得分36.3，相对资产42.71%，资产质量系数为2.14，表明资产质量一般。同时，负债累计得分-50.40，相对负债-59.29%，负债质量系数为-2.96，表明负债质量一般。在该大项中，相对净资产为-16.59%。

总计上述五大项，在总数103个源指标中，总资产累计得分234.3，相对总资产45.50%，总资产质量系数为2.27，表明总资产质量一般。同时，总负债累计得分-291.00，相对总负债-56.50%，总负债质量系数为-2.83，表明总负债质量一般。该城市发展能力相对总净资产为-11.01%。

表 21.6　太原市发展能力资产负债表

资产						五大指数	负债					
位次	指标数	占指标总数(%)	指标分值	相对资产(%)	资产质量系数		位次	指标数	占指标总数(%)	指标分值	相对负债(%)	负债质量系数
1—5	0	0.00	0.0	0.00		实力指数	1—5	0	0.00	0.00	0.00	
6—10	0	0.00	0.0	0.00			6—10	0	0.00	0.00	0.00	
11—15	1	4.76	3.7	3.52		资产:负债	11—15	1	4.76	−1.40	−1.33	
16—20	2	9.52	6.6	6.29		40.67　61.33	16—20	2	9.52	−3.60	−3.43	
21—25	2	9.52	5.3	5.05		净资产：−20.67	21—25	2	9.52	−4.90	−4.67	
26—30	6	28.57	13.3	12.67			26—30	6	28.57	−17.30	−16.48	
31—35	6	28.57	11.0	10.48			31—35	6	28.57	−19.60	−18.67	
36—40	0	0.00	0.0	0.00			36—40	0	0.00	0.00	0.00	
41—45	3	14.29	2.5	2.38			41—45	3	14.29	−12.80	−12.19	
46—50	1	4.76	0.3	0.29			46—50	1	4.76	−4.80	−4.57	
合计	21	100.00	42.7	40.67	2.03	21	合计	21	100.00	−64.40	−61.33	−3.07
1—5	2	6.90	9.5	6.55		竞争指数	1—5	2	6.90	−0.70	−0.48	
6—10	2	6.90	8.6	5.93			6—10	2	6.90	−1.60	−1.10	
11—15	3	10.34	11.2	7.72		资产:负债	11—15	3	10.34	−4.10	−2.83	
16—20	4	13.79	13.0	8.97		53.45　48.55	16—20	4	13.79	−7.40	−5.10	
21—25	4	13.79	11.6	8.00		净资产：　4.90	21—25	4	13.79	−8.80	−6.07	
26—30	6	20.69	14.7	10.14			26—30	6	20.69	−15.90	−10.97	
31—35	3	10.34	5.3	3.66			31—35	3	10.34	−10.00	−6.90	
36—40	1	3.45	1.4	0.97			36—40	1	3.45	−3.70	−2.55	
41—45	3	10.34	2.0	1.38			41—45	3	10.34	−13.30	−9.17	
46—50	1	3.45	0.2	0.14			46—50	1	3.45	−4.90	−3.38	
合计	29	100.00	77.5	53.45	2.67	29	合计	29	100.00	−70.40	−48.55	−2.43
1—5	0	0.00	0.0	0.00		社会指数	1—5	0	0.00	0.00	0.00	
6—10	0	0.00	0.0	0.00			6—10	0	0.00	0.00	0.00	
11—15	4	18.18	15.2	13.82		资产:负债	11—15	4	18.18	−5.20	−4.73	
16—20	3	13.64	9.7	8.82		45.18　56.82	16—20	3	13.64	−5.60	−5.09	
21—25	1	4.55	2.7	2.45		净资产：−11.64	21—25	1	4.55	−2.40	−2.18	
26—30	4	18.18	9.4	8.55			26—30	4	18.18	−11.00	−10.00	
31—35	5	22.73	8.6	7.82			31—35	5	22.73	−16.90	−15.36	
36—40	2	9.09	2.5	2.27			36—40	2	9.09	−7.70	−7.00	
41—45	1	4.55	0.8	0.73			41—45	1	4.55	−4.30	−3.91	
46—50	2	9.09	0.8	0.73			46—50	2	9.09	−9.40	−8.55	
合计	22	100.00	49.7	45.18	2.26	22	合计	22	100.00	−62.50	−56.82	−2.84
1—5	0	0.00	0.0	0.00		管理指数	1—5	0	0.00	0.00	0.00	
6—10	0	0.00	0.0	0.00			6—10	0	0.00	0.00	0.00	
11—15	0	0.00	0.0	0.00		资产:负债	11—15	0	0.00	0.00	0.00	
16—20	2	14.29	6.9	9.86		40.14　61.86	16—20	2	14.29	−3.30	−4.71	
21—25	0	0.00	0.0	0.00		净资产：−21.71	21—25	0	0.00	0.00	0.00	
26—30	6	42.86	13.8	19.71			26—30	6	42.86	−16.80	−24.00	
31—35	2	14.29	3.6	5.14			31—35	2	14.29	−6.60	−9.43	
36—40	2	14.29	2.6	3.71			36—40	2	14.29	−7.60	−10.86	
41—45	1	7.14	1.0	1.43			41—45	1	7.14	−4.10	−5.86	
46—50	1	7.14	0.2	0.29			46—50	1	7.14	−4.90	−7.00	
合计	14	100.00	28.1	40.14	2.01	14	合计	14	100.00	−43.30	−61.86	−3.09
1—5	0	0.00	0.0	0.00		可持续指数	1—5	0	0.00	0.00	0.00	
6—10	0	0.00	0.0	0.00			6—10	0	0.00	0.00	0.00	
11—15	2	11.76	8.0	9.41		资产:负债	11—15	2	11.76	−2.20	−2.59	
16—20	0	0.00	0.0	0.00		42.71　59.29	16—20	0	0.00	0.00	0.00	
21—25	4	23.53	11.3	13.29		净资产：−16.59	21—25	4	23.53	−9.10	−10.71	
26—30	2	11.76	4.8	5.65			26—30	2	11.76	−5.40	−6.35	
31—35	3	17.65	5.6	6.59			31—35	3	17.65	−9.70	−11.41	
36—40	3	17.65	3.8	4.47			36—40	3	17.65	−11.50	−13.53	
41—45	3	17.65	2.8	3.29			41—45	3	17.65	−12.50	−14.71	
46—50	0	0.00	0.0	0.00			46—50	0	0.00	0.00	0.00	
合计	17	100.00	36.3	42.71	2.14	17	合计	17	100.00	−50.40	−59.29	−2.96
资产总指标数	占指标总数(%)	总资产分值	相对总资产(%)	总资产质量系数		相对总资产:相对总负债 45.50　−56.50	负债总指标数	占指标总数(%)	总负债分值	相对总负债(%)	总负债质量系数	
103	100.00	234.3	45.50	2.27		相对净资产：−11.01	103	100.00	−291.00	−56.50	−2.83	

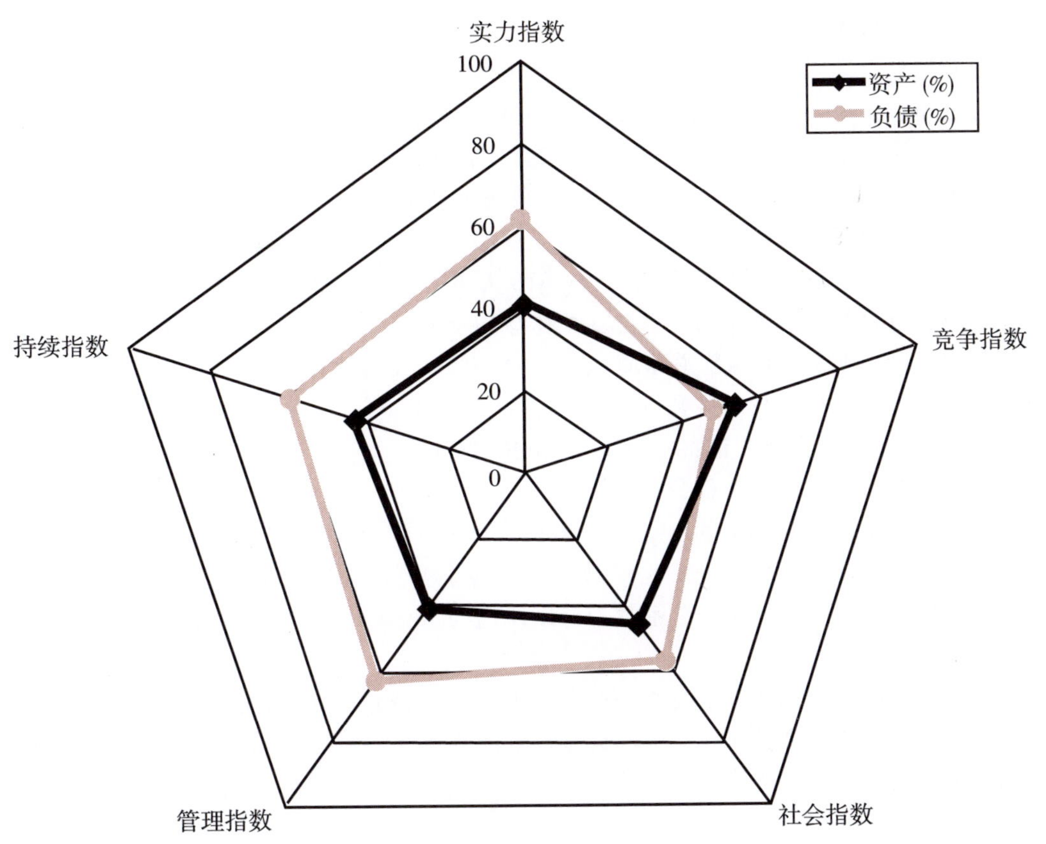

图 21.6　太原市发展能力资产负债图

七　呼和浩特市发展能力资产负债表分析

1.一般概况

呼和浩特市总面积17224平方公里，市区面积2054平方公里，建成区面积120平方公里。总人口211.83万人，市区总人口108.38万人，地区非农人口95.92万人。地区国内生产总值2111188万元，市区国内生产总值1474597万元，市区第三产业产值占GDP比重51.98%。市区实际利用外资总额3600万美元，市区固定资产投资总额694792万元，市区房地产投资总额152881万元。地方财政预算内收入115899万元，地方财政预算内支出231618万元。城乡居民人均储蓄余额14410.8元，人均住房面积14.6平方米，人均园林绿地面积23.38平方米，人均生活用电量256.84千瓦小时，人均铺装道路面积5.34平方米，人均教育经费支出206.08元，每万人拥有高等学校在校学生数517.13人。

现任领导：　市委书记：牛玉儒　　市长：柳秀

2.发展能力的资产负债分析

(1)城市实力指数：在总数21个源指标中，资产累计得分20.3，相对资产19.33%，资产质量系数为0.97，表明资产质量很差。同时，负债累计得分－86.80，相对负债－82.67%，负债质量系数为－4.13，表明负债质量很差。在该大项中，相对净资产为－63.33%。

(2)城市竞争指数：在总数29个源指标中，资产累计得分39.8，相对资产27.45%，资产质量系数为1.37，表明资产质量较差。同时，负债累计得分－108.10，相对负债－74.55%，负债质量系数为－3.73，表明负债质量较差。在该大项中，相对净资产为－47.10%。

(3)城市社会指数：在总数22个源指标中，资产累计得分26.2，相对资产23.82%，资产质量系数为1.19，表明资产质量较差。同时，负债累计得分－86.00，相对负债－78.18%，负债质量系数为－3.91，表明负债质量较差。在该大项中，相对净资产为－54.36%。

(4)城市管理指数：在总数14个源指标中，资产累计得分17.1，相对资产24.43%，资产质量系数为1.22，表明资产质量较差。同时，负债累计得分－54.30，相对负债－77.57%，负债质量系数为－3.88，表明负债质量较差。在该大项中，相对净资产为－53.14%。

(5)城市可持续指数：在总数17个源指标中，资产累计得分20.9，相对资产24.59%，资产质量系数为1.23，表明资产质量较差。同时，负债累计得分－65.80，相对负债－77.41%，负债质量系数为－3.87，表明负债质量较差。在该大项中，相对净资产为－52.82%。

总计上述五大项，在总数103个源指标中，总资产累计得分124.3，相对总资产24.14%，总资产质量系数为1.21，表明总资产质量较差。同时，总负债累计得分－401.00，相对总负债－77.86%，总负债质量系数为－3.89，表明总负债质量较差。该城市发展能力相对总净资产为－53.73%。

表 21.7　呼和浩特市发展能力资产负债表

资产						五大指数	负债					
位次	指标数	占指标总数(%)	指标分值	相对资产(%)	资产质量系数		位次	指标数	占指标总数(%)	指标分值	相对负债(%)	负债质量系数
1-5	0	0.00	0.0	0.00		实力指数	1-5	0	0.00	0.00	0.00	
6-10	0	0.00	0.0	0.00			6-10	0	0.00	0.00	0.00	
11-15	0	0.00	0.0	0.00		资产:负债	11-15	0	0.00	0.00	0.00	
16-20	0	0.00	0.0	0.00		19.33　82.67	16-20	0	0.00	0.00	0.00	
21-25	0	0.00	0.0	0.00		净资产:-63.33	21-25	0	0.00	0.00	0.00	
26-30	2	9.52	4.8	4.57			26-30	2	9.52	-5.40	-5.14	
31-35	1	4.76	1.7	1.62			31-35	1	4.76	-3.40	-3.24	
36-40	4	19.05	5.1	4.86			36-40	4	19.05	-15.30	-14.57	
41-45	10	47.62	6.9	6.57			41-45	10	47.62	-44.10	-42.00	
46-50	4	19.05	1.8	1.71			46-50	4	19.05	-18.60	-17.71	
合计	21	100.00	20.3	19.33	0.97	21	合计	21	100.00	-86.80	-82.67	-4.13
1-5	0	0.00	0.0	0.00		竞争指数	1-5	0	0.00	0.00	0.00	
6-10	0	0.00	0.0	0.00			6-10	0	0.00	0.00	0.00	
11-15	1	3.45	4.0	2.76		资产:负债	11-15	1	3.45	-1.10	-0.76	
16-20	0	0.00	0.0	0.00		27.45　74.55	16-20	0	0.00	0.00	0.00	
21-25	2	6.90	5.4	3.72		净资产:-47.10	21-25	2	6.90	-4.80	-3.31	
26-30	4	13.79	8.5	5.86			26-30	4	13.79	-11.90	-8.21	
31-35	3	10.34	5.2	3.59			31-35	3	10.34	-10.10	-6.97	
36-40	6	20.69	8.0	5.52			36-40	6	20.69	-22.60	-15.59	
41-45	7	24.14	6.6	4.55			41-45	7	24.14	-29.10	-20.07	
46-50	6	20.69	2.1	1.45			46-50	6	20.69	-28.50	-19.66	
合计	29	100.00	39.8	27.45	1.37	29	合计	29	100.00	-108.10	-74.55	-3.73
1-5	0	0.00	0.0	0.00		社会指数	1-5	0	0.00	0.00	0.00	
6-10	0	0.00	0.0	0.00			6-10	0	0.00	0.00	0.00	
11-15	0	0.00	0.0	0.00		资产:负债	11-15	0	0.00	0.00	0.00	
16-20	0	0.00	0.0	0.00		23.82　78.18	16-20	0	0.00	0.00	0.00	
21-25	0	0.00	0.0	0.00		净资产:-54.36	21-25	0	0.00	0.00	0.00	
26-30	0	0.00	0.0	0.00			26-30	0	0.00	0.00	0.00	
31-35	7	31.82	12.1	11.00			31-35	7	31.82	-23.60	-21.45	
36-40	7	31.82	8.9	8.09			36-40	7	31.82	-26.80	-24.36	
41-45	5	22.73	4.3	3.91			41-45	5	22.73	-21.20	-19.27	
46-50	3	13.64	0.9	0.82			46-50	3	13.64	-14.40	-13.09	
合计	22	100.00	26.2	23.82	1.19	22	合计	22	100.00	-86.00	-78.18	-3.91
1-5	0	0.00	0.0	0.00		管理指数	1-5	0	0.00	0.00	0.00	
6-10	0	0.00	0.0	0.00			6-10	0	0.00	0.00	0.00	
11-15	1	7.14	3.9	5.57		资产:负债	11-15	1	7.14	-1.20	-1.71	
16-20	0	0.00	0.0	0.00		24.43　77.57	16-20	0	0.00	0.00	0.00	
21-25	1	7.14	3.0	4.29		净资产:-53.14	21-25	1	7.14	-2.10	-3.00	
26-30	0	0.00	0.0	0.00			26-30	0	0.00	0.00	0.00	
31-35	1	7.14	1.8	2.57			31-35	1	7.14	-3.30	-4.71	
36-40	3	21.43	4.0	5.71			36-40	3	21.43	-11.30	-16.14	
41-45	3	21.43	2.4	3.43			41-45	3	21.43	-12.90	-18.43	
46-50	5	35.71	2.0	2.86			46-50	5	35.71	-23.50	-33.57	
合计	14	100.00	17.1	24.43	1.22	14	合计	14	100.00	-54.30	-77.57	-3.88
1-5	0	0.00	0.0	0.00		可持续指数	1-5	0	0.00	0.00	0.00	
6-10	0	0.00	0.0	0.00			6-10	0	0.00	0.00	0.00	
11-15	0	0.00	0.0	0.00		资产:负债	11-15	0	0.00	0.00	0.00	
16-20	1	5.88	3.5	4.12		24.59　77.41	16-20	1	5.88	-1.60	-1.88	
21-25	0	0.00	0.0	0.00		净资产:-52.82	21-25	0	0.00	0.00	0.00	
26-30	1	5.88	2.2	2.59			26-30	1	5.88	-2.90	-3.41	
31-35	3	17.65	5.1	6.00			31-35	3	17.65	-10.20	-12.00	
36-40	5	29.41	6.4	7.53			36-40	5	29.41	-19.10	-22.47	
41-45	3	17.65	2.6	3.06			41-45	3	17.65	-12.70	-14.94	
46-50	4	23.53	1.1	1.29			46-50	4	23.53	-19.30	-22.71	
合计	17	100.00	20.9	24.59	1.23	17	合计	17	100.00	-65.80	-77.41	-3.87
资产总指标数		占指标总数(%)	总资产分值	相对总资产(%)	总资产质量系数	相对总资产:相对总负债 24.14　-77.86	负债总指标数		占指标总数(%)	总负债分值	相对总负债(%)	总负债质量系数
103		100.00	124.3	24.14	1.21	相对净资产:-53.73	103		100.00	-401.00	-77.86	-3.89

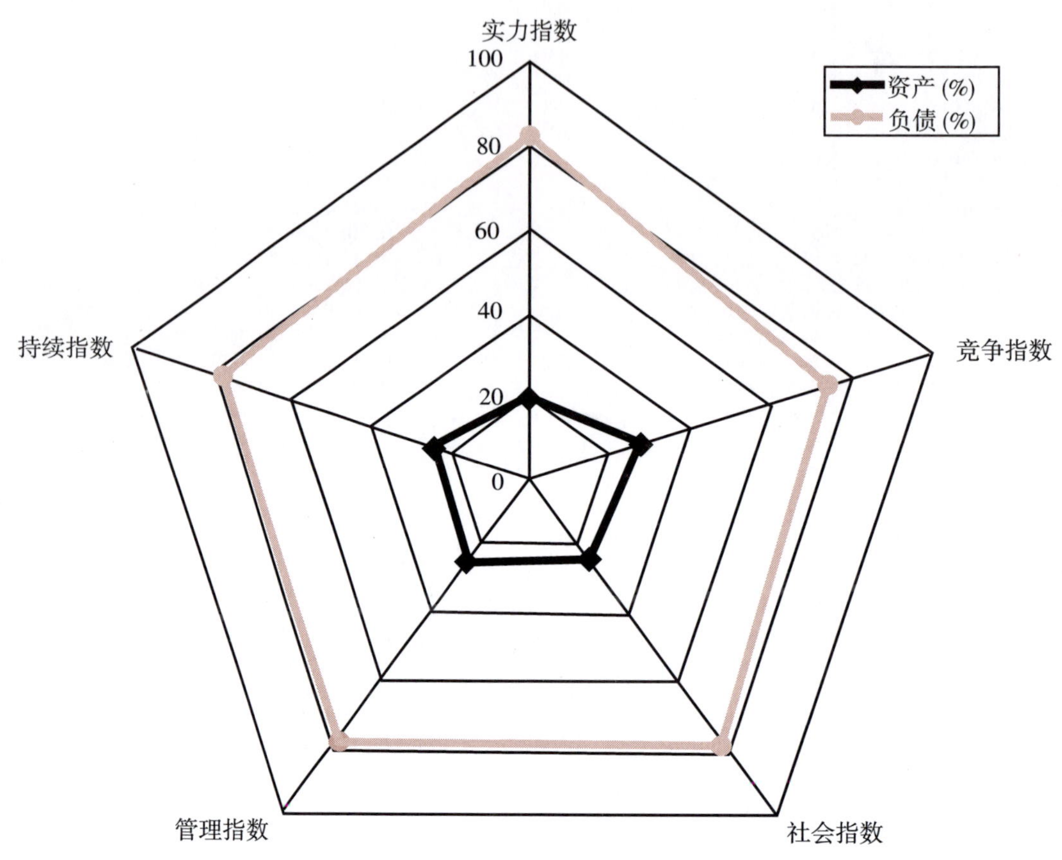

图 21.7　呼和浩特市发展能力资产负债图

八　包头市发展能力资产负债表分析

1. 一般概况

包头市总面积 27768 平方公里，市区面积 2969 平方公里，建成区面积 150 平方公里。总人口 206.16 万人，市区总人口 138.93 万人，地区非农人口 127.31 万人。地区国内生产总值 2485728 万元，市区国内生产总值 2087388 万元，市区第三产业产值占 GDP 比重 34.22%。市区实际利用外资总额 5810 万美元，市区固定资产投资总额 630418 万元，市区房地产投资总额 111812 万元。地方财政预算内收入 156364 万元，地方财政预算内支出 204178 万元。城乡居民人均储蓄余额 11702.28 元，人均住房面积 17.88 平方米，人均园林绿地面积 34.56 平方米，人均生活用电量 187.95 千瓦小时，人均铺装道路面积 6.52 平方米，人均教育经费支出 152.50 元，每万人拥有高等学校在校学生数 121.27 人。

现任领导：　市委书记：刑云　　市长：苏青

2. 发展能力的资产负债分析

(1)城市实力指数：在总数 21 个源指标中，资产累计得分 24.4，相对资产 23.24%，资产质量系数为 1.16，表明资产质量较差。同时，负债累计得分－82.70，相对负债－78.76%，负债质量系数为－3.94，表明负债质量较差。在该大项中，相对净资产为－55.52%。

(2)城市竞争指数：在总数 29 个源指标中，资产累计得分 39.2，相对资产 27.03%，资产质量系数为 1.35，表明资产质量较差。同时，负债累计得分－108.70，相对负债－74.97%，负债质量系数为－3.75，表明负债质量较差。在该大项中，相对净资产为－47.93%。

(3)城市社会指数：在总数 22 个源指标中，资产累计得分 21.5，相对资产 19.55 %，资产质量系数为 0.98，表明资产质量很差。同时，负债累计得分－90.70，相对负债－82.45%，负债质量系数为－4.12，表明负债质量很差。在该大项中，相对净资产为－62.91%。

(4)城市管理指数：在总数 14 个源指标中，资产累计得分 13.4，相对资产 19.14%，资产质量系数为 0.96，表明资产质量很差。同时，负债累计得分－58.00，相对负债－82.86%，负债质量系数为－4.14，表明负债质量很差。在该大项中，相对净资产为－63.71%。

(5)城市可持续指数：在总数 17 个源指标中，资产累计得分 21.1，相对资产 24.82%，资产质量系数为 1.24，表明资产质量较差。同时，负债累计得分－65.60，相对负债－77.18%，负债质量系数为－3.86，表明负债质量较差。在该大项中，相对净资产为－52.35%。

总计上述五大项，在总数 103 个源指标中，总资产累计得分 119.6，相对总资产 23.22%，总资产质量系数为 1.16，表明总资产质量较差。同时，总负债累计得分－405.70，相对总负债－78.78%，总负债质量系数为－3.94，表明总负债质量较差。该城市发展能力相对总净资产为－55.55%。

表 21.8　包头市发展能力资产负债表

资产						五大指数		负债					
位次	指标数	占指标总数(%)	指标分值	相对资产(%)	资产质量系数			位次	指标数	占指标总数(%)	指标分值	相对负债(%)	负债质量系数
1-5	0	0.00	0.0	0.00		实力指数		1-5	0	0.00	0.00	0.00	
6-10	0	0.00	0.0	0.00				6-10	0	0.00	0.00	0.00	
11-15	0	0.00	0.0	0.00		资产:负债		11-15	0	0.00	0.00	0.00	
16-20	0	0.00	0.0	0.00		23.24	78.76	16-20	0	0.00	0.00	0.00	
21-25	0	0.00	0.0	0.00		净资产：	-55.52	21-25	0	0.00	0.00	0.00	
26-30	3	14.29	6.9	6.57				26-30	3	14.29	-8.40	-8.00	
31-35	4	19.05	7.4	7.05				31-35	4	19.05	-13.00	-12.38	
36-40	2	9.52	2.4	2.29				36-40	2	9.52	-7.80	-7.43	
41-45	8	38.10	6.3	6.00				41-45	8	38.10	-34.50	-32.86	
46-50	4	19.05	1.4	1.33				46-50	4	19.05	-19.00	-18.10	
合计	21	100.00	24.4	23.24	1.16	21		合计	21	100.00	-82.70	-78.76	-3.94
1-5	0	0.00	0.0	0.00		竞争指数		1-5	0	0.00	0.00	0.00	
6-10	2	6.90	8.5	5.86				6-10	2	6.90	-1.70	-1.17	
11-15	1	3.45	3.9	2.69		资产:负债		11-15	1	3.45	-1.20	-0.83	
16-20	2	6.90	6.6	4.55		27.03	74.97	16-20	2	6.90	-3.60	-2.48	
21-25	1	3.45	2.9	2.00		净资产：	-47.93	21-25	1	3.45	-2.20	-1.52	
26-30	1	3.45	2.4	1.66				26-30	1	3.45	-2.70	-1.86	
31-35	1	3.45	1.8	1.24				31-35	1	3.45	-3.30	-2.28	
36-40	3	10.34	3.5	2.41				36-40	3	10.34	-11.80	-8.14	
41-45	8	27.59	6.0	4.14				41-45	8	27.59	-34.80	-24.00	
46-50	10	34.48	3.6	2.48				46-50	10	34.48	-47.40	-32.69	
合计	29	100.00	39.2	27.03	1.35	29		合计	29	100.00	-108.70	-74.97	-3.75
1-5	0	0.00	0.0	0.00		社会指数		1-5	0	0.00	0.00	0.00	
6-10	0	0.00	0.0	0.00				6-10	0	0.00	0.00	0.00	
11-15	1	4.55	3.6	3.27		资产:负债		11-15	1	4.55	-1.50	-1.36	
16-20	0	0.00	0.0	0.00		19.55	82.45	16-20	0	0.00	0.00	0.00	
21-25	0	0.00	0.0	0.00		净资产：	-62.91	21-25	0	0.00	0.00	0.00	
26-30	1	4.55	2.5	2.27				26-30	1	4.55	-2.60	-2.36	
31-35	1	4.55	1.6	1.45				31-35	1	4.55	-3.50	-3.18	
36-40	5	22.73	6.8	6.18				36-40	5	[illegible]	-18.70	-17.00	
41-45	6	27.27	4.5	4.09				41-45	6	27.27	-26.10	-23.73	
46-50	8	36.36	2.5	2.27				46-50	8	36.36	-38.30	-34.82	
合计	22	100.00	21.5	19.55	0.98	22		合计	22	100.00	-90.70	-82.45	-4.12
1-5	0	0.00	0.0	0.00		管理指数		1-5	0	0.00	0.00	0.00	
6-10	0	0.00	0.0	0.00				6-10	0	0.00	0.00	0.00	
11-15	0	0.00	0.0	0.00		资产:负债		11-15	0	0.00	0.00	0.00	
16-20	0	0.00	0.0	0.00		19.14	82.86	16-20	0	0.00	0.00	0.00	
21-25	0	0.00	0.0	0.00		净资产：	-63.71	21-25	0	0.00	0.00	0.00	
26-30	1	7.14	2.5	3.57				26-30	1	7.14	-2.60	-3.71	
31-35	1	7.14	2.0	2.86				31-35	1	7.14	-3.10	-4.43	
36-40	2	14.29	2.6	3.71				36-40	2	14.29	-7.60	-10.86	
41-45	7	50.00	5.3	7.57				41-45	7	50.00	-30.40	-43.43	
46-50	3	21.43	1.0	1.43				46-50	3	21.43	-14.30	-20.43	
合计	14	100.00	13.4	19.14	0.96	14		合计	14	100.00	-58.00	-82.86	-4.14
1-5	0	0.00	0.0	0.00		可持续指数		1-5	0	0.00	0.00	0.00	
6-10	0	0.00	0.0	0.00				6-10	0	0.00	0.00	0.00	
11-15	0	0.00	0.0	0.00		资产:负债		11-15	0	0.00	0.00	0.00	
16-20	1	5.88	3.2	3.76		24.82	77.18	16-20	1	5.88	-1.90	-2.24	
21-25	1	5.88	2.8	3.29		净资产：	-52.35	21-25	1	5.88	-2.30	-2.71	
26-30	3	17.65	6.6	7.76				26-30	3	17.65	-8.70	-10.24	
31-35	0	0.00	0.0	0.00				31-35	0	0.00	0.00	0.00	
36-40	2	11.76	2.3	2.71				36-40	2	11.76	-7.90	-9.29	
41-45	6	35.29	4.8	5.65				41-45	6	35.29	-25.80	-30.35	
46-50	4	23.53	1.4	1.65				46-50	4	23.53	-19.00	-22.35	
合计	17	100.00	21.1	24.82	1.24	17		合计	17	100.00	-65.60	-77.18	-3.86
资产总指标数		占指标总数(%)	总资产分值	相对总资产(%)	总资产质量系数	相对总资产:相对总负债		负债总指标数		占指标总数(%)	总负债分值	相对总负债(%)	总负债质量系数
						23.22	-78.78						
103		100.00	119.6	23.22	1.16	相对净资产：	-55.55	103		100.00	-405.70	-78.78	-3.94

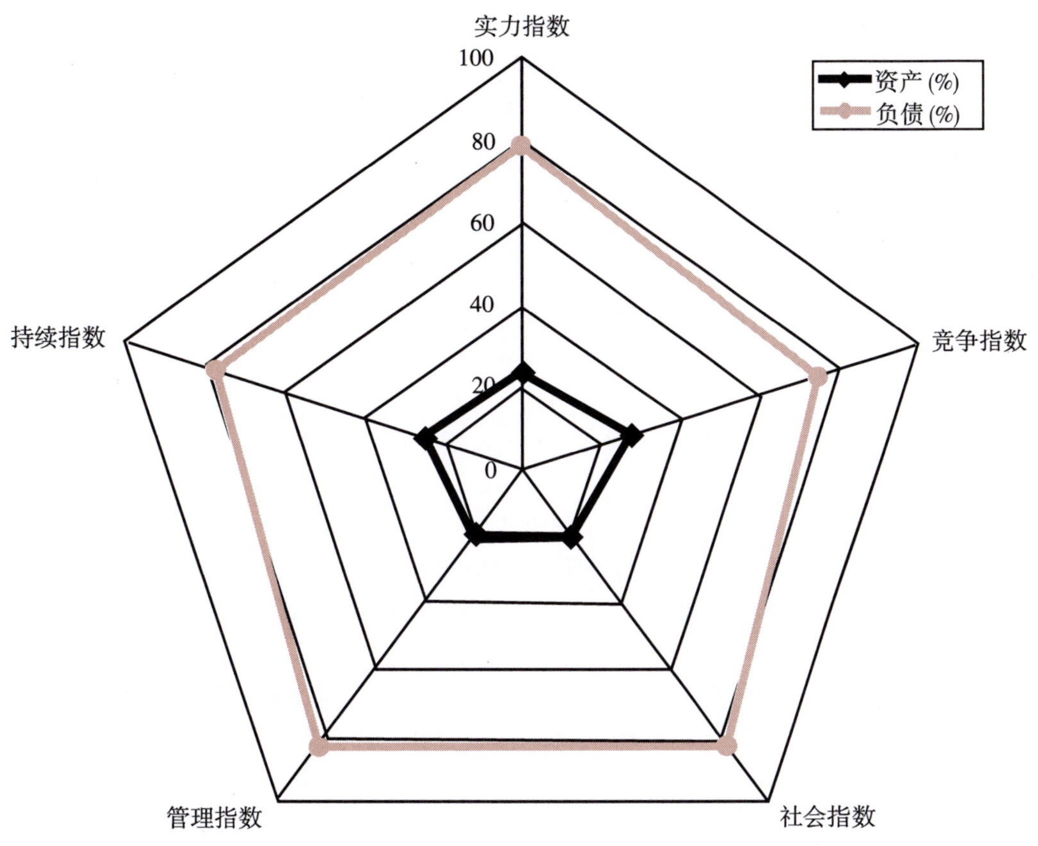

图 21.8　包头市发展能力资产负债图

九 沈阳市发展能力资产负债表分析

1. 一般概况

沈阳市总面积12980平方公里,市区面积3495平方公里,建成区面积238平方公里。总人口689.34万人,市区总人口487.68万人,地区非农人口435.70万人。地区国内生产总值12364727万元,市区国内生产总值10571536万元,市区第三产业产值占GDP比重52.11%。市区实际利用外资总额84207万美元,市区固定资产投资总额2697189万元,市区房地产投资总额762279万元。地方财政预算内收入786436万元,地方财政预算内支出971403万元。城乡居民人均储蓄余额20195.43元,人均住房面积13.64平方米,人均园林绿地面积42.06平方米,人均生活用电量365.89千瓦小时,人均铺装道路面积8.22平方米,人均教育经费支出237.21元,每万人拥有高等学校在校学生数343.97人。

现任领导: 市委书记:张行湘 市长:陈政高

2. 发展能力的资产负债分析

(1)城市实力指数:在总数21个源指标中,资产累计得分75.1,相对资产71.52%,资产质量系数为3.58,表明资产质量较好。同时,负债累计得分-30.20,相对负债-28.76%,负债质量系数为-1.44,表明负债质量较好。在该大项中,相对净资产为42.76%。

(2)城市竞争指数:在总数29个源指标中,资产累计得分101.5,相对资产70.00%,资产质量系数为3.50,表明资产质量较好。同时,负债累计得分-46.40,相对负债-32.00%,负债质量系数为-1.60,表明负债质量较好。在该大项中,相对净资产为38.00%。

(3)城市社会指数:在总数22个源指标中,资产累计得分79.5,相对资产72.27%,资产质量系数为3.61,表明资产质量较好。同时,负债累计得分-32.70,相对负债-29.73%,负债质量系数为-1.49,表明负债质量较好。在该大项中,相对净资产为42.55%。

(4)城市管理指数:在总数14个源指标中,资产累计得分48.1,相对资产68.71%,资产质量系数为3.44,表明资产质量较好。同时,负债累计得分-23.30,相对负债-33.29%,负债质量系数为-1.66,表明负债质量较好。在该大项中,相对净资产为35.43%。

(5)城市可持续指数:在总数17个源指标中,资产累计得分66.3,相对资产78.00%,资产质量系数为3.90,表明资产质量较好。同时,负债累计得分-20.40,相对负债-24.00%,负债质量系数为-1.20,表明负债质量较好。在该大项中,相对净资产为54.00%。

总计上述五大项,在总数103个源指标中,总资产累计得分370.5,相对总资产71.94%,总资产质量系数为3.60,表明总资产质量较好。同时,总负债累计得分-153.00,相对总负债-29.71%,总负债质量系数为-1.49,表明总负债质量较好。该城市发展能力相对总净资产为42.23%。

表 21.9　沈阳市发展能力资产负债表

资　产						五大指数	负　债					
位次	指标数	占指标总数(%)	指标分值	相对资产(%)	资产质量系数		位次	指标数	占指标总数(%)	指标分值	相对负债(%)	负债质量系数
1—5	1	4.76	4.6	4.38		实力指数	1—5	1	4.76	−0.50	−0.48	
6—10	5	23.81	21.2	20.19			6—10	5	23.81	−4.30	−4.10	
11—15	8	38.10	31.1	29.62		资产:负债	11—15	8	38.10	−9.70	−9.24	
16—20	3	14.29	9.6	9.14		71.52　28.76	16—20	3	14.29	−3.90	−3.71	
21—25	1	4.76	2.9	2.76		净资产：42.76	21—25	1	4.76	−2.20	−2.10	
26—30	2	9.52	4.3	4.10			26—30	2	9.52	−5.90	−5.62	
31—35	0	0.00	0.0	0.00			31—35	0	0.00	0.00	0.00	
36—40	1	4.76	1.4	1.33			36—40	1	4.76	−3.70	−3.52	
41—45	0	0.00	0.0	0.00			41—45	0	0.00	0.00	0.00	
46—50	0	0.00	0.0	0.00			46—50	0	0.00	0.00	0.00	
合计	21	100.00	75.1	71.52	3.58	21	合计	21	100.00	−30.20	−28.76	−1.44
1—5	0	0.00	0.0	0.00		竞争指数	1—5	0	0.00	0.00	0.00	
6—10	9	31.03	37.8	26.07			6—10	9	31.03	−8.10	−5.59	
11—15	6	20.69	22.8	15.72		资产:负债	11—15	6	20.69	−7.80	−5.38	
16—20	8	27.59	26.8	18.48		70.00　32.00	16—20	8	27.59	−14.00	−9.66	
21—25	4	13.79	11.4	7.86		净资产：38.00	21—25	4	13.79	−9.00	−6.21	
26—30	0	0.00	0.0	0.00			26—30	0	0.00	0.00	0.00	
31—35	0	0.00	0.0	0.00			31—35	0	0.00	0.00	0.00	
36—40	2	6.90	2.7	1.86			36—40	2	6.90	−7.50	−5.17	
41—45	0	0.00	0.0	0.00			41—45	0	0.00	0.00	0.00	
46—50	0	0.00	0.0	0.00			46—50	0	0.00	0.00	0.00	
合计	29	100.00	101.5	70.00	3.50	29	合计	29	100.00	−46.40	−32.00	−1.60
1—5	1	4.55	4.6	4.18		社会指数	1—5	1	4.55	−0.50	−0.45	
6—10	8	36.36	33.8	30.73			6—10	8	36.36	−7.00	−6.36	
11—15	2	9.09	7.7	7.00		资产:负债	11—15	2	9.09	−2.50	−2.27	
16—20	4	18.18	13.8	12.55		72.27　29.73	16—20	4	18.18	−6.60	−6.00	
21—25	7	31.82	19.6	17.82		净资产：42.55	21—25	7	31.82	−16.10	−14.64	
26—30	0	0.00	0.0	0.00			26—30	0	0.00	0.00	0.00	
31—35	0	0.00	0.0	0.00			31—35	0	0.00	0.00	0.00	
36—40	0	0.00	0.0	0.00			36—40	0	0.00	0.00	0.00	
41—45	0	0.00	0.0	0.00			41—45	0	0.00	0.00	0.00	
46—50	0	0.00	0.0	0.00			46—50	0	0.00	0.00	0.00	
合计	22	100.00	79.5	72.27	3.61	22	合计	22	100.00	−32.70	−29.73	−1.49
1—5	1	7.14	4.6	6.57		管理指数	1—5	1	7.14	−0.50	−0.71	
6—10	3	21.43	12.7	18.14			6—10	3	21.43	−2.60	−3.71	
11—15	3	21.43	11.4	16.29		资产:负债	11—15	3	21.43	−3.90	−5.57	
16—20	4	28.57	13.2	18.86		68.71　33.29	16—20	4	28.57	−7.20	−10.29	
21—25	1	7.14	2.7	3.86		净资产：35.43	21—25	1	7.14	−2.40	−3.43	
26—30	1	7.14	2.1	3.00			26—30	1	7.14	−3.00	−4.29	
31—35	0	0.00	0.0	0.00			31—35	0	0.00	0.00	0.00	
36—40	1	7.14	1.4	2.00			36—40	1	7.14	−3.70	−5.29	
41—45	0	0.00	0.0	0.00			41—45	0	0.00	0.00	0.00	
46—50	0	0.00	0.0	0.00			46—50	0	0.00	0.00	0.00	
合计	14	100.00	48.1	68.71	3.44	14	合计	14	100.00	−23.30	−33.29	−1.66
1—5	4	23.53	18.8	22.12		可持续指数	1—5	4	23.53	−1.60	−1.88	
6—10	5	29.41	21.4	25.18			6—10	5	29.41	−4.10	−4.82	
11—15	5	29.41	18.9	22.24		资产:负债	11—15	5	29.41	−6.60	−7.76	
16—20	1	5.88	3.1	3.65		78.00　24.00	16—20	1	5.88	−2.00	−2.35	
21—25	0	0.00	0.0	0.00		净资产：54.00	21—25	0	0.00	0.00	0.00	
26—30	1	5.88	2.4	2.82			26—30	1	5.88	−2.70	−3.18	
31—35	1	5.88	1.7	2.00			31—35	1	5.88	−3.40	−4.00	
36—40	0	0.00	0.0	0.00			36—40	0	0.00	0.00	0.00	
41—45	0	0.00	0.0	0.00			41—45	0	0.00	0.00	0.00	
46—50	0	0.00	0.0	0.00			46—50	0	0.00	0.00	0.00	
合计	17	100.00	66.3	78.00	3.90	17	合计	17	100.00	−20.40	−24.00	−1.20

资产总指标数	占指标总数(%)	总资产分值	相对总资产(%)	总资产质量系数	相对总资产:相对总负债 71.94　−29.71	负债总指标数	占指标总数(%)	总负债分值	相对总负债(%)	总负债质量系数
103	100.00	370.5	71.94	3.60	相对净资产：42.23	103	100.00	−153.00	−29.71	−1.49

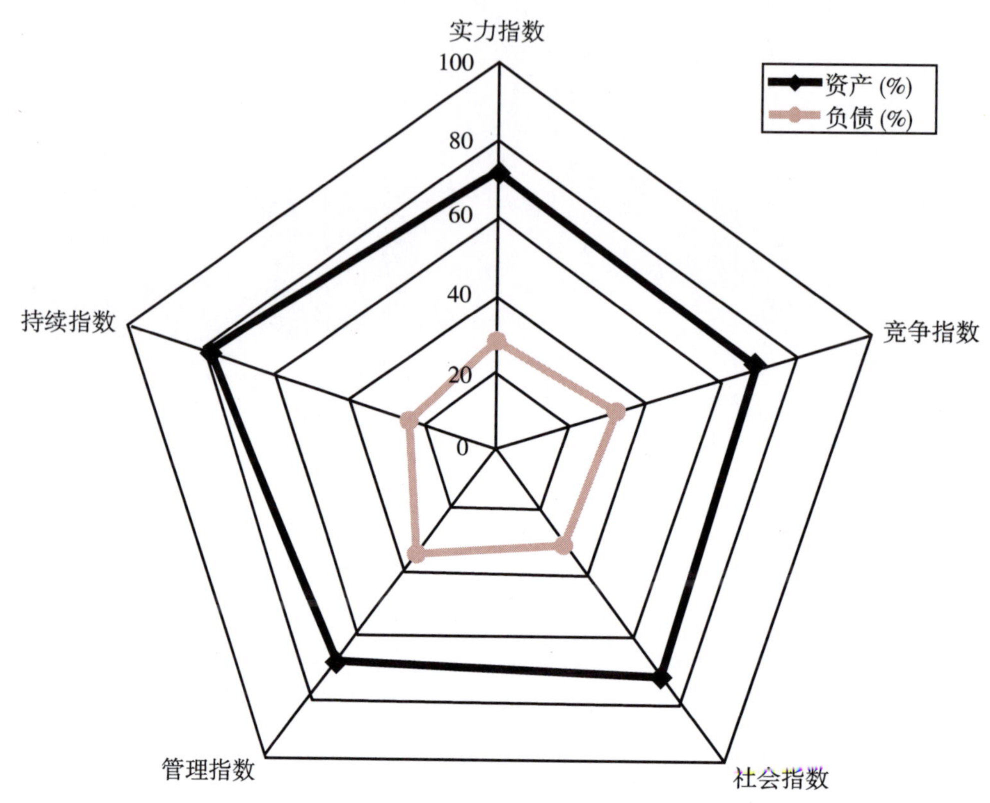

图 21.9　沈阳市发展能力资产负债图

十　大连市发展能力资产负债表分析

1.一般概况

大连市总面积12574平方公里，市区面积2415平方公里，建成区面积234平方公里。总人口554.61万人，市区总人口270.68万人，地区非农人口280.20万人。地区国内生产总值12356400万元，市区国内生产总值9331318万元，市区第三产业产值占GDP比重51.42%。市区实际利用外资总额128163万美元，市区固定资产投资总额2363574万元，市区房地产投资总额1080902万元。地方财政预算内收入837902万元，地方财政预算内支出981217万元。城乡居民人均储蓄余额23836.38元，人均住房面积15.98平方米，人均园林绿地面积38.55平方米，人均生活用电量492.47千瓦小时，人均铺装道路面积5.61平方米，人均教育经费支出237.19元，每万人拥有高等学校在校学生数381.99人。

现任领导：　市委书记：孙春兰　市长：夏德仁

2.发展能力的资产负债分析

(1)城市实力指数：在总数21个源指标中，资产累计得分74.1，相对资产70.57%，资产质量系数为3.53，表明资产质量较好。同时，负债累计得分－33.00，相对负债－31.43%，负债质量系数为－1.57，表明负债质量较好。在该大项中，相对净资产为39.14%。

(2)城市竞争指数：在总数29个源指标中，资产累计得分97.8，相对资产67.45%，资产质量系数为3.37，表明资产质量较好。同时，负债累计得分－50.10，相对负债－34.55%，负债质量系数为－1.73，表明负债质量较好。在该大项中，相对净资产为32.90%。

(3)城市社会指数：在总数22个源指标中，资产累计得分82.0，相对资产74.55%，资产质量系数为3.73，表明资产质量较好。同时，负债累计得分－30.20，相对负债－27.45%，负债质量系数为－1.37，表明负债质量较好。在该大项中，相对净资产为47.09%。

(4)城市管理指数：在总数14个源指标中，资产累计得分50.5，相对资产72.14%，资产质量系数为3.61，表明资产质量较好。同时，负债累计得分－20.90，相对负债－29.86%，负债质量系数为－1.49，表明负债质量较好。在该大项中，相对净资产为42.29%。

(5)城市可持续指数：在总数17个源指标中，资产累计得分68.1，相对资产80.12%，资产质量系数为4.01，表明资产质量优良。同时，负债累计得分－18.60，相对负债－21.88%，负债质量系数为－1.09，表明负债质量较好。在该大项中，相对净资产为58.24%。

总计上述五大项，在总数103个源指标中，总资产累计得分372.5，相对总资产72.33%，总资产质量系数为3.62，表明总资产质量较好。同时，总负债累计得分－152.80，相对总负债－29.67%，总负债质量系数为－1.48，表明总负债质量较好。该城市发展能力相对总净资产为42.66%。

表21.10　大连市发展能力资产负债表

资产						五大指数	负债					
位次	指标数	占指标总数(%)	指标分值	相对资产(%)	资产质量系数		位次	指标数	占指标总数(%)	指标分值	相对负债(%)	负债质量系数
1—5	0	0.00	0.0	0.00		实力指数	1—5	0	0.00	0.00	0.00	
6—10	7	33.33	29.2	27.81			6—10	7	33.33	-6.50	-6.19	
11—15	7	33.33	26.7	25.43		资产:负债	11—15	7	33.33	-9.00	-8.57	
16—20	2	9.52	6.3	6.00		70.57　31.43	16—20	2	9.52	-3.90	-3.71	
21—25	3	14.29	8.2	7.81		净资产：39.14	21—25	3	14.29	-7.10	-6.76	
26—30	0	0.00	0.0	0.00			26—30	0	0.00	0.00	0.00	
31—35	2	9.52	3.7	3.52			31—35	2	9.52	-6.50	-6.19	
36—40	0	0.00	0.0	0.00			36—40	0	0.00	0.00	0.00	
41—45	0	0.00	0.0	0.00			41—45	0	0.00	0.00	0.00	
46—50	0	0.00	0.0	0.00			46—50	0	0.00	0.00	0.00	
合计	21	100.00	74.1	70.57	3.53	21	合计	21	100.00	-33.00	-31.43	-1.57
1—5	0	0.00	0.0	0.00		竞争指数	1—5	0	0.00	0.00	0.00	
6—10	9	31.03	38.3	26.41			6—10	9	31.03	-7.60	-5.24	
11—15	6	20.69	22.5	15.52		资产:负债	11—15	6	20.69	-8.10	-5.59	
16—20	4	13.79	13.7	9.45		67.45　34.55	16—20	4	13.79	-6.70	-4.62	
21—25	5	17.24	13.7	9.45		净资产：32.90	21—25	5	17.24	-11.80	-8.14	
26—30	3	10.34	6.8	4.69			26—30	3	10.34	-8.50	-5.86	
31—35	1	3.45	1.8	1.24			31—35	1	3.45	-3.30	-2.28	
36—40	0	0.00	0.0	0.00			36—40	0	0.00	0.00	0.00	
41—45	1	3.45	1.0	0.69			41—45	1	3.45	-4.10	-2.83	
46—50	0	0.00	0.0	0.00			46—50	0	0.00	0.00	0.00	
合计	29	100.00	97.8	67.45	3.37	29	合计	29	100.00	-50.10	-34.55	-1.73
1—5	0	0.00	0.0	0.00		社会指数	1—5	0	0.00	0.00	0.00	
6—10	6	27.27	25.6	23.27			6—10	6	27.27	-5.00	-4.55	
11—15	12	54.55	45.9	41.73		资产:负债	11—15	12	54.55	-15.30	-13.91	
16—20	3	13.64	10.1	9.18		74.55　27.45	16—20	3	13.64	-5.20	-4.73	
21—25	0	0.00	0.0	0.00		净资产：47.09	21—25	0	0.00	0.00	0.00	
26—30	0	0.00	0.0	0.00			26—30	0	0.00	0.00	0.00	
31—35	0	0.00	0.0	0.00			31—35	0	0.00	0.00	0.00	
36—40	0	0.00	0.0	0.00			36—40	0	0.00	0.00	0.00	
41—45	0	0.00	0.0	0.00			41—45	0	0.00	0.00	0.00	
46—50	1	4.55	0.4	0.36			46—50	1	4.55	-4.70	-4.27	
合计	22	100.00	82.0	74.55	3.73	22	合计	22	100.00	-30.20	-27.45	-1.37
1—5	0	0.00	0.0	0.00		管理指数	1—5	0	0.00	0.00	0.00	
6—10	5	35.71	21.0	30.00			6—10	5	35.71	-4.50	-6.43	
11—15	5	35.71	19.2	27.43		资产:负债	11—15	5	35.71	-6.30	-9.00	
16—20	0	0.00	0.0	0.00		72.14　29.86	16—20	0	0.00	0.00	0.00	
21—25	2	14.29	5.6	8.00		净资产：42.29	21—25	2	14.29	-4.60	-6.57	
26—30	2	14.29	4.7	6.71			26—30	2	14.29	-5.50	-7.86	
31—35	0	0.00	0.0	0.00			31—35	0	0.00	0.00	0.00	
36—40	0	0.00	0.0	0.00			36—40	0	0.00	0.00	0.00	
41—45	0	0.00	0.0	0.00			41—45	0	0.00	0.00	0.00	
46—50	0	0.00	0.0	0.00			46—50	0	0.00	0.00	0.00	
合计	14	100.00	50.5	72.14	3.61	14	合计	14	100.00	-20.90	-29.86	-1.49
1—5	0	0.00	0.0	0.00		可持续指数	1—5	0	0.00	0.00	0.00	
6—10	9	52.94	38.8	45.65			6—10	9	52.94	-7.10	-8.35	
11—15	4	23.53	15.7	18.47		资产:负债	11—15	4	23.53	-4.70	-5.53	
16—20	4	23.53	13.6	16.00		80.12　21.88	16—20	4	23.53	-6.80	-8.00	
21—25	0	0.00	0.0	0.00		净资产：58.24	21—25	0	0.00	0.00	0.00	
26—30	0	0.00	0.0	0.00			26—30	0	0.00	0.00	0.00	
31—35	0	0.00	0.0	0.00			31—35	0	0.00	0.00	0.00	
36—40	0	0.00	0.0	0.00			36—40	0	0.00	0.00	0.00	
41—45	0	0.00	0.0	0.00			41—45	0	0.00	0.00	0.00	
46—50	0	0.00	0.0	0.00			46—50	0	0.00	0.00	0.00	
合计	17	100.00	68.1	80.12	4.01	17	合计	17	100.00	-18.60	-21.88	-1.09
资产总指标数		占指标总数(%)	总资产分值	相对总资产(%)	总资产质量系数	相对总资产:相对总负债 72.33　-29.67	负债总指标数		占指标总数(%)	总负债分值	相对总负债(%)	总负债质量系数
103		100.00	372.5	72.33	3.62	相对净资产：42.66	103		100.00	-152.80	-29.67	-1.48

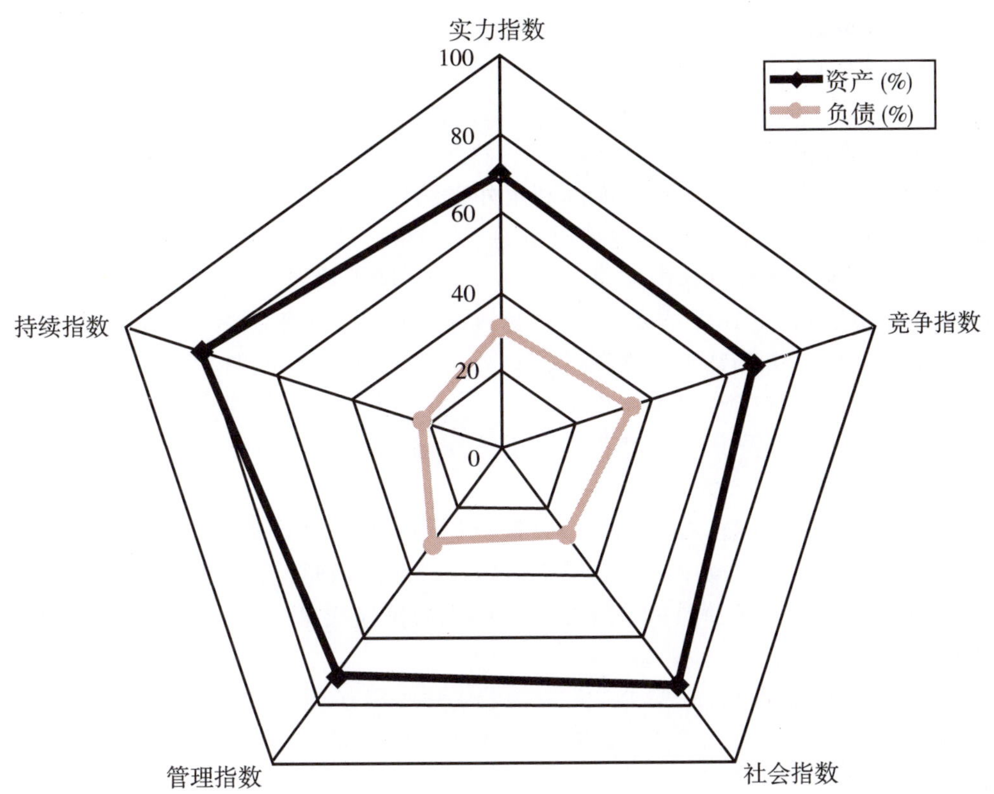

图 21.10　大连市发展能力资产负债图

十一　长春市发展能力资产负债表分析

1. 一般概况

长春市总面积 20571 平方公里，市区面积 3583 平方公里，建成区面积 164 平方公里。总人口 705.73 万人，市区总人口 298.02 万人，地区非农人口 293.63 万人。地区国内生产总值 10030125 万元，市区国内生产总值 7326298 万元，市区第三产业产值占 GDP 比重 45.9%。市区实际利用外资总额 44876 万美元，市区固定资产投资总额 1862037 万元，市区房地产投资总额 407046 万元。地方财政预算内收入 52159 万元，地方财政预算内支出 107618 万元。城乡居民人均储蓄余额 16993.7 元，人均住房面积 15.18 平方米，人均园林绿地面积 18.58 平方米，人均生活用电量 360.52 千瓦小时，人均铺装道路面积 5.36 平方米，人均教育经费支出 100.71 元，每万人拥有高等学校在校学生数 522.83 人。

现任领导：　市委书记：杜学芳　　市长：祝业精

2. 发展能力的资产负债分析

(1) 城市实力指数：在总数 21 个源指标中，资产累计得分 51.5，相对资产 49.05%，资产质量系数为 2.45，表明资产质量一般。同时，负债累计得分－53.80，相对负债－51.24%，负债质量系数为－2.56，表明负债质量一般。在该大项中，相对净资产为－2.19%。

(2) 城市竞争指数：在总数 29 个源指标中，资产累计得分 76.1，相对资产 52.48%，资产质量系数为 2.62，表明资产质量一般。同时，负债累计得分－71.80，相对负债－49.52%，负债质量系数为－2.48，表明负债质量一般。在该大项中，相对净资产为 2.97%。

(3) 城市社会指数：在总数 22 个源指标中，资产累计得分 43.8，相对资产 39.82 %，资产质量系数为 1.99，表明资产质量较差。同时，负债累计得分－68.40，相对负债－62.18%，负债质量系数为－3.11，表明负债质量较差。在该大项中，相对净资产为－22.36%。

(4) 城市管理指数：在总数 14 个源指标中，资产累计得分 32.2，相对资产 46.00%，资产质量系数为 2.30，表明资产质量一般。同时，负债累计得分－39.20，相对负债－56.00%，负债质量系数为－2.80，表明负债质量一般。在该大项中，相对净资产为－10.00%。

(5) 城市可持续指数：在总数 17 个源指标中，资产累计得分 40.8，相对资产 48.00%，资产质量系数为 2.40，表明资产质量一般。同时，负债累计得分－45.90，相对负债－54.00%，负债质量系数为－2.70，表明负债质量一般。在该大项中，相对净资产为－6.00%。

总计上述五大项，在总数 103 个源指标中，总资产累计得分 244.4，相对总资产 47.46%，总资产质量系数为 2.37，表明总资产质量一般。同时，总负债累计得分－279.10，相对总负债－54.19%，总负债质量系数为－2.71，表明总负债质量一般。该城市发展能力相对总净资产为－6.74%。

表 21.11　长春市发展能力资产负债表

资　产						五大指数		负　债					
位次	指标数	占指标总数(%)	指标分值	相对资产(%)	资产质量系数			位次	指标数	占指标总数(%)	指标分值	相对负债(%)	负债质量系数
1-5	0	0.00	0.0	0.00		实力指数		1-5	0	0.00	0.00	0.00	
6-10	0	0.00	0.0	0.00				6-10	0	0.00	0.00	0.00	
11-15	1	4.76	4.0	3.81		资产:负债		11-15	1	4.76	-1.10	-1.05	
16-20	5	23.81	16.2	15.43		49.05	51.24	16-20	5	23.81	-7.50	-7.14	
21-25	5	23.81	14.3	13.62		净资产：	-2.19	21-25	5	23.81	-11.20	-10.67	
26-30	4	19.05	9.4	8.95				26-30	4	19.05	-11.00	-10.48	
31-35	2	9.52	3.3	3.14				31-35	2	9.52	-6.90	-6.57	
36-40	2	9.52	2.6	2.48				36-40	2	9.52	-7.60	-7.24	
41-45	2	9.52	1.7	1.62				41-45	2	9.52	-8.50	-8.10	
46-50	0	0.00	0.0	0.00				46-50	0	0.00	0.00	0.00	
合计	21	100.00	51.5	49.05	2.45	21		合计	21	100.00	-53.80	-51.24	-2.56
1-5	0	0.00	0.0	0.00		竞争指数		1-5	0	0.00	0.00	0.00	
6-10	3	10.34	13.0	8.97				6-10	3	10.34	-2.30	-1.59	
11-15	4	13.79	15.1	10.41		资产:负债		11-15	4	13.79	-5.30	-3.66	
16-20	5	17.24	16.2	11.17		52.48	49.52	16-20	5	17.24	-9.30	-6.41	
21-25	5	17.24	13.9	9.59		净资产：	2.97	21-25	5	17.24	-11.60	-8.00	
26-30	3	10.34	7.0	4.83				26-30	3	10.34	-8.30	-5.72	
31-35	3	10.34	5.2	3.59				31-35	3	10.34	-10.10	-6.97	
36-40	1	3.45	1.2	0.83				36-40	1	3.45	-3.90	-2.69	
41-45	5	17.24	4.5	3.10				41-45	5	17.24	-21.00	-14.48	
46-50	0	0.00	0.0	0.00				46-50	0	0.00	0.00	0.00	
合计	29	100.00	76.1	52.48	2.62	29		合计	29	100.00	-71.80	-49.52	-2.48
1-5	0	0.00	0.0	0.00		社会指数		1-5	0	0.00	0.00	0.00	
6-10	0	0.00	0.0	0.00				6-10	0	0.00	0.00	0.00	
11-15	0	0.00	0.0	0.00		资产:负债		11-15	0	0.00	0.00	0.00	
16-20	1	4.55	3.2	2.91		39.82	62.18	16-20	1	4.55	-1.90	-1.73	
21-25	4	18.18	10.8	9.82		净资产：	-22.36	21-25	4	18.18	-9.60	-8.73	
26-30	9	40.91	20.4	18.55				26-30	9	40.91	-25.50	-23.18	
31-35	3	13.64	5.5	5.00				31-35	3	13.64	-9.80	-8.91	
36-40	2	9.09	3.0	2.73				36-40	2	9.09	-7.20	-6.55	
41-45	1	4.55	0.7	0.64				41-45	1	4.55	-4.40	-4.00	
46-50	2	9.09	0.2	0.18				46-50	2	9.09	-10.00	-9.09	
合计	22	100.00	43.8	39.82	1.99	22		合计	22	100.00	-68.40	-62.18	-3.11
1-5	0	0.00	0.0	0.00		管理指数		1-5	0	0.00	0.00	0.00	
6-10	0	0.00	0.0	0.00				6-10	0	0.00	0.00	0.00	
11-15	3	21.43	11.1	15.86		资产:负债		11-15	3	21.43	-4.20	-6.00	
16-20	2	14.29	6.6	9.43		46.00	56.00	16-20	2	14.29	-3.60	-5.14	
21-25	2	14.29	5.6	8.00		净资产：	-10.00	21-25	2	14.29	-4.60	-6.57	
26-30	1	7.14	2.3	3.29				26-30	1	7.14	-2.80	-4.00	
31-35	3	21.43	5.1	7.29				31-35	3	21.43	-10.20	-14.57	
36-40	1	7.14	1.3	1.86				36-40	1	7.14	-3.80	-5.43	
41-45	0	0.00	0.0	0.00				41-45	0	0.00	0.00	0.00	
46-50	2	14.29	0.2	0.29				46-50	2	14.29	-10.00	-14.29	
合计	14	100.00	32.2	46.00	2.30	14		合计	14	100.00	-39.20	-56.00	-2.80
1-5	0	0.00	0.0	0.00		可持续指数		1-5	0	0.00	0.00	0.00	
6-10	0	0.00	0.0	0.00				6-10	0	0.00	0.00	0.00	
11-15	1	5.88	3.8	4.47		资产:负债		11-15	1	5.88	-1.30	-1.53	
16-20	2	11.76	6.4	7.53		48.00	54.00	16-20	2	11.76	-3.80	-4.47	
21-25	7	41.18	19.8	23.29		净资产：	-6.00	21-25	7	41.18	-15.90	-18.71	
26-30	1	5.88	2.4	2.82				26-30	1	5.88	-2.70	-3.18	
31-35	3	17.65	5.8	6.82				31-35	3	17.65	-9.50	-11.18	
36-40	1	5.88	1.5	1.76				36-40	1	5.88	-3.60	-4.24	
41-45	1	5.88	1.0	1.18				41-45	1	5.88	-4.10	-4.82	
46-50	1	5.88	0.1	0.12				46-50	1	5.88	-5.00	-5.88	
合计	17	100.00	40.8	48.00	2.40	17		合计	17	100.00	-45.90	-54.00	-2.70
资产总指标数		占指标总数(%)	总资产分值	相对总资产(%)	总资产质量系数	相对总资产:相对总负债		负债总指标数		占指标总数(%)	总负债分值	相对总负债(%)	总负债质量系数
						47.46	-54.19						
103		100.00	244.4	47.46	2.37	相对净资产：	-6.74	103		100.00	-279.10	-54.19	-2.71

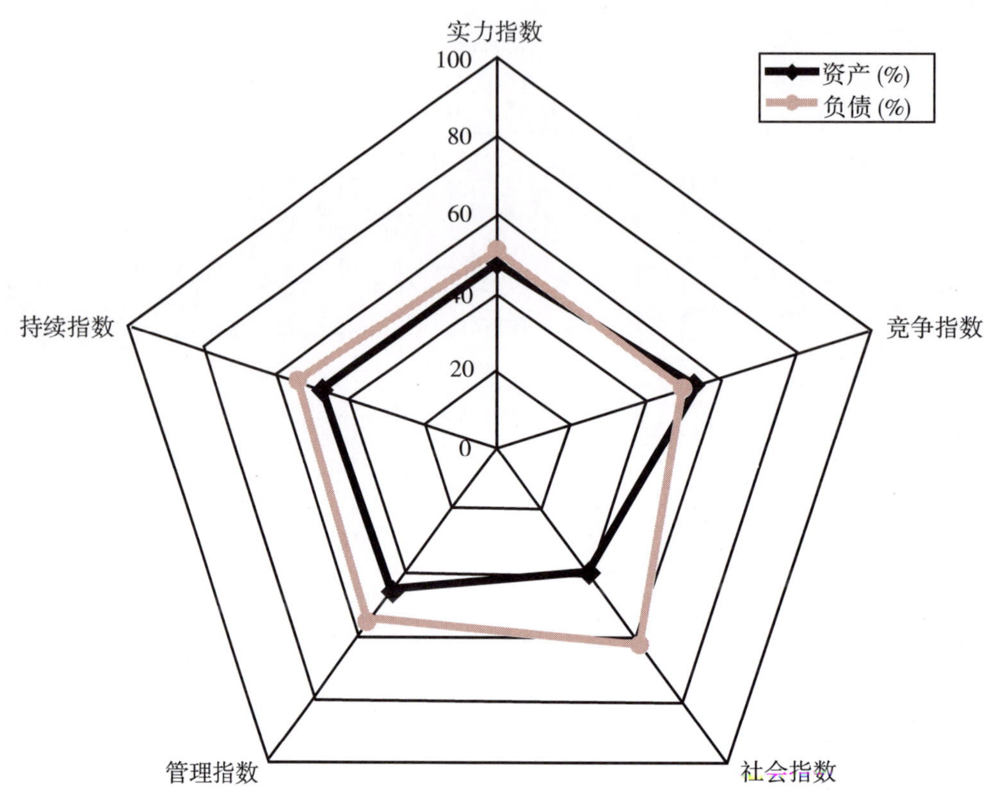

图 21.11　长春市发展能力资产负债图

十二　哈尔滨市发展能力资产负债表分析

1. 一般概况

哈尔滨市总面积53068平方公里，市区面积1660平方公里，建成区面积211平方公里。总人口941.10万人，市区总人口307.39万人，地区非农人口440.89万人。地区国内生产总值11201156万元，市区国内生产总值6336588万元，市区第三产业产值占GDP比重58.08%。市区实际利用外资总额22084万美元，市区固定资产投资总额2417127万元，市区房地产投资总额811300万元。地方财政预算内收入524742万元，地方财政预算内支出660800万元。城乡居民人均储蓄余额20554.86元，人均住房面积14.23平方米，人均园林绿地面积16.78平方米，人均生活用电量434.12千瓦小时，人均铺装道路面积3.90平方米，人均教育经费支出248.88元，每万人拥有高等学校在校学生数523.79人。

现任领导：　市委书记：杨永茂　　市长：石忠信

2. 发展能力的资产负债分析

(1)城市实力指数：在总数21个源指标中，资产累计得分56.6，相对资产53.90%，资产质量系数为2.70，表明资产质量一般。同时，负债累计得分－45.10，相对负债－42.95%，负债质量系数为－2.15，表明负债质量一般。在该大项中，相对净资产为10.95%。

(2)城市竞争指数：在总数29个源指标中，资产累计得分76.9，相对资产53.03%，资产质量系数为2.65，表明资产质量一般。同时，负债累计得分－71.00，相对负债－48.97%，负债质量系数为－2.45，表明负债质量一般。在该大项中，相对净资产为4.07%。

(3)城市社会指数：在总数22个源指标中，资产累计得分65.5，相对资产59.55%，资产质量系数为2.98，表明资产质量一般。同时，负债累计得分－46.70，相对负债－42.45%，负债质量系数为－2.12，表明负债质量一般。在该大项中，相对净资产为17.09%。

(4)城市管理指数：在总数14个源指标中，资产累计得分38.2，相对资产54.57%，资产质量系数为2.73，表明资产质量一般。同时，负债累计得分－33.20，相对负债－47.43%，负债质量系数为－2.37，表明负债质量一般。在该大项中，相对净资产为7.14%。

(5)城市可持续指数：在总数17个源指标中，资产累计得分47.6，相对资产56.00%，资产质量系数为2.80，表明资产质量一般。同时，负债累计得分－39.10，相对负债－46.00%，负债质量系数为－2.30，表明负债质量一般。在该大项中，相对净资产为10.00%。

总计上述五大项，在总数103个源指标中，总资产累计得分284.8，相对总资产55.30%，总资产质量系数为2.77，表明总资产质量一般。同时，总负债累计得分－235.10，相对总负债－45.65%，总负债质量系数为－2.28，表明总负债质量一般。该城市发展能力相对总净资产为9.65%。

表 21.12　哈尔滨市发展能力资产负债表

资产						五大指数	负债					
位次	指标数	占指标总数(%)	指标分值	相对资产(%)	资产质量系数		位次	指标数	占指标总数(%)	指标分值	相对负债(%)	负债质量系数
1-5	0	0.00	0.0	0.00			1-5	0	0.00	0.00	0.00	
6-10	1	4.76	4.4	4.19		实力指数	6-10	1	4.76	-0.70	-0.67	
11-15	5	23.81	18.7	17.81		资产:负债	11-15	5	23.81	-6.80	-6.48	
16-20	5	23.81	16.2	15.43		53.90　42.95	16-20	5	23.81	-3.90	-3.71	
21-25	2	9.52	5.7	5.43		净资产：10.95	21-25	2	9.52	-4.50	-4.29	
26-30	3	14.29	7.2	6.86			26-30	3	14.29	-8.10	-7.71	
31-35	0	0.00	0.0	0.00			31-35	0	0.00	0.00	0.00	
36-40	1	4.76	1.4	1.33			36-40	1	4.76	-3.70	-3.52	
41-45	3	14.29	2.5	2.38			41-45	3	14.29	-12.80	-12.19	
46-50	1	4.76	0.5	0.48			46-50	1	4.76	-4.60	-4.38	
合计	21	100.00	56.6	53.90	2.70	21	合计	21	100.00	-45.10	-42.95	-2.15
1-5	0	0.00	0.0	0.00			1-5	0	0.00	0.00	0.00	
6-10	0	0.00	0.0	0.00		竞争指数	6-10	0	0.00	0.00	0.00	
11-15	7	24.14	26.2	18.07		资产:负债	11-15	7	24.14	-9.50	-6.55	
16-20	8	27.59	26.4	18.21		53.03　48.97	16-20	8	27.59	-14.40	-9.93	
21-25	4	13.79	11.3	7.79		净资产：4.07	21-25	4	13.79	-9.10	-6.28	
26-30	2	6.90	4.7	3.24			26-30	2	6.90	-5.50	-3.79	
31-35	1	3.45	1.9	1.31			31-35	1	3.45	-3.20	-2.21	
36-40	3	10.34	3.9	2.69			36-40	3	10.34	-11.40	-7.86	
41-45	3	10.34	2.0	1.38			41-45	3	10.34	-13.30	-9.17	
46-50	1	3.45	0.5	0.34			46-50	1	3.45	-4.60	-3.17	
合计	29	100.00	76.9	53.03	2.65	29	合计	29	100.00	-71.00	-48.97	-2.45
1-5	0	0.00	0.0	0.00			1-5	0	0.00	0.00	0.00	
6-10	1	4.55	4.5	4.09		社会指数	6-10	1	4.55	-0.60	-0.55	
11-15	5	22.73	18.6	16.91		资产:负债	1115	5	22.73	-6.90	-6.27	
16-20	8	36.36	26.2	23.82		59.55　42.45	16-20	8	36.36	-14.60	-13.27	
21-25	2	9.09	5.7	5.18		净资产：17.09	21-25	2	9.09	-4.50	-4.09	
26-30	2	9.09	4.8	4.36			26-30	2	9.09	-5.40	-4.91	
31-35	3	13.64	4.8	4.36			31-35	3	13.64	-10.50	-9.55	
36-40	0	0.00	0.0	0.00			36-40	0	0.00	0.00	0.00	
41-45	1	4.55	0.9	0.82			41-45	1	4.55	-4.20	-3.82	
46-50	0	0.00	0.0	0.00			46-50	0	0.00	0.00	0.00	
合计	22	100.00	65.5	59.55	2.98	22	合计	22	100.00	-46.70	-42.45	-2.12
1-5	0	0.00	0.0	0.00			1-5	0	0.00	0.00	0.00	
6-10	0	0.00	0.0	0.00		管理指数	6-10	0	0.00	0.00	0.00	
11-15	3	21.43	11.2	16.00		资产:负债	11-15	3	21.43	-4.10	-5.86	
16-20	3	21.43	9.8	14.00		54.57　47.43	16-20	3	21.43	-5.50	-7.86	
21-25	3	21.43	8.1	11.57		净资产：7.14	21-25	3	21.43	-7.20	-10.29	
26-30	2	14.29	4.7	6.71			26-30	2	14.29	-5.50	-7.86	
31-35	2	14.29	3.7	5.29			31-35	2	14.29	-6.50	-9.29	
36-40	0	0.00	0.0	0.00			36-40	0	0.00	0.00	0.00	
41-45	1	7.14	0.7	1.00			41-45	1	7.14	-4.40	-6.29	
46-50	0	0.00	0.0	0.00			46-50	0	0.00	0.00	0.00	
合计	14	100.00	38.2	54.57	2.73	14	合计	14	100.00	-33.20	-47.43	-2.37
1-5	0	0.00	0.0	0.00			1-5	0	0.00	0.00	0.00	
6-10	0	0.00	0.0	0.00		可持续指数	6-10	0	0.00	0.00	0.00	
11-15	3	17.65	11.0	12.94		资产:负债	11-15	3	17.65	-4.30	-5.06	
16-20	6	35.29	20.0	23.53		56.00　46.00	16-20	6	35.29	-10.60	-12.47	
21-25	1	5.88	3.0	3.53		净资产：10.00	21-25	1	5.88	-2.10	-2.47	
26-30	5	29.41	11.3	13.29			26-30	5	29.41	-14.20	-16.71	
31-35	1	5.88	1.9	2.24			31-35	1	5.88	-3.20	-3.76	
36-40	0	0.00	0.0	0.00			36-40	0	0.00	0.00	0.00	
41-45	0	0.00	0.0	0.00			41-45	0	0.00	0.00	0.00	
46-50	1	5.88	0.4	0.47			46-50	1	5.88	-4.70	-5.53	
合计	17	100.00	47.6	56.00	2.80	17	合计	17	100.00	-39.10	-46.00	-2.30
资产总指标数	占指标总数(%)	总资产分值	相对总资产(%)	总资产质量系数		相对总资产:相对总负债 55.30　-45.65	负债总指标数	占指标总数(%)	总负债分值	相对总负债(%)	总负债质量系数	
103	100.00	284.8	55.30	2.77		相对净资产：9.65	103	100.00	-235.10	-45.65	-2.28	

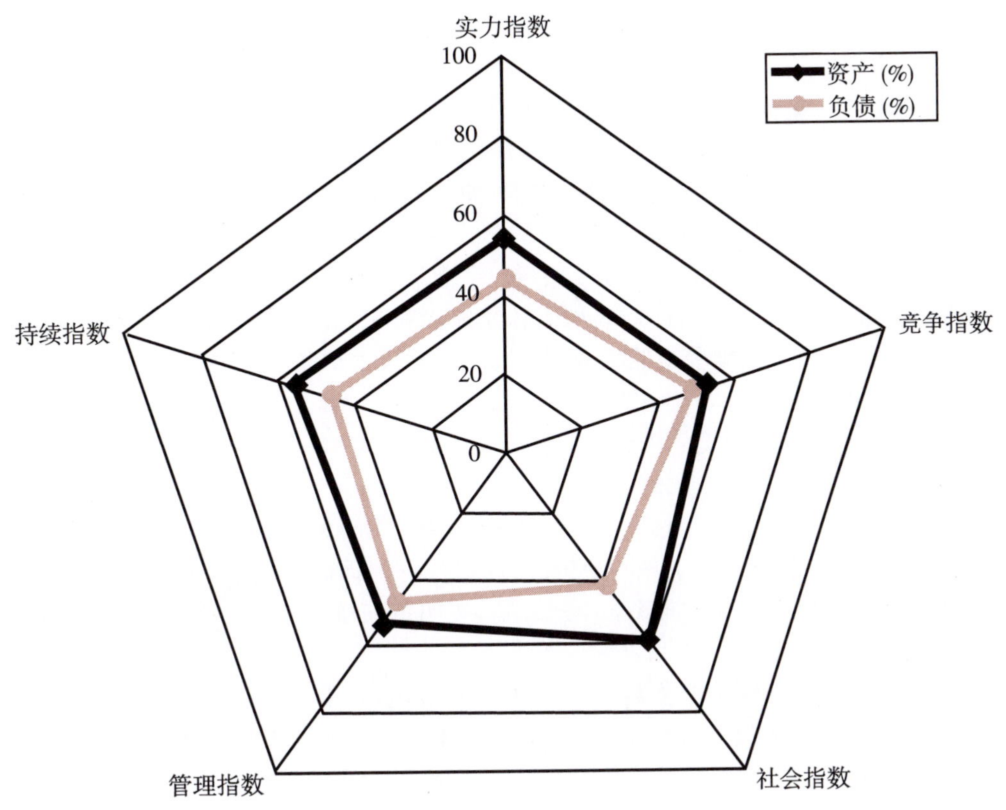

图 21.12　哈尔滨市发展能力资产负债图

十三　大庆市发展能力资产负债表分析

1. 一般概况

大庆市总面积 21209 平方公里，市区面积 5107 平方公里，建成区面积 143 平方公里。总人口 252.09 万人，市区总人口 112.93 万人，地区非农人口 116.06 万人。地区国内生产总值 10778546 万元，市区国内生产总值 10315292 万元，市区第三产业产值占 GDP 比重 8.04%。市区实际利用外资总额 1537 万美元，市区固定资产投资总额 1925717 万元，市区房地产投资总额 234653 万元。地方财政预算内收入 240512 万元，地方财政预算内支出 250440 万元。城乡居民人均储蓄余额 28642.87 元，人均住房面积 21.13 平方米，人均园林绿地面积 48.89 平方米，人均生活用电量 386.27 千瓦小时，人均铺装道路面积 20.69 平方米，人均教育经费支出 108.09 元，每万人拥有高等学校在校学生数 103.59 人。

现任领导：　市委书记：王志斌　市长：盖如垠

2. 发展能力的资产负债分析

(1) 城市实力指数：在总数 21 个源指标中，资产累计得分 64.8，相对资产 61.71%，资产质量系数为 3.09，表明资产质量较好。同时，负债累计得分－42.30，相对负债－40.29%，负债质量系数为－2.01，表明负债质量一般。在该大项中，相对净资产为 21.43%。

(2) 城市竞争指数：在总数 29 个源指标中，资产累计得分 55.8，相对资产 38.48%，资产质量系数为 1.92，表明资产质量较差。同时，负债累计得分－92.10，相对负债－63.52%，负债质量系数为－3.18，表明负债质量较差。在该大项中，相对净资产为－25.03%。

(3) 城市社会指数：在总数 22 个源指标中，资产累计得分 63.4，相对资产 57.64%，资产质量系数为 2.88，表明资产质量一般。同时，负债累计得分－48.80，相对负债－44.36%，负债质量系数为－2.22，表明负债质量一般。在该大项中，相对净资产为 13.27%。

(4) 城市管理指数：在总数 14 个源指标中，资产累计得分 43.0，相对资产 61.43%，资产质量系数为 3.07，表明资产质量较好。同时，负债累计得分－28.40，相对负债－40.57%，负债质量系数为－2.03，表明负债质量一般。在该大项中，相对净资产为 20.86%。

(5) 城市可持续指数：在总数 17 个源指标中，资产累计得分 50.9，相对资产 59.88%，资产质量系数为 2.99，表明资产质量一般。同时，负债累计得分－35.80，相对负债－42.12%，负债质量系数为－2.11，表明负债质量一般。在该大项中，相对净资产为 17.76%。

总计上述五大项，在总数 103 个源指标中，总资产累计得分 277.9，相对总资产 53.96%，总资产质量系数为 2.70，表明总资产质量一般。同时，总负债累计得分－247.40，相对总负债－48.04%，总负债质量系数为－2.40，表明总负债质量一般。该城市发展能力相对总净资产为 5.92%。

表 21.13　大庆市发展能力资产负债表

资　产						五大指数		负　债					
位次	指标数	占指标总数(%)	指标分值	相对资产(%)	资产质量系数			位次	指标数	占指标总数(%)	指标分值	相对负债(%)	负债质量系数
1—5	5	23.81	23.7	22.57		实力指数		1—5	5	23.81	−1.80	−1.71	
6—10	1	4.76	4.5	4.29				6—10	1	4.76	−0.60	−0.57	
11—15	3	14.29	11.6	11.05		资产:负债		11—15	3	14.29	−3.70	−3.52	
16—20	3	14.29	10.2	9.71		61.71	40.29	16—20	3	14.29	−5.10	−4.86	
21—25	2	9.52	5.6	5.33		净资产:	21.43	21—25	2	9.52	−4.60	−4.38	
26—30	1	4.76	2.5	2.38				26—30	1	4.76	−2.60	−2.48	
31—35	2	9.52	3.9	3.71				31—35	2	9.52	−6.30	−6.00	
36—40	1	4.76	1.1	1.05				36—40	1	4.76	−4.00	−3.81	
41—45	2	9.52	1.5	1.43				41—45	2	9.52	−8.70	−8.29	
46—50	1	4.76	0.2	0.19				46—50	1	4.76	−4.90	−4.67	
合计	21	100.00	64.8	61.71	3.09	21		合计	21	100.00	−42.30	−40.29	−2.01
1—5	2	6.90	9.7	6.69		竞争指数		1—5	2	6.90	−0.50	−0.34	
6—10	2	6.90	8.7	6.00				6—10	2	6.90	−1.50	−1.03	
11—15	3	10.34	11.5	7.93		资产:负债		11—15	3	10.34	−3.80	−2.62	
16—20	2	6.90	6.8	4.69		38.48	63.52	16—20	2	6.90	−3.40	−2.34	
21—25	1	3.45	3.0	2.07		净资产:	−25.03	21—25	1	3.45	−2.10	−1.45	
26—30	3	10.34	6.7	4.62				26—30	3	10.34	−8.60	−5.93	
31—35	0	0.00	0.0	0.00				31—35	0	0.00	0.00	0.00	
36—40	3	10.34	3.5	2.41				36—40	3	10.34	−11.80	−8.14	
41—45	4	13.79	3.3	2.28				41—45	4	13.79	−17.10	−11.79	
46—50	9	31.03	2.6	1.79				46—50	9	31.03	−43.30	−29.86	
合计	29	100.00	55.8	38.48	1.92	29		合计	29	100.00	−92.10	−63.52	−3.18
1—5	1	4.55	4.6	4.18		社会指数		1—5	1	4.55	−0.50	−0.45	
6—10	3	13.64	12.5	11.36				6—10	3	13.64	−2.80	−2.55	
11—15	2	9.09	8.0	7.27		资产:负债		11—15	2	9.09	−2.20	−2.00	
16—20	4	18.18	12.9	11.73		57.64	44.36	16—20	4	18.18	−7.50	−6.82	
21—25	6	27.27	16.8	15.27		净资产:	13.27	21—25	6	27.27	−13.80	−12.55	
26—30	2	9.09	4.7	4.27				26—30	2	9.09	−5.50	−5.00	
31—35	0	0.00	0.0	0.00				31—35	0	0.00	0.00	0.00	
36—40	2	9.09	2.5	2.27				36—40	2	9.09	−7.70	−7.00	
41—45	1	4.55	0.9	0.82				41—45	1	4.55	−4.20	−3.82	
46—50	1	4.55	0.5	0.45				46—50	1	4.55	−4.60	−4.18	
合计	22	100.00	63.4	57.64	2.88	22		合计	22	100.00	−48.80	−44.36	−2.22
1—5	4	28.57	19.5	27.86		管理指数		1—5	4	28.57	−0.90	−1.29	
6—10	1	7.14	4.1	5.86				6—10	1	7.14	−1.00	−1.43	
11—15	1	7.14	3.8	5.43		资产:负债		11—15	1	7.14	−1.30	−1.86	
16—20	2	14.29	6.8	9.71		61.43	40.57	16—20	2	14.29	−3.40	−4.86	
21—25	1	7.14	3.0	4.29		净资产:	20.86	21—25	1	7.14	−2.10	−3.00	
26—30	1	7.14	2.3	3.29				26—30	1	7.14	−2.80	−4.00	
31—35	1	7.14	1.9	2.71				31—35	1	7.14	−3.20	−4.57	
36—40	1	7.14	1.2	1.71				36—40	1	7.14	−3.90	−5.57	
41—45	0	0.00	0.0	0.00				41—45	0	0.00	0.00	0.00	
46—50	2	14.29	0.4	0.57				46—50	2	14.29	−9.80	−14.00	
合计	14	100.00	43.0	61.43	3.07	14		合计	14	100.00	−28.40	−40.57	−2.03
1—5	2	11.76	9.3	10.94		可持续指数		1—5	2	11.76	−0.90	−1.06	
6—10	4	23.53	17.6	20.71				6—10	4	23.53	−2.80	−3.29	
11—15	1	5.88	3.6	4.24		资产:负债		11—15	1	5.88	−1.50	−1.76	
16—20	3	17.65	9.4	11.06		59.88	42.12	16—20	3	17.65	−5.90	−6.94	
21—25	2	11.76	5.8	6.82		净资产:	17.76	21—25	2	11.76	−4.40	−5.18	
26—30	1	5.88	2.1	2.47				26—30	1	5.88	−3.00	−3.53	
31—35	0	0.00	0.0	0.00				31—35	0	0.00	0.00	0.00	
36—40	1	5.88	1.3	1.53				36—40	1	5.88	−3.80	−4.47	
41—45	1	5.88	1.0	1.18				41—45	1	5.88	−4.10	−4.82	
46—50	2	11.76	0.8	0.94				46—50	2	11.76	−9.40	−11.06	
合计	17	100.00	50.9	59.88	2.99	17		合计	17	100.00	−35.80	−42.12	−2.11
资产总指标数		占指标总数(%)	总资产分值	相对总资产(%)	总资产质量系数	相对总资产:相对总负债 53.96	−48.04	负债总指标数		占指标总数(%)	总负债分值	相对总负债(%)	总负债质量系数
103		100.00	277.9	53.96	2.70	相对净资产:	5.92	103		100.00	−247.40	−48.04	−2.40

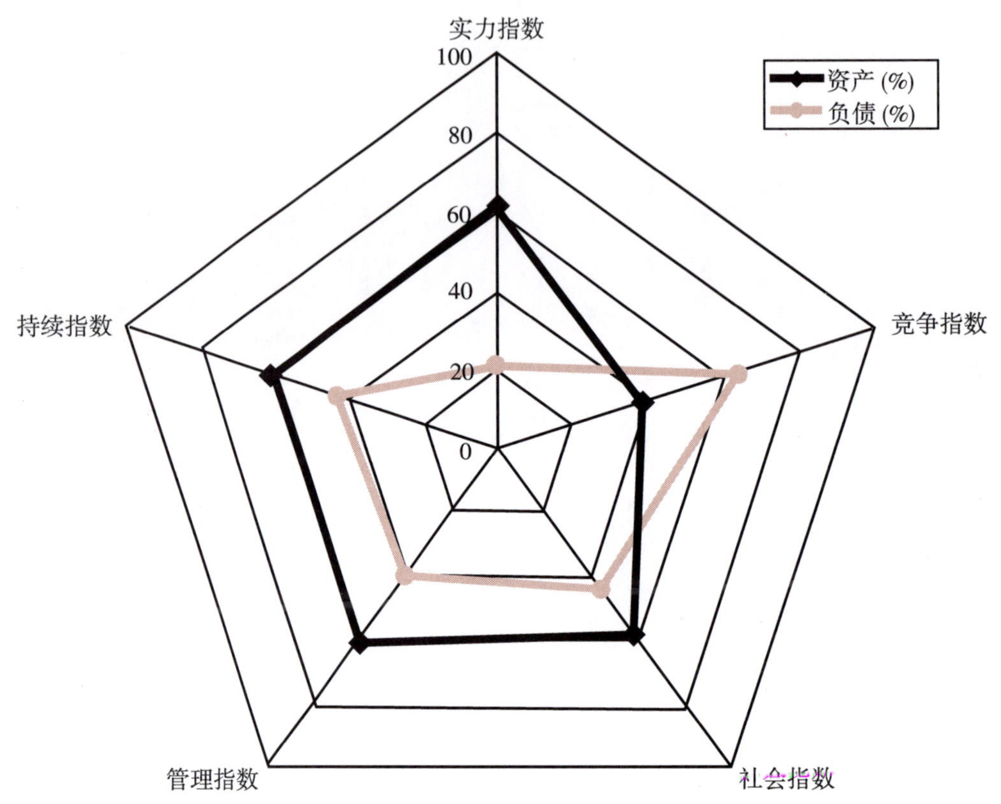

图 21.13　大庆市发展能力资产负债图

十四　上海市发展能力资产负债表分析

1. 一般概况

上海市总面积 6341 平方公里，市区面积 3924 平方公里，建成区面积 550 平方公里。总人口 1327.14 万人，市区总人口 1262.41 万人，地区非农人口 999.07 万人。地区国内生产总值 49508400 万元，市区国内生产总值 48930100 万元，市区第三产业产值占 GDP 比重 50.85%。市区实际利用外资总额 438547 万美元，市区固定资产投资总额 18132746 万元，市区房地产投资总额 6307331 万元。地方财政预算内收入 6138500 万元，地方财政预算内支出 7154400 万元。城乡居民人均储蓄余额 22035.79元，人均住房面积 17.3 平方米，人均园林绿地面积 11.7 平方米，人均生活用电量 475.07 千瓦小时，人均铺装道路面积 10.62 平方米，人均教育经费支出 789.60元，每万人拥有高等学校在校学生数 221.77 人。

现任领导：　市委书记：陈良宇　　市长：韩正

2. 发展能力的资产负债分析

(1)城市实力指数：在总数 21 个源指标中，资产累计得分 100.3，相对资产 95.52%，资产质量系数为 4.78，表明资产质量优良。同时，负债累计得分－6.80，相对负债－6.48%，负债质量系数为－0.32，表明负债质量优良。在该大项中，相对净资产为 89.05%。

(2)城市竞争指数：在总数 29 个源指标中，资产累计得分 140.4，相对资产 96.83%，资产质量系数为 4.84，表明资产质量优良。同时，负债累计得分－7.50，相对负债－5.17%，负债质量系数为－0.26，表明负债质量优良。在该大项中，相对净资产为 91.66%。

(3)城市社会指数：在总数 22 个源指标中，资产累计得分 103.0，相对资产 93.64%，资产质量系数为 4.68，表明资产质量优良。同时，负债累计得分－9.20，相对负债－8.36%，负债质量系数为－0.42，表明负债质量优良。在该大项中，相对净资产为 85.27%。

(4)城市管理指数：在总数 14 个源指标中，资产累计得分 67.4，相对资产 96.29%，资产质量系数为 4.81，表明资产质量优良。同时，负债累计得分－4.00，相对负债－5.71%，负债质量系数为－0.29，表明负债质量优良。在该大项中，相对净资产为 90.57%。

(5)城市可持续指数：在总数 17 个源指标中，资产累计得分 73.5，相对资产 86.47%，资产质量系数为 4.32，表明资产质量优良。同时，负债累计得分－13.20，相对负债－15.53%，负债质量系数为－0.78，表明负债质量优良。在该大项中，相对净资产为 70.94%。

总计上述五大项，在总数 103 个源指标中，总资产累计得分 484.6，相对总资产 94.10%，总资产质量系数为 4.70，表明总资产质量优良。同时，总负债累计得分－40.70，相对总负债－7.90%，总负债质量系数为－0.40，表明总负债质量优良。该城市发展能力相对总净资产为 86.19%。

表 21.14　上海市发展能力资产负债表

资产						五大指数	负债					
位次	指标数	占指标总数(%)	指标分值	相对资产(%)	资产质量系数		位次	指标数	占指标总数(%)	指标分值	相对负债(%)	负债质量系数
1—5	19	90.48	94.0	89.52		实力指数	1—5	19	90.48	−2.90	−2.76	
6—10	0	0.00	0.0	0.00			6—10	0	0.00	0.00	0.00	
11—15	0	0.00	0.0	0.00		资产:负债	11—15	0	0.00	0.00	0.00	
16—20	2	9.52	6.3	6.00		95.52　6.48	16—20	2	9.52	−3.90	−3.71	
21—25	0	0.00	0.0	0.00		净资产：89.05	21—25	0	0.00	0.00	0.00	
26—30	0	0.00	0.0	0.00			26—30	0	0.00	0.00	0.00	
31—35	0	0.00	0.0	0.00			31—35	0	0.00	0.00	0.00	
36—40	0	0.00	0.0	0.00			36—40	0	0.00	0.00	0.00	
41—45	0	0.00	0.0	0.00			41—45	0	0.00	0.00	0.00	
46—50	0	0.00	0.0	0.00			46—50	0	0.00	0.00	0.00	
合计	21	100.00	100.3	95.52	4.78	21	合计	21	100.00	−6.80	−6.48	−0.32
1—5	27	93.10	132.7	91.52		竞争指数	1—5	27	93.10	−5.00	−3.45	
6—10	1	3.45	4.3	2.97			6—10	1	3.45	−0.80	−0.55	
11—15	0	0.00	0.0	0.00		资产:负债	11—15	0	0.00	0.00	0.00	
16—20	1	3.45	3.4	2.34		96.83　5.17	16—20	1	3.45	−1.70	−1.17	
21—25	0	0.00	0.0	0.00		净资产：91.66	21—25	0	0.00	0.00	0.00	
26—30	0	0.00	0.0	0.00			26—30	0	0.00	0.00	0.00	
31—35	0	0.00	0.0	0.00			31—35	0	0.00	0.00	0.00	
36—40	0	0.00	0.0	0.00			36—40	0	0.00	0.00	0.00	
41—45	0	0.00	0.0	0.00			41—45	0	0.00	0.00	0.00	
46—50	0	0.00	0.0	0.00			46—50	0	0.00	0.00	0.00	
合计	29	100.00	140.4	96.83	4.84	29	合计	29	100.00	−7.50	−5.17	−0.26
1—5	20	90.91	98.6	89.64		社会指数	1—5	20	90.91	−3.40	−3.09	
6—10	1	4.55	4.3	3.91			6—10	1	4.55	−0.80	−0.73	
11—15	0	0.00	0.0	0.00		资产:负债	11—15	0	0.00	0.00	0.00	
16—20	0	0.00	0.0	0.00		93.64　8.36	16—20	0	0.00	0.00	0.00	
21—25	0	0.00	0.0	0.00		净资产：85.27	21—25	0	0.00	0.00	0.00	
26—30	0	0.00	0.0	0.00			26—30	0	0.00	0.00	0.00	
31—35	0	0.00	0.0	0.00			31—35	0	0.00	0.00	0.00	
36—40	0	0.00	0.0	0.00			36—40	0	0.00	0.00	0.00	
41—45	0	0.00	0.0	0.00			41—45	0	0.00	0.00	0.00	
46—50	1	4.55	0.1	0.09			46—50	1	4.55	−5.00	−4.55	
合计	22	100.00	103.0	93.64	4.68	22	合计	22	100.00	−9.20	−8.36	−0.42
1—5	12	85.71	59.3	84.71		管理指数	1—5	12	85.71	−1.90	−2.71	
6—10	1	7.14	4.3	6.14			6—10	1	7.14	−0.80	−1.14	
11—15	1	7.14	3.8	5.43		资产:负债	11—15	1	7.14	−1.30	−1.86	
16—20	0	0.00	0.0	0.00		96.29　5.71	16—20	0	0.00	0.00	0.00	
21—25	0	0.00	0.0	0.00		净资产：90.57	21—25	0	0.00	0.00	0.00	
26—30	0	0.00	0.0	0.00			26—30	0	0.00	0.00	0.00	
31—35	0	0.00	0.0	0.00			31—35	0	0.00	0.00	0.00	
36—40	0	0.00	0.0	0.00			36—40	0	0.00	0.00	0.00	
41—45	0	0.00	0.0	0.00			41—45	0	0.00	0.00	0.00	
46—50	0	0.00	0.0	0.00			46—50	0	0.00	0.00	0.00	
合计	14	100.00	67.4	96.29	4.81	14	合计	14	100.00	−4.00	−5.71	−0.29
1—5	14	82.35	69.0	81.18		可持续指数	1—5	14	82.35	−2.40	−2.82	
6—10	0	0.00	0.0	0.00			6—10	0	0.00	0.00	0.00	
11—15	0	0.00	0.0	0.00		资产:负债	11—15	0	0.00	0.00	0.00	
16—20	1	5.88	3.2	3.76		86.47　15.53	16—20	1	5.88	−1.90	−2.24	
21—25	0	0.00	0.0	0.00		净资产：70.94	21—25	0	0.00	0.00	0.00	
26—30	0	0.00	0.0	0.00			26—30	0	0.00	0.00	0.00	
31—35	0	0.00	0.0	0.00			31—35	0	0.00	0.00	0.00	
36—40	0	0.00	0.0	0.00			36—40	0	0.00	0.00	0.00	
41—45	1	5.88	0.8	0.94			41—45	1	5.88	−4.30	−5.06	
46—50	1	5.88	0.5	0.59			46—50	1	5.88	−4.60	−5.41	
合计	17	100.00	73.5	86.47	4.32	17	合计	17	100.00	−13.20	−15.53	−0.78
资产总指标数		占指标总数(%)	总资产分值	相对总资产(%)	总资产质量系数	相对总资产:相对总负债 94.10　−7.90	负债总指标数		占指标总数(%)	总负债分值	相对总负债(%)	总负债质量系数
103		100.00	484.6	94.10	4.70	相对净资产：86.19	103		100.00	−40.70	−7.90	−0.40

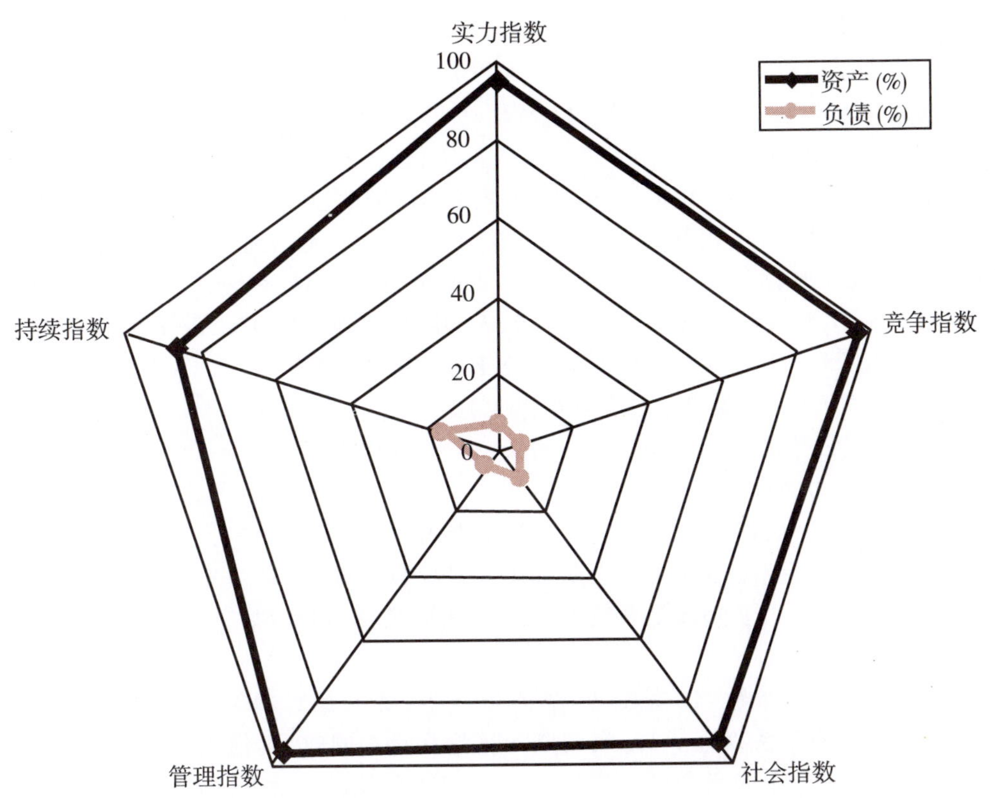

图 21.14　上海市发展能力资产负债图

十五　南京市发展能力资产负债表分析

1. 一般概况

南京市总面积6598平方公里，市区面积2599平方公里，建成区面积212平方公里。总人口553.04万人，市区总人口371.89万人，地区非农人口323.86万人。地区国内生产总值11503034万元，市区国内生产总值9817597万元，市区第三产业产值占GDP比重49.4%。市区实际利用外资总额85134万美元，市区固定资产投资总额3681075万元，市区房地产投资总额1067948万元。地方财政预算内收入1016425万元，地方财政预算内支出1025635万元。城乡居民人均储蓄余额17408.26元，人均住房面积15.48平方米，人均园林绿地面积97.2平方米，人均生活用电量433.04千瓦小时，人均铺装道路面积12.28平方米，人均教育经费支出291.56元，每万人拥有高等学校在校学生数747.41人。

现任领导：　市委书记：罗志军　市长：蒋宏坤(代市长)

2. 发展能力的资产负债分析

(1)城市实力指数：在总数21个源指标中，资产累计得分84.8，相对资产80.76%，资产质量系数为4.04，表明资产质量优良。同时，负债累计得分－22.30，相对负债－21.24%，负债质量系数为－1.06，表明负债质量较好。在该大项中，相对净资产为59.52%。

(2)城市竞争指数：在总数29个源指标中，资产累计得分121.5，相对资产83.79%，资产质量系数为4.19，表明资产质量优良。同时，负债累计得分－26.40，相对负债－18.21%，负债质量系数为－0.91，表明负债质量优良。在该大项中，相对净资产为65.59%。

(3)城市社会指数：在总数22个源指标中，资产累计得分88.3，相对资产80.27%，资产质量系数为4.01，表明资产质量优良。同时，负债累计得分－23.90，相对负债－21.73%，负债质量系数为－1.09，表明负债质量较好。在该大项中，相对净资产为58.55%。

(4)城市管理指数：在总数14个源指标中，资产累计得分56.3，相对资产80.43%，资产质量系数为4.02，表明资产质量优良。同时，负债累计得分－15.10，相对负债－21.57%，负债质量系数为－1.08，表明负债质量较好。在该大项中，相对净资产为58.86%。

(5)城市可持续指数：在总数17个源指标中，资产累计得分71.8，相对资产84.47%，资产质量系数为4.22，表明资产质量优良。同时，负债累计得分－14.90，相对负债－17.53%，负债质量系数为－0.88，表明负债质量优良。在该大项中，相对净资产为66.94%。

总计上述五大项，在总数103个源指标中，总资产累计得分422.7，相对总资产82.08%，总资产质量系数为4.10，表明总资产质量优良。同时，总负债累计得分－102.60，相对总负债－19.92%，总负债质量系数为－1.00，表明总负债质量较好。该城市发展能力相对总净资产为62.16%。

表 21.15　南京市发展能力资产负债表

资　产						五大指数		负　债					
位次	指标数	占指标总数(%)	指标分值	相对资产(%)	资产质量系数			位次	指标数	占指标总数(%)	指标分值	相对负债(%)	负债质量系数
1—5	1	4.76	4.7	4.48		实力指数		1—5	1	4.76	−0.40	−0.38	
6—10	12	57.14	52.4	49.90				6—10	12	57.14	−8.80	−8.38	
11—15	5	23.81	19.6	18.67		资产:负债		11—15	5	23.81	−5.90	−5.62	
16—20	2	9.52	6.9	6.57		80.76	21.24	16—20	2	9.52	−3.30	−3.14	
21—25	0	0.00	0.0	0.00		净资产:	59.52	21—25	0	0.00	0.00	0.00	
26—30	0	0.00	0.0	0.00				26—30	0	0.00	0.00	0.00	
31—35	0	0.00	0.0	0.00				31—35	0	0.00	0.00	0.00	
36—40	1	4.76	1.2	1.14				36—40	1	4.76	−3.90	−3.71	
41—45	0	0.00	0.0	0.00				41—45	0	0.00	0.00	0.00	
46—50	0	0.00	0.0	0.00				46—50	0	0.00	0.00	0.00	
合计	21	100.00	84.8	80.76	4.04	21		合计	21	100.00	−22.30	−21.24	−1.06
1—5	4	13.79	19.3	13.31		竞争指数		1—5	4	13.79	−1.10	−0.76	
6—10	14	48.28	60.2	41.52				6—10	14	48.28	−11.20	−7.72	
11—15	10	34.48	39.0	26.90		资产:负债		11—15	10	34.48	−12.00	−8.28	
16—20	0	0.00	0.0	0.00		4.19	18.21	16—20	0	0.00	0.00	0.00	
21—25	1	3.45	3.0	2.07		净资产:	65.59	21—25	1	3.45	−2.10	−1.45	
26—30	0	0.00	0.0	0.00				26—30	0	0.00	0.00	0.00	
31—35	0	0.00	0.0	0.00				31—35	0	0.00	0.00	0.00	
36—40	0	0.00	0.0	0.00				36—40	0	0.00	0.00	0.00	
41—45	0	0.00	0.0	0.00				41—45	0	0.00	0.00	0.00	
46—50	0	0.00	0.0	0.00				46—50	0	0.00	0.00	0.00	
合计	29	100.00	121.5	83.79	4.19	29		合计	29	100.00	−26.40	−18.21	−0.91
1—5	0	0.00	0.0	0.00		社会指数		1—5	0	0.00	0.00	0.00	
6—10	12	54.55	52.9	48.09				6—10	12	54.55	−8.30	−7.55	
11—15	6	27.27	23.2	21.09		资产:负债		11—15	6	27.27	−7.40	−6.73	
16—20	3	13.64	9.9	9.00		80.27	21.73	16—20	3	13.64	−5.40	−4.91	
21—25	0	0.00	0.0	0.00		净资产:	58.55	21—25	0	0.00	0.00	0.00	
26—30	1	4.55	2.3	2.09				26—30	1	4.55	−2.80	−2.55	
31—35	0	0.00	0.0	0.00				31—35	0	0.00	0.00	0.00	
36—40	0	0.00	0.0	0.00				36—40	0	0.00	0.00	0.00	
41—45	0	0.00	0.0	0.00				41—45	0	0.00	0.00	0.00	
46—50	0	0.00	0.0	0.00				46—50	0	0.00	0.00	0.00	
合计	22	100.00	88.3	80.27	4.01	22		合计	22	100.00	−23.90	−21.73	−1.09
1—5	1	7.14	4.7	6.71		管理指数		1—5	1	7.14	−0.40	−0.57	
6—10	9	64.29	39.2	56.00				6—10	9	64.29	−6.70	−9.57	
11—15	1	7.14	4.0	5.71		资产:负债		11—15	1	7.14	−1.10	−1.57	
16—20	2	14.29	6.4	9.14		80.43	21.57	16—20	2	14.29	−3.80	−5.43	
21—25	0	0.00	0.0	0.00		净资产:	58.86	21—25	0	0.00	0.00	0.00	
26—30	0	0.00	0.0	0.00				26—30	0	0.00	0.00	0.00	
31—35	1	7.14	2.0	2.86				31—35	1	7.14	−3.10	−4.43	
36—40	0	0.00	0.0	0.00				36—40	0	0.00	0.00	0.00	
41—45	0	0.00	0.0	0.00				41—45	0	0.00	0.00	0.00	
46—50	0	0.00	0.0	0.00				46—50	0	0.00	0.00	0.00	
合计	14	100.00	56.3	80.43	4.02	14		合计	14	100.00	−15.10	−21.57	−1.08
1—5	3	17.65	14.1	16.59		可持续指数		1—5	3	17.65	−1.20	−1.41	
6—10	11	64.71	47.0	55.29				6—10	11	64.71	−9.10	−10.71	
11—15	2	11.76	7.6	8.94		资产:负债		11—15	2	11.76	−2.60	−3.06	
16—20	1	5.88	3.1	3.65		84.47	17.53	16—20	1	5.88	−2.00	−2.35	
21—25	0	0.00	0.0	0.00		净资产:	66.94	21—25	0	0.00	0.00	0.00	
26—30	0	0.00	0.0	0.00				26—30	0	0.00	0.00	0.00	
31—35	0	0.00	0.0	0.00				31—35	0	0.00	0.00	0.00	
36—40	0	0.00	0.0	0.00				36—40	0	0.00	0.00	0.00	
41—45	0	0.00	0.0	0.00				41—45	0	0.00	0.00	0.00	
46—50	0	0.00	0.0	0.00				46—50	0	0.00	0.00	0.00	
合计	17	100.00	71.8	84.47	4.22	17		合计	17	100.00	−14.90	−17.53	−0.88
资产总指标数		占指标总数(%)	总资产分值	相对总资产(%)	总资产质量系数	相对总资产:相对总负债		负债总指标数		占指标总数(%)	总负债分值	相对总负债(%)	总负债质量系数
						82.08	−19.92						
103		100.00	422.7	82.08	4.10	相对净资产:	62.16	103		100.00	−102.60	−19.92	−1.00

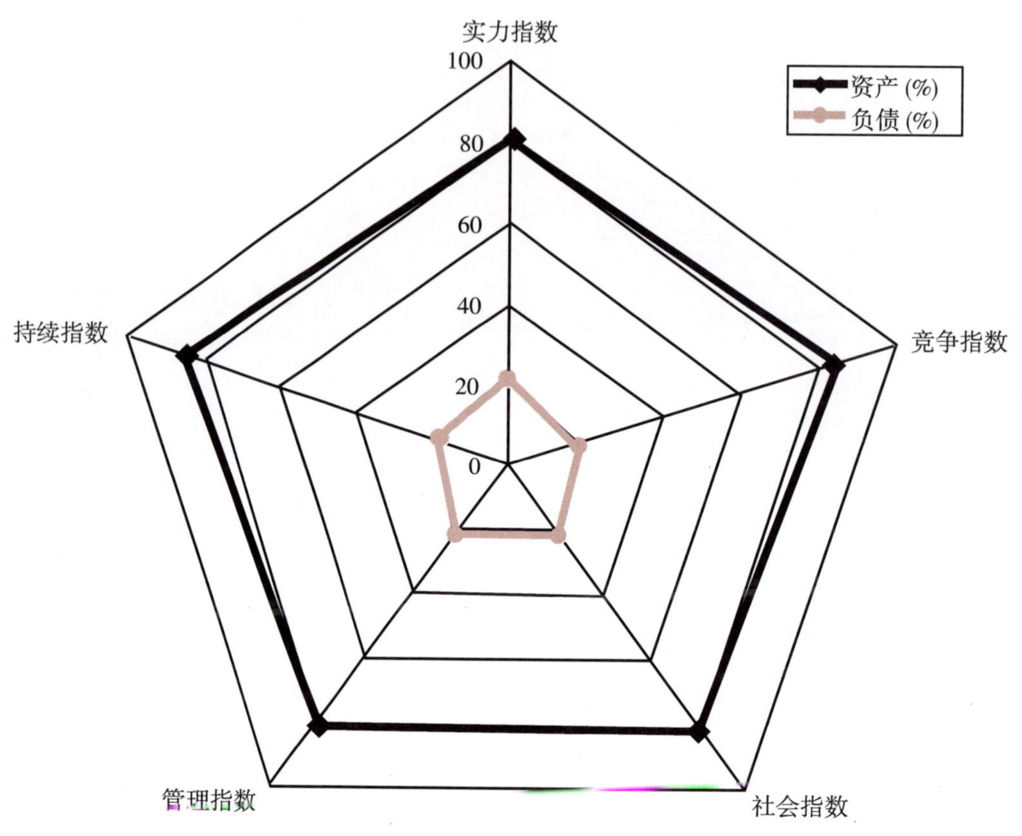

图 21.15　南京市发展能力资产负债图

十六　无锡市发展能力资产负债表分析

1. 一般概况

无锡市总面积 4650 平方公里，市区面积 1631 平方公里，建成区面积 164 平方公里。总人口 435.90 万人，市区总人口 213.07 万人，地区非农人口 182.77 万人。地区国内生产总值 13601059 万元，市区国内生产总值 8005606 万元，市区第三产业产值占 GDP 比重 44.3%。市区实际利用外资总额 88575 万美元，市区固定资产投资总额 1774341 万元，市区房地产投资总额 356814 万元。地方财政预算内收入 501751 万元，地方财政预算内支出 476478 万元。城乡居民人均储蓄余额 18770.24 元，人均住房面积 35.02 平方米，人均园林绿地面积 47.18 平方米，人均生活用电量 402.09 千瓦小时，人均铺装道路面积 16.71 平方米，人均教育经费支出 320.40 元，每万人拥有高等学校在校学生数 153.44 人。

现任领导：　市委书记：王荣　　市长：王荣

2. 发展能力的资产负债分析

(1)城市实力指数：在总数 21 个源指标中，资产累计得分 64.4，相对资产 61.33%，资产质量系数为 3.07，表明资产质量较好。同时，负债累计得分－40.90，相对负债－38.95%，负债质量系数为－1.95，表明负债质量较好。在该大项中，相对净资产为 22.38%。

(2)城市竞争指数：在总数 29 个源指标中，资产累计得分 72.6，相对资产 50.07%，资产质量系数为 2.50，表明资产质量一般。同时，负债累计得分－75.30，相对负债－51.93%，负债质量系数为－2.60，表明负债质量一般。在该大项中，相对净资产为－1.86%。

(3)城市社会指数：在总数 22 个源指标中，资产累计得分 56.7，相对资产 51.55%，资产质量系数为 2.58，表明资产质量一般。同时，负债累计得分－55.50，相对负债－50.45%，负债质量系数为－2.52，表明负债质量一般。在该大项中，相对净资产为 1.09%。

(4)城市管理指数：在总数 14 个源指标中，资产累计得分 42.7，相对资产 61.00%，资产质量系数为 3.05，表明资产质量较好。同时，负债累计得分－28.70，相对负债－41.00%，负债质量系数为－2.05，表明负债质量一般。在该大项中，相对净资产为 20.00%。

(5)城市可持续指数：在总数 17 个源指标中，资产累计得分 44.9，相对资产 52.82%，资产质量系数为 2.64，表明资产质量一般。同时，负债累计得分－41.80，相对负债－49.18%，负债质量系数为－2.46，表明负债质量一般。在该大项中，相对净资产为 3.65%。

总计上述五大项，在总数 103 个源指标中，总资产累计得分 281.3，相对总资产 54.62%，总资产质量系数为 2.73，表明总资产质量一般。同时，总负债累计得分－242.20，相对总负债－47.03%，总负债质量系数为－2.35，表明总负债质量一般。该城市发展能力相对总净资产为 7.59%。

表 21.16 无锡市发展能力资产负债表

资产						五大指数	负债					
位次	指标数	占指标总数(%)	指标分值	相对资产(%)	资产质量系数		位次	指标数	占指标总数(%)	指标分值	相对负债(%)	负债质量系数
1—5	1	4.76	4.8	4.57		实力指数	1—5	1	4.76	−0.30	−0.29	
6—10	1	4.76	4.4	4.19			6—10	1	4.76	−0.70	−0.67	
11—15	3	14.29	11.4	10.86		资产:负债	11—15	3	14.29	−3.90	−3.71	
16—20	5	23.81	17.2	16.38		61.33 38.95	16—20	5	23.81	−6.50	−6.19	
21—25	6	28.57	16.2	15.43		净资产: 22.38	21—25	6	28.57	−14.40	−13.71	
26—30	3	14.29	7.2	6.86			26—30	3	14.29	−8.10	−7.71	
31—35	1	4.76	1.9	1.81			31—35	1	4.76	−3.20	−3.05	
36—40	1	4.76	1.3	1.24			36—40	1	4.76	−3.80	−3.62	
41—45	0	0.00	0.0	0.00			41—45	0	0.00	0.00	0.00	
46—50	0	0.00	0.0	0.00			46—50	0	0.00	0.00	0.00	
合计	21	100.00	64.4	61.33	3.07	21	合计	21	100.00	−40.90	−38.95	−1.95
1—5	0	0.00	0.0	0.00		竞争指数	1—5	0	0.00	0.00	0.00	
6—10	3	10.34	12.8	8.83			6—10	3	10.34	−2.50	−1.72	
11—15	3	10.34	11.1	7.66		资产:负债	11—15	3	10.34	−4.20	−2.90	
16—20	4	13.79	13.3	9.17		50.07 51.93	16—20	4	13.79	−7.10	−4.90	
21—25	3	10.34	8.6	5.93		净资产: −1.86	21—25	3	10.34	−6.70	−4.62	
26—30	5	17.24	11.7	8.07			26—30	5	17.24	−13.80	−9.52	
31—35	6	20.69	11.2	7.72			31—35	6	20.69	−19.40	−13.38	
36—40	2	6.90	2.4	1.66			36—40	2	6.90	−7.80	−5.38	
41—45	1	3.45	0.7	0.48			41—45	1	3.45	−4.40	−3.03	
46—50	2	6.90	0.8	0.55			46—50	2	6.90	−9.40	−6.48	
合计	29	100.00	72.6	50.07	2.50	29	合计	29	100.00	−75.30	−51.93	−2.60
1—5	1	4.55	4.6	4.18		社会指数	1—5	1	4.55	−0.50	−0.45	
6—10	0	0.00	0.0	0.00			6—10	0	0.00	0.00	0.00	
11—15	0	0.00	0.0	0.00		资产:负债	11—15	0	0.00	0.00	0.00	
16—20	7	31.82	23.8	21.64		51.55 50.45	16—20	7	31.82	−11.90	−10.82	
21—25	6	27.27	16.7	15.18		净资产: 1.09	21—25	6	27.27	−13.90	−12.64	
26—30	2	9.09	4.8	4.36			26—30	2	9.09	−5.40	−4.91	
31—35	2	9.09	3.5	3.18			31—35	2	9.09	−6.70	−6.09	
36—40	2	9.09	2.5	2.27			36—40	2	9.09	−7.70	−7.00	
41—45	1	4.55	0.6	0.55			41—45	1	4.55	−4.50	−4.09	
46—50	1	4.55	0.2	0.18			46—50	1	4.55	−4.90	−4.45	
合计	22	100.00	56.7	51.55	2.58	22	合计	22	100.00	−55.50	−50.45	−2.52
1—5	1	7.14	4.8	6.86		管理指数	1—5	1	7.14	−0.30	−0.43	
6—10	3	21.43	13.0	18.57			6—10	3	21.43	−2.30	−3.29	
11—15	1	7.14	3.8	5.43		资产:负债	11—15	1	7.14	−1.30	−1.86	
16—20	4	28.57	13.5	19.29		61.00 41.00	16—20	4	28.57	−6.90	−9.86	
21—25	0	0.00	0.0	0.00		净资产: 20.00	21—25	0	0.00	0.00	0.00	
26—30	1	7.14	2.2	3.14			26—30	1	7.14	−2.90	−4.14	
31—35	2	14.29	3.8	5.43			31—35	2	14.29	−6.40	−9.14	
36—40	1	7.14	1.4	2.00			36—40	1	7.14	−3.70	−5.29	
41—45	0	0.00	0.0	0.00			41—45	0	0.00	0.00	0.00	
46—50	1	7.14	0.2	0.29			46—50	1	7.14	−4.90	−7.00	
合计	14	100.00	42.7	61.00	3.05	14	合计	14	100.00	−28.70	−41.00	−2.05
1—5	0	0.00	0.0	0.00		可持续指数	1—5	0	0.00	0.00	0.00	
6—10	1	5.88	4.3	5.06			6—10	1	5.88	−0.80	−0.94	
11—15	1	5.88	3.7	4.35		资产:负债	11—15	1	5.88	−1.40	−1.65	
16—20	3	17.65	9.7	11.41		52.82 49.18	16—20	3	17.65	−5.60	−6.59	
21—25	5	29.41	14.1	16.59		净资产: 3.65	21—25	5	29.41	−11.40	−13.41	
26—30	3	17.65	6.7	7.88			26—30	3	17.65	−8.60	−10.12	
31—35	2	11.76	3.8	4.47			31—35	2	11.76	−6.40	−7.53	
36—40	2	11.76	2.6	3.06			36—40	2	11.76	−7.60	−8.94	
41—45	0	0.00	0.0	0.00			41—45	0	0.00	0.00	0.00	
46—50	0	0.00	0.0	0.00			46—50	0	0.00	0.00	0.00	
合计	17	100.00	44.9	52.82	2.64	17	合计	17	100.00	−41.80	−49.80	−2.46
资产总指标数		占指标总数(%)	总资产分值	相对总资产(%)	总资产质量系数	相对总资产:相对总负债 54.62 −47.03	负债总指标数		占指标总数(%)	总负债分值	相对总负债(%)	总负债质量系数
103		100.00	281.3	54.62	2.73	相对净资产: 7.59	103		100.00	−242.20	−47.03	−2.35

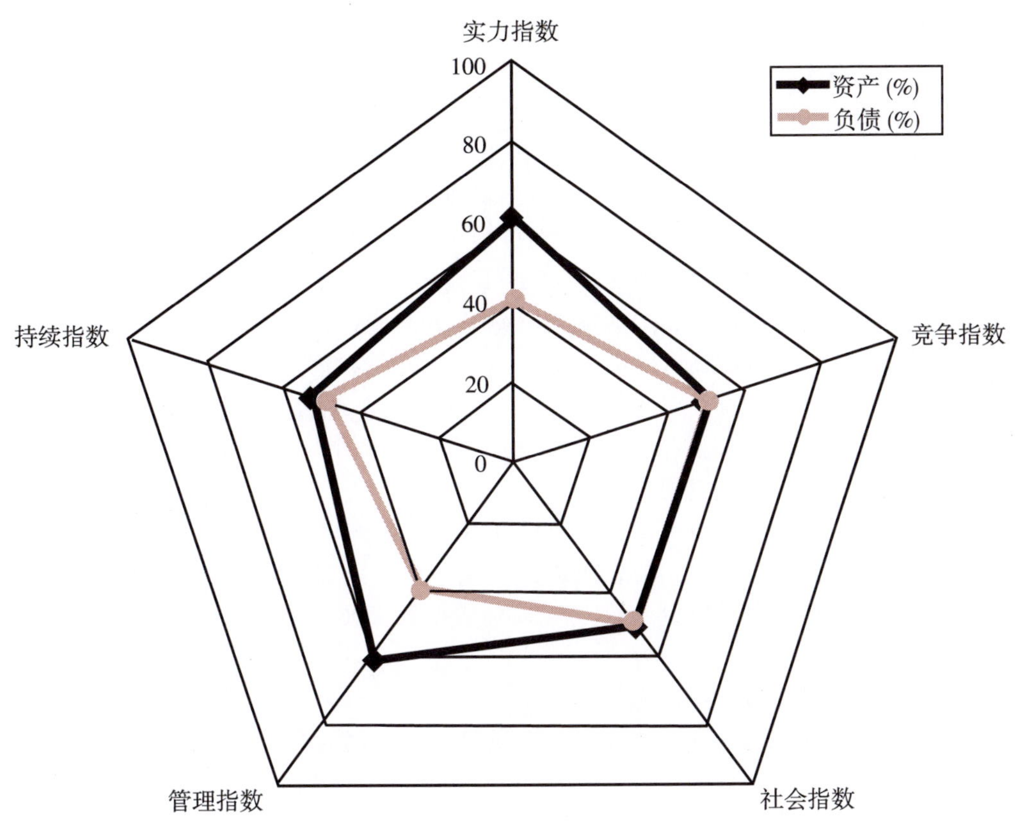

图 21.16　无锡市发展能力资产负债图

十七　苏州市发展能力资产负债表分析

1. 一般概况

苏州市总面积8488平方公里，市区面积1650平方公里，建成区面积109平方公里。总人口580.53万人，市区总人口209.46万人，地区非农人口265.76万人。地区国内生产总值17602795万元，市区国内生产总值6185600万元，市区第三产业产值占GDP比重38.09%。市区实际利用外资总额118482万美元，市区固定资产投资总额1935902万元，市区房地产投资总额390586万元。地方财政预算内收入498903万元，地方财政预算内支出542288万元。城乡居民人均储蓄余额16531.33元，人均住房面积17.22平方米，人均园林绿地面积15.83平方米，人均生活用电量332.84千瓦小时，人均铺装道路面积5.75平方米，人均教育经费支出246.23元，每万人拥有高等学校在校学生数234.87人。

现任领导：　市委书记：王珉　　市长：杨卫泽

2. 发展能力的资产负债分析

(1)城市实力指数：在总数21个源指标中，资产累计得分59.9，相对资产57.05%，资产质量系数为2.85，表明资产质量一般。同时，负债累计得分－45.40，相对负债－43.24%，负债质量系数为－2.16，表明负债质量一般。在该大项中，相对净资产为13.81%。

(2)城市竞争指数：在总数29个源指标中，资产累计得分78.7，相对资产54.28%，资产质量系数为2.71，表明资产质量一般。同时，负债累计得分－69.20，相对负债－47.72%，负债质量系数为－2.30，表明负债质量一般。在该大项中，相对净资产为6.55%。

(3)城市社会指数：在总数22个源指标中，资产累计得分54.9，相对资产49.91%，资产质量系数为2.50，表明资产质量一般。同时，负债累计得分－57.30，相对负债－52.09%，负债质量系数为－2.60，表明负债质量一般。在该大项中，相对净资产为－2.18%。

(4)城市管理指数：在总数14个源指标中，资产累计得分39.7，相对资产56.71%，资产质量系数为2.84，表明资产质量一般。同时，负债累计得分－31.70，相对负债－45.29%，负债质量系数为－2.26，表明负债质量一般。在该大项中，相对净资产为11.43%。

(5)城市可持续指数：在总数17个源指标中，资产累计得分39.6，相对资产46.59%，资产质量系数为2.33，表明资产质量一般。同时，负债累计得分－47.10，相对负债－55.41%，负债质量系数为－2.77，表明负债质量一般。在该大项中，相对净资产为－8.82%。

总计上述五大项，在总数103个源指标中，总资产累计得分272.8，相对总资产52.97%，总资产质量系数为2.65，表明总资产质量一般。同时，总负债累计得分－250.70，相对总负债－48.68%，总负债质量系数为－2.43，表明总负债质量一般。该城市发展能力相对总净资产为4.29%。

表 21.17　苏州市发展能力资产负债表

资　产						五大指数	负　债					
位次	指标数	占指标总数(%)	指标分值	相对资产(%)	资产质量系数		位次	指标数	占指标总数(%)	指标分值	相对负债(%)	负债质量系数
1—5	1	4.76	4.9	4.67		实力指数	1—5	1	4.76	－0.20	－0.19	
6—10	1	4.76	4.2	4.00			6—10	1	4.76	－0.90	－0.86	
11—15	2	9.52	7.4	7.05		资产:负债	11—15	2	9.52	－2.80	－2.67	
16—20	4	19.05	12.7	12.10		57.05　43.24	16—20	4	19.05	－5.90	－5.62	
21—25	8	38.10	22.7	21.62		净资产：13.81	21—25	8	38.10	－18.10	－17.24	
26—30	2	9.52	4.8	4.57			26—30	2	9.52	－5.40	－5.14	
31—35	1	4.76	1.9	1.81			31—35	1	4.76	－3.20	－3.05	
36—40	0	0.00	0.0	0.00			36—40	0	0.00	0.00	0.00	
41—45	1	4.76	1.0	0.95			41—45	1	4.76	－4.10	－3.90	
46—50	1	4.76	0.3	0.29			46—50	1	4.76	－4.80	－4.57	
合计	21	100.00	59.9	57.05	2.85	21	合计	21	100.00	－45.40	－43.24	－2.16
1—5	1	3.45	4.6	3.17		竞争指数	1—5	1	3.45	－0.50	－0.34	
6—10	5	17.24	22.0	15.17			6—10	5	17.24	－3.50	－2.41	
11—15	1	3.45	3.9	2.69		资产:负债	11—15	1	3.45	－1.20	－0.83	
16—20	3	10.34	9.4	6.48		54.28　47.72	16—20	3	10.34	－5.90	－4.07	
21—25	5	17.24	14.0	9.66		净资产：6.55	21—25	5	17.24	－11.50	－7.93	
26—30	4	13.79	8.9	6.14			26—30	4	13.79	－11.50	－7.93	
31—35	7	24.14	12.7	8.76			31—35	7	24.14	－23.00	－15.86	
36—40	2	6.90	2.6	1.79			36—40	2	6.90	－7.60	－5.24	
41—45	1	3.45	0.6	0.41			41—45	1	3.45	－4.50	－3.10	
46—50	0	0.00	0.0	0.00			46—50	0	0.00	0.00	0.00	
合计	29	100.00	78.7	54.28	2.71	29	合计	29	100.00	－69.20	－47.72	－2.39
1—5	0	0.00	0.0	0.00		社会指数	1—5	0	0.00	0.00	0.00	
6—10	2	9.09	8.2	7.45			6—10	2	9.09	－2.00	－1.82	
11—15	4	18.18	14.8	13.45		资产:负债	11—15	4	18.18	－5.60	－5.09	
16—20	3	13.64	10.1	9.18		49.91　52.09	16—20	3	13.64	－5.20	－4.73	
21—25	3	13.64	8.3	7.55		净资产：－2.18	21—25	3	13.64	－7.00	－6.36	
26—30	1	4.55	2.2	2.00			26—30	1	4.55	－2.90	－2.64	
31—35	4	18.18	6.9	6.27			31—35	4	18.18	－13.50	－12.27	
36—40	1	4.55	1.1	1.00			36—40	1	4.55	－4.00	－3.64	
41—45	4	18.18	3.3	3.00			41—45	4	18.18	－17.10	－15.55	
46—50	0	0.00	0.0	0.00			46—50	0	0.00	0.00	0.00	
合计	22	100.00	54.9	49.91	2.50	22	合计	22	100.00	－57.30	－52.09	－2.60
1—5	1	7.14	4.6	6.57		管理指数	1-5	1	7.14	－0.50	－0.71	
6—10	1	7.14	4.4	6.29			6-10	1	7.14	－0.70	－1.00	
11—15	4	28.57	14.5	20.71		资产:负债	11-15	4	28.57	－5.90	－8.43	
16—20	0	0.00	0.0	0.00		56.71　45.29	16-20	0	0.00	0.00	0.00	
21—25	4	28.57	11.3	16.14		净资产：11.43	21-25	4	28.57	－9.10	－13.00	
26—30	0	0.00	0.0	0.00			26-30	0	0.00	0.00	0.00	
31—35	2	14.29	3.6	5.14			31-35	2	14.29	－6.60	－9.43	
36—40	0	0.00	0.0	0.00			36-40	0	0.00	0.00	0.00	
41—45	1	7.14	1.0	1.43			41-45	1	7.14	－4.10	－5.86	
46—50	1	7.14	0.3	0.43			46-50	1	7.14	－4.80	－6.86	
合计	14	100.00	39.7	56.71	2.84	14	合计	14	100.00	－31.70	－45.29	－2.26
1—5	0	0.00	0.0	0.00		可持续指数	1—5	0	0.00	0.00	0.00	
6—10	0	0.00	0.0	0.00			6—10	0	0.00	0.00	0.00	
11—15	2	11.76	7.2	8.47		资产:负债	11—15	2	11.76	－3.00	－3.53	
16—20	2	11.76	6.7	7.88		46.59　55.41	16—20	2	11.76	－3.50	－4.12	
21—25	6	35.29	16.3	19.18		净资产：－8.82	21—25	6	35.29	－14.30	－16.82	
26—30	2	11.76	4.7	5.53			26—30	2	11.76	－5.50	－6.47	
31—35	1	5.88	1.7	2.00			31—35	1	5.88	－3.40	－4.00	
36—40	2	11.76	2.5	2.94			36—40	2	11.76	－7.70	－9.06	
41—45	0	0.00	0.0	0.00			41—45	0	0.00	0.00	0.00	
46—50	2	11.76	0.5	0.59			46—50	2	11.76	－9.70	－11.41	
合计	17	100.00	39.6	46.59	2.33	17	合计	17	100.00	－47.10	－55.41	－2.77
资产总指标数		占指标总数(%)	总资产分值	相对总资产(%)	总资产质量系数	相对总资产:相对总负债 52.97　－48.68	负债总指标数		占指标总数(%)	总负债分值	相对总负债(%)	总负债质量系数
103		100.00	272.8	52.97	2.65	相对净资产：4.29	103		100.00	－250.70	－48.68	－2.43

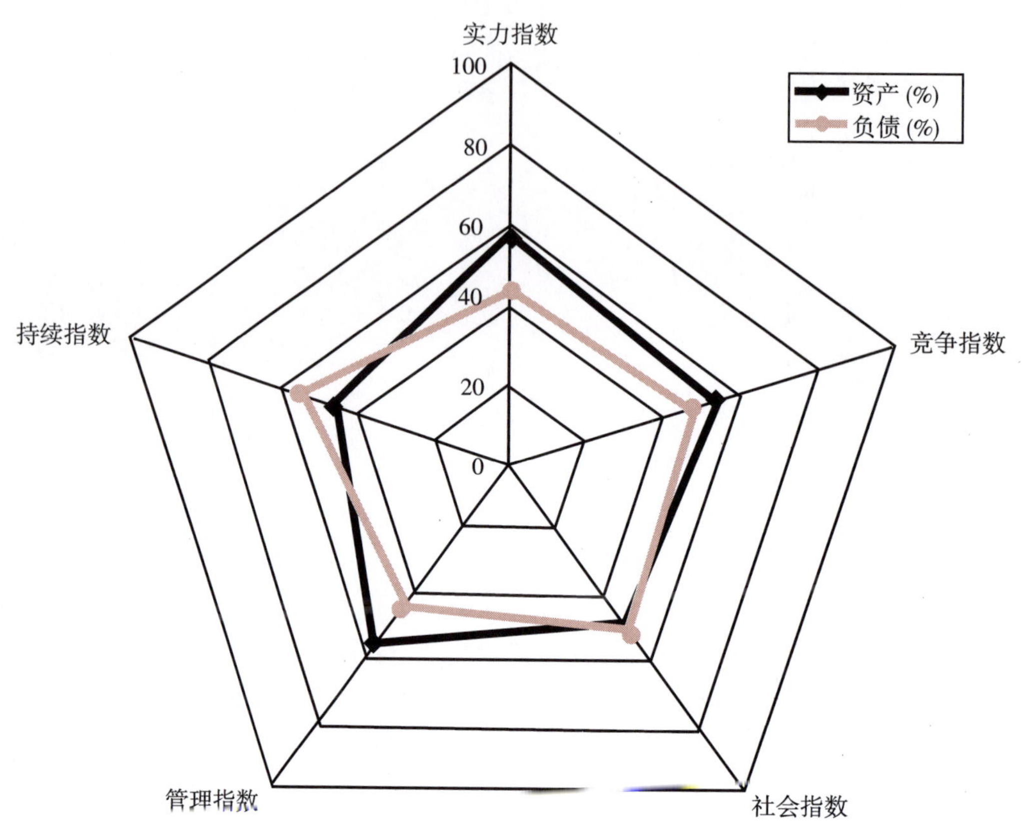

图 21.17　苏州市发展能力资产负债图

十八　南通市发展能力资产负债表分析

1. 一般概况

南通市总面积 8001 平方公里，市区面积 355 平方公里，建成区面积 73 平方公里。总人口 782.46 万人，市区总人口 79.54 万人，地区非农人口 257.76 万人。地区国内生产总值 8092955 万元，市区国内生产总值 1901962 万元，市区第三产业产值占 GDP 比重 37.96%。市区实际利用外资总额 9861 万美元，市区固定资产投资总额 691116 万元，市区房地产投资总额 220155 万元。地方财政预算内收入 162993 万元，地方财政预算内支出 160017 万元。城乡居民人均储蓄余额 17232.88 元，人均住房面积 15.18 平方米，人均园林绿地面积 14.96 平方米，人均生活用电量 365.47 千瓦小时，人均铺装道路面积 5.34 平方米，人均教育经费支出 225.50 元，每万人拥有高等学校在校学生数 348.27 人。

现任领导：　市委书记：罗一民　　市长：丁大卫

2. 发展能力的资产负债分析

(1) 城市实力指数：在总数 21 个源指标中，资产累计得分 30.2，相对资产 28.76%，资产质量系数为 1.44，表明资产质量较差。同时，负债累计得分－76.90，相对负债－73.24%，负债质量系数为－3.66，表明负债质量较差。在该大项中，相对净资产为－44.48%。

(2) 城市竞争指数：在总数 29 个源指标中，资产累计得分 54.4，相对资产 37.52%，资产质量系数为 1.88，表明资产质量较差。同时，负债累计得分－93.50，相对负债－64.48%，负债质量系数为－3.22，表明负债质量较差。在该大项中，相对净资产为－26.97%。

(3) 城市社会指数：在总数 22 个源指标中，资产累计得分 33.3，相对资产 30.27%，资产质量系数为 1.51，表明资产质量较差。同时，负债累计得分－78.90，相对负债－71.73%，负债质量系数为－3.59，表明负债质量较差。在该大项中，相对净资产为－41.45%。

(4) 城市管理指数：在总数 14 个源指标中，资产累计得分 22.3，相对资产 31.86%，资产质量系数为 1.59，表明资产质量较差。同时，负债累计得分－49.10，相对负债－70.14%，负债质量系数为－3.51，表明负债质量较差。在该大项中，相对净资产为－38.29%。

(5) 城市可持续指数：在总数 17 个源指标中，资产累计得分 18.6，相对资产 21.88%，资产质量系数为 1.09，表明资产质量较差。同时，负债累计得分－68.10，相对负债－80.12%，负债质量系数为－4.01，表明负债质量很差。在该大项中，相对净资产为－58.24%。

总计上述五大项，在总数 103 个源指标中，总资产累计得分 158.8，相对总资产 30.83%，总资产质量系数为 1.54，表明总资产质量较差。同时，总负债累计得分－366.50，相对总负债－71.17%，总负债质量系数为－3.56，表明总负债质量较差。该城市发展能力相对总净资产为－40.33%。

表 21.18 南通市发展能力资产负债表

资产						五大指数	负债					
位次	指标数	占指标总数(%)	指标分值	相对资产(%)	资产质量系数		位次	指标数	占指标总数(%)	指标分值	相对负债(%)	负债质量系数
1—5	0	0.00	0.0	0.00		实力指数	1—5	0	0.00	0.00	0.00	
6—10	0	0.00	0.0	0.00			6—10	0	0.00	0.00	0.00	
11—15	0	0.00	0.0	0.00		资产:负债	11—15	0	0.00	0.00	0.00	
16—20	0	0.00	0.0	0.00		28.76 73.24	16—20	0	0.00	0.00	0.00	
21—25	2	9.52	5.3	5.05		净资产:-44.48	21—25	2	9.52	-4.90	-4.67	
26—30	4	19.05	9.2	8.76			26—30	4	19.05	-11.20	-10.67	
31—35	2	9.52	3.2	3.05			31—35	2	9.52	-7.00	-6.67	
36—40	7	33.33	8.7	8.29			36—40	7	33.33	-27.00	-25.71	
41—45	4	19.05	3.3	3.14			41—45	4	19.05	-17.10	-16.29	
46—50	2	9.52	0.5	0.48			46—50	2	9.52	-9.70	-9.24	
合计	21	100.00	30.2	28.76	1.44	21	合计	21	100.00	-76.90	-73.24	-3.66
1—5	0	0.00	0.0	0.00		竞争指数	1—5	0	0.00	0.00	0.00	
6—10	0	0.00	0.0	0.00			6—10	0	0.00	0.00	0.00	
11—15	3	10.34	11.7	8.07		资产:负债	11—15	3	10.34	-3.60	-2.48	
16—20	0	0.00	0.0	0.00		37.52 64.48	16—20	0	0.00	0.00	0.00	
21—25	2	6.90	5.6	3.86		净资产:-26.97	21—25	2	6.90	-4.60	-3.17	
26—30	8	27.59	17.4	12.00			26—30	8	27.59	-23.40	-16.14	
31—35	3	10.34	5.5	3.79			31—35	3	10.34	-9.80	-6.76	
36—40	8	27.59	10.2	7.03			36—40	8	27.59	-30.60	-21.10	
41—45	4	13.79	3.5	2.41			41—45	4	13.79	-16.90	-11.66	
46—50	1	3.45	0.5	0.34			46—50	1	3.45	-4.60	-3.17	
合计	29	100.00	54.4	37.52	1.88	29	合计	29	100.00	-93.50	-64.48	-3.22
1—5	0	0.00	0.0	0.00		社会指数	1—5	0	0.00	0.00	0.00	
6—10	0	0.00	0.0	0.00			6—10	0	0.00	0.00	0.00	
11—15	0	0.00	0.0	0.00		资产:负债	11—15	0	0.00	0.00	0.00	
16—20	0	0.00	0.0	0.00		30.27 71.73	16—20	0	0.00	0.00	0.00	
21—25	3	13.64	8.7	7.91		净资产:-41.45	21—25	3	13.64	-6.60	-6.00	
26—30	4	18.18	8.7	7.91			26—30	4	18.18	-11.70	-10.64	
31—35	2	9.09	3.5	3.18			31—35	2	9.09	-6.70	-6.09	
36—40	8	36.36	9.9	9.00			36—40	8	36.36	-30.90	-28.09	
41—45	2	9.09	1.3	1.18			41—45	2	9.09	-8.90	-8.09	
46—50	3	13.64	1.2	1.09			46—50	3	13.64	-14.10	-12.82	
合计	22	100.00	33.3	30.27	1.51	22	合计	22	100.00	-78.90	-71.73	-3.59
1—5	0	0.00	0.0	0.00		管理指数	1—5	0	0.00	0.00	0.00	
6—10	0	0.00	0.0	0.00			6—10	0	0.00	0.00	0.00	
11—15	0	0.00	0.0	0.00		资产:负债	11—15	0	0.00	0.00	0.00	
16—20	1	7.14	3.3	4.71		31.86 70.14	16—20	1	7.14	-1.80	-2.57	
21—25	1	7.14	2.8	4.00		净资产:-38.29	21—25	1	7.14	-2.30	-3.29	
26—30	2	14.29	4.6	6.57			26—30	2	14.29	-5.60	-8.00	
31—35	3	21.43	5.4	7.71			31—35	3	21.43	-9.90	-14.14	
36—40	3	21.43	3.9	5.57			36—40	3	21.43	-11.40	-16.29	
41—45	2	14.29	1.7	2.43			41—45	2	14.29	-8.50	-12.14	
46—50	2	14.29	0.6	0.86			46—50	2	14.29	-9.60	-13.71	
合计	14	100.00	22.3	31.86	1.59	14	合计	14	100.00	-49.10	-70.14	-3.51
1—5	0	0.00	0.0	0.00		可持续指数	1—5	0	0.00	0.00	0.00	
6—10	1	5.88	4.5	5.29			6—10	1	5.88	-0.60	-0.71	
11—15	0	0.00	0.0	0.00		资产:负债	11—15	0	0.00	0.00	0.00	
16—20	0	0.00	0.0	0.00		21.88 80.12	16—20	0	0.00	0.00	0.00	
21—25	0	0.00	0.0	0.00		净资产:-58.24	21—25	0	0.00	0.00	0.00	
26—30	1	5.88	2.1	2.47			26—30	1	5.88	-3.00	-3.53	
31—35	2	11.76	3.2	3.76			31—35	2	11.76	-7.00	-8.24	
36—40	3	17.65	3.8	4.47			36—40	3	17.65	-11.50	-13.53	
41—45	4	23.53	3.4	4.00			41—45	4	23.53	-17.00	-20.00	
46—50	6	35.29	1.6	1.88			46—50	6	35.29	-29.00	-34.12	
合计	17	100.00	18.6	21.88	1.09	17	合计	17	100.00	-68.10	-80.12	-4.01

资产总指标数	占指标总数(%)	总资产分值	相对总资产(%)	总资产质量系数	相对总资产:相对总负债 30.83 -71.17	负债总指标数	占指标总数(%)	总负债分值	相对总负债(%)	总负债质量系数
103	100.00	158.8	30.83	1.54	相对净资产:-40.33	103	100.00	-366.50	-71.17	-3.56

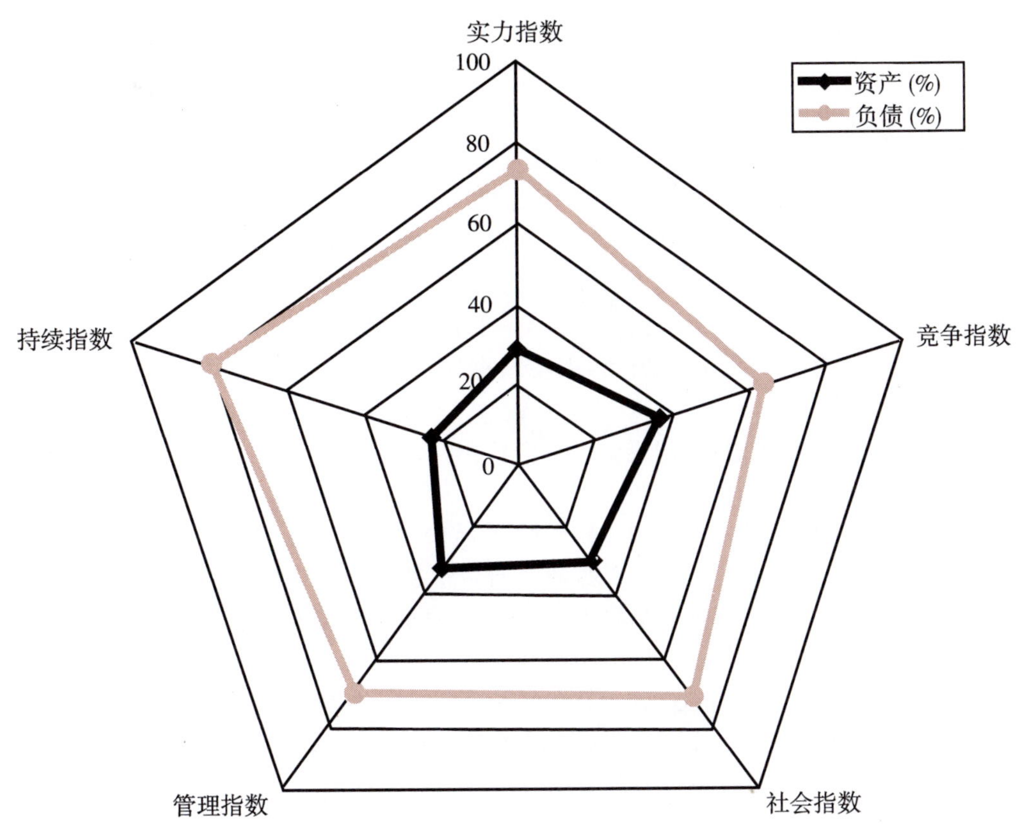

图 21.18　南通市发展能力资产负债图

十九 连云港市发展能力资产负债表分析

1. 一般概况

连云港市总面积7444平方公里，市区面积882平方公里，建成区面积52平方公里。总人口459.64万人，市区总人口63.86万人，地区非农人口120.67万人。地区国内生产总值3158201万元，市区国内生产总值1129729万元，市区第三产业产值占GDP比重36.84%。市区实际利用外资总额4119万美元，市区固定资产投资总额878527万元，市区房地产投资总额93016万元。地方财政预算内收入79006万元，地方财政预算内支出98301万元。城乡居民人均储蓄余额10203.87元，人均住房面积16.98平方米，人均园林绿地面积21.03平方米，人均生活用电量235.38千瓦小时，人均铺装道路面积9.80平方米，人均教育经费支出210.51元，每万人拥有高等学校在校学生数302.35人。

现任领导： 市委书记：陈震宁 市长：刘永忠

2. 发展能力的资产负债分析

(1)城市实力指数：在总数21个源指标中，资产累计得分18.4，相对资产17.52%，资产质量系数为0.88，表明资产质量很差。同时，负债累计得分－88.70，相对负债－84.48%，负债质量系数为－4.22，表明负债质量很差。在该大项中，相对净资产为－66.95%。

(2)城市竞争指数：在总数29个源指标中，资产累计得分31.0，相对资产21.38%，资产质量系数为1.07，表明资产质量较差。同时，负债累计得分－116.90，相对负债－80.62%，负债质量系数为－4.03，表明负债质量很差。在该大项中，相对净资产为－59.24%。

(3)城市社会指数：在总数22个源指标中，资产累计得分19.9，相对资产18.09%，资产质量系数为0.90，表明资产质量很差。同时，负债累计得分－92.30，相对负债－83.91%，负债质量系数为－4.20，表明负债质量很差。在该大项中，相对净资产为－65.82%。

(4)城市管理指数：在总数14个源指标中，资产累计得分10.7，相对资产15.29%，资产质量系数为0.76，表明资产质量很差。同时，负债累计得分－60.70，相对负债－86.71%，负债质量系数为－4.34，表明负债质量很差。在该大项中，相对净资产为－71.43%。

(5)城市可持续指数：在总数17个源指标中，资产累计得分12.9，相对资产15.18%，资产质量系数为0.76，表明资产质量很差。同时，负债累计得分－73.80，相对负债－86.82%，负债质量系数为－4.34，表明负债质量很差。在该大项中，相对净资产为－71.65%。

总计上述五大项，在总数103个源指标中，总资产累计得分92.9，相对总资产18.04%，总资产质量系数为0.90，表明总资产质量很差。同时，总负债累计得分－432.40，相对总负债－83.96%，总负债质量系数为－4.20，表明总负债质量很差。该城市发展能力相对总净资产为－65.92%。

表 21.19　连云港市发展能力资产负债表

资　产						五大指数	负　债					
位次	指标数	占指标总数(%)	指标分值	相对资产(%)	资产质量系数		位次	指标数	占指标总数(%)	指标分值	相对负债(%)	负债质量系数
1—5	0	0.00	0.0	0.00		实力指数	1—5	0	0.00	0.00	0.00	
6—10	0	0.00	0.0	0.00			6—10	0	0.00	0.00	0.00	
11—15	0	0.00	0.0	0.00		资产:负债	11—15	0	0.00	0.00	0.00	
16—20	0	0.00	0.0	0.00		17.52　84.48	16—20	0	0.00	0.00	0.00	
21—25	1	4.76	2.8	2.67		净资产：　66.95	21—25	1	4.76	－2.30	－2.19	
26—30	1	4.76	2.2	2.10			26—30	1	4.76	－2.90	－2.76	
31—35	1	4.76	1.8	1.71			31—35	1	4.76	－3.30	－3.14	
36—40	2	9.52	2.8	2.67			36—40	2	9.52	－7.40	－7.05	
41—45	5	23.81	4.2	4.00			41—45	5	23.81	－21.30	－20.29	
46—50	11	52.38	4.6	4.38			46—50	11	52.38	－51.50	－49.05	
合计	21	100.00	18.4	17.52	0.88	21	合计	21	100.00	－88.70	－84.48	－4.22
1—5	0	0.00	0.0	0.00		竞争指数	1—5	0	0.00	0.00	0.00	
6—10	0	0.00	0.0	0.00			6—10	0	0.00	0.00	0.00	
11—15	1	3.45	3.6	2.48		资产:负债	11—15	1	3.45	－1.50	－1.03	
16—20	0	0.00	0.0	0.00		21.38　80.62	16—20	0	0.00	0.00	0.00	
21—25	1	3.45	2.6	1.79		净资产：－59.24	21—25	1	3.45	－2.50	－1.72	
26—30	1	3.45	2.4	1.66			26—30	1	3.45	－2.70	－1.86	
31—35	2	6.90	3.6	2.48			31—35	2	6.90	－6.60	－4.55	
36—40	6	20.69	7.3	5.03			36—40	6	20.69	－23.30	－16.07	
41—45	12	41.38	9.9	6.83			41—45	12	41.38	－51.30	－35.38	
46—50	6	20.69	1.6	1.10			46—50	6	20.69	－29.00	－20.00	
合计	29	100.00	31.0	21.38	1.07	29	合计	29	100.00	－116.90	－80.62	－4.03
1—5	0	0.00	0.0	0.00		社会指数	1—5	0	0.00	0.00	0.00	
6—10	0	0.00	0.0	0.00			6—10	0	0.00	0.00	0.00	
11—15	2	9.09	7.6	6.91		资产:负债	11—15	2	9.09	－2.60	－2.36	
16—20	0	0.00	0.0	0.00		18.09　83.91	16—20	0	0.00	0.00	0.00	
21—25	0	0.00	0.0	0.00		净资产：－65.82	21—25	0	0.00	0.00	0.00	
26—30	0	0.00	0.0	0.00			26—30	0	0.00	0.00	0.00	
31—35	0	0.00	0.0	0.00			31—35	0	0.00	0.00	0.00	
36—40	3	13.64	3.5	3.18			36—40	3	13.64	－11.80	－10.73	
41—45	8	36.36	5.9	5.36			41—45	8	36.36	－34.90	－31.73	
46—50	9	40.91	2.9	2.64			46—50	9	40.91	－43.00	－39.09	
合计	22	100.00	19.9	18.09	0.90	22	合计	22	100.00	－92.30	－83.91	－4.20
1—5	0	0.00	0.0	0.00		管理指数	1—5	0	0.00	0.00	0.00	
6—10	0	0.00	0.0	0.00			6—10	0	0.00	0.00	0.00	
11—15	0	0.00	0.0	0.00		资产:负债	11—15	0	0.00	0.00	0.00	
16—20	0	0.00	0.0	0.00		15.29　86.71	16—20	0	0.00	0.00	0.00	
21—25	0	0.00	0.0	0.00		净资产：－71.43	21—25	0	0.00	0.00	0.00	
26—30	0	0.00	0.0	0.00			26—30	0	0.00	0.00	0.00	
31—35	2	14.29	3.7	5.29			31—35	2	14.29	－6.50	－9.29	
36—40	1	7.14	1.4	2.00			36—40	1	7.14	－3.70	－5.29	
41—45	5	35.71	3.7	5.29			41—45	5	35.71	－21.80	－31.14	
46—50	6	42.86	1.9	2.71			46—50	6	42.86	－28.70	－41.00	
合计	14	100.00	10.7	15.29	0.76	14	合计	14	100.00	－60.70	－86.71	－4.34
1—5	0	0.00	0.0	0.00		可持续指数	1—5	0	0.00	0.00	0.00	
6—10	0	0.00	0.0	0.00			6—10	0	0.00	0.00	0.00	
11—15	0	0.00	0.0	0.00		资产:负债	11—15	0	0.00	0.00	0.00	
16—20	0	0.00	0.0	0.00		15.18　86.82	16—20	0	0.00	0.00	0.00	
21—25	0	0.00	0.0	0.00		净资产：－71.65	21—25	0	0.00	0.00	0.00	
26—30	0	0.00	0.0	0.00			26—30	0	0.00	0.00	0.00	
31—35	1	5.88	1.8	2.12			31—35	1	5.88	－3.30	－3.88	
36—40	2	11.76	2.9	3.41			36—40	2	11.76	－7.30	－8.59	
41—45	9	52.94	6.7	7.88			41—45	9	52.94	－39.20	－46.12	
46—50	5	29.41	1.5	1.76			46—50	5	29.41	－24.00	－28.24	
合计	17	100.00	12.9	15.18	0.76	17	合计	17	100.00	－73.80	－86.82	－4.34
资产总指标数	占指标总数(%)	总资产分值	相对总资产(%)	总资产质量系数		相对总资产:相对总负债 18.04　－83.96	负债总指标数	占指标总数(%)	总负债分值	相对总负债(%)	总负债质量系数	
103	100.00	92.9	18.04	0.90		相对净资产：－65.92	103	100.00	－432.40	－83.96	－4.20	

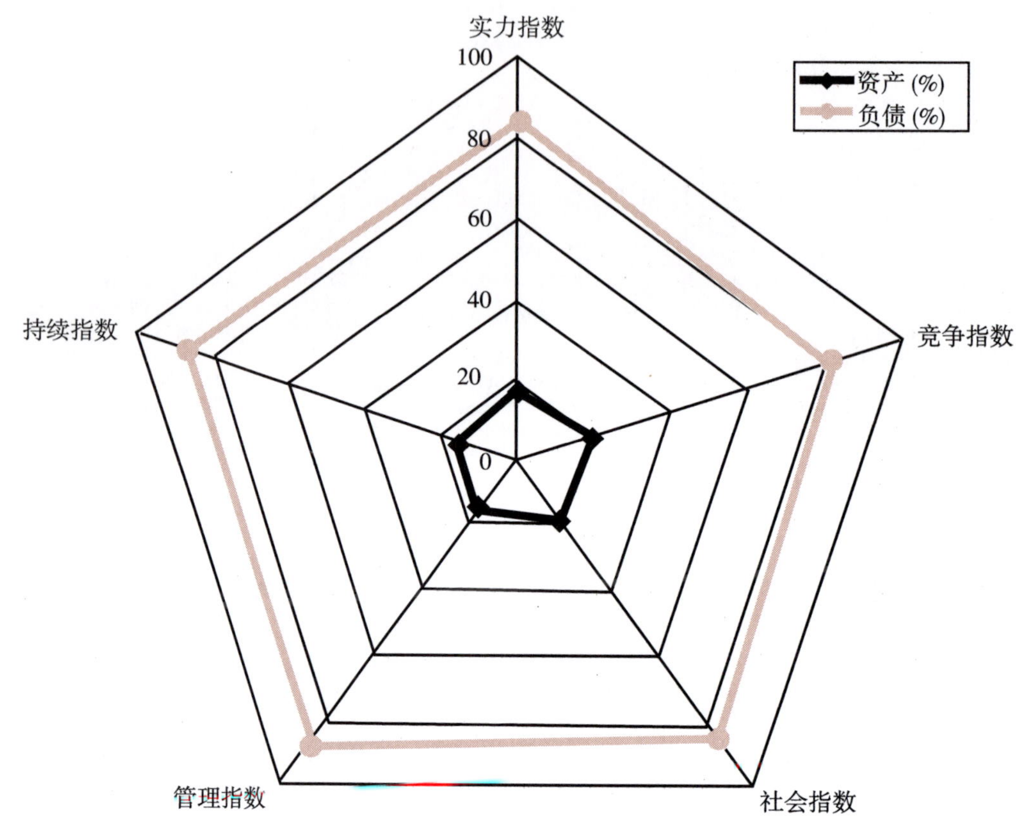

图 21.19　连云港市发展能力资产负债图

二十　杭州市发展能力资产负债表分析

1. 一般概况

杭州市总面积16596平方公里，市区面积3068平方公里，建成区面积227平方公里。总人口629.14万人，市区总人口379.49万人，地区非农人口237.77万人。地区国内生产总值15680138万元，市区国内生产总值11951694万元，市区第三产业产值占GDP比重46.34%。市区实际利用外资总额46237万美元，市区固定资产投资总额4132806万元，市区房地产投资总额1255605万元。地方财政预算内收入884738万元，地方财政预算内支出849479万元。城乡居民人均储蓄余额21018.74元，人均住房面积16.37平方米，人均园林绿地面积18.65平方米，人均生活用电量446.45千瓦小时，人均铺装道路面积5.11平方米，人均教育经费支出280.27元，每万人拥有高等学校在校学生数412.7人。

现任领导：　市委书记：王国平　市长：茅临生

2. 发展能力的资产负债分析

(1)城市实力指数：在总数21个源指标中，资产累计得分89.7，相对资产85.43%，资产质量系数为4.27，表明资产质量优良。同时，负债累计得分−17.40，相对负债−16.57%，负债质量系数为−0.83，表明负债质量优良。在该大项中，相对净资产为68.86%。

(2)城市竞争指数：在总数29个源指标中，资产累计得分108.6，相对资产74.90%，资产质量系数为3.74，表明资产质量较好。同时，负债累计得分−39.30，相对负债−27.10%，负债质量系数为−1.36，表明负债质量较好。在该大项中，相对净资产为47.79%。

(3)城市社会指数：在总数22个源指标中，资产累计得分93.0，相对资产84.55%，资产质量系数为4.23，表明资产质量优良。同时，负债累计得分−19.20，相对负债−17.45%，负债质量系数为−0.87，表明负债质量优良。在该大项中，相对净资产为67.09%。

(4)城市管理指数：在总数14个源指标中，资产累计得分57.4，相对资产82.00%，资产质量系数为4.10，表明资产质量优良。同时，负债累计得分−14.00，相对负债−20.00%，负债质量系数为−1.00，表明负债质量较好。在该大项中，相对净资产为62.00%。

(5)城市可持续指数：在总数17个源指标中，资产累计得分63.3，相对资产74.47%，资产质量系数为3.72，表明资产质量较好。同时，负债累计得分−23.40，相对负债−27.53%，负债质量系数为−1.38，表明负债质量较好。在该大项中，相对净资产为46.94%。

总计上述五大项，在总数103个源指标中，总资产累计得分412.0，相对总资产80.00%，总资产质量系数为4.00，表明总资产质量优良。同时，总负债累计得分−113.30，相对总负债−22.00%，总负债质量系数为−1.10，表明总负债质量较好。该城市发展能力相对总净资产为58.00%。

表 21.20 杭州市发展能力资产负债表

资产						五大指数	负债					
位次	指标数	占指标总数(%)	指标分值	相对资产(%)	资产质量系数		位次	指标数	占指标总数(%)	指标分值	相对负债(%)	负债质量系数
1—5	3	14.29	14.2	13.52		实力指数	1—5	3	14.29	−1.10	−1.05	
6—10	15	71.43	64.8	61.71			6—10	15	71.43	−11.70	−11.14	
11—15	2	9.52	7.8	7.43		资产:负债	11—15	2	9.52	−2.40	−2.29	
16—20	0	0.00	0.0	0.00		85.43 16.57	16—20	0	0.00	0.00	0.00	
21—25	1	4.76	2.9	2.76		净资产: 68.86	21—25	1	4.76	−2.20	−2.10	
26—30	0	0.00	0.0	0.00			26—30	0	0.00	0.00	0.00	
31—35	0	0.00	0.0	0.00			31—35	0	0.00	0.00	0.00	
36—40	0	0.00	0.0	0.00			36—40	0	0.00	0.00	0.00	
41—45	0	0.00	0.0	0.00			41—45	0	0.00	0.00	0.00	
46—50	0	0.00	0.0	0.00			46—50	0	0.00	0.00	0.00	
合计	21	100.00	89.7	85.43	4.27	21	合计	21	100.00	−17.40	−16.57	−0.83
1—5	1	3.45	4.7	3.24		竞争指数	1—5	1	3.45	−0.40	−0.28	
6—10	13	44.83	55.6	38.34			6—10	13	44.83	−10.70	−7.38	
11—15	6	20.69	22.5	15.52		资产:负债	11—15	6	20.69	−8.10	−5.59	
16—20	3	10.34	10.0	6.90		74.90 27.10	16—20	3	10.34	−5.30	−3.66	
21—25	4	13.79	11.2	7.72		净资产: 47.79	21—25	4	13.79	−9.20	−6.34	
26—30	2	6.90	4.6	3.17			26—30	2	6.90	−5.60	−3.86	
31—35	0	0.00	0.0	0.00			31—35	0	0.00	0.00	0.00	
36—40	0	0.00	0.0	0.00			36—40	0	0.00	0.00	0.00	
41—45	0	0.00	0.0	0.00			41—45	0	0.00	0.00	0.00	
46—50	0	0.00	0.0	0.00			46—50	0	0.00	0.00	0.00	
合计	29	100.00	108.6	74.90	3.74	29	合计	29	100.00	−39.30	−27.10	−1.36
1—5	5	22.73	23.2	21.09		社会指数	1—5	5	22.73	−2.30	−2.09	
6—10	12	54.55	52.4	47.64			6—10	12	54.55	−8.80	−8.00	
11—15	3	13.64	11.7	10.64		资产:负债	11—15	3	13.64	−3.60	−3.27	
16—20	1	4.55	3.4	3.09		84.55 17.45	16—20	1	4.55	−1.70	−1.55	
21—25	0	0.00	0.0	0.00		净资产: 67.09	21—25	0	0.00	0.00	0.00	
26—30	1	4.55	2.3	2.09			26—30	1	4.55	−2.80	−2.55	
31—35	0	0.00	0.0	0.00			31—35	0	0.00	0.00	0.00	
36—40	0	0.00	0.0	0.00			36—40	0	0.00	0.00	0.00	
41—45	0	0.00	0.0	0.00			41—45	0	0.00	0.00	0.00	
46—50	0	0.00	0.0	0.00			46—50	0	0.00	0.00	0.00	
合计	22	100.00	93.0	84.55	4.23	22	合计	22	100.00	−19.20	−17.45	−0.87
1—5	3	21.43	14.4	20.57		管理指数	1—5	3	21.43	−0.90	−1.29	
6—10	7	50.00	29.7	42.43			6—10	7	50.00	−6.00	−8.57	
11—15	3	21.43	11.8	16.86		资产:负债	11—15	3	21.43	−3.50	−5.00	
16—20	0	0.00	0.0	0.00		82.00 20.00	16—20	0	0.00	0.00	0.00	
21—25	0	0.00	0.0	0.00		净资产: 62.00	21—25	0	0.00	0.00	0.00	
26—30	0	0.00	0.0	0.00			26—30	0	0.00	0.00	0.00	
31—35	0	0.00	0.0	0.00			31—35	0	0.00	0.00	0.00	
36—40	1	7.14	1.5	2.14			36—40	1	7.14	−3.60	−5.14	
41—45	0	0.00	0.0	0.00			41—45	0	0.00	0.00	0.00	
46—50	0	0.00	0.0	0.00			46—50	0	0.00	0.00	0.00	
合计	14	100.00	57.4	82.00	4.10	14	合计	14	100.00	−14.00	−20.00	−1.00
1—5	1	5.88	4.6	5.41		可持续指数	1—5	1	5.88	−0.50	−0.59	
6—10	8	47.06	34.7	40.82			6—10	8	47.06	−6.10	−7.18	
11—15	4	23.53	15.1	17.76		资产:负债	11—15	4	23.53	−5.30	−6.24	
16—20	2	11.76	6.4	7.53		74.47 27.53	16—20	2	11.76	−3.80	−4.47	
21—25	0	0.00	0.0	0.00		净资产: 46.94	21—25	0	0.00	0.00	0.00	
26—30	1	5.88	2.4	2.82			26—30	1	5.88	−2.70	−3.18	
31—35	0	0.00	0.0	0.00			31—35	0	0.00	0.00	0.00	
36—40	0	0.00	0.0	0.00			36—40	0	0.00	0.00	0.00	
41—45	0	0.00	0.0	0.00			41—45	0	0.00	0.00	0.00	
46—50	1	5.88	0.1	0.12			46—50	1	5.88	−5.00	−5.88	
合计	17	100.00	63.3	74.47	3.72	17	合计	17	100.00	−23.40	−27.53	−1.38
资产总指标数		占指标总数(%)	总资产分值	相对总资产(%)	总资产质量系数	相对总资产:相对总负债 80.00 −22.00	负债总指标数		占指标总数(%)	总负债分值	相对总负债(%)	总负债质量系数
103		100.00	412.0	80.00	4.00	相对净资产: 58.00	103		100.00	−113.30	−22.00	−1.10

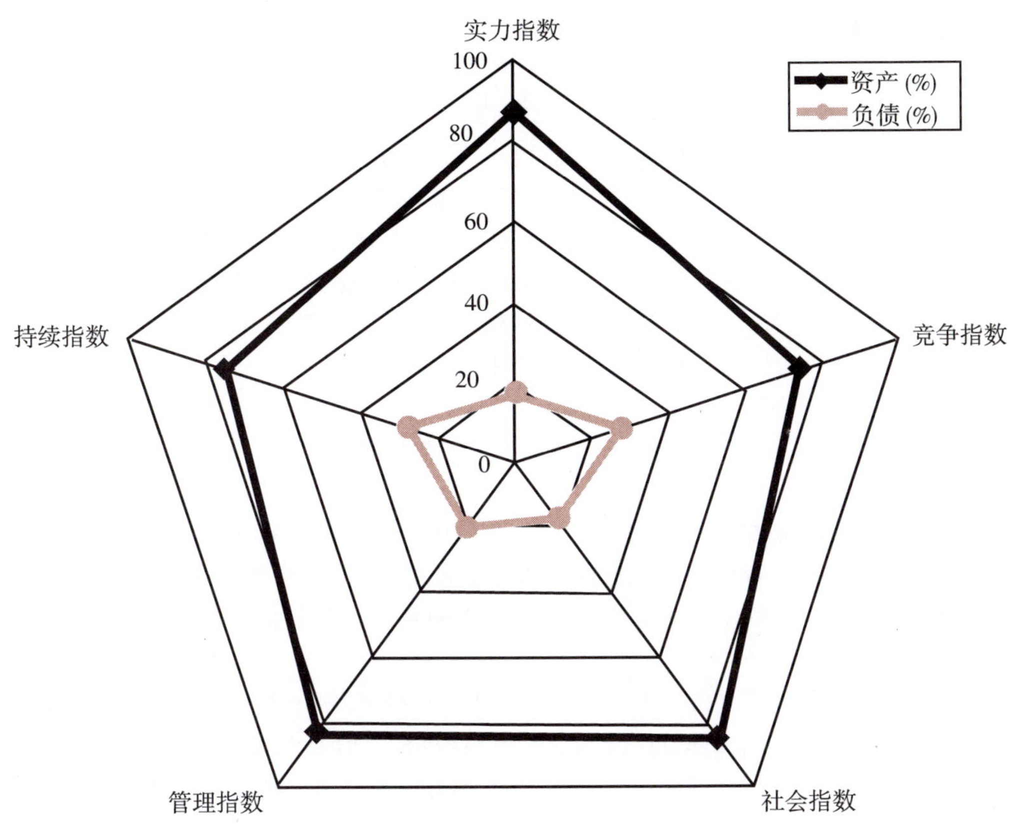

图 21.20　杭州市发展能力资产负债图

二十一　宁波市发展能力资产负债表分析

1. 一般概况

宁波市总面积 9365 平方公里，市区面积 1033 平方公里，建成区面积 74 平方公里。总人口 543.35 万人，市区总人口 126.13 万人，地区非农人口 150.86 万人。地区国内生产总值 13126854 万元，市区国内生产总值 5813159 万元，市区第三产业产值占 GDP 比重 48.04%。市区实际利用外资总额 57057 万美元，市区固定资产投资总额 2156258 万元，市区房地产投资总额 452122 万元。地方财政预算内收入 605456 万元，地方财政预算内支出 730950 万元。城乡居民人均储蓄余额 23302.58 元，人均住房面积 17.45 平方米，人均园林绿地面积 17.8 平方米，人均生活用电量 414.13 千瓦小时，人均铺装道路面积 8.36 平方米，人均教育经费支出 520.31 元，每万人拥有高等学校在校学生数 344.22 人。

现任领导：　市委书记：黄兴国　　市长：金德水

2. 发展能力的资产负债分析

(1)城市实力指数：在总数 21 个源指标中，资产累计得分 72.3，相对资产 68.86%，资产质量系数为 3.44，表明资产质量较好。同时，负债累计得分－34.80，相对负债－33.14%，负债质量系数为－1.66，表明负债质量较好。在该大项中，相对净资产为 35.71%。

(2)城市竞争指数：在总数 29 个源指标中，资产累计得分 88.8，相对资产 61.24%，资产质量系数为 3.06，表明资产质量较好。同时，负债累计得分－59.10，相对负债－40.76%，负债质量系数为－2.04，表明负债质量一般。在该大项中，相对净资产为 20.48%。

(3)城市社会指数：在总数 22 个源指标中，资产累计得分 76.0，相对资产 69.09%，资产质量系数为 3.45，表明资产质量较好。同时，负债累计得分－36.20，相对负债－32.91%，负债质量系数为－1.65，表明负债质量较好。在该大项中，相对净资产为 36.18%。

(4)城市管理指数：在总数 14 个源指标中，资产累计得分 50.1，相对资产 71.57%，资产质量系数为 3.58，表明资产质量较好。同时，负债累计得分－21.30，相对负债－30.43%，负债质量系数为－1.52，表明负债质量较好。在该大项中，相对净资产为 41.14%。

(5)城市可持续指数：在总数 17 个源指标中，资产累计得分 50.8，相对资产 59.76%，资产质量系数为 2.99，表明资产质量一般。同时，负债累计得分－35.90，相对负债－42.24%，负债质量系数为－2.11，表明负债质量一般。在该大项中，相对净资产为 17.53%。

总计上述五大项，在总数 103 个源指标中，总资产累计得分 338.0，相对总资产 65.63%，总资产质量系数为 3.28，表明总资产质量较好。同时，总负债累计得分－187.30，相对总负债－36.37%，总负债质量系数为－1.82，表明总负债质量较好。该城市发展能力相对总净资产为 29.26%。

表 21.21　宁波市发展能力资产负债表

资产								负债					
位次	指标数	占指标总数(%)	指标分值	相对资产(%)	资产质量系数	五大指数		位次	指标数	占指标总数(%)	指标分值	相对负债(%)	负债质量系数
1-5	0	0.00	0.0	0.00		实力指数		1-5	0	0.00	0.00	0.00	
6-10	4	19.05	17.4	16.57				6-10	4	19.05	-3.00	-2.86	
11-15	6	28.57	22.9	21.81		资产:负债		11-15	6	28.57	-7.70	-7.33	
16-20	6	28.57	19.8	18.86		68.86	33.14	16-20	6	28.57	-10.80	-10.29	
21-25	3	14.29	8.8	8.38		净资产：	35.71	21-25	3	14.29	-6.50	-6.19	
26-30	1	4.76	2.1	2.00				26-30	1	4.76	-3.00	-2.86	
31-35	0	0.00	0.0	0.00				31-35	0	0.00	0.00	0.00	
36-40	1	4.76	1.3	1.24				36-40	1	4.76	-3.80	-3.62	
41-45	0	0.00	0.0	0.00				41-45	0	0.00	0.00	0.00	
46-50	0	0.00	0.0	0.00				46-50	0	0.00	0.00	0.00	
合计	21	100.00	72.3	68.86	3.44	21		合计	21	100.00	-34.80	-33.14	-1.66
1-5	1	3.45	4.6	3.17		竞争指数		1-5	1	3.45	-0.50	-0.34	
6-10	3	10.34	13.0	8.97				6-10	3	10.34	-2.30	-1.59	
11-15	6	20.69	23.1	15.93		资产:负债		11-15	6	20.69	-7.50	-5.17	
16-20	4	13.79	13.2	9.10		61.24	40.76	16-20	4	13.79	-7.20	-4.97	
21-25	7	24.14	19.8	13.66		净资产：	20.48	21-25	7	24.14	-15.90	-10.97	
26-30	2	6.90	4.9	3.38				26-30	2	6.90	-5.30	-3.66	
31-35	4	13.79	7.4	5.10				31-35	4	13.79	-13.00	-8.97	
36-40	2	6.90	2.8	1.93				36-40	2	6.90	-7.40	-5.10	
41-45	0	0.00	0.0	0.00				41-45	0	0.00	0.00	0.00	
46-50	0	0.00	0.0	0.00				46-50	0	0.00	0.00	0.00	
合计	29	100.00	88.8	61.24	3.06	29		合计	29	100.00	-59.10	-40.76	-2.04
1-5	0	0.00	0.0	0.00		社会指数		1-5	0	0.00	0.00	0.00	
6-10	7	31.82	30.7	27.91				6-10	7	31.82	-5.00	-4.55	
11-15	4	18.18	15.2	13.82		资产:负债		11-15	4	18.18	-5.20	-4.73	
16-20	3	13.64	9.9	9.00		69.09	32.91	16-20	3	13.64	-5.40	-4.91	
21-25	5	22.73	14.2	12.91		净资产：	36.18	21-25	5	22.73	-11.30	-10.27	
26-30	2	9.09	4.7	4.27				26-30	2	9.09	-5.50	-5.00	
31-35	0	0.00	0.0	0.00				31-35	0	0.00	0.00	0.00	
36-40	1	4.55	1.3	1.18				36-40	1	4.55	-3.80	-3.45	
41-45	0	0.00	0.0	0.00				41-45	0	0.00	0.00	0.00	
46-50	0	0.00	0.0	0.00				46-50	0	0.00	0.00	0.00	
合计	22	100.00	76.0	69.09	3.45	22		合计	22	100.00	-36.20	-32.91	-1.65
1-5	2	14.29	9.2	13.14		管理指数		1-5	2	14.29	-1.00	-1.43	
6-10	4	28.57	17.0	24.29				6-10	4	28.57	-3.40	-4.86	
11-15	2	14.29	7.6	10.86		资产:负债		11-15	2	14.29	-2.60	-3.71	
16-20	2	14.29	6.6	9.43		71.57	30.43	16-20	2	14.29	-3.60	-5.14	
21-25	2	14.29	5.9	8.43		净资产：	41.14	21-25	2	14.29	-4.30	-6.14	
26-30	1	7.14	2.5	3.57				26-30	1	7.14	-2.60	-3.71	
31-35	0	0.00	0.0	0.00				31-35	0	0.00	0.00	0.00	
36-40	1	7.14	1.3	1.86				36-40	1	7.14	-3.80	-5.43	
41-45	0	0.00	0.0	0.00				41-45	0	0.00	0.00	0.00	
46-50	0	0.00	0.0	0.00				46-50	0	0.00	0.00	0.00	
合计	14	100.00	50.1	71.57	3.58	14		合计	14	100.00	-21.30	-30.43	-1.52
1-5	0	0.00	0.0	0.00		可持续指数		1-5	0	0.00	0.00	0.00	
6-10	3	17.65	13.5	15.88				6-10	3	17.65	-1.80	-2.12	
11-15	5	29.41	19.4	22.82		资产:负债		11-15	5	29.41	-6.10	-7.18	
16-20	1	5.88	3.5	4.12		59.76	42.24	16-20	1	5.88	-1.60	-1.88	
21-25	1	5.88	2.8	3.29		净资产：	17.53	21-25	1	5.88	-2.30	-2.71	
26-30	2	11.76	4.9	5.76				26-30	2	11.76	-5.30	-6.24	
31-35	1	5.88	1.7	2.00				31-35	1	5.88	-3.40	-4.00	
36-40	3	17.65	4.1	4.82				36-40	3	17.65	-11.20	-13.18	
41-45	1	5.88	0.9	1.06				41-45	1	5.88	-4.20	-4.94	
46-50	0	0.00	0.0	0.00				46-50	0	0.00	0.00	0.00	
合计	17	100.00	50.8	59.76	2.99	17		合计	17	100.00	-35.90	-42.24	-2.11
资产总指标数		占指标总数(%)	总资产分值	相对总资产(%)	总资产质量系数	相对总资产:相对总负债		负债总指标数		占指标总数(%)	总负债分值	相对总负债(%)	总负债质量系数
						65.63	-36.37						
103		100.00	338.0	65.63	3.28	相对净资产：	29.26	103		100.00	-187.30	-36.37	-1.82

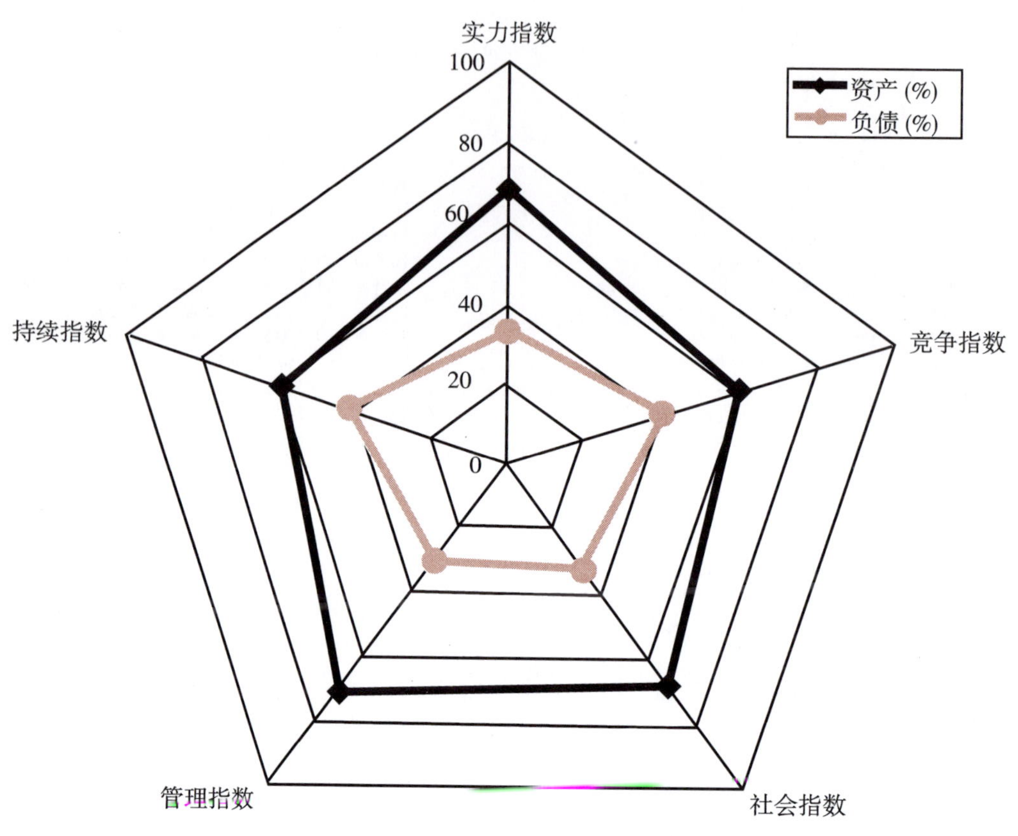

图 21.21　宁波市发展能力资产负债图

二十二　温州市发展能力资产负债表分析

1. 一般概况

温州市总面积 11784 平方公里，市区面积 1187 平方公里，建成区面积 111 平方公里。总人口 738.81 万人，市区总人口 131.36 万人，地区非农人口 134.13 万人。地区国内生产总值 9320751 万元，市区国内生产总值 3883859 万元，市区第三产业产值占 GDP 比重 40.54%。市区实际利用外资总额 3994 万美元，市区固定资产投资总额 1590072 万元，市区房地产投资总额 652799 万元。地方财政预算内收入 355156 万元，地方财政预算内支出 204223 万元。城乡居民人均储蓄余额 24658.9 元，人均住房面积 29.45 平方米，人均园林绿地面积 17.09 平方米，人均生活用电量 606.57 千瓦小时，人均铺装道路面积 6.94 平方米，人均教育经费支出 360.54 元，每万人拥有高等学校在校学生数 166.24 人。

现任领导：　市委书记：李强　　市长：刘奇

2. 发展能力的资产负债分析

(1)城市实力指数：在总数 21 个源指标中，资产累计得分 51.6，相对资产 49.14%，资产质量系数为 2.46，表明资产质量一般。同时，负债累计得分－55.50，相对负债－52.86%，负债质量系数为－2.64，表明负债质量一般。在该大项中，相对净资产为－3.71%。

(2)城市竞争指数：在总数 29 个源指标中，资产累计得分 73.5，相对资产 50.69%，资产质量系数为 2.53，表明资产质量一般。同时，负债累计得分－74.40，相对负债－51.31%，负债质量系数为－2.57，表明负债质量一般。在该大项中，相对净资产为－0.62%。

(3)城市社会指数：在总数 22 个源指标中，资产累计得分 45.7，相对资产 41.55 %，资产质量系数为 2.08，表明资产质量一般。同时，负债累计得分－66.50，相对负债－60.45%，负债质量系数为－3.02，表明负债质量较差。在该大项中，相对净资产为－18.91%。

(4)城市管理指数：在总数 14 个源指标中，资产累计得分 24.4，相对资产 34.86%，资产质量系数为 1.74，表明资产质量较差。同时，负债累计得分－47.00，相对负债－67.14%，负债质量系数为－3.36，表明负债质量较差。在该大项中，相对净资产为－32.29%。

(5)城市可持续指数：在总数 17 个源指标中，资产累计得分 26.1，相对资产 30.71%，资产质量系数为 1.54，表明资产质量较差。同时，负债累计得分－60.60，相对负债－71.29%，负债质量系数为－3.56，表明负债质量较差。在该大项中，相对净资产为－40.59%。

总计上述五大项，在总数 103 个源指标中，总资产累计得分 221.3，相对总资产 42.97%，总资产质量系数为 2.15，表明总资产质量一般。同时，总负债累计得分－304.00，相对总负债－59.03%，总负债质量系数为－2.95，表明总负债质量一般。该城市发展能力相对总净资产为－16.06%。

表 21.22　温州市发展能力资产负债表

资产						五大指数	负债					
位次	指标数	占指标总数(%)	指标分值	相对资产(%)	资产质量系数		位次	指标数	占指标总数(%)	指标分值	相对负债(%)	负债质量系数
1—5	0	0.00	0.0	0.00		实力指数	1—5	0	0.00	0.00	0.00	
6—10	0	0.00	0.0	0.00			6—10	0	0.00	0.00	0.00	
11—15	2	9.52	7.5	7.14		资产:负债	11—15	2	9.52	−2.70	−2.57	
16—20	1	4.76	3.1	2.95		49.14　52.86	16—20	1	4.76	−2.00	−1.90	
21—25	5	23.81	14.0	13.33		净资产：−3.71	21—25	5	23.81	−11.50	−10.95	
26—30	7	33.33	15.9	15.14			26—30	7	33.33	−19.80	−18.86	
31—35	5	23.81	9.6	9.14			31—35	5	23.81	−15.90	−15.14	
36—40	1	4.76	1.5	1.43			36—40	1	4.76	−3.60	−3.43	
41—45	0	0.00	0.0	0.00			41—45	0	0.00	0.00	0.00	
46—50	0	0.00	0.0	0.00			46—50	0	0.00	0.00	0.00	
合计	21	100.00	51.6	49.14	2.46	21	合计	21	100.00	−55.50	−52.86	−2.64
1—5	2	6.90	9.2	6.34		竞争指数	1—5	2	6.90	−1.00	−0.69	
6—10	2	6.90	8.6	5.93			6—10	2	6.90	−1.60	−1.10	
11—15	4	13.79	15.4	10.62		资产:负债	11—15	4	13.79	−5.00	−3.45	
16—20	2	6.90	6.6	4.55		50.69　51.31	16—20	2	6.90	−3.60	−2.48	
21—25	3	10.34	8.0	5.52		净资产：−0.62	21—25	3	10.34	−7.30	−5.03	
26—30	3	10.34	7.0	4.83			26—30	3	10.34	−8.30	−5.72	
31—35	5	17.24	9.0	6.21			31—35	5	17.24	−16.50	−11.38	
36—40	6	20.69	7.9	5.45			36—40	6	20.69	−22.70	−15.66	
41—45	2	6.90	1.8	1.24			41—45	2	6.90	−8.40	−5.79	
46—50	0	0.00	0.0	0.00			46—50	0	0.00	0.00	0.00	
合计	29	100.00	73.5	50.69	2.53	29	合计	29	100.00	−74.40	−51.31	−2.57
1—5	1	4.55	4.6	4.18		社会指数	1—5	1	4.55	−0.50	−0.45	
6—10	1	4.55	4.3	3.91			6—10	1	4.55	−0.80	−0.73	
11—15	0	0.00	0.0	0.00		资产:负债	11—15	0	0.00	0.00	0.00	
16—20	5	22.73	16.7	15.18		41.55　60.45	16—20	5	22.73	−8.80	−8.00	
21—25	2	9.09	5.6	5.09		净资产：−18.91	21—25	2	9.09	−4.60	−4.18	
26—30	2	9.09	4.6	4.18			26—30	2	9.09	−5.60	−5.09	
31—35	2	9.09	3.5	3.18			31—35	2	9.09	−6.70	−6.09	
36—40	2	9.09	2.7	2.45			36—40	2	9.09	−7.50	−6.82	
41—45	3	13.64	2.5	2.27			41—45	3	13.64	−12.80	−11.64	
46—50	4	18.18	1.2	1.09			46—50	4	18.18	−19.20	−17.45	
合计	22	100.00	45.7	41.55	2.08	22	合计	22	100.00	−66.50	−60.45	−3.02
1—5	0	0.00	0.0	0.00		管理指数	1—5	0	0.00	0.00	0.00	
6—10	0	0.00	0.0	0.00			6—10	0	0.00	0.00	0.00	
11—15	1	7.14	3.7	5.29		资产:负债	11—15	1	7.14	−1.40	−2.00	
16—20	0	0.00	0.0	0.00		34.86　67.14	16—20	0	0.00	0.00	0.00	
21—25	1	7.14	3.0	4.29		净资产：　32.29	21—25	1	7.14	−2.10	−3.00	
26—30	5	35.71	11.2	16.00			26—30	5	35.71	−14.30	−20.43	
31—35	0	0.00	0.0	0.00			31—35	0	0.00	0.00	0.00	
36—40	2	14.29	2.4	3.43			36—40	2	14.29	−7.80	−11.14	
41—45	5	35.71	4.1	5.86			41—45	5	35.71	−21.40	−30.57	
46—50	0	0.00	0.0	0.00			46—50	0	0.00	0.00	0.00	
合计	14	100.00	24.4	34.86	1.74	14	合计	14	100.00	−47.00	−67.14	−3.36
1—5	0	0.00	0.0	0.00		可持续指数	1—5	0	0.00	0.00	0.00	
6—10	0	0.00	0.0	0.00			6—10	0	0.00	0.00	0.00	
11—15	0	0.00	0.0	0.00		资产:负债	11—15	0	0.00	0.00	0.00	
16—20	0	0.00	0.0	0.00		30.71　71.29	16—20	0	0.00	0.00	0.00	
21—25	2	11.76	5.4	6.35		净资产：−40.59	21—25	2	11.76	−4.80	−5.65	
26—30	2	11.76	4.2	4.94			26—30	2	11.76	−6.00	−7.06	
31—35	5	29.41	9.0	10.59			31—35	5	29.41	−16.50	−19.41	
36—40	4	23.53	5.2	6.12			36—40	4	23.53	−15.20	−17.88	
41—45	2	11.76	1.7	2.00			41—45	2	11.76	−8.50	−10.00	
46—50	2	11.76	0.6	0.71			46—50	2	11.76	−9.60	−11.29	
合计	17	100.00	26.1	30.71	1.54	17	合计	17	100.00	−60.60	−71.29	−3.56
资产总指标数		占指标总数(%)	总资产分值	相对总资产(%)	总资产质量系数	相对总资产:相对总负债 42.97　−59.03	负债总指标数		占指标总数(%)	总负债分值	相对总负债(%)	总负债质量系数
103		100.00	221.3	42.97	2.15	相对净资产：−16.06	103		100.00	−304.00	−59.03	−2.95

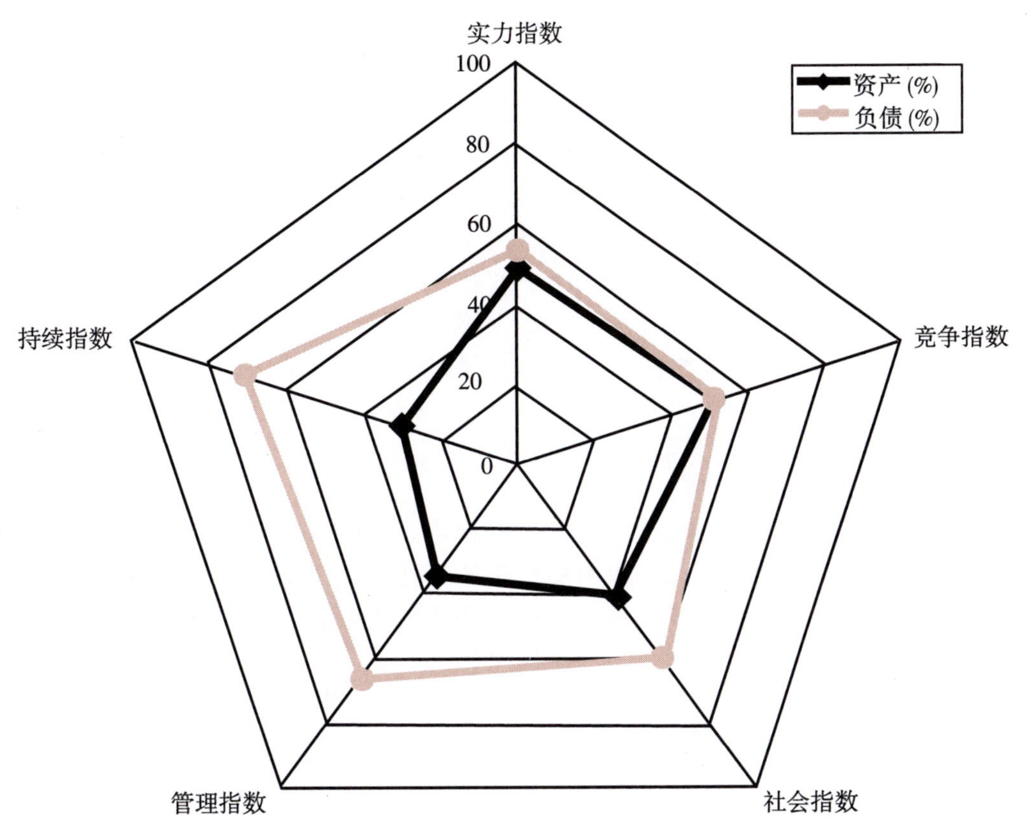

图 21.22　温州市发展能力资产负债图

二十三　合肥市发展能力资产负债表分析

1. 一般概况

合肥市总面积7266平方公里，市区面积458平方公里，建成区面积125平方公里。总人口442.16万人，市区总人口137.95万人，地区非农人口146.81万人。地区国内生产总值3634412万元，市区国内生产总值2692992万元，市区第三产业产值占GDP比重41.41%。市区实际利用外资总额17006万美元，市区固定资产投资总额1142612万元，市区房地产投资总额252830万元。地方财政预算内收入230490万元，地方财政预算内支出224940万元。城乡居民人均储蓄余额13486.52元，人均住房面积13.31平方米，人均园林绿地面积25.52平方米，人均生活用电量449.79千瓦小时，人均铺装道路面积9.83平方米，人均教育经费支出192.26元，每万人拥有高等学校在校学生数610.07人。

现任领导：　市委书记：车俊　市长：郭万清

2. 发展能力的资产负债分析

(1)城市实力指数：在总数21个源指标中，资产累计得分44.2，相对资产42.10%，资产质量系数为2.10，表明资产质量一般。同时，负债累计得分－62.90，相对负债－59.90%，负债质量系数为－3.00，表明负债质量较差。在该大项中，相对净资产为－17.81%。

(2)城市竞争指数：在总数29个源指标中，资产累计得分68.1，相对资产46.97%，资产质量系数为2.35，表明资产质量一般。同时，负债累计得分－79.80，相对负债－55.03%，负债质量系数为－2.75，表明负债质量一般。在该大项中，相对净资产为－8.07%。

(3)城市社会指数：在总数22个源指标中，资产累计得分39.8，相对资产36.18%，资产质量系数为1.81，表明资产质量较差。同时，负债累计得分－72.40，相对负债－65.82%，负债质量系数为－3.29，表明负债质量较差。在该大项中，相对净资产为－29.64%。

(4)城市管理指数：在总数14个源指标中，资产累计得分32.2，相对资产46.00%，资产质量系数为2.30，表明资产质量一般。同时，负债累计得分－39.20，相对负债－56.00%，负债质量系数为－2.80，表明负债质量一般。在该大项中，相对净资产为－10.00%。

(5)城市可持续指数：在总数17个源指标中，资产累计得分37.3，相对资产43.88%，资产质量系数为2.19，表明资产质量一般。同时，负债累计得分－49.40，相对负债－58.12%，负债质量系数为－2.91，表明负债质量一般。在该大项中，相对净资产为－14.24%。

总计上述五大项，在总数103个源指标中，总资产累计得分221.6，相对总资产43.03%，总资产质量系数为2.15，表明总资产质量一般。同时，总负债累计得分－303.70，相对总负债－58.97%，总负债质量系数为－2.95，表明总负债质量一般。该城市发展能力相对总净资产为－15.94%。

表 21.23　合肥市发展能力资产负债表

资　产						五大指数	负　债					
位次	指标数	占指标总数(%)	指标分值	相对资产(%)	资产质量系数		位次	指标数	占指标总数(%)	指标分值	相对负债(%)	负债质量系数
1−5	0	0.00	0.0	0.00		实力指数	1−5	0	0.00	0.00	0.00	
6−10	0	0.00	0.0	0.00			6−10	0	0.00	0.00	0.00	
11−15	1	4.76	3.7	3.52		资产:负债	11−15	1	4.76	−1.40	−1.33	
16−20	2	9.52	6.6	6.29		42.10　59.90	16−20	2	9.52	−3.60	−3.43	
21−25	1	4.76	2.7	2.57		净资产：−17.81	21−25	1	4.76	−2.40	−2.29	
26−30	5	23.81	11.7	11.14			26−30	5	23.81	−13.80	−13.14	
31−35	10	47.62	18.0	17.14			31−35	10	47.62	−33.00	−31.43	
36−40	0	0.00	0.0	0.00			36−40	0	0.00	0.00	0.00	
41−45	1	4.76	1.0	0.95			41−45	1	4.76	−4.10	−3.90	
46−50	1	4.76	0.5	0.48			46−50	1	4.76	−4.60	−4.38	
合计	21	100.00	44.2	42.10	2.10	21	合计	21	100.00	−62.90	−59.90	−3.00
1−5	0	0.00	0.0	0.00		竞争指数	1−5	0	0.00	0.00	0.00	
6−10	0	0.00	0.0	0.00			6−10	0	0.00	0.00	0.00	
11−15	2	6.90	7.3	5.03		资产:负债	11−15	2	6.90	−2.90	−2.00	
16−20	4	13.79	12.8	8.83		46.97　55.03	16−20	4	13.79	−7.60	−5.24	
21−25	6	20.69	16.4	11.31		净资产：−8.07	21−25	6	20.69	−14.20	−9.79	
26−30	6	20.69	13.9	9.59			26−30	6	20.69	−16.70	−11.52	
31−35	7	24.14	12.0	8.28			31−35	7	24.14	−23.70	−16.34	
36−40	4	13.79	5.7	3.93			36−40	4	13.79	−14.70	−10.14	
41−45	0	0.00	0.0	0.00			41−45	0	0.00	0.00	0.00	
46−50	0	0.00	0.0	0.00			46−50	0	0.00	0.00	0.00	
合计	29	100.00	68.1	46.97	2.35	29	合计	29	100.00	−79.80	−55.03	−2.75
1−5	0	0.00	0.0	0.00		社会指数	1−5	0	0.00	0.00	0.00	
6−10	0	0.00	0.0	0.00			6−10	0	0.00	0.00	0.00	
11−15	0	0.00	0.0	0.00		资产:负债	11−15	0	0.00	0.00	0.00	
16−20	0	0.00	0.0	0.00		36.18　65.82	16−20	0	0.00	0.00	0.00	
21−25	3	13.64	8.3	7.55		净资产：−29.64	21−25	3	13.64	−7.00	−6.36	
26−30	6	27.27	13.7	12.45			26−30	6	27.27	−16.90	−15.36	
31−35	5	22.73	9.1	8.27			31−35	5	22.73	−16.40	−14.91	
36−40	5	22.73	6.7	6.09			36−40	5	22.73	−18.80	−17.09	
41−45	2	9.09	1.7	1.55			41−45	2	9.09	−8.50	−7.73	
46−50	1	4.55	0.3	0.27			46−50	1	4.55	−4.80	−4.36	
合计	22	100.00	39.8	36.18	1.81	22	合计	22	100.00	−72.40	−65.82	−3.29
1−5	0	0.00	0.0	0.00		管理指数	1−5	0	0.00	0.00	0.00	
6−10	0	0.00	0.0	0.00			6−10	0	0.00	0.00	0.00	
11−15	1	7.14	3.7	5.29		资产:负债	11−15	1	7.14	−1.40	−2.00	
16−20	2	14.29	6.7	9.57		46.00　56.00	16−20	2	14.29	−3.50	−5.00	
21−25	2	14.29	5.6	8.00		净资产：−10.00	21−25	2	14.29	−4.60	−6.57	
26−30	3	21.43	6.4	9.14			26−30	3	21.43	−8.90	−12.71	
31−35	5	35.71	8.8	12.57			31−35	5	35.71	−16.70	−23.86	
36−40	0	0.00	0.0	0.00			36−40	0	0.00	0.00	0.00	
41−45	1	7.14	1.0	1.43			41−45	1	7.14	−4.10	−5.86	
46−50	0	0.00	0.0	0.00			46−50	0	0.00	0.00	0.00	
合计	14	100.00	32.2	46.00	2.30	14	合计	14	100.00	−39.20	−56.00	−2.80
1−5	0	0.00	0.0	0.00		可持续指数	1−5	0	0.00	0.00	0.00	
6−10	1	5.88	4.2	4.94			6−10	1	5.88	−0.90	−1.06	
11−15	0	0.00	0.0	0.00		资产:负债	11−15	0	0.00	0.00	0.00	
16−20	1	5.88	3.3	3.88		43.88　58.12	16−20	1	5.88	−1.80	−2.12	
21−25	3	17.65	8.5	10.00		净资产：−14.24	21−25	3	17.65	−6.80	−8.00	
26−30	4	23.53	9.4	11.06			26−30	4	23.53	−11.00	−12.94	
31−35	4	23.53	7.4	8.71			31−35	4	23.53	−13.00	−15.29	
36−40	3	17.65	3.6	4.24			36−40	3	17.65	−11.70	−13.76	
41−45	1	5.88	0.9	1.06			41−45	1	5.88	−4.20	−4.94	
46−50	0	0.00	0.0	0.00			46−50	0	0.00	0.00	0.00	
合计	17	100.00	37.3	43.88	2.19	17	合计	17	100.00	−49.40	−58.12	−2.91
资产总指标数		占指标总数(%)	总资产分值	相对总资产(%)	总资产质量系数	相对总资产:相对总负债 43.03　−58.97	负债总指标数		占指标总数(%)	总负债分值	相对总负债(%)	总负债质量系数
103		100.00	221.6	43.03	2.15	相对净资产：−15.94	103		100.00	−303.70	−58.97	−2.95

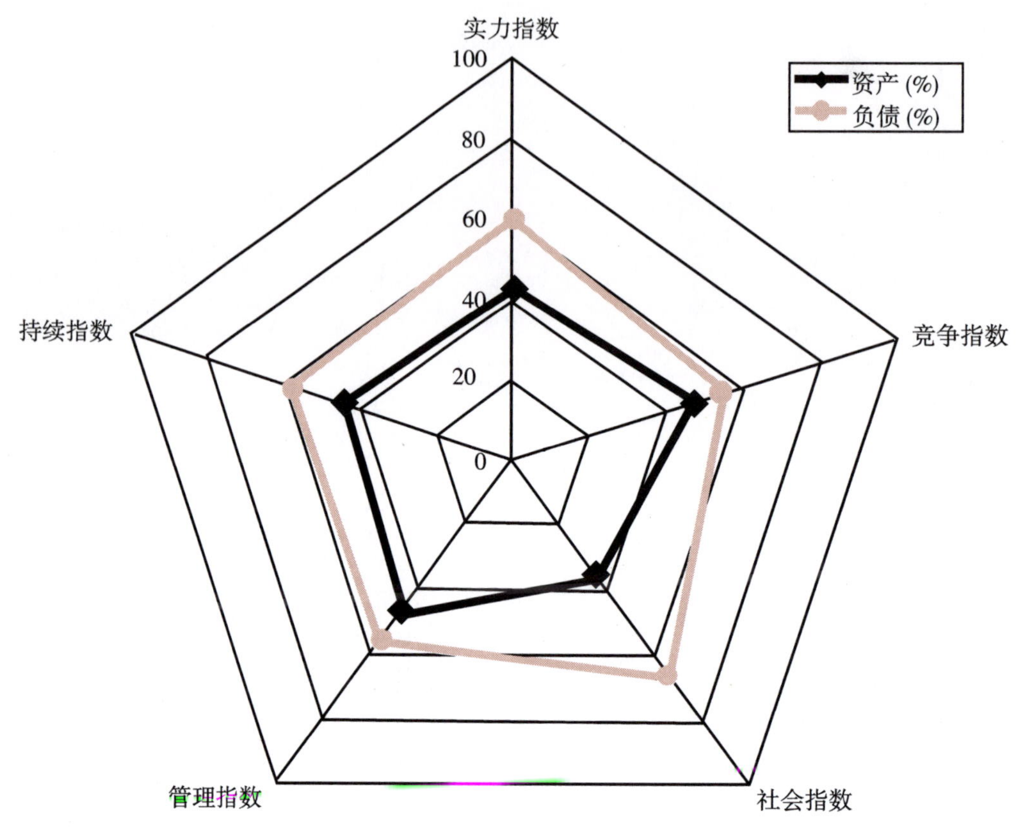

图 21.23　合肥市发展能力资产负债图

二十四　福州市发展能力资产负债表分析

1. 一般概况

福州市总面积 11968 平方公里，市区面积 1043 平方公里，建成区面积 97 平方公里。总人口 594.14 万人，市区总人口 153.77 万人，地区非农人口 173.25 万人。地区国内生产总值 10742289 万元，市区国内生产总值 5073444 万元，市区第三产业产值占 GDP 比重 52.2%。市区实际利用外资总额 45920 万美元，市区固定资产投资总额 1485363 万元，市区房地产投资总额 759170 万元。地方财政预算内收入 486042 万元，地方财政预算内支出 396820 万元。城乡居民人均储蓄余额 22829.47 元，人均住房面积 18.89 平方米，人均园林绿地面积 22.35 平方米，人均生活用电量 829.11 千瓦小时，人均铺装道路面积 5.93 平方米，人均教育经费支出 348.97 元，每万人拥有高等学校在校学生数 595.25 人。

现任领导：　市委书记：何立峰　　市长：练知轩

2. 发展能力的资产负债分析

(1)城市实力指数：在总数 21 个源指标中，资产累计得分 64.5，相对资产 61.43%，资产质量系数为 3.07，表明资产质量较好。同时，负债累计得分－42.60，相对负债－40.57%，负债质量系数为－2.03，表明负债质量一般。在该大项中，相对净资产为 20.86%。

(2)城市竞争指数：在总数 29 个源指标中，资产累计得分 96.0，相对资产 66.21%，资产质量系数为 3.31，表明资产质量较好。同时，负债累计得分－51.90，相对负债－35.79%，负债质量系数为－1.79，表明负债质量较好。在该大项中，相对净资产为 30.41%。

(3)城市社会指数：在总数 22 个源指标中，资产累计得分 78.0，相对资产 70.91%，资产质量系数为 3.55，表明资产质量较好。同时，负债累计得分－34.20，相对负债－31.09%，负债质量系数为－1.55，表明负债质量较好。在该大项中，相对净资产为 39.82%。

(4)城市管理指数：在总数 14 个源指标中，资产累计得分 38.2，相对资产 54.57%，资产质量系数为 2.73，表明资产质量一般。同时，负债累计得分－33.20，相对负债－47.43%，负债质量系数为－2.37，表明负债质量一般。在该大项中，相对净资产为 7.14%。

(5)城市可持续指数：在总数 17 个源指标中，资产累计得分 55.4，相对资产 65.18%，资产质量系数为 3.26，表明资产质量较好。同时，负债累计得分－31.30，相对负债－36.82%，负债质量系数为－1.84，表明负债质量较好。在该大项中，相对净资产为 28.35%。

总计上述五大项，在总数 103 个源指标中，总资产累计得分 332.1，相对总资产 64.49%，总资产质量系数为 3.22，表明总资产质量较好。同时，总负债累计得分－193.20，相对总负债－37.51%，总负债质量系数为－1.88，表明总负债质量较好。该城市发展能力相对总净资产为 26.97%。

表 21.24　福州市发展能力资产负债表

资产						五大指数	负债					
位次	指标数	占指标总数(%)	指标分值	相对资产(%)	资产质量系数		位次	指标数	占指标总数(%)	指标分值	相对负债(%)	负债质量系数
1—5	0	0.00	0.0	0.00		实力指数	1—5	0	0.00	0.00	0.00	
6—10	2	9.52	8.5	8.10			6—10	2	9.52	−1.70	−1.62	
11—15	3	14.29	11.4	10.86		资产:负债	11—15	3	14.29	−3.90	−3.71	
16—20	6	28.57	20.4	19.43		61.43　40.57	16—20	6	28.57	−10.20	−9.71	
21—25	3	14.29	8.4	8.00		净资产：20.86	21—25	3	14.29	−6.90	−6.57	
26—30	6	28.57	14.3	13.62			26—30	6	28.57	−16.30	−15.52	
31—35	0	0.00	0.0	0.00			31—35	0	0.00	0.00	0.00	
36—40	1	4.76	1.5	1.43			36—40	1	4.76	−3.60	−3.43	
41—45	0	0.00	0.0	0.00			41—45	0	0.00	0.00	0.00	
46—50	0	0.00	0.0	0.00			46—50	0	0.00	0.00	0.00	
合计	21	100.00	64.5	61.43	3.07	21	合计	21	100.00	−42.60	−40.57	−2.03
1—5	0	0.00	0.0	0.00		竞争指数	1—5	0	0.00	0.00	0.00	
6—10	7	24.14	29.9	20.62			6—10	7	24.14	−5.80	−4.00	
11—15	5	17.24	19.0	13.10		资产:负债	11—15	5	17.24	−6.50	−4.48	
16—20	11	37.93	35.9	24.76		66.21　35.79	16—20	11	37.93	−20.20	−13.93	
21—25	3	10.34	8.4	5.79		净资产：30.41	21—25	3	10.34	−6.90	−4.76	
26—30	1	3.45	2.1	1.45			26—30	1	3.45	−3.00	−2.07	
31—35	0	0.00	0.0	0.00			31—35	0	0.00	0.00	0.00	
36—40	0	0.00	0.0	0.00			36—40	0	0.00	0.00	0.00	
41—45	0	0.00	0.0	0.00			41—45	0	0.00	0.00	0.00	
46—50	2	6.90	0.7	0.48			46—50	2	6.90	−9.50	−6.55	
合计	29	100.00	96.0	66.21	3.31	29	合计	29	100.00	−51.90	−35.79	−1.79
1—5	1	4.55	4.6	4.18		社会指数	1—5	1	4.55	−0.50	−0.45	
6—10	7	31.82	29.3	26.64			6—10	7	31.82	−6.40	−5.82	
11—15	3	13.64	11.6	10.55		资产:负债	11—15	3	13.64	−3.70	−3.36	
16—20	7	31.82	23.0	20.91		70.91　31.09	16—20	7	31.82	−12.70	−11.55	
21—25	2	9.09	5.5	5.00		净资产：39.82	21—25	2	9.09	−4.70	−4.27	
26—30	1	4.55	2.4	2.18			26—30	1	4.55	−2.70	−2.45	
31—35	1	4.55	1.6	1.45			31—35	1	4.55	−3.50	−3.18	
36—40	0	0.00	0.0	0.00			36—40	0	0.00	0.00	0.00	
41—45	0	0.00	0.0	0.00			41—45	0	0.00	0.00	0.00	
46—50	0	0.00	0.0	0.00			46—50	0	0.00	0.00	0.00	
合计	22	100.00	78.0	70.91	3.55	22	合计	22	100.00	−34.20	−31.09	−1.55
1—5	0	0.00	0.0	0.00		管理指数	1—5	0	0.00	0.00	0.00	
6—10	1	7.14	4.4	6.29			6—10	1	7.14	−0.70	−1.00	
11—15	3	21.43	11.7	16.71		资产:负债	11—15	3	21.43	−3.60	−5.14	
16—20	3	21.43	9.8	14.00		54.57　47.43	16—20	3	21.43	−5.50	−7.86	
21—25	3	21.43	8.1	11.57		净资产：7.14	21—25	3	21.43	−7.20	−10.29	
26—30	1	7.14	2.5	3.57			26—30	1	7.14	−2.60	−3.71	
31—35	0	0.00	0.0	0.00			31—35	0	0.00	0.00	0.00	
36—40	1	7.14	1.5	2.14			36—40	1	7.14	−3.60	−5.14	
41—45	0	0.00	0.0	0.00			41—45	0	0.00	0.00	0.00	
46—50	2	14.29	0.2	0.29			46—50	2	14.29	−10.00	−14.29	
合计	14	100.00	38.2	54.57	2.73	14	合计	14	100.00	−33.20	−47.43	−2.37
1—5	0	0.00	0.0	0.00		可持续指数	1—5	0	0.00	0.00	0.00	
6—10	0	0.00	0.0	0.00			6—10	0	0.00	0.00	0.00	
11—15	7	41.18	26.2	30.82		资产:负债	11—15	7	41.18	−9.50	−11.18	
16—20	4	23.53	13.3	15.65		65.18　36.82	16—20	4	23.53	−7.10	−8.35	
21—25	4	23.53	11.2	13.18		净资产：28.35	21—25	4	23.53	−9.20	−10.82	
26—30	2	11.76	4.7	5.53			26—30	2	11.76	−5.50	−6.47	
31—35	0	0.00	0.0	0.00			31—35	0	0.00	0.00	0.00	
36—40	0	0.00	0.0	0.00			36—40	0	0.00	0.00	0.00	
41—45	0	0.00	0.0	0.00			41—45	0	0.00	0.00	0.00	
46—50	0	0.00	0.0	0.00			46—50	0	0.00	0.00	0.00	
合计	17	100.00	55.4	65.18	3.26	17	合计	17	100.00	−31.30	−36.82	−1.84
资产总指标数		占指标总数(%)	总资产分值	相对总资产(%)	总资产质量系数	相对总资产:相对总负债 64.49　−37.51	负债总指标数		占指标总数(%)	总负债分值	相对总负债(%)	总负债质量系数
103		100.00	332.1	64.49	3.22	相对净资产：26.97	103		100.00	−193.20	−37.51	−1.88

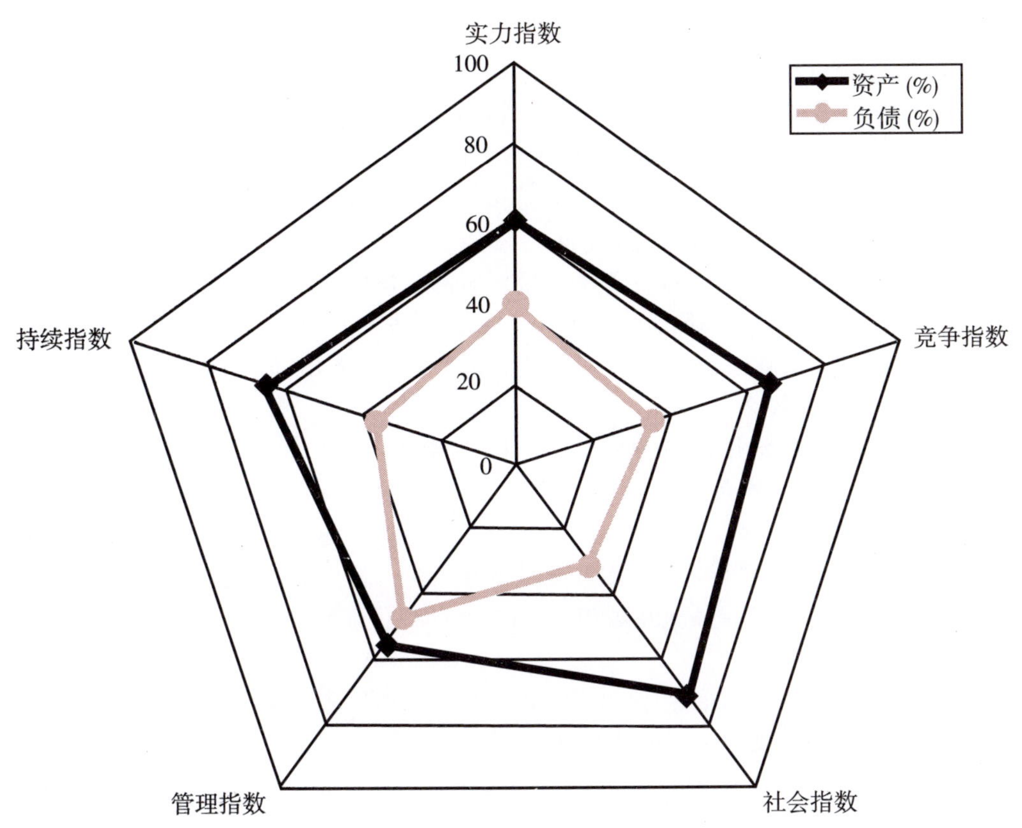

图 21.24　福州市发展能力资产负债图

二十五　厦门市发展能力资产负债表分析

1. 一般概况

厦门市总面积 1565 平方公里，市区面积 1565 平方公里，建成区面积 87 平方公里。总人口 134.36 万人，市区总人口 134.36 万人，地区非农人口 69.73 万人。地区国内生产总值 5583268 万元，市区国内生产总值 5583268 万元，市区第三产业产值占 GDP 比重 42.92％。市区实际利用外资总额 82521 万美元，市区固定资产投资总额 1842512 万元，市区房地产投资总额 566315 万元。地方财政预算内收入 653090 万元，地方财政预算内支出 743095 万元。城乡居民人均储蓄余额 19517.17 元，人均住房面积 29.64 平方米，人均园林绿地面积 23.77 平方米，人均生活用电量 696.14 千瓦小时，人均铺装道路面积 8.37 平方米，人均教育经费支出 706.51 元，每万人拥有高等学校在校学生数 208.37 人。

现任领导：　市委书记：郑立中　　市长：张昌平

2. 发展能力的资产负债分析

(1) 城市实力指数：在总数 21 个源指标中，资产累计得分 59.8，相对资产 56.95％，资产质量系数为 2.85，表明资产质量一般。同时，负债累计得分－45.50，相对负债－43.33％，负债质量系数为－2.17，表明负债质量一般。在该大项中，相对净资产为 13.62％。

(2) 城市竞争指数：在总数 29 个源指标中，资产累计得分 80.9，相对资产 55.79％，资产质量系数为 2.79，表明资产质量一般。同时，负债累计得分－67.00，相对负债－46.21％，负债质量系数为－2.31，表明负债质量一般。在该大项中，相对净资产为 9.59％。

(3) 城市社会指数：在总数 22 个源指标中，资产累计得分 73.7，相对资产 67.00％，资产质量系数为 3.35，表明资产质量较好。同时，负债累计得分－38.50，相对负债－35.00％，负债质量系数为－1.75，表明负债质量较好。在该大项中，相对净资产为 32.00％。

(4) 城市管理指数：在总数 14 个源指标中，资产累计得分 39.1，相对资产 55.86％，资产质量系数为 2.79，表明资产质量一般。同时，负债累计得分－32.30，相对负债－46.14％，负债质量系数为－2.31，表明负债质量一般。在该大项中，相对净资产为 9.71％。

(5) 城市可持续指数：在总数 17 个源指标中，资产累计得分 48.3，相对资产 56.82％，资产质量系数为 2.84，表明资产质量一般。同时，负债累计得分－38.40，相对负债－45.18％，负债质量系数为－2.26，表明负债质量一般。在该大项中，相对净资产为 11.65％。

总计上述五大项，在总数 103 个源指标中，总资产累计得分 301.8，相对总资产 58.60％，总资产质量系数为 2.93，表明总资产质量一般。同时，总负债累计得分－221.70，相对总负债－43.05％，总负债质量系数为－2.15，表明总负债质量一般。该城市发展能力相对总净资产为 15.55％。

表 21.25 厦门市发展能力资产负债表

资产						五大指数	负债					
位次	指标数	占指标总数(%)	指标分值	相对资产(%)	资产质量系数		位次	指标数	占指标总数(%)	指标分值	相对负债(%)	负债质量系数
1-5	0	0.00	0.0	0.00		实力指数	1-5	0	0.00	0.00	0.00	
6-10	2	9.52	8.6	8.19			6-10	2	9.52	-1.60	-1.52	
11-15	2	9.52	7.8	7.43		资产:负债	11-15	2	9.52	-2.40	-2.29	
16-20	5	23.81	16.8	16.00		56.95 43.33	16-20	5	23.81	-6.90	-6.57	
21-25	6	28.57	16.5	15.71		净资产: 13.62	21-25	6	28.57	-14.10	-13.43	
26-30	2	9.52	4.5	4.29			26-30	2	9.52	-5.70	-5.43	
31-35	1	4.76	1.9	1.81			31-35	1	4.76	-3.20	-3.05	
36-40	2	9.52	2.9	2.76			36-40	2	9.52	-7.30	-6.95	
41-45	1	4.76	0.8	0.76			41-45	1	4.76	-4.30	-4.10	
46-50	0	0.00	0.0	0.00			46-50	0	0.00	0.00	0.00	
合计	21	100.00	59.8	56.95	2.85	21	合计	21	100.00	-45.50	-43.33	-2.17
1-5	1	3.45	4.7	3.24		竞争指数	1-5	1	3.45	-0.40	-0.28	
6-10	4	13.79	17.5	12.07			6-10	4	13.79	-2.90	-2.00	
11-15	5	17.24	19.0	13.10		资产:负债	11-15	5	17.24	-6.50	-4.48	
16-20	1	3.45	3.4	2.34		55.79 46.21	16-20	1	3.45	-1.70	-1.17	
21-25	4	13.79	11.4	7.86		净资产: 9.59	21-25	4	13.79	-9.00	-6.21	
26-30	5	17.24	11.8	8.14			26-30	5	17.24	-13.70	-9.45	
31-35	5	17.24	9.3	6.41			31-35	5	17.24	-16.20	-11.17	
36-40	1	3.45	1.3	0.90			36-40	1	3.45	-3.80	-2.62	
41-45	3	10.34	2.5	1.72			41-45	3	10.34	-12.80	-8.83	
46-50	0	0.00	0.0	0.00			46-50	0	0.00	0.00	0.00	
合计	29	100.00	80.9	55.79	2.79	29	合计	29	100.00	-67.00	-46.21	-2.31
1-5	2	9.09	9.4	8.55		社会指数	1-5	2	9.09	-0.80	-0.73	
6-10	4	18.18	17.3	15.73			6-10	4	18.18	-3.10	-2.82	
11-15	6	27.27	23.0	20.91		资产:负债	11-15	6	27.27	-7.60	-6.91	
16-20	2	9.09	7.0	6.36		67.00 35.00	16-20	2	9.09	-3.20	-2.91	
21-25	2	9.09	5.7	5.18		净资产: 32.00	21-25	2	9.09	-4.50	-4.09	
26-30	3	13.64	6.7	6.09			26-30	3	13.64	-8.60	-7.82	
31-35	2	9.09	3.6	3.27			31-35	2	9.09	-6.60	-6.00	
36-40	0	0.00	0.0	0.00			36-40	0	0.00	0.00	0.00	
41-45	1	4.55	1.0	0.91			41-45	1	4.55	-4.10	-3.73	
46-50	0	0.00	0.0	0.00			46-50	0	0.00	0.00	0.00	
合计	22	100.00	73.7	67.00	3.35	22	合计	22	100.00	-38.50	-35.00	-1.75
1-5	0	0.00	0.0	0.00		管理指数	1-5	0	0.00	0.00	0.00	
6-10	1	7.14	4.5	6.43			6-10	1	7.14	-0.60	-0.86	
11-15	2	14.29	8.0	11.43		资产:负债	11-15	2	14.29	-2.20	-3.14	
16-20	1	7.14	3.3	4.71		55.86 46.14	16-20	1	7.14	-1.80	-2.57	
21-25	3	21.43	8.3	11.86		净资产: 9.71	21-25	3	21.43	-7.00	-10.00	
26-30	5	35.71	11.6	16.57			26-30	5	35.71	-13.90	-19.86	
31-35	1	7.14	1.9	2.71			31-35	1	7.14	-3.20	-4.57	
36-40	1	7.14	1.5	2.14			36-40	1	7.14	-3.60	-5.14	
41-45	0	0.00	0.0	0.00			41-45	0	0.00	0.00	0.00	
46-50	0	0.00	0.0	0.00			46-50	0	0.00	0.00	0.00	
合计	14	100.00	39.1	55.86	2.79	14	合计	14	100.00	-32.30	-46.14	-2.31
1-5	0	0.00	0.0	0.00		可持续指数	1-5	0	0.00	0.00	0.00	
6-10	1	5.88	4.2	4.94			6-10	1	5.88	-0.90	-1.06	
11-15	2	11.76	7.8	9.18		资产:负债	11-15	2	11.76	-2.40	-2.82	
16-20	4	23.53	13.0	15.29		56.82 45.18	16-20	4	23.53	-7.40	-8.71	
21-25	5	29.41	13.9	16.35		净资产: 11.65	21-25	5	29.41	-11.60	-13.65	
26-30	1	5.88	2.1	2.47			26-30	1	5.88	-3.00	-3.53	
31-35	4	23.53	7.3	8.59			31-35	4	23.53	-13.10	-15.41	
36-40	0	0.00	0.0	0.00			36-40	0	0.00	0.00	0.00	
41-45	0	0.00	0.0	0.00			41-45	0	0.00	0.00	0.00	
46-50	0	0.00	0.0	0.00			46-50	0	0.00	0.00	0.00	
合计	17	100.00	48.3	56.82	2.84	17	合计	17	100.00	-38.40	-45.18	-2.26
资产总指标数	占指标总数(%)	总资产分值	相对总资产(%)	总资产质量系数		相对总资产:相对总负债 58.60 -43.05	负债总指标数	占指标总数(%)	总负债分值	相对总负债(%)	总负债质量系数	
103	100.00	301.8	58.60	2.93		相对净资产: 15.55	103	100.00	-221.70	-43.05	-2.15	

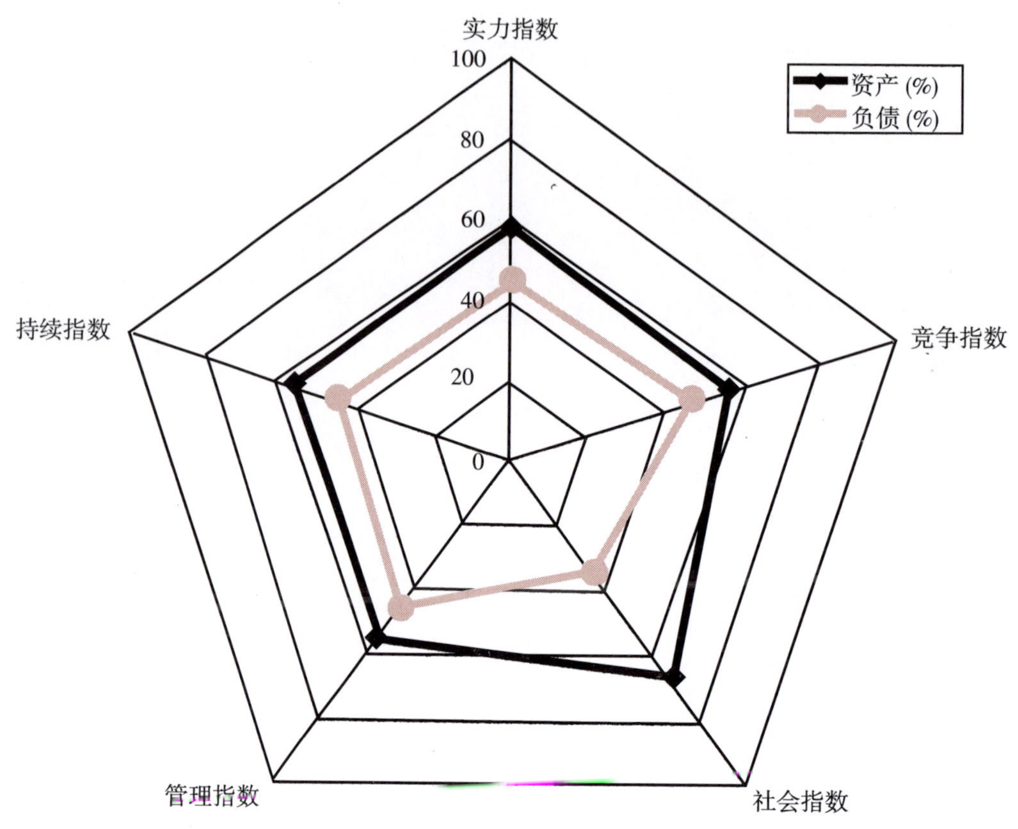

图 21.25　厦门市发展能力资产负债图

二十六 南昌市发展能力资产负债表分析

1. 一般概况

南昌市总面积 7432 平方公里，市区面积 617 平方公里，建成区面积 85 平方公里。总人口 440.16 万人，市区总人口 174.68 万人，地区非农人口 182.45 万人。地区国内生产总值 4856173 万元，市区国内生产总值 3435873 万元，市区第三产业产值占 GDP 比重 46.03%。市区实际利用外资总额 10629 万美元，市区固定资产投资总额 627397 万元，市区房地产投资总额 192810 万元。地方财政预算内收入 173281 万元，地方财政预算内支出 200209 万元。城乡居民人均储蓄余额 14298.15 元，人均住房面积 14.61 平方米，人均园林绿地面积 12.81 平方米，人均生活用电量 237.67 千瓦小时，人均铺装道路面积 5.04 平方米，人均教育经费支出 116.95 元，每万人拥有高等学校在校学生数 655.61 人。

现任领导： 市委书记：余欣荣 市长：李豆罗

2. 发展能力的资产负债分析

(1)城市实力指数：在总数 21 个源指标中，资产累计得分 41.7，相对资产 39.71%，资产质量系数为 1.99，表明资产质量较差。同时，负债累计得分－63.60，相对负债－60.57%，负债质量系数为－3.03，表明负债质量较差。在该大项中，相对净资产为－20.86%。

(2)城市竞争指数：在总数 29 个源指标中，资产累计得分 63.5，相对资产 43.79%，资产质量系数为 2.19，表明资产质量一般。同时，负债累计得分－84.40，相对负债－58.21%，负债质量系数为－2.91，表明负债质量一般。在该大项中，相对净资产为－14.41%。

(3)城市社会指数：在总数 22 个源指标中，资产累计得分 42.8，相对资产 38.91%，资产质量系数为 1.95，表明资产质量较差。同时，负债累计得分－69.40，相对负债－63.09%，负债质量系数为－3.15，表明负债质量较差。在该大项中，相对净资产为－24.18%。

(4)城市管理指数：在总数 14 个源指标中，资产累计得分 30.3，相对资产 43.29%，资产质量系数为 2.16，表明资产质量一般。同时，负债累计得分－41.10，相对负债－58.71%，负债质量系数为－2.94，表明负债质量一般。在该大项中，相对净资产为－15.43%。

(5)城市可持续指数：在总数 17 个源指标中，资产累计得分 33.3，相对资产 39.18%，资产质量系数为 1.96，表明资产质量较差。同时，负债累计得分－53.40，相对负债－62.82%，负债质量系数为－3.14，表明负债质量较差。在该大项中，相对净资产为－23.65%。

总计上述五大项，在总数 103 个源指标中，总资产累计得分 211.6，相对总资产 41.09%，总资产质量系数为 2.05，表明总资产质量一般。同时，总负债累计得分－311.90，相对总负债－60.56%，总负债质量系数为－3.03，表明总负债质量较差。该城市发展能力相对总净资产为－19.48%。

表 21.26　南昌市发展能力资产负债表

资产						五大指数	负债					
位次	指标数	占指标总数(%)	指标分值	相对资产(%)	资产质量系数		位次	指标数	占指标总数(%)	指标分值	相对负债(%)	负债质量系数
1-5	0	0.00	0.0	0.00		实力指数	1-5	0	0.00	0.00	0.00	
6-10	0	0.00	0.0	0.00			6-10	0	0.00	0.00	0.00	
11-15	2	9.52	7.5	7.14		资产:负债	11-15	2	9.52	-2.70	-2.57	
16-20	1	4.76	3.3	3.14		39.71　60.57	16-20	1	4.76	0.00	0.00	
21-25	1	4.76	2.8	2.67		净资产：-20.86	21-25	1	4.76	-2.30	-2.19	
26-30	4	19.05	9.1	8.67			26-30	4	19.05	-11.30	-10.76	
31-35	6	28.57	11.0	10.48			31-35	6	28.57	-19.60	-18.67	
36-40	5	23.81	6.4	6.10			36-40	5	23.81	-19.10	-18.19	
41-45	2	9.52	1.6	1.52			41-45	2	9.52	-8.60	-8.19	
46-50	0	0.00	0.0	0.00			46-50	0	0.00	0.00	0.00	
合计	21	100.00	41.7	39.71	1.99	21	合计	21	100.00	-63.60	-60.57	-3.03
1-5	0	0.00	0.0	0.00		竞争指数	1-5	0	0.00	0.00	0.00	
6-10	1	3.45	4.3	2.97			6-10	1	3.45	-0.80	-0.55	
11-15	1	3.45	3.6	2.48		资产:负债	11-15	1	3.45	-1.50	-1.03	
16-20	3	10.34	10.0	6.90		43.79　58.21	16-20	3	10.34	-5.30	-3.66	
21-25	4	13.79	11.5	7.93		净资产：-14.41	21-25	4	13.79	-8.90	-6.14	
26-30	7	24.14	15.5	10.69			26-30	7	24.14	-20.20	-13.93	
31-35	7	24.14	12.3	8.48			31-35	7	24.14	-23.40	-16.14	
36-40	3	10.34	4.1	2.83			36-40	3	10.34	-11.20	-7.72	
41-45	2	6.90	1.7	1.17			41-45	2	6.90	-8.50	-5.86	
46-50	1	3.45	0.5	0.34			46-50	1	3.45	-4.60	-3.17	
合计	29	100.00	63.5	43.79	2.19	29	合计	29	100.00	-84.40	-58.21	-2.91
1-5	0	0.00	0.0	0.00		社会指数	1-5	0	0.00	0.00	0.00	
6-10	0	0.00	0.0	0.00			6-10	0	0.00	0.00	0.00	
11-15	0	0.00	0.0	0.00		资产:负债	11-15	0	0.00	0.00	0.00	
16-20	1	4.55	3.3	3.00		38.91　63.09	16-20	1	4.55	-1.80	-1.64	
21-25	1	4.55	2.6	2.36		净资产：　24.18	21-25	1	4.55	-2.50	-2.27	
26-30	6	27.27	14.3	13.00			26-30	6	27.27	-16.30	-14.82	
31-35	7	31.82	13.4	12.18			31-35	7	31.82	-22.30	-20.27	
36-40	6	27.27	8.2	7.45			36-40	6	27.27	22.40	-20.36	
41-45	1	4.55	1.0	0.91			41-45	1	4.55	-4.10	-3.73	
46-50	0	0.00	0.0	0.00			46-50	0	0.00	0.00	0.00	
合计	22	100.00	42.8	38.91	1.95	22	合计	22	100.00	-69.40	-63.09	-3.15
1-5	0	0.00	0.0	0.00		管理指数	1-5	0	0.00	0.00	0.00	
6-10	1	7.14	4.3	6.14			6-10	1	7.14	-0.80	-1.14	
11-15	1	7.14	3.6	5.14		资产:负债	11-15	1	7.14	-1.50	-2.14	
16-20	1	7.14	3.4	4.86		43.29　58.71	16-20	1	7.14	-1.70	-2.43	
21-25	1	7.14	2.8	4.00		净资产：-15.43	21-25	1	7.14	-2.30	-3.29	
26-30	1	7.14	2.3	3.29			26-30	1	7.14	-2.80	-4.00	
31-35	5	35.71	8.9	12.71			31-35	5	35.71	-16.60	-23.71	
36-40	4	28.57	5.0	7.14			36-40	4	28.57	-15.40	-22.00	
41-45	0	0.00	0.0	0.00			41-45	0	0.00	0.00	0.00	
46-50	0	0.00	0.0	0.00			46-50	0	0.00	0.00	0.00	
合计	14	100.00	30.3	43.29	2.16	14	合计	14	100.00	-41.10	-58.71	-2.94
1-5	0	0.00	0.0	0.00		可持续指数	1-5	0	0.00	0.00	0.00	
6-10	0	0.00	0.0	0.00			6-10	0	0.00	0.00	0.00	
11-15	1	5.88	3.6	4.24		资产:负债	11-15	1	5.88	-1.50	-1.76	
16-20	0	0.00	0.0	0.00		39.18　62.82	16-20	0	0.00	0.00	0.00	
21-25	1	5.88	2.7	3.18		净资产：-23.65	21-25	1	5.88	-2.40	-2.82	
26-30	6	35.29	13.8	16.24			26-30	6	35.29	-16.80	-19.76	
31-35	5	29.41	8.9	10.47			31-35	5	29.41	-16.60	-19.53	
36-40	2	11.76	2.5	2.94			36-40	2	11.76	-7.70	-9.06	
41-45	2	11.76	1.8	2.12			41-45	2	11.76	-8.40	-9.88	
46-50	0	0.00	0.0	0.00			46-50	0	0.00	0.00	0.00	
合计	17	100.00	33.3	39.18	1.96	17	合计	17	100.00	-53.40	-62.82	-3.14

资产总指标数	占指标总数(%)	总资产分值	相对总资产(%)	总资产质量系数	相对总资产:相对总负债		负债总指标数	占指标总数(%)	总负债分值	相对总负债(%)	总负债质量系数
					41.09	-60.56					
103	100.00	211.6	41.09	2.05	相对净资产:	-19.48	103	100.00	-311.90	-60.56	-3.03

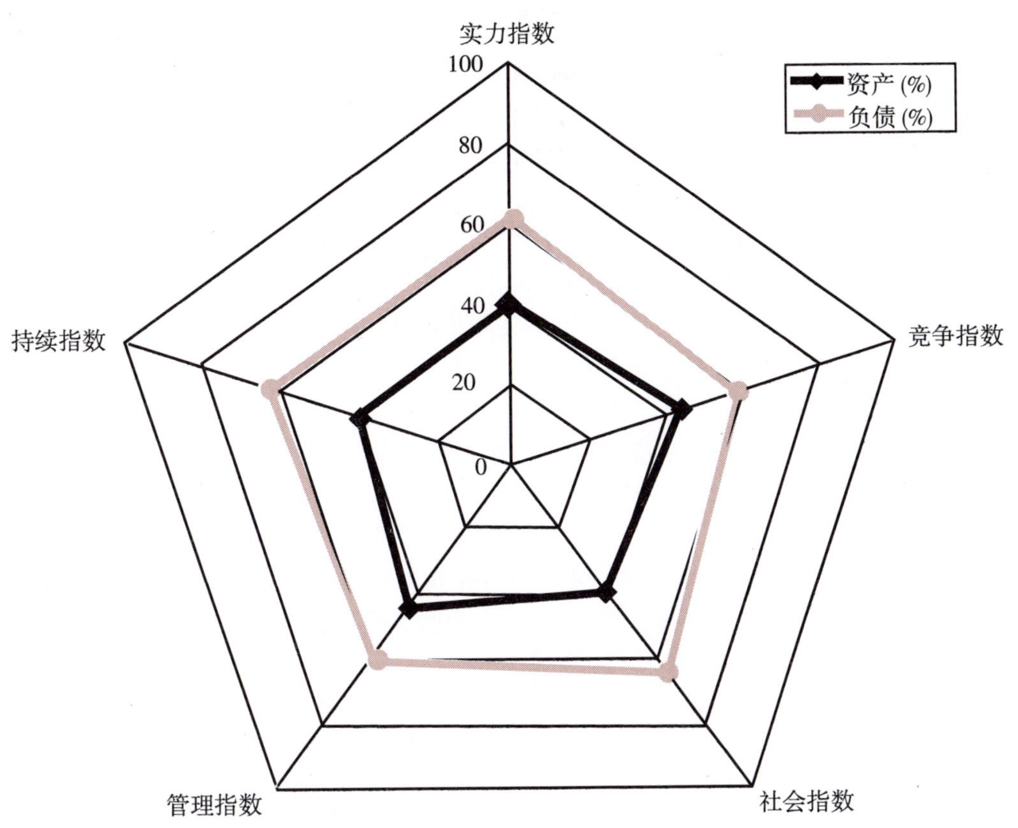

图 21.26　南昌市发展能力资产负债图

二十七 济南市发展能力资产负债表分析

1. 一般概况

济南市总面积8177平方公里,市区面积3527平方公里,建成区面积115平方公里。总人口553.54万人,市区总人口257.49万人,地区非农人口225.79万人。地区国内生产总值10662000万元,市区国内生产总值8201272万元,市区第三产业产值占GDP比重55.31%。市区实际利用外资总额39954万美元,市区固定资产投资总额2388062万元,市区房地产投资总额602457万元。地方财政预算内收入490001万元,地方财政预算内支出568835万元。城乡居民人均储蓄余额13875.18元,人均住房面积16.63平方米,人均园林绿地面积15.18平方米,人均生活用电量409.49千瓦小时,人均铺装道路面积8.45平方米,人均教育经费支出205.05元,每万人拥有高等学校在校学生数529.8人。

现任领导： 市委书记:孙淑义　　市长:鲍志强

2. 发展能力的资产负债分析

(1)城市实力指数:在总数21个源指标中,资产累计得分66.1,相对资产62.95%,资产质量系数为3.15,表明资产质量较好。同时,负债累计得分-39.20,相对负债-37.33%,负债质量系数为-1.87,表明负债质量较好。在该大项中,相对净资产为25.62%。

(2)城市竞争指数:在总数29个源指标中,资产累计得分92.0,相对资产63.45%,资产质量系数为3.17,表明资产质量较好。同时,负债累计得分-55.90,相对负债-38.55%,负债质量系数为-1.93,表明负债质量较好。在该大项中,相对净资产为24.90%。

(3)城市社会指数:在总数22个源指标中,资产累计得分66.3,相对资产60.27%,资产质量系数为3.01,表明资产质量较好。同时,负债累计得分-45.90,相对负债-41.73%,负债质量系数为-2.09,表明负债质量一般。在该大项中,相对净资产为18.55%。

(4)城市管理指数:在总数14个源指标中,资产累计得分45.5,相对资产65.00%,资产质量系数为3.25,表明资产质量较好。同时,负债累计得分-25.90,相对负债-37.00%,负债质量系数为-1.85,表明负债质量较好。在该大项中,相对净资产为28.00%。

(5)城市可持续指数:在总数17个源指标中,资产累计得分50.5,相对资产59.41%,资产质量系数为2.97,表明资产质量一般。同时,负债累计得分-36.20,相对负债-42.59%,负债质量系数为-2.13,表明负债质量一般。在该大项中,相对净资产为16.82%。

总计上述五大项,在总数103个源指标中,总资产累计得分320.4,相对总资产62.21%,总资产质量系数为3.11,表明总资产质量较好。同时,总负债累计得分-203.10,相对总负债-39.44%,总负债质量系数为-1.97,表明总负债质量较好。该城市发展能力相对总净资产为22.78%。

表 21.27　济南市发展能力资产负债表

资产						五大指数		负债					
位次	指标数	占指标总数(%)	指标分值	相对资产(%)	资产质量系数			位次	指标数	占指标总数(%)	指标分值	相对负债(%)	负债质量系数
1—5	0	0.00	0.0	0.00		实力指数		1—5	0	0.00	0.00	0.00	
6—10	0	0.00	0.0	0.00				6—10	0	0.00	0.00	0.00	
11—15	9	42.86	33.7	32.10		资产:负债		11—15	9	42.86	−12.20	−11.62	
16—20	6	28.57	19.7	18.76		62.95	37.33	16—20	6	28.57	−9.10	−8.67	
21—25	2	9.52	5.6	5.33		净资产:	25.62	21—25	2	9.52	−4.60	−4.38	
26—30	1	4.76	2.3	2.19				26—30	1	4.76	−2.80	−2.67	
31—35	1	4.76	2.0	1.90				31—35	1	4.76	−3.10	−2.95	
36—40	2	9.52	2.8	2.67				36—40	2	9.52	−7.40	−7.05	
41—45	0	0.00	0.0	0.00				41—45	0	0.00	0.00	0.00	
46—50	0	0.00	0.0	0.00				46—50	0	0.00	0.00	0.00	
合计	21	100.00	66.1	62.95	3.15	21		合计	21	100.00	−39.20	−37.33	−1.87
1—5	1	3.45	4.7	3.24		竞争指数		1—5	1	3.45	−0.40	−0.28	
6—10	5	17.24	21.6	14.90				6—10	5	17.24	−3.90	−2.69	
11—15	6	20.69	22.6	15.59		资产:负债		11—15	6	20.69	−8.00	−5.52	
16—20	7	24.14	23.2	16.00		63.45	38.55	16—20	7	24.14	−12.50	−8.62	
21—25	2	6.90	5.4	3.72		净资产:	24.90	21—25	2	6.90	−4.80	−3.31	
26—30	1	3.45	2.2	1.52				26—30	1	3.45	−2.90	−2.00	
31—35	5	17.24	9.9	6.83				31—35	5	17.24	−15.60	−10.76	
36—40	2	6.90	2.4	1.66				36—40	2	6.90	−7.80	−5.38	
41—45	0	0.00	0.0	0.00				41—45	0	0.00	0.00	0.00	
46—50	0	0.00	0.0	0.00				46—50	0	0.00	0.00	0.00	
合计	29	100.00	92.0	63.45	3.17	29		合计	29	100.00	−55.90	−38.55	−1.93
1—5	0	0.00	0.0	0.00		社会指数		1—5	0	0.00	0.00	0.00	
6—10	0	0.00	0.0	0.00				6—10	0	0.00	0.00	0.00	
11—15	2	9.09	7.4	6.73		资产:负债		11—15	2	9.09	−2.80	−2.55	
16—20	9	40.91	29.4	26.73		60.27	41.73	16—20	9	40.91	−16.50	−15.00	
21—25	8	36.36	23.1	21.00		净资产:	18.55	21—25	8	36.36	−17.70	−16.09	
26—30	1	4.55	2.5	2.27				26—30	1	4.55	−2.60	−2.36	
31—35	2	9.09	3.9	3.55				31—35	2	9.09	−6.30	−5.73	
36—40	0	0.00	0.0	0.00				36—40	0	0.00	0.00	0.00	
41—45	0	0.00	0.0	0.00				41—45	0	0.00	0.00	0.00	
46—50	0	0.00	0.0	0.00				46—50	0	0.00	0.00	0.00	
合计	22	100.00	66.3	60.27	3.01	22		合计	22	100.00	−45.90	−41.73	−2.09
1—5	0	0.00	0.0	0.00		管理指数		1—5	0	0.00	0.00	0.00	
6—10	2	14.29	8.3	11.86				6—10	2	14.29	−1.90	−2.71	
11—15	4	28.57	15.0	21.43		资产:负债		11—15	4	28.57	−5.40	−7.71	
16—20	3	21.43	10.0	14.29		65.00	37.00	16—20	3	21.43	−5.30	−7.57	
21—25	2	14.29	5.5	7.86		净资产:	28.00	21—25	2	14.29	−4.70	−6.71	
26—30	3	21.43	6.7	9.57				26—30	3	21.43	−8.60	−12.29	
31—35	0	0.00	0.0	0.00				31—35	0	0.00	0.00	0.00	
36—40	0	0.00	0.0	0.00				36—40	0	0.00	0.00	0.00	
41—45	0	0.00	0.0	0.00				41—45	0	0.00	0.00	0.00	
46—50	0	0.00	0.0	0.00				46—50	0	0.00	0.00	0.00	
合计	14	100.00	45.5	65.00	3.25	14		合计	14	100.00	−25.90	−37.00	−1.85
1—5	0	0.00	0.0	0.00		可持续指数		1—5	0	0.00	0.00	0.00	
6—10	0	0.00	0.0	0.00				6—10	0	0.00	0.00	0.00	
11—15	3	17.65	11.3	13.29		资产:负债		11—15	3	17.65	−4.00	−4.71	
16—20	8	47.06	27.3	32.12		59.41	42.59	16—20	8	47.06	−13.50	−15.88	
21—25	2	11.76	5.8	6.82		净资产:	16.82	21—25	2	11.76	−4.40	−5.18	
26—30	0	0.00	0.0	0.00				26—30	0	0.00	0.00	0.00	
31—35	2	11.76	3.3	3.88				31—35	2	11.76	−6.90	−8.12	
36—40	2	11.76	2.8	3.29				36—40	2	11.76	−7.40	−8.71	
41—45	0	0.00	0.0	0.00				41—45	0	0.00	0.00	0.00	
46—50	0	0.00	0.0	0.00				46—50	0	0.00	0.00	0.00	
合计	17	100.00	50.5	59.41	2.97	17		合计	17	100.00	−36.20	−42.59	−2.13
资产总指标数	占指标总数(%)	总资产分值	相对总资产(%)	总资产质量系数		相对总资产:相对总负债		负债总指标数	占指标总数(%)	总负债分值	相对总负债(%)	总负债质量系数	
						62.21	−39.44						
103	100.00	320.4	62.21	3.11		相对净资产:	22.78	103	100.00	−203.10	−39.44	−1.97	

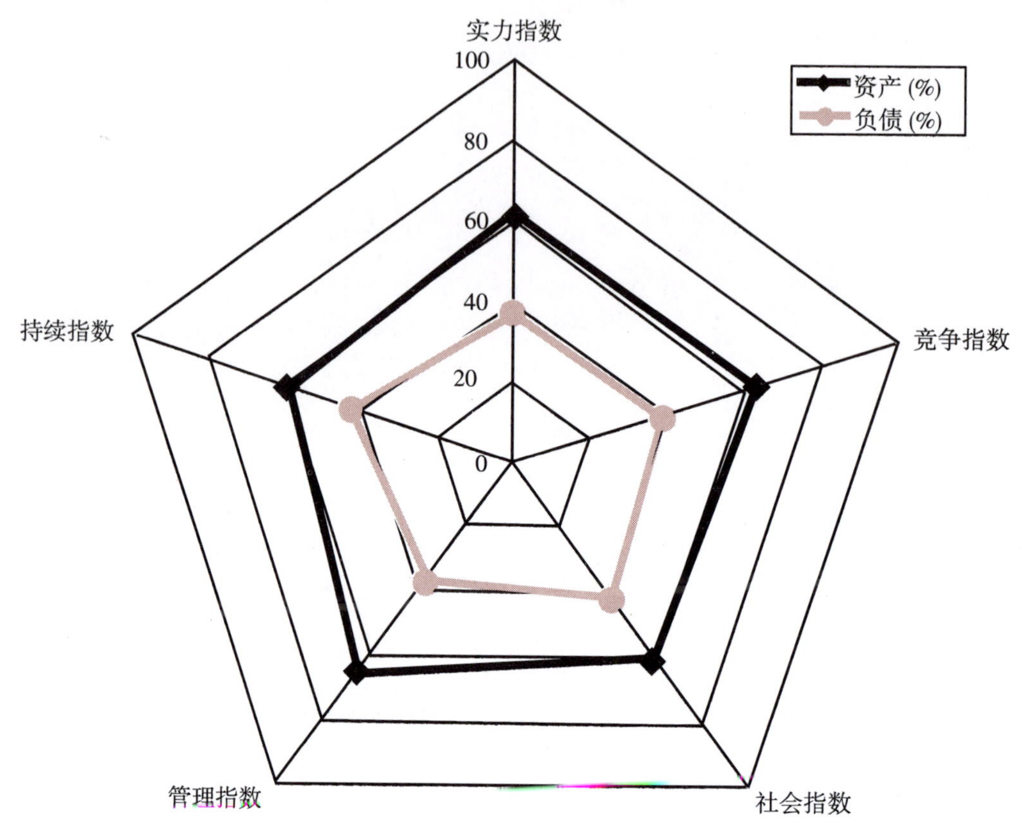

图 21.27　济南市发展能力资产负债图

二十八　青岛市发展能力资产负债表分析

1. 一般概况

青岛市总面积10922平方公里，市区面积1349平方公里，建成区面积114平方公里。总人口699.57万人，市区总人口229.58万人，地区非农人口254.31万人。地区国内生产总值13160846万元，市区国内生产总值7008349万元，市区第三产业产值占GDP比重45.86%。市区实际利用外资总额90264万美元，市区固定资产投资总额2020380万元，市区房地产投资总额691142万元。地方财政预算内收入738006万元，地方财政预算内支出788442万元。城乡居民人均储蓄余额16906.06元，人均住房面积15.04平方米，人均园林绿地面积32.35平方米，人均生活用电量452.77千瓦小时，人均铺装道路面积9.13平方米，人均教育经费支出424.94元，每万人拥有高等学校在校学生数255.57人。

现任领导：　市委书记：杜世成　　市长：夏耕

2. 发展能力的资产负债分析

(1)城市实力指数：在总数21个源指标中，资产累计得分70.4，相对资产67.05%，资产质量系数为3.35，表明资产质量较好。同时，负债累计得分－36.70，相对负债－34.95%，负债质量系数为－1.75，表明负债质量较好。在该大项中，相对净资产为32.10%。

(2)城市竞争指数：在总数29个源指标中，资产累计得分101.1，相对资产69.72%，资产质量系数为3.49，表明资产质量较好。同时，负债累计得分－46.80，相对负债－32.28%，负债质量系数为－1.61，表明负债质量较好。在该大项中，相对净资产为37.45%。

(3)城市社会指数：在总数22个源指标中，资产累计得分75.6，相对资产68.73%，资产质量系数为3.44，表明资产质量较好。同时，负债累计得分－36.60，相对负债－33.27%，负债质量系数为－1.66，表明负债质量较好。在该大项中，相对净资产为34.29%。

(4)城市管理指数：在总数14个源指标中，资产累计得分47.7，相对资产68.14%，资产质量系数为3.41，表明资产质量较好。同时，负债累计得分－23.70，相对负债－33.86%，负债质量系数为－1.69，表明负债质量较好。在该大项中，相对净资产为34.29%。

(5)城市可持续指数：在总数17个源指标中，资产累计得分66.5，相对资产78.24%，资产质量系数为3.91，表明资产质量较好。同时，负债累计得分－20.20，相对负债－23.76%，负债质量系数为－1.19，表明负债质量较好。在该大项中，相对净资产为54.47%。

总计上述五大项，在总数103个源指标中，总资产累计得分361.3，相对总资产70.16%，总资产质量系数为3.51，表明总资产质量较好。同时，总负债累计得分－164.00，相对总负债－31.84%，总负债质量系数为－1.59，表明总负债质量较好。该城市发展能力相对总净资产为38.31%。

表 21.28 青岛市发展能力资产负债表

资产						五大指数	负债					
位次	指标数	占指标总数(%)	指标分值	相对资产(%)	资产质量系数		位次	指标数	占指标总数(%)	指标分值	相对负债(%)	负债质量系数
1—5	1	4.76	4.6	4.38		实力指数	1—5	1	4.76	－0.50	－0.48	
6—10	5	23.81	21.4	20.38			6—10	5	23.81	－4.10	－3.90	
11—15	7	33.33	25.7	24.48		资产:负债	11—15	7	33.33	－10.00	－9.52	
16—20	1	4.76	3.4	3.24		67.05 34.95	16—20	1	4.76	－1.70	－1.62	
21—25	2	9.52	5.5	5.24		净资产： 32.10	21—25	2	9.52	－4.70	－4.48	
26—30	2	9.52	4.8	4.57			26—30	2	9.52	－5.40	－5.14	
31—35	2	9.52	3.5	3.33			31—35	2	9.52	－6.70	－6.38	
36—40	1	4.76	1.5	1.43			36—40	1	4.76	－3.60	－3.43	
41—45	0	0.00	0.0	0.00			41—45	0	0.00	0.00	0.00	
46—50	0	0.00	0.0	0.00			46—50	0	0.00	0.00	0.00	
合计	21	100.00	70.4	67.05	3.35	21	合计	21	100.00	－36.70	－34.95	－1.75
1—5	4	13.79	18.7	12.90		竞争指数	1—5	4	13.79	－1.70	－1.17	
6—10	6	20.69	25.3	17.45			6—10	6	20.69	－5.30	－3.66	
11—15	6	20.69	22.1	15.24		资产:负债	11—15	6	20.69	－8.50	－5.86	
16—20	5	17.24	16.8	11.59		69.72 32.28	16—20	5	17.24	－8.70	－6.00	
21—25	4	13.79	10.8	7.45		净资产： 37.45	21—25	4	13.79	－9.60	－6.62	
26—30	3	10.34	6.7	4.62			26—30	3	10.34	－8.60	－5.93	
31—35	0	0.00	0.0	0.00			31—35	0	0.00	0.00	0.00	
36—40	0	0.00	0.0	0.00			36—40	0	0.00	0.00	0.00	
41—45	1	3.45	0.7	0.48			41—45	1	3.45	－4.40	－3.03	
46—50	0	0.00	0.0	0.00			46—50	0	0.00	0.00	0.00	
合计	29	100.00	101.1	69.72	3.49	29	合计	29	100.00	－46.80	－32.28	－1.61
1—5	0	0.00	0.0	0.00		社会指数	1—5	0	0.00	0.00	0.00	
6—10	5	22.73	21.1	19.18			6—10	5	22.73	－4.40	－4.00	
11—15	6	27.27	22.8	20.73		资产:负债	11—15	6	27.27	－7.80	－7.09	
16—20	5	22.73	16.4	14.91		68.73 33.27	16—20	5	22.73	－9.10	－8.27	
21—25	5	22.73	13.8	12.55		净资产： 35.45	21—25	5	22.73	－11.70	－10.64	
26—30	0	0.00	0.0	0.00			26—30	0	0.00	0.00	0.00	
31—35	0	0.00	0.0	0.00			31—35	0	0.00	0.00	0.00	
36—40	1	4.55	1.5	1.36			36—40	1	4.55	－3.60	－3.27	
41—45	0	0.00	0.0	0.00			41—45	0	0.00	0.00	0.00	
46—50	0	0.00	0.0	0.00			46—50	0	0.00	0.00	0.00	
合计	22	100.00	75.6	68.73	3.44	22	合计	22	100.00	－36.60	－33.27	－1.66
1—5	0	0.00	0.0	0.00		管理指数	1—5	0	0.00	0.00	0.00	
6—10	5	35.71	21.3	30.43			6—10	5	35.71	－4.20	－6.00	
11—15	2	14.29	7.6	10.86		资产:负债	11—15	2	14.29	－2.60	－3.71	
16—20	2	14.29	6.6	9.43		68.14 33.86	16—20	2	14.29	－3.60	－5.14	
21—25	1	7.14	2.6	3.71		净资产： 34.29	21—25	1	7.14	－2.50	－3.57	
26—30	4	28.57	9.6	13.71			26—30	4	28.57	－10.80	－15.43	
31—35	0	0.00	0.0	0.00			31—35	0	0.00	0.00	0.00	
36—40	0	0.00	0.0	0.00			36—40	0	0.00	0.00	0.00	
41—45	0	0.00	0.0	0.00			41—45	0	0.00	0.00	0.00	
46—50	0	0.00	0.0	0.00			46—50	0	0.00	0.00	0.00	
合计	14	100.00	47.7	68.14	3.41	14	合计	14	100.00	－23.70	－33.86	－1.69
1—5	0	0.00	0.0	0.00		可持续指数	1—5	0	0.00	0.00	0.00	
6—10	8	47.06	33.4	39.29			6—10	8	47.06	－7.40	－8.71	
11—15	7	41.18	26.4	31.06		资产:负债	11—15	7	41.18	－9.30	－10.94	
16—20	2	11.76	6.7	7.88		78.24 23.76	16—20	2	11.76	－3.50	－4.12	
21—25	0	0.00	0.0	0.00		净资产： 54.47	21—25	0	0.00	0.00	0.00	
26—30	0	0.00	0.0	0.00			26—30	0	0.00	0.00	0.00	
31—35	0	0.00	0.0	0.00			31—35	0	0.00	0.00	0.00	
36—40	0	0.00	0.0	0.00			36—40	0	0.00	0.00	0.00	
41—45	0	0.00	0.0	0.00			41—45	0	0.00	0.00	0.00	
46—50	0	0.00	0.0	0.00			46—50	0	0.00	0.00	0.00	
合计	17	100.00	66.5	78.24	3.91	17	合计	17	100.00	－20.20	－23.76	－1.19
资产总指标数	占指标总数(%)	总资产分值	相对总资产(%)	总资产质量系数		相对总资产:相对总负债 70.16 －31.84	负债总指标数	占指标总数(%)	总负债分值	相对总负债(%)	总负债质量系数	
103	100.00	361.3	70.16	3.51		相对净资产： 38.31	103	100.00	－164.00	－31.84	－1.59	

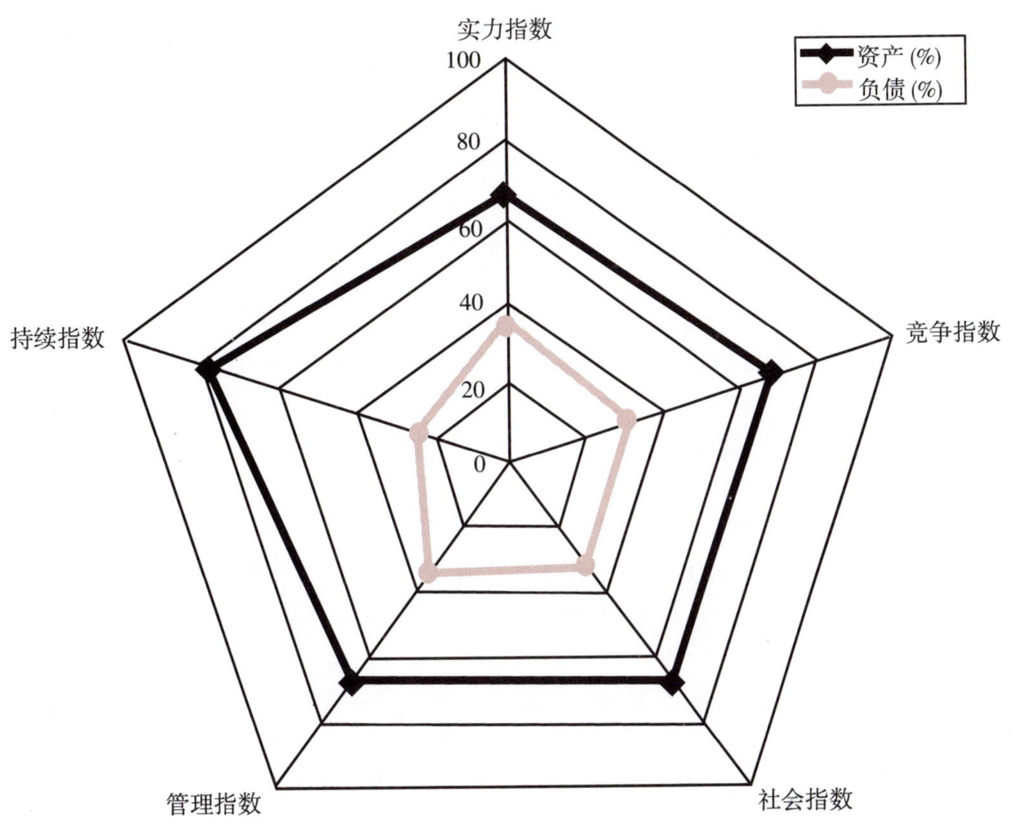

图 21.28　青岛市发展能力资产负债图

二十九　烟台市发展能力资产负债表分析

1. 一般概况

烟台市总面积13746平方公里，市区面积2644平方公里，建成区面积122平方公里。总人口645.99万人，市区总人口163.18万人，地区非农人口207.63万人。地区国内生产总值9795000万元，市区国内生产总值3411172万元，市区第三产业产值占GDP比重37.39%。市区实际利用外资总额30529万美元，市区固定资产投资总额1133829万元，市区房地产投资总额166751万元。地方财政预算内收入236664万元，地方财政预算内支出272936万元。城乡居民人均储蓄余额14578.61元，人均住房面积14.83平方米，人均园林绿地面积25.48平方米，人均生活用电量312.37千瓦小时，人均铺装道路面积8.81平方米，人均教育经费支出195.27元，每万人拥有高等学校在校学生数220.49人。

现任领导：　市委书记：鄢荣竹　　市长：周齐

2. 发展能力的资产负债分析

(1)城市实力指数：在总数21个源指标中，资产累计得分30.0，相对资产28.57%，资产质量系数为1.43，表明资产质量较差。同时，负债累计得分－77.10，相对负债－73.43%，负债质量系数为－3.67，表明负债质量较差。在该大项中，相对净资产为－44.86%。

(2)城市竞争指数：在总数29个源指标中，资产累计得分50.0，相对资产34.48%，资产质量系数为1.72，表明资产质量较差。同时，负债累计得分－97.90，相对负债－67.52%，负债质量系数为3.38，表明负债质量较差。在该大项中，相对净资产为－33.03%。

(3)城市社会指数：在总数22个源指标中，资产累计得分19.5，相对资产17.73%，资产质量系数为0.89，表明资产质量很差。同时，负债累计得分－92.70，相对负债－84.27%，负债质量系数为－4.21，表明负债质量很差。在该大项中，相对净资产为－66.55%。

(4)城市管理指数：在总数14个源指标中，资产累计得分15.3，相对资产21.86%，资产质量系数为1.09，表明资产质量较差。同时，负债累计得分－56.10，相对负债－80.14%，负债质量系数为－4.01，表明负债质量很差。在该大项中，相对净资产为－58.29%。

(5)城市可持续指数：在总数17个源指标中，资产累计得分25.4，相对资产29.88%，资产质量系数为1.49，表明资产质量较差。同时，负债累计得分－61.30，相对负债－72.12%，负债质量系数为－3.61，表明负债质量较差。在该大项中，相对净资产为－42.24%。

总计上述五大项，在总数103个源指标中，总资产累计得分140.2，相对总资产27.22%，总资产质量系数为1.36，表明总资产质量较差。同时，总负债累计得分－385.10，相对总负债－74.78%，总负债质量系数为－3.74，表明总负债质量较差。该城市发展能力相对总净资产为－47.55%。

表 21.29　烟台市发展能力资产负债表

资　产						五大指数	负　债					
位次	指标数	占指标总数(%)	指标分值	相对资产(%)	资产质量系数		位次	指标数	占指标总数(%)	指标分值	相对负债(%)	负债质量系数
1－5	0	0.00	0.0	0.00		实力指数	1－5	0	0.00	0.00	0.00	
6－10	0	0.00	0.0	0.00			6－10	0	0.00	0.00	0.00	
11－15	0	0.00	0.0	0.00		资产:负债	11－15	0	0.00	0.00	0.00	
16－20	0	0.00	0.0	0.00		28.57　73.43	16－20	0	0.00	0.00	0.00	
21－25	1	4.76	2.6	2.48		净资产：－44.86	21－25	1	4.76	－2.50	－2.38	
26－30	3	14.29	6.7	6.38			26－30	3	14.29	－8.60	－8.19	
31－35	4	19.05	6.7	6.38			31－35	4	19.05	－13.70	－13.05	
36－40	6	28.57	8.6	8.19			36－40	6	28.57	－22.00	－20.95	
41－45	5	23.81	4.8	4.57			41－45	5	23.81	－20.70	－19.71	
46－50	2	9.52	0.6	0.57			46－50	2	9.52	－9.60	－9.14	
合计	21	100.00	30.0	28.57	1.43	21	合计	21	100.00	－77.10	－73.43	－3.67
1－5	0	0.00	0.0	0.00		竞争指数	1－5	0	0.00	0.00	0.00	
6－10	0	0.00	0.0	0.00			6－10	0	0.00	0.00	0.00	
11－15	1	3.45	3.9	2.69		资产:负债	11－15	1	3.45	－1.20	－0.83	
16－20	2	6.90	6.6	4.55		34.48　67.52	16－20	2	6.90	－3.60	－2.48	
21－25	6	20.69	16.8	11.59		净资产：－33.03	21－25	6	20.69	－13.80	－9.52	
26－30	2	6.90	4.8	3.31			26－30	2	6.90	－5.40	－3.72	
31－35	1	3.45	1.6	1.10			31－35	1	3.45	－3.50	－2.41	
36－40	6	20.69	7.5	5.17			36－40	6	20.69	－23.10	－15.93	
41－45	10	34.48	8.6	5.93			41－45	10	34.48	－42.40	－29.24	
46－50	1	3.45	0.2	0.14			46－50	1	3.45	－4.90	－3.38	
合计	29	100.00	50.0	34.48	1.72	29	合计	29	100.00	－97.90	－67.52	－3.38
1－5	0	0.00	0.0	0.00		社会指数	1－5	0	0.00	0.00	0.00	
6－10	0	0.00	0.0	0.00			6－10	0	0.00	0.00	0.00	
11－15	0	0.00	0.0	0.00		资产:负债	11－15	0	0.00	0.00	0.00	
16－20	0	0.00	0.0	0.00		17.73　84.27	16－20	0	0.00	0.00	0.00	
21－25	0	0.00	0.0	0.00		净资产：－66.55	21－25	0	0.00	0.00	0.00	
26－30	0	0.00	0.0	0.00			26－30	0	0.00	0.00	0.00	
31－35	1	4.55	1.9	1.73			31－35	1	4.55	－3.20	－2.91	
36－40	6	27.27	7.5	6.82			36－40	6	27.27	－23.10	－21.00	
41－45	9	40.91	7.9	7.18			41－45	9	40.91	－38.00	－34.55	
46－50	6	27.27	2.2	2.00			46－50	6	27.27	－28.40	－25.82	
合计	22	100.00	19.5	17.73	0.89	22	合计	22	100.00	－92.70	－84.27	－4.21
1－5	0	0.00	0.0	0.00		管理指数	1－5	0	0.00	0.00	0.00	
6－10	0	0.00	0.0	0.00			6－10	0	0.00	0.00	0.00	
11－15	0	0.00	0.0	0.00		资产:负债	11－15	0	0.00	0.00	0.00	
16－20	0	0.00	0.0	0.00		21.86　80.14	16－20	0	0.00	0.00	0.00	
21－25	1	7.14	2.6	3.71		净资产：－58.29	21－25	1	7.14	－2.50	－3.57	
26－30	0	0.00	0.0	0.00			26－30	0	0.00	0.00	0.00	
31－35	1	7.14	2.0	2.86			31－35	1	7.14	－3.10	－4.43	
36－40	5	35.71	6.6	9.43			36－40	5	35.71	－18.90	－27.00	
41－45	3	21.43	2.4	3.43			41－45	3	21.43	－12.90	－18.43	
46－50	4	28.57	1.7	2.43			46－50	4	28.57	－18.70	－26.71	
合计	14	100.00	15.3	21.86	1.09	14	合计	14	100.00	－56.10	－80.14	－4.01
1－5	0	0.00	0.0	0.00		可持续指数	1－5	0	0.00	0.00	0.00	
6－10	0	0.00	0.0	0.00			6－10	0	0.00	0.00	0.00	
11－15	0	0.00	0.0	0.00		资产:负债	11－15	0	0.00	0.00	0.00	
16－20	1	5.88	3.2	3.76		29.88　72.12	16－20	1	5.88	－1.90	－2.24	
21－25	0	0.00	0.0	0.00		净资产：－42.24	21－25	0	0.00	0.00	0.00	
26－30	2	11.76	4.6	5.41			26－30	2	11.76	－5.60	－6.59	
31－35	2	11.76	3.7	4.35			31－35	2	11.76	－6.50	－7.65	
36－40	7	41.18	9.9	11.65			36－40	7	41.18	－25.80	－30.35	
41－45	4	23.53	3.5	4.12			41－45	4	23.53	－16.90	－19.88	
46－50	1	5.88	0.5	0.59			46－50	1	5.88	－4.60	－5.41	
合计	17	100.00	25.4	29.88	1.49	17	合计	17	100.00	－61.30	－72.12	－3.61
资产总指标数		占指标总数(%)	总资产分值	相对总资产(%)	总资产质量系数	相对总资产:相对总负债 27.22　－74.78	负债总指标数		占指标总数(%)	总负债分值	相对总负债(%)	总负债质量系数
103		100.00	140.2	27.22	1.36	相对净资产：－47.55	103		100.00	－385.10	－74.78	－3.74

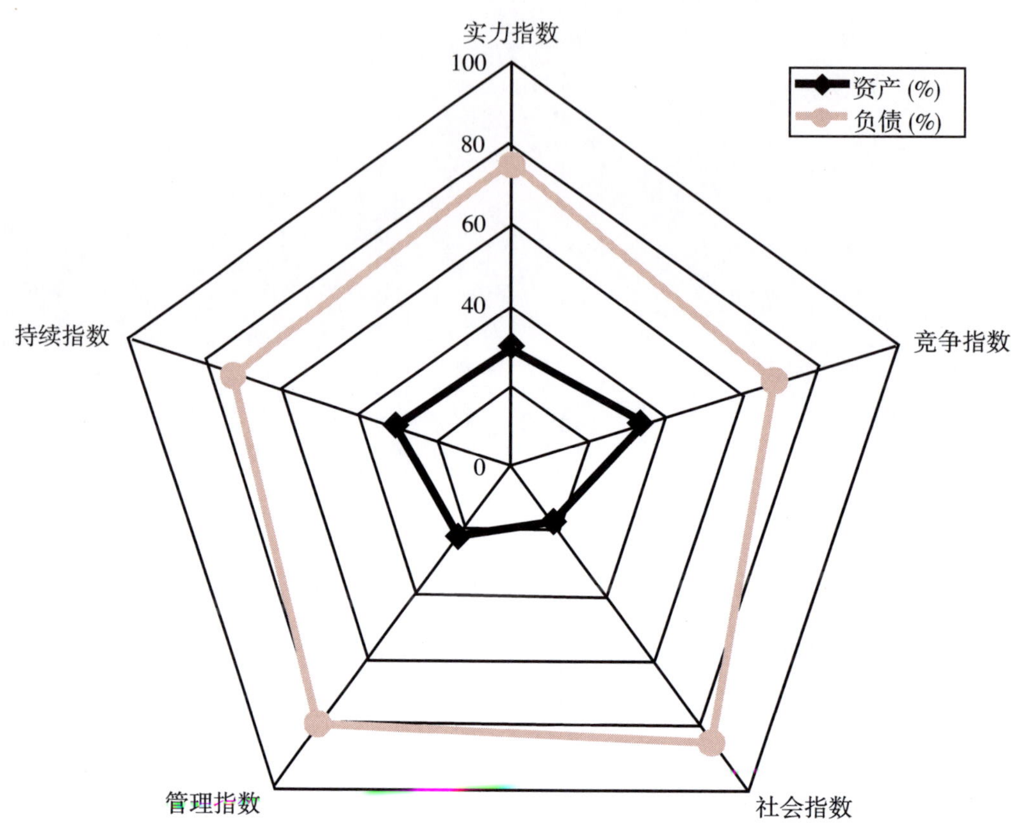

图 21.29　烟台市发展能力资产负债图

三十　威海市发展能力资产负债表分析

1. 一般概况

威海市总面积5436平方公里,市区面积731平方公里,建成区面积44平方公里。总人口247.22万人,市区总人口53.33万人,地区非农人口97.57万人。地区国内生产总值6721016万元,市区国内生产总值1681635万元,市区第三产业产值占GDP比重41.99%。市区实际利用外资总额15911万美元,市区固定资产投资总额462580万元,市区房地产投资总额150882万元。地方财政预算内收入112953万元,地方财政预算内支出152065万元。城乡居民人均储蓄余额18545.79元,人均住房面积16.91平方米,人均园林绿地面积32.05平方米,人均生活用电量263.86千瓦小时,人均铺装道路面积14.76平方米,人均教育经费支出274.05元,每万人拥有高等学校在校学生数175.49人。

现任领导：　市委书记:崔曰臣　　市长:宋远方

2. 发展能力的资产负债分析

(1)城市实力指数:在总数21个源指标中,资产累计得分22.6,相对资产21.52%,资产质量系数为1.08,表明资产质量较差。同时,负债累计得分−82.70,相对负债−78.76%,负债质量系数为−3.94,表明负债质量较差。在该大项中,相对净资产为−57.24%。

(2)城市竞争指数:在总数29个源指标中,资产累计得分41.5,相对资产28.62%,资产质量系数为1.43,表明资产质量较差。同时,负债累计得分−106.40,相对负债−73.38%,负债质量系数为−3.67,表明负债质量较差。在该大项中,相对净资产为−44.76%。

(3)城市社会指数:在总数22个源指标中,资产累计得分14.0,相对资产12.73 %,资产质量系数为0.64,表明资产质量很差。同时,负债累计得分−98.20,相对负债−89.27%,负债质量系数为−4.46,表明负债质量很差。在该大项中,相对净资产为−76.55%。

(4)城市管理指数:在总数14个源指标中,资产累计得分13.1,相对资产18.71%,资产质量系数为0.94,表明资产质量很差。同时,负债累计得分−58.30,相对负债−83.29%,负债质量系数为−4.16,表明负债质量很差。在该大项中,相对净资产为−64.57%。

(5)城市可持续指数:在总数17个源指标中,资产累计得分19.7,相对资产23.18%,资产质量系数为1.16,表明资产质量较差。同时,负债累计得分−67.00,相对负债−78.82%,负债质量系数为−3.94,表明负债质量较差。在该大项中,相对净资产为−55.65%。

总计上述五大项,在总数103个源指标中,总资产累计得分110.9,相对总资产21.53%,总资产质量系数为1.08,表明总资产质量较差。同时,总负债累计得分−412.60,相对总负债−80.12%,总负债质量系数为−4.01,表明总负债质量很差。该城市发展能力相对总净资产为−58.58%。

表 21.30　威海市发展能力资产负债表

资产						五大指数	负债					
位次	指标数	占指标总数(%)	指标分值	相对资产(%)	资产质量系数		位次	指标数	占指标总数(%)	指标分值	相对负债(%)	负债质量系数
1-5	0	0.00	0.0	0.00		实力指数	1-5	0	0.00	0.00	0.00	
6-10	0	0.00	0.0	0.00			6-10	0	0.00	0.00	0.00	
11-15	0	0.00	0.0	0.00		资产:负债	11-15	0	0.00	0.00	0.00	
16-20	2	9.52	6.4	6.10		21.52　78.76	16-20	2	9.52	−2.00	−1.90	
21-25	0	0.00	0.0	0.00		净资产：−57.24	21-25	0	0.00	0.00	0.00	
26-30	1	4.76	2.3	2.19			26-30	1	4.76	−2.80	−2.67	
31-35	2	9.52	3.3	3.14			31-35	2	9.52	−6.90	−6.57	
36-40	2	9.52	2.7	2.57			36-40	2	9.52	−7.50	−7.14	
41-45	7	33.33	5.5	5.24			41-45	7	33.33	−30.20	−28.76	
46-50	7	33.33	2.4	2.29			46-50	7	33.33	−33.30	−31.71	
合计	21	100.00	22.6	21.52	1.08	21	合计	21	100.00	−82.70	−78.76	−3.94
1-5	0	0.00	0.0	0.00		竞争指数	1-5	0	0.00	0.00	0.00	
6-10	1	3.45	4.4	3.03			6-10	1	3.45	−0.70	−0.48	
11-15	2	6.90	7.6	5.24		资产:负债	11-15	2	6.90	−2.60	−1.79	
16-20	0	0.00	0.0	0.00		28.62　73.38	16-20	0	0.00	0.00	0.00	
21-25	2	6.90	5.8	4.00		净资产：−44.76	21-25	2	6.90	−4.40	−3.03	
26-30	2	6.90	4.6	3.17			26-30	2	6.90	−5.60	−3.86	
31-35	6	20.69	10.6	7.31			31-35	6	20.69	−20.00	−13.79	
36-40	3	10.34	3.5	2.41			36-40	3	10.34	−11.80	−8.14	
41-45	2	6.90	1.8	1.24			41-45	2	6.90	−8.40	−5.79	
46-50	11	37.93	3.2	2.21			46-50	11	37.93	−52.90	−36.48	
合计	29	100.00	41.5	28.62	1.43	29	合计	29	100.00	−106.40	−73.38	−3.67
1-5	0	0.00	0.0	0.00		社会指数	1-5	0	0.00	0.00	0.00	
6-10	0	0.00	0.0	0.00			6-10	0	0.00	0.00	0.00	
11-15	0	0.00	0.0	0.00		资产:负债	11-15	0	0.00	0.00	0.00	
16-20	0	0.00	0.0	0.00		12.73　89.27	16-20	0	0.00	0.00	0.00	
21-25	0	0.00	0.0	0.00		净资产：−76.55	21-25	0	0.00	0.00	0.00	
26-30	0	0.00	0.0	0.00			26-30	0	0.00	0.00	0.00	
31-35	0	0.00	0.0	0.00			31-35	0	0.00	0.00	0.00	
36-40	4	18.18	4.9	4.45			36-40	4	18.18	−15.50	−14.09	
41-45	6	27.27	4.7	4.27			41-45	6	27.27	−25.90	−23.55	
46-50	12	54.55	4.4	4.00			46-50	12	54.55	−56.80	−51.64	
合计	22	100.00	14.0	12.73	0.64	22	合计	22	100.00	−98.20	−89.27	−4.46
1-5	0	0.00	0.0	0.00		管理指数	1-5	0	0.00	0.00	0.00	
6-10	0	0.00	0.0	0.00			6-10	0	0.00	0.00	0.00	
11-15	0	0.00	0.0	0.00		资产:负债	11-15	0	0.00	0.00	0.00	
16-20	0	0.00	0.0	0.00		18.71　83.29	16-20	0	0.00	0.00	0.00	
21-25	0	0.00	0.0	0.00		净资产：−64.57	21-25	0	0.00	0.00	0.00	
26-30	0	0.00	0.0	0.00			26-30	0	0.00	0.00	0.00	
31-35	3	21.43	5.4	7.71			31-35	3	21.43	−9.90	−14.14	
36-40	3	21.43	3.7	5.29			36-40	3	21.43	−11.60	−16.57	
41-45	2	14.29	1.8	2.57			41-45	2	14.29	−8.40	−12.00	
46-50	6	42.86	2.2	3.14			46-50	6	42.86	−28.40	−40.57	
合计	14	100.00	13.1	18.71	0.94	14	合计	14	100.00	−58.30	−83.29	−4.16
1-5	0	0.00	0.0	0.00		可持续指数	1-5	0	0.00	0.00	0.00	
6-10	0	0.00	0.0	0.00			6-10	0	0.00	0.00	0.00	
11-15	0	0.00	0.0	0.00		资产:负债	11-15	0	0.00	0.00	0.00	
16-20	0	0.00	0.0	0.00		23.18　78.82	16-20	0	0.00	0.00	0.00	
21-25	0	0.00	0.0	0.00		净资产：−55.65	21-25	0	0.00	0.00	0.00	
26-30	3	17.65	6.5	7.65			26-30	3	17.65	−8.80	−10.35	
31-35	3	17.65	5.3	6.24			31-35	3	17.65	−10.00	−11.76	
36-40	3	17.65	3.5	4.12			36-40	3	17.65	−11.80	−13.88	
41-45	4	23.53	2.8	3.29			41-45	4	23.53	−17.60	−20.71	
46-50	4	23.53	1.6	1.88			46-50	4	23.53	−18.80	−22.12	
合计	17	100.00	19.7	23.18	1.16	17	合计	17	100.00	−67.00	−78.82	−3.94

资产总指标数	占指标总数(%)	总资产分值	相对总资产(%)	总资产质量系数	相对总资产:相对总负债 21.53　−80.12	负债总指标数	占指标总数(%)	总负债分值	相对总负债(%)	总负债质量系数
103	100.00	110.9	21.53	1.08	相对净资产：−58.58	103	100.00	−412.60	−80.12	−4.01

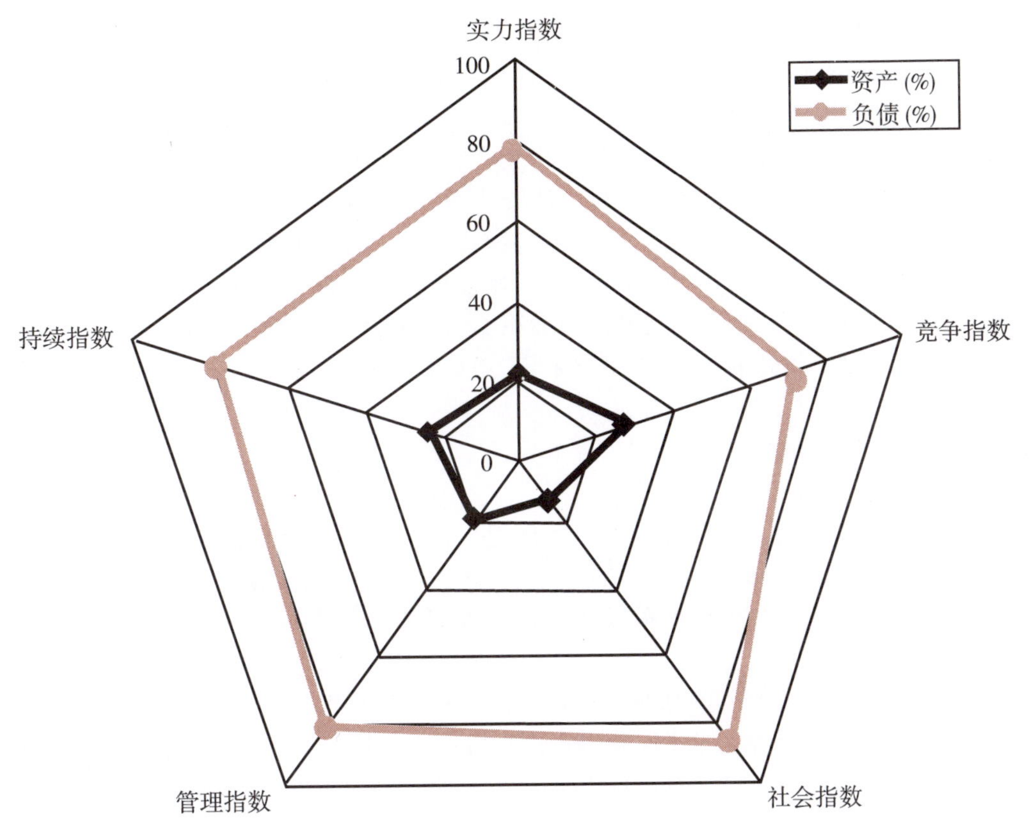

图 21.30　威海市发展能力资产负债图

三十一　郑州市发展能力资产负债表分析

1. 一般概况

郑州市总面积7446平方公里，市区面积1010平方公里，建成区面积142平方公里。总人口638.91万人，市区总人口229.03万人，地区非农人口231.83万人。地区国内生产总值8281974万元，市区国内生产总值3881238万元，市区第三产业产值占GDP比重64.22%。市区实际利用外资总额5374万美元，市区固定资产投资总额1440263万元，市区房地产投资总额467999万元。地方财政预算内收入379797万元，地方财政预算内支出415962万元。城乡居民人均储蓄余额21880.9元，人均住房面积15.31平方米，人均园林绿地面积10.21平方米，人均生活用电量613.4千瓦小时，人均铺装道路面积6.55平方米，人均教育经费支出197.37元，每万人拥有高等学校在校学生数746.36人。

现任领导：　市委书记：李克　　市长：王文超

2. 发展能力的资产负债分析

(1)城市实力指数：在总数21个源指标中，资产累计得分50.5，相对资产48.10%，资产质量系数为2.40，表明资产质量一般。同时，负债累计得分－54.80，相对负债－52.19%，负债质量系数为－2.61，表明负债质量一般。在该大项中，相对净资产为－4.10%。

(2)城市竞争指数：在总数29个源指标中，资产累计得分82.5，相对资产56.90%，资产质量系数为2.84，表明资产质量一般。同时，负债累计得分－65.40，相对负债－45.10%，负债质量系数为－2.26，表明负债质量一般。在该大项中，相对净资产为11.79%。

(3)城市社会指数：在总数22个源指标中，资产累计得分67.1，相对资产61.00%，资产质量系数为3.05，表明资产质量较好。同时，负债累计得分－45.10，相对负债－41.00%，负债质量系数为－2.05，表明负债质量一般。在该大项中，相对净资产为20.00%。

(4)城市管理指数：在总数14个源指标中，资产累计得分37.2，相对资产53.14%，资产质量系数为2.66，表明资产质量一般。同时，负债累计得分－34.20，相对负债－48.86%，负债质量系数为－2.44，表明负债质量一般。在该大项中，相对净资产为4.29%。

(5)城市可持续指数：在总数17个源指标中，资产累计得分40.3，相对资产47.41%，资产质量系数为2.37，表明资产质量一般。同时，负债累计得分－46.40，相对负债－54.59%，负债质量系数为－2.73，表明负债质量一般。在该大项中，相对净资产为－7.18%。

总计上述五大项，在总数103个源指标中，总资产累计得分277.6，相对总资产53.90%，总资产质量系数为2.70，表明总资产质量一般。同时，总负债累计得分－245.90，相对总负债－47.75%，总负债质量系数为－2.39，表明总负债质量一般。该城市发展能力相对总净资产为6.16%。

表 21.31　郑州市发展能力资产负债表

资　产						五大指数	负　债					
位次	指标数	占指标总数(%)	指标分值	相对资产(%)	资产质量系数		位次	指标数	占指标总数(%)	指标分值	相对负债(%)	负债质量系数
1-5	0	0.00	0.0	0.00		实力指数	1-5	0	0.00	0.00	0.00	
6-10	0	0.00	0.0	0.00			6-10	0	0.00	0.00	0.00	
11-15	0	0.00	0.0	0.00		资产:负债	11-15	0	0.00	0.00	0.00	
16-20	4	19.05	13.0	12.38		48.10　52.19	16-20	4	19.05	-5.60	-5.33	
21-25	4	19.05	11.8	11.24		净资产:　-4.10	21-25	4	19.05	-8.60	-8.19	
26-30	7	33.33	16.7	15.90			26-30	7	33.33	-19.00	-18.10	
31-35	4	19.05	7.8	7.43			31-35	4	19.05	-12.60	-12.00	
36-40	0	0.00	0.0	0.00			36-40	0	0.00	0.00	0.00	
41-45	2	9.52	1.2	1.14			41-45	2	9.52	-9.00	-8.57	
46-50	0	0.00	0.0	0.00			46-50	0	0.00	0.00	0.00	
合计	21	100.00	50.5	48.10	2.40	21	合计	21	100.00	-54.80	-52.19	-2.61
1-5	1	3.45	4.6	3.17		竞争指数	1-5	1	3.45	-0.50	-0.34	
6-10	4	13.79	17.4	12.00			6-10	4	13.79	-3.00	-2.07	
11-15	3	10.34	11.5	7.93		资产:负债	11-15	3	10.34	-3.80	-2.62	
16-20	4	13.79	12.9	8.90		56.90　45.10	16-20	4	13.79	-7.50	-5.17	
21-25	6	20.69	16.6	11.45		净资产:　11.79	21-25	6	20.69	-14.00	-9.66	
26-30	3	10.34	7.2	4.97			26-30	3	10.34	-8.10	-5.59	
31-35	4	13.79	7.0	4.83			31-35	4	13.79	-13.40	-9.24	
36-40	4	13.79	5.3	3.66			36-40	4	13.79	-15.10	V10.41	
41-45	0	0.00	0.0	0.00			41-45	0	0.00	0.00	0.00	
46-50	0	0.00	0.0	0.00			46-50	0	0.00	0.00	0.00	
合计	29	100.00	82.5	56.90	2.84	29	合计	29	100.00	-65.40	-45.10	-2.26
1-5	0	0.00	0.0	0.00		社会指数	1-5	0	0.00	0.00	0.00	
6-10	3	13.64	12.5	11.36			6-10	3	13.64	-2.80	-2.55	
11-15	7	31.82	26.5	24.09		资产:负债	11-15	7	31.82	-9.20	-8.36	
16-20	1	4.55	3.4	3.09		61.00　41.00	16-20	1	4.55	-1.70	-1.55	
21-25	5	22.73	14.1	12.82		净资产:　20.00	21-25	5	22.73	-11.40	-10.36	
26-30	4	18.18	8.6	7.82			26-30	4	18.18	-11.80	-10.73	
31-35	1	4.55	1.7	1.55			31-35	1	4.55	-3.40	-3.09	
36-40	0	0.00	0.0	0.00			36-40	0	0.00	0.00	0.00	
41-45	0	0.00	0.0	0.00			41-45	0	0.00	0.00	0.00	
46-50	1	4.55	0.3	0.27			46-50	1	4.55	-4.80	-4.36	
合计	22	100.00	67.1	61.00	3.05	22	合计	22	100.00	-45.10	-41.00	-2.05
1-5	0	0.00	0.0	0.00		管理指数	1-5	0	0.00	0.00	0.00	
6-10	1	7.14	4.1	5.86			6-10	1	7.14	-1.00	-1.43	
11-15	2	14.29	7.7	11.00		资产:负债	11-15	2	14.29	-2.50	-3.57	
16-20	2	14.29	6.3	9.00		53.14　48.86	16-20	2	14.29	-3.90	-5.57	
21-25	3	21.43	8.0	11.43		净资产:　4.29	21-25	3	21.43	-7.30	-10.43	
26-30	3	21.43	6.6	9.43			26-30	3	21.43	-8.70	-12.43	
31-35	2	14.29	3.3	4.71			31-35	2	14.29	-6.90	-9.86	
36-40	1	7.14	1.2	1.71			36-40	1	7.14	-3.90	-5.57	
41-45	0	0.00	0.0	0.00			41-45	0	0.00	0.00	0.00	
46-50	0	0.00	0.0	0.00			46-50	0	0.00	0.00	0.00	
合计	14	100.00	37.2	53.14	2.66	14	合计	14	100.00	-34.20	-48.86	-2.44
1-5	0	0.00	0.0	0.00		可持续指数	1-5	0	0.00	0.00	0.00	
6-10	1	5.88	4.1	4.82			6-10	1	5.88	-1.00	-1.18	
11-15	1	5.88	3.8	4.47		资产:负债	11-15	1	5.88	-1.30	-1.53	
16-20	3	17.65	9.7	11.41		47.41　54.59	16-20	3	17.65	-5.60	-6.59	
21-25	5	29.41	13.9	16.35		净资产:　-7.18	21-25	5	29.41	-11.60	-13.65	
26-30	0	0.00	0.0	0.00			26-30	0	0.00	0.00	0.00	
31-35	4	23.53	7.6	8.94			31-35	4	23.53	-12.80	-15.06	
36-40	0	0.00	0.0	0.00			36-40	0	0.00	0.00	0.00	
41-45	0	0.00	0.0	0.00			41-45	0	0.00	0.00	0.00	
46-50	3	17.65	1.2	1.41			46-50	3	17.65	-14.10	-16.59	
合计	17	100.00	40.3	47.41	2.37	17	合计	17	100.00	-46.40	-54.59	-2.73
资产总指标数		占指标总数(%)	总资产分值	相对总资产(%)	总资产质量系数	相对总资产:相对总负债 53.90　-47.75	负债总指标数		占指标总数(%)	总负债分值	相对总负债(%)	总负债质量系数
103		100.00	277.6	53.90	2.70	相对净资产:　6.16	103		100.00	-245.90	-47.75	-2.39

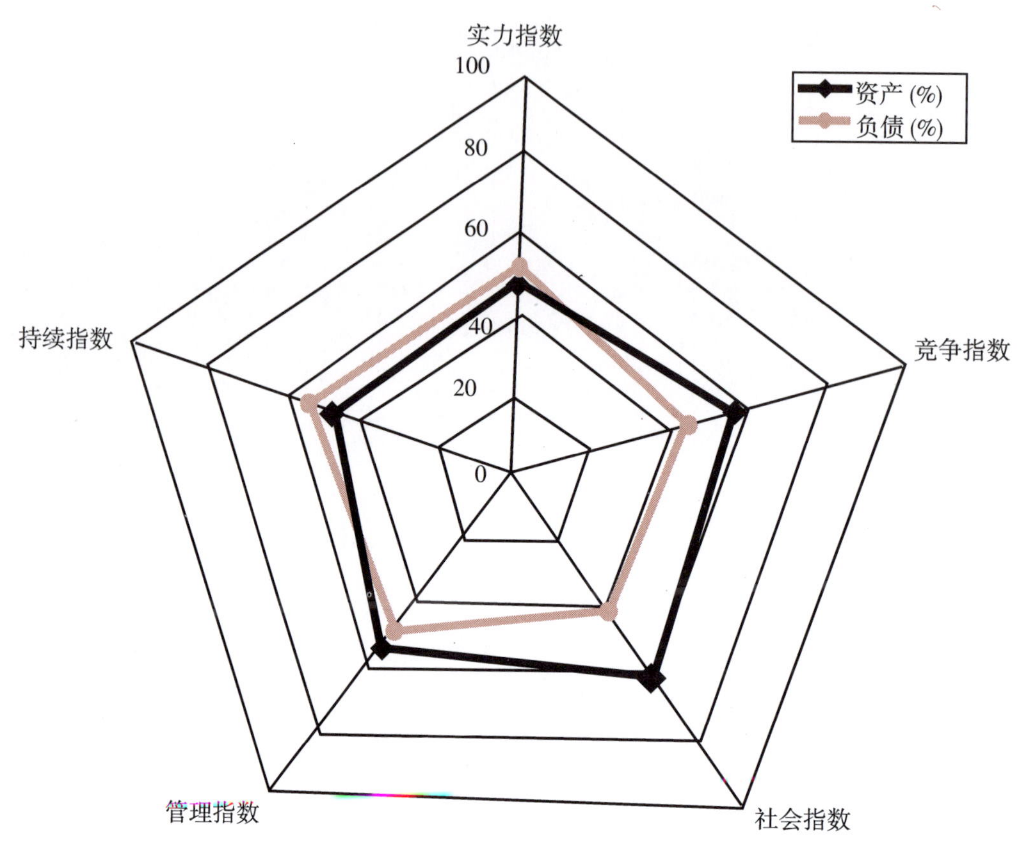

图 21.31　郑州市发展能力资产负债图

三十二　武汉市发展能力资产负债表分析

1. 一般概况

武汉市总面积 8494 平方公里，市区面积 8494 平方公里，建成区面积 212 平方公里。总人口 758.23 万人，市区总人口 758.23 万人，地区非农人口 448.89 万人。地区国内生产总值 13478027 万元，市区国内生产总值 13478027 万元，市区第三产业产值占 GDP 比重 49.56%。市区实际利用外资总额 72223 万美元，市区固定资产投资总额 4855027 万元，市区房地产投资总额 1153357 万元。地方财政预算内收入 861586 万元，地方财政预算内支出 1196000 万元。城乡居民人均储蓄余额 10577.25 元，人均住房面积 12.6 平方米，人均园林绿地面积 8.01 平方米，人均生活用电量 313.97 千瓦小时，人均铺装道路面积 2.35 平方米，人均教育经费支出 183.67 元，每万人拥有高等学校在校学生数 406.65 人。

现任领导：　市委书记：陈训秋　　市长：李宪生

2. 发展能力的资产负债分析

(1) 城市实力指数：在总数 21 个源指标中，资产累计得分 81.2，相对资产 77.33%，资产质量系数为 3.87，表明资产质量较好。同时，负债累计得分－25.90，相对负债－24.67%，负债质量系数为－1.23，表明负债质量较好。在该大项中，相对净资产为 52.67%。

(2) 城市竞争指数：在总数 29 个源指标中，资产累计得分 99.5，相对资产 68.62%，资产质量系数为 3.43，表明资产质量较好。同时，负债累计得分－48.40，相对负债－33.38%，负债质量系数为－1.67，表明负债质量较好。在该大项中，相对净资产为 35.24%。

(3) 城市社会指数：在总数 22 个源指标中，资产累计得分 75.5，相对资产 68.64 %，资产质量系数为 3.43，表明资产质量较好。同时，负债累计得分－36.70，相对负债－33.36%，负债质量系数为－1.67，表明负债质量较好。在该大项中，相对净资产为 35.27%。

(4) 城市管理指数：在总数 14 个源指标中，资产累计得分 50.0，相对资产 71.43%，资产质量系数为 3.57，表明资产质量较好。同时，负债累计得分－21.40，相对负债－30.57%，负债质量系数为－1.53，表明负债质量较好。在该大项中，相对净资产为 40.86%。

(5) 城市可持续指数：在总数 17 个源指标中，资产累计得分 57.3，相对资产 67.41%，资产质量系数为 3.37，表明资产质量较好。同时，负债累计得分－29.40，相对负债－34.59%，负债质量系数为－1.73，表明负债质量较好。在该大项中，相对净资产为 32.82%。

总计上述五大项，在总数 103 个源指标中，总资产累计得分 363.5，相对总资产 70.58%，总资产质量系数为 3.53，表明总资产质量较好。同时，总负债累计得分－161.80，相对总负债－31.42%，总负债质量系数为－1.57，表明总负债质量较好。该城市发展能力相对总净资产为 39.17%。

表 21.32　武汉市发展能力资产负债表

资　产						五大指数	负　债					
位次	指标数	占指标总数(%)	指标分值	相对资产(%)	资产质量系数		位次	指标数	占指标总数(%)	指标分值	相对负债(%)	负债质量系数
1—5	2	9.52	9.3	8.86		实力指数	1—5	2	9.52	－0.90	－0.86	
6—10	12	57.14	52.1	49.62			6—10	12	57.14	－9.10	－8.67	
11—15	3	14.29	11.4	10.86		资产:负债	11—15	3	14.29	－3.90	－3.71	
16—20	1	4.76	3.4	3.24		77.33　24.67	16—20	1	4.76	－1.70	－1.62	
21—25	1	4.76	2.8	2.67		净资产：　52.67	21—25	1	4.76	－2.30	－2.19	
26—30	1	4.76	2.1	2.00			26—30	1	4.76	－3.00	－2.86	
31—35	0	0.00	0.0	0.00			31—35	0	0.00	0.00	0.00	
36—40	0	0.00	0.0	0.00			36—40	0	0.00	0.00	0.00	
41—45	0	0.00	0.0	0.00			41—45	0	0.00	0.00	0.00	
46—50	1	4.76	0.1	0.10			46—50	1	4.76	－5.00	－4.76	
合计	21	100.00	81.2	77.33	3.87	21	合计	21	100.00	－25.90	－24.67	－1.23
1—5	1	3.45	4.7	3.24		竞争指数	1—5	1	3.45	－0.40	－0.28	
6—10	10	34.48	43.2	29.79			6—10	10	34.48	－7.80	－5.38	
11—15	4	13.79	15.3	10.55		资产:负债	11—15	4	13.79	－5.10	－3.52	
16—20	8	27.59	26.4	18.21		68.62　33.38	16—20	8	27.59	－14.40	－9.93	
21—25	2	6.90	5.8	4.00		净资产：　35.24	21—25	2	6.90	－4.40	－3.03	
26—30	1	3.45	2.4	1.66			26—30	1	3.45	－2.70	－1.86	
31—35	0	0.00	0.0	0.00			31—35	0	0.00	0.00	0.00	
36—40	1	3.45	1.5	1.03			36—40	1	3.45	－3.60	－2.48	
41—45	0	0.00	0.0	0.00			41—45	0	0.00	0.00	0.00	
46—50	2	6.90	0.2	0.14			46—50	2	6.90	－10.00	－6.90	
合计	29	100.00	99.5	68.62	3.43	29	合计	29	100.00	－48.40	－33.38	－1.67
1—5	2	9.09	9.3	8.45		社会指数	1—5	2	9.09	－0.90	－0.82	
6—10	5	22.73	22.2	20.18			6—10	5	22.73	－3.30	－3.00	
11—15	1	4.55	3.7	3.36		资产:负债	11—15	1	4.55	－1.40	－1.27	
16—20	7	31.82	23.0	20.91		68.64　33.36	16—20	7	31.82	－12.70	－11.55	
21—25	4	18.18	11.5	10.45		净资产：　35.27	21—25	4	18.18	－8.90	－8.09	
26—30	2	9.09	4.7	4.27			26—30	2	9.09	－5.50	－5.00	
31—35	0	0.00	0.0	0.00			31—35	0	0.00	0.00	0.00	
36—40	1	4.55	1.1	1.00			36—40	1	4.55	1.00	－3.64	
41—45	0	0.00	0.0	0.00			41—45	0	0.00	0.00	0.00	
46—50	0	0.00	0.0	0.00			46—50	0	0.00	0.00	0.00	
合计	22	100.00	75.5	68.64	3.43	22	合计	22	100.00	－36.70	－33.36	－1.67
1—5	0	0.00	0.0	0.00		管理指数	1—5	0	0.00	0.00	0.00	
6—10	6	42.86	26.4	37.71			6—10	6	42.86	－4.20	－6.00	
11—15	2	14.29	7.4	10.57		资产:负债	11—15	2	14.29	－2.80	－4.00	
16—20	3	21.43	10.0	14.29		71.43　30.57	16—20	3	21.43	－5.30	－7.57	
21—25	0	0.00	0.0	0.00		净资产：　40.86	21—25	0	0.00	0.00	0.00	
26—30	2	14.29	4.6	6.57			26—30	2	14.29	－5.60	－8.00	
31—35	1	7.14	1.6	2.29			31—35	1	7.14	－3.50	－5.00	
36—40	0	0.00	0.0	0.00			36—40	0	0.00	0.00	0.00	
41—45	0	0.00	0.0	0.00			41—45	0	0.00	0.00	0.00	
46—50	0	0.00	0.0	0.00			46—50	0	0.00	0.00	0.00	
合计	14	100.00	50.0	71.43	3.57	14	合计	14	100.00	－21.40	－30.57	－1.53
1—5	2	11.76	9.4	11.06		可持续指数	1—5	2	11.76	－0.80	－0.94	
6—10	8	47.06	35.2	41.41			6—10	8	47.06	－5.60	－6.59	
11—15	1	5.88	3.9	4.59		资产:负债	11—15	1	5.88	－1.20	－1.41	
16—20	0	0.00	0.0	0.00		67.41　34.59	16—20	0	0.00	0.00	0.00	
21—25	2	11.76	5.5	6.47		净资产：　32.82	21—25	2	11.76	－4.70	－5.53	
26—30	1	5.88	2.2	2.59			26—30	1	5.88	－2.90	－3.41	
31—35	0	0.00	0.0	0.00			31—35	0	0.00	0.00	0.00	
36—40	0	0.00	0.0	0.00			36—40	0	0.00	0.00	0.00	
41—45	1	5.88	0.9	1.06			41—45	1	5.88	－4.20	－4.94	
46—50	2	11.76	0.2	0.24			46—50	2	11.76	－10.00	－11.76	
合计	17	100.00	57.3	67.41	3.37	17	合计	17	100.00	－29.40	－34.59	－1.73
资产总指标数	占指标总数(%)	总资产分值	相对总资产(%)	总资产质量系数		相对总资产:相对总负债 70.58　－31.42	负债总指标数	占指标总数(%)	总负债分值	相对总负债(%)	总负债质量系数	
103	100.00	363.5	70.58	3.53		相对净资产：　39.17	103	100.00	－161.80	－31.42	－1.57	

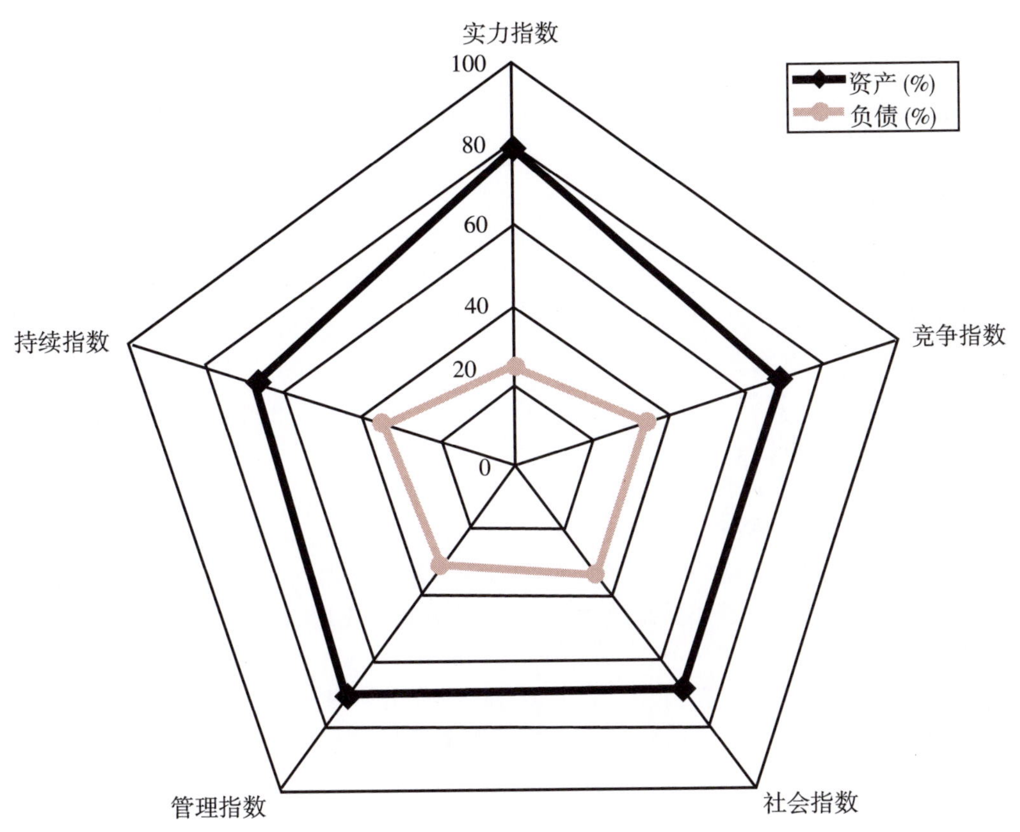

图 21.32　武汉市发展能力资产负债图

三十三 长沙市发展能力资产负债表分析

1. 一般概况

长沙市总面积 11819 平方公里，市区面积 556 平方公里，建成区面积 128 平方公里。总人口 587.09 万人，市区总人口 180.77 万人，地区非农人口 191.89 万人。地区国内生产总值 7280774 万元，市区国内生产总值 4688731 万元，市区第三产业产值占 GDP 比重 58.75%。市区实际利用外资总额 13674 万美元，市区固定资产投资总额 1890677 万元，市区房地产投资总额 403759 万元。地方财政预算内收入 346070 万元，地方财政预算内支出 385411 万元。城乡居民人均储蓄余额 19783.35 元，人均住房面积 15.6 平方米，人均园林绿地面积 30.65 平方米，人均生活用电量 672.35 千瓦小时，人均铺装道路面积 6.08 平方米，人均教育经费支出 155.03 元，每万人拥有高等学校在校学生数 938.32 人。

现任领导：　市委书记：梅克保　　市长：谭仲池

2. 发展能力的资产负债分析

(1) 城市实力指数：在总数 21 个源指标中，资产累计得分 62.6，相对资产 59.62%，资产质量系数为 2.98，表明资产质量一般。同时，负债累计得分－40.90，相对负债－38.95%，负债质量系数为－1.95，表明负债质量较好。在该大项中，相对净资产为 20.67%。

(2) 城市竞争指数：在总数 29 个源指标中，资产累计得分 90.6，相对资产 62.48%，资产质量系数为 3.12，表明资产质量较好。同时，负债累计得分－57.30，相对负债－39.52%，负债质量系数为－1.98，表明负债质量较好。在该大项中，相对净资产为 22.97%。

(3) 城市社会指数：在总数 22 个源指标中，资产累计得分 71.4，相对资产 64.91%，资产质量系数为 3.25，表明资产质量较好。同时，负债累计得分－40.80，相对负债－37.09%，负债质量系数为－1.85，表明负债质量较好。在该大项中，相对净资产为 27.82%。

(4) 城市管理指数：在总数 14 个源指标中，资产累计得分 46.5，相对资产 66.43%，资产质量系数为 3.32，表明资产质量较好。同时，负债累计得分－24.90，相对负债－35.57%，负债质量系数为－1.78，表明负债质量较好。在该大项中，相对净资产为 30.86%。

(5) 城市可持续指数：在总数 17 个源指标中，资产累计得分 58.8，相对资产 69.18%，资产质量系数为 3.46，表明资产质量较好。同时，负债累计得分－27.90，相对负债－32.82%，负债质量系数为－1.64，表明负债质量较好。在该大项中，相对净资产为 36.35%。

总计上述五大项，在总数 103 个源指标中，总资产累计得分 329.9，相对总资产 64.06%，总资产质量系数为 3.20，表明总资产质量较好。同时，总负债累计得分－191.80，相对总负债－37.24%，总负债质量系数为－1.86，表明总负债质量较好。该城市发展能力相对总净资产为 26.82%。

表 21.33 长沙市发展能力资产负债表

资产						五大指数		负债					
位次	指标数	占指标总数(%)	指标分值	相对资产(%)	资产质量系数			位次	指标数	占指标总数(%)	指标分值	相对负债(%)	负债质量系数
1-5	1	4.76	4.6	4.38		实力指数		1-5	1	4.76	-0.50	-0.48	
6-10	2	9.52	8.6	8.19				6-10	2	9.52	-1.60	-1.52	
11-15	2	9.52	7.9	7.52		资产:负债		11-15	2	9.52	-2.30	-2.19	
16-20	4	19.05	13.1	12.48		59.62	38.95	16-20	4	19.05	-3.70	-3.52	
21-25	7	33.33	19.6	18.67		净资产：	20.67	21-25	7	33.33	-16.10	-15.33	
26-30	2	9.52	4.6	4.38				26-30	2	9.52	-5.60	-5.33	
31-35	0	0.00	0.0	0.00				31-35	0	0.00	0.00	0.00	
36-40	3	14.29	4.2	4.00				36-40	3	14.29	-11.10	-10.57	
41-45	0	0.00	0.0	0.00				41-45	0	0.00	0.00	0.00	
46-50	0	0.00	0.0	0.00				46-50	0	0.00	0.00	0.00	
合计	21	100.00	62.6	59.62	2.98	21		合计	21	100.00	-40.90	-38.95	-1.95
1-5	1	3.45	4.7	3.24		竞争指数		1-5	1	3.45	-0.40	-0.28	
6-10	6	20.69	26.3	18.14				6-10	6	20.69	-4.30	-2.97	
11-15	5	17.24	19.0	13.10		资产:负债		11-15	5	17.24	-6.50	-4.48	
16-20	2	6.90	6.6	4.55		62.48	39.52	16-20	2	6.90	-3.60	-2.48	
21-25	6	20.69	16.5	11.38		净资产：	22.97	21-25	6	20.69	-14.10	-9.72	
26-30	6	20.69	14.1	9.72				26-30	6	20.69	-16.50	-11.38	
31-35	1	3.45	2.0	1.38				31-35	1	3.45	-3.10	-2.14	
36-40	0	0.00	0.0	0.00				36-40	0	0.00	0.00	0.00	
41-45	2	6.90	1.4	0.97				41-45	2	6.90	-8.80	-6.07	
46-50	0	0.00	0.0	0.00				46-50	0	0.00	0.00	0.00	
合计	29	100.00	90.6	62.48	3.12	29		合计	29	100.00	-57.30	-39.52	-1.98
1-5	2	9.09	9.2	8.36		社会指数		1-5	2	9.09	-1.00	-0.91	
6-10	3	13.64	13.2	12.00				6-10	3	13.64	-2.10	-1.91	
11-15	1	4.55	3.7	3.36		资产:负债		11-15	1	4.55	-1.40	-1.27	
16-20	10	45.45	32.7	29.73		64.91	37.09	16-20	10	45.45	-18.30	-16.64	
21-25	2	9.09	5.4	4.91		净资产：	27.82	21-25	2	9.09	-4.80	-4.36	
26-30	1	4.55	2.4	2.18				26-30	1	4.55	-2.70	-2.45	
31-35	2	9.09	3.8	3.45				31-35	2	9.09	-6.40	-5.82	
36-40	0	0.00	0.0	0.00				36-40	0	0.00	0.00	0.00	
41-45	1	4.55	1.0	0.91				41-45	1	4.55	-4.10	-3.73	
46-50	0	0.00	0.0	0.00				46-50	0	0.00	0.00	0.00	
合计	22	100.00	71.4	64.91	3.25	22		合计	22	100.00	-40.80	-37.09	-1.85
1-5	2	14.29	9.5	13.57		管理指数		1-5	2	14.29	-0.70	-1.00	
6-10	1	7.14	4.5	6.43				6-10	1	7.14	-0.60	-0.86	
11-15	1	7.14	4.0	5.71		资产:负债		11-15	1	7.14	-1.10	-1.57	
16-20	3	21.43	9.9	14.14		66.43	35.57	16-20	3	21.43	-5.40	-7.71	
21-25	5	35.71	14.5	20.71		净资产：	30.86	21-25	5	35.71	-11.00	-15.71	
26-30	1	7.14	2.2	3.14				26-30	1	7.14	-2.90	-4.14	
31-35	1	7.14	1.9	2.71				31-35	1	7.14	-3.20	-4.57	
36-40	0	0.00	0.0	0.00				36-40	0	0.00	0.00	0.00	
41-45	0	0.00	0.0	0.00				41-45	0	0.00	0.00	0.00	
46-50	0	0.00	0.0	0.00				46-50	0	0.00	0.00	0.00	
合计	14	100.00	46.5	66.43	3.32	14		合计	14	100.00	-24.90	-35.57	-1.78
1-5	2	11.76	9.5	11.18		可持续指数		1-5	2	11.76	-0.70	-0.82	
6-10	0	0.00	0.0	0.00				6-10	0	0.00	0.00	0.00	
11-15	6	35.29	23.0	27.06		资产:负债		11-15	6	35.29	-7.60	-8.94	
16-20	4	23.53	13.4	15.76		69.18	32.82	16-20	4	23.53	-7.00	-8.24	
21-25	3	17.65	8.3	9.76		净资产：	36.35	21-25	3	17.65	-7.00	-8.24	
26-30	2	11.76	4.6	5.41				26-30	2	11.76	-5.60	-6.59	
31-35	0	0.00	0.0	0.00				31-35	0	0.00	0.00	0.00	
36-40	0	0.00	0.0	0.00				36-40	0	0.00	0.00	0.00	
41-45	0	0.00	0.0	0.00				41-45	0	0.00	0.00	0.00	
46-50	0	0.00	0.0	0.00				46-50	0	0.00	0.00	0.00	
合计	17	100.00	58.8	69.18	3.46	17		合计	17	100.00	-27.90	-32.82	-1.64
资产总指标数		占指标总数(%)	总资产分值	相对总资产(%)	总资产质量系数	相对总资产:相对总负债		负债总指标数		占指标总数(%)	总负债分值	相对总负债(%)	总负债质量系数
						64.06	-37.24						
103		100.00	329.9	64.06	3.20	相对净资产：	26.82	103		100.00	-191.80	-37.24	-1.86

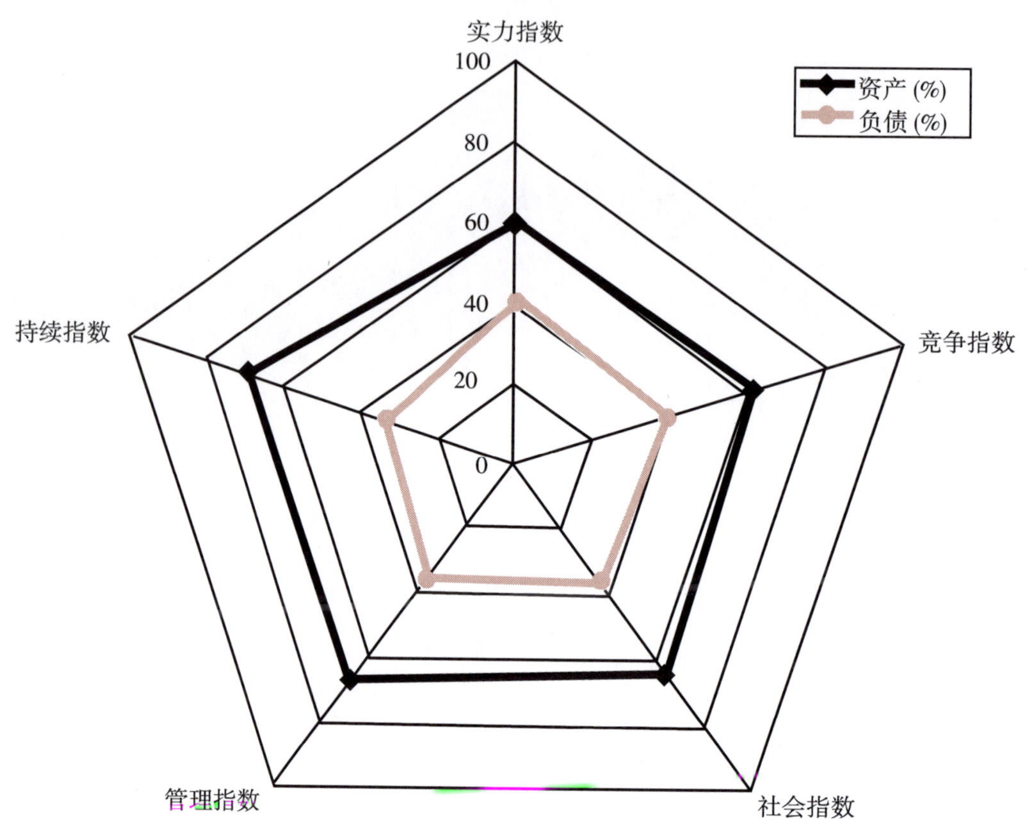

图 21.33 长沙市发展能力资产负债图

三十四　广州市发展能力资产负债表分析

1. 一般概况

广州市总面积7434平方公里，市区面积3719平方公里，建成区面积526平方公里。总人口712.60万人，市区总人口576.97万人，地区非农人口451.08万人。地区国内生产总值26857574万元，市区国内生产总值24489962万元，市区第三产业产值占GDP比重57.29%。市区实际利用外资总额275291万美元，市区固定资产投资总额9422360万元，市区房地产投资总额3765093万元。地方财政预算内收入2382192万元，地方财政预算内支出2814401万元。城乡居民人均储蓄余额42490.05元，人均住房面积20.89平方米，人均园林绿地面积171.84平方米，人均生活用电量762.55千瓦小时，人均铺装道路面积10.22平方米，人均教育经费支出483.04元，每万人拥有高等学校在校学生数424.17人。

现任领导：　市委书记：林树森　　市长：张广宁

2. 发展能力的资产负债分析

(1)城市实力指数：在总数21个源指标中，资产累计得分99.6，相对资产94.86%，资产质量系数为4.74，表明资产质量优良。同时，负债累计得分－7.50，相对负债－7.14%，负债质量系数为－0.36，表明负债质量优良。在该大项中，相对净资产为87.71%。

(2)城市竞争指数：在总数29个源指标中，资产累计得分131.8，相对资产90.90%，资产质量系数为4.54，表明资产质量优良。同时，负债累计得分－16.10，相对负债－11.10%，负债质量系数为－0.56，表明负债质量优良。在该大项中，相对净资产为79.79%。

(3)城市社会指数：在总数22个源指标中，资产累计得分105.3，相对资产95.73 %，资产质量系数为4.79，表明资产质量优良。同时，负债累计得分－6.90，相对负债－6.27%，负债质量系数为－0.31，表明负债质量优良。在该大项中，相对净资产为89.45%。

(4)城市管理指数：在总数14个源指标中，资产累计得分65.7，相对资产93.86%，资产质量系数为4.69，表明资产质量优良。同时，负债累计得分－5.70，相对负债－8.14%，负债质量系数为－0.41，表明负债质量优良。在该大项中，相对净资产为85.71%。

(5)城市可持续指数：在总数17个源指标中，资产累计得分80.0，相对资产94.12%，资产质量系数为4.71，表明资产质量优良。同时，负债累计得分－6.70，相对负债－7.88%，负债质量系数为－0.39，表明负债质量优良。在该大项中，相对净资产为86.24%。

总计上述五大项，在总数103个源指标中，总资产累计得分482.4，相对总资产93.67%，总资产质量系数为4.68，表明总资产质量优良。同时，总负债累计得分－42.90，相对总负债－8.33%，总负债质量系数为－0.42，表明总负债质量优良。该城市发展能力相对总净资产为85.34%。

表 21.34 广州市发展能力资产负债表

资产						五大指数	负债					
位次	指标数	占指标总数（%）	指标分值	相对资产（%）	资产质量系数		位次	指标数	占指标总数（%）	指标分值	相对负债（%）	负债质量系数
1—5	20	95.24	95.5	90.95		实力指数	1—5	20	95.24	－6.50	－6.19	
6—10	1	4.76	4.1	3.90			6—10	1	4.76	－1.00	－0.95	
11—15	0	0.00	0.0	0.00		资产:负债	11—15	0	0.00	0.00	0.00	
16—20	0	0.00	0.0	0.00		94.86　7.14	16—20	0	0.00	0.00	0.00	
21—25	0	0.00	0.0	0.00		净资产：87.71	21—25	0	0.00	0.00	0.00	
26—30	0	0.00	0.0	0.00			26—30	0	0.00	0.00	0.00	
31—35	0	0.00	0.0	0.00			31—35	0	0.00	0.00	0.00	
36—40	0	0.00	0.0	0.00			36—40	0	0.00	0.00	0.00	
41—45	0	0.00	0.0	0.00			41—45	0	0.00	0.00	0.00	
46—50	0	0.00	0.0	0.00			46—50	0	0.00	0.00	0.00	
合计	21	100.00	99.6	94.86	4.74	21	合计	21	100.00	－7.50	－7.14	－0.36
1—5	23	79.31	109.0	75.17		竞争指数	1—5	23	79.31	－8.30	－5.72	
6—10	3	10.34	13.1	9.03			6—10	3	10.34	－2.20	－1.52	
11—15	1	3.45	4.0	2.76		资产:负债	11—15	1	3.45	－1.10	－0.76	
16—20	0	0.00	0.0	0.00		90.90　11.10	16—20	0	0.00	0.00	0.00	
21—25	2	6.90	5.7	3.93		净资产：79.79	21—25	2	6.90	－4.50	－3.10	
26—30	0	0.00	0.0	0.00			26—30	0	0.00	0.00	0.00	
31—35	0	0.00	0.0	0.00			31—35	0	0.00	0.00	0.00	
36—40	0	0.00	0.0	0.00			36—40	0	0.00	0.00	0.00	
41—45	0	0.00	0.0	0.00			41—45	0	0.00	0.00	0.00	
46—50	0	0.00	0.0	0.00			46—50	0	0.00	0.00	0.00	
合计	29	100.00	131.8	90.90	4.54	29	合计	29	100.00	－16.10	－11.10	－0.56
1—5	21	95.45	101.0	91.82		社会指数	1—5	21	95.45	－6.10	－5.55	
6—10	1	4.55	4.3	3.91			6—10	1	4.55	－0.80	－0.73	
11—15	0	0.00	0.0	0.00		资产:负债	11—15	0	0.00	0.00	0.00	
16—20	0	0.00	0.0	0.00		95.73　6.27	16—20	0	0.00	0.00	0.00	
21—25	0	0.00	0.0	0.00		净资产：89.45	21—25	0	0.00	0.00	0.00	
26—30	0	0.00	0.0	0.00			26—30	0	0.00	0.00	0.00	
31—35	0	0.00	0.0	0.00			31—35	0	0.00	0.00	0.00	
36—40	0	0.00	0.0	0.00			36—40	0	0.00	0.00	0.00	
41—45	0	0.00	0.0	0.00			41—45	0	0.00	0.00	0.00	
46—50	0	0.00	0.0	0.00			46—50	0	0.00	0.00	0.00	
合计	22	100.00	105.3	95.73	4.79	22	合计	22	100.00	－6.90	－6.27	－0.31
1—5	11	78.57	52.2	74.57		管理指数	1—5	11	78.57	－3.90	－5.57	
6—10	3	21.43	13.5	19.29			6—10	3	21.43	－1.80	－2.57	
11—15	0	0.00	0.0	0.00		资产:负债	11—15	0	0.00	0.00	0.00	
16—20	0	0.00	0.0	0.00		93.86　8.14	16—20	0	0.00	0.00	0.00	
21—25	0	0.00	0.0	0.00		净资产：85.71	21—25	0	0.00	0.00	0.00	
26—30	0	0.00	0.0	0.00			26—30	0	0.00	0.00	0.00	
31—35	0	0.00	0.0	0.00			31—35	0	0.00	0.00	0.00	
36—40	0	0.00	0.0	0.00			36—40	0	0.00	0.00	0.00	
41—45	0	0.00	0.0	0.00			41—45	0	0.00	0.00	0.00	
46—50	0	0.00	0.0	0.00			46—50	0	0.00	0.00	0.00	
合计	14	100.00	65.7	93.86	4.69	14	合计	14	100.00	－5.70	－8.14	－0.41
1—5	16	94.12	77.4	91.06		可持续指数	1—5	16	94.12	－4.20	－4.94	
6—10	0	0.00	0.0	0.00			6—10	0	0.00	0.00	0.00	
11—15	0	0.00	0.0	0.00		资产:负债	11—15	0	0.00	0.00	0.00	
16—20	0	0.00	0.0	0.00		94.12　7.88	16—20	0	0.00	0.00	0.00	
21—25	1	5.88	2.6	3.06		净资产：86.24	21—25	1	5.88	－2.50	－2.94	
26—30	0	0.00	0.0	0.00			26—30	0	0.00	0.00	0.00	
31—35	0	0.00	0.0	0.00			31—35	0	0.00	0.00	0.00	
36—40	0	0.00	0.0	0.00			36—40	0	0.00	0.00	0.00	
41—45	0	0.00	0.0	0.00			41—45	0	0.00	0.00	0.00	
46—50	0	0.00	0.0	0.00			46—50	0	0.00	0.00	0.00	
合计	17	100.00	80.0	94.12	4.71	17	合计	17	100.00	－6.70	－7.88	－0.39
资产总指标数	占指标总数（%）	总资产分值	相对总资产（%）	总资产质量系数		相对总资产:相对总负债 93.67　－8.33	负债总指标数	占指标总数（%）	总负债分值	相对总负债（%）	总负债质量系数	
103	100.00	482.4	93.67	4.68		相对净资产：85.34	103	100.00	－42.90	－8.33	－0.42	

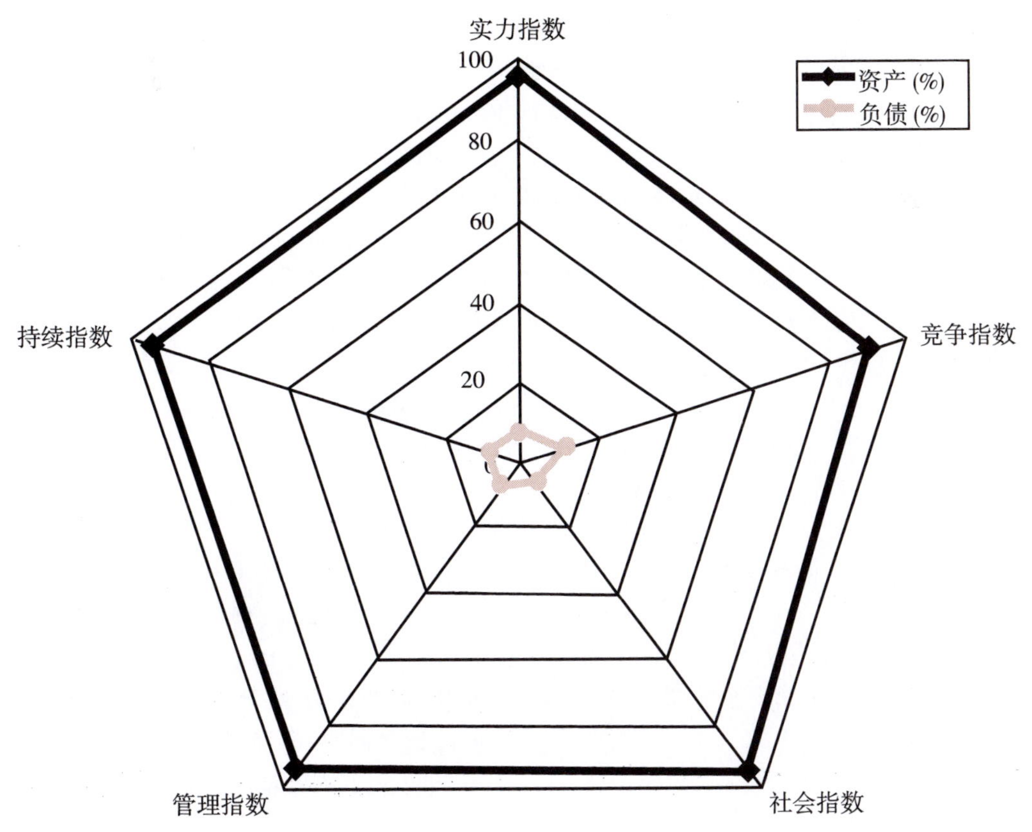

图 21.34 广州市发展能力资产负债图

三十五　深圳市发展能力资产负债表分析

1. 一般概况

深圳市总面积1949平方公里，市区面积1949平方公里，建成区面积147平方公里。总人口132.04万人，市区总人口132.04万人，地区非农人口106.12万人。地区国内生产总值19541700万元，市区国内生产总值19541700万元，市区第三产业产值占GDP比重45.01%。市区实际利用外资总额259080万美元，市区固定资产投资总额6466933万元，市区房地产投资总额3026364万元。地方财政预算内收入2656532万元，地方财政预算内支出2600790万元。城乡居民人均储蓄余额29298.36元，人均住房面积21.79平方米，人均园林绿地面积142.3平方米，人均生活用电量2745.35千瓦小时，人均铺装道路面积25.26平方米，人均教育经费支出2072.19元，每万人拥有高等学校在校学生数140.53人。

现任领导：　市委书记：黄丽满　　市长：李鸿忠(代市长)

2. 发展能力的资产负债分析

(1)城市实力指数：在总数21个源指标中，资产累计得分97.9，相对资产93.24%，资产质量系数为4.66，表明资产质量优良。同时，负债累计得分－7.40，相对负债－7.05%，负债质量系数为－0.35，表明负债质量优良。在该大项中，相对净资产为86.19%。

(2)城市竞争指数：在总数29个源指标中，资产累计得分125.7，相对资产86.69%，资产质量系数为4.33，表明资产质量优良。同时，负债累计得分－22.20，相对负债－15.31%，负债质量系数为－0.77，表明负债质量优良。在该大项中，相对净资产为71.38%。

(3)城市社会指数：在总数22个源指标中，资产累计得分103.1，相对资产93.73%，资产质量系数为4.69，表明资产质量优良。同时，负债累计得分－9.10，相对负债－8.27%，负债质量系数为－0.41，表明负债质量优良。在该大项中，相对净资产为85.45%。

(4)城市管理指数：在总数14个源指标中，资产累计得分65.1，相对资产93.00%，资产质量系数为4.65，表明资产质量优良。同时，负债累计得分－6.30，相对负债－9.00%，负债质量系数为－0.45，表明负债质量优良。在该大项中，相对净资产为84.00%。

(5)城市可持续指数：在总数17个源指标中，资产累计得分80.3，相对资产94.47%，资产质量系数为4.72，表明资产质量优良。同时，负债累计得分－6.40，相对负债－7.53%，负债质量系数为－0.38，表明负债质量优良。在该大项中，相对净资产为86.94%。

总计上述五大项，在总数103个源指标中，总资产累计得分472.1，相对总资产91.67%，总资产质量系数为4.58，表明总资产质量优良。同时，总负债累计得分－51.40，相对总负债－9.98%，总负债质量系数为－0.50，表明总负债质量优良。该城市发展能力相对总净资产为81.69%。

表 21.35　深圳市发展能力资产负债表

资产						五大指数	负债					
位次	指标数	占指标总数（%）	指标分值	相对资产（%）	资产质量系数		位次	指标数	占指标总数（%）	指标分值	相对负债（%）	负债质量系数
1—5	17	80.95	82.2	78.29		实力指数	1—5	17	80.95	−4.50	−4.29	
6—10	2	9.52	8.4	8.00			6—10	2	9.52	−1.80	−1.71	
11—15	1	4.76	4.0	3.81		资产:负债	11—15	1	4.76	−1.10	−1.05	
16—20	1	4.76	3.3	3.14		93.24　7.05	16—20	1	4.76	0.00	0.00	
21—25	0	0.00	0.0	0.00		净资产：86.19	21—25	0	0.00	0.00	0.00	
26—30	0	0.00	0.0	0.00			26—30	0	0.00	0.00	0.00	
31—35	0	0.00	0.0	0.00			31—35	0	0.00	0.00	0.00	
36—40	0	0.00	0.0	0.00			36—40	0	0.00	0.00	0.00	
41—45	0	0.00	0.0	0.00			41—45	0	0.00	0.00	0.00	
46—50	0	0.00	0.0	0.00			46—50	0	0.00	0.00	0.00	
合计	21	100.00	97.9	93.24	4.66	21	合计	21	100.00	−7.40	−7.05	−0.35
1—5	23	79.31	110.6	76.28		竞争指数	1—5	23	79.31	−6.70	−4.62	
6—10	0	0.00	0.0	0.00			6—10	0	0.00	0.00	0.00	
11—15	3	10.34	11.5	7.93		资产:负债	11—15	3	10.34	−3.80	−2.62	
16—20	0	0.00	0.0	0.00		86.69　15.31	16—20	0	0.00	0.00	0.00	
21—25	0	0.00	0.0	0.00		净资产：71.38	21—25	0	0.00	0.00	0.00	
26—30	1	3.45	2.5	1.72			26—30	1	3.45	−2.60	−1.79	
31—35	0	0.00	0.0	0.00			31—35	0	0.00	0.00	0.00	
36—40	0	0.00	0.0	0.00			36—40	0	0.00	0.00	0.00	
41—45	1	3.45	0.8	0.55			41—45	1	3.45	−4.30	−2.97	
46—50	1	3.45	0.3	0.21			46—50	1	3.45	−4.80	−3.31	
合计	29	100.00	125.7	86.69	4.33	29	合计	29	100.00	−22.20	−15.31	−0.77
1—5	21	95.45	101.8	92.55		社会指数	1—5	21	95.45	−5.30	−4.82	
6—10	0	0.00	0.0	0.00			6—10	0	0.00	0.00	0.00	
11—15	0	0.00	0.0	0.00		资产:负债	11—15	0	0.00	0.00	0.00	
16—20	0	0.00	0.0	0.00		93.73　8.27	16—20	0	0.00	0.00	0.00	
21—25	0	0.00	0.0	0.00		净资产：85.45	21—25	0	0.00	0.00	0.00	
26—30	0	0.00	0.0	0.00			26—30	0	0.00	0.00	0.00	
31—35	0	0.00	0.0	0.00			31—35	0	0.00	0.00	0.00	
36—40	1	4.55	1.3	1.18			36—40	1	4.55	−3.80	−3.45	
41—45	0	0.00	0.0	0.00			41—45	0	0.00	0.00	0.00	
46—50	0	0.00	0.0	0.00			46—50	0	0.00	0.00	0.00	
合计	22	100.00	103.1	93.73	4.69	22	合计	22	100.00	−9.10	−8.27	−0.41
1—5	11	78.57	53.0	75.71		管理指数	1—5	11	78.57	−3.10	−4.43	
6—10	2	14.29	8.5	12.14			6—10	2	14.29	−1.70	−2.43	
11—15	1	7.14	3.6	5.14		资产:负债	11—15	1	7.14	−1.50	−2.14	
16—20	0	0.00	0.0	0.00		93.00　9.00	16—20	0	0.00	0.00	0.00	
21—25	0	0.00	0.0	0.00		净资产：84.00	21—25	0	0.00	0.00	0.00	
26—30	0	0.00	0.0	0.00			26—30	0	0.00	0.00	0.00	
31—35	0	0.00	0.0	0.00			31—35	0	0.00	0.00	0.00	
36—40	0	0.00	0.0	0.00			36—40	0	0.00	0.00	0.00	
41—45	0	0.00	0.0	0.00			41—45	0	0.00	0.00	0.00	
46—50	0	0.00	0.0	0.00			46—50	0	0.00	0.00	0.00	
合计	14	100.00	65.1	93.00	4.65	14	合计	14	100.00	−6.30	−9.00	−0.45
1—5	15	88.24	72.3	85.06		可持续指数	1—5	15	88.24	−4.20	−4.94	
6—10	1	5.88	4.1	4.82			6—10	1	5.88	−1.00	−1.18	
11—15	1	5.88	3.9	4.59		资产:负债	11—15	1	5.88	−1.20	−1.41	
16—20	0	0.00	0.0	0.00		94.47　7.53	16—20	0	0.00	0.00	0.00	
21—25	0	0.00	0.0	0.00		净资产：86.94	21—25	0	0.00	0.00	0.00	
26—30	0	0.00	0.0	0.00			26—30	0	0.00	0.00	0.00	
31—35	0	0.00	0.0	0.00			31—35	0	0.00	0.00	0.00	
36—40	0	0.00	0.0	0.00			36—40	0	0.00	0.00	0.00	
41—45	0	0.00	0.0	0.00			41—45	0	0.00	0.00	0.00	
46—50	0	0.00	0.0	0.00			46—50	0	0.00	0.00	0.00	
合计	17	100.00	80.3	94.47	4.72	17	合计	17	100.00	−6.40	−7.53	−0.38
资产总指标数		占指标总数（%）	总资产分值	相对总资产（%）	总资产质量系数	相对总资产:相对总负债 91.67　−9.98	负债总指标数		占指标总数（%）	总负债分值	相对总负债（%）	总负债质量系数
103		100.00	472.1	91.67	4.58	相对净资产：81.69	103		100.00	−51.40	−9.98	−0.50

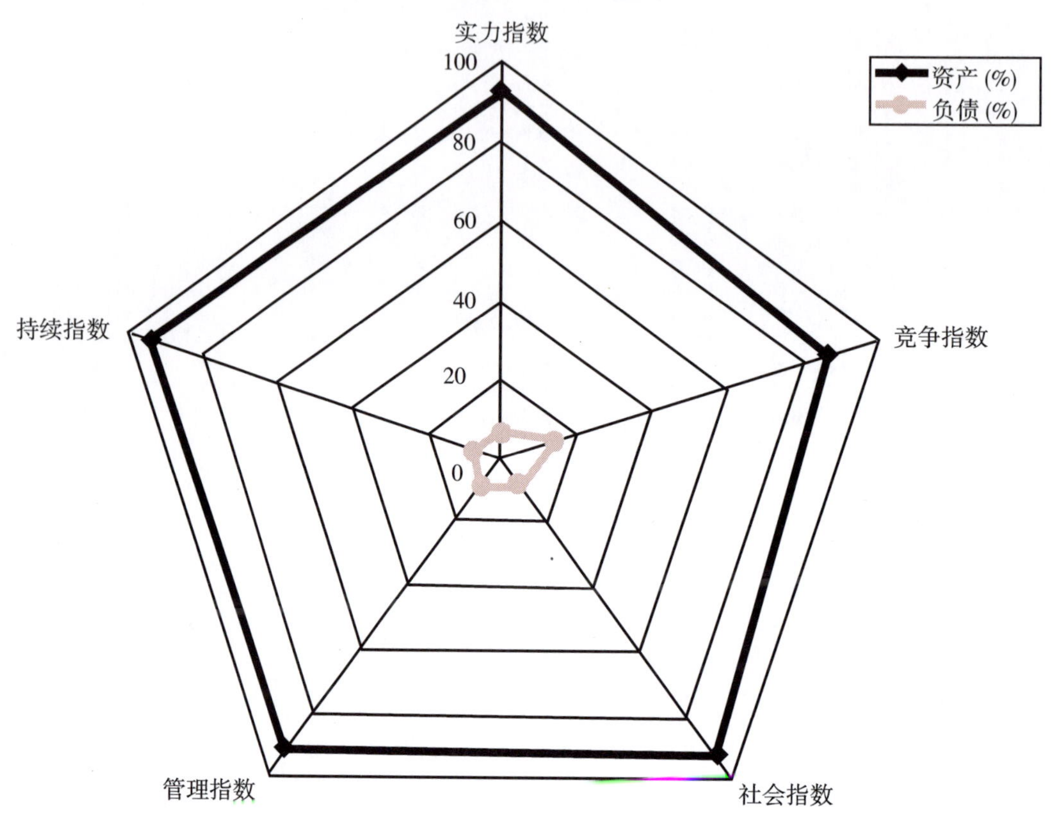

图 21.35　深圳市发展能力资产负债图

三十六　珠海市发展能力资产负债表分析

1. 一般概况

珠海市总面积 1633 平方公里，市区面积 1633 平方公里，建成区面积 69 平方公里。总人口 75.93 万人，市区总人口 75.93 万人，地区非农人口 53.08 万人。地区国内生产总值 3665942 万元，市区国内生产总值 3665942 万元，市区第三产业产值占 GDP 比重 40.55 %。市区实际利用外资总额 86468 万美元，市区固定资产投资总额 1048682 万元，市区房地产投资总额 341286 万元。地方财政预算内收入 315631 万元，地方财政预算内支出 373535 万元。城乡居民人均储蓄余额 32781.52 元，人均住房面积 17.65 平方米，人均园林绿地面积 44.51 平方米，人均生活用电量 680.41 千瓦小时，人均铺装道路面积 32.70 平方米，人均教育经费支出 430.80 元。

现任领导：　市委书记：方旋　　市长：王顺生

2. 发展能力的资产负债分析

(1) 城市实力指数：在总数 21 个源指标中，资产累计得分 58.2，相对资产 55.43%，资产质量系数为 2.77，表明资产质量一般。同时，负债累计得分－48.90，相对负债－46.57%，负债质量系数为－2.33，表明负债质量一般。在该大项中，相对净资产为 8.86%。

(2) 城市竞争指数：在总数 29 个源指标中，资产累计得分 73.7，相对资产 50.83%，资产质量系数为 2.54，表明资产质量一般。同时，负债累计得分－74.20，相对负债－51.17%，负债质量系数为－2.56，表明负债质量一般。在该大项中，相对净资产为－0.34%。

(3) 城市社会指数：在总数 22 个源指标中，资产累计得分 54.2，相对资产 49.27%，资产质量系数为 2.46，表明资产质量一般。同时，负债累计得分－58.00，相对负债－52.73%，负债质量系数为－2.64，表明负债质量一般。在该大项中，相对净资产为－3.45%。

(4) 城市管理指数：在总数 14 个源指标中，资产累计得分 38.1，相对资产 54.43%，资产质量系数为 2.72，表明资产质量一般。同时，负债累计得分－33.30，相对负债－47.57%，负债质量系数为－2.38，表明负债质量一般。在该大项中，相对净资产为 6.86%。

(5) 城市可持续指数：在总数 17 个源指标中，资产累计得分 40.1，相对资产 47.18%，资产质量系数为 2.36，表明资产质量一般。同时，负债累计得分－46.60，相对负债－54.82%，负债质量系数为－2.74，表明负债质量一般。在该大项中，相对净资产为－7.65%。

总计上述五大项，在总数 103 个源指标中，总资产累计得分 264.3，相对总资产 51.32%，总资产质量系数为 2.57，表明总资产质量一般。同时，总负债累计得分－261.00，相对总负债－50.68%，总负债质量系数为－2.53，表明总负债质量一般。该城市发展能力相对总净资产为 0.64%。

表 21.36　珠海市发展能力资产负债表

资　产						五大指数	负　债					
位次	指标数	占指标总数（%）	指标分值	相对资产（%）	资产质量系数		位次	指标数	占指标总数（%）	指标分值	相对负债（%）	负债质量系数
1—5	3	14.29	14.5	13.81		实力指数	1—5	3	14.29	−0.80	−0.76	
6—10	3	14.29	13.0	12.38			6—10	3	14.29	−2.30	−2.19	
11—15	1	4.76	3.9	3.71		资产:负债	11—15	1	4.76	−1.20	−1.14	
16—20	1	4.76	3.4	3.24		55.43　46.57	16—20	1	4.76	−1.70	−1.62	
21—25	2	9.52	5.6	5.33		净资产：8.86	21—25	2	9.52	−4.60	−4.38	
26—30	5	23.81	10.6	10.10			26—30	5	23.81	−14.90	−14.19	
31—35	2	9.52	3.3	3.14			31—35	2	9.52	−6.90	−6.57	
36—40	2	9.52	2.8	2.67			36—40	2	9.52	−7.40	−7.05	
41—45	1	4.76	0.9	0.86			41—45	1	4.76	−4.20	−4.00	
46—50	1	4.76	0.2	0.19			46—50	1	4.76	−4.90	−4.67	
合计	21	100.00	58.2	55.43	2.77	21	合计	21	100.00	−48.90	−46.57	−2.33
1—5	2	6.90	9.2	6.34		竞争指数	1—5	2	6.90	−1.00	−0.69	
6—10	2	6.90	8.5	5.86			6—10	2	6.90	−1.70	−1.17	
11—15	4	13.79	15.0	10.34		资产:负债	11—15	4	13.79	−5.40	−3.72	
16—20	5	17.24	16.2	11.17		50.83　51.17	16—20	5	17.24	−9.30	−6.41	
21—25	1	3.45	2.6	1.79		净资产：−0.34	21—25	1	3.45	−2.50	−1.72	
26—30	4	13.79	9.3	6.41			26—30	4	13.79	−11.10	−7.66	
31—35	2	6.90	3.8	2.62			31—35	2	6.90	−6.40	−4.41	
36—40	5	17.24	6.6	4.55			36—40	5	17.24	−18.90	−13.03	
41—45	2	6.90	1.8	1.24			41—45	2	6.90	−8.40	−5.79	
46—50	2	6.90	0.7	0.48			46—50	2	6.90	−9.50	−6.55	
合计	29	100.00	73.7	50.83	2.54	29	合计	29	100.00	−74.20	−51.17	−2.56
1—5	0	0.00	0.0	0.00		社会指数	1—5	0	0.00	0.00	0.00	
6—10	2	9.09	8.8	8.00			6—10	2	9.09	−1.40	−1.27	
11—15	4	18.18	14.7	13.36		资产:负债	11—15	4	18.18	−5.70	−5.18	
16—20	3	13.64	9.6	8.73		49.27　52.73	16—20	3	13.64	−5.70	−5.18	
21—25	4	18.18	11.6	10.55		净资产：−3.45	21—25	4	18.18	−8.80	−8.00	
26—30	0	0.00	0.0	0.00			26—30	0	0.00	0.00	0.00	
31—35	3	13.64	5.3	4.82			31—35	3	13.64	−10.00	−9.09	
36—40	1	4.55	1.3	1.18			36—40	1	4.55	−3.80	−3.45	
41—45	3	13.64	2.5	2.27			41—45	3	13.64	−12.80	−11.64	
46—50	2	9.09	0.4	0.36			46—50	2	9.09	−9.80	−8.91	
合计	22	100.00	54.2	49.27	2.46	22	合计	22	100.00	−58.00	−52.73	−2.64
1—5	1	7.14	4.6	6.57		管理指数	1—5	1	7.14	−0.50	−0.71	
6—10	1	7.14	4.1	5.86			6—10	1	7.14	−1.00	−1.43	
11—15	3	21.43	11.2	16.00		资产:负债	11—15	3	21.43	−4.10	−5.86	
16—20	1	7.14	3.1	4.43		54.43　47.57	16—20	1	7.14	−2.00	−2.86	
21—25	2	14.29	5.4	7.71		净资产：6.86	21—25	2	14.29	−4.80	−6.86	
26—30	2	14.29	4.4	6.29			26—30	2	14.29	−5.80	−8.29	
31—35	2	14.29	3.2	4.57			31—35	2	14.29	−7.00	−10.00	
36—40	1	7.14	1.4	2.00			36—40	1	7.14	−3.70	−5.29	
41—45	1	7.14	0.7	1.00			41—45	1	7.14	−4.40	−6.29	
46—50	0	0.00	0.0	0.00			46—50	0	0.00	0.00	0.00	
合计	14	100.00	38.1	54.43	2.72	14	合计	14	100.00	−33.30	−47.57	−2.38
1—5	0	0.00	0.0	0.00		可持续指数	1—5	0	0.00	0.00	0.00	
6—10	3	17.65	12.3	14.47			6—10	3	17.65	−3.00	−3.53	
11—15	2	11.76	7.6	8.94		资产:负债	11—15	2	11.76	−2.60	−3.06	
16—20	2	11.76	6.2	7.29		47.18　54.82	16—20	2	11.76	−4.00	−4.71	
21—25	0	0.00	0.0	0.00		净资产：−7.65	21—25	0	0.00	0.00	0.00	
26—30	2	11.76	4.4	5.18			26—30	2	11.76	−5.80	−6.82	
31—35	2	23.53	7.4	8.71			31—35	4	23.53	−13.00	−15.29	
36—40	0	0.00	0.0	0.00			36—40	0	0.00	0.00	0.00	
41—45	2	11.76	1.4	1.65			41—45	2	11.76	−8.80	−10.35	
46—50	2	11.76	0.8	0.94			46—50	2	11.76	−9.40	−11.06	
合计	17	100.00	40.1	47.18	2.36	17	合计	17	100.00	−46.60	−54.82	−2.74
资产总指标数		占指标总数（%）	总资产分值	相对总资产（%）	总资产质量系数	相对总资产:相对总负债 51.32　−50.68	负债总指标数		占指标总数（%）	总负债分值	相对总负债（%）	总负债质量系数
103		100.00	264.3	51.32	2.57	相对净资产：0.64	103		100.00	−261.00	−50.68	−2.53

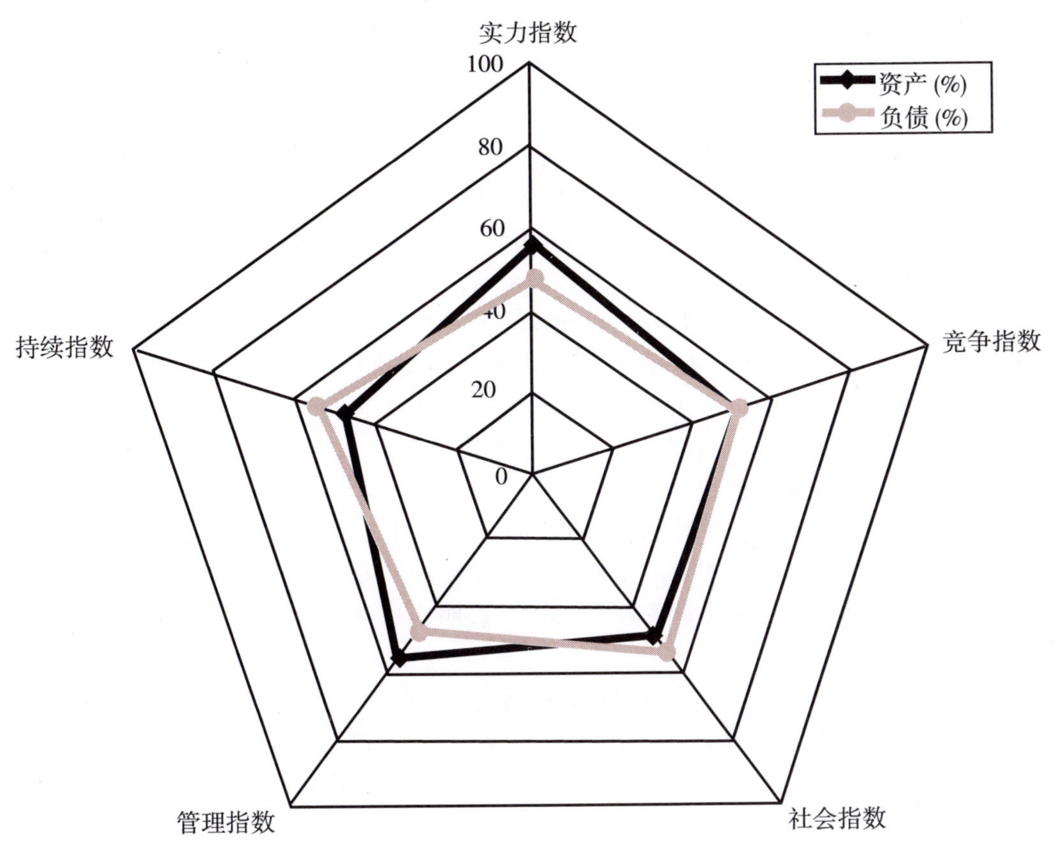

图 21.36　珠海市发展能力资产负债图

三十七　汕头市发展能力资产负债表分析

1. 一般概况

汕头市总面积 2064 平方公里，市区面积 301 平方公里，建成区面积 98 平方公里。总人口 461.59 万人，市区总人口 119.56 万人，地区非农人口 157.21 万人。地区国内生产总值 4637544 万元，市区国内生产总值 2318231 万元，市区第三产业产值占 GDP 比重 53.83%。市区实际利用外资总额 12221 万美元，市区固定资产投资总额 618334 万元，市区房地产投资总额 145459 万元。地方财政预算内收入 143308 万元，地方财政预算内支出 196508 万元。城乡居民人均储蓄余额 20638.47 元，人均住房面积 17.9 平方米，人均园林绿地面积 25.12 平方米，人均生活用电量 480.59 千瓦小时，人均铺装道路面积 8.41 平方米，人均教育经费支出 280.73 元，每万人拥有高等学校在校学生数 70.26 人。

现任领导：　市委书记：李统书　　市长：黄志光

2. 发展能力的资产负债分析

(1)城市实力指数：在总数 21 个源指标中，资产累计得分 21.8，相对资产 20.76%，资产质量系数为 1.04，表明资产质量较差。同时，负债累计得分 85.30，相对负债 81.24%，负债质量系数为 4.06，表明负债质量很差。在该大项中，相对净资产为－60.48%。

(2)城市竞争指数：在总数 29 个源指标中，资产累计得分 38.2，相对资产 26.34%，资产质量系数为 1.32，表明资产质量较差。同时，负债累计得分 109.70，相对负债 75.66%，负债质量系数为 3.78，表明负债质量较差。在该大项中，相对净资产为 49.31%。

(3)城市社会指数：在总数 22 个源指标中，资产累计得分 21.2，相对资产 19.27%，资产质量系数为 0.96，表明资产质量很差。同时，负债累计得分 91.00，相对负债 82.73%，负债质量系数为 4.14，表明负债质量很差。在该大项中，相对净资产为 63.45%。

(4)城市管理指数：在总数 14 个源指标中，资产累计得分 14.3，相对资产 20.43%，资产质量系数为 1.02，表明资产质量较差。同时，负债累计得分 57.10，相对负债 81.57%，负债质量系数为 4.08，表明负债质量很差。在该大项中，相对净资产为 61.14%。

(5)城市可持续指数：在总数 17 个源指标中，资产累计得分 20.2，相对资产 23.76%，资产质量系数为 1.19，表明资产质量很差。同时，负债累计得分 66.50，相对负债 78.24%，负债质量系数为 3.91，表明负债质量较差。在该大项中，相对净资产为 54.47%。

总计上述五大项，在总数 103 个源指标中，总资产累计得分 115.7，相对总资产 22.47%，总资产质量系数为 1.12，表明总资产质量较差。同时，总负债累计得分 409.60，相对总负债 79.53%，总负债质量系数为 3.98，表明总负债质量较差。该城市发展能力相对总净资产为 57.07%。

表 21.37　汕头市发展能力资产负债表

资　产						五大指数	负　债					
位 次	指标数	占指标总数（%）	指标分值	相对资产（%）	资产质量系数		位 次	指标数	占指标总数（%）	指标分值	相对负债（%）	负债质量系数
1－5	0	0.00	0.0	0.00		实力指数	1－5	0	0.00	0.00	0.00	
6－10	0	0.00	0.0	0.00			6－10	0	0.00	0.00	0.00	
11－15	0	0.00	0.0	0.00		资产:负债	11－15	0	0.00	0.00	0.00	
16－20	1	4.76	3.1	2.95		20.76　81.24	16－20	1	4.76	－2.00	－1.90	
21－25	1	4.76	2.9	2.76		净资产：－60.48	21－25	1	4.76	－2.20	－2.10	
26－30	0	0.00	0.0	0.00			26－30	0	0.00	0.00	0.00	
31－35	1	4.76	1.7	1.62			31－35	1	4.76	－3.40	－3.24	
36－40	4	19.05	5.1	4.86			36－40	4	19.05	－15.30	－14.57	
41－45	10	47.62	8.1	7.71			41－45	10	47.62	－42.90	－40.86	
46－50	4	19.05	0.9	0.86			46－50	4	19.05	－19.50	－18.57	
合 计	21	100.00	21.8	20.76	1.04	21	合 计	21	100.00	－85.30	－81.24	－4.06
1－5	0	0.00	0.0	0.00		竞争指数	1－5	0	0.00	0.00	0.00	
6－10	0	0.00	0.0	0.00			6－10	0	0.00	0.00	0.00	
11－15	0	0.00	0.0	0.00		资产:负债	11－15	0	0.00	0.00	0.00	
16－20	1	3.45	3.1	2.14		26.34　75.66	16－20	1	3.45	－2.00	－1.38	
21－25	0	0.00	0.0	0.00		净资产：－49.31	21－25	0	0.00	0.00	0.00	
26－30	3	10.34	6.6	4.55			26－30	3	10.34	－8.70	－6.00	
31－35	7	24.14	12.4	8.55			31－35	7	24.14	－23.30	－16.07	
36－40	7	24.14	8.6	5.93			36－40	7	24.14	－27.10	－18.69	
41－45	8	27.59	6.7	4.62			41－45	8	27.59	－34.10	－23.52	
46－50	3	10.34	0.8	0.55			46－50	3	10.34	－14.50	－10.00	
合 计	29	100.00	38.2	26.34	1.32	29	合 计	29	100.00	－109.70	－75.66	－3.78
1－5	0	0.00	0.0	0.00		社会指数	1－5	0	0.00	0.00	0.00	
6－10	0	0.00	0.0	0.00			6－10	0	0.00	0.00	0.00	
11－15	0	0.00	0.0	0.00		资产:负债	11－15	0	0.00	0.00	0.00	
16－20	0	0.00	0.0	0.00		19.27　82.73	16－20	0	0.00	0.00	0.00	
21－25	0	0.00	0.0	0.00		净资产：－63.45	21－25	0	0.00	0.00	0.00	
26－30	0	0.00	0.0	0.00			26－30	0	0.00	0.00	0.00	
31－35	3	13.64	5.0	4.55			31－35	3	13.64	－10.30	－9.36	
36－40	7	31.82	8.9	8.09			36－40	7	31.82	－26.80	－24.36	
41－45	7	31.82	5.6	5.09			41－45	7	31.82	－30.10	－27.36	
46－50	5	22.73	1.7	1.55			46－50	5	22.73	－23.80	－21.64	
合 计	22	100.00	21.2	19.27	0.96	22	合 计	22	100.00	－91.00	－82.73	－4.14
1－5	0	0.00	0.0	0.00		管理指数	1－5	0	0.00	0.00	0.00	
6－10	0	0.00	0.0	0.00			6－10	0	0.00	0.00	0.00	
11－15	0	0.00	0.0	0.00		资产:负债	11－15	0	0.00	0.00	0.00	
16－20	0	0.00	0.0	0.00		20.43　81.57	16－20	0	0.00	0.00	0.00	
21－25	1	7.14	2.9	4.14		净资产：－61.14	21－25	1	7.14	－2.20	－3.14	
26－30	1	7.14	2.2	3.14			26－30	1	7.14	－2.90	－4.14	
31－35	1	7.14	1.6	2.29			31－35	1	7.14	－3.50	－5.00	
36－40	0	0.00	0.0	0.00			36－40	0	0.00	0.00	0.00	
41－45	6	42.86	5.7	8.14			41－45	6	42.86	－24.90	－35.57	
46－50	5	35.71	1.9	2.71			46－50	5	35.71	－23.60	－33.71	
合 计	14	100.00	14.3	20.43	1.02	14	合 计	14	100.00	－57.10	－81.57	－4.08
1－5	0	0.00	0.0	0.00		可持续指数	1－5	0	0.00	0.00	0.00	
6－10	1	5.88	4.3	5.06			6－10	1	5.88	－0.80	－0.94	
11－15	0	0.00	0.0	0.00		资产:负债	11－15	0	0.00	0.00	0.00	
16－20	0	0.00	0.0	0.00		23.76　78.24	16－20	0	0.00	0.00	0.00	
21－25	1	5.88	2.9	3.41		净资产：－54.47	21－25	1	5.88	－2.20	－2.59	
26－30	0	0.00	0.0	0.00			26－30	0	0.00	0.00	0.00	
31－35	2	11.76	3.3	3.88			31－35	2	11.76	－6.90	－8.12	
36－40	3	17.65	3.4	4.00			36－40	3	17.65	－11.90	－14.00	
41－45	7	41.18	5.4	6.35			41－45	7	41.18	－30.30	－35.65	
46－50	3	17.65	0.9	1.06			46－50	3	17.65	－14.40	－16.94	
合 计	17	100.00	20.2	23.76	1.19	17	合 计	17	100.00	－66.50	－78.24	－3.91
资产总指标数		占指标总数（%）	总资产分值	相对总资产（%）	总资产质量系数	相对总资产:相对总负债 22.47　－79.53	负债总指标数		占指标总数（%）	总负债分值	相对总负债（%）	总负债质量系数
103		100.00	115.7	22.47	1.12	相对净资产：－57.07	103		100.00	－409.60	－79.53	－3.98

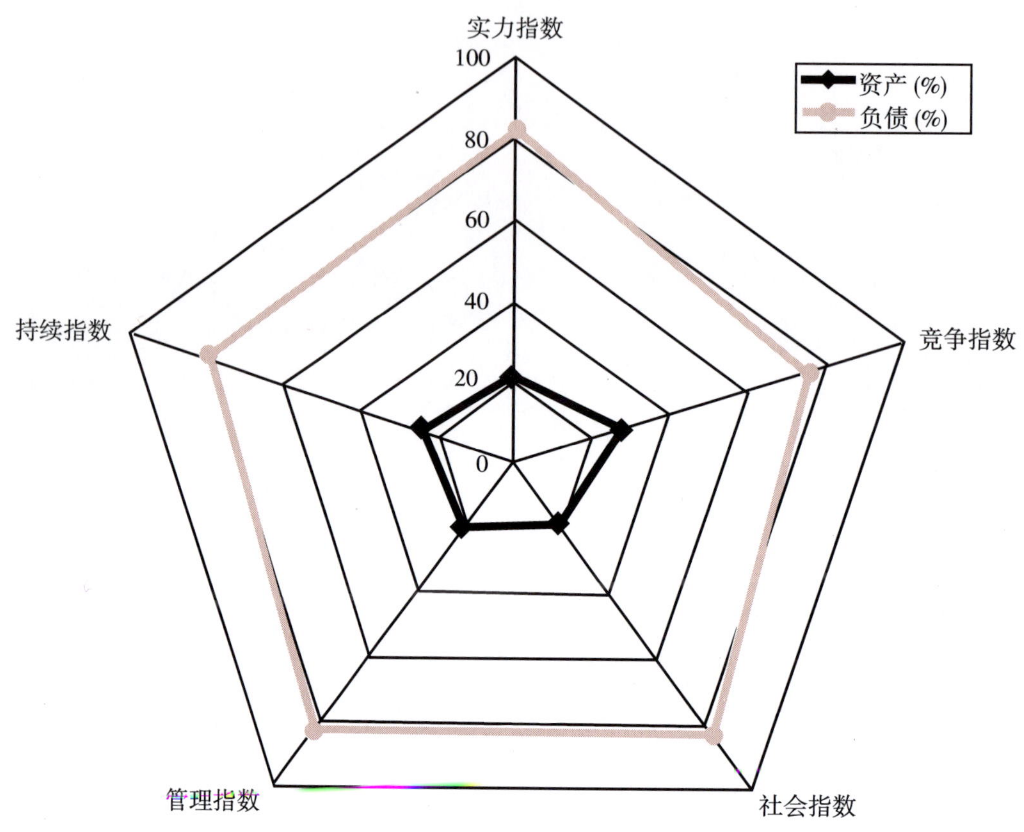

图 21.37　汕头市发展能力资产负债图

三十八　湛江市发展能力资产负债表分析

1. 一般概况

湛江市总面积 1744 平方公里，市区面积 1460 平方公里，建成区面积 69 平方公里。总人口 700.71 万人，市区总人口 141.95 万人，地区非农人口 166.37 万人。地区国内生产总值 4348730 万元，市区国内生产总值 2155027 万元，市区第三产业产值占 GDP 比重 38.75%。市区实际利用外资总额 2398 万美元，市区固定资产投资总额 515244 万元，市区房地产投资总额 74782 万元。地方财政预算内收入 120892 万元，地方财政预算内支出 156566 万元。城乡居民人均储蓄余额 12474.99 元，人均住房面积 15.32 平方米，人均园林绿地面积 11.88 平方米，人均生活用电量 158.12 千瓦小时，人均铺装道路面积 2.90 平方米，人均教育经费支出 125.73 元，每万人拥有高等学校在校学生数 204.3 人。

现任领导：　市委书记：邓维龙　　市长：徐少华

2. 发展能力的资产负债分析

(1) 城市实力指数：在总数 21 个源指标中，资产累计得分 27.5，相对资产 26.19%，资产质量系数为 1.31，表明资产质量较差。同时，负债累计得分 79.60，相对负债－75.81%，负债质量系数为－3.79，表明负债质量较差。在该大项中，相对净资产为－49.62%。

(2) 城市竞争指数：在总数 29 个源指标中，资产累计得分 32.2，相对资产 22.21%，资产质量系数为 1.11，表明资产质量较差。同时，负债累计得分－115.70，相对负债－79.79%，负债质量系数为－3.99，表明负债质量较差。在该大项中，相对净资产为－57.59%。

(3) 城市社会指数：在总数 22 个源指标中，资产累计得分 30.7，相对资产 27.91%，资产质量系数为 1.40，表明资产质量较差。同时，负债累计得分－81.50，相对负债－74.09%，负债质量系数为－3.70，表明负债质量较差。在该大项中，相对净资产为－46.18%。

(4) 城市管理指数：在总数 14 个源指标中，资产累计得分 19.9，相对资产 28.43%，资产质量系数为 1.42，表明资产质量较差。同时，负债累计得分－51.50，相对负债－73.57%，负债质量系数为－3.68，表明负债质量较差。在该大项中，相对净资产为－45.14%。

(5) 城市可持续指数：在总数 17 个源指标中，资产累计得分 24.1，相对资产 28.35%，资产质量系数为 1.42，表明资产质量较差。同时，负债累计得分－62.60，相对负债－73.65%，负债质量系数为－3.68，表明负债质量较差。在该大项中，相对净资产为－45.29%。

总计上述五大项，在总数 103 个源指标中，总资产累计得分 134.4，相对总资产 26.10%，总资产质量系数为 1.30，表明总资产质量较差。同时，总负债累计得分－390.90，相对总负债－75.90%，总负债质量系数为－3.80，表明总负债质量较差。该城市发展能力相对总净资产为－49.81 %。

表 21.38　湛江市发展能力资产负债表

资　产						五大指数	负　债					
位 次	指标数	占指标总数（%）	指标分值	相对资产（%）	资产质量系数		位 次	指标数	占指标总数（%）	指标分值	相对负债（%）	负债质量系数
1—5	0	0.00	0.0	0.00		实力指数	1—5	0	0.00	0.00	0.00	
6—10	0	0.00	0.0	0.00			6—10	0	0.00	0.00	0.00	
11—15	2	9.52	7.7	7.33		资产:负债	11—15	2	9.52	−2.50	−2.38	
16—20	0	0.00	0.0	0.00		26.19　75.81	16—20	0	0.00	0.00	0.00	
21—25	0	0.00	0.0	0.00		净资产：−49.62	21—25	0	0.00	0.00	0.00	
26—30	1	4.76	2.5	2.38			26—30	1	4.76	−2.60	−2.48	
31—35	2	9.52	3.5	3.33			31—35	2	9.52	−6.70	−6.38	
36—40	6	28.57	7.3	6.95			36—40	6	28.57	−23.30	−22.19	
41—45	7	33.33	5.7	5.43			41—45	7	33.33	−30.00	−28.57	
46—50	3	14.29	0.8	0.76			46—50	3	14.29	−14.50	−13.81	
合 计	21	100.00	27.5	26.19	1.31	21	合计	21	100.00	−79.60	−75.81	−3.79
1—5	0	0.00	0.0	0.00		竞争指数	1—5	0	0.00	0.00	0.00	
6—10	0	0.00	0.0	0.00			6—10	0	0.00	0.00	0.00	
11—15	0	0.00	0.0	0.00		资产:负债	11—15	0	0.00	0.00	0.00	
16—20	1	3.45	3.3	2.28		22.21　79.79	16—20	1	3.45	−1.80	−1.24	
21—25	2	6.90	5.6	3.86		净资产：−57.59	21—25	2	6.90	−4.60	−3.17	
26—30	0	0.00	0.0	0.00			26—30	0	0.00	0.00	0.00	
31—35	4	13.79	7.0	4.83			31—35	4	13.79	−13.40	−9.24	
36—40	2	6.90	2.7	1.86			36—40	2	6.90	−7.50	−5.17	
41—45	13	44.83	11.1	7.66			41—45	13	44.83	−55.20	−38.07	
46—50	7	24.14	2.5	1.72			46—50	7	24.14	−33.20	−22.90	
合 计	29	100.00	32.2	22.21	1.11	29	合计	29	100.00	−115.70	−79.79	−3.99
1—5	0	0.00	0.0	0.00		社会指数	1—5	0	0.00	0.00	0.00	
6—10	1	4.55	4.3	3.91			6—10	1	4.55	−0.80	−0.73	
11—15	0	0.00	0.0	0.00		资产:负债	11—15	0	0.00	0.00	0.00	
16—20	1	4.55	3.1	2.82		27.91　74.09	16—20	1	4.55	−2.00	−1.82	
21—25	1	4.55	2.8	2.55		净资产：−46.18	21—25	1	4.55	−2.30	−2.09	
26—30	3	13.64	6.7	6.09			26—30	3	13.64	−8.60	−7.82	
31—35	4	18.18	7.4	6.73			31—35	4	18.18	−13.00	−11.82	
36—40	2	9.09	2.7	2.45			36—40	2	9.09	−7.50	−6.82	
41—45	3	13.64	2.4	2.18			41—45	3	13.64	−12.90	−11.73	
46—50	7	31.82	1.3	1.18			46—50	7	31.82	−34.40	−31.27	
合 计	22	100.00	30.7	27.91	1.40	22	合计	22	100.00	−81.50	−74.09	−3.70
1—5	0	0.00	0.0	0.00		管理指数	1—5	0	0.00	0.00	0.00	
6—10	0	0.00	0.0	0.00			6—10	0	0.00	0.00	0.00	
11—15	1	7.14	3.8	5.43		资产:负债	11—15	1	7.14	−1.30	−1.86	
16—20	1	7.14	3.1	4.43		28.43　73.57	16—20	1	7.14	−2.00	−2.86	
21—25	1	7.14	2.9	4.14		净资产：−45.14	21—25	1	7.14	−2.20	−3.14	
26—30	0	0.00	0.0	0.00			26—30	0	0.00	0.00	0.00	
31—35	0	0.00	0.0	0.00			31—35	0	0.00	0.00	0.00	
36—40	4	28.57	4.9	7.00			36—40	4	28.57	−15.50	−22.14	
41—45	6	42.86	4.7	6.71			41—45	6	42.86	−25.90	−37.00	
46—50	1	7.14	0.5	0.71			46—50	1	7.14	−4.60	−6.57	
合 计	14	100.00	19.9	28.43	1.42	14	合计	14	100.00	−51.50	−73.57	−3.68
1—5	0	0.00	0.0	0.00		可持续指数	1—5	0	0.00	0.00	0.00	
6—10	0	0.00	0.0	0.00			6—10	0	0.00	0.00	0.00	
11—15	1	5.88	3.8	4.47		资产:负债	11—15	1	5.88	−1.30	−1.53	
16—20	0	0.00	0.0	0.00		28.35　73.65	16—20	0	0.00	0.00	0.00	
21—25	1	5.88	2.9	3.41		净资产：−45.29	21—25	1	5.88	−2.20	−2.59	
26—30	0	0.00	0.0	0.00			26—30	0	0.00	0.00	0.00	
31—35	5	29.41	9.1	10.71			31—35	5	29.41	−16.40	−19.29	
36—40	2	11.76	2.6	3.06			36—40	2	11.76	−7.60	−8.94	
41—45	6	35.29	5.0	5.88			41—45	6	35.29	−25.60	−30.12	
46—50	2	11.76	0.7	0.82			46—50	2	11.76	−9.50	−11.18	
合 计	17	100.00	24.1	28.35	1.42	17	合计	17	100.00	−62.60	−73.65	−3.68
资产总指标数	占指标总数（%）		总资产分值	相对总资产（%）	总资产质量系数	相对总资产:相对总负债 26.10　−75.90	负债总指标数	占指标总数（%）		总负债分值	相对总负债（%）	总负债质量系数
103	100.00		134.4	26.10	1.30	相对净资产：−49.81	103	100.00		−390.90	−75.90	−3.80

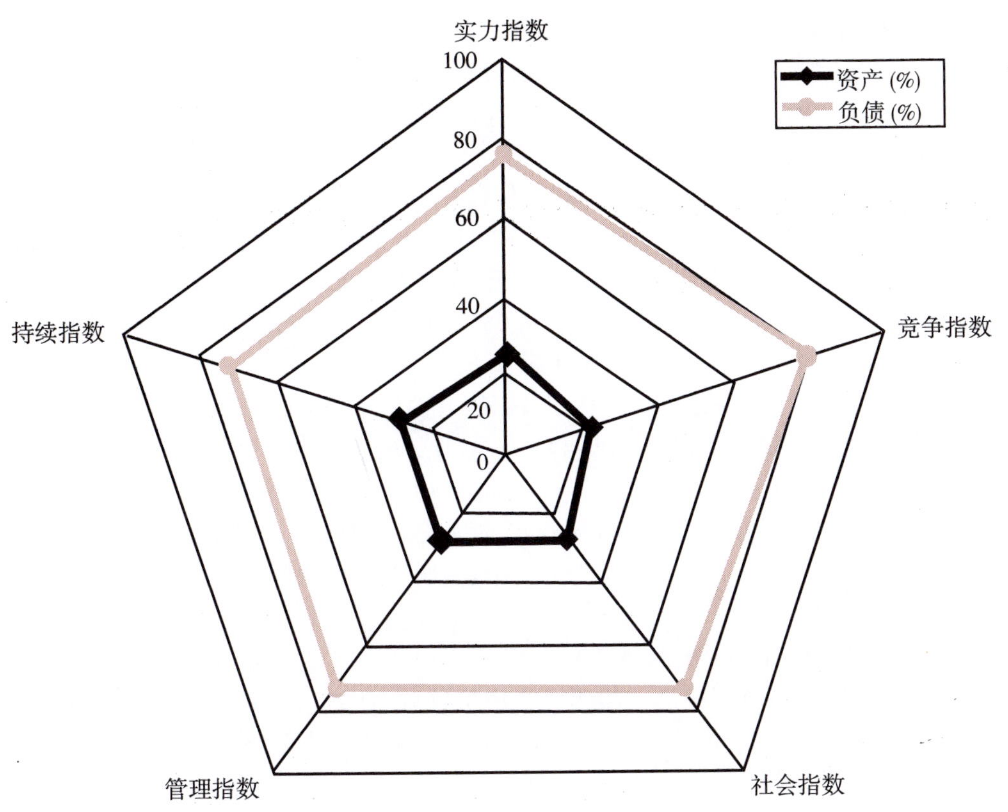

图 21.38 湛江市发展能力资产负债图

三十九　南宁市发展能力资产负债表分析

1. 一般概况

南宁市总面积10029平方公里，市区面积1834平方公里，建成区面积116平方公里。总人口294.56万人，市区总人口137.85万人，地区非农人口122.31万人。地区国内生产总值3247856万元，市区国内生产总值2422583万元，市区第三产业产值占GDP比重67.53%。市区实际利用外资总额10281万美元，市区固定资产投资总额804615万元，市区房地产投资总额182905万元。地方财政预算内收入202679万元。城乡居民人均储蓄余额17608.81元，人均住房面积16.04平方米，人均园林绿地面积35.36平方米，人均生活用电量381.34千瓦小时，人均铺装道路面积7.58平方米，每万人拥有高等学校在校学生数426.94人。

现任领导：　市委书记：李纪恒　　市长：林国强

2. 发展能力的资产负债分析

(1)城市实力指数：在总数21个源指标中，资产累计得分39.4，相对资产37.52%，资产质量系数为1.88，表明资产质量较差。同时，负债累计得分－67.70，相对负债－64.48%，负债质量系数为－3.22，表明负债质量较差。在该大项中，相对净资产为－26.95%。

(2)城市竞争指数：在总数29个源指标中，资产累计得分46.5，相对资产32.07%，资产质量系数为1.60，表明资产质量较差。同时，负债累计得分－101.40，相对负债－69.93%，负债质量系数为－3.50，表明负债质量较差。在该大项中，相对净资产为－37.86%。

(3)城市社会指数：在总数22个源指标中，资产累计得分47.9，相对资产43.55%，资产质量系数为2.18，表明资产质量一般。同时，负债累计得分－64.30，相对负债－58.45%，负债质量系数为－2.92，表明负债质量一般。在该大项中，相对净资产为14.91%。

(4)城市管理指数：在总数14个源指标中，资产累计得分26.2，相对资产37.43%，资产质量系数为1.87，表明资产质量较差。同时，负债累计得分－45.20，相对负债－64.57%，负债质量系数为－3.23，表明负债质量较差。在该大项中，相对净资产为－27.14%。

(5)城市可持续指数：在总数17个源指标中，资产累计得分40.7，相对资产47.88%，资产质量系数为2.39，表明资产质量一般。同时，负债累计得分－46.00，相对负债－54.12%，负债质量系数为－2.71，表明负债质量一般。在该大项中，相对净资产为－6.24%。

总计上述五大项，在总数103个源指标中，总资产累计得分200.7，相对总资产38.97%，总资产质量系数为1.95，表明总资产质量较差。同时，总负债累计得分－324.60，相对总负债－63.03%，总负债质量系数为－3.15，表明总负债质量较差。该城市发展能力相对总净资产为－24.06 %。

表 21.39　南宁市发展能力资产负债表

资　产						五大指数	负　债					
位次	指标数	占指标总数(%)	指标分值	相对资产(%)	资产质量系数		位次	指标数	占指标总数(%)	指标分值	相对负债(%)	负债质量系数
1—5	0	0.00	0.0	0.00		实力指数	1—5	0	0.00	0.00	0.00	
6—10	1	4.76	4.3	4.10			6—10	1	4.76	−0.80	−0.76	
11—15	1	4.76	4.0	3.81		资产:负债	11—15	1	4.76	−1.10	−1.05	
16—20	2	9.52	6.9	6.57		37.52　64.48	16—20	2	9.52	−3.30	−3.14	
21—25	0	0.00	0.0	0.00		净资产:−26.95	21—25	0	0.00	0.00	0.00	
26—30	2	9.52	4.6	4.38			26—30	2	9.52	−5.60	−5.33	
31—35	3	14.29	5.2	4.95			31—35	3	14.29	−10.10	−9.62	
36—40	9	42.86	12.4	11.81			36—40	9	42.86	−33.50	−31.90	
41—45	2	9.52	1.7	1.62			41—45	2	9.52	−8.50	−8.10	
46—50	1	4.76	0.3	0.29			46—50	1	4.76	−4.80	−4.57	
合计	21	100.00	39.4	37.52	1.88	21	合计	21	100.00	−67.70	−64.48	−3.22
1—5	0	0.00	0.0	0.0		竞争指数	1—5	0	0.00	0.00	0.00	
6—10	1	3.45	4.1	2.83			6—10	1	3.45	−1.00	−0.69	
11—15	1	3.45	3.9	2.69		资产:负债	11—15	1	3.45	−1.20	−0.83	
16—20	0	0.00	0.0	0.00		32.07　69.93	16—20	0	0.00	0.00	0.00	
21—25	3	10.34	8.4	5.79		净资产:−37.86	21—25	3	10.34	−6.90	−4.76	
26—30	6	20.69	13.3	9.17			26—30	6	20.69	−17.30	−11.93	
31—35	4	13.79	6.9	4.76			31—35	4	13.79	−13.50	−9.31	
36—40	7	24.14	8.9	6.14			36—40	7	24.14	−26.80	−18.48	
41—45	0	0.00	0.0	0.00			41—45	0	0.00	0.00	0.00	
46—50	7	24.14	1.0	0.69			46—50	7	24.14	−34.70	−23.93	
合计	29	100.00	46.5	32.07	1.60	29	合计	29	100.00	−101.40	−69.93	−3.50
1—5	0	0.00	0.0	0.00		社会指数	1—5	0	0.00	0.00	0.00	
6—10	1	4.55	4.3	3.91			6—10	1	4.55	−0.80	−0.73	
11—15	0	0.00	0.0	0.00		资产:负债	11—15	0	0.00	0.00	0.00	
16—20	2	9.09	6.7	6.09		43.55　58.45	16—20	2	9.09	−3.50	−3.18	
21—25	1	4.55	2.6	2.36		净资产:−14.91	21—25	1	4.55	−2.50	−2.27	
26—30	8	36.36	18.1	16.45			26—30	8	36.36	−22.70	−20.64	
31—35	7	31.82	13.1	11.91			31—35	7	31.82	−22.60	−20.55	
36—40	2	9.09	2.8	2.55			36—40	2	9.09	−7.40	−6.73	
41—45	0	0.00	0.0	0.00			41—45	0	0.00	0.00	0.00	
46—50	1	4.55	0.3	0.27			46—50	1	4.55	−4.80	−4.36	
合计	22	100.00	47.9	43.55	2.18	22	合计	22	100.00	−64.30	−58.45	−2.92
1—5	0	0.00	0.0	0.00		管理指数	1—5	0	0.00	0.00	0.00	
6—10	0	0.00	0.0	0.00			6—10	0	0.00	0.00	0.00	
11—15	0	0.00	0.0	0.00		资产:负债	11—15	0	0.00	0.00	0.00	
16—20	1	7.14	3.2	4.57		37.43　64.57	16—20	1	7.14	−1.90	−2.71	
21—25	2	14.29	5.5	7.86		净资产:−27.14	21—25	2	14.29	−4.70	−6.71	
26—30	3	21.43	6.9	9.86			26—30	3	21.43	−8.40	−12.00	
31—35	3	21.43	5.7	8.14			31—35	3	21.43	−9.60	−13.71	
36—40	3	21.43	3.8	5.43			36—40	3	21.43	−11.50	−16.43	
41—45	1	7.14	0.7	1.00			41—45	1	7.14	−4.40	−6.29	
46—50	1	7.14	0.4	0.57			46—50	1	7.14	−4.70	−6.71	
合计	14	100.00	26.2	37.43	1.87	14	合计	14	100.00	−45.20	−64.57	−3.23
1—5	0	0.00	0.0	0.00		可持续指数	1—5	0	0.00	0.00	0.00	
6—10	1	5.88	4.4	5.18			6—10	1	5.88	−0.70	−0.82	
11—15	2	11.76	7.6	8.94		资产:负债	11—15	2	11.76	−2.60	−3.06	
16—20	1	5.88	3.1	3.65		47.88　54.12	16—20	1	5.88	−2.00	−2.35	
21—25	2	11.76	5.6	6.59		净资产:−6.24	21—25	2	11.76	−4.60	−5.41	
26—30	4	23.53	9.4	11.06			26—30	4	23.53	−1.00	−12.94	
31—35	4	23.53	7.2	8.47			31—35	4	23.53	−13.20	−15.53	
36—40	1	5.88	1.4	1.65			36—40	1	5.88	−3.70	−4.35	
41—45	2	11.76	2.0	2.35			41—45	2	11.76	−8.20	−9.65	
46—50	0	0.00	0.0	0.00			46—50	0	0.00	0.00	0.00	
合计	17	100.00	40.7	47.88	2.39	17	合计	17	100.00	−46.00	−54.12	−2.71
资产总指标数		占指标总数(%)	总资产分值	相对总资产(%)	总资产质量系数	相对总资产:相对总负债 38.97　−63.03	负债总指标数		占指标总数(%)	总负债分值	相对总负债(%)	总负债质量系数
103		100.00	200.7	38.97	1.95	相对净资产:−24.06	103		100.00	−324.60	−63.03	−3.15

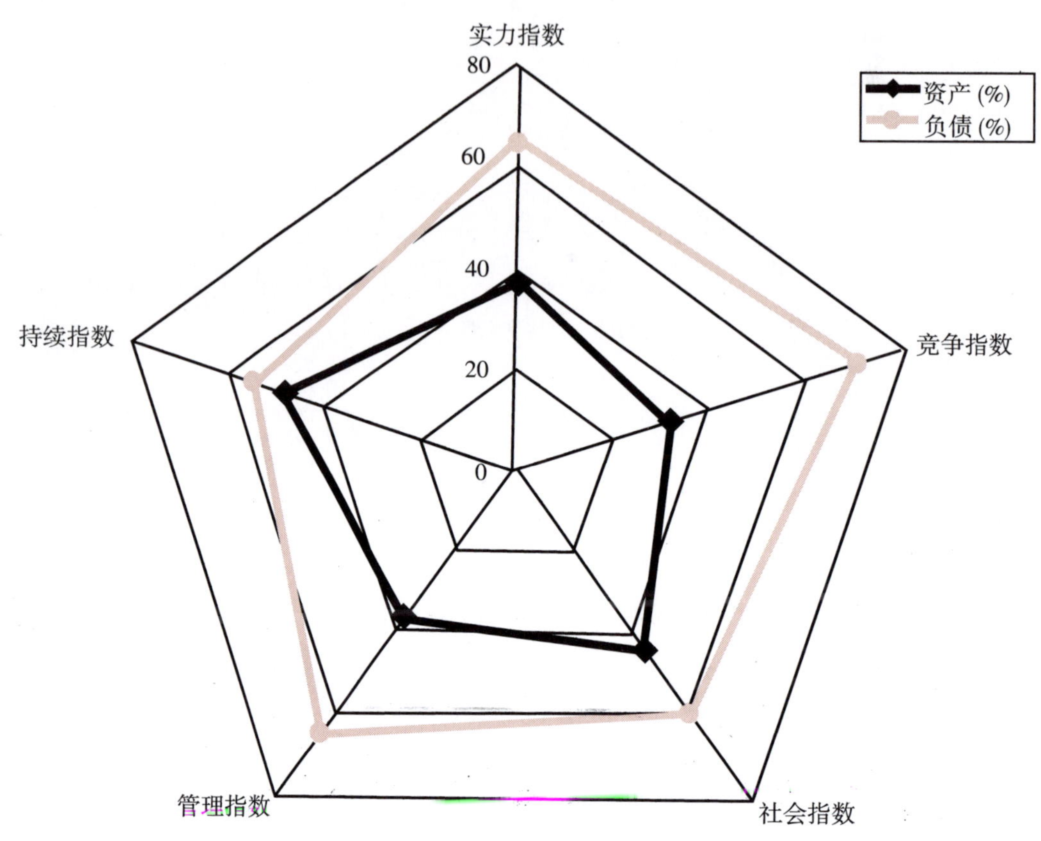

图 21.39　南宁市发展能力资产负债图

四十　北海市发展能力资产负债表分析

1. 一般概况

北海市总面积3337平方公里，市区面积957平方公里，建成区面积32平方公里。总人口144.71万人，市区总人口52.39万人，地区非农人口41.20万人。地区国内生产总值1234378万元，市区国内生产总值737846万元，市区第三产业产值占GDP比重50.6%。市区固定资产投资总额122001万元，市区房地产投资总额23252万元。地方财政预算内收入51936万元，地方财政预算内支出73743万元。城乡居民人均储蓄余额10042.62元，人均住房面积19.65平方米，人均园林绿地面积66.83平方米，人均生活用电量234.48千瓦小时，人均铺装道路面积9.79平方米，人均教育经费支出180.53元。

现任领导：　市委书记：温卡华　　市长：刘君

2. 发展能力的资产负债分析

(1)城市实力指数：在总数21个源指标中，资产累计得分16.5，相对资产15.71%，资产质量系数为0.79，表明资产质量很差。同时，负债累计得分−88.80，相对负债−84.57%，负债质量系数为−4.23，表明负债质量很差。在该大项中，相对净资产为−68.86%。

(2)城市竞争指数：在总数29个源指标中，资产累计得分11.8，相对资产8.14%，资产质量系数为0.41，表明资产质量很差。同时，负债累计得分−136.10，相对负债−93.86%，负债质量系数为−4.69，表明负债质量很差。在该大项中，相对净资产为−85.72%。

(3)城市社会指数：在总数22个源指标中，资产累计得分7.9，相对资产7.18%，资产质量系数为0.36，表明资产质量很差。同时，负债累计得分−104.30，相对负债−94.82%，负债质量系数为−4.74，表明负债质量很差。在该大项中，相对净资产为−87.64%。

(4)城市管理指数：在总数14个源指标中，资产累计得分8.3，相对资产11.86%，资产质量系数为0.59，表明资产质量很差。同时，负债累计得分−63.10，相对负债−90.14%，负债质量系数为−4.51，表明负债质量很差。在该大项中，相对净资产为−78.29%。

(5)城市可持续指数：在总数17个源指标中，资产累计得分23.9，相对资产28.12%，资产质量系数为1.41，表明资产质量较差。同时，负债累计得分−62.80，相对负债−73.88%，负债质量系数为−3.69，表明负债质量较差。在该大项中，相对净资产为−45.76%。

总计上述五大项，在总数103个源指标中，总资产累计得分68.4，相对总资产13.28%，总资产质量系数为0.66，表明总资产质量很差。同时，总负债累计得分−455.10，相对总负债−88.37%，总负债质量系数为−4.42，表明总负债质量很差。该城市发展能力相对总净资产为−75.09%。

表 21.40　北海市发展能力资产负债表

资　产						五大指数	负　债					
位 次	指标数	占指标总数（%）	指标分值	相对资产（%）	资产质量系数		位 次	指标数	占指标总数（%）	指标分值	相对负债（%）	负债质量系数
1－5	0	0.00	0.0	0.00		实力指数	1－5	0	0.00	0.00	0.00	
6－10	0	0.00	0.0	0.00			6－10	0	0.00	0.00	0.00	
11－15	2	9.52	7.4	7.05		资产:负债	11－15	2	9.52	－2.80	－2.67	
16－20	1	4.76	3.3	3.14		15.71　84.57	16－20	1	4.76	0.00	0.00	
21－25	0	0.00	0.0	0.00		净资产：－68.86	21－25	0	0.00	0.00	0.00	
26－30	1	4.76	2.1	2.00			26－30	1	4.76	－3.00	－2.86	
31－35	0	0.00	0.0	0.00			31－35	0	0.00	0.00	0.00	
36－40	0	0.00	0.0	0.00			36－40	0	0.00	0.00	0.00	
41－45	1	4.76	0.8	0.76			41－45	1	4.76	－4.30	－4.10	
46－50	16	76.19	2.9	2.76			46－50	16	76.19	－78.70	－74.95	
合 计	21	100.00	16.5	15.71	0.79	21	合计	21	100.00	－88.80	－84.57	－4.23
1－5	0	0.00	0.0	0.00		竞争指数	1－5	0	0.00	0.00	0.00	
6－10	0	0.00	0.0	0.00			6－10	0	0.00	0.00	0.00	
11－15	1	3.45	3.9	2.69		资产:负债	11－15	1	3.45	－1.20	－0.83	
16－20	0	0.00	0.0	0.00		8.14　93.86	16－20	0	0.00	0.00	0.00	
21－25	0	0.00	0.0	0.00		净资产：－85.72	21－25	0	0.00	0.00	0.00	
26－30	0	0.00	0.0	0.00			26－30	0	0.00	0.00	0.00	
31－35	0	0.00	0.0	0.00			31－35	0	0.00	0.00	0.00	
36－40	1	3.45	1.1	0.76			36－40	1	3.45	－4.00	－2.76	
41－45	2	6.90	1.3	0.90			41－45	2	6.90	－8.90	－6.14	
46－50	25	86.21	5.5	3.79			46－50	25	86.21	－122.00	－84.14	
合 计	29	100.00	11.8	8.14	0.41	29	合计	29	100.00	－136.10	－93.86	－4.69
1－5	0	0.00	0.0	0.00		社会指数	1－5	0	0.00	0.00	0.00	
6－10	0	0.00	0.0	0.00			6－10	0	0.00	0.00	0.00	
11－15	0	0.00	0.0	0.00		资产:负债	11－15	0	0.00	0.00	0.00	
16－20	0	0.00	0.0	0.00		7.18　94.82	16－20	0	0.00	0.00	0.00	
21－25	0	0.00	0.0	0.00		净资产：－87.64	21－25	0	0.00	0.00	0.00	
26－30	0	0.00	0.0	0.00			26－30	0	0.00	0.00	0.00	
31－35	0	0.00	0.0	0.00			31－35	0	0.00	0.00	0.00	
36－40	1	4.55	1.5	1.36			36－40	1	4.55	－3.60	－3.27	
41－45	3	13.64	2.1	1.91			41－45	3	13.64	－13.20	－12.00	
46－50	18	81.82	4.3	3.91			46－50	18	81.82	－87.50	－79.55	
合 计	22	100.00	7.9	7.18	0.36	22	合计	22	100.00	－104.30	－94.82	－4.74
1－5	0	0.00	0.0	0.00		管理指数	1－5	0	0.00	0.00	0.00	
6－10	0	0.00	0.0	0.00			6－10	0	0.00	0.00	0.00	
11－15	0	0.00	0.0	0.00		资产:负债	11－15	0	0.00	0.00	0.00	
16－20	0	0.00	0.0	0.00		11.86　90.14	16－20	0	0.00	0.00	0.00	
21－25	0	0.00	0.0	0.00		净资产：－78.29	21－25	0	0.00	0.00	0.00	
26－30	0	0.00	0.0	0.00			26－30	0	0.00	0.00	0.00	
31－35	1	7.14	1..7	2.43			31－35	1	7.14	－3.40	－4.86	
36－40	2	14.29	2.5	3.57			36－40	2	14.29	－7.70	－11.00	
41－45	2	14.29	1.7	2.43			41－45	2	14.29	－8.50	－12.14	
46－50	9	64.29	2.4	3.43			46－50	9	64.29	－43.50	－62.14	
合 计	14	100.00	8.3	11.86	0.59	14	合计	14	100.00	－63.10	－90.14	－4.51
1－5	2	11.76	9.3	10.94		可持续指数	1－5	2	11.76	－0.90	－1.06	
6－10	0	0.00	0.0	0.00			6－10	0	0.00	0.00	0.00	
11－15	1	5.88	3.7	4.35		资产:负债	11－15	1	5.88	－1.40	－1.65	
16－20	1	5.88	3.3	3.88		28.12　73.88	16－20	1	5.88	－1.80	－2.12	
21－25	0	0.00	0.0	0.00		净资产：－45.76	21－25	0	0.00	0.00	0.00	
26－30	0	0.00	0.0	0.00			26－30	0	0.00	0.00	0.00	
31－35	0	0.00	0.0	0.00			31－35	0	0.00	0.00	0.00	
36－40	2	11.76	2.8	3.29			36－40	2	11.76	－7.40	－8.71	
41－45	1	5.88	0.9	1.06			41－45	1	5.88	－4.20	－4.94	
46－50	10	58.82	3.9	4.59			46－50	10	58.82	－47.10	－55.41	
合 计	17	100.00	23.9	28.12	1.41	17	合计	17	100.00	－62.80	－73.88	－3.69
资产总指标数		占指标总数（%）	总资产分值	相对总资产（%）	总资产质量系数	相对总资产:相对总负债 13.28　－88.37	负债总指标数		占指标总数（%）	总负债分值	相对总负债（%）	总负债质量系数
103		100.00	68.4	13.28	0.66	相对净资产：－75.09	103		100.00	－455.10	－88.37	－4.42

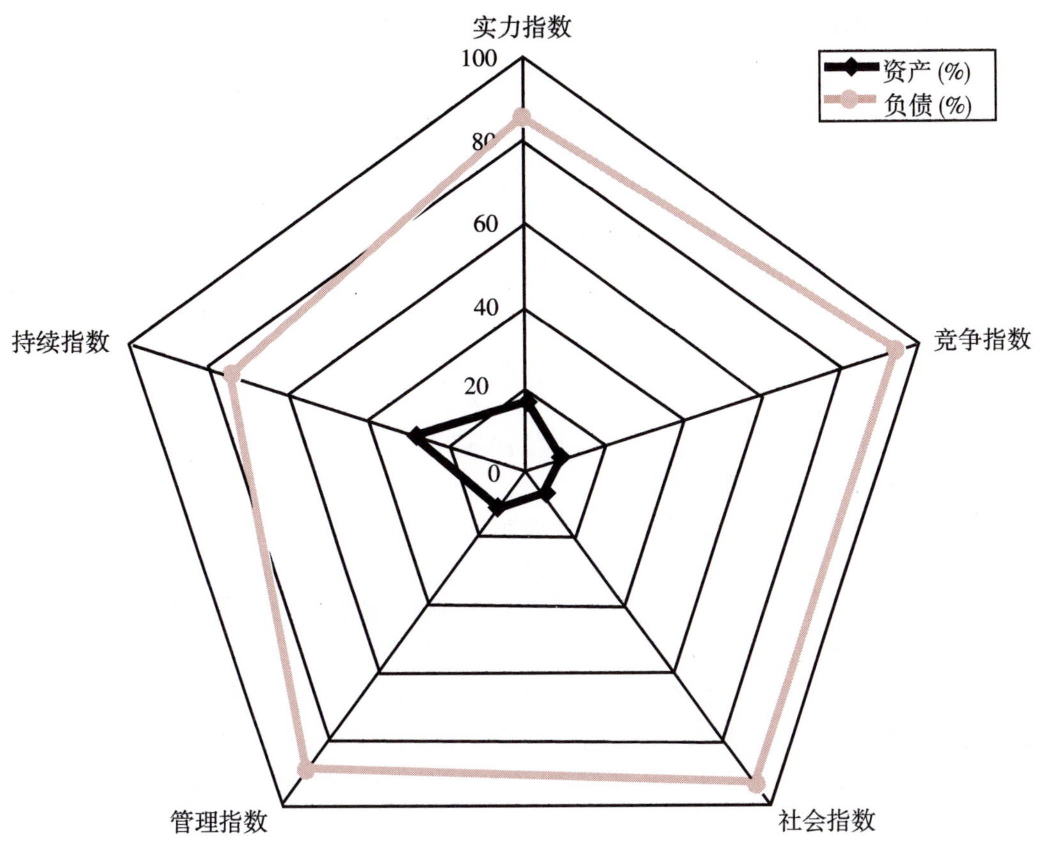

图 21.40　北海市发展能力资产负债图

四十一　海口市发展能力资产负债表分析

1. 一般概况

海口市总面积236平方公里，市区面积236平方公里，建成区面积34平方公里。总人口60.20万人，市区总人口60.20万人，地区非农人口51.37万人。地区国内生产总值1456452万元，市区国内生产总值1456452万元，市区第三产业产值占GDP比重69.88%。市区实际利用外资总额21349万美元，市区固定资产投资总额721010万元，市区房地产投资总额135016万元。地方财政预算内收入163632万元，地方财政预算内支出138192万元。城乡居民人均储蓄余额29923.27元，人均住房面积17.15平方米，人均园林绿地面积29.17平方米，人均生活用电量228.01千瓦小时，人均铺装道路面积10.43平方米，人均教育经费支出182.81元，每万人拥有高等学校在校学生数200.9人。

现任领导：　市委书记：王富玉　市长：陈成

2. 发展能力的资产负债分析

(1) 城市实力指数：在总数21个源指标中，资产累计得分29.8，相对资产28.38%，资产质量系数为1.42，表明资产质量较差。同时，负债累计得分－75.50，相对负债－71.90%，负债质量系数为－3.60，表明负债质量较差。在该大项中，相对净资产为－43.52%。

(2) 城市竞争指数：在总数29个源指标中，资产累计得分50.5，相对资产34.83%，资产质量系数为1.74，表明资产质量较差。同时，负债累计得分－97.40，相对负债－67.17%，负债质量系数为－3.36，表明负债质量较差。在该大项中，相对净资产为－32.34%。

(3) 城市社会指数：在总数22个源指标中，资产累计得分58.7，相对资产53.36%，资产质量系数为2.67，表明资产质量一般。同时，负债累计得分－53.50，相对负债－48.64%，负债质量系数为－2.43，表明负债质量一般。在该大项中，相对净资产为4.73%。

(4) 城市管理指数：在总数14个源指标中，资产累计得分28.0，相对资产40.00%，资产质量系数为2.00，表明资产质量一般。同时，负债累计得分－43.40，相对负债－62.00%，负债质量系数为－3.10，表明负债质量较差。在该大项中，相对净资产为－22.00%。

(5) 城市可持续指数：在总数17个源指标中，资产累计得分39.6，相对资产46.59%，资产质量系数为2.33，表明资产质量一般。同时，负债累计得分－47.10，相对负债－55.41%，负债质量系数为－2.77，表明负债质量一般。在该大项中，相对净资产为－8.82%。

总计上述五大项，在总数103个源指标中，总资产累计得分206.6，相对总资产40.12%，总资产质量系数为2.01，表明总资产质量一般。同时，总负债累计得分－316.90，相对总负债－61.53%，总负债质量系数为－3.08，表明总负债质量较差。该城市发展能力相对总净资产为－21.42%。

表 21.41 海口市发展能力资产负债表

资　产						五大指数	负　债					
位次	指标数	占指标总数（%）	指标分值	相对资产（%）	资产质量系数		位次	指标数	占指标总数（%）	指标分值	相对负债（%）	负债质量系数
1—5	0	0.00	0.0	0.00		实力指数	1—5	0	0.00	0.00	0.00	
6—10	0	0.00	0.0	0.00			6—10	0	0.00	0.00	0.00	
11—15	1	4.76	3.7	3.52		资产:负债	11—15	1	4.76	－1.40	－1.33	
16—20	2	9.52	6.7	6.38		28.38　71.90	16—20	2	9.52	－1.70	－1.62	
21—25	0	0.00	0.0	0.00		净资产：－43.52	21—25	0	0.00	0.00	0.00	
26—30	2	9.52	4.6	4.38			26—30	2	9.52	－5.60	－5.33	
31—35	4	19.05	7.1	6.76			31—35	4	19.05	－13.30	－12.67	
36—40	3	14.29	3.7	3.52			36—40	3	14.29	－11.60	－11.05	
41—45	4	19.05	2.9	2.76			41—45	4	19.05	－17.50	－16.67	
46—50	5	23.81	1.1	1.05			46—50	5	23.81	－24.40	－23.24	
合计	21	100.00	29.8	28.38	1.42	21	合计	21	100.00	－75.50	－71.90	－3.60
1—5	0	0.00	0.0	0.00		竞争指数	1—5	0	0.00	0.00	0.00	
6—10	2	6.90	8.3	5.72			6—10	2	6.90	－1.90	－1.31	
11—15	3	10.34	11.4	7.86		资产:负债	11—15	3	10.34	－3.90	－2.69	
16—20	0	0.00	0.0	0.00		34.83　67.17	16—20	0	0.00	0.00	0.00	
21—25	1	3.45	2.7	1.86		净资产：－32.34	21—25	1	3.45	－2.40	－1.66	
26—30	4	13.79	9.5	6.55			26—30	4	13.79	－10.90	－7.52	
31—35	5	17.24	8.4	5.79			31—35	5	17.24	－17.10	－11.79	
36—40	4	13.79	5.0	3.45			36—40	4	13.79	－15.40	－10.62	
41—45	6	20.69	4.2	2.90			41—45	6	20.69	－26.40	－18.21	
46—50	4	13.79	1.0	0.69			46—50	4	13.79	－19.40	－13.38	
合计	29	100.00	50.5	34.83	1.74	29	合计	29	100.00	－97.40	－67.17	－3.36
1—5	3	13.64	13.8	12.55		社会指数	1—5	3	13.64	－1.50	－1.36	
6—10	1	4.55	4.1	3.73			6—10	1	4.55	－1.00	－0.91	
11—15	1	4.55	3.8	3.45		资产:负债	11—15	1	4.55	－1.30	－1.18	
16—20	1	4.55	3.2	2.91		53.36　48.64	16—20	1	4.55	－1.90	－1.73	
21—25	5	22.73	13.8	12.55		净资产：　4.73	21—25	5	22.73	－11.70	－10.64	
26—30	7	31.82	16.1	14.64			26—30	7	31.82	－19.60	－17.82	
31—35	1	4.55	1.7	1.55			31—35	1	4.55	－3.40	－3.09	
36—40	0	0.00	0.0	0.00			36—40	0	0.00	0.00	0.00	
41—45	3	13.64	2.2	2.00			41—45	3	13.64	－13.10	－11.91	
46—50	0	0.00	0.0	0.00			46—50	0	0.00	0.00	0.00	
合计	22	100.00	58.7	53.36	2.67	22	合计	22	100.00	－53.50	－48.64	－2.43
1—5	1	7.14	4.7	6.71		管理指数	1—5	1	7.14	－0.40	－0.57	
6—10	0	0.00	0.0	0.00			6—10	0	0.00	0.00	0.00	
11—15	1	7.14	3.8	5.43		资产:负债	11—15	1	7.14	－1.30	－1.86	
16—20	1	7.14	3.4	4.86		40.00　62.00	16—20	1	7.14	－1.70	－2.43	
21—25	3	21.43	8.5	12.14		净资产：－22.00	21—25	3	21.43	－6.80	－9.71	
26—30	0	0.00	0.0	0.00			26—30	0	0.00	0.00	0.00	
31—35	2	14.29	3.5	5.00			31—35	2	14.29	－6.70	－9.57	
36—40	1	7.14	1.3	1.86			36—40	1	7.14	－3.80	－5.43	
41—45	4	28.57	2.7	3.86			41—45	4	28.57	－17.70	－25.29	
46—50	1	7.14	0.1	0.14			46—50	1	7.14	－5.00	－7.14	
合计	14	100.00	28.0	40.00	2.00	14	合计	14	100.00	－43.40	－62.00	－3.10
1—5	0	0.00	0.0	0.00		可持续指数	1—5	0	0.00	0.00	0.00	
6—10	1	5.88	4.1	4.82			6—10	1	5.88	－1.00	－1.18	
11—15	0	0.00	0.0	0.00		资产:负债	11—15	0	0.00	0.00	0.00	
16—20	5	29.41	16.4	19.29		46.59　55.41	16—20	5	29.41	－9.10	－10.71	
21—25	0	0.00	0.0	0.00		净资产：－8.82	21—25	0	0.00	0.00	0.00	
26—30	6	35.29	13.7	16.12			26—30	6	35.29	－16.90	－19.88	
31—35	1	5.88	2.0	2.35			31—35	1	5.88	－3.10	－3.65	
36—40	1	5.88	1.2	1.41			36—40	1	5.88	－3.90	－4.59	
41—45	3	17.65	2.2	2.59			41—45	3	17.65	－13.10	－15.41	
46—50	0	0.00	0.0	0.00			46—50	0	0.00	0.00	0.00	
合计	17	100.00	39.6	46.59	2.33	17	合计	17	100.00	－47.10	－55.41	－2.77
资产总指标数		占指标总数（%）	总资产分值	相对总资产（%）	总资产质量系数	相对总资产:相对总负债 40.12　－61.53	负债总指标数		占指标总数（%）	总负债分值	相对总负债（%）	总负债质量系数
103		100.00	206.6	40.12	2.01	相对净资产:－21.42	103		100.00	－316.90	－61.53	－3.08

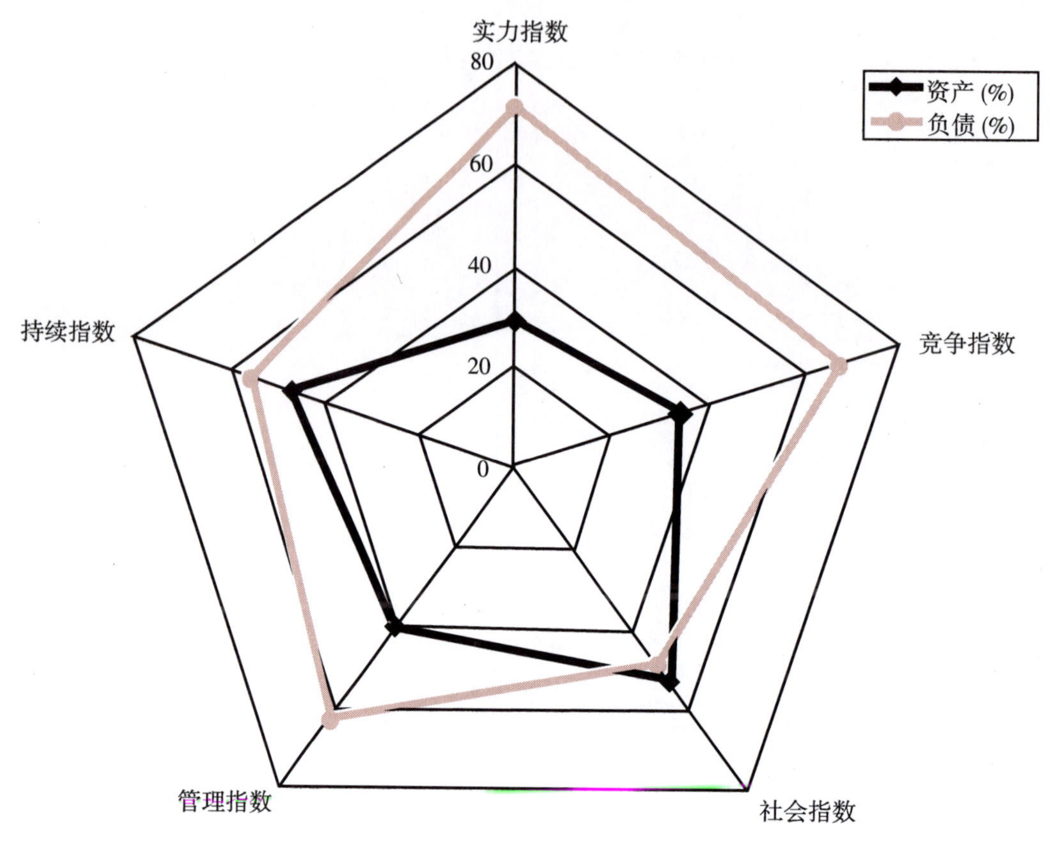

图 21.41　海口市发展能力资产负债图

四十二　重庆市发展能力资产负债表分析

1. 一般概况

重庆市总面积 82403 平方公里，市区面积 14875 平方公里，建成区面积 268 平方公里。总人口 3097.91 万人，市区总人口 903.09 万人，地区非农人口 689.52 万人。地区国内生产总值 17497700 万元，市区国内生产总值 8798200 万元，市区第三产业产值占 GDP 比重 44.04%。市区实际利用外资总额 21690 万美元，市区固定资产投资总额 3313288 万元，市区房地产投资总额 1679564 万元。地方财政预算内收入 393000 万元，地方财政预算内支出 677700 万元。城乡居民人均储蓄余额 7983.26 元，人均住房面积 14.39 平方米，人均园林绿地面积 9.85 平方米，人均生活用电量 391.24 千瓦小时，人均铺装道路面积 4.43 平方米，人均教育经费支出 101.98 元，每万人拥有高等学校在校学生数 181.29 人。

现任领导：　市委书记：黄镇东　市长：王鸿举

2. 发展能力的资产负债分析

(1)城市实力指数：在总数 21 个源指标中，资产累计得分 61.1，相对资产 58.19%，资产质量系数为 2.91，表明资产质量较好。同时，负债累计得分－46.00，相对负债－43.81%，负债质量系数为－2.19，表明负债质量较好。在该大项中，相对净资产为 14.38%。

(2)城市竞争指数：在总数 29 个源指标中，资产累计得分 57.4，相对资产 39.59%，资产质量系数为 1.98，表明资产质量一般。同时，负债累计得分－90.50，相对负债－62.41%，负债质量系数为－3.12，表明负债质量一般。在该大项中，相对净资产为－22.83%。

(3)城市社会指数：在总数 22 个源指标中，资产累计得分 29.1，相对资产 26.45%，资产质量系数为 1.32，表明资产质量一般。同时，负债累计得分－83.10，相对负债－75.55%，负债质量系数为－3.78，表明负债质量一般。在该大项中，相对净资产为－49.09%。

(4)城市管理指数：在总数 14 个源指标中，资产累计得分 22.1，相对资产 31.57%，资产质量系数为 1.58，表明资产质量一般。同时，负债累计得分－49.30，相对负债－70.43%，负债质量系数为－3.52，表明负债质量一般。在该大项中，相对净资产为－38.86%。

(5)城市可持续指数：在总数 17 个源指标中，资产累计得分 28.9，相对资产 34.00%，资产质量系数为 1.70，表明资产质量一般。同时，负债累计得分－57.80，相对负债－68.00%，负债质量系数为－3.40，表明负债质量一般。在该大项中，相对净资产为－34.00%。

总计上述五大项，在总数 103 个源指标中，总资产累计得分 198.6，相对总资产 38.56%，总资产质量系数为 1.93，表明总资产质量一般。同时，总负债累计得分－326.70，相对总负债－63.44%，总负债质量系数为－3.17，表明总负债质量一般。该城市发展能力相对总净资产为－24.87%。

表 21.42 重庆市发展能力资产负债表

资产						五大指数	负债					
位次	指标数	占指标总数（%）	指标分值	相对资产（%）	资产质量系数		位次	指标数	占指标总数（%）	指标分值	相对负债（%）	负债质量系数
1—5	4	19.05	19.0	18.10		实力指数	1—5	4	19.05	－1.40	－1.33	
6—10	3	14.29	13.0	12.38			6—10	3	14.29	－2.30	－2.19	
11—15	4	19.05	15.4	14.67		资产:负债	11—15	4	19.05	－5.00	－4.76	
16—20	1	4.76	3.5	3.33		58.19 43.81	16—20	1	4.76	－1.60	－1.52	
21—25	1	4.76	2.6	2.48		净资产：14.38	21—25	1	4.76	－2.50	－2.38	
26—30	1	4.76	2.4	2.29			26—30	1	4.76	－2.70	－2.57	
31—35	2	9.52	3.7	3.52			31—35	2	9.52	－6.50	－6.19	
36—40	0	0.00	0.0	0.00			36—40	0	0.00	0.00	0.00	
41—45	1	4.76	0.6	0.57			41—45	1	4.76	－4.50	－4.29	
46—50	4	19.05	0.9	0.86			46—50	4	19.05	－19.50	－18.57	
合计	21	100.00	61.1	58.19	2.91	21	合计	21	100.00	－46.00	－43.81	－2.19
1—5	1	3.45	4.8	3.31		竞争指数	1—5	1	3.45	－0.30	－0.21	
6—10	2	6.90	8.6	5.93			6—10	2	6.90	－1.60	－1.10	
11—15	2	6.90	7.8	5.38		资产:负债	11—15	2	6.90	－2.40	－1.66	
16—20	1	3.45	3.3	2.28		39.59 62.41	16—20	1	3.45	－1.80	－1.24	
21—25	5	17.24	14.5	10.00		净资产：－22.83	21—25	5	17.24	－11.00	－7.59	
26—30	1	3.45	2.2	1.52			26—30	1	3.45	－2.90	－2.00	
31—35	5	17.24	8.7	6.00			31—35	5	17.24	－16.80	－11.59	
36—40	3	10.34	4.3	2.97			36—40	3	10.34	－11.00	－7.59	
41—45	1	3.45	1.0	0.69			41—45	1	3.45	－4.10	－2.83	
46—50	8	27.59	2.2	1.52			46—50	8	27.59	－38.60	－26.62	
合计	29	100.00	57.4	39.59	1.98	29	合计	29	100.00	－90.50	－62.41	－3.12
1—5	1	4.55	4.9	4.45		社会指数	1—5	1	4.55	－0.20	－0.18	
6—10	0	0.00	0.0	0.00			6—10	0	0.00	0.00	0.00	
11—15	1	4.55	3.6	3.27		资产:负债	11—15	1	4.55	－1.50	－1.36	
16—20	1	4.55	3.5	3.18		26.45 75.55	16—20	1	4.55	－1.60	－1.45	
21—25	0	0.00	0.0	0.00		净资产：－49.09	21—25	0	0.00	0.00	0.00	
26—30	1	4.55	2.5	2.27			26—30	1	4.55	－2.60	－2.36	
31—35	3	13.64	5.1	4.64			31—35	3	13.64	－10.20	－9.27	
36—40	1	4.55	1.5	1.36			36—40	1	4.55	－3.60	－3.27	
41—45	7	31.82	5.8	5.27			41—45	7	31.82	－29.90	－27.18	
46—50	7	31.82	2.2	2.00			46—50	7	31.82	－33.50	－30.45	
合计	22	100.00	29.1	26.45	1.32	22	合计	22	100.00	－83.10	－75.55	－3.78
1—5	0	0.00	0.0	0.00		管理指数	1—5	0	0.00	0.00	0.00	
6—10	0	0.00	0.0	0.00			6—10	0	0.00	0.00	0.00	
11—15	2	14.29	7.6	10.86		资产:负债	11—15	2	14.29	－2.60	－3.71	
16—20	0	0.00	0.0	0.00		31.57 70.43	16—20	0	0.00	0.00	0.00	
21—25	1	7.14	3.0	4.29		净资产：－38.86	21—25	1	7.14	－2.10	－3.00	
26—30	0	0.00	0.0	0.00			26—30	0	0.00	0.00	0.00	
31—35	4	28.57	6.9	9.86			31—35	4	28.57	－13.50	－19.29	
36—40	3	21.43	3.8	5.43			36—40	3	21.43	－11.50	－16.43	
41—45	0	0.00	0.0	0.00			41—45	0	0.00	0.00	0.00	
46—50	4	28.57	0.8	1.14			46—50	4	28.57	－19.60	－28.00	
合计	14	100.00	22.1	31.57	1.58	14	合计	14	100.00	－49.30	－70.43	－3.52
1—5	1	5.88	5.0	5.88		可持续指数	1—5	1	5.88	－0.10	－0.12	
6—10	1	5.88	4.3	5.06			6—10	1	5.88	－0.80	－0.94	
11—15	1	5.88	3.9	4.59		资产:负债	11—15	1	5.88	－1.20	－1.41	
16—20	0	0.00	0.0	0.00		34.00 68.00	16—20	0	0.00	0.00	0.00	
21—25	1	5.88	2.8	3.29		净资产：－34.00	21—25	1	5.88	－2.30	－2.71	
26—30	2	11.76	4.2	4.94			26—30	2	11.76	－6.00	－7.06	
31—35	1	5.88	1.9	2.24			31—35	1	5.88	－3.20	－3.76	
36—40	3	17.65	3.9	4.59			36—40	3	17.65	－11.40	－13.41	
41—45	2	11.76	1.5	1.76			41—45	2	11.76	－8.70	－10.24	
46—50	5	29.41	1.4	1.65			46—50	5	29.41	－24.10	－28.35	
合计	17	100.00	28.9	34.00	1.70	17	合行	17	100.00	－57.80	－68.00	－3.40
资产总指标数		占指标总数（%）	总资产分值	相对总资产（%）	总资产质量系数	相对总资产:相对总负债 38.56 －63.44	负债总指标数		占指标总数（%）	总负债分值	相对总负债（%）	总负债质量系数
103		100.00	198.6	38.56	1.93	相对净资产：－24.87	103		100.00	－326.70	－63.44	－3.17

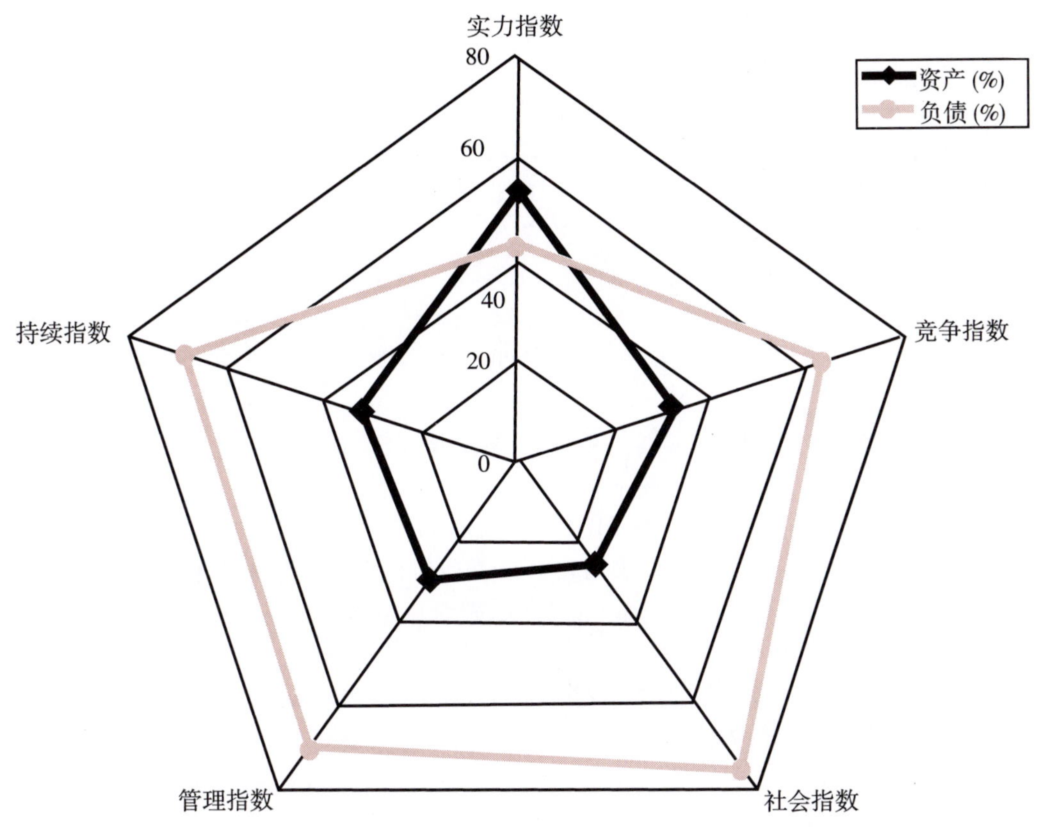

图 21.42　重庆市发展能力资产负债图

四十三　成都市发展能力资产负债表分析

1. 一般概况

成都市总面积 12390 平方公里，市区面积 1418 平方公里，建成区面积 228 平方公里。总人口 1019.90 万人，市区总人口 341.52 万人，地区非农人口 354.78 万人。地区国内生产总值 14920370 万元，市区国内生产总值 7775256 万元，市区第三产业产值占 GDP 比重 53.34%。市区实际利用外资总额 18656 万美元，市区固定资产投资总额 3877200 万元，市区房地产投资总额 1491200 万元。地方财政预算内收入 503207 万元，地方财政预算内支出 329497 万元。城乡居民人均储蓄余额 19518.04 元，人均住房面积 17.75 平方米，人均园林绿地面积 12.69 平方米，人均生活用电量 486.58 千瓦小时，人均铺装道路面积 6.51 平方米，人均教育经费支出 159.95 元，每万人拥有高等学校在校学生数 514.05 人。

现任领导：　市委书记：李春城　市长：葛红林(代市长)

2. 发展能力的资产负债分析

(1)城市实力指数：在总数 21 个源指标中，资产累计得分 64.2，相对资产 61.14%，资产质量系数为 3.06，表明资产质量较好。同时，负债累计得分－42.90，相对负债－40.86%，负债质量系数为－2.04，表明负债质量较好。在该大项中，相对净资产为 20.29%。

(2)城市竞争指数：在总数 29 个源指标中，资产累计得分 82.2，相对资产 56.69%，资产质量系数为 2.83，表明资产质量较好。同时，负债累计得分－65.70，相对负债－45.31%，负债质量系数为－2.27，表明负债质量较好。在该大项中，相对净资产为 11.38%。

(3)城市社会指数：在总数 22 个源指标中，资产累计得分 67.7，相对资产 61.55%，资产质量系数为 3.08，表明资产质量优良。同时，负债累计得分－44.50，相对负债－40.45%，负债质量系数为－2.02，表明负债质量较好。在该大项中，相对净资产为 21.09%。

(4)城市管理指数：在总数 14 个源指标中，资产累计得分 33.0，相对资产 47.14%，资产质量系数为 2.36，表明资产质量较好。同时，负债累计得分－38.40，相对负债－54.86%，负债质量系数为－2.74，表明负债质量较好。在该大项中，相对净资产为－7.71%。

(5)城市可持续指数：在总数 17 个源指标中，资产累计得分 44.8，相对资产 52.71%，资产质量系数为 2.64，表明资产质量较好。同时，负债累计得分－41.90，相对负债－49.29%，负债质量系数为－2.46，表明负债质量较好。在该大项中，相对净资产为 3.14%。

总计上述五大项，在总数 103 个源指标中，总资产累计得分 291.9，相对总资产 56.68%，总资产质量系数为 2.83，表明总资产质量较好。同时，总负债累计得分－233.40，相对总负债－45.32 %，总负债质量系数为－2.27，表明总负债质量较好。该城市发展能力相对总净资产为 11.36%。

表 21.43　成都市发展能力资产负债表

资　产						五大指数	负　债					
位次	指标数	占指标总数(%)	指标分值	相对资产(%)	资产质量系数		位次	指标数	占指标总数(%)	指标分值	相对负债(%)	负债质量系数
1—5	2	9.52	9.5	9.05		实力指数	1—5	2	9.52	−0.70	−0.67	
6—10	4	19.05	17.4	16.57			6—10	4	19.05	−3.00	−2.86	
11—15	3	14.29	11.2	10.67		资产:负债	11—15	3	14.29	−4.10	−3.90	
16—20	1	4.76	3.4	3.24		61.14　40.86	16—20	1	4.76	−1.70	−1.62	
21—25	2	9.52	5.6	5.33		净资产：20.29	21—25	2	9.52	−4.60	−4.38	
26—30	5	23.81	11.9	11.33			26—30	5	23.81	−13.60	−12.95	
31—35	1	4.76	1.6	1.52			31—35	1	4.76	−3.50	−3.33	
36—40	2	9.52	2.7	2.57			36—40	2	9.52	−7.50	−7.14	
41—45	1	4.76	0.9	0.86			41—45	1	4.76	−4.20	−4.00	
46—50	0	0.00	0.0	0.00			46—50	0	0.00	0.00	0.00	
合计	21	100.00	64.2	61.14	3.06	21	合计	21	100.00	−42.90	−40.86	−2.04
1—5	1	3.45	4.6	3.17		竞争指数	1—5	1	3.45	−0.50	−0.34	
6—10	6	20.69	25.4	17.52			6—10	6	20.69	−5.20	−3.59	
11—15	3	10.34	11.2	7.72		资产:负债	11—15	3	10.34	−4.10	−2.83	
16—20	5	17.24	16.3	11.24		56.69　45.31	16—20	5	17.24	−9.20	−6.34	
21—25	5	17.24	13.5	9.31		净资产：11.38	21—25	5	17.24	−12.00	−8.28	
26—30	1	3.45	2.1	1.45			26—30	1	3.45	−3.00	−2.07	
31—35	3	10.34	5.6	3.86			31—35	3	10.34	−9.70	−6.69	
36—40	2	6.90	2.5	1.72			36—40	2	6.90	−7.70	−5.31	
41—45	0	0.00	0.0	0.00			41—45	0	0.00	0.00	0.00	
46—50	3	10.34	1.0	0.69			46—50	3	10.34	−14.30	−9.86	
合计	29	100.00	82.2	56.69	2.83	29	合计	29	100.00	−65.70	−45.31	−2.27
1—5	1	4.55	4.8	4.36		社会指数	1—5	1	4.55	−0.30	−0.27	
6—10	4	18.18	16.9	15.36			6—10	4	18.18	−3.50	−3.18	
11—15	2	9.09	7.8	7.09		资产:负债	11—15	2	9.09	−2.40	−2.18	
16—20	5	22.73	16.5	15.00		61.55　40.45	16—20	5	22.73	−9.00	−8.18	
21—25	3	13.64	8.4	7.64		净资产：21.09	21—25	3	13.64	−6.90	−6.27	
26—30	4	18.18	8.8	8.00			26—30	4	18.18	−11.60	−10.55	
31—35	2	9.09	3.3	3.00			31—35	2	9.09	−6.90	−6.27	
36—40	1	4.55	1.2	1.09			36—40	1	4.55	−3.90	−3.55	
41—45	0	0.00	0.0	0.00			41—45	0	0.00	0.00	0.00	
46—50	0	0.00	0.0	0.00			46—50	0	0.00	0.00	0.00	
合计	22	100.00	67.7	61.55	3.08	22	合计	22	100.00	−44.50	−40.45	−2.02
1—5	0	0.00	0.0	0.00		管理指数	1—5	0	0.00	0.00	0.00	
6—10	1	7.14	4.3	6.14			6—10	1	7.14	−0.80	−1.14	
11—15	3	21.43	11.4	16.29		资产:负债	11—15	3	21.43	——3.90	−5.57	
16—20	0	0.00	0.0	0.00		47.14　54.86	16—20	0	0.00	0.00	0.00	
21—25	3	21.43	8.4	12.00		净资产：−7.71	21—25	3	21.43	−6.90	−9.86	
26—30	0	0.00	0.0	0.00			26—30	0	0.00	0.00	0.00	
31—35	1	7.14	2.0	2.86			31—35	1	7.14	−3.10	−4.43	
36—40	4	28.57	5.9	8.43			36—40	4	28.57	−14.50	−20.71	
41—45	1	7.14	0.7	1.00			41—45	1	7.14	−4.40	−6.29	
46—50	1	7.14	0.3	0.43			46—50	1	7.14	−4.80	−6.86	
合计	14	100.00	33.0	47.14	2.36	14	合计	14	100.00	−38.40	−54.86	−2.74
1—5	2	11.76	9.7	11.41		可持续指数	1—5	2	11.76	−0.50	−0.59	
6—10	1	5.88	4.2	4.94			6—10	1	5.88	−0.90	−1.06	
11—15	1	5.88	3.7	4.35		资产:负债	11—15	1	5.88	−1.40	−1.65	
16—20	2	11.76	6.6	7.76		52.71　49.29	16—20	2	11.76	−3.60	−4.24	
21—25	2	11.76	5.4	6.35		净资产：3.14	21—25	2	11.76	−4.80	−5.65	
26—30	5	29.41	11.5	13.53			26—30	5	29.41	−14.00	−16.47	
31—35	0	0.00	0.0	0.00			31—35	0	0.00	0.00	0.00	
36—40	1	5.88	1.3	1.53			36—40	1	5.88	−3.80	−4.47	
41—45	2	11.76	1.9	2.24			41—45	2	11.76	−8.30	−9.76	
46—50	1	5.88	0.5	0.59			46—50	1	5.88	−4.60	−5.41	
合计	17	100.00	44.8	52.71	2.64	17	合计	17	100.00	−41.90	−49.29	−2.46

资产总指标数	占指标总数(%)	总资产分值	相对总资产(%)	总资产质量系数	相对总资产:相对总负债 56.68　−45.32	负债总指标数	占指标总数(%)	总负债分值	相对总负债(%)	总负债质量系数
103	100.00	291.9	56.68	2.83	相对净资产：11.36	103	100.00	−233.40	−45.32	−2.27

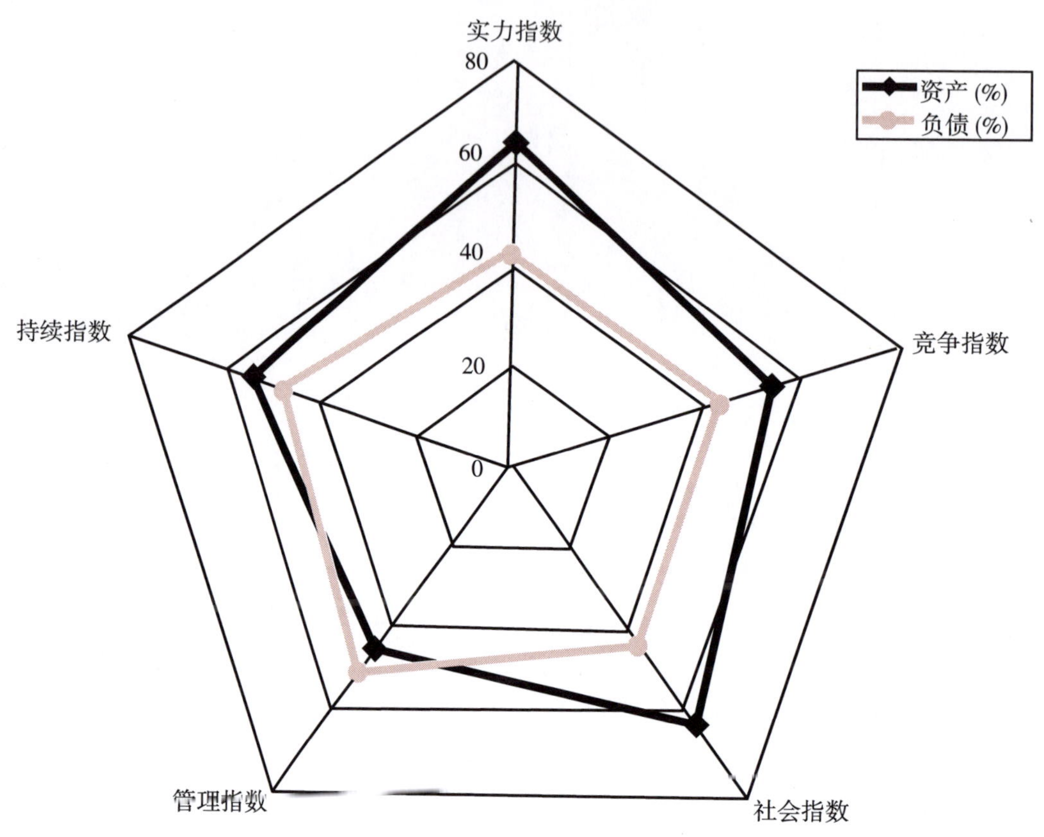

图 21.43 成都市发展能力资产负债图

四十四　贵阳市发展能力资产负债表分析

1. 一般概况

贵阳市总面积 8034 平方公里，市区面积 2403 平方公里，建成区面积 107 平方公里。总人口 335.81 万人，市区总人口 191.05 万人，地区非农人口 156.56 万人。地区国内生产总值 3027470 万元，市区国内生产总值 2490027 万元，市区第三产业产值占 GDP 比重 44.31%。市区实际利用外资总额 5916 万美元，市区固定资产投资总额 1331253 万元，市区房地产投资总额 425389 万元。地方财政预算内收入 246106 万元，地方财政预算内支出 299372 万元。城乡居民人均储蓄余额 11480.19 元，人均住房面积 15.8 平方米，人均园林绿地面积 22.4 平方米，人均生活用电量 362.28 千瓦小时，人均铺装道路面积 3.31 平方米，人均教育经费支出 166.34 元，每万人拥有高等学校在校学生数 400.63 人。

现任领导：　市委书记：王晓东　　市长：孙国强

2. 发展能力的资产负债分析

(1) 城市实力指数：在总数 21 个源指标中，资产累计得分 36.0，相对资产 34.29%，资产质量系数为 1.71，表明资产质量较差。同时，负债累计得分 −71.10，相对负债 −67.71%，负债质量系数为 −3.39，表明负债质量较差。在该大项中，相对净资产为 −33.43%。

(2) 城市竞争指数：在总数 29 个源指标中，资产累计得分 52.4，相对资产 36.14%，资产质量系数为 1.81，表明资产质量较差。同时，负债累计得分 −95.50，相对负债 −65.86%，负债质量系数为 −3.29，表明负债质量较差。在该大项中，相对净资产为 −29.72%。

(3) 城市社会指数：在总数 22 个源指标中，资产累计得分 33.0，相对资产 30.00%，资产质量系数为 1.50，表明资产质量较差。同时，负债累计得分 −79.20，相对负债 −72.00%，负债质量系数为 −3.60，表明负债质量较差。在该大项中，相对净资产为 −42.00%。

(4) 城市管理指数：在总数 14 个源指标中，资产累计得分 25.2，相对资产 36.00%，资产质量系数为 1.80，表明资产质量较差。同时，负债累计得分 −46.20，相对负债 −66.00%，负债质量系数为 −3.30，表明负债质量较差。在该大项中，相对净资产为 −30.00%。

(5) 城市可持续指数：在总数 17 个源指标中，资产累计得分 23.4，相对资产 27.53%，资产质量系数为 1.38，表明资产质量较差。同时，负债累计得分 −63.30，相对负债 −74.47%，负债质量系数为 −3.72，表明负债质量较差。在该大项中，相对净资产为 −46.94%。

总计上述五大项，在总数 103 个源指标中，总资产累计得分 170.0，相对总资产 33.01%，总资产质量系数为 1.65，表明总资产质量较差。同时，总负债累计得分 −355.30，相对总负债 −68.99%，总负债质量系数为 −3.45，表明总负债质量较差。该城市发展能力相对总净资产为 −35.98%。

表 21.44　贵阳市发展能力资产负债表

资　产						五大指数	负　债					
位次	指标数	占指标总数（%）	指标分值	相对资产（%）	资产质量系数		位次	指标数	占指标总数（%）	指标分值	相对负债（%）	负债质量系数
1—5	0	0.00	0.0	0.00		实力指数	1—5	0	0.00	0.00	0.00	
6—10	0	0.00	0.0	0.00			6—10	0	0.00	0.00	0.00	
11—15	0	0.00	0.0	0.00		资产:负债	11—15	0	0.00	0.00	0.00	
16—20	1	4.76	3.2	3.05		34.29　67.71	16—20	1	4.76	−1.90	−1.81	
21—25	2	9.52	5.5	5.24		净资产：−33.43	21—25	2	9.52	−4.70	−4.48	
26—30	5	23.81	11.2	10.67			26—30	5	23.81	−14.30	−13.62	
31—35	4	19.05	6.8	6.48			31—35	4	19.05	−13.60	−12.95	
36—40	6	28.57	7.5	7.14			36—40	6	28.57	−23.10	−22.00	
41—45	2	9.52	1.5	1.43			41—45	2	9.52	−8.70	−8.29	
46—50	1	4.76	0.3	0.29			46—50	1	4.76	−4.80	−4.57	
合计	21	100.00	36.0	34.29	1.71	21	合计	21	100.00	−71.10	−67.71	−3.39
1—5	2	6.90	9.6	6.62		竞争指数	1—5	2	6.90	−0.60	−0.41	
6—10	0	0.00	0.0	0.00			6—10	0	0.00	0.00	0.00	
11—15	1	3.45	3.9	2.69		资产:负债	11—15	1	3.45	−1.20	−0.83	
16—20	1	3.45	3.4	2.34		36.14　65.86	16—20	1	3.45	−1.70	−1.17	
21—25	0	0.00	0.0	0.00		净资产：−29.72	21—25	0	0.00	0.00	0.00	
26—30	3	10.34	7.4	5.10			26—30	3	10.34	−7.90	−5.45	
31—35	4	13.79	7.4	5.10			31—35	4	13.79	−13.00	−8.97	
36—40	13	44.83	16.9	11.66			36—40	13	44.83	−49.40	−34.07	
41—45	5	17.24	3.8	2.62			41—45	5	17.24	−21.70	−14.97	
46—50	0	0.00	0.0	0.00			46—50	0	0.00	0.00	0.00	
合计	29	100.00	52.4	36.14	1.81	29	合计	29	100.00	−95.50	−65.86	−3.29
1—5	0	0.00	0.0	0.00		社会指数	1—5	0	0.00	0.00	0.00	
6—10	0	0.00	0.0	0.00			6—10	0	0.00	0.00	0.00	
11—15	0	0.00	0.0	0.00		资产:负债	11—15	0	0.00	0.00	0.00	
16—20	0	0.00	0.0	0.00		30.00　72.00	16—20	0	0.00	0.00	0.00	
21—25	0	0.00	0.0	0.00		净资产：−42.00	21—25	0	0.00	0.00	0.00	
26—30	3	13.64	6.7	6.09			26—30	3	13.64	−8.60	−7.82	
31—35	7	31.82	13.0	11.82			31—35	7	31.82	−22.70	−20.64	
36—40	7	31.82	9.1	8.27			36—40	7	31.82	−26.60	−21.10	
41—45	5	22.73	4.2	3.82			41—45	5	22.73	−21.30	−19.36	
46—50	0	0.00	0.0	0.00			46—50	0	0.00	0.00	0.00	
合计	22	100.00	33.0	30.00	1.50	22	合计	22	100.00	−79.20	−72.00	−3.60
1—5	0	0.00	0.0	0.00		管理指数	1—5	0	0.00	0.00	0.00	
6—10	0	0.00	0.0	0.00			6—10	0	0.00	0.00	0.00	
11—15	1	7.14	3.6	5.14		资产:负债	11—15	1	7.14	−1.50	−2.14	
16—20	0	0.00	0.0	0.00		36.00　66.00	16—20	0	0.00	0.00	0.00	
21—25	3	21.43	8.5	12.14		净资产：−30.00	21—25	3	21.43	−6.80	−9.71	
26—30	1	7.14	2.5	3.57			26—30	1	7.14	−2.60	−3.71	
31—35	1	7.14	1.9	2.71			31—35	1	7.14	−3.20	−4.57	
36—40	5	35.71	6.7	9.57			36—40	5	35.71	−18.80	−26.86	
41—45	2	14.29	1.6	2.29			41—45	2	14.29	−8.60	−12.29	
46—50	1	7.14	0.4	0.57			46—50	1	7.14	−4.70	−6.71	
合计	14	100.00	25.2	36.00	1.80	14	合计	14	100.00	−46.20	−66.00	−3.30
1—5	0	0.00	0.0	0.00		可持续指数	1—5	0	0.00	0.00	0.00	
6—10	0	0.00	0.0	0.00			6—10	0	0.00	0.00	0.00	
11—15	0	0.00	0.0	0.00		资产:负债	11—15	0	0.00	0.00	0.00	
16—20	0	0.00	0.0	0.00		27.53　74.47	16—20	0	0.00	0.00	0.00	
21—25	1	5.88	2.6	3.06		净资产：−46.94	21—25	1	5.88	−2.50	−2.94	
26—30	2	11.76	4.7	5.53			26—30	2	11.76	−5.50	−6.47	
31—35	4	23.53	6.7	7.88			31—35	4	23.53	−13.70	−16.12	
36—40	4	23.53	5.4	6.35			36—40	4	23.53	−15.00	−17.65	
41—45	5	29.41	3.8	4.47			41—45	5	29.41	−21.70	−25.53	
46—50	1	5.88	0.2	0.24			46—50	1	5.88	−4.90	−5.76	
合计	17	100.00	23.4	27.53	1.38	17	合计	17	100.00	−63.30	−74.47	−3.72
资产总指标数		占指标总数（%）	总资产分值	相对总资产（%）	总资产质量系数	相对总资产:相对总负债 33.01　−68.99	负债总指标数		占指标总数（%）	总负债分值	相对总负债（%）	总负债质量系数
103		100.00	170.0	33.01	1.65	相对净资产：−35.98	103		100.00	−355.30	−68.99	−3.45

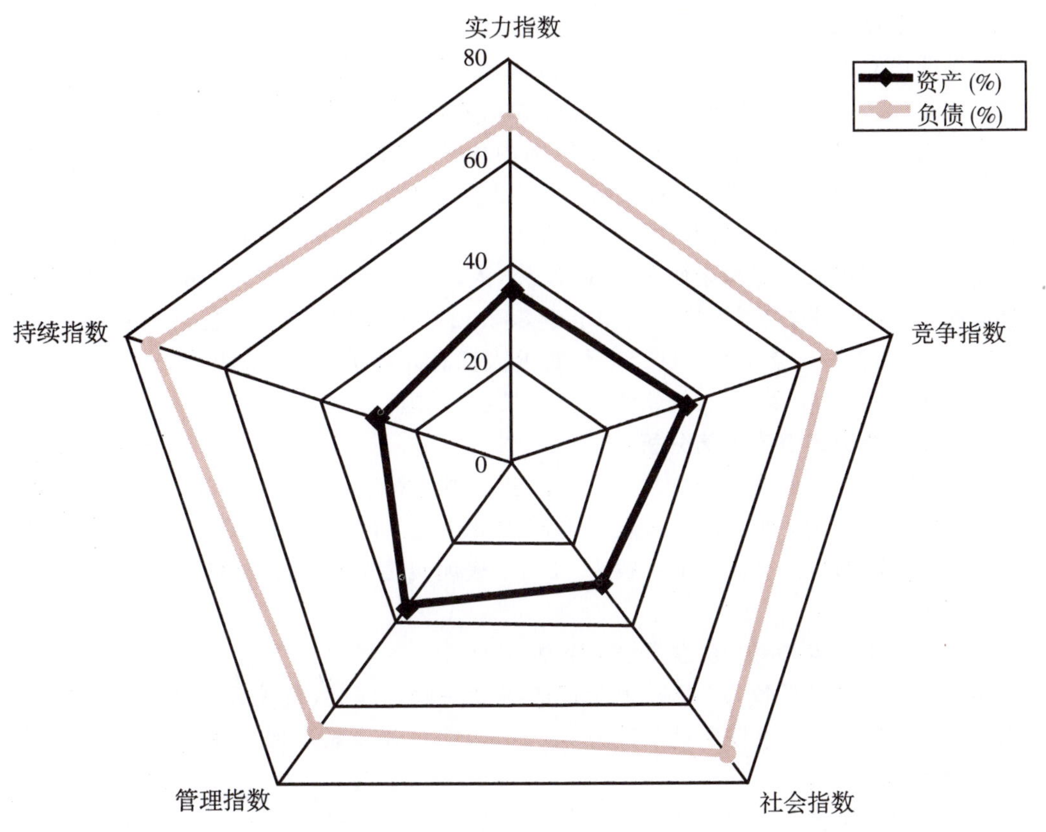

图 21.44　贵阳市发展能力资产负债图

四十五　昆明市发展能力资产负债表分析

1. 一般概况

昆明市总面积 21111 平方公里，市区面积 3740 平方公里，建成区面积 148 平方公里。总人口 487.52 万人，市区总人口 215.20 万人，地区非农人口 194.83 万人。地区国内生产总值 6730.627 万元，市区国内生产总值 5230020 万元，市区第三产业产值占 GDP 比重 48.85%。市区固定资产投资总额 1672584 万元，市区房地产投资总额 652581 万元。地方财政预算内收入 499548 万元，地方财政预算内支出 515095 万元。城乡居民人均储蓄余额 19163.08 元，人均住房面积 13.93 平方米，人均园林绿地面积 24.64 平方米，人均生活用电量 587.71 千瓦小时，人均铺装道路面积 4.74 平方米，人均教育经费支出 234.22 元，每万人拥有高等学校在校学生数 397.23 人。

现任领导：　市委书记：杨崇勇　　市长：章振国

2. 发展能力的资产负债分析

(1)城市实力指数：在总数 21 个源指标中，资产累计得分 56.3，相对资产 53.62%，资产质量系数为 2.68，表明资产质量一般。同时，负债累计得分　45.40，相对负债　43.24%，负债质量系数为　2.16，表明负债质量一般。在该大项中，相对净资产为 10.38%。

(2)城市竞争指数：在总数 29 个源指标中，资产累计得分 68.0，相对资产 46.90%，资产质量系数为 2.34，表明资产质量一般。同时，负债累计得分　79.90，相对负债　55.10%，负债质量系数为　2.76，表明负债质量一般。在该大项中，相对净资产为　8.21%。

(3)城市社会指数：在总数 22 个源指标中，资产累计得分 57.3，相对资产 52.09%，资产质量系数为 2.60，表明资产质量一般。同时，负债累计得分　54.90，相对负债　49.91%，负债质量系数为　2.50，表明负债质量一般。在该大项中，相对净资产为 2.18%。

(4)城市管理指数：在总数 14 个源指标中，资产累计得分 40.6，相对资产 58.00%，资产质量系数为 2.90，表明资产质量一般。同时，负债累计得分　30.80，相对负债　44.00%，负债质量系数为　2.20，表明负债质量一般。在该大项中，相对净资产为 14.00%。

(5)城市可持续指数：在总数 17 个源指标中，资产累计得分 48.0，相对资产 56.47%，资产质量系数为 2.82，表明资产质量一般。同时，负债累计得分　38.70，相对负债　45.53%，负债质量系数为　2.28，表明负债质量一般。在该大项中，相对净资产为 10.94%。

总计上述五大项，在总数 103 个源指标中，总资产累计得分 270.2，相对总资产 52.47%，总资产质量系数为 2.62，表明总资产质量一般。同时，总负债累计得分　249.70，相对总负债　48.49%，总负债质量系数为　2.42，表明总负债质量一般。该城市发展能力相对总净资产为 3.98%。

表 21.45 昆明市发展能力资产负债表

资产						五大指数	负债					
位次	指标数	占指标总数(%)	指标分值	相对资产(%)	资产质量系数		位次	指标数	占指标总数(%)	指标分值	相对负债(%)	负债质量系数
1—5	0	0.00	0.0	0.00		实力指数	1—5	0	0.00	0.00	0.00	
6—10	1	4.76	4.2	4.00			6—10	1	4.76	−0.90	−0.86	
11—15	0	0.00	0.0	0.00		资产:负债	11—15	0	0.00	0.00	0.00	
16—20	6	28.57	19.8	18.86		53.62 43.24	16—20	6	28.57	−5.40	−5.14	
21—25	9	42.86	24.9	23.71		净资产:10.38	21—25	9	42.86	−21.00	−20.00	
26—30	1	4.76	2.5	2.38			26—30	1	4.76	−2.60	−2.48	
31—35	0	0.00	0.0	0.00			31—35	0	0.00	0.00	0.00	
36—40	4	19.05	4.9	4.67			36—40	4	19.05	−15.50	−14.76	
41—45	0	0.00	0.0	0.00			41—45	0	0.00	0.00	0.00	
46—50	0	0.00	0.0	0.00			46—50	0	0.00	0.00	0.00	
合计	21	100.00	56.3	53.62	2.68	21	合计	21	100.00	−45.40	−43.24	−2.16
1—5	0	0.00	0.0	0.00		竞争指数	1—5	0	0.00	0.00	0.00	
6—10	0	0.00	0.0	0.00			6—10	0	0.00	0.00	0.00	
11—15	2	6.90	7.4	5.10		资产:负债	11—15	2	6.90	−2.80	−1.93	
16—20	8	27.59	26.7	18.41		46.90 55.10	16—20	8	27.59	−14.10	−9.72	
21—25	5	17.24	14.3	9.86		净资产:−8.21	21—25	5	17.24	−11.20	−7.72	
26—30	5	17.24	11.7	8.07			26—30	5	17.24	−13.80	−9.52	
31—35	2	6.90	3.6	2.48			31—35	2	6.90	−6.60	−4.55	
36—40	2	6.90	2.9	2.00			36—40	2	6.90	−7.30	−5.03	
41—45	1	3.45	0.7	0.48			41—45	1	3.45	−4.40	−3.03	
46—50	4	13.79	0.7	0.48			46—50	4	13.79	−19.70	−13.59	
合计	29	100.00	68.0	46.90	2.34	29	合计	29	100.00	−79.90	−55.10	−2.76
1—5	0	0.00	0.0	0.00		社会指数	1—5	0	0.00	0.00	0.00	
6—10	3	13.64	12.5	11.36			6—10	3	13.64	−2.80	−2.55	
11—15	3	13.64	11.5	10.45		资产:负债	11—15	3	13.64	−3.80	−3.45	
16—20	2	9.09	6.4	5.82		52.09 49.91	16—20	2	9.09	−3.80	−3.45	
21—25	5	22.73	13.9	12.64		净资产:2.18	21—25	5	22.73	−11.60	−10.55	
26—30	4	18.18	9.2	8.36			26—30	4	18.18	−11.20	−10.18	
31—35	2	9.09	3.5	3.18			31—35	2	9.09	−6.70	−6.09	
36—40	0	0.00	0.0	0.00			36—40	0	0.00	0.00	0.00	
41—45	0	0.00	0.0	0.00			41—45	0	0.00	0.00	0.00	
46—50	3	13.64	0.3	0.27			46—50	3	13.64	−15.00	−13.64	
合计	22	100.00	57.3	52.09	2.60	22	合计	22	100.00	−54.90	−49.91	−2.50
1—5	1	7.14	4.7	6.71		管理指数	1—5	1	7.14	−0.40	−0.57	
6—10	0	0.00	0.0	0.00			6—10	0	0.00	0.00	0.00	
11—15	2	14.29	7.3	10.43		资产:负债	11—15	2	14.29	−2.90	−4.14	
16—20	2	14.29	6.7	9.57		58.00 44.00	16—20	2	14.29	−3.50	−5.00	
21—25	5	35.71	13.6	19.43		净资产:14.00	21—25	5	35.71	−11.90	−17.00	
26—30	2	14.29	4.9	7.00			26—30	2	14.29	−5.30	−7.57	
31—35	1	7.14	2.0	2.86			31—35	1	7.14	−3.10	−4.43	
36—40	1	7.14	1.4	2.00			36—40	1	7.14	−3.70	−5.29	
41—45	0	0.00	0.0	0.00			41—45	0	0.00	0.00	0.00	
46—50	0	0.00	0.0	0.00			46—50	0	0.00	0.00	0.00	
合计	14	100.00	40.6	58.00	2.90	14	合计	14	100.00	−30.80	−44.00	−2.20
1—5	0	0.00	0.0	0.00		可持续指数	1—5	0	0.00	0.00	0.00	
6—10	0	0.00	0.0	0.00			6—10	0	0.00	0.00	0.00	
11—15	1	5.88	3.7	4.35		资产:负债	11—15	1	5.88	−1.40	−1.65	
16—20	7	41.18	22.8	26.82		56.47 45.53	16—20	7	41.18	−12.90	−15.18	
21—25	2	11.76	5.9	6.94		净资产:10.94	21—25	2	11.76	−4.30	−5.06	
26—30	5	29.41	12.4	14.59			26—30	5	29.41	−13.10	−15.41	
31—35	1	5.88	2.0	2.35			31—35	1	5.88	−3.10	−3.65	
36—40	1	5.88	1.2	1.41			36—40	1	5.88	−3.90	−4.59	
41—45	0	0.00	0.0	0.00			41—45	0	0.00	0.00	0.00	
46—50	0	0.00	0.0	0.00			46—50	0	0.00	0.00	0.00	
合计	17	100.00	48.0	56.47	2.82	17	合计	17	100.00	−38.70	−45.53	−2.28

资产总指标数	占指标总数(%)	总资产分值	相对总资产(%)	总资产质量系数	相对总资产:相对总负债 52.47 −48.49	负债总指标数	占指标总数(%)	总负债分值	相对总负债(%)	总负债质量系数
103	100.00	270.2	52.47	2.62	相对净资产:3.98	103	100.00	−249.70	−48.49	−2.42

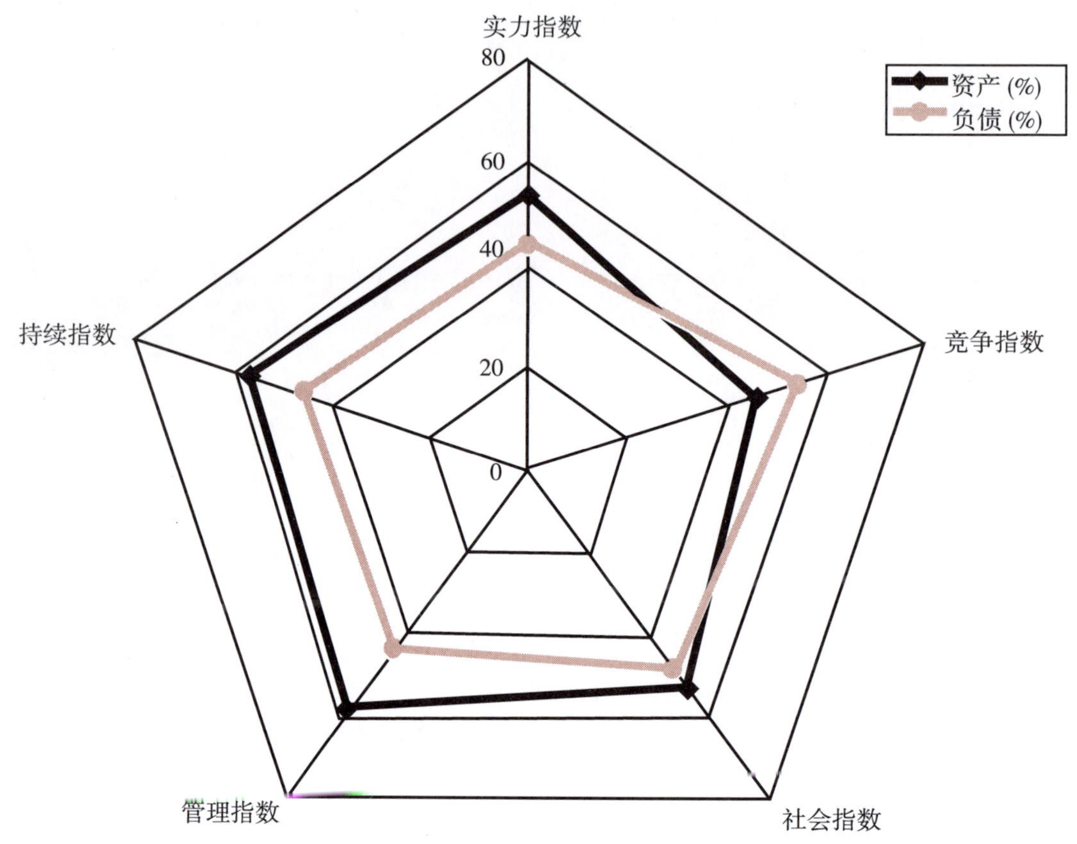

图 21.45　昆明市发展能力资产负债图

四十六 西安市发展能力资产负债表分析

1. 一般概况

西安市总面积 9983 平方公里，市区面积 1964 平方公里，建成区面积 187 平方公里。总人口 694.84 万人，市区总人口 400.08 万人，地区非农人口 292.62 万人。地区国内生产总值 7338500 万元，市区国内生产总值 6349400 万元，市区第三产业产值占 GDP 比重 51.65 %。市区实际利用外资总额 17687 万美元，市区固定资产投资总额 2269105 万元，市区房地产投资总额 636622 万元。地方财政预算内收入 515126 万元，地方财政预算内支出 488702 万元。城乡居民人均储蓄余额 17847.78 元，人均住房面积 10.73 平方米，人均园林绿地面积 10.59 平方米，人均生活用电量 339.82 千瓦小时，人均铺装道路面积 4.77 平方米，人均教育经费支出 126.10 元，每万人拥有高等学校在校学生数 630.31 人。

现任领导： 市委书记：栗战书 市长：孙清云

2. 发展能力的资产负债分析

(1)城市实力指数：在总数 21 个源指标中，资产累计得分 55.4，相对资产 52.76%，资产质量系数为 2.64，表明资产质量一般。同时，负债累计得分－51.70，相对负债 49.24%，负债质量系数为－2.46，表明负债质量一般。在该大项中，相对净资产为 3.52%。

(2)城市竞争指数：在总数 29 个源指标中，资产累计得分 77.8，相对资产 53.66%，资产质量系数为 2.68，表明资产质量一般。同时，负债累计得分－70.10，相对负债－48.34%，负债质量系数为－2.42，表明负债质量一般。在该大项中，相对净资产为 5.31%。

(3)城市社会指数：在总数 22 个源指标中，资产累计得分 66.6，相对资产 60.55%，资产质量系数为 3.03，表明资产质量较好。同时，负债累计得分－45.60，相对负债－41.45%，负债质量系数为－2.07，表明负债质量一般。在该大项中，相对净资产为 19.09%。

(4)城市管理指数：在总数 14 个源指标中，资产累计得分 38.6，相对资产 55.14%，资产质量系数为 2.76，表明资产质量一般。同时，负债累计得分－32.80，相对负债－46.86%，负债质量系数为－2.34，表明负债质量一般。在该大项中，相对净资产为 8.29%。

(5)城市可持续指数：在总数 17 个源指标中，资产累计得分 48.4，相对资产 56.94%，资产质量系数为 2.85，表明资产质量一般。同时，负债累计得分－38.30，相对负债－45.06%，负债质量系数为－2.25，表明负债质量一般。在该大项中，相对净资产为 11.88%。

总计上述五大项，在总数 103 个源指标中，总资产累计得分 286.9，相对总资产 55.69%，总资产质量系数为 2.78，表明总资产质量一般。同时，总负债累计得分－238.50，相对总负债－46.31 %，总负债质量系数为－2.32，表明总负债质量一般。该城市发展能力相对总净资产为 9.38%。

表 21.46 西安市发展能力资产负债表

资产						五大指数	负债					
位次	指标数	占指标总数（%）	指标分值	相对资产（%）	资产质量系数		位次	指标数	占指标总数（%）	指标分值	相对负债（%）	负债质量系数
1—5	0	0.00	0.0	0.00		实力指数	1—5	0	0.00	0.00	0.00	
6—10	0	0.00	0.0	0.00			6—10	0	0.00	0.00	0.00	
11—15	5	23.81	18.8	17.90		资产:负债	11—15	5	23.81	−6.70	−6.38	
16—20	4	19.05	13.8	13.14		52.76 49.24	16—20	4	19.05	−6.60	−6.29	
21—25	5	23.81	14.4	13.71		净资产：3.52	21—25	5	23.81	−11.10	−10.57	
26—30	0	0.00	0.0	0.00			26—30	0	0.00	0.00	0.00	
31—35	2	9.52	3.6	3.43			31—35	2	9.52	−6.60	−6.29	
36—40	2	9.52	2.7	2.57			36—40	2	9.52	−7.50	−7.14	
41—45	2	9.52	1.7	1.62			41—45	2	9.52	−8.50	−8.10	
46—50	1	4.76	0.4	0.38			46—50	1	4.76	−4.70	−4.48	
合计	21	100.00	55.4	52.76	2.64	21	合计	21	100.00	−51.70	−49.24	−2.64
1—5	0	0.00	0.0	0.00		竞争指数	1—5	0	0.00	0.00	0.00	
6—10	2	6.90	8.8	6.07			6—10	2	6.90	−1.40	−0.97	
11—15	2	6.90	7.6	5.24		资产:负债	11—15	2	6.90	−2.60	−1.79	
16—20	7	24.14	22.9	15.79		53.66 48.34	16—20	7	24.14	−12.80	−8.83	
21—25	6	20.69	16.9	11.66		净资产：5.31	21—25	6	20.69	−13.70	−9.45	
26—30	6	20.69	13.4	9.24			26—30	6	20.69	−17.20	−11.86	
31—35	2	6.90	3.6	2.48			31—35	2	6.90	−6.60	−4.55	
36—40	3	10.34	4.3	2.97			36—40	3	10.34	−11.00	−7.59	
41—45	0	0.00	0.0	0.00			41—45	0	0.00	0.00	0.00	
46—50	1	3.45	0.3	0.21			46—50	1	3.45	−4.80	−3.31	
合计	29	100.00	77.8	53.66	2.68	29	合计	29	100.00	−70.10	−48.34	−2.42
1—5	0	0.00	0.0	0.00		社会指数	1—5	0	0.00	0.00	0.00	
6—10	1	4.55	4.1	3.73			6—10	1	4.55	−1.00	−0.91	
11—15	7	31.82	26.7	24.27		资产:负债	11—15	7	31.82	−9.00	−8.18	
16—20	5	22.73	16.3	14.82		60.55 41.45	16—20	5	22.73	−9.20	−8.36	
21—25	3	13.64	8.4	7.64		净资产：19.09	21—25	3	13.64	−6.90	−6.27	
26—30	4	18.18	8.9	8.09			26—30	4	18.18	−11.50	−10.45	
31—35	1	4.55	2.0	1.82			31—35	1	4.55	−3.10	−2.82	
36—40	0	0.00	0.0	0.00			36—40	0	0.00	0.00	0.00	
41—45	0	0.00	0.0	0.00			41—45	0	0.00	0.00	0.00	
46—50	1	4.55	0.2	0.18			46—50	1	4.55	−4.90	−4.45	
合计	22	100.00	66.6	60.55	3.03	22	合计	22	100.00	−45.60	−41.45	−2.07
1—5	0	0.00	0.0	0.00		管理指数	1—5	0	0.00	0.00	0.00	
6—10	0	0.00	0.0	0.00			6—10	0	0.00	0.00	0.00	
11—15	1	7.14	3.9	5.57		资产:负债	11—15	1	7.14	−1.20	−1.71	
16—20	4	28.57	13.5	19.29		55.14 46.86	16—20	4	28.57	−6.90	−9.86	
21—25	5	35.71	13.8	19.71		净资产：8.29	21—25	5	35.71	−11.70	−16.71	
26—30	2	14.29	4.4	6.29			26—30	2	14.29	−5.80	−8.29	
31—35	0	0.00	0.0	0.00			31—35	0	0.00	0.00	0.00	
36—40	2	14.29	3.0	4.29			36—40	2	14.29	−7.20	−10.29	
41—45	0	0.00	0.0	0.00			41—45	0	0.00	0.00	0.00	
46—50	0	0.00	0.0	0.00			46—50	0	0.00	0.00	0.00	
合计	14	100.00	38.6	55.14	2.76	14	合计	14	100.00	−32.80	−46.86	−2.34
1—5	1	5.88	4.7	5.53		可持续指数	1—5	1	5.88	−0.40	−0.47	
6—10	0	0.00	0.0	0.00			6—10	0	0.00	0.00	0.00	
11—15	3	17.65	11.2	13.18		资产:负债	11—15	3	17.65	−4.10	−4.82	
16—20	4	23.53	13.3	15.65		56.94 45.06	16—20	4	23.53	−7.10	−8.35	
21—25	5	29.41	13.7	16.12		净资产：11.88	21—25	5	29.41	−11.80	−13.88	
26—30	1	5.88	2.3	2.71			26—30	1	5.88	−2.80	−3.29	
31—35	1	5.88	1.9	2.24			31—35	1	5.88	−3.20	−3.76	
36—40	0	0.00	0.0	0.00			36—40	0	0.00	0.00	0.00	
41—45	2	11.76	1.3	1.53			41—45	2	11.76	−8.90	−10.47	
46—50	0	0.00	0.0	0.00			46—50	0	0.00	0.00	0.00	
合计	17	100.00	48.4	56.94	2.85	17	合计	17	100.00	−38.30	−45.06	−2.25
资产总指标数		占指标总数（%）	总资产分值	相对总资产（%）	总资产质量系数	相对总资产:相对总负债 55.69 —46.31	负债总指标数		占指标总数（%）	总负债分值	相对总负债（%）	总负债质量系数
103		100.00	286.8	55.69	2.78	相对净资产：9.38	103		100.00	−238.50	−46.31	−2.32

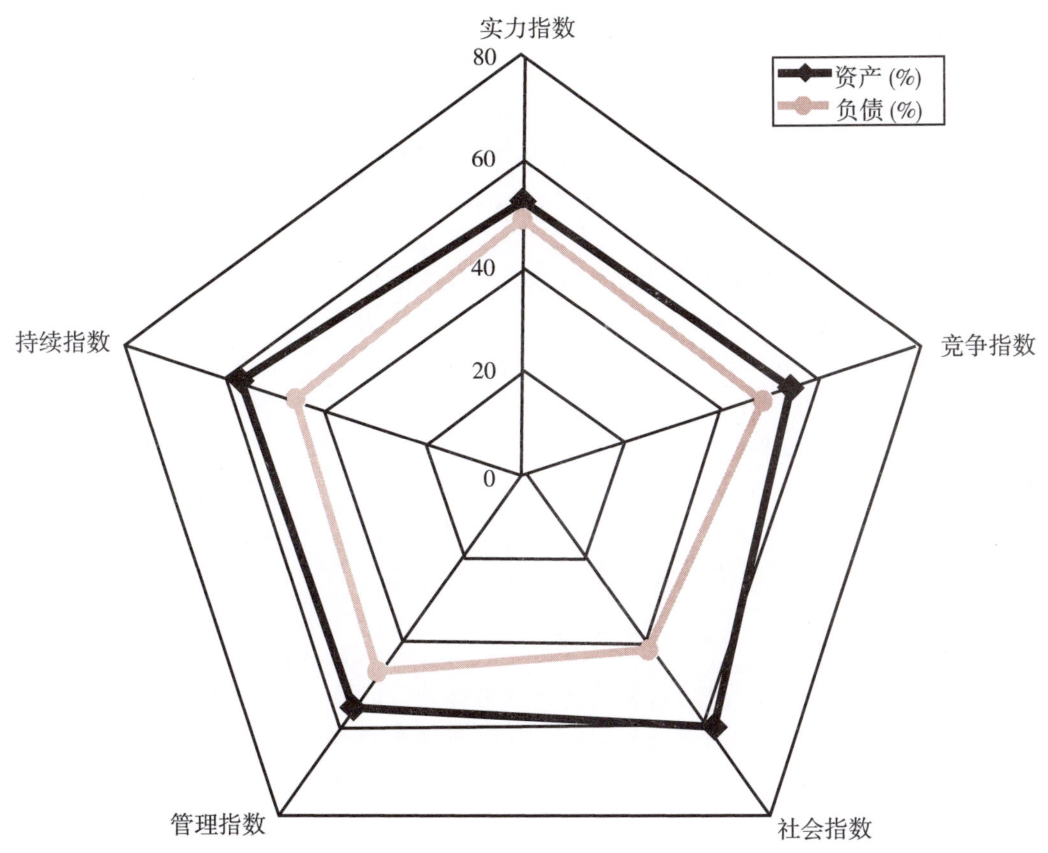

图 21.46　西安市发展能力资产负债图

四十七　兰州市发展能力资产负债表分析

1. 一般概况

兰州市总面积13086平方公里，市区面积1632平方公里，建成区面积133平方公里。总人口296.51万人，市区总人口187.06万人，地区非农人口164.87万人。地区国内生产总值3487465万元，市区国内生产总值3064887万元，市区第三产业产值占GDP比重45.04%。市区固定资产投资总额1541532万元，市区房地产投资总额229170万元。地方财政预算内收入180841万元，地方财政预算内支出268736万元。城乡居民人均储蓄余额16868.81元，人均住房面积13.6平方米，人均园林绿地面积8.16平方米，人均生活用电量441.42千瓦小时，人均铺装道路面积6.14平方米，人均教育经费支出169.92元，每万人拥有高等学校在校学生数489.9人。

现任领导：　市委书记：王军　市长：张志银

2. 发展能力的资产负债分析

(1)城市实力指数：在总数21个源指标中，资产累计得分34.7，相对资产33.05%，资产质量系数为1.65，表明资产质量较差。同时，负债累计得分－72.40，相对负债－68.95%，负债质量系数为－3.45，表明负债质量较差。在该大项中，相对净资产为－35.90%。

(2)城市竞争指数：在总数29个源指标中，资产累计得分52.6，相对资产36.28%，资产质量系数为1.81，表明资产质量较差。同时，负债累计得分－95.30，相对负债－65.72%，负债质量系数为－3.29，表明负债质量较差。在该大项中，相对净资产为－29.45%。

(3)城市社会指数：在总数22个源指标中，资产累计得分34.9，相对资产31.73%，资产质量系数为1.59，表明资产质量较差。同时，负债累计得分－77.30，相对负债－70.27%，负债质量系数为－3.51，表明负债质量较差。在该大项中，相对净资产为－38.55%。

(4)城市管理指数：在总数14个源指标中，资产累计得分－21.2，相对资产30.29%，资产质量系数为1.51，表明资产质量较差。同时，负债累计得分－50.20，相对负债－71.71%，负债质量系数为－3.59，表明负债质量较差。在该大项中，相对净资产为－41.43%。

(5)城市可持续指数：在总数17个源指标中，资产累计得分23.6，相对资产27.76%，资产质量系数为1.39，表明资产质量较差。同时，负债累计得分－63.10，相对负债－74.24%，负债质量系数为－3.71，表明负债质量较差。在该大项中，相对净资产为－46.47%。

总计上述五大项，在总数103个源指标中，总资产累计得分167.0，相对总资产32.43%，总资产质量系数为1.62，表明总资产质量较差。同时，总负债累计得分－358.30，相对总负债－69.57 %，总负债质量系数为－3.48，表明总负债质量较差。该城市发展能力相对总净资产为－37.15 %。

表 21.47　兰州市发展能力资产负债表

资　产						五大指数	负　债					
位次	指标数	占指标总数（%）	指标分值	相对资产（%）	资产质量系数		位次	指标数	占指标总数（%）	指标分值	相对负债（%）	负债质量系数
1－5	0	0.00	0.0	0.00		实力指数	1－5	0	0.00	0.00	0.00	
6－10	0	0.00	0.0	0.00			6－10	0	0.00	0.00	0.00	
11－15	0	0.00	0.0	0.00		资产:负债	11－15	0	0.00	0.00	0.00	
16－20	1	4.76	3.2	3.05		33.05　68.95	16－20	1	4.76	－1.90	－1.81	
21－25	0	0.00	0.0	0.00		净资产：－35.90	21－25	0	0.00	0.00	0.00	
26－30	3	14.29	6.8	6.48			26－30	3	14.29	－8.50	－8.10	
31－35	10	47.62	17.9	17.05			31－35	10	47.62	－33.10	－31.52	
36－40	3	14.29	3.9	3.71			36－40	3	14.29	－11.40	－10.86	
41－45	3	14.29	2.5	2.38			41－45	3	14.29	－12.80	－12.19	
46－50	1	4.76	0.4	0.38			46－50	1	4.76	－4.70	－4.48	
合计	21	100.00	34.7	33.05	1.65	21	合计	21	100.00	－72.40	－68.95	－3.45
1－5	0	0.00	0.0	0.00		竞争指数	1－5	0	0.00	0.00	0.00	
6－10	2	6.90	8.4	5.79			6－10	2	6.90	－1.80	－1.24	
11－15	0	0.00	0.0	0.00		资产:负债	11－15	0	0.00	0.00	0.00	
16－20	0	0.00	0.0	0.00		36.28　65.72	16－20	0	0.00	0.00	0.00	
21－25	6	20.69	16.6	11.45		净资产：－29.45	21－25	6	20.69	－14.00	－9.66	
26－30	1	3.45	2.3	1.59			26－30	1	3.45	－2.80	－1.93	
31－35	9	31.03	16.3	11.24			31－35	9	31.03	－29.60	－20.41	
36－40	4	13.79	5.8	4.00			36－40	4	13.79	－14.60	－10.07	
41－45	3	10.34	2.4	1.66			41－45	3	10.34	－12.90	－8.90	
46－50	4	13.79	0.8	0.55			46－50	4	13.79	－19.60	－13.52	
合计	29	100.00	52.6	36.28	1.81	29	合计	29	100.00	－95.30	－65.72	－3.29
1－5	0	0.00	0.0	0.00		社会指数	1－5	0	0.00	0.00	0.00	
6－10	0	0.00	0.0	0.00			6－10	0	0.00	0.00	0.00	
11－15	0	0.00	0.0	0.00		资产:负债	11－15	0	0.00	0.00	0.00	
16－20	0	0.00	0.0	0.00		31.73　70.27	16－20	0	0.00	0.00	0.00	
21－25	3	13.64	8.2	7.45		净资产：－38.55	21－25	3	13.64	－7.10	－6.45	
26－30	4	18.18	8.7	7.91			26－30	4	18.18	－11.70	－10.64	
31－35	4	18.18	7.4	6.73			31－35	4	18.18	－13.00	－11.82	
36－40	3	13.64	3.8	3.45			36－40	3	13.64	－11.50	－10.45	
41－45	8	36.36	6.8	6.18			41－45	8	36.36	－34.00	－30.91	
46－50	0	0.00	0.0	0.00			46－50	0	0.00	0.00	0.00	
合计	22	100.00	34.9	31.73	1.59	22	合计	22	100.00	－77.30	－70.27	－3.51
1－5	0	0.00	0.0	0.00		管理指数	1－5	0	0.00	0.00	0.00	
6－10	0	0.00	0.0	0.00			6－10	0	0.00	0.00	0.00	
11－15	0	0.00	0.0	0.00		资产:负债	11－15	0	0.00	0.00	0.00	
16－20	1	7.14	3.1	4.43		30.29　71.71	16－20	1	7.14	－2.00	－2.86	
21－25	0	0.00	0.0	0.00		净资产：－41.43	21－25	0	0.00	0.00	0.00	
26－30	2	14.29	4.5	6.43			26－30	2	14.29	－5.70	－8.14	
31－35	4	28.57	6.9	9.86			31－35	4	28.57	－13.50	－19.29	
36－40	4	28.57	5.1	7.29			36－40	4	28.57	－15.30	－21.86	
41－45	2	14.29	1.5	2.14			41－45	2	14.29	－8.70	－12.43	
46－50	1	7.14	0.1	0.14			46－50	1	7.14	－5.00	－7.14	
合计	14	100.00	21.2	30.29	1.51	14	合计	14	100.00	－50.20	－71.71	－3.59
1－5	0	0.00	0.0	0.00		可持续指数	1－5	0	0.00	0.00	0.00	
6－10	0	0.00	0.0	0.00			6－10	0	0.00	0.00	0.00	
11－15	0	0.00	0.0	0.00		资产:负债	11－15	0	0.00	0.00	0.00	
16－20	1	5.88	3.5	4.12		27.76　74.24	16－20	1	5.88	－1.60	－1.88	
21－25	1	5.88	2.9	3.41		净资产：－46.47	21－25	1	5.88	－2.20	－2.59	
26－30	0	0.00	0.0	0.00			26－30	0	0.00	0.00	0.00	
31－35	7	41.18	12.3	14.47			31－35	7	41.18	－23.40	－27.53	
36－40	3	17.65	3.8	4.47			36－40	3	17.65	－11.50	－13.53	
41－45	0	0.00	0.0	0.00			41－45	0	0.00	0.00	0.00	
46－50	5	29.41	1.1	1.29			46－50	5	29.41	－24.40	－28.71	
合计	17	100.00	23.6	27.76	1.39	17	合计	17	100.00	－63.10	－74.24	－3.71
资产总指标数		占指标总数（%）	总资产分值	相对总资产（%）	总资产质量系数	相对总资产:相对总负债 32.43　－69.57	负债总指标数		占指标总数（%）	总负债分值	相对总负债（%）	总负债质量系数
103		100.00	167.0	32.43	1.62	相对净资产：－37.15	103		100.00	－358.30	－69.57	－3.48

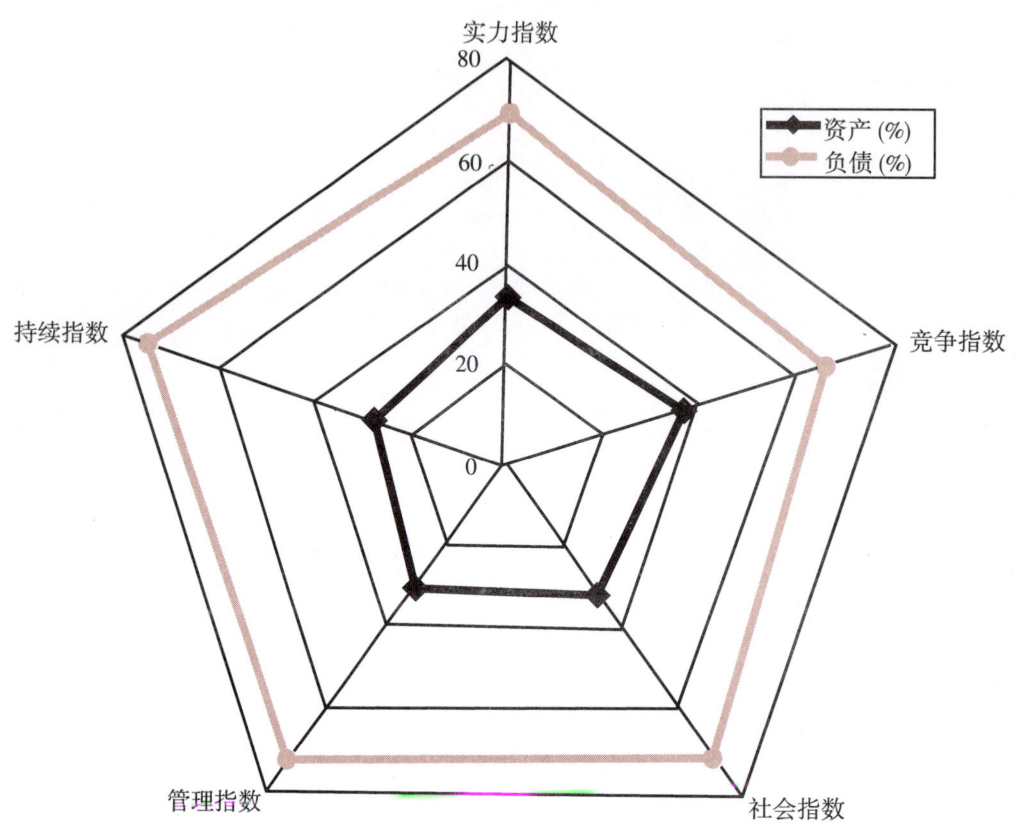

图 21.47　兰州市发展能力资产负债图

四十八　西宁市发展能力资产负债表分析

1. 一般概况

西宁市总面积 7665 平方公里，市区面积 350 平方公里，建成区面积 61 平方公里。总人口 200.20 万人，市区总人口 95.89 万人，地区非农人口 78.13 万人。地区国内生产总值 1044875 万元，市区国内生产总值 706574 万元，市区第三产业产值占 GDP 比重 61.63%。市区实际利用外资总额 434 万美元，市区固定资产投资总额 515987 万元，市区房地产投资总额 134071 万元。地方财政预算内收入 63801 万元，地方财政预算内支出 99878 万元。城乡居民人均储蓄余额 11585.48 元，人均住房面积 9.01 平方米，人均园林绿地面积 13.06 平方米，人均生活用电量 331.44 千瓦小时，人均铺装道路面积 4.25 平方米，人均教育经费支出 179.17 元，每万人拥有高等学校在校学生数 186.86 人。

现任领导：　市委书记：张裔炯　市长：王小青

2. 发展能力的资产负债分析

(1)城市实力指数：在总数 21 个源指标中，资产累计得分 12.1，相对资产 11.52%，资产质量系数为 0.58，表明资产质量很差。同时，负债累计得分－95.00，相对负债－90.48%，负债质量系数为－4.52，表明负债质量很差。在该大项中，相对净资产为－78.95%。

(2)城市竞争指数：在总数 29 个源指标中，资产累计得分 37.4，相对资产 25.79%，资产质量系数为 1.29，表明资产质量较差。同时，负债累计得分－110.50，相对负债－76.21%，负债质量系数为－3.81，表明负债质量较差。在该大项中，相对净资产为－50.41%。

(3)城市社会指数：在总数 22 个源指标中，资产累计得分－23.2，相对资产 21.09%，资产质量系数为 1.05，表明资产质量较差。同时，负债累计得分－89.00，相对负债－80.91%，负债质量系数为－4.05，表明负债质量很差。在该大项中，相对净资产为－59.82%。

(4)城市管理指数：在总数 14 个源指标中，资产累计得分 11.5，相对资产 16.43%，资产质量系数为 0.82，表明资产质量很差。同时，负债累计得分－59.90，相对负债－85.57%，负债质量系数为－4.28，表明负债质量很差。在该大项中，相对净资产为－69.14%。

(5)城市可持续指数：在总数 17 个源指标中，资产累计得分 13.5，相对资产 15.88%，资产质量系数为 0.79，表明资产质量很差。同时，负债累计得分－73.20，相对负债－86.12%，负债质量系数为－4.31，表明负债质量很差。在该大项中，相对净资产为－70.24%。

总计上述五大项，在总数 103 个源指标中，总资产累计得分 97.7，相对总资产 18.97%，总资产质量系数为 0.95，表明总资产质量很差。同时，总负债累计得分－427.60，相对总负债－83.03%，总负债质量系数为－4.15，表明总负债质量很差。该城市发展能力相对总净资产为－64.06 %。

表 21.48 西宁市发展能力资产负债表

资产						五大指数	负债					
位次	指标数	占指标总数（%）	指标分值	相对资产（%）	资产质量系数		位次	指标数	占指标总数（%）	指标分值	相对负债（%）	负债质量系数
1—5	0	0.00	0.0	0.00		实力指数	1—5	0	0.00	0.00	0.00	
6—10	0	0.00	0.0	0.00			6—10	0	0.00	0.00	0.00	
11—15	0	0.00	0.0	0.00		资产:负债	11—15	0	0.00	0.00	0.00	
16—20	0	0.00	0.0	0.00		11.52 90.48	16—20	0	0.00	0.00	0.00	
21—25	0	0.00	0.0	0.00		净资产：−78.95	21—25	0	0.00	0.00	0.00	
26—30	0	0.00	0.0	0.00			26—30	0	0.00	0.00	0.00	
31—35	0	0.00	0.0	0.00			31—35	0	0.00	0.00	0.00	
36—40	3	14.29	3.7	3.52			36—40	3	14.29	−11.60	−11.05	
41—45	6	28.57	5.1	4.86			41—45	6	28.57	−25.50	−24.29	
46—50	12	57.14	3.3	3.14			46—50	12	57.14	−57.90	−55.14	
合 计	21	100.00	12.1	11.52	0.58	21	合 计	21	100.00	−95.00	−90.48	−4.52
1—5	1	3.45	4.6	3.17		竞争指数	1—5	1	3.45	−0.50	−0.34	
6—10	1	3.45	4.4	3.03			6—10	1	3.45	−0.70	−0.48	
11—15	0	0.00	0.0	0.00		资产:负债	11—15	0	0.00	0.00	0.00	
16—20	1	3.45	3.2	2.21		25.79 76.21	16—20	1	3.45	−1.90	−1.31	
21—25	2	6.90	5.5	3.79		净资产：−50.41	21—25	2	6.90	−4.70	−3.24	
26—30	2	6.90	4.5	3.10			26—30	2	6.90	−5.70	−3.93	
31—35	3	10.34	5.5	3.79			31—35	3	10.34	−9.80	−6.76	
36—40	1	3.45	1.2	0.83			36—40	1	3.45	−3.90	−2.69	
41—45	5	17.24	3.7	2.55			41—45	5	17.24	−21.80	−15.03	
46—50	13	44.83	4.8	3.31			46—50	13	44.83	−61.50	−42.41	
合 计	29	100.00	37.4	25.79	1.29	29	合 计	29	100.00	−110.50	−76.21	−3.81
1—5	0	0.00	0.0	0.00		社会指数	1—5	0	0.00	0.00	0.00	
6—10	0	0.00	0.0	0.00			6—10	0	0.00	0.00	0.00	
11—15	0	0.00	0.0	0.00		资产:负债	11—15	0	0.00	0.00	0.00	
16—20	0	0.00	0.0	0.00		21.09 80.91	16—20	0	0.00	0.00	0.00	
21—25	0	0.00	0.0	0.00		净资产：−59.82	21—25	0	0.00	0.00	0.00	
26—30	2	9.09	4.8	4.36			26—30	2	9.09	−5.40	−4.91	
31—35	2	9.09	3.3	3.00			31—35	2	9.09	−6.90	−6.27	
36—40	7	31.82	9.5	8.64			36—40	7	31.82	−26.20	−23.82	
41—45	4	18.18	3.2	2.91			41—45	4	18.18	−17.20	−15.64	
46—50	7	31.82	2.4	2.18			46—50	7	31.82	−33.30	−30.27	
合 计	22	100.00	23.2	21.09	1.05	22	合 计	22	100.00	−89.00	−80.91	−4.05
1—5	0	0.00	0.0	0.00		管理指数	1—5	0	0.00	0.00	0.00	
6—10	0	0.00	0.0	0.00			6—10	0	0.00	0.00	0.00	
11—15	0	0.00	0.0	0.00		资产:负债	11—15	0	0.00	0.00	0.00	
16—20	0	0.00	0.0	0.00		16.43 85.57	16—20	0	0.00	0.00	0.00	
21—25	0	0.00	0.0	0.00		净资产：−69.14	21—25	0	0.00	0.00	0.00	
26—30	0	0.00	0.0	0.00			26—30	0	0.00	0.00	0.00	
31—35	3	21.43	5.3	7.57			31—35	3	21.43	−10.00	−14.29	
36—40	2	14.29	2.7	3.86			36—40	2	14.29	−7.50	−10.71	
41—45	3	21.43	2.0	2.86			41—45	3	21.43	−13.30	−19.00	
46—50	6	42.86	1.5	2.14			46—50	6	42.86	−29.10	−41.57	
合 计	14	100.00	11.5	16.43	0.82	14	合 计	14	100.00	−59.90	−85.57	−4.28
1—5	0	0.00	0.0	0.00		可持续指数	1—5	0	0.00	0.00	0.00	
6—10	0	0.00	0.0	0.00			6—10	0	0.00	0.00	0.00	
11—15	0	0.00	0.0	0.00		资产:负债	11—15	0	0.00	0.00	0.00	
16—20	0	0.00	0.0	0.00		15.88 86.12	16—20	0	0,00	0.00	0.00	
21—25	0	0.00	0.0	0.00		净资产：−70.24	21—25	0	0.00	0.00	0.00	
26—30	2	11.76	5.0	5.88			26—30	2	11.76	−5.20	−6.12	
31—35	0	0.00	0.0	0.00			31—35	0	0.00	0.00	0.00	
36—40	4	23.53	4.7	5.53			36—40	4	23.53	−15.70	−18.47	
41—45	4	23.53	2.6	3.06			41—45	4	23.53	−17.80	−20.94	
46—50	7	41.18	1.2	1.41			46—50	7	41.18	−34.50	−40.59	
合 计	17	100.00	13.5	15.88	0.79	17	合 计	17	100.00	−73.20	−86.12	−4.31

资产总指标数	占指标总数（%）	总资产分值	相对总资产（%）	总资产质量系数	相对总资产:相对总负债 18.97 −83.03	负债总指标数	占指标总数（%）	总负债分值	相对总负债（%）	总负债质量系数
103	100.00	97.7	18.97	0.95	相对净资产：−64.06	103	100.00	−427.60	−83.03	−4.15

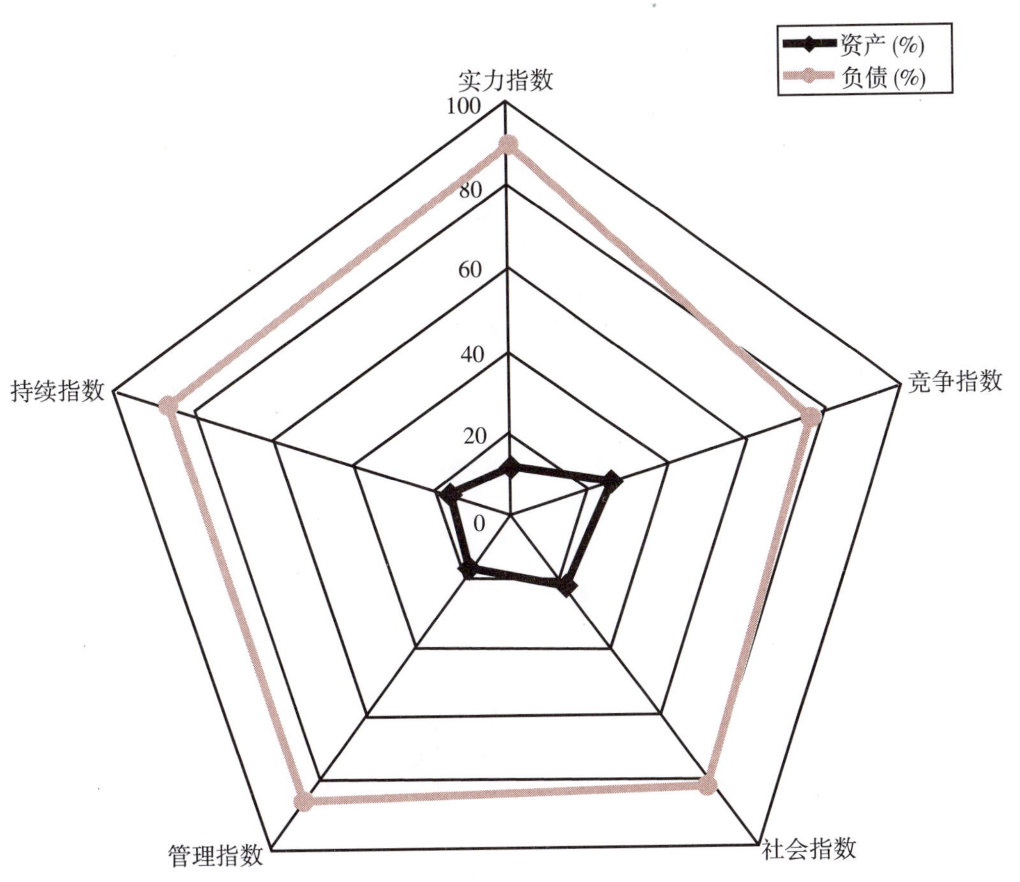

图 21.48　西宁市发展能力资产负债图

四十九　银川市发展能力资产负债表分析

1. 一般概况

银川市总面积 3512 平方公里，市区面积 1295 平方公里，建成区面积 56 平方公里。总人口 103.91 万人，市区总人口 65.49 万人，地区非农人口 59.00 万人。地区国内生产总值 1048208 万元，市区国内生产总值 828467 万元，市区第三产业产值占 GDP 比重 50.23%。市区实际利用外资总额 976 万美元，市区固定资产投资总额 481797 万元，市区房地产投资总额 175666 万元。地方财政预算内收入 103303 万元，地方财政预算内支出 118290 万元。城乡居民人均储蓄余额 15111.50 元，人均住房面积 15.21 平方米，人均园林绿地面积 29.58 平方米，人均生活用电 423.00 千瓦小时，人均铺装道路面积 7.47 平方米，人均教育经费支出 161.51 元，每万人拥有高等学校在校学生数 272.87 人。

现任领导：　市委书记：王正伟　　市长：刘学军

2. 发展能力的资产负债分析

(1) 城市实力指数：在总数 21 个源指标中，资产累计得分 15.1，相对资产 14.38%，资产质量系数为 0.72，表明资产质量很差。同时，负债累计得分－92.00，相对负债－87.62%，负债质量系数为－4.38，表明负债质量很差。在该大项中，相对净资产为－73.24%。

(2) 城市竞争指数：在总数 29 个源指标中，资产累计得分 42.5，相对资产 29.31%，资产质量系数为 1.47，表明资产质量较差。同时，负债累计得分－105.40，相对负债－72.69%，负债质量系数为－3.63，表明负债质量较差。在该大项中，相对净资产为－43.38%。

(3) 城市社会指数：在总数 22 个源指标中，资产累计得分 25.0，相对资产 22.73%，资产质量系数为 1.14，表明资产质量较差。同时，负债累计得分－87.20，相对负债－79.27%，负债质量系数为－3.96，表明负债质量较差。在该大项中，相对净资产为－56.55%。

(4) 城市管理指数：在总数 14 个源指标中，资产累计得分 17.1，相对资产 24.43%，资产质量系数为 1.22，表明资产质量较差。同时，负债累计得分－54.30，相对负债－77.57%，负债质量系数为－3.88，表明负债质量较差。在该大项中，相对净资产为－53.14%。

(5) 城市可持续指数：在总数 17 个源指标中，资产累计得分 20.5，相对资产 24.12%，资产质量系数为 1.21，表明资产质量一般。同时，负债累计得分－66.20，相对负债－77.88%，负债质量系数为－3.89，表明负债质量较差。在该大项中，相对净资产为－53.76%。

总计上述五大项，在总数 103 个源指标中，总资产累计得分 120.2，相对总资产 23.34%，总资产质量系数为 1.17，表明总资产质量较差。同时，总负债累计得分－405.10，相对总负债－78.66%，总负债质量系数为－3.93，表明总负债质量较差。该城市发展能力相对总净资产为－55.32 %。

表 21.49 银川市发展能力资产负债表

资 产						五大指数	负 债					
位 次	指标数	占指标总数(%)	指标分值	相对资产(%)	资产质量系数		位 次	指标数	占指标总数(%)	指标分值	相对负债(%)	负债质量系数
1—5	0	0.00	0.0	0.00		实力指数	1—5	0	0.00	0.00	0.00	
6—10	0	0.00	0.0	0.00			6—10	0	0.00	0.00	0.00	
11—15	0	0.00	0.0	0.00		资产:负债	11—15	0	0.00	0.00	0.00	
16—20	0	0.00	0.0	0.00		14.38 87.62	16—20	0	0.00	0.00	0.00	
21—25	0	0.00	0.0	0.00		净资产:—73.24	21—25	0	0.00	0.00	0.00	
26—30	0	0.00	0.0	0.00			26—30	0	0.00	0.00	0.00	
31—35	3	14.29	5.3	5.05			31—35	3	14.29	—10.00	—9.52	
36—40	3	14.29	3.7	3.52			36—40	3	14.29	—11.60	—11.05	
41—45	4	19.05	2.8	2.67			41—45	4	19.05	—17.60	—16.76	
46—50	11	52.38	3.3	3.14			46—50	11	52.38	—52.80	—50.29	
合 计	21	100.00	15.1	14.38	0.72	21	合计	21	100.00	—92.00	—87.62	—4.38
1—5	0	0.00	0.0	0.00		竞争指数	1—5	0	0.00	0.00	0.00	
6—10	0	0.00	0.0	0.00			6—10	0	0.00	0.00	0.00	
11—15	3	10.34	11.4	7.86		资产:负债	11—15	3	10.34	—3.90	—2.69	
16—20	1	3.45	3.3	2.28		29.31 72.69	16—20	1	3.45	—1.80	—1.24	
21—25	1	3.45	2.6	1.79		净资产:—43.38	21—25	1	3.45	—2.50	—1.72	
26—30	3	10.34	6.8	4.69			26—30	3	10.34	—8.50	—5.86	
31—35	4	13.79	7.0	4.83			31—35	4	13.79	—13.40	—9.24	
36—40	3	10.34	3.9	2.69			36—40	3	10.34	—11.40	—7.86	
41—45	5	17.24	3.5	2.41			41—45	5	17.24	—22.00	—15.17	
46—50	9	31.03	4.0	2.76			46—50	9	31.03	—41.90	—28.90	
合 计	29	100.00	42.5	29.31	1.47	29	合计	29	100.00	—105.40	—72.69	—3.63
1—5	0	0.00	0.0	0.00		社会指数	1—5	0	0.00	0.00	0.00	
6—10	0	0.00	0.0	0.00			6—10	0	0.00	0.00	0.00	
11—15	0	0.00	0.0	0.00		资产:负债	11—15	0	0.00	0.00	0.00	
16—20	0	0.00	0.0	0.00		22.73 79.27	16—20	0	0.00	0.00	0.00	
21—25	0	0.00	0.0	0.00		净资产:—56.55	21—25	0	0.00	0.00	0.00	
26—30	1	4.55	2.4	2.18			26—30	1	4.55	—2.70	—2.45	
31—35	3	13.64	5.3	4.82			31—35	3	13.64	—10.00	—9.09	
36—40	7	31.82	9.6	8.73			36—40	7	31.82	—26.10	—23.73	
41—45	8	36.36	6.2	5.64			41—45	8	36.36	—34.60	—31.45	
46—50	3	13.64	1.5	1.36			46—50	3	13.64	—13.80	—12.55	
合 计	22	100.00	25.0	22.73	1.14	22	合计	22	100.00	—87.20	—79.27	—3.96
1—5	0	0.00	0.0	0.00		管理指数	1—5	0	0.00	0.00	0.00	
6—10	0	0.00	0.0	0.00			6—10	0	0.00	0.00	0.00	
11—15	0	0.00	0.0	0.00		资产:负债	11—15	0	0.00	0.00	0.00	
16—20	1	7.14	3.1	4.43		24.43 77.57	16—20	1	7.14	—2.00	—2.86	
21—25	1	7.14	2.7	3.86		净资产:—53.14	21—25	1	7.14	—2.40	—3.43	
26—30	1	7.14	2.2	3.14			26—30	1	7.14	—2.90	—4.14	
31—35	2	14.29	3.6	5.14			31—35	2	14.29	—6.60	—9.43	
36—40	2	14.29	2.6	3.71			36—40	2	14.29	—7.60	—10.86	
41—45	1	7.14	0.9	1.29			41—45	1	7.14	—4.20	—6.00	
46—50	6	42.86	2.0	2.86			46—50	6	42.86	—28.60	—40.86	
合 计	14	100.00	17.1	24.43	1.22	14	合计	14	100.00	—54.30	—77.57	—3.88
1—5	0	0.00	0.0	0.00		可持续指数	1—5	0	0.00	0.00	0.00	
6—10	0	0.00	0.0	0.00			6—10	0	0.00	0.00	0.00	
11—15	0	0.00	0.0	0.00		资产:负债	11—15	0	0.00	0.00	0.00	
16—20	0	0.00	0.0	0.00		24.12 77.88	16—20	0	0.00	0.00	0.00	
21—25	2	11.76	5.5	6.47		净资产:—53.76	21—25	2	11.76	—4.70	—5.53	
26—30	1	5.88	2.3	2.71			26—30	1	5.88	—2.80	—3.29	
31—35	1	5.88	1.9	2.24			31—35	1	5.88	—3.20	—3.76	
36—40	5	29.41	6.4	7.53			36—40	5	29.41	—19.10	—22.47	
41—45	3	17.65	2.5	2.94			41—45	3	17.65	—12.80	—15.06	
46—50	5	29.41	1.9	2.24			46—50	5	29.41	—23.60	—27.76	
合 计	17	100.00	20.5	24.12	1.21	17	合计	17	100.00	—66.20	—77.88	—3.89
资产总指标数		占指标总数(%)	总资产分值	相对总资产(%)	总资产质量系数	相对总资产:相对总负债 23.34 —78.66	负债总指标数		占指标总数(%)	总负债分值	相对总负债(%)	总负债质量系数
103		100.00	120.2	23.34	1.17	相对净资产:—55.32	103		100.00	—405.10	—78.66	—3.93

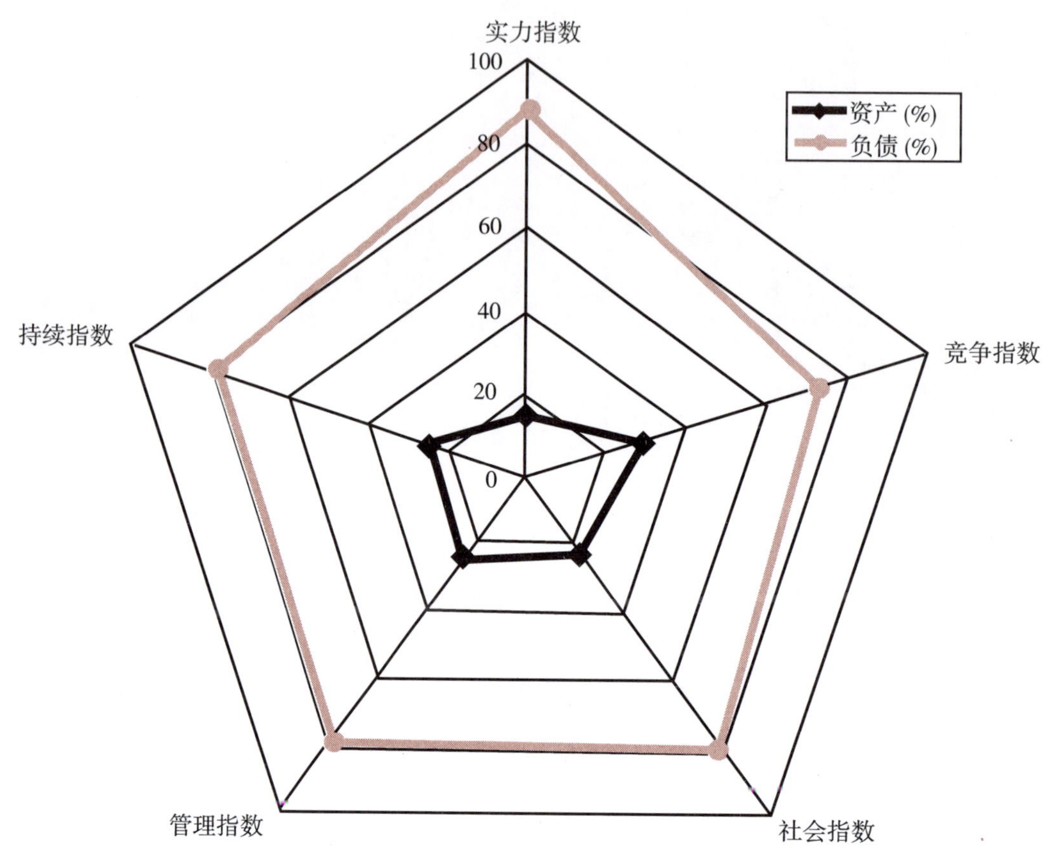

图 21.49　银川市发展能力资产负债图

五十　乌鲁木齐市发展能力资产负债表分析

1. 一般概况

乌鲁木齐市总面积12000平方公里，市区面积10800平方公里，建成区面积167平方公里。总人口169.03万人，市区总人口159.13万人，地区非农人口136.88万人。地区国内生产总值3150000万元，市区国内生产总值3104761万元，市区第三产业产值占GDP比重62.72%。市区实际利用外资总额1690万美元，市区固定资产投资总额1393667万元，市区房地产投资总额607520万元。地方财政预算内收入295986万元，地方财政预算内支出231255万元。城乡居民人均储蓄余额17965.89元，人均住房面积14平方米，人均园林绿地面积27.57平方米，人均生活用电量411.31千瓦小时，人均铺装道路面积6.92平方米，人均教育经费支出170.74元，每万人拥有高等学校在校学生数366.05人。

现任领导：　市委书记：杨刚　市长：雪克莱提·扎克尔

2. 发展能力的资产负债分析

(1)城市实力指数：在总数21个源指标中，资产累计得分48.6，相对资产46.29%，资产质量系数为2.31，表明资产质量一般。同时，负债累计得分－58.50，相对负债－55.71%，负债质量系数为－2.79，表明负债质量一般。在该大项中，相对净资产为－9.43%。

(2)城市竞争指数：在总数29个源指标中，资产累计得分56.3，相对资产38.83%，资产质量系数为1.94，表明资产质量较差。同时，负债累计得分－91.60，相对负债－63.17%，负债质量系数为－3.16，表明负债质量较差。在该大项中，相对净资产为－24.34%。

(3)城市社会指数：在总数22个源指标中，资产累计得分60.3，相对资产54.82%，资产质量系数为2.74，表明资产质量一般。同时，负债累计得分－51.90，相对负债－47.18%，负债质量系数为－2.36，表明负债质量一般。在该大项中，相对净资产为7.64%。

(4)城市管理指数：在总数14个源指标中，资产累计得分35.2，相对资产50.29%，资产质量系数为2.51，表明资产质量一般。同时，负债累计得分－36.20，相对负债－51.71%，负债质量系数为－2.59，表明负债质量一般。在该大项中，相对净资产为－1.43%。

(5)城市可持续指数：在总数17个源指标中，资产累计得分42.6，相对资产50.12%，资产质量系数为2.51，表明资产质量一般。同时，负债累计得分－44.10，相对负债－51.88%，负债质量系数为－2.59，表明负债质量一般。在该大项中，相对净资产为－1.76%。

总计上述五大项，在总数103个源指标中，总资产累计得分243.0，相对总资产47.18%，总资产质量系数为2.36，表明总资产质量一般。同时，总负债累计得分－282.30，相对总负债－54.82 %，总负债质量系数为－2.74，表明总负债质量一般。该城市发展能力相对总净资产为－7.63 %。

表 21.50　乌鲁木齐市发展能力资产负债表

资　产						五大指数	负　债					
位次	指标数	占指标总数（%）	指标分值	相对资产（%）	资产质量系数		位次	指标数	占指标总数（%）	指标分值	相对负债（%）	负债质量系数
1-5	0	0.00	0.0	0.00		实力指数	1-5	0	0.00	0.00	0.00	
6-10	2	9.52	8.9	8.48			6-10	2	9.52	-1.30	-1.24	
11-15	0	0.00	0.0	0.00		资产:负债	11-15	0	0.00	0.00	0.00	
16-20	4	19.05	13.1	12.48		46.29　55.71	16-20	4	19.05	-7.30	-6.95	
21-25	4	19.05	11.1	10.57		净资产：-9.43	21-25	4	19.05	-9.30	-8.86	
26-30	2	9.52	4.5	4.29			26-30	2	9.52	-5.70	-5.43	
31-35	4	19.05	7.5	7.14			31-35	4	19.05	-12.90	-12.29	
36-40	2	9.52	2.3	2.19			36-40	2	9.52	-7.90	-7.52	
41-45	1	4.76	0.8	0.76			41-45	1	4.76	-4.30	-4.10	
46-50	2	9.52	0.4	0.38			46-50	2	9.52	-9.80	-9.33	
合计	21	100.00	48.6	46.29	2.31	21	合计	21	100.00	-58.50	-55.71	-2.79
1-5	0	0.00	0.0	0.00		竞争指数	1-5	0	0.00	0.00	0.00	
6-10	0	0.00	0.0	0.00			6-10	0	0.00	0.00	0.00	
11-15	1	3.45	3.8	2.62		资产:负债	11-15	1	3.45	-1.30	-0.90	
16-20	5	17.24	16.5	11.38		38.83　63.17	16-20	5	17.24	-9.00	-6.21	
21-25	2	6.90	5.3	3.66		净资产：-24.34	21-25	2	6.90	-4.90	-3.38	
26-30	4	13.79	8.8	6.07			26-30	4	13.79	-11.60	-8.00	
31-35	7	24.14	12.7	8.76			31-35	7	24.14	-23.00	-15.86	
36-40	5	17.24	6.5	4.48			36-40	5	17.24	-19.00	-13.10	
41-45	3	10.34	1.8	1.24			41-45	3	10.34	-13.50	-9.31	
46-50	2	6.90	0.9	0.62			46-50	2	6.90	-9.30	-6.41	
合计	29	100.00	56.3	38.83	1.94	29	合计	29	100.00	-91.60	-63.17	-3.16
1-5	0	0.00	0.0	0.00		社会指数	1-5	0	0.00	0.00	0.00	
6-10	1	4.55	4.2	3.82			6-10	1	4.55	-0.90	-0.82	
11-15	5	22.73	18.6	16.91		资产:负债	11-15	5	22.73	-6.90	-6.27	
16-20	2	9.09	6.6	6.00		54.82　47.18	16-20	2	9.09	-3.60	-3.27	
21-25	4	18.18	11.4	10.36		净资产：7.64	21-25	4	18.18	-9.00	-8.18	
26-30	5	22.73	11.6	10.55			26-30	5	22.73	-13.90	-12.64	
31-35	4	18.18	7.0	6.36			31-35	4	18.18	-13.40	-12.18	
36-40	0	0.00	0.0	0.00			36-40	0	0.00	0.00	0.00	
41-45	1	4.55	0.9	0.83			41-45	1	4.55	-4.20	-3.82	
46-50	0	0.00	0.0	0.00			46-50	0	0.00	0.00	0.00	
合计	22	100.00	60.3	54.82	2.74	22	合计	22	100.00	-51.90	-47.18	-2.36
1-5	0	0.00	0.0	0.00		管理指数	1-5	0	0.00	0.00	0.00	
6-10	2	14.29	8.4	12.00			6-10	2	14.29	-1.80	-2.57	
11-15	1	7.14	3.6	5.14		资产:负债	11-15	1	7.14	-1.50	-2.14	
16-20	4	28.57	12.8	18.29		50.29　51.71	16-20	4	28.57	-7.60	-10.86	
21-25	0	0.00	0.0	0.00		净资产：-1.43	21-25	0	0.00	0.00	0.00	
26-30	2	14.29	4.7	6.71			26-30	2	14.29	-5.50	-7.86	
31-35	2	14.29	3.6	5.14			31-35	2	14.29	-6.60	-9.43	
36-40	1	7.14	1.2	1.71			36-40	1	7.14	-3.90	-5.57	
41-45	1	7.14	0.8	1.14			41-45	1	7.14	-4.30	-6.14	
46-50	1	7.14	0.1	0.14			46-50	1	7.14	-5.00	-7.14	
合计	14	100.00	35.2	50.29	2.51	14	合计	14	100.00	-36.20	-51.71	-2.59
1-5	0	0.00	0.0	0.00		可持续指数	1-5	0	0.00	0.00	0.00	
6-10	2	11.76	8.4	9.88			6-10	2	11.76	-1.80	-2.12	
11-15	3	17.65	11.4	13.41		资产:负债	11-15	3	17.65	-3.90	-4.59	
16-20	1	5.88	3.2	3.76		50.12　51.88	16-20	1	5.88	-1.90	-2.24	
21-25	2	11.76	5.5	6.47		净资产：-1.76	21-25	2	11.76	-4.70	-5.53	
26-30	5	29.41	11.5	13.53			26-30	5	29.41	-14.00	-16.47	
31-35	0	0.00	0.0	0.00			31-35	0	0.00	0.00	0.00	
36-40	0	0.00	0.0	0.00			36-40	0	0.00	0.00	0.00	
41-45	3	17.65	2.5	2.94			41-45	3	17.65	-12.80	-15.06	
46-50	1	5.88	0.1	0.12			46-50	1	5.88	-5.00	-5.88	
合计	17	100.00	42.6	50.12	2.51	17	合计	17	100.00	-44.10	-51.88	-2.59
资产总指标数		占指标总数（%）	总资产分值	相对总资产（%）	总资产质量系数	相对总资产:相对总负债 47.18　-54.82	负债总指标数		占指标总数（%）	总负债分值	相对总负债（%）	总负债质量系数
103		100.00	243.0	47.18	2.36	相对净资产：-7.63	103		100.00	-282.30	-54.82	-2.74

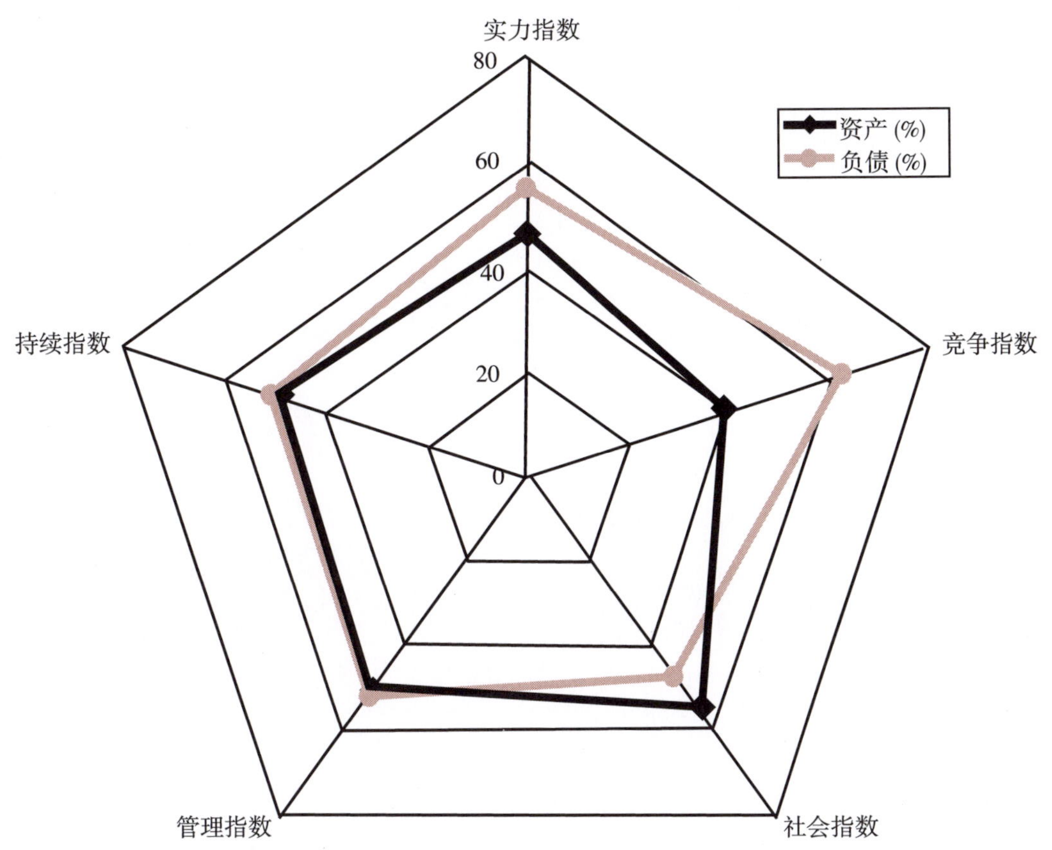

图 21.50　乌鲁木齐市发展能力资产负债图

附　　录

附录1　中国发达地区的书记、市长和专家学者论城市战略

江苏省委书记李源潮：呼应上海　辐射周边

在经济全球化的格局中，构造区域性发展优势，不是简单的对国内而言，而是对世界而言。仅在自己的"地盘"内实现自我调整，根本没有出路。过去，南京人中一度有过"大树底下难成材"的议论，作为省会城市，离上海这么近，难免受到制约。譬如跨国公司的进入，都会将上海作为第一"滩头"。但而今，在口岸等多方受益后，南京人开窍儿了！南京人更欣喜地看到，接受上海辐射的效果正不断叠加，区域引力日益增强。

如今，南京抱定了"大树底下好成材"的信念，沪宁互动频繁：上海光明牛奶是南京卫岗牛奶的劲敌，可南京对卫岗牛奶却从不护短；南京的城市隧道工程，请上海专家做规划；南京沿江改造的融资渠道，借鉴了上海的经验；南京浦镇铁路车辆厂，中标上海明珠线的车厢制造……再看跨国公司，也早就瞅准了沪宁间特殊的纽带关系。摩托罗拉在上海有产业基地，而其部分研发机构设在南京；再如石化巨头巴斯夫，在上海投入巨资，接着又在南京掷下巨资。爱立信、TCL、飞利浦，在投资上海之余，几乎毫无例外地将南京作为投资"第二站"。

长江三角洲已成为我国最具竞争潜力的地区之一，未来3～5年，它将面临国际产业转移的关键期。世界上最强大的生产力掌握在跨国公司手中，而其核心技术主要体现在它的最新投资内。目前，世界500强的近半数已到达上海！上海的开放和发展，是南京开放和发展的巨大资源。国际第一集团军云集上海，我们要找大公司合作，不用出国，去上海！南京将通过上海通往世界的桥头堡作用，积极实施"大经贸"和"走出去"战略；同时，南京通过学习上海大开放的气魄和手笔，借鉴国际经验，少交"学费"。

一方面呼应上海，另一方面，南京又在形成新的辐射。南京与周边的镇江、扬州、马鞍山、芜湖和滁州等地，已形成了"一小时车程范围的都市圈"；南京又同上海、武汉、重庆一起，构成了长江流域四大区域经济中心，这使得南京担当了向西辐射和传递上海辐射的"要角"。近年来，如何继续扩大上海的政策效应，做上海有效性的外延，是南京一直在思考、探索的问题。在生产力布局上，南京鼓励汽车、石化、IT产业，同上海积极整合，"各得其所"；在人才培养上，南京致力于研究人才集聚优势，防止低水平的无序竞争。而政府则通过政策引导等手段，让企业真正成为合作的主体。

江苏省委常委、副省长、苏州市委书记王珉：近水楼台　四沿布局

作为上海的"连体"近邻，苏州加快融入以上海为龙头的长江三角洲经济一体化进程。苏州目前正在打造"古城居中，东园西区"的"一体两翼"新格局，加快与上海的全面衔接。苏州不仅将已建的沪宁高速、在建的沿江高速和规划中的轻轨建设"齐头并举"与上海接轨，而且正在着手设计一个"大口袋"式的交通网，通过这个环城大

“网”,苏州市区可快捷地与昆山、常熟、张家港、吴江、太仓等5市(县)沟通,而这个“大口袋”的“开口”方向正好对着上海。

接轨上海浦东开发开放,近水楼台,成就了苏州的外向型经济,吸引外资成了最强项。这是条“长腿”。但是,“两条腿”走路,才能走得更快更有劲;三足鼎立,才能更加稳固坚实。苏州在力争吸引更多外资的同时,把全面实施企业转制作为抓手,改“外向型经济”为“开放型经济”,大力吸引上海、浙江乃至广东等地的民间资本,把内资民资这条“腿”也拉长。现在,苏州市已开始将以往用于外商的“亲商、富商、安商”政策,一视同仁地用到民营经济上,这样做也符合WTO有关规则。苏州有外资企业这一块,再添上民营企业这块,加上目前正在大力培育的有自主知识产权的规模型企业,“三足鼎立”的经济新格局即将形成。

在“长三角”区域经济融合过程中,一个重要的转变是市场和企业逐步成为经济合作与发展的主体,政府的协调和服务功能也在加强。苏州作为江苏省入世先行示范区,与上海合作的手笔越来越大。苏州正在重构经济新“骨架”,形成沿路、沿江、沿湖和沿沪的经济新布局,推进与上海及整个长江三角洲地区的经济共同体建设。苏州要沿沪宁、苏嘉杭等高速公路,建立与上海互补的、全国一流的高新技术产业带;沿长江培育与上海配套的冶金、化工基础工业片;沿太湖、淀山湖等发展现代生态旅游线;沿上海打造国内一流的现代加工业和农副产品基地。现在,两地合作进入了一个新阶段。今年5月,上海与常熟签订合作项目24项,光上海企业就投入资金23.3亿元,兴建化工、轻工、纺织等一批新企业。前不久,上海红双喜集团与苏州方共投入2000多万元年产5000万只乒乓球的体育用品厂在吴江开工建设。8月,太仓又与上海签订合作项目43项,共同投入资金30.2亿元,建设港口基础设施等重大项目。为加强两地高新技术方面的合作,最近,上海高新技术成果转化中心在苏州设立了分支机构,而苏州高新技术创业服务中心又加盟上海技术产权交易所,成为首批会员单位之一。苏沪两地还在金融、证券、人才培养等方面进行了有效的合作与交流。浦发银行为苏州市政建设提供了大批贷款。苏州选派中青年优秀干部在上海全面学习WTO知识。

经过20年的探索和发展,目前长江三角洲经济一体化的进程正在加快。苏浙沪两省一市产业错位和功能整合已现“轮廓”。最近,国家交通部正式批准成立苏州港,这一重大举措将使苏州更有效率地推进区域经济一体化。苏州将对下属的太仓、常熟和张家港等港实行“多元投资、统一管理”,充分利用境内长江直奔东海的地理优势,拟在全长140公里的长江岸线上建108个泊位,形成与上海“呼应”的重要配套港。目前,10个5万和1个7万吨级的码头正在建设之中。苏州港将和宁波北仑港一起成为上海国际航运中心的重要“两翼”!

浙江省委常委、杭州市委书记王国平:接轨上海 错位发展

长江三角洲是中国经济最发达、活力最充沛的地区之一,上海则是带动长江三角洲和长江沿江经济发展的龙头。在今年初的杭州市第九次党代会上,杭州作出了接轨上海、错位发展的重大决策。接轨上海是杭州扩大开放、融入全国、加快发展的重要途径。譬如,杭州的国内游客有四分之一来自上海,境外游客也有不少是从上海转道来杭州的。今年1至7月杭州接待境外游客53万人,预计全年可超100万人,而上海的境外游客一年已达到三四百万人。不言而喻，杭州的发展，一定要接轨上海。而上海的发展，对杭州是有力的促进和带动。

如今，杭州接轨上海的思路已愈加明晰——互补型、错位式。杭州将充分发挥自身优势，瞄准上海需求，服务上海发展。在产业上，上海有的、强的、优的，杭州不一定要搞，而要以比较优势作为“切入口”，做大做强“人无我有”的特色产业。上海是国际大都市，近年来大力发展会展游、商务游；杭州是“人间天堂”，自然、人文景观丰富，可以将商务游、会展游和观光游更好地融为一体；上海是国家芯片制造业的重要基地，杭州则是国家软件产业化基地和集成电路设计产业化基地，杭州可以为上海提供配套服务；杭州“旅游西进”，正在开辟一条高“含金量”的旅游新线路，把上海、杭州和黄山串在一起，形成世界级的黄金旅游线。目前，从杭州到安徽的高速公路已经开工……可以说，杭州“城市东扩、旅游西进、沿江开发、跨江发展”的四大发展战略中，都有接轨上海的“影子”：杭州从“西湖时代”步入“钱塘江时代”，大手笔建设钱江新城，宛如昔日上海的浦东开放开发；西湖南线景区整合，参照坐标系之一就是上海的衡山路。沪杭两地互动发展在新世纪里一定能迈出新的步伐。

浙江省委常委、宁波市委书记黄兴国：依托上海 发展宁波

甬沪地相近、人相亲、文相通，历史渊源深厚。从上海开埠起，宁波人就参与上海的经济社会生活，做了不少事情。改革开放以来，宁波继续参与上海的发展，大量企业为上海工业配套，两千多家企业进沪发展，宁波的建筑企业在上海取得的“白玉兰奖”难计其数。宁波还为上海提供菜园子、菜篮子、菜盘子，“上海绿色蔬菜种植基地的牌子插到了宁波的田头。”

宁波的发展也离不开上海。从七八十年代宁波乡镇企业的发展，到如今享受浦东开发开放的成果，上海对宁波乃至浙江的辐射带动作用巨大，不只是在经济范畴，还有改革开放的成功经验、制度创新的成功做法，对宁波、对周边地区、对江浙都有很大的借鉴作用。我们明确提出两句话：“依托上海，发展宁波；服务上海，有所作为。”

我国东部沿海地区正在崛起环渤海湾、长江三角洲和珠江三角洲三大城市群。其中最有潜力、最有实力、发展最快的是以上海为“龙头”的长江三角洲城市群。上海是经济中心、国际大都会，它拥有的资源、成果是我们可以共享的。甬沪两地可以通过加强经济合作，实现优势互补、资源共享。党中央国务院作出重大战略决策，建设洋山深水港，我们非常拥护非常支持。在把上海建成东北亚航运中心的进程中，北仑港可以发挥积极作用。

嘉兴市委书记陈加元：从接受辐射转向全面“对接”

嘉兴正在从靠近上海向主动同上海全面“对接”融合转变。长江三角洲是一个共同体。如今，世界产业、国际资本向发展中国家转移，环太平洋地区是重点区域，中国则是这一区域中的“热点”，而长江三角洲则是“热点”中的首选之地。长江三角洲发展前景看好，上海的“龙头”地位、作用越来越突出。

长江三角洲经济合作，关键是15个城市搞好“大合唱”，淡化行政边界，强化经济联系，生产力布局、产业结构调整应做一体化考虑。其次，必须淡化单边动作，强化互动、协作。在经济一体化背景下,任何大小城市都不可能“包打天下”,万事不求人。各个城市只能在既有分工中,扮演好自己的角色;再其次,必须淡化行政手段,强化市场作用。特别是入世后,企业是主体,主要途径是市场,政府主要做好引导、推动、促进工作,通过共同努力,变行政区划为经济区域,共同构筑经济圈、市场圈,形成像纽约地区、东京都地区似的大都市圈,真正成为中国经济的“火车头”。那样,长江三角洲的潜力、能量会进一步迸发出来。

互动、双赢,就是谁也不吃掉谁。过去人才流动,称为“挖人才”,现在叫做资源优化配置,从“留”转为“流”。要素流动起来才会增值,不流动就会价值递减。人流、物流、信息流……合理流动、共同利用,效益就呈几何级放大,这完全符合长江三角洲15个城市的共同利益。

1992年嘉兴提出接轨上海的战略,至今已整整十年,日益深入人心,得到社会认同。现在这一战略已定为“十五”期间嘉兴实施的五大战略中的首选战略。这种接轨将向全方位、宽领域、高水平的对接转变。嘉兴除了与上海进行产业“对接”外,还将大力推动两地资源互补、要素共享,比如与上海外国语大学合办宏达外国语学校,与中科院上海分院携手进军生物领域;上海有内联“24条”,嘉兴也要出台相应的政策与之接轨……真正和上海融为一体,你中有我,我中有你;嘉兴还要加快与上海大型基础设施如信息网、交通网等的“对接”步伐,成为上海功能区不可分割的一部分。

杭州湾跨海大桥即将动工,嘉苏高速公路年底开通,加上沪杭铁路、沪杭高速公路,嘉兴正处于这一“8”字型交通网的交汇处,可以更便捷地承接来自上海、杭州等大城市的辐射。嘉兴还将把上海规划中的经松江到枫泾的轻轨、环海铁路延伸到乍浦或嘉兴,从而与上海“环环相扣”。嘉兴作为长江三角洲的经济重镇、上海南翼的港口城市、江南水乡的文化名城,将在融入上海、融入长江三角洲中崛起。

泰州市委书记陈宝田:借梯登高 传递辐射

到泰州来考察投资环境的外商,多会问一句:你们离上海有多远?上海的一举一动,牵动着周边各城市的神经。上海是个“引力场”,泰州要在加速接轨上海、融入长三角区域过程中,求得进一步发展。

“泰州的集装箱,借上海出海;泰州的许多外资,则是借上海引进来的”。接轨上海,泰州多年得益。泰州乡镇企业的崛起,得益于与上海企业的“横向联合”和上海的“星期日工程师”;走出去的泰州人,多在上海这个平台上显身手,泰州的企业,也在上海得以发展壮大。春兰集团在上海南京西路上设立投资总部,做大了人才、资金文章;扬子江药业已在南汇投入2亿元,建造海尼药厂。泰州同上海之间的合作,是“紧密型”的。上海海欣集团在泰州建设苏中药业园,8000万元注册资金,入股65%;依托上海,泰州的绝缘材料厂,长期以来为上汽集团生产汽车内饰件,每年在沪完成1亿元的销售。

若取江苏地图的几何重心,便是泰州。无论是从区位优势,还是从事实出发,泰州已坚信自己的定位:既是苏中接受上海辐射的“先导区”,也是将上海辐射的能量继续向北转移的“桥头堡”。而今,京沪高速公路已在泰州“穿城而过”,已建的宁通高速、新长铁路正在发挥效应,宁启铁路在建,宁靖盐高速10月就将贯通,这一系列“利好”消息,将使泰州如虎添翼。

目前，上海在自身经济社会保持良好发展势头的同时，已对周边地区产生深层次的辐射和带动作用。面对这一历史性机遇，泰州要做长江三角洲城市群中的“后起之秀”，要成为苏中崛起中的“增长极”，须走“追赶型”之路——即借力发展、错位发展、创新发展、跨江发展。

为此，泰州不走亦步亦趋、缓慢增长的老路，近年来大动作不断。城建方面，泰州建地级市6年来，已经投入100亿元，其中95%为市场运作，“经营城市”的结果，是赚出了一个新城；农业上则大力发展无公害蔬菜，培育“超市农业”，更大手笔种植苗木、花卉，主动服务于建设“绿色上海”；今年，泰州敢于打破行政区划，推动靖江跨越长江天堑，同无锡江阴“牵手”，搞跨江开发，此举被江苏省委书记回良玉赞为“开明人士的高明、精明之举”，被公认是加快融入苏南、借上海之梯登高望远的大举措。

要接轨世界经济，首先要接轨上海；要接轨上海，首先要了解上海，要汲取上海经济、政治、社会等方面的信息，从而借鉴上海的经验和做法，提高领导水平，加快泰州发展。

江苏省委常委、无锡市委书记蒋定之：融入“一体化” 谋求新发展

今年以来，推进长江三角洲经济一体化的呼声日益高涨，实质性动作也与日俱增。无锡市在谋求自身发展的过程中切实体会到，我们只有发挥比较优势，优势互补，形成合力，才能使长三角这个“经济引擎”转得更快，发力更猛，才能挟强势参与国际竞争与合作，赢得大发展机遇。

如何采取切实措施，加强长三角不同城市、不同部门的区域合作呢？我们主张要依靠“两只手”——政府之手和市场之手，从当前实际情况出发，在尊重市场经济规律的前提下，重视发挥政府的协作推动作用。因此，长三角应建立一种更富效率和权威的合作发展机制，在区域规划、基础设施、环境保护、市场准入等方面加大互动发展力度。有了区域经济“一体化”，才能实现双赢、多赢，才可避免产业类同、基础设施重复、过度竞争等弊病。

无锡要主动接受上海的辐射和带动，融入长三角的共同发展与繁荣。无锡人在谋求发展中体会到：“战略看上海，决策靠自己”。

当前，无锡市正在倾力展开新一轮的城市建设。在城市功能上，注意与上海的衔接与互补，使两市能形成优势互补的态势。基础设施方面，无锡十分注重与上海的对接。投资2亿多元的太湖大道已经竣工，今后从上海驱车登上沪宁高速公路，可直奔“太湖佳绝处”的鼋头渚。从产业发展方向看，无锡努力在“错位发展”中形成特色，既要与上海紧密配套，如汽车零配件、IT产业中的硬件等，又要吸纳上海高新技术，在轻纺、家电、精密机械等门类上形成强项，从而成为区域性现代制造业中心。同时，无锡要充分利用区位优势，加快建设区域性物流中心，与上海的国际物流中心互相呼应。今年以来，无锡已投资50亿元用于45个物流项目建设，已在312国道与沪宁、锡澄高速公路的交汇口上聚集起上规模、上档次的物流经济圈。无锡市还打出“太湖牌”，利用太湖的真山真水，把旅游当作支柱产业来发展。无锡市已在环太湖大道作了精心的规划布置，非但要建成新的太湖18景，而且要把这条高等级公路建设成为连接上海的第二大通道。在马山风景区内，争取在一年之内拿出新的“靓丽之作”，给海内外游客带来一份赏心悦目的享受和惊喜。

常州市委书记李全林："前店后坊"　推进一体化

常州要充分发挥区位优势和制造业优势，以工业协作配套为突破口，加快与上海这个国际大都市的全面"链结"，把常州建设成为长江三角洲地区重要的现代制造业基地。

上海与常州如何互补互济、共同发展的问题，可以这样来形容：上海是产业链的龙头，在走向国际大都市的过程中，将腾出更多空间、资源发展高新技术、高附加值、高竞争力的产业，更多地参与国际分工和竞争，从而有力地带动常州等长江三角洲地区中心城市的发展；常州是上海的腹地，是产业链中的一个链节，我们将及时传动，再带动县区经济的发展。

常州处在上海经济的辐射范围内，相互"链结"有着很多有利条件。其一，工业是常州的基础，制造业是我们的优势，配套协作能力较强，面对经济一体化、全球化，我们在加快对外开放的同时，也要加快对内开放进程，尤其是加强与上海等地的大公司、大企业的合作，更多地融合到大公司、大企业的产业链中。其二，交通的便利快捷，使常州与上海距离更近，而且我们同处在吴语区，有着几乎相同的人文环境，交流和沟通比较适应。其三，现有合作较好，相互关系密切，在配套协作、产权交易、旅游商贸等方面交往甚密。尤其是在工业方面，我们与宝钢、华源、上海医药、通用汽车等企业有着广泛的合作。

上海与常州是"前店后坊"，常州加快与上海的"链结"，必须在现有的基础上深化和提高，不仅要把上海作为对外的"窗口"，更要主动接受上海的产业梯度转移，充分吸收上海的高新技术，从而进一步提升常州制造业水平，形成具有常州特色的产业优势和核心竞争力，加快把常州建成现代制造业基地，使之成为"世界跨国公司的加工厂"、"上海工业的后坊基地"。

重振工业雄风正在给常州市发展注入新的活力，打造现代制造业基地的同时，常州市正腾出更多精力、投入更大财力，用于建设区域性中心城市，使常州能迅速跻身沿海"第一集团军"，并和周边城市携手，加快长三角经济一体化的进程。

湖州市委书记杨仁争：一水相连　融合发展

今年6月26日，眼瞅着上海把高速公路延伸过来，再也按捺不住内心的急切，决定提前上马，开建"沪苏浙皖"高速公路湖州段。如何融入以上海为龙头的长江三角洲经济？如何密切与"长三角"城市群的联系？我们一直在不停地思考着，积极地实践着。加速长江三角洲一体化进程如箭在弦上，15个城市应建立联席会议制度，在双赢的基础上共商合作大计；各市则应根据自己的实际情况，找准在产业链中的"座位"，合理分工，避免恶性竞争。

长江三角洲区域协作，上海是中流砥柱。湖州经济的每一步"蜕变"都与上海息息相关。1992年，湖州被列为参与浦东开放开发"先行规划、先行发展"的15个重要城市之一，湖州为此明确提出"接轨上海，面向国际，接受辐射，发展湖州"的对外开放战略，并专门成立由市委、市政府主要领导挂帅的接轨上海工作领导小组。只有融入以上海为核心的长江三角洲经济区，湖州才有大发展的可能，才有光明前景。

事实也证明了这点：今年上半年，湖州协议利用外资达7亿美元，增长了484%；实际利用外资1.68亿美元，增长174%；财政总收入全省第一；11项经济效益综合考核指标得分188.2分，居全省前列。“乘上海之船出海，攀上海之梯登高，借上海之力发展”，这是我们的既定方针，也是我们的战略决策。

如何进一步紧密接轨上海？可以将我们的着眼点形象地描绘为“三园”——菜园、后花园和工业园。瞄准上海人对吃的“绿色”要求，湖州及时出台了《湖州市无公害农产品生产“十五”规划》，搞无公害基地。去年，湖州农产品在上海的销售额就达16亿元。湖州频频与上海旅游部门联袂举办节庆活动，大打湖州“旅游牌”，目前，上海已有300多家旅行社开展了湖州旅游业务，到湖州的游客50%都是上海人；上海不少企业都将产品配套生产基地、产品加工基地、出口商品生产基地等放在湖州，湖州也抓住契机，加大技改投入，增强后劲，如金洲集团今年投入6亿元技改费用，就相当于过去5年的总和。

另外，上海湖州两市一水相连。湖州地处上游，应是上海防洪的“第一屏障”、治水的“第一战线”。1999年特大洪水期间，湖州顾全大局勇挑泄洪重担，缓解了上海等地的洪涝压力。随着治太（湖）一期工程的完成，湖州为上海筑起了预防水灾的铜墙铁壁。

专家学者论中国城市发展战略

针对大北京经济圈目前的情况，两院院士、清华大学教授吴良镛指出，世界变化的速度越来越快，不确定因素很多，城市发展必须适应信息化、全球化、技术进步创新等带来的新的竞争和发展机遇。面对新的经济挑战和稍纵即逝的竞争机会，不同的国家和地区都采取了不同的应对措施。随着经济全球化的推进和中国加入WTO，大北京地区必须增强整体实力，成为一个有国际影响力和竞争力的大都市地区，立足于世界城市之林。

原全国人大常委会副委员长费孝通提出：区域一体化中要注意发展各个层次的中心城市。珠江三角洲、长江三角洲和环渤海湾地区要形成区域经济实力，都需要发展各个层次的中心城市，拿长江三角洲来说，它必须要以上海为中心，周围还要有许多低一级的中心城市，有了这些城市，整个区域的经济才能发展起来。应该把贸易、金融、科技、信息抓上去，而把层次比较低的工业分出去，一层层地分出去，同时，要充分利用贸易、金融中心的力量，把腹地一层层地带动起来，这才是区域经济中的大上海，这样的上海，就能成为一个中国经济的龙头。换句话说，就是要使上海在经济上成为长江三角洲和沿江地带工农业商品总调度室或总服务站。

国务院发展研究中心专家李善同则认为，发展城市群关键是要培育区域“竞争优势”。他说，加入世贸组织以来，对外，中国降低了贸易门槛，对内，不少省市之间，却反而加强了产品流动的壁垒。这不仅保护了很多落后甚至假冒伪劣的产品，更导致效率的低下。况且，中国作为大国，其发展不可能仅靠外需，更多的要靠内需。而打破地方壁垒，使各地企业在更大空间内更有效地配置资源，对扩大内需尤为关键。珠江经济带已在考虑将云南、广西、贵州等地也网罗进区域范畴，一个更大范围内的资源整合，无疑能使各地区都充分受益。

而今，“比较优势”一词已成为各地的时髦用语，但除了静态的比较优势之外，更应研究如何在动态中保持“竞争优势”。最为经典的范例是日本，这个国家基本没有任何比较优势，但其60%的汽车工业均在国外，而美国的洛克菲勒中心一度被日本买下。同样是日本，较早地高举全球化的大旗，在对美贸易中，巧妙地跳过汇率壁垒……这种“没有优势创造优势”的水平，加上随机应变的能力，都构成了竞争优势。比如说长江三角洲，就必须加快以竞争优势取代“稍纵即逝”的比较优势，用动态的、可变的“软要素”来增强竞争优势。尤其体现在政策上，因为政策失策，优势即变成劣势！

上海发展战略研究所所长朱荣林则从国外大城市圈的比照中反观中国城市一体化路径，他认为，目前，国内三大城市圈各有特色，京津唐主要有技术优势，长江三角洲则有区位优势，而珠江三角洲制度创新有长处。就国外大城市圈的经验来看，技术优势和区位优势的发挥，只有在制度创新“指挥”之下，方能淋漓发挥。例如，在跨区域管理上，纽约都市圈内总体松散，但专业性领域则步调一致，1921年就成立了纽约港和新泽西港的联合港务局，运行至今81年，状态良好。1961年，纽约都市圈内三个州又成立联合交通运输局。需特别强调的是这些联合机构的权力——是“具支配能力和规划能力的，具有法人资格的实体”。再看华盛顿都市圈，成立都市圈委员会，一年预算1000万美元，其中政府出资60%，“契约收入”（公司化运作）30%，另有10%为10名政府成员分摊。而日本，各个城市虽然各自为政，但事关都市圈内协同，则由国家决定，哪个城市都不能说了算；美国的密西西比河跨越几个州，国家决定成立密西西比河管理局，由国家来协调，最后河流开发成功。据调查，当区域系统内的“经济单元”处于自然状态下，各个城市间若没有人为地创造条件，其协同效率最大值仅为40%。因此，城市群发展必须建立区域性权威机构。

进一步实证性研究来自上海社会科学院副院长左学金，他从“非物质产品”合作的新概念入手，分析认为，世界发达国家经验表明，人均GDP在5000美元～8000美元的经济发展阶段时，社会对制造业产品的消费会呈下降趋势。再用5年左右的时间，长江三角洲地区可能步入后工业化发展阶段，人均GDP有可能突破6000美元。因此，从现在开始，长三角就应该积极注意增强养老基金、医疗、高等教育等“非物质产品”的供给与合作能力。研究表明，美国衣食住的收入消费弹性为0.3，即收入每增加1%，对衣食住的消费仅增加0.3%；而教育和医疗的收入弹性则高达1.6。因而，长三角若一味强调制造业的投资比重，忽视非制造业产品的供给，或者不充分发展服务业，那么经济持续增长就会面临后劲不足的局面。此外，长三角还应加大医疗、高等教育机构之间的横向联系。目前，长三角地区医疗机构的数量已达相当规模，但多为单兵作战，通过资产整合形成的紧密型医院集团，或通过合约形成的医疗合作网络都比较罕见。沪、苏、浙的名牌医院，可以在地区内发展与其他医院的合作关系，甚至以收购兼并、资产重组的方式建成紧密型医院集团。长三角的高等教育资源丰富，应鼓励著名学府在教育部指导下，在辖区内有条件地开设分校，并在生源调剂、学分互相承认、师资共享等近期可以突破的领域率先实现异地合作，以尽可能地增强教育服务的供应能力。

资料来源：《领导决策信息》编辑部，北京国际城市发展研究院。

附录 2　国际建协"北京宪章"

（国际建协第 20 届大会，北京，1999 年 6 月通过）

在新世纪的前夜，我们来自全球不同国家和地区的建筑师，聚首东方古都北京，举行国际建协成立 50 年来的第 20 次大会。

未来始于足下，现在从历史中走来，我们回首过去，剖析现在，以期在 21 世纪里能更自觉地营建美好、宜人的人类家园。

世界的空间距离在缩短，地区发展的差距却在加大，时代赋予我们建筑师共同的历史使命，需要我们认识时代，正视问题，整体思考，协调行动。

1. 认识时代

1.1　20 世纪的"大发展"和"大破坏"

20 世纪既是伟大而进步的时代，又是患难与迷惘的时代。20 世纪以其独特的方式载入了建筑的史册：大规模的工业技术和艺术创新造就了丰富的建筑设计作品；建筑师医治战争创伤，造福大众，成就卓越，意义深远。

然而，当今的许多建筑环境仍不尽人意，人类对自然和文化的破坏正危及自身的生存。在发达地区，建设性的破坏始料未及，屡见不鲜，而在贫困地区，褴褛众生正垒筑自己的城市，以求安居。

近百年来，建筑学发生了翻天覆地的变化，但有一点是相同的，即建筑学又走到了新的十字路口。

1.2　21 世纪的"大转折"

时光轮转，众说纷纭，而永恒的变化则是共识。在 20 世纪，政治、经济、技术、社会等方面的变化发展、思想文化之活跃令人瞩目。在下一世纪里，变化的进程将会更快，也更加难以捉摸。

在新的世纪里，全球化与多元化的矛盾、冲突将愈加尖锐。一方面，新的联系方式将使不同文化传统之间的关系日益紧密，产品、资金、技术的全球整合仍然是影响决策的决定性因素；另一方面，贫富之间的差距也在加大，地区冲突与经济动荡为人居环境建设蒙上一层阴影。

建筑师有自己的专业领域，但置奔腾汹涌的社会、文化浪潮于不顾，无异于逃避时代的责任。我们需要激情、力量和勇气，自觉思考 21 世纪建筑学的未来。

2. 直面新的挑战

2.1 盘根错节的问题

大自然的报复

工业革命后，人类利用自然、改造自然，取得了骄人的成就，也付出了高昂的代价：人口爆炸，农田被吞噬，空气、水与土地资源日见退化，环境祸患正威胁着人类。

人类尚未揭开地球生态系统的谜底，生态危机却到了千钧一发的关头。用历史的眼光看，我们并不拥有自身所居住的世界，仅仅是从子孙处借得，暂为保管罢了。我们将把怎样的城市和乡村交给他们？建筑师将如何通过人居环境建设为人类文明作出自身的贡献？

混乱的城市化

人类为了生活得更加美好，聚居于城市，弘扬了科学文化，提高了生产力。在20世纪大都市的光彩璀璨夺目，在下一世纪，城市居民的数量将首次超过农民，“城市时代”名副其实。

然而，旧工业城市的贫民窟清理未毕，底层社会的住区又业已形成。贫富分离、交通堵塞、污染频生等城市问题日益恶化。城市社区分化解体，因循守旧，难以为继。我们的城市还能否存在下去？城镇由我们所构建，可是当我们试图作些改变时，为何又显得如此无能为力？在城市住区影响我们的同时，我们怎样才能应对城市问题？传统的建筑观念还能否适应城市发展的大趋势？

技术“双刃剑”

经数千年的积累，科学技术在近百年来释放了空前的能量，新材料、新结构和新设备的应用，创造了20世纪特有的建筑形式。凭借现代交通和通讯，纷繁的文化传统更加息息相关，紧密相连。

技术的建设力和破坏力同时增加，然而我们还不能够对其能量和潜力驾轻就熟。技术改变了人类生活，改变了人与自然的关系，进而向固有的价值观念发起挑战。我们如何才能趋其利而避其害？

建筑魂的失色

文化是历史的积淀，它存留于建筑间，融汇在生活里，对城市的营造和市民的行为起着潜移默化的影响，是城市和建筑的灵魂。

但是，技术和生产方式的全球化愈来愈使人与传统的地域空间相分离，地域文化的特色渐趋衰微；标准化的商品生产致使建筑环境趋同，建筑文化的多样性遭到扼杀。如何追寻在过去的岁月里曾为人们所珍爱的城镇之魂？

2.2 共同的选择，共同的未来

我们所面临的挑战是复杂的社会、政治、经济、文化过程在由地方到全球的各个层次上的反映，其来势迅猛，涉及方方面面。我们要真正解决问题，就不能头痛医头，脚痛医脚，而要对影响建筑环境的种种因素有一个辩证的考察，从而获致一个行之有效的解决方法。

如今，可持续发展的观念正逐渐成为人类社会的共识，其真谛在于综合考虑政治、经济、社会、技术、文化、美学各个方面，提出整合的解决办法。走可持续发展之路必将带来新的建筑运动，促进建筑科学的进步和建筑艺术的创造。为此，有必要在未来建筑学的体系建构上予以体现。

3. 走向广义建筑学

近百年来，世界建筑师聚首讨论了许多课题，深化了对建筑学的理解。如今，重新回顾这些讨论，并对建筑学的范围、内涵及其学科和专业体系重新定义，当大有裨益。

3.1 基本前提

建筑学的内容和建筑师的业务从来随着时代面横向拓展，纵向深化。旧方法一旦不合时宜，新方法就会取而代之。每一次革新都使建筑学更广大，也更精彩，20世纪建筑的发展就充分证明了这一点。

建筑学的广阔而纵深的拓展赋予20世纪的建筑师前所未有的用武之地。然而，学科的扩大与专门化也难免让从事活动的个人觉得建筑学如盲人摸象，一时不能把握全局。学科知识的总体在扩张，设计师个人的视野却在趋向狭窄和破碎，专门的设计知识和技术仅仅依靠投资和开发组织来维系，学科自身缺乏完整的知识框架，其结果，建筑师参与人居环境建设决策的作用却日见削弱。

建筑师的设计创造仰仗其对学科知识的把握。只有在统领全局的学科观、专业观的指导下，才能真正发挥个人的才干、技能和天分。纵观古今大师们的成就，更感到他们对建筑之高瞻远瞩弥足珍贵。在过去，这样的全面建筑观堪称大师们的私藏的瑰宝，然而在信息爆炸的今天，全面的、广义的建筑观就当成为所有建筑专业人员之必备，一旦领悟了设计的基本哲理、具体的技术，形式问题就不难努力以赴，正如中国古人所云：“一法得道，变法万千”。

3.2 融合建筑，地景与城市规划

建筑学与大千世界的辩证关系，归根到底，集中于建筑的空间与形式的创造。现代工程规模日益扩大，建设周期相对缩短，建筑师可以在较为广阔的范围内，从场地选择到规划设计，直至室内外空间的协调，寻求设计的答案。

广义建筑学，就其学科内涵来说，是通过城市设计的核心作用，从观念上和理论基础上把建筑、地景和城市规划学科的精髓整合为一体，将我们关注的焦点从建筑单体、结构最终转换到建筑环境上来。如果说，过去主要局限于一些先驱者，那么现在则已涉及整个建筑领域。

3.3 建筑学的循环体系

新陈代谢是人居环境发展的客观规律，建筑单体及其环境经历一个规划、建设、维修、保护、整治、更新的过程。建设环境的寿命周期恒长持久，因而更依赖建筑师的远见卓识。将建筑循环过程的各个阶段统筹规划，将新区规划设计，旧城整治、更新与重建等纳入一个动态、生生不息的循环体系之中，在时空因素作用下，不断提高环境质量，这也是实现可持续发展战略的关键。

3.4 植根于地方文化的多层次技术建构

充分发挥技术对人类文明进步的促进作用是新世纪的重要使命，地域差异预示着21世纪仍将是多种技术并存的时代。高新技术革新能迅猛地推动生产力的发展，但是成功的关键仍然有赖于技术与地方文化、地方经济的创造性结合，不同国度和地区之间的经验交流，不是解决方案的简单移植，而是激发地方想像力的一种手段。技术功能的内涵要从科学的、工程的方面加以扩展，直至覆盖心理范畴。

3.5 建筑文化的和而不同

建筑学是地区的产物，建筑形式的意义与地方文脉相连并成为地方文脉的诠释。但是，地区建筑学并非只是地区历史的产物，它更关系到地区的未来。建筑物相对永久的存在成为人们日常生活中的感情寄托，然而地方社区的演进过程最终限定了建筑师工作的背景，我们职业的深远意义就在于以创造性的设计联系过去和未来。地方社区对未来的选择方案日见增多，我们要运用专业知识找到真正符合当时当地情况的建筑发展方向。

我们在为地方传统所鼓舞的同时，不能忘记我们的任务是创造一个和而不同的未来建筑环境。现代建筑的地区化，乡土建筑的现代化，殊途同归，推动世界和地区的进步与丰富多彩。

3.6 建筑作为艺术形式的最终表现

当今，城市建设规模浩大、速度空前，城市以往的表面完整性遭到破坏，建筑环境的整体艺术成为新的追求，宜用城市的观念看建筑，重视建筑群的整体和城市全局的协调，以及建筑与自然的关系，在动态的建设发展中追求相对的整体的协调美和“秩序的真谛”。

综观各种文化发展史，建筑最终都成为美术与手工艺的表现。如今，工业发展为艺术创新提供了前所未有的技术可能性，我们应当为建筑、工艺和美术在更高层次上的结合而努力。

3.7 全社会的建筑学

建筑师与业主以及社会的关系至为关键。这不仅是出于美学层次上考虑，更是实际的需要，因为在许多地区，居民参与是实现“住者有其屋”的基本途径。在许多传统社会的建设中，建筑师扮演了不同行业总协调人的角色。然而，如今不少建筑师每每拘泥于狭隘的技术——美术形式，越来越脱离真正的决策。建筑师必须将社会整体作为最高的业主，承担其义不容辞的社会责任。

3.8 全方位的教育

自然，建筑教育也应该采取一个广义的、整合的取向。它鼓励形成开放的、科技和人文相结合的知识体系，能随时从更加广泛的人居环境科学中吸取新思想，而且能创造性地组织实际操作，变美好的蓝图为现实的人居环境。

建筑教育是终身教育，这绝不仅限于专业人员，还包括对业主、政府官员、乃至全社会的教育。

3.9 广义建筑学的方法论

早在半个世纪前，我们的前辈就已指出：“建筑师作为协调者，其工作是统筹各种与建筑物相关的形式、技术、社会和经济问题……新的建筑学将驾驭远比当今单体建筑物更加综合的范围；我们将逐步地把单个的技术进步结合到更为宽广、更为深远的有机的整体设计概念中去”。今天这些话依然在耳边回响，堪称广义建筑学的精辟定义。

广义建筑学不是要建筑师成为万事俱通的专家，而是倡导广义的、综合的观念和整体的思维，在广阔天地里寻找新的专业结合点，解决问题，发展理论。

4. 基本结论：一致百虑、殊途同归

客观世界千头万绪，千变万化，我们不可能在具体的技术问题上强求一律。我们只有审时度势，因风土，宜人情，才能找到自己的答案。

中国古人云：“天下一致而百虑，同归而殊途。”建设一个美好的、可持续发展的人居环境是人类共同的理想和目标，现在经济发展了，技术进步了，但是人们对安居的基本的需求依然未变。问题在于，人们愈来愈意识到，在许多地区，大部分人并未从发展的进程中真正受益，不同的地区和国家必须探求适合自身条件的“殊途”。

对世界建筑师来说，在东方古都北京提出建筑学发展的整合意义深远。千百年来，整体思维一直是东方传统哲学的精华。今天，它已成为人类共同的思想财富。成为地球村的福音，是我们处理盘根错节的现实问题的指针。

进入下一个世纪只是连续的社会、政治进程中的短暂的一刻，但是从过去得来的经验教训将有助于我们在资源制约下，建设一个更加美好、更加公平的人居环境。对于这个历史使命，我们信心百倍而又十分审慎地寄予期望。

资料来源：《北京城市规划、勘察设计学术报告专辑三》，1999年。

附录3　CEPA:内地与香港关于建立更紧密经贸关系的安排

为促进内地和香港特别行政区经济的共同繁荣与发展,加强双方与其他国家和地区的经贸联系,内地与香港特别行政区代表自2002年1月25日起,经过多轮磋商,于2003年6月29日在香港达成《内地与香港关于建立更紧密经贸关系的安排》(简称"《安排》")。

中华人民共和国商务部安民副部长代表中央政府,与香港特别行政区财政司梁锦松司长,共同签署了《安排》文本以及有关磋商纪要。协议文本和磋商纪要的主要内容如下:

一

《安排》的总体目标是:逐步减少或取消双方之间实质上所有货物贸易的关税和非关税壁垒;逐步实现服务贸易的自由化,减少或取消双方之间实质上所有歧视性措施;促进贸易投资便利化。

《安排》的实施与今后修订的原则是:遵循"一国两制"的方针;符合世界贸易组织的规则;顺应双方产业结构调整和升级的需要,促进稳定和可持续发展;实现互惠互利、优势互补、共同繁荣;先易后难,逐步推进。

双方从2004年1月1日起开始实施《安排》下货物贸易和服务贸易自由化的具体承诺;双方将通过不断扩大相互间的开放,增加和充实《安排》的内容。

双方同意《中国加入世界贸易组织议定书》第15条和第16条,以及《中国加入世界贸易组织工作组报告书》第242段的内容不再适用内地与香港之间的贸易。

二

香港将继续对所有原产内地的进口货物实行零关税。

内地将自2004年1月1日起,对原产香港进口金额较大的273个税目的产品实行零关税。这273个税目的原产地标准将于2004年1月1日前磋商确定。

内地将不迟于2006年1月1日对以上273种以外原产香港的进口货物实行零关税,但须事先由特区政府核定产品确实在港生产,并由双方核定产品清单和确定原产地标准。

为保证货物贸易优惠措施的实施,双方将加强和扩大行政互助的内容和范围,包括制订和实施严格的原产地证签发程序,建立核查监管机制,实行两地发证和监管机关联网、电子数据交换等措施。

双方将不对原产于对方的进口货物采取与世界贸易组织规则不相符的非关税措施;内地将不对原产于香港的进口货物实行关税配额。

双方将不对原产于对方的进口货物采取反倾销和反补贴措施。

如因《安排》的实施造成一方对原产于另一方的某项产品的进口激增,并对该方同类产业造成严重损害或严重损害威胁,该方可在通知对方后临时性中止该项产品的进口优惠,并应另一方的要求开始磋商,以达成协议。

三

(一)自2004年1月1日起,内地将进一步向香港开放服务业的主要内容

管理咨询:对除法律、会计、审计和认证等外的其他管理咨询服务业,允许香港公司在内地设立独资企业。具体注册资本按内地现行《公司法》办理。

会展服务:允许香港公司以独资形式在内地提供会展服务。

广告:允许香港公司在内地设立独资广告公司。

会计服务:1.对已持有内地执业资格并在内地执业的香港会计师每年在内地的工作时间要求比照内地注册会计师处理;2.香港会计师事务所在内地临时开展审计业务时,其申请的《临时审计业务许可证》有效期延长为一年。

建筑及房地产:

1.房地产:(1)允许香港公司以独资形式在内地提供涉及自有或租赁资产的高标准房地产项目服务;(2)允许香港公司以独资形式在内地提供以收费或合同为基础的房地产服务。

2.建筑专业服务:允许香港顾问工程公司在内地设立独资公司。

3.建筑及相关工程服务:(1)香港公司在内地设立建筑企业时,其在香港和内地的业绩可共同作为在内地设立建筑企业资质的业绩,但是,在内地的港资建筑企业的管理和技术人员数量应以其在内地的实际人员数量为准;(2)香港在内地投资的建筑业企业可不受建设项目的中外方投资比例限制承揽中外合营建筑项目;(3)凡取得内地建筑企业资质的港资企业可在全国范围内参加工程投标;(4)允许香港公司全资收购内地的建筑企业。

医疗及牙医:1.内地与香港合资合作举办的医院或诊所聘用的医务人员大多数可为香港永久性居民;2.将具有香港特区行医权的医师在内地短期执业的最长时间放宽到3年;3.允许香港大学和香港中文大学的医学专业毕业并取得香港合法行医权(已在香港完成了1年的实习期)的香港永久性居民,凭这两所大学的毕业证书和所取得的合法行医证明,直接参加内地的医师资格考试。成绩合格者,可发给内地的《医师资格证书》;4.允许香港中文大学和香港浸会大学的中医专业毕业并取得香港合法行医权的香港永久性居民,在内地三级中医医院实习期满1年并考核合格后,或在香港已经执照行医1年后,报考内地医师资格,成绩合格者,可发给内地的《医师资格证书》。

分销服务：

1.佣金代理服务和批发服务(不包括盐和烟草)

(1)允许香港企业在内地以独资形式提供佣金代理和批发服务以及设立独资外贸公司;(2)降低香港服务提供者在内地设立外贸公司和批发商业企业的准入条件:(a)申请设立外贸公司。香港投资者前三年的年均对内地贸易额降至不低于1000万美元,在内地设立公司的最低注册资本额降至2000万元人民币;在中西部地区设立外贸公司,香港投资者前三年的年均对内地贸易额降至不低于500万美元,最低注册资本额降至1000万元人民币;(b)申请设立批发商业企业。香港投资者前三年的年均销售额降至3000万美元,申请前一年的资产额降至1000万美元,在内地设立企业的最低注册资本额降至5000万元人民币;在中西部地区设立批发商业企业,香港投资者前三年的年均销售额降至2000万美元,最低注册资本额降至3000万元人民币;(3)对香港公司在内地投资提供佣金代理和批发服务不设置地域限制。

2.零售服务(不包括烟草)

(1)允许香港投资者以独资形式在内地设立零售商业企业;(2)降低香港投资者在内地设立零售商业企业的准入条件。香港公司在内地设立零售商业企业申请前三年的年均销售额降至1亿美元,申请前一年的资产额降至1000万美元,在内地设立企业的最低注册资本额降至1000万元人民币,在中西部地区设立的零售商业企业最低注册资本额降至600万元人民币;(3)允许香港公司在内地设立零售企业的地域范围扩大到地级市,在广东省扩大到县级市;(4)允许香港公司在内地设立独资零售企业经营汽车销售,但超过30家分店的连锁店仍按内地对世界贸易组织成员的承诺处理;(5)允许香港永久性居民中的中国公民依照中国内地有关法律、行政法规,在广东省境内设立个体工商户,无须经过外资前置审批。其营业范围为商业零售业,但不包括特许经营;其营业面积不超过300平方米。

3.特许经营

允许香港企业在内地以独资形式从事特许经营。特许经营的有关规定另行颁布。

物流:允许香港公司以独资形式在内地提供相关的货运分拨和物流服务,包括道路普通货物的运输、仓储、装卸、加工、包装、配送及相关信息处理服务和有关咨询业务,国内货运代理业务,利用计算机网络管理和运作物流业务。

货代服务:1.允许香港公司以独资形式在内地提供货代服务;2.对香港公司在内地投资设立货代企业(国际货代)的最低注册资本额要求比照内地企业实行。

仓储服务:1.允许香港公司在内地以独资形式提供仓储服务;2.对香港公司在内地投资设立仓储企业的最低注册资本要求比照内地企业实行。

运输服务：

1.道路运输服务:(1)允许香港公司在内地设立独资企业经营道路货运;(2)允许香港公司经营香港至内地各省之间的货运"直通车"业务;(3)允许香港公司在内地的西部地区设立独资客运企业,经营道路客运业务。

2.海运服务:(1)允许香港公司以独资形式在内地设立企业,经营国际船舶管理、国际海运货物仓储、国际海运集装箱站和堆场业务以及无船承运业务;(2)允许香港航运公司在内地设立独资船务公司,为其拥有或经营的船舶提供揽货、签发提单、结算运费、签订服务合同等日常业务服务;(3)允许香港航运公司利用干线班轮船舶在内地港口自由调配自有和租用的空集装箱,但须办理有关海关手续。

旅游服务:香港公司可以独资形式在内地建设、改造和经营饭店、公寓楼和餐馆设施。对香港旅行社在内地设立合资旅行社不设置地域限制。

视听服务:1.录像、录音制品的分销服务:允许香港公司在内地以合资形式从事音像制品(含后期电影产品)的分销业务,港方可以控股,但股比不得超过70%;2.电影:(1)香港公司拍摄的华语影片经内地主管部门审查通过后可不受配额限制,作为进口影片在内地发行;(2)香港与内地合拍的影片可视为国产影片在内地发行;(3)对香港与内地合拍电影:(a)允许港方人员增加所占的比例,但内地主要演员的比例不得少于影片主要演员总数的三分之一;(b)故事不限于发生在中国内地境内,但情节或主要人物必须与内地有关;3.电影院服务:允许香港公司在内地以合资、合作方式建设或改造电影院,并允许港方控股经营。

法律服务:1.将香港律师事务所在内地代表处的所有代表每年在内地的最少居留时间要求缩短至2个月;2.取消香港律师事务所在深圳、广州设立的代表处所有代表的最少居留时间要求;3.允许内地律师事务所聘用香港法律执业者;4.允许已获得内地律师资格的15名香港律师在内地实习并执业,从事非诉讼法律事务;5.允许香港永久性居民中的中国公民参加内地统一司法考试,取得内地法律职业资格,在内地律师事务所从事非诉讼法律事务;6.允许在内地设立代表机构的香港律师事务所与内地律师事务所联营。联营组织不得以合伙形式运作,联营组织的香港律师不得办理内地法律事务。

银行业:

1.降低香港银行和财务公司进入内地市场的资产规模要求:将设立分行和设立法人机构的资产规模要求同时降至60亿美元。银行可选择设立分行或法人机构,财务公司只可设立法人机构;

2.香港银行在内地设立中外合资银行或中外合资财务公司,或香港财务公司在内地设立中外合资财务公司无需先设立代表机构;

3.降低香港银行内地分行申请经营人民币业务的资格条件:(1)将须在内地开业3年以上的要求降为开业2年以上;(2)在审查有关盈利性资格时,改内地单家分行考核为多家分行整体考核。

证券业:1.香港交易及结算所有限公司可在北京设立办事处,并比照境外证券机构在内地设立代表处的程序办理;2.香港证券专业人员可依据相关程序在内地申请从业资格。

保险业:1.香港居民中的中国公民在取得中国精算师资格后,无须获得预先批准,可在内地执业;2.对香港保险公司经过整合或战略合并组成的集团,可以按照市场准入的申请条件(集团总资产50亿美元以上,其中任何一家香港保险公司的经营历史30年以上以及任何一家香港保险公司设立代表处2年以上)批准其进入内地保险市场；3. 允许香港居民在获得内地保险从业资格后，在内地执业；4. 将香港保险公司参股内地保险公司的最高股比限制从现行的10%提高到15%。

（二）“香港公司”界定标准

香港有关企业应符合以下条件，方可享受《安排》中提供上述服务的优惠：①企业应根据香港特别行政区《公司条例》或其他有关条例注册成立。②企业应在香港特别行政区从事实质性商业经营，其判断标准为：企业拟在内地从事的业务性质应与其在香港从事的业务性质相一致，并在其在香港从事的实质经营范围内。

企业在实质运营期间，应在香港缴纳利得税。申请企业应已在香港注册设立和实质性经营3年以上（含3年），建筑及相关工程、银行、保险业应已在香港注册设立和实质性经营5年以上（含5年）。企业应在香港拥有或租用业务场所，从事实质性经营，其业务场所规模应与其业务范围和规模相符合。企业在香港雇佣的员工应占其员工总数的50%以上（含50%）。

（三）金融合作：1. 内地支持国有独资商业银行和部分股份制商业银行将其国际资金外汇交易中心移至香港；2. 支持内地银行在香港以收购方式发展网络和业务活动；3. 内地在金融改革、重组和发展中支持充分利用和发挥香港金融中介的作用；4. 双方将加强金融监管部门的合作和信息共享；5. 内地将本着尊重市场规律、提高监管效率的原则，支持符合条件的内地保险企业以及包括民营企业在内的其他企业到香港上市。

（四）旅游合作：1. 为进一步促进香港旅游业的发展，内地将允许广东省境内的居民个人赴港旅游。此项措施首先在东莞、中山、江门三市试行，并不迟于2004年7月1日在广东省全省范围实施；2. 双方加强在旅游宣传和推广方面的合作，包括促进相互旅游以及开展以珠江三角洲为基础的对外推广活动；3. 通过合作，提高双方旅游行业的服务水平，保障游客的合法权益。

（五）专业人员资格的相互承认：1. 双方鼓励专业人员资格的相互承认，推动彼此之间的专业技术人才交流；2. 双方主管部门或行业机构将研究、协商和制订相互承认专业资格的具体办法。

四

贸易投资便利化领域主要包括以下七个领域：

（一）贸易投资促进：加强双方在贸易、投资方面的相互促进，及共同开拓国际商品、工程市场方面的合作。

（二）通关便利化：建立双方海关信息通报制度，探讨数据联网、发展口岸电子清关的可行性，通过技术手段加强双方对通关风险的管理，提高通关效率。

（三）商品检验检疫、食品安全、质量标准：加强双方在机电产品检验监督、动植物检验检疫和食品安全、卫生检疫监管、产品认证认可及标准化管理等方面的合作。

（四）电子商务：加强双方在电子商务规则、标准、法规的研究和制定及企业运用、推广、培训等方面的合作；加强电子政务合作。

（五）法律法规透明度：双方将加强合作，努力为两地工商企业提供资讯，为促进两地经贸交流奠定基础。

（六）中小企业合作:加强双方中小企业的信息交流,组织双方企业交流与考察,共同探讨支持中小企业发展的策略和扶持政策。

（七）中医药产业合作:加强双方在中医药法规建设、发展战略和行业发展导向等方面的信息共享,发挥各自优势,共同推动中医药产业化和走向国际市场。

五

《安排》共有 6 个附件,分别是内地对原产香港的进口货物实行零关税安排、适用于《安排》的原产地规则、原产地证签发程序和合作监管机制、内地与香港相互开放服务贸易领域的具体承诺、“服务提供者”定义及相关规定、贸易投资便利化措施。《安排》各附件的法律文本将于 2004 年 1 月 1 日前签署。

资料来源:新华网,2003 年 6 月 29 日。

附录 4　全球顶级专家汇聚北京 CBD 论坛

德国法兰克福市市长佩德拉：影响 CBD 建设的因素

CBD 的核心内容是商业中心，必须首先创造需求，创造对商务区的需求以及对办公楼的需求。如果只强调供应，而不强调需求就很难发展。

另外，竞争实际上推动了发展，对提高企业的效益产生了积极的影响，通过一些专业化分工，通过一些能力方面的优势和在一些具体地区的发展，有一些公司在某些方面形成了比较优势，可以搞一些专业化方面的工作，以集中他们所有的力量，利用他们的核心技术和核心领域。另外，这些公司也力争和自己的竞争者做的有所不同，同时，他们之间相互交流、相互竞争和相互依赖，从而形成了地区经济的不同特点。我们的商务中心区就是一个很好的例证，多年来我们没有一个统一的国家级的举足轻重的金融机构。和法兰克福一样，其他城市如杜塞尔多夫也是金融中心，汉堡和慕尼黑也是重要的金融城市，但这点在过去的 10～15 年之间发生了巨大的变化，法兰克福虽然没有像伦敦和巴黎那样重要的金融业，但它的确成为了德国的金融中心。法兰克福对国家经济产生了积极的影响。金融是城市经济最活跃的领域，全市 360 家银行中 196 家是外国银行，有 8 万名雇员，带来了 400 亿欧元的收入。

纽约布鲁克林区发展局副局长毕拉克：纽约的思路是建卫星 CBD

在特大城市是不是只能建一个 CBD？纽约现在的思路是建卫星 CBD——在远离曼哈顿的泽西市建立一个新的 CBD。然后通过交通联结成一个区域，使 CBD 之间结合发展。

在纽约市的规划中很早就提出了分散就业的思路，去年“9·11”以后，纽约城市规划也出现了转变，CBD 也面临一个再定位和重新分区的机会。通过高速公路以及城市轻轨，泽西市也就成了曼哈顿的延伸，开始吸引外来人口就业。市政府也在考虑把许多中低档、利用率不高的写字楼改造成住宅楼。可能是与北京 CBD 在定位方面的区别，纽约 CBD 一开始就把便于人们行走当作一项重点规划，所以我看到北京 CBD 的道路更多考虑汽车通行而建得很宽，这与纽约不同。

新加坡市市区重建局长陈荣顺：CBD 需要长期规划

长期规划是非常重要的，但是我们必须遵守原则，把各项计划付诸实施，才能够走上成功之路。新加坡市之所以能够取得成功的一项重要因素，就是政府引导发挥了作用。我们聘请专业的规划师，完善社区发展目标体系，采取一系列完整的步骤也很重要。

我们现在在新开辟的市区中建立了一些地下设施，包括地下隧道系统，铺设水管、电缆、电线等设施，这个系统完成之后，各项装置修理、检查工作，都可以在地下独立进行。为了不断地满足经济需求，我们划了一些地区，实行灵活性开发，用于商业、旅店等广泛用途。迄今为止，我们计划长期的目标是把市区的房屋建设到 12 万套，让开发商所建立的建筑既满足工作需求，又满足居住方面的需要。我们希望开发商能够更多地开发公园和绿色空间，以便使新加坡成为令人愉快又充满活力的地方。

北京市规划委员会副主任陈刚：建设现代 CBD 的新理念

对于 CBD 的规划和建设，我们主要突出几个理念，即绿色、生态、人性、智能、全天候等。

第一点是重视生态环境。将生态概念引入设计。包括一些绿色广场，清洁的水体和明媚的阳光，改变人们心目中对传统 CBD 钢筋混凝土的印象。并采用生态规划模式和雨水收集系统的设计，太阳能的利用等等。

第二是重视信息时代建筑与城市规划观念的转变。所有的方案都将 CBD 规划为一个信息港。充分考虑到宽带的设置、信息功能的布局，办公单元也划分的尽量细致，以适应网络时代的办公特点。

第三，重视人性空间的塑造，突出以人为本的主题。

第四，功能混合作为一个重要的规划思想。相对多的用地要进行功能混合，叫做模糊功能区，力求 24 小时全天候的商务概念。

第五，把公共交通和步行系统作为建设规划的重点。CBD 的交通，我们考虑 70％的应是公共交通，所以把大量的空间不是留给小汽车，而是留给步行的人群。

最后，强调弹性设计和灵活性，因为 CBD 的开发建设是十年以上的建设，在这十年中，北京的建设和世界建设的动态发生了很大的变化，所以我们留下了一定的弹性。

国家计委经济研究所所长陈东琪：CBD 对城市经济发展的战略影响

CBD 是指城市中央商务区，突出的是一个“商”字，北京 CBD 也是一个以商务为中心的区域。西方城市的发展大都走的是同一条道路，以城生市，以市养城。这种意义上说，城市包含商务、商贸的内涵，特别是一些小城市。中国今后城市发展也要走功能性分工的道路，改变大而全、小而全的单纯的综合性城市。北京似乎只能选择综合发展的模式，成为全国的政治、经济、文化中心。但并不排除城市内部区域的划分。

CBD 对城市经济发展的战略影响表现在以下几个方面：

一、打破计划经济条件下发展起来的大而全、小而全的城市格局，提高城市规模效应，降低行业交易成本，提高城市运行效率。

二、CBD 品牌可以带动北京发展，提高现代化水准。其核心是电子商务，突破以往小、散、乱的商贸水准，美化北京的商业形象。

三、CBD 具有集聚和辐射效应以及规制品位高、文化氛围、娱乐环境良好等特征，可以推动商贸发展，可以吸引资本、技术、人才，形成互动，促进发展，对周围地区形成辐射示范效应。

四、集合 CBD 区域内外的住宅市场，并起到一个刺激和促进的作用。

五、可以很好地丰富北京的旅游文化内涵，对旅游文化行业带来积极的影响。不只上面这些，CBD带来的影响会体现在人们工作和生活的各个方面。

美国麦肯锡咨询事务所资深董事华强森：CBD的规划定位与发展模式

发展CBD是一件复杂的事情，这种复杂性反映在物理结构、政治、经济等多方面。从全球范围看，有七种CBD模式，包括：金融保险中心、全国性总部、地区性总部、高科技中心、公司服务中心、博览中心、政府中心等，这些模式的主要区别在于开展的业务不同。

中国城市在加速经济和文化发展过程中，建设CBD是一个独特但有极高挑战性的机遇，它提供了一个帮助中国城市成为现代化国际都市的机遇，同时，建设世界级的CBD又将是一项重大的挑战。

成功的CBD都有密集的办公场所和商家，可以吸引更多的投资者。一个CBD的成功，取决于整个战略规划，同时还需要强有力的领导支持和在今后15年～25年内有效的实施运作。政府应采取重大的政策举措以确保CBD取得成功，主要包括基础设施建设以及政府和CBD开发公司以政企合作的形式开展工作等等。

中国建筑学会秘书长周畅：CBD发展中应注意的几个问题

在发达国家，CBD基本上是一个地理概念，在发展中国家，CBD往往是作为一个城市的发展战略提出来的。

21世纪我国城市CBD发展中应注意这样几个问题：

一、注意科学规划，避免一哄而上。CBD是有其自身发展规律的，并不是哪个城市都能搞一个CBD。

二、一个城市不宜搞多个CBD。在一个城市内部，应尽量避免搞两个或多个CBD，以免自相矛盾。

三、应尽可能地避免投资风险。在这一点上，应注意把CBD建设成一个能全天候地为人们服务的区域，这样才能更好地吸引投资。

四、谨防CBD变成居住中心区。不要使CBD成为房地产炒卖的场所，这一点在我国建设CBD的各个城市都不同程度地存在，应引起重视。

美国芝加哥市规划局高级规划师海勒：CBD的住宅要让市民买得起

20年以来，CBD建设对芝加哥城市经济发展起了巨大的作用。在这个城市的中心26公顷的土地上，建有50座高楼大厦，其中有180万平方米的住宅区。建设住宅区域的解决方法是：根据需求制定一些特定的政策，比如给开发商一些鼓励，使开发商建的住宅老百姓能够买得起。

芝加哥地区的交通非常方便，并大力倡导人们使用诸如轻轨等公共交通设施进入CBD。目前，在芝加哥有56%的人能够使用公共交通设施，未来要提高到65%。2002年至2006年，芝加哥CBD要进行重新整修，公共汽车必须走专线，比如所有开进CBD的车辆使用特殊的颜色，任何人只要看到这个颜色就知道它是开往中央商务区的。

英国伦敦市市长特别顾问、发展信托公司主席史蒂芬森:伦敦CBD面临的新问题

CBD在一些国家的首都主要面临的是一些什么问题? 首先是在CBD周围地区的人口和经济增长的问题。第二是首都城市的经济重组问题。在经济全球化的时期,有很多的活动,只有在CBD才能进行,所以人们不喜欢在郊区,都蜂拥到CBD中去。第三,面临的最大、最头疼的问题,就是堵塞、拥挤的问题。第四,很多大城市都会有普遍的交通网络问题。第五,保存古迹文物的问题。第六,CBD是不是有可能向周边地区扩展? 第七,社会问题。我们必须关注,CBD是不是能够给城市所有的人都带来繁荣,而不是只给一部分人带来繁荣。第八,在市中心的生活供应方面,涉及可持续发展问题。

我们是否有一些可采取的行动和措施呢? 基本上有五条。把已有的CBD进一步扩展,或者可以搞一个双重的模型,搞两个CBD,建立一个新的CBD与旧的CBD互补。或者把CBD的活动和周围的活动有机的结合起来。最难做的是,新建一个CBD,肯定要建立新的治理措施。当然,在选择一种模式、模型的时候,并不是说非此即彼,有的时候是一种综合体。

伦敦对此作出的反应首先是:要建成一个紧凑型的城市,建造混合用途的、高密度的住宅,增强公共运输能力,来解决城市的拥挤、堵塞问题。目前我们写字楼的面积有2700万平方米,我们还要尽量地增加,在今后的15年,再多建800万平方米。40%是建在中央商务区,20%是在周围的新发展地区。

悉尼副市长露西·特纳博:悉尼市规划及商务中心区的规划建设

悉尼是澳大利亚的商务中心,同时也是信息中心和金融中心。而悉尼CBD是澳大利亚最大的中心地,有400万人口,游客众多。

我们的挑战是如何抓住上个世纪和本世纪初的机遇,把悉尼建设成一个现代和后现代的城市。1994年,我们创造了一个新的CBD模式,目标是构建一个充满生机的城市,并且让它长期保持繁荣。一个24小时都能够生机勃勃的城市,大家不仅能够工作,而且能够生活、能够方便地购物。从过去的15年看,我们的CBD人口好像越来越少了,住宅区也越来越小。我们希望增加城市公共设施,形成更大的活动空间,让大家得到新的体验。我们希望在城市创立新的商业,因为在过去的几十年,很多零售企业都远离了市中心。我们还需要创造更加浓厚的文化和艺术氛围,建立更多的文化娱乐设施来接待游客,更加有效地保护城市文化和文化遗产。为了保护我们的自然环境,保护我们的公园和港口,我们要为整个城市的规划创造一个框架。

为了实现这个目标,我们创立了一些原则。我们现在要建更多的公园和更多的公共绿地。我们要减少不好的户型。希望小区街道可以接触到阳光,并且能够接触到海风,要让城市建筑和人行横道有更好的过渡区域,建更好的咖啡馆和饭馆。在CBD地区高度超过55米以上的建筑,需要重新规划;住宅区高度限制在45米,还要保证一定的间隔距离,即所谓隐私密度。在一些特殊地区,比如说一些文化设施,我们也做了具体的要求,如墙建多高、楼建多高等等。另外,我们反对在城市中心新建停车场,鼓励大家使用公共交通设施。

在具体建筑上，我们有两个措施：第一个就是保护我们自己的文化遗产和社会历史；第二个通过建筑竞标来保证建筑的完美。我们在这方面有一些具体做法，就是对文化遗产进行严格的分类，确定哪些是我们的文化建筑遗产，哪些不是，如果不明确，便需要进行讨论。

上海市浦东新区发展计划局副局长朱若霖：上海金融贸易区的规划建设经验

上海陆家嘴金融中心区规划的编制过程有一个国际咨询、方案征集、组织评审、优化规划和审批的过程。经过精心的组织，形成了一个集英国、法国、日本、意大利、中国五个国家设计方案精髓的规划构想，并通过审批程序使之成为一个法规性文件。

陆家嘴金融中心区建设也有一些经验教训：第一，由于开发机制和外部条件所迫，没有能够尽善尽美地完成建设目标，尤其是投资浩大的市政方面还存在着不足。第二，开发公司作为一个政府职能公司，既要追求社会效益，也要追求企业的经济回报，在处理一些问题的时候，经常引起冲撞。这是两个主要的矛盾，提供给大家，以供参考。

加拿大蒙特利尔市政府国际事务部亚洲处处长毕斯纳：CBD地下空间的规划、开发和利用

蒙特利尔市在CBD的地下空间发展中与开发商实现了双赢，是开发商而不是蒙特利尔市出资建设地下通道、连接建筑物、维修、监测和进行责任担保。蒙特利尔市的激励办法包括长期租赁、占有公共区域、车道许可、不计入楼层面积比以及签订发展协议等。

北京CBD建设也应该考虑如何可持续地利用CBD的地下空间。这其中有一些必须坚持的原则：

一、地下空间是不可更新的，地下空间的利用一定要是多方面的、综合的。

二、开发建设的地下空间一定要可以供政府、私人企业共享，达到双赢。

三、地下空间的开发应该是政府在进行总体规划时要考虑的一个因素，应该保证整个城市总体的可持续发展。

四、开发建设的地下空间要使市民们有一个很好的环境，所以建筑质量是非常重要的，包括空气的流通、灯光照明等等，都必须使人们感觉很舒服。

五、地下空间的开发必须保证各种设施齐全，其中保证安全是一个非常重要的方面。

最后，地下空间的开发建设还要考虑地质、考古方面的因素。

资料来源：《领导决策信息》，2002年9月第36期(记者朱颖慧)。

附录5　中国工程院院士的建议

吴良镛等10位院士、教授

从21世纪以来,"促进城镇化"几乎成了举国上下大家关心的一件大事。我国从来没有像这几年如此重视和热衷于研究城市化问题,这是一个好现象。"城镇化"是我国的正式提法。其实质与国际通用的"城市化"(Urbanization)是同义的。目前,不少地方对"城市化"的理解不太准确。下面提出几点对"城市化"问题的认识和建议,供参考。

一、城市化是工业化过程中伴生的社会现象

18世纪发生的产业革命,使一部分欧洲国家出现明显的农村人口向城市的大量迁移,开始了工业化初期的城市化现象。根据资料,19世纪初,世界人口中只有3%是城市人口;经过100年时间,20世纪初,城市人口占世界人口14%,一个世纪只增加11个百分点。再经过100年,到20世纪末,城市人口的比重提高到48%左右。整个20世纪增加34个百分点,是上个世纪的3倍。20世纪发生了两次世界大战,很多城市被摧毁,城市化进程陷于停滞,但是城市化的速度仍然大大快于19世纪,其动力主要来自工业化。可以说,不论哪个国家,工业化必然伴随着城市化,这是一个不以人们主观意志为转移的客观规律。

根据联合国1995年"世界城市化展望"提供的资料:世界五大洲的城市化平均水平:北美洲(76.3%)、拉丁美洲(74.2%)、欧洲(73.6%)都是工业化开始较早、程度较高的地区。亚洲(34.6%)、非洲(34.4%)则是工业化起步较晚、程度较低的地区。但是,如果对每个国家具体分析,就会呈现千差万别的、不同的城市化现象。

二、城市化和现代化一样,是一个国家社会经济动态发展的长过程

城市化是国家社会经济发展水平、特点、状况的反映,也是不同时期各种政策综合作用的结果。城市化对每个国家来说都是一个长过程。这个过程会表现出阶段性:城市化到达一定高度后会相对减缓或停滞,如现在一些发达国家出现的现象。可以预计,随着社会经济的发展和科学技术的进步,城市化还会显出新的变化和特点,值得我们不断地跟踪研究。

回顾建国54年来,我国城市化经历过一条曲折的道路。1995年至今,我国确立了社会主义市场经济体制,长时期的经济高速发展,造成城镇经济和建设的惊人增长,但是城镇和农村的差别也相对扩大。1998年中央提出重点发展小城镇的方针,作为解决"三农"问题的重要途径之一。2000年在"十五"社会经济发展计划中明确提出推进城镇化的战略,并且对长期以来的城市发展方针作了调整,要点是普遍发挥各级、各类城市的积极作用。随后又调整了部分限制或不利于农民"进城"的政策。因此,这段时期的城市化速度明显加快,是建国以来从未有过的。城市化水平从1995年的29%,提高到2002年的39.1%,8年增长10个百分点,年均增长1.25个

百分点。

截至2002年，我国有设市城市660个，建制镇20600个，其中：50万人口以上大城市113个，城镇非农人口3.37亿。

回顾我国50多年来城市化的历程，可以看出：(1)工业化带来城市化，城市化有利于工业化。两者相互协调，会带来经济的进一步发展和社会的进步；(2)经济社会发展的推进、徘徊、挫折都会直接影响城市化的进程。城市化的滞后也会拖经济社会发展的后腿；(3)国家的战略、方针、政策对城市化进程影响很大。这段时期，党和国家对城市化采取明确的方针，政治稳定，经济持续高速发展，城市化进程呈现出快速增长的势头。

三、当前对城市化的一些误识

城市化的必要性是不容置疑的。但是，当前有一些误识，会影响社会经济的健康发展：

(一)以为只要加快城市化就会带来经济发展，过分强调了城市化对拉动经济的作用。只有经济社会发展了，城市经济的规模增长了，就业面扩大了，生活水平提高了，才能容纳更多的新增城镇人口，刺激产业和各种社会事业的发展。

(二)城市化率不宜作为每个市、县、区的发展指标相互攀比，也不宜在省、区间作为硬指标攀比。拉美、亚洲有些发展中国家存在着“虚胀”城市化的现象，即：大量贫穷的农村人口盲目流入大城市，虽然造成很高的城市化率，但国家的经济水平仍然较低，而且加剧了城市中的大量社会问题。

(三)城市化率并非越高越好。不仅从国际看如此，国内情况也是如此。以西北地区6个省区为例，根据2000年的统计，内蒙、新疆的城市化水平高出陕西、甘肃10多个百分点，但以经济社会发展水平而论，顺序就不同了。内蒙额齐纳镇的城市化率高达87.5%(由于可牧地丧失，牧民只能进城谋生)，却是经济落后的“城市化”。

(四)要防止在“推进城市化”的名义下，大规模圈地，脱离实际地搞大开发区、大市中心、大广场、大金融贸易区、大公共活动中心等，造成巨大的浪费。

(五)城市并非越大越好，按照大、中、小并举的方针，在特定地区发展一些大城市、特大城市以至大城市地区，是符合我国国情的。但不可能所有大城市都要翻番往特大城市以至超大城市方向发展。许多“做大”城市的设想，都没有考虑到城市搞大后带来的环境问题、交通问题等等。

(六)农村不能让它衰落，不能因城市化而忽视了农业和农村的现代化发展和建设。

总之，对待我国正在发生的，高速的城市化过程，应该积极迎接，冷静思考，切忌主观浮躁。要采取正确的方针政策，消除各种各样不合理的壁垒和障碍，引导它走向健康、合理、科学的方向，有利于我国的现代化建设。

资料来源：中国工程院研究室，2003.8.14。

附录6　西部大开发中的点、线、带、轴

中国科学院《中国区域发展问题》研究组

对于具体的经济活动而言，经济带（区）不存在明确的空间界线，但是它同时也必须具有可操作性，有明确的空间范围和界线。科学确定重点经济带（区）的空间范围是成功实施重点开发战略的重要基础，可以避免过多人为因素的影响和过于主观的判断。

重点经济带（区）空间范围确定的基本原则是：依据"点—轴系统"理论，在所确定的重点经济带和中心城市的基础上，利用数字模型从理论确定直接吸引范围，而后利用地理环境的遥感数据进行修正，剔除不适于发展的用地范围。首先，利用都市经济区理论和可达性模式来确定一、二级中心城市对周围县市的影响范围，其他级别的中心城市根据重力模型计算其吸引范围，并通过交通线修正。结果表明，受交通条件和经济总量等不同指标的影响，各级中心城市对周围县市影响的个数明显有差距。县市数量的多少总体上是与中心城市的等级和经济总量呈正比的，同时受交通条件和行政区划影响。

其次，运用重力模型计算各级中心城市之间的相互作用，结果表明：(1)各级城市之间的吸引系数值差距非常大，昆明与玉溪之间为1006.76，而拉萨和格尔木之间仅为0.04；(2)各级联系强度的城市对占总计算城市对的比值为：一级，2.7%；二级，4%；三级，12%；四级，26.7%；五级，54.6%。可以看到具有很强经济联系的中心城市相对很少，大部分中心城市之间仅有一般强度的联系。表明多数中心城市具有独立的吸引范围。

西部地区地形复杂多样，不适宜发展用地较多，因而地理环境对吸引范围的影响非常大。在西南地区，云贵高原、青藏高原等山地地貌对区域的发展具有重要影响。而西北干旱区很大部分为沙漠或戈壁所覆盖，只有范围非常小的绿洲区域为干旱区的精华所在。半干旱区地处黄土高原，水土流失非常严重，特别是陕北地区、内蒙古中东部地区，为草场严重退化的区域。因此，在确定理论上的吸引范围后，必须剔除受地形和生态环境影响的地域范围。

此外，在中心城市直接吸引范围不能到达的地区（如河西走廊等），以主要城镇为依托，以20公里为半径做出缓冲区。这些地段主要承担物质流动载体的功能，而不是经济活动聚集的功能。对一些分布较独立的城市，如延安、格尔木和库尔勒等，由于其周围条件的影响，与其他城市并没有直接的经济联系或联系较少，只按照"点"确定其空间范围。

经济区和城市群的功能定位与发展方向

确定主要中心城市的功能定位与发展方向主要考虑以下原则：(1)中心城市是重点产业带（区）发展的核心和主体；(2)西部经济要融入全国和世界经济体系；(3)突出城市密集区带的地位和作用；(4)强调职能分工，构造协作型城市产业分工体系；(5)充分重视50万～100万人口规模的大城市的发展，优化城市规模结构，弥补结构"断

档"造成的城市辐射带动能力弱的缺陷。

根据这些原则，在广泛实地调查和深入分析的基础上，我们认为西部开发应重点培育三大都市经济区(EMR)和七个城市群的基本思路。研究表明，以具有某种竞争优势的核心大城市为依托、具有密切内部垂直产业分工的都市经济区是全球化趋势下最具竞争力的一种空间组织方式。在西部地区应该以三个一级中心城市为依托，培育西安、成都和重庆三个具有全国意义的都市经济区，作为西部参与全国和全球经济的主要网络节点和"门户"。此外，还要着力发展兰州－白银城市群，滇中(昆明)城市群、天山北麓(乌鲁木齐)城市群，呼和浩特－包头－鄂尔多斯城市群、银川－吴忠城市群、南宁－北海－钦州－防城港(南北钦防)城市群和黔中(贵阳)城市群，使其成为西部经济的主要聚集地和"增长极"。

西安都市经济区以西安市区为核心，范围上可包括咸阳和渭南。应建设成全国经济重要的战略支撑点，西部开发的一级经济中心、技术创新中心、物流中心和金融中心，成为西陇海－兰新经济带发展的"龙头"。重庆和成都分别构成两个独立的都市经济区，同时也构成全国重要的双核城市群之一(其他类似城市群如沈阳－大连、北京－天津、郑州－洛阳、广州－深圳等)。两个都市经济区都应建设为全国经济重要的战略支撑点、西部开发的一级经济中心和技术创新中心，成为西南地区发展"龙头"。其中，重庆可侧重于发挥西南地区制造业中心和物流中心的地位和作用；成都应侧重于发挥金融中心和技术创新基地的作用。

将兰州－白银、乌鲁木齐－昌吉和滇中(昆明)三个城市群建成具有全国意义的、西部地区的二级经济中心，成为西部开发重要的战略支撑点：其中，乌鲁木齐成为我国面向中亚地区对外开放的战略基地；昆明成为面向东南亚和南亚开放的战略基地；兰州成为西部主要的制造业基地和物流中心。另外，将呼包鄂"金三角"、南北钦防、黔中(贵阳)和银川－吴忠四个城市群建设为西部地区的三级经济中心，成为西部开发重要的支撑点：其中，南北钦防城市群成为西南地区的主要出海口和出口加工基地；贵阳成为南贵昆经济区最重要的制造业基地之一；呼包鄂"金三角"成为呼包－包兰－兰青经济带的主要制造业基地之一。

除上述都市经济区和城市群外，西宁、拉萨、柳州和绵阳也应建设为西部的三级经济中心和西部开发重要的支撑点：其中柳州应成为西部重要的制造业基地；绵阳成为西部重要的技术创新基地。

重点经济带发展应走新型工业化道路

2010年后，西部大开发的重点应逐步由面上的生态环境建设和基础设施建设，转向生态建设与重点经济带建设并重的发展阶段。在重点经济带内，应将推进工业化作为产业建设的主攻目标，力争到2050年，西部重点经济地带的经济发展水平达到东部沿海地区平均经济发展水平。

西部重点经济带的发展应当走新型工业化道路。以技术进步为动力，着力提高具有比较优势的产业部门的技术层次；培育以资源开发和加工利用为依托的区域特色经济体系，增强地区经济持续发展能力和竞争能力；加快所有制结构的改造，打造国有大型企业与民营经济共同发展的区域经济新格局；强化重点经济带同相邻区域，以及重点经济带对国外和东部沿海地区的经济联系，构筑具有合理产业地域分工的开放型经济系统。

西部重点经济带产业发展的基本定位是“强区富民”。根据国家扶持强度及其产业功能，西部产业发展重点顺序应当是：与当地优势产业紧密结合的高新技术产业门类及其相关领域；以军事工业为主体、军民两用相结合的现代机电工业；以农业产业化为核心的特色农业基地与特色轻纺工业体系；依托当地资源优势开发的产业——具有相对比较优势的能源原材料工业；以旅游业为支柱、以现代服务业（物流业、金融业）为先导的新兴经济增长点。

要加速西部重点经济带的旅游业、物流业、金融业等新兴第三产业的发展，力图在新一轮国民经济结构战略性调整中，西部重点经济地带的中心城市同东部地区在新经济增长点的培育方面，能够处于基本相同的起跑线上。新兴的第三产业发展应当首先以重庆、成都、西安、昆明、兰州和乌鲁木齐等一、二级中心城市为重点地区，强化中心城市的职能，增强中心点对重点轴线和整个区域的辐射带动作用，为西部重点地区在2030年之后产业结构转型创造条件。

此外，要加强西部重点经济地带的能源原材料工业基地的建设。在继续推进西电东送、西气东输的大型骨干工程的同时，尽快在全国范围内实施可再生能源配额制，鼓励在西部开发优先发展具有比较优势的可再生能源。充分利用资源就地加工的优势条件，建设贵昆沿线铝－磷加工工业基地、以兰州为中心沿西陇海－兰新和包兰－兰青轴线延伸的稀土和有色金属加工基地、以及西陇海－兰新重点经济带兰州段及新疆段的石油和天然气化学工业基地。重视攀钢、酒钢和包钢为核心的三大钢铁工业基地的持续发展。

国家应针对西部重点经济带发展，制定能够有效地促进全国劳动生产地域分工形成的产业政策，构筑东西部合理分工的区域经济格局。同时，加强对重点项目技术改造投入，增强其产品参与国际竞争的能力；另一方面，逐步完善与东西部产业分工相配套的地区间利益补偿机制，增强我国工业经济的整体实力。

将高技术作为扶持重点

为了促进西部地区产业结构的升级优化、形成竞争优势，加大对西部科学技术的投入力度、实现科技发展与经济发展的紧密结合是必然之路。同时，西部重点经济带（区）也有可能通过发挥比较优势，择优发展某些高技术产业和产品，以形成新的经济增长点。高技术不仅仅是指尖端技术，也包括以高技术为基础的现代制造业。因此，西部重点经济带要注重发展那些技术含量高、就业容量大、对经济增长贡献明显的现代制造业。

西部重点经济带（区）高技术产业的发展要实施“现代高新技术产业、以高科技武装的传统产业、以高新技术为支撑的现代服务业”三业并举、三轮驱动的发展战略。要明确各地区高新技术产业的职能分工和功能定位，避免重复建设。高新技术产业带、重点中心城市和开发园区的建设，不仅在高新技术产业发展目标上应有所不同，而且在区域功能定位上也应有层次上的差别，在此基础上构成与全国经济系统相互联系的西部重点经济带高新技术网络。国家应着力在高新技术网络规划与组织、重点研发中心建设、与优势产业改造紧密结合的关键技术创新等领域，给予重点的人财物的投入，切实保障西部重点地带在同领域的研发和产业化方面处于全国相对领先的地位。关中和成渝地区应当作为具有全国意义的高新技术产业带，完善以综合研发基地和电子信息、机电一体化等高新技术产业化为主体的功能；并借助关中和成渝地区发展经济的综合优势，建立以军事工业为主体、军民两用相结合的现代机电工业体系，促进关中和成渝地区尽快在西部重点经济地带率先实现现代化。此外，要强化以城市高新区为主的新的产业空间建设，结合地区优势，构建特色高新技术产业园区，使西部重点经济带高新技术产业形成高新产业带、中心城市、重点园区相结合的网络化空间组织形式。

加快特色农业发展以富民

西部地区农业发展的重点和难点是实现传统的农业结构转型及其空间布局优化。农业结构转型，必须立足于独特的农业资源优势，以市场为导向，以农业产业化模式带动特色农产品生产、加工和销售网络建设，瞄准建成全国特色农副产品生产、加工基地和优质生态绿色农业产品贸易中心，促进农业增效和农民增收。空间布局优化，则要求西部地区内部寻找特色农业的优势区作为“发展极”，并配合适当的政策激励，促进特色农业的地域化、集中化、规模化和专业化。

西部重点经济地带的农业和农村经济的发展，要以重点经济带及其周围区域的特色农业基地建设为依托，以重点经济带的农业产业化经营为建设重点。

通过优先扶持、重点发展特色农业基地和农业产业化，一方面带动西部地区农业经济的全面发展，提高农民的收入；另一方面为建设具有特色的轻纺工业体系创造条件，优化西部重点地带的工业结构。

国家应当在区域性农村基础设施建设、特色农业产品的技术开发与服务网络体系建设、以及吸引农业产业化龙头企业投资建设等方面，给予重点扶持。

长江上游和南贵昆经济带(区)的农业产业化行业重点主要是：优质烟酒为特色的食品工业、特色生物资源加工利用的保健与医药用品工业等。西陇海－兰新和呼包－包兰－兰青经济带则以肉奶加工为主导的食品工业、棉毛纺织工业等为重点。

继续加强基础设施建设

基础设施既是西部开发的主要内容，也是西部重点经济带建设的支撑保障系统。近年来，国家始终把西部基础设施建设作为重点，不断加大对交通通信、能源、水利、城市基础设施、环保、生态 、文教、卫生等设施建设的投入力度，促进了基础设施规模、技术等级、服务水平的显著提高或改善，大大缓解了其对西部发展的限制作用。但西部基础设施仍不能适应经济和社会发展的需要：第一，整体发展水平落后，还不能有效支撑整个西部尤其是重点地区的城市经济的快速增长，还不能满足居民日益增长的物质文化需求对社会性基础设施的要求。第二，没有形成一个高效的基础设施建设投资体制，投融资能力不强，投资的效率不高。第三，基础设施综合优势没有形成。第四，社会公益性的基础设施更为落后，投资少，发展缓慢。

根据西部地区基础设施现状以及人口－社会经济－资源－环境发展的趋势，未来基础设施的建设，应以引导人口的合理流动(城市化)为长远目标，在完成大的交通干线、能源干线的基础上，突出下列重点：(1)近期集中建设好西安、重庆、成都、昆明、兰州、乌鲁木齐、呼和浩特、银川、包头、柳州、绵阳等一、二、三级中心城市的城市基础设施，尽快形成比较好的发展环境；(2)以重点交通运输干线和主要中心城市为核心构建空间范围在 100～200 公里的高效区域基础设施保障体系。具体而言，近期应进一步完善关中、成渝、河西走廊、天山北坡、银川平原、呼和浩特－包头地区、滇中地区、广西沿海等地区的综合保障系统。包括城市基础设施、交通基础设施、综合水利基础设施、环境保护基础设施、社会公益基础设施；(3)以政策倾斜或扶持的方式，有计划建设重点城镇的综合基础设施体系，重点选择 200～300 个县城和非县城的重点城镇，对其基础设施进行重点倾斜投入，或赋予灵活的基础设施建设政策，提升其交通、能源、给排水、社会服务设施水平。

把合理配置和利用水资源作为前提

西北地区可开发利用的水资源总量为 800 亿立方米，已开发利用约 600 亿立方米。虽然仍具有一定开发潜力，但开发利用的难度很大。另外，西北地区降水稀少，蒸发强烈，生态环境脆弱，维持生态环境的需水量也很大。因此，不少地区已经出现资源性缺水。合理配置和利用水资源成为西北地区重点经济带建设的前提。

目前西北地区水资源利用存在的主要问题为：农业灌溉用水浪费导致一些地区用水紧张；国民经济发展用水挤占原有的生态环境用水，致使生态环境恶化；缺少控制性的调蓄工程，对径流调蓄能力低，一些地区大量兴建平原水库，造成用水浪费等。

今后西北地区的水资源开发利用必须贯彻开源与节流并举、开发与保护并重、强化资源配置和管理的原则。兴建区域调水工程，改变水资源的天然空间分布状态，使之与生产力布局相协调；兴建山区调蓄水库，减少平原水库，控制和调节天然径流过程，使之与需求过程更加匹配；建立节水型社会，提高水资源的利用效率和产出，力求在耗水量增加不大的条件下，实现国民经济的可持续发展；确保必要的生态环境需水量，改善或缓解生态环境恶化趋势；加强水资源管理，实行取水许可和以流域为单元的水资源统一规划与管理，协调好上下游的用水要求。此外，还要积极、合理地利用国际河流的外流水资源，以缓解西北地区从根本上缺水的矛盾。

防灾减灾是必要保障

长江上游成渝经济带及南贵昆经济带位于我国灾害多发区，自然灾害是这个重点地带经济建设重要的限制因素。既有大气圈因素诱发的灾害(洪涝、旱灾、风暴潮、低温寒害)，又有岩石圈因素诱发的灾害(地震等)。在两大因素的叠加下，大面积山地灾害威胁很大。成渝经济带的中南段主要是旱、洪灾，重庆沿江段主要是山地灾害和气象灾害，云贵高原主要是岩溶塌陷危害和干旱影响，北海钦防及桂柳地区主要受风暴潮及洪涝的影响。另外，西南的主要的交通线、水能开发点都受地震和山地灾害的严重危害，包括岩溶塌陷对于城市发展和交通线及地震、泥石流等灾害对水利工程建设、运营的影响等。这两个重点经济带(区)防灾减灾的基本原则是：科学规划、尽量回避、积极防治、主动适应。

(执笔：陆大道、刘卫东、樊杰、周成虎)

资料来源：《经济日报》，2003 年 6 月 25 日第 11 版。

附录 7 欧盟组织架构的借鉴

欧盟经济一体化中政府作用的经验

1. 基本情况

欧洲联盟(European Union,简称 EU),缘起于原法国外交委员会主席舒曼(Robert Shuman)及另一法国政治家莫内(Jean Monnet)于 1949 年共同提出的建立法德(联邦德国)两国的煤钢共同体,建议获两国首脑接受。其后法德两国倡议,意大利、荷兰、比利时和卢森堡附议,于 1951 年成立了欧洲煤钢共同体(European Community of Coal and Steel, ECCS),六国的这两种产品相互取消关税与配额,自由流通。由于运行良好,六国便希望扩展至多种产品及多国,于 1957 年在意大利首都罗马签订《罗马条约》。次年 1 月 1 日条约生效,欧洲经济共同体(European Economic Community, EEC,也称欧洲经济共同市场)诞生。1973 年英国、丹麦及爱尔兰加入,1981 年希腊加入,1985 年,各成员国签署了《欧洲单一市场法令》,作为对《罗马条约》的补充,据此法令,各国政府必须为建立欧洲统一大市场作各种经济政策协调。1986 年,西班牙、葡萄牙加入。

1991 年底签署《马斯特里赫条约》,奠定了建立欧洲货币联盟(European Monetary Union)的基础。1992 年起欧洲共同体改称为欧洲联盟,"欧盟"就此取代"欧共体",一直沿用至今。1995 年瑞典、芬兰和奥地利加入。1999 年欧洲货币联盟诞生。欧盟经过 1973 年、1981 年、1986 年以及 1995 年四次扩大,发展到一个拥有 3.8 亿人口、囊括 15 个成员国的区域一体化组织。2002 年 1 月欧元正式流通。同年 10 月,欧盟委员会作出决定:批准《关于欧盟第五次扩大的战略文件》和对 13 个候选国的评估报告,确定其中的爱沙尼亚、拉脱维亚、立陶宛、波兰、捷克、斯洛伐克、匈牙利、斯洛文尼亚、马耳他和塞浦路斯 10 个候选国于 2004 年 5 月 1 日加入欧盟。届时,欧盟成员将从 15 国增加到 25 国,总面积超过 400 万平方公里,人口增加到 4.8 亿。有评论称,欧洲经济一体化是"欧洲大厦"的基石,同时也为人类探寻跨国经济与政治联合的宏伟蓝图定下了基调。

2. 欧盟经济一体化的发展阶段及其特点

从国际经济发展的经验看,区域经济一体化的实现形式,一般可分为自由贸易区、关税同盟、共同市场、经济联盟、货币联盟等五个阶段。

自由贸易区。在这类组织中,各成员国取消相互间的贸易障碍,但仍各自保留其对非成员国的贸易保护政策及相应措施,为了防止非成员国利用贸易壁垒差异向壁垒较低的成员国输入或输出商品,保证自由贸易区经济政策与关税征课的完整性,各国在相互边境上仍保留原来设置的海关检员。一般认为欧洲的区域经济一体化是跳过了这一阶段,直接从关税同盟开始。而且在关税同盟开始阶段,就已采取一些为共同市场服务的共同政策,如欧洲共同的农业政策。欧盟的经验启发港珠经济融合,是要从实际出发一体化,包括实现形式和阶段的跨越。

关税同盟。它近似自由贸易区,主要差别是采取共同的措施及统一的关税率,对非成员国进口的商品和服务加以限制。大致从1958年至1968年，欧洲共同体6国实现了成员国间取消关税，建立共同的对第三国的关税同盟；而在非关税壁垒方面，对各国间的配额、技术标准限制、卫生控制、政府补贴及国内资本的控制程度等，也进行了调整。由于关税同盟对第三国或地区订出了共同的税，因此也会受到竞争对手如美国的指责和抗衡，但欧盟以"创造贸易(trade creation)"来辩护。欧盟以"创造贸易"来发展内部贸易对抗外国指责的经验，对港珠以至香港与内地建立自由贸易区应有借镜作用。

建立共同市场(单一市场)。从1985年欧洲委员会发表白皮书开始，提出要在1992年底之前取消欧共体内部国界，建立商品、人员、服务和资本自由流通的单一市场。

在商品流通方面，主要是消除形态边界，如过边界所需填写的各种表格、因检查而停留的时间损失及不同国家的税制、手续统计等造成的交易成本；技术边界，包括不同的法律标准、技术卫生要求等；税收边界，虽然已没有关税，但各国还有不同的其它税率如增值税及消费税等。

人员自由流动不仅是劳动者及其家属可自由流动，而且只要是欧洲公民，如老年人都可以选择居住地。

服务流通方面，欧盟各国在金融、交通、科技和通讯方面十分国际化，问题主要是要打破过往欧洲各国相当程度保护的行政、教育和卫生领域的限制。

资本流通是要各国取消对汇率的控制。这方面发展相对缓慢，但欧元面世已解决了此难题。

经济联盟。目前，欧盟可以说是实现了经济联盟。主要表现一是实现了共同的贸易政策；二是共同的农业政策；三是共同的保护竞争政策；四是共同的地区政策，如用转移支付，去缩小国家、地区之间的贫富及发展差别；此外，也在协调各国的宏观政策如财赤、通胀及银行利率等方面取得了很大进展。

货币联盟发展阶段。这是经济一体化的最高阶段。其特点是在联盟成立第一阶段的三年内，固定成员国间的货币兑换率及成员国与欧元的兑换率，成员国有共同的中央银行，各国货币政策主权基本移交给欧洲中央银行，各国财政预算政策协调配合更趋紧密。

3.欧盟各国政府在经济一体化中的作用。

第一，政府对一体化有紧迫性及明确目标。欧盟各国政府能互谅互让，并不遗余力地推动，其原因一是长期以来，欧洲人已有把欧洲建成一个统一的政治实体的愿望。欧洲从公元800年到843年就有被罗马查尔曼大帝统一近半个世纪的历史，目前经济一体化正向着政治一体化发展。二是要解决内部的恶性竞争和打破相互间的经济发展障碍，更合理地配置资源，提高经济效益。这从欧盟在成立伊始便把重心放在提高效率上看出，如建立无国界市场，及以规模经济效益提高欧洲的竞争力等。三是共同对抗美国的竞争和反对美国政治牵制。资料显示，从欧洲煤钢共同体成立开始，推动者已有通过经济合作，推动欧洲政治和共同对抗美国政治经济控制，近期欧盟尤其是法德等国对美国攻伊战事的态度，也可显示欧盟联合的意义。

第二，以政府为主导推动一体化。区域经济一体化，从根本上说，是经济全球化使然，是经济规律的自然发展。但由于牵涉国与国或独立关税之间的利益，及大量政府政策与行政管理关系的调整，若仅靠市场自然推动而没有各国政府或地区政府的协调,是难以成事的。从欧盟经验看,其一体化发展较顺利,与政府在各个阶段都发挥主导作用分不开。如每一阶段都有政府间的大量谈判与签署双边或多边协定;成立各种合作机制如投资银行及法庭等,可以说,没有政府的主导,就没有欧盟。

第三,坚持公平互利原则及互谅互让。从建立共同市场到建立统一货币欧元,无疑都是成员国间互利的结果。值得指出的是其互谅互让,除了各主要机构在委员人选上体现这种精神外(下文将有论述),欧盟不仅让经济相对落后的国家如西班牙、葡萄牙等加入,而且还因应成立了欧洲投资银行(European Investment Bank, EIB),设立了结构基金(structural funds),通过一定程度的转移支付,协助其经济的发展。欧盟如此做法,其重要原因之一,是认为稳定的欧洲有利其长远发展。这点对港珠融合有重要启示,就是合作应建基于互利基础上,同时还应有长远眼光,大局观念,不要只斤斤计较局部或眼前的得失。如是者,目前龙头之争显得无大意义,区内大的重复建设及恶性竞争也会减少。

第四,既有宏伟目标,也有一步一脚印的实施阶段。欧盟的宏伟目标是经济一体化通向政治一体化,其实施则一步一步从煤钢共同体发展到共同市场、欧洲联盟及货币联盟。

第五,根据不同阶段发展建立政府主导的不同机制,统筹一体化发展。综合而言,欧盟成员国政府之间的合作机制,最初表现为相互外交及经济政策的协调,以及为各种双边及多边条约而制定的检查监督机制,再发展到成立不断完善的组织机构、司法系统,及相应成立欧洲中央银行及投资银行等。现时的欧盟组织架构更有值得借镜之处。根据《马斯特里赫条约》,欧盟是由各成员国把一部分主权转移给它后才运作的,因而有超国家权力。其架构与一般国家政权相比显得特别,有说像联邦制,但关键是其权力范围大小。条约第三条赋予其辅助性原则:如果所需采取行动在欧盟层次上决策效果更佳,那么此时决策权不在主权国手里而在欧盟。欧盟最重要的机构是欧洲委员会(European Commission)、欧盟部长会议(Council of European Union)和欧洲议会(European Parliament),三者互相牵制。

欧洲委员会　是功能性的执行机构,但实际执行机构是欧盟部长会议和首脑会议,一般情况下政府首脑会议不行使执行权。欧洲委员会是唯一能向部长会议对法律及项目等提建议并要求其表决的机构。任务一是提供法律议案,二是执行部长会议及其他机构如首脑会议决定,三是监督条约规定执行,如发现违反,则向欧洲法院提出起诉。委员会有20名专员,每国1名,五大国多1名,其资格必须是本国议会或欧洲议会议员同时担任过部长级职务,并经欧洲议会审批,任期5年。

欧盟部长会议　则同时有立法和执行双重权力。任务一是在欧洲委员会动议基础上,与欧洲议会一起通过法律和预算,二是通过条例规章形式并执行联盟政策,三是指导欧盟的对外经济政策并被授权谈判和签约。部长会议由成员国部长组成,各国政府有多少个部,欧盟就有多少个部长会议。部长会议票数分配为法、德、英及意大利各10票,其他2至8票不等,共87票,只要有62票议案就成政策,各国必须执行。部长会议采取轮值制。

欧洲议会　名义上是立法机构,但部长会议也同时有立法权,而且后者比前者更重要。因此欧洲议会的象征意义大于其实际作用与权力。其与部长会议一起享有一般立法权、批准条约权,及欧盟预算权;对委员会有双重控制权,任命委员会高层并监督其工作,及必要时能免委员会专员。其议员名额大致以成员国人口比例分配,小国比例明显比大国高。

此外，重要组织还有欧洲法院（1952 年成立，主要目的是公正解决成员国之间的利益冲突，成员由各成员国任命并须经过其他成员国同意）、初审法庭（受理跨国的个人及企业纠纷）、欧洲投资银行（为欧盟平衡发展而进行的投资提供资本）、欧洲中央银行（掌管欧元的权力机构，1998 年 7 月 1 日正式挂牌运作）及经济社会委员会和地区委员会（咨询研究机构）等。

第六，重视建立研究咨询机构和进行项目研究。经济社会委员会（The Economic and Social Committee，ESC ）和地区委员会（The Committee of the Region）是两个相当重要的咨询机构和政策智囊。

经济社会委员会　是根据 1957 年的《罗马条约》建立共同市场需要而设立的，目的是给委员会制度性提供经济社会问题的咨询和研究，并且为委员会起草有关法律。委员共 222 人，由不同社会阶层的人士组成，包括业主（第一组）、工人（第二组）及其它（第三组），名额分配原则与其他机构一致。其后多次强化了委员会功能，成为欧洲议会对有关事务咨询对象，对欧盟政策制定起重要作用 。

地区委员会　也是欧盟的一个重要咨询机构，1994 年根据《马斯特里赫条约》成立，规定任何涉及地区利益的问题、政策，欧盟有关机构在法律上都必须咨询该委员会，委员组成与经济社会委员会一样，任期 4 年，委员都是地方首长。

此外，欧盟还通过与大公司或研究机构合作、支持自己的联合研究中心（在 6 国有 8 个研究所，有研究人员 2000 多人）、支持具体的开发项目及设立本身的项目等加强调查研究。这些经验，都值得港珠融合参考。

资料来源：香港《民建联》，2003.6，P6～10。

附录 8　走出一条中国特色的城镇化道路

——访国务院体改办中国小城镇改革发展中心主任李铁

（本报记者 齐东向）

在党的十六大报告中，明确提出了"要逐步提高城镇化水平，坚持大中小城市和小城镇协调发展，走中国特色的城镇化道路"。什么是中国特色的城镇化道路？如何推进中国特色的城镇化进程？带着这些问题，记者采访了国务院体改办中国小城镇改革发展中心主任李铁。

城镇化是解决中国农村发展问题、推进农村现代化的根本出路

记者：党的十六大报告第一次提出了"走中国特色的城镇化道路"，这是一个内涵丰富而又具有重要意义的战略方针。您能否谈谈这一方针将会对我国改革开放和社会主义现代化建设产生哪些深远的影响？

李铁：十六大报告提出"走中国特色的城镇化道路"，而且把这一论述放在"全面繁荣农村经济，加快城镇化进程"这一节里面，这首先就是告诉我们，城镇化是针对解决农村发展问题而提出来的。以往我们不少人都有一个认识上的误区，认为城镇化是为了解决现有城镇建设发展问题的，其实并非如此。改革开放这二十多年来，我国的城市基础设施建设和城市规模都有了很大的发展，城市居民生活水平也有了很大的提高，但统计数字显示我国的城市化率还很低，目前我国的城市化率约为 30.9%。可见城镇化还是一条漫长的道路。为什么呢？就是因为当前我国城市化的发展更多地体现在城市建设水平的提高和城市居民生活水平的提高上，并没有相应地转移农业人口，相反，是以排斥农民进城为代价，大量的农村富余劳动力转移不出来，影响了农村经济的发展和农民收入水平的提高，同时也严重限制了国内需求的增长。

推进城镇化，是我们党更多地从国民经济全局的高度，从调整城乡关系入手，为了从根本上解决农村发展中的深层次矛盾提出来的。解决"三农"问题的方法有很多，如加快结构调整，改革传统的农业经营方式，加大中央和省级政府的转移支付力度等。但都无法回避由于农业人口过多而导致的生产能力过剩、商品化需求不足、人均占有资源过少限制收入增长，以及转移支付由于人口基数太大形成的财政压力等，因此，关键在于加快农业劳动力向非农产业转移，促使农村人口向城镇集中，以此带动农产品的商品需求，促使结构调整，从增加非农就业和农村人均资源占有量两个方面，提高农民收入，降低中国加入世贸组织后对农业带来的风险。

解决中国农村发展问题的一个重要出发点是减少农民。通过减少农民数量，提高人均生产率，把农村富余劳动力向城镇转移，转移出来的劳动力收入增加了，农村劳动力的产值才会大大提高，收入相应增长。所以，城镇化是生产力发展的必然规律，也是解决"三农"问题的根本出路。从这个意义上讲，十六大提出"走中国特色的城镇化道路"，提出"大中小城市与小城镇协调发展"，是抓住了农村经济发展问题的核心，是按照"三个代表"重要思想要求、代表广大农村人口利益而做出的战略方针，影响将极为深远。

记者:那么您认为"中国特色的城镇化道路",这里的"中国特色"指的是什么呢?

李铁:我想应当是针对小城镇的建设和发展而言的。从全世界来看,世界上90%的国家实行人口流动的开放政策,在很多国家经济发展过程中,尤其是发展中国家,都存在着城市过大、超大的弊病。巴西、印度城市的两极分化极为严重,城市的环境污染极为严重。在探讨城市化问题的时候,人们一直想解决城市过于庞大的问题,但是没有找到一种可行的办法。在中国恰恰走出了这么一条具有特色的小城镇发展的城市化道路,这令许多国外的城市学家都非常感叹。这里有个很重要的原因,就是因为我们有一个四十年的城乡分割体制,农民和城市居民在户籍制度的限制下不能任意流动。在农村家庭联产承包责任制和乡镇企业发展之后,农民有了选择自主经营的自由,就业的自由,又开始选择了自己生存的范围和自己新的生活空间,他们追求着城市化的生活,也追求着现代化的进程。过去农民盲目流入大城市去寻求就业,去寻求改变自己的生活,虽然弥补了很多大城市的就业空缺,但同时也给大城市带来了很多社会弊病。从20世纪90年代开始,一部分农民在城市的边缘以及他们生活栖息的地方去创造自己的家园,就是我们所讲的小城镇。

小城镇发展是我国城市化进程中最重要的现实选择

记者:从十五届三中全会起,人们就开始谈论"小城镇,大战略"这个话题了。经过这几年的实践,小城镇在中国经济发展中起到了哪些作用呢?

李铁:小城镇地处农村,改革与发展的成本比较低,符合我们国家作为一个发展中国家的水平。从这些年的实践来看,协调发展、稳定推进的小城镇对中国的城市化起到了非常重要的作用:一方面它避免了大城市的过度膨胀;另一方面不少农民在逐步发展起来的小城镇中也完成了自身向城市文明的过渡。

具体而言,它在国民经济发展中的作用大致说是四点:第一,它可以解决农村发展的深层次矛盾问题。过去农产品供给经常出现波动,一个重要原因就是农民所占用的耕地过少,从根本上来讲,只有解决农民耕地问题,才是解决农民发展的出路。如何解决农民耕地问题呢?就是减少农民。我们现在有2.7亿剩余劳动力,有1.4亿被乡镇企业吸收了,还有1.3亿剩余劳动力。把他们从农业上彻底转移出去,增加农民在土地上的收入,然后增加对农产品的需求,这样才能使农民富裕起来,才能解决农村经济发展的根本性问题;第二,小城镇的发展是城市化进程中的一个重要内容,这一点对中国来讲尤为重要;第三,小城镇是市场经济的重要支撑点。在小城镇,基本上都是乡镇企业。在城市,上千万的下岗工人或者待业工人是我们城市工作的一个难点。但是在小城镇不存在这个问题,它不存在国有企业。不存在住房制度,农民都是买房,没有那么多社会保障,也不存在我们所形容的社会弊病,所以在小城镇进行改革,成本很低,意义重大;第四,对于启动当前国内需求有非常现实的意义。一方面,农民的减少就可以增加对现有农产品的需求。减少了农民,增加了城市居民,就必然增加了对商品粮、农产品的需求,就减少了农产品的过剩;另一方面,农民从农村的消费环境和生活环境直接向城市的居民转变,同样可以刺激国内需求。从农村的自给自足的消费方式消费环境,从一家一户的相对分散的方式集中到城市,开始买商品房、买冰箱、彩电、家具等,可以带动建筑材料业、轻工业等,解决相当大的产品过剩问题。通过小城镇的基础设施建设,还可以带动相应工业的发展,供水、供电、道路、通信设施等等。这对我们国家整个的国民经济需求，对于我国的工业化与现代化进程，都将产生积极的影响。

所以从这四个方面来讲，小城镇的发展确实不仅仅是农村经济、农村社会发展的一个大战略，也是我们国家国民经济发展的一个大战略。

走中国特色城镇化道路应顺利实现农村人口转移

记者：在我国农业实现了由农产品供给短缺向总量平衡的历史性跨越之后，越来越多的农民"洗脚上田"，他们自发地怀着对城市文明和工业文明的向往，或如潮水般地涌向大中城市，或加入到星罗棋布的乡镇企业。在这看似简单的向往背后，实际是中国农业和农村通过城镇化、工业化实现现代化的历史趋势。但是，这中间也产生了一些问题，比如农民进城落户还存在着许多障碍，比如一些地方把城镇化盲目理解为城镇建设，一哄而上、大兴土木。您认为这些问题应当如何得到解决？

李铁：走中国特色的城镇化道路，关键的一点是要顺利实现农村人口的转移。你所说的这些问题都是农村人口转移中的障碍。从城市看，从 2001 年开始，全国小城镇的户籍管理制度改革已经开始实施。一些省会城市和中等城市也相继进行了户籍管理制度改革，取消了按农业和非农业划分户口的办法，并放宽了农民进城落户的条件。但由于在城镇准入条件上，各类城镇还有很多限制措施，如教育、住房或就业方面，农民进城落户仍存在着许多障碍。特别是在一些特大城市，不仅仅限制农村外来人员落户，而且对就业和相关的子女入学教育、卫生保健防疫等问题采取了差别政策，阻碍了农村劳动力的流动，客观上起到了不利于城镇化发展的作用。

从小城镇的发展看，许多地方纷纷制定了区域的城镇发展体系规划，确定了重点支持的中心镇。许多省根据自身的情况，从调整区域城镇布局、有效配置资源、精简机构和行政人员出发，开始撤并乡镇，取得了明显的效果。但是也有一些地方错误地理解城镇化，把城市化理解为城市发展，大搞政绩工程，形成了大量政府债务，加重了干部和居民的负担，造成了严重的浪费，同时也加大了城镇化的成本，反倒拉大了城乡差距，抬高了农民进城的门槛，这对我国的城市化进程来说是南辕北辙。这些都是对于我国国情没有充分认识，超越现实，在推进城镇化过程中出现的偏差。

实施我国城镇化发展的战略，应主要围绕增加农民的非农就业和提高农民收入而展开，特别要重视解决就业问题。进入 21 世纪后，我们面临的最主要问题不再是吃饭问题，而是就业问题，只有解决好就业问题，城市化进程才能顺利地展开。农民需要一些低水平、低投入、低技术的就业机会，在收入增加的基础上才谈得到再教育，进而增强对城市文明的适应能力。我们如果没有上世纪 80 年代的乡镇企业的大发展，就不会有今天蓬勃发展的小城镇，就是这个道理。这是二元社会转型的必经阶段。因此当前的政策重点一是应放在鼓励农民进城务工就业，促进城乡劳动力的合理流动，取消一些地方限制农民工进城就业的不当政策。二是应采取切实可行的措施支持农村地域内的中小企业发展，特别是农产品加工工业的发展，从促进农村地区的非农业就业开始，支持小城镇发展的产业基础。三是结合税费改革，加快小城镇管理体制的改革。应通过乡镇合并，转变政府职能，合理划分事权等方面，减少行政成本，降低农民负担，遏制短期行为，促进资源的有效配置和生产要素向小城镇的集中。四是积极探索，通过农村集体建设用地流转并直接进入城镇建设一级市场，来保护农村集体经济组织的基本权益和农民的利益，使农村人口的转移和非农建设用地的转移同步进行，把推进城镇化过程中的体制变革引向深入。

资料来源：《经济日报》，2002年12月13日第10版。

附录9　城乡差距与城市化:城市发展成本分析

一、工业化赶超与城市化滞后

按照钱纳里(Chenery)等描述的常态经济发展过程中不同发展水平上的城市化水平,1997年中国人均国民生产总值为860美元,那么,相对应的常态经济发展过程中的城市化预测水平应到达60%以上。如果按照购买力平价计算,1997年中国人均国民生产总值为3570元,则对应常态经济发展过程中的城市化预测水平应在80%以上。从现实情况看,2000年中国实际城市化水平对应下图中的人均收入水平为200美元左右。由于城乡分隔的二元经济制约和户籍制度改革滞后,低城市化水平不仅压抑了第三产业的发展,使它在整个经济结构中的比重大大低于一般水平,而且使得经济结构不能随着收入增长顺利转型,造成工业比重畸高的局面。

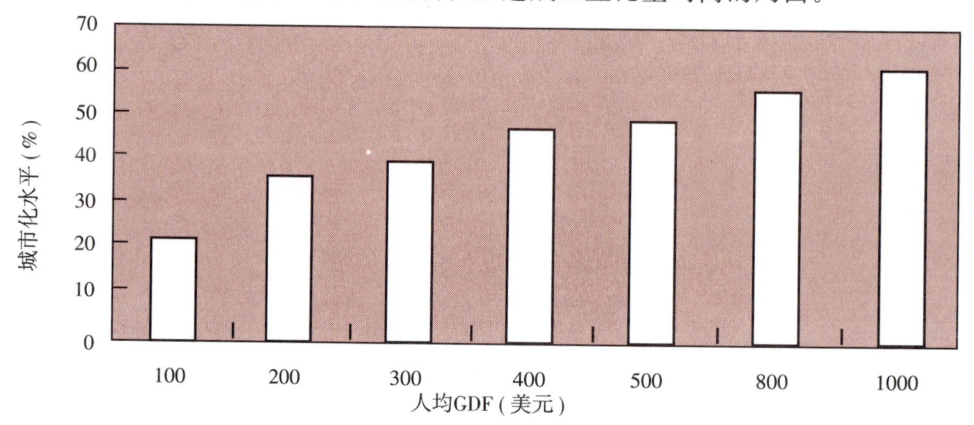

不同收入水平下的城市化水平预测

(用世界银行数据拟合,计算中国城市化水平与常态经济发展条件下预测水平的差距)

资料来源:钱纳里、赛尔昆着,李新华、徐公里、迟建平译(1988),《发展的型式(1950～1970)》,北京:经济科学出版社。

二、城市化进程中的土地成本分析

在改革开放后的20年中,我国耕地面积的变化与经济波动有着较为密切的联系。首先,从全国耕地总量的变化上看,以固定资产投资大幅度提高为特征的经济发展期均伴随着新一轮的耕地总量滑坡,而经济调整期则出现耕地损失减缓的势头。与固定资产投资关系最为密切的是非农建设占用耕地的情况。以这个时期中耕地减少幅度较大的1992～1995年为例,以省级数据计算的两者的相关系数高达0.85。非农建设占地对固定资产投资较为敏感,某种程度上说明我国城乡的建设用地效率低,不够集约。如果把单位固定资产投资占用耕地的面积作为评价用地效率的指标,我们发现,用地效率较高的省份大都分布在城市化水平高的地区,如京、津、沪、吉、粤、鲁、闽等;城市化水平低的省份往往用地效率也低,如藏、皖、豫、黔、滇、桂、陕等。乡镇企业在空间布局上的分散是造成非农建设占地多的一个主要方面。全国乡镇企业集聚在城镇的只占8%,其余分散在农村。以省级资料做比较发现,乡镇企业分散程度高的省份用地效率就低。

结合我国近20年来耕地面积变化的总体趋势、空间特征和驱动因子的分析,结果表明:城市化和乡镇企业的分散程度对土地的利用效率具有重要的影响,乡镇企业遍地开花不利于耕地的保护,应鼓励城市的发展,缩并自然村,使乡镇企业向城市和中心城镇靠拢;进一步健全城市和乡村土地流转机制,使土地资源集约利用,城市化的土地成本达到最小。

单位固定资产投资建设占地量与城市化程度及乡镇企业分散程度的关系

省份	亿元固定资产投资的建设占地(km^2)	乡及乡以上工业企业占总企业数的比例(%)	城市化程度(%)
用地效率指数排全国前8位的省份			
天津	4.5	32.4	50.3
青海	5.1	11.7	14.0
北京	5.4	31.2	49.5
吉林	6.5	8.6	32.0
广东	6.6	11.0	23.6
江西	7.6	8.5	11.1
福建	8.0	9.5	12.3
山东	8.2	7.7	18.3
用地效率指数排全国最后8位的省份			
云南	15.2	4.4	7.1
广西	15.3	5.1	8.7
陕西	16.8	9.2	12.5
湖北	17.4	6.8	19.7
贵州	17.5	5.5	8.1
河南	18.8	3.7	10.0
安徽	25.8	6.4	10.2
西藏	36.2	5.4	6.0
全国平均	10.7	8.1	16.6

资料来源:国家统计局,《中国统计年鉴(1979～1997)》,北京:中国统计出版社,1979～1997。国家土地管理局,《中国土地统计资料(1989～1996)》,北京:国家土地管理局,1989～1996。

三、大都市圈——城市群——城市带发展成本分析

首都经济带——环渤海湾都市圈

截至2001年年末,北京10年胀大100平方公里,新版地图将以五环路为地图中心。而规划部门则审慎预测:北京城区还将继续向四周扩展。根据国务院批准的《北京城市总体规划》,到2010年,北京市区面积将达到610平方公里左右。近年来,随

着人口的膨胀和经济社会的迅猛发展，城市的生存空间日益逼仄，国内各大城市的加速扩张成为趋势。有关资料表明：未来10年水资源短缺将是中国国内最具挑战性的问题。而北京人均占有量为300立方米左右，仅为全国人均占有量的1/7，在世界各国首都中居百位之后。北京市社科院长期研究水资源供应与城市人口容量的研究结果显示：2005年，北京可支撑的人口容量为1277.77万人，但实际北京总人口在1997年即突破1500万大关。

首都经济带——环渤海湾都市圈综合发展成本

城市	人均基础建设成本（元/人）	人均住房成本（元/人）	人均教育成本（元）	人均就业成本（元）	人均生活能源成本（千瓦小时/人）	人均社保成本（万元/人）
城市合计	8355.33	1346.38			296.6	9.18
北京	8991.70	1132.88	545	136.25	—	0.12
天津	10091.32	—	397	99.25	362.4	7.04
唐山	5448.97	501.45	145	36.25	214	3.34
秦皇岛	7069.89	470.59	256	64	214.2	6.39
廊坊	12072.48	496.16	210	52.5	150.3	3.56
保定	6514.21	559.61	170	42.5	210.7	3.75

著名未来学家约翰·奈斯比特曾一针见血地指出：日本衰退的一个原因是“人力、物力、信息资源过度集中于东京”。1996年，面积约占全国0.6%的东京居住了超过全国1/10的人口，创造了超过全国20%的GDP，而全国人口的1/4以上集中在东京周围50公里以内。东京已患上空气污染、住房拥挤、物价昂贵、交通不畅等一系列“都市综合症”，不得不考虑迁都事宜。

城市扩张的未来已经成为世界性的研究难题。2001年10月底在深圳召开的2000年中国建筑设计发展国际论坛上，日本建筑大师黑川纪章曾表示：希望中国不要重蹈日本和欧洲城市规划的覆辙，美国、欧洲、日本最不应该的就是将城市中心的居民向郊外疏散。东京在郊外建了很多住宅，住在那里的人每天至少要花两个小时的时间才能到办公室。东京中心区的大楼每天晚上6点就纷纷成为“无灯大厦”，城市中心毫无生气。北京应在保留中心居住区的前提下再进行开发建设。

大城市向超大城市向巨型城市的转化，是由于资本的无控制聚集而造成的必然结果。首先，城市中心的经济活动最密集，因而工作机会也最密集，每天大量员工涌进城市是必然的集体行为。结果通勤耗费的时间使人筋疲力尽，生活质量大打折扣；其次，郊区居民出行只能寄望于汽车和火车，被禁锢在小社区里，丧失了城市里丰富多彩的生活和与其他社区居民随机邂逅交流的自由；再次，欧美的郊区化是由汽车文化支撑的，土地、能源和环境是其代价，我们的经济实力还不具备；更重要的，随着城市的扩张，郊区的自然景观次第被城市聚居的建筑景观取代，郊区生活的概念被颠覆，住在郊区逐渐重新变成了住在城乡结合部，再变成了住在城里，只不过，这个住处离工作地点实在是太遥远了！最后，由于郊区生活方式要求住户具有相应的经济承受能力，它实际上造成了严密的阶级隔离。同一个社区的居民，身份地位彼此相近，城市人口结构的自然生态不复存在。

通过扩大地域扩大城市规模不是坏事,但城市的环路应适可而止。城市规模离开城市形态来谈毫无意义,即不在数量本身,而在如何分布,城市规模控制关键控制的是形态。理想的模式是建设新的中心区,或是像美国西海岸的城市连绵体一样建设带状城镇群。城镇群目前在中国已经开始出现,如沪-宁-杭等,北京也正在考虑把天津、河北统一起来考虑。今后,网络的发展可以改变上班方式,但蓝领还是应尽可能就近居住。

如果说城市的大,具有一种大气的壮美,大而无当则是可怕的。的确,城市的规模往往是不以人的意志为转移的。学界有过旧城与新城的争论,也有过迁都、分散北京城市职能的讨论,只要北京作为政治、文化、经济管理、军事中心的地位不变,城市的扩张趋势就不可逆转。有识之士指出,在政府与房地产资本两种决定性的权利之外,北京的未来已不是规划师所能简单决定的。立足大都市的现状,在城市内部满足生活的全部功能,安排人们的日常生活是知易行难的选择。

通过首都经济圈-环渤海湾大都市圈的科学概念,把北京市及相邻的天津市、河北省统筹考虑,探索、提出首都及周边省市的城乡发展规划。在地区规划研究中形成一种地区城乡空间发展规划研究的"区域整体性理论"。这一理论倡导全球市场、区域经济、科学文化与技术创新相结合,走可持续的城市发展道路,通过综合的发展途径,提高城市环境质量。"环渤海湾大都市圈"不是行政区划概念,而是指对包括北京、天津、唐山、秦皇岛、保定等在内的城乡建设规模进行统筹研究,通过合理的布局与建设,形成完善的城镇网络,疏散北京市区部分功能,合理发展沿海港口和工业,改善区域生态环境,促进京津都市带及区域整体发展,使"首都经济圈"共同发挥我国政治、经济、文化等中心的作用。

沪宁杭经济带——长江三角洲都市圈

1998 年以来,江、浙、沪各地先后提出富民强省、富民强市,率先基本实现现代化的发展目标,并相继实施城市化、信息化、高新技术产业化战略。这标志长江三角洲地区经济增长方式从以往数量扩张向质量提升的根本转型,是告别小康、走向富强的发展战略大转移。

农业、农村、农民的巨变,为长江三角洲地区近年来城市化浪潮的涌起提供了必要条件。统计资料表明,浙江省 2001 年农村居民人均纯收入达到 4582 元,农民富裕程度连续 17 年位居全国之首。城镇居民收入去年也首次跃居全国第一。另据统计,江苏省去年农民人均收入为 3785 元,其中苏南农民纯收入达到 4990 元。江、浙两省农民的富裕是农村工业化的结果,工业化的快速发展对城市化提出了紧迫要求。

苏南农村工业化是苏南农业价值转移造成的,苏南地区目前进入工业化中后期。现在大家不约而同地抓城市建设,这是工业价值积累横向转移的一种体现,是大势所趋。城市化浪潮是全面性的,是继乡镇工业、外向型经济之后,又一次重大发展机遇。城市改造和建设是提高城市功能和资源积聚效能的重要起点。

近年来,长江三角洲地区 15 个城市的城市建设形成激烈的竞争局面,旧城改造和新区建设突飞猛进。南京、无锡今年拆除旧城建筑面积均超过 100 万平方米。各地纷纷大手笔调整行政区划。据统计,从 1999 年到 2001 年,江苏省撤乡并镇 628 个,撤并村 15000 多个,江、浙两省城市化水平均超过 40%。2001 年 8 月,浙江省在全国率先实行城乡一体化最低生活保障办法，将农民纳入最低生活保障网。在苏南地区，包括失业保险、养老保险在内的社会保障系统，从去年开始向个体工商户和外来劳务人员延伸。2001年，南京市成为首个外来劳务人员参加养老保险人数超过10万人的城市。户籍制度改革的全面推进使城乡二元结构不断被突破。

沪宁杭经济带——长江三角洲都市圈城市综合发展成本

城市	人均教育成本(元)	人均就业成本(元)	人均社保成本(万元/人)	人均生活能源成本(千瓦小时/人)	人均基础设施成本(万元/人)	人均住房成本(万元/人)
城市合计			9.18	296.60	0.84	0.13
上海	742.00	185.50	30.95	468.20	1.81	0.45
杭州	227.00	56.75	23.67	556.60	1.88	0.44
宁波	372.00	93.00	26.74	391.70	2.15	0.33
金华	254.00	63.50	11.23	394.40	0.91	0.08
绍兴	202.00	50.50	21.68	198.40	1.80	0.38
嘉兴	146.00	36.50	15.88	228.20	4.41	0.26
湖州	128.00	32.00	13.57	224.90	1.53	0.25
南通	207.00	51.75	18.96	419.70	0.79	0.01
常州	217.00	54.25	10.38	482.80	0.62	0.01
苏州	227.00	56.75	15.61	409.70	0.69	0.01
无锡	315.00	78.75	12.78	458.10	0.71	0.07
扬州	217.00	54.25	11.55	411.00	0.92	0.05
镇江	197.00	49.25	9.68	365.40	0.92	0.01
南京	248.00	62.00	11.72	441.20	0.80	0.04

信息化和高新技术产业化发展是长江三角洲地区发展战略大转移的重要方向。20世纪90年代以来，沿海发达省市普遍把发展高新技术产业作为经济的第一增长点和第一推动力，呈现出千舟竞发之势。在上海，电子信息产业、生物医药、新材料已成为高新技术产业中的重要领域。三大产业产值已占全市高新技术产业总产值的八成以上，形成了较强的技术优势和产业基础。

广(广州)深(深圳)经济带——珠江三角洲都市圈

改革开放二十多年来，“珠三角”城市群辐射力渐强，广东对全国最大的贡献莫过于以广州、深圳为轴心的“珠三角”城市群的崛起。这是一片神奇的土地。广州依托“中变”的撬动，经济发展一路高歌，深圳则以无与伦比的“深圳速度”缔造了城市发展史的奇迹。两个中心城市优势互补，比翼齐飞，加快发展高新技术，从而带动了全省经济快速发展，城市化水平迅速提高。日前，广东省已向世人宣告，全省城镇人口的比重已超过农村人口，占了全省总人口的55%，其中，珠江三角洲达到72%，并催生出了一大片充满经济活力的城市，形成“珠三角”城市群。这是亚太地区最具活力的经济区之一，它以占广东30%的人口，创造着全省77%的GDP。根据中国城市和区域经济研究专家学者的调研，珠三角已成为全球最大的轻工业生产基地，其生产规模已超出美国东海岸及欧洲。

**广(广州)深(深圳)厦(厦门)经济带——珠江三角洲都市圈
城市综合发展成本**

城市	人均住房成本(万元/人)	人均基础建设成本(万元/人)	人均土地成本(平方米/万元)	人均社保成本(万元/人)	人均生活成本(千瓦小时/人)	2000年市区人均GDP(万元/人)	人均就业成本(元)	人均教育成本(元)
城市合计	0.13	0.30	931.60	5.46	179.00	1.66		
广州	0.17	0.25	171.77	30.68	180.70	3.82	91	364
深圳	—	0.36	117.04	91.52	204.70	13.33	418.25	1673
珠海	0.04	0.14	248.44	—	161.47	6.51	138	552
汕头	0.02	0.18	133.36	4.67	365.65	1.88	62.25	249
汕尾	0.00	0.34	1535.90	0.00	312.04	0.61	10.5	42
潮州	0.11	0.39	372.33	1.25	267.77	1.34	35.75	143
佛山	0.15	0.27	48.28	19.85	214.12	3.26	125	500
江门	0.17	0.18	121.33	6.42	118.80	3.41	77.25	309
肇庆	0.21	0.42	774.21	2.30	157.10	1.84	64.25	257
惠州	0.21	0.18	304.72	6.64	156.66	3.67	64	256
东莞	0.55	0.21	503.34	12.49	555.06	3.21	112.25	449
中山	0.41	0.35	575.40	16.73	293.60	2.34	63	252
阳江	0.12	0.36	642.68	1.89	195.92	1.25	28	112
茂名	0.22	0.22	418.69	1.52	104.78	1.65	24	96
湛江	0.16	0.23	714.90	3.32	96.34	1.46	25	100

主要参考文献

A. Goudie, *The Human Impact on the Natural Environment* (4th Edition), Cambridge: MIT Press, 1994

B. Admas ,*Green Development*: *Environmental Sustainability in the Third World*, N. Y. :Routlendge, 1990

B. Commoner, *Rapid Population Growth and Environmental Stress. Proceeding of Limited Nations*, N. Y. :Taylor and Francis, 1991

B. J. Bwiwn et al, "Global Sustainability: Toward Definition", *Enviro. Management*, Vol. 11:713—719, 1987

Bryn Sadownik, Mark Jaccard, " Sustainable Energy and Urban Form in China: The Relevance of Community Energy Management", *Energy Policy*, Vol. 29 (1):55—65, 2001

C. W. Howe, *Natural Resources Economics*: *Issues. Analysis. and Policy*, New York: John Wiley and Sons, 1979

Chengri Ding, "Land Policy Reform in China: Assessment and Prospects", *Land Use Policy*, Vol. 20(2):109—120, 2003

D. Meadows and et al, *The Limit to Growth*, Washington D. C. : Potomac, 1972

E. B. Barbier ,"The Concept of Sustainable Economic Development", *Environment Conservation*, Vol, 14:101—110, 1997

G. Blackman , *Growth Analysis*, London:Beacon House, 1905

George C. S. Lin," The Growth and Structural Change of Chinese Cities: a Contextual and Geographic Analysis", *Cities*, Vol. 19(5):299—316, 2002

H. E. Dalyand , J. B. Cobb, *For the Common Goods*: *Redirecting the Economy toward Community. the Environment and a Sustainable Future*, Boston: Beacon Press, 1990

H. Hotelling," The Economics of Exhaustible Resources", *Polit J. Econ*, Vol. 39: 137—175, 1931

IMF Staff," Globalization: Threat or Opportunity?", (2000. 12. 4) www. imf. org R. H. Lauer; *Perspectives on Social Change* (3rd Edition), Allyn and Bacon, INC, 1982. I. D. Lotka;" A Model of Reuse Resources", *Annual Report*, Vol. 4:1—19, 1925

J. Andreoni, "The Simple Analysis of the Environmental KUZNETS Curve", http://netec. mcc. ac. uk; Asian Development Bank, "Environmental Challenge in the PRC", *Occasional Papers*, No. 6. Manila: ADB, 1993

J. Carstairs ,"UNDP'S New Measure of Development Success", *Development* , Vol. 2:40—46, 1990

J. Blunden, *Mineral Resources and Their Management*, London:Longman, 1985

J. E. Cohen, *How Many People Can The Earth Support*? W. W. Norton & Company, N. Y. 1995

J. Lubchenco, "Enteringthe Century of the Environment: A New Social Contract for Science", *Science*, Vol. 279:491—497, 1998

J. MacNeill, "Strategies for Sustainable Economic Development", *Scientific American*, Vol. 261:155—165, 1989

K. Hamilton, *Greening the Human Development Index*, Ottawa: Statistics Canada, 1994

L. Brown, "We Can Build a Sustainable Economy", *Futurist*, Vol. 30:8—12, 1996

M. B. McElroy, et al (ed), *Energizing China : Reconciling Environmental Protection and Economic Growth* , Harvard University Press, Newton, 1998

M. Redclift, "The Multiple Dimensions of Sustainable Development", *Geography*, Vol. 76:36—42, 1991

M. S. Common, *Sustainability and Policy: Limit to Economics*, Cambridge: Cambridge University Press, 1995

Mee Kam Ng and Peter Hills, "World Cities or Great Cities? A Comparative Study of Five Asian Metropolises", *Cites*, Vol. 20(3):151—165, 2003

Ni Weidou and Thomas B. Johansson, "Energy for Sustainable Development in China", *Energy Policy*, *http://www.sciencedirect.com.* 16.7.2003

Niu WenYuan(牛文元), "The Forecast of China's Development Situation and Its Sustainability Before 2030", *Futures Research Quarterly*, Vol. 13:5—27, 1997

Niu, W. Y. (牛文元), "Spatial System Approach to Sustainable Development", *Environmental Management*, 1993, Vol. 17:179—186

Niu, W. Y. (牛文元)and M. Harris, "China: The Forecast of Its Environmental Situation in the 21st Century", *Environmental Management*, 1996, Vol. 47:101—111

Niu, W. Y. (牛文元), "Chinese Sustainability", *Futurist*, 1996, Vol. 30:50—51

OECD, *Environmental State*, OECD, Paris, 1995

OECD, *Environmental State*, OECD, Paris, 1996

OECD, " New Economy? The Change Role of Innovation and Information Technology in Growth", (2000. 9.) *www.oecd.org*

P. Hawken, *The Ecology of Commerce*, New York: Harper Business, 1993

R. C. Anderson, *Mid-Course Correction: Toward a Sustainable Enterprise*, Atlanta: The Peregrinzilla Press, 1998

Richard May, "UNCHS Reports the State of the World's Cities, and Cities in a Globalizing World", *Cities*, Vol. 19(1):79—80, 2002

Sharon Cullinane, and Kevin Cullinane, "Hong Kong City Profile", *Cities*, Vol. 20 (4)279—288, 2003

Shi Yulong and Chris Hamnett, " The Potential and Prospect for Global Cities in China: in the Context of the World System", *Geoforum*, Vol. 33(1):121—135, 2002

Simon X. B. Zhao, Roger C. K. Chan and Kelvin T. O. Sit, " Globalization and the Dominance of Large Cities in Contemporary China", *Cities*, Vol. 20(4): 265－278,2003

"Singapore's Competitiveness as a Global City: Development Strategy, Institutions and Business Enviroment", *Cities*, Vol. 20(2):115－127

T. R. Malthus, *Essay on the Principle of Population*, London: Freedom Pub., 1826

UNDP, *Human Development Report*, Oxford University Press,2001

V. Smil, *The Bad Earth*: *Environmental Degradation in China*, London: Zed Press,1984 UNCTAD;"World Investment Report 2000－Cross－border Mergers and Acquisitions and Development" ,(2000. 10) *www. unctad. org*

W. C. Clarkand , R. E. Munn, *Sustainable Development of the Biosphere*, Cambridge: Cambridge University Press,1986

WCED, *Our Common Future*, Oxford: Oxford University Press, 1987

World Bank,*China*: *Environmental Strategy Paper*, New York: Oxford University Press, 1992

World Bank, *World Development Report*, World Bank, Washington, D. C. , 1996－1999

Y. J. Ahmad. et al, *Environmental Accounting for Sustainable Development*, Washington D. C. :World Bank,1989

Yehua Dennis Wei, and Yanjie Jia,"The Geographical Foundations of Local State Initiatives: Globalizing Tianjin, China", *Cities*. Vol. 20(2):101 114,2003

Zhang Kunmin(张坤民), *Policies and Actions on Sustainable Development in China*, China Environmental Science Press, 2001

奥托兰诺:《环境规划与决策》,中国环境科学出版社,1988

北京大学中国可持续发展中心:《可持续发展之路》,北京大学出版社,1994

柴彦威:《城市空间》,科学出版社,2000

陈计旺:《区域分工与区域经济协调发展》,经济管理出版社,2001

陈耀邦:《可持续发展战略读本》,中国计划出版社,1996

陈宗兴等:《经济活动的空间分析》,陕西人民出版社,1989

仇保兴:"我国三大城市群如何均衡发展",《城市开发》,2003年第3期

崔大树:"经济全球化进程中城市群发展的制度创新",《财经问题研究》,2003年第5期

邓楠:《可持续发展:人类关怀未来》,黑龙江教育出版社,1997

迪帕克、拉尔:《发展经济学的贫困》,云南大学出版社,1992

段进:"城市群发展的竞争与共生",《新建筑》,1997年第1期

多西等:《技术进步与经济理论》,经济科学出版社,1992

傅崇兰、陈光庭、董黎明等:《中国城市发展问题报告》,中国社会科学出版社,2003

盖文启:《创新网络》,北京大学出版社,2002

戈德斯密斯:《生存的蓝图》,中国环境科学出版社,1987

格林伍德等:《人类环境和自然系统》,化学工业出版社,1987

顾朝林:“战后西方城市研究的学派”,《地理学报》,1994,49(4)
顾朝林、柴彦威等著,《中国城市地理》,商务印书馆,1999
顾朝林等著:《中国大城市边缘区研究》,科学出版社,1995
国家统计局,国家科委:《中国科技统计年鉴》,中国统计出版社,1999
国家统计局,国家科委:《中国科技统计年鉴》,中国统计出版社,2000
国家统计局,国家科委:《中国科技统计年鉴》,中国统计出版社,2001
国家统计局:《中国统计年鉴》,中国统计出版社,1999
国家统计局:《中国统计年鉴》,中国统计出版社,2000
国家统计局:《中国统计年鉴》,中国统计出版社,2001
国家统计局:《中国统计年鉴》,中国统计出版社,2002
国务院发展研究中心:《中国跨世纪协调发展战略》,经济科学出版社,1998
韩光辉:《北京历史人口地理》,北京大学出版社,1996
何红雨:“走向新平衡——北京旧城居住区的改造更新”,《清华大学博士论文》,1991
何希吾等:《中国资源态势与开发方略》,湖北科技出版社,1997
纪晓岚:《论城市本质》,中国社会科学出版社,2002
康芒纳〔美〕:《封闭的循环》,吉林人民出版社,1997
康少邦编译:《城市社会学》,浙江人民出版社,1987
科学发展趋势组:《21世纪初科学发展趋势》,科学出版社,1996
兰德尔:《资源经济学》,商务印书馆,1989
李成勋:《经济发展战略学》,北京出版社,1999
李京文:《走向21世纪的中国区域经济》,广西人民出版社,1999
李政道、周光召主编(牛文元执行主编):《绿色战略》,青岛出版社,1997
连玉明主编:《中国城市蓝皮书》,中国时代经济出版社,2003
刘成昆:“城市群整体效益刍议”,《城市问题》,1996年第2期
路甬祥主编:《21世纪中国面临的12大挑战》,世界知识出版社,2001
吕玉印:《城市发展的经济学分析》,上海三联书店,2000
迈克尔·波特〔美〕:《竞争论》,中信出版社,2003
马世骏:《现代生态学透视》,科学出版社,1990
宁越敏等:《中国城市发展史》,安徽科学技术出版社,1997
牛文元(中文版主编):《联合国开发计划署:1995人类发展报告》(UNDP:1995 Human Development Report, Oxford University Press,1995)
牛文元、毛志锋:《可持续发展理论的系统分析》,湖北科技出版社,1998
皮尔斯:《世界无末日(中译本)》,中国财经出版社,1996
秦岭、陈德群等,《辽宁中部城市群的社会发展》,经济科学出版社,2001
曲格平:《我们需要一场变革》,吉林人民出版社,1997
上海财经大学区域经济研究中心:《长江三角洲经济一体化:2002～2003上海城市经济发展报告》,中国农业出版社,2003
上海证大研究所:《长江边上的中国——大上海国际都市圈建设与国家发展战略》,学林出版社,2003
世界银行:《1997世界发展报告》,中国财经出版社,1998
世界银行:《1999世界发展指标》,中国财经出版社,2000

世界银行:《碧水蓝天——2020年的中国》,中国财经出版社,1997
世界银行:《世界银行发展报告20年回顾(1978～1997)》,中国经济出版社,1999
世界银行:《1999～2000世界发展报告:知识与发展》,中国财政经济出版社,2000
世界资源研究所等:《世界资源报告(中译本)》,中国环境科学出版社,1999～2000
索洛:《增长理论(中译本)》,华夏出版社,1988
唐恢一编著:《城市学》,哈尔滨工业大学出版社,2001
托夫勒:《第四次浪潮》,华龄出版社,1996
托夫勒:《权力的转移》,中共中央党校出版社,1991
王笛:"近年美国关于近代中国城市的研究",《历史研究》,1996(1)
王华东等:《环境规划方法及实例》,化学工业出版社,1988
王军:《可持续发展》,中国发展出版社,1997
王树功、周永章:"大城市群(圈)资源环境一体化与区域可持续发展研究——以珠江三角洲城市群为例",《中国人口·资源与环境》,2002年第12卷第3期
王旭、黄柯可主编:《城市社会的变迁》,中国社会科学出版社,1998
王翊亭等:《环境学导论》,清华大学出版社,1995
隗瀛涛主编:《中国近代不同类型城市综合研究》,四川大学出版社,1998
未来研究所(美):《十年预测(中译本)》,兵器工业出版社,1996
吴明瑜、李泊溪:《中国1997～2020年科学技术与人民生活》,中国财经出版社,1997
武进:《中国城市形态、结构、特征及其演变》,江苏科学技术出版社,1990
邢怀滨、陈凡、刘玉劲:"城市群的演进及其特征分析",《哈尔滨工业大学学报(社会科学版)》第3卷第4期
薛凤璇:《北京——从传统国都到社会主义首都》,香港大学出版社,1996
阎长乐:《中国能源发展报告》,中国能源出版社,1998
阎小培:"近年来我国城市地理学主要研究领域的新进展",《地理学报》,1995,50(6)
阎小培等著:《地理—区域—城市,永无止境的探索》,广州高教出版社,1994
姚士谋、朱英明、陈振:《信息环境下城市群区的发展》,2001年第25卷第8期
叶笃正等:《中国的全球变化预研究》,地震出版社,1992
叶裕民:《中国城市化之路——经济支持与制度创新》,商务印书馆,2001
尹继佐:《可持续发展战略》,上海人民出版社,1998
尹钧科:"关于北京郊区村落发展史研究",《北京社会科学》,1997(3)
虞和平:《中国近代城市史》,《中国历史学年鉴》,北京:三联书店,1995
张复合:"北京近代建筑历史源流",《东京大学博士论文》,1991
张坤民:《可持续发展论》,中国环境科学出版社,1997
张培刚:《新发展经济学》,河南人民出版社,1995
张晓:"中国环境政策的总体评价",《中国社会科学》,1999(3):88～98
赵景柱等:《社会—经济—自然复合生态系统可持续发展研究》,中国环境出版社,1999
郑积源:《跨世纪科技与社会可持续发展》,人民出版社,1998
郑也夫:《城市社会学》,中国城市出版社,2002
国家统计局:《中国城市统计年鉴》,1995～2003,中国统计出版社
中国科学院可持续发展研究组:《1999中国可持续发展战略报告》科学出版社,1999

中国科学院可持续发展研究组:《2000中国可持续发展战略报告》,科学出版社,2000
中国科学院可持续发展研究组:《2001中国可持续发展战略报告》,科学出版社,2001
中科院国情分析小组:《生存与发展》,科学出版社,1992
中科院综考会:《中国自然资源手册》,科学出版社,1990
钟绵生:"山东省东部城市群研究",《西南师大资源与环境学院硕士论文》,2002
周光召、牛文元(执行主编):《中国可持续发展战略(领导干部读本)》,西苑出版社,2000
周一星:《城市地理学》,商务印书馆,1995
周一星等:"建立中国城市的实体地域概念",《地理学报》,1995,50(4)
诸大建等:《走可持续发展之路》,上海科普出版社,1997